刑法演習

제2판

형법연습

오영근 저

박영사

제2판 서 문

2004년 초판이 출판된 지 어언 8년이 흘렀다. 그동안 법이 바뀐 것도 있고, 판례가 바뀌기도 하였다. 이에 따라 보정판을 통해 부분적으로 개정을 하였지만, 전면적인 개정의 필요성을 느끼게 되었다. 왜냐하면 초판을 출간할 당시에는 국가시험에서 하나의 사례에 '甲, 乙의 죄책은?' 등과 같이 하나의 질문만이 제시되었으나, 최근에는 하나의 사례를 주고 서너 개의 구체적 질문을 하는 방식으로 출제경향이 바뀌었다. 이러한 출제경향은 2012년부터 새로이 시행되는 변호사시험의 사례형이나 기록형 시험문제에서도 그대로 이어지고 있다.

이에 기존의 사례문제를 새로운 출제경향에 맞추어 답안을 작성할 수 있도록 변형하였고, 새로운 문제들을 추가하기도 하였다. 또한 그동안 출제된 국가시험 문제들에 대한 모범답안을 제시하였다. 이 때문에 초판이나 보정판에 비해 분량이 상당히 늘어났다. 그러나 사례문제는 암기를 할 필요가 없고, 사례문제 해결을 위해서는 주어진 사례에서 논점을 찾고 그에 맞는 답안을 작성하는 훈련을 하는 것이 중요하기 때문에 분량이 늘어난 것이 크게 문제되지는 않으리라 생각된다. 따라서 사례에 대해 어떤 답안이 제시되었는가를 먼저 보지 말고 자신이 사례문제에서 찾아낸 논점과 답안을 미리 생각해 보고, 그것을 이 책에서 제시된 논점과 답안을 비교한 후 어떤 점을 보완해야 하는지 생각해 보는 방식으로 공부를 하는 것이 좀더 효과적이리라 생각된다. 이러한 방식으로 이 책을 읽어간다면 어떤 시험도 감당할 수 있는 능력이 자연스럽게 배양될 것이다.

제 2 판이 나오기까지 수고해 주신 분들이 많이 계시다. 박영사의 안종만 회장님, 노현 부장님, 조성호 부장님, 엄주양 대리님은 이 책을 기획하고, 편집하고, 교정하여 주셨다. 한양대학교 대학원 박사과정에 재학중인 이상한 법학석사는 이 책의 출판 전반에 도움을 주었다. 한양대학교 대학원 박사과정에 재학하다 독일 뷔르쯔부르크(Würzburg) 대학 박사과정에 유학중인 김민규 법학석사는 잠시 귀국한 사이에 이 책의 상당 부분을 교정해 주었다. 한양대학교 대학원을 졸업한 한성훈 법학박사, 박사논문을 준비중인 심영주 법학석사도 바쁜 가운데에서도 여러 가지 도움을 주었다. 한양대학교 법과대학을 졸업하고 사법연수원에서 연수중인 박종민 법학사와 한양대학교 법과대학에 재학중인 김재형 군과 유지훈 군은 독자의 입장에서 교정을 도와주었다. 이 자리를 빌어 모든 분들께 감사를 드린다.

이 책이 독자들의 사례해결능력을 키우는 데에 도움이 될 수 있다면 저자로서는 그 이상의 기쁨이 없을 것이다.

2012년 7월

한양대학교 법학전문대학원 연구실에서

저 자

보정판 서문

이 책이 출판된 지 1년이 되어간다. 초판의 출간 이후 2004년의 사법시험이 시행되어서 이 문제들에 대한 해설을 추가하게 되었다. 그 동안 많은 분들이 이 책에 관심을 갖고 읽어주셨고, 또 여러 분들이 오탈자를 지적하고, 내용에 대해 문의나 토론도 해 주셨다. 그 과정에서 저자도 내용들을 다시 한번 꼼꼼이 훑어 보게 되었는데, 저자 역시 오탈자들을 발견하였고, 초판 출판 당시에 시간 부족이나 저자의 역량부족으로 인해 학설들의 설명과 사례에의 적용을 잘못한 내용들도 발견하게 되었다.

이에 이러한 부분들을 시급히 보정해야 할 필요가 있어 이번 보정판을 내게 되었다. 오탈자 교정의 수준을 넘어서 부분적으로 내용도 수정한 것이 있어서 보정판으로 하기로 하였다. 초판을 가지신 독자들을 위해 오탈자교정부분이나 내용변경 부분을 인터넷이나 기타 방법으로 공시하도록 할 예정이다.

보정판을 내면서 특히 장준용 씨에게 감사드린다. 서강대를 졸업하고 사법시험 1차에 합격한 후 공익근무요원으로 근무하면서 2차시험을 준비하고 있는 장준용 씨는 이 책으로 시험공부를 하면서 발견한 오탈자를 알려 주었고, 많은 질문을 통해 이 책의 내용을 좀더 분명하게 하거나 오류를 시정하는 데에 도움을 주었다. 이 기회를 빌어 감사하고 지금과 같은 자세로 공부하는 한 그 어떤 시험이든 합격은 시간문제라고 확신한다.

박영사 편집부의 노현 차장님은 언제나 그렇듯이 보정판의 편집과 교정에 수고를 아끼지 않으셨다. 다시 한번 감사드린다.

2005년 2월
한양대학교 법과대학 연구실에서
저 자

서 문

형법을 공부하는 궁극적 목표는 현실적인 사례들을 잘 해결할 수 있는 능력을 배양하는 것이다. 형법이론을 배우는 것과 사례를 해결하는 것은 수단과 목적과의 관계에 있다고 할 수 있다. 법학도들이나 법률전문가들이 일반인으로부터 법률문제에 대해 질문을 받을 때에 법률용어나 법이론 그 자체에 대한 질문보다는 특정한 사건에서 어떤 법적 문제와 어떤 법적 효과가 있는지에 대한 질문이 압도적으로 많다.

그럼에도 불구하고 그 동안 우리의 법학교육에서 법이론교육에 비해 사례해결능력을 위한 교육은 상대적으로 소홀히 한 감이 있다. 그리하여 법률용어나 학설을 설명하라고 하면 유창하게 설명하는 학생들이 그것을 사례에 적용할 때는 자신이 설명했던 것과 전혀 다른 결론을 내는 것을 종종 볼 수 있다.

이와 같이 사례해결능력이 상대적으로 소홀히 취급되었던 데에는 여러 가지 원인이 있을 것이다. 그러나 가장 큰 두 가지 원인은 독일, 프랑스 등의 대륙법국가에서는 이론중심의 법학, 영미법국가에서는 사례중심의 법학이라는 중대한 오해와, 사법시험 등의 국가시험에서 논술식의 문제만이 출제되었던 것이라고 할 수 있다.

그러나 대륙법국가에서도 사례중심의 법학이 이루어진다는 것이 알려졌고, 10여 년 전부터는 사법시험 등의 국가시험에서 사례문제들이 출제됨에 따라, 사례해결능력에 대한 교육의 중요성이 강조되고 있다. 저자 역시 사례교육의 중요성을 인식하고 형법총론이나 형법각론을 강의할 때에도 반드시 사례문제와 함께 강의를 하여 왔고, 학생들로 하여금 형법이론을 쉽게 이해할 수 있도록 하는 사례를 개발하기 위해 나름대로 노력해 왔다. 그리하여 형법총론과 형법각론의 집필을 마친 후부터는 본격적인 사례교재를 만들기 위해 노력하였다.

이 책의 특징과, 이 책을 집필하면서 저자가 역점을 두었던 것은 다음과 같다.

첫째, 먼저 형법교과서의 목차대로 일정 범위의 논점만이 있는 사례와 그 해결방법을 제시한 후, 형법 전범위의 논점이 있는 문제들을 종합문제로 배열하였다. 처음부터 형법 전범위에서 논점이 나올 수 있는 문제들을 대할 경우 어디에서부터 공부를 해야 할 것인가가 막막해질 수 있기 때문이다. 먼저 형법교과서의 일정범위만을 공부한 후 사례문제를 해결할 수 있고, 사례문제의 해결을 통해 공부한 범위를 좀더 분명하게 이해할 수 있게 될 것이다. 형법 전범위를 부분적으로 쪼개 차례대로 공부한 후 종합문제를 풀어보면 좀더 용이하게 공부할 수 있을 것이다.

둘째, 반복학습을 할 수 있도록 앞의 사례에서 나왔던 쟁점들을 뒤의 사례에서 다시 확인해 볼 수 있도록 하였다. 이미 한 사례에서 다루어진 논점들이 다른 사례에서 다시 나오는 것에 대해 지루함을 느끼는 독자들도 있겠지만, 같은 논점이라도 사례에서 같이 나오는 논점들이 다른 경우 어떻게 다루어야 하는가를 보여 주기 위함이다. 지루하거나 쓸데없다는 생각을 하지 말고 한 논점이 서로 다른 맥락에서 어떻게 다루어지는가를 관찰해 보는 것이 매우 유익할 것이다.

셋째, 1994년부터 2003년까지 10년간의 사법시험 기출문제와 2년간의 일본사법시험문제에 대한 모법답안을 제시하였다. 이는 이 책을 공부하는 학생들 대부분이 국가시험을 준비할 것이라고 예상되므로, 이 책으로 어떤 종류의 국가시험에도 충분히 대비할 수 있도록 하기 위함이다. 행정고시 등 다른 국가시험의 기출문제에 대한 모범답안도 제시하려 하였으나, 사법시험에 대한 모법답안만으로도 이들 국가시험에 충분히 대비할 수 있으리라 판단하여 생략하기로 하였다.

넷째, 형법 전분야에서 사례문제들을 고르되, 국가시험에 출제될 가능성이 높은 문제들을 빠짐없이 소개하였다. 지난 10년간의 사법시험에 출제된 문제들에서 알 수 있듯이 출제가능성이 특별히 높은 논점들이 있다. 따라서 앞으로도 출제가능성이 높은 논점들을 빠짐없이 제시하려고 하였다. 이를 위해 2003년 말까지의 판례들 중 형법학계와 실무계에서 주목받고 있는 판례들과 최근의 형법학계에서 문제되고 있는 주제들을 빠짐없이 사례문제에 반영하였다. 일정한 논점들을 반복적으로 제시한 것도 마찬가지 의도에서 비롯된 것이다.

다섯째, 학생들의 형법공부의 지루함을 완화시켜 주기 위해 될 수 있는 대로 사례를 흥미있게 출제하려고 하였다. 이는 흥미있는 사례들을 통해 독자들이 그 사례의 논점들을 좀더 오래 기억할 수 있으리라 생각하기 때문이다. 이런 출제방식에 대해 엄숙함이나 진지함이 떨어지는 것으로 느끼는 독자들도 있겠지만, 형법학이나 형사실무의 엄숙함이나 진지함은 외형적 엄숙성과 진지함이 아니라 내용적 충실성과 문제를 성실하게 해결하는 태도에서 우러나와야 한다.

이 책을 출간하면서 박영사의 조성호 과장과 노현 차장께 감사드린다. 두분은 촉박한 시일과 여러 가지 어려움 가운데에서도 이 책이 세상에 나오도록 하기 위해 많은 노력을 해 주셨다. 한양대학교 대학원 석사과정에 재학 중인 송주영 법학사는 독일연수 후의 피곤함을 무릅쓰고 성실하게 교정을 봐 주었다.

아무쪼록 이 책이 독자들이 형법사례해결능력을 키우고, 국민들에게 좀더 나은 법적 서비스를 제공하는 법률전문가로 성장하는 데에 조금이나마 도움이 되기를 바란다.

2004년 2월

한양대학교 법과대학 연구실에서

저 자

차 례

제1편 총 칙

제1장 서론 및 구성요건론

제2장 위법성론 및 책임론

제3장 공범론, 미수론 및 죄수론

제2편 각 칙

제1장 개인적 법익에 관한 죄

제3편 종합 및 기출문제

제1장 종합문제

제2장 사법시험 및 변호사시험

刑法演習

Criminal Law
– A Case Study Approach

사례문제 해결요령

Ⅰ. 형법이론과 사례의 해결

일반인들이 법률가들에게 법률용어 그 자체를 물어오는 경우는 그리 많지 않다. 어떤 사례에 닥쳤는데 이를 어떻게 해결해야 하는가, 그 사례에서 발생할 수 있는 법적 효과가 무엇인가 하는 것을 물어오는 경우가 대부분이다. 법학도들도 같은 경험을 하였으리라고 생각된다. 다른 학문과 달리 법학은 현실사례를 적절하게 해결해야 한다는 실천적 과제를 지니고 있다. 형법이론을 알고 있다는 것 그 자체로는 아직 불완전하다고 할 수 있고, 그 이론들을 현실사례에 적용하여 올바른 결론을 이끌어 낼 수 있는 능력을 배양해야 한다. 대부분의 형법이론은 구체적 사례를 합리적으로 해결하기 위해 개발된 것이다. 따라서 어떤 형법이론을 제대로 알기 위해서는 그 이론이 어떤 사례들을 어떻게 해결하기 위해 제시된 것인가를 이해해야 한다. 현실사례의 해결이 목적이라고 한다면 형법이론을 안다는 것은 수단에 불과하다고 할 수도 있다.

그러나 형법이론은 다양한 사례들을 일관성있고 예측가능하게 해결해 줄 수 있도록 해 준다. 형법이론적 기초를 갖지 못한 사례해결은 우연한 감정에 좌우될 수 있는 위험성을 지니고 있다. 자신의 입장이 달라짐에 따라 어떤 사례에서 자신의 견해가 달라진다는 것을 자주 느낄 수 있다. 예를 들어 좁은 길에서 자신이 차를 운전하고 가는 입장일 때에는 비켜주지 않는 보행자를 비난하게 되지만, 똑같은 길에서 자신이 걸어가는 입장일 때에는 좁은 길에 차를 몰고 들어오는 운전자들을 비난하게 된다. 형법이론은 이렇게 쉽게 변할 수 있는 가치판단을 일관성

있고 논리적으로 할 수 있도록 해 준다.

합리적으로 사례를 해결할 수 없는 형법이론은 허무하고, 이론에 뿌리박지 못한 사례해결은 맹목적이라고 할 수 있다. 이와 같이 형법이론과 사례해결은 동전의 양면과 같이 서로 보완하는 성격을 지니고 있다.

Ⅱ. 사례해결의 방법론

1. 범죄체계론의 활용

(1) 사례해결에서 범죄체계론의 역할

형법이론은 다양한 사례들을 가장 합리적이고 체계적으로 해결하기 위해 만들어진 것이므로, 사례를 해결할 때에 이미 배웠던 형법이론을 최대한 활용해야 한다. 형법이론 중 가장 기본적인 것이 범죄체계론이다. 사례를 범죄체계론에 비추어보면 무엇이 문제될 수 있는가를 알아낼 수 있다. 언뜻 보아서는 발견되지 않을 논점들이 범죄체계론에 따라 면밀히 검토해 보면 발견될 수 있다.

이것이 바로 학문과 단순한 경험 내지 감각과의 차이이다. 감각은 섬광 같은 것이어서 많은 문제를 한꺼번에 그리고 독창적으로 해결할 수 있게 해 주지만, 일부의 중요한 문제에만 집착하여 덜 중요하지만 반드시 다뤄야 할 문제들을 방치하는 경우가 있게 하기도 한다. 법학에서는 토끼 같은 민첩성과 천재성보다는 거북이와 같은 치밀성과 성실성이 더 중요하다. 이러한 원리는 법률실무에서는 더더욱 중요하다.

범죄체계론은 다양하지만, 현재 지배적인 범죄체계론은 다음과 같다.

구성요건론 (적극적 검토)	위법성론 (소극적 검토)	책임론 (소극적 검토)
1. 객관적 구성요건요소 (1) 행위의 주체 (2) 행위의 객체 (3) 행위의 태양(방법) (작위, 부작위) (4) 인과관계와 객관적귀속 2. 주관적 구성요건요소 (1) 고의, 과실 (2) 초과주관적구성요건요소 (목적, 동기, 불법영득의사) 3. 객관과 주관의 불일치(착오) (1) 결과적 가중범 (2) 사실의 착오 (3) 인과과정의 착오 4. 부작위범	1. 주관적 정당화요소 2. 개별적 위법성조각 사유 (1) 정당행위 (2) 정당방위 (3) 긴급피난 (4) 자구행위 (5) 피해자의 승낙	1. 책임능력 (원인에 있어서 자유로 운 행위) 2. 위법성의 인식 (법률의 착오) 3. 기대가능성

미수론	공범론	죄수론	형벌론
1. 예비 · 음모 2. 실행의 착수 3. 미 수 (1) 장애미수 (2) 중지미수 (3) 불능미수 4. 기 수 5. 범죄의 종료	1. 공동정범 2. 교 사 범 3. 종 범 4. 공범과 신분 5. 간접정범	1. 일 죄 (단순일죄포괄 일죄) 2. 수 죄 (상상적 경합 · 실체적 경합)	1. 형 벌 2. 보안처분

이 밖에 범죄체계론에 앞서 행위개념이 문제되는데, 형법에서 행위개념을 정의하기 위해 노력할 필요는 없지만, 구성요건 이전의 사회적으로 통용되는 행위개념은 활용할 필요가 있다. 즉, 구성요건에 해당하는 행위를 찾기 위해서는 일단 사례에서 일반적 의미에서 행위라고 할 수 있는 것이 무엇인가를 검토해 볼 필요가 있다. 또 어떤 범죄의 성립 여부를 검토함에 있어서 그 규정의 보호법익이 무엇인가를 파악하는 것이 중요하다. 왜냐하면 보호법익은 특히 어떤 범죄의 기

수 · 미수와 고의의 성립 여부를 검토할 때에 고려해야 할 사항이기 때문이다.

결국 어떤 사례에서 논점을 발견하는 방법은 제일 먼저 그 사례에서 어떤 행위들이 있으며, 이 행위들 중 형법적으로 문제될 수 있는 행위(혹은 범죄가 될 수 있는 행위)들을 추려낸 후 구성요건해당성, 위법성, 책임, 미수, 공범, 죄수 등의 순으로 검토하면 된다. 이 중 미수와 공범은 구성요건에서 각각 행위의 태양 및 행위의 주체와 관련된 것이지만, 서술의 편의를 위해 따로 논하는 것이라는 점을 생각하면 된다.

(2) 구체적 예

"대학생 甲, 乙은 기말고사를 끝내고 함께 술을 먹었다. 어느 정도 취기가 오르자 甲, 乙은 자신들이 공부를 못하는 것은 머리가 나쁘기 때문이고 따라서 전적으로 부모의 책임이라는 데에 의견을 같이 하였다. 甲, 乙은 각각 자신의 머리가 제일 나쁘다고 주장하다가 서로 머리를 부딪쳐 오래 견디는 사람이 제일 머리가 나쁜 것으로 하기로 하였다. 甲, 乙은 두 번 머리를 부딪쳤으나 승부가 나지 않자 세 번째 머리를 부딪쳤다. 이때 머리를 부딪친 乙은 뒤로 나자빠지며 실신하고 말았다. 甲의 죄책은?"이라는 설문에 대해 살펴보자.

1) 형법적으로 문제되는 행위의 발견

위의 사례에서 甲의 행위는 i) 기말고사를 끝낸 행위, ii) 함께 술을 먹어 취한 행위, iii) 자신의 부모의 책임이라고 의견을 같이 한 행위, iv) 자신의 머리가 제일 나쁘다고 주장한 행위, v) 서로 머리를 부딪쳐 머리가 가장 나쁜 사람을 정하기로 한 행위, vi) 첫 번째 머리를 부딪친 행위, vii) 두 번째 머리를 부딪친 행위, viii) 세 번째 머리를 부딪쳐 乙을 실신시킨 행위 등이 있다.

여기에서 i)의 행위는 형법적으로 문제될 것이 없고, ii)의 행위 역시 그 자체로 형법적으로 문제될 것이 없고, 다만 甲의 책임능력을 논할 때에 고려될 수 있을 뿐이다. iii)의 행위는 불효한 행위로서 도덕적으로는 문제될 수 있지만 형법적으로 문제될 것은 없다. iv)의 행위 역시 형법적으로 문제되지 않는 행위이고, v)의 행위는 서로 폭행하기로 합의한 행위인데 이는 승낙에 의한 폭행죄의 예비 · 음모행위라고 할 수 있지만, 서로 머리를 부딪치기로 한 행위에 의한 죄책과 관련해서 살펴보면 된다.

결국 사례에서 형법적으로 문제되는 행위는 vi), vii), viii)의 세 가지 행위이다. 머리를 부딪친 행위는 세 개의 행위이지만, 형법적으로는 하나의 행위로 다루어야 한다.

2) 구성요건해당성의 검토

甲의 행위가 '어느 범죄의 구성요건에 해당하는가'에서는 고의와 결과적 가중범의 성립 여부가 문제된다는 점을 발견하고 다음과 같은 방식에 의해 해결해야 할 것이다.

가. 폭행치상죄와 상해죄의 선택

여기에서는 먼저 甲이 乙과 머리를 부딪쳐 실신시킨 행위는 폭행치상죄(제262조) 혹은 상해죄(제257조)에 해당될 수 있다는 점을 지적하고 이 중 어느 하나를 택하여 그 성립 여부를 검토해야 한다(바로 폭행치상죄 혹은 상해죄의 성립 여부를 검토하는 것보다는 甲의 행위가 두 범죄 모두에 해당될 가능성이 있다는 것을 밝히고 그 중 선택하는 것이 좀더 바람직하다고 생각된다).

甲의 행위의 범죄의 객관적 구성요건해당성을 검토해 보면 폭행치상죄는 사람에게 폭행을 가하여 상해에 이르게 하는 행위이고, 상해죄는 사람의 신체를 상해하는 행위이다. 폭행이란 사람의 신체에 대한 불법한 유형력의 행사이고, 상해란 신체의 생리적 기능을 훼손하는 행위이다. 서로 머리를 부딪치는 행위는 사람의 신체에 대한 유형력의 행사로서 폭행행위라고 할 수도 있고, 신체의 생리적 기능을 훼손시키는 상해해위라고 할 수도 있다.

결국 甲의 행위가 폭행치상죄와 상해죄 중 어디에 해당되는가는 甲에게 어떤 고의가 있었는가에 달려있다는 점을 지적해야 한다. 사례에서는 甲이 乙의 신체의 생리적 기능을 훼손하려는 고의가 있었다기보다는 유형력을 행사할 고의만 있었다고 할 수 있으므로 폭행치상죄의 성립 여부를 다루는 것이 바람직하다(이 경우 상해의 고의로 이론구성을 하여도 안 되는 것은 아니지만, 폭행의 고의라고 하는 것이 출제자에게 좀더 좋은 인상을 줄 수 있을 것이다).

나. 폭행치상죄의 구성요건해당성 검토

폭행치상죄는 사람의 신체에 대하여 폭행을 가하는 폭행죄를 범하여 사람을 상해에 이르게 하는 죄이다. 폭행치상죄는 진정결과적 가중범이므로 甲의 폭행행위(乙에게 머리를 부딪치는 행위)와 상해의 결과(乙이 실신상태가 된 것) 사이에 인과관계(내지 객관적 귀속)가 있어야 하고, 상해결과에 대한 예견가능성(제15조 제2항)이 인정되어야 한다.

인과관계에 관한 조건설, 합법칙적 조건설, 상당인과관계설 등 어느 학설에 의해도 甲의 행위와 乙의 실신 사이에는 인과관계가 인정되고(사례에서 인과관계를 인정하는 데에 별 어려움이 없으므로 이에 대해 자세히 논할 필요는 없다), 인과관계 이외에 객관적 귀속을 요구하는 견해에 의할 경우에도 甲의 행위는 乙의 생리적 기능에 대한 위험을 증대하는 행위라고 할 수 있으므로 객관적 귀속이 인정된다.

乙이 실신한다는 결과에 대한 예견가능성도 인정된다. 사람의 머리를 들이받았을 때에 그 사람이 실신상태에 이를 수 있다는 것은 평균인이라면 예견할 수 있기 때문이다.

3) 위법성조각사유 검토

위법성조각사유에서는 정당방위, 긴급피난, 자구행위 등은 문제되지 않고, 승낙에 의한 행위(제24조)와 사회상규에 위배되지 않는 행위(제20조)를 검토해야 한다.

甲의 행위가 승낙에 의한 행위로서 위법성이 조각되느냐에 대해서는 긍정설과 부정설의 대립과 각 학설에 따른 결론을 제시해야 한다. 긍정설에 의하면 甲의 폭행행위는 위법성이 조각되고, 과실치상죄의 문제만이 남게 된다는 점을 지적해야 한다. 부정설에 의하면 사회상규에 위배되지 않아야만 위법성이 조각될 수 있다는 점을 지적하고 사회상규 위배 여부를 검토해야 한다. 여기에서 머리를 부딪쳐 다른 사람을 실신시키는 것은 사회상규에 위배되는 것이라고 해야 할 것이다(이 경우에도 사회상규에 위배되지 않는다고 결론을 내리고 과실치상죄의 성립 여부를 검토해도 상관없지만, 사회상규에 위배된다고 하는 것이 출제자의 의도에 더 잘 부합할 것이다).

4) 책임조각사유 검토

위법성조각사유 여부를 검토하였으면 책임조각이나 감경사유의 존재 여부를 검토해야 한다. 사례에서는 '어느 정도 취기가 오르자'라고 하는 표현이 있으므로 기대가능성이나 위법성의 인식은 별 문제되지 않고, 제10조 제1항 · 제2항에 의한 심신상실 혹은 심신미약 여부가 문제될 수 있다는 것을 발견해야 한다. 이 중에서도 甲이 심신상실 정도에 이를 정도로 술을 마셨다는 표현은 없으므로 심신상실 여부보다는 심신미약 여부를 검토하는 것이 바람직하다.

심신미약에 대해서는 인정할 수도 있고, 인정하지 않을 수도 있지만 이에 따른 결론을 내려야 한다. 甲이 사전에 乙과 머리를 부딪칠 것을 예상하였다는 것을 암시할 만한 원인에 있어서 자유로운 행위를 검토할 필요는 없다.

5) 미수범 여부 검토

위의 사례에서 甲, 乙이 머리를 부딪치자고 합의한 것이 폭행죄의 예비·음모행위에 해당되지만 처벌규정이 없다거나 예비·음모행위는 폭행치상죄의 성립 여부 문제에 흡수된다는 점을 생각해 볼 수 있지만 굳이 언급할 필요는 없을 것이다.

6) 공 범

사례에서 공동정범, 교사범, 종범, 간접정범, 공범과 신분이 문제될 것은 없는지 여부를 검토해서 문제될 것이 없다는 것을 발견해야 한다.

7) 죄 수

甲이 세 번을 부딪친 행위가 실체적 경합범, 상상적 경합범, 포괄일죄 혹은 단순일죄 중 어디에 해당하는지를 검토하여 폭행치상죄의 포괄일죄에 해당된다는 점을 밝혀주어야 한다.

8) 결 론

甲의 죄책을 정리한다.

9) 범죄체계론을 통한 검증

위와 같은 과정이 반드시 겉으로 나타나야 한다는 의미는 아니고, 머릿속에서 이러한 과정을 반드시 거쳐야 한다는 것이다. 어느 정도 형법공부를 하게 되면 사례를 대하는 경우 어떤 것이 논점이다라는 생각이 떠오르게 된다. 그리고 형법공부를 많이 하면 할수록 빨리 그리고 정확하게 논점을 파악할 수 있게 된다.

그러나 자신이 파악한 논점 이외에도 다른 논점이 없는가 하는 것을 위에서 제시한 범죄체계론에 따라 다시 검토해야 한다. 즉, 위의 사례에서 행위, 보호법익, 행위의 주체, 객체, 인과관계 등의 관점에서 다시 한번 사례를 검토해야 한다. 이렇게 함으로써 자신이 미처 생각하지 못했던 논점을 파악할 수 있게 된다. 이는 수학문제를 풀고 나서 검산을 하는 것과 마찬가지의 과정이다.

2. 시험답안의 작성요령

(1) 답안작성의 기본원칙

법률실무에서는 위와 같은 방법에 의해 사례를 해결해야 하고 될 수 있는 대로 많은 시간을 투자하여 하나하나 꼼꼼히 챙겨보아야 한다. 그러나 형법사례가 국가시험에 출제되고 있으므로, 국가시험의 답안지를 작성할 때에는 시간적 제약이 있기 때문에 위와 같은 모든 과정들을 일일이 답안지에 옮길 수는 없다. 모든 시험이 그렇지만 자신이 알고 있는 것 이상의 답안을 쓸 수는 없다. 알고 있는 것 이상의 답안을 쓰려고 과욕을 부리다가 오히려 나쁜 인상을 주는 답안을 늘 볼 수 있다.

그러나 자신이 많이 알고 있다 하더라도 이를 효과적으로 답안지에 옮겨야 한다. 최종적인 채점의 대상은 답안지에 표현되어 있는 것이기 때문이다. 효과적으로 답안지를 작성하기 위해서는 중요한 순서대로 답안지에 옮겨야 한다. 덜 중요한 것을 쓰고 더 중요한 것을 쓰지 못할 경우에는 좋은 점수를 기대하기 어렵다. 즉, 덜 중요한 것은 아깝지만 버릴 생각을 해야 하고 미련을 가져서는 안 된다.

그리고 채점자에게 가장 어필할 수 있는 형식으로 답안지를 작성해야 한다. 이왕이면 다홍치마라고 같은 내용을 쓰더라도 어떤 형식으로 쓰는가에 따라 득점이 좌우될 수 있기 때문이다. 답안지 작성은 다음과 같은 요령을 따르는 것이 바람직하다.

(2) 서론의 작성요령

1) 출제자의 요구 파악

먼저, 출제자들이 요구하는 답안이 무엇인가를 명확하게 알아내고 그에 따라 답안을 구성해야 한다. 필자의 경험에 의하면, "판례의 입장에 따라 사례를 해결하고 판례와 다른 입장을 취하는 학설 및 그에 따른 결론을 제시하시오"라고 출제하였음에도 불구하고 "甲의 죄책을 논하라"라고 한 것과 동일하게 답안을 구성하는 학생들이 대다수였다.

전자의 방식으로 출제가 된 경우에는 Ⅰ. 논점의 제시, Ⅱ. 판례의 입장과 그에 따른 해결, Ⅲ. 판례와 다른 입장을 취하는 학설 및 그에 따른 결론, Ⅳ. 결어의 순으로 작성해야 할 것이다. 그럼에도 불구하고 Ⅰ. 논점의 제시, Ⅱ. 甲의 죄책 1. A설, 2. B설, 3. C설, 4. 판례, Ⅲ. 결어와 같은 형식으로 답안을 작성하는 학생들이 대다수였다는 것이다. 이 경우 전자의 방식에 따라 답안을 작성한 학생은 후자의 방식에 따라 답안을 작성한 학생에 비해 월등히 높은 점수를 받을 수 있었다. 의외로 많은 학생들이 출제자의 요구를 전혀 고려하지 않고 있다. 이는 자신이 보았던 교재들의 목차를 암기하고 있다가 기억이 사라지기 전에 빨리 답안을 작성해야 한다는 강박관념 때문인 것으로 보인다. 그러나 동문서답하여 좋은 점수를 기대할 수는 없다.

2) 논점의 철저한 파악

이를 잘 파악해야 한다. 물론 출제자들이 미처 예상하지 못한 논점이 있을 수도 있고, 이를 파악한 경우에는 조금 더 좋은 점수를 받을 수 있을 것이다. 그러나 출제자들이 예상하였던 논점을 제시하지 못하는 경우에는 그 타격이 매우 크다. 50분 정도의 시간이 주어진 경우 논점을 파악하기 위해 20분 이상 투자해도 절대 아깝지 않다. 신중하게 논점을 파악하지 않고 답안을 작성하다가 뒤늦게 새로운 논점을 발견하거나 먼저 파악한 논점들이 잘못되었다는 것을 발견하게 되는 경우에는 좋은 답안을 작성하기가 힘들다. 사례에서 주어진 논점을 정확하게 파악하기 위해서는, 명확하게 드러나는 논점 이외에 자신이 출제자라면 왜 이런 사례를 출제하였을까 생각해 보는 것도 도움이 될 것이다.

둘째, 논점을 발견한 후에는 문제되는 법규정과 범죄를 소개하고 그중에서도 특히 무엇이 문제되는가를 밝혀주어야 한다. 예를 들어 甲이 乙을 때려 뇌사상태에 빠지게 한 경우 살인죄(제250조 제1항) 혹은 중상해죄(제258조)가 문제되고 이는 뇌사를 사망으로 볼 것인가 여부에 따라 달라질 수 있다는 점을 밝혀야 한다. 이런 사례에서 행위의 주체, 객체, 인과관계 등은 문제되지 않으므로 언급할 필요가 없다. 다른 예로 甲이 乙을 폭행하여 사망케 하였는데 乙이 특이체질이었다고 할 경우 폭행치사죄인가 폭행죄인가 문제되고 이는 인과관계의 존재 여부 혹은 사망에 대한 예견가능성 유무에 따라 달라진다는 점을 밝혀야 한다.

셋째, 논점에서 문제가 되는 법규정이나 조문들을 정확하게 밝혀주는 것이 필요하다. 예를 들어 절도죄도 단순절도죄(제329조)가 문제되는지, 야간주거침입절도죄(제330조)가 문제되는지 아니면 특수절도죄(제331조)가 문제되는지를 언급해야 하고, 특수절도죄 중에서도 제331조 제1항의 특수절도죄인지 아니면 동 제2항의 특수절도죄가 문제되는지 조문을 밝혀주는 것이 필요하다.

(3) 답안의 구성

답안의 구성에도 신경을 써야 한다.

한 사람의 죄책만을 논할 때에는 Ⅰ. 논점의 제시, Ⅱ. 甲의 죄책, Ⅲ. 죄수 및 정리 등으로 하는 방법이 있을 수 있고, Ⅰ. 논점의 제시, Ⅱ. A죄의 성립 여부, Ⅲ. B죄의 성립 여부, Ⅳ. C죄의 성립 여부, Ⅴ. 죄수 및 정리 등으로 해야 할지를 결정해야 한다. 甲에게 문제되는 죄책이 3~4개 정도라면 후자의 방법이, 그 이상의 죄책이 문제되는 경우에는 전자의 방법이 바람직하다고 생각된다.

두 사람 이상의 죄책을 논할 때에는 Ⅰ. 논점의 제시, Ⅱ. 甲의 죄책, Ⅲ. 乙의 죄책, Ⅳ. 丙의 죄책, Ⅴ. 정리 등으로 하는 것이 무난하겠지만, 경우에 따라서는 Ⅰ. 논점의 제시, Ⅱ. A행위에 대한 죄책, Ⅲ. B행위에 대한 죄책, Ⅳ. C행위에 대한 죄책, Ⅴ. 죄수 및 정리 등으로 하는 방법도 있을 것이다. 어느 경우이든 균형을 고려하여 결정하면 될 것이지만, 총 나누는 장(章)의 수가 5~6개를 넘어가지 않는 것이 바람직하다고 생각된다.

(4) 서술의 균형

각 논점들의 해결간에도 균형을 맞춰야 한다.

사례해결에서는 논점에 따른 배점이 있게 되므로 하나의 논점을 자세하게 다루어서 취득할 수 있는 점수에 비해 다른 논점을 소홀히 다루어서 잃게 되는 점수가 크기 때문이다. 예를 들어 각각 10점짜리인 두 논점을 열 줄을 써야 한다고 할 경우 각각 다섯 줄을 쓰는 것이 한 논점을 여덟 줄 쓰고 다른 논점은 두 줄밖에 쓰지 않는 것보다 많은 점수를 받게 될 가능성이 크다. 한 문제에 다섯 줄을 썼을 때에 6점을 받는다면 여덟 줄을 썼을 때 받는 점수는 세 줄을 더 썼음에도 불구하고 1점 정도밖에 더 받을 수 없지만, 다섯 줄 써야 할 논점을 두 줄 쓴 경우에는 5~6점 정도가 감점된다고 할 수 있다. 즉, 첫 번째 논점에서의 한 줄은 0.33점의 가치에 불과하지만 두 번째 문제에서 한 줄은 2~3점의 가치가 있으므로 각 논점에 따른 서술의 양과 시간을 잘 맞추어야 한다.

(5) 논점에 대한 해결방식

1) 바람직한 서술방식

대체로 사례에서 논점으로 제시되는 것들은 그 분야에 대한 의견의 대립이 있고 그에 따라 결론에서도 차이가 나는 경우가 많다. 이 경우 논점의 수에 따라 학설과 판례들의 내용을 어느 정도 소개할 것인가를 균형있게 결정해야 한다. 논점이 적은 경우에는 각 학설과 판례들의 내용을 자세하게 소개해도 무방하지만, 논점이 많은 경우에는 판례와 학설들의 내용을 장황하게 소개하기보다는 그 판례와 학설들을 사례에 적용하면 어떤 결론이 나오는지를 논리적으로 밝혀주는 것이 바람직하다. 특히 판례 및 다수설에 따른 결론도출과정은 반드시 소개해야 한다.

甲이 은행에서 강도를 하기 위해 총을 들고 협박하였으나 그 권총이 장난감권총이었고 일반인들은 그 권총이 장난감권총인 줄 알 수 있었고 오직 甲만이 진짜 권총인 것으로 착각한 경우 甲의 죄책을 묻는 경우를 예로 들어보자.

전체 사례문제에서 제시되어 있는 논점이 이것 하나인 경우에는 이 문제해결에 대한 모든 학설과 판례들의 내용과 근거, 각 입장에 따른 결론 및 이 중 자신이 지지하는 입장과 결론 및 근거를 상세히 소개해야 할 것이다. 즉, 불능미수에 관한 절대적 불능·상대적 불능 구별설, 법률적 불능·사실적 불능 구별설, 주관설, 추상적 위험설, 구체적 위험설, 인상설 등의 내용과 근거 및 각 입장에 따른 결론을 상세히 소개해야 한다.

그러나 다른 논점들이 서너 개 더 있어서 이 문제에 대해서는 많은 시간과 지면을 할애하지 못할 경우에는 그 서술방법이 달라져야 한다. 이 경우에는 각 학설의 내용만을 간략히 소개하고 그에 따른 결론만을 소개하고 각 학설의 근거까지 제시할 필요는 없을 것이다. 대신 자신이 지지하는 결론 및 그 근거를 제시하면 된다. 이것보다 더 줄여야 할 경우에는 각 학설의 내용을 소개하지 말고 학설에 따른 결론과 자신의 결론 및 근거를 제시하는 방식으로 해야 할 것이다. 이것보다도 더 짧게 서술해야 할 경우에는 판례 혹은 통설이나 다수설에 따른 결론을 제시하면 될 것이다. 위의 사례에서 추상적 위험설, 구체적 위험설의 결론과 판례가 이 중 추상적 위험설을 따른다는 것을 밝혀주면 될 것이다.

어느 경우에나 판례의 입장을 밝혀주어야 한다.

2) 바람직하지 못한 서술방식

필자의 경험에 의하면 위의 경우에 학설들의 내용과 근거를 나열한 후 자신이 지지하는 학설을 택하고 그에 따른 결론만을 제시하는 방식으로 서술하는 학생들이 많은데 이는 바람직한 방식이 아니라고 생각된다.

출제자들은 답안작성자가 각 학설들을 사례에 적용할 수 있는 능력을 측정하여 채점하려고 하는 경우가 많다. 그럼에도 불구하고 자신이 지지하는 학설만을 사례에 적용하는 것은 출제의도에서 빗나가는 것이다.

(6) 서술의 논리성

답안을 작성할 때에 유의해야 할 사항이 논리적 일관성을 유지해야 하고 논리의 비약이 없어야 한다는 것이다.

예를 들어 사기죄의 보호법익을 전체로서의 재산이라고 하는 입장을 지지하는 경우 재산상의 손해발생이 있어야 사기죄가 성립한다고 하는 것이 좀더 논리적이다. 전체로서의 재산이라는 입장을 지지하면서 재산상의 손해발생이 없어도 사기죄가 성립한다고 하는 것은 논리적 모순이 있을 가능성이 크다.

논리의 비약을 피하기 위해서는 서술의 근거제시가 명확해야 한다. 예를 들어 甲이 乙의 얼굴을 가격하여 상처를 낸 경우 바로 폭행치상죄가 성립한다고 하는 것은 논리적 비약이다. 이 경우에는 甲이 乙을 때리는 행위가 폭행행위이냐 아니면 상해행위이냐에 대해 먼저 살펴본 후 폭행행위라는 결론과 그 근거를 제시하고, 폭행으로 인해 상처가 발생하였으므로 폭행행위와 상해 사이에 인과관계 및 객관적 귀속이 인정되고, 상해에 대한 예견가능성이 있다는 근거를 제시한 후 폭행치상죄라는 결론을 내려야 논리의 비약이 없는 것이다.

(7) 맺음말에 대한 서술

맺음말을 쓰는 경우에는 출제자가 요구한 방식에 따라 사례에 제시된 논점을 간명하게 제시하고 정리해야 한다. 사례문제에 대해 채점을 할 때 채점자들이 본론보다는 서론과 결론을 많이 본다는 것을 유념해야 한다. 서론에서 제시된 논점들을 어떻게 해결하였는가가 나타나도록 맺음말을 작성할 필요가 있다.

(8) 답안의 분량

출제자가 요구한 방식대로 답안을 구성하여 정확하게 논점을 제시하고 그에 대해 논리적인 결론을 이끌어냈을 경우에는 답안의 양이 그렇게 중요하지 않다고 생각된다. 대체로 논점을 정확하게 파악하고 그에 대한 논리적 해결책을 정확하게 파악한 경우에는 답안의 분량도 자연스럽게 문제가 요구하는 정도의 분량에 이르게 된다.

따라서 많이 쓰려고 하기보다는 정확하게 쓰려고 노력하는 것이 더 중요하다고 생각된다. 어느 정도의 분량이 필요한 것이 사실이지만, 논점과 무관한 사항들을 필요 이상 서술하는 것은 수험생이 논점을 정확하게 파악하지 못했기 때문에 필요없는 서술을 하고 있다는 인상을 주어 오히려 득점에 불리할 수도 있다.

(9) 기 타

학문에는 왕도가 없다. 공부만큼 노력과 결과가 비례하는 분야는 없다. 다른 분야에서는 콩 심은 데 콩이 안 날 수 있고, 팥 심은 데 팥이 안 날 수 있지만, 공부는 한 것에 정확하게 비례하여 결과가 나타나기 마련이다.

앞에서 제시한 답안작성요령들은 단순한 요령이 아니다. 각고의 노력없이 요령만으로 사례문제를 잘 해결할 수 없다. 노력을 하게 되면 요령은 자연스럽게 터득하게 된다. 앞에 서술한 답안작성요령이 처음에는 막막하게 느껴지겠지만, 형법공부를 성실하게 하면 저절로 그 의미를 깨달을 수 있게 될 것이다. 성실한 노력이야말로 사례문제를 잘 해결할 수 있는 진정한 비결이다.

刑法演習

Criminal Law – A **Case Study** Approach

제1편
총 칙

제1장
서론 및 구성요건론

제2장
위법성론 및 책임론

제3장
공범론, 미수론 및 죄수론

1

刑法演習

Criminal Law
– A Case Study Approach

서론 및 구성요건론

1. 형법의 적용범위

:: 다음 사례를 읽고 물음에 답하시오.

독일인 여대생인 甲은 독일인 남자친구 丙과 일본국적의 유람선을 타고 세계일주를 하던 중 중국 영해상에서 한국인 유부남 乙과 사귀게 되어 성행위까지 하게 되였다. 이 사실을 알게 된 丙은 "왜 유부남이 남의 여자친구를 꼬시느냐"고 乙을 나무라자, 乙은 "내가 甲을 꼬신게 아니라 甲이 나를 꼬셨다. 한국의 작은 고추의 맛을 보고싶으냐!"고 하면서 丙의 코를 때려 코피가 나게 하였다. 이에 丙이 코피가 났다고 울면서 乙에게 반격을 가하려고 하자, 甲은 "오! 필승 코리아!"를 외치면서 乙을 응원하였다. 甲의 태도에 화가 난 丙은 乙을 놔두고 甲에게 달려가 그녀의 따귀를 힘껏 때려 전치 2주의 멍이 들게 하였다. 이때 승무원들이 달려와 이들을 말렸고, 丙은 자신의 방으로 돌아왔으나 자기보다 조그만 乙에게 맞았다는 사실에 화가 났다. 그리고 여자친구인 甲이 자신이 아니라 乙을 응원한 것에 대해 더욱 분노가 치밀어 올랐다. 그날 밤 丙은 프랑스인 친구 丁에게 유럽사람의 자존심을 짓밟은 甲을 함께 때려 주자고 하였고, 丁도 흥분하면서 유럽국가보다 한국을 응원하는 甲은 혼나야 된다고 하면서 丙에게 동의하였다. 이때 유람선은 한국 영해상인 부산 앞바다에 정박하고 있었다. 다음 날 유람선은 예정대로 부산 앞바다를 떠나 일본 영해로 들어갔다. 丙이 술이나 한 잔하며 화해를 하자고 거짓말을 하고 甲을 갑판으로 불러냈으나 丁은 나타나지 않았다. 한참 동안 丁을 기다리던 丙은 甲을 얼굴과 전신에 멍이 들도록 마구 때려 주었다(중국과 일본은 간통죄를 처벌하지 않는다고 가정할 것).

1. 甲에 대해 적용할 수 있는 우리 형법 규정은 어떤 것인가.
2. 乙에 대해 우리 형법을 적용할 수 있는지 여부 및 그 근거는 무엇인가.

3. 판례의 입장에 따를 때에 丙, 丁에 대해 우리 형법을 적용할 수 있는지 설명하시오.

Ⅰ. 논점의 제시

1. 독일 여대생 甲은 중국 영해상에 있는 일본국적의 유람선에서 한국인 乙과 간통을 하여 우리 형법상으로는 상간죄(제241조 제1항 제2문)를 범하였다. 이 경우에 적용될 수 있는 우리 형법 규정이 무엇인가 문제된다.

2. 한국인 乙은 중국 영해상에 있는 일본국적의 유람선에서 독일 여대생 甲과 간통하여 간통죄(제241조 제1항 본문)를 범하였고, 외국인 丙을 때려 코피가 나게 하여 상해죄(제257조 제1항)를 범하였다. 이 경우 우리 형법이 적용될 수 있는지의 여부 및 그 근거가 문제된다.

3. 독일인 丙은 중국 영해상에 있는 일본국적의 유람선에서 독일인 甲을 때려 상해죄(제257조 제1항)를 범하였고, 우리나라 영해상에 있는 일본국적의 유람선에서 독일인 甲을 때려 주기로 프랑스인 丁과 공모한 후 다음 날 일본 영해상에 있는 일본국적의 유람선에서 甲에게 상해죄(제257조 제1항)를 범하였다. 프랑스인 丁은 우리나라 영해상에 있는 일본국적의 유람선에서 독일인 丙과 함께 독일인 甲을 상해 내지 폭행하기로 공모하였으나 실행에는 가담하지 않았다. 이 경우 판례에 의할 때 우리 형법을 적용할 수 있는지 문제된다.

사례에서는 문제되는 범죄에 우리 국민과 외국인, 우리 영해와 외국 영해, 외국국적의 선박이 관련되어 있으므로 우리 형법의 인적·사항적·장소적 적용범위가 문제된다.

Ⅱ. 형법의 적용범위에 관한 원칙

형법의 적용범위에 대해서는 속지주의, 속인주의, 보호주의, 세계주의 등의 원칙이 있다.

첫째, 속지주의란 자기 나라의 영역 내에서 발생한 범죄에 대해서는 내국인이건 외국인이건 자기 나라의 형법을 적용한다는 원칙이다. 형법 제2조는 "본법은 대한민국영역내에서 죄를 범한 내국인과 외국인에게 적용한다"고 규정하여 속지주의를 택하고 있다. 또한 제4조는 "본법은 대한민국영역외에 있는 대한민국의 선박 또는 항공기내에서 죄를 범한 외국인에게 적용한다"고 하여 속지주의원칙의 적용범위를 좀더 분명히 하고 있다.

둘째, 속인주의란 자국민(自國民)의 범죄행위에 대해서는 그것이 어디에서 행해졌든 자국(自國)의 형법을 적용한다는 원칙이다. 형법 제3조는 "본법은 대한민국 영역외에서 죄를 범한 내국인에게 적용한다"라고 하여 속인주의를 택하고 있다.

셋째, 보호주의란 외국인이 외국에서 죄를 범했더라도 그것이 자국이나 자국민에 대한 범죄이면 자국의 형법을 적용하는 원칙을 말한다. 형법 제5조와 제6조 본문은 "본법은 대한민국 영역외에서 대한민국 또는 대한민국국민에 대하여 전조에 기재한 이외의 죄를 범한 외국인에게 적용한다"라고 하여 보호주의를 규정하고 있다. 다만, 보호주의에 의하면 외국인이 외국에서 범한 죄에 대해서도 우리 형법을 적용하므로 우리나라에서는 범죄가 되지만 외국에서는 범죄가 되지 않음에도 불구하고 그 외국인에게 우리 형법을 적용할 수가 있다. 이는 외국인의 입장에서 보면 불합리하므로 제6조 단서는 "단, 행위지의 법률에 의하여 범죄를 구성하지 아니하거나 소추 또는 형의 집행을 면제할 경우에는 예외로 한다"고 하여 우리 형법의 적용을 배제하고 있다.

넷째, 세계주의란 외국인이 외국에서 외국사람에 대해 범죄를 저지른 경우에도 자국의 형법을 적용한다는 원칙이다. 세계주의는 자국과 관계없는 사항들을 이유로 외국인에 대해 자국의 형법을 적용하는 것이므로 반인륜적 범죄나 국제적으로 이루어지는 범죄들에 대해서만 적용하는 것이 보통이다.

Ⅲ. 甲에 대해 적용되는 우리 형법 규정

독일인 甲은 우리 형법상 상간죄(제241조 제1항 제2문)를 범하였으나, 범행을 행한 장소가 중국 영해상에 있는 일본국적의 유람선이므로, 속지주의를 규정한 형법 제2조와 제4조는 적용될 수 없다.

甲이 독일인이므로 속인주의를 규정한 형법 제4조도 적용될 수 없다.

다만, 독일인인 甲이 한국인인 乙과 간통을 하여 대한민국 국민 또는 대한민국에 대해 상간죄를 범한 것이므로 보호주의(제6조 본문)에 의해 우리 형법이 적용될 가능성이 있다. 그러나 제6조 단서는 "행위지의 법률에 의하여 범죄를 구성하지 아니하거나 소추 또는 형의 집행을 면제할 경우에는 그러하지 아니하다"고 규정하고 있다. 사례에서 상간죄의 행위지는 중국 영해상에 있는 일본국적의 유람선인데, 중국이나 일본에서는 간통죄나 상간죄를 처벌하지 않는다.

이와 같이 甲에게는 형법 제2조 및 제4조, 제3조 및 제6조 본문 및 단서에 의해 우리 형법이 적용되지 않는다.

Ⅳ. 乙에 대한 우리 형법의 적용 가부 및 그 근거

한국인 乙이 중국 영해상에 있는 일본국적의 선박에서 외국인 甲과 간통죄(제241조 제1항 본문)를 범하였고, 독일인 丙에게 상해죄(제257조 제1항)를 범하였다.

속지주의에 의하면 乙이 국내가 아닌 중국 영해상 또는 일본국적의 선박에서 죄를 범하였기 때문에 우리 형법을 적용할 수 없다(제2조, 제4조). 그러나 乙은 한국인이므로 속인주의를 규정한 형법 제3조에 의해 우리 형법이 적용된다. 따라서 乙은 간통죄(제241조)와 상해죄(제257조)의 실체적 경합범(제37조 전단)으로 처벌될 수 있다.

Ⅴ. 판례에 의할 경우 丙, 丁에 대한 우리 형법의 적용 가부

독일인 丙은 甲에 대해서 두 번의 상해죄(제257조 제1항)를 범하였는데 각각의 행위에 대해 살펴보면 다음과 같다.

첫째, 중국 영해상에 있는 일본국적의 유람선 내에서 甲에게 상처를 입혔는데, 이는 외국인이 외국에서 외국인에게 상해죄를 범한 것이다. 따라서 속지주의, 속인주의, 보호주의 어느 것에 의해서도 우리 형법이 적용될 수 없고, 세계주의에 의해서만 우리 형법이 적용될 수 있다. 그러나 우리 형법은 상해죄에 대해 세계주의를 택하지 않으므로 丙이 甲의 뺨을 때려 상처를 입힌 행위에 대해서는 우리 형법을 적용할 수 없다.

둘째, 독일인 丙은 프랑스인 丁과 우리나라 영해상에서 독일인 甲을 때려 줄 것을 모의하고 일본 영해상에서 甲에게 상해죄(제257조 제1항)를 범하였다. 상해의 실행행위는 외국인이 외국에서 외국인에 대해 행하였으므로 원칙적으로 우리 형법이 적용될 수 없다. 그러나 판례는 공모공동정범의 경우 공모지도 범죄지로 보아야 한다고 한다(대판 1998. 11. 27. 98도2734). 따라서 판례에 의하면 丙, 丁이 우리의 영해인 부산 앞바다에 정박해 있던 선박에서 폭행죄 내지 상해죄를 공모하였으므로 丙은 甲에 대한 상해죄(제257조 제1항)로 처벌되고, 丁은 丙의 상해행위의 실행의 착수 때까지 공모관계에서 이탈한 바 없으므로, 우리 형법에 의해 甲에 대한 상해죄의 공모공동정범으로 처벌될 수 있다.

Ⅵ. 정 리

1. 甲이 한국인 乙에 대해 상간죄(제242조 제1항 후문)를 범하였지만, 이에 대해서는 외국인이 외국에서 범한 죄로서 속지주의나 속인주의를 규정한 제2조, 제3조, 제4조가 적용되어 우리 형법이 적용되지 않는다, 甲의 상간죄는 보호주의를 규정한 제6조 본문이 적용되어 우리 형법이 적용될 가능성이 있다. 그러나 제6조 단서가 적용되어 행위지인 중국이나 일본에서는 간통죄 및 상간죄를 처벌하지 않으므로 甲에게는 우리 형법이 적용되지 않는다.

2. 乙은 속인주의를 택한 형법 제3조에 의해 간통죄(제241조)와 폭행치상죄(제262조) 혹은 상해죄(제257조)의 실체적 경합범(제37조 전단)으로 처벌될 수 있다.

3. 독일인 丙이 독일인 甲을 폭행하여 첫 번째 범한 상해죄는 외국인이 외국에서 외국인에 대해 행한 범죄이므로 우리 형법이 적용되지 않는다. 우리 형법은 상해죄에 대해 세계주의를 택하지 않고 있기 때문이다. 그러나 甲에 대한 두 번째 상해죄에 대해서는 판례에 의하면 우리나라 영해상에서 丙이 丁과 공모를 하였기 때문에 실행행위가 일본에서 이루졌더라도 우리 형법이 적용되어 상해죄의 공동정범으로 처벌될 수 있다.

프랑스인 丁이 우리나라 영해상에서 丙과 폭행죄 내지 상해죄를 공모하였고, 丙이 일본에서 甲에게 상해죄를 범했지만 그 실행의 착수에 이르기 전까지 공모관계에서 이탈한 바 없으므로, 丁에게는 우리 형법이 적용되어 폭행치상죄(제262조) 혹은 상해죄(제257조 제1항)의 공모공동정범으로 처벌될 수 있다.

2. 소급효금지원칙

:: 다음 사례를 읽고 물음에 답하시오

甲은 1990. 6. 1. 절도죄를 범하였다는 혐의를 받고 있었다(당시 법률에 의하면 절도죄의 법정형은 6년 이하의 징역, 공소시효는 7년이었다). 그런데 이후 절도범죄가 폭발적으로 증가하고 절도죄의 전력이 있는 사람들이 절도죄를 많이 범한다는 사실이 과학적으로 증명되자, 1997. 7. 1. 국회는 절도죄의 공소시효를 10년으로 연장하고, 절도죄에 대해 집행유예를 할 때에는 새로이 보호관찰을 부과할 수 있도록 하는 특별법을 제정하였다. 甲은 체포되어 불구속기소되었고, 1997. 8. 1. 법원은 피고인에게 징역 1년에 집행유예 3년 및 집행유예기간 동안 보호관찰을 받을 것을 명하는 판결을 선고하였다.

이후 甲은 2003. 9. 1. 강제추행죄를 범하였다(당시의 법률에 의하면 강제추행죄의 법정형은 10년 이하의 징역이고, 공소시효는 7년이었다). 그런데 그 후 몇 건의 아동에 대한 성폭력범죄가 발생하자 2007. 1. 30. 국회는 강제추행죄의 공소시효를 10년으로 연장하고 법정형을 1년 이상 15년 이하의 징역으로 하고 강제추행죄로 징역형의 실형을 선고받고 그 형기를 만료한 자가 재범위험성이 있다고 판단되는 경우에는 5년간 위치추적 전자장치를 부착할 수 있도록 하는 특별법을 제정하였다. 甲은 2010. 10. 1. 체포되어 구속기소되었고, 2010. 10. 20. 법원은 피고인에게 징역 12년과 징역형집행 종료 후 5년간 위치추적 전자장치의 부착을 명하는 판결을 선고하였다.

1. 1997. 8. 1. 법원의 판결이 정당한가에 대한 판례의 입장을 설명하시오.
2. 2010. 10. 20. 법원의 판결이 정당한가에 대한 판례의 입장을 설명하시오.
3. 위의 1, 2.에서 판례의 입장의 문제점으로 지적되는 것들을 제시하시오.

Ⅰ. 논점의 제시

첫째, 1997. 8. 1. 판결의 정당성 여부와 관련하여 문제되는 것은 다음과 같다.

1. 행위시의 법률에 의하면 甲의 절도죄의 공소시효는 1997. 5. 31. 완성되고, 공소시효가 완성된 이후인 1997. 7. 1. 국회가 절도죄의 공소시효를 10년으로 연장하는 법률이 제정되었는데, 이 법률을 적용하여 甲을 절도죄로 처벌한 것이 소급효금지원칙에 반하는지 문제된다. 여기에서는 공소시효가 완성된 이후 제정된 법률

의 진정소급효 인정 여부가 문제된다.

2. 행위시의 법률에 의하면 甲에게 징역형의 집행유예를 선고할 경우 보호관찰을 명할 수 없었는데, 1997. 7. 1.의 법률에 의해 보호관찰을 명할 수 있도록 되었다. 이 역시 소급효금지원칙에 반하는지 문제된다. 이는 보호관찰의 법적 성격과 그에 따른 소급효 인정 여부의 문제이다.

둘째, 2010. 10. 20.의 판결의 정당성 여부와 관련하여 문제되는 것은 다음과 같다.

1. 행위시법에 의하면 공소시효가 완성되기 이전에 공소시효를 연장한 2007년 법률개정이 이루어졌고, 이후 행위시법에 의하면 공소시효가 완성되었고, 개정법률에 의하면 공소시효가 완성되지 않은 강제추행죄에 대해 기소를 허용할 수 있는가 문제된다. 이는 2007년 법률의 부진정소급효를 인정할 것인가의 문제이다.

2. 행위시법에 의하면 甲에게 징역 10년 이하만을 선고할 수 있는데, 법원은 재판시법에 의해 징역 12년을 선고하였다. 이것이 소급효금지원칙에 반하지 않는가 문제된다.

3. 행위시법에 의하면 징역형집행 종료 후 위치추적 전자장치를 명할 수 없었으나 2007년 개정법률에 의해 위치추적 전자장치를 명하는 것이 소급효금지원칙에 반하는지 문제된다.

셋째, 이 사례에 대한 판례의 입장에 대해 제기되는 비판이 무엇인지 문제된다.

Ⅱ. 논점에 대한 판례의 입장

1. 공소시효연장과 소급효금지에 관한 판례의 입장

헌법재판소는 "형벌불소급의 원칙은 '행위의 가벌성' 즉 형사소추가 '언제부터 어떠한 조건하에서' 가능한가의 문제에 관한 것이고, '얼마동안' 가능한가의 문제에 관한 것은 아니므로, 과거에 이미 행한 범죄에 대하여 공소시효를 정지시키는 법률이라 하더라도 그 사유만으로 소급효금지원칙에 반하지 않는다"고 한다(헌재 1996. 2. 16. 96헌가2, 96헌바7, 96헌바13 전원재판부).

헌법재판소는 소급입법을 새로운 입법으로 이미 종료된 사실관계 또는 법률관계에 작용케 하는 진정소급입법과 현재 진행중인 사실관계 또는 법률관계에 작용케 하는 부진정소급입법으로 나눈다. 그리고 부진정소급입법은 원칙적으로 허용되고 단지 소급효를 요구하는 공익상의 사유와 신뢰보호의 요청 사이의 교량과정에서 신뢰보호의 관점이 입법자의 형성권에 제한을 가할 뿐이고, 진정소급입법은 원칙적으로 허용되지 않지만 특단의 사정이 있는 경우, 즉 기존의 법을 변경하여야 할 공익적 필요는 심히 중대한 반면에 그 법적 지위에 대한 개인의 신뢰를 보호하여야 할 필요가 상대적으로 정당화될 수 없는 경우에는 예외적으로 허용될 수 있다고 한다(위의 결정 및 헌재 1989. 3. 17. 88헌마1; 1989. 12. 18. 89헌마32 · 33 등).

2. 보호관찰 및 위치추적 전자장치를 규정한 법률과 소급효금지원칙

판례는 "보호관찰은 형벌이 아니라 보안처분의 성격을 갖는 것으로서, 과거의 불법에 대한 책임에 기초하고 있는 제재가 아니라 장래의 위험성으로부터 행위자를 보호하고 사회를 방위하기 위한 합목적적인 조치이므로, 그에 관하여 반드시 행위 이전에 규정되어 있어야 하는 것은 아니며, 재판시의 규정에 의하여 보호관찰을 받을 것을 명할 수 있다고 보아야 할 것이고, 이와 같은 해석이 형벌불소급의 원칙 내지 죄형법정주의에 위배되는 것이라고 볼 수 없다"고 한다(대판 1997. 6. 13. 97도703). 또한 '특정 성폭력범죄자에 대한 위치추적 전자장치 부착에 관한 법률'(이하 '이 사건 법률'이라 한다)에 의한 전자감시제도는 성폭력범죄자의 재범방지와 성행교정을 통한 재사회화를 위하여 그의 행적을 추적하여 위치를 확인할 수 있는 전자장치를 신체에 부착하게 하는 부가적인 조치를 취함으로써 성폭력범죄로부터 국민을 보호함을 목적으로 하는 일종의 보안처분으로서, 형벌에 관한 일사부재리의 원칙이 그대로 적용되지 않으므로 위 법률이 형 집행의 종료 이후에 부착명령을 집행하도록 규정하고 있다 하더라도 그것이 일사부재리의 원칙에 반한다고 볼 수 없다고 한다(대판 2009. 9. 10. 2009도6061, 2009전도13; 2009. 5. 14. 2009도1947, 2009전도5 등), 이는 보호관찰이나 위치추적 전자장치 부착명령에 소급효금지원칙이 적용되지 않는다는 취지라고 할 수 있다.

3. 사례에의 적용

판례에 의하면 다음과 같은 결론이 나온다.

첫째. 1997. 7. 1. 법률이 절도죄의 공소시효를 연장한 것은 진정소급입법이지만 공익을 위한 것이므로 정당하고 또한 형사절차법에는 소급효금지원칙이 적용되지 않고, 보호관찰과 같은 보안처분에도 소급효금지원칙이 적용되지 않으므로 1997. 8. 1. 판결은 정당하다고 할 수 있다.

둘째, 2007. 1. 30. 법률이 강제추행죄의 공소시효를 연장한 것은 부진정소급입법으로서 허용되거나, 위치추적 전자장치 부착명령은 보안처분으로서 소급효금지원칙이 적용되지 않으므로, 2010. 10. 20. 판결 역시 정당하다고 할 수 있다.

Ⅲ. 판례의 입장에 대한 비판

1. 형사절차법과 소급효금지의 원칙

형사절차법에 소급효금지원칙이 적용되는가에 대해 전면적 긍정설은 헌법 제12조 제1항 제2문은 "누구든지 법률에 의하지 아니하고는 체포 · 구속 · 압수 · 수색 또는 심문을 받지 아니하며, 법률과 적법한 절차에 의하지 아니하고는 처벌 · 보안처분 또는 강제노역을 받지 아니한다"라고 하여 절차법적 문제와 실체법적 문제를 한꺼번에 규정하고 있고, 일반국민의 중요 관심사는 일정한 행위를 하면 처벌되느냐 안 되느냐이지 그것이 실체법적 사유 때문이냐 아니면 절차법적 사유 때문이냐가 아니라는 것을 근거로 든다. 이 견해에 의하면 법원은 甲에게 유죄판결을 할 수 없고 면소판결을 하여야 한다.

또한 부분적 소급효금지원칙 인정설은 절차법에는 소급효금지원칙이 적용되지 않지만 공소시효와 같이 형사절차법이 가벌성과 관련된 경우에는 소급효금지원칙이 적용된다고 하거나, 신법 시행 이전에 공소시효가 완성된 경우에는 소급효금지원칙이 적용되지만 신법 시행 이후에 구법에 의한 공소시효가 완성된 경우에는 소급효금지원칙이 적용되지 않는다고 한다. 이 견해에 의해도 법원은 甲에게 유죄판결을 할 수 없고 면소판결을 하여야 한다.

2. 진정소급입법의 허용 여부

판례는 진정소급입법도 특단의 사정이 있는 경우 예외적으로 허용될 수 있다고 한다. 이에 대해 통설은 진정소급입법은 어떠한 경우에도 허용될 수 없다고 한다. 따라서 진정소급입법에 따른 절도죄의 처벌은 부당하므로 법원은 甲에게 절도죄에 대해 면소판결을 해야 한다고 한다.

3. 부진정소급입법의 허용 여부

소수설은 부진정소급입법도 허용되지 않는다고 한다. 이에 의하면 甲에게 절도죄 및 강제추행죄 모두에 대해 면소판결을 해야 한다.

4. 보호관찰과 위치추적 전자장치 부착명령의 법적 성격

판례는 보호관찰과 위치추적 전자장치 부착명령의 법적 성격에 대해 보안처분이라고 하지만, 이를 형벌집행방법의 변경이라고 보는 견해도 있다. 이에 의하면 보호관찰과 위치추적 전자장치 부착명령도 형벌의 일종이라고 해야 하므로 소급효금지원칙이 적용되어야 하고, 따라서 법원은 보호관찰과 위치추적 전자장치 부착명령을 선고하여서는 안 된다.

5. 보안처분과 소급효금지의 원칙

통설은 보안처분에도 소급효금지원칙은 적용되어야 한다고 한다. 헌법 제12조 제1항은 "… 법률과 적법한 절차에 의하지 아니하고는 처벌·보안처분 또는 강제노역을 받지 아니한다"라고 규정하여 형벌과 보안처분을 동일하게 취급할 것을 규정하고 있기 때문이라는 것이다. 이 견해에 의하면 법원이 행위시법률에 인정되지 않았던 보호관찰이나 위치추적 전자장치 부착명령을 선고해서는 안 된다.

Ⅳ. 결 론

형사절차법이든 형사실체법이든 진정소급입법은 허용되지 않는다고 해야 할 것이다. 이를 인정할 수 있는 헌법적 근거가 없기 때문이다. 그러나 부진정소급입법은 형사실체법에서는 인정할 수 없지만, 형사절차법에서는 인정해도 무방하다고 생각된다. 특히 형사절차법 중에서도 공소시효제도는 원칙적으로 인정하지 말아야 할 제도이고, 또 인정한다 하더라도 그 존재의미가 이전과는 많이 달라졌기 때문에 공소시효 완성 전에 그 기간을 늘리는 것은 허용될 수 있다고 해야 할 것이다.

한편 치료감호법상의 보호관찰을 보안처분이라고 해야 하지만, 형법상의 보호관찰이나 기타 특별법상의 보호관찰 또는 위치추적 전자장치 부착명령은 형벌의 성격을 더 많이 지니고 있다고 해야 할 것이다. 그리고 설사 이것들을 보안처분이라고 하더라도 보안처분에도 진정소급입법은 허용되어서는 안 된다고 해야 할 것이다.

이렇게 본다면, 법원은 절도죄에 대해서는 甲에게 면소판결을 선고해야 하고, 강제추행죄에 대해서는 위치추적 전자장치 부착명령은 선고할 수 없고 10년 이내의 징역형만을 선고할 수 있다고 해야 할 것이다.

3. 유추해석금지의 원칙

:: 다음 사례를 읽고 물음에 답하시오.

일류대학을 나와 입사시험을 준비하던 甲은 예쁘지도 않고 대학도 나오지 않은 하숙집 딸 A가 자신에게 헌신적으로 대해주자 A와 혼인신고는 하지 않고 동거하게 되었다. 그런데 얼마 후 甲은 대기업인 칠성전자에 취직을 하게 되었고, A는 임신을 하여 아이를 낳게 되었다. 취직을 하면 A와 헤어질 것을 계획하고 있던 甲은 별 볼 일 없는 A와의 사이에 아이를 낳은 것은 치욕이라고 생각하였다. 甲은 A가 아이를 낳은 직후 아이를 살해하기 위해 근처 B소유의 과수원으로 아이를 안고 갔다. 그런데 이를 눈치챈 A의 어머니 C가 쫓아와서 甲을 "애를 낳았으면 힘들어도 길러야지. 조강지처와 아이를 버리는 짐승같은 놈"이라고 나무라면서 아이를 빼앗았다. 일자무식인 C가 일류대학을 나온 자신을 나무라는 데에 격분한 甲은 아이와 C를 과수원 안에 있는 연못에 한꺼번에 밀어넣어 살해하였다. 자신이 한 일에 당황한 甲은 흥분을 달래려 담배를 피운 후 불이 채 꺼지지 않은 담배꽁초를 과수원 잔디밭에 버렸는데, 뜻밖에도 풀밭에 불이 붙었고 그 불이 옆에 있던 사과나무에 옮겨붙어 잔디밭 100여 제곱미터와 사과나무 100그루 정도가 타버리고 말았다.

1. 甲에게 영아살해죄와 존속살해죄를 인정할 수 있는가에 대해 긍정하는 견해와 부정하는 견해의 근거를 제시해 보시오.
2. 사과나무를 태운 행위에 대해 甲에게 무죄를 주장하는 입장에서 제시할 수 있는 근거를 소개하시오.

Ⅰ. 논점의 제시

첫째, 甲이 아이와 C를 살해한 행위가 각각 영아살해죄(제251조) 및 존속살해죄(제250조 제 2 항)에 해당하는가 아니면 모두 보통살인죄(제250조 제 1 항)에 해당하는가가 문제된다. 이는 제250조 제 2 항과 제251조 소정의 '직계존속' 개념을 어떻게 해석하느냐에 달려있다.

둘째, 甲이 실수로 B소유의 잔디밭 100여 제곱미터와 사과나무 100그루 정도를 태운 것이 타인소유의 일반물건실화죄(제170조 제 2 항)에 해당하는가이다. 이는

第170조 제2항의 '자기소유에 속하는 제166조 또는 제167조에 기재한 물건'에 '타인소유에 속하는 제167조에 기재한 물건'이 포함되는가의 문제이다. 만약에 포함되지 않는다고 하면 甲을 처벌할 수 있는 규정이 없어 甲은 무죄가 된다.

Ⅱ. 영아살해죄 및 존속살해죄의 인정 여부

1. 영아살해죄(제251조)의 성립 여부

사례에서는 영아살해죄의 객체, 행위태양, 인과관계, 고의, 동기 등 모든 요건들을 충족하고 있다고 할 수 있고, 문제가 되는 것은 영아살해죄의 주체인 직계존속의 개념이다. 제251조의 영아살해죄의 '직계존속'의 의미가 무엇인가에 대해서는 생모에 국한된다는 견해, 법률상의 직계존속에 국한된다는 견해 및 사실상의 직계존속을 포함한다는 견해가 있다. 앞의 두 견해에 의하면 甲은 영아살해죄가 아닌 보통살인죄의 죄책을 지지만, 세 번째 견해에 의하면 甲은 영아살해죄의 죄책을 지게 된다.

(1) 영아살해죄 부정설

1) 영아살해죄의 주체는 생모에 국한된다는 견해

이 견해는 생부나 조부모 등도 직계존속에 포함된다고 해석할 경우에는 분만 중 또는 분만 직후의 영아살해죄의 형벌감경을 합리적으로 설명할 수 없다고 한다. 즉, 분만 직후가 지난 영아를 살해한 경우 형벌이 감경되지 않는데 이렇게 되면 분만 중 또는 분만 직후의 영아를 살해한 행위가 이 단계를 지난 영아를 살해한 경우 보다 불법 내지 위법성이 적은 것이라고 해석해야 하는데, 생명의 가치는 동일하므로 이러한 해석은 부당하다고 한다. 따라서 영아살해죄의 형벌을 감경하는 것은 출산의 흥분으로 인한 책임능력의 미약 때문이라고 해야 하는데, 출산으로 인해 책임능력이 미약해지는 것은 생모에 국한되므로 제251조의 직계존속도 생모에 국한되어야 한다고 한다. 이 견해에 의하면 甲은 영아살해죄가 아닌 보통살인죄(제250조 제1항)의 죄책을 진다.

2) 법률상의 직계존속에 국한된다는 견해

이 견해는 제251조의 직계존속이란 제250조 제2항의 경우와 마찬가지로 법률상의 직계존속을 의미한다고 한다. 판례도 이 견해를 따르고 있다. 이 견해에 의하면, 甲은 법률상의 직계존속이 아닌 사실상의 직계존속이므로, 영아살해죄가 아닌 보통살인죄(제250조 제1항)의 죄책을 진다.

(2) 영아살해죄 긍정설

이 견해는 ① 문리해석상 직계존속에 사실상의 직계존속도 포함된다고 할 수 있고, ② 제250조 제2항의 직계존속은 피고인에게 불리한 개념이므로 법률상의 직계존속으로 엄격하게 해석해야 하지만, 제251조의 직계존속은 피고인에게 유리한 개념이므로 넓게 해석해도 무방하고, ③ 영아살해죄는 법률상의 직계존속보다는 사실상의 직계존속에 의해 행해질 가능성이 많다는 것을 근거로 든다. 이 견해에 의하면 사례에서 甲은 영아살해죄(제251조)의 죄책을 진다.

(3) 결 어

생모에 국한된다는 견해는 영아살해죄의 주체를 생모로 국한하고 있는 독일형법의 해석으로는 맞을 수 있지만, 피고인에게 유리한 개념을 축소해석하는 것으로서 해석의 합리성 여부를 떠나 유추해석금지의 원칙에 위배된다고 할 수 있다. 판례도 위법성 및 책임의 조각사유나 소추조건, 또는 처벌조각사유인 형면제 사유를 축소해석하게 되면 가벌성의 범위가 확대되어 행위자에게 불리하게 되고 이는 유추해석금지원칙에 반한다고 한다(대판 1997. 3. 20. 96도1167 전원합의체).

영아살해죄가 사실상의 직계존속에 의해 행해질 가능성이 높고, 직계존속에 사실상의 직계존속이 포함된다고 하는 것은 확장해석이 아니라 문리해석이라고 할 수 있고, 설사 확장해석이라고 하여도 피고인에게 불리한 해석이 아니라고 할 수 있다.

따라서 영아살해죄 부정설보다는 영아살해죄 긍정설이 타당하다.

2. 존속살해죄(제250조 제2항)의 성립 여부

甲이 존속살해죄의 죄책을 지는가 아니면 보통살인죄의 죄책을 지는가는 존속살해죄에서의 배우자와 직계존속을 어떻게 해석하느냐에 달려있다.

(1) 존속살해죄 부정설

존속살해죄에서의 배우자 및 직계존속은 피고인에게 불리한 개념이므로 엄격하게 해석해야 하므로 법률상의 배우자 및 직계존속에 국한된다고 하는 것이 통설·판례의 입장이다. 사례에서 甲은 A와 혼인신고를 하지 않았으므로 A는 甲의 사실상의 배우자이고, C는 사실상의 배우자의 직계존속이므로 존속살해죄의 배우자의 직계존속에 해당되지 않는다. 따라서 甲은 존속살해죄가 아닌 보통살인죄(제250조 제1항)의 죄책을 진다.

(2) 존속살해죄 긍정설

이에 대해 배우자, 직계존속의 개념에 사실상의 배우자, 사실상의 직계존속이 포함된다고 해석하는 것은 피고인에게 불리한 유추해석이 아니고 문리해석이라고 하는 주장이 있을 수 있다. 이에 의하면 甲은 존속살해죄의 죄책을 질 수 있다.

(3) 결 어

형법해석은 엄격하게 하는 것이 원칙이므로 존속살해죄를 인정하는 것보다는 보통살인죄를 인정하는 것이 타당하다. 그러나 피고인에게 유리할 때에는 반드시 엄격하게 해석할 필요가 없으므로 아이에 대해서는 보통살인죄보다 영아살해죄를 인정하는 것이 타당하다.

Ⅲ. 타인소유 일반물건실화죄의 성립 여부

甲은 과실로 타인소유의 사과나무에 불을 냈으므로 제170조 제2항의 적용 여부가 문제된다. 이에 대해서는 긍정설과 부정설이 대립한다.

(1) 긍정설

대법원 94모32 전원합의체 결정의 다수의견은 "형법 제170조 제2항에서 말하는 '자기의 소유에 속하는 제166조 또는 제167조에 기재한 물건'이라 함은 '자기의 소유에 속하는 제166조에 기재한 물건 또는 자기의 소유에 속하든, 타인의 소유에 속하든 불문하고 제167조에 기재한 물건'을 의미하는 것이라고 해석하여야 하며, 제170조 제1항과 제2항의 관계로 보아서도 제166조에 기재한 물건(일반건조물 등) 중 타인의 소유에 속하는 것에 관하여는 제1항에서 규정하고 있기 때문에 제2항에서는 그중 자기의 소유에 속하는 것에 관하여 규정하고, 제167조에 기재한 물건에 관하여는 소유의 귀속을 불문하고 그 대상으로 삼아 규정하고 있는 것이라고 봄이 관련조문을 전체적, 종합적으로 해석하는 방법일 것이고, 이렇게 해석한다고 하더라도 그것이 법규정의 가능한 의미를 벗어나 법형성이나 법창조 행위에 이른 것이라고는 할 수 없어 죄형법정주의의 원칙상 금지되는 유추해석이나 확장해석에 해당한다고 볼 수는 없을 것이다"라고 하여 긍정설을 취한다.

이 견해에 의하면 甲은 타인소유의 일반물건실화죄(제170조 제2항)의 죄책을 진다.

(2) 부정설

위 결정의 소수의견은 "우리말의 보통의 표현방법으로는 '자기의 소유에 속하는'이라는 말은 '제166조 또는 제167조에 기재한 물건'을 한꺼번에 수식하는 것으로 볼 수밖에 없고, 위 규정이 '자기의 소유에 속하는 제166조에 기재한 물건 또는 아무런 제한이 따르지 않는 단순한 제167조에 기재한 물건'을 뜻하는 것으로 볼 수 없다"고 하면서 "법의 개정에 의하지 아니한 채 형법의 처벌규정을 우리말의 보통의 표현방법으로는 도저히 해석할 수 없는 다른 의미로 해석하는 것에 의해 그 목적을 달성하려고 한다면 그것은 죄형법정주의의 정신을 훼손할 염려가 크다고 아니할 수 없다"고 하여 부정설을 취한다.

이 견해에 의하면 甲이 B소유의 잔디밭과 사과나무를 태운 행위에 대한 처벌규정이 없어 甲은 무죄가 된다.

(3) 결 어

긍정설보다는 부정설이 타당하다고 생각된다. 입법자의 실수로 제170조 제2항에 타인소유의 일반물건은 규정되지 않았다고 할 수 있고, 이것은 법전편찬상의 흠결이라고 보기에는 너무나 큰 흠결이라고 할 수 있다. 따라서 이와 같은 법의 흠결을 해석으로 보충하려고 하는 것은 피고인에게 불리한 규정을 언어의 가능한 의미를 넘어서 확대하는 유추해석이어서 죄형법정주의 원칙상 허용되지 않는다고 할 수 있다. 따라서 甲은 무죄라고 해야 한다.

4. 법인의 형사책임, 형법의 시간적 효력, 인과관계

:: 다음 사례를 읽고 물음에 답하시오.

고시생 甲은 1998년 9월 주식회사 형태의 乙단란주점을 개업하고 자신이 대표이사로 취임하였다. 밤에 고시공부를 해야 했던 甲은 밤 11시쯤 고시원으로 퇴근을 하고 밤 12시까지 영업은 종업원 丙에게 맡겼다. 甲은 丙에게 자신의 유식함도 과시하고, 주의도 줄 겸 “12시 이후에 영업을 하면 식품위생법 제30조에 의해 3년 이하의 징역이나 2천만원 이하의 벌금에 처해지고, 식품위생법에는 양벌규정도 있으니 밤 12시 이후에는 절대 영업을 하지 말라”고 하였다. 9월 20일 밤 12시에 丙이 단란주점의 문을 닫고 있는데 A가 들어와 술과 안주를 가져오라고 하였다. 丙은 안 된다고 하였으나 A가 10만원을 팁이라고 하면서 내밀었고, 불의를 보면 비교적 잘 참는 성격의 丙은 A에게 술과 안주를 가져다주었다. 그런데 마침 12시 이후 영업을 하는 단란주점의 단속을 나왔던 공무원들에게 들키고 말았다. 뭔가 예감이 좋지 않아 다시 가게로 돌아온 甲은 단속장면을 목격하게 되었고, 이에 단속공무원 B에게 잘 봐달라고 하였다. B가 안 된다고 하자 甲은 B의 뺨을 때렸는데, B는 뒤로 넘어지면서 갑자기 사망하고 말았다. 아무도 몰랐지만 B는 두개골의 두께가 0.5mm밖에 되지 않고 뇌수종을 앓고 있는 이상체질의 소유자였는데, 甲에게 뺨을 맞는 순간 뇌압상승으로 인해 사망하게 된 것이었다.

며칠 후 甲은 옆의 가게는 자신보다 훨씬 많이 12시 이후에 영업을 하는데도 단속되지 않고, 자신의 가게만이 단속되었다는 것을 알게 되었다. 甲은 “더한 놈은 단속하지 않고 덜한 놈만 단속하는 더러운 세상!”이라고 생각하고, 12시 이후에 온 손님 C를 들어오게 하고 그에게 술을 팔았다. 그러나 동료가 甲에게 맞아 사망한 것에 불만을 품고 집중감시하고 있던 공무원 D에게 단속되고 말았다.

1. 甲의 죄책에 대한 판례와 다수설의 논리를 설명하시오.
2. 양벌규정에 의해 처벌되는 대상이 있는지의 여부와 만약 있다면 그 처벌의 근거를 설명하시오.
3. 丙에 대한 식품위생법위반죄의 재판이 진행되던 중 식품위생법시행령이 개정되어 밤 12시까지로 되어 있던 단란주점 영업시간제한이 해제되었다. 丙을 처벌할 수 있는지에 대한 판례의 입장과 그 문제점을 설명하시오.

Ⅰ. 논점의 제시

첫째, 甲의 죄책으로 문제되는 것은 다음과 같다.

1. 甲이 종업원인 丙의 식품위생법위반행위로 인해 동법 제79조의 양벌규정에 의한 책임을 지는가 문제된다.

2. B의 뺨을 때린 행위는 폭행죄(제260조)에 해당하는 행위라고 할 수 있는데, B가 사망하였으므로 폭행치사죄(제262조)의 죄책을 지는가 문제된다. 여기에서는 甲의 폭행행위와 B의 사망 사이의 인과관계(혹은 객관적 귀속)와 B의 사망에 대한 예견가능성의 유무가 특히 문제된다.

3. 손님 C를 출입시킴으로써 식품위생법위반죄의 죄책을 지는가 문제된다.

둘째, 주식회사 乙단란주점의 죄책으로 문제되는 것은 다음과 같다.

1. 법인인 주식회사 乙의 종업원인 丙의 식품위생법위반행위로 인해 乙법인이 동법 제79조의 양벌규정에 의해 처벌되는가, 처벌된다면 그 근거는 무엇인가 문제된다.

2. 대표이사인 甲의 식품위생법위반행위로 인해 乙법인이 동법 제79조의 양벌규정에 의해 처벌되는가, 처벌된다면 그 근거는 무엇인가 문제된다.

셋째, 甲, 乙, 丙에 대한 식품위생법 제75조 제 2 호 소정의 단란주점영업시간위반죄 및 양벌규정에 의한 처벌에 대한 재판의 진행중 식품위생법시행령이 개정되어 甲, 丙의 행위가 더 이상 범죄가 되지 않게 되었다. 이 경우 형법 제 1 조 제 2 항이 甲, 乙, 丙에게 어떻게 적용될 것인가 문제된다.

Ⅱ. 甲의 죄책

1. 양벌규정에 의한 처벌 여부

행위시의 식품위생법 제79조는 "법인의 대표자나 법인 또는 개인의 대리인·사용인 기타의 종업원이 그 법인 또는 개인의 업무에 관하여 제74조 내지 제77조의 위반행위를 한 때에는 그 행위자를 벌하는 외에 그 법인이나 개인에 대하여도 해당각조의 벌금형을 과한다"고 하는 양벌규정을 두고 있다.

사례에서 종업원인 丙이 식품위생법위반행위를 하여 고용주는 양벌규정에 의해 처벌될 수 있다. 그런데 甲은 乙단란주점의 대표자일 뿐이므로 丙은 甲의 종업원이 아니라 법인인 乙단란주점의 종업원이다. 종업원 丙의 범죄행위에 대해 양벌규정의 책임을 지는 것은 고용주이므로 乙단란주점이 양벌규정에 의한 책임을 지고, 甲은 양벌규정에 의해 처벌되지 않는다.

2. 폭행치사죄(제262조)의 성립 여부

甲이 B의 뺨을 때린 행위는 폭행죄(제260조)에 해당하는데, B가 사망하였으므로 폭행치사죄(제262조)의 성립 여부가 문제된다.

(1) 판례에 의한 해결

판례에 의하면 甲의 폭행행위와 B의 사망 사이에 상당인과관계가 인정되고, B의 사망에 대한 예견가능성이 인정되어야 한다. 판례는 상당인과관계, 그중에서도 절충적 상당인과관계의 입장을 따르고 있다. 절충적 상당인과관계는 행위 당시 행위자가 인식한 사정과 일반인이 인식할 수 있었던 사정을 기초로 하여 일반경험칙상 그러한 상황에서 甲의 폭행행위가 있었다면 B가 사망할 상당성 내지 개연성이 있는 경우에 상당인과관계를 인정한다. 이에 의하면 행위 당시 甲이 인식한 사정이나 일반인이 인식할 수 있었던 사정은 甲이 이상체질이 아닌 정상적인 상태의 B의 뺨을 때린다는 것이고, 이상체질이 아닌 정상적인 사람을 폭행하였을 경우 그가 사망할 가능성은 있지만 고도의 가능성, 즉 상당성이나 개연성이 있다고 할 수는 없기 때문에, 甲의 폭행행위와 B의 사망 사이에 상당인과관계가 인정되지 않는다.

따라서 B의 사망결과에 대한 예견가능성을 따질 것도 없이 甲은 폭행치사죄의 죄책은 지지 않고 폭행죄의 죄책만을 진다.

(2) 다수설에 의한 해결

다수설에 의하면 甲의 폭행행위와 B의 사망 사이에 합법칙적 조건설에 의한 인과관계가 인정되고, B의 사망을 甲의 폭행행위에 귀속시켜야 하고, B의 사망에 대한 예견가능성이 있어야 한다.

1) 합법칙적 조건설에 의한 인과관계의 존부

합법칙적 조건설이란 행위로 인해 외부의 결과가 발생하였고, 우리의 경험법칙이나 과학법칙에 따를 때 그 행위로 인해 그 결과가 발생하였다는 것이 설명가능하다면 양자간에 인과관계가 인정된다고 한다. 사례에서 甲의 폭행행위가 이상체질인 B의 뇌압상승을 일으켰고 이로 인해 B가 사망하였다는 설명이 가능하므로 甲의 폭행행위와 B의 사망 사이에는 합법칙적 조건설에 의한 인과관계가 인정된다.

2) 객관적 귀속

B의 사망을 甲의 행위에 귀속시킬 수 있는가 문제된다. 객관적 귀속론에서는 위험증대이론, 지배가능성이론, 규범의 보호목적이론 등을 귀속의 기준으로 제시한다. 위험증대이론에 의하면 甲이 B의 따귀를 때린 행위는 B의 사망의 위험을 증대시킨 것이므로 B의 사망을 甲의 폭행행위에 귀속시킬 수 있다. 지배가능성이론에 의하면 귀속이 가능하기도 하고 불가능하기도 하다. 규범의 보호목적이론에 의하면 B의 사망을 甲의 폭행행위에 귀속시킬 수 있다.

3) B의 사망에 대한 예견가능성

객관적 귀속이 인정되지 않는다고 할 경우 甲은 폭행죄의 죄책만을 지지만, 객관적 귀속이 인정되는 경우에는 B의 사망에 대한 예견가능성의 유무를 따져야 한다. 이 사례에서 평균인들을 기준으로 하면 B가 이상체질의 사람이라는 것을 알 수 없었고, 따라서 甲이 B의 뺨을 때릴 때 B가 사망할 것이라고 예견할 수 없었다고 해야 할 것이다.

4) 정 리

甲의 행위와 B의 사망 사이에 합법칙적 조건설에 의한 인과관계가 인정되고, 객관적 귀속은 인정될 수도 있고 인정되지 않을 수도 있다. 그러나 객관적 귀속이 인정된다고 하더라도 B의 사망에 대한 예견가능성이 없기 때문에 甲은 폭행치사죄의 죄책은 지지 않고 폭행죄의 죄책만 진다.

3. 식품위생법위반죄의 성립 여부

甲이 12시 이후에 손님 C에게 술을 판 행위는 식품위생법 제75조 제2호 위반죄에 해당하고 위법성조각사유나 책임조각사유는 없다.

Ⅲ. 乙의 처벌 여부 및 근거

1. 丙의 행위로 인한 처벌

丙이 주식회사 乙단란주점의 종업원이었으므로 당시의 식품위생법 제79조의 양벌규정에 의해 乙도 벌금형에 처해질 수 있다. 이 경우 乙이 책임을 지는 근거가 무엇인가에 대해 견해가 대립한다.

무과실책임설이나 과실의제설에 의하면 乙은 선임·감독상의 주의의무위반이 있었는가에 관계없이 양벌규정에 의한 죄책을 진다.

과실추정설이나 과실책임설에 의하면 乙이 丙의 선임·감독상의 주의의무를 다했다는 반증이 있거나 선임·감독상의 주의의무를 다하지 않은 것이 입증되지 않으면 乙은 양벌규정에 의해 처벌된다. 그런데 어느 경우에나 대표자 甲이 丙에게 사례에서와 같은 주의를 준 정도를 가지고서는 주식회사 乙단란주점이 丙에 대한 선임·감독상의 주의의무를 다하였다고 할 수 없다. 따라서 乙은 丙에 대한 선임·감독상의 과실책임이 인정되므로 양벌규정에 의해 처벌될 수 있다.

그러나 헌법재판소는 "이 사건 법률조항 중 법인의 종업원 관련 부분에 의할 경우, 법인이 종업원 등의 위반행위와 관련하여 선임·감독상의 주의의무를 다하여 아무런 잘못이 없는 경우까지도 법인에게 형벌을 부과될 수밖에 없게 된다. 이처럼 이 사건 법률조항 중 법인의 종업원 관련 부분은 종업원 등의 범죄행위에 관하여 비난할 근거가 되는 법인의 의사결정 및 행위구조, 즉 종업원 등이 저지른 행위의 결과에 대한 법인의 독자적인 책임에 관하여 전혀 규정하지 않은 채, 단순히 법인이 고용한 종업원 등이 업무에 관하여 범죄행위를 하였다는 이유만으로 법인에 대하여 형사처벌을 과하고 있는바, 이는 다른 사람의 범죄에 대해 그 책임 유무를 묻지 않고 형벌을 부과하는 것으로서 법치국가의 원리 및 죄형법정주의로부터 도출되는 책임주의원칙에 반한다"고 하여 면책규정이 없는 형태의 양벌규정의 경우 법인의 기관이라고 할 수 없는 종업원의 범죄행위를 이유로 법인을 처벌하는 부분은 책임주의에 위반되어 헌법에 위반된다고 한다(헌재 2010. 7. 29. 2009헌가25 · 36, 2010헌가25 병합 및 2009헌가29, 2010헌가6 병합).

따라서 헌법재판소에 의하면 주식회사 乙은 양벌규정에 의해 처벌되지 않는다.

2. 甲의 행위로 인한 죄책

식품위생법 제79조는 법인의 대표자가 동법 제75조 제2호 위반행위를 한 경우 그 대표자를 벌하는 이외에 법인도 처벌한다고 규정하고 있다. 甲이 법인인 乙단란주점의 대표이사이므로 乙은 양벌규정에 의해 처벌될 수 있다. 이 부분에 대해서도 책임주의위반이 문제될 수 있지만, 헌법재판소는 "법인 대표자의 법규위반행위에 대한 법인의 책임은, 법인 자신의 법규위반행위로 평가될 수 있는 행위에 대한 법인의 직접책임으로서, 대표자의 고의에 의한 위반행위에 대하여는 법인 자신의 고의에 의한 책임을, 대표자의 과실에 의한 위반행위에 대하여는 법인 자신의 과실에 의한 책임을 부담하는 것이다. 따라서, 이 사건 법률조항 중 법인의 대표자 관련 부분은 대표자의 책임을 요건으로 하여 법인을 처벌하므로 책임주의원칙에 반하지 아니한다."고 한다(헌재 2010. 7. 29. 2009헌가25 · 36, 2010헌가25 병합 및 2009헌가29, 2010헌가6 병합).

즉, 乙법인의 대표이사 甲이 고의로 식품위생법위반행위를 하였으므로 乙법인은 고의범의 죄책을 지고 양벌규정에 의해 고의범에 대한 벌금형에 처해진다.

Ⅳ. 甲, 乙, 丙의 처벌 가부

1. 문제의 소재

丙과 甲이 손님 A와 C에게 술을 판 행위는 당시의 식품위생법 제75조 제2호 소정의 단란주점영업시간위반죄에 해당되지만 재판을 받는 도중 단란주점의 영업시간제한규정이 삭제되었으므로 재판시에는 丙과 甲의 행위가 범죄가 아닌 것으로 되었다. 이와 같이 범죄행위 이후 법령이 개정되어 재판시에는 범죄로 되지 않는 경우 행위자인 丙과 甲을 식품위생법위반죄로 처벌할 수 있는가 문제된다. 또한 丙의 범죄행위를 이유로 乙을 처벌할 수는 없지만 甲의 범죄행위를 이유로 양벌규정에 의해 乙이 처벌될 가능성은 있다. 이 경우 甲, 乙, 丙을 처벌할 수 있는가는 형법 제1조 제2항의 형법의 시간적 적용범위와 관련된 문제이다.

2. 판례의 입장

판례는 형법 제1조 제2항의 적용 여부를 동기설에 따라 해결한다. 동기설이란 제1조 제2항의 '법률의 변경'이 이루어진 동기가 법률이념의 변경에 의해 구법에 대한 반성적 고려에 기한 것이면 신법을 적용하고, 사실관계의 변경에 의해 '법률의 변경'이 이루어진 경우에는 구법을 적용한다는 입장이다.

판례는 "식품위생법 제30조의 규정에 의하여 단란주점의 영업시간을 제한하고 있던 보건복지부 고시가 유효기간 만료로 실효되어 그 영업시간 제한이 해제됨으로써 그 후로는 이 사건과 같은 영업시간제한 위반행위를 더 이상 처벌할 수 없게 되기는 하였으나, 이와 같은 영업시간제한의 해제는 법률 이념의 변천으로 종래의 규정에 따른 처벌 자체가 부당하다는 반성적 고려에서 비롯된 것이라기보다는 사회상황의 변화에 따른 식품접객업소의 영업시간제한 필요성의 감소와 그 위반행위의 단속과정에서 발생하는 부작용을 줄이기 위한 특수한 정책적인 필요 등에 대처하기 위하여 취하여진 조치에 불과하므로, 위와 같이 영업시간제한이 해제되었다고 하더라도 그 이전에 범하여진 피고인의 이 사건 위반행위에 대한 가벌성이 소멸되는 것은 아니다"라고 한다(대판 2000. 6. 9. 2000도764).

이에 의하면 丙과 甲은 자신의 행위로 인해 처벌되고, 乙은 甲의 행위를 이유로 양벌규정에 의해 고의범의 죄책을 지고 이에 따라 벌금형에 처해진다.

3. 동기설에 대한 비판

판례가 따르는 동기설에 대해서는 다음과 같은 문제점이 있다는 비판이 제기된다.

첫째, 동기설은 피고인에게 유리한 제1조 제2항을 피고인에게 불리하게 축소해석하는 것이어서 죄형법정주의에 반한다. 동 규정은 단순히 '법률이 변경·폐지된 때'라고 하고 있지 '법률이념의 변경에 의해 변경·폐지된 때'라고 하고 있지 않다. 따라서 사실관계의 변경으로 인한 법률의 변경을 동 조항의 적용범위에서 제외하는 것은 축소해석이 된다. 피고인에게 불리한 규정을 넓게 해석하는 유추해석이 허용되지 않는 것처럼, 피고인에게 유리한 규정을 축소해석하는 것도 허용되지 않는다고 해야 한다.

둘째, 동기설은 한시법의 효력에 관한 독일형법 제2조 제4항의 해석론에서 유래한 것이다. 동 규정은 한시법의 추급효를 전면적으로 인정하고 있는데, 이로 인한 형벌권의 확장을 줄이기 위해 해석으로 법률이념의 변경으로 인한 변경인 경우에만 추급효를 인정하는 것이다. 독일형법상의 동기설은 피고인에게 유리한 축소해석이다. 이러한 해석을 우리나라 형법해석에 그대로 적용하게 되면 독일에서와는 달리 피고인에게 유리한 규정을 축소해석하는 결과가 초래된다.

셋째, 법률이념의 변경인지 사실관계의 변경인지에 대한 명백한 기준이 없으므로 법적 안정성을 해할 우려가 있다.

넷째, 설사 동기설을 따르더라도 영업시간제한 해제를 사실관계의 변경이라기보다는 영업시간제한에 대한 반성적 고려에서 영업시간제한이 폐지된 것이라고 보아야 한다. 위 대법원 2000도764 판결은 영업시간제한을 해제한 것은 "식품접객업소의 영업시간제한 필요성의 감소와 그 위반행위의 단속과정에서 발생하는 부작용을 줄이기 위한 특수한 정책적인 필요 등에 대처하기 위하여 취하여진 조치"라고 하는데, 위반행위의 단속과정에서 발생하는 부작용을 줄이기 위한 것이라는 것은 영업시간제한에 따른 부작용이 많아 이를 해제한 것으로서 영업시간제한에 대한 반성적 고려라고 할 수도 있다.

Ⅴ. 정리 및 결론

이상을 정리하면 다음과 같다.

첫째, 甲은 丙의 행위로 인해 양벌규정에 의한 처벌을 받지 않는다. 또한 B에 대한 폭행죄의 죄책은 지지만, 판례에 의하면 폭행행위와 B의 사망 사이에 상당인과관계가 있다고 할 수 없고 B의 사망에 대한 예견가능성도 없으며, 다수설에 의하면 합법칙적 조건설적 인과관계와 객관적 귀속이 인정되더라도 B의 사망에 대한 예견가능성이 인정되지 않아서 폭행치사죄의 죄책은 지지 않는다.

둘째, 주식회사 乙은 양벌규정에 의해 처벌되는데, 무과실책임설과 과실의제설의 의하면 무조건 처벌되고, 과실추정설이나 과실책임설에 의해도 乙에게 丙에 대한 선임 · 감독상의 과실이 인정되기 때문에 처벌된다. 그러나 헌법재판소에 의하면 면책규정이 없는 양벌규정의 경우 종업원의 범죄행위를 이유로 법인을 처벌하는 것은 헌법에 위반되므로, 乙은 丙의 행위로 인해 양벌규정에 의해 처벌되지 않는다. 그러나 甲의 행위로 인해 乙은 양벌규정에 의해 고의범의 죄책을 지고 고의범으로 처벌된다.

셋째, 甲, 乙, 丙은 판례의 동기설에 따르면 행위시법이 적용되어 식품위생법위반죄로 처벌되어야 하지만, 동기설을 따르지 않고 제 1 조 제 2 항을 문리해석한다면 재판시법이 적용되어 모두 처벌되지 않는다.

5. 인과관계

:: 다음의 사례에서 甲의 행위와 A의 사망 사이의 인과관계를 조건설과 상당인과관계설에 따라 해결하고 甲의 죄책을 설명하시오(모든 사례에서 甲, 乙, 丙 사이에 의사의 연락이 없었다).

1. 甲은 A를 살해하기 위해 물을 달라고 하는 A에게 독약을 탄 냉수를 주었다. 이때 옆에 있던 乙도 A를 살해하기 위해 독약이 든 주스를 주었다. A는 甲이 준 냉수를 먹고 사망했다(택일적 경합; 독자적으로 결과를 발생시킬 수 있는 수 개의 행위가 있고 그중 하나의 행위에 의해 결과가 발생한 경우).
2. 甲, 乙, 丙은 각각 A를 살해하기로 결심하고 있었다. 이들은 연설하는 A에게 동시에 달려들어 모두 심장을 찔렀다. 이로 인해 A는 사망하였다(이중적 경합; 독자적으로 결과를 발생시킬 수 있는 수 개의 행위가 동시에 이루어져 결과가 발생한 경우).
3. 乙은 A를 살해하기 위해 63층 빌딩 옥상에서 A를 빌딩 밑으로 밀어 버렸다. A가 추락하는 도중 10층에서 이를 발견한 甲은 A를 반드시 자신의 손으로 죽여야 한다고 생각하고 총을 꺼내 A에게 발사하였다. A는 甲의 총에 맞아 사망하였다(추월적 경합; 독자적으로 결과를 발생시킬 수 있는 행위가 있은 후에 다른 행위가 있어서 결과를 발생시킨 경우 후의 행위에 의한 결과발생; 乙의 행위와 A의 사망 사이의 인과관계를 논할 때에는 단절적 경합이 된다; 단절적 경합이란 독자적으로 결과를 발생시킬 수 있는 행위가 있은 후에 다른 행위가 있어서 결과를 발생시킨 경우 결과를 발생시키지 못한 앞의 행위와 결과발생의 관계).
4. 甲은 A를 살해하기 위해 A가 탄 비행기에 시한폭탄을 장치하였다. 그러나 비행 도중 그 비행기는 엔진고장을 일으켜 추락하였고, 추락 도중 시한폭탄이 터져 A는 사망하였다(가설적 경합; 독자적으로 결과를 발생시킬 수 있는 행위가 있은 후에 독자적으로 결과를 발생시킬 수 있는 다른 행위가 있었으나 앞의 행위에 의해 결과가 발생한 경우).
5. 甲, 乙, 丙은 A를 살해하기 위해 치사량 10g의 독약을 차례로 3g, 4g, 3g씩 먹였다. 이로 인해 A는 사망하였다(누적적 경합; 독자적으로는 결과를 발생시킬 수 없는 행위들이 결합하여 결과를 발생시킨 경우).
6. 甲은 A를 상해하기 위해 A의 다리를 칼로 찔렀다. A는 상처를 치료하기 위해 병원에 입원하였다. 그날 밤 병원에 화재가 났고 다리를 다친 A는 도망을 가지 못하고 불에 타 죽고 말았다.

Ⅰ. 논점의 제시

폭행죄나 주거침입죄 등과 같이 구성요건적 행위만으로도 성립하는 거동범 혹은 형식범에서는 범죄성립에 인과관계를 요하지 않는다. 그러나 살인죄, 상해죄 등과 같은 결과범이나 실질범에서는 구성요건적 행위 이외에 일정한 결과가 발생해야 하고, 나아가 양자 사이에 인과관계가 인정되어야 성립할 수 있다. 결과범에는 살인죄와 상해죄와 같은 고의결과범, 상해치사죄·폭행치사죄 등과 같은 결과적 가중범이 있고, 모든 과실범은 결과범이다. 이러한 범죄들에서는 인과관계를 요하는데, 인과관계가 인정되지 않으면 고의결과범에서는 기수범이 성립할 수 없고 미수범만이 성립하고, 결과적 가중범에서는 기본범죄의 행위와 중한 결과 사이에 인과관계가 인정되지 않으면 기본범죄만이 성립하고, 과실범에서는 과실범 자체가 성립하지 않는다. 즉, 인과관계는 고의결과범에서는 기수·미수의 인정 여부, 결과적 가중범에서는 결과적 가중범이 성립하는가 아니면 기본범죄만이 성립하는가, 과실범에서는 과실범의 성립 여부에 영향을 미친다.

형법 제17조는 인과관계라는 제목하에 "어떤 행위라도 죄의 요소되는 위험발생에 연결되지 아니한 때에는 그 결과로 인하여 벌하지 아니한다"라고 규정하고 있다. 이 규정의 의미가 무엇인지에 대해서는 여러 가지 견해가 대립한다. 사례에서는 이러한 학설들 중 조건설과 상당인과관계설에 따른 해결을 요구하고 있으므로 이에 대해서만 살펴본다. 조건설에는 전통적 조건설과 합법칙적 조건설 등이 있고, 상당인과관계설에는 주관적 상당인과관계설, 객관적 상당인과관계설, 절충적 상당인과관계설이 있다.

Ⅱ. 조건설에 따른 해결

1. 전통적 조건설에 의한 해결

전통적 조건설은 '앞의 행위가 없었더라면 뒤의 결과가 발생하지 않았을 것'이라고 인정될 경우 행위와 결과 사이의 인과관계를 인정하고(conditio sine qua non; c.s.q.n. 공식), 그 이외의 경우에는 인과관계를 인정하지 않는다. 즉, '앞의 행위가 없었더라도 뒤의 결과가 발생할 경우', '앞의 행위가 있어도 뒤의 결과가 발생하지 않을 경우' 등에서는 인과관계를 인정하지 않는다. 이에 의하면 사례에서의 甲의 행위와 A의 사망 사이의 인과관계 유무는 다음과 같다.

1번 사례에서 '甲이 A에게 독약을 탄 냉수를 주지 않았다면 A가 사망하지 않았을 것'이 인정되지 않고, '甲이 A에게 독약을 탄 냉수를 주지 않았더라도 A는 (乙이 준 주스를 먹고) 사망하였을 것'이라는 점이 인정되므로 甲의 행위와 A의 사망 사이에는 인과관계가 인정되지 않는다. 따라서 甲은 살인미수의 죄책을 지게 된다.

2번 사례에서 '甲이 A의 심장을 찌르지 않았다면 A가 사망하지 않았을 것'이 인정되지 않고, '甲이 A의 심장을 찌르지 않았더라도 A는 (乙, 丙의 칼을 맞고) 사망하였을 것'이 인정되므로 甲의 행위와 A의 사망 사이에 인과관계는 인정되지 않는다.

3번 사례에서 '甲이 총을 쏘지 않았다면 A는 사망하지 않았을 것'이 인정되지 않고, '甲이 총을 쏘지 않았더라도 A는 (지상에 떨어져) 사망하였을 것'이라고 인정되므로 甲의 행위와 A의 사망 사이에 인과관계는 인정되지 않는다. 따라서 甲은 살인미수의 죄책을 지게 된다.

4번 사례에서, '甲이 시한폭탄을 장치하지 않았다면 A가 사망하지 않았을 것'이 인정되지 않고 '甲이 시한폭탄을 장치하지 않았더라도 A는 (비행기추락으로) 사망하였을 것'이 인정되므로 甲의 행위와 A의 사망 사이에는 인과관계가 없다. 따라서 甲은 살인미수의 죄책을 지게 된다.

5번 사례에서 '甲이 A에게 3g의 독약을 먹이지 않았다면 A가 사망하지 않았을 것'이 인정되므로 甲의 행위와 A의 사망 사이에는 인과관계가 인정된다. 따라서 甲은 살인기수의 죄책을 지게 된다.

6번 사례에서 '甲이 A의 다리를 찌르지 않았다면 A가 사망하지 않았을 것'이라는 관계가 인정되므로 甲의 행위와 A의 사망 사이에는 인과관계가 인정된다. 따라서 甲은 상해치사죄의 죄책을 질 수 있지만, A의 사망에 대한 예견가능성이 인정되지 않으므로(제15조 제 2 항) 상해죄의 죄책만을 진다.

2. 합법칙적 조건설에 의한 해결

(1) 인과관계의 유무

합법칙적 조건설은 '행위가 시간적으로 뒤따르는 외계의 변화에 연결되고 합법칙적으로 결합되어 구성요건적 결과로 실현되었을 때' 행위와 결과 사이의 인과관계를 인정한다. 즉, 합법칙적 조건설은 조건설이 따르고 있는 c.s.q.n.공식이 아니라 행위와 결과 사이에 경험법칙상의 관련성이 존재하느냐에 의해 인과관계 유무를 결정하는 이론이다. 이때의 경험칙이란 인간에게 알려진 모든 논리적·과학적 법칙들을 말한다. 이에 의하면 사례에서 甲의 행위와 A의 사망 사이의 인과관계는 다음과 같다.

1번 사례에서 乙이 A에게 주스를 주었다는 것을 고려하지 않고 甲이 A에게 준 독약을 탄 냉수를 먹고 A가 사망하였는데, 독약을 주는 행위가 합법칙적으로 결합되어 살인죄의 구성요건적 결과인 A의 사망에 합법칙적으로 연결되었다고 할 수 있으므로 甲의 행위와 A의 사망 사이에 인과관계가 인정된다.

2번 사례에서 乙, 丙이 심장을 찌르는 행위를 고려하지 않고 甲이 A의 심장을 찌른 행위가 A의 사망을 초래하였고, 양자가 합법칙적으로 연결되었다고 할 수 있으므로 인과관계가 인정된다.

3번 사례에서 乙이 A를 민 것을 고려하지 않고 甲이 총을 쏘아 A의 사망의 결과가 발생하였고, 양자가 합법칙적으로 연결되었다고 할 수 있으므로 인과관계가 인정된다.

4번 사례에서, 비행기추락을 고려하지 않고 甲이 시한폭탄을 장치하였고 이것이 폭발하여 A가 사망하고 양자가 합법칙적으로 연결되었으므로 인과관계가 인정된다.

5번 사례에서 甲이 A에게 3g의 독약을 먹인 행위는 乙, 丙이 독약을 각각 4g, 3g 먹인 것이 합쳐져서 A가 사망하였는데, 甲의 행위와 A의 사망은 합법칙적으로 연결되었으므로 인과관계가 인정된다.

6번 사례에서 甲이 A의 다리를 찌른 행위가 있었고, 이것이 병원에서의 화재와 합쳐져서 A의 사망의 결과가 발생하여 甲의 행위와 A의 사망이 합법칙적으로 연결되었으므로 인과관계가 인정된다.

(2) 객관적 귀속

그런데 조건설이나 합법칙적 조건설에 의하면 인과관계를 인정하는 범위가 지나치게 넓어져서 甲이 형사책임을 져야 할 범위가 너무 넓어지는 문제점이 있다. 이 때문에 조건설 또는 합법칙적 조건설을 취하게 될 경우 A의 사망의 결과를 甲의 행위에 귀속시킬 수 있는가라고 하는 객관적 귀속이 문제된다. 객관적 귀속의 기준으로 위험증대, 지배가능성, 규범의 보호목적 등이 있는데 이에 따라 객관적 귀속 여부를 검토해 보면 다음과 같다.

1번~4번 사례에서 甲의 행위는 A의 생명에 위험을 증대시키는 행위이므로 A의 사망을 甲의 행위에 모두 귀속시킬 수 있다. 따라서 甲은 살인기수의 죄책을 진다.

5번 사례에서 甲이 A에게 치사량 10g의 독약을 3g만 먹인 것으로는 A의 생명에 대한 위험을 증대시킨 것이라고 할 수 없고, 乙·丙의 행위를 甲이 지배할 수는 없었으므로 A의 사망의 결과를 甲의 행위에 귀속시킬 수 없다. 따라서 甲은 살인미수의 죄책을 지게 된다.

6번 사례에서 甲이 A의 다리를 찌르는 행위는 A의 신체에 위험을 증대시키는 행위이지 생명에 대한 위험을 증대시키는 행위라고 볼 수 없고, 병원의 화재는 甲이 지배가능한 것이 아니므로 A의 사망의 결과를 甲의 행위에 귀속시킬 수 없다. 따라서 A의 사망에 대한 예견가능성은 따질 것도 없이 甲은 상해치사죄의 죄책을 지지 않고 상해죄의 죄책만을 진다.

Ⅲ. 상당인과관계설에 따른 해결

상당인과관계설에서는 일정한 행위가 있는 경우 일정한 결과가 발생하는 것이 경험칙상 상당하다고 인정될 때에만 인과관계를 인정한다. 상당성이란 고도의 가능성, 즉 개연성을 의미한다. 따라서 일정한 행위가 있으면 일정한 결과가 발생할 개연성(probability)이 있는 경우에만 인과관계를 인정하고, 일정한 행위에서 일정한 결과가 발생할 가능성(possibility)만이 있는 경우에는 인과관계를 인정하지 않는다. 그런데 이 사례들에서는 객관적, 주관적, 절충적 상당인과관계설에 따른 차이가 없다. 왜냐하면 행위시의 객관적 사정 중 행위자나 일반인이 인식할 수 없었던 사정은 없기 때문이다. 상당인과관계설에 따라 사례를 해결하면 다음과 같다.

1번 사례에서 사람에게 독약을 탄 냉수를 주면 그것을 마신 사람이 사망한다는 것은 경험칙상 충분히 개연성이 있다고 할 수 있으므로 甲의 행위와 A의 사망 사이에 상당인과관계가 인정된다. 따라서 甲은 살인기수의 죄책을 지게 된다.

2번 사례에서 사람의 심장을 칼로 찌르면 찔린 사람이 사망할 개연성이 있다고 할 수 있으므로 甲의 행위와 A의 사망 사이에는 상당인과관계가 인정된다. 따라서 甲은 살인기수의 죄책을 지게 된다.

3번 사례에서 추락하는 사람에게 총을 쏴서 명중시킨 경우 그 사람이 사망할 개연성이 있다고 할 수 있으므로 甲의 행위와 A의 사망 사이에는 인과관계가 인정된다. 따라서 甲은 살인기수의 죄책을 지게 된다.

4번 사례에서 비행기에 시한폭탄을 장치한 경우 그것이 터져서 사람이 사망할 개연성이 있다고 할 수 있으므로 甲의 행위와 A의 사망 사이에는 상당인과관계가 인정된다. 따라서 甲은 살인기수의 죄책을 지게 된다.

5번 사례에서 치사량 10g의 독약 3g을 사람에게 먹였을 때 그 사람이 죽을 개연성이 있다고 할 수 없고, 甲이 독약을 먹인 후에 乙, 丙이 우연히 7g의 독약을 더 먹여 A가 사망할 개연성이 있다고 할 수 없다. 따라서 甲의 행위와 A의 사망 사이에는 상당인과관계가 인정되지 않는다. 따라서 甲은 살인미수의 죄책을 지게 된다.

6번 사례에서 사람의 다리를 칼로 찌르면 그 사람이 병원에 입원하여 있다가 병원화재로 사망할 개연성이 있다고 할 수 없으므로 甲의 행위와 A의 사망 사이에는 상당인과관계가 인정되지 않는다. 따라서 A의 사망에 대한 예견가능성을 따질 필요도 없이 甲은 상해치사죄의 죄책을 지지 않고 상해죄의 죄책만을 진다.

Ⅳ. 결 어

[상당인과관계설을 지지하는 입장에서의 결론] 조건설 또는 합법칙적 조건설 및 객관적 귀속론을 따르는 것과 상당인과관계설을 따르는 것 중 어느 것이 더 우월한 방법인가를 가릴 수는 없다. 그러나 형법에 인과관계에 관한 규정이 없고 판

례가 조건설을 따르는 독일에서는 합법칙적 조건설과 객관적 귀속론을 따르는 것이 어느 정도의 설득력을 지닐 수 있다.

그러나 우리 형법 제17조에서 인과관계를 명시적으로 규정하고 있고 그 내용은 상당인과관계설에 따른 것이라고 할 수 있으며, 제17조의 제정 당시 학계의 통설도 상당인과관계설이었고, 판례도 상당인과관계설을 따르는 우리나라에서는 굳이 합법칙적 조건설과 객관적 귀속론에 의해 해결할 필요는 없고, 상당인과관계설에 의해 해결하면 족하다고 생각된다. 즉, 독일형법과 같이 인과관계에 관한 규정을 두고 있지 않은 법제에서는 형법상 독특한 인과관계개념을 인정하지 않고 논리적·자연과학적 인과관계개념인 조건설이나 합법칙적 조건설을 따라도 무방하다. 그러나 우리 형법은 인과관계에 관한 규정을 두고 있는데 이는 형법상 고유한 인과관계 개념이라고 보아야 한다. 그리고 상당인과관계설은 형법상 인과관계의 문제를 인과관련의 문제가 아닌 귀책관련의 문제로서 형법상 고유한 개념으로 파악하고 있다. 형법 제17조에서 '죄', '위험발생', '결과' 등은 모두 형법상 고유한 개념들이라고 할 수 있는데, '인과관계'라는 개념만은 형법상 고유한 개념이 아니라고 하는 것은 이상하기 때문이다.

[객관적 귀속론을 주장하는 입장에서의 결론] 상당인과관계설의 가장 큰 문제점은 가능성과 개연성을 어떻게 구별하는가이다. 6번 사례에서 병원의 화재로 사망할 개연성 내지 상당성은 없고 가능성만이 있다고 한다. 그러나 병원에서 화재가 나는 일이 종종 발생하므로 개연성이나 상당성이 있다고 주장할 때에 무엇을 근거로 이것을 반박할 수 있는지 분명하지 않다. 따라서 인과관계의 문제와 형법적 귀책의 문제를 구별하는 것이 타당하다고 할 수 있다. 여기에서 인과관계는 일반적인 개념인 조건설을 따르고 형법적 귀책의 문제는 여러 가지 기준을 통해 결정하는 것이 좀더 사례를 합리적으로 해결할 수 있다고 할 수 있다.

6. 상당인과관계

∷ 다음 사례를 읽고 물음에 답하시오.

헬스클럽의 에어로빅강사인 A는 매우 건강한 신체를 지닌 것에 늘 자부심을 가졌고 그녀를 보는 모든 사람들도 그녀의 건강을 부러워하였다. 어느 날 A는 수강료 반환문제로 헬스클럽의 손님인 甲과 말다툼을 하게 되었고, 흥분한 甲은 A의 뺨을 때렸고 뺨을 맞은 A는 바닥에 쓰러져 갑자기 사망하고 말았다. A는 자신도 모르는 사이에 심한 고혈압에 걸려 있었고, 甲에게 뺨을 맞는 순간 뇌출혈을 일으켰기 때문이었다.

1. 상당인과관계설에 따라 甲의 죄책을 설명하시오.
2. 甲이 우연히 A의 책상에 놓여 있던 건강검진결과를 보게 되어 A가 심한 고혈압환자인 것을 알게 되었다고 할 경우 상당인과관계설에 따라 甲의 죄책을 설명하시오.
3. 객관적 귀속론에 따른 甲의 죄책을 설명하시오.

Ⅰ. 논점의 제시

사례에서 甲이 A의 뺨을 때린 것은 폭행 또는 상해의 고의로 때린 것이라고 할 수 있으나, 甲이 A의 신체를 상해하기 위한 고의가 있었다기보다는 단순히 폭행의 고의가 있었다고 할 수 있으므로 甲이 A의 뺨을 때린 행위는 폭행죄(제260조)의 구성요건에 해당하는 행위라고 할 수 있다.

그런데 심한 고혈압에 걸려 있던 A가 뇌출혈을 일으켜 사망하였으므로 甲이 A의 사망에 대해서도 책임을 져야 하는가가 문제된다. 만약 甲이 A의 사망에 대해서도 책임을 져야 한다면 甲은 폭행치사죄(제262조)의 죄책을 지고, 甲이 A의 사망에 대해 책임을 지지 않는다면 甲은 폭행죄의 죄책만을 진다.

형법 제15조 제2항은 "결과로 인하여 형이 중할 죄에 있어서 그 결과의 발생을 예견할 수 없었을 때에는 중한 죄로 벌하지 아니한다"고 규정하고 있다. 따라서 甲이 폭행치사죄의 책임을 지기 위해서는 A의 사망에 대한 예견가능성이 있어야 하지만, 통설·판례는 그 이전에 甲의 행위와 A의 사망 사이에 인과관계가 인정되어야 한다고 한다.

인과관계에 대해서는 조건설 등 여러 가지 학설이 있지만, 문제에서 상당인과관계에 따른 해결만을 요구하고 있으므로 주관적, 객관적, 절충적 상당인과관계설에 따른 甲의 죄책만을 논하기로 한다.

Ⅱ. 상당인과관계설에 따른 甲의 죄책(1번 문제)

1. 객관적 상당인과관계설

객관적 상당인과관계설은 '행위 당시에 행위자나 일반인이 알았었는가의 여부에 상관없이 행위 당시 존재했던 모든 사정'을 기초로 하여 사회경험칙상 그 상황에서 일정한 행위가 있을 경우 일정한 결과가 발생하는 것이 상당한가의 여부를 판단한다. 행위 당시 존재했던 사정이란 甲이 심한 고혈압에 걸린 A의 뺨을 때린다는 것이었고, 이러한 사정을 기초로 판단하면 심한 고혈압환자인 A의 뺨을 때릴 때에 A가 뇌출혈로 사망할 가능성이 있는 정도가 아니라 고도의 가능성, 즉 개연성 내지 상당성까지 있다고 할 수 있으므로 甲의 행위와 A의 사망 사이에는 상당인과관계가 인정된다.

그러나 상당인과관계가 인정된다고 하여도 A의 사망에 대한 예견가능성이 있어야 하는데(제15조 제2항) A가 심한 고혈압에 걸려 있을 것을 甲은 물론 일반인도 예견할 수 없었을 것이므로 甲은 폭행치사죄가 아닌 폭행죄(제260조)의 죄책만을 진다.

2. 주관적 상당인과관계설

주관적 상당인과관계설은 '행위 당시 행위자가 인식하였거나 인식할 수 있었던 사정'을 기초로 하여 사회경험칙상 그러한 사정에서 일정한 행위가 있었을 경우 일정한 결과가 발생할 개연성 내지 상당성이 있을 때에 행위와 결과 사이에 상당인과관계를 인정하는 이론이다. 이 사례에서 甲이 A가 심한 고혈압환자인 것을 알았거나 알 수 있지 않았기 때문에 행위 당시에 존재했던 甲이 인식하였거나 인식할 수 있었던 사정은 甲이 건강한 에어로빅강사인 A의 뺨을 때린다는 것이었고, 사회경험칙상 甲이 건강한 A의 뺨을 때릴 때에 A가 사망할 가능성은 없다고 할 수 없지만, 개연성 내지 상당성까지 있다고 할 수는 없으므로 甲이 A의 뺨을 때린 행위와 A의 사망 사이에는 인과관계를 인정할 수 없다.

따라서 A의 사망에 대한 예견가능성 여부에 대해서는 판단할 필요도 없이 甲은 폭행죄(제260조)의 죄책만을 진다.

3. 절충적 상당인과관계설

절충적 상당인과관계설은 '행위 당시 일반인이 인식할 수 있었던 사정과 행위자가 특별히 인식했던 사정'을 기초로 하여 사회경험칙상 그러한 사정하에서 일정한 행위가 있을 때에 일정한 결과가 발생할 개연성 내지 상당성이 있는 경우 상당인과관계를 인정하는 입장이다. 이에 의하면 일반인들이 인식할 수 있었던 사정은 A가 건강한 에어로빅강사라는 것이고, 甲이 인식했던 사정 역시 A가 건강한 에어로빅강사라는 것이다. 이러한 사정하에서 甲이 A의 뺨을 때린 경우 A가 사망한다는 것은 사회경험칙상 가능성은 있어도 개연성이나 상당성은 있다고 할 수 없으므로 상당인과관계가 부정된다.

따라서 A의 사망에 대한 예견가능성(제15조 제2항) 여부를 따질 필요없이 甲은 폭행죄(제260조)의 책임만을 진다.

Ⅲ. 상당인과관계설에 따른 甲의 죄책(2번 문제)

1. 객관적 상당인과관계설

객관적 상당인과관계설에 의할 경우 심한 고혈압환자의 뺨을 때릴 경우 그 사람이 사망할 개연성이 있다고 할 수 있으므로 甲의 행위와 A의 사망 사이에 상당인과관계가 인정되고 예견가능성 여부를 따지게 된다. 甲은 A가 심한 고혈압환자인 것을 알았으므로 A의 뺨을 때리면 A가 사망할 수 있다는 것을 예견할 수 있었다고 할 수 있다.

따라서 甲의 행위와 A의 사망 사이의 상당인과관계와, A의 사망에 대한 예견가능성이 인정되므로 甲은 폭행치사죄(제262조)의 책임을 진다.

2. 주관적 상당인과관계설

주관적 상당인과관계설에 의할 경우 甲이 A가 심한 고혈압환자였다는 것을 인식하였으므로 이를 기초로 판단하면 甲의 행위와 A의 사망 사이에 상당인과관계가 인정된다. 심한 고혈압환자를 때릴 경우 그 사람이 사망할 수 있다는 것은 예견할 수 있는 것이므로 A의 사망에 대한 예견가능성도 인정된다.

따라서 甲은 폭행치사죄(제262조)의 책임을 진다.

3. 절충적 상당인과관계설

사례에서 일반인들은 몰랐지만, 甲만이 우연히 A의 건강검진표를 보게 되어 A가 심한 고혈압환자인 것을 알았으므로, 일반인이 인식할 수 있었던 사정은 甲이 건강한 A의 뺨을 때리는 것이지만 행위자가 특별히 인식한 사정은 자신이 심한 고혈압환자인 A의 뺨을 때리는 것이었다. 절충적 상당인과관계설에서는 일반인이 인식할 수 있었던 사정과 행위자가 특별히 인식한 사정이 다른 경우 이를 종합하여 상당성 유무를 판단하므로 사례에서는 甲이 심한 고혈압환자인 A를 때리는 것을 기초로 하여 상당성 유무를 판단한다. 이에 의하면 甲의 행위와 A의 사망 사이에 상당인과관계가 인정된다.

甲이 A가 심한 고혈압환자인 것을 알고 있었으므로 A의 사망에 대한 예견가능성도 인정된다.

따라서 甲은 폭행치사죄(제262조)의 책임을 지게 된다.

Ⅳ. 객관적 귀속론에 따른 甲의 죄책

객관적 귀속론에서는 인과관계의 문제는 甲의 폭행행위와 A의 사망 사이는 조건설 또는 합법칙적 조건설에 의해 해결하고, 형법적 책임귀속의 문제는 A의 사망을

甲의 폭행행위에 귀속시킬 수 있을 것인가(A의 사망을 甲의 폭행행위 탓으로 돌릴 수 있는가) 하는 문제로 나눈다. 즉, 甲에게 폭행치사죄의 죄책을 인정하기 위해서는 甲의 폭행행위와 A의 사망 사이에 조건설적 혹은 합법칙적 조건설적 인과관계가 인정되어야 하고, A의 사망을 甲의 폭행행위에 객관적으로 귀속시킬 수 있어야 한다.

1. 합법칙적 조건설에 의한 인과관계

합법칙적 조건설이란 우리의 경험법칙에 의할 때 甲의 행위가 없었다면 A의 사망이 없었을 것이라고 인정될 때 양자 사이에 인과관계를 인정하는 것을 말한다. 이때의 경험법칙이란 인간이 알고 있는 모든 논리법칙과 과학적 법칙을 말한다. 甲이 A의 뺨을 때린 행위로 심한 고혈압에 걸려 있던 A가 사망하였고, 이것이 우리가 알고 있는 의학적 법칙에 합치된다. 따라서 甲의 폭행행위와 A의 사망 사이에는 합법칙적 조건설에 의한 인과관계가 인정된다.

2. 객관적 귀속 여부

객관적 귀속론에서는 결과를 행위에 귀속시키기 위한 기준으로서 위험증대, 객관적 예견가능성, 지배가능성, 규범의 보호목적 등이 제시된다.

위험증대설에 의하면 甲의 폭행행위가 A의 사망의 위험을 증대시켰다고 할 수도 있고, A의 사망에 대한 객관적 예견가능성이 인정되지 않기 때문에 증대시키지 않았다고 할 수도 있다. 지배가능성설에 의하면 甲의 폭행행위가 A의 사망을 지배할 가능성은 있었다고 할 수도 있고, 없었다고 할 수 있다. 규범의 보호목적설은 폭행죄의 목적은 그로 인해 사람이 사망하는 것도 방지하려는 것이라고 할 수 있으므로 객관적 귀속이 인정될 것이다.

3. 예견가능성

A의 사망을 甲의 폭행행위에 객관적으로 귀속시킬 수 없는 경우에는 甲은 폭행죄의 죄책만 진다. 그러나 객관적 귀속이 인정되더라도 A의 사망에 대한 예견가능성(제15조 제2항)이 인정되지 않으므로 甲은 폭행죄의 죄책만 진다.

Ⅴ. 정 리

1. 1번 문제의 해결

어느 상당인과관계설에 의하든 甲은 폭행치사죄의 죄책을 지지 않고 폭행죄(제260조)의 죄책만을 진다. 다만, 객관적 상당인과관계설에 의하면 상당인과관계가 인정되지만 A의 사망에 대한 예견가능성을 인정할 수 없다는 것이 이유가 되지만, 주관적 상당인과관계설 및 절충적 상당인과관계설에 의하면 A의 사망에 대한 예견가능성은 따질 필요도 없이 甲의 행위와 A의 사망 사이에 상당인과관계가 인정되지 않는다는 것이 이유가 된다.

2. 2번 문제의 해결

객관적, 주관적, 절충적 상당인과관계설 어느 것에 의해도 甲의 행위와 A의 사망 사이의 상당인과관계가 인정되고, A의 사망에 대한 예견가능성도 인정되므로 甲은 폭행치사죄(제262조)의 죄책을 진다.

3. 3번 문제의 해결

객관적 귀속론에 의하면 甲의 폭행행위와 A의 사망 사이에 조건설 또는 합법칙적 조건설에 의한 인과관계가 인정된다. 이어 A의 사망을 甲의 폭행행위에 객관적으로 귀속시킬 수 없을 경우 甲은 폭행죄의 죄책만 진다. 객관적 귀속이 인정된다고 하더라도 A의 사망에 대한 예견가능성은 없으므로 甲은 폭행죄의 죄책만을 진다.

7. 인과관계와 객관적 귀속

:: 다음 사례를 읽고 물음에 답하시오.

트럭운전사인 甲은 트럭을 몰고 가던 중 앞에서 A가 자전거를 타고 가는 것을 발견하게 되었다. 甲은 A를 추월하기 위해서는 1.5m의 간격을 두고 추월해야 한다는 법규가 있음에도 불구하고 1m의 간격만을 띄어 놓고 추월하였다. 그런데 A는 술을 먹고 자전거를 운전하고 있었고, 트럭이 옆을 지나가자 핸들을 왼쪽으로 돌리면서 넘어졌고 이로 인해 트럭의 뒷바퀴에 치어 상처를 입고 말았다.

사고를 처리하고 집으로 들어온 甲은 아파트 2층에 있는 자신의 집으로 올라가 세 살 난 딸 B와 놀면서 경찰에서 연락이 오기를 기다리고 있었다. 그런데 그때 아파트에 화재가 났다. 甲은 문을 통해 밖으로 탈출하려 하였으나 이미 불길이 문앞까지 번져 있어서 탈출할 수 없게 되었다. 그대로 있다가는 두 사람 다 불타 죽을지도 모른다고 생각한 甲은 B를 구하기 위해 B를 이불에 싸서 창문 밖으로 던지려고 하였다. 그러나 B가 부상을 입을 것이라고 생각한 甲은 선뜻 던지지 못하고 있다가 불길이 계속 다가오자 할 수 없다고 생각하고 이불에 싸인 B를 밑으로 던졌다. B는 땅에 떨어지면서 다리가 골절되는 부상을 입었다.

1. 절충적 상당인과관계설에 따라 甲의 죄책을 설명하시오.
2. 객관적 귀속론에 따라 甲의 죄책을 설명하시오.
3. 절충적 상당인과관계설과 객관적 귀속론에 따른 사례해결의 문제점을 제시하시오.

Ⅰ. 논점의 제시

사례에서 문제되는 것은 甲이 A에 대한 업무상과실치상죄(제268조)와 B에 대한 상해죄(제257조)의 죄책을 지는가이다.

1. 업무상과실치상죄가 성립하기 위해서는 업무상 주의의무위반과 결과발생 및 주의의무위반과 결과발생 사이의 인과관계가 필요하다는 점에서는 견해가 일치한다. 다만, 주의의무위반과 결과발생 사이에 상당인과관계가 있으면 족하다는 견해와 주의의무위반과 결과발생 사이에 합법칙적 조건설적 인과관계가 있고 결과발생을 주의의무위반에 객관적으로 귀속시켜야 한다는 견해가 대립한다. 사례

에서 甲의 주의의무위반이 인정되고, A의 상해의 결과도 발생하였으므로 위 두 견해에 따라 어떻게 甲의 죄책이 달라지는지 살펴보아야 한다.

2. 甲이 B가 다칠지도 모르지만 그렇더라도 불타 죽는 것보다는 낫다고 생각하고 B의 생명을 구하기 위해 아래로 던진 행위는 상해의 고의를 지닌 행위라고 할 수 있다. 甲의 행위가 상해죄의 구성요건에 해당하기 위해서는 甲의 행위와 B의 상해 사이에 상당인과관계가 있어야 한다는 견해와 甲의 행위와 B의 상해 사이에 합법칙적 조건설에 의한 인과관계가 인정되고, B의 상해를 甲의 행위에 객관적으로 귀속시켜야 한다는 견해가 대립한다.

그리고 甲에게 상해죄의 죄책이 인정되기 위해서는 상해죄의 구성요건에 해당하는 행위가 있다고 하더라도 위법성조각사유나 책임조각사유가 존재하지 않아야 한다.

Ⅱ. 절충적 상당인과관계설에 따른 甲의 죄책

1. 절충적 상당인과관계설의 내용

상당인과관계설은 인과관계를 원인과 결과의 관련성으로만 파악하는 것이 아니라 형법상 귀책의 근거로 파악한다. 상당인과관계설에서는 행위와 결과 사이에 경험법칙상 상당성이 있을 때에만 인과관계를 인정한다. 상당성이란 고도의 가능성, 즉 개연성을 의미한다. 따라서 일정한 행위가 있으면 일정한 결과가 발생할 개연성(probability; Wahrscheinlichkeit)이 있는 경우에 행위와 결과 사이에 상당인과관계를 인정하고 일정한 행위에서 일정한 결과가 발생할 가능성(possibility; Möglichkeit)만이 있는 경우에는 상당인과관계를 인정하지 않는다.

상당인과관계설은 상당성 판단의 자료를 무엇으로 할 것인가, 즉 어떤 사정(事情)이 있다는 것을 전제로 하여 상당성을 판단할 것인가에 따라 주관적, 객관적, 절충적 상당인과관계설로 나뉜다. 이 중 절충적 상당인과관계설은 '행위 당시 일반인이 인식할 수 있었던 사정과 행위자가 특별히 알고 있었던 사정'을 기초로 하여 사회경험칙상의 그러한 사정하에서 일정한 행위가 있으면 일정한 결과가 발생할 상당성 내지 개연성이 있는지의 여부에 따라 상당인과관계 유무를 결정한다.

2. A에 대한 甲의 죄책

절충적 상당인과관계설에 의하면 甲이 A를 추월할 때 1.5m 간격을 두어야 하는데 1m의 간격만을 둔 행위는 주의의무를 위반한 것이라고 할 수 있고, A가 상처를 입는 결과가 발생하였다. 절충적 상당인과관계설에 의하면 甲이 A를 추월할 당시 A가 술에 취해 자전거를 타고 간다는 것을 甲은 물론 일반인도 알 수 없었다. 따라서 甲이 정상적으로 자전거를 타고 가는 A를 1m 간격만을 두고 추월하면 A가 왼쪽으로 핸들을 틀어 트럭에 부딪쳐 상처를 입을 개연성 내지 상당성이 있느냐를 판단해야 한다. 법규에서 1.5m 간격을 둘 것을 요구하는 것은 위와 같은 일이 일어날 개연성 내지 상당성이 있기 때문이다. 따라서 甲의 행위와 A의 상해 사이에는 절충적 상당인과관계설에 의한 인과관계가 인정된다. 기타 위법성조각사유나 책임조각사유는 없기 때문에 甲은 업무상과실치상죄의 죄책을 진다.

3. B에 대한 甲의 죄책

절충적 상당인과관계설에 의하면 甲이 세 살 난 딸 B를 이불에 싸서 2층에서 1층으로 던지면 B가 상처를 입을 상당성 내지 개연성이 인정되기 때문에 甲의 행위는 상해죄의 구성요건해당성이 있다. 그러나 甲의 행위는 B의 사망을 피하기 위한 것이므로 긴급피난 내지 사회상규에 위배되지 않는 행위로 위법성이 조각된다. 따라서 甲은 무죄이다.

Ⅲ. 객관적 귀속론에 따른 甲의 죄책

1. 객관적 귀속론의 개념

객관적 귀속론은 인과관계의 문제와 귀책(책임귀속)의 문제를 구별하여, 전자는 자연적 내지 전법률적 인과관계 개념에 의해 해결하고, 인과관계가 인정되는 '모든' 결과를 행위에 귀속시키는 것이 아니라 '일정한' 결과만을 행위에 귀속시키려고 한다. 이를 객관적 귀속론이라고 한다. 일반적으로 객관적 귀속론은 인과관계의 문제는 합법칙적 조건설에 의해 해결하고, 형법적 귀책 문제는 별개의 기준에 의해 해결한다는 점에서 인과관계를 귀책관련의 문제로서 형법상 고유한 개념으로 파악하려고 하는 상당인과관계설과 구별된다. 상당인과관계설에서는 일정한 행위에서 어떤 결과가 발생할 것인가를 예측하려고 하는 전망적 측면이 더 강한 데에 비해, 객관적 귀속론에서는 이미 발생한 결과를 기존의 어느 행위에 귀속시킬 수 있을 것인가 하는 회고적 측면이 더 강하게 나타난다.

객관적 귀속론은 귀속의 기준으로서 지배가능성, 위험증대, 규범의 보호목적 등을 들고 있다.

2. A에 대한 甲의 죄책

甲이 1m 간격을 두고 추월하였고 술취한 A가 왼쪽으로 핸들을 돌려 A가 상처를 입었다는 것이 판명되었으므로 甲의 행위와 A의 상해 사이에는 합법칙적 조건설에 의한 인과관계가 인정된다.

그런데 A의 상해의 결과를 甲의 추월행위에 객관적으로 귀속시킬 수 있는가에 대해서는 견해가 대립한다. 위험증대설 중에서도 1m 간격만을 두고 추월한 행위는 A의 상해에 대한 위험을 증대시킨 것이므로 객관적 귀속이 가능하다는 견해가 있는가 하면, A의 상해의 결과는 A가 술을 먹고 자전거를 타고 간 행위에 객관적으로 귀속시켜야 하고 甲의 추월행위에 귀속시켜서는 안 된다는 견해도 있다. 또한 甲이 1.5m 간격을 두고 추월하였더라도 A의 상해의 결과가 발생할 것이 확실하거나 개연성이 있었을 경우에는 甲의 행위가 A의 생명에 대한 위험을 증대시킨 것이 아니므로 객관적 귀속이 부정된다고 하는 견해와 이런 경우에도 객관적 귀속을 인정할 수 있다는 견해도 있다.

따라서 객관적 귀속론에 의할 경우 객관적 귀속이 부정되면 甲은 무죄이고, 객관적 귀속이 긍정되면 업무상과실치상죄의 죄책을 진다.

3. B에 대한 甲의 죄책

甲이 B를 던진 행위와 B의 상해 사이에는 합법칙적 조건설에 의한 인과관계가 인정된다. 우리의 경험법칙상 甲이 B를 이층에서 아래로 던지면 B가 골절상을 입을 것이고, 甲이 B를 던지지 않았으면 B가 상해를 입지 않았을 것이기 때문이다.

이 경우에도 甲의 행위는 B의 생명을 구하기 위해 B에 대한 위험을 감소시킨 행위이므로 B의 상해를 甲의 행위에 객관적으로 귀속시킬 수 없다는 것이 일반적 입장이다. 이에 대해 마치 의사의 수술행위가 건강을 회복시키려고 하는 행위이지만 상해죄의 구성요건에 해당하는 행위인 것처럼 甲이 B를 던진 행위는 B의 신체의 온전성에 대한 위험을 초래한 것이기 때문에 객관적 귀속을 인정한다는 입장도 있을 수 있다.

객관적 귀속을 인정하는 견해에 의하면 甲의 행위는 상해기수죄의 구성요건에 해당한다. 객관적 귀속을 인정하지 않는 견해에 의하면 甲의 행위는 상해미수죄의 구성요건에 해당한다. 甲의 행위는 상해행위라고 할 수 있고 상해행위가 있으면 결과의 객관적 귀속이 인정되지 않아도 상해미수죄는 성립할 수 있기 때문이다. 만약 甲의 행위가 상해행위가 아니라면 인과관계나 객관적 귀속을 논할 필요도 없다.

그러나 객관적 귀속이 인정되어 甲의 행위가 상해기수죄의 구성요건에 해당하거나 객관적 귀속이 인정되지 않아 상해미수죄의 구성요건에 해당한다 하더라도 甲의 행위는 긴급피난이나 사회상규에 위배되지 않는 행위로서 위법성이 조각된다. 따라서 이론구성에 차이가 있지만 甲은 무죄이다.

Ⅳ. 결 어

[상당인과관계설을 따르는 입장] 甲의 죄책을 상당인과관계설에 의해 해결할 수도 있고, 합법칙적 조건설과 객관적 귀속론에 따라 해결할 수도 있다. 그러나 다음과 같은 이유에서 상당인과관계설에 의해 해결하는 것이 타당하다고 생각된다.

첫째, 독일형법과 달리 우리 형법은 제17조에 인과관계에 관한 규정을 두고 있다. 이는 형법상의 귀책문제를 해결하기 위해 형법상 고유한 인과관계를 규정한 것으로 해석해야 하고, 자연과학적 인과관계를 규정한 것으로 보는 것은 옳지 않다. 조건설은 형법상 고유한 인과관계를 인정하지 않지만, 상당인과관계설은 형법상 고유한 인과관계를 인정한다.

둘째, 독일의 판례는 조건설을 취하기 때문에 책임을 인정하는 범위가 너무 넓게 된다. 이를 피하기 위해 객관적 귀속론이 주장될 여지가 있다. 그러나 우리 판례는 일관되게 상당인과관계설을 취하고 있다. 상당인과관계설을 취할 경우에는 객관적 귀속론을 취할 필요가 별로 없게 된다.

셋째, 객관적 귀속론자들은 사례의 경우 상당인과관계설에 의하면 甲이 업무상과실치상죄의 죄책을 지거나 甲의 행위가 상해기수죄의 구성요건에 해당된다고 한다. 그러나 객관적 귀속론에 의하면 합법칙적 조건설에 의해 인과관계가 인정되더라도 객관적 귀속이 부정되어 甲은 무죄라고 한다. 그리고 이 점이 객관적 귀속론이 상당인과관계설에 비해 장점을 갖는다고 한다. 그러나 객관적 귀속론에 의하더라도 A에 대한 甲의 죄책에 대해 견해의 대립이 있고, B에 대해서는 설사 객관적 귀속이 부정된다고 하여도 상해미수죄의 구성요건에는 해당되므로 역시 상당인과관계설처럼 위법성이 조각된다고 해야 한다.

[객관적 귀속론을 따르는 입장] 甲의 죄책을 상당인과관계설에 의해 해결할 수도 있고, 합법칙적 조건설과 객관적 귀속론에 따라 해결할 수도 있다. 그러나 다음과 같은 이유에서 객관적 귀속론에 따라 해결하는 것이 바람직하다고 생각된다.

첫째, 상당인과관계설에 의할 경우 결과발생의 가능성과 개연성 내지 상당성과의 구별이 곤란하여 법적 안정성을 해할 우려가 있다.

둘째, 인과관계는 형법 이외에서도 다루어지는 개념이므로 인과관계 문제와 형법적 귀책의 문제를 구별하지 않는 상당인과관계설보다는 양자를 구별하는 객관적 귀속론이 좀더 개념적으로 분명하다.

셋째, 상당인과관계설에 의하면 甲에게 A에 대한 업무상과실치상죄의 죄책을 인정할 수밖에 없지만, 객관적 귀속론에 의하면 업무상과실치상죄를 인정하지 않을 수도 있다. 또한 상당인과관계설에서는 甲의 행위가 상해기수죄의 구성요건해당성이 있다고 해야 하지만, 객관적 귀속론에 의하면 甲의 행위가 상해죄의 구성요건에 해당되지 않거나 상해미수죄의 구성요건에 해당한다고 할 수 있어서 피고인에게 유리한 결과가 된다.

8. 고의, 과실, 부작위범

:: 다음 사례를 읽고 물음에 답하시오.

중학교 교사인 甲은 수업시간마다 어려운 질문을 하여 자신이 실력이 없다는 것을 탄로나게 한 학생 A를 혼내주겠다고 마음먹었다. 甲은 며칠 동안 A를 자기 집 지하실에 가두어 놓고 혼을 내 준 후 A가 다시는 어려운 질문을 하지 않겠다고 빌면 풀어주리라고 계획을 세웠다. 甲은 채점할 것이 있으니 오후에 자신의 집으로 오라고 A를 유인한 후 A를 지하실에 감금하였다. 몇 시간 후 감금된 A가 잠이 들자 甲은 지하실로 들어가 A를 결박하여 놓고 얼굴에 모포를 씌워 놓았다. 다음 날 지하실로 간 甲은 A에게 음료수를 주었지만, A는 웬일인지 탈진상태가 되어 음료수를 마시지 못할 정도로 심신이 허약해져 있었다. 甲은 A를 병원에 데려가지 않으면 죽을지도 모르고 A가 죽어서는 큰일이라고 생각했지만, 만약 A를 병원에 데리고 갔다가는 자신의 행동이 발각이 나 불이익을 당할 것이라는 생각이 들어 절대 A를 병원에는 데리고 가지 않겠다고 결심한 후 자신의 차를 몰고 학교로 출근하였다.

甲은 학교로 가기 위해 고속도로에서 시속 80km의 속도로 달리던 중 갑자기 고속도로에 무단으로 뛰어든 B를 치고 말았다. B가 쓰러져서 피를 흘리는 것을 본 甲은 그대로 방치하면 B가 사망할지도 모른다는 생각이 들었지만, B의 상태로 보아 죽지는 않을 것이라고 생각하고 그대로 도주하였다. 고속도로를 빠져나온 甲은 길가에 페인트통이 있는 것을 발견하였다. 甲은 그 페인트통을 누가 잠시 놓고 간 것인지 아니면 버린 것인지 잘 알 수 없었지만 B와 부딪칠 때 자신의 차에 남겨진 흔적을 없애기 위해 가지고 집으로 갔다. 그 페인트통은 C가 잠깐 길가에 놔둔 것이었다.

집으로 들어간 甲은 A가 지하실에서 사망한 것을 발견하였다. 한편 B는 지나가던 운전자에 의해 병원으로 옮겨졌지만 과다출혈로 인해 사망하고 말았다.

1. 甲이 살인죄, 과실치사죄, 유기치사죄 중 어느 죄책을 지는지 판례의 입장에 따라 설명하시오.
2. B, C에 대한 甲의 죄책을 판례의 입장에 따라 설명하시오
3. 甲에게 가장 가벼운 죄책을 인정할 수 있는 논리를 제시하시오.

* 위 2번 및 3번 문제에서 도로교통법상 구호조치의무 불이행죄는 논외로 한다.

Ⅰ. 논점의 제시

첫째, 甲이 A에 대해 살인죄, 과실치사죄, 유기치사죄 중 어느 죄책을 지는지와 관련하여서는 다음의 사항들이 문제된다.

1. 甲이 A가 죽을지도 모르지만 죽으면 큰일이라고 생각하면서도 A를 방치하고 학교에 출근했을 당시 甲에게 어떤 고의가 있었는지 문제된다.

2. 만약 甲에게 살인의 고의가 있었다면 부작위에 의한 살인죄(제18조, 제250조 제 1 항)가 성립하는가 문제된다.

3. 만약 甲에게 살인의 고의가 없었다면 유기의 고의는 있었는지, 이 경우 유기치사죄(제275조)가 성립하는지 문제된다.

4. 만약 甲에게 살인이나 유기의 고의가 없었던 경우 부작위에 의한 과실치사죄(제18조, 제267조)가 성립하는지 문제된다.

둘째, B, C에 대한 甲의 죄책과 관련하여서는 다음의 사항이 문제된다.

1. 甲이 B를 친 것이 업무상과실치사죄(제268조)에 해당하는가 및 이 경우 도주차량운전죄(특가법 제 5 조의3 제 1 항)에 해당하는가 문제된다. 여기에서는 B를 친 것에 대해 신뢰의 원칙이 적용될 수 있는가 특히 문제된다.

2. 甲이 B를 구호하지 않고 그대로 방치하고 간 행위가 유기치사죄(제275조)에 해당하는가 문제된다.

3. 甲이 길가에 있던 페인트통을 가지고 간 것이 절도죄(제329조)에 해당하는가 아니면 점유이탈물횡령죄(제360조)에 해당하는가 문제된다. 여기에서는 甲에게 절도의 고의가 있었는지 문제된다.

4. 위의 범죄가 성립하는 경우 죄수관계가 문제된다.

셋째, 甲에게 가장 가벼운 죄책을 인정하기 위해서는 고의나 부작위범의 성립요건을 엄격하게 해석해야 하는데, 어떤 학설에 의할 경우 이것이 가능한지 및 이에 따를 때 甲에게 어떤 죄책을 인정할 수 있는지 문제된다.

Ⅱ. 판례에 따른 A에 대한 甲의 죄책

1. 살인죄(제250조 제1항)의 성립 여부

(1) 부작위에 의한 살인죄의 성립요건

甲이 A를 살해하기 위해 적극적으로 행위한 것은 없고, A가 탈진을 하여 병원에 데리고 가지 않으면 소생하기 어렵다는 것을 알면서도 그대로 방치하여 A가 사망하게 한 것이 부작위에 의한 살인죄에 해당되는가 문제된다.

부작위에 의한 살인죄 혹은 과실치사죄가 성립하기 위해서는 ① 甲에게 A를 구호할 작위의무가 인정되어야 하고, ② 甲이 A를 구호할 가능성이 있었고, ③ 甲만이 A를 구호할 수 있는 상황에서 ④ 부작위를 해야 하고, ⑤ 甲에게 살인의 고의가 있어야 하고, ⑥ 甲이 A를 방치한 부작위가 작위에 의한 살인행위와 동가치성이 있어야 한다.

판례에 의하면 부진정부작위범의 작위의무는 법령, 계약뿐만 아니라 선행행위, 관습, 조리, 신의성실의 원칙에서도 발생할 수 있다. 사례에서 甲은 A를 감금하고 결박한 행위로 인해 A의 생명침해의 위험을 발생시킨 자이므로 선행행위에 의한 작위의무가 인정된다. 그리고 甲에게 작위가능성이 있었고, 甲만이 A를 구호할 수 있는 상황에서 甲이 부작위를 하였다는 점은 분명하다.

문제는 甲에게 살인의 고의가 있었는가 및 甲의 부작위가 작위에 의한 살인행위와 동가치성이 있는가이다.

(2) 甲의 고의

甲이 부작위에 의한 살인죄의 죄책을 지기 위해서는 甲에게 살인의 고의가 있어야 한다. 판례는 살인죄의 고의에 대해 사망의 결과에 대한 미필적 인식이 있으면 족하다고 하여 고의에 관한 인식설을 따르는 것 같은 표현을 하기도 하지만, 전체적으로는 인용설에 따라 甲이 A의 사망의 결과를 인용하였다면 살인의 고의를 인정하는 입장이라고 할 수 있다.

사례에서 甲이 A의 사망을 의욕하지는 않았다고 할 수 있다. 그러나 A가 죽더라도 A를 병원에 데리고 갈 수 없다고 결심한 것은 A가 죽어도 할 수 없다고 생각하였다는 것을 의미하고 이는 A의 사망을 인용한 것이라고 할 수 있다. 따라서 판례가 인식설을 따르든, 인용설을 따르든 甲에게는 A의 사망에 대한 미필적 고의가 인정된다.

(3) 동가치성의 문제

사례와 같은 상황에서 甲의 부작위는 작위에 의한 살인의 실행행위와 동가치성이 있다고 할 수 있다.

(4) 인과관계

살인죄는 결과범이므로 甲의 부작위와 A의 사망 사이에 인과관계가 요구된다. 판례가 따르는 상당인과관계설에 의하면 甲의 부작위와 A의 사망 사이에 상당인과관계를 인정할 수 있다.

(5) 정 리

甲이 A를 방치한 행위는 부작위에 의한 살인죄의 구성요건에 해당하고, 별다른 위법성조각사유나 책임조각사유는 존재하지 않는다. 따라서 甲은 부작위에 의한 살인죄의 죄책을 진다.

2. 과실치사죄(제267조)의 성립 여부

과실치사죄가 성립하기 위해서는 A의 사망에 대한 인용이 없어야 하는데, 사례에서 A의 사망의 결과에 대한 인용이 있어서 甲은 고의살인죄의 죄책을 지므로, 과실치사죄의 죄책은 지지 않는다.

3. 유기치사죄(제275조)의 성립 여부

甲이 A를 방치한 행위는 유기행위에도 해당된다. 그러나 판례에 의하면 유기치사죄가 성립하기 위해서는 甲에게 A를 구호해야 할 법률상, 계약상의 의무가 있어야 하고, 선행행위나 조리, 사회상규에 의한 구호의무의 존재만으로는 부족한데, 甲에게 법률상 또는 계약상 A를 구호할 의무를 인정할 수 없다. 또한 甲의 고의는 유기의 고의에 그치는 것이 아니라 살인의 고의라고 할 수 있으므로 유기치사죄는 성립할 수 없다.

Ⅲ. 판례에 따른 B, C에 대한 甲의 죄책

1. B에 대한 죄책

(1) 특가법상의 도주차량운전죄의 성립 여부

업무상과실치상죄(제268조; 교통사고처리특례법 제3조)가 성립하기 위해서는 결과가 발생해야 하고, 주의의무위반이 있어야 하고, 주의의무위반과 결과발생 사이에 인과관계 내지 객관적 귀속이 인정되어야 한다.

사례에서 甲이 고속도로 위에 나타난 B를 친 것은 주의의무위반에 해당하지 않는다. 왜냐하면 판례에 의하면, 고속도로 등에서는 신뢰의 원칙이 적용되기 때문이다. 신뢰의 원칙이란 자신의 주의의무를 다한 자는 상대방도 주의의무를 다할 것이라고 신뢰해도 좋다는 원칙이다. 사례에서 甲이 운전자로서의 주의의무를 위반한 것이 없고, B가 위법행위를 하여 사고가 난 것이므로 甲의 과실은 인정되지 않는다.

도주차량운전죄(특가법 제5조의3 제1항)의 주체는 '제268조의 죄를 범한 자'인데 甲은 '제268조의 죄를 범한 자'에 해당하지 않으므로 도주차량운전죄는 성립할 수 없다.

(2) 유기치사죄(제275조)의 성립 여부

1) 유기죄의 성립 여부

甲이 B의 사망을 예견하고 이를 의욕하거나 인용한 경우 부작위에 의한 살인죄의 성립 여부가 문제된다. 그러나 사례에서 甲은 그대로 방치하면 B가 사망할지도 모르지만 죽지는 않을 것이라고 생각하였는데 이는 B의 사망을 예견한 것이지만, 인용이나 의욕한 것이라고 할 수는 없다. 따라서 甲에게 B의 사망에 대한 고의를 인정할 수 없기 때문에 부작위에 의한 살인죄는 성립하지 않는다.

한편 甲이 B를 그대로 방치한 것은 유기의 고의가 있었고, 유기행위라고 할 수 있으므로 유기죄의 성립 여부가 문제된다. 교통사고를 낸 운전자는 그 사고에 대해 자신의 과실이 있든 없든 도로교통법상 사상자의 구호의무를 진다. 따라서 甲

에게 과실이 인정되지 않더라도 B를 구호해야 할 법률상의 의무는 지고 있다고 할 수 있다. 그럼에도 불구하고 甲이 B를 구호하지 않고 도주한 것은 유기행위에 해당되고, 유기죄의 고의도 인정된다.

2) 유기치사죄의 성립 여부

甲이 유기행위를 하였고 B가 사망하였으므로 유기치사죄의 성립 여부가 문제된다. 유기치사죄가 성립하기 위해서는 유기행위가 있고, 피유기자가 사망해야 하고, 유기행위와 사망 사이에 상당인과관계가 인정되어야 하고, 피유기자의 사망에 대한 예견가능성이 있어야 한다. 사례에서 甲의 유기행위와 B의 사망 사이에 상당인과관계를 인정할 수 있고, B의 사망에 대한 예견가능성도 인정되므로 甲은 유기치사죄의 죄책을 진다.

2. C에 대한 죄책

甲이 C가 길에 잠시 놓아두었던 페인트통을 가지고 간 행위가 절도죄(제329조)에 해당되는가 문제된다. 페인트통은 C의 소유이고, C가 잠깐 그것을 길거리에 놔두었다고 하더라도 여전히 C의 점유가 인정된다(점유의 사회규범적 요소). 따라서 甲은 타인이 점유하는 타인소유의 재물을 절취하는 행위를 하였다고 할 수 있다. 문제는 甲에게 절도의 고의와 불법영득의사가 인정되는가이다.

사례에서 甲은 그 페인트통을 누가 잠시 놓고 간 것인지 아니면 버린 것인지 잘 알 수 없었다고 생각하였는데 그럼에도 불구하고 B와 부딪칠 때 자신의 차에 남겨진 흔적을 없애기 위해 그 페인트통을 가지고 갔다. 이는 설사 그 페인트통이 타인이 점유하는 타인소유의 페인트통이라고 하더라도 가져가겠다는 것으로서 절도죄의 미필적 고의와 그 페인트통을 자기의 소유물처럼 사용, 수익, 처분하겠다는 불법영득의사가 있다고 할 수 있다.

따라서 甲의 행위는 C의 페인트통에 대한 절도죄에 해당된다.

3. 정 리

B에 대한 유기치사죄와 C에 대한 절도죄는 각각 별개의 행위에 의해 저지른

별개의 죄이므로 실체적 경합범 관계에 있다. 따라서 甲은 유기치사죄와 절도죄의 실체적 경합범(제37조 전단)의 죄책을 진다.

Ⅳ. 甲에게 가장 가벼운 죄책을 인정할 수 있는 논리

판례에 의하면 甲은 A에 대한 부작위 살인죄, B에 대한 유기치사죄, C에 대한 절도죄의 실체적 경합범의 죄책을 진다. 판례는 고의에 대해 인용설을 취하고 있는데, 만약 고의에 대한 의사설을 취할 경우 고의의 인정범위가 줄어들고 따라서 甲에게 가벼운 죄책을 인정할 수 있다. 고의에 대한 의사설이란 구성요건실현에 대한 인식이나 인용이 있는 경우에는 고의가 인정되지 않고 구성요건실현에 대한 의욕까지 있는 경우 고의를 인정하는 견해이다.

의사설에 의할 경우 甲의 죄책은 다음과 같다.

1. 甲에게 A에 대한 살인의 고의가 인정되지 않고 유기의 고의는 인정될 수 있다. 그러나 甲에게 A를 구호해야 할 법률상, 계약상의 의무가 인정되지 않으므로 甲은 유기치사죄의 죄책을 지지 않는다. 따라서 甲은 A에 대한 과실치사죄(제267조)의 죄책을 지게 된다.

2. 甲에게 B에 대한 유기의 고의를 인정할 수 있고 따라서 유기치사죄(제275조)의 죄책을 지게 된다.

3. 甲에게 C의 페인트통에 대한 절도의 고의를 인정할 수 없고, 점유이탈물횡령(제360조)의 고의도 인정할 수 없다. 왜냐하면 의사설에 따른 점유이탈물횡령죄의 고의가 인정되기 위해서는 권리자의 점유를 이탈한 타인소유의 재물을 횡령한다고 하는 의욕이 있어야 하는데, 甲이 페인트통을 누가 버린 것인지 아니면 잠깐 놔둔 것인지 알 수 없지만 그냥 가지고 간다고 생각하였는데, 이는 甲에게 타인소유의 재물을 횡령한다는 의사가 있는 것이라고 할 수 없기 때문이다. 따라서 甲은 C의 페인트통에 대해 아무런 죄책을 지지 않는다.

따라서 甲에게 가장 가벼운 죄책을 인정하기 위해서는 고의에 관한 의사설에 따라야 하는데, 이에 의하면 甲은 A에 대한 과실치사죄, B에 대한 유기치사죄의 실체적 경합범의 죄책을 진다.

9. 결과적 가중범과 상해의 개념

:: 다음 사례를 읽고 물음에 답하시오.

가스배달원인 甲은 용돈을 마련하기 위해 평소 가스배달을 가던 A의 집에 침입하여 A에게 칼을 들이대고 "가진 돈을 모두 다 내놓으면 목숨만은 살려주겠다"고 협박하였다. 한편 병원에서 불치병으로 한 달밖에 살지 못한다는 진단을 받고 돌아왔던 A는 "병원에서도 내 목숨은 못 살린다고 하는데 네 놈이 어떻게 내 목숨을 살리느냐? 내가 가진 돈 다 줄테니 내 목숨을 살려봐라"고 하면서 甲에게 대들었다. 당황한 甲은 잘못 걸렸다고 생각하고 A를 밀치고 도망가려고 하였다. A는 甲이 밀치는 바람에 뜻밖에도 뒤로 넘어지면서 의자에 손이 긁혀 약 5일간의 치료를 요하지만 자연적으로 치유될 수 있는 상처를 입었다. A는 "이놈이 늙은이를 때린다. 넌 에미애비도 없느냐?"고 하면서 甲의 다리를 잡고 늘어졌다. 이때 방에서 낮잠을 자던 A의 부인 B가 이 소리를 듣고 잠에서 깨어 거실로 나왔다. 평소 甲으로부터 가스배달을 받았던 B는 甲을 즉시 알아보고 "젊은 놈이 왜 이런 짓을 하느냐?"고 꾸짖었다. 이 틈을 이용해 甲은 가게로 도망을 왔지만, B가 자신을 알아보고 경찰에 신고할까 염려되었다. 그날 밤 甲은 A의 집으로 가 A, B가 집에 있는 것을 확인한 후 A, B를 살해하기 위해 집에 불을 질렀다. 집에 불이 나자 A는 탈출하였지만, B는 탈출하지 못하고 사망하였다.

1. 판례에 따른 甲의 죄책을 설명하시오.
2. 甲에게 가장 무거운 죄책을 인정하기 위한 논리를 제시하시오.
3. 만약 甲이 그날 저녁이 아니라 B가 꾸짖었을 때 A, B를 살해하기 위해 불을 질러 A는 탈출하고 B는 사망하였다고 할 경우 甲의 죄책을 논하시오.

Ⅰ. 논점의 제시

甲의 죄책으로 문제되는 것은 다음과 같다.

1. 甲이 A에게 칼을 들이대고 돈을 내놓으라고 한 것은 항거불가능의 협박이라고 할 수 있다. 즉, 甲은 특수강도죄(제334조 제 2 항)의 협박행위를 하다가 재물을 강취하지 못하고 A에게 상해의 고의없이 상처를 입혔다. 따라서 강도치상죄(제337조)의 성립 여부가 문제된다. 아울러 A가 입은 상처가 자연적으로 치유될 수

있는 상처이기 때문에 강도치상죄가 성립하는가 특수강도미수죄가 성립하는가 문제된다.

2. 강도치상죄가 성립한다고 할 경우 甲이 재물을 강취하지 못한 상태에서 A에게 상처를 입혔으므로 강도치상죄의 미수(제342조)를 인정할 것인가 문제된다.

3. 甲이 A, B를 살해하기 위해 집에 불을 질러 A는 살해하지 못하고 B만 살해하였는데, 이와 관련하여 살인죄(제250조 제1항), 살인미수죄, 현주건조물방화죄(제164조 제1항), 현주건조물방화치사죄(제164조 제2항) 중 어디에 해당하는지와 그 죄수관계가 문제된다.

Ⅱ. 판례에 따른 甲의 죄책

1. 강도치상죄(제337조)의 성립 여부

판례에 의하면 강도치상죄가 성립하기 위해서는 강도죄의 실행의 착수가 있어야 하고, 상해의 결과가 발생해야 하고, 강도죄의 폭행·협박행위와 상해의 결과 사이에 상당인과관계가 인정되어야 하고, 상해결과에 대한 예견가능성이 있어야 한다.

甲이 A에게 칼을 들이대고 돈을 내놓으라고 한 것은 흉기를 휴대한 항거불가능의 협박으로서 특수강도죄(제334조 제2항)의 협박에 해당하고 특수강도죄의 실행의 착수도 인정된다. A가 약 5일간의 치료를 요하는 긁힌 상처를 입었지만, 자연적으로 치유될 수 있는 정도의 상처인데, 판례에 의하면 강도치상죄에서의 상해는 상해죄에서 요구되는 상해여야 하고 특별한 치료를 요하지 않고 자연적으로 치유될 수 있는 정도의 경미한 상처가 생긴 경우 강도치상죄에서 요구되는 상해의 결과가 발생하였다고 할 수 없다(대판 2003. 7. 11. 2003도2313).

따라서 甲의 폭행행위와 A가 입은 상해 사이의 상당인과관계의 존재나 A의 상해에 대한 예견가능성은 따질 것도 없이 甲은 강도치상죄의 죄책을 지지 않고 특수강도미수죄의 죄책만을 진다.

2. 현주건조물방화치사죄(제164조 제 2 항)의 성립 여부

甲이 A의 집에 불을 지른 것은 현주건조물방화죄(제164조 제 1 항)에 해당한다. 만약 甲이 A, B를 살해할 고의없이 불을 질렀다가 B가 사망하였다면 현주건조물방화치사죄(제164조 제 2 항)가 성립할 것이다. 그런데 甲이 B를 살해할 고의로 불을 질렀으므로 이 경우에도 현주건조물방화치사죄가 성립할 수 있는가 문제된다.

판례에 의하면 "형법 제164조 후단이 규정하는 현주건조물방화치사상죄는 그 전단이 규정하는 죄에 대한 일종의 가중처벌 규정으로서 과실이 있는 경우뿐만 아니라, 고의가 있는 경우에도 포함된다고 볼 것이므로 사람을 살해할 목적으로 현주건조물에 방화하여 사망에 이르게 한 경우에는 현주건조물방화치사죄로 의율하여야 하고 이와 더불어 살인죄와의 상상적경합범으로 의율할 것은 아니며"라고 한다(대판 1996. 4. 26. 96도485). 이에 의하면 甲은 B에 대한 현주건조물방화치사죄의 죄책을 진다.

3. 현주건조물방화죄와 살인미수죄의 성립 여부

甲이 A를 살해하기 위해 집에 불을 질렀으나 A가 사망하지 않은 경우 현주건조물방화치사죄의 미수범처벌규정은 없으므로(제174조는 제164조 제 2 항의 미수범처벌규정을 두고 있지 않다), 甲은 현주건조물방화죄(제164조 제 1 항)와 살인미수죄(제250조 제 1 항, 제254조)의 죄책을 진다.

4. 죄수관계

甲은 A에 대한 특수강도미수죄, 현주건조물방화죄, A에 대한 살인미수죄, B에 대한 현주건조물방화치사죄의 죄책을 진다. 이 중 현주건조물방화죄, A에 대한 살인미수죄, B에 대한 현주건조물방화치사죄는 상상적 경합범의 관계에 있고, 이들 범죄와 특수강도미수죄는 실체적 경합범 관계에 있다.

Ⅲ. 甲에게 가장 무거운 죄책을 인정할 수 있는 논리

1. 문제의 소재

불을 질러 A를 살해하려다 살해하지 못한 경우 현주건조물방화죄와 살인미수죄의 상상적 경합범을 인정하는 데에는 별다른 이견이 없다. 그러나 甲이 A에 대해 특수강도미수죄의 죄책을 지는가 아니면 강도치상죄의 죄책을 지는가에 대해서는 견해의 대립이 있다. 또한 B를 살해한 것에 대해서는 현주건조물방화치사죄와 살인죄의 상상적 경합범을 인정하는 견해가 있다.

따라서 A에 대한 특수강도미수죄보다는 강도치상죄가 더 무거운 범죄이므로 甲에게 가장 무거운 죄책을 인정하기 위해서는 강도치상죄가 성립한다고 해야 한다. B에 대해 현주건조물방화치사죄만이 성립한다는 견해와 현주건조물방화치사죄와 살인죄의 상상적 경합범이 성립한다는 견해 중 후자가 더 무거운 죄책이므로 B에 대한 현주건조물방화치사죄와 살인죄의 상상적 경합범이 성립한다고 해야 한다.

2. A에 대한 강도치상죄가 성립한다는 논리

甲에게 강도치상죄의 죄책을 인정하기 위해서는 A가 입은 상처가 별도의 치료를 받지 않아도 자연적으로 치유될 수 있는 상처라고 하더라도 이 역시 사람의 생리적 기능을 훼손한 것으로서 상해에 해당한다고 해야 한다. 그리고 강도치상죄의 성립 여부를 검토해야 한다. 강도치상죄의 주체는 강도이므로 특수강도미수범도 주체가 될 수 있다. 강도치상죄가 성립하기 위해서는 甲의 행위와 A의 상해 사이에 상당인과관계(혹은 합법칙적 조건설에 의한 인과관계와 객관적 귀속)가 인정되어야 하고, A의 상해에 대한 예견가능성이 있어야 한다.

사람을 밀면 그 사람이 뒤로 쓰러지면서 가벼운 상처를 입을 수 있다는 것은 사회경험칙상 개연성 내지 상당성이 있는 행위이므로 상당인과관계가 인정되고, A의 상해에 대한 예견가능성 또한 인정된다. 甲의 행위와 A의 상해 사이에 합법칙적 조건설적 인과관계가 인정되고, A의 상해를 甲이 밀친 행위에 객관적으로 귀속시킬 수 있다. 또한 A의 상해에 대한 예견가능성도 있다.

따라서 甲은 강도치상죄의 죄책을 진다.

3. 현주건조물방화치사죄와 살인죄의 상상적 경합범이 성립한다는 논리

이를 위해서는 다음과 같은 논리를 전개해야 한다.

현주건조물에 방화하여 고의로 사람을 살해한 경우 현주건조물방화치사죄를 인정하는 것은 사망에 대해 고의가 있는 경우가 과실이 있는 경우보다 가볍게 처벌되는 것을 방지하기 위한 것일 뿐이고, 현주건조물방화치사죄에는 과실로 사람을 살해하는 행위는 포함되어 있지만, 고의로 사람을 살해하는 행위는 포함되어 있지 않다. 따라서 고의로 사람을 살해하는 행위를 포함시키기 위해서는 현주건조물방화치사죄와 살인죄의 상상적 경합범을 인정해야 한다.

4. 정 리

甲에게 가장 무거운 죄책을 인정하는 견해에 의하면, 甲은 A에 대한 강도치상죄, A에 대한 현주건조물방화죄와 살인미수죄, B에 대한 현주건조물방화치사죄와 살인죄의 죄책을 인정한다. 이 중 A에 대한 현주건조물방화죄와 살인미수죄는 상상적 경합범, B에 대한 현주건조물방화치사죄와 살인죄는 상상적 경합범 관계에 있고, 이들 범죄와 강도치상죄는 실체적 경합범 관계에 있다.

Ⅳ. 도망가려다가 방화를 했을 경우 甲의 죄책

1. 문제의 소재

B가 甲을 꾸짖었을 때 甲이 A와 B를 살해하기 위해 방화하였을 경우에는 다음과 같은 문제점이 있다.

(1) 甲이 강도범행 중 A, B를 살해하는 행위를 하였으므로 A에 대한 특수강도미수죄, 강도치상미수죄, 강도치상죄 중 어떤 범죄가 성립하는가와 A에 대한 강도살인미수죄, B에 대한 강도살인죄 혹은 강도살인미수죄의 성립 여부가 문제된다.

(2) 甲이 A, B를 살해하기 위해 방화를 하였으므로 A에 대한 살인미수죄와 현주건조물방화죄의 상상적 경합범, B에 대한 현주건조물방화치사죄와 살인죄의

상상적 경합범의 성립 여부가 문제된다.

(3) 이들 범죄의 죄수관계가 문제된다.

2. A에 대한 강도치상죄와 강도살인미수죄의 성립 여부

강도치상죄와 강도살인미수죄가 성립하기 위해서는 강도가 강도범행의 완료 이전에 치상행위와 살인행위를 하여야 한다. 사례에서 甲이 강도범행중 안전지대로 이탈하기 이전, 즉 강도범행의 완료 이전에 A에게 상해를 입히고, A를 살해하려다 미수에 그쳤으므로 甲은 특수강도미수죄, 강도치상미수죄, 강도치상죄의 죄책을 질 수 있다. 이 중 판례에 의하면 특수강도미수죄의 죄책을 지고, 이에 대해 강도치상죄를 인정하는 견해들 중에는 강도치상죄의 기수와 강도치상죄의 미수라는 견해가 대립한다. 진정결과적 가중범의 미수는 인정할 수 없고, A가 입은 상해는 상해죄에서 요구되는 정도의 상해라고 할 수 없으므로 甲은 특수강도미수의 죄책만을 진다고 해야 할 것이다.

특수강도의 실행에 착수한 甲이 A를 살해하려다 미수에 그쳤으므로 강도살인미수죄의 죄책을 진다는 점에는 의문이 없다. 甲이 불을 질러 A를 살해하려다 살해하지 못한 행위는 현주건조물방화죄와 살인미수죄의 상상적 경합범에 해당되는데, 살인미수죄는 강도살인미수죄에 흡수된다고 할 수 있다. 그리고 A에 대한 특수강도미수죄도 강도살인미수죄에 흡수된다.

결국 甲은 A에 대한 강도살인미수죄 및 현주건조물방화죄의 죄책을 진다.

3. B에 대한 강도살인죄의 성립 여부

특수강도인 甲이 B를 살해하였으므로 강도살인죄가 성립할 수 있는데, 진정결과적 가중범의 미수를 인정하는 견해에 의하면 강도미수범이 사람을 살해하였을 때에는 강도살인기수죄가 아니라 강도살인미수죄가 성립한다는 결론도 가능하다. 진정결과적 가중범의 미수를 인정하는 견해는 강도미수범이 치사상의 결과를 발생시켰을 때에는 강도치사상미수죄가 성립한다고 하므로, 강도미수범이 고의로 상해나 사망의 결과를 발생시켰을 때에는 강도상해 또는 강도살인미수죄가 성립한다고 하는 것이 논리적이기 때문이다. 그러나 강도살인미수죄란 강도기수범이나 미수범에 상관없이 강도범이 살인을 하려다 미수에 그친 경우라고 해야 하고 사망의 결과를 발생시켰을 때에는 강도살인기수죄가 성립한다고 해야 할 것이다.

한편 甲의 행위는 현주건조물방화치사죄 또는 현주건조물방화치사죄와 살인죄의 상상적 경합범에도 해당된다. 두 견해 중 전자의 견해가 타당하다. 왜냐하면 현주건조물방화치사죄를 부진정결과적 가중범으로 해석하는 것은 현주건조물방화치사죄에는 현주건조물방화살인죄도 포함되어 있다고 할 수 있고, 여기에 살인죄가 또 성립한다고 하는 것은 같은 살인행위를 이중평가하는 것이기 때문이다.

이와 같이 甲의 행위는 강도살인기수죄와 현주건조물방화치사죄에 해당되는데, 이 경우 죄수관계에 대해 판례는 상상적 경합범이 성립한다고 한다(대판 1998. 12. 8. 98도3416. 피고인들이 피해자들의 재물을 강취한 후 그들을 살해할 목적으로 현주건조물에 방화하여 사망에 이르게 한 경우, 피고인들의 행위는 강도살인죄와 현주건조물방화치사죄에 모두 해당하고 그 두 죄는 상상적 경합범관계에 있다). 그러나 현주건조물방화치사죄에 현주건조물방화살인죄가 포함되어 있다면 판례의 견해는 살인죄를 이중평가한 문제점이 있다. 따라서 甲은 강도살인죄와 현주건조물방화죄의 상상적 경합범의 죄책을 진다고 해야 할 것이다.

4. 정 리

甲은 A에 대한 강도살인미수죄와 B에 대한 강도살인기수죄, 현주건조물방화죄의 상상적 경합범의 죄책을 진다.

10. 사실의 착오

:: 다음 사례를 읽고 물음에 답하시오.

고등학교 3학년생인 甲은 아버지 A가 공부를 못한다는 이유로 매일 자신을 구타하고, 공부를 잘하는 동생 B와 차별대우를 하는 데 불만을 품고 있었다. 얼마 후 甲의 중간고사성적표가 집으로 우송되었고 이를 본 A는 甲에게 "이 웬수야! 인간의 탈을 쓰고 그렇게 공부를 못하니! 네 동생 B를 십분의 일이라도 닮아봐라! 하긴 네 에미를 닮아서 그런 것이니 네 에미가 더 나쁘다. 너희 같은 돌대가리들은 이 세상에서 없어져야 한다"고 하면서 甲과 부인 C를 때리기 시작하였다. 자신을 때리는 것은 괜찮지만 어머니까지 때리는 것에 흥분한 甲은 "아버지는 고등학교 때 낙제를 밥먹듯이 했고 나는 그런 아버지를 닮아서 공부를 못하는 것인데, 왜 어머니까지 때리느냐?"고 하면서 옆에 있던 재떨이를 집어 A의 얼굴을 향해 던졌다. 그런데 그 재떨이는 A에 명중하지 않고 마침 방에서 공부를 하다가 밖으로 나오던 동생 B의 얼굴에 맞았고, B는 눈 밑에 3주의 치료를 요하는 상처를 입었다. A가 B의 상처를 살펴보는 사이에 甲은 A의 방으로 가 책상에 놓여 있던 지갑에서 30만원을 꺼내 가출하였다. 그러나 그 지갑은 A의 지갑이 아니고 A의 친구 D가 놀러왔다가 잊어먹고 간 것이었다.

일주일 후 甲은 돈을 다 써 집에 돌아가려고 하였지만 A가 자신과 어머니를 심하게 때릴지도 모른다는 두려움이 들었고, 자신이 망가지더라도 어머니 C의 행복을 위해서 A를 살해하기로 결심하였다. 甲은 밤중에 몰래 집으로 들어가 부엌에서 식칼을 가져다 침대에서 자고 있던 A를 향해 내리쳤다. 그런데 "깨갱!"소리가 나서 살펴보니 침대에서 자고 있던 것은 A의 애완견이었다. 깊은 잠에 빠져있던 애완견은 몸에 칼을 맞고 피를 흘리고 있었다. 甲은 다시 한번 애완견을 칼로 찔러 죽여버렸다. 甲은 "사람이 들어와도 모르고 자는 한심한 똥개(便犬)로 복날 몸보신이나 하고 만수무강하소서"라는 내용의 쪽지를 써 놓은 후 침대 머리맡에 있던 A의 현금 100만원을 가지고 다시 가출하였다.

1. 법정적 부합설 중 죄질부합설에 따라 甲의 죄책과 처벌을 설명하시오.
2. 甲에게 가장 무거운 죄책을 인정하는 견해에 따른 甲의 죄책과 처벌을 설명하시오.
3. 죄질부합설과 2.의 견해의 문제점을 제시하시오.

Ⅰ. 논점의 제시

첫째, 甲의 죄책으로 문제되는 것은 다음과 같다.

1. A를 향해 재떨이를 집어 던진 행위는 A에 대한 상해행위라고 할 수 있다. 그런데 재떨이가 A가 아닌 B에게 명중하여 B가 상처를 입었으므로 사실의 착오가 문제된다. 즉, 甲은 존속상해죄(제257조 제2항)의 고의로 단순상해죄(제257조 제1항)의 결과를 발생시켰는데, 이 경우 甲에게 어떤 죄책을 인정할 것인가 문제된다.

2. A의 30만원을 절취할 고의로 돈을 가져갔지만 D의 30만원을 절취한 결과가 발생하였는데, 이 경우 甲이 어떤 죄책을 지는지 문제되고, 이 경우 친족상도례(제344조)가 적용될 수 있는가 문제된다.

3. A를 살해할 고의로 A의 애완견에게 상처를 입힌 결과를 발생시키고 이후 애완견을 살해한 행위는 존속살해(제250조 제2항)의 고의로 손괴(제366조)의 결과를 발생시키고 이어 다시 고의로 손괴의 결과를 발생시킨 경우로 甲의 죄책과 처벌이 문제된다.

4. A의 현금 100만원을 가지고 간 행위로 인해 절도죄(제329조)의 죄책을 지는가 문제된다.

둘째, 甲의 처벌로 문제되는 것은 다음과 같다.

1. 아버지 A의 돈인 줄 알고 아버지 친구 D의 30만원을 가지고 갔는데, 이 경우에 친족상도례(제344조)가 적용되는가 문제된다.

2. 아버지 A의 애완견을 살해하여 재물손괴죄를 범했는데, 이 경우 친족간의 범행으로 형벌이 면제될 수 있는가 문제된다.

3. 아버지 A의 돈 100만원을 가지고 갔는데, 이 경우에 친족상도례(제344조)가 적용되는가 문제된다.

Ⅱ. 죄질부합설에 따른 甲의 죄책 및 처벌

1. 법정적 부합설 중 죄질부합설의 내용

법정적 부합설이란 행위자가 인식한 사실과 실제 발생한 사실이 법에 정해진

만큼 일치할 때 인식사실에 대한 고의를 발생사실에 대해 전용할 수 있다는 입장이다. 이때 법에 정해진 만큼 일치하는 범위에 대해 구성요건부합설과 죄질부합설이 있는데 죄질부합설은 인식사실과 발생사실이 동일한 구성요건에 속할 필요는 없고 동종의 구성요건에 속하면 발생사실에 대해 고의를 인정할 수 있다는 입장이다.

2. 죄질부합설에 따른 甲의 죄책

(1) A를 향해 재떨이를 던져 B의 얼굴에 상처를 낸 행위에 의한 죄책 및 처벌

甲이 A를 향해 재떨이를 던진 행위는 존속상해행위라고 볼 수 있다. 즉, 甲은 존속상해죄(제257조 제 2 항)의 고의로 단순상해죄(제257조 제 1 항)의 결과를 발생시킨 것이다. 이는 구성요건부합설에 의하면 추상적 사실의 착오가 되지만 죄질부합설에 의하면 구체적 사실의 착오가 된다. 甲이 A에게 재떨이를 던져 B가 맞은 것은 방법의 착오에 해당된다. 죄질부합설은 구체적 사실의 착오 중 방법의 착오에 대해 발생사실에 대한 고의기수죄를 인정한다.

따라서 甲은 B에 대한 단순상해기수죄(제257조 제 1 항)의 죄책을 진다.

(2) 30만원을 가져간 행위에 의한 죄책

甲이 인식한 사실은 아버지의 돈을 훔쳐간다는 것으로서 절도죄의 구성요건에 속하고 실제 발생한 사실은 D의 돈을 훔쳐간다는 것으로서 역시 절도죄의 구성요건에 속한다. 이는 구체적 사실의 착오 중 객체의 착오에 해당되는데, 이 경우 죄질부합설은 발생사실에 대한 고의기수죄를 인정한다.

따라서 甲은 D의 30만원에 대한 절도죄의 죄책을 진다.

(3) A를 죽이려다 애완견을 죽인 행위에 의한 죄책

甲이 A를 죽이려고 한 것은 존속살해죄(제250조 제 2 항)의 구성요건에 해당하는 것이고 실제 발생한 사실은 A의 재물을 손괴한 것이다. A의 애완견이 상처를 입었으므로 재물손괴죄에 해당된다. 존속살해죄와 재물손괴죄는 동일하거나 동종의 구성요건에 속하지 않으므로 추상적 사실의 착오에 해당하고, 甲의 착오는 객체의 착오에 해당된다. 이 경우 죄질부합설에서는 인식사실의 미수와 발생사실의 과실범의 상상적 경합범을 인정한다. 그런데 과실손괴죄를 처벌하는 규정은 없다. 따라서 甲은 존속살해미수죄의 죄책을 진다. 그런데 이어 甲이 상처를 입은 애완견을 살해한 것은 고의로 타인의 죄물을 손괴한 것이라고 할 수 있고, 따라서 甲은 손괴죄의 죄책을 진다.

결국 甲은 존속살해미수죄와 재물손괴죄의 실체적 경합범의 죄책을 진다.

(4) 현금 100만원을 가지고 간 행위에 의한 죄책

甲이 A의 현금을 가져간 행위는 절도죄에 해당되고 따라서 甲은 절도죄의 죄책을 진다. 다만, 甲과 A는 직계혈족이므로 甲의 형은 면제된다(제344조, 제328조 제 1 항).

3. 죄질부합설에 따른 甲의 처벌

(1) 30만원 절도죄에 대한 친족상도례의 적용 여부

甲은 아버지 A의 돈을 훔쳐간다고 생각하고 아버지 친구 D의 30만원을 훔쳐갔다. 이는 친족상도례에 대한 착오라고 할 수 있다. 친족상도례는 인적 처벌조각사유인데 이에 대한 착오는 범죄의 성립에 영향을 미치지 못한다. 친족상도례가 적용되기 위해서는 30만원의 소유자인 D와 甲 사이에 친족관계가 있어야 하는데, 甲과 D 사이에 친족관계가 없으므로 이 행위에 대해서는 친족상도례의 규정이 적용되지 않는다.

(2) 애완견 살해에 대한 형의 면제 가부

甲이 상처입은 애완견을 살해하여 직계존속의 재물을 손괴하였지만, 손괴죄에 대해서는 친족간의 범행규정이 없으므로 甲에 대한 형벌이 면제되지 않는다.

(3) 100만원 절도죄에 대한 친족상도례의 적용 여부

100만원의 소유자와 점유자는 A이고 甲과 A 사이에는 직계혈족 관계가 있으므로 甲에 대한 형벌이 면제된다(제344조, 제328조 제 1 항).

4. 정　리

죄질부합설에 의하면, 甲은 B에 대한 단순상해기수죄, 30만원에 대한 절도죄, 존속살해미수죄, 재물손괴죄, 100만원에 대한 절도죄의 실체적 경합범의 죄책을 진다. 다만, 이 중 100만원의 절도죄에 대해서는 친족상도례가 적용되므로 甲은 형벌이 면제된다.

Ⅲ. 가장 무거운 죄책을 인정하는 견해에 따른 甲의 죄책과 처벌

1. 가장 무거운 죄책을 인정하는 견해

사례에서 甲에게 가장 무거운 죄책을 인정하는 견해는 법정적 부합설 중 구성요건부합설과 구체적 부합설이다.

구체적 부합설은 행위자가 인식한 사실과 발생사실이 구체적으로 부합해야 발생사실의 고의기수죄를 인정하고, 구성요건부합설은 행위자가 인식한 사실과 발생사실이 동일한 구성요건에 속해야 발생사실에 대한 고의기수죄를 인정한다.

2. 구성요건부합설 및 구체적 부합설에 따른 甲의 죄책

위의 견해들에 의하면 甲의 죄책은 다음과 같다.

첫째, 甲이 아버지 A를 상해하려다가 동생 B를 상해하였으므로 인식사실은 존속상해죄(제257조 제2항)이고 발생사실은 단순상해죄(제257조 제1항)로서 양자가 동일한 구성요건에 속하지 않고 구체적으로 부합하지도 않는다. 따라서 甲은 존속상해미수죄와 B에 대한 과실치사죄의 상상적 경합범의 죄책을 진다.

둘째, A의 돈인 줄 알고 D의 돈을 훔친 경우 구체적 사실의 착오 중 객체의 착오이므로 구성요건부합설이나 구체적 부합설 모두 발생사실의 고의기수죄를 인정한다. 따라서 甲은 D의 30만원에 대한 절도죄의 죄책을 진다.

셋째, A를 살해하려다 애완견에 상처를 입힌 것은 존속살해죄를 범하려다 재물손괴죄를 범한 것인데, 이는 추상적 사실의 착오 중 객체의 착오에 해당한다. 따라서 구성요건부합설이나 구체적 부합설 모두 존속살해미수죄와 과실손괴죄를 인정한다. 그리고 상처입은 애완견을 살해한 것은 재물손괴죄에 해당된다.

넷째, 아버지 A의 100만원을 가져간 것은 절도죄에 해당된다.

3. 구성요건부합설 및 구체적 부합설에 따른 甲의 처벌

이 중 친족상도례에 관한 것은 Ⅱ. 3.에서 본 것과 같다.

4. 정 리

甲은 A에 대한 존속상해미수죄와 B에 대한 과실치상죄의 상상적 경합범, D의 돈 30만원에 대한 절도죄, A에 대한 존속살해미수죄, A의 애완견에 대한 손괴죄, A의 돈 100만원에 대한 절도죄의 죄책을 진다. 이 중 100만원에 대한 절도죄에 대해서는 형벌이 면제된다.

Ⅳ. 죄질부합설과 구성요건부합설과 구체적 부합설의 문제점

1. 죄질부합설과 구성요건부합설의 문제점

죄질부합설과 구성요건부합설 모두 법정적 부합설에 속한다. 법정적 부합설은 구체적 사실의 착오 중 방법의 착오에 대해 발생사실의 고의기수죄를 인정하는데, 이에 대해 다음과 같은 비판이 제기된다.

첫째, 구체적 사실의 착오 중 방법의 착오에 대해 발생사실에 대해 고의를 인정하는 것은 무리하게 고의를 전용하여 형사책임의 성립범위를 부당하게 확장한다는 문제가 있다. 또한 원래의 범행대상에 대해 아무런 죄책을 인정하지 않으므로 원래의 범행대상은 피해자로서 형사소송법에서 누릴 수 있는 권리를 박탈당하게 된다.

둘째, 만약 A와 B 중 A를 살해하려고 총을 발사하였는데 총알이 빗나가 A에게 상해만 입히고 B가 사망한 경우 A에 대한 살인미수죄를 인정해야 하는데, 이 경우 B에 대해서는 과실치사죄를 인정할 수밖에 없다. 그런데 A가 상처를 입지 않았으면 B에 대한 고의살인죄가 성립하고, A가 상처를 입었으면 B에 대한 과실치사죄가 성립하는 이유를 설명하기 곤란하다.

셋째, A만을 살해하려고 총을 발사하였는데, A와 B가 모두 사망한 경우에도 위와 동일한 문제점이 있다.

위와 같은 문제점 이외에 죄질부합설에 대해서는 다음과 같은 문제점이 지적되고 있다.

첫째, 동일한 죄질의 범위가 불분명하다. 예를 들어 살인죄와 존속살해죄는 동일한 죄질이라고 할 수 있지만, 절도죄와 점유이탈물횡령죄가 동일한 죄질인지 분명하지 않다. 또한 공갈죄는 강도죄와 사기죄 중 어느 죄와 동일한 죄질인지 문제될 수 있다. 만약 이를 모두 긍정한다면 강도죄와 사기죄도 동일한 죄질이 될 수 있다. 공갈죄와 사기죄는 동일한 죄질로 함께 규정되어 있는데, 공갈죄가 강도죄와 같은 죄질이라고 한다면 공갈죄와 같은 죄질인 사기죄와 강도죄도 같은 죄질이라고 해야 하기 때문이다.

둘째, 방법의 착오에 의해 존속살해죄를 범하려다 보통살인죄를 범한 경우 보통살인죄의 기수라고 하는데, 이는 존속살해미수죄와 과실치사죄의 상상적 경합범을 인정하는 것보다 오히려 유리하여 행위자를 좀더 중하게 처벌하려고 하는 죄질부합설의 본래 취지와 맞지 않는다. 절도죄와 점유이탈물횡령죄를 같은 죄질의 범죄라고 한다면 방법의 착오에 의해 타인의 재물을 절취하려다 점유이탈물을 절취하였을 경우 점유이탈물횡령죄의 기수가 되는데, 이 역시 마찬가지의 문제점이 있다.

2. 구체적 부합설의 문제점

구체적 부합설에 대해서는 구체적 사실의 착오 중 방법의 착오에 대해서는 인식사실의 미수와 발생사실의 과실범을 인정하면서 구체적 사실의 착오 중 객체의 착오에 대해서는 발생사실의 기수를 인정하는 것은 논리일관적이지 않다고 한다. 왜냐하면 구체적 사실의 착오 중 객체의 착오에서도 행위자가 인식한 사실과 실제 발생한 사실이 구체적으로 부합하지 않음에도 불구하고 발생사실에 대한 고의기수죄를 인정하기 때문이다.

3. 정　리

법정적 부합설이건 구체적 부합설이건 인식사실에 대한 고의를 발생사실에 전용할 수 있는 범위를 따지는 것인데, 고의의 전용이란 불필요하고 책임주의에 반하는 사고방식이라고 할 수 있다. 즉, 인식사실과 발생사실의 부합보다는 특정한 사례에서 발생사실에 대한 고의를 인정할 수 있느냐의 문제를 해결하면 행위자의 죄책문제는 자연스럽게 해결된다. 문제가 되는 구체적 사실의 착오 중 객체의 착오의 경우 발생사실에 대한 고의를 인정할 수 있다. 예를 들어 A인 줄 알고 살해하였으나 B인 경우 살인의 고의를 인정하기 위해서는 사람을 살해한다는 고의가 있으면 되지 대상이 A인지 B인지는 중요하지 않다. A의 물건인 줄 알고 절취하였으나 B의 물건인 경우에도 B의 물건에 대한 고의를 인정할 수 있다. 절도의 고의를 인정하기 위해서 타인소유의 재물이라는 인식이면 족하지, A의 소유인가 B의 소유인가는 중요하지 않기 때문이다.

그러나 방법의 착오의 경우에는 발생사실에 대한 고의를 인정할 수 없다. 발생사실에 대해서는 행위자가 의욕하였거나 인용한 바가 없기 때문이다.

11. 인과과정의 착오와 개괄적 고의

:: 다음 사례를 읽고 물음에 답하시오.

사업을 하던 甲은 동업자인 A와 호텔방에서 말다툼을 하던 중 격분하여 A의 얼굴을 주먹으로 때리고 쓰러진 A의 가슴과 배 등을 여러 차례 걷어찼고, 이에 A는 실신을 하고 말았다. 당황한 甲은 A의 뺨을 두드려 보며 깨워보려 하였지만 A는 깨어나지 않았다. 甲은 A가 사망한 것으로 오인하고, 어떻게 하면 좋을지 약 2시간 동안 안절부절하며 궁리를 한 끝에 A가 자살한 것으로 가장하기로 하였다. 甲은 낑낑대며 축 늘어진 A를 호텔창문으로 들어 올려 창문 밖으로 집어 던졌다. 그런데 A는 甲에게 맞아서 사망한 것이 아니라 땅바닥에 떨어져 뇌진탕으로 사망하였다.

이때 호텔방에서 이상한 소리가 나는 것을 수상하게 여긴 여종업원 B가 들어오다가 甲이 A를 호텔 창문 밖으로 던지는 것을 목격하게 되었다. 자신의 범행이 발각되었지만, '죽은 자는 말이 없다'는 말이 갑자기 생각난 甲은 B를 살해하기 위해 목을 졸랐고 B는 얼마 후 축 늘어졌다. 甲은 B가 죽었다고 생각하고 사체를 어떻게 처리할지 1시간 동안 고민하였다. 결국 甲은 B도 자살한 것으로 위장하기로 하였는데, 호텔방에서 아래로 던지면 아무래도 의심을 받을 것 같아, B에게 침대보를 씌워 호텔복도 끝 비상구로 끌고 갔다. 甲은 비상구 밖에서 B를 아래로 던졌다. 그러나 B 역시 목에 졸려 사망한 것이 아니라 바닥에 떨어지는 충격으로 사망하였다.

1. 甲의 죄책에 대한 판례의 입장과 그 문제점을 제시하시오.
2. 甲의 죄책에 대한 다수설의 입장과 그 문제점을 제시하시오.
3. 甲에게 가장 무거운 죄책을 인정하는 견해들과 그 문제점을 제시하시오.
4. 甲에게 가장 가벼운 죄책을 인정하는 견해에 따른 甲의 죄책과 법정형 중 징역, 금고형만을 선택한다고 할 경우 처단형 중 가장 무거운 것과 가장 가벼운 것을 제시하시오.

Ⅰ. 논점의 제시

甲이 A와 B를 사망케 한 과정을 분석해 보면 각각 甲이 A를 구타하여 실신케 한 것과 호텔 창문 밖으로 던진 것 및 B의 목을 졸라 정신을 잃게 하고 호텔비상구 밖에서 아래로 던진 것 2가지 과정으로 이루어진다. 그리고 甲이 A를 구타할 때에는 상해의 고의가 있었고, B의 목을 졸랐을 때에는 살인의 고의가 있었다. 또한 甲이 호텔 밑으로 A와 B를 던질 때에는 살아 있는 A와 B를 사망한 것으로 오인하고 자살을 가장하기 위한 것이지만 이로 인해 A, B가 사망하였다.

이 경우 甲에게 A에 대한 상해치사죄(제259조 제1항) 및 B에 대한 살인죄(제250조 제1항)의 죄책을 인정할 수도 있고, A에 대한 중상해죄 및 과실치사죄의 실체적 경합범, B에 대한 살인미수죄 및 과실치사죄의 실체적 경합범을 인정할 수도 있을 것이다.

이에 대한 판례와 학설의 입장 및 그 문제점을 살펴보기로 한다.

Ⅱ. 판례의 입장에 따른 甲의 죄책 및 문제점

1. 판례의 입장에 따른 甲의 죄책

판례는 "피고인이 1993. 10. 3. 01:50경 피해자와 함께 낙산비치호텔 325호실에 투숙한 다음 손으로 피해자의 뺨을 수회 때리고 머리를 벽쪽으로 밀어 붙이며 붙잡고 방바닥을 뒹구는 등 하다가 피해자의 어깨를 잡아 밀치고 손으로 우측 가슴부위를 수회 때리고 멱살을 잡아 피해자의 머리를 벽에 수회 부딪치게 하고 바닥에 넘어진 피해자의 우측 가슴부위를 수회 때리고 밟아서 피해자에게 우측 흉골골절 및 우측 제2, 3, 4, 5, 6번 늑골골절상과 이로 인한 우측심장벽좌상과 심낭내출혈 등의 상해를 가함으로써, 피해자가 바닥에 쓰러진 채 정신을 잃고 빈사상태에 빠지자, 피해자가 사망한 것으로 오인하고 피고인의 위와 같은 행위를 은폐하고 피해자가 자살한 것처럼 가장하기 위하여, 같은 날 03:10경 피해자를 베란다로 옮긴 후 베란다 밑 약 13미터 아래의 바닥으로 떨어뜨려 피해자로 하여금 현장에서 좌측 측두부 분쇄함몰골절에 의한 뇌손상 및 뇌출혈 등으로 사망에 이르게 하였다면, 피고인의 판시 소위는 포괄하여 단일의 상해치사죄에 해당한다"고 하고(대판 1994. 11. 4. 94도2361), "… 전 과정을 개괄적으로 보면 피해자의 살해라는 처음에 예견된 사실이 결국은 실현된 것으로 …"라고 하여 살인기수죄를 인정한다(대판 1988. 6. 28. 88도650)고 한다.

2. 판례의 문제점

판례에는 다음과 같은 문제점이 있다.

첫째, "포괄하여 단일의 상해치사죄가 성립한다," "전 과정을 개괄적으로 보면"이라고 하는 것이 무엇을 의미하는지 분명하지 않다.

둘째, 만약에 A에 대한 상해치사죄에 대해 포괄일죄를 인정하는 것이라면, 이는 포괄일죄의 인정이유에 반한다. 포괄일죄는 수 개의 행위로 이루어진 범죄에 대해 수죄를 인정할 경우 피고인에게 지나치게 불리한 결과가 발생하기 때문에 피고인을 수차례의 처벌위협에서 보호하기 위한 것이다. 그런데 사례에서 수차례의 구타행위에 대해 포괄일죄를 인정하는 것은 몰라도 구타행위와 호텔창문 밖으로 집어 던지는 행위를 포괄일죄로 인정하는 것은 피고인에게 불리하다.

셋째, "전 과정을 개괄적으로 보면"이라는 것이 甲의 행위를 하나의 행위로 파악하는 것이라고 본다면, 이것은 행위의 사회적 의미나 형법적 의미에 반한다. 목을 조르는 행위와 1시간 후 사체를 집어던지는 행위는 사회적으로나 형법적으로 하나의 행위라고 보기 어렵다.

Ⅲ. 甲의 죄책에 대한 다수설의 입장과 문제점

1. 다수설의 입장

다수설은 이 사례를 인과과정의 착오의 문제로 본다. 인과과정이란 구성요건적 행위에서부터 결과발생까지의 과정을 의미하고, 인과과정의 착오란 행위자가 인식한 인과과정이 일치하지 않는 경우를 말한다. 인과과정의 착오의 형법적 효과에 대해 다수설은 행위자가 인식한 인과과정과 실제 발생한 인과과정의 불일치가 사회경험칙상 본질적이거나 중요하지 않은 경우에는 발생된 결과에 대해 책임을 인정할 수 있다고 한다. 이 견해에 의하면 甲의 죄책은 다음과 같을 것이다.

첫째, A의 경우 甲이 인식한 인과과정은 A를 상해하여 사망케 한 후 사체손괴의 고의로 호텔창문 밖으로 던지는 것이었고, 실제 발생한 인과과정은 甲이 A에게 중상해를 입힌 후 호텔창문 밖으로 던져 사망케 하였다는 것이다. 이 경우 甲

이 인식한 인과과정과 실제 발생한 인과과정의 불일치는 중요하거나 본질적이라고 보아야 한다(이 부분에 대해서 다수설은 정확하게 언급하지 않는다). 왜냐하면 甲이 A가 사망하였다고 착오하지 않았다면 굳이 호텔창문 밖으로 집어 던질 필요가 없었을 것이기 때문이다. 따라서 다수설에 의하면 甲은 중상해죄와 사체손괴죄의 불능미수 및 과실치사죄의 상상적 경합범의 죄책을 질 것이다.

둘째, B의 경우 甲이 인식한 인과과정은 B를 살해한 후 사체손괴의 고의로 호텔 밑으로 던지는 것이고 실제 발생한 인과과정은 B를 살해하려다 미수에 그친 후 살아 있는 B를 사체손괴의 고의로 던지는 것이었다. 이 경우 甲이 인식한 인과과정과 실제 발생한 인과과정의 차이가 경험법칙상 중요하거나 본질적이라고 볼 수 없기 때문에 甲은 살인기수의 죄책을 진다.

2. 다수설의 문제점

다수설에 대해서는 이 사례에서 인과과정의 착오가 왜 중요하거나 본질적인 것이 아닌지에 대한 명확한 근거를 제시하지 못하고, 오히려 이러한 사례가 문제되는 것은 그 착오가 본질적이거나 중요하기 때문이라는 비판이 제기된다. 즉, A의 경우 甲의 착오가 중요하다고 하고, B의 경우 중요하지 않다고 하는 근거가 불분명하다는 것이다.

Ⅳ. 가장 무거운 죄책을 인정하는 견해와 그 문제점

甲에게 인정할 수 있는 가장 무거운 죄책은 A에 대한 상해치사죄와 B에 대한 살인기수죄이다. 이러한 죄책을 인정할 수 있는 견해로 다음과 같은 것들이 있다.

1. 甲의 행위를 하나의 행위로 파악하는 견해

(1) 내 용

甲이 A를 구타하는 행위와 호텔방 밑으로 떨어뜨리는 행위를 하나의 행위로 보는 경우에는 하나의 상해행위가 있고, 그 행위에 의해 A의 사망의 결과가 발생하였고, 상해행위와 사망 사이에 인과관계나 객관적 귀속을 인정할 수 있고, 사망에 대한 예견가능성도 인정할 수 있기 때문에 甲에게 상해치사죄의 죄책을 인정할 수 있다.

甲이 B의 목을 조른 행위와 호텔 밑으로 던진 행위를 하나의 행위로 보는 경우에도 하나의 고의 살인행위가 있었고 이 행위에 의해 사망의 결과가 발생하였으므로 甲은 살인기수죄의 죄책을 진다.

(2) 문제점

이 견해에 대해서는 甲이 A를 구타하는 행위 및 B를 목조르는 행위와 A와 B를 호텔 밑으로 던지는 행위를 그 시간상의 간격 등을 고려하면 사회통념상 하나의 행위로 보기는 어렵고 두 행위는 별개의 행위로 다루어야 한다는 비판이 제기된다.

2. 개괄적 고의를 인정하는 견해

(1) 내 용

A에 대한 甲의 행위를 두 개의 행위로 보되, A를 구타할 당시 甲에게 존재했던 상해의 고의가 개괄적으로 뒤의 행위, 즉 A를 호텔창문 밖으로 집어 던지는 행위에도 효력을 미친다고 할 경우 제2의 행위도 고의상해행위가 되고, 이 고의상해행위에 의해 A의 사망의 결과가 발생하였으므로 甲에게 상해치사죄를 인정할 수 있다.

B에 대한 甲의 행위도 두 개의 행위로 보되 B의 목을 조를 때에 존재했던 살인의 고의가 B를 호텔 밑으로 던지는 행위에도 개괄적으로 효력을 미친다고 할 경우에도 호텔 밑으로 던지는 행위가 고의살인행위가 될 수 있고 이 행위에 의해 B의 사망의 결과가 발생하였으므로 甲에게 살인기수죄를 인정할 수 있다.

(2) 문제점

개괄적 고의이론에 대해서는 2개의 행위를 인정하는 한, 고의 또는 과실은 각각의 행위에 대해서 존재해야 하고 두 개의 행위를 개괄하는 개괄적 고의는 고의로서의 효력이 인정되지 않는다는 비판이 제기된다.

3. 객관적 귀속의 문제로 해결하는 견해

(1) 내 용

甲의 A와 B를 호텔 밑으로 집어 던진 행위는 甲이 A를 구타한 행위 또는 B의 목을 조른 행위와 A, B의 사망의 결과 사이에 하나의 인과적 연쇄고리에 불과하기 때문에 A, B의 사망의 결과를 각각 A를 구타한 행위와 B의 목을 조른 행위에 귀속시킬 수 있고, 따라서 甲에게 상해치사죄와 살인기수죄를 인정할 수 있다는 것이다.

(2) 문제점

이 견해에 대해서는 A, B를 호텔 밑으로 집어 던진 행위는 인과적 연쇄에서 하나의 고리에 불과하다고 할 수 없고, 독자적인 행위이므로, A, B의 사망의 결과를 A를 구타한 행위와 B의 목을 조른 행위가 아닌 A, B를 호텔 밑으로 던진 행위에 객관적으로 귀속시킬 수 있을 뿐이라는 비판이 제기된다.

Ⅴ. 가장 가벼운 죄책을 인정하는 견해에 따른 甲의 죄책과 처단형

1. 문제의 소재

A에 대한 상해치사죄, B에 대한 살인기수죄보다 가벼운 甲의 죄책으로 문제될 수 있는 것은 A에 대한 중상해죄와 사체손괴죄의 불능미수 및 과실치사죄의 상상적 경합범, B에 대한 살인미수죄 및 사체손괴죄의 불능미수와 과실치사죄의 상상적 경합범이다. 이 중 사체손괴죄의 불능미수를 인정하지 않게 되면 甲은 A에 대한 중상해죄와 과실치사죄, B에 대한 살인미수죄와 과실치사죄의 실체적 경합범의 죄책을 지게 된다.

2. 사체손괴죄의 불능미수

甲이 살아 있는 A와 B를 사망한 것으로 오인하고 사체손괴의 고의로 행위하였으나 A, B가 살아 있었으므로 사체손괴의 결과발생은 불가능하였다. 이는 대상의 착오로 인해 결과발생이 불가능한 경우이므로 위험성 유무에 따라 甲의 행위는 사체손괴죄의 불능미수 또는 불능범이 된다. 불능미수의 위험성 판단에 대해서는 다음과 같은 견해가 있다.

절대적 불능, 상대적 불능 구별설에 의할 경우 살아 있는 사람에 대한 사체손괴는 절대적 불능이므로 불능범이 된다.

추상적 위험설에 의할 경우 甲이 A, B가 사망하였다고 생각하였고, 사망한 사람을 호텔 밑으로 던지면 사체손괴의 결과가 발생할 가능성이 있으므로 甲은 사체손괴죄의 불능미수의 죄책을 진다.

구체적 위험설에 의할 경우 일반인들은 A, B가 사망하지 않았다고 생각하였을 것이고, 사망하지 않은 사람을 호텔 밑으로 던질 경우 사체손괴의 결과가 발생할 가능성은 없다고 할 수 있으므로 甲은 불능범이 된다.

주관설에 의할 경우 甲은 사체손괴의 고의로 행위하였으므로 사체손괴죄의 불능미수의 죄책을 진다.

따라서 절대적 불능·상대적 불능 구별설이나 구체적 위험설에 따라 사체손괴죄는 불능범이 되어 甲은 이에 대해 아무런 죄책을 지지 않는다고 해야 한다.

3. 甲에 대한 처단형

甲이 중상해죄(제258조 제1항; 1년 이상 10년 이하의 징역), 과실치사죄(제267조; 2년 이하의 금고), 살인미수죄(제250조 제1항, 사형·무기 또는 5년 이상의 징역), 과실치사죄의 실체적 경합범(제37조 전단)의 죄책을 진다.

양형을 할 경우 가중감경은 법률상 감경, 경합범가중, 작량감경의 순으로 하게 된다. 여기에서 법률상 감경을 할 수 있는 것은 살인미수죄이다.

(1) 가장 무거운 처단형

가장 무거운 처단형을 인정하기 위해서는 법률상 감경을 하지 않고 경합범가

Criminal Law — A Case Study Approach

중을 하되 작량감경을 하지 않는 것이다.

이 경우 실체적 경합범의 처단형은 가장 중한 죄의 장기의 2분의 1까지 가중하되, 모든 범죄에 대한 형기의 합산을 초과하지 못한다(제38조 제1항 제2호). 네 범죄 중에서 가장 무거운 죄인 살인미수죄의 징역형은 5년 이상 30년 이하의 징역이다. 여기에서 장기의 2분의 1을 가중하면 45년 이하의 징역이 된다. 따라서 甲에게 인정할 수 있는 가장 무거운 처단형은 5년 이상 45년 이하의 징역이다.

(2) 가장 가벼운 처단형

가장 가벼운 처단형을 인정하기 위해서는 먼저 살인미수죄에 대해 미수감경을 하고, 경합범가중을 한 후 작량감경을 하는 것이다.

살인미수죄에 대해 미수감경을 하면 2년 6개월 이상 15년 이하의 징역이 된다(제55조 제1항 제3호). 이 경우 네 가지 범죄에 대한 형벌 중 가장 무거운 것은 중상해죄의 1년 이상 10년 이하의 징역이다. 여기에서 장기의 2분의 1까지 가중하게 되면 1년 이상 15년 이하의 징역이 된다. 그런데 살인미수죄의 하한이 2년 6개월 이상이므로 처단형은 2년 6개월 이상 15년 이하의 징역이 된다. 그리고 이에 대해 작량감경을 하면 1년 3개월 이상 7년 6개월 이하의 징역이 된다.

(3) 정 리

모든 법정형에서 징역형을 선택한다고 할 때 甲에게 인정할 수 있는 가장 무거운 처단형은 5년 이상 45년 이하의 징역이고, 가장 가벼운 처단형은 1년 3개월 이상 7년 6개월 이하의 징역이다.

2 위법성론 및 책임론

12. 주관적 정당화요소 및 피해자의 승낙

:: 다음 사례를 읽고 물음에 답하시오.

피겨선수인 甲은 자신과 라이벌인 A와 B가 없으면 자신이 올림픽 국가대표선발전에서 우승하여 동계올림픽에 참가할 수 있을 것이라고 생각하였다. 그러던 중 甲은 A를 살해하기로 결심하였다. 甲은 A의 옆집으로 이사를 가 A의 집을 매일 관찰하였다. 며칠 후 밤 甲은 창문에 어른거리는 A를 향해 총을 발사하였다. 그런데 A는 甲이 옆집으로 이사왔다는 것을 알고 있었고, A 역시 甲과 같은 생각으로 그날 밤 甲의 집 창문을 살피고 있었다. 무엇을 하는지 모르지만 창문에 한참 서 있는 甲을 발견한 A는 미리 준비해 놓았던 엽총을 가지고 와 甲을 향해 조준을 한 후 방아쇠를 당기려 하고 있었다. A는 甲이 쏜 총을 맞고 사망하였다.

며칠 후 甲은 장차 B도 자신을 위협할지 모르니 내친김에 B를 불구로 만들어 버릴 생각으로 B의 집을 찾아갔다. 甲은 밖에서 B의 집 동정을 살폈지만 B가 어디에 있는지 잘 알 수 없자 B의 집 안으로 들어갔다. 그런데 당시 甲은 인식하지 못했지만 甲이 B의 집으로 들어가던 순간 甲의 뒤에서 미친 개가 甲에게 접근하여 물려고 하다가 甲이 집 안으로 들어가며 문을 닫는 바람에 이빨을 문에 부딪쳐 깨갱대었다. 마침 정원에 있던 B는 무슨 소리인가 알아보기 위해 문쪽으로 다가오다가 甲을 발견하게 되었다. 甲이 A를 살해했을 것이라는 심증을 가지고 있었던 B는 어차피 자신이 甲을 이길 수 없으니 차라리 부상을 당한 것을 핑계로 은퇴하는 것이 낫겠다고 생각하고 甲에게 자신을 죽이지 말고 다리를 불구로 만들어 달라고 하였다. 甲은 비밀을 지켜주겠다는 다짐을 받은 후에 B의 다리에 총을 쏘아 불구로 만들었다.

1. 甲에게 가장 가벼운 죄책을 인정할 수 있는 논거를 제시하시오.
2. 甲에게 가장 무거운 죄책을 인정할 수 있는 논거를 제시하시오.
3. 다수설의 입장에 따라 甲의 죄책을 설명하시오.
4. 甲의 죄책에 대한 자신의 견해를 제시하시오.

Ⅰ. 논점의 제시

甲의 죄책으로 다음과 같은 문제들이 있다.

첫째, 우연방위의 문제이다. 甲이 A를 살해한 것은 살인기수죄(제250조 제 1 항)의 구성요건에 해당하는 행위이다. 그런데 甲이 A를 살해하는 순간 A도 甲을 살해하려고 하였으므로 정당방위(제21조)의 객관적 성립요건이 갖추어져 있었다. 만약 甲이 이 사실을 알고 정당방위의사로 A를 살해했다면 甲의 행위는 정당방위로 위법성이 조각된다. 그러나 甲에게 방위의사가 없었으므로 甲의 행위의 위법성이 조각되는지, 조각되지 않는다면 甲이 어떤 죄책을 지는지 문제된다.

둘째, 우연피난의 문제이다. 甲이 B의 집에 들어간 행위는 주거침입죄(제319조 제 1 항)의 구성요건에 해당하는 행위이다. 만약 甲이 미친 개가 덤벼드는 것을 알고 이를 피하기 위해 B의 집으로 들어갔다면 긴급피난(제22조)으로 위법성이 조각될 수 있다. 그러나 甲이 미친 개가 덤벼드는 것을 알지 못하고 B의 집에 침입하였으므로 이는 긴급피난의 객관적 요건은 충족되어 있지만, 긴급피난의사가 없는 소위 우연피난에 해당된다. 이 경우 위법성이 조각되는지, 조각되지 않는다면 甲이 어떤 죄책을 지는지 문제된다.

셋째, 피해자의 승낙에 의한 중상해죄의 문제이다. 甲이 B의 다리를 쏘아 불구로 만든 것은 중상해죄(제258조 제 2 항)에 해당한다. 그런데 중상해에 대한 B의 승낙이 있었으므로 제24조의 적용범위와 관련하여 甲의 행위의 위법성이 조각되는지, 조각되지 않는다면 甲이 어떤 죄책을 지는지 문제된다.

Ⅱ. 甲에게 가장 가벼운 죄책을 인정할 수 있는 논거

甲에게 가장 가벼운 죄책을 인정하기 위해서는 위법성조각사유의 성립에 주관적 정당화(위법성조각)요소를 필요로 하지 않다고 하거나 위법성이 인정되기 위해서는 행위불법(반가치)뿐만 아니라 결과불법(반가치)이 필요한데 甲의 행위에 결과불법이 없다고 하거나, 승낙에 의한 중상해죄를 처벌하는 특별한 규정이 없으므로 처벌되지 않는다고 하는 것이다.

1. 우연방위와 우연피난의 위법성조각을 인정하는 견해

(1) 주관적 정당화요소 불요설

이 견해는 위법성조각사유가 성립하기 위해서 주관적 정당화요소는 필요하지 않다는 입장이다. 위법성의 판단을 결과불법(반가치)만 가지고 판단하자는 입장에서는 우연방위나 우연피난과 같이 주관적 정당화요소가 없는 경우에도 정당방위나 긴급피난의 객관적 요소가 충족되면 결과불법(반가치)이 없으므로 위법성조각사유가 성립할 수 있다고 한다. 이 견해에 의하면 甲의 살인행위는 정당방위의 객관적 요건을, 甲의 주거침입행위는 긴급피난의 객관적 요건을 갖추었으므로 모두 위법성이 조각된다.

(2) 결과불법(반가치) 부정설

이 견해는 위법성이 인정되기 위해서는 주관적 불법(위법)요소와 객관적 불법(위법)요소 모두가 필요하지만, 우연방위나 우연피난의 경우 주관적 불법(위법)요소는 있지만 객관적 불법(위법)요소가 없으므로 위법성이 인정될 수 없다고 한다. 이 견해에 의하면 甲이 A를 살해한 행위와 B의 집에 침입한 행위에는 결과불법(반가치)이 없으므로 모두 위법성이 조각된다.

2. 승낙에 의한 중상해죄의 처벌 여부

제24조는 “처분할 수 있는 자의 승낙에 의하여 그 법익을 훼손한 행위는 법률

에 특별한 규정이 없는 한 벌하지 아니한다"고 규정하고 있다. 이 규정을 문리해석하는 견해는 촉탁·승낙살인죄나 동의낙태죄와 같이 승낙에 의한 행위를 처벌하는 규정이 있는 경우에는 승낙에 의한 행위를 처벌할 수 있다. 그러나 승낙상해죄나 승낙중상해죄를 처벌하는 규정은 없으므로 甲이 B를 불구로 만든 행위는 처벌할 수 없다.

3. 정 리

주관적 정당화요소 불요설 또는 우연방위나 우연피난에서 결과불법(반가치)이 인정되지 않아 무죄라고 하는 견해 및 제24조를 문리해석하는 입장을 따르면 甲은 A에 대한 살인죄, B의 주거침입죄, B에 대한 중상해죄 모두에 대해 무죄이다.

Ⅲ. 甲에게 가장 무거운 죄책을 인정할 수 있는 논거

甲에게 인정할 수 있는 가장 무거운 죄책은 살인기수죄, 주거침입죄, 중상해죄이다. 이를 위해서는 위법성조각사유의 성립에 주관적 정당화요소가 필요하다고 하고 행위불법(반가치)만으로도 위법성이 인정될 수 있거나, 위법성조각사유가 성립하기 위해서는 결과불법(반가치)이 존재하지 않는 것만으로는 부족하고 주관적 구성요건요소를 상쇄할 수 있는 주관적 정당화요소가 필요하므로 우연방위나 우연피난은 위법성이 조각될 수 없다고 해야 한다. 또한 승낙중상해죄에 대해서도 위법성조각을 인정하지 않는 논거를 제시해야 한다.

1. 우연방위나 우연피난에 대한 기수설의 논거

(1) 주관적 정당화요소 필요설

이 견해는 정당방위나 긴급피난이 성립하기 위해서는 방위의사나 피난의사 등 주관적 정당화요소가 필요하고, 주관적 정당화요소가 없는 경우에는 위법성조각이 인정될 수 없다는 견해이다. 이 견해에 의하면, 형법 제21조가 방위하기 위한 행위라고 규정한 것은 방위를 인식·의욕·목적한 행위를 의미하므로 이러한 인식 등이 없는 경우에는 위법성조각사유의 요건을 갖추지 못하므로, 甲은 살인기수죄, 주거침입죄의 죄책을 진다. 판례는 위법성조각을 인정하기 위해서는 행위의 동기나 목적의 정당성도 고려해야 한다고 하는데, 이는 이 입장에 가깝다고 할 수 있다.

(2) 행위불법(반가치)일원설

위법성의 본질은 결과불법(반가치)이 아니라 행위불법(반가치)에 있다고 보는 견해에 의하면 주관적 정당화사유가 없으면 행위불법(반가치)이 존재하므로 위법성이 인정되므로, 甲은 살인기수죄와 주거침입기수죄의 죄책을 진다.

2. 승낙중상해죄를 처벌하는 논거

승낙중상해죄를 처벌하는 논거로 다음의 두 가지를 들 수 있다.

첫째, 제24조는 처분할 수 있는 법익에 대해서만 승낙이 허용되는데, 신체는 개인적 법익뿐만 아니라 사회적 법익의 성격도 지니고 있으므로 자신이 처분할 수 있는 법익에 속하지 않는다고 한다. 이 견해에 대해서는 자상행위를 처벌하지 못하는 이유를 설명하기 어렵다.

둘째, 형법 제20조의 사회상규는 위법성조각의 근거개념이기도 하면서 위법성조각의 한계개념이기도 하다는 견해이다. 이에 의하면 승낙에 의한 행위가 사회상규에 위배되지 않는 경우에는 위법성이 조각되지만, 사회상규에 위배될 경우에는 위법성이 조각되지 않는다.

위의 두 견해에 의하면 사례에서 甲이 B에게 중상해를 입힌 행위는 사회상규에 위배되므로 위법성이 조각되지 않는다.

3. 정 리

우연방위나 우연피난에 대해 기수설을 취하고, 피해자의 승낙에서 승낙이 사회상규에 위배되지 않는다는 입장을 따를 경우 甲은 A에 대한 살인기수죄(제250조 제 1 항), B에 대한 주거침입죄(제319조 제 1 항), B에 대한 중상해죄(제258조 제 2 항)의 실체적 경합범(제37조 전단)의 죄책을 진다.

Ⅳ. 다수설에 따른 甲의 죄책

1. A에 대한 죄책

다수설은 방위의사가 없는 우연방위의 경우는 형법 제27조의 구성요건적 결과발생이 불가능하지만 가능하다고 착오한 경우인 불능미수와 유사하다는 점을 강조한다. 즉, 위법성조각사유의 객관적 요건을 충족하는 사실이 존재하므로 위법한 행위의 결과발생이 불가능하지만, 행위자가 위법성조각사유의 객관적 요건이 충족되었다는 사실을 인식하지 못하고 위법한 행위를 할 수 있다고 착오한 경우이므로 불능미수와 유사하고, 따라서 불능미수의 규정을 유추적용하자고 한다. 그리고 이러한 유추적용은 피고인에게 유리하므로 죄형법정주의의 유추해석금지원칙에 반하지 않는다고 한다. 다수설에 의하면, 우연방위나 우연피난의 경우 행위불법만이 있는 것이 아니라 불능미수 정도의 결과불법도 존재한다고 한다.

이 견해에 의하면, 甲은 살인죄의 불능미수(제250조 제1항, 제254조, 제27조)의 죄책을 진다(다만, 무조건 불능미수를 인정해야 하는지 아니면, 위험성 유무를 검토한 이후 위험성이 있는 경우에는 불능미수, 위험성이 없는 경우에는 불능범이라고 해야 하는지에 대해서는 입장이 분명하지 않다).

2. B에 대한 죄책

(1) 주거침입행위에 대한 죄책

다수설에 의하면 우연피난의 경우에도 불능미수의 죄책을 지므로, 甲은 주거침입죄의 불능미수(제319조 제1항, 제322조, 제27조)의 죄책을 진다.

(2) 중상해에 대한 죄책

다수설은 승낙에 의한 행위라도 사회상규에 위배되지 않아야 위법성이 조각된다고 한다. 예를 들어 채무자의 승낙을 받고 채무자의 신체 일부를 도려내거나 승낙을 받고 상대방을 구타하여 중상을 입히는 행위 등은 사회상규에 위배된 행위로서 위법성이 조각되지 않는다. 판례도 "형법 제24조의 규정에 의하여 위법성이 조각되는 피해자의 승낙은 개인적 법익을 훼손하는 경우에 법률상 이를 처분할 수 있는 사람의 승낙이어야 할 뿐만 아니라 그 승낙이 윤리적·도덕적으로 사회상규에 반하는 것이 아니어야 한다"(대판 2008. 12. 11. 2008도9606)고 한다. 이에 의하면 甲이 B의 승낙을 알고 중상해를 입혔더라도 사회상규에 반하는 승낙이므로 위법성이 조각되지 않는다.

3. 결 어

주관적 정당화요소가 결여된 경우 불능미수를 인정하고, 승낙에 의한 행위에서 사회상규에 위배되지 않는 승낙의 경우에만 위법성조각을 인정하는 다수설에 의하면, 甲은 A에 대한 살인죄의 불능미수(제250조 제1항, 제254조, 제27조), B에 대한 주거침입죄의 불능미수(제319조 제1항, 제322조, 제27조), B에 대한 중상해죄(제258조 제2항)의 실체적 경합범(제37조 전단)의 죄책을 진다.

Ⅴ. 개인적 견해

1. 우연방위, 우연피난의 효과

(1) 주관적 정당화요소의 요부

주관적 정당화요소 불요설에 대해서는 구성요건해당성이 있는 행위는 결과불법과 행위불법 모두가 존재한다. 따라서 이러한 결과불법과 행위불법을 모두 조각하기 위해서는 위법성조각사유의 객관적 요건을 충족하는 사실이 존재할 뿐만 아니라 주관적 요소, 즉 주관적 정당화요소가 필요하다고 해야 할 것이다. 이는 '방위하기 위한 행위', '피하기 위한 행위' 등의 문언에서도 잘 나타나고 있다.

(2) 우연방위, 우연피난의 효과

기수설은 우연방위나 우연피난의 독특한 성격을 무시하므로 '같은 것은 같게, 다른 것은 다르게 취급하라'는 법원리에 맞지 않는다. 무죄설은 우연방위나 우연피난에서 결과불법이 존재하지 않고, 행위불법만으로는 위법성을 인정할 수 없다고 한다. 그러나 우연방위나 우연피난에서 결과불법이 반드시 존재하지 않는다고 할 수는 없다. 일반인들이 위험성을 느끼는 경우에는 그 위험성이 결과불법이라고 할 수 있기 때문이다. 따라서 제27조의 불능미수 규정을 유추적용하되, 무조건 불능미수를 인정하는 것이 아니라 제27조의 위험성이 존재하는가를 검토하여 위험성이 인정되는 경우에는 불능미수, 위험성이 인정되지 않는 경우에는 불능범이라고 해야 할 것이다.

불능미수의 위험성에 대해서는 주로 추상적 부합설과 구체적 부합설이 대립하는데, 추상적 부합설에 의하면 A를 살해하고 B의 집에 침입한 행위의 위험성이 인정된다. 그러나 구체적 부합설에 의하면 일반인이 A가 甲을 향해 총을 쏘는 것을 인식하였다면 위험성이 인정되지 않고, 일반인이 인식하지 못하였다면 위험성이 인정된다. 미친 개가 甲을 물려고 하였다는 것을 일반인들이 알았다면 위험성이 인정되지 않고, 일반인들이 알지 못하였다면 위험성이 인정된다.

2. 승낙에 의한 중상해죄의 위법성조각 여부

형법 제20조의 사회상규에 위배되지 않는 행위는 위법성조각의 근거와 위법성조각의 한계를 동시에 규정한 것이라고 보아야 하므로 통설·판례의 입장이 타당하다. 따라서 甲이 B에게 중상해를 입힌 행위는 위법성이 조각될 수 없고, 甲은 B에 대한 중상해죄(제258조 제 2 항)의 죄책을 져야 한다.

3. 정 리

우연방위와 우연피난에 대해 불능미수의 규정을 유추적용하여야 한다는 견해와 불능미수의 위험성에 대한 구체적 부합설에 의하면 甲의 A에 대한 살인죄와 B에 대한 주거침입죄는 위험성이 인정되지 않아 무죄이다. 그러나 甲은 B에 대한 중상해죄의 죄책을 진다.

13. 정당방위, 긴급피난

:: 다음 사례를 읽고 물음에 답하시오.

음방협('한국음란영화방지협회'의 약칭)의 회장인 甲은 자신의 8세된 아들 A와 K 성인극장 앞을 지나가다가 그 극장에서 '내게 참말을 해봐'라는 음란영화가 상영되는 것을 발견하게 되었다. 이런 영화가 상영되면 우리나라의 윤리도덕은 땅에 떨어지고 청소년에게 나쁜 영향을 미칠 것이라고 생각한 甲은 영화상영 도중 몰래 영사실에 들어가 영사기를 정지시키려고 하였다. 그런데 우연히 영사실 앞을 지나가다가 이를 발견한 예진협('대한예술영화진흥협회'의 약칭)의 회장인 乙은 이 정도 영화를 음란영화라고 하는 것은 너무한 것이고 저속한 영화이기는 하지만 이 정도는 우리 사회가 충분히 소화할 수 있으므로 중단시키면 안 된다고 생각하였다. 乙은 얼른 영사실에 들어가 甲을 향하여 "'내게 참말을 해봐'라는 영화를 중지시키면 거짓말을 하란 말인가? 음란보다 더 나쁜 것이 거짓말이다!"라고 하면서 甲을 제지하려고 하였다. 甲이 乙을 피하여 영사기 쪽으로 가려고 하자 乙은 甲의 멱살을 잡고 끌어내려 하였다. 이에 甲은 옆에 있던 소주병을 들어 乙을 내리쳤지만 乙을 때리지는 못하였다. 일차 甲의 공격을 피한 乙은 다시 한번 甲이 소주병으로 내리치자 더 이상 피할 수 없었기 때문에 얼른 옆에 있던 유리어항을 들어 소주병을 막아냈다. 이 때문에 유리어항이 깨지고 안에 있던 금붕어 5마리가 죽었다. 한편 乙이 자기 아버지와 싸우는 것을 본 A는 乙에게 달려들어 팔을 깨물었다. 이에 乙은 A를 떨쳐 버리기 위해 세게 밀었고 A는 뒤로 자빠지면서 엉덩이에 전치 4주의 부상을 입었다.

1. 甲의 죄책을 설명하시오.
2. 甲과 어항에 대한 乙의 죄책을 설명하시오.
3. 정당방위의 사회윤리적 제한이라는 개념과 관련하여 A에 대한 乙의 죄책을 설명하시오(특별법은 불문함).

Ⅰ. 논점의 제시

甲의 죄책으로 문제되는 것은 다음과 같다.

1. 음란영화상영을 막기 위해 K극장의 영사실에 들어간 행위는 주거침입죄(제

319조 제1항)의 구성요건에 해당하는 행위이다. 甲이 음란영화의 상영을 막기 위해 주거침입행위를 하였으므로 정당방위(제21조 제1항)에 의해 위법성이 조각되는가 문제된다. 여기에서는 건전한 성풍속이라는 사회적 법익을 방위하기 위한 정당방위가 인정되는가 문제된다.

2. 甲이 소주병으로 乙을 내리친 행위는 특수폭행죄(제261조) 혹은 상해죄(제257조 제1항)에 해당하는 행위이다. 그런데 甲은 乙이 자신을 끌어내려 하는 것을 막기 위해 이러한 행위를 하였으므로 역시 정당방위에 의해 위법성이 조각될 수 있는가 문제된다.

乙의 죄책으로 문제되는 것은 다음과 같다.

1. 乙이 甲을 끌어내려 한 것은 폭행죄(제260조)의 구성요건에 해당하는 행위이다. 그런데 이 행위는 영화상영을 방해하려 한 甲의 행위를 제지하기 위한 것이므로 정당방위에 의해 위법성이 조각되는가 문제된다.

2. 乙이 유리어항으로 甲의 폭행을 막아 내다가 어항을 깬 것은 손괴죄(제366조)의 구성요건에 해당하는 행위라고 할 수 있다. 그런데 乙의 행위는 甲의 공격으로부터 자신을 보호하기 위한 것이었으므로 긴급피난(제22조 제1항)에 의해 위법성이 조각될 수 있는지가 문제된다.

3. 乙이 A를 떨쳐내어 부상을 입힌 것은 폭행치상죄(제262조)의 구성요건에 해당하는 행위라고 할 수 있다. 그런데 乙의 행위는 A의 공격으로부터 자신의 신체를 보호하기 위한 것이었으므로 정당방위(제21조 제1항)에 의해 위법성이 조각되는가 문제된다. 여기에서는 정당방위의 사회윤리적 제한이 특히 문제된다.

Ⅱ. 甲의 죄책

1. 주거침입죄와 정당방위

甲이 영화상영을 막기 위해 K극장의 영사실에 들어간 행위는 주거침입죄(제319조 제1항)의 구성요건에 해당하는 행위이다. 甲이 음란영화의 상영을 막기 위해 주거침입행위를 하였으므로 정당방위(제21조 제1항)에 의해 위법성이 조각되는가 문제된다.

정당방위가 성립하기 위해서는 자기 또는 타인의 법익에 대한 부당한 침해가 있어야 한다. 甲은 음란영화상영을 못 하도록 하였고, 음란영화상영죄의 보호법익은 건전한 성도덕인데 이는 개인적 법익이 아닌 사회적 법익이라고 할 수 있다. 음란영화상영죄의 보호법익을 음란영화에 노출되기 싫은 성인들의 의사라고 하는 견해에 의하더라도 이미 음란영화관에 입장한 사람들에게 이러한 의사가 있다고 하기 어렵기 때문에 이는 보호의 대상이 아니다.

따라서 문제되는 것은 건전한 성도덕이라는 사회적 법익 혹은 국가적 법익에 대한 현재의 부당한 침해를 방위하기 위한 행위가 정당방위로서 인정될 수 있는가이다. 이에 대해 국가·사회가 개인과 동등한 법적 지위에서 향유하는 법익이나 국가적·사회적 법익이 개인의 법익과 관련된 경우에는 그것을 보호하기 위해서 정당방위를 할 수 있다는 점에는 견해가 일치한다. 그런데 사례에서 甲의 주거침입행위는 이러한 경우에 해당되지 않고 선량한 성풍속이라는 순수한 사회적 법익을 보호하기 위한 것이다. 이런 경우에도 정당방위가 될 수 있는가 문제된다.

이에 대해 부정설은 순수한 국가적·사회적 법익을 위한 정당방위는 허용되지 않는다고 한다. 예외적 허용설은 예를 들어 선량한 성풍속을 보호하기 위해 극장에서 음란영화를 상영하지 못 하도록 하는 것은 정당방위가 될 수 없지만, 국가기밀문서를 반출하려는 사람으로부터 기밀문서를 탈취한 경우 국가적 법익을 보호하기 위한 정당방위가 된다고 한다.

결국 어느 견해에 의하든 甲의 행위는 정당방위가 될 수 없고, 별도의 책임조각·감경사유도 없으므로 甲은 주거침입죄의 책임을 진다.

2. 상해미수죄와 정당방위

甲이 소주병으로 乙을 내리친 행위는 특수폭행죄(제261조) 혹은 상해죄(제257조 제1항)에 해당하는 행위이지만, 상해죄의 고의가 있는 행위라고 보아야 한다. 소주병으로 사람을 내리칠 때 상해의 결과를 발생시킨다는 것은 누구나 알 수 있는 일이기 때문이다.

甲이 소주병으로 乙을 때린 것은 상해미수죄에 해당된다. 乙이 상처를 입지 않았기 때문이다. 그리고 乙이 甲의 앞길을 막아섰는데, 이는 폭행죄에 해당되거나 강요죄에 해당된다고 할 수 있다. 따라서 甲이 乙에게 소주병을 내리친 행위가 정당방위가 될 수 있는가 문제된다.

정당방위가 성립하기 위해서는 乙의 행위가 甲의 법익에 대한 현재의 부당한 침해라고 할 수 있어야 한다. 후술하는 바와 같이 乙의 행위는 극장의 법익에 대한 현재의 부당한 침해를 방위하기 위한 행위로서 상당한 이유가 있는 행위라고 할 수 있다. 즉, 乙이 甲의 멱살을 잡아끈 행위는 정당한 행위이고 甲의 법익에 대한 부당한 침해라고 할 수 없기 때문에 정당방위는 인정되지 않는다.

따라서 甲은 상해미수죄의 책임을 진다.

3. 죄 수

주거침입죄와 상해미수죄는 별개의 행위로 이루어진 것으로서 실체적 경합관계에 있다고 할 수 있다. 따라서 甲은 주거침입죄(제319조 제1항)와 상해미수죄(제257조)의 실체적 경합범(제37조)의 죄책을 진다.

Ⅲ. 甲과 어항에 대한 乙의 죄책

1. 甲에 대한 죄책

乙이 甲의 멱살을 잡고 영사실 밖으로 끌어내려 한 것은 신체에 대한 유형력의 행사로서 폭행죄(제260조)의 구성요건에 해당하는 행위이다. 이 행위는 K극장의 업무에 대한 현재의 부당한 침해에 대한 방위행위이고 상당한 이유도 있다고 할 수 있다. 그러나 乙에게 방위의사가 있었는지 문제된다. 乙이 '이 정도의 영화는 우리 사회가 소화할 수 있다'고 생각하고 폭행행위를 하였으므로, 사회적 법익에 대한 침해를 방위한다는 의사는 있지만, K의 업무에 대한 침해를 방위할 의사가 있다고 할 수 있는지 문제가 될 수 있기 때문이다.

사례에서 乙에게는 사회적 법익의 침해에 대한 방위의사는 부수적으로 K의 업무에 대한 현재의 침해에 대한 방위의사도 포함하고 있다고 할 수 있다. 따라서 乙의 행위는 정당방위로서 위법성이 조각된다.

2. 유리어항에 대한 죄책

乙이 유리어항으로 甲의 폭행을 막아 내다가 어항을 깨고 금붕어를 죽인 것은 타인의 재물의 효용을 해한 것으로서 손괴행위에 해당하고, 乙이 甲의 소주병을 유리어항으로 막아 낼 때에 어항의 손괴와 붕어의 사망에 대한 인식과 인용이 있었다고 할 수 있으므로 乙의 행위는 손괴죄(제366조)의 구성요건에 해당된다고 할 수 있다.

그런데 甲이 乙의 공격을 피하기 위해 유리어항을 손괴한 것이므로 긴급피난(제22조 제 1 항)으로 위법성이 조각되는가 문제된다. 甲이 소주병으로 乙을 공격한 것은 乙의 법익에 대한 현재의 부당한 침해일 뿐만 아니라 乙의 법익에 대한 현재의 위난에도 해당한다. 乙이 이러한 위난을 피하기 위해 K극장의 유리어항을 손괴한 것이므로 乙의 방위의사나 피난의사도 인정된다. 긴급피난이 성립하기 위해서는 보충성과 법익균형성이 요구되는데, 사례에서 乙이 더 이상 甲의 공격을 피할 수 없는 상황에서 유리어항을 손괴한 것이므로 보충성이 인정된다. 또한 자신의 신체를 보호하기 위해 타인의 재물을 손괴하였으므로 법익균형성도 인정된다.

따라서 甲의 재물손괴행위는 상당한 이유가 있어 긴급피난이 되어 위법성이 조각된다.

Ⅳ. A에 대한 乙의 죄책

1. 정당방위의 사회윤리적 제한의 의미

정당방위의 사회윤리적 제한이란 미성년자·책임무능력자 등의 침해행위, 긴밀한 친족관계에서의 침해행위, 경미한 법익침해행위 등에 대해서는 정당방위가 제한된다는 입장이다. 이는 독일에서 주장된 것이다. 우리나라에서는 이러한 개념을 인정할 필요가 없다는 견해, '상당한 이유'에 포함하여 해석하면 된다는 견해, 상당한 이유와는 별개의 정당방위의 성립요건이라는 견해 등이 대립한다.

乙이 A를 떨쳐 내어 부상을 입힌 것은 폭행치상죄(제262조)의 구성요건에 해당하는 행위라고 할 수 있다. A가 乙을 깨물은 것은 乙의 신체에 대한 현재의 부당한 침해이고 乙에게 방위의사도 인정된다. 그런데 乙이 미성년자인 A를 밀어 전치 4주의 부상을 입힌 것이 정당방위의 사회윤리적 제한을 넘어선 것인가, 그리고 넘어섰다면 乙이 어떠한 죄책을 질 것인가 문제된다.

2. 정당방위의 사회윤리적 제한을 부정하는 견해에 따른 죄책

이 견해는 독일형법과 달리 우리 형법은 상당한 이유라고 하는 정당방위의 제한원리를 두고 있으므로 정당방위의 사회윤리적 제한이라는 요건은 필요없다고 한다. 이 견해에 의하면 乙의 행위가 정당방위가 되느냐는 상당한 이유가 있느냐의 여부에 달려있고, 상당한 이유가 없는 경우에는 과잉방위(제21조 제2항)가 성립한다고 한다.

사례에서 乙이 8세인 A를 세게 밀쳐 전치 4주의 부상을 입힌 것은 방위행위가 그 정도를 초과한 것이라고 할 수 있으므로 과잉방위에 해당한다. 따라서 乙은 A에 대한 폭행치상죄(제262조)의 죄책을 지되, 형벌이 감경 또는 면제될 수 있다(제22조 제3항, 제21조 제2항).

3. 정당방위의 사회윤리적 제한을 인정하는 견해에 따른 죄책

정당방위의 요건으로서 사회윤리적 제한을 인정하는 견해에 의하면 어린이, 정신병자, 만취자 등 책임무능력이거나 책임능력이 현저하게 감소되어 있는 사람의 침해에 대해서는 정당방위가 제한된다. 이러한 사람들에 의한 침해행위에 대해 법질서를 수호하기 위한 정당방위는 별 의미가 없고, 자기보호의 원리만이 정당방위의 근거가 되기 때문에 정당방위 이외에 다른 방법으로 법익을 방어할 수 있을 경우에는 가급적 정당방위를 회피해야 하고(회피의 원칙), 정당방위를 하더라도 공격적 행위가 아닌 보호적 행위에 그쳐야 한다(보호방위의 원칙).

이 견해는 정당방위의 사회윤리적 제한이 상당성과는 구별되는 또 하나의 요건이라고 하는 견해와 상당성의 내용에 포함된다고 하는 견해로 대립된다.

(1) 사회윤리적 제한이 상당성과 별개의 요건이라는 견해에 따른 죄책

사회윤리적 제한이 상당성과 구별되는 또 하나의 요건이라는 견해에 의하면 사회윤리적 제한을 넘어서는 방위행위는 정당방위는 물론 과잉방위도 될 수 없다고 한다. 이 견해에 의하면 乙이 A를 세게 밀쳐 전치 4주의 부상을 입힌 행위는 회피의 원칙이나 보호방위의 원칙에 어긋나는 것으로서 사회윤리적 제한을 넘어서게 된다. 따라서 乙은 A에 대한 폭행치상죄(제262조)의 죄책을 지게 된다.

(2) 사회윤리적 제한이 상당성의 내용에 포함된다는 견해에 따른 죄책

이 견해는 사회윤리적 제한은 상당성이 포함되고 사회윤리적 제한을 넘어서는 방위행위는 정당방위는 될 수 없지만, 과잉방위는 될 수 있다고 한다. 이 견해에 의하면 乙의 행위는 사회윤리적 제한을 넘어서는 것으로서 정당방위는 될 수 없고 과잉방위가 될 수 있을 뿐이라고 한다. 따라서 乙은 폭행치상죄(제262조)의 죄책을 지되, 과잉방위로서 형벌이 감경 또는 면제될 수 있다(제21조 제 2 항).

4. 검 토

정당방위의 사회윤리적 제한이란 독일형법에서 주장된 이론이다. 정당방위에 대해 상당한 이유가 있을 것을 요건으로 하지 않는 독일형법에서는 정당방위의 지나친 확대를 막기 위해 사회윤리적 제한이라는 요건을 요구할 수도 있다.

그러나 우리 형법은 상당한 이유를 정당방위의 요건으로 규정하고 있으므로 사회윤리적 제한이란 옥상옥(屋上屋)에 불과한 요건이거나 상당한 이유의 판단에서 고려하면 족하다고 할 수 있다. 이러한 의미에서 사회윤리적 제한이 상당한 이유와는 별개의 요건이라고 하는 견해는 타당하지 않고, 사회윤리적 제한이 필요하지 않거나 필요하더라도 상당성판단의 일부라는 견해가 타당하다. 이들 견해에 의하면 乙은 폭행치상죄(제262조)의 죄책을 지되 과잉방위로서 형벌이 감경 또는 면제될 수 있다(제21조 제 2 항).

Ⅴ. 죄수 및 정리

甲은 K극장의 영사실에 침입한 행위로 주거침입죄(제319조 제1항), 소주병으로 乙을 폭행한 행위로 상해미수죄(제257조)의 실체적 경합범(제37조 전단)의 죄책을 진다.

乙이 甲의 멱살을 잡아 끌어내려 한 행위는 폭행죄의 구성요건에 해당하지만 정당방위(제21조 제1항)로서 위법성이 조각되고, K극장의 유리어항을 손괴한 행위는 손괴죄의 구성요건에 해당하지만 긴급피난(제22조 제1항)으로서 위법성이 조각된다.

乙이 A를 세게 밀쳐 전치 4주의 상처를 입힌 행위는 폭행치상죄(제262죄)에 해당하고 과잉방위로서 형벌이 감경 또는 면제될 수 있다(제21조 제2항).

14. 긴급피난, 자구행위, 정당행위

:: 다음 사례를 읽고 물음에 답하시오.

회사원 甲은 A가 자신의 승용차를 훔쳐 가려는 것을 목격하고 뒤에서 A의 목을 감싸안고 경찰서로 끌고 갔다. 한참을 끌려가던 A는 甲이 방심한 사이 甲을 뿌리치고 도망쳐 甲의 승용차를 타고 도주하였다. 그런데 며칠 후 甲과 A는 우연히 길에서 마주치게 되었다. A는 놀라서 도망가려 하였으나 甲은 승용차를 되찾기 위해 A의 멱살을 잡고 도망가지 못하도록 하였다. 그러나 A가 계속 도망가려 하자 甲은 힘으로 충분히 A를 제압할 수도 있었으나 지난번에 A를 놓친 일도 있어 확실하게 A를 도망가지 못하도록 하기 위해 길가에 있던 B의 철물점에 있는 3m 정도 길이의 시가 3천원 정도의 전기줄을 집어 그것으로 A와 자신의 팔을 한데 묶고 경찰서로 끌고 갔다. 甲의 죄책은?

Ⅰ. 논점의 제시

甲의 죄책으로 문제되는 것은 다음과 같다.

첫째, 甲이 자신의 승용차를 훔쳐 가려던 A의 목을 감고 경찰에 끌고 간 것은 체포죄(제276조)의 구성요건에 해당하는 행위로서 체포죄의 기수인가 미수인가 및 이것이 정당행위(제20조)로서 위법성이 조각될 수 있는가 문제된다.

둘째, 甲이 승용차를 되찾기 위해 A의 멱살을 잡고 노끈으로 끌고 간 것은 체포죄(제276조)에 해당하는 행위이지만, 자구행위(제23조)로서 위법성이 조각되는가 문제된다.

셋째, A를 묶어가기 위해 B의 전기줄을 가져온 행위는 절도죄(제329조)의 구성요건에 해당하지만, 자구행위(제23조) 또는 긴급피난(제22조)으로 위법성이 조각되는가 문제된다. 만약 자구행위나 긴급피난으로 위법성이 조각되지 않는다면 사회상규에 위배되지 않는 행위(제20조)로 위법성이 조각되는가 문제된다.

Ⅱ. 제 1 체포행위와 정당행위

1. 체포죄의 기수 혹은 미수

甲이 자신의 승용차를 훔치려던 A의 목을 감고 경찰에 끌고 간 것은 체포죄에 해당한다. A가 도망갔으므로 체포죄의 미수 여부가 문제될 수 있지만, 체포죄는 사람의 신체적 자유를 구속한 이후 어느 정도의 시간이 흐르면 기수가 된다.

사례에서 A가 한참을 끌려가다가 도주하였으므로 甲이 A의 신체적 자유를 구속한 후 어느 정도의 시간이 경과되었으므로 체포죄는 기수가 되었다고 할 수 있다.

2. 정당행위(제20조)

형사소송법 제212조는 "현행범인은 누구든지 영장없이 체포할 수 있다"고 규정하고 있다. A가 甲의 자동차를 훔쳐 가고 있던 중이었으므로 A는 절도의 현행범이고, 甲이 A를 체포한 것은 형사소송법 제212조에 의한 행위, 즉 법령에 의한 행위로서 위법성이 조각된다.

Ⅲ. 제 2 체포행위와 위법성조각 여부

甲이 A를 묶어 경찰서로 끌고 간 것은 체포죄(제276조)에 해당한다. 그러나 甲이 자신의 승용차를 훔쳐 간 A로부터 승용차를 반환받기 위하여 이러한 행위를 하였으므로 자구행위(제23조)에 의해 위법성이 조각될 것인가 문제된다.

자구행위가 성립하기 위해서는 ① 법정절차에 의하여 청구권을 보전하기 불능하여야 하고, ② 그 청구권의 실행불능 또는 현저한 실행곤란을 피하기 위한 행위여야 하고, ③ 상당한 이유가 있어야 한다(제23조 제 1 항).

사례에서 甲이 A로부터 자동차를 반환받기 위해서는 甲이 A에 대해 소유권에 기한 반환청구의 소를 제기하고 확정판결을 받은 후 A에 대해 강제집행을 해야 한다. 그러나 甲이 A의 소재를 알 수 없으므로 청구권을 보전하기 불능한 상황이라고 할 수 있다. 甲이 자동차를 찾기 위해 A를 경찰서로 끌고 갔으므로 甲의 행위는 청구권의 실행불능 또는 현저한 실행곤란을 피하기 위한 행위이고 甲에게 그러한 의사도 인정된다.

사례에서 甲의 행위가 상당한 이유가 있다고 할 수 있기 위해서는 보충성, 이익균형성, 수단의 적합성 등이 있어야 한다. 甲이 다른 수단으로 자동차를 찾을 수는 없으므로 甲의 행위의 보충성이 인정되고, 甲이 자동차를 찾기 위해 A의 신체적 자유를 침해하였지만 이익균형성도 인정된다. 왜냐하면 자구행위에서 이익균형이란 보호하려는 이익이 침해하는 이익보다 반드시 우월해야 하는 것은 아니기 때문이고, 사례에서 자동차를 찾기 위해 A를 경찰서로 끌고 가는 정도의 행위는 이익균형이 이루어졌다고 할 수 있기 때문이다. 甲이 A를 전기줄로 묶어 경찰서로 끌고 간 것도 수단의 적합성이 있다고 할 수 있다.

따라서 甲의 행위는 자구행위(제23조)로서 위법성이 조각된다.

Ⅳ. 절도행위와 위법성조각 여부

1. 자구행위(제23조)의 성립 여부

甲이 A를 묶기 위해 B의 전기줄을 무단으로 가져간 것은 불법영득의사로써 타인의 재물을 절취한 것으로서 절도죄(제329조)의 구성요건에 해당한다. 그러나 甲이 A에 대한 자동차반환청구권의 실행불능이나 실행곤란을 피하기 위한 것이라고 할 수 있으므로, B에 대한 자구행위가 성립할 수 있는가 문제된다.

첫째, 자구행위를 부정 대 정의 관계로 이해할 경우에는 甲이 B의 전기줄을 가져간 행위는 자구행위가 될 수 없다. 왜냐하면 B가 甲에게 부당한 행위를 하지 않았기 때문이다.

둘째, 정 대 정의 관계에서도 자구행위가 허용될 수 있다고 하는 견해가 있다. 다만 이 견해에서도 정 대 정의 관계에서 자구행위가 허용되는 범위는 부정 대 정의 관계에서 허용되는 것보다 훨씬 범위가 좁다고 한다. 즉, 정 대 정의 관계에서는 긴급피난에서 요구되는 것과 같은 보충성, 이익형량성, 수단의 적합성 등이 보다 엄격하게 요구된다는 것이다. 이 견해에 의해도 甲의 행위는 보충성이 없기 때문에 자구행위가 될 수 없다.

2. 긴급피난의 성립 여부

甲이 B의 전기줄을 집어 온 행위는 자기의 법익(승용차반환청구권)에 대한 현재의 위난을 피하기 위한 행위라고 할 수 있고 甲에게 피난의사도 인정된다.

다만, 상당성이 문제되는데 긴급피난이 상당성이 있기 위해서는 법익균형성과 보충성을 갖춰야 한다. 승용차반환청구권을 보호하기 위해 전기줄을 가져온 행위에서 법익균형성은 인정되지만, 甲이 A를 충분히 제압할 수 있었음에도 불구하고 전기줄을 가져왔으므로 보충성은 인정되지 않는다. 따라서 甲의 행위는 긴급피난이 될 수 없다.

3. 정당행위(제20조)의 성립 여부

甲이 B의 전기줄을 가져온 행위가 자구행위나 긴급피난이 될 수 없지만, 甲이 승용차를 반환받기 위한 목적이 있었고, 3천원 정도의 전기줄을 가져왔으므로 침해한 법익이 경미하고, 甲이 보호하려는 이익(승용차반환청구의 이익)이 甲이 침해한 이익(3천원짜리 전기줄)에 비해 현저히 크고, 그 수단도 공격적인 것이 아니었다. 따라서 甲의 행위는 사회상규에 위배되는 행위라고 할 수 없다.

Ⅴ. 결 론

1. 甲이 자신의 승용차를 훔쳐 가던 A를 잡아 경찰서로 끌고 간 행위는 체포죄(제276조)의 구성요건에 해당하지만 현행범인의 체포로서 법령에 의한 정당행위(제20조)로서 위법성이 조각된다.

2. 甲이 며칠 후 우연히 만난 A로부터 승용차를 반환받기 위해 A를 경찰서로 끌고 간 행위는 자구행위(제23조)로서 위법성이 조각된다.

3. 甲이 A를 끌고 가기 위해 B의 전기줄을 가져간 행위는 절도죄(제329조)의 구성요건에 해당하고 자구행위나 긴급피난으로 위법성이 조각되지는 않지만, 사회상규에 위배되지 않는 정당행위(제20조)로서 위법성이 조각된다.

따라서 甲은 무죄이다.

15. 의무의 충돌과 중지미수

:: 다음 사례를 읽고 물음에 답하시오.

한강에서 수상안전요원으로 근무하는 甲은 강물에 두 어린 아이 A, B가 빠져서 익사 직전에 있는 것을 발견하게 되었다. 甲은 구명보트를 타고 가 A, B를 모두 구하려 하였으나 물살이 험해서 두 사람을 모두 구하기는 불가능하고 A, B 중 한 사람만을 구할 수밖에 없게 되었다. 甲은 B를 구하는 것을 포기하고 A만을 구하기로 하였다. 甲이 A에게 밧줄을 던져서 끌어올리는 동안 B는 익사하고 말았다. A를 끌어올리던 甲은 A가 배에 가까이 다가오자 자신이 평소에 미워하던 사람인 것을 발견하게 되었다. 甲은 밧줄을 놓고 배를 몰고 가 버렸고, A는 물에서 허우적대다가 익사하였다.

강변으로 돌아온 甲은 지나가던 C가 이 장면을 목격한 것을 알게 되었다. 甲은 큰일 났다고 생각하고 C를 살해하려고 옆에 있던 몽둥이로 힘껏 C의 머리를 내려쳤다. 다시 한번 C를 내려치려고 생각했던 甲은 C가 피를 흘리며 쓰러지는 것을 보게 되자 무서운 생각과 함께 지금이라도 중단하면 죄가 가벼워질 것이라고 생각하고 C를 다시 몽둥이로 내리치지 않고 도주하였다. 얼마 후 다른 사람들에게 발견된 C는 병원으로 옮겨졌으나 뇌사상태에 빠져 인공심폐장치가 부착된 상태에 이르게 되었다.

1. A에 대한 甲의 죄책을 작위범과 부작위범 중 어느 것으로 설명해야 하는지 논하시오.
2. B에 대한 甲의 죄책을 설명하시오.
3. C에 대해 甲에게 가장 가벼운 죄책을 인정하기 위한 논거 및 그에 대한 비판을 제시하시오.
4. 판례에 따른 C에 대한 甲의 죄책과 판례의 문제점을 지적하시오.

Ⅰ. 논점의 제시

甲의 죄책으로 문제되는 것은 다음과 같다.

첫째, 甲이 A를 구하다가 밧줄을 놓은 것이 부작위에 의한 살인죄인가 아니면 작위에 의한 살인죄인가 문제된다. 작위에 의한 살인죄라고 할 경우에는 A가 사망하였으므로 甲은 살인기수죄의 죄책을 진다. 부작위에 의한 살인죄라고 할 경우에는 작위의무 등 부작위범의 성립조건이 충족되었는가를 검토해야 한다(제18조, 제250조 제 1 항).

둘째, 甲이 익사하는 B를 구하지 않은 것이 부작위에 의한 살인죄에 해당하는가 문제되고(제18조, 제250조 제 1 항), 부작위에 의한 살인죄에 해당된다고 할 경우 의무의 충돌에 의해 위법성 혹은 책임이 조각될 수 있는가 문제된다.

셋째, C가 뇌사상태에 빠졌는데 뇌사자를 사망한 사람이라고 보게 될 경우 甲은 살인기수의 죄책을 지게 될 것이다. 그러나 뇌사자를 사망한 사람이라고 보지 않을 경우에는 甲의 행위는 살인미수죄가 되고, 나아가 중지미수가 성립하는가 문제된다. 이 경우 甲이 C를 구하려는 노력을 하지 않고 도주하였으므로 실행미수인가 착수미수인가 문제된다. 실행미수일 경우에는 중지미수가 될 수 없고, 착수미수일 경우에만 중지미수가 성립할 수 있다. 나아가 甲이 두려움과 지금이라도 중지하면 가벼운 형벌을 받을 것이라고 생각하고 중지하였는데, 이 경우 자의에 의한 중지로 볼 수 있을 것인가 문제된다.

Ⅱ. A에 대한 甲의 죄책

1. 작위 혹은 부작위에 의한 살인죄의 성립 여부

甲이 A를 전혀 구하지 않고 그대로 방치하였다면 부작위에 의한 살인죄가 성립한다. 그러나 이 사례에서 甲이 A를 구하려고 밧줄을 당기던 중 밧줄을 놓았으므로 작위에 의한 살인죄도 문제될 수 있다.

작위범과 부작위범의 구별에 대해서는 사실적 판단에 의할 것인가 아니면 규범적 판단에 의할 것인가 견해가 대립한다. 이것은 특히 의사의 연명장치제거의 경우 연명장치의 제거라는 작위에 중점을 둘 것인가 아니면 연명치료의 중단이라고 하는 부작위에 중점을 둘 것인가와 관련하여 논의가 된다. 판례는 후자보다는 전자의 방법을 따르고 있다(대판 2004. 6. 24. 2002도995).

2. 작위로 보는 견해

甲이 밧줄을 놓은 행위를 작위로 보는 견해에 의하면, 甲이 밧줄을 놓은 행위는 살인행위에 해당되고 이 행위와 A의 사망 사이에 인과관계도 인정된다. 객관적 귀속과 관련하여 甲의 행위가 A의 사망의 위험을 증대시켰는가에 긍정하는 견해에 의하면 甲은 작위에 의한 살인기수의 죄책을 진다. 그러나 사망의 위험을 증대시키지 않았다고 할 경우에는 살인미수밖에 인정할 수 없으므로 부작위에 의한 살인죄의 성립 여부를 검토해야 한다.

3. 부작위에 의한 살인으로 보는 견해

부작위에 의한 살인죄가 성립하기 위해서는 ① 사망의 결과발생을 방지할 작위의무자가, ② 작위가능성이 있고, 작위의무자에 의해서만 사망의 결과발생이 방지될 수 있는 상황에서 부작위를 해야 하고, ③ 부작위가 작위에 의한 살인과 동가치성이 있어야 한다.

사례에서 ① 수상안전요원인 甲은 익사하는 A를 구해야 할 계약상의 작위의무가 있고, ② 甲이 A를 구해 줄 가능성이 있었고, 甲에 의해서만 A의 익사가 방지될 수 있는 상황에서 밧줄을 놓음으로써 A의 생명을 구조하는 것을 부작위하였고, ③ 이러한 甲의 부작위는 작위에 의한 살인과 동가치성이 있다. 甲의 부작위와 A의 사망 사이에 인과관계 및 객관적 귀속이 인정되고, 甲에게 A의 사망에 대한 고의가 있다고 할 수 있으므로 甲은 A에 대한 부작위살인죄의 죄책을 진다.

4. 검 토

甲의 행위를 작위로 보든 부작위로 보든 甲은 A에 대한 살인죄의 죄책을 진다. 작위인가 부작위인가는 규범적으로보다는 사실적으로 판단해야 하므로 사례에서 甲의 행위는 작위살인으로 보아야 할 것이다. 그러나 작위살인이라고 할 수 없다고 할 경우를 대비하여 부작위에 의한 살인죄의 성립 여부를 먼저 검토하는 것이 안전한 방법이다. 작위보다 성립요건이 까다로운 부작위에 의한 살인죄가 성립한다면 굳이 작위인지 부작위인지 구별할 필요가 없다. 그러나 부작위에 의한 살인죄가 성립한다고 할 수 없는 경우에 작위에 의한 살인죄의 성립 여부를 검토해야 할 것이다. 사례에서 甲에게 부작위에 의한 살인죄가 인정되므로 작위에 의한 살인죄는 검토할 필요도 없이 甲은 살인죄의 죄책을 진다고 할 수 있다.

Ⅲ. B에 대한 甲의 죄책

1. 부작위에 의한 살인죄의 성립 여부

甲이 B를 구해야 할 작위의무가 있었고, B를 구할 가능성이 있고, 甲만이 B를 구할 수 있는 상황이었음에도 불구하고, 甲은 B를 구조하지 않았고, 甲의 부작위와 B의 사망 사이에 인과관계(및 객관적 귀속)가 인정된다. 甲이 B의 사망을 의욕하지는 않았으나 A를 구하기 위해서는 B가 죽어도 할 수 없다고 생각하여 B의 사망에 대한 인용이 있었다고 할 수 있다. 따라서 甲의 행위는 부작위에 의한 살인죄(제18조, 제250조 제1항)의 구성요건에 해당된다.

2. 위법성 및 책임조각 여부

甲은 B뿐만 아니라 A를 구할 의무도 있었고 A와 B 중 어느 하나만을 구할 수밖에 없는 상황에서 A를 구하기 위해 B를 구하지 않았다. 이는 의무의 경합이 아닌 의무의 충돌이라고 할 수 있다.

통설에 의하면, 의무의 충돌의 경우 높은 가치의 의무를 이행하기 위해 낮은 가치의 의무를 이행하지 않은 경우에는 위법성이 조각된다. 동가치의 의무를 이행하기 위해 다른 동가치의 의무를 이행하지 않은 경우에는 정당행위가 되거나 책임이 조각된다. 낮은 가치의 의무를 이행하기 위해 높은 가치의 의무를 이행하지 않은 경우에는 위법성이 조각되지 않고 책임이 조각되거나 감경될 수 있을 뿐이다.

사례에서 甲이 A를 구하기 위해 B를 구하지 않은 것은 동가치의 의무를 이행하기 위해 다른 동가치의 의무를 이행하지 않은 것이므로 정당행위가 되거나 책임이 조각된다. 따라서 甲은 B의 사망에 대해서는 아무런 책임을 지지 않는다.

Ⅳ. C와 관련하여 甲에게 가장 가벼운 죄책을 인정하는 논거 및 그 문제점

1. 甲에게 가장 가벼운 죄책을 인정할 수 있는 논거

甲에게 가장 가벼운 죄책을 인정하기 위해서는 ① 뇌사자를 사망한 사람이 아니라고 해야 하고, ② 甲이 C를 몽둥이로 내리치려다가 중지한 것을 실행미수가 아닌 착수미수로 보아야 하고, ③ 두려움과 지금이라도 중지하면 가벼운 형벌을 받을 것이라고 생각하고 중지한 것을 자의에 의한 중지라고 해야 한다. 이 경우 甲은 C에 대한 살인죄의 중지미수의 죄책을 진다. 결국 ① 甲에게 가장 가벼운 죄책을 인정하기 위해서는 뇌사설이 아닌 심장박동종지설, ② 실행미수와 착수미수의 구별에 대한 주관설 혹은 주관적 객관설, ③ 중지미수의 자의성에 대한 객관설 혹은 절충설을 따라야 한다.

2. 심장박동종지설의 논거 및 비판

심장박동종지설은 인간의 사망시점은 심장박동이 돌이킬 수 없이 종지된 시점, 즉 심장박동종지시점이 사망의 시점이라고 한다. 이에 의하면 C의 심장박동이 종지되지 않았으므로 甲은 살인기수가 아닌 살인미수의 죄책을 지게 된다.

심장박동종지설에 대해서는 인간의 인격의 본질은 뇌에 있고 심장박동 여부에 있지 않으므로 뇌사자는 사망한 사람이라고 보아야 한다는 비판이 있다.

3. 실행미수 및 착수미수의 구별

실행의 종료에 관한 객관설에 의하면 甲이 첫 번째로 C를 몽둥이로 내리쳤을 때 살인행위가 종료되었다고 할 수 있다. 그러나 주관설이나 주관적 객관설에 의하면 甲이 실행행위를 더하려고 하다가 중지하였으므로 甲의 살인행위가 종료되었다고 할 수 없다.

주관설에 대해서는 행위의 의미는 객관적인 신체거동과 행위자의 의사를 종합하여 파악해야 하고, 행위자의 의사만을 고려하여 행위의 의미를 파악하는 것은 타당하지 않다는 비판이 제기된다. 주관적 객관설에 대해서는 행위자의 범행계획을 고려하여 법익침해의 직접적 행위가 종료되었다고 할 수 있는 시점에서 실행의 종료시점을 인정하는데, 사례에서 甲의 첫 번째 행위시에 법익침해의 직접적 행위가 종료하였다고 할 수도 있다는 비판이 제기된다.

4. 자의성의 인정 여부

중지미수의 자의성에 대해서 주관설, 프랑크공식, 객관설, 절충설 등이 대립한다. 사례에서 주관설에 의할 경우 甲이 윤리적 동기에서 중지한 것이라고 할 수 없으므로 자의성이 인정되지 않는다. 프랑크공식에 의하면 자의성이 인정될 수도 있고, 인정되지 않을 수도 있다. 객관설에 의할 경우 외부적 장애에 의한 중지가 아니기 때문에 자의성이 인정되고, 절충설에 의할 경우 甲이 중지한 것은 사회통념상 외부적 장애에 의한 중지라고 보기 어렵기 때문에 자의성이 인정된다.

결국 프랑크공식, 객관설, 절충설 등에 의할 경우 자의성을 인정할 수 있다. 프랑크공식에 대해서는 '안 한 것과 못 한 것'의 구별기준이 모호하다는 비판이 제기된다. 객관설에 대해서는 자의성을 너무 넓게 인정한다는 비판이 제기된다. 절충설에 대해서는 사회통념상 외부적 장애나 객관설에서 말하는 외부적 장애나 결국은 같은 개념이라는 비판이 제기된다.

Ⅴ. 판례에 따른 C에 대한 甲의 죄책 및 문제점

1. 뇌사설과 심장박동종지설

판례가 뇌사설과 심장박동종지설을 따르는지에 대해서는 분명하지 않다. 그러나 뇌사설을 명시적으로 인정하지 않았다면 심장박동종지설을 따르고 있다고 해야 할 것이다. 심장박동종지설에 대해서는 앞에서 언급한 것과 같은 비판이 제기된다.

2. 실행미수와 착수미수의 구별

판례는 실행미수와 착수미수의 구별기준에 대해서도 명백하게 언급하고 있지는 않다. 그러나 피고인이 피해자를 살해하려고 그의 목 부위와 왼쪽 가슴 부위를 칼로 수 회 찔렀으나 피해자의 가슴 부위에서 많은 피가 흘러나오는 것을 발견하고 겁을 먹고 그만두는 바람에 미수에 그친 사건에서 자의성 여부를 문제삼은 판결(대판 1999. 4. 13. 99도640)에서 미루어 볼 때 적어도 객관설을 따르지는 않는다고 할 수 있다. 따라서 판례는 주관설이나 주관적 객관설을 따르고 있다고 할 수 있는데, 이에 대해서는 앞에서 언급한 것과 같은 비판이 있다.

3. 자의성의 인정 여부

판례는 절충설에 따라 자의성을 판단하면서도 두려움에 의한 중지를 자의에 의한 중지가 아니라고 하고(대판 1999. 4. 13. 99도640; 1997. 6. 13. 97도957), "피고인들이 간음행위를 중단한 것은 피해자를 불쌍히 여겨서가 아니라 피해자의 신체조건상 강간을 하기에 지장이 있다고 본 데에 기인한 것이므로"(대판 1992. 7. 28. 92도917)라고 한다.

이에 대해서 두려움에 의한 중지는 사회통념상 외부적 장애에 의한 중지라기보다는 내부적 장애에 의한 중지이므로 자의성을 인정해야 한다는 비판이 제기된다. 또한 '불쌍히 여겨서가 아니라'는 표현은 주관설에 가까운 것인데, 결국 판례는 절충설을 따른다고 선언하면서도 실제로는 주관설에 가까운 입장을 취한다는 비판도 제기된다.

16. 원인에 있어서 자유로운 행위와 사실의 착오

:: 다음 사례를 읽고 물음에 답하시오.

甲은 평소 소주 2병 정도를 마시면 만취하고, 만취하게 되면 자동차를 운전하고 사람에게 폭행을 가하거나 물건을 때려 부수고 남의 물건을 무조건 집어 가는 습벽을 지니고 있는 사람이다. 甲은 주위 사람들로부터 자신의 나쁜 술버릇에 대해 자주 지적을 받았고, 그 때문에 술을 먹어도 조금만 먹고 만취하지는 않으려고 노력하였다.

어느 날 甲은 직장상사 A로부터 꾸중을 듣게 되자 혼자 포장마차에서 소주를 마셨다. 서너 잔을 마시던 중 甲은 맨정신에는 용기가 나지 않으니 술에 만취하여 밤중에 A의 집을 찾아가 A를 때려 주기로 결심하였다. 소주 2병을 먹고 만취한 甲은 차를 운전하고 A의 집으로 갔다.

甲은 A의 집에 들어간다고 들어갔으나 정신이 혼미하여 A의 옆집이고 직장동료인 乙의 집으로 들어갔다. 누군가 들어오자 乙의 가정부 B가 나왔는데, 甲은 B를 A로 잘못 알고 "상사이면 다냐? 사람 무시하지 말라"고 하면서 따귀를 때렸다. B의 따귀를 때리고 난 甲은 문 앞에 도자기가 있는 것을 발견하고 평소 습관대로 그 도자기를 집어던져 깨뜨려버렸다. 이어 甲은 도자기 옆에 놓여 있던 B의 지갑을 발견하고 이를 가져가려고 지갑을 향해 손을 뻗었다.

이때 밖에서 시끄러운 소리가 나 무슨 소리인가 알아보기 위해 방에서 나왔던 乙이 처음부터 이 장면을 목격하게 되었다. 乙은 甲을 설득하면 조용하게 할 수도 있다고 생각하였고, 실제로도 甲은 그런 경우 조용해지곤 했다. 그러나 乙은 평소 甲에 대해 유감이 있었고 거기에 甲에 대해 화도 나 있었고, 甲이 지갑을 집으려 하는 것도 보았으므로 옆에 있던 맥주병을 집어 甲을 향해 던졌다. 그러나 맥주병은 B의 안면에 명중하였고 B는 피를 흘리며 쓰러졌다.

놀란 甲은 지갑을 그대로 두고 乙의 집에서 얼른 빠져나와 다시 차를 몰고 도망갔다. 이때 甲은 만취상태에서는 벗어났지만 아직도 술에 많이 취한 상태였다. 운전을 하고 가던 甲은 길을 건너가던 C를 치어 상처를 입혔다. 甲은 C를 병원에 데려가려고 했으나 그 경우 자신이 음주운전한 것과 乙의 집에서 있었던 일이 발각될지도 모른다는 생각이 들어 C를 구호하지 않고 도주하였다(특별법상의 범죄는 특가법상 도주차량운전죄만 문제삼을 것).

1. 사례에서 사실의 착오가 문제될 수 있는데, 판례의 입장에 따라 甲, 乙의 행위의 구성요건해당성을 설명하고, 판례의 문제점을 지적하시오.
2. 甲의 죄책 중 책임능력과 관련되어 문제되는 사항을 판례의 입장에 따라 해결하고,

판례의 문제점을 지적하고 대안을 제시하시오.

3. 乙에게 가장 유리한 논거를 제시하시오.

Ⅰ. 논점의 제시

사례에서 甲, 乙의 죄책으로 문제되는 것은 다음과 같다.

첫째, 사실의 착오와 관련하여 문제되는 甲의 행위는 A의 집에 들어가 A를 폭행하려 하다가 乙의 집에 들어가 B를 때린 행위이다. 이 경우 甲이 어떤 죄책을 지는지 문제된다.

둘째, 책임능력과 관련하여 甲의 죄책으로 문제되는 것은 다음과 같다.

1. 甲이 乙의 집에 들어가 B를 폭행하고, 도자기를 깨뜨리고 지갑을 훔치려고 지갑을 향해 손을 뻗다가 지갑을 훔치지 못하고 달아났는데, 이러한 행위들은 주거침입죄, 폭행죄, 손괴죄, 절도미수죄 등에 해당되고, 위법하다고 할 수 있다. 그런데 甲이 만취상태에서 이러한 행위를 하였으므로 책임이 조각될 수 있는가 문제된다.

2. 甲이 차를 몰고 가다 C를 치어 상처를 입힌 후 C를 구호하지 않고 그대로 도주하였는데, 이는 업무상과실치상죄와 특가법상의 도주차량운전죄에 해당되고 위법하다고 할 수 있다. 그런데 甲이 술에 만취하지는 않았지만 꽤 취한 상태에서 이러한 행위를 하였으므로 책임이 감경될 수 있는지 문제된다.

셋째, 乙의 죄책으로 문제되는 것은 다음과 같다.

1. 甲에게 맥주병을 집어 던져 B에게 상처를 입혔는데 이 경우 어떤 죄책을 인정할 수 있는지 문제된다.

2. 乙의 행위가 정당방위, 긴급피난 또는 정당행위로 위법성이 조각될 수 있는지 문제된다.

乙에게 가장 가벼운 죄책을 인정하기 위해서는 사실의 착오에 대해서는 구체적 부합설을 따르고, 위법성의 조각을 인정할 수 있는 논거를 제시해야 한다.

Ⅱ. 사실의 착오와 관련된 甲, 乙의 죄책

1. 판례에 따른 甲, 乙의 죄책

甲이 乙의 집을 A의 집으로 오인하고, B를 A로 오인한 것은 모두 객체의 착오 및 구체적 사실의 착오에 해당한다. 구체적 사실의 착오 중 객체의 착오에 대해서 학설과 판례는 모두 발생사실의 고의기수죄를 인정한다. 따라서 甲의 행위는 乙의 집에 대한 주거침입죄, B에 대한 폭행죄에 해당된다.

乙이 甲에게 맥주병을 던지는 행위는 단순히 폭행을 넘어서 상해행위에 해당된다고 할 수 있다. 사례에서 乙이 甲을 상해하려다가 B에게 상처를 입힌 행위는 구체적 사실의 착오 중 방법의 착오에 해당된다. 이 경우 판례는 발생사실에 대한 고의기수죄를 인정한다. 따라서 판례에 의하면 乙은 B에 대한 상해죄의 죄책을 진다.

2. 판례의 문제점

구체적 사실의 착오 중 객체의 착오에 대해 발생사실의 고의기수죄를 인정하는 것에 대해서는 별로 이견이 없다. 즉, 甲이 乙의 집을 A의 집으로, B를 A로 착오하였다고 하더라도 乙의 주거에 대한 침입의 고의 및 B에 대한 폭행의 고의를 인정할 수 있기 때문이다.

그러나 판례가 구체적 사실의 착오 중 방법의 착오를 인정하는 것에 대해서는 다음과 같은 비판이 제기된다.

첫째, 사례에서 乙이 B의 상해에 대한 의욕이나 인용이 없음에도 불구하고 B의 상해에 대한 고의를 인정하는 것은 부당하다.

둘째, 사례에서 B가 상처를 입지 않았다면 乙이 甲에 대한 상해미수의 죄책을 지는데, B가 상처를 입었다고 하여 甲에 대해 아무런 죄책을 지지 않는 이유를 설명하기 곤란하다.

셋째, B의 상해를 전혀 예견할 수 없는 경우에도 B가 상처를 입은 경우 B에 대한 고의상해죄를 인정하는 것은 부당하다.

이러한 문제점 때문에 구체적 사실의 착오 중 방법의 착오에 대해서는 인식사실의 미수와 발생사실의 과실범의 상상적 경합범을 인정해야 한다고 한다. 이에 의하면 乙은 甲에 대한 상해미수죄와 B에 대한 과실치상죄의 죄책을 진다. 사례에서 B가 상처를 입은 것에 대해 乙의 과실이 인정될 수 있기 때문이고, 만약 B가 상처를 입은 것에 대해 乙의 과실이 인정되지 않는다면 乙은 甲에 대한 상해미수의 죄책만을 진다.

Ⅲ. 판례의 입장에 따른 책임능력과 관련된 甲의 죄책

1. 문제의 소재

판례에 따르면, 甲이 乙의 집에 침입하여 B를 폭행하고 도자기를 부수고 지갑을 훔치려다 못 훔치고 그대로 간 행위는 각각 주거침입죄, 폭행죄, 손괴죄 및 절도미수죄에 해당되고, 별도의 위법성조각사유는 존재하지 않는다. 그런데 이러한 행위가 만취상태에서 이루어졌으므로 제10조 제1항에 의해 책임이 조각되는가 아니면 제10조 제3항에 의해 책임이 조각되지 않는가 문제된다.

甲이 자동차를 운전하고 가다가 C를 치어 상처를 입히고 도주한 행위는 업무상과실치상죄에 해당되고, 특가법상의 도주차량운전죄에도 해당되지만 전자는 후자에 흡수된다. 이 행위의 위법성조각사유는 존재하지 않는다. 그런데 甲이 만취상태는 아니지만 술에 꽤 취한 상태에서 행위를 하였으므로 이는 심신미약상태에서의 행위라고 할 수 있다. 따라서 제10조 제2항이 적용되어 책임이 감경되는지 아니면 제10조 제3항이 적용되어 책임이 감경되지 않는지 문제된다.

2. 판례에 따른 甲의 죄책

(1) 심신상실상태에서의 행위로 인한 죄책

甲은 자의로 심신상실상태인 만취상태를 야기하였다고 할 수 있고, 음주를 할 당시에 A의 집에 찾아가 A를 폭행할 것을 의욕하였고, 물건을 부수거나 남의 물건을 집어 가는 것은 예견하였다고 할 수 있다. 甲이 乙의 집에 들어가 B를 폭행할 것을 의욕하거나 예견하지는 않았고, 乙의 도자기를 부수거나 B의 지갑을 훔칠 것은 예견하지는 못하였다고 할 수 있다. 그러나 제10조 제3항은 '결과발생'이 아니라 '위험발생'을 예견하면 되는 것으로 규정되어 있고, 甲이 위와 같은 결과는 예견하지 못하였지만, 주거침입, 폭행, 손괴, 절도행위를 할 것은 예견하였다고 할 수 있다.

따라서 판례에 의하면 甲은 주거침입죄, 폭행죄, 손괴죄 및 절도미수죄의 실체적 경합범의 죄책을 진다.

(2) 심신미약상태에서의 행위로 인한 죄책

甲이 심신미약상태에서 업무상과실치상죄와 특가법상의 도주차량운전죄를 범하였지만, 甲이 음주를 할 당시에 음주운전할 것과 그로 인해 교통사고를 낼 위험은 예견하였다고 할 수 있다. 따라서 甲에게는 제10조 제3항이 적용되어 업무상과실치상죄의 책임이 감경되지 않는다.

그러나 甲이 음주를 할 당시 자신의 교통사고를 내면 도주할 위험까지 예견하였다고 하기는 어렵다. 그러나 음주운전한 사람이 교통사고를 낸 경우 도망가는 확률이 높다는 실증적 연구에 비추어 보아 甲이 도주차량운전죄를 범할 위험성에 대한 예견가능성은 있다고 할 수 있다. 판례는 과실원인에 있어서 자유로운 행위를 인정하여 위험발생에 대한 예견가능성이 있는 경우에도 제10조 제3항을 적용할 수 있다고 한다. 따라서 甲은 도주차량운전죄의 책임이 감경되지 않는다. 도주차량운전죄가 성립하는 경우 업무상과실치상죄는 도주차량운전죄의 일부이므로 별도로 업무상과실치상죄는 성립하지 않는다.

(3) 정 리

판례에 의하면 甲은 주거침입죄, 폭행죄, 손괴죄, 절도미수죄 및 도주차량운전죄의 실체적 경합범의 죄책을 진다. 책임조각이나 감경은 인정되지 않는다.

3. 판례의 문제점 및 대안

(1) 문제점

판례가 과실원인에 있어서 자유로운 행위를 인정하고, 과실원인에 있어서 자유로운 행위란 '위험발생의 예견가능성이 있는 경우'라고 하고, 이 경우 책임감경이나 조각을 인정하지 않는 것은 제10조 제3항의 문언을 유추해석한 것이라고 할 수 있다. '위험발생을 예견하고'에 '위험발생을 예견하지 못하였지만 예견가능성이 있는 경우'를 포함시키는 것은 문언의 가능한 의미를 넘어선 유추해석이고 이것이 피고인에게 불리하므로 죄형법정주의에 위반된다.

(2) 대 안

사례에서 甲이 주거침입죄, 폭행죄, 손괴죄, 절도미수죄, 업무상과실치상죄의 위험발생은 예견하였다고 할 수 있지만 도주차량운전죄의 위험발생까지 예견하였다고 할 수는 없다. 따라서 甲이 도주차량운전죄의 죄책을 지지만 제10조 제3항이 적용되지 않고 제10조 제2항이 적용되어 책임이 감경된다고 해야 할 것이다.

따라서 甲은 주거침입죄, 폭행죄, 손괴죄, 절도미수죄 및 도주차량운전죄의 죄책을 지지만 도주차량운전죄에 대해서는 책임이 감경된다고 해야 할 것이다.

Ⅳ. 乙에게 가장 유리한 논거

1. 문제의 소재

乙에게 가장 가벼운 죄책을 인정하기 위해서는 먼저 B에 대한 상해기수죄가 아닌 甲에 대한 상해미수죄와 B에 대한 과실치사죄의 구성요건해당성을 인정해야 한다. 그리고 甲에 대한 상해미수죄는 정당방위 또는 야간에 행한 과잉방위를 인정하고, B에 대한 과실치상죄에 대해서는 긴급피난 내지 야간에 행한 과잉피난 혹은 사회상규에 위배되지 않는 행위이거나 기대가능성이 없다는 논거를 제시해야 한다.

2. 甲에 대한 상해미수행위의 위법성 또는 책임조각 여부

甲이 乙의 집에 들어와 B를 폭행하고 도자기를 손괴하고 B의 지갑을 집어 가려고 한 행위는 乙 또는 B의 법익에 대한 현재의 부당한 침해라고 할 수 있으므로 甲을 향해 맥주병을 집어 던진 乙의 행위는 정당방위가 될 수 있다. 이 경우 乙이 甲에게 유감이 있었으나 방위의사도 있었으므로 방위의사도 인정할 수 있다. 乙이 甲에게 맥주병을 던진 행위는 상당한 이유가 있어 위법성이 조각된다고 할 수도 있고, 상당한 이유가 있다고 할 수 없어 과잉방위가 될 수도 있다. 그러나 과잉방위가 된다고 하더라도 야간에 흥분 또는 당황으로 인한 과잉방위로서 책임이 조각될 수 있다. 따라서 乙은 甲에 대해 아무런 죄책을 지지 않는다.

3. B에 대한 과실치상행위의 위법성 또는 책임조각 여부

乙이 甲을 상해하려다가 B를 상해한 행위는 정당방위가 될 수는 없다. B가 부당한 침해행위를 하지는 않았기 때문이다. 乙의 행위는 긴급피난이나 야간에 행한 과잉피난이 문제될 수 있다. 긴급피난이나 과잉피난이 되기 위해서는 보충성이 요구된다. 그런데 乙이 甲을 진정시킬 수 있음에도 불구하고 甲에게 맥주병을 던졌다가 B에게 상처를 입혔으므로 보충성의 요구를 충족시켰다고 할 수 없다. 따라서 긴급피난이나 과잉피난은 성립할 수 없다.

그러나 乙의 행위는 상황의 긴급성, 목적의 정당성, 법익의 균형성, 수단의 정당성 등을 종합적으로 고려할 때 사회상규에 위배되지 않는 행위로 위법성이 조각될 수 있다. 위법성이 조각되지 않을 경우에도 乙에게 기대가능성이 없음을 이유로 책임이 조각될 수 있다.

따라서 甲은 B에 대해서 아무런 죄책을 지지 않는다.

4. 정 리

乙에게 가장 유리한 논거는 다음과 같다.

첫째, 甲의 상해미수는 정당방위 또는 야간에 행한 정당방위로서 위법성이나 책임이 조각된다.

둘째, B에 대한 과실치상행위는 긴급피난이나 야간에 행한 과잉피난에 해당되지 않더라도 사회상규에 위배되지 않는 행위로 위법성이 조각된다. 설사 위법성이 조각되지 않더라도 기대가능성이 없으므로 책임이 조각된다.

위와 같은 논거에 의하면 乙은 아무런 죄책을 지지 않는다.

17. 법률의 부지, 원인에 있어서 자유로운 행위, 오상방위

:: 다음 사례를 읽고 물음에 답하시오.

甲은 1992년 미성년자보호법이 시행되던 당시 H대학교 앞에서 술집을 개업하였다. 甲은 술만 먹으면 손님들에게 술과 안주를 공짜로 제공하기도 하고 사람을 때리기도 하는 주사가 있는 사람이다.

甲의 가게에는 학생증을 맡기고 술값을 외상으로 하는 대학생들이 종종 있었다. 이를 통해 甲은 대학교 1, 2학년 학생들 대부분이 미성년자임을 알게 되었다. 술집 주인들이 미성년자들에게 술을 팔다 적발되어 교도소를 갔다는 뉴스를 보게 된 甲은 자신도 혹시 처벌되지 않을까 두려움을 갖게 되었다. 이에 甲은 관할 경찰서에 대학교 1, 2학년 학생을 출입시키면 처벌되는가를 문의하였다. 경찰서에서는 "도둑놈들 잡기도 바쁜데 그런 것까지는 단속하지 않는다"고 대답해 왔다. 甲은 그날 이후부터 안심하고 대학생들을 출입시켰다. 그러던 어느 날 검찰청에서 단속이 나와 대학생이라도 미성년자를 출입시켰으니 처벌을 받아야 한다고 하였다.

이에 甲은 "단속 안 한다고 하는 놈 따로 있고 단속하는 놈 따로 있으니 민초들은 누구 말을 믿고 살아가야 하는가" 하면서, 홧김에 주방으로 달려가 양주를 한 병 마시고 만취상태가 된 후 집으로 돌아갔다. 이때 甲은 자신에게 주사가 있다는 것을 전혀 생각하지 못하였다. 주사가 발동한 甲은 대학교 1학년인 딸 A의 방으로 가 "공부는 안 하고 왜 멋부리고 술집이나 다니냐" 하면서 자고 있는 A의 얼굴을 때려 코피를 흘리게 하였다. 甲은 A를 때리면서 '내 딸이 벌써 이렇게 늙었나' 하는 생각을 했는데 다음 날 일어나 보니 맞은 사람은 A가 아니라 A와 함께 자고 있던 甲의 부인 乙이었고, 乙의 옆에서 자고 있던 A는 甲의 발에 밟혀 발목이 삐는 상처를 입었다.

한편 甲의 부인 乙은 甲을 기다리다가 깜빡 잠이 들었는데 甲이 乙을 때리는 그 순간에 마침 강도에게 쫓기다 얼굴을 얻어맞는 꿈을 꾸고 있었다. 뺨을 얻어맞는 데에 놀라 잠을 깬 乙은 자기 앞에 서 있는 甲을 꿈속에서 보았던 강도라고 생각하고 甲을 있는 힘껏 밀쳐 넘어뜨렸다. 그러나 잠시 후 정신을 차리고 보니 넘어져 있는 사람은 강도가 아닌 자기 남편 甲이었다.

다음 날 아침 甲은 乙에게 어젯밤 술을 마셔서 속이 아프니 북어국을 끓여 달라고 하였다. 화가 난 乙은 "뭘 잘했다고 북어국 타령이냐. 북어 패듯 패지 않는 것만도 다행으로 여기라"고 쏘아붙였다. 이에 격분한 甲은 자신이 먼저 乙을 북어 패듯 패겠다고 생각하고 창고로 가 몽둥이를 갖고 나왔다. 그런데 이때 마침 甲에게 전화가 오는 바람에 乙을 때리지는 못하였다.

* 당시 미성년자보호법상의 미성년자란 만 20세가 되지 않은 사람을 말한다.
동법 제4조(영업자의 의무)
① 연초 또는 주류판매자 및 그 고용인은 미성년자에게 그가 끽용 또는 음용할 것을 알고 이들을 판매하거나 공여하여서는 아니된다.
제6조(벌칙)
① 제4조 제1항 또는 제2항의 규정에 위반한 자는 1년이하의 징역이나 100만원 이하의 벌금, 구류 또는 과료에 처한다.

1. 판례에 따른 甲의 죄책을 설명하시오.
2. 甲의 죄책에 대한 판례의 입장에 제기되는 비판을 제시하시오.
3. 乙에게 무죄를 인정하는 학설의 논거와 그에 대한 비판을 제시하시오.
4. 乙에게 유죄를 인정하는 학설의 논거와 그에 대한 비판을 제시하시오.

Ⅰ. 논점의 제시

甲의 행위 중에서 형법상 문제될 수 있는 행위들과 이에 관련된 형법적 문제점은 다음과 같다.

첫째, 甲은 대학교 1, 2학년생들이 미성년자임을 알고도 자신의 술집에 출입시켰다. 이 행위가 당시의 미성년자보호법위반죄에 해당되는가 문제된다. 여기에서는 甲이 자신의 행위가 단속의 대상이 되지 않는다고 생각하였는데 이것이 형법 제16조의 법률의 착오가 될 수 있는가, 된다면 정당한 이유가 있는가 문제된다.

둘째, 甲은 만취된 상태에서 부인 乙의 얼굴을 때려 코피를 흘리게 하였는데, 이 행위가 폭행치상죄(제262조)가 되는가 문제된다. 여기에서는 먼저 甲이 만취상태에서 乙을 때렸으나 이것이 형법 제10조 제3항의 원인에 있어서 자유로운 행위가 되는지 문제된다. 또한 甲이 원래 A를 때리려고 하였는데 乙을 때려 상처를 입혔으므로 객체의 착오도 문제된다.

셋째, 甲이 딸 A의 발을 밟아 삐게 한 행위는 과실치상죄에 해당되는데 원인에 있어서 자유로운 행위가 되어 책임이 조각되는가 문제된다.

넷째, 아침에 乙을 때리려고 몽둥이를 가지고 나오다가 전화가 오는 바람에 때리지 못한 甲의 행위가 상해예비에 불과한지 아니면 상해미수죄가 되는지 문제된다. 이는 상해죄의 실행의 착수와 관련된 문제이다.

乙의 죄책으로 문제되는 것은 乙이 甲을 강도로 오인하고 甲을 힘껏 밀쳐서 넘어뜨린 행위가 폭행죄(제260조)가 되는가이다. 乙은 정당방위의 의사로 甲을 밀쳤으므로 이 경우 정당방위의 요건(전제)사실의 착오가 문제된다.

Ⅱ. 판례에 따른 甲의 죄책

1. 미성년자보호법위반죄의 성립 여부

(1) 법률의 부지와 법률의 착오

甲이 20세 미만의 대학생을 자신의 술집에 출입시킨 행위가 미성년자보호법 제4조 제1항 및 위반죄의 구성요건에 해당하고 이 행위가 위법하다는 데에는 별 의문이 없다. 문제는 甲이 자신의 행위가 단속의 대상이 되지 않는다고 생각하고 대학생들을 출입시킨 행위가 법률의 착오가 되는가이다.

법률의 착오란 위법한 행위를 하는 자가 행위 당시에 자신의 행위가 법에 위반된다는 인식을 하지 못하는 것을 말한다. 즉, 행위자가 위법성의 인식없이 위법한 행위를 하는 것을 말한다. 이 사례에서 甲의 행위가 법률의 착오가 되지 않는다면 甲은 바로 미성년자보호법위반죄의 죄책을 지지만, 법률의 착오가 된다면 형법 제16조가 적용되어 정당한 이유 유무를 심사해야 한다.

(2) 판례의 입장

이 사례에서 甲의 행위는 법률의 부지에 해당되고 법률의 착오가 아니라고 한다. 즉, "유흥접객업소의 업주가 경찰당국의 단속대상에서 제외되어 있는 만 18세 이상의 고등학생이 아닌 미성년자는 출입이 허용되는 것으로 알고 있었더라도 이는 미성년자보호법 규정을 알지 못한 단순한 법률의 부지에 해당하고 특히 법령에 의하여 허용된 행위로서 죄가 되지 않는다고 적극적으로 그릇 인정한 경우는 아니므로 비록 경찰당국이 단속대상에서 제외하였다 하여 이를 법률의 착오에 기인한 행위라고 할 수는 없다"고 한다. 이는 정당한 이유 유무를 심사할 필요없이 바로 책임조각을 인정하지 않는다는 의미이다. 이에 의하면 甲은 미성년자보호법위반죄의 죄책을 진다.

2. 폭행치상죄의 성립 여부

(1) 문 제 점

甲이 乙을 때려 코피를 흘리게 한 행위는 폭행치상죄에 해당되는데 여기에는 두 가지가 문제된다. 하나는 甲이 딸 A인 줄 알고 부인 乙을 때렸다는 것이고, 다른 하나는 甲이 만취상태에서 이러한 행위를 하였는데, 만취상태에서의 행위로 책임이 조각되는지 아니면 제10조 제 3 항의 원인에 있어서 자유로운 행위가 되어 책임이 인정되는지 문제된다.

(2) 객체의 착오와 그 효과

甲이 A인 줄 알고 乙을 때린 것은 객체의 착오이고 구체적 사실의 착오에 해당한다. 이러한 경우 乙에 대한 폭행치상죄를 인정하는 데에 견해가 일치한다. 판례는 구체적 사실의 착오 중 방법의 착오에 대해서도 발생사실에 대한 고의기수죄를 인정하므로 구체적 사실의 착오 중 방법의 착오에 해당되는 이 사례에서 乙에 대한 폭행치상죄를 인정할 것이다.

(3) 원인에 있어서 자유로운 행위

판례는 과실에 의한 원인에 있어서의 자유로운 행위를 인정하고 형법 제10조 제 3 항의 '위험의 발생을 예견하고'는 현실적으로 예견한 경우뿐만 아니라 현실적으로는 예견하지 못하였어도 위험의 발생에 대한 예견가능성이 있는 경우에도 제10조 제 3 항이 적용된다고 한다. 사례에서 甲이 음주를 할 당시 사람을 때릴 것이라는 현실적 예견은 하지 못하였다고 하더라도 예견가능성은 있다고 할 수 있기 때문에 제10조 제 3 항이 적용된다. 따라서 甲은 폭행치상죄의 죄책을 진다.

3. 과실치상죄의 성립 여부

甲이 만취상태에서 딸 A의 발을 밟아 삐게 만든 행위는 과실치상죄에 해당된다. 이 경우에도 만취상태의 행위이므로 책임이 조각되는가 아니면 제10조 제 3

항의 원인에 있어서 자유로운 행위에 해당되는가 문제된다.

甲이 음주를 할 당시 과실로 사람의 발을 삐게 할 것이라는 것까지 예견하지는 않았고, 예견가능성도 없다고 할 수 있으므로 판례에 의해도 甲의 행위에는 제10조 제3항이 적용되지 않는다. 따라서 甲은 과실치상죄의 죄책을 지지 않는다.

4. 상해미수죄의 성립 여부

甲이 아침에 乙을 때리려고 몽둥이를 가지고 나오다가 전화가 와서 때리지 못한 행위에서 甲의 고의는 단순한 폭행(특수폭행)의 고의가 아니라 상해의 고의라고 보아야 한다. 이 경우 甲의 행위에 상해죄의 실행의 착수가 있다면 상해미수죄가 성립할 수 있다. 그러나 실행의 착수가 없다고 한다면 甲의 행위는 상해예비행위에 불과하고 상해예비를 처벌하는 규정은 없기 때문에 甲은 무죄가 된다(제28조).

실행의 착수에 대해서는 주관설, 형식적 객관설, 실질적 객관설, 주관적 객관설 등이 대립하고 있지만, 판례는 실질적 객관설이나 주관적 객관설에 따라 상해의 실행의 착수시기를 정한다. 이에 의하면 상해행위에 밀접한 행위가 있다고 할 수 없고, 甲의 범행계획을 고려하더라도 乙의 신체의 생리적 기능이라는 상해죄의 보호법익을 침해하는 직접적인 행위는 있다고 할 수 없다. 따라서 甲은 무죄이다.

5. 정 리

판례에 의하면 甲은 A에 대한 과실치상죄, 乙에 대한 상해미수죄의 죄책은 지지 않고, 미성년자보호법위반죄와 폭행치상죄의 실체적 경합범의 죄책을 진다.

Ⅲ. 甲의 죄책에 대한 판례의 문제점

1. 문 제 점

甲의 죄책에 대한 판례의 입장에 대해서는 법률의 부지, 과실에 의한 원인에 있어서 자유로운 행위를 인정하는 것은 부당하다는 비판이 제기된다.

2. 법률의 부지이론의 문제점

판례의 입장에 대해서는 다음의 비판이 제기된다.

첫째, 제16조는 '자기의 행위가 법령에 의해 죄가 되지 아니하는 것으로 오인' 하면 족하는 것으로 규정되어 있고, 그 오인이 어떠한 원인에서 발생하였는가는 문제삼지 않는다. 그런데 판례의 법률의 부지이론은 법률의 부지에 의해 죄가 되지 아니하는 것으로 오인한 경우를 제16조의 적용대상에서 제외하고 있다. 이러한 판례의 입장은 피고인에게 유리한 규정인 제16조를 축소해석하는 것이고, 이는 결과적으로 형벌권의 확장을 가져오는 것으로서 죄형법정주의의 유추해석금지원칙에 위반된다.

둘째, 사례에서 甲은 미성년자보호법을 부지한 것이 아니라 숙지하였고, 그 해석을 잘못하여 자신의 행위가 처벌되지 않는다고 생각한 것이므로 법률의 부지에 해당될 수 없다.

셋째, 만약 甲이 미성년자를 출입시키는 것은 법에 위반되지만 단속되지는 않는다고 생각하였다면, 이는 위법성의 인식이 있는 경우이므로 법률의 부지나 법률의 착오에 해당되지 않는다고 해야 한다.

3. 과실원인에 있어서 자유로운 행위의 문제점

판례는 제10조 제3항의 '예견하고'는 예견가능성까지 포함한다고 해석한다. 그러나 '예견하고'에 예견가능성도 포함된다고 하는 것은 '예견하고'라는 문언의 가능한 의미를 넘어서 제10조 제3항을 적용하는 것이다. 제10조 제3항은 피고인에게 불리한 규정이므로 이러한 판례의 입장은 피고인에게 불리한 유추해석이 되어 죄형법정주의에 위반된다.

따라서 사례에서 甲이 음주를 할 때에 사람을 때릴 것을 예견하지 못하였으므로 제10조 제3항은 적용되지 않아 甲의 책임이 조각된다고 해야 한다.

Ⅳ. 乙에게 무죄를 인정하는 논거와 그 문제점

1. 논 점

乙은 남편인 甲을 강도로 오인하고 힘껏 밀쳐 넘어뜨렸는데, 이는 폭행죄의 구성요건에 해당하는 행위이다. 이 행위가 정당방위는 될 수 없으나 사회상규에 위반되지 않는 행위는 될 수 있는가 먼저 문제된다. 사회상규에 위반되지 않는다면 乙의 행위는 위법성이 조각된다. 乙의 행위가 사회상규에 위반되는 행위라면 乙의 행위는 정당방위의사로 위법한 행위를 한 것이므로 오상방위가 되고 그중에서도 정당방위의 요건(전제)사실의 착오가 된다. 정당방위의 요건(전제)사실의 착오에 대해 과실범의 죄책을 인정하는 견해에 의하면 乙의 행위는 과실폭행행위가 되어 처벌대상이 되지 않는다.

2. 무죄를 인정하는 견해

(1) 위법성이 조각된다는 견해

자신을 때린 甲을 힘껏 밀친 乙의 행위가 정당방위나 긴급피난 등으로 위법성이 조각될 수는 없지만, 경미한 법익침해행위로서 위법성이 조각된다는 입장이 있을 수 있다. 이에 의하면 乙은 무죄이다.

(2) 과실책임을 인정하는 견해

1) 엄격고의설

이 견해는 고의가 인정되기 위해서는 위법성에 대한 현실적 인식이 필요하다고 한다. 그런데 乙은 정당방위의사로 甲을 밀쳤고, 이 경우 乙에게 위법성의 현실적 인식은 없다. 따라서 乙에게 위법성의 인식가능성이 있는 경우 과실책임을 지지만 과실폭행죄를 처벌하는 규정이 없으므로 甲은 무죄이다.

2) 제한책임설

제한책임설 중 사실의 착오유추적용설에 의하면 乙의 착오는 위법성조각사유의 요건사실의 착오로서 구성요건사실의 착오에 해당되지 않지만, 구성요건사실의 착오를 유추적용할 경우 乙은 과실책임을 진다. 그런데 과실폭행을 처벌하는 규정이 없으므로 甲은 무죄이다.

제한책임설 중 법효과제한책임설에 의하면 乙의 행위는 고의폭행죄의 구성요건해당성과 위법성이 인정되지만 법적대적 의사인 책임고의는 인정되지 않으므로 과실책임을 진다고 한다. 이에 의하면 과실폭행행위를 처벌하는 규정이 없기 때문에 乙은 무죄이다.

3) 소극적 구성요건요소이론

이 이론에 의하면 고의가 있기 위해서는 총체적 불법구성요건(통설의 구성요건해당성과 위법성을 합친 개념)요소에 대한 인식이 있어야 한다. 그런데 乙이 자신의 행위가 위법한지 몰랐기 때문에 불법고의를 인정할 수 없고 따라서 과실책임을 진다. 그러나 과실폭행행위를 처벌하는 규정이 없기 때문에 乙은 무죄이다.

3. 문 제 점

(1) 위법성조각설

이 견해에 대해서는 乙이 살짝 밀친 정도가 아니라 있는 힘껏 세게 밀쳤으므로 사회상규에 위배되지 않는 행위라고 할 수 없다는 비판이 제기된다.

(2) 엄격고의설

위법성의 현실적 인식이 있어야 고의가 성립한다고 하는 엄격고의설에 대해서는 처벌의 공백이 너무 크다는 비판이 제기된다. 왜냐하면 위법성의 현실적 인식이 없는 경우 과실범으로만 처벌될 수 있지만, 과실범을 처벌하지 않는 범죄가 많고, 설사 과실범을 처벌하더라도 그 형벌이 고의범에 비해 현저히 가볍기 때문이다. 결국 준법의식이 결여된 사람에게 지나치게 유리하다는 것이다.

(3) 제한책임설

구성요건착오유추적용설에 대해서는 위법성의 요건사실의 착오의 경우 구성요건적 고의를 인정할 수 있는데, 과실범의 구성요건에 해당된다고 하는 것은 지나치다는 비판이 제기된다. 또한 위법성조각사유의 요건사실의 착오에 빠진 사람을 교사하여 죄를 범하게 한 경우 제한적 종속형식에 의하면 교사범이 성립할 수 없고 간접정범이 성립한다고 해야 한다는 비판도 제기된다.

법효과제한책임설에 대해서는 고의범의 구성요건해당성과 위법성이 인정되는 행위를 한 사람에게 고의책임이 아닌 과실책임을 인정하는 것은 예외이고, 책임고의의 내용이 분명하지 않아 이러한 예외를 인정하는 근거로서는 충분하지 않다는 비판이 제기된다.

(4) 소극적 구성요건요소이론

소극적 구성요건요소이론에 대해서는 구성요건해당성이 없는 행위와 구성요건해당성은 있지만 위법하지 않는 행위의 질적 차이를 무시하는 것이고, 따라서 총체적 불법구성요건과 불법고의를 인정하는 것은 타당하지 않다는 비판이 제기된다.

V. 乙에게 유죄를 인정하는 논거와 그 문제점

1. 논 점

乙에게 고의책임을 인정하게 되면 乙은 폭행죄의 죄책을 진다. 정당방위의 객관적 요건(전제)사실의 착오에 대해 고의책임을 인정하는 견해에는 제한고의설과 엄격책임설이 있다.

2. 유죄를 인정하는 논거

(1) 제한고의설

제한고의설은 고의가 성립하기 위해서는 구성요건사실에 대해서는 현실적 인식이 있어야 하지만 위법성에 대해서는 현실적 인식까지 필요하지 않고 위법성의 인식가능성만이 있으면 충분하다고 한다. 이 견해에 의하면 乙에게 甲을 폭행한다는 사실에 대한 인식이 있었고, 乙이 주의를 했더라면 위법성을 인식할 수 있었을 것이므로(즉, 위법성의 인식가능성이 있으므로), 甲은 고의폭행죄의 책임을 진다.

(2) 엄격책임설

엄격책임설은 구성요건사실에 대한 인식은 주관적 구성요건요소이고, 위법성의 인식가능성은 고의와는 무관한 독자적 책임요소라고 한다. 이에 의하면 乙에게는 甲을 폭행한다는 고의가 있었고, 위법성의 인식가능성도 있었으므로 乙은 고의폭행죄의 책임을 진다.

(3) 위법성인식불요설

범죄의 성립에 위법성의 인식이나 인식가능성은 필요하지 않다는 견해에 의하면, 乙에게 위법성의 인식이나 인식가능성이 있느냐의 여부에 상관없이 甲은 폭행죄의 죄책을 지게 된다.

3. 문 제 점

제한고의설에 대해서는 구성요건적 사실의 인식과 위법성의 인식이 고의의 성립요건이라고 하면서 구성요건사실의 인식가능성이 있는 경우에는 과실책임을 인정하고, 위법성의 인식가능성이 있는 경우에는 고의책임을 인정하는 것은 논리적 일관성이 없다는 비판이 제기된다.

엄격책임설에 대해서는 순수한 법률의 착오와 위법성조각사유의 요건사실의 착오의 차이를 무시하고, 후자에 대해 고의책임까지 인정하는 것은 너무 가혹하다는 비판이 제기된다.

위법성인식(가능성)불요설에 대해서는 위법성의 인식이나 인식가능성이 없는 행위자에게 책임비난을 가하는 것은 지나치게 범죄의 성립범위를 넓게 인정하는 것이라는 비판이 제기된다.

18. 오상방위, 오상피난 등

:: 다음 사례를 읽고 물음에 답하시오.

직장에 다니다가 40대가 되었다는 이유로 퇴직을 당한 甲은 공무원시험에라도 응시하기 위해 형법교과서를 읽고 있었다. 배가 고파진 甲은 아들 A에게 슈퍼마켓에 가서 라면을 2개 사오라고 하였다. 슈퍼마켓 주인 乙은 라면을 사기 위해 슈퍼마켓에 들어오는 A가 물건을 훔치러 온다고 오인하고 A의 가슴을 때려 가게에서 내쫓았다. 졸지에 얻어맞은 A는 울면서 乙이 자신을 백수의 아들이라고 하면서 때렸다고 하였다. 화가 난 甲은 乙이 라면을 사러 간 A를 백수의 아들이라고 함부로 때린 것은 A의 법익에 대한 부당한 침해이고, 과거의 부당한 침해에 대해서도 정당방위가 가능하다고 형법교과서에서 읽은 것 같기도 하여(독학의 위험성!) 乙의 슈퍼마켓으로 찾아갔다. 마침 가게 앞에 있던 乙을 발견한 甲은 "백수의 쓴맛을 보아라"고 하면서 A가 당한 그대로 乙의 가슴을 밀쳐 버렸다. 甲이 다시 때리려 하자 乙은 슈퍼마켓 안으로 피할까 하다가 이런 위급한 상황에서는 남의 집으로 피해도 괜찮다는 생각으로 옆에 있는 B의 집으로 피했다. 甲이 계속 그 집으로 따라오자 乙은 "계속 따라오면 나도 애들을 풀어서 널 혼내주겠다"고 하였다. '애들을 푼다'고 한 말만을 들은 甲은 乙이 A를 때린 것으로 보아 아이들을 학대하는 습관이 있고 그래서 동네 아이들을 B의 집 안에 묶어 놓은 것이라고 생각하고 애들을 구하러 B의 집으로 들어갔다. 그러나 B의 집 안에 애들은 없었고 말복이 지나가기만을 고대하는 강아지가 묶여 있다가 甲을 향해 반갑다고 꼬리를 흔들었다(便犬).

1. 甲에게 가장 무거운 책임을 인정할 수 있는 논거를 제시하시오.
2. 甲에게 가장 가벼운 책임을 인정할 수 있는 논거를 제시하시오.
3. 乙의 죄책을 논하시오.
4. 甲, 乙의 죄책에 대한 자신의 견해를 제시하시오.

Ⅰ. 논점의 제시

甲의 죄책으로 문제되는 것은 다음과 같다.

첫째, 甲이 乙의 가슴을 밀친 행위가 폭행죄(제260조 제1항)의 구성요건에 해당하고 위법한 행위이지만, A를 함부로 폭행한 乙에게 그대로 갚아 주는 것은 정당방위라고 생각하였다. 이는 정당방위의 요건 그 자체에 대한 착오로서 법률의 착오(제16조)에 해당된다는 데에 견해가 일치한다. 이 경우 착오에 정당한 이유가 있어서 甲의 책임이 조각될 수 있는지 여부 및 책임이 조각되지 않는다면 어떤 책임을 지는지 문제된다.

둘째, B의 집으로 들어간 행위는 주거침입죄(제319조 제 1 항)의 구성요건에 해당하고 위법한 행위이다. 그러나 甲이 乙이 애들을 묶어 놓았다고 생각하고 애들을 풀어 주기 위해 乙의 집이 아니라 B의 집에 들어간 것이므로 타인의 법익보호를 위한 긴급피난의사가 인정된다. 다만, 甲이 애들이 묶여 있지 않음에도 불구하고 묶여 있다고 오인하였는데, 이는 긴급피난의 객관적 요건을 충족하는 사실이 없음에도 불구하고 긴급피난의 요건을 충족하는 사실이 있다고 착오한 것으로서 소위 긴급피난의 요건(전제)사실의 착오에 해당된다. 이 경우 甲에게 어떤 책임을 인정할 것인가 문제된다.

乙의 죄책으로 문제되는 것은 다음과 같다.

첫째, 乙이 라면을 사러 온 A의 가슴을 때려 내쫓은 것은 폭행죄(제260조 제 1 항)의 구성요건에 해당하고 위법한 행위이다. 그런데 乙은 A가 물건을 훔치기 위해 슈퍼마켓으로 들어왔다고 생각하고 정당방위의 의사로 이러한 행위를 한 것이므로 정당방위의 요건(전제)사실에 대한 착오라고 할 수 있다. 이 경우 乙의 책임이 조각되는가, 책임이 조각되지 않는다면 어떤 책임을 져야 하는가 문제된다.

둘째, 乙이 B의 집으로 피한 것은 주거침입죄(제319조 제 1 항)의 구성요건에 해당하는 행위라고 할 수 있다. 다만, 乙이 甲의 폭행을 피하기 위해 B의 집으로 들어갔으므로 이것이 긴급피난(제22조)으로서 위법성이 조각될 수 있는가 문제된다. 만약 긴급피난으로 위법성이 조각되지 않는다면, 책임조각사유는 없는지 문제된다.

셋째, 乙이 甲에게 "계속 쫓아오면 애들을 풀어서 혼내준다"고 한 것이 협박죄(제283조 제 1 항)에 해당하는 행위인가, 만약 협박죄에 해당하는 행위라면 甲이 공포심을 느끼지 않았고 乙의 말의 의미를 이해하지 못하였으므로 협박미수죄(제286조)에 해당하는 행위라고 할 수 있다. 그러나 甲이 폭행을 하려고 하므로 이를 피하기 위해 협박을 한 것이므로 정당방위(제21조)로 위법성이 조각되는가 문제된다.

Ⅱ. 甲에게 가장 무거운 책임을 인정하는 논거

1. 폭행죄(제260조 제1항)의 성립 여부

(1) 법률의 착오(제16조)와 정당한 이유 유무

甲이 A를 때린 乙을 찾아가 때려 준 것은 폭행죄(제260조 제1항)의 구성요건에 해당하는 행위이고, 과거의 침해에 대한 행위이므로 정당방위(제21조)가 되지 않는다. 기타 위법성조각사유도 없으므로 甲의 행위는 위법하다. 다만, 甲이 정당방위라고 생각했으므로 자신의 행위가 위법하다는 인식은 없었다. 즉, 甲의 행위는 위법한 행위를 하면서 위법성을 인식하지 못한 법률의 착오에 의한 행위(제16조)이다. 甲이 법률의 착오에 이르게 된 것은 '현재'의 부당한 침해뿐만 아니라 '과거'의 부당한 침해에 대해서도 정당방위가 가능하다고 생각하였기 때문이다. 이는 정당방위의 요건을 충족하는 사실의 존재 여부가 아니라 정당방위의 요건 그 자체에 대한 착오에 기인한 것으로서 순수한 법률의 착오에 해당한다.

형법 제16조는 "자기의 행위가 법령에 의하여 죄가 되지 아니하는 것으로 오인한 행위는 그 오인에 정당한 이유가 있는 때에 한하여 벌하지 아니한다"고 규정하고 있다. 이는 甲의 착오에 정당한 이유가 있는 경우에는 甲의 책임이 조각된다는 의미이다. 이 사례에서 甲이 과거의 부당한 침해에 대해서도 정당방위가 허용된다고 오인한 것에는 과실이 있고 따라서 甲의 착오에 정당한 이유가 있다고 할 수 없다. 따라서 甲의 책임은 조각되지 않는다.

(2) 정당한 이유가 없는 법률의 착오의 효과

정당한 이유가 없는 법률의 착오의 효과에 대해 가장 무거운 죄책을 인정할 수 있는 논거는 제한고의설과 책임설이다.

제한고의설은 고의의 성립에는 구성요건적 사실과 위법성의 인식이 필요한데, 구성요건적 사실에 대해서는 현실적 인식이 필요하지만, 위법성은 현실적 인식까지 필요없고 인식가능성만 있으면 된다고 한다. 이에 의하면 甲에게는 위법성의 인식가능성이 있고, 甲은 고의폭행죄의 책임을 진다.

책임설은 구성요건적 사실의 인식은 주관적 구성요건요소이고, 위법성의 인식가능성은 고의와는 무관한 독자적 책임요소라고 한다. 이 견해에 의하면 사례에서 甲에게 위법성의 인식가능성이 있기 때문에 고의폭행죄의 책임이 인정된다.

2. 주거침입죄의 성립 여부

(1) 긴급피난의 요건(전제)사실의 착오

甲이 B의 집으로 들어간 것은 주거침입죄의 구성요건해당성이 있다. 甲이 애들을 구하기 위해 B의 집으로 들어갔지만 애들이 B의 집에 묶여 있지 않았으므로 甲의 행위는 긴급피난이 되지 않는다. 그러나 甲에게 긴급피난의사가 있었으므로, 甲은 위법한 행위를 하면서 위법성을 인식하지 못하였고, 이는 법률의 착오(제16조)에 해당할 수 있다. 그리고 甲이 자신의 행위의 위법성 여부에 대해 평가를 잘못한 것은 아이들이 묶여 있지 않음에도 불구하고 묶여 있다고 생각하였기 때문이다. 즉, 甲은 아이들의 신체·자유에 대한 현재의 위난이 없음에도 불구하고 위난이 있다고 생각하였다. 이는 긴급피난의 요건을 충족하는 사실이 없음에도 불구하고 충족하는 사실이 있다고 오인한 것으로서 긴급피난의 요건(전제)사실의 착오라고 할 수 있다.

(2) 정당한 이유가 없는 긴급피난의 요건(전제)사실 착오의 효과

甲이 긴급피난의 요건(전제)사실의 착오에 이르게 된 데에 과실이 있다고 할 수 있으므로 甲의 착오에는 정당한 이유가 없다. 이 경우 甲에게 고의책임을 인정하는 견해와 과실책임을 인정하는 견해가 있는데, 甲에게 무거운 죄책을 인정하기 위해서는 고의책임을 인정하는 견해를 따라야 한다.

甲에게 고의책임을 인정하는 견해는 제한고의설과 엄격책임설이다. 제한고의설과 엄격책임설은 앞의 폭행죄의 성립 여부에 대해서 살펴본 것과 같다.

Ⅲ. 甲에게 가장 가벼운 책임을 인정할 수 있는 논거

1. 논 점

甲은 폭행죄와 주거침입죄의 구성요건해당성과 위법성이 있는 행위를 하였는데, 폭행행위는 정당한 이유가 없는 법률의 착오에 해당되고, 주거침입행위는 정당한 이유가 없는 긴급피난의 요건사실의 착오에 해당된다.

두 경우 모두에서 고의책임을 인정하는 견해와 과실책임을 인정하는 견해가 있는데, 甲에게 가장 가벼운 죄책을 인정하기 위해서는 과실책임을 인정하는 견해를 따라야 한다.

2. 정당한 이유가 없는 법률의 착오의 효과

정당한 이유가 없는 법률의 착오에 대해 과실책임을 인정하는 견해는 엄격고의설과 소극적 구성요건요소이론이다.

첫째, 엄격고의설은 고의의 성립에 구성요건적 사실의 인식과 위법성의 인식이 필요하다고 한다. 사례에서 甲은 구성요건적 사실의 인식은 있었지만, 정당방위라고 행위하였으므로 위법성의 인식은 없다. 그러나 위법성의 인식가능성은 있다고 할 수 있으므로(즉, 정당한 이유가 없다고 할 수 있으므로) 과실책임을 진다. 그러나 과실폭행행위를 처벌하는 규정은 없기 때문에 甲은 무죄가 된다(제13조 및 제14조).

둘째, 소극적 구성요건요소이론은 불법고의가 성립하기 위해서는 총체적 불법구성요건에 대한 인식이 있어야 하는데 甲에게 위법성의 인식이 없었으므로 불법고의가 인정되지 않는다. 그러나 甲에게 과실은 인정되므로 과실책임을 질 수 있지만, 과실폭행행위를 처벌하는 규정이 없으므로 무죄이다.

3. 정당한 이유가 없는 긴급피난의 요건사실의 착오의 효과

정당한 이유가 없는, 즉 행위자에게 과실이 있는 긴급피난의 요건사실의 착오에 대해서도 고의책임을 인정하는 견해와 과실책임을 인정하는 견해가 있다. 과실책임을 인정하는 견해에는 엄격고의설, 제한책임설, 소극적 구성요건요소이론 등이 있다.

첫째, 엄격고의설에 의하면 甲에게 주거침입행위가 위법하다는 인식이 없었고, 인식가능성만 있었으므로 甲이 과실책임을 질 수 있다. 그런데 과실주거침입행위를 처벌하는 규정이 없으므로 甲은 무죄이다.

둘째, 제한책임설 중 구성요건착오유추적용설에 의하면 긴급피난의 요건사실의 착오에 대해 주거침입죄의 구성요건적 사실의 착오에 대한 효과를 유추적용하게 된다. 이 경우 甲의 행위는 과실주거침입행위가 되지만, 이를 처벌하는 규정이 없으므로 무죄이다.

셋째, 제한책임설 중 법효과제한책임설에 의하면 甲의 행위는 주거침입죄의 구성요건에 해당하고 위법하지만, 책임고의가 탈락되어 甲은 과실책임만을 진다. 그러나 과실주거침입행위를 처벌하는 규정이 없으므로 甲은 무죄이다.

넷째, 소극적 구성요건요소이론에 의하면 甲에게 불법고의는 없으므로 고의책임을 인정할 수 없고, 과실책임만을 인정할 수 있는데, 역시 과실주거침입행위를 처벌하는 규정이 없으므로 甲은 무죄이다.

Ⅳ. 乙의 죄책

1. A에 대한 폭행죄와 정당방위의 요건사실의 착오

(1) 정당방위의 전제사실에 대한 착오

乙이 라면을 사러 온 A의 가슴을 때린 것은 폭행죄(제260조 제1항)의 구성요건에 해당하고 위법한 행위이다. 그러나 乙은 A가 도둑질한다고 생각하고 이로부터 자신의 물건을 지키려는 정당방위의사로써 폭행을 하였으므로 乙은 위법성의 인식없이 위법한 행위를 한 것이다. 乙이 이러한 착오에 빠진 이유는 A가 자신의 법익에 대해 현재의 부당한 침해를 하지 않았음에도 불구하고 현재의 부당한 침해가 있다고 오인하였기 때문이다. 이런 의미에서 甲의 착오는 사실관계의 착오와 법률의 착오의 성격을 모두 지니고 있는 정당방위의 요건사실의 착오라고 할 수 있다. 그리고 乙에게 과실이 인정되므로 乙의 착오에 정당한 이유가 없으므로 책임이 조각되지 않는다(제16조).

(2) 정당방위의 요건사실의 착오에 대한 효과

乙에게 위법성의 인식가능성이 있어서 법률의 착오로 책임이 조각되지 않는 경우 어떤 죄책을 질 것인가에 대해서는 II. 1.에서 살펴본 것과 같다. 즉, 엄격책임설, 소극적 구성요건요소이론, 제한책임설에서는 과실폭행의 책임을 인정하는데, 과실폭행을 처벌하는 규정이 없으므로 乙은 무죄이다. 제한고의설과 엄격책임설에 의하면 乙은 고의폭행죄의 책임을 지고 다만, 위법성의 현실적 인식이 없었으므로 책임이 감경될 수 있다.

2. 주거침입행위로 인한 죄책

(1) 긴급피난(제22조)의 성립 여부

乙이 甲의 폭행을 피하기 위해 B의 집으로 들어간 행위는 주거침입죄(제319조 제1항)의 구성요건에 해당하지만 긴급피난으로 위법성이 조각될 수 있는가 문제된다. 甲이 乙을 때리려고 한 것은 乙의 신체의 안전성에 대한 현재의 위난이라고 할 수 있고, 乙이 B의 집으로 피한 것은 피난행위라고 할 수 있고, 乙에게 피난의사도 인정된다. 이 사례에서 乙의 피난행위에 상당성이 있는가 문제된다.

피난행위의 상당성이 인정되기 위해서는 법익균형성, 보충성 등이 요구된다. 사례에서 乙이 자신의 신체의 온전성을 보호하기 위해 B의 주거의 사실상 평온을 해한 것이므로 법익균형성은 인정될 수 있다. 그러나 乙은 B의 집으로 피하는 것 이외에 자신의 슈퍼마켓 안으로 피할 수도 있었으므로 피난행위의 보충성이 인정되지 않는다. 따라서 乙의 행위는 긴급피난에 해당하지 않는다.

(2) 법률의 착오 또는 기대가능성

乙이 B의 집으로 피해도 괜찮다고 생각한 것은 오상피난에 해당하고 이는 위법한 행위를 하면서 위법하지 않다고 착오한 것으로서 법률의 착오에 해당한다. 乙의 착오에는 정당한 이유가 없다고 할 수 있으므로 乙의 책임이 조각되지 않는다.

이 경우 엄격책임설, 소극적 구성요건요소이론은 과실책임을 인정하는데, 이에 의하면 과실주거침입죄를 처벌하는 규정이 없으므로 乙은 무죄가 된다. 한편 제한고의설이나 (엄격책임설이든 제한책임설이든) 책임설에 의하면 乙은 주거침입죄의 죄책을 진다. 다만, 乙에게 위법성의 현실적인 인식이 없었으므로 책임이 감경될 수 있다.

법률의 착오에 의해서도 乙의 책임이 조각되지 않는 경우 기대가능성이 없음으로 인해 책임이 조각될 수 있는가도 검토해야 한다. 기대가능성의 기준은 국가표준설, 행위자표준설, 평균인표준설 등이 있지만, 통설 · 판례인 평균인표준설에 의할 경우 乙에게 기대가능성이 인정된다. 따라서 기대불가능성으로 인한 책임조각은 인정되지 않는다.

3. 협박죄의 성립 여부

(1) 협박죄의 구성요건해당성

乙이 甲에게 "계속 따라오면 애들을 풀어 혼내준다"고 한 것은 상대방에게 해악을 고지하는 것으로서 협박죄의 구성요건에 해당하는지가 문제된다. 협박죄의 협박은 사회통념상 용인할 수 있는 정도를 넘어서는 해악의 고지를 말하고, 그 해악을 행위자가 지배할 수 있어야 하는데, 사례에서 乙의 행위는 이러한 정도에 이르지 못하였다고 할 수 있으므로 협박죄의 구성요건해당성이 없어 무죄라고 해야 할 것이다.

(2) 협박죄의 미수 또는 기수

만약 乙의 행위가 협박죄의 구성요건에 해당한다고 할 경우 협박죄의 기수가 되기 위해서는 甲이 공포심을 느껴야 한다. 통설에 의하면 사례에서 甲이 공포심을 느끼지 않았으므로 乙의 행위는 협박죄의 미수(제286조)가 된다. 한편 판례는 甲이 공포심을 느끼지 않아도 협박죄의 기수가 될 수 있지만, 사례에서 甲이 乙의 말을 이해하지 못하였으므로 협박죄의 기수에 도달하지 못하였고, 미수가 된다고 한다. 즉, 판례는 협박죄의 미수를 해악을 시작하였으나 끝내지 못한 경우, 해악을 고지하였으나 상대방에게 도달하지 않은 경우, 해악의 고지가 상대방에 도달하였으나 상대방의 그 의미를 인식하지 못한 경우에는 협박죄의 미수가 된다고 한다. 통설과 판례의 차이는 해악의 고지를 상대방이 이해하였으나 공포심을 느끼지 않는 경우 통설에 의하면 협박죄의 미수, 판례에 의하면 협박죄의 기수가 된다. 그러나 사례에서는 통설 · 판례 모두에 의해도 협박죄의 미수가 된다.

(3) 위법성조각 여부

그런데 乙의 협박행위는 자신을 폭행하러 쫓아오는 甲으로부터 자신의 신체의 안전을 지키기 위한 것이었으므로 정당방위(제21조)에 해당하는가를 검토할 필요가 있다. 형법 제21조는 "자기 또는 타인의 법익에 대한 현재의 부당한 침해를 방위하기 위한 행위는 상당한 이유가 있는 때에는 벌하지 아니한다"고 규정하고 있다. 정당방위가 성립하기 위해서는 자기 또는 타인의 법익에 대한 현재의 부당한 침해가 있어야 하고, 침해를 방위하기 위한 행위가 상당성이 있어야 하고, 방위행위자에게 방위의사가 있어야 한다. 사례에서 甲이 乙을 쫓아간 행위는 乙의 신체의 안전에 대한 현재의 부당한 침해라고 할 수 있고, 乙이 甲에게 "혼을 내주겠다"고 한 것은 방위행위에 해당하고, 이러한 정도의 해악의 고지는 상당한 이유가 있다고 할 수 있고, 乙에게 방위의사도 인정된다. 따라서 乙의 행위는 협박미수죄의 구성요건에 해당하지만 위법성이 조각된다.

Ⅴ. 개인적 견해

1. 법률의 착오와 위법성조각사유의 요건(전제)사실의 착오 문제

법률의 착오와 위법성조각사유의 요건(전제)사실의 착오에 대한 학설들을 평가하면 다음과 같다.

(1) 고의설

엄격고의설은 위법성의 인식이 없는 경우 과실범의 책임을 인정하지만, 과실범은 예외적으로만 처벌되고, 처벌되는 경우에도 형벌이 현저히 가벼우므로 처벌의 공백이 크다는 현실적 문제점이 있다. 제한고의설은 엄격고의설과 같은 처벌의 공백이 크다는 문제점은 없다. 제한고의설은 구성요건적 사실의 인식과 위법성의 인식을 고의의 구성요소라고 하면서 과실로 구성요건사실을 인식하지 못한 경우에는 과실책임을 인정하면서, 과실로 위법성을 인식하지 못한 경우에는 고의책임을 인정한다. 그런데 이는 논리적 일관성이 없다는 비판을 받고, 이 비판이 타당하다. 판례는 법률의 착오에서 '범의가 없다고 할 수 없다'라는 표현을 쓰고 있는데, 이는 고의설 그중에서도 제한고의설의 입장에 가깝다고 할 수 있지만, 확실하게 단정할 수 있는 것은 아니다.

엄격고의설이든 제한고의설이든 고의설에 대해서는 위법성의 인식은 고의의 구성요소가 아니라 독자적인 책임요소라고 해야 한다는 책임설의 비판도 제기된다.

(2) 책 임 설

엄격책임설과 제한책임설은 일반적인 법률의 착오에서는 입장을 같이 한다. 그러나 위법성조각사유의 요건(전제)사실의 착오에 대해서 엄격책임설은 고의책임을 인정하지만, 제한책임설에서는 과실책임을 인정한다는 점에서 구별된다.

제한책임설 중 사실의 착오 유추적용설에 대해서는 과실범 또는 구성요건적 사실의 착오에서와 달리 위법성조각사유의 요건(전제)사실의 착오에서의 사실관계에 대한 착오는 동기의 착오에 불과하다는 비판이 제기된다. 법효과제한책임설에 대해서는 다음과 같은 비판이 제기된다. 즉, 고의범의 구성요건해당성과 위법성이 있는 행위를 한 사람에게는 고의책임을 인정하는 것이 원칙이고, 과실책임을 인정하기 위해서는 그 근거가 분명해야 한다. 그런데 책임고의라는 개념이 분명하지 않고, 책임고의가 법적대적 의사라고 한다면 일반적인 법률의 착오에서도 법적대적 의사로서의 책임고의를 인정할 수 없다. 따라서 법효과제한책임설에서 말하는 책임고의의 탈락은 예외적으로 고의책임이 아닌 과실책임을 인정해야 하는 충분한 근거가 되지 못한다는 것이다.

엄격책임설에 대해서는 위법성조각사유의 요건사실의 착오에 대해 고의책임을 인정하는 것은 행위자에게 가혹하다는 비판이 제기된다.

(3) 소극적 구성요건요소이론

소극적 구성요건요소이론에 대해서는 범죄를 불법과 책임으로 파악하여 구성요건해당성판단과 위법성판단을 구별하지 않는다는 동 이론 자체의 문제점과 역시 법률의 착오에 대해 처벌의 공백이 너무 크다는 비판이 제기된다.

(4) 결 어

1) 제 1 안

책임설과 고의설 중에서는 위법성의 인식가능성은 고의와 구별되는 독자적 책임요소로서 위법성인식 여부가 고의성립 여부에 영향을 미치지 못한다고 하는 책임설이 더 타당하다고 할 수 있다.

제한책임설과 엄격책임설 중에서는 엄격책임설이 좀더 타당하다고 할 수 있다. 제한책임설의 문제점은 앞에서 본 것과 같다. 엄격책임설에 대해서는 행위자에게 너무 가혹하다는 비판이 제기되지만, 위법성조각사유의 요건사실의 착오에 대해서는 이론상 형벌감경을 인정하거나 작량감경 규정을 적용해서 해결하면 될 것이다.

2) 제 2 안

책임설과 고의설 중에서는 위법성의 인식가능성은 고의와 구별되는 독자적 책임요소로서 위법성인식 여부가 고의성립 여부에 영향을 미치지 못한다고 하는 책임설이 더 타당하다고 할 수 있다.

제한책임설과 엄격책임설 중에서는 엄격책임설이 좀더 타당하다고 할 수 있다. 엄격책임설은 법률의 착오와 위법성조각사유의 요건사실의 착오의 차이점을 무시하기 때문이다. 따라서 제한책임설이 타당한데, 그중에서도 법효과제한책임설이 타당하다고 생각된다. 사실의 착오 유추적용설과 다수설인 공범의 종속형식에 관한 제한적 종속형식설에 의하면, 위법성조각사유의 요건사실의 착오에 빠진 자를 교사하여 죄를 범하게 한 경우 교사범을 인정할 수 없고 간접정범을 인정해야 한다. 그런데 간접정범을 인정하기 위해서는 범행지배가 인정되어야 한다. 그러나 이 경우 피교사자가 아닌 교사자에게 범행지배를 인정하는 것은 곤란하기 때문이다.

2. 협박죄의 기수시기

사례에서는 협박죄의 구성요건해당성 또는 위법성을 부정해야 할 것이다. 만약 협박죄가 성립한다고 하면 기수인가 미수인가 문제된다.

판례는 협박죄의 기수시기를 상대방이 해악의 고지를 인식하고 그 의미를 알게 된 때이고 공포심의 발생 여부는 협박죄의 기수 여부에 영향을 미치지 않는다고 한다. 그러나 논리필연적인 것은 아니지만 협박죄의 미수범을 처벌하는 규정이 있으므로 공포심을 느낀 때라고 하는 것이 좀더 자연스러운 해석이라고 할 수 있다. 또한 강도죄나 공갈죄의 경우 상대방이 공포심을 느끼지 않고 재물을 교부한 경우 강도미수죄 또는 공갈미수죄라고 해석한다. 그런데 이 경우 협박죄도 기수가 되었고 재물의 취득이 되었음에도 불구하고 강도미수죄 혹은 공갈미수죄를 인정하는 근거를 제시함에 있어서도 문제가 생길 수 있다.

19. 강요된 행위와 초법규적 책임조각사유

:: 다음 사례를 읽고 물음에 답하시오.

의사인 甲은 간첩혐의를 받고 있는 대학생 A를 진료한 적이 있어서 그의 신체상의 특징이나 질병관계를 잘 알고 있다는 이유로 안기부에 소환되었다. 이를 알게 된 경찰 대공수사단의 수사관 乙은 甲이 안기부에 출석하기 이전에 조사할 것이 있다고 하고 甲을 소환하였다.

상명하복이 강조되는 대공수사단에서 수사관으로 근무하고 있는 乙은 자신의 직속 상관인 丙으로부터 "수단, 방법을 가리지 말고 甲이 안기부에 가서 진술하도록 만들어라"라는 지시를 받았다. 乙은 丙의 지시를 따르지 않으면 자신이 인사상의 불이익을 받을 것이라고 생각하였다. 그리하여 乙은 甲에게 "만약 당신이 안기부에 가서 A에 대한 정보를 제공하지 않으면 이곳 귀신이 될 줄 알라. 여기에 들어왔다가 내가 영원히 나가지 못하게 한 사람이 한둘이 아니고 셋이다. 당신 같은 동네의사 하나 죽이는 일은 손바닥 뒤집는 것처럼 쉬운 일이다"라고 하였다.

독재정권하에서 대공수사단의 권력이 막강하다는 것을 알고 있던 甲은 乙의 말에 겁을 먹었다. 甲은 안기부에서 정상적인 수사를 하는 것은 아니라고 생각하였다. 그러나 甲은 겁을 먹고 있었기 때문에 다음 날 안기부에 출석하여 A의 신체적 특징과 질병 등을 안기부의 수사관인 B에게 알려 주었다(과거 유신정권 등 군사정권시에는 이런 일들이 꽤 있었다).

1. 甲의 죄책을 논하시오.
2. 乙의 죄책을 논하시오.
3. 丙의 죄책을 논하시오.

Ⅰ. 논점의 제시

사례에서 甲, 乙, 丙의 죄책으로 문제될 수 있는 것은 다음과 같다.

1. 의사인 甲이 A의 신체적 특징과 질병사항 등에 대해 B에게 알려 준 행위로 인해 업무상비밀누설죄(제317조)의 죄책을 지는지 문제된다. 만약 업무상비밀누설죄의 구성요건에 해당하는 경우 위법성이나 책임이 조각되는지의 여부가 문제된다.

2. 乙이 甲을 협박하여 A에 대한 정보를 B에게 진술하게 한 행위가 직권남용죄(제123조)에 해당되는지 문제된다. 여기에서는 강요된 행위(제12조)나 기대가능성이 없는 초법규적 책임조각사유로 책임이 조각될 수 있는지 문제된다. 또한 乙이 甲을 강요하여 업무상비밀누설죄를 범하게 하였다면, 동 범죄의 간접정범 혹은 교사범이 성립할 수 있는지 문제된다.

3. 丙이 부하 乙에게 수단, 방법을 가리지 말고 甲이 A에 대한 정보를 안기부에서 진술하게 만들라고 지시하였는데 이것이 직권남용죄가 되는지, 그리고 乙의 직권남용죄에 대한 교사범 혹은 간접정범에 해당되는지 문제된다.

Ⅱ. 甲의 죄책

1. 구성요건해당성

의사인 甲은 업무상비밀누설죄(제317조)의 주체가 된다. 甲이 자신의 업무상 지득한 A에 대한 비밀을 B에게 누설하였으므로 이는 업무상비밀누설죄의 구성요건에 해당한다.

2. 위법성조각 여부

그런데 甲이 乙의 협박을 받고 B에게 진술을 하였으므로 이 행위가 긴급피난(제22조)이 될 수 있는지가 문제된다. 甲이 乙의 협박을 받은 것만으로는 자기의 법익에 대한 현재의 위난이 있다고 할 수 없으므로 긴급피난은 성립하지 않는다. 甲이 정상적인 수사에서 업무상비밀을 누설하였다면 법령에 의한 행위로서 위법성이 조각될 수도 있다. 그러나 사례에서는 甲이 정상적인 수사가 아니라는 것을 인식·인용하고 업무상비밀을 누설하였으므로 법령에 의한 행위로 정당행위(제20조)가 될 수도 없다.

3. 강요된 행위로서 책임조각 여부

甲이 乙로부터 협박을 당하여 업무상비밀을 누설하였으므로 이것이 강요된 행위(제12조)가 되는가 문제된다. 乙이 甲에게 한 협박은 甲의 신체에 대한 위해를 방어할 방법이 없는 협박이라고 할 수 있다. 甲이 乙의 협박에 겁을 먹고 업무상비밀을 누설하였으므로 乙의 협박행위와 甲의 업무상비밀누설 사이에 인과관계도 인정된다. 따라서 甲의 업무상비밀누설행위는 강요된 행위로서 甲의 책임이 조각된다.

Ⅲ. 乙의 죄책

1. 직권남용죄(제123조)의 성립 여부

(1) 구성요건해당성

직권남용죄는 공무원이 직권을 남용하여 사람으로 하여금 의무없는 일을 하게 하거나 사람의 권리행사를 방해하는 죄이다(제123조). 여기에서 '직권남용'이란 공무원이 그의 일반적 권한에 속하는 사항에 관하여 그것을 불법하게 행사하는 것, 즉 형식적·외형적으로는 직무집행으로 보이나 그 실질은 정당한 권한 이외의 행위를 하는 경우를 의미한다.

乙이 甲을 협박하여 A에 대한 정보를 B에게 진술하게 한 행위는 직권남용죄의 구성요건에 해당하고, 정당행위 혹은 기타 위법성조각사유는 존재하지 않는다.

(2) 강요된 행위(제12조)

상명하복이 강조되는 경찰 대공수사단에서 상관인 丙으로부터 직권남용을 지시받는 乙의 행위가 강요된 행위가 될 수 있는가 문제된다. 강요된 행위가 되기 위해서는 '저항할 수 없는 폭력이나 자기 또는 친족의 생명·신체에 대한 위해를 방어할 방법이 없는 협박'이 있어야 한다. 丙이 乙에게 위법행위를 지시하였지만, 저항할 수 없는 폭력을 행사하였다고 할 수 없고, 乙의 지위나 신분에 대한 협박이 있다고는 할 수 있지만, 乙의 생명·신체에 대한 협박은 없었다고 할 수 있으므로 乙의 행위가 강요된 행위로 책임이 조각될 수는 없다.

(3) 초법규적 책임조각사유

1) 학설의 대립

乙의 행위가 강요된 행위가 될 수 없더라도 초법규적 책임조각사유인 준강요된 행위로 책임이 조각될 수 있는가 문제된다. 초법규적 책임조각사유를 인정할 것인가에 대해서는 부정설과 긍정설이 대립한다.

2) 부정설

부정설은 기대불가능한 경우는 강요된 행위, 과잉방위 등과 같이 법률에 규정되어 있는 책임조각사유는 인정하지만 법률에 규정되어 있지 않은 초법규적 책임조각사유는 인정하지 않는다. 따라서 乙의 책임이 조각되지 않고, 乙은 직권남용죄의 죄책을 진다.

3) 긍정설

긍정설은 법률에 규정되어 있지 않더라도 기대가능성이 없는 경우 책임을 조각할 수 있다고 한다. 이에 의하면 乙에게 적법행위의 기대가능성이 있었는가에 따라 책임의 조각 여부가 결정된다. 기대가능성의 판단기준에 대해서는 국가표준설, 행위자표준설, 평균인표준설 등이 있다.

첫째, 국가표준설은 기대가능성이 없는 경우를 매우 제한적으로 인정하므로 이에 의하면 乙에게 기대가능성이 있다고 할 수 있고, 따라서 乙의 책임이 조각되지 않는다.

둘째, 행위자표준설은 행위자의 능력을 기준으로 기대가능성 유무를 결정하므로 사례에서 乙에게 적법행위의 기대가능성이 없다고 할 수 있다. 따라서 乙의 책임이 조각된다.

셋째, 평균인표준설은 일반적 평균인을 기준으로 기대가능성 유무를 평가한다고 하지만, 이때의 평균인은 현실적인 평균인이 아니라 평균인 중에 극히 우수한 자를 의미한다. 사례에서 일반적 평균인은 자신의 지위와 신분을 유지하기 위해 丙의 지시를 따를 것이므로 乙에게 기대가능성이 없다고 할 수도 있다. 그러나 평균인 중 극히 우수한 자는 자신의 지위나 신분을 포기하더라도 상관의 위법한 명령을 따르지 않았을 것이므로 기대가능성이 인정된다. 따라서 乙의 책임이 조각되지 않는다.

4) 결 어

초법규적 책임조각사유를 인정하는 것이 피고인에게 유리한 해석이다. 또한 기대가능성이 없는 경우를 법률에서 완벽하게 규정하는 것은 불가능하므로 초법규적 책임조각사유를 인정하는 것이 타당하다.

기대가능성의 판단기준에 관해서 국가표준설은 기대불가능성을 인정하는 범위가 너무 좁다. 또한 국가표준설은 국가가 그 상황에서 어떤 행위를 할 것인가가 아니라 국가가 어떤 행위를 기대하는가라는 학설이므로 행위자표준설이나 평균인표준설과는 달리 기대가능성에 관한 학설로서는 적절하지 않다. 행위자표준설은 행위자의 능력을 기준으로 하기 때문에 기대가능성을 인정하는 범위가 너무 넓다.

따라서 평균인 중 극히 우수한 자를 기준으로 하는 평균인표준설이 타당하다. 이에 의하면 乙에게 기대가능성이 인정되어 책임이 조각되지 않으므로, 乙은 직권남용죄의 죄책을 진다.

2. 업무상비밀누설죄의 간접정범 혹은 교사범의 성립 여부

(1) 견해의 대립

乙이 甲을 강요하여 업무상비밀누설죄를 범하게 하였으므로 강요자인 乙이 업무상비밀누설죄의 간접정범이 된다는 견해와 교사범이 된다는 견해가 있다.

간접정범이 성립한다는 견해는 강요된 행위에서 강요자는 우월한 의사지배를 통해 피강요자를 생명있는 도구로 이용한 것이라고 할 수 있다는 점을 근거로 든다. 교사범이 된다는 견해는 피강요자가 생명있는 도구로 이용되었다기보다는 자신의 범행의 의미를 알고 범행을 한 것이라는 점을 근거로 든다.

(2) 결 어

사례에서 甲은 乙의 생명있는 도구라기보다는 의사능력자로서 업무상비밀누설행위를 하였다고 할 수 있으므로, 甲에 대한 乙의 행위는 간접정범의 행위로서의 성격보다는 교사행위로서의 성격이 더 강하다. 그러나 제34조 제1항은 '어느 행위로 인하여 처벌되지 않는 자를 교사 또는 방조한 경우' 간접정범의 성립을 인정하여 이 문제를 입법적으로 해결하고 있다. 즉, 乙이 처벌되지 않는 甲을 교사하여 업무상비밀누설죄를 범하게 한 것이므로 乙은 간접정범이 된다고 할 수 있다.

3. 죄 수

乙의 직권남용죄와 업무상비밀누설죄의 간접정범의 관계에 대해서는 실체적 경합, 상상적 경합 등을 인정할 수도 있다. 그러나 업무상비밀누설죄는 직권남용죄에 흡수된다고 해야 할 것이다.

Ⅳ. 丙의 죄책

1. 직권남용죄의 성립 여부

丙이 부하 乙에게 수단, 방법을 가리지 말고 甲이 A에 대한 정보를 안기부에서 진술하게 만들라고 지시한 행위는 직권남용죄에 해당된다. 위법성조각사유나 책임조각사유는 존재하지 않으므로 丙은 직권남용죄의 죄책을 진다.

2. 乙의 직권남용죄에 대한 간접정범 또는 교사범의 성립 여부

丙이 乙의 직권남용죄의 간접정범이 될 수는 없을 것이다. 왜냐하면 乙이 어느 행위로 처벌되지 않는 자나 과실범으로 처벌되는 자는 아니기 때문이다.

그러나 丙은 乙의 직권남용죄에 대한 교사범(제31조 제 1 항)의 죄책을 질 수 있는가 문제된다. 교사범이 성립하기 위해서는 ① 교사행위가 있어야 하고, ② 피교사자의 실행행위가 있어야 하고, ③ 교사행위와 피교사자의 실행행위 사이에 인과관계가 있어야 하고, ④ 교사자에게 교사행위에 대한 고의와 피교사자의 실행행위에 대한 고의가 있어야 한다.

사례에서 丙이 乙에게 직권남용을 교사하였고, 乙의 직권남용행위가 있었고, 양자 사이에 인과관계가 인정되고, 丙에게 교사행위와 乙의 직권남용행위에 대한 고의가 있었다고 할 수 있다. 특별한 위법성조각사유나 책임조각사유는 없다.

따라서 丙은 직권남용죄의 교사범의 죄책을 진다.

3. 죄 수

직권남용죄와 乙에 대한 직권남용죄의 교사범의 관계에 대해서는 실체적 경합범이나 상상적 경합범의 관계라고 할 수도 있지만, 직권남용죄의 일죄만이 성립한다고 해야 할 것이다.

V. 정 리

1. 甲은 업무상비밀누설죄(제317조)의 구성요건에 해당하는 행위를 하였으나 강요된 행위(제12조)로 책임이 조각되어 무죄이다.

2. 乙의 행위는 직권남용죄(제123조)와 업무상비밀누설죄(제317조)의 간접정범(제34조 제1항)에 해당하지만, 후자는 전자에 흡수되므로 甲은 직권남용죄 일죄의 죄책을 진다고 해야 한다.

3. 丙의 행위는 직권남용죄(제123조)와 乙의 직권남용죄의 교사범(제31조 제1항)에 해당되지만, 후자는 전자에 흡수되므로 丙은 직권남용죄의 일죄의 죄책만을 진다고 해야 한다.

刑法演習

Criminal Law
– A Case Study Approach

3 공범론, 미수론 및 죄수론

20. 예비와 실행의 착수

:: 다음 사례를 읽고 물음에 답하시오.

직업이 없는 甲과 乙은 생활비가 다 떨어지자 돈을 마련하기 위해 이웃에 사는 A의 집에 침입하여 물건을 훔쳐 내올 계획을 세우고 범행에 필요한 밧줄, 망치, 드라이버 등을 구입하여 놓았다. 그러나 바캉스기간 동안 경찰이 특별단속을 벌였기 때문에 아무래도 위험하다고 생각하고 범행을 포기하였다.

며칠 동안 굶으며 지낸 甲은 아무래도 목돈이 필요하다고 생각하고 부자라고 소문난 B의 집 앞에서 B를 기다렸다가 돈을 빼앗기로 하였다. 甲은 乙에게 "나 혼자 가서 돈을 빼앗아 올테니 몸이 약한 너는 집에 있어라. 대신 범행에 쓸 과도의 날을 갈아야 하니 너는 숫돌을 잡고 있어라"고 하였다. 乙이 숫돌을 잡고 있고, 甲은 숫돌에 칼을 갈았다. 그 칼을 가슴에 품고 甲은 B의 집 근처로 향하였다. 그런데 甲은 B의 집 골목 앞에서 경찰관에게 불심검문을 당하게 되었다. 甲은 재빨리 도주하여 집으로 돌아와, "에이, 이제는 이 짓도 못해 먹겠다. 왜 세상이 점점 더 각박해지는 건지 …" 하면서 혀를 찼다.

甲은 과도 등을 가지고 다니다가 불심검문을 당하면 곤란하니 맨손으로 도둑질이나 해야겠다고 결심했다. 다시 힘을 낸 甲은 C의 집으로 가 대문 1m쯤 앞에서 열린 대문 안쪽으로 훔칠 만한 물건이 있는가를 살폈다. 甲은 대문 바로 안에 새 자전거가 세워져 있는 것을 발견하고 그것을 훔치기 위해 C의 집 안으로 들어가려고 하였다. 이때 C가 방에서 나오다가 甲을 발견하고 "왜 남의 집 안은 들여다 보느냐"고 하였다. 甲은 C가 자신을 잡으려고 하는 줄 착각하고, C에게 던지려고 옆에 있던 돌멩이를 집어 들었다가 그대로 도주하였다.

1. 판례의 입장에 따라 甲의 죄책을 설명하시오.
2. 실행의 착수에 관한 주관설 및 주관적 객관설의 입장에 따라 甲의 죄책을 설명하시오.
3. 실행의 착수, 예비죄 및 공범의 성립범위에 대한 학설을 언급하면서 乙에게 가장 무거운 죄책을 인정할 수 있는 논거와 가장 가벼운 죄책을 인정할 수 있는 논거를 제시하시오.
4. 3.에서 제시한 논거들을 각각 평가하고, 자신의 입장을 제시하시오.

Ⅰ. 논점의 제시

甲의 죄책으로 문제되는 것은 다음과 같다.

1. 乙과 함께 A의 집에 들어가 물건을 훔쳐 내오기로 하고 밧줄, 망치, 드라이버를 준비한 행위와 관련하여 어떤 죄책을 질 수 있는지 문제된다.

2. B의 집에 들어가 돈을 빼앗기로 하고 B의 집으로 향한 행위와 관련하여 어떤 죄책을 질 수 있는지 문제된다.

3. C의 집 대문 안으로 훔칠 만한 물건이 있는지 살펴보다가 새 자전거를 발견하고 들어가려고 한 행위와 관련하여 주거침입죄 및 절도죄의 실행의 착수가 인정되는가 문제된다.

4. C에게 던지기 위해 돌멩이를 집어 든 행위와 관련하여 폭행죄 혹은 상해죄의 실행의 착수가 인정되는가 문제된다.

乙의 죄책으로 문제되는 행위는 甲의 강도범행을 위해 함께 칼을 간 행위이다. 여기에서는 다음과 같은 것들이 문제된다.

1. 강도죄의 실행의 착수를 인정할 수 있는가이다.

2. 강도죄의 실행의 착수를 인정할 경우 乙이 공동정범과 방조범 중 어떤 죄책을 질 것인가이다.

3. 강도죄의 실행의 착수를 부정할 경우 타인예비와 예비죄의 공동정범을 인정할 것인가이다.

Ⅱ. 판례에 따른 甲의 죄책

1. 주거침입 및 특수절도예비

판례는 절도죄의 실행의 착수시기를 절취행위에 밀접한 행위를 한 시점이고, 주거침입죄의 실행의 착수시기를 문고리를 돌리는 등의 행위를 한 시점이라고 한다. 따라서 甲이 乙과 함께 A의 집에 침입하여 절도를 하기 위해 밧줄, 망치 등을 준비한 행위는 주거침입죄와 특수절도죄의 예비·음모에 불과하다. 예비·음모는 법률에 특별한 규정이 있어야 벌하는데(제28조), 주거침입죄와 특수절도죄의 예비·음모를 벌하는 규정은 없다. 따라서 甲은 이에 대해 아무런 죄책을 지지 않는다.

2. 특수강도예비죄

판례는 강도죄의 실행의 착수시기를 폭행, 협박시라고 한다. 따라서 甲이 과도를 휴대하고 B로부터 돈을 강취하려고 B의 집을 찾아가는 행위는 특수강도예비죄(제334조 제1항, 제343조)에 해당된다. 위법성조각사유나 책임조각사유는 없으므로 甲은 강도예비죄의 죄책을 진다.

3. C의 주거침입 및 절도예비

판례에 의하면 甲이 C의 집 대문 1m 전방에 있어서 주거의 평온을 침해할 정도의 침입행위를 개시하지 않았는데, 이는 주거침입죄의 예비행위에 불과하다.

판례는 주거침입절도의 경우 물색행위만 있으면 절도죄의 실행의 착수를 인정하지만, 주거에 침입하지 않은 경우에는 물색행위만으로는 절도죄의 실행의 착수를 인정하지 않고, 취거에 밀접한 행위를 한 때에 실행의 착수를 인정한다. 사례에서 甲이 물색행위를 하였지만 자전거 취거에 밀접한 행위는 하지 않았기 때문에 자전거 절도죄의 실행의 착수가 인정되지 않는다.

따라서 판례에 의하면 甲의 행위는 주거침입죄와 자전거 절도죄의 예비행위에 불과하고, 이들 행위를 처벌하는 특별한 규정이 없으므로, 甲은 무죄이다.

4. C에 대한 폭행 또는 상해예비

판례에 의하면 甲이 C에게 던지기 위해 돌을 집어 든 행위만으로는 폭행죄 혹은 상해죄의 실행의 착수를 인정할 수 없고, 이 행위는 폭행죄 혹은 상해죄의 예비행위에 불과하다. 그러나 폭행죄나 상해죄의 예비를 처벌하는 규정이 없으므로 甲은 무죄이다.

5. 정 리

판례에 의하면 甲은 A에 대한 주거침입죄 및 절도죄의 예비행위, C에 대한 주거침입죄 및 절도죄의 예비행위, C에 대한 폭행죄 또는 상해죄의 예비행위를 하였는데, 이러한 행위를 처벌하는 규정이 없으므로 이러한 행위에 대해 甲은 아무런 죄책을 지지 않는다.

그러나 甲은 특수강도예비행위를 하였으므로 강도예비죄(제343조)의 죄책을 진다.

Ⅲ. 실행의 착수에 관한 주관설 및 주관적 객관설에 따른 甲의 죄책

1. 실행의 착수에 관한 주관설에 따른 甲의 죄책

(1) 실행의 착수에 관한 주관설의 내용

실행의 착수에 관한 주관설이란 행위자의 범죄의사를 고려하여 행위자의 범죄의사가 외부에 표현된 때, 혹은 범죄의 비약적 표동이 있을 때에 실행의 착수를 인정한다.

(2) 주관설에 따른 甲의 죄책

주관설에 의하면 甲의 행위는 모두 범죄의사가 외부에 표현된 행위이고, 이러한 행위를 할 때에 범의의 비약적 표동도 인정될 수 있다.

따라서 甲은 목적한 모든 범행의 실행에 착수하여 기수에 이르지 못하였으므로 미수의 죄책을 진다. 이에 의하면 甲은 A에 대한 주거침입미수죄 및 절도미수죄의 상상적 경합범, B에 대한 특수강도미수죄, C에 대한 주거침입미수죄 및 절도미수죄의 상상적 경합범, C에 대한 폭행죄 또는 상해미수죄의 죄책을 진다. 상상적 경합범 이외의 다른 범죄들은 실체적 경합범 관계에 있다.

2. 실행의 착수에 관한 주관적 객관설에 따른 甲의 죄책

(1) 주관적 객관설의 내용

실행의 착수에 관한 주관적 객관설은 객관설의 입장을 기본으로 하고 주관설의 입장을 받아들이는 입장이다. 이에 의하면 행위자의 범행계획을 고려하여 법익침해의 직접적인 행위가 개시된 때에 실행의 착수가 인정된다.

(2) 주관적 객관설에 따른 甲의 죄책

주관적 객관설에 의하면 甲의 모든 행위에서 법익침해의 직접적 행위가 개시되었다고 하기 어렵다. C의 집 열린 대문 안으로 훔칠 물건을 물색하다가 자전거를 발견하고 훔치려 한 행위가 절도죄의 실행에 착수한 것이라고 볼 수도 있지만, 이 경우에도 법익침해의 직접적 행위가 개시되었다고 볼 수는 없기 때문에 역시 예비행위에 불과하다고 할 수 있다. 甲이 돌을 집어 든 것만으로는 폭행죄나 상해죄의 실행에 착수하였다고 보기 어렵다.

따라서 실행의 착수에 관한 주관적 객관설에 의할 경우에 甲은 강도예비죄의 죄책만을 진다.

Ⅳ. 乙의 죄책

1. 乙에게 가장 무거운 죄책을 인정할 수 있는 논거

乙의 죄책으로 문제되는 행위는 甲과 함께 칼을 간 행위이다. 이 경우 가장 무거운 죄책을 인정하기 위해서는 실행의 착수에 관한 주관설에 따라 강도죄의 실행의 착수를 인정해야 한다. 이 경우 甲은 강도죄의 정범이 인정되지만, 乙은 강도죄의 종범이나 공동정범이 될 수 있다. 그런데 정범과 공범의 구별부인설에 의하면 乙 역시 강도죄의 정범이 된다. 이 경우 甲과 乙은 공동정범이지만 두 사람이 현장에 같이 있었으므로, 乙에게 특수강도미수의 죄책을 인정할 수 있다.

2. 乙에게 가장 가벼운 죄책을 인정할 수 있는 논거

乙에게 가장 가벼운 죄책을 인정하기 위해서는 甲의 행위가 강도예비죄에 해당된다고 해야 하고, 예비죄의 공동정범은 인정되지 않고, 타인예비는 예비행위에 해당되지 않는다고 해야 한다.

먼저, 실행의 착수에 관한 주관설 이외의 학설, 즉 형식적 객관설, 실질적 객관설, 주관적 객관설 등에 의할 경우 甲의 행위는 강도예비죄에 해당된다고 할 수 있다. 甲이 강도예비죄의 죄책을 질 경우 乙이 강도예비죄의 공동정범이나 강도예비죄의 종범의 죄책을 질 수 있다. 그러나 예비죄는 독립적 범죄가 아닌 본범죄의 실행행위의 발현형태에 불과하고, 예비죄의 실행행위성도 인정할 수 없다는 입장에 의하면 乙이 강도예비죄의 종범이나 공동정범이 될 수는 없다. 강도예비죄의 단독정범이라고 할 수 있는가에 대해, 자기예비는 인정되지만 타인예비는 인정되지 않는다는 견해에 의하면 乙이 甲의 범행을 위한 행위를 하였으므로 타인예비를 한 것이고 따라서 예비죄의 공동정범이나 단독정범의 죄책을 질 수 없다.

결국 이러한 견해에 따르면 乙은 무죄이다.

Ⅴ. 乙의 죄책에 대한 입장의 검토

1. 특수강도죄의 실행의 착수 인정 여부

실행의 착수에 관한 주관설에 의하면 예비행위가 있을 때에는 실행의 착수가 인정된다고 할 수 있다. 예비행위시에 범의의 비약적 표동이나 범죄의사의 외부적 표현행위가 있다고 할 수 있기 때문이다. 그러나 주관설에 의할 경우 실행의 착수시기를 인정하는 범위가 너무 앞당겨져 예비행위와 실행행위의 효과를 엄격하게 달리 하는 우리 형법의 입장과 맞지 않고, 구성요건의 보장적 기능을 수행하는 데에 문제가 있다.

따라서 실행의 착수에 관한 주관적 객관설에 따라 법익침해의 직접적 행위가 개시되지 않았으므로, 甲, 乙의 행위가 강도죄의 실행에 착수에 해당된다고 할 수 없고 강도예비죄에 해당된다고 해야 할 것이다.

2. 예비죄의 법적 성격

예비죄의 성격에 대해서는 독립범죄설과 발현형태설이 있다. 이 중 독립범죄설에 대해서는 예비행위의 범위가 너무 넓기 때문에 예비죄를 독립범죄로 인정하는 것은 형법의 보장적 기능을 해친다는 비판이 가해진다. 결국 예비행위는 실행행위 그 자체가 아니라 실행행위의 발현형태라고 보는 견해가 타당한데, 이 중에서는 예비행위의 실행행위성을 인정하는 견해와 인정하지 않는 견해가 있다. 이 중 실행행위를 인정하는 견해에 대해서는 예비행위를 실행행위의 발현형태라고 하면서 예비행위의 실행행위성을 인정하는 것은 논리적 모순이라는 비판이 제기된다.

따라서 발현형태설 중 실행행위부정설이 타당한데, 이에 의하면 甲의 행위가 강도예비죄에 해당되더라도 乙은 종범이 될 수 없고, 공동정범도 될 수 없다.

3. 타인예비의 인정 여부

乙이 강도예비죄의 공동정범이나 종범이 될 수 없는 경우 강도예비죄의 단독정범이 될 수 있는가 문제된다. 乙은 자신의 범행을 예비한 것이 아니라 甲의 범행을 예비한 것이므로 타인예비에 해당된다. 타인예비를 인정하게 되면 역시 예비행위의 범위가 너무 넓게 인정되어 형벌권이 지나치게 확장되므로 타인예비는 예비죄에 속하지 않는다고 하는 것이 타당하다.

4. 결 어

위와 같은 견해에 따라 乙은 甲의 범행을 위한 강도예비를 함께 하였으나 강도예비죄의 공동정범이나 종범의 죄책을 지지 않는다. 또한 乙의 행위는 타인예비에 불과하므로 강도예비죄의 단독정범의 죄책도 지지 않는다. 따라서 乙은 무죄이다.

21. 예비의 중지(실행의 착수의 포기)

:: 다음 사례를 읽고 물음에 답하시오.

가정주부인 甲은 남편은 바람이 나 가출해 버리고, 불치병에 걸린 시어머니 A를 모시고 끼니도 제대로 이어가지 못하며 어렵게 살아가고 있었다. A는 甲에게 미안한 마음이 들어 자주 "늙으면 죽어야지. 무슨 염치로 네 신세를 지며 살아가니. 제발 날 죽여 다오"라고 하곤 하였다. 얼마 후 甲은 남편과 사이에 임신한 아이를 출산하게 되었다. 출산 직후 甲은 A와 도저히 생계를 이어나갈 수 없을 것이고 또한 A가 자주 죽여달라고 한 것으로 보아 진정으로 죽여 달라는 뜻이라는 생각이 들었다. 이에 甲은 A를 죽이고 자신도 죽자고 생각하였다. 甲은 남편에 대한 복수를 하기 위해 출산 직후의 아이도 죽여 버리기로 결심하였다. 甲은 A와 아이를 살해한 뒤 자신도 자살하기로 결심하였다. 甲은 A의 밥그릇과 아이의 우유병에 독약을 타 놓았다. 그러나 甲은 시어머니와 아이를 살해하는 것은 인간의 도리가 아니라고 생각하고 밥과 우유를 쓰레기통에 버렸다.

1. 판례에 따른 甲의 처벌을 설명하시오.
2. 중지미수유추적용설에 따른 甲의 처벌을 설명하시오.
3. 1, 2.의 판례의 입장과 중지미수유추적용설에 대해 평가하시오.

Ⅰ. 논점의 제시

甲은 시어머니 A와 출산 직후의 아이를 살해하려고 밥그릇과 우유병에 독약을 타 놓은 행위는 존속살해죄(제250조 제2항)와 영아살해죄(제251조)의 예비행위가 될 가능성이 있다. 그러나 여기에는 다음과 같은 문제점이 있다.

1. 시어머니 A가 "늙으면 죽어야지 …"라고 한 것이 촉탁·승낙살인죄에서의 촉탁·승낙에 해당하는가 문제된다. 만약 촉탁·승낙에 해당한다면 甲은 촉탁·승낙살인죄(제252조)의 예비행위를 한 것이 되고 그 가벌성이 문제된다.

2. A가 살인의 촉탁·승낙을 하지 않았지만, 甲은 A가 자신에게 살인을 촉탁한 것으로 오해하였는데 이 경우 甲이 존속살해죄의 죄책을 지는가 아니면 촉탁·승낙살인죄의 죄책을 지는가 문제되고 이에 따라 그 예비행위의 처벌 여부가 문

제된다.

3. 甲이 남편에게 복수를 하기 위해 아이를 살해하기로 결심하였는데, 이 경우 영아살해예비죄가 성립하는지 보통살인예비죄가 성립하는지 문제된다.

4. 甲이 A와 아이를 살해하기 위한 예비행위를 하였다가 범행을 포기하였는데 이 경우 甲을 어떻게 처벌할 것인가 문제된다. 이는 소위 '예비의 중지' 또는 '예비죄 성립 후 실행의 착수의 포기'의 문제이다.

Ⅱ. 판례에 따른 甲의 죄책

1. A의 살해예비행위에 의한 죄책

A가 甲에게 한 말은 노인들의 상투적인 말로서 A에게 살인을 촉탁·승낙한 것이라고 볼 수 없다. 이와 같이 A의 촉탁·승낙이 없음에도 불구하고 甲은 A가 자신에게 살인을 촉탁·승낙하였다고 착오하였다.

이에 대해 형법 제15조 제1항은 "특별히 중한 죄가 되는 사실을 인식하지 못한 행위는 중한 죄로 벌하지 아니한다"고 규정하고 있다. 甲은 중한 죄인 존속살해죄를 예비하면서 이를 인식하지 못하고 경한 죄인 촉탁·승낙살인죄를 예비한다고 착오하였다. 따라서 甲의 행위는 존속살해예비행위가 아닌 촉탁·승낙살인예비행위에 해당된다.

예비행위는 법률에 특별한 규정이 있는 경우에만 처벌하는데(제28조), 형법 제255조는 촉탁·승낙살인죄의 예비행위는 처벌하지 않는다. 따라서 甲은 A를 살해하기 위해 예비한 행위에 대해서는 아무런 죄책도 지지 않는다.

2. 아이의 살해예비행위에 의한 죄책

(1) 보통살인예비죄의 성립 여부

甲이 아이를 살해하였다면 그 행위는 영아살해죄(제251조)의 객관적 구성요건요소를 모두 갖추고 있고, 고의도 인정된다. 그러나 영아살해죄가 성립하기 위해서는 초과주관적 구성요건요소로서 '치욕을 은폐하기 위하거나 양육할 수 없음을 예상하거나 특히 참작할 만한 동기'가 있어야 한다. 甲이 남편에 대해 복수하기 위한 동기로 아이를 살해하려고 하였는데 이것은 제251조에 규정되어 있는 동기에 해당되지 않는다. 따라서 甲의 행위는 영아살해죄가 아닌 보통살인죄(제250조 제1항)의 예비행위에 해당한다.

따라서 甲은 보통살인예비의 죄책을 지고, 10년 이하의 징역에 처해진다(제255조).

(2) 예비의 중지

甲은 보통살인을 예비하였다가 인간의 도리가 아니라고 생각하고 실행의 착수를 포기하였다. 甲이 사회통념상 외부적 장애가 아닌 사유로 중지한 것이라고 할 수 있기 때문에 자의로 실행의 착수를 포기하였다고 할 수 있으므로 소위 '예비의 중지'가 문제된다. 예비의 중지에 대해 제26조를 유추적용할 것인가에 대해 판례는 유추적용부정설을 따른다.

따라서 판례에 의하면 甲은 10년 이하의 징역에 처해진다.

Ⅲ. 중지미수유추적용설에 따른 甲의 처벌

甲이 A를 살해하려다 중지한 행위는 촉탁·승낙살인죄의 예비의 중지에 해당되지만 촉탁·승낙살인예비행위를 처벌하는 규정이 없다. 따라서 甲의 행위 중 중지미수 규정이 유추적용되는지 문제되는 행위는 아이를 살해하려고 예비하였다가 중지한 보통살인예비의 중지의 경우이다.

1. 전면적 유추적용설에 따른 甲의 처벌

전면적 유추적용설은 예비의 중지에 대해 예비죄의 법정형에 대해 제26조를 전면적으로 유추적용하자는 입장이다. 따라서 살인예비죄의 법정형인 10년 이하의 징역에 제26조를 전면적으로 유추적용하면 甲은 5년 이하의 징역에 처해지거나 형벌이 면제된다.

2. 제한적 유추적용설에 따른 甲의 처벌

이 견해는 실행의 착수 이후에 적용되는 제26조를 실행의 착수 전인 예비의 중지에 유추적용하는 것은 예외적인 것이므로, 유추적용의 범위를 최소화하려고 한다. 그리하여 예비의 형이 중지미수의 형보다 무거운 경우에만 중지미수규정을 유추적용하고, 예비의 형이 중지미수의 형보다 가벼운 경우에는 제26조를 유추적용하지 말아야 한다고 한다.

이 견해에 의하면 살인죄의 중지미수의 형벌은 무기 또는 2년 6개월 이상의 징역 또는 면제이고, 살인예비죄의 형벌은 10년 이하의 징역으로서, 중지미수에 대해 형을 면제하는 경우 이외에는 중지미수의 형벌이 예비죄의 형벌보다 무겁다. 따라서 면제 이외에는 중지미수 규정을 유추적용하지 않는다. 이에 의하면 甲은 10년 이하의 징역으로 처벌되거나 형이 면제된다.

Ⅳ. 판례 및 중지미수유추적용설에 대한 평가

유추적용부정설에 대해서는 중지미수의 규정을 유추적용하지 않는 경우 실행의 착수 후 중지한 사람은 예비행위가 중지미수에 흡수되고 중지미수에 대해 형벌을 면제받을 가능성이 있지만 실행의 착수조차 하지 않은 사람은 형벌을 면제받을 가능성이 없다는 비판이 제기된다.

제한적 유추적용설은 설명이 논리적이기는 하나 너무 기교적이고 복잡하며, 면제의 경우에는 항상 유추적용하면서 감경의 경우에는 제한적으로 유추적용해야 하는지에 대해 설명하기가 곤란하다.

이러한 의미에서 전면적 유추적용설이 타당하고, 이에 의하면 甲에 대한 형벌은 5년 이하의 징역이거나 형이 면제된다.

22. 실행의 착수와 기수시기

:: 다음 사례를 읽고 물음에 답하시오.

소매치기 甲은 지하철에서 소매치기를 하기 위해 버스에 올라타서, 승객들 중 누가 돈이 많을 것인가를 살펴보았다. 그 결과 甲은 문 옆에 서 있는 A가 돈이 많아 보이므로 그의 지갑을 소매치기하기로 결정하였다. 甲은 A의 등을 때려 A의 주의를 분산시킨 후 A의 안주머니에 있을 것으로 보이는 지갑을 훔치기로 하였다. 계획대로 甲이 A에게 다가가 주의를 산만케 하기 위해 A의 등을 때렸다. 그러나 그때 소매치기를 집중단속하던 경찰관이 甲의 팔을 잡고 체포하려고 하였다. 甲은 경찰관의 손을 뿌리치고 도주하였다.

한참을 도주하던 甲은 자신이 어려울 때면 생각나는 여인 B가 문득 머리에 떠올랐다. 비록 B는 자신을 싫어하고 벌레처럼 취급하지만, 자신의 마음은 소중하다고 생각한 甲은 B의 집으로 가 B의 집 창문을 살폈다. B가 낮잠을 자고 있다고 생각한 甲은 B의 잠자는 모습만을 보고 가기 위해 창문 안으로 머리를 들이밀고 한참 동안 잠자는 B의 모습을 바라보았다. 그러던 중 甲은 창문 바로 밑에 B의 지갑이 있는 것을 발견하게 되었고 그 순간 갑자기 직업의식이 발동하였다. 甲은 훔쳐가기 위해 손을 뻗어 그 지갑을 잡아 창문 밖으로 꺼냈다. 이때 낮잠에서 깨어난 B가 "불이야!"라고 소리치자 甲은 놀라 자신도 모르게 지갑을 창문 안으로 던져 버리고 재빨리 도주하였다. 그때 그곳을 지나가던 C가 이 장면을 목격하고 甲을 체포하기 위해 추격하였다. 도망가던 甲은 길에 떨어져 있던 각목을 집어 들고 "계속 쫓아오면 죽여 버리겠다!"고 하였다. 이에 C는 겁을 먹고 더 이상 甲을 추격하지 않았다.

1. A의 지갑에 대한 甲의 죄책을 실행의 착수에 관한 학설에 따라 설명하시오.
2. 주거침입과 관련된 甲의 죄책을 판례의 입장에 따라 설명하고 그 문제점을 제시하시오.
3. 판례의 입장에 따라 B의 지갑과 C에게 한 행위로 인한 甲의 죄책을 설명하시오.

Ⅰ. 논점의 제시

사례에서 甲의 죄책으로 문제되는 것은 다음과 같다.

첫째, 甲이 소매치기를 하기 위해 A에게 접근한 후 A의 등을 때려 산만케 한 행위가 절도미수죄(제329조, 제342조)에 해당하는가 아니면 절도예비행위에 불과한가이다. 이는 절도죄의 실행의 착수시기에 관한 학설에 따라 달라진다.

둘째, 甲이 B의 집 창문으로 머리를 들이밀은 행위가 주거침입죄(제319조 제1항)에 해당하는가이다. 이는 주거침입죄의 기수시기와 고의를 어떻게 파악할 것인가에 따라 달라질 수 있다.

셋째, 甲이 B의 지갑을 훔치기 위해 창문 밖으로 꺼냈다가 놀라서 자기도 모르게 창문 안으로 던진 행위가 절도미수죄와 기수죄 중 어디에 해당하는가이다. 이는 절도죄의 기수시기를 어떻게 파악하느냐에 달려있다.

넷째, 甲이 도주하다 C에게 협박을 한 행위가 준강도죄에 해당되는가 아니면 특수협박죄에 해당되는가 문제된다. 이는 甲의 B의 지갑에 대한 절도행위가 완료되었는지 여부에 따라 달라진다.

Ⅱ. A의 지갑에 대한 甲의 죄책

甲이 A에게 소매치기를 하러 접근한 경우 어느 시점에서 실행의 착수가 있었는가에 대해서는 다음과 같은 견해가 대립한다.

1. 형식적 객관설

형식적 객관설은 구성요건으로 규정되어 있는 행위형식에의 해당 여부를 중시하여 어떤 행위가 엄격한 의미의 구성요건적 행위의 일부라고 할 수 있는 경우에만 실행의 착수를 인정한다. 따라서 절도죄의 경우에는 재물을 취거하는 시점에서 실행의 착수를 인정한다.

이 견해에 의하면 甲이 A의 지갑에 손을 대지 않았으므로 甲의 행위는 절도예비가 되고 절도예비는 벌하는 규정이 없기 때문에 甲은 처벌되지 않는다.

2. 실질적 객관설

실질적 객관설은 형식적 객관설을 완화하여 형식적으로는 구성요건에 해당하는 행위가 아니더라도 실질적으로 실행행위로서의 위험성을 가지고 있으면 실행의 착수를 인정하는 견해이다. 예를 들어 '구성요건행위의 직접 전단계의 행위', '보호법익에 대한 직접적 위험을 초래하는 행위', '법익침해에 밀접한 행위' 등은 형식적으로는 구성요건에 해당하지 않지만, 실질적으로는 구성요건에 해당하는 행위라고 할 수 있으므로 이때에 실행의 착수를 인정하자는 것이다.

판례 중에 실질적 객관설을 따른다고 평가되는 것 중에는 "소매치기의 경우 피해자의 양복상의 주머니로부터 금품을 절취하려고 그 호주머니에 손을 뻗쳐 그 겉을 더듬은 때에는 절도의 범행은 예비단계를 지나 실행에 착수하였다고 봄이 상당하다"(대판 1984. 12. 11. 84도2524)고 한 것이 있다.

이 견해에 의하면 甲이 지갑을 절취하려고 A의 주의를 산만케 하기 위해 등을 때린 행위는 절취행위와 밀접한 행위이므로 절도죄의 실행의 착수가 있다고 할 수 있고, 따라서 甲은 절도미수의 죄책을 진다.

3. 주관적 객관설

주관적 객관설은 행위자의 범행계획에 따르면 구성요건실현행위가 직접 개시되었을 때를 실행의 착수시기라고 한다. 이 견해는 객관설을 기본으로 하면서 주관설을 가미한 것으로서, 구성요건실현행위가 직접 개시되었을 때를 실행의 착수시점이라고 하는 점에서 객관설의 입장이고, 다만 언제 구성요건실현행위가 직접 개시되었는가를 판단할 때에 행위자의 범행계획을 고려한다는 점에서 주관설의 입장을 따른 것이다.

이 견해에 의하면 甲이 A의 지갑을 훔치려고 한 범행계획을 가지고 A의 등을 때린 때에는 절도죄의 실행의 착수를 인정할 수 있을 것이다. 따라서 甲은 절도미수의 죄책을 진다.

4. 주 관 설

주관설은 객관적인 행위보다는 행위자의 의사를 기준으로 하여 실행의 착수시기를 정하려고 한다. 주관설에서도 행위자의 의사만으로 처벌할 수는 없으므로 행위가 필요하다고 하지만 행위의 사회적 · 객관적 의미는 중요하지 않고 그 행위를 통해 실현하려고 하는 행위자의 의사를 중시한다. '범죄의사가 수행행위를 통해 확정적으로 나타날 때', '범의의 비약적 표동이 있을 때' 실행의 착수가 있다고 한다.

이 견해에 의하면 甲이 A의 등을 때린 것은 절도를 하겠다는 의사가 표시된 것이므로 절도죄의 실행의 착수가 인정된다. 따라서 甲은 절도미수(제329조, 제342조)의 죄책을 진다.

5. 검 토

형식적 객관설은 실행의 착수시기를 너무 늦게 잡고, 주관설은 실행의 착수시기를 너무 앞당기는 문제점이 있다. 주관적 객관설과 실질적 객관설은 실제에 있어서는 크게 차이가 나지 않는다. 그러나 행위의 의미를 파악할 때 단순히 행위의 객관적 형식이나 외형만으로 파악하는 것이 아니라 행위자의 주관적 측면인 범행계획을 아울러 고려한다는 점에서 주관적 객관설이 이론상으로 좀더 타당성을 지니고 있다.

형식적 객관설 이외의 모든 학설, 특히 주관적 객관설에 의하면 甲은 절도미수의 죄책을 진다.

Ⅲ. 주거침입죄의 성립 여부

1. 논 점

甲이 B의 집 창문에 머리를 들이민 것은 주거침입죄에 해당할 수 있다. 그런데 사례에서는 甲에게 B의 집 창문 안으로 머리만 들이밀 의사가 있었고 몸 전체가 들어갈 의사는 없었다. 이 경우 주거침입죄가 성립하는가에 대해서는 견해가 대립하는데, 이는 주거침입죄의 기수시기를 언제로 파악하느냐 및 이에 따라 주거침입죄의 고의가 인정되는가의 문제이다.

2. 판례에 따른 甲의 죄책

판례는 "주거침입죄는 사실상의 주거의 평온을 보호법익으로 하는 것이므로, 반드시 행위자의 신체의 전부가 범행의 목적인 타인의 주거 안으로 들어가야만 성립하는 것이 아니라 신체의 일부만 타인의 주거 안으로 들어갔다고 하더라도 거주자가 누리는 사실상의 주거의 평온을 해할 수 있는 정도에 이르렀다면 범죄구성요건을 충족하는 것이라고 보아야 하고, 따라서 주거침입죄의 범의는 반드시 신체의 전부가 타인의 주거 안으로 들어간다는 인식이 있어야만 하는 것이 아니라 신체의 일부라도 타인의 주거 안으로 들어간다는 인식이 있으면 족하다"(대판 1995. 9. 15. 94도2561).

판례에 의하면, 甲이 B의 집 창문 안으로 머리를 들이민 것은 B가 누리는 사실상 주거의 평온을 해칠 수 있는 정도여서 甲은 주거침입기수의 죄책을 진다.

3. 판례의 문제점

(1) 전부침입설에 따른 비판

통설은 주거침입죄의 미수범처벌 규정이 있다는 것을 근거로, 신체의 전부가 들어가야 기수가 된다고 하는 전부침입설을 취하고 있다. 이 견해는 신체의 전부가 들어갈 의사로 신체의 일부만이 주거에 들어간 경우에는 주거침입미수죄가 성립하지만, 처음부터 신체의 일부만 들어갈 의사로 신체의 일부만이 들어간 경우에는 주거침입죄의 미수범도 성립하지 않는다고 한다. 왜냐하면 미수범이 성립하기 위해서는 기수의 고의가 있어야 하는데 신체의 일부만 들어갈 고의는 미수의 고의이기 때문에 미수범도 성립할 수 없다는 것이다.

이 견해에 의하면 甲이 처음부터 신체의 전부가 들어갈 고의없이 신체의 일부만 들어갈 고의로 머리를 들이밀었고, 이는 미수의 고의에 지나지 않아 주거침입미수죄도 성립하지 않는다. 따라서 甲은 무죄이다.

(2) 검 토

판례가 따르는 일부침입설보다는 전부침입설의 입장이 좀더 타당하다고 생각된다. 판례의 문제점은 다음과 같다.

첫째, 주거침입죄의 보호법익인 사실상 주거의 평온은 여러 가지 방법에 의해 침해될 수 있는데, 주거침입죄는 침입의 방법으로 주거의 평온을 침해하여야 한다. 따라서 주거침입죄에서 기수시기는 주거의 사실상 평온이 침해되었느냐의 여부와 함께 침입행위가 종료되었느냐에 의해 결정해야 한다. 그런데 신체의 일부분이 주거에 들어간 경우에는 '침범'이라고 할 수는 있지만 '침입'이라고 하기 어렵다. 몸의 전부가 들어가야 비로서 '침입'이라고 할 수 있다. 독일에서는 일부침입설을 따르지만 독일형법상 주거침입죄의 행위태양은 '침입'이라기보다는 '침범'(eindringen)이라는 의미에 더 가깝다.

둘째, 주거침입죄의 미수범처벌 규정이 있다고 해서 논리필연적으로 전부침입설을 취해야 하는 것은 아니다. 그러나 미수범처벌 규정이 있는 우리 형법의 해석에서 일부침입설보다는 전부침입설이 좀더 자연스러운 것은 사실이다. 침입행위를 개시한 때에 실행의 착수가 있고, 몸의 일부가 들어간 때에는 아직 미수단계를, 몸의 전부가 들어간 때에 기수범을 인정하는 것이 훨씬 자연스러운 해석이다.

셋째, 일부침입설을 취하는 경우 주거침입죄의 성립범위가 너무 넓어진다. 예를 들어 외판원이 주인이 문을 닫으려고 하자 조금 더 설명을 들어보라고 문 안으로 손을 들이민 경우 전부침입설에 의하면 미수의 고의밖에 없어 무죄이지만, 일부침입설에 의하면 기수가 된다.

따라서 전부침입설에 따라 甲에게 몸의 일부만 들이민다는 미수의 고의밖에 없기 때문에 미수범도 성립하지 않는다고 해야 한다. 따라서 甲은 무죄라고 해야 한다.

Ⅳ. 판례에 따른 B의 지갑과 C에 대한 甲의 죄책

1. B의 지갑에 대한 죄책

甲이 B의 지갑을 창문 밖으로 꺼냈다가 놀라서 다시 창문 안으로 던진 행위에서 절도죄의 실행의 착수를 인정할 수 있음은 분명하다. 문제는 甲의 행위가 절도기수죄에 해당하는가이다. 판례는 이러한 사례에 대해 분명히 언급하고 있지는 않다. 그러나 "절도죄는 타인의 소지를 침해하여 재물이 자기의 소지로 이동할 때, 즉 자기의 사실적 지배밑에 둔 때에 기수가 된다고 할 것인바 피고인이 공동피고인과 함께 피해자 집에 침입하여 그 집 광에서 공동피고인이 자루에 담아 내주는 백미를 받아 그 집을 나오려 하다가 피해자에게 발각된 경우에는 특수절도죄의 기수가 된다 할 것이고 미수에 해당한다고 할 수 없다"(대판 1964. 12. 8. 64도577), "입목을 절취하기 위하여 캐낸 때에 소유자의 입목에 대한 점유가 침해되어 범인의 사실적 지배하에 놓이게 되므로 범인이 그 점유를 취득하고 절도죄는 기수에 이른다. 이를 운반하거나 반출하는 등의 행위는 필요하지 않다"(대판 2008. 10. 23. 2008도6080).

이러한 판례의 입장을 따른다면, 甲이 지갑을 창문 밖으로 꺼냈을 때에는 甲의 사실적 지배하에 놓이게 되었다고 할 수 있으므로 甲은 절도기수의 죄책을 진다.

2. C에 대한 특수준강도기수죄

(1) 논 점

甲이 체포를 면탈하기 위해 C를 협박한 행위는 항거불가능의 협박을 한 것이라고 할 수 있다. 甲이 절도행위를 종료하고 안전지대로 이탈한 단계, 즉 범행의 완료단계에 이르지 못하였으므로, 甲은 단순절도기수범이 체포면탈을 위해 특수협박을 한 것이므로, 준강도죄의 성립 여부가 문제된다. 특히 甲의 준강도가 단순강도의 준강도인가 특수강도의 준강도인가, 미수인가 기수인가 문제된다.

(2) 단순강도와 특수강도의 준강도

판례는 "절도범인이 처음에는 흉기를 휴대하지 아니하였으나, 체포를 면탈할 목적으로 폭행 또는 협박을 가할 때에 비로소 흉기를 휴대 사용하게 된 경우에는 형법 제334조의 예에 의한 특수강도의 준강도가 된다"(대판 1973. 11. 13. 73도1553 전원합의체)라고 하여, 폭행·협박을 기준으로 특수강도의 준강도와 단순강도의 준강도를 구별한다.

이에 의하면 사례에서 甲이 단순절도를 하였으나 각목을 들고 특수협박을 하였으므로 특수강도의 준강도의 죄책을 진다.

(3) 준강도의 기수, 미수

판례는 "강도죄와 준강도죄의 구성요건인 재물탈취와 폭행·협박 사이에 시간적 순서상 전후의 차이가 있을 뿐 실질적으로 위법성이 같다고 보기 때문인바, 이와 같은 준강도죄의 입법 취지, 강도죄와의 균형 등을 종합적으로 고려해 보면, 준강도죄의 기수 여부는 절도행위의 기수 여부를 기준으로 하여 판단하여야 한다"(대판 2004. 11. 18. 2004도5074 전원합의체)고 하여, 절도죄의 기수, 미수를 기준으로 준강도의 기수, 미수를 구분한다.

이에 의하면 甲은 특수강도의 준강도기수의 죄책을 진다.

3. 정 리

甲의 절도기수죄는 준강도죄의 일부를 이루는 행위이므로 별도로 절도기수죄는 성립하지 않는다. 결국 甲은 특수강도의 준강도기수의 죄책을 진다.

23. 중지미수와 불능미수

:: 다음 사례를 읽고 물음에 답하시오.

甲은 자신이 빌려 준 돈을 달라고 하자 오히려 폭행을 한 A를 살해하기로 결심하고, 칼 2개를 준비하였다. 甲은 A를 공원으로 불러내어 먼저 왼손의 칼로 A의 목을 찌르고, 이어 오른손의 칼로 A의 심장을 찌르기로 계획하였다. 甲은 계획대로 A를 공원으로 불러내어 왼손의 칼로 A의 목을 찔렀다. A의 목에서 선혈이 뿜어져 나오자 甲은 갑자기 무서운 생각이 들어서 오른손으로 심장을 찌르는 것을 포기하고 도주하였다.

한참을 도주하던 甲은 뒤에서 누군가 쫓아오는 것 같은 느낌이 들었다. 甲은 범행을 목격한 사람이 자신을 체포하려고 쫓아온다고 생각하였다. 甲은 자신의 얼굴을 쫓아오는 사람이 알게 될까봐 뒤를 돌아보지 못하고, 기회를 보아 그 사람을 살해하기로 결심하였다. 甲이 숨이 차 속도를 늦추는 순간 그 사람이 뒤에서 접근하였고 甲은 A의 심장을 찌르기 위해 준비했던 칼을 그 사람을 향해 집어 던졌다. 칼을 던진 후 돌아보니, 칼은 빗나갔고 뒤에서 쫓아온 사람은 사람이 아니라 공원에 놀러 나왔던 동네의 개(便犬)였다. A를 찌른 후 甲이 뛰어가자 그 개도 같이 뛰어간 것이었다. A는 지나가던 사람들에 의해 병원으로 옮겨져 목숨을 구하였다.

1. 판례의 입장에 따라 甲의 죄책을 설명하고, 그 문제점을 지적하시오.
2. 甲에게 가장 유리한 죄책을 인정할 수 있는 논리를 제시하시오.
3. 甲에게 가장 불리한 죄책을 인정할 수 있는 논리와 그에 따른 처단형을 제시하시오.

Ⅰ. 논점의 제시

甲의 죄책으로 문제되는 것은 다음과 같다.

1. 甲이 A를 살해하려 하였으나 A가 사망하지 않았으므로 살인미수가 된다. 그런데 甲이 범행을 중단하였으므로 A에 대한 살인죄(제250조 제1항)의 중지미수(제26조)인가 아니면 장애미수(제25조)인가 문제된다. 중지미수와 관련하여서는 첫째, 甲이 A의 목만을 찌르고 중지한 것이 착수미수인가 실행미수인가 및 A의 목에서 선혈이 뿜어져 나오자 무서운 생각이 들어서 범행을 중지하였는데 이것이

자의에 의한 중지인가 문제된다.

2. 甲이 뒤에 쫓아오는 개를 사람으로 착각하고 살인의 고의로 칼을 던졌으나 뒤에 쫓아온 것은 개였으므로 처음부터 살인의 결과발생은 불가능하였다. 따라서 불능미수인가 불능범인가 문제된다. 위험성이 있으면 불능미수, 위험성이 없으면 불능범이 되므로(제27조), 위험성의 개념을 어떻게 파악하느냐에 의해 甲이 살인죄의 불능미수 혹은 불능범이 된다.

Ⅱ. 판례에 따른 甲의 죄책과 그 문제점

1. 판례에 따른 甲의 죄책

(1) 살인죄의 중지미수

1) 중지미수의 성립요건

판례에 의하면, 중지미수가 성립하기 위해서는 범죄의 실행에 착수하고, 자의로 범행을 중지하거나(착수미수의 경우) 결과발생을 위한 진지한 노력을 해야 하고(실행미수의 경우), 기수에 이르지 않아야 한다. 사례에서 甲은 살인죄의 실행에 착수하였고, A가 사망하지 않아 살인미수에 이르렀다.

2) 착수미수 혹은 실행미수

사례에서 甲이 A의 심장을 찌르는 행위를 중지하였을 뿐 A가 사망하지 않도록 진지한 노력을 하지 않았다. 따라서 甲의 중지가 착수미수라면 중지미수가 성립할 가능성이 있고, 실행미수라면 중지미수가 성립할 가능성이 없다.

착수미수인가 실행미수인가에 대해 분명히 언급하고 있는 판례는 없다. 이 경우 통설의 입장에 따라 해결할 수밖에 없는데, 통설인 실행의 착수에 관한 주관적 객관설을 따른다면 실행의 종료에 대해서도 주관적 객관설에 따라야 할 것이다. 즉, 행위자의 범행계획을 고려하여 법익침해의 직접적인 행위가 종료되었을 때 실행이 종료되었다고 해야 할 것이다. 이에 의하면 甲의 범행계획을 고려하면 칼로 A의 심장을 찔렀을 때 실행이 종료되므로, 甲이 중지한 것은 착수미수에 해당된다고 할 수 있다. 실행의 종료에 관한 주관설에 의해도 같은 결론이 나온다.

3) 자의성 인정 여부

甲이 실행행위를 중지하였다고 하더라도 자의에 의한 중지여야 중지미수가 성립할 수 있다. 판례는 "범죄의 실행행위에 착수하고 그 범죄가 완수되기 전에 자기의 자유로운 의사에 따라 범죄의 실행행위를 중지한 경우에 그 중지가 일반 사회통념상 범죄를 완수함에 장애가 되는 사정에 의한 것이 아니라면 이는 중지미수에 해당한다고 할 것이지만, 피고인이 피해자를 살해하려고 그의 목 부위와 왼쪽 가슴 부위를 칼로 수 회 찔렀으나 피해자의 가슴 부위에서 많은 피가 흘러나오는 것을 발견하고 겁을 먹고 그만 두는 바람에 미수에 그친 것이라면, 위와 같은 경우 많은 피가 흘러나오는 것에 놀라거나 두려움을 느끼는 것은 일반 사회통념상 범죄를 완수함에 장애가 되는 사정에 해당한다고 보아야 할 것이므로, 이를 자의에 의한 중지미수라고 볼 수 없다"(대판 1999. 4. 13. 99도640)고 한다.

4) A에 대한 甲의 죄책

판례에 의하면 甲의 중지는 자의에 의한 중지라고 할 수 없기 때문에 甲은 살인죄의 장애미수의 죄책을 진다.

(2) 살인죄의 불능미수

甲이 뒤에 쫓아오는 개를 사람으로 착각하고 살인의 고의로 칼을 던졌으므로 대상의 착오로 인해 살인의 결과발생은 불가능하였다. 이 경우 위험성이 있으면 불능미수, 위험성이 없으면 불능범이 된다.

판례는 "불능범의 판단 기준으로서 위험성 판단은 피고인이 행위 당시에 인식한 사정을 놓고 이것이 객관적으로 일반인의 판단으로 보아 결과 발생의 가능성이 있느냐를 따져야 한다"(대판 2005. 12. 8. 2005도8105)고 하여 추상적 위험설을 따르고 있다. 판례가 "불능범은 범죄행위의 성질상 결과발생 또는 법익침해의 가능성이 절대로 있을 수 없는 경우를 말한다"(대판 2007. 7. 26. 2007도3687)고 하기도 하지만, 이는 불능미수의 위험성 유무에 대한 것이 아니라 결과발생이 절대적으로 불가능하여야 불능미수가 문제될 수 있고 그렇지 않은 때에는 장애미수가 된다는 입장이다.

판례의 입장에 따르면 甲은 자신의 뒤를 따라오는 사람을 살해하기 위해 칼을 집어 던진다고 인식하였고, 이러한 사정을 기초로 일반인의 입장에서 판단하면 살인의 결과발생이 가능하였으므로 불능미수의 위험성이 인정된다.

(3) 정 리

판례에 의하면 甲은 A에 대한 살인죄의 장애미수와 甲이 쫓아온다고 생각한 사람에 대한 살인죄의 불능미수의 실체적 경합범의 죄책을 진다.

2. 판례의 문제점

(1) 자의성 인정의 문제점

판례는 어떤 경우에 자의성이 있는가를 적극적으로 정의하지 않고, 일반 사회통념상 범죄를 완수함에 장애가 되는 사정에 의한 중지가 아닌 경우에는 자의성을 인정한다. 이는 외부적 장애에 의한 중지가 아니면 자의성이 인정된다고 하는 객관설의 입장에 가까운 것이라고 할 수 있다. 객관설에 의하면 공포, 흥분, 경악 등에 의한 중지도 자의에 의한 중지라고 할 수 있고, 사례에서도 자의성을 인정할 것이다.

판례가 말하는 장애에 외부적 장애뿐만 아니라 행위자의 내심적 장애까지 포함된다는 입장이라고 한다면 이는 자의성의 개념을 너무 좁게 파악한 것이라고 할 수 있다. 중지미수의 경우 형을 필요적으로 면제하는 입법례에서는 처벌의 공백을 없애기 위해 자의성을 엄격하게 파악할 필요가 있을 수도 있다. 그러나 필요적 감면으로 규정하고 있는 우리나라에서는 중지미수라고 하여 언제나 형이 면제되는 것은 아니고 감경이 일반적이라고 볼 때에 자의성의 개념을 굳이 좁게 파악해야 할 필요가 없다.

사례에서 甲의 중지는 외부적 장애에 의한 중지가 아니라 내심적 장애에 의한 중지이다. 따라서 객관설이나 객관설에 가까운 절충설에 따라 자의성을 인정하는 것이 타당하다.

(2) 불능미수의 위험성판단의 문제점

판례는 추상적 위험설에 따라 위험성을 판단하고 있다. 그런데 일반인들이 전혀 위험을 느끼지 않는 단계에서도 위험성이 인정될 수 있다. 예를 들어 다방에서 甲이 살인의 고의로 상대방의 커피에 설탕을 독약으로 착각하고 타 주는 경우 일반인들은 전혀 위험성을 느끼지 않는다.

따라서 추상적 위험설은 주관설에 지나치게 가까워 위험성의 범위를 너무 넓게 인정한다. 우리 형법이 객관주의를 기본으로 하고 주관주의를 가미하고 있으므로, 추상적 위험보다는 좀더 객관적인 위험성이 있을 때에 불능미수의 위험성을 인정해야 할 것이다. 이를 위해서는 행위 당시 일반인이 인식할 수 있었던 사정을 기초로 하여 그러한 사정하에서 일반인의 판단으로 보아 결과발생가능성이 있는 경우에 위험성을 인정하는 구체적 위험설을 따르는 것이 좀더 타당하다.

사례에서 일반인들이 인식할 수 있었던 사정이란 甲이 자신을 뒤쫓아 오는 개를 향해 칼을 집어 던지는 것이었고, 이 경우 일반인의 판단으로 보아 살인의 결과발생이 불가능하므로 위험성이 인정되지 않는다고 해야 할 것이다.

기타 절대적 불능·상대적 불능 구별설이나 법률적 불능·사실적 불능 구별설에 의할 경우 살인의 결과발생은 절대적 또는 법률적 불능이므로 위험성이 인정되지 않는다고 해야 한다.

Ⅲ. 甲에게 가장 유리한 죄책을 인정할 수 있는 논거

1. 논리의 구성

甲에게 가장 유리한 죄책을 인정하기 위해서는 甲이 A를 살해하려다 중지한 경우 착수미수를 인정하는 학설, 자의성을 인정하는 학설, 불능미수의 위험성을 부정하는 학설들을 따라야 한다.

2. 착수미수를 인정하는 학설들의 논거

실행의 종료에 관한 형식적 객관설이나 실질적 객관설에 의하면 甲이 목을 찌르는 행위를 종료하였을 때 실행이 종료했다고 할 수 있다. 실행의 종료에 관한 주관설에 의하면 행위자에게 살인의 범의가 없는 행위가 있을 때까지 실행행위는 계속된다. 실행의 종료에 관한 주관적 객관설에 의하면 甲이 오른손으로 심장을 찌르는 행위가 종료될 때에 실행이 종료된다. 따라서 주관설 혹은 주관적 객관설에 따르면 甲의 중지는 착수미수에 해당된다.

이 중 주관적 객관설에 의하면, 행위의 의미는 객관적 동작 혹은 부작위만으로 파악할 수 없고, 이것과 함께 행위자의 주관적 의사를 고려해야 한다. 이와 같이 행위자의 주관적 의사, 객관적 행위와 결과를 모두 고려해야 행위의 의미를 올바로 파악할 수 있다.

3. 자의성을 인정하는 학설들의 논거

자의성에 관한 주관설이나 프랑크공식 등에 의하면 자의에 의한 중지를 인정하지 않을 수도 있다. 그러나 객관설이나 절충설에 의하면 甲이 놀라서 중지한 것은 외부적 장애 혹은 사회통념상 외부적 장애에 의한 것이 아니라 甲의 내심적 장애에 의한 것이므로 자의성을 인정할 수 있다.

우리 형법의 중지미수는 필요적 면제가 아니라 필요적 감면이므로 자의성을 넓게 인정해도 무방하고, 이와 같이 중지미수의 가능성을 넓게 인정하는 것이 피해자보호를 위해 좀더 효과적이라고 할 수 있다.

4. 불능미수의 위험성을 부정하는 학설

주관설이나 추상적 위험설에 의하면 甲에게 불능미수를 인정하게 된다. 그러나 구성요건흠결이론, 구체적 위험설, 절대적 불능·상대적 불능 구별설, 법률적 불능·사실적 불능 구별설에 의하면 甲의 행위에 위험성이 인정되지 않고 따라서 무죄이다.

5. 정 리

甲에게 가장 유리한 죄책을 인정하는 견해에 의하면 甲은 A에 대한 살인죄의 중지미수의 죄책만을 진다.

Ⅳ. 甲에게 가장 불리한 죄책을 인정할 수 있는 논거

1. 甲에게 인정할 수 있는 가장 불리한 죄책

(1) 논리의 구성

甲에게 가장 불리한 죄책을 인정하기 위해서는 甲의 중지를 실행미수로 보고, 중지의 자의성을 부정하고, 불능미수의 위험성을 인정해야 한다.

(2) 실행미수의 인정

실행의 종료시기에 관한 객관설이나 실질적 객관설에 의하면, 甲이 A의 목을 찌르는 행위는 객관적으로 살인의 결과를 발생시킬 수 있는 행위이므로 이 행위가 종료한 때에는 실행도 종료하게 된다. 甲의 행위를 실행미수라고 한다면 甲이 결과발생방지를 위한 노력을 하지 않았으므로 중지의 자의성 여부를 판단할 필요도 없이 甲은 A에 대한 살인죄의 장애미수의 죄책을 진다.

(3) 중지미수의 자의성 부정

甲의 중지가 착수미수라고 할 때에는 중지의 자의성을 부정해야 한다. 주관설에 의하면 甲의 중지가 후회, 연민, 동정 등과 같은 윤리적 동기에 의한 것이 아니므로 자의성이 인정되지 않는다. 프랑크공식에 의할 경우 자의성을 인정할 수도 있지만, 甲이 A를 안 찌른 것이 아니라 못 찌른 것이라고 하여 자의성을 인정하지 않을 수도 있다. 절충설에 의할 경우에도 범행을 완수할 수 없는 장애에 내부적 장애도 포함된다고 한다면 자의성을 부정할 수 있다.

(4) 불능미수의 위험성 인정

주관설에 의하면 甲은 사람을 살해하려는 의사가 있었고 이를 위한 행위도 하였으므로 행위자의 주관적 위험성이 인정된다. 추상적 위험설에 의할 경우에도 甲이 인식한 사정을 기초로 판단하면 일반인의 입장에서 보아 살인의 결과발생이 가능하므로 위험성이 인정된다.

(5) 정 리

甲에게 가장 무거운 죄책을 인정하는 입장에 의하면, 甲은 A에 대한 살인죄의 장애미수와 살인죄의 불능미수의 실체적 경합범의 죄책을 진다.

2. 甲의 처단형

(1) 개 관

甲에게 가장 불리한 죄책을 인정하는 견해에 의하면 甲은 살인죄의 장애미수와 살인죄의 불능미수의 실체적 경합범이므로 경합범가중을 해야 한다. 장애미수와 불능미수에 대해서는 임의적 감경과 임의적 감면이 규정되어 있으므로, 법률상 감경이나 면제를 할 경우에는 이를 한 다음 경합범가중을 하고, 작량감경의 순으로 한다(제56조).

(2) 구체적 처단형

살인죄의 장애미수와 살인죄의 불능미수 중 살인죄의 장애미수가 더 무거운 범죄이다.

1) 따라서 살인죄의 장애미수에서 사형을 택하고 법률상 감경을 하지 않을 경우 살인죄의 불능미수의 형벌은 이에 흡수된다. 여기에서 작량감경을 할 경우 처단형은 무기 또는 20년 이상 50년 이하의 징역이다.

2) 살인죄의 장애미수의 형벌에서 무기징역을 택하고 법률상 감경을 하지 않고 작량감경을 할 경우에는 10년 이상 50년 이하의 징역에 처해진다. 무기징역형에 대해 법률상 감경을 하고 작량감경을 할 경우 처단형은 5년 이상 이상 25년 이하의 징역이다.

3) 살인죄의 장애미수와 불능미수의 형벌에서 각각 징역형을 선택하고 모두 미수감경을 하지 않을 경우 처단형은 5년 이상 45년 이하의 징역이다(제250조, 제42조, 제38조 제1항 제2호). 여기에서 작량감경을 할 경우 처단형은 2년 6개월 이상 22년 6개월 이하의 징역이다.

두 범죄에서 각각 징역형을 선택하고 한 쪽에만 미수감경을 할 경우 5년 이상 30년 이하의 징역과 2년 6개월 이상 15년 이하의 징역에서 경합범가중을 하므로 처단형은 5년 이상 45년 이하의 징역이 된다. 여기에서 작량감경까지 할 경우 처단형은 2년 6개월 이상 22년 6개월 이하의 징역이다.

두 범죄에서 징역형을 선택하고 모두 미수감경을 하면 각각 2년 6개월 이상 15년 이하의 징역이 되고 이들을 경합범가중하면 처단형은 2년 6개월 이상 22년 6개월 이하의 징역이 된다. 여기에서 작량감경을 할 경우 처단형은 1년 3개월 이상 11년 3개월 이하의 징역이 된다.

장애미수에서 징역형을 선택하고 미수감경을 하지 않고 불능미수에서 형을 면제하는 경우 처단형은 5년 이상 30년 이하의 징역이 된다. 여기에서 작량감경을 하면 처단형은 2년 6개월 이상 15년 이하의 징역이 된다.

장애미수에서 징역형을 선택하고 미수감경을 하고 불능미수의 형을 면제하는 경우에는 처단형이 2년 6개월 이상 15년 이하의 징역이 된다. 여기에 작량감경까지 할 경우 처단형은 1년 3개월 이상 7년 6개월 이하의 징역이다.

24. 불능미수의 위험성

:: 불능미수에 위험성 판단에 대한 학설을 소개하고 각 학설에 따라 다음 사례들을 해결하시오.

〈설문 1〉 고시생 甲은 도서관에서 법전을 도난 당해 고민하다가 "이에는 이, 눈에는 눈, 법전에는 법전이다"라는 생각으로 A가 자리를 비운 사이 A의 책상에서 법전을 훔쳐 왔다. 그러나 자리에 돌아와서 자세히 살펴본 결과 그 법전이 도난 당했던 자기의 법전이라는 것을 발견하였다. 甲의 죄책은?

〈설문 2〉 乙은 평소 원한이 있던 동업자 B를 청산가리를 먹여 살해하기로 하고 C호텔 커피숍에서 사용하는 일회용 설탕봉지를 몇 개 집으로 가져와 설탕을 빼고 청산가리를 넣었다. 다음 날 乙은 B를 C호텔 커피숍에서 만나 커피를 시킨 후 설탕은 자신이 타 주겠다고 하면서 청산가리를 B의 커피잔에 타 주었다. 그러나 커피를 마신 B는 죽기는커녕 카페인의 효과가 나는지 오히려 더욱 힘이 넘쳐 보였다. 乙이 착오로 청산가리가 든 설탕봉지가 아니라 다른 설탕봉지를 가지고 왔기 때문이었다. 乙의 죄책은?

〈설문 3〉 건강에 관심이 많은 丙은 건강식품에 관한 책을 읽다가 인삼이 저혈압 환자에게 좋다는 글을 읽게 되었다. 丙은 평소 멍청하다고 자신을 꾸짖는 직장상사 D가 고혈압인 것을 알고 그에게 인삼을 먹이면 혈압이 더 올라가 반신불수가 되어 퇴직하게 될 것이고 그때에는 자신의 세상이 도래한다고 생각하였다. 丙은 D가 술에 취한 사이 술 깨는 약이라고 하면서 고농도의 인삼이 든 음료수를 D에게 먹게 하였다. 그러나 인삼을 먹은 D는 술에서 깨어나 어떤 일이 회사에 도움이 되는지 안 되는지도 모르는 사람이라고 丙을 꾸짖었다. 丙의 죄책은?

〈설문 4〉 권총가게의 점원 丁은 강도에 대비하기 위해 진열장에 진열된 수십 개의 권총 중 하나에 실탄을 몰래 넣어 놓았다. 어느 날 丁은 손님과 권총의 성능문제로 말다툼을 하다가 격분하여 손님을 살해할 의사로 실탄을 넣어 놓은 권총을 진열장에서 꺼내 손님을 향해 발사하였으나 실탄이 발사되지 않았다. 그 전날 丁의 퇴근 후 진열장의 권총을 살펴보던 가게주인이 권총에 실탄이 들어 있는 것을 발견하고 실탄을 빼어 놓았기 때문이었다.

Ⅰ. 서 론

형법 제27조는 "실행의 수단 또는 대상의 착오로 인하여 결과의 발생이 불가능하더라도 위험성이 있는 때에는 처벌한다. 단, 형을 감경 또는 면제할 수 있다"고 규정하고 있다. 형법 제27조의 제목은 불능범이지만, 통설은 제27조는 불능범을 규정한 것이 아니라 불능미수를 규정한 것이라고 한다. 즉, 위험성이 있으면 불능미수가 되어 처벌될 수 있지만, 위험성이 없는 경우에는 불능범이 되어 처벌할 수 없다는 것이다. 행위자에 대한 처벌 여부는 위험성이 있는가에 의해 정해지므로 위험성의 개념이 무엇인가 문제된다.

위험성이란 일반적으로는 법익침해 또는 결과발생의 위험성을 의미한다. 그런데 불능미수에서는 결과발생이 불가능하고 법익침해의 가능성도 존재하지 않는다. 따라서 제27조의 위험성은 사실적 의미의 위험성이 아니라 규범적 의미의 위험성이라고 할 수 있다. 이로 인해 위험성에 대해 다양한 견해가 있다.

위의 사례에서는 모두 실행의 수단 또는 대상의 착오로 모두 결과발생이 불가능한 경우이므로 구성요건흠결이론에 의하면 구성요건요소 중 행위의 객체나 행위태양이 흠결되어 있으므로 모두 불능범이 된다. 그러나 형법 제27조는 구성요건요소 중 행위의 객체나 행위의 태양이 흠결되었더라도 위험성이 있으면 처벌한다고 규정하고 있으므로 구성요건흠결이론은 우리 형법의 해석론으로는 맞지 않는다. 제27조에 의하면 위험성이 있으면 불능미수, 위험성이 없으면 불능범이 되는데, 이에 대해서는 다음과 같은 학설들이 대립한다(학설들은 객관주의적 학설에서 주관주의적 학설 순으로 나열되어 있다).

Ⅱ. 위험성에 대한 학설과 설문의 해결

1. 절대적 불능 · 상대적 불능설

이 견해는 위험성을 결과발생의 가능성으로 보아 결과발생이 절대적으로 불능한 경우에는 위험성이 없어 불능범이 되고, 상대적으로 불능한 경우에는 위험성이 있어서 불능미수가 된다고 한다. 이 견해에 의해 설문을 해결하면 다음과 같다.

〈설문 1의 해결〉 甲은 자기 법전을 타인의 법전이라고 오인하고 절취한 것으로서 대상의 착오로 인하여 결과발생이 불가능한 경우이다. 절도죄는 타인의 재물을 절취해야 성립할 수 있으므로(제329조) 자기의 재물에 대해서는 절도죄의 성립은 절대적 불능이다. 따라서 甲은 불능범이 된다.

〈설문 2의 해결〉 乙은 설탕을 청산가리로 오인하고 B에게 먹였는데, 이는 실행의 수단에 대한 착오로 인해 결과발생이 불가능한 경우이다. 설탕으로 사람을 살해하는 것은 절대적 불능이므로 乙은 불능범이 된다.

〈설문 3의 해결〉 丙은 고농도의 인삼이 든 음료수로 사람을 살해할 수 있다고 생각하고 D에게 주었는데 이는 실행의 수단에 대한 착오로 결과발생이 불가능한 경우이다. 고농도의 인삼이 든 음료수로 사람을 살해하는 것은 절대적 불능이므로 丙은 불능범이 된다.

〈설문 4의 해결〉 丁은 실탄이 들어 있지 않은 권총을 실탄이 들어 있는 권총이라고 생각하고 그것으로 손님을 살해하려고 하였으므로 실행의 수단의 착오로 인하여 결과발생이 불가능한 경우이다. 실탄이 들어 있지 않은 권총으로 사람을 살해하는 것이 절대적 불능인가 아니면 상대적 불능인가에 대해서는 견해가 다를 수 있지만, 절대적 불능이라고 보아야 할 것이다. 따라서 丁은 불능범이 된다.

2. 법률적 불능·사실적 불능설

이 견해는 결과발생의 불능을 법률적 불능과 사실적 불능으로 나누어 전자는 불능범, 후자를 불능미수라고 한다.

〈설문 1의 해결〉 절도죄는 타인의 재물을 절취해야 성립할 수 있으므로(제329조) 자기의 재물에 대해서는 절도죄의 성립은 법률적 불능이다. 따라서 甲은 불능범이 된다.

〈설문 2의 해결〉 설탕으로 사람을 살해하는 것이 법률적 불능이냐 사실적 불능이냐에 대해서 견해가 다를 수 있으나 법률적 불능이라고 해야 할 것이다. 따라서 乙은 불능범이 된다.

〈설문 3의 해결〉 고농도의 인삼이 든 음료수로 사람을 살해하는 것이 법률적 불능이냐 사실적 불능이냐에 대해서 견해가 다를 수 있으나 법률적 불능이라고 해야 할 것이다. 따라서 乙은 불능범이 된다.

〈설문 4의 해결〉 실탄이 들어 있지 않은 권총으로 사람을 살해하는 것이 법률적 불능인가 아니면 사실적 불능인가에 대해서는 견해가 다를 수 있지만, 법률적 불능이라고 보아야 할 것이다. 따라서 丁은 불능범이 된다.

3. 구체적 위험설

구체적 위험설에는 두 가지가 있다. 하나는 행위 당시 일반인이 인식할 수 있었던 사정만을 기초로 하여 일반인의 입장에서 위험성을 판단하자는 견해이다. 다른 하나는 행위 당시 일반인이 인식할 수 있었던 사정과 일반인은 인식할 수 없었지만 행위자만이 특별히 인식하였던 사정을 기초로 하여 일반인의 입장에서 위험성 유무를 판단하는 견해이다. 양자는 일반인의 입장에서 결과발생의 위험성 여부를 판단하자는 면에서는 같지만, 위험성판단의 기초가 되는 사정에 행위자가 특별히 인식한 사정을 넣을 것인가 여부에서만 차이가 있다.

〈설문 1의 해결〉 甲이 법전을 가져올 당시 일반인이 인식할 수 있었던 사정과 甲이 인식한 사정은 甲이 타인의 법전을 가져간다는 것이고, 타인의 법전을 집어오면 절도죄가 되므로 위험성이 인정된다. 따라서 甲은 절도죄의 불능미수의 죄책을 진다.

〈설문 2의 해결〉 乙이 B에게 설탕을 줄 당시에 인식한 사정은 B에게 청산가리를 준다는 것이고, 사람에게 청산가리를 주면 사망할 위험성이 있으므로 乙은 살인죄의 불능미수의 죄책을 진다.

〈설문 3의 해결〉 丙이 D에게 고농도의 인삼이 든 음료수를 줄 때 일반인이 인식할 수 있었던 사정과 丙이 인식한 사정은 자신이 D에게 고농도의 인삼을 준다는 것이었고, 사람에게 고농도의 인삼이 든 음료수를 주었을 때 그 사람이 사망할 위험성이 없으므로, 丙은 살인죄의 불능범이 된다.

〈설문 4의 해결〉 丁이 손님을 쏠 때 일반인이 인식할 수 있었던 사정은 실탄이 들지 않은 권총으로 손님을 쏜다는 것이어서 실탄이 들어 있지 않은 권총으로 사람을 쏠 경우 사망할 위험성이 없으므로 丁은 불능범이 된다. 丁이 그 권총에 실탄이 들어 있다고 생각한 것이 일반인은 인식할 수 없었던 丁만이 인식할 수 있었던 특별한 사정인가 문제되는데, 그 권총에 실탄이 들어있지 않았으므로 丁만이 인식할 수 있었던 특별한 사정이라고 할 수 없으므로 이는 위험성판단의 기초가 되는 사정이 될 수 없다. 따라서 실탄이 들어 있지 않은 권총으로 사람을 살해할 위험성이 없으므로 丁은 불능범이 된다.

(만약 사례에서 가게주인이 실탄을 빼 놓지 않아서 실탄이 들어 있었고, 丁이 그 권총으로 손님을 쏘았으나 그 권총이 고장난 권총이어서 실탄이 발사되지 않았던 경우 일반인이 인식할 수 있었던 사정은 실탄이 들어 있지 않은 정상적인 권총이고, 丁이 인식한 사정은 실탄이 들어 있는 정상적인 권총이었다. 이 경우 실탄이 들어 있다는 것은 丁만이 특별히 인식한 사정이라고 할 수 있고, 이는 위험성판단의 기초가 된다. 따라서 일반인이 인식할 수 있었던 사정, 즉 실탄이 들어 있지 않은 정상적인 권총이라는 사정에 丁이 특별히 인식한 사정, 즉 실탄이 들어 있는 정상적인 권총이라는 사실을 합하게 되고 실탄이 들어 있는 정상적인 권총으로 손님을 쏜 경우라는 것을 기초로 위험성판단을 하게 되어 위험성을 인정한다. 이에 비해 丁이 특별히 인식한 사정을 위험성판단에서 고려하지 않는다면 불능범이 된다)

4. 인상설

행위자의 법적대적 의사의 실행이 법질서의 효력에 대한 사회의 신뢰를 동요시키고 법적 평온을 교란시키는 인상을 줄 때 위험성이 인정된다는 견해이다.

〈설문 1의 해결〉 甲이 도서관에서 법전을 가져올 당시 법적대적 의사가 있다고 할 수 있고 이는 법적 평온을 교란시키는 인상을 줄 것이다. 따라서 甲은 절도죄의 불능미수의 죄책을 진다.

〈설문 2의 해결〉 일반인들은 乙이 B에게 설탕을 준다고 인식하였을 것이므로 법적 평온을 교란시키는 인상을 주지 않았을 것이다. 따라서 乙은 살인죄의 불능범이 된다.

〈설문 3의 해결〉 일반인들은 丙이 D에게 고농도의 인삼이 든 음료수를 준다고 생각하였을 것이고 따라서 법적 평온이 교란되었다는 인상을 받지 않았을 것이므로 丙은 불능범이 된다.

〈설문 4의 해결〉 丁이 손님을 쏠 때 일반인들은 실탄이 들어 있지 않은 권총으로 쏜다고 생각하였을 것이고 따라서 법적 평온이 교란된다는 인상을 받지 않았을 것이므로 丁은 불능범이 된다.

5. 추상적 위험설 혹은 행위자위험설

이 견해는 행위자가 인식한 사실을 기초로 하여 일반인의 관점에서 결과발생의 가능성을 판단하여 결과발생이 가능하면 위험성이 있는 불능미수, 결과발생이 불가능하면 위험성이 없는 불능범이라고 한다. 판례도 이 견해를 따르고 있다(대판 1978. 3. 28. 77도4049).

〈설문 1의 해결〉 甲이 법전을 가져올 당시 인식한 사정은 타인의 법전을 집어 온다는 것이고 타인의 법전을 집어 오면 절도죄가 되므로 위험성이 인정된다. 따라서 甲은 절도죄의 불능미수의 죄책을 진다.

〈설문 2의 해결〉 乙이 B에게 설탕을 줄 당시에 인식한 사정은 B에게 청산가리를 준다는 것이고, 사람에게 청산가리를 주면 사망할 위험성이 있으므로 乙은 살인죄의 불능미수의 죄책을 진다.

〈설문 3의 해결〉 丙이 D에게 고농도의 인삼이 든 음료수를 줄 때 인식한 사정은 자신의 D에게 고농도의 인삼을 준다는 것이었고, 사람에게 고농도의 인삼이 든 음료수를 주었을 때 그 사람이 사망할 위험성이 없으므로, 丙은 살인죄의 불능범이 된다.

〈설문 4의 해결〉 丁이 손님을 쏠 때 인식한 사정은 실탄이 들어 있는 권총으로 손님을 쏜다는 것이었고, 실탄이 든 권총으로 손님을 쏘면 그가 사망할 위험성이 있으므로 丁은 살인죄의 불능미수의 죄책을 진다.

6. 주 관 설

주관설은 제27조의 위험성은 행위에서 객관적으로 보여지는 위험성이 아니라 행위자의 주관적 위험성이라고 한다. 비록 결과발생이 불가능하더라도 행위자에게는 범죄의사가 있고 그런 의미에서 사회적 위험성이 있으므로 원칙적으로 불능범은 인정되지 않고 모두 불능미수가 된다.

이에 의하면 甲은 절도죄의 불능미수, 乙, 丙, 丁은 살인죄의 불능미수의 죄책을 진다.

Ⅲ. 결 어

절대적 불능·상대적 불능 구별설, 법률적 불능·사실적 불능 구별설에 대해서는 그 기준이 모호한 경우가 많다는 비판이 제기된다. 인상설에 대해서는 언제 법적 평온이 교란되는가에 대한 기준을 제시해 주지 못한다는 비판이 제기된다. 주관설에 대해서는 위험성을 너무 넓게 인정하고, 우리 형법은 객관주의를 기본으로 하고 주관주의를 가미하고 있다는 비판이 제기된다. 문제는 추상적 위험설과 구체적 위험설 중 어느 것이 더 타당한가이다.

제27조의 위험성은 결과발생의 위험성이 아닌 다른 의미의 위험성으로서, 행위자의 위험성이나 일반인들이 느끼는 위험성이라고 할 수 있다. 그런데 우리 형법의 미수범체계는 객관주의를 기본으로 하고 주관주의를 가미하는 형식으로 되어 있다고 보아야 할 것이므로 불능미수의 위험성은 행위자의 위험성이라기보다는 일반인들이 느끼는 위험성이라고 해야 할 것이다. 또한 위험성판단은 행위 당시에 이루어지고, 결과발생의 가능성은 사후에 이루어진다는 점을 감안하면 행위 당시 일반인이 위험성을 느낀 경우에만 결과발생 가능성판단이 이루어진다고 할 수 있다. 즉, 행위 당시 일반인이 위험성을 느끼지 못하는 행위는 이론상으로는 가능하지만 현실적으로는 형법적 고려의 대상이 되지 못한다. 이런 의미에서 위험성은 일반인들이 인식할 수 있는 위험성을 의미한다는 구체적 위험설이 타당하다.

25. 필요적 공범과 공모공동정범

:: 다음 사례를 읽고 물음에 답하시오.

甲, 乙, 丙은 점심을 같이 먹고, 심심하던 차에 '노는 소년'(Playing Boy)이라는 제목의 음란서적을 사서 보기로 하였다. 그러나 가진 돈이 없었기 때문에 동네에 있는 A의 집에 들어가 돈을 훔쳐 오기로 하였다. 이들은 한 시간 후 A의 집 앞에서 그 집에 들어가 돈을 훔쳐 가지고 나오기로 공모하고 헤어졌다. 약속시간에 맞춰 A의 집으로 가던 丙은 길에서 동창생을 만나 이야기를 하다가 10분 정도 늦게 되었다. 약속시간에 정확히 A의 집으로 온 甲, 乙은 5분쯤 기다려도 丙이 오지 않자 언제까지 기다릴 수는 없다고 생각하고 甲은 집 밖에서 망을 보고, 乙이 A의 집에 들어가 현금 50만원을 훔쳐 가지고 나왔다. 甲, 乙은 늦게 A의 집 앞에 도착한 丙을 만나 함께 으슥한 장소로 갔다. 甲, 乙은 丙이 돈을 훔치는 데 아무런 기여를 하지 못했지만 혹시 다른 말을 할지 모른다고 생각하고 丙에게 10만원을 주고 자신들은 20만원씩 가졌다.

丙은 미안한 생각이 들어 음란서적은 자신이 사오겠다고 하였다. 丙은 학교 앞 서점 주인 B를 찾아가 '노는 소년'(Playing Boy)을 팔라고 하였다. B는 그런 책은 자신의 서점에서는 팔지 않는다고 하였다. 丙은 5만원을 줄테니 꼭 팔라고 하였다. B는 5만원이면 남는 장사라고 생각하고 자신이 보기 위해 2만원에 사두었던 음란서적 '노는 소년'(Playing Boy)을 丙에게 팔았다.

1. 甲, 乙의 죄책을 설명하시오.
2. 丙에게 甲, 乙이 행한 범행의 정범을 긍정하는 견해와 부정하는 견해를 설명하시오.
3. 판례에 따른 丙의 죄책을 설명하시오.
4. 丙에게 인정할 수 있는 가장 무거운 죄책과 가장 가벼운 죄책을 설명하시오.

Ⅰ. 논점의 제시

첫째, 甲, 乙의 죄책으로 문제되는 것은 甲이 망을 보고 乙이 A의 집에 들어가 50만원을 훔쳐나왔는데, 甲을 주거침입죄와 절도죄의 공동정범이라고 할 것인지 아니면 종범이라고 할 것인지 문제된다. 만약 공동정범이라고 한다면 甲, 乙은 주거침입죄의 공동정범과 특수절도죄의 죄책을 지고, 방조행위라고 한다면 甲은 주거침입죄와 단순절도죄의 방조범, 乙은 주거침입죄와 단순절도죄의 단독정범의 죄책을 질 수 있기 때문이다.

둘째, 丙의 죄책으로 문제되는 것은 다음과 같다.

1. 丙이 망을 보고 甲, 乙이 A의 집에 들어가 돈을 훔쳐오기로 공모하였는데 이때 망보는 행위가 주거침입죄와 절도죄의 공동정범(제30조)과 종범(제32조) 중 어디에 해당하는지 문제된다. 만약 공동정범이라고 한다면 공모공동정범이 문제되지만, 종범이라고 한다면 공모공동정범은 문제되지 않는다.

2. 공동정범이라고 할 경우 丙이 범행현장에 가서 범죄실행을 분담하지 않았는데 乙, 丙이 범죄를 실행하였으므로 공모공동정범을 인정할 것인가 문제된다.

3. 공모공동정범을 인정한다면 주거침입죄(제319조 제1항)와 절도죄(제329조)의 공모공동정범을 인정할 것인가 아니면 주거침입죄와 특수절도죄(제331조 제2항)의 공모공동정범을 인정할 것인가 문제된다.

4. 丙이 甲, 乙로부터 10만원을 받았으므로 장물취득죄(제362조 제1항)가 성립하는지 문제된다. 이는 甲이 절도죄 혹은 특수절도죄의 공모공동정범이 되는가의 여부에 따라 달라질 수 있다.

5. 丙이 서점주인 B를 교사하여 음란서적을 취득하였는데 이 경우 음화취득행위를 처벌하는 규정이 없지만, 음화판매교사죄(제243조, 제31조)는 성립하는지 문제된다.

Ⅱ. 甲, 乙의 죄책

乙이 A의 집에 들어가 돈을 훔쳐 올 때에 甲은 밖에서 망을 보았는데, 甲의 행위가 공동정범에 해당하는지 아니면 방조범에 해당하는지 문제된다. 이는 정범과 공범의 구별에 관한 문제인데, 이에 대해서는 다음과 같은 학설이 대립한다.

1. 객관설

객관설에서는 행위자의 주관적 의사가 아니라 객관적인 행위를 기준으로 정범과 공범을 구별하려고 한다. 객관설에는 다음과 같은 학설들이 있다.

(1) 형식적 객관설

형식적 객관설은 스스로 구성요건상의 실행행위의 전부 또는 일부를 수행하는 자가 정범이고, 구성요건상의 실행행위 이외의 행위로써 구성요건실현에 기여하는 자를 공범이라고 한다. 이 견해에 의하면 甲이 망을 보고 주거에 침입하거나 재물을 절취하는 행위는 직접하지 않았으므로 甲은 주거침입죄와 단순절도죄의 방조범, 乙은 주거침입죄와 단순절도죄의 단독정범의 죄책을 진다.

(2) 실질적 객관설

이 견해는 인과관계에 관한 원인설처럼 원인과 조건을 구별하여, 결과발생에 필요불가결한 조건, 즉 원인을 부여한 사람은 정범, 결과발생에 필요불가결한 조건만을 부여한 사람은 공범이라고 한다.

이 견해에 의하면 甲의 역할이 범죄수행에 필요불가결인가에 의견이 다를 수 있으나 필수적인 역할이라고 보아야 하고 따라서 甲과 乙은 주거침입죄의 공동정범과 특수절도죄(제331조 제2항)의 죄책을 진다. 甲, 乙 모두 절도범행 현장에 있었기 때문이다.

2. 주관설

주관설은 행위의 객관적 의미를 고려하지 않고 행위자의 주관적 의사를 기준으로 정범과 공범을 구별하는 견해이다.

(1) 의사설

의사설은 자기의 범죄를 행할 의사, 즉 정범의사를 가진 사람은 정범, 타인의 범죄를 행할 의사, 즉 공범의사를 가진 사람은 공범이라고 한다. 이 견해에 의하면 甲, 乙은 모두 자기의 범죄를 행할 의사를 가지고 있었다고 할 수 있기 때문에 주거침입죄의 공동정범과 특수절도죄의 죄책을 진다.

(2) 목적설 혹은 이익설

이 견해는 자기 자신의 이익을 위해 범죄행위를 한 사람은 정범, 타인의 이익을 범죄행위를 한 사람은 공범이라고 하는 견해이다. 이 견해에 의하면 甲, 乙은 모두 자기의 이익을 위해 범행에 가담하였으므로 주거침입죄의 공동정범과 특수절도죄의 죄책을 진다.

3. 범행지배설(행위지배설)

범행지배설은 객관적 요소와 주관적 요소를 모두 고려하여 정범과 공범을 구별하여 실행행위를 수행하지 않더라도 전체적으로 범행을 지배하였다고 할 수 있는 자는 정범, 범행을 지배하지 못한 자는 공범이 된다.

이에 의하면 乙뿐만 아니라 甲도 범행을 지배한 것이라고 할 수 있으므로 甲, 乙은 모두 주거침입죄의 공동정범과 특수절도죄의 죄책을 진다.

4. 판 례

한 사람이 절도행위를 하고 다른 사람이 망보는 행위를 할 경우 판례는 망보는 사람이 범행(행위)을 지배하였는지에 따라 정범 또는 방조범을 인정한다. 그러나 대체로는 정범을 인정한다(대판 1986. 12. 23. 86도2256는 유사한 사례에서 특수절도죄를 인정하는데, 이는 망본 사람을 정범으로 인정하는 것이다).

따라서 판례에 의하면 甲, 乙은 주거침입죄의 공동정범(제319조 제1항, 제30조)과 특수절도죄(제331조 제2항)의 실체적 경합범(제37조 전단)의 죄책을 진다.

Ⅲ. 丙에게 정범을 긍정하는 견해와 부정하는 견해

1. 논리의 전개

丙이 甲, 乙과 공모를 하고 甲, 乙이 범죄의 실행에 착수하기 전에 丙이 공모관계를 이탈하지는 않았다. 이 경우 공모공동정범을 인정하면 丙에게도 甲, 乙이 행한 범행의 정범을 인정할 수 있다. 공모공동정범이란 범행을 공모한 사람들은 다른 공모자가 실행에 착수한 경우 자신은 실행행위에 가담하지 않았더라도 공모한 범죄의 공동정범이 되는 것을 말한다. 공모공동정범에 대해서는 긍정설과 부정설 및 절충설이 대립한다.

2. 긍정설

공모공동정범을 인정하는 견해가 제시하는 이론적 근거는 공동의사주체설이다. 공동의사주체설은 실행행위를 분담하지 않아도 공모에 의하여 수인간에 공동의 사주체가 형성되어 범죄의 실행행위가 있으면 실행행위를 분담하지 않았다고 하더라도 공동의사주체로서 정범의 죄책을 면할 수 없다는 이론이다. 과거 판례는 이 견해를 따랐다(대판 1985. 8. 20. 83도2575. 유가증권의 허위작성행위 자체에는 직접관여한 바 없다 하더라도 타인에게 그 작성을 부탁하여 의사연락이 되고 그 타인으로 하여금 범행을 하게 하였다면 공모공동정범에 의한 허위작성죄가 성립한다).

이 견해에 의하면 丙은 주거침입죄와 단순절도죄 혹은 특수절도죄의 공모공동정범의 죄책을 진다.

3. 부정설

통설은 공모공동정범이 책임주의원칙에 위배되고, 경우에 따라 범죄단체조직죄나 공범으로 처벌하면 족하므로 공모공동정범을 인정할 실익이 없고, 공모공동정범은 공동정범과 교사범, 종범을 엄격히 구별하고 있는 형법의 취지에 반한다는 등의 근거를 들어 공모공동정범을 인정하지 않는다.

이 견해에 의하면 丙은 甲, 乙의 주거침입죄와 단순(또는 특수)절도죄에 대해서 공모공동정범으로서의 죄책을 지지 않는다.

4. 절충설

절충설 중에는 ① 합동범에 대해서만 공모공동정범을 인정하자는 견해와 ② 단순히 공모에 참여하였다고 공동정범이 될 수 없지만 공범들을 지휘·통제·감독하거나 범죄의 실행자를 지정하여 실행하는 때와 같이 전체계획의 중요한 기능을 담당하였다고 인정되는 공모자는 공동정범으로 처벌해야 한다는 견해가 있다.

①의 견해에 의하면 丙은 주거침입죄의 공모공동정범의 죄책을 지지는 않지만, 절도죄의 공모공동정범, 즉 특수절도죄의 죄책을 진다. ②의 견해에 의하면 丙은 주거침입죄나 단순(또는 특수)절도죄의 공모공동정범의 죄책을 지지 않는다.

Ⅳ. 판례에 따른 丙의 죄책

1. 공모공동정범의 인정 여부

판례는 이 경우 공동의사주체설에 따라 바로 공모공동정범을 인정하기도 하고 공모공동정범이 되기 위해서는 공모자에게 범행(행위)지배가 있어야 한다고 하기도 한다(이전의 공모공동정범이론은 공모만 하였으면 실행에 관여하지 않거나 범행을 지배하지 않아도 공모공동정범이 된다고 하였다. 그러나 최근의 많은 판례들은 "형법 제30조의 공동정범은 공동가공의 의사와 그 공동의사에 기한 기능적 행위지배를 통한 범죄 실행이라는 주관적·객관적 요건을 충족함으로써 성립하는바, 공모자 중 구성요건 행위 일부를 직접 분담하여 실행하지 않은 자라도 경우에 따라 이른바 공모공동정범으로서의 죄책을 질 수도 있는 것이기는 하나, 이를 위해서는 전체 범죄에 있어서 그가 차지하는 지위, 역할이나 범죄 경과에 대한 지배 내지 장악력 등을 종합해 볼 때, 단순한 공모자에 그치는 것이 아니라 범죄에 대한 본질적 기여를 통한 기능적 행위지배가 존재하는 것으로 인정되는 경우여야 한다"고 한다[대판 2006. 12. 22. 2006도1623; 2007. 4. 26. 2007도235; 2009. 6. 23. 2009도2994 등]).

후자와 같은 입장에 의하면 丙에게 甲, 乙의 범행에 대한 분업적 기능적 범행(행위)지배를 인정하기 어렵다. 따라서 丙은 아무런 죄책을 지지 않거나 甲, 乙의 주거침입죄와 특수절도죄에 대한 방조범의 죄책을 질 가능성은 있다. 그러나 판례도 공모한 것만 가지고 방조범의 죄책을 인정하지는 않는다. 따라서 丙은 주거침입죄와 단순(또는 특수)절도죄에 대해서는 아무런 죄책을 지지 않는다.

2. 공모공동정범을 인정할 경우

丙이 판례의 공동의사주체설에 따라 공모공동정범의 죄책을 질 경우 주거침입죄의 공모공동정범의 죄책을 지는 것은 분명하다. 그런데 丙이 절도범행 현장에 있지는 않았으므로 특수절도죄의 공모공동정범의 죄책을 지는지 단순절도죄의 공모공동정범의 죄책을 지는지 문제된다.

판례는 특수절도죄의 공모공동정범도 인정하므로(대판 1998. 5. 21. 98도321 전원합의체. 이 판결은 합동범의 공모공동정범을 명시적으로 인정하고 있지는 않지만, 묵시적으로는 합동범의 공모공동정범을 인정한다), 丙은 주거침입죄와 특수절도죄의 공모공동정범의 죄책을 진다.

다만, 공모공동정범에서도 범행지배가 인정되어야 한다는 판례의 입장에 의하면 丙은 특수절도죄나 단순절도죄의 공모공동정범의 죄책을 지지 않고, 甲, 乙의 주거침입죄와 특수절도죄의 방조범의 죄책을 질 수는 있을 것이다.

3. 장물취득죄(제362조 제 1 항)의 성립 여부

丙이 甲, 乙로부터 10만원을 받았으므로 장물취득죄(제362조 제 1 항)가 성립하는지 문제된다. 판례에 의하면 공동정범이 다른 공범으로부터 장물을 취득한 경우에는 장물취득죄가 성립하지 않지만, 교사범이 피교사자로부터 장물을 취득하였을 때에는 장물취득죄가 성립한다(대판 1986. 9. 9. 86도1273 및 대판 1969. 6. 24. 69도692).

따라서 丙이 단순절도죄 혹은 특수절도죄의 공모공동정범의 죄책만을 진다고 할 경우 丙은 별도의 장물취득죄의 죄책을 지지 않는다. 그러나 丙이 甲, 乙의 범행에 대한 방조범의 죄책만을 진다고 할 경우 丙은 장물취득죄의 죄책을 진다.

4. 음화판매교사죄(제243조, 제31조)

丙이 처음에는 음란서적을 팔려고 하지 않았던 서점주인 B로부터 음란서적을 구입한 행위는 음란서적판매교사행위에 해당된다. 이러한 행위가 처벌되는가 문제되는데, 판례는 대향범에서는 형법총칙의 공범 규정이 적용되지 않는다고 한다

(대판 2001. 12. 28. 2001도5158).

따라서 판례에 의하면 丙은 음화판매교사죄의 죄책을 지지 않는다.

5. 정 리

판례에 의한 丙의 죄책을 정리하면 다음과 같다.

첫째, 甲이 망을 보고 乙이 A의 집에 들어가 절도를 하였으므로 甲, 乙은 주거침입죄의 공동정범과 특수절도죄의 죄책을 진다.

둘째, 공동의사주체설에 따른 공모공동정범을 인정하는 판례에 의하면 丙은 주거침입죄와 특수절도죄의 공모공동정범의 죄책을 진다.

셋째, 공모공동정범에서도 범행지배가 있어야 한다는 판례에 의하면 丙은 공모공동정범의 죄책을 지지 않고, 주거침입죄와 특수절도죄의 방조범의 죄책도 지지 않는다.

넷째, 丙이 단순절도죄 혹은 특수절도죄의 공모공동정범의 죄책을 질 경우 丙은 장물취득죄의 죄책을 지지 않지만, 丙이 단순절도죄 혹은 특수절도죄의 공모공동정범의 죄책을 지지 않을 경우 丙은 장물취득죄의 죄책을 진다.

다섯째, 丙은 음화판매교사의 죄책을 지지 않는다.

V. 丙에게 인정할 수 있는 가장 무거운 죄책과 가장 가벼운 죄책

1. 丙에게 인정가능한 죄책

丙에게 인정할 수 있는 죄책은 주거침입죄의 공동정범 혹은 방조범, 단순절도죄의 방조범 또는 공모공동정범, 특수절도죄의 공모공동정범 또는 방조범, 장물취득죄, 음화판매교사죄의 죄책을 질 수 있다. 이 중 절도죄나 합동절도죄의 공모공동정범을 인정할 경우 장물취득죄가 성립하지 않는다는 데에 견해가 일치한다. 그러나 절도죄나 특수절도죄의 방조범이 다른 공범으로부터 장물을 취득한 경우 장물취득죄가 성립한다고 하는 견해와 성립하지 않는다는 견해가 대립한다.

2. 丙에게 인정할 수 있는 가장 무거운 죄책

丙에게 가장 무거운 죄책을 인정하기 위해서는 먼저 음화판매교사죄를 인정하는 것이다. 여기에 주거침입죄의 공모공동정범과 특수절도죄의 공모공동정범의 경합범을 인정하고 장물취득죄를 인정하지 않는 방법과 주거침입죄의 방조범, 특수절도죄의 방조범 및 장물취득죄를 인정하는 방법이 있다. 이 중 전자에 의하면 처단형이 1년 이상 13년 이하의 징역이고, 후자에 의하면 처단형이 6개월 이상 10년 6개월 이하의 징역이 된다.

따라서 丙에게 인정할 수 있는 가장 무거운 죄책은 주거침입죄의 공모공동정범, 특수절도죄의 공모공동정범 및 음화판매교사죄의 실체적 경합범이다.

3. 丙에게 인정할 수 있는 가장 가벼운 죄책

丙에게 가장 가벼운 죄책을 인정하기 위해서는 우선 공모공동정범의 개념을 부정하고, 공모만 한 경우 방조범의 성립도 부정하는 것이다. 방조범의 성립을 부정하기 위해서는 丙의 행위가 사전 방조행위에 해당되지 않는다고 하거나 사전 방조행위라고 하더라도 방조행위와 실행행위 사이에 인과관계가 필요하다고 해야 한다. 이 경우 丙은 장물취득죄의 죄책을 진다.

한편 망보는 행위를 방조행위로 보아 乙, 甲에게 단순절도죄와 주거침입죄의 정범 및 방조범을 인정하고, 丙에게 주거침입죄와 단순절도죄의 방조범을 인정한 후, 절도죄의 방조범이 장물을 취득한 경우 장물취득죄의 성립을 부정하는 방법이 있다. 이 경우 丙은 주거침입죄 및 단순절도죄의 방조범의 죄책만을 진다.

주거침입죄와 절도죄의 방조범의 경합범을 인정하면 그 처단형은 4년 6개월 이하의 징역이 되므로 장물취득죄를 인정하는 것보다 가벼운 죄책을 인정할 수 있다.

4. 정　리

丙에게 인정할 수 있는 가장 무거운 죄책은 주거침입죄의 공모공동정범, 특수절도죄의 공모공동정범, 음화판매교사범의 실체적 경합범이다.

丙에게 인정할 수 있는 가장 가벼운 죄책은 주거침입죄의 방조범과 단순절도죄의 방조범의 실체적 경합범이다.

26. 이종(異種)의 고의범과 과실범의 공동정범

:: 다음 사례를 읽고 물음에 답하시오.

사냥꾼인 甲과 乙은 산에서 사냥을 하던 중 사슴을 쏘았고 사슴이 쓰러졌다. 甲, 乙이 환호하며 사슴이 쓰러진 곳에 가 보니 이미 다른 사냥꾼 A가 사슴 곁에 와서 그것을 가져가려고 하였다. 甲, 乙은 A에게 그 사슴은 자신들이 명중시킨 것이라고 하였다. 그러나 A는 그 사슴은 자신이 명중시킨 것인데 무슨 소리를 하느냐고 하였다. 가만히 살펴보던 甲, 乙은 그 사슴은 자신들의 총알이 아니라 A의 총알을 맞았다는 사실을 알게 되었다. A가 다시 사냥의 기본도 모르는 것들이라고 놀리자 화가 난 甲, 乙은 "이놈에게 맛 좀 보여주자"고 하면서 甲은 A를 실신시킬 생각으로, 乙은 A를 폭행한 후 사슴을 가져올 생각으로 함께 A에게 달려들어 때려 주었다. 한참 맞은 A는 얼굴에 상처를 입었지만 甲, 乙 중 누구에게 맞아 상처를 입었는지 알 수 없었다. 甲, 乙이 폭행을 하다 잠시 주춤해진 틈을 타 A는 재빨리 옆에 있던 자신의 총을 들어 甲, 乙에게 겨누고 죽이겠다고 위협하면서 甲, 乙에게 사슴을 자신의 승용차로 옮겨놓도록 한 후 승용차를 타 버리고 가 버렸다. 실망한 甲, 乙은 할 수 없이 사냥을 계속하였다. 甲, 乙은 숲 속에서 움직이는 물체가 있는 것을 보고 멧돼지라 생각하고 함께 총을 쏘았는데, 그중 한 발이 명중되었다. 그러나 다가가서 본 결과 총을 맞은 것은 멧돼지가 아니라 나물을 캐러 나온 동네처녀 B였다. B는 다리에 총을 맞고 상처를 입었지만, 甲, 乙 중 누가 쏜 총알이 B의 다리에 명중되었는지는 밝혀지지 않았다.

1. 공동정범의 본질 혹은 성립범위에 관한 학설에 따라 甲, 乙의 죄책을 설명하시오.
2. 각 학설의 장점과 단점을 제시하시오.

Ⅰ. 논점의 제시

甲, 乙의 죄책과 관련하여 문제되는 것은 다음과 같다.

1. 甲, 乙이 공동으로 A를 폭행하였지만, 甲은 A를 실신시킬 고의, 즉 상해(제257조)의 고의로 폭행을 하였고, 乙은 A를 폭행한 뒤 사슴을 가져올 고의, 즉 강도(제333조)의 고의로 폭행을 하였다. 이 경우 甲, 乙이 공동정범(제30조)이 될 수 있는지 문제된다. 이는 서로 다른 고의범에서도 공동정범이 성립할 수 있는지의

문제이다. 만약 甲, 乙이 공동정범이 될 수 있다면 두 사람 모두 A에게 난 상처에 대해서도 책임을 져야 한다. 그러나 甲, 乙이 공동정범이 될 수 없다면 甲, 乙은 자신이 발생시킨 결과에 대해서만 책임을 져야 한다.

2. 甲, 乙이 B를 맞춰 상처를 입혔지만 B에게 상해를 입힐 고의는 없었으므로 업무상과실치상죄(제268조)의 성립 여부가 문제될 수 있다. 만약 甲, 乙이 공동정범이라고 한다면 甲, 乙 모두 B에게 상처를 입힌 것에 대해 책임을 져야 한다. 그러나 甲, 乙이 공동정범이 아니라고 한다면 甲, 乙은 각자 자신의 행위와 그 결과에 대해서만 책임을 지면 된다. 이는 과실범의 공동정범을 인정할 것인가의 문제이다.

Ⅱ. 공동정범의 성립범위에 대한 학설 및 그에 따른 사례의 해결

공동정범의 성립범위(혹은 본질이라고도 한다)란 무엇을 공동으로 해야 공동정범이 성립하는가의 문제이다. 이에 대해서는 다음과 같은 견해가 대립한다.

1. 범죄공동설

범죄공동설은 행위만을 공동으로 해서는 공동정범이 성립할 수 없고 '특정한 범죄'를 공동으로 해야 공동정범이 성립할 수 있다고 한다. 범죄는 주관적 요소와 객관적 요소로 구성되므로 특정한 범죄를 공동으로 하기 위해서는 객관적 요소인 실행행위를 공동으로 하는 것뿐만 아니라 주관적 요소인 그 범죄에 대한 고의도 공동으로 하여야 한다. 이 견해는 과실범의 공동정범, 고의범과 과실범의 공동정범, 범죄의 종류가 다른 고의범의 공동정범은 인정하지 않고, 이러한 경우에는 동시범을 인정한다. 이 견해에 따라 甲, 乙의 죄책을 논하면 다음과 같다.

첫째, 甲이 상해의 고의로, 乙은 강도의 고의로 A를 폭행하였으므로 甲, 乙은 공동정범이 될 수 없고 동시범이 된다. 甲이 상해의 고의로 폭행을 하였고 A가 상처를 입었지만 누구에 의해 상처를 입었는지 원인행위가 판명되지 않았으므로

제263조가 적용되어, 甲은 상해기수죄의 죄책을 진다(제263조는 '공동정범의 예에 의한다'고 하고 있으므로 범죄공동설에 의하면 甲, 乙이 공동정범이 될 수 없으므로 결국 제19조가 적용되어 상해미수의 죄책을 진다고 할 수도 있다). 乙은 강도의 고의로 폭행을 하였으나 재물을 강취하지 못하였고, 제263조는 강도치상죄에는 적용되지 않아 제19조가 적용된다. 진정결과적 가중범의 미수를 인정하지 않는 다수설에 의하면 乙은 강도미수죄(제333조, 제342조), 진정결과적 가중범의 미수를 인정하는 견해에 의하면 강도치상미수죄(제337조, 제342조)의 죄책을 진다.

둘째, 甲, 乙이 B를 상해할 고의가 없었으므로 과실범의 성립 여부가 문제되는데, 과실범의 공동정범은 인정되지 않는다. 따라서 甲, 乙은 동시범이 되는데, B가 상처를 입었지만, 누구에 의한 것인지가 판명되지 않았다. 업무상과실치상죄의 동시범에는 제263조가 아니라 제19조가 적용된다. 그러나 과실범의 미수는 처벌하지 않으므로 甲, 乙은 무죄가 된다.

2. 행위공동설

행위공동설은 '특정한 행위'를 공동으로 하면 공동정범이 성립하고, 특정한 범죄까지 공동으로 할 필요까지는 없다고 한다. 이때의 행위에 대해서는 전법률적·자연적 의미의 행위라는 입장도 있고, 구성요건에 해당하는 행위라고 하는 입장도 있지만, 어느 견해나 결과에 있어서는 차이가 없다. 행위공동설은 행위만 공동으로 하면 공동정범을 인정하므로 과실범의 공동정범, 고의범과 과실범의 공동정범, 종류가 서로 다른 고의범의 공동정범도 인정된다. 이 견해에 따라 사례를 해결하면 다음과 같다.

첫째, 甲, 乙이 A를 폭행하는 행위를 공동으로 하였으므로 甲, 乙은 공동정범이 되고 A가 입은 상처에 대해서도 모두 책임을 져야 한다. 따라서 甲은 상해기수죄의 공동정범, 乙은 강도치상죄(제337조)의 공동정범의 죄책을 진다.

둘째, 甲, 乙이 총 쏘는 행위를 공동으로 하였으므로 공동정범이 성립한다. 따라서 甲, 乙 모두 B가 상처를 입은 것에 대해서도 모두 책임을 져야 하므로 업무상과실치상죄(제268조)의 공동정범의 죄책을 진다.

3. 절 충 설

(1) 부분적 범죄공동설

부분적 범죄공동설은 범죄공동설에 약간의 수정을 가하여 종류가 상이한 고의범 사이에서는 고의가 중첩되는 부분에 대해서는 공동정범을 인정한다. 이에 의하면 甲, 乙의 죄책은 다음과 같다.

첫째, 甲은 상해의 고의로, 乙은 강도의 고의로 A에게 폭행을 가하였는데, 상해의 고의에는 폭행의 고의가 포함되어 있다. 따라서 고의가 중첩되는 폭행부분에 대해서는 공동정범이 성립한다. 따라서 甲은 폭행치상죄의 공동정범 또는 상해기수죄의 단독정범의 죄책을 질 수 있는데, 이 경우에는 상해기수죄의 단독정범의 죄책을 진다고 해야 할 것이다. 乙은 폭행치상죄의 공동정범의 죄책을 질 수는 있으나 강도미수죄 혹은 강도치상미수죄의 죄책을 지므로 폭행치상죄의 공동정범을 별도로 논할 실익이 없다.

둘째, 이 견해는 과실범 사이의 공동정범은 인정하지 않으므로 甲, 乙은 B에 대해 아무런 죄책을 지지 않는다.

(2) 구성요건적 행위공동설

행위공동설이 전법률적 행위를 공동으로 하면 공동정범이 된다고 하는 데에 대해, 구성요건적 행위공동설은 전법률적 행위를 공동으로 해서는 공동정범이 성립하지 않지만 구성요건적 행위를 공동으로 하면 공동정범이 성립할 수 있다고 한다. 그리고 구성요건적 행위는 고의행위뿐만 아니라 과실행위도 포함되므로 과실범의 공동정범도 인정한다. 이 견해에 의하면 A에 대한 甲, 乙의 행위와 B에 대한 甲, 乙의 행위는 모두 전법률적 행위가 아니라 구성요건적 행위이므로 공동정범이 된다. 따라서 甲, 乙에게 행위공동설과 같은 죄책을 인정한다.

4. 공동의사주체설과 공동행위주체설

(1) 공동의사주체설

공동의사주체설은 공모공동정범을 인정하기 위한 근거로 제시된 견해로서 특정한 범죄를 공모하게 되면 공동의사주체가 형성되고 각 공모자는 공동의사주체의 구성원이 된다. 마치 한 몸의 지체와 같이 공모자 전원이 공동운명체를 형성하게 되고 이 공동운명체를 공동의사주체라고 한다. 한 몸의 일부분이 행한 것을 몸 전체가 책임져야 하듯이 공동운명체 구성원 중의 일부가 실행행위를 하는 경우에는 실행행위를 하지 않은 다른 공모자도 공동정범이 된다는 것이 공동의사주체설의 내용이다.

이 견해는 실행행위를 하지 않은 사람에 대해서도 공모공동정범을 인정하므로, 사례에서와 같이 실행행위를 공동으로 한 경우에는 모두 공동정범을 인정한다. 따라서 甲, 乙에게 행위공동설과 같은 죄책을 인정한다.

(2) 공동행위주체설

공동행위주체설은 범인들간에 의사연락이 있고 실행행위를 분담하는 경우 공동행위주체가 형성되고 각 범인들은 공동행위주체의 한 부분으로서 각 범인의 행위는 공동의사주체의 행위가 되고 따라서 전체 범인들이 전체 결과에 대해서 책임을 져야 한다고 한다.

이 견해에 의하면 사례에서 甲, 乙은 범죄를 공동으로 할 의사는 없었으나 서로 의사연락하에 실행행위를 분담하였으므로 공동정범이 된다. 따라서 甲, 乙에게 행위공동설과 같은 죄책을 인정한다.

5. 기능적 범행(행위)지배설

이 견해는 공동정범이 성립하기 위해서는 단순히 범죄나 행위를 공동으로 하였다는 것보다는 범인들이 기능적으로 범행을 지배하여야 하고, 범행지배가 인정되지 않은 경우에는 동시범이 될 수 있을 뿐이라고 한다. 기능적 범행지배설을 취하면서 서로 다른 종류의 고의범의 공동정범과 과실범의 공동정범을 인정할 수도 있고 부정할 수도 있다. 그러나 기능적 범행지배설은 실행행위를 분담하지 않더라도 범행지배를 인정할 수 있다는 점을 제외하면 기본적으로 범죄공동설에 가까운 입장이라고 할 수 있다. 왜냐하면 범행지배설에서 범행이란 단순한 행위가 아니라 범죄행위라는 의미가 강하고 따라서 행위만을 해서는 범행지배를 인정하기 어렵기 때문에 과실범의 공동정범을 인정하기는 어렵고, 다른 고의를 가진 범행의 지배를 인정하기도 어렵기 때문이다. 따라서 甲, 乙에게 범죄공동설과 같은 죄책을 인정할 것이다.

6. 정　리

범죄공동설, 부분적 범죄공동설이나 기능적 범행지배설에 의하면 甲은 상해기수죄, 乙은 강도미수죄나 강도치상미수죄의 죄책을 진다.

행위공동설, 공동의사주체설, 공동행위주체설, 구성요건적 행위공동설 등에 의하면, 甲은 상해기수죄와 업무상과실치상죄의 공동정범, 乙은 강도치상죄와 업무상과실치상죄의 공동정범의 죄책을 진다.

Ⅲ. 학설들에 대한 평가

1. 범죄공동설

범죄공동설은 공동정범의 성립범위를 제한함으로써 형법의 보충적 원칙과 보장적 기능에 충실하다. 또한 형법 제30조가 '공동하여 죄를 범한 때'라고 규정하고 있으므로, 행위공동설보다는 범죄공동설이 제30조의 문언에 충실하다고 할 수 있다.

그러나 범죄공동설은 과실범의 공동정범이나 결과적 가중범의 공동정범, 서로 다른 고의범 사이의 공동정범을 인정하지 않음으로써, 처벌의 공백이 크고 피해자의 보호에 충실하지 못하다는 단점이 있다.

2. 행위공동설

행위공동설은 과실범의 공동정범, 결과적 가중범의 공동정범, 서로 다른 고의범의 공동정범을 인정함으로써 처벌의 공백을 줄일 수 있다는 장점이 있다.

그러나 제30조의 문언에 충실하지 못하고, 공동정범의 성립범위를 너무 넓게 인정함으로써 형법의 보장적 기능에 충실하지 못하다는 문제점이 있다.

3. 절충설

(1) 부분적 범죄공동설

부분적 범죄공동설은 범죄공동설보다는 공동정범의 성립범위를 넓게 인정하고, 행위공동설보다는 공동정범의 성립범위를 좁게 인정함으로써 한편으로는 처벌의 공백을 줄이고, 다른 한편으로는 형법의 보장적 기능도 무시하지 않는다는 장점이 있다.

그러나 이러한 절충에 약점이 있고, 예를 들어 한 사람은 절도의 고의로, 한 사람은 강도의 고의로 범행을 하였지만 누가 재물을 취득하였는지 불분명한 경우 절도의 고의로 행위한 사람에게 절도기수죄를 인정하여 '의심스러운 때에는 피고인에게 유리하게'라는 원칙에 반할 수 있다.

(2) 구성요건적 행위공동설

구성요건적 행위공동설은 행위공동설보다 공동정범의 성립범위를 좁게 인정한다는 장점이 있지만, 실제로는 행위공동설과 차이가 없다는 문제점이 있다.

4. 공동의사주체설과 공동행위주체설

(1) 공동의사주체설

공동의사주체설은 공모공동정범을 인정함으로써 조직범죄의 수괴 등을 처벌할 수 있다는 장점이 있다. 그러나 공동의사주체는 현실적 개념이 될 수 없으므로 현실적으로 공모공동정범을 인정하는 것은 사실을 법해석으로 왜곡시킨다는 문제점이 있다.

(2) 공동행위주체설

공동행위주체설은 공동의사주체설과 같이 넓게 공모공동정범을 인정하지 않는다는 장점이 있지만, 과실범의 공동정범, 결과적 가중범의 공동정범, 서로 다른 고의범의 공동정범을 인정함으로써 공동정범의 성립범위를 넓게 인정한다는 문제점이 있다.

5. 기능적 범행(행위)지배설

이 견해는 기능적 범행지배를 인정함으로써 실행행위를 분담하지 않은 조직범죄의 수괴 등을 처벌할 수 있다는 장점이 있다. 그러나 범죄공동설과 유사한 문제점을 지니고 있다.

또한 비신분범이 범행을 지배한 경우에도 신분범을 인정할 수 없고, 우리 형법 제34조의 문언에 맞지 않는다는 문제점이 있다.

27. 공동정범과 공모관계에서의 이탈

:: 다음 사례를 읽고 물음에 답하시오(특별법이나 범죄단체조직죄는 불문함).

폭력조직 '범동방파'의 중간간부인 甲은 자신들의 관할구역 안에 있는 나이트클럽의 사장 A가 제대로 상납을 하지 않으므로 A를 혼내줘야겠다고 생각하였다. 甲은 행동대원들인 乙, 丙, 丁을 불러 A의 사무실이 있는 건물에 가서 자신은 경비원들의 주위를 산만케 하고, 이 틈을 이용해 乙, 丙, 丁이 사무실에 들어간 후 자신은 뒤따라 가기로 하였다. 또한 甲은 자신과 丁이 A의 보디가드인 B를 제압하고, 乙과 丙은 A를 실신할 정도로까지 패 주라고 하였고, 다음 날 오후 3시에 A의 사무실이 있는 건물 앞에서 만나기로 하자고 하고 헤어졌다. 다음 날 A의 사무실로 가기 위해 택시를 탄 甲은 택시 안에서 '제발 건달로 살지 말라'고 한 어머니의 말씀이 갑자기 생각나 조직에서 손을 씻기로 결심하고 어머니의 집으로 향하였다. 약속시간이 되어도 甲이 오지 않자 乙, 丙, 丁은 경비원들 몰래 A의 사무실로 들어갔다. 이때 A의 보디가드인 B가 이들을 수상히 여기고 누구냐고 소리치자 丁은 B를 폭행하여 밑에 깔고 앉아 못 움직이게 하였다. 그런데 A를 기절할 때까지 패 주려고 했던 乙도 A의 얼굴을 보는 순간 차마 때리지 못하겠다는 생각이 들어 그대로 사무실을 나와 친구집으로 갔다. 이에 丙이 혼자 A를 심하게 폭행하여 A는 거의 기절할 지경에 이르렀다. 이 순간 A의 종업원들인 C, D, E가 사무실로 들어왔고, 丙과 이들 종업원들 사이에 격투가 벌어졌다. 한편 때마침 A의 사무실 근처를 지나가던 범동방파의 두목 戊가 A에게 주의를 줘야겠다는 생각이 들어 부하 L, M, N과 함께 A의 사무실에 들렀다가 이 장면을 목격하게 되었다. 戊는 丙, 丁 및 L, M, N에게 "아그들아, A의 일당들을 모두 병신으로 만들어버려라!"고 외치고 자신은 바로 옆 사무실 입구에서 담배를 피우며 구경을 하였다. 격투를 하던 중 丙은 다시 정신을 차린 A와 C, D의 강력한 반격을 받게 되자 옆에 놓여 있던 흉기로 A를 찔러 살해하였다. A와 종업원들을 모두 제압한 丙 등은 戊에게 돌아와 "형님, 목표를 초과달성했습니다"라고 보고하였다. 이때에도 丁은 여전히 B를 깔고 앉아 있었다. 이에 戊는 "이 병신들아, 내가 A 일당을 병신으로 만들라고 했지 죽이라고 했느냐? 멍청한 네 놈들 때문에 골치 아프게 되었다"라고 丙, 丁 등에게 화를 냈다.

1. 판례의 입장에 따라 甲과 乙의 죄책을 설명하시오.
2. 甲, 乙의 죄책에 대한 판례의 입장의 문제점을 지적하시오.
3. 丙과 丁의 죄책을 설명하시오.
4. 戊의 죄책을 설명하시오.

Ⅰ. 논점의 제시

甲, 乙, 丙, 丁, 戊의 죄책으로 문제되는 것은 다음과 같다.

1. 甲은 乙, 丙, 丁 등과 A에 대한 주거침입죄(제319조 제1항)와 A, B에 대한 상해죄(제257조)를 주도적으로 공모한 후 범행현장에 가지 않았다. 그러나 乙, 丙, 丁이 A의 사무실에 침입하였고, 丁은 B를 상해하였고, 丙은 C, D, E를 상해하고 A를 살해하였다. 이 경우 甲이 주거침입죄와 상해죄 등의 공모공동정범의 죄책을 지느냐 및 공모공동정범의 죄책을 진다면 공모한 것과 달리 A를 살해한 것에 대해서도 공모공동정범의 죄책을 지는지 문제된다. 이는 실행의 착수 전 공모관계에서 이탈한 공범을 공모공동정범으로 처벌할 수 있는가의 문제이다.

2. 乙은 A의 사무실에 침입하여 丁이 B에게 상해를 입힌 후 A를 상해하려다 공모관계에서 이탈하였다. 그런데 乙이 이탈한 이후에 丙이 C, D, E를 상해하고 A를 살해하였다. 이 경우 乙이 공동정범 혹은 공모공동정범의 죄책을 지는가 문제된다.

3. 丙, 丁은 A의 사무실에 침입하여 丁은 B를 상해하고, 丙은 C, D, E를 상해하고 A를 살해하였는데, 이 경우 이들이 전체 범죄에 대해 공동정범의 죄책을 지는지 아니면 단독정범과 방조범의 죄책을 지는지 문제된다.

4. 戊는 상해만을 공모한 丙 등과 상해의 의사가 없는 부하들에게 중상해(제258조)를 하라고 지시하고 사무실 입구에서 구경을 하였는데, 이 경우 戊가 교사범의 죄책을 지는지 아니면 공동정범의 죄책을 지는지 문제된다.

Ⅱ. 판례의 입장에 따른 甲, 乙의 죄책

1. 甲의 죄책

甲은 자신의 주도하에 공범들과 A에 대한 주거침입죄와 상해죄를 공모한 후 공범들이 그 실행에 착수하기 이전에 공모관계에서 이탈하였다. 이 경우 甲이 공모공동정범의 죄책을 지는지에 대해 판례는 "공모공동정범에 있어서 공모자 중의 1인이 다른 공모자가 실행행위에 이르기 전에 그 공모관계에서 이탈한 때에는 그 이후의 다른 공모자의 행위에 관하여는 공동정범으로서의 책임은 지지 않는다 할 것이나, 공모관계에서의 이탈은 공모자가 공모에 의하여 담당한 기능적 행위지배를 해소하는 것이 필요하므로 공모자가 공모에 주도적으로 참여하여 다른 공모자의 실행에 영향을 미친 때에는 범행을 저지하기 위하여 적극적으로 노력하는 등 실행에 미친 영향력을 제거하지 아니하는 한 공모관계에서 이탈하였다고 할 수 없다"고 한다(대판 2010. 9. 9. 2010도6924).

이에 의하면 甲에게는 공모관계의 이탈이 인정되지 않고, 주거침입죄, B에 대한 상해죄, A에 대한 상해죄의 공모공동정범의 죄책을 진다.

문제는 丙이 A를 살해한 것에 대해 어떤 죄책을 지는가이다. 판례에 의하면 상해죄의 공동정범 중 다른 공범이 피해자를 살해한 때에 살해의 고의가 없는 공범은 피해자의 사망에 대한 예견가능성이 있는 경우 상해치사죄의 죄책을 진다고 한다(같은 취지: 대판 1991. 11. 12. 91도2156). 상해를 공모한 사람은 다른 공범이 상해행위 중 살인행위로 나아갈 가능성을 예견할 수 있다고 할 수 있다. 따라서 판례에 의하면 甲은 A에 대한 상해치사죄의 공모공동정범의 죄책을 진다.

결국 판례에 의하면 甲은 주거침입죄, B에 대한 상해죄, A에 대한 상해치사죄의 공모공동정범의 죄책을 진다.

2. 乙의 죄책

乙은 주거침입까지는 하였으므로 주거침입죄의 공동정범의 죄책은 진다고 할 수 있다. 乙 스스로 A를 상해하는 행위를 하지 않았지만, 丁이 B를 제압할 때에 A에 대한 상해죄의 실행의 착수도 인정된다고 할 수 있다. 이와 같이 실행의 착수 이후에는 공모관계에서 이탈이 인정되지 않으므로 乙은 甲과 마찬가지로 A에 대한 상해치사죄의 공모공동정범의 죄책을 진다.

결국 판례에 의하면, 乙은 주거침입죄(제319조 제1항)의 공동정범과 B에 대한 상해죄의 공동정범, A에 대한 상해치사죄(제259조)의 공모공동정범의 실체적 경합범의 죄책을 진다고 할 수 있다.

Ⅲ. 甲, 乙의 죄책에 대한 판례의 문제점

1. 공모공동정범 인정의 문제점

판례는 공모공동정범을 인정한다. 판례는 공동의사주체설에 의해 범행을 공모한 사람은 범행을 지배하지 않았어도 다른 공범이 범죄를 실행하였을 경우에는 공모공동정범의 죄책을 인정하기도 한다. 다른 한편 판례는 공모공동정범이 성립하기 위해서는 분업적·기능적 범행지배가 인정되어야 한다고 한다.

뒤의 판례의 입장은 타당하지만, 공동의사주체설에 따른 판례의 입장은 타당하다고 할 수 없다. 공모만으로 공범들이 일심동체인 공동의사주체가 된다고 하는 것은 논리적 비약이기 때문이다. 또한 분업적·기능적 범행지배가 인정되는 경우에는 공모공동정범을 인정할 것이 아니라 공동정범을 인정해야 할 것이다.

2. 공모관계에서의 이탈의 인정범위

판례는 공모에 주도적으로 참여하지 않는 범인의 경우에는 다른 공범이 실행에 착수하기 이전에 공모관계에서의 이탈을 인정하고 이 경우에는 공모공동정범이 성립하지 않는다고 한다. 그러나 공모에 주도적으로 참여한 범인의 경우에는 범행을 적극적으로 저지하는 등의 노력을 하지 않는 한 공모관계에서의 이탈이 인정되지 않는다고 한다.

그러나 공모에 주도적으로 참여한 자인가 아닌가에 의해 공모관계에서의 이탈 여부를 달리 판단하는 것은 논리적 일관성이 없다고 할 수 있다. 또한 범행지배는 실행행위시에 존재해야 하는데, 비록 주도적으로 범행을 공모하였다고 하더라도 실행행위시에 공모관계에서 이탈한 경우에는 범행지배를 인정할 수 없다. 따라서 다른 공범의 기능적 행위지배를 해소하지 않은 경우 부작위에 의한 방조 혹은 사전방조를 인정할 수는 있을지 몰라도 공모공동정범까지 인정하는 것은 문제가 있다.

3. 이탈 이후의 범행부분에 대한 공동정범 인정의 문제

乙이 A에 대한 상해죄의 실행에 착수한 이후 이탈한 경우 판례는 다른 공범이 수행한 범행부분에까지 공동정범을 인정한다. 그런데 판례는 승계적 공동정범을 부정하여 가담 이전의 범행부분에 대해서는 공동정범을 인정하지 않는다. 이와 같이 가담 이전의 범행부분에 대해서는 공동정범을 인정하지 않으면서 가담한 후 이탈한 이후의 범행부분에 대해서는 공동정범을 인정하는 것이 논리적 일관성이 있는지 의문이다. 따라서 이탈한 이후의 범행부분에 대해서는 공동정범이 아니라 단독정범을 인정하여야 할 것이다. 예를 들어 乙의 이탈 이후 丙이 A를 살해한 경우 상해치사죄의 공동정범이 아닌 단독정범의 성립 여부를 살펴야 할 것이다.

사례에서 乙이 범행에서 이탈한 이후 丙이 A를 살해할 것까지 예견하였다고 하기는 어려울 것이므로 乙은 A에 대한 상해치사죄가 아닌 상해죄의 단독정범의 죄책을 진다고 해야 할 것이다. 또한 A에 대한 상해치사죄의 죄책을 진다고 하더라도 공동정범이 아닌 단독정범의 죄책을 진다고 해야 할 것이다.

Ⅳ. 丙, 丁의 죄책

1. 문 제 점

丙, 丁이 주거침입죄의 공동정범의 죄책을 지는 것은 분명하다. 다만, 丁은 B를 제압하고 있었고, 丙은 A를 상해하다가 살해하였다. 만약 丙, 丁이 이러한 행위를 공모하지 않았다면 丙은 살인죄, 丁은 상해죄의 죄책만을 질 것이다. 그러나 丙, 丁은 B를 제압할 것과 A를 상해할 것을 공모하였으므로 범행을 전체적으로 관찰하여 丙, 丁의 죄책을 정하여야 할 것이다.

2. 공동정범의 성립 여부

丁은 B를 제압하는 행위를 하였고, 丙은 A를 살해하는 행위를 하였으나 丙, 丁

사이에 공모가 있었으므로 이들은 B에 대한 상해죄와 A에 대한 상해죄를 분업적·기능적으로 지배하였다고 할 수 있다. 그러나 丙과 丁이 A를 살해할 것은 공모하지 않았다. 따라서 B에 대한 상해죄의 공동정범의 죄책을 인정하는 데에는 의문이 없지만, 丁에게 A에 대한 살인죄의 공동정범을 인정할 수는 없고 상해치사죄의 공동정범은 인정할 수 있다. 그러나 과실범이나 결과적 가중범의 공동정범을 인정할 것인가에 대해서는 견해가 갈라진다.

첫째, 범죄공동설이나 범행지배설에서는 진정결과적 가중범의 공동정범을 인정하지 않기 때문에 丁은 상해치사죄의 단독정범이 될 수 있다. 이 경우 A의 사망에 대한 예견가능성이 있어야 하는데, 예견가능성이 있다고 할 수 있다. 따라서 丁은 A에 대한 상해치사죄의 단독정범의 죄책을 진다.

둘째, 행위공동설에서는 진정결과적 가중범의 공동정범을 인정하므로 丁은 상해치사죄의 공동정범의 죄책을 진다.

3. 정 리

丙은 주거침입죄의 공동정범, B에 대한 상해죄의 공동정범, A에 대한 살인죄의 단독정범의 죄책을 진다. 丁은 주거침입죄의 공동정범, B에 대한 상해죄의 공동정범, A에 대한 상해치사죄의 공동정범이나 단독정범의 죄책을 진다. 이들 범죄들은 모두 실체적 경합관계에 있다.

Ⅴ. 戊의 죄책

1. 문제점

戊가 자신의 부하들에게 A의 일당들을 모두 병신으로 만들어 버리라고 외치고 스스로 상해행위나 살인행위는 하지 않고 문 앞에 서 있었으므로 중상해죄의 교사범이나 공동정범이 될 수 있다. 그런데 중상해죄를 교사하거나 공동으로 실행하였다고 하더라도 A가 사망한 것 이외에 B 등 다른 사람이 중상해죄를 입지 않았기 때문에 이들에 대해서는 어떤 죄책을 질 것인지 문제된다. 또한 A를 살해하는 행위는 교사하거나 실행하지 않았기 때문에 이 경우에 어떤 죄책을 질 것인지 문제된다.

2. 교사범 또는 공동정범

戊는 상해를 결심하고 있는 丙, 丁 등에게 병신을 만들어 버리라고 하여 중상해를 교사하였다고 할 수도 있다. 그러나 戊가 현장에서 자신의 부하들에게 이러한 지시를 하였으므로 비록 스스로는 실행행위를 하지 않았으나 부하들의 범행을 지배하였다고 할 수 있다. 따라서 행위공동설이나 범죄공동설에서는 공동정범을 인정하지 않고 중상해죄의 교사범을 인정할 수도 있지만, 통설인 범행(행위)지배설에서는 중상해죄의 공동정범을 인정할 것이다.

3. 공범의 착오의 문제

(1) B 등에 대한 죄책

戊가 A의 일당들을 모두 병신으로 만들라고 하였지만, A가 사망한 것 이외에는 중상해의 결과가 발생하지는 않았다. 따라서 B 등에 대해서는 상해죄의 교사범 또는 공동정범의 죄책만을 진다.

(2) A에 대한 죄책

첫째, 戊가 중상해죄의 교사범의 죄책을 진다고 할 경우 丙이 A를 살해한 것은 戊의 교사를 초과한 것이라고 할 수 있다. 이 경우 통설·판례는 A의 사망에 대한 예견가능성이 있는 경우 戊는 상해치사죄의 교사범의 죄책을 진다고 한다. 이에 대해 상해치사죄는 상해의 정범이 사망의 결과를 발생시킨 경우에만 성립할 수 있고, 상해교사범이 사망의 결과를 발생시킨 경우에는 성립할 수 없으므로 중상해죄의 교사범과 과실치사죄의 경합범을 인정해야 한다는 견해도 있다.

둘째, 戊가 중상해죄의 공동정범의 죄책을 질 경우 丙이 A를 살해한 부분에 대해서는 상해치사죄의 공동정범 혹은 단독정범의 죄책을 진다.

4. 정　리

통설인 범행지배설에 의해 戊는 교사범이 아닌 공동정범의 죄책을 진다고 해야 할 것이다. 판례도 같은 입장이다(대판 1987. 10. 13. 87도1240).

따라서 戊는 B 등 A의 일당들에 대한 상해죄의 공동정범의 죄책을 진다. A에 대해서는 상해치사죄의 공동정범 혹은 단독정범의 죄책을 진다.

28. 교사범과 종범

:: 다음 사례를 읽고 물음에 답하시오.

甲은 폭력조직 '가솔린파'의 두목이다. '가솔린파'는 연예계를 무대로 활동하기 때문에 상명하복보다는 구성원의 개성적 활동을 강조하는 특이한 폭력조직이다. 어느 날 甲은 부하들과 함께 TV를 시청하였다. 그런데 쇼프로그램에 '10분'이라는 제목의 노래를 부르는 섹시여가수 A(예명 : 이허리)의 공연이 방영되었다. 부하들 사이에서는 10분이 시간을 의미하는 것인지 10명을 의미하는 것인지에 대해 논쟁이 벌어졌다. 이에 甲은 십분(十分)이란 충분이란 말의 일본식 표현이라고 하며 자신의 유식함을 과시하면서 "그 애 참 십분 섹시하다!"고 하였다. 연예인들을 가끔씩 납치해와 甲에게 성접대를 하도록 한 공로를 인정받아 조직의 부두목 자리에까지 오른 乙은 甲의 말을 듣고 A를 납치해 오라는 것이라고 오인하였다. 乙은 즉시 부하 丙에게 전화를 걸어 A를 납치해 오라고 명령하였다. 옆에서 이를 듣고 있던 甲은 乙이 과잉충성을 하지만 그것도 괜찮겠다고 생각하고 乙을 제지하지 않고 그대로 놔두었다. 丙은 두목 甲이 또 발정기를 맞이하였나 보다 생각하고 자신의 직속부하인 丁에게 A를 납치해 오라고 하였다. 丁은 두목의 수청을 들 사람이니 예의를 다하여 A를 납치하여 오겠다고 하였다. 丁이 조직의 차를 타고 나간다는 것을 알게 된 丙의 다른 부하인 戊는 丁이 모르는 사이에 A의 스케줄표를 丁의 차 안에 넣어 두었다. 丁은 차 안에서 A의 스케줄표를 발견하고 거기에 나와 있는 대로 A의 집으로 갔으나 마침 A는 과도한 공연으로 병원에 입원해 있었다. 丁은 조직에 다시 연락하여 A가 있는 곳을 알아냈고 병원으로 찾아가 A를 커다란 자루에 담아 등에 지고 甲에게 데려왔다. 그런데 납치되어 온 사람은 A가 아니고 A의 매니저 B였다. A가 잠깐 화장실 간 사이에 B가 침대에 누워 있었고, 마음이 급한 丁은 얼굴을 제대로 보지 않고 B를 자루에 넣었기 때문이었다.

1. 甲의 죄책을 부작위교사범의 인정 여부에 따라 설명하시오.
2. 乙, 丙의 죄책을 설명하시오.
3. 丁의 죄책을 설명하시오.
4. 戊에게 무죄를 인정할 수 있는 논리를 제시하시오.

Ⅰ. 논점의 제시

甲의 행위 중 문제되는 것은 乙이 A를 납치해 오는 행위를 제지하지 않은 것이다. 이 행위가 부작위에 의한 간음목적약취죄의 교사범(제288조 제1항, 제31조 제1항, 제18조)에 해당하는가 아니면 부작위에 의한 간음목적약취죄의 정범(제288조 제1항, 제18조)에 해당하는가 문제된다. 또한 丁이 A가 아닌 B를 납치하여 왔으므로 이것이 甲의 죄책에 어떤 영향을 미치는지 문제된다.

乙이 丙에게 A를 납치하여 오라고 명령하였고, 계속하여 丙이 丁에게 A를 납치하여 오라고 하였다. 乙의 경우 이는 연쇄교사에 해당되는데, 연쇄교사도 교사에 해당되는지 및 丁이 A가 아니라 B를 납치해 온 것이 乙의 죄책에 어떤 영향을 미치는지 문제된다.

丙이 丁에게 A를 납치해 오라고 한 행위가 간음목적약취죄의 교사범에 해당하는가 및 丁이 A가 아닌 B를 납치해 온 것이 丙의 죄책에 어떤 영향을 미치는지 문제된다.

丁이 자신이 간음할 목적이 아니라 甲으로 하여금 간음하게 할 목적으로 A를 납치하여 온 경우에도 간음목적의 약취·유인죄의 죄책을 지는가 문제된다. 또한 A가 아닌 B를 납치해 온 것이 丁의 죄책에 어떤 영향을 미치는지 문제된다.

戊가 A의 스케줄표를 차안에 넣어 둔 것이 간음목적약취·유인죄의 방조범에 해당되는지 문제된다. 여기에서는 戊의 방조행위와 丁의 간음목적약취·유인행위 사이에 인과관계를 요하는가의 문제가 중요하다.

Ⅱ. 甲의 죄책

1. 문제점

甲은 乙이 자신의 뜻을 오해하고 A를 납치해 오려고 한 것을 알고 있음에도 불구하고 이를 그대로 방치하였다. 이 경우 부작위에 의한 교사를 인정하게 되면 부작위에 의한 간음목적약취죄의 교사범의 성립 여부를 검토하게 된다. 만약 부작위에 의한 교사를 인정하지 않는다면 부작위에 의한 간음목적약취죄가 성립하는가를 검토해야 한다.

2. 부작위에 의한 교사범의 성립 여부

부작위에 의한 교사를 인정하는 견해에 의하면 甲이 부작위에 의한 간음목적약취죄의 교사범이 되기 위해서는 i) 乙 및 기타 부하들의 착오를 바로잡아 줘야 할 작위의무가 있고, ii) 작위가능성이 있고, iii) 甲에 의해서만 착오가 바로 잡힐 수 있는 상황이고, v) 부작위가 작위에 의한 교사와 동가치성이 있고, vi) 甲에게 부작위에 대한 고의와 부하들이 간음목적의 약취죄를 범하는 것에 대한 고의 및 A에 대한 간음의 목적이 있어야 한다.

사례에서 甲은 자신이 무심코 던진 말에 乙이 착오에 빠진 것이므로 선행행위에 기한 작위의무가 인정되고, 기타 작위가능성, 甲에 의해서만 乙 등이 착오를 벗어날 수 있고, 甲에게 자신의 부작위에 대한 고의와 부하들의 실행행위에 대한 고의 및 A에 대한 간음목적이 모두 인정된다.

그런데 丁이 A가 아닌 B를 약취하여 왔으므로 교사의 착오가 문제된다. 이 경우 피교사자의 객체의 착오는 교사자에게는 방법의 착오로 보아야 한다는 것이 일반적인 견해이다. 따라서 법정적 부합설에 의하면 B에 대한 간음목적약취죄의 교사범에 해당되고, 구체적 부합설에 의하면 A에 대한 간음목적약취죄의 교사미수범에 해당된다. B에 대한 과실교사행위가 있지만, 이는 형법상 문제되지 않는다.

따라서 甲은 A에 대한 부작위에 의한 간음목적약취죄의 교사미수범의 죄책을 지거나, B에 대한 부작위에 의한 간음목적약취죄의 교사범의 죄책을 진다.

3. 부작위에 의한 정범설

부작위에 의한 교사 부정설에 의하면 甲의 경우 부작위에 의한 간음목적약취죄의 교사범을 인정할 수 없고, 부작위에 의한 간음목적약취죄의 정범이 될 수 있는가를 검토해야 한다. 부작위에 의한 간음목적약취죄의 성립요건 중 다른 요건은 모두 甲에게 충족되어 있다고 할 수 있다. 다만, 甲의 부작위가 작위에 의한 간음목적약취죄의 실행행위와 동가치성이 있는가는 문제가 있다.

동가치성을 인정할 경우 丁이 B를 A로 오인하고 약취하였는데, 이것이 甲에게 방법의 착오인지 객체의 착오인지 문제가 된다. 객체의 착오라고 할 경우에는 甲은 B에 대한 부작위간음목적약취죄의 죄책을 지고, 방법의 착오라고 할 경우에는 A에 대한 부작위간음목적약취미수죄의 죄책을 진다.

동가치성을 인정하지 않을 경우 甲의 부작위는 방조범에 해당된다고 할 수 있다. 그러고 정범의 객체의 착오는 방조범에게는 방법의 착오라고 할 수 있다. 이 경우 법정적 부합설에 의하면 甲은 B에 대한 부작위간음목적약취방조죄의 죄책을 지고, 구체적 부합설에 의하면 A에 대한 부작위간음목적약취방조미수죄의 죄책을 진다.

4. 정 리

모든 행위에는 작위와 부작위가 있으므로 부작위에 의한 교사를 인정하지 않을 이유가 없고, 부작위에 의한 정범·방조범은 인정하면서 부작위에 의한 교사범을 인정하지 않는 것은 타당하다고 할 수 없다. 따라서 부작위에 의한 교사도 인정해야 할 것이다. 구체적 사실의 착오 중 방법의 착오에 대해 구체적 부합설에 따라 해결하는 것이 타당하므로, 甲은 A에 대한 부작위간음목적약취교사미수죄의 죄책을 진다고 해야 할 것이다.

Ⅲ. 乙, 丙의 죄책

1. 乙의 죄책

(1) 문제점

乙이 부하 丙에게 A를 납치할 것을 지시하고 丙이 A를 납치해 왔다면 乙이 간음목적약취죄의 교사범의 죄책을 질 것이다. 그런데 丙이 다시 丁에게 A를 납치해 올 것을 지시하였으므로 이 경우에도 교사범이 성립하는가의 문제이다. 교사범이 성립하기 위해서는 i) 교사행위가 있고, ii) 피교사자의 범행의 결의가 있고, iii) 피교사자의 실행행위가 있고, iv) 교사행위와 피교사자의 범행결의 및 피교사자의 범행결의와 실행행위 사이에 인과관계가 있고, v) 교사자에게 교사행위에 대한 고의와 실행행위에 대한 고의, 즉 이중의 고의가 있어야 한다.

사례에서는 다른 요건은 모두 충족된다고 할 수 있으나 乙이 정범을 특정하지 않은 상태에서 丙을 교사하였고, 丙이 丁을 다시 교사하였으므로 연쇄교사가 문제된다.

(2) 연쇄교사의 인정 여부

연쇄교사도 교사라고 할 수 있는가에 대해 긍정설과 부정설이 대립한다. 통설은 연쇄교사도 교사라고 한다. 이에 대해 부정설은 교사자가 연쇄교사를 인식·인용하지 않은 한 피교사자가 특정되었다고 할 수 없으므로 교사범이 성립하지 않는다고 한다. 어떤 견해에 의하든 乙은 丙이 직접 또는 그의 부하를 통해 A를 납치할 것을 인식하여 연쇄교사에 대한 인식 및 인용이 있었다고 할 수 있으므로 乙의 행위는 교사행위에 해당한다고 할 수 있다.

丁의 객체의 착오는 乙에게는 방법의 착오가 된다. 따라서 법정적 부합설에 의하면 乙은 B에 대한 간음목적약취죄의 교사범의 죄책을 지고, 구체적 부합설에 의하면 A에 대한 간음목적약취죄의 교사미수범의 죄책을 진다.

2. 丙의 죄책

丙이 丁에게 A를 납치해 오라고 한 것은 간음목적약취죄의 교사범의 성립요건을 모두 충족한다.

丁의 객체의 착오는 丙에게는 방법의 착오가 된다. 따라서 법정적 부합설에 의하면 丙은 B에 대한 간음목적약취죄의 교사범의 죄책을 지고, 구체적 부합설에 의하면 A에 대한 간음목적약취죄의 교사미수범의 죄책을 진다.

Ⅳ. 丁의 죄책

丁이 A를 납치해 온 것은 간음목적약취죄에 해당한다. 약취란 폭행, 협박으로 사람을 보호받는 상태에서 자기 또는 제3자의 실력적 지배로 옮기는 것을 말한다. 丁에게 약취의 고의가 있음은 물론이지만 간음목적이 있음도 인정된다. 간음목적약취죄에서 약취자가 간음하는 경우뿐만 아니라 제3자가 간음하는 것도 포함하는데,

사례에서 丁은 두목 甲이 A를 간음하도록 하기 위한 목적이 있다고 할 수 있다.

그런데 丁이 B를 A로 알고 약취하여 왔는데 이는 구체적 사실의 착오 중 객체의 착오에 해당된다. 이 경우 B에 대한 간음목적약취죄가 성립한다는 데에 이견이 없다.

Ⅴ. 戊의 죄책

1. 문 제 점

戊가 丁의 차 안에 A의 스케줄표를 갖다 놓은 것과 관련하여 간음목적약취죄의 방조범의 성립 여부가 문제된다. 방조범이 성립하기 위해서는 i) 방조행위가 있어야 하고, ii) 정범의 실행행위가 있어야 하고, iii) 방조의 고의와 실행의 고의가 있어야 한다는 점에서는 일치하지만, 방조행위와 정범의 실행행위 사이에 인과관계가 있어야 하는가에 대해서는 견해가 대립한다.

사례에서 戊는 B에 대한 간음목적약취죄의 방조범이나 A에 대한 간음목적약취죄의 방조미수범의 죄책을 질 수 있다. 문제는 戊의 방조행위와 丁의 약취행위 사이에 인과관계를 요하는지의 여부이다.

2. 戊에게 무죄를 인정할 수 있는 논리

방조행위와 정범의 실행행위 사이에 인과관계를 요하지 않는다는 견해에 의하면 戊는 간음목적약취죄의 방조범 혹은 방조미수범의 죄책을 진다.

그러나 방조행위와 정범의 실행행위 사이에 인과관계를 요한다는 견해에 의하면 사례에서 戊의 행위가 丁의 실행행위를 용이하게 하였는가를 검토해야 한다. 사례에서 A가 집에 있었고 A를 약취해 왔다면 戊의 행위가 丁의 행위를 용이하게 하였다고 할 수 있다. 그러나 A가 집에 없었고, 丁이 다시 조직에 연락하여 A가 있는 곳을 알아내고 B를 A로 착오하고 약취하여 왔으므로, 戊의 행위가 丁의 범행을 용이하게 하였다고 할 수 없다. 따라서 이 견해에 의하면 戊는 간음목적약취죄의 방조범 혹은 방조미수범의 죄책을 지지 않고 무죄가 된다.

29. 공범의 종속형식과 교사범 및 간접정범

:: 다음 사례를 읽고 물음에 답하시오.

> 의사인 甲은 자신의 병원에 입원한 환자 A가 가문대대로 철천지원수인 것 같은 생각이 들었다. 甲은 사실확인을 위해 A와 같은 병실에 입원한 13세의 중학생 B에게 A의 가방을 훔쳐다 주면 입원비를 받지 않겠다고 하였다. 이 말에 A는 입원비를 아껴 부모에게 효도해야겠다고 생각하고 가방을 훔쳐다 주었다. A의 가방을 뒤져 본 甲은 A가 철천지원수라는 것을 분명히 알 수 있게 되었다. 甲은 '원수는 병원에서 만난다더니, 옛말이 그른 게 없구나!'라고 쾌재를 부르며 A를 살해할 것을 결심하였다. 甲은 독주사를 영양주사라고 속이고 간호사 乙에게 주며 가서 A에게 놔주라고 하였다. 乙은 못 보던 영양주사라고 이상하게 생각하였으나 甲이 알아서 주었을 것이라 생각하고 그 주사를 가지고 A의 방으로 가기 위해 甲의 방을 나섰다. 그러나 문득 '원수를 사랑하라'는 말이 생각난 甲은 乙을 다시 불러 자신이 그 주사를 놔주겠다고 하고 도로 그 주사를 받았다. 주사를 받은 甲은 그것을 폐기물통에 버렸다.

1. 甲이 B에게 가방을 훔쳐 오게 한 행위가 어떤 죄에 해당되는지 그 근거를 제시하시오.
2. A에 대한 甲의 죄책과 처벌을 논하시오.

Ⅰ. 논점의 제시

甲의 죄책으로 문제되는 것은 다음과 같다.

첫째, B는 자신이 절도범행을 한다는 사실을 알면서 A의 가방을 훔쳐다 甲에게 주었지만, 형사미성년자로서 처벌은 받지 않는다(제9조). 이 경우 甲이 B에게 A의 가방을 훔쳐 오라고 한 것이 절도죄의 교사범(제329조, 제31조)에 해당하는가 아니면 간접정범(제34조 제1항)에 해당하는가 문제된다. 이는 형법이 어떤 형태의 공범의 종속형식을 취하고 있다고 보느냐에 따라 달라지게 된다.

둘째, 甲이 독주사를 영양주사라고 속이고 간호사 乙에게 A에게 놔주라고 한 행위는 乙을 생명있는 도구로 이용하는 행위로서 살인죄의 간접정범(제250조 제1

항, 제34조)에 해당하는 행위이다. 그런데 甲이 방을 나서는 乙을 다시 불러서 그 주사를 도로 받은 것이 살인죄예비죄(제255조)에 해당하는가 아니면 살인미수죄(제254조)에 해당하는가 문제된다. 이는 간접정범의 실행의 착수시기를 언제로 파악할 것인가에 따라 달라진다.

셋째, 만약 甲에게 살인예비죄나 살인미수죄가 인정된다면 예비의 중지나 중지미수(제26조)가 성립하는가 문제된다.

Ⅱ. 절도죄의 교사범 또는 간접정범

1. 甲의 이용행위의 성질

甲의 행위는 B를 생명있는 도구로 이용하는 행위가 아니라 교사하는 행위라고 할 수 있다. 왜냐하면 B가 자신이 절도죄를 범하고 있다는 것을 잘 알고 있었기 때문이다. 이와 같이 甲이 13세의 형사미성년자로서 처벌되지 않는 자인 B를 교사하여 절도죄를 범하게 한 경우, 절도죄의 교사범의 죄책을 지는지 아니면 절도죄의 간접정범의 죄책을 지는지 문제된다. 현행법이 취하는 공범의 종속형식을 어떻게 파악하느냐에 따라 달라진다.

현행형법이 어떠한 종속형식을 취하고 있느냐에 대해 최소한 종속형식설, 제한적 종속형식설, 극단적 종속형식설, 확장적 종속형식설 등이 있으나 문제가 되는 것은 제한적 종속형식설과 극단적 종속형식설이다. 제한적 종속형식설에 의하면 甲은 절도죄의 교사범의 죄책을 지고, 극단적 종속형식에 의하면 甲은 절도죄의 간접정범의 죄책을 진다.

2. 제한적 종속형식설

제한적 종속형식설은 정범의 행위가 구성요건에 해당하고 위법하면 공범이 성립한다고 하는 입장이다. 이에 의하면 B의 행위는 절도죄의 구성요건에 해당하고 위법하기 때문에 甲은 절도죄의 교사범의 죄책을 진다.

제한적 종속형식설은 다음과 같은 근거를 든다.

첫째, 제31조 제 2 항 · 제 3 항에서는 효과없는 교사의 경우 교사자를 처벌하도록 하고 있는데 이는 극단적 종속형식과 일치하지 않는다.

둘째, 범죄라는 개념도 상대적인 이상 정범이 구성요건에 해당하고 위법한 행위를 하면 그 책임 여부와 관계없이 공범이 성립할 수 있다고 해석하는 것이 타당하다.

셋째, 공범의 처벌근거는 정범의 책임에 가담하는 것이 아니라 정범의 불법을 야기 · 촉진하는 데에 있으므로 제한적 종속형식이 개인책임의 원리와 일치한다.

넷째, 제34조가 책임무능력자를 교사 · 방조한 경우 언제나 간접정범을 인정하는 의미는 아니고 책임무능력자를 생명있는 도구로 이용한 때에는 간접정범이 성립하지만, 책임무능력자를 의사능력있는 피교사자로 이용할 때에는 교사범이 성립한다고 해야 한다.

3. 극단적 종속형식설

극단적 종속형식설은 정범의 행위가 구성요건에 해당하고 위법하고 유책하여야 공범이 성립할 수 있다고 한다. 이에 의하면 책임무능력자의 범행을 교사 · 방조한 경우에는 교사 · 방조범이 성립할 수 없다. 그러나 책임무능력자를 교사 또는 방조하여 죄를 범하게 하는 자를 벌해야 할 필요는 있기 때문에 이를 간접정범으로 처벌한다. 이 견해에 의하면 B의 행위는 절도죄의 구성요건해당성, 위법성은 있으나 책임이 없기 때문에 甲이 절도죄의 교사범이 될 수는 없다. 따라서 제34조 제 1 항의 '어느 행위로 인하여 처벌되지 아니하는 자를 교사하여 범죄행위의 결과를 발생하게 한 자'인 간접정범이 된다.

극단적 종속형식설은 다음과 같은 근거를 든다.

첫째, 제31조가 "타인을 교사하여 '죄'를 범하게 한 자," 제32조가 "타인의 '범죄'를 방조한 자"라고 규정하고 있는데 이와 같이 '죄', '범죄'라고 규정하는 것은 정범의 행위가 완전히 범죄로서 성립해야 한다는 것, 즉 구성요건해당성, 위법성, 책임을 갖추어야 한다는 것을 의미한다.

둘째, 제34조 제 1 항은 간접정범의 성립요건으로 "어느 행위로 인하여 처벌되지 아니하는 자를 교사, 방조"라고 규정하고 있으므로 책임무능력자를 교사 · 방조하여 죄를 범하게 한 경우에는 교사 · 방조범 등 공범이 성립하지 않고 간접정범이 성립한다.

셋째, 제한적 종속형식설에 의하면 제34조의 '교사 또는 방조하여'를 '이용하여'라는 의미로 해석하는데 이는 형법해석의 한계를 일탈한 것이다.

넷째, 제31조 제 2 항·제 3 항은 공범독립성설의 입장을 받아들인 것이기 때문에 극단적 종속형식과도 일치하지 않지만 제한적 종속형식과도 일치하지 않는다. 이에 의하면 교사범의 처벌근거는 정범의 위법한 행위에 가담하였다는 데에서뿐만 아니라 교사행위 그 자체에서도 찾을 수 있다.

다섯째, 연혁적으로 보아 현행형법은 극단적 종속형식을 따랐던 독일의 입법례를 참고하여 규정된 것이다.

4. 결 어

제한적 종속형식설에 의하면 제34조의 규정은 '이용하여'라고 규정했어야 하는데 '교사 또는 방조하여'라고 규정한 입법상의 과오라고 할 수 있다. 그러나 이와 같이 해석하는 것은 형법해석의 한계를 넘어선 것이라고 할 수 있다. 또한 현행 형법에는 극단적 종속형식의 적극적 근거가 되는 규정들은 많지만, 제한적 종속형식설에 대한 적극적 근거가 되는 규정은 없다. 이러한 의미에서 극단적 종속형식설이 타당하다. 따라서 甲은 절도죄의 간접정범의 죄책을 진다.

(극단적 종속형식설보다는 제한적 종속형식설이 책임의 개별화라는 요구에 더 충실하다. 왜냐하면 극단적 종속형식설에 의하면 정범에게 책임이 없으면 공범의 책임도 없는데, 정범에게 책임이 없더라도 공범에게 책임을 인정하여야 할 때가 있기 때문이다. 이러한 의미에서 제한적 종속형식설이 타당하다. 따라서 甲은 절도죄의 교사범의 죄책을 진다)

Ⅲ. A에 대한 甲의 죄책

1. 간접정범의 실행의 착수시기

(1) 문제점

甲이 A를 살해한다는 것을 알지 못하는 간호사 乙을 시켜 A를 살해하려 하였으므로 이는 甲이 乙을 생명있는 도구로 이용한 것이라고 할 수 있어서 간접정범에 해당한다. 그런데 甲이 A의 방으로 가기 위해 방을 나섰던 乙을 다시 불렀으므로 살인죄의 실행의 착수가 있었는가 문제된다. 실행의 착수가 있었다면 甲은 살인미수의 죄책을 지게 되고, 실행의 착수가 없었다면 甲은 살인예비죄(제255조)의 죄책을 지게 된다.

(2) 실행의 착수시기에 대한 학설

간접정범의 실행의 착수시기에 대해서는 이용행위시설, 결과실현행위시설, 실행의 착수에 관한 일반원리로 해결해야 한다는 설 등이 대립한다.

이용행위시설은 甲이 乙에게 A에게 독주사를 놓아주라고 시키는 행위시에 살인죄의 실행의 착수가 있게 된다. 따라서 甲의 행위는 살인미수죄에 해당하고, 甲이 자의로 중지하였을 경우에는 살인죄의 중지미수가 된다.

결과실현행위시설에 의하면 乙이 A에게 주사를 놓거나, 주사를 놓기 위해 A의 방에 들어갈 때에 실행의 착수가 있다. 이에 의하면 아직 살인죄의 실행의 착수가 없으므로 甲은 살인예비죄의 죄책을 지고, 甲이 자의로 중지하였으므로 예비의 중지가 문제된다.

실행의 착수에 관한 일반이론에 따라 해결하자는 학설은 주관적 객관설에 의해 실행의 착수시기를 정하자고 한다. 주관적 객관설은 행위자의 범행계획에 의하면 법익침해의 직접적 행위가 개시될 때 실행의 착수가 있다고 한다. 이에 의하면 乙이 주사를 가지고 甲의 방을 나간 것만으로는 A의 생명을 침해하는 직접적 행위가 개시되었다고 보기 어렵기 때문에 살인죄의 실행의 착수를 인정하기 어렵다. 따라서 甲은 살인예비죄의 죄책을 지게 되고, 예비의 중지가 문제된다.

(3) 결 어

간접정범의 실행의 착수시기를 일률적으로 이용행위시설 또는 결과실현행위시설로 정하는 것은 바람직하지 않고, 실행의 착수에 관한 주관적 객관설에 의해 해결하는 것이 타당하다고 생각된다. 이에 의하면 甲은 살인예비죄(제255조)의 죄책을 지고, 예비의 중지가 문제된다.

2. 살인죄의 중지미수 혹은 예비의 중지

(1) 문제점

결과실현행위시설이나 실행의 착수에 관한 주관적 객관설에 의할 경우 甲은 살인예비죄의 죄책을 지지만, 이용행위시설에 의할 경우 甲의 행위는 살인미수죄에 해당한다. 그런데 甲이 '원수를 사랑하라'는 말이 생각나 범행을 중지하였으므로 중지미수의 성립 여부가 문제된다.

(2) 자의성의 인정 여부

중지미수 또는 예비의 중지가 성립하기 위해서는 자의에 의한 중지가 있어야 한다. 甲이 '원수를 사랑하라'는 말이 생각나 범행을 중지한 것은 윤리적 동기에 의한 중지라고 할 수 있고 이 경우에는 자의성에 관한 어떤 학설에 의해도 자의성이 인정된다.

(3) 중지미수의 인정 여부

중지미수가 인정되기 위해서는 자의에 의한 중지 이외에 i) 실행의 착수가 있어야 하고, ii) 착수미수의 경우 범행의 중지, 실행미수의 경우 결과발생방지를 위한 노력이 있어야 한다. 이용행위시설에 의하면 甲이 乙에게 독주사를 주었으나 乙이 A에게 독주사를 놓지 않았으므로 甲의 행위는 살인죄의 착수미수가 되고, 甲이 범행을 자의로 중지하였으므로 甲은 살인죄의 중지미수의 죄책을 진다. 중지미수의 형은 필요적 감면이므로 사형, 무기 또는 5년 이상의 징역을 감경하면 무기 또는 2년 6개월 이상 50년 이하의 징역 또는 면제이다. 여기에 작량감경을 한다면 그 처단형은 1년 3개월 이상 50년 이하의 징역 또는 면제이다.

(4) 예비의 중지

甲이 자의로 예비의 중지(실행의 착수의 포기)를 하였으므로 이 경우 어떤 효과가 인정되는가 문제된다.

첫째, 예비의 중지 부정설은 예비의 중지에 대한 형법 제26조의 유추적용을 부정하므로 甲에 대한 형벌은 10년 이하의 징역이고, 여기에 작량감경을 하면 그 처단형은 5년 이하의 징역이다.

둘째, 전면적 유추적용설에 의하면 중지미수감경에 의한 형벌은 5년 이하의 징역 또는 면제이고, 여기에 작량감경을 하면 처단형은 2년 6개월 이하의 징역 또는 면제이다.

셋째, 제한적 유추적용설에 의하면 면제 이외에는 예비죄의 형벌이 중지미수의 형벌보다 가벼우므로 甲에 대한 형벌은 10년 이하의 징역 또는 면제이다. 여기에 작량감경을 하면 그 처단형은 5년 이하의 징역 또는 면제이다.

Ⅳ. 죄수 및 정리

甲이 13세의 형사미성년자인 B를 시켜 A의 가방을 훔쳐 오게 한 것에 대해 절도죄의 교사범이라는 견해와 절도죄의 간접정범이라는 견해가 대립하지만, 우리 형법이 극단적 종속형식을 취하고 있다는 견해가 타당하므로 甲은 절도죄의 간접정범(제34조 제1항, 제329조)의 죄책을 진다.

甲이 사정을 모르는 간호사 乙을 시켜 A를 살해하려다가 중지한 것에 대해 실행의 착수를 인정하는 견해에 의하면 살인죄의 중지미수가 된다. 그러나 실행의 착수에 관한 주관적 객관설에 의할 경우 실행의 착수를 인정할 수 없고, 따라서 甲은 살인예비죄(제255조)의 죄책을 진다. 그러나 자의로 실행의 착수를 하지 않았으므로 예비의 중지가 된다.

절도죄의 간접정범과 살인예비의 중지는 수 개의 행위로 범한 수 개의 죄이므로 실체적 경합관계에 있다(제37조 전단).

30. 신분(목적)없는 고의있는 도구의 이용

:: 다음 사례를 읽고 물음에 답하시오.

K시청에서 건축허가업무를 담당하는 공무원 甲은 얼마 전 K시청에 건축허가를 신청한 A로부터 다방에서 만나자는 전화를 받았다. 甲은 A가 뇌물을 준비한 것 같다고 생각하고 자신이 직접 받으면 쑥스러우므로 부인 乙에게 A를 만나서 그가 주는 허가에 필요한 서류를 받아 집에 갖다놓으라고 하였다. 乙을 만난 A는 허가에 필요한 서류라고 하면서 乙에게 뇌물이 든 봉투를 주었다. 乙은 그 안에 뇌물이 들어 있을 것이라는 것을 알았지만 모른체하고 "즐거운 허가되세요" 하며 봉투를 받아 집에 갖다 놓았다.

다음 날 甲은 K시의 시장 몰래 시장명의의 건축허가서를 A에게 교부해 주기 위해 부하공무원 C에게 건축허가서를 하나 작성하라고 하였다. C는 시장명의의 건축허가서는 甲이 아닌 D가 작성하도록 되어 있는데 왜 甲이 아무 권한도 없는 자신에게 건축허가서를 작성하라고 하는지 이상하게 생각하였다. C는 D나 시장이 알면 큰 일이라고 생각하면서도 甲이 시키는 일이므로 건축허가서를 작성하여 甲에게 주었다. 甲은 건축허가서를 A에게 가져다주었다.

1. 甲의 죄책을 논하시오.
2. 乙의 죄책을 논하시오.

Ⅰ. 논점의 제시

첫째, 甲의 죄책으로 문제되는 것은 다음과 같다.

1. 부인 乙이 아무것도 모르는 상태에서 A로부터 뇌물을 받아 집에 가져다 놓았다면 甲은 乙을 생명있는 도구로 이용하여 뇌물을 수수하였다고 할 수 있다. 그런데 乙이 뇌물이라는 사실을 알고 받았으므로 乙이 甲의 생명있는 도구로 이용되었다고 할 수는 없다. 즉, 甲은 乙을 '신분없는 고의있는 도구'로 이용한 것이라고 할 수 있다. 이 경우 甲이 수뢰죄(제129조 제1항)의 교사범과 간접정범 중 어디에 해당되는가 문제된다.

2. C가 시장명의의 건축허가서를 작성한 것은 권한없이 공문서를 작성한 것으

로서 공문서위조행위에 해당된다. C에게 공문서위조의 고의도 있다. C가 시장명의의 건축허가서를 작성하면서 시장이나 D가 알면 큰일이라고 생각하였기 때문이다. 그러나 C에게 행사할 목적이 없으므로 C의 행위가 공문서위조죄에 해당되지는 않는다. 이아 같이 甲은 행사할 목적으로 행사목적이 없는 C에게 공문서를 위조하라고 지시하였으므로, 소위 '목적없는 고의있는 도구'를 이용한 것이 된다. 이 경우 甲이 간접정범과 교사범 중 어느 죄책을 지는지 문제된다.

3. 甲이 위조한 공문서를 A에게 준 행위가 위조공문서행사죄(제229조)에 해당되는지 문제된다.

4. 甲이 뇌물을 받은 후 공문서를 위조하여 A에게 교부하였으므로 수뢰후부정처사죄(제131조)의 성립 여부가 문제된다.

5. 甲의 행위가 공문서위조죄 및 위조공문서행사죄와 수뢰후부정처사죄에 해당되는 경우 그 죄수관계가 문제된다. 여기에서는 소위 연결효과에 의한 상상적 경합을 인정할 것인지 문제된다.

둘째, 乙의 죄책으로는, A가 가져온 것이 뇌물인 줄 알지 못하고 乙이 이것을 받았다면 乙은 아무런 죄책을 지지 않는다. 그러나 乙이 뇌물인 줄 알고 이를 수수하였으므로 제33조에 의해 수뢰죄의 공동정범 혹은 방조범이 성립하는가 문제된다.

Ⅱ. 甲의 죄책

1. 수뢰죄의 간접정범 또는 교사범의 성립 여부

공무원인 甲은 주관적으로는 수뢰죄의 간접정범의 의사로 행위하였으나 객관적으로는 乙을 신분없는 고의있는 도구로 이용하였다. 이는 구체적 사실의 착오 중 방법의 착오에 해당된다고 할 수 있으므로 수뢰죄의 간접정범의 불능미수와 수뢰죄의 과실교사, 수뢰죄의 간접정범, 수뢰죄의 교사범 등을 인정할 가능성이 있다.

(1) 교사범설

교사범설은 다음과 같은 근거를 제시한다.

첫째, 사례에서 乙은 수뢰죄의 공동정범 혹은 방조범으로 처벌될 수 있어서 '어느 행위로 인하여 처벌되지 않는 자 또는 과실범으로 처벌되는 자'가 아니기 때문에, 甲은 수뢰죄의 간접정범이 성립할 수 없다.

둘째, 또한 고의있는 도구의 경우에는 생명있는 도구가 아니라 범행의 사정을 잘 아는 의사능력자로서 이용된 것이어서 피이용자에 대한 의사지배를 통한 범행지배를 인정할 수가 없다.

셋째, 이용자에게 우월한 의사지배가 인정되지 않는 경우 간접정범보다는 교사범과 더 유사하다.

(2) 간접정범설

이 견해는 신분없는 고의있는 도구의 경우 이용자의 규범적·사회적 의사지배가 인정되거나, '정범 배후 정범'이론과 같이 '어느 행위로 인하여 처벌되는 자'라고 하더라도 '이용자와 같은 행위로 처벌되지 않는 자'를 이용한 경우에도 간접정범이 될 수 있다고 한다.

또한 교사범설에 의하면 乙이 수뢰죄의 단독정범에 해당되어야 하는데, 乙은 공무원이 아니므로 乙이 수뢰죄의 단독정범이 될 수는 없다. 따라서 간접정범설이 타당하다.

(3) 평 가

[제1안 간접정범설의 입장] 신분없는 고의있는 도구의 경우 도구가 정범으로 처벌되는 것은 아니고 방조범으로 처벌된다고 할 수 있으므로 '어느 행위로 인하여 처벌되지 않는 자'에 포함될 수 있고, 사례에서 규범적·사회적 의사지배를 인정하는 것이 불분명한 것도 아니므로 간접정범설이 타당하다. 乙이 수뢰죄의 단독정범이 될 수 없으므로 甲이 수뢰죄의 교사범이 될 수는 없다.

따라서 甲은 수뢰죄의 간접정범의 죄책을 진다고 해야 한다.

[제2안 교사범설의 입장] 규범적·사회적 의사지배란 매우 모호한 개념으로서 법적 안정성을 해친다고 할 수 있다. 고의있는 자를 이용하는 행위는 그 실질이 생명있는 도구로 이용하는 행위보다는 교사행위에 더 가깝다고 할 수 있다. 이런 의미에서 교사범설이 타당하다.

따라서 甲은 수뢰죄의 교사범의 죄책을 진다고 해야 한다.

2. 공문서위조죄의 간접정범 또는 교사범의 성립 여부

행사의 목적이 있는 甲이 C에게 시장명의의 공문서를 작성하라고 하여 C가 공문서를 작성하였으므로 C에게는 행사의 목적은 없지만 공문서위조의 고의는 있다고 할 수 있다. 이 경우 甲에게 공문서위조죄(제225조)의 간접정범을 인정할 것인가 아니면 교사범을 인정할 것인가 문제된다.

이 경우에도 간접정범설과 교사범설이 대립한다. 판례는 목적을 신분이라고 해석하므로 판례에 의하면 이 문제는 위에서 언급한 바와 같은 결론이 나온다. 그러나 통설은 목적은 행위요소이고 행위자요소가 아니라고 하므로 목적없는 고의있는 도구의 경우 처벌되지 않는다는 점에서 신분없는 고의있는 도구와 구별된다.

[제1안 간접정범설의 입장] C는 공문서위조의 고의는 있었지만 행사의 목적은 없었으므로 C의 행위는 공문서위조죄에 해당되지 않는다. 따라서 甲은 '어느 행위로 처벌되지 않는 자'를 교사하여 공문서위조를 하였다고 할 수 있으므로 공문서위조죄의 간접정범의 죄책을 진다.

[제2안 교사범설의 입장] 목적없는 고의있는 도구의 경우 도구가 '어느 행위로 인하여 처벌되지 않는 자'라는 점에서 간접정범이 성립한다고 할 수도 있을 것이다. 그러나 고의있는 도구의 경우 이용자의 의사지배를 인정하기 어려우므로 교사범설이 타당하다고 생각된다. 따라서 甲은 공문서위조죄의 교사범의 죄책을 진다.

3. 위조공문서행사죄(제229조)의 성립 여부

甲이 위조한 건축허가서를 A에게 교부한 것은 위조공문서행사죄에서의 행사라고 할 수 있으므로 甲은 위조공문서행사죄의 죄책을 진다.

4. 수뢰후부정처사죄(제131조)의 성립 여부

甲이 A로부터 뇌물을 받은 후 공문서를 위조하고 위조한 공문서를 A에게 교부한 것은 수뢰후부정처사죄에 해당하므로 甲은 수뢰후부정처사죄의 죄책을 진다.

5. 죄 수

(1) 공문서위조죄와 동행사죄의 죄수관계

수뢰후부정처사죄가 성립하기 때문에 수뢰죄는 별도로 성립하지 않는다. 甲의 공문서위조죄와 위조공문서행사죄는 실체적 경합이라는 견해, 상상적 경합이라는 견해 및 위조공문서행사죄만이 성립한다는 견해 등이 대립한다. 공문서위조와 위조공문서행사죄는 별개의 행위라고 할 수 있으므로 양자는 실체적 경합관계에 있다는 견해가 타당하다. 따라서 甲은 수뢰후부정처사죄와 위조공문서행사죄의 실체적 경합범(제37조 전단)의 죄책을 진다고 해야 한다.

(2) 연결효과에 의한 상상적 경합

공문서위조죄와 위조공문서행사죄가 실체적 경합관계에 있다고 할 경우, 공문서위조죄와 수뢰후부정처사죄가 상상적 경합관계(제40조)에 있고, 위조공문서행사죄와 수뢰후부정처사죄도 상상적 경합관계에 있다. 이 경우 연결효과에 의한 상상적 경합을 인정할 것인가에 대해 긍정설과 부정설이 대립한다.

판례는 이 경우 수뢰후부정처사죄로 처벌하면 된다고 한다. 그 의미에 대해서는 공문서위조죄 및 위조공문서행사죄의 실체적 경합범과 수뢰후부정처사죄의 상상적 경합(제40조)으로 보아 전자의 형벌(15년 이하의 징역. 제38조 제 1 항 제 2 호)보다 후자의 형벌(1년 이상 30년 이하의 징역)이 중하기 때문에 중한 형으로 벌하는 취지라는 견해와 연결효과에 의한 상상적 경합을 인정하여 세 범죄 중 가장 중한 죄로 벌하는 취지라는 입장이 대립한다.

Ⅲ. 乙의 죄책

乙은 A가 甲에게 뇌물을 준다는 것을 알면서 이를 받았다. 이 경우 비신분자인 乙이 공무원 甲의 범행에 가공한 것이어서 제33조 본문이 적용된다고 할 수 있다. 乙과 甲 사이에 의사연락이 없었으므로 乙이 수뢰죄의 공동정범이 될 수는 없다. 또한 乙은 공무원이 아니므로 수뢰죄의 단독정범이 될 수도 없다.

그러나 종범의 경우에는 의사연락이 없는 편면적 종범도 인정된다. 乙이 A의 뇌물을 받아 집에 가져다 놓은 행위는 甲의 수뢰죄의 실행을 용이하게 한 것이라고 할 수 있으므로, 乙은 수뢰죄의 종범의 죄책을 진다.

Ⅳ. 정 리

甲이 乙로 하여금 뇌물을 받도록 한 것은 수뢰죄의 간접정범에 해당하고, 수뢰 후 A를 위해 공문서위조 및 동행사를 한 것은 수뢰후부정처사죄에 해당한다.

공문서위조죄와 위조공문서행사죄는 실체적 경합관계이지만 이들 범죄와 수뢰후부정처사죄(제131조)는 각각 상상적 경합관계에 있다. 이 경우 판례는 수뢰후부정처사죄로 처벌된다고 하는데, 이는 공문서위조죄와 동행사죄의 실체적 경합범의 형벌과 수뢰후부정처사죄의 형벌 중 후자의 형벌이 무겁기 때문이라고 할 수 있다.

乙은 甲이 A로부터 뇌물을 수수한다는 정을 알면서 이를 받았으므로 수뢰죄(제129조)의 종범(제32조)의 죄책을 진다.

31. 부작위에 의한 방조죄

:: 다음 사례를 읽고 물음에 답하시오.

H백화점에서 '기독교인 디오르'(Christian Dior)라는 상표의 여성의류를 판매하는 甲은 자신의 점포에 내놓은 옷들이 팔리지 않자 50만원에 팔던 원피스 앞에 "디오르 드디어 진정한 기독교인 되다! 500만원짜리를 50만원에!"라고 써 붙였다. 그러자 그 원피스는 하루 사이에 10벌이나 팔렸다. A백화점에서 매장에 관한 상품관리 및 고객들의 불만사항확인 등의 업무를 담당하는 乙은 영업시간이 끝난 후 이 사실을 알게 되었다. 乙은 이 문제를 어떻게 처리할까 궁리하다가 퇴근 후 경리과 직원인 친구 丙에게 물어보았다. 평소 甲과 안면이 있던 丙은 "50만원짜리를 50만원에 파는데 무슨 문제냐? 세일이라면 사족을 못쓰는 얼간이 아줌마들이 문제이지! 그냥 놔둬라"라고 하였다. 乙은 丙의 말이 옳다고 생각하였다. 다음 날 아침 영업을 시작하자마자 乙은 甲의 매장으로 가서 그 원피스가 얼마나 팔리는지를 살펴보았다. 한편 대폭적인 세일을 한다는 소문을 듣고 다음 날 영업이 시작되기도 전에 A, B, C가 매장 앞에 와서 원피스를 사려고 기다리고 있었다. 그런데 원피스는 두 벌밖에 남지 않아 甲은 A, B에게는 팔았지만, C에게는 팔 수가 없었다. 甲은 C에게 다음 세일 때까지 기다려 달라고 사과하였다.

1. 판례에 따라 甲의 죄책을 설명하고, 이에 대한 비판을 소개하시오.
2. 판례에 따라 乙의 죄책을 설명하고, 이에 대한 비판을 소개하시오.
3. 丙의 죄책을 설명하시오.

Ⅰ. 논점의 제시

첫째, 甲의 죄책으로 문제되는 것은 다음과 같다.

1. 甲이 500만원짜리를 50만원에 판다고 써 붙이고, 50만원짜리 원피스를 50만원에 판 행위가 사기죄(제347조)에 해당하는가 문제된다. 이는 사기죄의 기망행위의 의미 및 사기죄 성립에 재산상의 손해발생을 요하는가의 문제이다.

2. C에게 원피스를 팔지 못한 행위가 사기죄의 미수에 해당되는지 문제된다.

3. 사기죄 혹은 사기미수죄에 해당된다고 할 경우 12명에게 원피스를 팔고, C

에게는 팔지 못한 사기죄 혹은 사기미수죄의 죄수관계가 문제된다.

둘째, 乙의 죄책으로 문제되는 것은 다음과 같다.

1. 甲의 행위가 사기죄 또는 사기미수죄에 해당된다고 할 때, 乙이 甲의 행위를 알고도 그대로 방치한 것이 부작위에 의한 사기죄 혹은 사기미수죄의 정범 혹은 방조범에 해당되는가 문제된다(제18조, 제347조, 제30조, 제32조). 이는 부작위범의 동가치성으로서 문제된다.

2. 사기죄 또는 사기미수죄의 정범 또는 방조범이 성립한다고 할 경우 그 죄수관계가 문제된다.

셋째, 丙의 죄책으로 문제되는 것은 다음과 같다.

1. 乙이 사기(미수)죄의 정범 또는 방조범의 죄책을 질 경우 丙이 乙에게 甲을 그대로 놔두라고 한 행위가 이에 대한 교사범에 해당되는 문제된다.

2. 乙이 부작위에 의한 사기(미수)죄의 정범이 아니라 방조범의 죄책을 질 경우 방조범에 대한 교사범(제31조, 제32조)이 성립할 수 있는가 문제된다. 만약 방조범에 대한 교사범을 인정하지 않을 경우에는 丙이 어떤 죄책을 지는지 문제된다.

3. 丙이 乙의 범죄에 대한 교사범 혹은 甲의 범죄에 대한 방조범의 죄책을 질 경우 그 죄수가 문제된다.

Ⅱ. 판례에 따른 甲의 죄책과 그에 대한 비판

1. 판례에 따른 甲의 죄책

(1) 사기죄(제347조)의 성립 여부

1) 사기죄의 성립요건

사기죄가 성립하기 위해서는 거래의 신의칙에 반하는 기망행위가 있어야 하고, 피기망자가 착오에 빠져야 하고 피기망자가 처분행위를 하여야 하고, 기망자 혹은 제3자가 재물의 교부를 받거나 재산상의 이익을 취득하여야 하고, 기망행위, 착오, 처분행위, 재물을 교부받는 것 등 사이에 인관관계가 있어야 한다. 재산상의 손해발생을 요하는가에 대해서는 견해가 대립한다. 甲의 행위가 사기죄에 해당되는가에 대해서는 다음의 두 가지가 문제된다.

2) 기망행위 여부

이 사례에서 甲의 행위가 거래의 신의칙에 반하는 기망행위라고 할 수 있는가 문제된다. 그런데 판례는 유사한 사례에서 백화점의 변칙세일에 대해 기망행위에 해당된다고 한다(대판 1992. 9. 14. 91도2994. 현대산업화 사회에 있어 소비자가 갖는 상품의 품질, 가격에 대한 정보는 대부분 생산자 및 유통업자의 광고에 의존할 수밖에 없고 이 사건 백화점들과 같은 대형유통업체에 대한 정당한 품질, 정당한 가격에 대한 소비자들의 신뢰는 백화점들 스스로의 대대적인 광고에 의하여 창출된 것으로서 이에 대한 소비자들의 신뢰와 기대는 보호되어야 한다고 할 것인바, 이 사건에 문제가 되고 있는 위와 같은 변칙세일은 진실규명이 가능한 구체적 사실인 가격조건에 관하여 기망이 이루어진 경우로서 그 사술의 정도가 사회적으로 용인될 수 있는 상술의 정도를 넘은 것이어서 사기죄의 기망행위를 구성한다고 하지 않을 수 없으며, 위와 같은 변칙세일이 소비자들의 그릇된 소비심리에 편승한 것이라거나 소비자들도 나름대로 가격을 교량하여 물품을 구매하였을 것이라는 점은 기망행위의 성립에 아무런 영향이 없다).

3) 사기죄에서 재산상 손해발생 여부

이 사례에서 문제되는 것은 사기죄가 성립하기 위해서 재산상의 손해발생을 요하는가이다. 甲이 기망행위를 하였지만 50만원짜리 원피스를 50만원에 팔았기 때문에, 재산상의 손해발생이 없다고 할 수도 있고, 그럼에도 불구하고 재산상의 손해발생이 있다고 할 수도 있기 때문이다. 판례는 사기죄의 성립에 재산상의 손해발생은 요하지 않는다고 한다(대판 2004. 4. 9. 2003도7828. 사기죄는 타인을 기망하여 그로 인한 하자 있는 의사에 기하여 재물의 교부를 받거나 재산상의 이득을 취득함으로써 성립되는 범죄로서 그 본질은 기망행위에 의한 재산이나 재산상 이익의 취득에 있는 것이고 상대방에게 현실적으로 재산상 손해가 발생함을 요건으로 하지 아니한다).

4) 정 리

판례에 의하면 甲의 거래에 신의칙에 반하는 기망행위가 있었고, 이 기망행위에 속아 손님들이 옷을 사 갔으므로 甲이 재물의 교부를 받았고, 甲의 기망행위와 재물교부를 받은 것 사이에 인과관계도 인정된다.

따라서 판례에 의하면 甲은 사기죄의 죄책을 진다.

(2) 사기미수죄의 성립 여부

甲이 C에게 원피스를 팔지 못했지만, 이미 甲의 기망행위에 의해 C가 착오에 빠져 원피스를 사러 왔으므로 甲의 행위는 사기미수죄에 해당된다.

(3) 죄 수

甲이 12명에게 원피스를 팔았으므로 사기죄의 죄수가 문제된다. 판례는 "단일한 범의를 가지고 상대방을 기망하여 착오에 빠뜨림으로써 그로부터 동일한 방법에 의하여 여러 차례에 걸쳐 재물을 편취하면 그 전체가 포괄하여 일죄로 되지만, 여러 사람의 피해자에 대하여 따로 기망행위를 하여 각각 재물을 편취한 경우에는 비록 범의가 단일하고 범행방법이 동일하더라도 각 피해자의 피해법익은 독립한 것이므로 그 전체가 포괄일죄로 되지 아니하고 피해자별로 독립한 여러 개의 사기죄가 성립하고, 그 사기죄 상호간은 실체적 경합범 관계에 있다고 할 것이다"라고 한다(대판 2010. 4. 29. 2010도2810).

사례에서 甲은 12명의 피해자와 C에게 따로 기망행위를 하였다고 할 수 있으므로 12개의 사기기수죄와 1개의 사기미수죄의 실체적 경합범의 죄책을 진다.

2. 판례에 대해 제기되는 비판

(1) 기망행위에의 해당 여부

사기죄의 기망행위는 거래의 신의칙에 반하는 기망행위여야 하는데, 甲이 50만원짜리를 50만원에 파는 행위는 과장광고라고 할 수는 있어도 사기죄에서 요구되는 정도의 기망행위라고는 할 수 없다는 비판이 있다. 이에 의하면 甲의 행위는 사기죄의 기망행위에 해당되지 않기 때문에 사기죄가 성립할 수 없다.

(2) 재산상 손해발생 요부

다수설은 사기죄는 재산범죄이고, 기망행위를 통하여 재산을 침해하는 데에 본질이 있으므로 사기죄의 성립에 재산상의 손해발생을 요한다고 한다. 따라서 甲에게 재산상의 손해발생을 가할 의사가 없었기 때문에 甲의 고의는 미수의 고의에 불과하고, 따라서 사기미수죄도 성립하지 않는다고 한다.

Ⅲ. 판례에 따른 乙의 죄책 및 그에 대한 비판

1. 판례에 따른 乙의 죄책

(1) 문제점

甲이 12개의 사기죄와 1개의 사기미수죄의 실체적 경합범의 죄책을 진다고 할 경우 甲의 사기사실을 알면서도 乙이 이를 못하게 하지 않아서 A, B에 대한 사기기수죄 및 C에 대한 사기미수죄의 결과가 발생하였다. 이 경우 乙이 부작위에 의한 사기죄의 정범 혹은 종범이 성립하는가 문제된다.

(2) 부작위범의 성립요건

판례에 의하면 부작위범이 성립하기 위해서는 위험발생을 방지할 작위의무있는 자가 작위가 가능하고 자신에 의해서만 위험발생을 방지할 수 있는 상황에서 부작위를 해야 하고 부작위가 작위에 의한 실행행위와 동가치성을 가져야 한다.

사례에서 乙은 고용계약에 의한 작위의무가 있고, 甲의 행위를 제지할 가능성이 있었음에도 불구하고 부작위를 하여 甲이 사기죄와 사기미수죄를 범하게 하는 결과를 발생케 하였다.

(3) 부작위의 동가치성

판례는 부작위범에서 부작위가 작위에 의한 실행행위와 동가치성을 가져야 한다고 한다. 이에 의하면 乙의 부작위는 甲의 사기행위를 용이하게 한 것에 불과하여 사기죄의 정범보다는 사기죄의 방조범의 죄책을 진다고 할 수 있다(대판 1996. 9. 6. 95도2551. 법원의 입찰사건에 관한 제반 업무를 주된 업무로 하는 공무원이 자신이 맡고 있는 입찰사건의 입찰보증금이 계속적으로 횡령되고 있는 사실을 알았다면, 담당 공무원으로서는 이를 제지하고 즉시 상관에게 보고하는 등의 방법으로 그러한 사무원의 횡령행위를 방지해야 할 법적인 작위의무를 지는 것이 당연하고, … 자신의 작위의무를 이행함으로써 결과 발생을 쉽게 방지할 수 있는 공무원이 그 사무원의 새로운 횡령범행을 방조·용인한 것은 작위에 의한 법익 침해와 동등한 형법적 가치가 있다).

(4) 정 리

따라서 판례에 의하면 乙은 A, B에 대한 사기죄 및 C에 대한 사기미수죄의 부작위에 의한 방조범의 죄책을 진다. 다만, 甲의 A, B에 대한 사기죄 및 C에 대한 사기미수죄는 실체적 경합범이라고 하더라도, 乙은 하나의 부작위에 의해 이들 범행을 방조한 것으로 보아야 할 것이므로 乙은 A, B에 대한 사기죄 및 C에 대한 사기미수죄의 상상적 경합범의 죄책을 질 것이다.

2. 판례에 대해 제기되는 비판

우리 형법은 독일형법과 달리 부작위범의 동가치성에 대한 명문의 규정이 없으므로 부작위범의 동가치성은 논할 필요가 없고, 부작위범은 모두 정범으로 보아야 한다는 견해가 있다. 이에 의하면 乙은 A, B에 대한 사기죄 및 C에 대한 사기미수죄의 정범의 죄책을 진다.

Ⅳ. 丙의 죄책

1. 문 제 점

乙이 부작위에 의한 사기죄의 정범의 죄책을 진다고 할 경우 丙의 행위는 교사행위에 해당될 수 있다. 그러나 乙이 부작위에 의한 사기죄의 방조범의 죄책을 진다고 할 경우 방조범에 대한 교사범은 인정되지 않는다. 따라서 이 경우 甲의 사기죄에 대한 방조범의 죄책을 질 수 있는지 문제된다.

2. 乙이 부작위에 의한 사기죄의 정범의 죄책을 질 경우

교사범이 성립하기 위해서는 교사행위가 있어야 하고 범죄의사가 없던 피교사자가 범죄를 결의해야 하고, 범죄의 실행에 나아가야 하고, 교사행위와 피교사자의 범죄결의, 실행행위 사이에 인과관계가 있어야 한다.

사례에서 丙이 어찌할지 모르는 乙에게 그대로 놔두라고 한 행위는 부작위로 나아가도록 결의하게 한 행위로서 교사행위에 해당된다. 그리고 乙이 부작위로 나아갔고, 丙의 행위와 乙의 부작위 사이에 인과관계가 인정된다.

따라서 丙은 A, B에 대한 사기죄의 교사범, C에 대한 사기죄의 교사미수범의 죄책을 진다. 이 경우 하나의 교사행위로 여러 개의 범죄의 결과를 발생시켰으므로 이들 범죄들은 포괄일죄가 되거나 상상적 경합이 될 것이다.

3. 乙이 사기죄의 방조범의 죄책을 질 경우

(1) 乙의 사기방조죄에 대한 교사범의 인정 여부

방조죄의 교사범을 인정할 것인가에 대해 긍정설과 부정설이 있다. 부정설은 방조행위는 실행행위라고 할 수 없으므로 방조행위를 교사한 자는 제31조의 '죄를 범하게 한 자'라고 할 수 없다고 한다. 긍정설은 방조행위가 범죄가 되는 경우에는 그에 대한 교사범도 성립할 수 있다고 한다.

(2) 甲의 사기(미수)죄에 대한 방조범의 성립 여부

방조죄에 대한 교사범이 인정되지 않는다고 할 경우 丙의 행위가 乙의 사기방조죄의 교사범은 될 수 없어도 甲의 사기(미수)죄에 대한 방조범에 해당될 수 있는지 문제된다. 丙과 甲 사이에 의사의 연락이 없지만, 편면적 종범도 가능하기 때문이다. 乙이 丙의 말을 듣고 甲의 사기행위를 방지하지 않았으므로 丙의 행위는 甲의 사기죄의 실행행위를 용이하게 한 것이라고 할 수 있다. 따라서 丙은 甲의 사기죄에 대한 방조범의 죄책을 진다고 해야 할 것이다.

이 경우에도 A, B에 대한 사기방조죄, C에 대한 사기방조미수죄의 실체적 경합범이라고 할 수도 있지만, 丙의 행위는 하나이므로 사기방조죄의 포괄일죄나 이들 범죄의 상상적 경합범의 죄책을 진다고 해야 할 것이다.

32. 공범과 신분

:: 다음 사례를 읽고 물음에 답하시오.

甲과 乙은 어려서부터 친한 친구로 지냈고, 사회에 나와서는 소목장을 함께 경영하였다. 甲, 乙은 모두 어머니를 모시고 살았고, 결혼도 비슷한 시기에 하였기 때문에 甲의 부인 A와 乙의 부인 B도 비슷한 시기에 임신을 하였다. A와 B의 출산일이 얼마 남아 있지 않았는데, 전국에 구제역이 발생하여 甲과 乙의 목장에 있던 소들은 살처분되었다. 정부에서 보조금이 나온다는 사실을 모른 甲, 乙은 앞으로 어떻게 생계를 꾸려나갈까 고민을 하며 포장마차에서 소주를 마셨다.

평소 비관주의적 성격을 지니고 있던 乙은 "구제역 다음에는 양재역이 있다고 하지만, 우리 앞에는 아무것도 없다. 우리나라에서는 가난도 대물림을 하니 우리들의 자식들이 문제이다. 얼마 있으면 자네의 아기가 태어날 텐데 그 아이는 어떻게 살지 정말 걱정이다"라고 하였다. 이에 甲도 그렇다고 하자 乙은 甲에게 "나는 가족들과 모두 함께 세상을 하직할테니 너도 그렇게 해라"라고 하였다. 甲도 乙에게 좋은 생각이라고 하면서 乙이 계획을 실천하는 것이 좋겠다고 하였다. 평소 서로의 말을 존중하는 甲과 乙은 친구의 말대로 해야겠다고 결심하고 어머니, 부인, 아기에게 먹일 독약병을 준비해 각자의 방에 감춰 두었다. 그러나 어머니가 독약병을 들고 이것이 무엇에 쓰는 물건이냐고 물어봤기 때문에 어머니에게는 독약을 주지 못하였다. 얼마 후 甲, 乙의 아기가 거의 동시에 태어났다. 甲은 아기가 태어나자마자 부인 A와 갓난 아기에게 순차로 독약을 먹였고, 자신도 자살할 생각으로 독약을 먹었다. 그러나 A에게 먹인 독약 및 자신이 먹은 독약은 치사량에 현저히 미달하였기 때문에 A와 甲은 죽지 않았고, 갓난 아기만 죽고 말았다. 한편 乙은 甲과 똑같이 독약병을 방에 갖다 놓았지만, 몇 달 전 조류독감(AI)이 유행했음에도 불구하고 기러기아빠인 친구 C와 카바레에서 제비로 활동하는 친구 D가 살처분되지 않고 잘 살고 있는 것이 생각났다. 乙은 어머니와 부인 그리고 아기를 살해하려던 계획을 포기하고 독약을 화장실에 버렸다.

1. 판례에 따른 甲의 죄책을 설명하시오.
2. 甲이 영아살해죄의 죄책을 질 경우 판례와 다수설에 따른 乙의 처벌을 설명하시오.
3. 위 2.의 판례와 다수설에 대한 비판을 소개하시오.
4. 乙의 자신의 가족에 대한 범행으로 인한 처벌에 대해 논하시오.

Ⅰ. 논점의 제시

첫째, 甲의 죄책으로 문제되는 것은 다음과 같다.

1. 甲이 부인을 살해하려고 독약을 먹였으나 부인이 죽지 않았으므로 살인미수죄(제250조 제1항, 제254조)가 문제된다. 그런데 치사량에 현저히 미달하는 독약을 먹였으므로 장애미수(제25조) 혹은 불능미수(제27조)가 문제된다.

2. 甲이 갓 태어난 아기를 살해하였으므로 영아살해죄(제251조)의 성립 여부가 문제된다.

3. 어머니를 살해하려고 독약병을 방에 갖다 놓았으나 어머니가 묻는 바람에 어머니에게 독약을 먹이지는 못한 행위가 존속살해예비죄(제250조 제2항, 제255조)에 해당되는지 문제된다.

4. 위의 범죄들이 성립하는 경우 죄수관계가 문제된다.

둘째, 甲이 영아살해죄의 죄책을 진다고 할 경우 乙의 죄책으로 문제되는 것은 다음과 같다.

1. 甲이 영아살해죄의 죄책을 진다고 할 경우 乙이 영아살해죄의 교사범의 죄책을 지는지 아니면 보통살인죄의 교사범의 죄책을 지는지 문제된다. 이는 공범과 신분에 관한 제33조의 해석에 대한 판례와 다수설의 입장에 관한 문제이다.

2. 제33조의 해석에 대한 판례와 다수설의 문제점이 무엇인지 문제된다.

셋째, 乙의 죄책으로 문제되는 것은 다음과 같다.

乙이 존속살해예비죄와 보통살인예비죄의 죄책을 지는지 및 乙이 실행의 착수에 나아가지 않았으므로 예비의 중지가 문제된다.

Ⅱ. 판례에 따른 甲의 죄책

1. 살인죄의 불능미수(제250조 제1항, 제27조)

甲이 독약으로 부인을 살해하려 하였으나 독약이 치사량에 현저히 미달하였기 때문에 부인이 사망하지 않았다. 이는 제27조의 '실행의 수단으로 인해 결과발생이 불가능한 경우'에 해당한다고 할 수 있다. 따라서 위험성이 없으면 불능범이 되어 무죄이고, 위험성이 있으면 불능미수가 된다.

판례는 불능미수의 위험성에 대해 추상적 위험설을 따르고 있다. 이에 의하면 행위자가 인식한 사정을 기초로 하여 일반인의 관점에서 결과발생의 가능성이 있는 경우에는 위험성이 있어 불능미수, 결과발생의 가능성이 없는 경우에는 위험성이 없어 불능범이 된다. 사례에서 甲이 인식한 사정은 치사량에 현저히 미달한 독약을 부인에게 먹인다는 것이었고, 이 경우 부인이 사망할 가능성이 없다. 따라서 위험성이 없어 불능범이 된다.

2. 영아살해죄(제251조)의 성립 여부

판례는 생모가 아닌 법률상의 부가 영아살해죄의 주체가 될 수 있는가에 대해서는 분명히 언급하고 있지 않다. 그러나 사실상의 부는 영아살해죄의 주체가 될 수 없다는 입장(대판 1970. 3. 10. 69도2285)은 법률상의 부는 영아살해죄의 주체가 될 수 있다는 의미에 가깝다고 할 수 있다. 甲이 분만 직후의 영아를 살해하였고, 甲에게 특히 참작할 만한 동기도 있다고 할 수 있다. 따라서 甲은 영아살해죄의 죄책을 진다.

3. 존속살해예비죄(제250조 제 2 항, 제255조)

甲이 어머니를 살해하기 위해 독약병을 방에 갖다 놓은 행위는 존속살해예비죄에 해당된다.

4. 정 리

甲은 영아살해죄와 존속살해예비죄의 죄책을 진다. 양죄는 별개의 행위에 의한 것이므로 실체적 경합관계에 있다.

Ⅲ. 甲이 영아살해죄의 죄책을 질 경우 판례와 다수설에 따른 乙의 처벌

1. 판례에 따른 乙의 처벌

甲이 영아살해죄의 죄책을 질 경우 乙이 이를 교사하였으므로 어떤 죄책을 지는지 문제된다. 이는 형법 제33조 본문과 단서의 관계 및 단서의 의미의 해석에 관한 문제이다.

비신분자가 감경적 신분범에 가공한 경우에는 제33조 단서가 적용되어 형벌이 감경되지 않는다고 한다(대판 1994. 12. 23. 93도1002. 피고인이 甲을 모해할 목적으로 乙에게 위증을 교사한 이상, 가사 정범인 乙에게 모해의 목적이 없었다고 하더라도, 형법 제33조 단서의 규정에 의하여 피고인을 모해위증교사죄로 처단할 수 있다).

이러한 판례의 입장에 따르면 乙의 죄책은 분명하지 않지만 보통살인죄의 교사범(제250조 제 1 항, 제33조 단서)으로 처벌된다.

2. 다수설에 따른 乙의 처벌

다수설에 의하면 제33조 본문은 진정신분범의 성립과 처벌에 관한 규정이고, 제33조 단서는 부진정신분범의 성립과 처벌에 관한 규정이다. 그리고 제33조 단서의 '중한 형으로 벌하지 아니한다'는 책임개별화원칙을 규정한 것이다.

이에 의하면 乙이 부진정신분범인 甲의 영아살해죄를 교사하였으므로 제33조 단서가 적용되어 乙은 보통살인죄의 교사범의 죄책을 지고 보통살인죄의 교사범으로 처벌된다.

Ⅳ. 위 Ⅲ.의 판례와 다수설에 대한 비판

1. 판례에 대한 비판

위와 같은 판례에는 다음과 같은 비판이 제기된다.

첫째, 판례는 비신분자가 가중적 부진정신분범에 가공한 경우 제33조 본문이 먼저 적용되고 이어서 제33조 단서가 적용된다고 한다(대판 1997. 12. 26. 97도2609. 비신분자가 업무상배임죄에 가담한 경우에는 신분관계가 없는 자에게도 일단 업무상배임으로 인한 상호신용금고법 제39조 제1항 제2호 위반죄가 성립한 다음 형법 제33조 단서에 의하여 중한 형이 아닌 형법 제355조 제2항에 정한 형으로 처벌되는 것이다).

이러한 논리에 따른다면 乙에게는 먼저 제33조 본문이 적용되어 영아살해죄의 교사범의 죄책을 지고, 이어 제33조 단서가 적용되어 보통살인죄의 교사범으로 처벌된다고 해야 한다. 그러나 죄책보다 가벼운 형벌로 처벌하는 것은 책임주의에 반하지 않지만, 죄책보다 무거운 형벌로 처벌하는 것은 책임주의원칙에 반한다. 사례에서 乙이 영아살해죄의 교사범의 죄책을 짐에도 불구하고 보통살인죄의 교사범으로 처벌하는 것은 책임주의에 반한다.

둘째, 제33조 단서는 '중한 형으로 벌하지 아니한다'고 하는데 이는 가공한 자를 정범에 비해 중한 죄로 벌하지 않는다는 의미라고 해야 한다. 따라서 정범인 甲이 영아살해죄의 정범의 죄책을 지는데, 교사범인 乙이 보통살인죄의 교사범의 죄책을 진다고 하는 것은 제33조 단서의 문언에 반하는 해석이다.

2. 다수설의 문제점

다수설에 대해서는 다음과 같은 비판이 제기된다.

첫째, 부진정신분범도 신분관계로 인하여 성립될 범죄라고 할 수 있다. 제33조 단서가 신분관계로 인하여 형의 경중이 있는 '범죄'가 아니라 '경우'라고 규정하고 있는데, 이는 본문과 단서가 일반 대 특별의 관계에 있다는 것을 보여주는 것이다.

둘째, 단서가 부진정신분범의 성립과 처벌에 관한 규정이라고 하더라도 '중한 형으로 벌하지 아니한다'를 책임개별화로 해석하는 것은 감경적 부진정신분범에서는 피고인에게 불리한 유추해석으로서 죄형법정주의에 반한다.

Ⅴ. 자신의 가족에 대한 범행으로 인한 乙의 처벌

1. 살인예비죄 및 존속살해예비죄

乙이 부인 B와 어머니를 살해하기 위해 방에 독약병을 갖다 놓은 행위는 살인예비죄(제255조)에 해당되고, 양죄는 상상적 경합관계에 있다고 할 수 있다. 영아살해죄의 예비는 처벌되지 않는다.

2. 예비의 중지

(1) 문제점

乙이 다른 친구들이 잘 살고 있다는 생각하에 아기, 부인, 어머니를 살해하는 범죄의 실행에 착수하기 이전에 범행을 포기하였는데, 이 경우 예비의 중지가 인정되는지 문제된다.

(2) 자의성의 인정 여부

乙이 친구들도 잘 살고 있다는 생각하에 실행의 착수를 포기하였는데, 이것이 자의에 의한 중지인지 문제된다.

자의성에 관한 주관설에 의하면 윤리적 동기에 의한 중지가 아니기 때문에 자의성이 인정되지 않는다. 그러나 객관설이나 절충설에 의하면 사회통념상 외부적 장애에 의한 중지가 아니기 때문에 자의성이 인정된다. 프랑크공식에 의해도 乙은 실행의 착수를 못 했다기보다는 안 했다고 할 수 있으므로 자의성이 인정된다.

(3) 예비의 중지의 효과

乙의 중지가 자의에 의한 중지에 해당되지 않을 경우 乙은 10년 이하의 징역에 처해진다.

그러나 乙의 중지가 자의에 의한 중지라고 할 경우 乙의 처벌에 대해서는 다음과 같은 견해가 대립한다.

첫째, 판례는 예비의 중지를 인정하지 않으므로 乙은 제255조에 의해 10년 이하의 징역으로 처벌된다.

둘째, 제26조 전면유추적용설에 의하면 乙은 5년 이하의 징역으로 처벌되거나 형이 면제된다.

셋째, 제26조 제한적 유추적용설에 의하면 살인죄나 존속살해죄의 중지미수의 형벌은 각각 2년 6개월 이상 또는 3년 6개월 이상의 징역 또는 면제이다. 따라서 징역형의 경우에는 중지미수의 형벌이 예비죄의 형벌보다 높으므로 제26조를 유추적용하지 않고, 면제의 경우에는 중지미수의 형벌이 예비죄의 형벌보다 높으므로 유추적용을 하지 말아야 한다. 따라서 이 견해에 의하면 乙은 10년 이하의 징역으로 처벌되거나 형이 면제된다.

(4) 검 토

중지미수의 자의성에 관한 주관설은 자의성의 인정범위를 너무 좁게 인정하므로 타당하지 않다. 따라서 절충설에 의해 자의성을 인정해야 할 것이다.

판례와 같이 예비의 중지에 대해 제26조를 유추적용하지 않는 경우 실행의 착수 후 중지한 경우에는 형의 면제가 가능하지만 실행의 착수 이전에 중지한 경우에는 형의 면제가 가능하지 않게 된다. 이것은 균형에 맞지 않는다는 문제점이 있다.

제한적 유추적용설은 유추적용을 될 수 있는 대로 제한적으로만 한다는 점에서 타당성이 있지만, 예비죄의 처벌은 예외적인 것이라고 한다면 피고인에게 좀 더 유리한 전면적 유추적용설이 더 타당하다고 할 수 있다.

따라서 전면적 유추적용설에 따라 乙은 5년 이하의 징역으로 처벌되거나 형이 면제된다.

33. 목적과 신분

:: 다음 사례를 읽고 물음에 답하시오.

甲은 A의 이웃에서 하루 벌어 하루 먹고 사는 생활을 하고 있었다. 어느 날 A는 동네가게에 있는 물건을 절취하였다는 혐의로 기소되었고, 甲이 그 광경을 목격하였다는 이유로 증인으로 소환되었다. 평소 A에 대해 유감을 지니고 있던 乙은 A가 유죄판결을 받도록 하기 위해 甲을 찾아가 A가 죄를 범한 것을 확실히 목격하였다고 증언을 하면 500만원을 주겠다고 하였다. 甲은 자기가 알지도 못하는 사실을 증언하라고 시키는 이유를 알지 못했지만, 어쨌든 500만원이 생기므로 그러겠다고 하였다. 甲은 A에 대한 제1회 공판기일에 출석하여 선서한 후 "A가 물건을 훔치는 것을 똑똑히 목격하였다," 제2회 공판기일에서는 "A가 그 가게 앞에서 서성이는 것을 보았다"고 자신이 보지 않은 사실을 증언하였다. 그러나 甲의 생각과 달리 A는 실제로 그 가게 앞에서 서성이다가 물건을 훔쳤다는 것이 판명되었다.

1. 甲의 죄책을 논하시오.
2. 판례의 입장에 따라 乙의 처벌을 설명하시오.
3. 乙의 처벌에 대한 판례의 문제점을 제시하시오.

Ⅰ. 논점의 제시

甲의 죄책으로 문제되는 것은 다음과 같다.

1. A의 재판에서 자신의 기억에 반하는 진술을 한 것이 위증죄(제152조 제1항)에 해당되는가 문제된다.

2. 위증죄에 해당되는 경우 제1회 공판기일과 제2회 공판기일에서 위증을 한 죄가 실체적 경합범과 포괄일죄 중 어디에 해당되는지 문제된다.

乙의 죄책으로 문제되는 것은 다음과 같다.

1. 甲이 위증죄의 죄책을 질 경우, A를 모해할 목적이 있는 乙이 모해목적이 없는 甲을 교사하여 위증을 하게 한 행위로 인해 단순위증죄의 교사범과 모해위증죄의 교사범 중 어떤 죄책을 지는지 문제된다.

2. 乙의 죄책에 대한 판례의 입장에 어떤 문제점이 있는지 문제된다.

Ⅱ. 甲의 죄책

1. 문 제 점

甲이 A의 재판에서 증인으로 선서한 후 자신의 기억에 반하는 진술을 한 경우 위증죄가 성립하는가에 대해서는 견해가 대립한다. 이는 위증죄에서 허위의 진술을 객관적 사실에 반하는 진술인가 아니면 주관적 기억에 반하는 진술로 볼 것인가에 따른 것이다.

위증죄가 성립한다고 할 경우, 甲이 제 1 회와 제 2 회 공판기일에서 모두 기억에 반하는 진술을 하였으므로 죄수도 문제된다.

2. 위증죄에서 허위의 의미

(1) 객 관 설

객관설은 허위의 의미를 객관적 진실에 반하는 것이라고 한다. 이에 의하면 증인의 기억에 반하는 진술이라고 하더라도 객관적 진실에 부합하는 경우에는 허위의 진술이 되지 않는 반면, 증인의 기억에 부합하는 진술이라도 객관적 진실에 반할 경우에는 허위의 진술이 된다.

이 견해에 의하면 甲은 객관적 진실에 반한다는 인식하에 객관적 진실에 부합하는 진실을 말하였으므로 위증죄의 불능미수에 해당될 수 있으나 위증죄의 미수범을 처벌하는 규정이 없으므로 甲은 무죄가 된다.

(2) 주 관 설

주관설은 허위의 진술을 증인의 기억에 반하는 진술이라고 한다. 증인의 기억에 반하는 진술이면 객관적 진실에 부합하여도 허위의 진술이고, 증인의 기억에 부합하는 진술이면 객관적 진실에 반하는 진술이라도 허위의 진술이 아니라는 것이다. 판례는 이 견해를 따르고 있다.

이에 의하면 甲은 자신의 기억에 반하는 사실을 진술하였으므로 위증죄의 죄책을 진다.

(3) 평 가

주관설이 타당하다고 생각된다. 그 이유는 다음과 같다.

첫째, 위증죄의 주체를 선서한 증인으로 한 것은 이들에게 선서에 충실할 의무가 부과되기 때문이라고 할 수 있다.

둘째, 증인에게 객관적 진실을 말할 것을 요구하기보다는 자기가 아는 사실을 진술할 것을 요구하고, 그 진술들을 법관이 자유심증에 의해 판단하는 것이 더 합리적이라고 할 수 있다.

셋째, 자신의 기억에 부합하지만 객관적 진실에 반하는 진술을 한 증인은 자신에게 위증의 고의가 없다는 것을 입증해야 할 부담을 사실상 지게 되는데, 자신의 기억에 부합하는 진술을 한 증인에게 이러한 부담까지 지우는 것은 바람직하지 않다.

넷째, 객관설을 따르는 학자들도 위증죄를 자수범이라고 하는데 이는 객관설과 일치하지 않는다. 왜냐하면 타인을 생명있는 도구로 이용하여 그 타인의 기억에 반하는 진술을 하도록 할 수는 없지만, 타인을 생명있는 도구로 이용하여 객관적 진실에 반하는 진술을 하도록 할 수는 있기 때문이다.

따라서 주관설에 따라 甲은 위증죄의 죄책을 진다고 해야 할 것이다.

3. 죄 수

같은 심급이라도 다른 공판기일에 수회 위증을 했다면 위증죄의 실체적 경합관계에 해당한다고 하는 견해가 있을 수 있다. 이 견해에 의하면 甲은 위증죄의 실체적 경합범의 죄책을 진다.

이에 대해 판례는 “하나의 사건에 관하여 한 번 선서한 증인이 같은 기일에 여러 가지 사실에 관하여 기억에 반하는 허위의 진술을 한 경우 이는 하나의 범죄의사에 의하여 계속하여 허위의 진술을 한 것으로서 포괄하여 1개의 위증죄를 구성하는 것이고 각 진술마다 수 개의 위증죄를 구성하는 것이 아니므로, … 나아가 행정소송사건의 같은 심급에서 변론기일을 달리하여 수차 증인으로 나가 수 개의 허위진술을 하더라도 최초 한 선서의 효력을 유지시킨 후 증언한 이상 1개의 위증죄를 구성함에 그친다”고 한다(대판 2007. 3. 15. 2006도9463). 분명하지는 않지만 이러한 판례에 의하면 甲은 위증죄의 포괄일죄의 죄책을 진다.

수회의 위증이 같은 기일에 이루어졌는가 아니면 수회의 공판기일에 이루어졌는가에 따라 죄수관계가 달라지는 것은 타당하지 않다. 수회의 공판기일에 행한 공판절차라고 하더라도 전체로는 하나의 공판절차라고 해야 하기 때문이다.

따라서 甲은 위증죄의 포괄일죄의 죄책을 진다고 해야 한다.

4. 정 리

甲은 단순위증죄의 포괄일죄의 죄책을 진다고 해야 한다.

Ⅲ. 판례에 따른 乙의 처벌

1. 목적과 신분

판례는 "형법 제33조 소정의 이른바 신분관계라 함은 남녀의 성별, 내·외국인의 구별, 친족관계, 공무원인 자격과 같은 관계뿐만 아니라 널리 일정한 범죄행위에 관련된 범인의 인적관계인 특수한 지위 또는 상태를 지칭하는 것이다. … 형법 제152조 제1항과 제2항은 위증을 한 범인이 형사사건의 피고인 등을 '모해할 목적'을 가지고 있었는가 아니면 그러한 목적이 없었는가 하는 범인의 특수한 상태의 차이에 따라 범인에게 과할 형의 경중을 구별하고 있으므로, 이는 바로 형법 제33조 단서 소정의 '신분관계로 인하여 형의 경중이 있는 경우'에 해당한다고 봄이 상당하다"(대판 1994. 12. 23. 93도1002)라고 하여 목적을 신분으로 파악한다.

2. 공범과 신분

판례에 의하면 모해위증죄는 진정신분범과 부진정신분범의 성격을 모두 지닌 범죄가 된다. 따라서 이 사례에서는 제33조 본문과 제33조 단서가 모두 적용된다. 즉, 乙이 진정신분범인 단순위증죄를 교사하였으므로 제33조 본문에 의해 乙은 단순위증교사의 죄책을 지게 된다. 그런데 乙에게 모해목적이 있었고 목적은 신분이 되므로, 이 사례에서 모해위증죄는 신분관계로 인해 형이 중한 죄가 되어 제33조 단서가 적용된다.

3. 제33조 단서의 의미와 적용

판례는 "형법 제31조 제1항은 협의의 공범의 일종인 교사범이 그 성립과 처벌에 있어서 정범에 종속한다는 일반적인 원칙을 선언한 것에 불과하고, 신분관계로 인하여 형의 경중이 있는 경우에 신분이 있는 자가 신분이 없는 자를 교사하여 죄를 범하게 한 때에는 형법 제33조 단서가 형법 제31조 제1항에 우선하여 적용됨으로써 신분이 있는 교사범이 신분이 없는 정범보다 중하게 처벌된다"고 한다. 즉, 제33조 단서를 책임개별화 규정으로 해석하여 각자의 신분에 따라 처벌되므로 甲은 단순위증죄, 乙은 모해위증교사죄로 처벌된다는 것이다.

따라서 판례에 의하면 甲은 단순위증교사의 포괄일죄의 죄책을 지므로, 乙은 모해위증교사죄(제152조 제2항, 제33조 본문 및 단서, 제31조 제1항)로 처벌된다.

Ⅳ. 乙의 죄책에 대한 판례의 문제점

乙을 모해위증교사죄로 처벌해야 한다는 판례의 입장에 대해서는 다음과 같은 비판이 제기된다.

첫째, 판례는 목적을 신분이라고 하는데 이는 언어의 가능한 의미를 벗어난 해석이라고 할 수 있다. 목적은 행위자요소인 신분에 해당될 수 없고, 고의와 마찬가지로 주관적 행위요소라고 해야 한다. 동일한 목적을 가지고 있다고 동일한 신분이 된다고 할 수 없고, 서로 다른 목적을 가지고 있다고 신분이 다르다고 하는 것은 언어의 관용에 맞지 않기 때문이다.

둘째, 설사 목적을 신분이라고 하더라도, 제33조는 비신분자가 신분자의 범죄에 가공한 경우를 규정한 것이고, 신분자가 비신분자의 범죄에 가공한 경우를 규정한 것이 아니다. 즉, 모해목적이라는 신분을 지닌 乙이 모해목적이라는 신분을 지니지 않은 甲의 범행에 가공한 경우에는 제33조 단서를 적용할 수 없다. 따라서 乙에게는 제31조 제1항의 공범종속성원칙이 적용되어 정범인 甲이 단순위증죄의 죄책을 지므로 공범인 乙 역시 단순위증교사죄로 처벌된다고 해야 한다.

셋째, 설사 제33조 단서를 적용한다고 하더라도 제33조 단서는 '중한 형으로 벌하지 아니한다'라고 규정하고 있는데, 이는 가공자를 피가공자보다 중한 형으로 벌하지 않는다는 의미라고 할 수 있기 때문에 가공자인 乙을 정범인 甲보다 중한 죄로 벌할 수는 없다. 따라서 제33조 단서가 적용된다고 하더라도 乙은 단순위증교사죄로 처벌되어야 한다.

34. 죄수 및 불가벌적 사후행위

:: 다음 사례를 읽고 물음에 답하시오(특별법은 불문함).

甲은 폭력조직의 조직원이지만 돈이 없어 조직원으로서 품위를 유지하지 못하여 고민하고 있었다. 이에 甲은 금품을 강취하기로 마음먹고 A가 일하고 있는 노래방에 들어가 노래를 하던 중 주인 A를 그 방으로 오라고 하였다. 甲은 안에서 문을 잠근 후 A에게 회칼을 보이며 "인간과 짐승이 다른 것은 남에게 신용을 지켜야 한다는 것을 아느냐 모르느냐에 있다. 따라서 신용카드가 하나도 없는 인간은 인간이길 포기한 놈이니 없애버려야 한다. 당신은 신용카드가 있느냐?"고 위협하였다. 이에 겁에 질린 A가 신용카드를 보여주자 甲은 이를 빼앗은 후 "노래방에서 신용카드로만 결제를 받으면 남는 게 없다. 될 수 있는 대로 현금으로 결제를 받아야 한다. 따라서 현금도 있겠지?"하고 물었다. 이에 A는 주머니에 있던 돈 30만원을 甲에게 주었다. 甲은 "만약 신고하면 신고산이 무너지듯 당신도 무너질 것이다. 나는 당신이 신고하지 않을 것이라고 믿는다. 신용이야말로 인간과 짐승을 갈라놓는 최고의 미덕이다"라고 다시 위협하였다. A는 겁을 먹었으나, 甲이 나간 후 망설이다가 경찰에 신고를 하였다. 신용카드를 가지고 간 甲은 '조직모임 참석시 의관정제'라는 조직의 제일규칙을 지키기 위해 백화점에 가서 A의 신용카드를 제시하고 구매전표에 서명을 하고 양복 한 벌을 구입하였다. 조직모임에 참석한 甲은 중간두목 B에게 10만원을 상납하고 칭찬을 받았다. 甲은 오늘 하루도 참 보람있는 하루였다고 생각하였다.

1. 판례의 입장에 따라 甲의 죄책을 설명하시오.
2. 甲의 죄책에 대한 판례의 입장에 대해 제기되는 비판을 소개하시오.

Ⅰ. 논점의 제시

甲의 행위 중 형법상 문제되는 것은 다음과 같다.

첫째, 신용카드를 강취하기 위해 A의 노래방에 들어간 행위가 주거침입죄(제319조 제1항)에 해당되는지 문제된다.

둘째, 노래방 안에서 문을 잠근 행위가 A에 대한 감금죄(제276조 제1항)에 해당되는지 문제된다.

셋째, 甲이 회칼을 보이며 A를 협박하여 신용카드와 현금 30만원을 빼앗은 행위가 신용카드와 현금에 대한 특수강도죄(제334조 제 2 항)에 해당되는지 문제된다.

넷째, A에게 '신고하면 무너진다'고 협박하였으나 A가 신고를 하였는데, 이것이 특수협박죄(제284조)와 강요미수죄(제324조, 제324조의5)에 해당되는지 문제된다.

다섯째, 신용카드에 서명을 한 행위가 사문서위조죄 및 동행사죄에 해당되는지 문제된다.

여섯째, 강취한 A의 명의의 신용카드로 양복을 구입한 행위는 사기죄(제347조)에 해당되는지, 해당된다면 이것이 강취한 신용카드의 불가벌적 사후행위에 해당되는지 문제가 된다.

일곱째, B에게 10만원을 상납한 행위가 장물양도죄에 해당되는지, 해당된다면 강도죄의 불가벌적 사후행위에 해당되는지 문제된다.

여덟째, 위의 범죄들이 성립할 경우 그 죄수관계가 문제된다.

Ⅱ. 판례에 따른 甲의 죄책

1. 주거침입죄(제319조 제 1 항)의 성립 여부

甲이 금품을 강취하기 위해 A의 노래방에 들어간 행위가 주거침입죄에 해당되는가 문제된다. 노래방은 평소에 사람들의 출입이 허용된 곳이기 때문에 주거침입죄에 해당되지 않는다는 견해가 있다. 그러나 판례는 평소 일반인의 출입이 허용된 곳이라고 하더라도 범죄목적으로 들어갔을 때에는 주거침입죄가 성립한다고 한다(대판 1983. 7. 12. 83도1394). 따라서 甲은 주거침입죄의 죄책을 진다.

2. 감금죄(제276조 제 1 항)의 성립 여부

甲이 A가 도망가지 못하도록 안에서 문을 잠근 행위는 A의 장소이전의 자유를 박탈한 것으로서 감금죄에 해당된다.

3. 특수강도죄(제334조 제 2 항)의 성립 여부

회칼은 흉기 또는 위험한 물건에 해당하고, 이를 가지고 A에게 신용카드와 현금을 내놓으라고 한 것은 항거불가능의 폭행 또는 협박이라고 할 수 있고, A가 겁에 질렸고, 甲이 A의 신용카드와 현금을 빼앗았으므로 재물 또는 재산상의 이익을 취득한 것이라고 할 수 있고, 폭행·협박과 항거불가능 및 재물강취 사이에 인과관계도 인정된다. A의 신용카드와 현금에 대한 불법영득의사도 인정된다.

따라서 甲의 행위는 특수강도죄에 해당된다.

4. 특수협박죄(제284조) 및 강요미수죄(제324조, 제324조의5)의 성립 여부

甲이 A를 협박한 것은 특수협박죄에 해당된다. A가 신고하지 못하도록 하기 위한 것인데, 이는 협박으로 A의 권리행사를 방해하거나 의무없는 일을 하게 하는 강요행위라고 할 수 있다. 그러나 A가 경찰서에 신고를 하였으므로 현실적으로 권리행사를 방해하거나 의무없는 일을 하게 한 결과는 발생하지 않았다. 따라서 甲의 행위는 강요미수죄에 해당한다. 그런데 특수협박죄의 형벌이 강요미수죄의 형벌보다 무거우므로, 이 경우 특수협박죄만 성립할 것이다.

5. 사문서위조죄(제231조) 및 동행사죄(제234조)의 성립 여부

甲이 A의 명의로 구매전표를 작성한 것은 작성권한없는 甲이 A의 명의를 도용한 것이라고 할 수 있고, 甲에게 사문서위조의 고의와 행사의 목적도 인정되므로 사문서위조죄에 해당된다. 또한 위조한 구매전표를 주고 양복을 구입한 것은 위조사문서행사죄에서 행사에 해당된다.

6. 사기죄(제347조)의 성립 여부

甲이 A의 신용카드로 양복을 구입한 것은 양복집 점원을 기망하여 착오에 빠뜨리고 그의 처분행위를 통해 재물을 취득한 것이라고 할 수 있고 기망행위와 착오 및 처분행위 사이에 인과관계도 인정되므로 사기죄가 성립한다.

그리고 판례는 "신용카드를 절취한 후 이를 사용한 경우 신용카드의 부정사용 행위는 새로운 법익의 침해로 보아야 하고 그 법익침해가 절도범행보다 큰 것이 대부분이므로 위와 같은 부정사용행위가 절도범행의 불가벌적 사후행위가 되는 것은 아니다"라고 한다(대판 1996. 7. 12. 96도1181).

따라서 판례에 의하면 甲은 사기죄의 죄책을 진다.

7. 장물양도죄(제362조)의 성립 여부

甲이 강취한 현금 30만원은 장물이다. 甲이 이를 B에게 주었으므로 이는 장물양도죄에 해당된다. 판례는 "금융기관 발행의 자기앞수표는 그 액면금을 즉시 지급받을 수 있는 점에서 현금에 대신하는 기능을 가지고 있어서 장물인 자기앞수표를 취득한 후 이를 현금 대신 교부한 행위는 장물취득에 대한 가벌적 평가에 당연히 포함되는 불가벌적 사후행위로서 별도의 범죄를 구성하지 아니한다"고 한다(대판 1993. 11. 23. 93도213).

이러한 판례의 입장에 의하면 甲의 장물양도행위는 특수강도죄의 불가벌적 사후행위로서 특수강도죄에 흡수된다.

8. 죄 수

판례에 의하면 주거침입죄와 특수강도죄, 주거침입죄와 감금죄는 실체적 경합관계에 있고, 특수강도죄와 감금죄는 상상적 경합관계에 있다(대판 1997. 1. 21. 96도2715).

판례가 분명하게 언급하고 있지는 않지만, 강요미수죄는 특수협박죄에 흡수되고, 특수강도죄와 특수협박죄는 실체적 경합관계에 있다고 할 것이다. 판례에 의하면 사문서위조죄와 위조사문서행사죄 및 사기죄는 실체적 경합관계에 있다(대판 1991. 9. 10. 91도1722).

결국 판례에 의하면, 甲은 주거침입죄, 특수강도죄, 감금죄, 특수협박죄, 사문서위조죄, 위조사문서행사죄, 사기죄의 죄책을 진다. 특수강도죄와 감금죄는 상상적 경합관계에 있고, 이들 범죄와 나머지 범죄는 모두 실체적 경합관계에 있다.

Ⅲ. 판례의 문제점

1. 주거침입죄와 특수강도죄의 관계

판례는 주거침입죄와 특수강도죄는 실체적 경합관계에 있다고 하고 통설도 같은 입장에 있다. 그러나 주거침입죄가 계속범이므로 특수강도죄와는 상상적 경합관계에 있다고 하는 견해도 있다.

2. 특수강도죄와 감금죄의 관계

판례는 특수강도죄와 감금죄의 관계를 상상적 경합이라고 한다. 이에 대해서는 강도죄에서 폭행은 사람의 신체에 대한 것이 아니라 사람에 대한 것이면 족한데, 甲이 문을 잠근 것은 A에 대한 유형력의 행사로서 강도죄의 폭행에 속하므로 감금죄는 특수강도죄에 흡수된다고 하는 비판이 제기된다.

3. 사문서위조죄, 위조사문서행사죄, 사기죄의 관계

판례는 사문서위조죄, 위조사문서행사죄 및 사기죄가 실체적 경합관계에 있다고 한다. 이에 대해서 사문서위조죄와 위조사문서행사죄는 상상적 경합이거나 사문서위조죄는 위조사문서행사죄에 흡수된다고 해야 한다는 비판이 있다.

또한 위조사문서행사는 기망행위로서의 의미를 가지고 있으므로 사기죄와 상상적 경합관계에 있거나 사기죄만이 성립한다고 해야 한다는 비판도 있다.

35. 경합범에 대한 양형 및 형의 유예

:: 다음 사례를 읽고 물음에 답하시오.

甲은 2010. 1. 2. 시내버스에서 A의 지갑을 절취하였고, 동년 1. 10. 동네에 사는 B를 폭행하여 상해를 입힌 후, 동년 2. 10. 자신이 보관하는 C의 물건을 횡령하였다. 2010. 4. 1. 甲은 B의 고소로 인해 경찰에서 조사를 받게 되었고, 이 과정에서 A의 지갑을 절취하였다는 사실도 밝혀졌다. 甲은 절도죄와 폭행치상죄로 기소되었고, 2010. 6. 3. 법원은 甲의 유죄를 인정하고 징역 8월에 집행유예 1년을 선고하였다. 이 판결에 대해 항소가 제기되지 않아 2010. 6. 10. 이 판결이 확정되었다. 甲은 2010. 6. 15. 동네에서 B를 우연히 만나게 되어 왜 고소를 하여 자신을 전과자로 만들었느냐고 하며 따지다가 다시 B에게 상해를 입히려다 미수에 그쳤다. 이에 B가 다시 甲을 고소하였고, 甲은 B를 찾아가 항의하다 말리는 B의 부인 D를 폭행하였다. 甲이 수사를 받던 중이던 2010. 7. 1. C가 甲을 횡령죄로 고소하였다. 검사는 甲을 B에 대한 상해미수죄, D에 대한 폭행죄와 C에 대한 횡령죄로 기소하였다. 법원은 甲의 상해죄와 폭행죄 및 횡령죄 모두에 대해 유죄를 인정하였다.

1. 판례에 따를 때 법원이 C에 대한 횡령죄에 대해 甲에게 선고할 수 있는 형벌의 종류와 범위는?
2. 판례에 따를 때 법원이 A에 대한 절도죄, B에 대한 폭행치상죄, C에 대한 횡령죄에 대해 동시에 형을 선고하였더라도 징역 8월에 집행유예 1년을 선고하였으리라고 판단될 경우 법원은 횡령죄에 대해 형면제를 선고해야 하는가?
3. 판례에 따를 때 법원이 B에 대한 상해미수죄 및 D에 대한 폭행죄에 징역형의 실형을 선고한다고 가정할 경우 가장 가벼운 처단형의 범위는?
4. 법원은 甲에게 선고유예를 선고할 수 있는가?
5. 법원이 2011. 6. 15. 판결을 선고할 경우 甲에게 집행유예를 선고할 수 있는가?

Ⅰ. 논점의 제시

甲의 A의 지갑에 대한 절도죄, B에 대한 폭행치상죄와 C에 대한 횡령죄는 판결이 확정된 죄와 그 판결확정 전에 범한 죄로서 사후적 경합범(제37조 후단)관계에 있다. 甲의 B에 대한 상해미수죄와 D에 대한 폭행죄는 실체적 경합범, 그중에서도 동시적 경합범관계에 있다(제37조 전단).

C에 대한 횡령죄는 B에 대한 폭행치상죄 및 A에 대한 절도죄의 형벌을 고려하여 형을 정하여야 하고(제39조 제1항), B에 대한 상해미수죄 및 D에 대한 폭행죄의 동시적 경합범은 별도로 형을 정해야 한다.

여기에서는 다음과 같은 사항이 문제된다.

1. 제39조 제1항과 관련하여, 횡령죄에 대해 법원이 선고할 수 있는 형벌의 종류와 범위가 무엇인지 문제된다.

2. 횡령죄를 판결이 확정된 절도죄 및 폭행치상죄와 동시에 선고하였더라도 징역 8월에 집행유예 1년을 선고하였다고 할 경우 제39조 제1항 제2문과 관련하여 횡령죄에 대해 어떤 판결을 선고해야 하는가 문제된다.

3. B에 대한 상해미수죄 및 D에 대한 폭행죄의 실체적 경합범에 대해 법원이 선고할 수 있는 형벌의 종류와 범위가 문제된다.

4. B에 대한 상해미수죄와 D에 대한 폭행죄의 실체적 경합범에 대해 선고유예가 가능한지 제59조 제1항 단서의 적용 여부와 관련하여 문제된다.

5. B에 대한 상해미수죄와 D에 대한 폭행죄의 실체적 경합범에 대해 집행유예가 가능한지 제62조 제1항 단서의 적용 여부와 관련하여 문제된다.

Ⅱ. 횡령죄에 대해 선고할 수 있는 형벌의 종류와 범위

甲의 절도죄 및 폭행치상죄와 횡령죄는 2010. 6. 10.의 확정판결 이전에 범한 죄인데 절도죄와 폭행치상죄에 대해서는 확정판결이 있었지만, 횡령죄에 대해서는 확정판결이 없었으므로 세 범죄는 사후적 경합범의 관계에 있다. 사후적 경합범에 대해서는 그 죄와 판결이 확정된 죄를 동시에 판결할 경우와 형평을 고려하여 그 죄에 대하여 형을 선고한다. 이 경우 그 형을 감경 또는 면제할 수 있다(제39조 제1항). 다만, 판례에 의하면 이미 판결을 받은 죄에 대한 형과 반드시 동종의 형을 선택하여야 하는 것은 아니다(대판 1984. 11. 27. 84도1371).

따라서 법원은 1개월 이상 5년 이하의 징역을 선고할 수도 있고, 5만원 이상 1,500만원 이하의 벌금을 선고할 수도 있다(제355조 제1항). 또한 징역형이나 벌금형을 선고할 때에 10년 이하의 자격정지를 병과하거나 하지 않을 수 있다(제358조). 또한 법원은 형을 면제할 수도 있다(제39조 제1항 제2문).

Ⅲ. 제39조 제1항 제2문의 적용방법

판례는 형법 제39조에 대해 "형법 제37조의 후단 경합범에 대하여 심판하는 법원은 판결이 확정된 죄와 후단 경합범의 죄를 동시에 판결할 경우와 형평을 고려하여 후단 경합범의 처단형의 범위 내에서 후단 경합범의 선고형을 정할 수 있는 것이고, 그 죄와 판결이 확정된 죄에 대한 선고형의 총합이 두 죄에 대하여 형법 제38조를 적용하여 산출한 처단형의 범위 내에 속하도록 후단 경합범에 대한 형을 정하여야 하는 제한을 받는 것은 아니며, 후단 경합범에 대한 형을 감경 또는 면제할 것인지는 원칙적으로 그 죄에 대하여 심판하는 법원이 재량에 따라 판단할 수 있다"고 한다(대판 2008. 9. 11. 2006도8376).

따라서 법원은 횡령죄에 대해 반드시 형을 면제할 필요는 없다.

Ⅳ. 징역형의 실형 중 가장 가벼운 처단형의 범위

상해죄의 형벌 중 징역형은 7년 이하의 징역이고(제257조). 폭행죄의 형벌 중 징역형은 2년 이하의 징역이다(제260조).

B에 대한 상해미수죄와 D에 대한 폭행죄는 실체적 경합관계에 있으므로 경합범가중을 해야 하지만, 甲에게 가장 가벼운 징역형의 처단형을 정하기 위해서는 상해미수죄에 대해 형벌을 감경하고, 작량감경을 해야 한다. 이와 같이 가중·감경사유가 경합된 때에는, 각칙 본조에 의한 가중 → 제34조 제2항의 가중 → 누범가중 → 법률상 감경 → 경합범가중 → 작량감경의 순서에 의해 가중·감경한다(제56조).

이 순서에 따라 가중·감경을 하면 다음과 같다.

첫째, 상해미수죄에 대해 법률상 감경인 미수감경을 하면 3년 6개월 이하의 징역이 된다.

둘째, 상해미수죄와 폭행죄의 형벌 중 무거운 죄인 상해미수죄의 장기의 2분의 1까지 가중할 경우 5년 3개월이 된다. 이것이 상해미수죄의 장기와 폭행죄의 장기를 합산한 5년 6개월 이하의 징역을 초과하지 않으므로 甲에게 5년 3개월의 징역까지 가중할 수 있다.

셋째, 판례는 작량감경도 제55조의 법률상의 감경과 같은 방법으로 하여야 한다고 한다(대판 1964. 10. 28. 64도454). 제55조 제1항 제3호에 의하면 유기징역을 감경할 때에는 그 형기의 2분의 1로 하지만, 제42조 본문에 의하면 징역형의 하한은 1개월 이상이다.

따라서 甲에 대한 징역형의 실형을 선고할 때 가장 가벼운 처단형의 범위는 1개월 이상 2년 7개월 15일 이하의 징역이 된다.

V. 甲에 대한 선고유예 가부

1. 횡령죄에 대한 선고유예 가부

제59조 제1항 단서는 자격정지 이상의 형을 받은 전과가 없을 것을 선고유예의 요건으로 하고 있다. 그런데 여기에서 자격정지 이상의 형을 선고받은 시점이 문제될 수 있다. 자격정지 이상의 형을 받은 전과가 없다는 요건 존부의 기준시기를 범행시로 한다면 선고유예가 가능하고, 판결시로 한다면 선고유예가 불가능하다.

판례는 "형법 제39조 제1항에 의하여 형법 제37조 후단 경합범 중 판결을 받지 아니한 죄에 대하여 형을 선고하는 경우에 있어서 형법 제37조 후단에 규정된 금고 이상의 형에 처한 판결이 확정된 죄의 형도 형법 제59조 제1항 단서에서 정한 '자격정지 이상의 형을 받은 전과'에 포함된다고 봄이 상당하다"고 한다(대판 2010. 7. 8. 2010도931).

따라서 판례에 의하면 甲이 횡령죄와 사후적 경합범관계에 있는 절도죄 및 폭행치상죄에 대해 자격정지 이상의 형을 선고받았으므로 법원은 횡령죄에 대해 甲에게 선고유예를 선고할 수 없다.

2. 상해미수죄와 폭행죄의 경합범에 대한 선고유예 가부

판례는 집행유예의 선고를 받고 그 유예기간을 무사히 경과한 자에 대하여 선고유예가 불가능하다고 한다(대판 2008. 1. 18. 2007도9405). 따라서 집행유예기간을 경과하지 아니한 자에 대해 선고유예를 하는 것은 더욱 불가능하다고 해야 할 것이다.

따라서 판례에 의하면 법원은 상해미수죄와 폭행죄의 경합범에 대해 선고유예를 선고할 수 없다.

Ⅵ. 甲에 대한 집행유예의 가부

1. 횡령죄에 대한 집행유예의 가부

종래 제62조 제1항 단서는 "금고 이상의 형의 선고를 받아 집행을 종료한 후 또는 집행이 면제된 후로부터 5년을 경과하지 아니한 자에 대하여는" 집행유예를 선고할 수 없다고 규정하고 있다. 이에 대해 대법원은 "형법 제37조의 경합범 관계에 있는 수죄가 전후로 기소되어 각각 별개의 절차에서 재판을 받게 된 결과 어느 하나의 사건에서 먼저 집행유예가 선고되어 그 형이 확정되었을 경우 다른 사건의 판결에서는 다시 집행유예를 선고할 수 없다면 그 수죄가 같은 절차에서 동시에 재판을 받아 한꺼번에 집행유예를 선고받을 수 있었던 경우와 비교하여 현저히 균형을 잃게 되므로 이러한 불합리가 생기는 경우에 한하여 위 단서 규정의 '형의 선고를 받아'라는 의미는 실형이 선고된 경우만을 가리키고 형의 집행유예를 선고받은 경우는 포함되지 않는다고 해석함이 상당하다"고 하여(대판 1992. 8. 14. 92도1246; 1991. 5. 10. 91도473; 1989. 9. 12. 87도2365 전원합의체), 사후적 경합범에 대해서는 집행유예기간 중 집행유예의 선고가 가능하다고 하였다.

그러나 현행법 제62조 제1항 단서는 "금고 이상의 형을 선고한 판결이 확정된 때부터 그 집행을 종료하거나 면제된 후 3년까지의 기간에 범한 죄에 대하여 형을 선고하는 경우에는 그러하지 아니하다"고 규정하고 있다.

사례에서 甲의 횡령죄는 집행유예의 결격사유에 해당되지 않으므로 법원은 甲에 대해 집행유예를 선고할 수 있다.

2. 상해미수죄 및 폭행죄에 대한 집행유예 가부

甲은 징역 8월에 집행유예 1년의 확정판결을 받은 후 집행유예기간 중 상해미수죄와 폭행죄를 범하였으므로 제62조 제1항 단서에 해당되어 집행유예를 선고받을 수 없다고 해석할 수도 있다. 그러나 판례는 "집행유예 기간 중에 범한 죄에 대하여 형을 선고할 때에, 집행유예의 결격사유를 정하는 형법 제62조 제1항 단서 소정의 요건에 해당하는 경우란, 이미 집행유예가 실효 또는 취소된 경우와 그 선고 시점에 미처 유예기간이 경과하지 아니하여 형 선고의 효력이 실효되지 아니한 채로 남아 있는 경우로 국한되고, 집행유예가 실효 또는 취소됨이 없이 유예기간을 경과한 때에는, 형의 선고가 이미 그 효력을 잃게 되어 '금고 이상의 형을 선고'한 경우에 해당한다고 보기 어려울 뿐 아니라, 집행의 가능성이 더 이상 존재하지 아니하여 집행종료나 집행면제의 개념도 상정하기 어려우므로 위 단서 소정의 요건에 해당하지 않는다고 할 것이므로, 집행유예 기간 중에 범한 범죄라고 할지라도 집행유예가 실효 취소됨이 없이 그 유예기간이 경과한 경우에는 이에 대해 다시 집행유예의 선고가 가능하다"고 한다(대판 2007. 2. 8. 2006도6196).

따라서 판례에 의하면 법원은 상해미수죄 및 폭행죄의 경합범에 대해 甲에게 집행유예를 선고할 수 있다.

刑 法 演 習

Criminal Law
– A **Case Study**
Approach

제2편

각 칙

1

刑法演習

Criminal Law
– A Case Study Approach

개인적 법익에 관한 죄

36. 뇌사와 존속상해치사죄 및 공범

:: 다음 사례를 읽고 물음에 답하시오(특별법은 불문함).

여대생 甲은 나이트클럽에서 춤을 추다 만난 영화감독 지망생 乙과 사랑에 빠지게 되었다. 甲은 학교를 휴학하고 집에서 받은 등록금을 가지고 乙의 하숙집으로 들어가 함께 지냈다. 甲, 乙은 장차 결혼하겠다는 생각은 하지 않고 그날그날을 즐기며 살았다. 얼마 후 생활비가 떨어진 甲, 乙은 돈 벌 궁리를 하던 끝에, 인터넷성인물사이트를 운영하는 K회사로부터 돈을 받고 자신들의 성행위장면을 찍은 에로동영상을 만들어 주었다. K회사는 '슈퍼 빠떼리'(일명 '초강력 건전지')라는 제목을 붙여 K회사의 인터넷사이트에 게재하였다.

그런데 공교롭게도 성인인터넷사이트에서 에로동영상 보는 것을 취미로 하는 甲의 아버지 A가 K회사의 성인물사이트에서 이 동영상을 보게 되었다. 그 에로동영상이 게재된 자초지종을 알게 된 A는 격분하여 乙의 하숙집을 찾아가서 甲의 머리채를 잡고 마구 때려 주었고, 甲은 얼굴과 가슴에 커다란 멍이 들고 머리에 출혈을 하는 전치 3주의 부상을 입었다. A는 乙도 甲과 비슷하게 때려 주었다. A가 돌아가자 甲은 자신과 자신이 사랑하는 乙을 마구 때린 A에 대한 원망이 생겨났다.

다음 날 甲은 乙에게 바보같이 참지 말고 A를 찾아가 맞은 만큼 때려 주라고 하였다. 乙은 어떻게 그런 짓을 할 수 있느냐고 하면서 거부하였다. 그러자 甲은 "그렇게 하지 않으면 A가 우리들을 계속 무시하고 인정하지 않을 것이다"라고 하였다. 甲의 말이 맞다고 생각한 乙은 밤에 A를 찾아가 동네 근처 공원으로 나오라고 한 후 준비해간 빈 맥주병으로 A의 머리를 가격하였다. A는 쓰러져 의식을 잃었다. 乙은 A의 상태가 심상치 않아 죽을지도 모르겠지만 죽지는 않을 것이라 생각하고 A를 공원에 방치해 두고 집으로 돌아왔다. 한 시간 후 A는 행인에게 발견되어 곧바로 병원으로 옮겨졌으나 한 시간 동안의 뇌출혈로 인하여 뇌사상태에 빠져 뇌사판정을 받았다.

1. 사망시기에 대해서는 뇌사설을, 그 밖의 논점에 대해서는 판례의 입장을 따라 甲, 乙의 처벌을 설명하시오.
2. 사망시기에 대해서는 심장박동종지설을, 그 밖의 논점에 대해서는 판례의 입장을 따라 甲, 乙의 처벌을 설명하시오.
3. 뇌사설과 심장박동종지설의 논거 및 그에 대한 비판을 소개하시오.
4. 甲의 처벌에 대한 판례입장에 대한 비판의견을 소개하시오.

Ⅰ. 논점의 제시

사례에서 A가 뇌사상태에 빠져 뇌사판정을 받았기 때문에 A가 사망하였는지의 여부가 문제된다. 사람의 종기에 대해 심장박동종지설에 의하면 A는 중상해를 입은 것이 되지만, 뇌사설에 의하면 A는 사망한 것이 된다.

첫째, 뇌사설을 따를 경우 甲, 乙의 처벌에 대해 문제되는 것은 다음과 같다.

1. 乙이 A의 머리를 맥주병으로 때려 실신시킨 행위가 단순상해죄(제257조 제1항)와 존속상해죄(제257조 제2항) 중 어디에 해당되는지 문제된다.

2. 乙이 A가 죽지는 않을 것이라고 생각했어도 방치하고 집으로 갔으므로 존속유기치사죄(제275조 제2항) 또는 단순유기치사죄(제275조 제1항)의 성립 여부가 문제된다.

3. 甲이 乙을 교사하여 자신(甲)의 직계존속인 A에 대한 상해죄를 범하게 한 경우 존속상해교사죄와 단순상해교사죄 중 어느 죄로 처벌되는지 문제된다.

4. 甲이 乙에게 존속상해 혹은 단순상해를 교사하였는데 乙이 A를 사망케 하였으므로 甲이 단순상해치사 혹은 존속상해치사죄의 교사범으로 처벌되는지 문제된다.

둘째, 심장박동종지설을 따를 경우 A가 뇌사상태에 빠진 것은 중상해를 입은 것이라고 할 수 있다. 이 경우 甲, 乙의 처벌에 대해 문제되는 것은 다음과 같다.

1. 乙이 A의 머리를 맥주병으로 때린 행위가 상해죄와 존속상해죄 중 어디에 해당되는지 문제된다.

2. 乙이 A를 방치하고 갔고 이로 인해 A가 중상해를 입었으므로 유기죄에 해당되는지 문제된다.

3. 甲이 乙에게 자신의 직계존속인 A에 대한 상해를 교사하였는데 이 행위로 인해 존속상해교사죄와 단순상해교사죄 중 어느 죄로 처벌되는지 문제된다.

4. 甲이 乙에게 존속상해 혹은 단순상해를 교사하였는데 乙이 A를 중상해에 이르게 하였으므로, 이 경우 甲이 단순중상해 또는 존속중상해죄의 교사범으로 처벌되는지 및 처벌된다면 어느 죄로 처벌되는지 문제된다.

Ⅱ. 뇌사설에 따른 甲, 乙의 처벌

1. 乙의 처벌

(1) 상해치사죄(제259조 제1항)의 성립 여부

A로부터 상해를 당한 甲이 乙에게 자신들이 맞은 대로 A를 때려 주라고 한 것은 상해행위를 교사한 것이고, 乙도 상해의 고의로 A의 머리를 맥주병으로 가격하였다고 할 수 있다. 그런데 A가 사망하였으므로 乙을 상해치사죄로 처벌할 수 있는지 문제된다.

판례에 의하면 상해치사죄가 성립하기 위해서는 상해행위와 사망의 결과 사이에 상당인과관계가 있어야 하고, 사망에 대한 예견가능성이 있어야 한다. 사례에서 乙이 맥주병으로 A의 머리를 내리친 경우 일반인의 경험칙상 A가 뇌사에 이를 수 있을 가능성뿐만 아니라 개연성 내지 상당성까지 있다고 할 수 있기 때문에 乙의 행위와 A의 뇌사 사이에는 상당인과관계가 인정된다. A의 사망에 대한 예견가능성도 인정될 수 있다.

따라서 甲은 A에 대한 상해치사죄의 죄책을 지고 상해치사죄의 형벌로 처벌된다.

(2) 유기치사죄(제275조 제1항)의 성립 여부

乙이 실신으로 부조를 요하는 A를 방치하였으나 乙이 A가 사망하지는 않을 것이라고 생각하였으므로 살인의 고의는 인정되지 않고 유기의 고의만이 인정된다. 따라서 유기치사죄의 성립 여부가 문제될 수 있다. 그러나 판례에 의하면 甲과 乙이 사실혼 관계에 있었다고도 할 수 없으므로 乙이 A를 구호해야 할 법률상

Criminal Law — A Case Study Approach

또는 계약상의 의무를 인정할 수는 없다(대판 2008. 2. 14. 2007도3952. 형법 제271조 제1항에서 말하는 법률상 보호의무 가운데는 민법 제826조 제1항에 근거한 부부간의 부양의무도 포함되며, 나아가 법률상 부부는 아니지만 사실혼 관계에 있는 경우에도 위 민법 규정의 취지 및 유기죄의 보호법익에 비추어 위와 같은 법률상 보호의무의 존재를 긍정하여야 하지만, 사실혼에 해당하여 법률혼에 준하는 보호를 받기 위하여는 단순한 동거 또는 간헐적인 정교관계를 맺고 있다는 사정만으로는 부족하고, 그 당사자 사이에 주관적으로 혼인의 의사가 있고 객관적으로도 사회관념상 가족질서적인 면에서 부부공동생활을 인정할 만한 혼인생활의 실체가 존재하여야 한다).

따라서 乙은 유기치사죄의 죄책을 지지 않는다.

(3) 정 리

판례에 의하면 乙은 상해치사죄(제259조 제1항)의 죄책을 지고 상해치사죄의 형벌로 처벌된다.

2. 甲의 처벌

(1) 교사의 착오

판례는 "교사자가 피교사자에 대하여 상해 또는 중상해를 교사하였는데 피교사자가 이를 넘어 살인을 실행한 경우에, 일반적으로 교사자는 상해죄 또는 중상해죄의 죄책을 지게 되는 것이지만 이 경우에 교사자에게 피해자의 사망이라는 결과에 대하여 과실 내지 예견가능성이 있는 때에는 상해치사죄의 죄책을 지울 수 있다"고 한다(대판 2002. 10. 25. 2002도4089).

이에 의하면 甲이 乙에게 A에 대한 상해를 교사하였지만 乙이 A를 사망케 하였고, 전치 3주의 부상을 입힐 정도의 상해를 교사한 경우 피해자가 사망할 수도 있다는 것은 예견가능하다. 따라서 乙은 (존속)상해치사죄의 교사범의 죄책을 진다.

(2) 존속상해치사(제259조 제2항) 교사범으로 처벌 가부

乙은 상해치사죄(제259조 제1항)의 죄책을 진다. 그런데 직계비속인 甲이 직계비속이 아닌 乙을 교사하여 자신(甲)의 직계존속을 상해치사케 하였으므로 존속

상해치사교사죄(제259조 제 2 항)로 처벌되는지 문제된다.

이 경우 판례는 "형법 제31조 제 1 항은 협의의 공범의 일종인 교사범이 그 성립과 처벌에 있어서 정범에 종속한다는 일반적인 원칙을 선언한 것에 불과하고, 신분관계로 인하여 형의 경중이 있는 경우에 신분이 있는 자가 신분이 없는 자를 교사하여 죄를 범하게 한 때에는 형법 제33조 단서가 형법 제31조 제 1 항에 우선하여 적용됨으로써 신분이 있는 교사범이 신분이 없는 정범보다 중하게 처벌된다"고 한다(대판 1994. 12. 23. 93도1002).

따라서 판례에 의하면 甲은 존속상해치사죄의 교사범으로 처벌된다.

Ⅲ. 심장박동종지설에 따른 甲, 乙의 처벌

1. 乙의 처벌

(1) 중상해죄로 처벌 가부

乙은 상해의 고의로 A를 뇌사상태에 빠뜨려 중상해를 입혔다고 할 수 있다. 중상해죄는 중상해에 대해 고의가 있을 때뿐만 아니라 과실이 있을 때에도 성립하는 부진정결과적 가중범이라는 입장과 순수결과범이라는 입장이 있다. 판례의 입장은 불분명하다. 그러나 어떤 견해에 의하든 乙은 단순중상해죄(제258조 제 1 항)의 죄책을 지고 단순중상해죄의 형벌로 처벌된다.

(2) 유기죄로 처벌 가부

乙이 상해를 입은 A를 방치하고 그대로 한 행위는 유기행위에 해당된다. 그러나 이미 A가 상해를 입었으므로 유기치상죄는 성립할 수 없다. 그러나 乙은 A를 구호해야 할 법률상 또는 계약상의 의무자라고 할 수 없다. 따라서 유기죄로 처벌할 수는 없다.

(3) 정 리

乙은 중상해죄로 처벌된다.

2. 甲의 처벌

甲은 자신의 직계존속 A를 상해하라고 乙에게 교사하였는데 乙이 중상해의 결과를 발생시켰으므로 판례에 의하면 甲은 중상해죄의 교사범의 죄책을 진다. 甲이 乙을 교사하여 자신(甲)의 직계존속인 A에게 중상해를 교사하였으므로, 판례에 의하면 공범종속성원칙보다 제33조 단서가 우선 적용되므로 甲은 존속중상해죄(제258조 제3항)의 교사범으로 처벌된다(대판 1994. 12. 23. 93도1002).

Ⅳ. 뇌사설과 심작박동종지설의 논거와 그에 대한 비판

1. 뇌사설의 논거 및 비판

(1) 뇌사설의 논거

우리나라의 뇌사설은 대뇌, 소뇌, 뇌간 등 뇌의 전 기능이 소실된 때에는 심장박동이 종지되지 않았더라도 사망한 것이라고 하는 전뇌사설의 입장이다. 뇌사설은 다음과 같은 논거를 제시하고 있다.

첫째, 인간의 인격의 중심은 뇌에 있으므로, 뇌기능이 완전히 소실된 때에는 사람의 생명보호를 위한 전제가 의미없게 된다.

둘째, 호흡과 심장박동은 기능이 일시 정지되어도 다시 회복될 수 있고 나아가 인공심폐장치에 의해 인공적으로 유지될 수 있지만, 뇌의 기능은 한 번 소실되면 다시 회복할 수 없다.

셋째, 심폐와 같은 장기는 인공장기나 타인의 장기로 대체할 수 있지만, 뇌를 이식할 수 있는 기술이 아직 없다.

넷째, 뇌사를 인정하는 경우 장기이식의 성공가능성이 높아지므로 다른 사람들의 생명을 구할 수 있는 가능성이 높아진다.

다섯째, 뇌사자에 대해 무익한 치료를 계속하는 것은 가족이나 의료기관에게 경제적 부담을 주거나 무용한 치료를 하도록 만든다.

여섯째, 현재의 뇌사판정은 신뢰할 만한 수준에 이르고 있다.

일곱째, 뇌사자들은 거의 모두가 얼마 지나지 않아 심폐사에 이르게 된다.

刑·法·演·習

(2) 뇌사설에 대한 비판

뇌사설에 대해서는 다음과 같은 비판이 제기된다.

첫째, 뇌사판정에 오류가 없다고 할 수 없기 때문에 뇌사판정이 완전히 신뢰할 만한 수준에 이르렀다고 할 수 없다.

둘째, 사망의 개념이 어떤 실용적 기준에 의해 결정되어서는 안 되는데, 뇌사설은 장기이식이 용이하다고 하는 실용적 필요와 연결되어 있다는 것을 부인할 수 없다.

셋째, 다른 사람의 생명을 구한다는 이유로 뇌사자의 생명을 경시할 우려가 있다.

넷째, 뇌사판정에 의해 뇌사 여부는 알 수 있더라도 현재로서는 뇌사의 정확한 시점을 알 수 없기 때문에 유용한 법률개념으로 사용하기에는 부족하다.

2. 심장박동종지설의 논거 및 비판

(1) 심장박동종지설의 논거

뇌사설에 대한 비판논거는 심장박동종지설을 지지하는 논거가 된다.

(2) 심장박동종지설에 대한 비판

뇌사설의 논거는 심장박동종지설에 대한 비판논거로 제시된다.

Ⅴ. 甲의 처벌에 대한 판례입장에 대한 비판

1. 상당인과관계설에 대한 비판

판례는 상해치사죄의 성립요건 중 하나로 상해행위와 결과발생 사이에 상당인과관계가 있을 것을 요구한다. 그런데 상당인과관계설에 대해서는 다음과 같은 비판이 제기된다.

첫째, 상당인과관계설은 인과관계의 판단과 형법상의 책임귀속 문제를 구별하지 못한다.

둘째, 상당인과관계설에서의 상당성은 개연성을 의미하는데, 개연성(probablity)과 가능성(possibility)의 구분이 매우 모호하다.

2. 교사의 착오에 대한 비판

판례는 상해를 교사하였는데 피교사자가 사망의 결과를 발생시킨 경우 상해치사죄의 교사범을 인정한다. 이에 대해서는 상해교사치사죄와 상해치사죄의 교사범은 구별해야 한다는 비판이 제기된다. 상해치사죄는 상해의 정범의 과실로 사망의 결과를 발생시킨 경우를 의미하는데, 상해의 교사범이 과실로 사망의 결과를 발생시킨 경우를 상해치사죄의 교사범이라고 하는 것은 피고인에게 불리한 유추해석이라는 것이다. 따라서 이 경우에는 상해교사죄와 과실치사죄의 상상적 경합범이 성립한다고 해야 한다.

3. 신분자가 비신분자를 교사하였을 경우의 처벌

판례는 신분자인 甲이 비신분자인 乙을 교사하여 가중적 부진정신분범을 범하게 하였을 경우 비신분자는 일반범죄로 처벌되지만, 신분자는 제31조 제1항보다 제33조 단서가 우선 적용되어 가중적 부진정신분범으로 처벌된다고 한다. 이에 대해서는 다음과 같은 비판이 제기된다.

첫째, 제33조는 신분자가 비신분자의 범행에 가공한 경우를 규정한 것이고 신분자가 비신분자의 범행에 가공한 경우에는 적용될 수 없다. 따라서 신분자인 甲이 비신분자인 乙의 범행에 교사의 형태로 가공한 경우에는 제33조를 적용할 수 없다.

둘째, 공범의 종속성원칙상 정범이 일반범죄의 죄책을 지는데 공범이 이것을 초과하는 가중적 부진정신분범으로 처벌되는 것은 행위책임보다 행위자책임을 우선시하는 것으로 바람직하지 않다.

셋째, 제33조 단서가 적용된다고 하더라도 동 규정은 '중한 형으로 벌하지 아니한다'고 규정하고 있다. 이는 '비신분자를 신분자보다 중한 형으로 벌하지 않는다'는 의미로 해석해야 하고, 따라서 사례에서 甲은 존속범죄가 아닌 일반범죄로 처벌되어야 한다.

37. 살인죄의 인과관계, 부작위에 의한 살인죄 및 인질강요살인죄

:: 다음 사례를 읽고 물음에 답하시오(특별법은 불문함).

甲은 슈퍼마켓을 경영하며 1남 1녀를 홀로 키우고 있었는데, 금융위기로 장사가 안돼 고민하고 있었다. 이때 마침 채권자 A가 찾아와 "빚을 안 갚는 도둑놈"이라고 욕을 하였다. 이에 격분한 甲은 부엌으로 들어가 길이 39cm, 너비 4.8cm의 독일제 칼을 들고 나와 A의 하복부를 찔러 직경 5cm, 깊이 15cm의 자창(刺創)을 입혔다. A는 병원으로 옮겨져 치료를 받았다. 며칠 치료를 받은 A는 병세는 호전되었지만 칼로 찔린 상처의 수술로 인한 급성신부전증은 아직 남아 있었다. A는 음식을 조심해야 함에도 불구하고 이를 모르고 함부로 콜라와 김밥을 먹었는데 이로 인해 급성신부전증이 급격히 악화되어 패혈증으로 사망하고 말았다.

자신이 살인죄로 처벌받으면 어린 자식들의 생계와 장래가 어떻게 될 것인가를 고민하던 甲은 자식들과 함께 자살할 것을 결심하였다. 甲은 7세의 아들 B와 3세의 딸 C를 강가로 데리고 가, "함께 죽어서 용궁으로 가자"고 하면서 먼저 강물로 들어갔다. 평소 甲의 말을 잘 듣는 B와 C는 甲을 따라 강물로 들어갔다. B는 익사하였으나 甲과 C는 지나가던 청년의 도움으로 구조되었다. 집으로 돌아온 甲은 자신이 한 일에 대해 후회하였으나 다시 C가 어떻게 살아갈 것인가 걱정이 되었다.

이에 甲은 같은 동네에 사는 15세의 D를 납치해 와 D의 부모가 C를 보살펴 주겠다는 약속을 받아 내기로 하였다. 甲은 D에게 "우리 집에 가서 빨간마후라를 보자" 하고 D를 자신의 집으로 데리고 와 감금하고 결박한 후 모포를 뒤집어 씌워 놓았다. 이틀 후 甲이 D를 살펴보니 D는 탈진하여 음료수를 주어도 먹지 못하는 상태가 되어 있었다. 甲은 D를 병원에 데리고 가지 않으면 소생시키기 어렵다고 생각하였으나 A를 병원에 데리고 갔다가는 자신의 범죄가 발각날 것이 두려워 그대로 두었다. 다음 날 甲이 D를 살펴보니 D는 사망하였다.

1. 판례입장에 따라 A에 대한 甲의 죄책을 설명하고 판례에 대한 비판을 소개하시오.
2. B, C에 대해 살인죄의 직접정범과 간접정범 중 어느 것이 성립하는지 논하시오.
3. D에 대한 甲의 죄책을 논하시오.

Ⅰ. 논점의 제시

첫째, A에 대한 甲의 죄책으로 문제되는 것은 다음과 같다.

1. 甲이 칼로 A를 찌른 것이 상해의 고의에 의한 행위인가 아니면 살인의 고의에 의한 행위인가 문제된다. 전자의 경우라면 상해치사죄(제259조)의 성립 여부가 문제되고, 후자의 경우라면 살인죄(제250조 제1항)의 성립 여부가 문제된다.

2. A가 그 자리에서 사망한 것이 아니라 치료를 받다가 콜라와 김밥을 함부로 먹다가 사망하였으므로 甲이 A를 칼로 찌른 행위와 A의 사망 사이에 인과관계가 인정되는지 문제된다.

둘째, B, C에 대한 甲의 죄책으로 문제되는 것은 다음과 같다.

1. 자신의 말을 잘 듣는 7세의 B에게 용궁으로 가자고 하고 같이 강물로 들어간 것이 자살교사죄(제252조 제2항)에 해당하는가 아니면 살인죄에 해당하는가 문제된다.

2. 살인죄에 해당한다고 할 경우 살인죄의 직접정범인가 아니면 간접정범인가 문제된다.

셋째, D에 대한 죄책으로 문제되는 것은 다음과 같다.

1. 甲에게 D에 대한 살인의 고의를 인정할 수 있는지 문제된다.

2. 甲의 행위가 미성년자유인죄와 부작위에 의한 살인죄에 해당되는가 아니면 인질강요살인죄(제324조의4)에 해당되는가 문제된다.

Ⅱ. 판례에 따른 A에 대한 甲의 죄책

1. 판례에 따른 죄책

(1) 문제점

甲이 A를 찔러 사망케 한 행위가 살인죄(제250조 제1항)에 해당되는지 문제된다. 판례에 의하면 살인죄에 해당되기 위해서는 사람을 살해하는 행위가 있어야 하고, 사망의 결과가 발생해야 하고, 살해행위와 사망 사이에 상당인과관계가 있어야 하고, 행위자에게 살인의 고의가 있어야 한다. 이 중 다른 요건들의 충족 여부는 문제가 되지 않지만, 甲에게 살인의 고의의 존재 및 甲이 A를 찌른 행위와 A의 사망 사이에 상당인과관계의 존부가 문제된다.

(2) 살인고의의 존재 여부

판례는 "살인의 범의는 반드시 살해의 목적이나 계획적인 살해의 의도가 있어야 인정되는 것은 아니고, 자기의 행위로 인하여 타인의 사망의 결과를 발생시킬 만한 가능성 또는 위험이 있음을 인식하거나 예견하면 족한 것이고 그 인식이나 예견은 확정적인 것은 물론 불확정적인 것이라도 이른바 미필적 고의로 인정되는 것인바, 피고인이 범행 당시 살인의 범의는 없었고 단지 상해 또는 폭행의 범의만 있었을 뿐이라고 다투는 경우에 피고인에게 범행 당시 살인의 범의가 있었는지 여부는 피고인이 범행에 이르게 된 경위, 범행의 동기, 준비된 흉기의 유무・종류・용법, 공격의 부위와 반복성, 사망의 결과발생 가능성 정도 등 범행 전후의 객관적인 사정을 종합하여 판단할 수밖에 없는 것이다"라고 한다(대판 2009. 2. 26. 2008도9867).

이러한 판례에 의하면 甲이 A를 찌른 도구가 독일제 칼이었고, 찌른 부위가 배였으며, 상처의 크기가 큰 점 등을 종합하여 볼 때 甲이 A의 사망을 인식하고 이를 의욕하였거나 인용하였다고 할 수 있으므로 살인의 고의가 인정된다.

(3) 인과관계의 존부

살인기수죄가 성립하기 위해서는 살인행위와 피해자의 사망 사이에 인과관계가 있어야 한다. 인과관계가 없는 경우에는 살인미수죄가 성립할 수 있을 뿐이다.

판례는 "피고인들의 이 사건 범행이 위 피해자를 사망하게 한 직접적인 원인이 된 것은 아니지만, 그 범행으로 인하여 위 피해자에게 급성신부전증이 발생하였고 또 그 합병증으로 위 피해자의 직접사인이 된 패혈증 등이 유발된 이상, 비록 그 직접사인의 유발에 위 피해자 자신의 과실이 개재되었다고 하더라도 이와 같은 사실은 통상 예견할 수 있는 것으로 인정되므로, 위 피고인들의 이 사건 범행과 위 피해자의 사망과의 사이에는 인과관계가 있다"고 한다(대판 1994. 3. 22. 93도3612).

(4) 정 리

판례에 의하면, 甲의 행위는 살인기수죄의 구성요건에 해당하고, 위법성조각사유나 책임조각사유는 없으므로, 甲은 A에 대한 살인기수죄(제250조 제1항)의 죄책을 진다.

2. 판례에 대한 비판

(1) 고의의 문제

사례에서 판례는 사망의 결과에 대한 인식이 있으면 족하고, 그 인식은 미필적 인식이어도 족하다고 한다. 이에 대해서는 다음과 같은 비판이 제기된다.

첫째, 판례는 고의에 관한 인용설을 따르고 있는데, 위와 같은 판례의 표현은 고의에 관한 인식설을 따른 것 같은 인상을 준다.

둘째, 감수설에 따르면 판례가 취하고 있는 인용설은 '결과가 발생했으면 좋겠다'라고 하는 감정적 요소를 가지고 있어야 하는데, 이러한 감정적 요소가 없어도 감수가 있는 경우에는 고의를 인정해야 한다고 한다.

셋째, 의사설에서는 인용만으로 고의를 인정하는 것은 고의를 너무 넓게 인정하므로 의욕까지 있는 경우에만 고의를 인정할 수 있다고 한다.

(2) 인과관계의 문제

판례는 상당인과관계설을 따르고 있는데, 이에 대해서는 다음과 같은 비판이 제기된다.

첫째, 상당인과관계설은 인과관계의 존부 문제와 형법상의 책임귀속을 분리하지 않고 한꺼번에 결정한다.

둘째, 상당성과 가능성의 구별이 매우 모호하다.

따라서 인과관계 문제는 합법칙적 조건설에 의해 결정하고, 형법상 귀책의 문제는 객관적 귀속론에 의해 결정해야 한다고 한다.

Ⅲ. B, C에 대한 甲의 죄책

1. 문 제 점

甲이 B에게 '죽어서 용궁으로 가자'고 하였고 B가 甲을 따라 강물로 들어갔으므로 자살교사죄(제252조 제2항)에 해당하는가 문제될 수 있다. 그러나 자살교사죄가 성립하기 위해서는 자살자가 자살의 의미와 내용을 이해하고 자유로운 의사에 기해 자살해야 한다. 사례에서 B는 7살의 어린 아이로서 자살의 의미와 내용을 이해하지 못하였다고 할 수 있으므로 자살교사죄는 성립하지 않는다.

만약 甲이 7살된 B를 강물로 던졌다면 살인죄의 직접정범이 성립하는 데에 별 의문이 없다. 문제는 甲이 7살된 B에게 '죽어서 용궁으로 가자'고만 하였기 때문에 이 자체가 살인행위가 될 수 있는지이다.

2. 살인죄의 직접정범설

甲이 자신의 말을 잘 듣고 죽는다는 것의 의미 · 내용을 모르는 B에게 '죽어서 용궁으로 가자'고 한 행위는 그 자체로서 살해행위라고 할 수도 있을 것이다. 이 경우에 甲은 살인죄의 직접정범의 죄책을 진다.

3. 살인죄의 간접정범설

甲이 B에게 '죽어서 용궁으로 가자'고 한 행위는 B의 행위를 이용하여 B를 사망케 한 것이라고 할 수 있으므로 살인죄의 간접정범이 성립한다.

4. 판　례

판례는 "피고인이 7세, 3세 남짓된 어린 자식들에 대하여 함께 죽자고 권유하여 물속에 따라 들어오게 하여 결국 익사하게 하였다면 비록 피해자들을 물속에 직접 밀어서 빠뜨리지는 않았다고 하더라도 자살의 의미를 이해할 능력이 없고 피고인의 말이라면 무엇이나 복종하는 어린 자식들을 권유하여 익사하게 한 이상 살인죄의 범의는 있었음이 분명하다"고 한다(대판 1987. 1. 20. 86도2395). 이것이 살인죄의 직접정범과 간접정범 중 어느 것을 인정하는지는 불분명하다.

5. 정 리

살인죄의 간접정범은 위계 또는 위력에 의한 살인죄(제253조)에도 해당되는 경우가 많을 것이다. 7세, 3세된 아이들은 의사능력조차 인정할 수 없으므로 이들에게 '죽어서 용궁으로 가자'고 한 행위는 의사지배를 인정하기 어렵다. 따라서 살인죄의 직접정범을 인정하는 것이 타당하다고 생각된다.

따라서 甲은 B에 대한 살인죄의 직접정범, C에 대한 살인미수죄의 직접정범의 상상적 경합범의 죄책을 진다.

Ⅳ. D에 대한 甲의 죄책

1. 부작위에 의한 살인죄의 성립 여부

甲이 D를 병원에 데리고 가지 않으면 소생시키기 어렵다고 생각하였으나 D를 병원에 데리고 갔다가는 자신의 범죄가 발각날 것이 두려워 그대로 두어 D가 사망하였는데, 이 경우 부작위에 의한 살인죄가 인정되는지 문제된다.

부작위에 의한 살인죄가 성립하기 위해서는 작위의무자가 피해자의 사망의 위험발생을 방지할 수 있고, 자신에 의해서만 그 위험발생이 방지될 수 있는 상황에서 부작위를 하고, 그 부작위에 작위에 의한 실행행위와 동가치성이 있고, 살인의 고의가 인정되어야 한다. 사례에서 甲은 D를 빈사상태에 빠뜨린 선행행위에 의한 작위의무가 인정되고, 기타 다른 요건들도 모두 충족된다. 문제는 甲에게 살인의 고의가 있었는가이다.

판례는 "피해자가 이미 탈진 상태에 이르러 박카스를 마시지 못하고 그냥 흘려버릴 정도였고 피고인이 피해자의 얼굴에 모포를 덮어 씌워 놓고 그냥 나오면서 피해자를 그대로 두면 죽을 것 같다는 생각이 들었다면, 피고인이 위와 같은 결과발생의 가능성을 인정하고 있으면서도 피해자를 병원에 옮기지 않고 사경에 이른 피해자를 그대로 방치한 소위는 피해자가 사망하는 결과에 이르더라도 용인할 수밖에 없다는 내심의 의사 즉 살인의 미필적 고의가 있다고 할 것이다"라고 한다(대판 1982. 11. 23. 82도2024).

따라서 판례에 의하면 甲이 D를 병원에 데려가지 않은 행위는 부작위에 의한 살인죄에 해당된다.

2. 인질강요살인죄의 성립 여부

(1) 문제점

甲이 D의 부모에게 C를 보호해 주겠다는 약속을 받아 내기 위해 D를 유인한 후 살해한 행위는 인질강요살인죄에 해당될 수 있다. 그런데 여기에는 다음과 같은 문제점이 있다.

1) 甲이 D의 부모에게 C를 보호해 주겠다는 요구조차 하지 못하였으므로 인질강요죄의 실행의 착수 여부가 문제된다. 만약 인질강요죄의 실행의 착수에 이르지 못하였다면 甲의 행위는 인질강요살인죄에 해당될 수 없고, 미성년자유인죄와 감금죄 및 부작위에 의한 살인죄의 경합범에 해당될 것이다.

2) 甲의 행위가 인질강요죄의 실행에 착수하였다고 할 경우에도 인질강요미수에 그쳤으므로 인질강요살인죄의 주체가 될 수 있는가 문제된다. 만약 인질강요미수범은 인질강요살인죄의 주체가 될 수 없다고 한다면 甲의 행위는 인질강요미수죄와 부작위에 의한 살인죄의 경합범에 해당될 것이다.

(2) 인질강요죄의 실행의 착수시기

인질강요죄의 실행의 착수시기에 대해서는 체포, 감금, 약취, 유인행위시라는 견해와 강요행위시라는 견해가 대립한다. 판례의 입장은 분명하지는 않지만 전자의 입장에 가깝다고 할 수 있다(대판 1982. 11. 23. 82도2024).

실행의 착수시기에 관한 주관적 객관설에 의할 때 인질강요죄의 실행의 착수시기는 다음과 같이 정해야 할 것이다.

첫째, 체포, 감금, 약취, 유인시에 강요의 고의가 있었을 때에는 체포, 감금, 약취, 유인시에 실행의 착수가 있다고 해야 한다.

둘째, 체포, 감금, 약취, 유인시에는 강요의 고의가 없었으나 이후 강요의 고의가 생겨난 경우에는 강요행위시에 실행의 착수가 있다고 해야 한다.

이러한 입장을 사례에 적용하면 甲은 처음부터 강요의 고의가 있었으므로 甲의 행위는 인질강요미수죄에 해당된다.

(3) 인질강요살인죄의 주체

제324조의4는 인질살해죄의 주체를 '제324조의2의 죄를 범한 자'라고 규정하고 있다. 여기에서 '제324조의2의 죄를 범한 자'가 기수범에 국한되는가 아니면 미수범도 포함되는가 문제된다. 판례는 기수범에 국한된다는 입장을 취하고 있다(대판 1995. 4. 7. 95도94).

인질강요죄의 미수범은 제324조의5에서 규정하고 있으므로 형법해석의 엄격성 원칙상 '제324조의2의 죄를 범한 자'란 인질강요죄의 기수범만을 의미한다고 해야 한다. 따라서 甲은 인질강요살인죄의 주체가 될 수 없다.

(4) 인질강요살인기수죄 또는 미수죄

만약 인질강요죄의 미수범도 인질강요살인죄의 주체가 된다고 할 경우 인질강요살인미수죄의 기수인가 미수인가 문제가 된다. 이 경우 살인죄가 기수에 이르면 인질강요살인기수죄를 인정하는 견해가 있다. 반면에 인질강요살인죄의 미수범에 인질강요범이 살인미수죄를 범한 경우와 인질강요미수범이 살인기수죄를 범한 경우 모두 포함된다고 하는 견해가 있는데, 이에 의하면 甲은 인질강요살인미수의 죄책을 진다.

3. 정　리

甲은 인질강요죄의 실행에 착수하였지만 미수에 그쳤으므로 인질강요살인죄의 주체가 될 수 없다. 따라서 甲은 인질강요미수죄와 부작위에 의한 살인죄의 실체적 경합범의 죄책을 진다.

38. 영아살해죄와 영아유기죄 및 그 공범

:: 다음 사례를 읽고 물음에 답하시오.

가정대학을 다니면서 구림동에서 고시공부를 하는 여대생 甲은 고시원에서 알게 된 사법연수원생 乙과 사귀던 중 결혼도 하지 않은 상태에서 임신을 하게 되었다. 乙은 자신의 출세길에 지장을 받을 것을 두려워하여 甲에게 낙태를 하라고 종용하였으나 甲은 이를 계속 거부하였다. 임신 8개월이 넘어 낙태가 불가능하게 되자 乙은 애를 낳는 즉시 죽여 버리라고 甲을 설득하기로 하였다. 乙은 甲에게 “요새 아이를 하나 낳아 기르는 데 사교육비가 얼마나 많이 드는지 아는가? 무자식이 상팔자라는 말도 있으니 아이없이 한평생 사는 것도 어찌 나쁘다 할 수 있겠나!”라고 하였다. 이에 甲도 결혼도 안한 처지에 아이를 낳는 것이 그리 자랑스러울 것이 없고, 고시공부를 계속하기 위해서는 아이를 낳아 기르기는 어렵겠다는 생각이 들어 아이를 낳는 즉시 죽여 버리겠다는 생각을 하게 되었다. 며칠 후 甲은 병원에서 아이를 낳게 되었고 의사와 간호사가 병실에서 떠나가자 아이를 죽여 버리기 위해 목을 졸랐다. 그러나 아이가 캑캑거리자 무서운 생각이 들어 목을 조르던 손을 놓았다. 이때 마침 乙이 병실에 들어왔고, 甲은 乙에게 “나는 도저히 못하겠으니 당신이 죽여라!”고 하였다. 乙은 그렇게 하겠다고 하고 아이를 화장실로 안고 갔다. 그러나 화장실에 간 乙은 아이가 자신을 닮은 것 같아 차마 아이를 죽이지 못하고 다시 데려왔다. 사흘 후 집으로 돌아온 甲, 乙은 아이를 죽일 수는 없지만 아이를 기를 수도 없다고 생각하고 밤중에 그 아이를 안고 가 근처에 있는 고아원 앞에 놓아두고 문 앞에 있는 벨을 누르고 골목 어귀에 숨어 고아원 직원들이 나와 아이를 안으로 데리고 들어가는 것을 확인하고 돌아왔다.

1. 판례의 입장에 따라 甲, 乙의 죄책과 처벌을 설명하시오.
2. 甲, 乙의 죄책에 대한 판례입장에 대한 비판을 소개하시오.
3. 판례보다 가벼운 죄책과 처벌을 인정하는 견해와 그 근거를 소개하시오.

Ⅰ. 논점의 제시

첫째, 甲의 죄책으로 문제되는 것은 다음과 같다.

1. 아이를 살해하려다 무서운 생각이 들어 중단한 행위가 영아살해죄의 중지미

수(제251조, 제26조)에 해당되는지 문제된다.

2. 乙에게 아이를 살해하려고 한 행위가 영아살해죄(제251조) 혹은 보통살인죄(제250조 제1항)의 교사행위에 해당되는지 및 乙의 행위가 영아살해죄 또는 보통살인죄의 실행에 착수하였다고 할 경우와 착수하지 않았다고 할 경우에 따라 어떤 죄책을 지고 어떻게 처벌되는지 문제된다.

3. 乙과 함께 아이를 고아원 앞에 내려놓고 도망해 온 행위가 영아유기죄(제272조) 혹은 단순유기죄(제271조)의 공동정범(제30조)에 해당되는지 문제된다.

둘째, 乙의 죄책으로 문제되는 것은 다음과 같다.

1. 甲에게 아이를 살해하라고 하였으나 甲이 아이를 살해하려고 하다가 살해하지 못하였는데, 이 경우 보통살인죄 또는 영아살해죄의 교사의 장애미수 또는 중지미수 중 어떤 죄책을 지고 어떻게 처벌되는지 문제된다.

2. 아이를 살해하려고 화장실로 들어갔다가 살해하지 않은 행위가 영아살해죄 혹은 보통살인죄의 장애미수 혹은 중지미수에 해당되는지 문제된다.

3. 영아살해죄 혹은 보통살인죄의 실행에 착수하지 않았다고 할 경우 예비의 중지가 인정되는지 문제된다.

4. 甲과 함께 아이를 고아원 앞에 놓아둔 행위가 영아유기죄(제272조)의 공동정범(제30조)에 해당되는지 문제된다.

Ⅱ. 판례의 입장에 따른 甲, 乙의 죄책 및 처벌

1. 甲의 죄책과 처벌

(1) 영아살해죄의 장애미수(제251조, 제254조, 제25조)의 성립 여부

甲은 아이의 직계존속이고, 분만 직후의 아이를 살해하려고 하였으며, 甲에게 영아살해의 고의와 치욕은폐 등의 동기가 인정된다. 그런데 甲이 아이를 살해하려다가 무서운 생각이 들어 중단하였으므로 이는 착수미수에 해당된다. 따라서 무서운 생각이 들어 중단한 것이 자의에 의한 중지인지 여부에 따라 중지미수 혹은 장애미수가 결정된다.

이에 대해 판례는 중지미수의 자의성은 사회통념상 외부적 장애가 아닌 경우

자의성이 인정된다고 하면서도 두려움에 범행을 중단한 경우에는 자의성을 인정하지 않는다(대판 1999. 4. 13. 99도640; 1997. 6. 13. 97도957).

특별한 위법성조각사유나 책임조각사유가 없으므로 판례에 의하면 甲은 영아살해죄의 장애미수의 죄책을 진다.

(2) 영아살해교사죄의 장애미수의 성립 및 처벌 여부

1) 영아살해죄의 주체

乙이 아이의 법률상 직계존속은 아니므로 乙이 아이를 죽이려고 한 행위가 영아살해죄에 해당될 수 있는가 문제된다. 이에 대해 판례는 영아살해죄의 주체를 법률상 직계존속에 한정하고 있다(대판 1970. 3. 10. 69도2285). 따라서 판례에 의하면 乙의 행위는 보통살인죄의 문제로 다루어야 한다.

2) 실행의 착수 여부

甲이 乙에게 아이를 죽이라고 한 행위는 교사행위에 해당된다. 그런데 乙이 아이를 죽이기 위해 화장실로 데리고 갔다가 죽이지 못한 행위가 살인죄의 실행의 착수에 해당되는지 문제된다. 만약 실행에 착수하지 않았다고 한다면 甲은 예비·음모에 준하여 처벌될 수 있는데(제31조 제2항), 영아살해죄의 예비·음모를 처벌하는 규정이 없으므로(제255조) 甲은 무죄이다.

그러나 판례는 유사한 사례에서 “피고인이 격분하여 피해자를 살해할 것을 마음먹고 밖으로 나가 낫을 들고 피해자에게 다가서려고 하였으나 제3자가 이를 제지하여 그틈을 타서 피해자가 도망함으로써 살인의 목적을 이루지 못한 경우 살인미수에 해당한다”고 한다(대판 1986. 2. 25. 85도2773).

따라서 판례에 의하면 乙은 보통살인죄의 실행에 착수하였다고 할 수 있다.

3) 자의성의 인정 여부

乙이 아이가 자신을 닮았다고 생각하고 중지한 것이 자의에 의한 중지인지 문제된다. 판례에 의하면 일반사회통념상 범죄의 완수에 외부적 장애가 되는 사정에 의한 것이 아니면 자의성이 인정된다. 그런데 아이가 자신을 닮았다고 생각해 중지한 것은 일반사회통념상 범죄의 완수에 외부적 장애가 되는 사정이라고 볼 수 없다.

따라서 乙은 보통살인죄의 중지미수(제250조 제1항, 제26조)의 죄책을 지고, 이에 따라 보통살인죄의 형벌이 감경 또는 면제된다.

4) 교사의 장애미수 또는 중지미수

乙이 보통살인죄의 중지미수의 죄책을 진다고 하여 교사자인 甲이 교사범의 중지미수의 죄책을 지는 것은 아니다. 이에 대해 분명한 판례가 있지는 않다. 다수설은 이 경우에 교사자는 교사의 장애미수의 죄책을 진다고 한다(대판 2005. 2. 25. 2004도8259은 "다른 공범의 범행을 중지하게 하지 아니한 채 자기만의 범의를 철회·포기한 경우 중지미수가 성립하지 않는다"고 한다. 이는 다수설과 같은 입장이다. 따라서 판례도 정범이 중지미수인 경우 교사범은 교사범의 중지미수가 아닌 장애미수를 인정할 것이다).

5) 제33조의 적용

감경적 부진정신분범에서 신분자가 비신분자의 범행에 가공한 경우 판례는 제33조 본문에 의해 비신분범이 성립하고 이어 단서가 적용되어 부진정신분범으로 처벌된다고 한다(대판 1997. 12. 26. 97도2609. 이는 가중적 부진정신분범에서 비신분자가 신분자의 범행에 가공한 경우에 대한 판례이지만, 감경적 부진정신분범에서 신분자가 비신분자의 범행에 가공한 경우에도 적용될 수 있을 것이다. 대판 1994. 12. 23. 93도1002도 참조).

따라서 판례에 의하면 甲은 보통살인교사죄의 장애미수의 죄책을 지고, 영아살해교사죄의 장애미수의 형벌에 의해 처벌된다.

(3) 영아유기죄의 공동정범(제272조, 제30조)의 성립 여부

甲이 乙과 함께 아이를 고아원 문 앞에 갖다 놓은 행위가 영아유기죄에 해당되는지 문제된다. 영아유기죄의 영아는 분만 직후의 영아일 필요는 없기 때문에 출생한 지 사흘이 지난 아이는 영아유기죄의 객체가 된다. 기타 참작할 만한 동기 등 영아유기죄의 다른 성립요건은 모두 충족된다. 문제는 아이를 고아원 앞에 놓아둔 것이 유기에 해당되는가이다.

이에 대해 판례의 입장은 분명하지 않다. 따라서 유기죄를 인정할 수도 있고, 인정하지 않을 수도 있다. 유기죄를 인정할 경우 乙이 甲의 유기행위에 공동정범의 형태로 가공하였다고 해야 할 것이다. 이 경우 甲은 영아유기죄의 공동정범의 죄책을 지고 영아유기죄의 형벌로 처벌된다.

(4) 정 리

甲은 수 개의 행위로 위의 죄를 범하였으므로, 영아살해죄의 장애미수, 보통살인교사죄의 장애미수, 영아유기죄의 공동정범의 실체적 경합범의 죄책을 지지만, 영아살해죄의 장애미수, 영아살해교사죄의 장애미수, 영아유기죄의 공동정범의 실체적 경합범의 형벌로 처벌된다.

2. 乙의 죄책과 처벌

(1) 보통살인교사죄의 장애미수

乙이 甲에게 아이를 살해할 것을 교사하고 甲이 영아살해죄의 실행에 착수하였다가 장애미수에 그쳤으므로, 판례에 의하면 乙에게는 제33조 본문이 적용되어 영아살해교사죄의 장애미수의 죄책을 지지만 제33조 단서에 의해 보통살인교사죄의 장애미수로 처벌된다.

(2) 보통살인죄의 중지미수

1) 예비의 중지

앞에서 본 것과 같이 판례에 의하면 乙은 법률상의 직계존속이 아니므로 乙의 행위는 영아살해죄가 아닌 보통살인죄에 해당될 수 있다. 乙이 아이를 살해하려 화장실로 갔을 때에 살인죄의 실행의 착수에 이르지 않았다고 하면 乙은 살인죄의 예비·음모(제255조)에 준하여 처벌된다. 그런데 乙이 자의로 실행의 착수에 이르지 않았으므로 예비의 중지가 문제된다. 그러나 판례는 예비의 중지의 관념은 인정하지 않으므로, 乙은 살인예비·음모죄에 준하여 처벌된다.

2) 중지미수

분명하지는 않으나 판례에 의하면 乙이 살인죄의 실행의 착수에 이르렀다고 할 수 있고, 또한 자의로 중지하였다고 할 수 있다. 따라서 甲은 보통살인미수죄의 중지미수의 죄책을 진다.

(3) 단순유기죄의 공동정범

1) 사실상 직계존속의 유기죄의 주체성

사례에서 乙이 영아의 보호의무자가 아니라고 할 경우 乙은 비신분자가 감경적 부진정신분범에 가공한 경우에 해당되고, 영아의 보호의무자라고 할 경우 신분자가 감경적 부진정신분범에 가공한 경우에 해당된다.

판례는 "법률상 보호의무 가운데는 민법 제826조 제1항에 근거한 부부간의 부양의무도 포함되며, 나아가 법률상 부부는 아니지만 사실혼 관계에 있는 경우에도 위 민법 규정의 취지 및 유기죄의 보호법익에 비추어 위와 같은 법률상 보호의무의 존재를 긍정하여야 하지만, 이러한 사실혼에 해당되어 법률혼에 준하는 보호를 받기 위하여는 단순한 동거 또는 간헐적인 정교관계를 맺고 있다는 사정만으로는 부족하고, 그 당사자 사이에 주관적으로 혼인의 의사가 있고 객관적으로도 사회관념상 가족질서적인 면에서 부부공동생활을 인정할 만한 혼인생활의 실체가 존재하여야 한다"고 한다(대판 2008. 2. 14. 2007도3952). 이를 부부관계가 아닌 사실상의 직계존·비속 관계에서는 구호의무를 인정하는 것이라고 할 수 있다.

2) 공범과 신분

乙을 유기죄의 법률상 의무자라고 한다면, 甲이 乙의 유기죄에 공동정범의 형태로 가공하였다고 할 수 있고, 乙이 감경적 부진정신분범인 甲의 영아유기죄에 공동정범의 형태로 가공하였다고 할 수도 있다.

전자의 경우에는 乙은 단순유기죄의 공동정범의 죄책을 지고 단순유기죄의 공동정범의 형벌로 처벌된다. 그러나 후자라고 할 경우에는 乙은 비신분자가 감경적 부진정신분범에 가공한 것이라고 할 수 있다. 판례에 의하면 이 경우 乙에게는 제33조 본문 및 단서가 적용되어 영아유기죄의 공동정범의 죄책을 지지만 단순유기죄의 공동정범의 형벌로 처벌된다.

(4) 정 리

乙은 수 개의 행위에 의해 수 개의 죄를 범하였으므로, 영아살해교사죄의 장애미수, 보통살인죄의 중지미수, 영아유기죄의 공동정범의 실체적 경합범의 죄책을 지지만, 보통살인교사죄의 장애미수, 보통살인죄의 중지미수, 영아유기죄의 공동정범의 실체적 경합범의 형벌로 처벌된다.

Ⅲ. 甲, 乙의 죄책과 처벌에 대한 판례입장에 대한 비판

1. 영아살해죄의 주체 문제

판례는 영아살해죄의 주체를 법률상의 직계존속에 국한한다고 하고 있는데 이에 대해서는 다음의 두 가지의 견해가 존재한다.

첫째, 직계존속을 생모에 국한시켜야 한다는 견해이다. 이 견해는 분만 직후의 영아를 살해한 경우 형벌이 감경되는 것은 출산으로 인한 생모의 흥분상태, 즉 한정책임능력상태에서의 행위이기 때문이므로 아버지는 이에 포함될 수 없다는 것이다.

둘째, 직계존속에는 법률상의 직계존속뿐만 아니라 사실상의 직계존속도 포함된다고 해야 한다는 견해이다. 이 견해는 영아살해죄는 법률혼 이외의 경우에 발생하는 경우가 더 많고, 이는 피고인에게 유리한 해석이기 때문에 유추해석금지원칙에 반하지도 않는다고 한다.

2. 중지미수의 자의성 문제

판례에 의하면 공포심에 의한 중지는 자의에 의한 중지가 아니라고 한다. 그러나 이에 대해서는 다음과 같은 비판이 제기된다.

즉, 판례는 일반사회통념상 범죄를 완수함에 장애가 될 수 있는 사정이 아닌 경우에는 자의성을 인정한다고 하여 자의성의 개념을 넓게 인정하고 있다. 이는 주관설과 객관설의 절충적 입장이지만 객관설에 더 가까운 것이라고 할 수 있다. 그런데 공포심에 의한 중지는 객관적 사정이 아닌 주관적 사정에 의한 것이고 따라서 절충설에 의하면 자의성을 인정해야 한다.

3. 공범과 신분의 문제

판례는 비신분자가 감경적 부진정신분범에 가공한 경우 제33조 단서가 적용되어 통상의 형벌에 의해 처벌된다고 한다. 이에 대해서는 다음과 같은 비판이 제기된다.

첫째, 제33조는 신분자가 비신분자의 범행에 가공한 경우를 규정한 것이고 신분자가 비신분자의 범행에 가공한 경우에는 적용될 수 없다.

둘째, 공범이 정범보다 무거운 형벌에 처해질 수 있다는 것은 공범의 종속성원칙에 맞지 않는다.

셋째, 제33조 단서는 '중한 형으로 벌하지 아니한다'고 규정하고 있으므로, 비신분자를 신분자보다 중하게 처벌해서는 안 된다.

4. 유기죄의 문제

분명하지는 않지만 판례가 甲, 乙의 행위를 (영아)유기죄에 해당된다고 가정하면, 이에 대해서는 다음과 같은 비판이 제기된다.

첫째, 유기죄나 영아유기죄는 피유기자의 생명·신체를 보호법익으로 한다. 그 보호의 정도를 추상적 위험범이라고 해석하더라도 보호법익에 대한 추상적 위험조차 없는 행위는 유기행위가 될 수 없다. 사례에서 甲, 乙이 아이를 고아원 앞에 내려놓고 벨을 눌러 직원들이 나와 아이를 안고 들어가는 것까지 확인한 행위는 아이의 생명·신체에 대한 추상적 위험조차 없는 행위이므로 유기행위가 될 수 없다.

둘째, 유기죄는 추상적 위험범이 아니라 구체적 위험범이라고 해석해야 한다. 사례에서 甲, 乙의 행위가 유기행위에 해당된다고 하더라도 아이의 생명·신체에 대한 구체적 위험이 발생하지 않았으므로 유기미수죄에 불과하고, 유기미수죄를 처벌하는 규정이 없으므로 甲, 乙은 무죄이다.

Ⅳ. 판례와 다른 입장의 학설에 따른 甲, 乙의 죄책과 처벌

1. 甲의 죄책

(1) 영아살해죄의 중지미수 인정

중지미수의 자의성에 대한 객관설에 따를 경우 甲이 두려운 생각이 나서 범행을 중단한 것은 외부적 장애에 의한 중지라고 할 수 없고 내부적 동기에 의한 중지이므로 자의성이 인정된다. 따라서 甲은 영아살해죄의 중지미수의 죄책을 지고, 이에 의해서 처벌된다.

(2) 영아살해교사죄의 중지미수

사실상의 직계존속도 영아살해죄의 주체가 될 수 있다고 할 경우 乙은 영아살해죄의 중지미수의 죄책을 진다. 이 경우 공범의 종속성원칙을 강조할 경우 정범인 乙이 영아살해죄의 중지미수의 죄책을 지므로, 교사범인 甲도 이것보다 무거운 죄책을 질 수 없다. 따라서 甲도 영아살해죄의 중지미수의 죄책만을 지고, 이에 의해서 처벌된다.

(3) 영아유기죄 불인정

甲, 乙의 행위는 아이의 생명·신체에 추상적 위험도 발생시키지 않는 행위라고 하는 견해에 의하면 甲은 무죄이다.

유기죄의 보호의 정도가 구체적 위험범이라고 하는 견해에 의할 경우 甲, 乙의 행위는 유기미수에 해당되고 이를 처벌하는 규정이 없으므로 甲은 무죄이다.

2. 乙의 죄책

(1) 영아살해교사죄의 중지미수

사실상의 직계존속도 영아살해죄의 주체가 된다고 하는 견해에 의하면 乙이 甲에게 영아를 살해하도록 교사한 행위는 영아살해교사행위에 해당된다.

甲이 영아살해죄의 중지미수의 죄책을 진다고 하는 견해에 의하고, 공범의 종속성원칙을 제33조 단서보다 우선시하는 견해에 의하면 甲은 영아살해죄의 중지미수의 죄책을 지고, 이에 의해 처벌된다.

乙에게 제33조 단서가 적용된다고 하더라도 '중한 형으로 벌하지 아니한다'를 문리해석하는 견해에 의하면 乙은 영아살해교사죄의 중지미수로 처벌된다.

(2) 영아살해죄의 불인정

사실상의 직계존속도 영아살해죄의 주체가 될 수 있고 乙의 행위가 살인죄의 실행의 착수에 이르지 못하였다고 할 경우 乙의 행위는 영아살해예비행위에 해당되는데, 이를 처벌하는 규정이 없으므로 乙은 무죄이다.

(3) 영아살해죄의 중지미수

乙의 행위가 살인죄의 실행의 착수에 이르렀다고 하더라도 사실상의 직계존속도 영아살해죄의 주체가 될 수 있다는 견해에 의하면 乙은 영아살해죄의 중지미수의 죄책을 지고, 이에 의해 처벌된다.

(4) 유기죄의 불인정

甲, 乙의 행위는 아이의 생명·신체에 추상적 위험도 발생시키지 않는 행위라고 하는 견해에 의하면 乙은 무죄이다.

유기죄의 보호의 정도가 구체적 위험범이라고 하는 견해에 의할 경우 甲, 乙의 행위는 유기미수에 해당되고 이를 처벌하는 규정이 없으므로 乙은 무죄이다.

39. 상해죄의 동시범과 강제추행죄

:: 다음 사례를 읽고 물음에 답하시오(특별법은 불문함).

프로야구 LB 타이거스팀의 팬인 甲, 乙, 丙은 LB팀과 OG 라이온스팀의 코리안시리즈 1차전을 관람하러 갔다. 甲, 乙, 丙은 각자 소주 1병씩을 몰래 숨겨 가지고 들어가 경기를 관람하면서 다 마셨다. 팽팽한 투수전으로 진행되던 경기는 연장 11회말 OG 라이언스의 이승엽 선수의 굿바이홈런으로 LB 타이거스의 패배로 끝나고 말았다. 흥분한 甲, 乙, 丙은 퇴장하는 OG 라이언스 선수들을 향해 각자 자신들이 지닌 소주병을 던졌다. 그러나 선수들은 재빨리 피하였고, 소주병 중 하나가 내야에 쳐 놓은 그물에 걸려 관중 A의 머리 위로 떨어져 A는 전치 2주의 부상을 입었다. 흥분한 甲, 乙은 계속하여 LB 타이거스 응원을 하던 치어리더들을 혼내주자고 하면서 치어걸 B에게로 달려가 "너희들이 제대로 응원을 못해 LB 타이거스가 졌으니 책임져라"라고 하면서 B의 스커트를 위로 젖히고 가슴을 거칠게 만졌다. 뒤이어 운동장을 나오던 甲, 乙, 丙은 OG 라이온스의 팬인 C가 "LB 타이거스는 이 빠진 호랑이다. 영어로 이 빠진 호랑이는 Tigr이다! Tiger에서 e가 빠졌기 때문이다!"라고 놀렸다. 이에 격분한 甲은 乙, 丙이 말리는 것을 뿌리치고 C에게 달려들어 주먹으로 C의 얼굴을 세게 때렸다. C가 도망가자 분함을 삭이던 乙역시 분노가 폭발하여 甲, 丙의 만류를 뿌리치고 C를 쫓아가 주먹으로 C의 뒷통수를 강타하였다. 다음 날 C는 머리에 뇌출혈을 일으켜 사망하고 말았는데, 甲, 乙에게 맞아 사망한 것이 확실하지만 甲, 乙 중 누가 때린 것인지는 판명되지 않았다.

1. 판례의 입장에 따라 A에 대한 甲, 乙, 丙의 죄책과 처벌 및 그에 대한 비판을 소개하시오.
2. 판례의 입장에 따라 B에 대한 甲, 乙의 죄책을 설명하고 자신의 견해를 제시하시오.
3. 판례의 입장에 따라 C에 대한 甲, 乙의 죄책 및 처벌 및 그에 대한 비판을 소개하시오.
4. 만약 甲과 乙이 때린 것이 누적되어 C가 사망하였다고 할 경우 甲, 乙의 죄책을 설명하시오.

Ⅰ. 논점의 제시

첫째, 甲, 乙, 丙이 선수들에게 소주병을 던진 행위와 관련하여 다음의 것들이 문제된다.

1. 이들이 선수들에게 소주병을 던진 행위는 상해의 고의가 있는 행위라고 할 수 있다. 그런데 선수들이 아닌 A에게 상처를 입혔으므로 구체적 사실의 착오 중 방법의 착오가 문제된다.

2. 甲, 乙, 丙에게 공동으로 소주병을 던질 의사가 있지는 않았고, 세 사람이 던진 소주병 중 하나만이 A에게 상해를 입혔고, A에게 명중한 소주병이 누가 던진 소주병인지 확인되지 않았기 때문에 상해죄의 동시범(제263조)이 문제된다.

둘째, 甲, 乙의 B의 스커트를 잡아 올리고 가슴을 거칠게 만진 행위가 강제추행죄(제298조)에 해당하는 행위인가 아니면 폭행죄(제260조)에 해당되는가 문제된다.

셋째, 甲, 乙이 C를 때린 행위와 관련하여 다음의 사항이 문제된다.

1. 甲, 乙의 독립된 행위로 인해 C가 사망하였는데 원인된 행위가 판명되지 않았으므로 폭행치사죄 혹은 상해치사죄의 성립 여부가 문제되는데 이에 대해서도 제263조 동시범의 특례가 적용되는지 문제된다.

2. 이들의 행위가 누적되어 C가 사망하였다고 할 경우 甲, 乙이 어떤 죄책을 지는지 문제된다.

Ⅱ. 판례에 따른 A에 대한 甲, 乙, 丙의 죄책 및 처벌과 그 비판

1. 판례에 따른 甲의 죄책

(1) 소주병을 던진 행위의 성격

사람이 소주병에 맞으면 상처가 날 수 있다는 것은 누구나 예견할 수 있으므로 甲, 乙, 丙이 OG팀 선수들을 향해 소주병을 던진 행위는 특수폭행행위라기보다는 상해행위라고 할 수 있다(대판 1976. 12. 14. 76도3375). 이들이 어떤 특정한 선수를 목표로 한 것은 아니지만 선수들 중 누구에게 맞아도 좋다고 던진 것이므로 택일적 고의가 인정된다. 택일적 고의도 고의로서의 효력이 인정된다.

(2) 사실의 착오

甲, 乙, 丙에게 모두 OG선수들에 대한 상해의 고의가 있었고, 이들의 행위로 인해 A가 상해를 입었으므로 이는 구체적 사실의 착오 중 방법의 착오에 해당된다. 판례는 법정적 부합설을 취하고 있으므로(대판 1984. 1. 24. 83도2813), 이 경우 A에 대한 상해기수죄를 인정한다.

(3) 상해죄의 동시범

사례에서 甲, 乙, 丙이 LB팀의 패전에 흥분하여 상호 의사연락없이 각자 선수들을 향해 소주병을 던졌으므로 공동정범에 요구되는 의사의 연락은 없었기 때문에 이들에게는 상해죄의 동시범 규정(제263조)이 적용된다. 甲, 乙, 丙 세 사람이 던진 소주병 중 어느 하나에 맞아 A가 상해를 입었으므로 이 경우에는 공동정범의 예에 따라 처벌한다. 즉, 甲, 乙, 丙은 상해죄의 동시범의 죄책을 지지만, 상해기수죄로 처벌된다.

2. 판례에 대한 비판

(1) 법정적 부합설에 대한 비판

판례가 법정적 부합설을 취하는 것에 대해서는 다음과 같은 비판이 제기된다.

첫째, A에게 상해를 입히지 않은 경우에는 OG선수들에 대한 상해미수죄가 성립하는데, A가 상해를 입었다고 하여 OG선수들에 대해서는 아무런 죄가 성립하지 않는다는 것은 부당하다.

둘째, OG선수들에 대해서는 아무런 범죄가 성립하지 않는데, 이에 따라 OG선수들은 피해자에게 인정되는 형사절차상의 권리를 갖지 못하게 된다.

셋째, 甲, 乙, 丙에게 A에 대한 상해의 고의가 없음에도 불구하고, A에 대한 고의상해죄를 인정하는 것은 부당하다.

(2) 상해죄의 동시범적용의 문제

첫째, 구체적 부합설에 의하면 甲, 乙, 丙은 OG선수들에 대한 상해미수죄와 A에 대한 과실치상죄를 지게 되는데, A에 대한 과실치상죄에 제263조가 적용되지 않는다. 따라서 사례에서 甲, 乙, 丙에게 각각 상해미수죄의 단독정범의 죄책만을 인정하고 이에 대한 형벌로 처벌해야 한다.

둘째, 사례에서 원인된 행위가 판명되지 않았으므로 甲, 乙, 丙 중 어느 한 사람 또는 두 사람은 상해미수의 죄책만을 질 수 있다. 그럼에도 불구하고 세 사람을 모두 상해기수죄로 처벌하는 것은 책임주의원칙에 반한다.

Ⅲ. 판례에 따른 B에 대한 甲, 乙의 죄책

1. 강제추행죄(제298조)의 성립 여부

판례는 "강제추행죄는 상대방에 대하여 폭행 또는 협박을 가하여 항거를 곤란하게 한 뒤에 추행행위를 하는 경우뿐만 아니라 폭행행위 자체가 추행행위라고 인정되는 경우도 포함되는 것이며, 이 경우에 있어서의 폭행은 반드시 상대방의 의사를 억압할 정도의 것임을 요하지 않고 상대방의 의사에 반하는 유형력의 행사가 있는 이상 그 힘의 대소강약을 불문한다"고 하기도 하고(대판 2002. 4. 26. 2001도2417), "상대방에 대하여 폭행 또는 협박을 가하여 추행행위를 하는 경우에 강제추행죄가 성립하려면 그 폭행 또는 협박이 항거를 곤란하게 할 정도일 것을 요하고, 그 폭행·협박이 피해자의 항거를 곤란하게 할 정도의 것이었는지 여부 역시 그 폭행·협박의 내용과 정도는 물론, 유형력을 행사하게 된 경위, 피해자와의 관계, 추행 당시와 그 후의 정황 등 모든 사정을 종합하여 판단하여야 한다"고 하기도 한다(대판 2007. 1. 25. 2006도5979).

이를 종합하면 폭행·협박을 가하여 추행하는 경우에는 폭행·협박이 항거를 불가능하게 할 정도여야 하지만, 폭행·협박없이 추행할 경우에는 힘의 대소강약을 불문한다. 사례에서는 폭행·협박 후 추행한 것이 아니고 폭행 자체가 추행행위에 해당된다.

따라서 판례에 의하면 甲, 乙은 강제추행죄의 공동정범(제298조, 제30조)의 죄책을 진다.

2. 검　토

피고인들의 행위는 성폭력처벌법 제13조의 공중밀집장소추행죄에도 해당될 수 있다. 그런데 그 형벌은 1년 이하의 징역인 데에 비해, 강제추행죄의 형벌은 10년 이하의 징역임을 고려하면, 폭행·협박없이 추행을 할 경우에도 그 추행은 항거를 현저히 곤란하게 할 정도의 것임을 요한다고 해야 할 것이다. 이러한 의미에서 甲, 乙의 행위는 강제추행죄에 해당되지 않는다고 해야 한다.

그러나 甲, 乙의 행위는 B에 대한 불법한 유형력의 행사로서 폭행죄에 해당된다고 할 수 있다.

Ⅳ. 판례에 따른 C에 대한 甲, 乙의 죄책과 처벌 및 그에 대한 비판

1. 상해치사죄(제259조)의 동시범(제263조)

甲과 乙이 C의 머리를 때린 행위는 폭행죄나 상해죄에 해당될 수 있지만, 머리를 세게 때려 C를 사망까지 이르게 한 점을 고려한다면 폭행행위라기보다는 상해행위라고 보아야 할 것이다. 甲, 乙이 의사연락없이 각각 C의 머리를 때렸는데, 이는 이시(異時)의 독립된 행위가 경합한 경우라고 할 수 있다. 그런데 C가 甲, 乙에게 맞아 사망하였지만 그 원인이 판명되지 않았으므로 상해치사죄의 성립여부가 문제되는데 이 경우에도 제263조가 적용되는지 문제된다.

이에 대해 판례는 "동시범의 특례를 규정한 형법 제263조는 상해치사죄에도 적용된다"고 한다(대판 1985. 5. 14. 84도2118). 따라서 甲, 乙은 동시범이지만 공동정범의 예에 의해 처벌된다. 이 경우 상해치사죄의 공동정범이 인정될 수 있는가 문제되는데, 판례는 "여러 사람이 상해의 범의로 범행 중 한 사람이 중한 상해를 가하여 피해자가 사망에 이르게 된 경우 나머지 사람들은 사망의 결과를 예견할 수 없는 때가 아닌 한 상해치사의 죄책을 면할 수 없다"고 한다(대판 2000. 5. 12. 2000도745). 사례에서 사람의 머리를 강타하면 그 사람이 사망할 수 있다는 것이 예견가능하므로 甲, 乙은 상해치사죄의 공동정범으로 처벌된다.

즉, 판례에 의하면 甲, 乙은 상해죄의 동시범이지만, 상해치사죄로 처벌된다.

2. 판례에 대한 비판

첫째, 제263조는 '상해의 결과를 발생하게 한 경우'라고 규정하고 있음에도 불구하고 '사망의 결과를 발생시킨 경우'인 상해치사죄에도 제263조를 적용하는 것은 문언의 가능한 의미를 넘어서서 피고인에게 불리한 유추해석으로서 죄형법정주의에 반한다. 따라서 甲, 乙에게 제263조를 적용하여 상해기수죄의 공동정범의 예에 따라 처벌하는 것은 몰라도 상해치사죄의 공동정범으로 처벌하는 것은 부당하다.

둘째, 판례는 상해치사죄의 공동정범을 인정하지만, 상해치사죄의 공동정범이 성립하기 위해서는 상해행위만을 공동으로 하여서는 안 되고, 과실치상행위도 공동으로 해야 한다. 그런데 사례에서 甲, 乙이 과실치상행위를 공동으로 하였다고 할 수 없다. 따라서 甲, 乙을 상해치사죄의 공동정범의 예로 처벌하는 것은 부당하다.

셋째, 상해치사죄에 제263조를 적용하지 않고 상해죄에만 제263조를 적용하여 甲, 乙을 상해기수죄로 처벌한다고 하더라도, 甲, 乙 중 한 사람이 상해미수죄로 처벌될 가능성이 있음에도 모두 상해기수죄로 처벌하는 것은 책임주의원칙과 '의심스러울 때에는 피고인에게 유리하게'라는 원칙에 반한다.

Ⅴ. 甲, 乙의 행위가 누적되어 C의 사망을 초래한 경우 甲, 乙의 죄책

1. 문제점

甲, 乙의 행위가 누적되어 C가 사망하였다고 할 경우에는 원인된 행위가 판명된 것이므로 제263조는 적용할 수 없고, 따라서 甲, 乙의 행위를 각각 나누어 C의 사망과의 인과관계 문제와 C의 사망에 대한 예견가능성의 문제를 따져야 한다.

2. 누적적 경합의 경우 인과관계

누적적 경합의 경우 조건설이나 합법칙적 조건설에 의하면 인과관계가 인정된다. 甲의 행위나 乙의 행위가 없었다면 C의 사망의 결과가 발생하지 않았을 것이기 때문이다.

(절충적) 상당인과관계설에 의할 때 甲의 행위와 C의 사망 사이에 상당인과관계를 인정하기 어렵다. 왜냐하면 甲이 C를 상해하면 뒤이어 乙이 C를 상해하여 이것이 누적되어 C가 사망할 상당성 내지 개연성을 인정하기 어렵기 때문이다. 그러나 乙의 행위와 C의 사망 사이에는 상당인과관계를 인정할 수도 있을 것이다. 왜냐하면 甲에게 머리를 얻어맞은 C를 다시 한 번 때리는 경우 두 개의 행위가 누적되어 C가 사망할 개연성 내지 상당성을 인정할 수 있기 때문이다.

3. 예견가능성의 문제

甲, 乙에게 제263조가 적용되지 않기 때문에 상당인과관계설에 의하면 甲의 행위에 의해 C가 상처를 입었다는 것이 판명되지 않는 한 C의 사망에 대한 예견가능성은 논할 필요도 없이 甲은 상해미수의 죄책만을 진다.

그러나 (합법칙적) 조건설이나 상당인과관계설에 의하면 乙의 행위와 C의 사망 사이에 인과관계가 인정되고, C의 사망에 대한 예견가능성도 인정된다.

4. 정 리

甲, 乙의 행위가 누적되어 C의 사망의 결과를 발생시킨 경우 甲은 상해미수의 단독정범, 乙은 상해치사죄의 단독정범의 죄책을 진다.

40. 상해죄의 동시범과 유기죄

:: 다음 사례를 읽고 물음에 답하시오.

대학생 甲, 乙 및 A는 '비밀정원'이라는 드라마의 남자주연으로 나온 탤런트의 이름이 무엇인지에 대해 논쟁을 벌였다. 甲은 현빈이라고 주장하였고, 乙은 원빈이라고 주장하였다. 이에 A는 박현빈이라고 하였다. 한참 논쟁을 벌이던 이들은 틀린 순위를 정하여 가장 틀린 사람의 머리를 덜 틀린 사람들이 혹이 날 정도로 주먹으로 세게 때려 주자고 내기를 하였다. 인터넷에서 알아본 결과 甲, 乙, A 모두 A의 답이 가장 틀리는 것이라고 의견의 일치를 보았다. 다음 날 학교에서 A를 만난 甲이 전날의 약속을 지키라고 하며 A의 머리에 혹이 생기라고 세게 때렸다. A는 아픔을 참고 기숙사로 가다가 乙을 만나게 되었고, 乙 역시 'pacta sunt servanda'(약속은 지켜야 한다)라고 하면서 甲과 비슷하게 A의 머리를 세게 때렸다. 기숙사 방으로 돌아간 A는 그곳에서 쓰러지고 말았다. A가 쓰러진 직후 기숙사 방으로 들어온 A의 룸메이트 丙은 쓰러져 있는 A를 발견하였다. 丙은 A의 상태가 심상치 않아 병원으로 데려가는 것이 좋겠다고 생각했다. 그러나 3년간이나 같은 방에 살면서 기숙사 방을 더럽게 사용하여 자신에게 고통을 주는 A가 미웠고, A의 목숨이 위태하리라고까지는 생각하지 않았기 때문에 그대로 방치해 두었다. A는 甲, 乙의 구타로 인해 뇌출혈이 생겼고, 몇 시간 동안 출혈을 해 사망하고 말았다. 그러나 甲, 乙의 구타 중 누구의 구타에 의해 출혈이 생겼는지는 밝혀지지 않았고, 丙이 A를 바로 병원으로 데리고 갔다면 A가 사망하지는 않았을 것이라는 점이 판명되었다.

1. 검사의 입장에서 甲, 乙에게 가장 무거운 처벌을 인정할 수 있는 논거를 제시하시오.
2. 변호사의 입장에서 甲, 乙에게 가장 가벼운 처벌을 인정할 수 있는 논거를 제시하시오.
3. 丙에게 가장 무거운 죄책과 가장 가벼운 죄책을 인정할 수 있는 논거를 제시하시오.

Ⅰ. 논점의 제시

甲, 乙이 머리에 혹이 생기게 할 정도의 의사로 A의 머리를 세게 때리는 행위는 상해행위라고 할 수 있다. 또한 甲, 乙에게 공동으로 A의 머리를 때리자는 의사는 없었기 때문에 상해죄의 동시범에 해당된다. 그런데 A가 사망하였으므로 다음과 같은 사항들이 문제된다.

1. A의 사망의 결과가 발생하였는데, 甲, 乙에게 각각 상해치사죄(제259조)를 인정할 수 있을지 문제된다. 이는 상해죄 동시범의 특례(제263조)의 적용범위와 관련된 문제이다.

2. 만약 상해치사죄에는 제263조가 적용되지 않는다고 할 경우 甲, 乙이 상해죄(제257조 제1항)와 중상해죄(제258조 제2항) 중 어떤 죄책을 질 것인지 문제된다.

丙의 죄책으로 문제되는 것은 다음과 같다.

1. A가 실신해 심상치 않은 상태에 있다는 것을 알았음에도 불구하고 그대로 방치한 행위가 유기죄(제271조 제1항)에 해당하는가 문제된다. 여기에서는 丙에게 구호의무가 있는지 및 유기의 고의가 있는지 문제된다.

2. A가 사망하였으므로 丙에게 유기치사죄(제275조)의 죄책을 인정할 수 있는지 문제된다. 여기에서는 丙의 방치행위와 A의 사망 사이에 인과관계 내지 객관적 귀속과 A의 사망에 대한 예견가능성이 인정될 수 있는지 문제된다.

3. 丙에게 유기의 고의가 인정되지 않는다면 丙이 과실치사죄의 죄책을 질 수 있는지 문제된다. 그런데 丙이 A를 방치한 행위는 부작위에 해당되므로 丙에게 A를 구호해야 할 작위의무가 인정되는지 문제된다.

Ⅱ. 甲, 乙을 가장 무겁게 처벌할 수 있는 논거

1. 상해치사죄의 인정

甲, 乙에게 A를 살해할 고의는 없고 폭행이나 상해의 고의가 있었다고 할 수 있다. 이로 인해 A가 머리에 출혈을 일으켰고 나아가 사망하였는데 이 경우 甲, 乙을 가장 무겁게 처벌할 수 있는 방법은 상해치사죄로 처벌하는 것이다.

2. 甲, 乙이 A의 머리를 때린 행위의 성격

甲, 乙이 각각 A의 머리를 때린 행위는 폭행행위라고 볼 수도 있지만 머리에 혹이 생길 정도로 세게 때린 행위는 상해행위라고 보아야 할 것이다. 甲, 乙이 A

의 머리를 때릴 때에는 공동가공의 의사가 없었으므로, 甲, 乙의 행위는 이시(異時)의 독립된 상해행위가 경합된 것이라고 할 수 있다.

3. 제263조의 적용 여부

상해치사죄에 대해 제263조를 적용할 수 있는지에 대해 긍정설과 부정설이 있지만, 긍정설을 따라야 甲, 乙을 무겁게 처벌할 수 있다. 이에 의하면 甲, 乙은 상해치사죄로 처벌된다.

4. 피해자의 승낙에 의한 행위

甲, 乙, A가 서로 내기를 하였으므로 상대방의 상해행위에 대해 승낙이 있었다고 할 수 있다. 이 경우 이들의 행위가 피해자의 승낙에 의한 행위(제24조)로 위법성이 조각되는가에 대해서는 긍정설과 부정설이 대립한다. 긍정설에서는 승낙에 의한 상해죄를 처벌하는 규정이 없으므로 甲, 乙의 행위는 위법성이 조각된다고 한다. 이에 대해 부정설에서는 승낙에 의한 행위가 사회상규에 위배되지 않아야 위법성이 조각된다고 하는데, 사람을 상해하여 사망케 하는 것은 사회상규에 위배된다고 보아야 하므로 위법성이 조각되지 않는다고 한다. 이 경우 甲, 乙을 무겁게 처벌하기 위해서는 부정설을 따라야 한다. 즉, 甲, 乙의 상해행위는 A의 승낙을 받은 행위이기는 하지만 사회상규에 위배되므로 위법성이 조각되지 않는다.

Ⅲ. 甲, 乙을 가장 가볍게 처벌할 수 있는 논거

1. 상해죄의 인정

甲, 乙이 상해미수의 죄책을 지는 것은 분명하고, 나아가 A가 출혈을 일으켰으므로 甲, 乙의 행위 중 어느 것에 의한 것인지 판명되지 않는다고 하더라도 제263조가 적용되어 상해기수로 처벌되는 것까지는 부정할 수 없다. 따라서 甲, 乙을 가장 가볍게 처벌하기 위해서는 상해기수죄 이상으로 처벌해서는 안 된다.

2. 상해치사죄에 대한 제263조의 적용부정

甲, 乙이 상해치사죄로 처벌되지 않도록 하기 위해서는 제263조를 엄격하게 해석하여 사망의 결과가 발생한 경우에는 제263조가 적용되지 않는다고 해야 한다. 즉, 제263조는 '상해의 결과를 발생하게 한 경우'라고 규정하고 있으므로 여기에 '사망의 결과가 발생한 경우'까지 포함시키는 것은 피고인에게 불리한 유추해석으로서 허용되지 않는다고 해야 한다.

3. 중상해죄에 대한 제263조의 적용부정

甲, 乙이 상해치사죄로 처벌되지 않는다고 하더라도 A의 생명에 대한 위험이 발생하였으므로 중상해죄로 처벌해야 한다는 입장이 있을 수 있다. 이를 부정하기 위해서는 역시 '상해의 결과를 발생하게 한 경우'에 '중상해를 발생하게 한 경우'까지 포함시키는 것은 피고인에게 불리한 유추해석이라고 해야 한다.

Ⅳ. 丙의 죄책

1. 가장 무거운 죄책을 인정할 수 있는 논거

(1) 유기치사죄의 인정

丙에게 인정될 수 있는 가장 무거운 죄책은 유기치사죄이다. 유기치사죄를 인정하기 위해서는 丙에게 유기의 고의가 있었고, 丙의 유기행위와 A의 사망 사이에 인과관계(및 객관적 귀속)가 인정되고, A의 사망에 대한 예견가능성이 인정되어야 한다.

(2) 유기죄(제271조 제 1 항)의 성립 여부

A가 甲, 乙에게 맞아 정신을 잃고 있는 상태였으므로 A는 질병 기타 사유로 인하여 부조를 요하는 자라고 할 수 있다. 유기죄가 성립하기 위해서는 丙에게 A를 구호해야 할 법률상·계약상의 의무가 있어야 한다. 기숙사의 룸메이트들의 경우

서로 위급한 상황을 당했을 때에 구호하여 주기로 하는 묵시적 계약관계가 있다고 할 수 있다. 丙이 A를 그대로 방치한 행위는 유기행위에 해당한다. 丙이 A를 방치한다는 고의가 있었으므로 丙의 행위는 유기죄에 해당된다.

(3) 유기치사죄(제275조)의 성립 여부

머리를 맞고 정신을 잃은 사람을 그대로 방치하는 경우 그 사람이 사망할 개연성 내지 상당성이 인정되므로 丙의 유기행위와 A의 사망 사이에는 상당인과관계가 인정된다. 또한 丙의 행위가 A의 사망의 위험성을 증대시켰으므로 A의 사망을 丙의 행위에 객관적으로 귀속시킬 수 있다. A의 사망에 대한 예견가능성도 있으므로 丙은 유기치사죄의 죄책을 진다.

2. 가장 가벼운 죄책을 인정할 수 있는 논거

(1) 유기의 고의 부정

丙에게 가장 가벼운 죄책을 인정하기 위해서는 丙에게 유기의 고의가 없었다고 해야 한다. 이를 위해서는 丙이 A가 심상치 않아 병원에 데리고 가는 것이 좋겠다고 생각한 것이 A가 질병 기타 사유로 구호를 요한다는 것을 인식하지 못했다고 해야 한다. 즉, 丙에게 A를 유기한다는 인식이나 인용이 없었기 때문에 유기의 고의가 인정되지 않는다고 해야 한다.

(2) 부작위에 의한 과실치사죄의 인정

丙에게 유기의 고의가 인정되지 않는다면 과실치사죄의 인정 여부가 문제된다. 丙이 상당한 주의를 기울였다면 A가 구호를 요하는 상태여서 그대로 방치할 경우에는 사망할 수 있다는 것을 예견할 수 있었고 A의 사망의 결과를 방지할 수 있었다고 할 수 있다.

그러나 丙이 A에게 아무런 작위를 한 것이 없으므로 부작위에 의한 과실치사죄의 성립 여부가 문제된다. 부작위범이 성립하기 위해서는 丙에게 작위의무가 인정되어야 한다. 丙에게 묵시적 계약관계에 의한 작위의무를 부정하기는 어렵다고 할 수 있다. 한편, 丙에게는 작위가능성이 인정될 뿐만 아니라, 丙에 의해서만

A의 사망이 방지될 수 있었다는 상황이 존재한다.

丙의 주의의무위반과 A의 사망 사이에 인과관계 및 객관적 귀속이 인정되므로, 丙은 과실치사죄의 죄책을 진다.

3. 정 리

丙에게 가장 무거운 죄책을 인정하기 위해서는 유기치사죄가 성립한다는 논거를 제시해야 한다. 丙에게 가장 가벼운 죄책을 인정하기 위해서는 丙에게 유기의 고의가 없으므로 丙이 부작위에 의한 과실치사죄의 죄책만을 진다는 논거를 제시해야 한다.

41. 부작위에 의한 중상해죄 등

:: 다음 사례를 읽고 물음에 답하시오.

의사인 甲이 경영하는 병원에 연탄가스에 중독된 A가 구급차에 실려 왔다. 甲은 A가 연탄가스에 중독되었다는 것을 발견하고 치료를 하였다. 몇 시간 후 정신을 차리고 일어나 퇴원을 하게 된 A는 甲에게 자신이 병원에 실려 오게 된 원인이 무엇인지 물어보았다. 甲은 A에게 원인을 가르쳐 주지 않으면 A가 집으로 돌아가 다시 연탄가스를 맡은 방에서 자다가 연탄가스를 마시고 그날과 비슷한 정도의 상태가 되어 병원으로 실려 올 가능성이 있다고 생각하였다. 그렇지만 甲은 불손한 A에게 대답을 하기가 싫었고, 또 의사가 환자를 치료했으면 그만이고 불손한 환자들에게까지 일일이 병의 원인이나 사후예방조치를 설명해 줄 윤리적 의무는 있을지 모르지만 법적인 의무는 없다고 생각하였다. 甲은 일부러 A의 질문을 무시하고 다른 환자의 치료에 열중하였다. 甲에게 무성의하다고 핀잔을 주고 퇴원한 A는 그날 밤 자신의 방에서 자다가 다시 연탄가스에 중독되어 병원으로 실려 왔다. A는 치료를 받았지만 연탄가스중독으로 인해 뇌세포가 너무 많이 파괴되어 반신불수가 되고 말았다.

한편 甲의 병원에 폭력조직 K파의 중간보스인 B, C가 종합건강검진을 받기 위해 입원하고 있었다. 반대파의 조직원 乙이 두목의 지시를 받고 B의 아킬레스건을 잘라 버렸고, C를 살해하기 위해 몸의 여러 군데를 칼로 찔렀다. 그러나 C는 구사일생으로 목숨을 구했고 치료를 받아 점차 건강을 회복해 가고 있었다. 이 소식을 들은 조직원들이 C를 축하하기 위해 김밥과 콜라를 사 가지고 왔다. C는 아직도 칼에 찔린 상처 때문에 신부전증이 남아 있어 아무 음식이나 먹지 말았어야 했지만, 병원밥에 질려 있었고 조직원들이 와 기분이 좋아 콜라와 김밥을 모두 먹었다. 이로 인해 C는 신부전증이 악화되어 사망하고 말았다.

1. 甲의 죄책을 설명하시오.
2. 乙의 죄책을 설명하시오.

Ⅰ. 논점의 제시

甲의 죄책으로 문제되는 것은 甲이 A에게 병명을 말해 주지 않았고, 이로 인해 A가 다시 연탄가스를 마시고 반신불수가 된 부상을 입은 행위와 관련하여, 부작위에 의한 중상해죄(제258조, 제18조)가 성립하는가이다. 여기에서는 다음과 같은 것들이 문제된다.

1. 甲의 행위가 부작위에 의한 중상해죄의 구성요건해당성이 있는가 문제된다.

2. 甲이 자신에게 병명을 가르쳐 줄 법적 의무는 없다고 생각하였는데, 이것의 형법적 효과가 무엇인가이다.

乙의 죄책과 관련하여서는 다음의 것들이 문제된다.

1. B의 아킬레스건을 잘라 버린 행위가 중상해죄(제258조 제2항)에 해당되는지 문제된다.

2. C를 살해할 고의로 몸의 여러 군데를 찌르는 행위를 하였고, C가 조직원들이 사 온 김밥과 콜라 등을 먹고 사망하였는데, 이로 인해 살인기수의 죄책을 지는가이다.

3. 위의 범죄들이 성립할 경우 죄수관계가 문제된다.

Ⅱ. 甲의 죄책

1. 부작위에 의한 중상해죄(제258조, 제18조)의 구성요건해당성

부작위에 의한 중상해죄가 성립하기 위해서는 중상해죄를 방지할 작위의무있는 자가, 작위가 가능하고 자신에 의해서만 중상해가 방지될 수 있는 상황에서, 부작위를 하였고, 그 부작위가 작위에 의한 중상해와 동가치성이 있고, 중상해의 결과가 발생하고, 부작위와 중상해 사이에 인과관계 내지 객관적 귀속이 인정되고, 중상해에 대한 고의 또는 상해의 고의 및 중상해에 대한 과실이 있어야 한다.

(1) 보증인적 지위(제18조)

甲이 A에게 병명을 이야기하지 않은 것이 부작위에 의한 중상해행위에 해당하기 위해서는 甲이 A의 중상해를 방지해야 할 보증인적 지위에 있었느냐가 문제된다. 보증인적 지위가 있기 위해서는 첫째, 甲에게 병명을 말해 줄 작위의무가 있고, 둘째, 병명을 말해 줄 가능성이 있고, 셋째, 甲에 의해서만 A가 병명을 알 수 있는 상황이었어야 한다.

1) 작위의무

사례에서 의사인 甲은 A에게 병명을 말해 줘야 할 법령 또는 계약상의 작위의무가 있다고 할 수 있다.

2) 보증인적 상황

甲이 A에게 병명을 말해 줄 가능성이 있었으며, 甲에 의해서만 A가 병명을 알 수 있었던 상황이라고 할 수 있으므로 甲이 A의 중상해를 막았어야 할 보증인적 지위와 상황에 있었다고 할 수 있다.

(2) 부작위 및 작위와의 동가치성

甲이 A에게 병명을 말해 주지 않았으므로 연탄가스중독에 의한 상해의 방지를 부작위하였다. 이는 작위에 의한 중상해행위와 동가치성이 있다.

(3) 중상해의 결과 발생

A가 반신불수가 되었다는 것은 신체의 상해로 인하여 불구에 이른 것이라고 할 수 있으므로 중상해의 결과가 발생하였다.

(4) 인과관계와 객관적 귀속

甲의 부작위와 A의 중상해 사이에 인과관계가 있는가에 대해서 학설에 따라 살펴보면 다음과 같다.

첫째, 조건설에 의할 경우 甲의 부작위가 없었더라면 A의 중상해가 없었을 것이라는 관계가 인정되므로 인과관계가 인정된다. 합법칙적 조건설에 의해서도 마찬가지의 결론이 나온다. 조건설이나 합법칙적 조건설에 따라 인과관계를 인정할 경우 A의 중상해의 결과를 甲의 행위에 귀속시킬 수 있는가 문제된다. 위험증대설, 지배가능성설, 규범의 보호목적설 등 어느 기준에 의해도 甲의 행위는 A의 생명·신체에 대한 위험을 증대시켰고, 甲이 자신의 행위를 지배할 수 있었고, A의 반신불수를 방지하려고 하는 것이 중상해죄의 보호목적에 속한다고 할 수 있기 때문에, A의 중상해를 甲의 부작위에 객관적으로 귀속시킬 수 있다고 할 수 있다.

둘째, 상당인과관계설에 의할 경우 연탄가스를 마시고 중독되어 병원에 온 사람에게 병명을 이야기해 주지 않은 경우 그가 퇴원하여 그 방 안에서 자다가 다시 연탄가스에 중독될 수 있다는 것은 사회경험칙상 상당하다고 할 수 있으므로 인과관계가 인정된다.

(5) 주관적 구성요건요소

중상해죄에 대해서는 부진정결과적 가중범이라는 견해와 순수결과범이라는 견해가 대립한다. 후자에 의하면 상해행위에 의해 중상해의 결과가 발생한 경우에는 중상해에 대한 고의·과실 유무와 상관없이 행위자에게 중상해죄를 인정한다.

전자의 견해에 의하면 甲에게 A의 중상해에 대한 고의 또는 과실이 있어야 중상해죄가 성립한다. 사례에서 甲이 A가 다시 방 안에서 자다가 사망하거나 재차 연탄가스중독에 이를 가능성이 있다고 생각하였지만, 그래도 불손한 A에게는 대답을 하기 싫었다는 것은 'A가 다시 연탄가스를 마시고 사망하거나 중독되어도 상관없다'는 것으로서 사망 내지 상해의 결과발생에 대한 인용이 있다고 할 수 있다. 즉, 甲의 부작위 당시 甲에게 A의 사망이나 상해에 대한 미필적 고의가 있다고 할 수 있다. 사망에 대한 고의는 중상해에 대한 고의도 포함한다고 할 수 있고 통설·판례는 인용설을 따르므로 甲에게 중상해에 대한 고의를 인정한다. 고의에 대한 인식설의 입장에서도 甲에게 고의를 인정한다.

그러나 고의에 대한 의욕설에 의할 경우 甲이 A의 사망이나 중상해를 의욕하였다고는 할 수 없고, 따라서 甲에게 중상해 또는 상해의 고의를 인정할 수 없고, 업무상과실치상죄의 성립 여부가 문제된다.

의욕설이나 인식설은 학설사적 의미밖에 없고 오늘날의 통설·판례는 인용설 혹은 감수설을 취하므로 甲에게 중상해에 대한 고의가 인정된다.

2. 위 법 성

甲의 행위에 특별한 위법성조각·감경사유가 존재하지 않는다.

3. 법률의 착오

甲이 병명을 가르쳐 주지 않아도 법적으로 아무 문제가 되지 않는다고 생각한 것은 작위의무가 있음에도 불구하고 작위의무가 없다고 착오한 것이다.

보증인의무도 구성요건요소라고 하는 견해에 의하면 甲의 착오는 과실에 해당하고 따라서 甲은 중상해의 죄책을 지지 않고 업무상과실치상죄의 죄책을 질 수 있을 뿐이다.

그러나 보증인적 상황과 보증인의무를 나누어 전자는 구성요건요소, 후자는 위법성요소라고 하는 이원설에 의할 경우, 甲이 A에게 병명을 가르쳐 줄 의무가 없다고 생각한 것은 보증인적 상황에 대한 착오가 아니라 보증인의무에 대한 착오로서 법률의 착오라고 할 수 있다. 즉, 사례에서 甲은 위법한 부작위를 하면서 자신의 부작위가 위법하지 않다고 착오한 것인데, 이는 법률의 착오에 해당한다.

사례에서 甲의 착오가 정당한 이유가 있다고 한다면 甲은 무죄이다. 그러나 甲의 착오에 정당한 이유가 있다고 할 수는 없으므로 甲의 죄책이 문제된다. 법률의 착오에 대한 엄격고의설이나 소극적 구성요건요소이론에 의할 경우 甲은 고의범의 죄책을 지지 아니하고 과실범의 죄책만을 지게 되어 결국 甲은 업무상과실치상죄(제268조)의 죄책을 진다. 제한고의설이나 책임설에 의할 경우 甲의 고의는 인정되므로 甲은 중상해죄의 죄책을 지지만, 책임이 감경될 수 있다.

책임설에 따라 甲에게 중상해죄의 책임을 인정하는 것이 타당하다고 생각된다.

4. 정 리

甲은 부작위에 의한 중상해죄의 죄책을 진다.

Ⅲ. 乙의 죄책

1. 중상해죄(제258조 제 2 항)

乙에게는 B를 살해할 고의는 없었고, 아킬레스건을 잘라 버린다는 중상해의 고의만이 있었다고 할 수 있다. 乙이 B의 아킬레스건을 잘라 버린 행위는 중상해의 결과를 발생시킨 것이고, 乙의 행위와 B의 중상해 결과발생 사이에 인과관계 내지 객관적 귀속이 인정된다.

2. 살인죄(제250조 제 1 항)

(1) 문 제 점

乙이 살해의 고의로 C의 몸 여러 군데를 찔렀고, 이 행위는 객관적으로 살인행위에 해당될 수 있다. 그리고 C가 사망하는 결과가 발생하였다. 이 사례에서 문제는 乙이 C를 찌른 행위와 C의 사망 사이에 인과관계 내지 객관적 귀속이 인정되는지이다.

(2) 인과관계

조건설 중 논리적 조건설이나 합법칙적 조건설에 의하면 인과관계가 인정된다. 왜냐하면 乙의 행위가 없었다면 C가 사망하지 않았으리라는 관계가 인정되고, 乙의 행위가 C의 사망이라는 결과에 합법칙으로 연결되기 때문이다.

원인설 중 최종조건설에 의하면 乙의 행위와 C의 사망 사이에 인과관계가 인정되지 않는다. C가 김밥과 콜라를 먹은 것이 최종조건이고 이것이 원인이기 때문이다. 최유력조건설이나 필연조건설에 의할 경우 인과관계가 인정될 것이다.

인과관계중단설에 의할 경우 乙의 행위와 C의 사망 사이에 C가 콜라와 김밥을 먹는 행위가 개입되었기 때문에 인과관계가 중단된다.

상당인과관계설에 의할 경우 환자가 섭생을 잘못하는 것은 상당성 내지 개연성이 인정되므로 乙의 행위와 C의 사망 사이에 상당인과관계가 인정된다.

(3) 객관적 귀속

乙의 행위는 C의 사망의 위험을 증대시켰으므로 C의 사망의 결과를 乙의 살인행위에 객관적으로 귀속시킬 수 있다.

(4) 판 례

판례는 "살인의 실행행위가 피해자의 사망이라는 결과를 발생하게 한 유일한 원인이거나 직접적인 원인이어야만 되는 것은 아니므로, 살인의 실행행위와 피해자의 사망과의 사이에 다른 사실이 개재되어 그 사실이 치사의 직접적인 원인이 되었다고 하더라도 그와 같은 사실이 통상 예견할 수 있는 것에 지나지 않는다면 살인의 실행행위와 피해자의 사망과의 사이에 인과관계가 있는 것으로 보아야 한다"고 하여 위와 같은 사례에서 인과관계를 인정한다(대판 1994. 3. 22. 93도3612).

3. 죄수 및 정리

乙이 B를 중상해한 행위와 C를 살해한 행위는 별개의 행위라고 할 수 있으므로, 乙은 중상해죄와 살인죄의 실체적 경합범의 죄책을 진다.

42. 폭행과 상해

:: 다음 사례를 읽고 물음에 답하시오.

甲은 고등학교 3학년인 딸 A가 공부는 하지 않고 매일 남자친구와 어울려 다니자 외출하는 것을 막기 위해 A가 잠든 틈을 이용해 가위로 A의 머리를 모두 잘라버렸다. 잠에서 깬 A가 가위를 들고 와 울면서 항의하자, 甲은 집 밖으로 나가 동네를 돌아다녔다. 얼마 후 甲은 버스정류장 벤치에 앉아 약 30분 동안 휴식도 취하면서 지나가던 차와 행인들을 보며 울화를 달래고 있었다. 이때 순찰을 돌던 경찰관 C와 D가 다가와 소매치기 현행범으로 오인하고 甲을 경찰서로 끌고 가려고 하였다. 甲은 억울하게 끌려갈 수는 없다고 생각하고 C, D를 밀치고 인파 속으로 도주하였다. 이 과정에서 甲은 버스를 기다리던 B의 등을 밀었는데 B는 앞으로 넘어지면서 정차중인 버스의 뒷바퀴에 충돌하여 전치 4주의 부상을 입었다. 한편 甲은 C, D를 밀치면서 C의 손에 직경 2mm 정도의 상처를 입혔으며, D는 甲에게 밀려 엉덩방아를 찧고 주저앉으면서 심장마비를 일으켜 사망하고 말았다. D는 평소 관상동맥경화 및 협착증세를 가지고 있었다. 다음 날 甲의 집을 알아낸 경찰관 E는 전날의 사건을 수사하기 위해 甲을 경찰서로 임의동행하였다. 경찰서에서 E의 질문에 대답을 하던 甲은 갑자기 E에 대해 화가 나서 "내가 누군지 아느냐. 내 별명이 왕십리휘발유이다! 열 받으면 확 불붙는다! 경찰 목 하나 자르는 건 일도 아니다!"라고 하면서 가지고 갔던 우산으로 E의 책상을 세게 내리쳤다. 이로 인해 우산이 박살이 났고 놀란 E는 동료경찰의 자리로 피신하였다.

1. A의 머리를 자른 행위에 대한 甲의 죄책을 논하시오.
2. B에 대한 甲의 죄책을 설명하고, 만약 甲이 도주하던 중 B에 부딪쳐 B에게 상해를 입힌 경우 甲의 죄책을 설명하시오.
3. C에게 상처를 입히고, D를 사망케 한 부분에 대한 甲의 죄책을 설명하시오.
4. 甲이 공무집행방해죄의 구성요건에 해당된다는 논거와 해당되지 않는다는 논거를 제시하시오.

질문 1

Ⅰ. 논점의 제시

甲의 죄책으로 문제되는 것은 다음과 같다.

1. 딸 A의 머리를 모두 잘라 버린 것이 폭행죄(제260조)에 해당하는가 아니면 상해죄(제257조)에 해당하는가이다.

2. 위의 행위가 위험한 물건을 휴대한 폭행 혹은 상해인가 문제된다.

3. 이 행위가 자녀의 훈육을 위한 정당행위로서 위법성이 조각되는가 문제된다.

Ⅱ. 甲의 죄책

1. 상해죄와 폭행죄의 구별

(1) 견해의 대립

甲이 가위로 A의 머리를 자른 행위가 상해죄(제257조)와 폭행죄(제260조) 중 어디에 해당하는가에 대해서는 견해가 대립한다.

상해를 신체의 생리적 기능의 훼손이라고 보는 견해에 의하면 머리를 자른 것만으로는 생리적 기능이 훼손되었다고 할 수 없으므로 상해죄에 해당되지 않는다. 이에 대해 신체의 생리적 기능과 함께 신체외모에 중대한 변화를 일으킨 경우에도 상해죄가 성립한다는 견해에 의하면, 머리를 모두 자른 것은 신체외모에 중대한 변화를 일으킨 것이라고 할 수 있으므로 상해죄에 해당한다.

(2) 판 례

판례는 “음모는 성적 성숙함을 나타내거나 치부를 가려주는 등의 시각적·감각적인 기능 이외에 특별한 생리적 기능이 없는 것이므로, 피해자의 음모의 모근(毛根) 부분을 남기고 모간(毛幹) 부분만을 일부 잘라냄으로써 음모의 전체적인 외관에 변형만이 생겼다면, 이로 인하여 피해자에게 수치심을 야기하기는 하겠지만, 병리적으로 보아 피해자의 신체의 건강상태가 불량하게 변경되거나 생활기능에 장애가 초래되었다고 할 수는 없을 것이므로, 그것이 폭행에 해당할 수 있음은 별론으로 하고 강제추행치상죄의 상해에 해당한다고 할 수는 없다"고 한다(대판 2000. 3. 23. 99도3099).

이 판례에 의하면 사례에서 甲이 A의 머리를 자른 행위는 상해죄에 해당되지 않고 폭행죄에 해당될 수 있을 뿐이다.

(3) 결 어

상해를 수반하지 않고 신체외모에 중대한 변화를 일으키는 예로 생각할 수 있는 것은 두발이나 수염, 눈썹 등을 깎는 것을 들 수 있고, 이러한 행위들에 대해서는 폭행죄로 처벌해도 무리가 없으므로 상해를 신체의 생리적 기능의 훼손이라고 하는 견해가 타당하다. 따라서 甲의 행위는 폭행행위에 해당한다고 해야 할 것이다.

2. 특수폭행죄(제261조)의 성립 여부

甲이 가위로 A의 머리를 잘랐으므로 이것이 위험한 물건을 휴대한 폭행이 되는가 문제될 수 있다. 휴대란 "범행현장에서 '사용하려는 의도' 아래 흉기 기타 위험한 물건을 소지하거나 몸에 지니는 경우를 가리키는 것"을 의미하므로(대판 2007. 3. 30. 2007도914), 甲의 행위가 위험한 물건을 휴대한 폭행이라고 할 여지가 있다.

위험한 물건을 휴대한 폭행행위를 가중처벌하는 것은 이로 인해 폭행죄의 보호법익인 신체의 온전성에 대한 위험이 증대되기 때문이라고 할 수 있다. 그러나 사례에서 甲은 머리를 자르는 수단으로 가위를 이용하였을 뿐이고 이로 인해 A의 신체의 온전성에 대한 위험성이 증대되었다고 할 수 없다.

따라서 甲의 행위는 특수폭행죄가 아닌 단순폭행죄(제260조)에 해당한다.

3. 정당행위(제20조)의 성립 여부

甲이 A의 외출을 막기 위해 머리를 잘랐으므로 자녀의 훈육을 위한 행위로서 사회상규에 위배되지 않는 정당행위라고 할 수 있는가 문제된다.

판례는 "형법 제20조 소정의 '사회상규에 위배되지 아니하는 행위'라 함은 법질서 전체의 정신이나 그 배후에 놓여 있는 사회윤리 내지 사회통념에 비추어 용인될 수 있는 행위를 말하고, 어떠한 행위가 사회상규에 위배되지 아니하는 정당한 행위로서 위법성이 조각되는 것인지는 구체적인 사정 아래서 합목적적, 합리적으로 고찰하여 개별적으로 판단되어야 하므로, 이와 같은 정당행위를 인정하려면 첫째, 그 행위의 동기나 목적의 정당성, 둘째, 행위의 수단이나 방법의 상당성, 셋째, 보호이익과 침해이익과의 법익 균형성, 넷째, 긴급성, 다섯째, 그 행위 외에 다른 수단이나 방법이 없다는 보충성 등의 요건을 갖추어야 한다"고 한다(대판 2008. 10. 23. 2008도6999).

사례에서 甲의 행위는 동기나 목적의 정당성은 인정되지만, 수단이나 방법의 상당성이나 긴급성, 보충성 등의 요건을 충족하지 못하기 때문에 정당행위라고 할 수 없다.

4. 정 리

甲의 행위는 폭행죄(제260조)의 구성요건에 해당되고 위법성이 조각되지 않는다. 별다른 책임조각사유가 존재하지 않으므로 甲은 A에 대한 폭행죄의 죄책을 진다.

질문 2

Ⅰ. 논점의 제시

B에 대한 甲의 죄책으로 문제되는 것은 다음과 같다.

1. 甲이 도주하면서 B의 등을 밀어 전치 4주의 부상을 입힌 행위가 폭행치상죄(제262조)에 해당하는지 문제된다.
2. 이 행위가 긴급피난(제22조)으로 위법성이 조각될 수 있는가 문제된다.
3. 甲이 B의 등을 밀치지 않고 B와 부딪쳐 B에게 상처를 입힌 경우 과실치상

죄(제266조)의 죄책을 지는지 문제된다.

Ⅱ. B에 대한 甲의 죄책

1. 폭행치상죄(제262조)의 구성요건해당성

폭행치상죄가 성립하기 위해서는 사람의 신체에 대한 불법한 유형력의 행사인 폭행행위가 있어야 하고, 상해의 결과가 발생해야 하고, 폭행행위와 상해결과 사이에 인과관계(내지 객관적 귀속)가 인정되어야 하고, 상해에 대한 예견가능성이 있어야 한다(제15조 제 2 항).

甲이 B를 밀친 것은 B의 신체에 대한 유형력의 행사로서 폭행죄의 폭행행위에 해당한다. B가 전치 4주의 상처를 입었으므로 상해의 결과도 발생하였다. 버스 정거장에 서 있는 사람을 밀칠 경우 그 사람이 버스에 치어 상처를 입을 수 있다는 것은 사회의 경험칙상 상당성이 있다고 할 수 있으므로 상당인과관계가 인정된다. 조건설 내지 합법칙적 조건설에 의하더라도 인과관계가 인정되고, B의 상해를 甲의 행위에 객관적으로 귀속시킬 수 있다. B가 입은 상해에 대한 예견가능성도 인정된다.

따라서 甲의 행위는 폭행치상죄의 구성요건에 해당한다.

2. 긴급피난(제22조)의 성립 여부

甲이 자신에 대한 체포를 피하기 위해 B에게 상처를 입혔으므로 긴급피난이 되는가 문제된다.

긴급피난이 성립하기 위해서는 자기 또는 타인의 법익에 대한 현재의 위난이 있어야 하고, 그 위난을 피하기 위한 행위여야 하고, 그 행위에 상당성이 있어야 하고, 피난의사가 있어야 한다. 경찰관 C, D가 甲을 체포하려고 한 것은 위법한 체포이고 이는 甲의 신체의 자유에 대한 현재의 위난이라고 할 수 있고, 甲에게 피난의사도 인정된다. 그런데 긴급피난의 상당성이 있기 위해서는 보충성과 법익균형성이 요구되는데, 甲이 체포를 면하기 위해 반드시 B를 밀어야 하는 것은 아니고, 자신의 신체의 자유를 보호하기 위해 B에게 전치 4주의 상처를 입힌 것은 법익균형성이 없다고 할 수 있다. 따라서 甲의 행위는 긴급피난이 될 수 없고, 보충성이 없기 때문에 과잉피난도 될 수 없다.

3. 정 리

甲의 책임을 조각할 만한 사유도 없으므로 甲은 B에 대한 폭행치상죄의 죄책을 진다.

4. 과실치상죄(제266조)의 성립 여부

(1) 구성요건해당성

甲이 B를 밀친 것이 아니라 부딪쳐 B에게 상해를 입힌 경우라면 과실치상죄의 성립 여부가 문제된다. 과실치상죄가 성립하기 위해서는 甲에게 B의 상해의 결과를 예견하고 그 결과를 회피해야 할 주의의무가 있고, 상해의 결과가 발생해야 하고, 甲의 주의의무위반과 B의 상해 사이에 인과관계(내지 객관적 귀속)가 인정되어야 한다.

甲에게는 도주할 때에 사람과 부딪쳐 그 사람에게 상처를 입히는 결과를 예견하고 이를 회피해야 할 주의의무가 인정된다. B가 전치 4주의 부상을 입었고, 버스정거장에서 사람에게 부딪쳤을 때 그 사람이 버스 뒷바퀴에 부딪쳐 상해를 입을 상당성 내지 개연성이 인정되므로 상당인과관계가 인정된다. 또는 甲의 주의의무위반과 B의 상해 사이에 합법칙적 조건설에 의한 인과관계가 인정되고, 甲의 주의의무위반이 B에 대한 상해의 위험성을 증대시켰으므로 객관적 귀속도 인정된다.

(2) 긴급피난

甲이 불법체포를 면하기 위해 B에게 전치 4주의 부상을 입혔는데, 이 경우 긴급피난에서 요구되는 보충성이나 법익균형성이 충족되지 않으므로 긴급피난이나 과잉피난이 인정되지 않는다.

(3) 정 리

甲에게 별다른 책임조각사유가 없으므로 甲은 과실치상죄의 죄책을 진다.

질문 3

Ⅰ. 논점의 제시

C, D에 대한 甲의 죄책으로 문제되는 것은 다음과 같다.

1. 경찰관 C를 밀쳐 넘어뜨려 손에 직경 2mm 정도의 상처를 입힌 것이 폭행치상죄(제262조)에 해당하는지 아니면 폭행죄(제260조)에 해당되는지 문제된다.
2. 이 행위가 정당방위(제21조)로서 위법성이 조각될 수 있는가 문제된다.
3. D를 밀쳐 사망케 한 행위가 폭행치사죄(제262조)에 해당하는지 문제된다.
4. 이 행위가 정당방위(제21조)로서 위법성이 조각될 수 있는가 문제된다.

Ⅱ. C, D에 대한 甲의 죄책

1. 폭행치상죄(제262조)의 성립 여부

(1) 구성요건해당성

甲이 C를 밀쳐 넘어뜨린 행위는 폭행행위라고 할 수 있다. C가 손에 2mm의 상처를 입은 것이 상해에 해당되는지 문제되는데, 판례는 별도의 치료를 받지 않더라도 일상생활을 하는 데 아무런 지장이 없고 시일이 경과함에 따라 자연적으로 치유될 수 있을 정도의 상처가 난 경우에는 상해의 결과가 발생하였다고 할 수 없다고 한다(대판 1991. 10. 22. 91도1832).

이러한 판례의 입장이 타당하고, 손에 2mm의 상처를 입은 것만으로 폭행치상죄에 해당된다고 할 수 없다. 따라서 甲의 행위는 폭행치상죄가 아닌 폭행죄에 해당된다.

(2) 정당방위(제21조)의 성립 여부

정당방위가 성립하기 위해서는 자기 또는 타인의 법익에 대한 현재의 부당한 침해가 있고, 방위행위가 있어야 하고, 그 방위행위가 상당한 이유가 있어야 하고, 행위자에게 방위의사도 있어야 한다.

사례에서 C, D의 체포행위는 위법하다고 해야 할 것이고 甲이 불법체포를 면하기 위해 C를 폭행한 행위는 상당한 이유가 있는 방위행위라고 할 수 있다. 따라서 甲의 C에 대한 폭행죄의 위법성이 조각된다.

2. 폭행치사죄(제262조)의 성립 여부

(1) 구성요건해당성

甲이 D를 밀친 행위는 C를 밀친 행위와 마찬가지로 폭행죄의 폭행행위라고 할 수 있다. 그런데 D가 사망하였으므로 폭행치사죄(제262조)의 구성요건해당성이 문제된다. 폭행치사죄가 성립하기 위해서는 폭행행위와 사망 사이에 인과관계가 있어야 하고, 사망에 대한 예견가능성이 있어야 한다.

인과관계에 관한 조건설이나 합법칙적 조건설에 의하면 甲의 폭행행위와 사망 사이에 인과관계는 인정되지만 객관적 귀속이 인정되지 않거나, 객관적 귀속이 인정되더라도 사망에 대한 예견가능성이 인정되지 않을 것이다.

절충적 상당인과관계설에 의하면 경찰관을 밀쳤을 때 그 사람이 관상동맥협착증 등 이상체질로 인해 사망할 개연성이 있다고 할 수 없기 때문에 상당인과관계가 부정되거나 역시 D의 사망에 대한 예견가능성이 인정되지 않을 것이다.

(2) 정당방위(제21조)의 성립 여부

甲의 D에 대한 폭행행위는 C에 대한 폭행행위와 마찬가지로 정당방위로서 위법성이 조각될 것이다.

Ⅲ. 정 리

甲이 C, D를 밀친 행위는 불법체포로부터 자신을 방위하기 위한 정당방위로서 위법성이 조각된다. 따라서 甲은 C, D에 대해서는 아무런 죄책을 지지 않는다.

질문 4

Ⅰ. 논점의 제시

甲의 행위 중 공무집행방해죄로 문제될 수 있는 것은 다음과 같다.

1. C, D를 밀친 행위가 폭행행위로서 정당방위는 되지만, 공무집행방해죄는 성립할 수 있는 것이 아닌가이다.
2. 공무원 E의 책상을 내리친 행위가 공무집행방해죄에 해당되는가이다.

Ⅱ. C, D에 대한 공무집행방해죄

1. 공무집행방해죄(제136조)의 성립요건

(1) 일반적 성립요건

공무집행방해죄는 직무를 집행하는 공무원에 대하여 폭행 또는 협박을 하는 죄이다. 통설 · 판례에 의하면 공무집행방해죄에서의 직무집행은 적법한 직무집행이어야 하고 적법한 직무집행이 되기 위해서는 직무집행이 공무원의 추상적 직무권한에 속하는 것이어야 하고, 직무집행이 당해 공무원의 구체적 권한에 속해야 하고, 법령에 규정된 방식과 절차에 의한 것이어야 한다.

(2) 직무집행의 적법성판단

직무집행의 적법성판단을 어떻게 할 것인가에 대해서는 다음과 같이 견해가 대립한다.

첫째, 객관설은 법원이 법령을 해석해서 객관적으로 판단해야 한다는 입장이다.

둘째, 주관설은 직무를 집행하는 공무원이 적법한 것으로 믿었는가 또는 신중한 검토를 하여 과실없이 적법한 것으로 믿었는가를 기준으로 결정해야 한다는 입장이다.

셋째, 절충설은 주관적인 면과 객관적인 면을 모두 고려해서 직무집행의 적법성 여부를 결정해야 한다는 입장이다. 판례는 "추상적인 권한에 속하는 공무원의 어떠한 공무집행이 적법한지 여부는 행위 당시의 구체적 상황에 기하여 객관적·합리적으로 판단하여야 한다"고 하여(대판 2007. 10. 12. 2007도6088), 절충설에 가까운 입장을 취하고 있다.

넷째, 일반인표준설은 일반인이 그 직무집행행위를 적법한 것으로 인정하였는가에 따라 결정해야 한다는 입장이다.

2. 공무집행방해죄에 해당된다는 논거

甲의 행위가 C, D에 대해 공무집행방해죄에 해당된다는 논리를 전개하기 위해서는 직무집행의 적법성에 대한 주관설, 절충설 또는 일반인표준설에 따라야 한다. 이들 견해에 의하면 직무집행자인 C, D가 자신들의 행위가 적법하였다고 생각하였거나, 일반인은 C, D의 체포행위가 적법한 행위라고 생각하였을 것이다. 또한 C, D의 주관적 인식과 객관적 상황을 종합적으로 고려할 때에 C, D의 체포행위의 적법성을 인정할 수 있다.

3. 공무집행방해죄에 해당되지 않는다는 논거

직무집행의 적법성에 대한 객관설을 따르게 되면 C, D는 소매치기 현행범이 아닌 甲을 체포하려고 하였고, 이는 적법한 직무집행이라고 할 수 없다. 이에 의하면 甲은 적법한 직무집행을 방해하지 않았으므로 甲이 C, D를 폭행한 행위는 공무집행방해죄에 해당되지 않는다.

Ⅲ. E에 대한 공무집행방해죄

1. 문 제 점

경찰관 E가 이 전날의 사건을 조사하기 위해 甲을 임의동행하여 신문하였으므로 E의 직무집행은 적법한 직무집행이라고 할 수 있다. 그런데 甲이 E의 신체가 아닌 E의 책상을 내리쳤으므로 이것이 직무집행을 하는 공무원에 대해 폭행 또는 협박을 가한 것인가 문제된다.

2. 공무집행방해죄에 해당된다는 논거

甲의 행위가 공무집행방해죄에 해당된다고 하기 위해서는 甲의 행위가 공무집행방해죄의 폭행 또는 협박에 해당된다고 해야 한다.

이를 위해서는 공무집행방해죄에서의 폭행은 공무원의 신체에 대한 유형력의 행사일 필요가 없고 공무원에 대한 유형력의 행사이면 족하다고 해야 한다. 즉, 甲이 E의 책상을 내리친 행위는 E의 신체에 대한 유형력의 행사는 아니라고 하더라도 E에 대한 유형력의 행사이므로 공무집행방해죄의 폭행에 해당된다는 논거를 제시하면 된다.

또한 "경찰 목 하나 자르는 건 일도 아니다"라고 한 행위가 해악을 고지한 것으로서 협박죄에 해당된다고 하는 논거를 제시하면 된다.

3. 공무집행방해죄에 해당되지 않는다는 논거

甲의 행위가 공무집행방해죄에 해당되지 않는다고 하기 위해서는 다음과 같은 논거를 제시해야 할 것이다.

첫째, 공무집행방해죄의 폭행을 공무원의 신체가 아닌 공무원에 대한 폭행이라고 넓게 해석해서는 안 된다. 甲의 E의 책상을 내리친 행위는 E의 신체에 대한 폭행은 아니다.

둘째, "경찰 목 하나 자르는 건 일도 아니다"라고 한 행위는 해악을 고지한 행위라기보다는 단순한 분노나 욕설에 해당되지 E에게 해악을 고지하는 협박이라고 할 수는 없다.

43. 특수폭행 · 협박죄, 업무상과실치상죄 및 유기치사죄

:: 다음 사례를 읽고 물음에 답하시오.

폭력조직의 중간두목인 甲은 자신의 관할구역 안에 있는 가게 주인 A가 평소 상납하는 데에 인색한 것에 불만을 품고 있었다. 두목으로부터 A에 대한 관리철저를 지시받은 甲은 어느 날 아침 A를 찾아가 "계속 까불면 애들을 풀어서 가게를 쑥밭으로 만들어 놓겠다"고 위협하였다. 이어 甲은 A의 따귀를 한 대 때린 후 가게를 나왔다. A는 따귀를 맞았지만 甲의 말을 이해하지는 못하였다. 그리하여 혼자 "甲이 애들을 푼다고 하는 것을 보니 애들을 어디에 묶어 놓았나보다. 정말 나쁜 놈이다. 그리고 쑥밭은 만들어 놓겠다고 하는 것을 보니 조폭생활을 청산하고 귀농을 하려나 보다. 그런데 앞뒤가 안 맞는 말을 하는 것을 보니 甲은 정말 비논리적인 조폭이다"라고 생각하였다.

甲은 조직모임에서 A에 대한 관리상태를 보고하기 위해 승용차로 중부고속도로를 타고 시속 100km 정도로 조직모임이 열리는 대전으로 향하였다. 그런데 인생을 비관한 B가 자살을 하기 위해 갑자기 고속도로로 뛰어들었고, 甲은 B를 차로 치고 말았다. B가 쓰러져 피를 흘리는 것을 본 甲은 B가 죽지는 않을 것 같지만 중상이라고 생각하면서도 조직모임에 늦으면 큰일이라고 생각하고 그대로 가버렸다. B는 한 시간 후 지나가던 운전자 K에게 발견되어 병원으로 옮겨졌으나 과다한 출혈로 인해 사망하고 말았다.

1. A에 대한 甲의 죄책을 가장 무겁게 인정하기 위한 주장과 가장 가볍게 인정하기 위한 주장의 논거를 제시하시오.
2. B에 대한 甲의 죄책을 설명하시오.

질문 1

Ⅰ. 논점의 제시

폭력조직의 중간보스인 甲이 A의 따귀를 때리고 "가게를 쑥밭으로 만들어 놓겠다"고 한 행위는 단순폭행죄(제260조) 및 단순협박죄(제283조)에 해당된다고 할 수도 있고, 특수폭행죄(제261조) 및 특수협박죄(제284조)에 해당된다고 할 수도 있다. 또한 甲이 A를 협박하였으나 A가 이를 이해하지 못한 경우 협박죄의 기수라고 할 수도 있고 미수(제286조)라고 주장할 수도 있다.

Ⅱ. 특수폭행 및 협박죄와 협박죄의 기수시기

1. 특수폭행 · 협박과 단순폭행 · 협박의 구별

제261조와 제284조는 각각 단체 또는 다중의 위력을 보이고 행한 폭행이나 협박을 특수폭행, 특수협박으로 규정하고 있다. 여기에서 '단체 또는 다중의 위력을 보인다'는 것의 의미에 대해서는 다음과 같은 견해가 대립한다.

첫째, 단체나 다중의 위력을 보이면 족하고, 단체나 다중이 현장에 있을 것을 요하지 않는다는 견해이다.

둘째, 단체나 다중이 현장에 있을 것을 요한다는 견해이다.

2. 협박죄의 기수시기

협박죄의 기수시기에 대해서는 상대방이 공포심을 느낀 시점이라고 하는 견해와 해악의 고지가 상대방에게 도달한 시점이라는 견해가 대립한다. 전자는 협박죄를 침해범이라고 해석하는 입장이고, 후자는 협박죄를 위험범이라고 해석하는 입장이다. 판례는 "협박죄가 성립하려면 고지된 해악의 내용이 행위자와 상대방의 성향, 고지 당시의 주변 상황, 행위자와 상대방 사이의 친숙의 정도 및 지위 등의 상호관계, 제3자에 의한 해악을 고지한 경우에는 그에 포함되거나 암시된 제3자와 행위자 사이의 관계 등 행위 전후의 여러 사정을 종합하여 볼 때에 일반적으로 사람으로 하여금 공포심을 일으키게 하기에 충분한 것이어야 하지만, 상대방이 그에 의하여 현실적으로 공포심을 일으킬 것까지 요구하는 것은 아니며, 그와 같은 정도의 해악을 고지함으로써 상대방이 그 의미를 인식한 이상, 상대방이 현실적으로 공포심을 일으켰는지 여부와 관계없이 그로써 구성요건은 충족되어 협박죄의 기수에 이르는 것으로 해석하여야 한다. 결국, 협박죄는 사람의 의사결정의 자유를 보호법익으로 하는 위험범이라 봄이 상당하고, 협박죄의 미수범 처벌조항은 해악의 고지가 현실적으로 상대방에게 도달하지 아니한 경우나, 도달은 하였으나 상대방이 이를 지각하지 못하였거나 고지된 해악의 의미를 인식하지 못한 경우 등에 적용될 뿐이다"라고 하여(대판 2007. 9. 28. 2007도606 전원합의체), 상대방이 공포심을 느낄 것까지는 요하지 않지만 상대방의 해악의 의미는 인식하여야 한다고 한다.

Ⅲ. 甲에게 가장 무거운 죄책을 인정할 수 있는 논거

甲에게 가장 무거운 죄책을 인정하기 위해서는 특수폭행죄와 특수협박죄의 기수범의 실체적 경합범의 죄책을 인정하는 것이다. 이를 위해서는 다음과 같은 논거를 제시해야 한다.

첫째, 특수폭행죄에서 단체 또는 다중의 위력을 보이는 것의 의미에 대해 단체 또는 다중이 현장에 있을 것까지 요하지는 않는다는 견해를 따라야 한다. 이 경우 甲은 자신의 폭력조직의 위력을 보인 것이라고 할 수 있고, 따라서 특수폭행죄의 죄책을 진다.

둘째, 위와 같은 논거에 의해 甲이 A에게 행한 협박은 특수협박에 해당한다고 해야 한다.

셋째, 해악의 고지가 A에게 도달한 경우에는 A가 공포심을 느끼지 못하였거나 그 의미를 이해하지 못하였다고 하더라도 협박죄의 기수가 된다고 해야 한다.

넷째, 특수폭행죄와 특수협박죄는 별개의 행위에 의해 이루어진 별개의 범죄이므로 실체적 경합범의 죄책을 인정해야 한다.

Ⅳ. 甲에게 가장 가벼운 죄책을 인정할 수 있는 논거

甲에게 가장 가벼운 죄책을 인정하기 위해서는 단순폭행죄, 단순협박죄의 미수범을 인정하는 것이다. 이를 위해서는 다음과 같은 논거를 제시해야 한다.

첫째, 특수폭행죄나 특수협박죄에서 단체 또는 다중의 위력을 보이는 것의 의미에 대해 단체 또는 다중이 현장에 있을 것을 요한다는 견해를 따라야 한다. 이 경우 甲은 자신의 폭력조직의 위력을 보인 것이라고 할 수 없고, 따라서 단순폭행죄와 단순협박죄의 죄책을 진다.

둘째, 해악의 고지가 A에게 도달하였더라도 A가 그 의미를 인식하지 못하였거나 공포심을 느끼지 못하였으면 협박죄의 미수가 된다고 해야 한다.

셋째, 폭행행위와 협박행위가 사회통념상 하나의 행위에 이루어졌으므로 양자의 법조경합을 인정하여 폭행죄와 협박미수죄 중 중한 죄인 협박미수죄만이 성립한다고 해야 한다.

질문 2

Ⅰ. 논점의 제시

B에 대한 甲의 죄책으로 문제되는 것은 다음과 같다.

1. 자동차로 B를 치어 부상을 입힌 행위가 업무상과실치상죄(제268조)에 해당되는지 문제된다.
2. 甲이 B가 사망하지는 않겠다고 생각하였지만 B가 중상이라고 생각하면서도 그대로 간 행위가 특가법상의 도주차량운전죄(제5조의3)에 해당되는지 문제된다.
3. 도주차량운전죄가 성립하지 않는다면 유기치사죄가 성립하는지 문제된다.

Ⅱ. 업무상과실치상죄(제268조)의 성립 여부

업무상과실치상죄가 성립하기 위해서는 상해의 결과가 발생해야 하고, 업무상의 주의의무위반이 있어야 하고, 주의의무위반과 상해의 결과발생 사이에 인과관계(내지 객관적 귀속)가 인정되어야 한다.

甲이 B를 치어 상해를 입혔으므로 상해의 결과는 발생하였으나, 신뢰의 원칙에 의해 甲에게 주의의무위반은 없다고 할 수 있다. 신뢰의 원칙이란 자신이 적법하게 행위를 한 사람은 상대방도 적법행위를 할 것이라고 신뢰해도 좋다는 원칙을 말한다. 사례에서 甲이 중부고속도로를 100km로 달려서 아무런 주의의무위반이 없고, 고속도로에는 사람이 통행해서는 안 되므로 甲에게 고속도로 위에 갑자기 사람이 나타날 것을 예견하고 이에 대비해서 운전해야 할 주의의무는 존재하지 않는다.

따라서 甲이 B를 친 행위는 아무런 범죄가 되지 않는다.

Ⅲ. 유기치사죄(제275조)의 성립 여부

1. 특가법 제 5 조의3의 도주차량운전죄의 성립 여부

특가법 제 5 조의3의 도주차량운전죄의 주체는 '형법 제268조의 죄를 범한 자'이다. 그런데 甲은 제268조의 죄를 범한 자가 아니므로 도주차량운전죄의 죄책을 지지 않는다.

2. 부작위에 의한 살인죄(제250조 제 1 항, 제18조)의 성립 여부

甲이 B를 그대로 방치한 행위는 유기치사죄 또는 부작위에 의한 살인죄가 성립할 수 있다. 어느 범죄가 성립하느냐는 甲에게 어떤 고의가 있었느냐에 의해 결정된다. 甲은 피를 흘리고 쓰러진 B를 보고 중상이지만 죽을 것 같지는 않다고 생각하였기 때문에 B의 사망을 인식하고 인용하였다고 할 수 없으므로 살인의 고의를 인정할 수 없고, 따라서 부작위에 의한 살인죄는 성립하지 않는다.

3. 유기치사죄

(1) 유기치사죄의 성립요건

유기치사죄가 성립하기 위해서는 피유기자를 구호해야 할 법률상 또는 계약상 의무있는 자가 노유, 질병, 기타 사유로 인하여 부조를 요하는 자를 유기하여 사망에 이르게 하고, 유기행위와 사망 사이에 인과관계(및 객관적 귀속)가 인정되어야 하고, 피유기자의 사망에 대한 예견가능성이 있어야 한다.

(2) 사례에의 적용

사례에서 甲이 피를 흘리고 쓰러진 B를 그대로 방치하였으므로 유기의 고의가 인정된다.

甲은 B를 구해야 할 법률상의 의무가 있는 자이다. 왜냐하면 도로교통법 제54조 제1항은 "차의 운전 등 교통으로 인하여 사람을 사상하거나 물건을 손괴한 경우에는 그 차의 운전자 그 밖의 승무원은 즉시 정차하여 사상자를 구호하는 등 필요한 조치를 하여야 한다"고 규정하고 있고, 甲이 B를 친 것은 업무상과실치상죄에는 해당하지 않더라도 '차의 운전 등 교통으로 인하여 사람을 사상한 것'에는 해당하기 때문이다.

B가 중상을 입고 쓰러졌으므로 기타 사유로 인해 부조를 요하는 자라고 할 수 있다. 甲의 유기행위가 있었고, 이 행위와 B의 사망 사이에 조건설 혹은 합법칙적 조건설에 의한 인과관계가 인정되고 객관적 귀속도 인정된다. 상당인과관계설에 의할 경우에도 교통사고로 피를 흘리고 쓰러진 피해자를 유기하는 경우 그 사람이 과다출혈로 인해 사망할 수 있다는 것은 경험칙상 상당성이 인정되므로 상당인과관계도 인정된다. B의 사망에 대한 예견가능성도 인정된다.

따라서 甲은 유기치사죄(제275조)의 죄책을 진다.

Ⅳ. 정 리

甲은 업무상과실치상죄의 죄책을 지지 않고, 이에 따라 특가법상의 도주차량운전죄의 죄책도 지지 않는다. 甲이 B의 사망을 인용하거나 감수하지는 않았기 때문에 부작위에 의한 살인죄도 인정되지 않는다.

그러나 甲이 중상을 당한 B를 방치하고 그대로 가 B가 사망하였으므로, 甲은 유기치사죄의 죄책을 진다.

44. 영아유기죄, 감금죄, 협박죄 및 공범과 신분

:: 다음 사례를 읽고 물음에 답하시오.

산부인과 의사인 甲과 간호사 A는 불륜관계를 맺어 오던 중 A가 쌍둥이를 임신하게 되었다. 당황한 甲은 A에게 돈을 주면서 자기 친구 K가 경영하는 근처의 산부인과에 가서 낙태를 하라고 여러 차례 권유하였다. 그러나 A는 이를 계속 거부하였고 출산예정일을 넘기게 되었다. 甲은 A에게 언제 아기가 나올지 모르니 자신의 병원에 입원을 하고 있으라고 하였고, A는 甲의 말대로 하였다. 아이가 계속 나오지 않자 甲은 제왕절개수술이 필요한 시점이 되었다고 생각하였지만, 아이가 죽어서 태어났으면 좋겠다고 생각하고 수술을 하지 않았다. 얼마 후 A는 진통을 시작하여 아이를 낳았으나 쌍둥이 중 한 명은 이미 산모의 체내에서 사망하였고, 한 명만 무사히 태어났다. 며칠 후 甲은 자신과 A의 관계가 사람들에게 알려질 것을 두려워하여 아이를 내다 버리기로 하였다. 甲은 친구 乙과 함께 A가 낮잠을 자는 틈을 이용해 아이를 몰래 빼 내왔다. 혹시 A가 깨어나 쫓아올지 모른다고 생각한 甲, 乙은 A가 자는 방문 밖에 각목을 버텨 놓아 A가 깨어나도 방 밖으로 못 나오도록 해 놓았다. 甲, 乙은 아이를 옆동네로 안고 가 자식이 없어서 고민한다고 알려진 K의 집 대문 앞에 놓아두고 초인종을 누르고 근처에 숨어 K가 나와 아이를 안고 들어가는 것을 확인하고 집으로 돌아왔다. A가 아직도 자고 있는 것을 확인한 甲, 乙은 버틴 각목을 제거하였다. 그러나 혹시 乙이 이 사실을 A에게 발설할지도 모른다고 의심이 든 甲은 乙에게 "만약 나중에 허튼 짓을 하면 네 가족은 몰살을 면치 못할 것이다"라고 하였다. 乙은 이 말을 듣고 겁을 먹지 않고 오히려 웃으면서 나는 "가족이 없다"고 하였다.

1. 甲에게 가장 가벼운 죄책을 인정할 수 있는 논리를 제시하시오.
2. 甲에게 가장 무거운 죄책을 인정할 수 있는 논리를 제시하시오.
3. 乙의 무죄를 인정할 수 있는 논리를 제시하시오.
4. 乙이 甲이 아니라 A와 함께 아이를 유기하였다고 할 경우 乙의 죄책과 처벌에 대한 판례의 입장을 설명하고 그에 대한 비판의견을 제시하시오.

Ⅰ. 논점의 제시

甲의 행위 중 형법상 문제되는 것은 다음과 같다.

1. 제왕절개수술이 필요함에도 불구하고 수술을 하지 않다가 쌍둥이 중 한 명을 사망케 한 행위가 부작위에 의한 살인죄(제250조 제1항, 제18조)와 부작위에 의한 부동의낙태죄(제270조 제2항, 제18조) 중 어디에 해당되는지 문제된다.

2. 乙과 함께 A가 잠든 방을 밖에서 잠그고 A가 잠에서 깨기 전에 돌아와 방문을 열어 놓은 행위가 감금죄(제276조)의 공동정범에 해당하는지 문제된다.

3. 乙과 함께 아이를 데리고 나가 K의 집 대문 앞에 놓고 온 행위가 영아유기죄(제272조) 또는 유기죄(제271조 제1항)의 공동정범에 해당하는지 문제된다.

4. 乙에게 '네 가족을 몰살하겠다'고 한 행위가 협박죄(제283조)의 기수, 불능미수, 불능범 중 어디에 해당되는지 문제된다.

乙의 행위 중 형법적으로 문제되는 것은 다음과 같다.

1. 甲과 함께 아이를 K집 대문 앞에 놓아두고 온 행위로 인해 어떤 처벌을 받게 될지 문제된다.

2. 甲과 함께 A를 감금한 행위가 감금죄의 공동정범(제276조, 제30조)에 해당되는지 문제된다.

이상에서 甲, 乙의 죄책에 영향을 미칠 수 있는 것은 사람의 시기(始期), 유기죄의 보호의 정도 및 유기의 의미, 감금죄의 객체, 영아유기죄에서 직계존속의 범위, 협박죄의 기수시기, 감경적 신분범에 가공한 경우 제33조 단서의 적용범위 등이다. 이에 대한 견해의 대립을 먼저 설명하고, 甲, 乙의 죄책과 처벌에 대해 살펴보기로 한다.

Ⅱ. 쟁점사항에 대한 견해의 대립

1. 사람의 시기(始期)

사람의 시기에 대해서는 진통설이 통설 · 판례이지만, 이에 대해 제왕절개수술과 관련하여서는 '의학적으로 제왕절개 수술이 가능하였고 규범적으로 수술이 필요하였던 시기'라는 견해도 있다(대판 2007. 6. 29. 2005도3832에서 검사의 주장).

2. 유기죄의 보호의 정도 및 유기의 의미

유기죄의 보호법익에 대해서는 추상적 위험범설과 구체적 위험범설이 대립한다. 또한 사례와 같이 남의 집 대문 앞에 영아를 놓아 둔 경우 영아유기행위에 해당되는가에 대해 긍정설과 부정설이 대립한다. 긍정설은 이 경우에도 유기라고 볼 수 있다고 하고, 부정설은 이 경우에는 태아의 생명·신체에 추상적 위험조차 초래하지 않는 행위라고 한다.

3. 영아유기죄에서 직계존속의 범위

영아유기죄의 주체인 직계존속에 대해 법률상의 직계존속에 국한된다는 견해와 사실상의 직계존속을 포함한다는 견해가 대립한다.

4. 감금죄의 객체

감금죄의 객체에 대해서는 장소이동의 현실적 자유가 있는 사람에 국한된다는 견해, 장소이동의 잠재적 자유가 있는 사람이면 족하지만 유아나 정신병자, 수면자 등은 제외된다는 견해, 모든 사람이라는 견해 등이 대립한다.

5. 협박죄의 기수시기

협박죄의 기수시기에 대해서는 상대방이 공포심을 느낀 시점이라는 견해와 해악의 고지가 상대방에게 도달하여 상대방이 이를 인식한 시점이라는 견해가 대립한다.

6. 제33조 단서의 적용범위

비신분자가 감경적 신분범인 영아유기죄에 가공한 경우 영아유기죄의 공범이 된다는 견해와 보통유기죄의 공범이 된다는 견해가 대립한다.

Ⅲ. 甲에게 가장 가벼운 죄책을 인정할 수 있는 논리

1. 학설의 조합

甲에게 가장 가벼운 죄책을 인정하기 위해서는 다음과 같은 입장을 따라야 한다.

(1) 사람의 시기에 대해서는 진통설을 따라야 한다. 이 경우 甲이 제왕절개수술이 필요함에도 불구하고 제왕절개수술을 하지 않아 쌍둥이 중 하나를 죽게 한 행위는 부작위에 의한 살인죄가 아닌 부작위에 의한 부동의낙태죄에 해당된다. 甲에게는 제왕절개를 해야 할 법령상·계약상의 작위의무가 있는 등 甲이 제왕절개수술을 하지 않은 행위는 부작위에 의한 부동의낙태죄의 요건을 모두 충족하기 때문이다.

(2) 유기죄의 보호의 정도에 대해서는 구체적 위험범설을 따르거나 추상적 위험범설을 따르더라도 甲의 행위가 영아의 생명·신체에 추상적 위험도 초래하지 않기 때문에 유기행위에 해당되지 않는다고 해야 한다. 후자의 경우에는 아예 유기행위가 없고, 전자의 경우에는 유기행위는 있지만 영아의 생명·신체에 구체적 위험이 발생하지 않았기 때문에 유기미수죄에 불과하고, 유기죄의 미수범은 처벌하지 않기 때문에 甲은 무죄이다.

(3) 감금죄의 객체는 장소이전의 현실적 자유가 있는 사람에 국한된다고 하는 견해를 따라야 한다. 이에 의하면 감금 기간 내내 A는 수면중이었기 때문에 감금죄의 객체가 될 수 없고, 따라서 甲은 감금죄의 죄책을 지지 않는다.

(4) 협박죄의 기수시기에 대해서는 상대방이 공포심을 느낀 시점이라고 해야 한다. 이 경우 乙이 공포심을 느끼는 결과가 발생하기 불가능하고 절대적 불능·상대적 불능 구별설이나 법률적 불능·사실적 불능설에 따를 경우 협박죄의 불능범을 인정할 수 있다.

2. 정 리

甲에게 가장 가벼운 죄책을 인정할 경우 甲은 부작위에 의한 부동의낙태죄(제270조 제2항, 제18조)의 죄책만을 진다.

Ⅳ. 甲에게 가장 무거운 죄책을 인정할 수 있는 논리

1. 학설의 조합

甲에게 가장 무거운 죄책을 인정하기 위해서는 다음과 같은 논리를 취해야 한다.

(1) 사람의 시기에 대해서는 규범적으로 제왕절개수술이 가능하였고 필요한 시점이라는 견해를 따라야 한다. 이 경우 甲이 제왕절개수술이 필요함에도 불구하고 제왕절개수술을 하지 않아 쌍둥이 중 하나를 죽게 한 행위는 부작위에 의한 살인죄에 해당되고, 살아서 태어난 아이에 대해서는 부작위에 의한 살인미수죄에 해당된다.

(2) 유기죄의 보호의 정도에 대해서는 추상적 위험범설을 따르고 甲이 아이를 K의 집 대문 앞에 놓아둔 행위가 영아의 생명·신체에 추상적 위험을 초래하는 행위라고 해야 한다. 이 경우 甲의 행위는 유기죄에 해당될 수 있다.

(3) 영아유기죄의 직계존속은 법률상의 직계존속에 국한된다고 해야 한다. 이 경우 甲은 영아의 법률상 직계존속이 아니므로 甲의 행위는 영아유기행위가 아니라 유기행위에 해당된다.

(4) 감금죄의 객체는 모든 사람이라는 견해를 따라야 한다. 이에 의하면 A는 비록 수면중이었다 하더라도 감금죄의 객체가 되고, 따라서 甲은 감금죄의 죄책을 지게 된다.

(5) 협박죄의 기수시기에 대해서 해악의 고지가 상대방에게 도달하고 상대방이 내용을 인식한 시점이라고 해야 한다. 이 경우 甲은 협박기수의 죄책을 진다.

2. 정 리

甲에게 가장 무거운 죄책을 인정할 경우 甲은 부작위에 의한 살인죄, 부작위에 의한 살인미수죄, 유기죄, 감금죄, 협박죄의 죄책을 진다. 이 경우 부작위에 의한 살인죄와 부작위에 의한 살인미수죄는 상상적 경합범의 관계에 있고, 이들 범죄와 나머지 범죄는 실체적 경합범의 관계에 있다.

Ⅴ. 乙에게 무죄를 인정할 수 있는 논리

乙은 甲의 감금행위와 영아유기행위에 공동정범으로 가공하였는데 乙에게 무죄를 인정하기 위해서는 다음과 같은 논리를 따라야 한다.

1. 甲의 죄책에서 본 것과 같이 유기죄의 보호의 정도에 대해서는 구체적 위험범설을 따르거나 추상적 위험범설을 따르더라도 甲의 행위가 영아의 생명·신체에 추상적 위험도 초래하지 않기 때문에 유기행위에 해당되지 않는다고 하면 甲은 무죄이고, 이에 따라 乙도 무죄이다.

2. 감금죄의 객체는 장소이전의 현실적 자유가 있는 사람에 국한된다고 하는 견해를 따라야 한다. 이에 의하면 감금 기간 내내 A는 수면중이었기 때문에 감금죄의 객체가 될 수 없고, 따라서 甲, 乙 모두 감금죄의 죄책을 지지 않는다.

Ⅵ. A와 함께 영아를 대문 앞에 놓아둔 경우 乙의 죄책 및 처벌

1. 판례에 따른 乙의 죄책 및 처벌

乙이 甲과 함께 영아를 대문 앞에 놓아둔 경우 甲은 감경적 부진정신분범인 영아유기죄(제272조)의 죄책을 지고, 乙은 A의 범행에 공동정범의 형태로 가공한 것이 된다. 이 경우를 직접적으로 언급한 판례는 없고, 다만 "피고인이 甲을 모해할 목적으로 乙에게 위증을 교사한 이상, 가사 정범인 乙에게 모해의 목적이 없었다고 하더라도, 형법 제33조 단서의 규정에 의하여 피고인을 모해위증교사죄로 처단할 수 있다"고 한 판례는 있다(대판 1994. 12. 23. 93도1002).

이 판결의 취지를 사례에 적용한다면 甲이 영아유기죄의 공동정범으로 처벌된다고 하더라도 乙에게는 제33조 단서가 적용되어 乙은 유기죄의 공동정범으로 처벌된다는 취지라고 할 수 있다.

2. 판례에 대한 비판의견

형법 제33조 단서는 '신분관계로 인하여 형의 경중이 있는 경우에는 중한 형으로 벌하지 아니한다'고 규정하고 있다. 따라서 이를 문리해석하면 乙이 A의 영아유기죄에 가공하였고, 영아유기죄와 유기죄는 신분관계로 인하여 형의 경중이 있는 경우이므로 가공자인 乙을 중한 죄인 유기죄로 벌하지 않고 영아유기죄의 공동정범으로 벌해야 한다는 비판이 제기된다.

45. 영리목적유인죄의 공범 등

:: 다음 사례를 읽고 물음에 답하시오.

건달인 甲은 용돈이 궁해지자 동네에 사는 여고생 A를 유인하여 유흥가에 팔아 넘겨 용돈을 마련하기로 결심하고, 친구 乙에게 A를 유인하여 오라고 하였다. 乙은 평소 A가 자신을 업신여겼으므로 혼을 내 주겠다고 생각하고 A를 유인하여 왔다.

1. 乙이 甲의 영리목적을 알았던 경우 甲의 죄책과 처벌을 논하시오.
2. 乙이 甲의 영리목적을 몰랐던 경우 甲의 죄책과 처벌을 논하시오.

Ⅰ. 문제의 소재

甲은 영리목적으로 영리목적없는 乙을 교사하여 미성년자인 A를 유인하도록 하였다. 이 경우 乙이 甲의 영리목적을 알았든 몰랐든 제287조의 미성년자유인죄의 정범의 죄책을 진다는 점에는 별 의문이 없다. 그러나 甲의 죄책과 관련하여서는 乙이 甲의 영리목적을 알았는지의 여부에 따라 교사범이 성립하는가 아니면 간접정범이 성립하는가가 달라질 수 있다.

첫째, 乙이 甲의 영리목적을 알았던 경우 甲은 간접정범의 죄책을 지지 않고 교사범의 죄책을 지는데, 다만, 제287조의 미성년자유인죄의 교사범의 죄책을 지는지 아니면 제288조의 영리목적미성년자유인죄의 교사범의 죄책을 지는지가 문제된다. 이는 목적을 행위요소로 파악하는가 신분요소로 파악하는가에 따라 달라지고, 신분요소로 파악할 경우에는 제33조 단서가 책임개별화규정인가의 여부에 따라 달라진다.

둘째, 乙이 甲의 영리목적을 몰랐던 경우 甲은 제288조의 영리목적미성년자유인죄의 간접정범 또는 교사범으로 처단되는지 아니면 제287조의 미성년자유인죄의 교사범의 죄책을 지는지 문제될 수 있다. 이는 소위 '목적없는 고의있는 도구'를 이용하여 범죄를 실행한 경우에 해당하는데, 목적없는 고의있는 도구가 '처벌되지 않는 자'가 아니라 '처벌되는 자'라는 점에서 제34조의 적용가능 여부가 문제될 수 있다.

Ⅱ. 乙이 甲의 영리목적을 알았던 경우

1. 문 제 점

乙이 甲의 영리목적을 알았던 경우에는 A를 유인해 온 범행을 지배한 것은 乙이라고 할 수 있고, 甲은 乙을 목적없는 고의있는 도구로 이용할 의사로써 乙을 교사한 것이라고 할 수 있다. 이 경우 목적을 행위요소로 파악할 것인가 신분요소로 파악할 것인가에 따라 甲의 죄책이 달라질 수 있다.

2. 목적을 행위요소라고 할 경우

목적을 행위요소라고 할 경우 甲은 영리목적미성년자유인죄를 교사하였으나 정범인 乙이 미성년자유인죄를 범하였으므로 제31조 제1항이 적용되어 공범의 종속성원칙에 따라 甲은 미성년자유인죄의 교사범의 죄책을 진다.

3. 목적을 신분요소라고 할 경우

판례는 목적범의 목적을 신분요소라고 한다. 이 경우 부진정목적범인 영리목적미성년자유인죄는 부진정신분범이 되고, 신분있는 자가 신분없는 자의 범행에 가공한 경우가 된다. 이 경우 제33조가 적용될 수 있는지가 문제되는데 다수설 및 판례는 제33조 단서가 적용되고 제33조 단서는 책임개별화원칙을 규정한 것이므로 甲은 영리목적미성년자유인죄의 교사범으로 처단된다고 한다(대판 1994. 12. 23. 93도1002).

4. 결　어

(1) 목적의 성격

목적을 신분요소라고 파악하는 것은 신분이라는 개념을 피고인에게 불리하게 유추해석한 것이므로 허용되지 않는다고 해야 한다. 따라서 목적을 행위요소로 파악하고 공범의 종속성원칙에 따라 甲은 미성년자유인죄의 교사범의 죄책을 진다고 하는 것이 타당하다.

(2) 제33조의 적용문제

목적을 신분이라고 하더라도 사례에서는 영리목적있는 甲이 영리목적없는 乙의 범행에 가공한 경우, 즉 부진정신분범이 비신분범에 가공한 경우라고 할 수 있다.

그런데 제33조는 비신분자가 신분범에 가공한 경우를 규정한 것이고 사례와 같이 신분자가 비신분자의 범행에 가공한 것을 규정한 것이 아니므로 제33조 단서를 적용하는 것은 문제가 있다. 또한 제33조 단서를 적용한다고 하더라도 '중한 형으로 벌하지 아니한다'고 규정하고 있으므로 영리목적유인죄의 교사범을 인정하는 것은 제33조 단서의 문언에 반한다.

따라서 甲에게는 제31조 제 1 항이 적용되어 미성년자유인죄의 교사범의 죄책을 진다고 해야 한다.

Ⅲ. 乙이 甲의 영리목적을 알지 못했던 경우

乙이 甲의 영리목적을 알지 못했던 경우에는 甲이 소위 '목적없는 고의있는 도구'를 이용하여 범행을 수행한 것이라고 할 수 있다. 이 경우 甲이 영리목적미성년자유인죄의 간접정범이 된다는 견해와 미성년자유인죄의 교사범이 된다는 견해가 대립한다.

1. 영리목적미성년자유인죄의 간접정범이 된다는 견해

이 견해는 간접정범이란 타인을 생명있는 도구로 이용하는 범죄이고, 간접정범의 본질은 우월한 의사지배를 통한 범행지배에 있다고 한다. 그리고 제34조가 이러한 형태의 간접정범을 규정한 것이라고 한다.

2. 미성년자유인죄의 교사범이 된다는 견해

이 견해는 甲의 범행지배를 인정하기 어렵고 乙이 범행을 지배한 것이므로 甲은 교사범의 죄책을 지고, 공범의 종속성원칙에 따라 甲은 미성년자유인죄의 교사범의 죄책을 진다고 한다. 이 견해에 대해서는 예컨대 행사의 목적이 있는 자가 행사의 목적이 없는 자를 이용하여 문서위조를 하게 한 경우와 같이 진정목적범에서 목적없는 고의있는 도구를 이용한 경우에는 도구가 처벌되지 않는 자이므로 교사범을 인정하기 어렵고, 제34조 제1항이 적용되어 이용자는 간접정범의 죄책을 지는 것과 균형이 맞지 않는다는 문제점이 있다.

3. 결 어

이 사례에서는 甲을 영리목적미성년자유인죄의 간접정범으로 벌하는 것이 옳다고 생각된다. 제34조 제1항은 '어느 행위로 인하여 처벌되지 않는 자를 교사 또는 방조하여'라고 규정하고 있는데 이는 타인을 도구로 이용한 간접정범이 아니라 타인을 교사·방조한 형태의 간접정범을 인정하는 것이라고 할 수 있고, 따라서 우리 형법에서는 간접정범에게 반드시 우월한 의사지배를 통한 범행지배가 있어야 할 필요는 없다고 생각된다. 이 사례에서도 乙에게 고의가 있으므로 甲은 乙을 도구로 이용한 것이 아니라 교사·방조하였다고 할 수 있다. 다만, 乙이 어느 행위로 인하여 처벌되지 않는 자라고 할 수 있는지가 문제인데, '어느 행위로 인하여 처벌되지 않는 자'란 '전혀 처벌되지 않는 자'가 아니라 '교사·방조자의 범죄행위로 처벌되지 않는 자'라고 해석해도 무리는 없다고 생각된다.

46. 명예훼손죄와 모욕죄 등

甲과 乙은 H대 법대 학생회장 선거에 출마하였다. 乙은 선거운동 도중 판세가 우세하였다가 불리하여지자 학장 K가 甲을 뒤에서 지원하기 때문이라고 생각하였다. 여기에 甲과 K의 조교 S가 만나는 것을 자주 보았다고 보고하는 선거참모들의 말에 乙은 K가 甲을 지원한다고 확신하였다. 그러나 K가 甲을 지원한 사실은 없었다. 乙은 이러한 불법선거가 이루어지면 안 된다는 생각하에 선거유세에 나가 "甲을 당선시키려고 하는 거대한 음모가 있다"고 하였다. 이에 甲은 같은 선거유세에서 乙의 말을 부정하기 위해 "乙은 사리판단도 제대로 못하는 멍청이"라고 응대하였다.

선거가 감정싸움으로 나아가는 양상을 띠게 되자 甲과 乙은 이래서는 안 되겠다고 생각하고 공정한 경쟁을 하자는 의미에서 술좌석을 마련하였다. 甲과 乙은 각각 자신의 선거참모 M과 N을 데리고 나가 네 사람이 술을 마시게 되었다. 조용히 이야기 하기 위해 방으로 들어간 네 사람은 양주를 그냥 마시면 너무 독하니 맥주에 타서 마시자고 하고 폭탄주를 만들어 다섯 잔씩 마셨다. 술에 약한 甲은 만취하였고, 乙 역시 만취하지는 않았지만 몸을 가누기 어려울 정도로 취하게 되었다. 술에 취하자 이들의 숨겨왔던 감정이 다시 폭발하기 시작하였다. 이에 乙이 甲을 향해 "네까짓 놈이 학생회장을 하면 우리 집 개는 총장을 하겠다!"고 하였다. 평소 술을 먹으면 사람을 폭행하는 버릇이 있던 甲은 乙의 말을 듣고 화가 나 "네가 학생회 간부를 하면서 돈을 떼어먹은 것은 천하가 다 아는 사실이다!"라고 말하면서 乙의 얼굴을 주먹으로 때렸다. 乙은 얼굴에 멍이 들었지만 덩치가 작은 자신이 덤벼봐야 더 맞겠다고 생각하고 도주하였다. 실제로 乙은 학생회 간부를 하면서 약간의 공금을 횡령한 사실이 있었다.

1. 판례의 입장에 따라 甲, 乙의 죄책을 설명하시오.
2. 판례에 대한 비판적 견해를 소개하시오.
3. 판례의 입장과 그에 대한 비판적 입장을 평가하시오.

Ⅰ. 논점의 제시

甲의 죄책으로 문제되는 것은 다음과 같다.

1. "乙은 사리판단도 제대로 못하는 멍청이"라고 유세에서 말한 것이 모욕죄(제

311조)에 해당하는지, 모욕죄에 해당한다면 정당방위(제21조)나 정당행위(제20조) 등으로 위법성이 조각되는지가 문제된다.

2. 乙의 얼굴을 주먹으로 때려 멍들게 한 행위가 폭행치상죄(제262조) 혹은 상해죄(제257조)의 구성요건에 해당하는지 및 만취상태에서 이러한 행위를 하였으므로 책임이 조각되는지가 문제된다(제10조 제1항). 이 경우 甲에게 평소 술만 먹으면 사람을 폭행하는 버릇이 있는 것과 관련하여 원인에 있어서 자유로운 행위(제10조 제3항)가 성립할 수 있는지가 문제된다.

3. "네가 학생회 간부를 하면서 돈을 떼어먹은 것은 천하가 다 아는 사실이다"라고 한 행위가 허위사실적시에 의한 명예훼손죄(제307조 제2항)에 해당되는지 문제되고, 이에 해당된다면 역시 만취상태에서의 행위이므로 책임이 조각되는지(제10조 제1항) 아니면 원인에 있어서 자유로운 행위가 되어 책임이 인정되는지 문제된다.

乙의 죄책으로 문제되는 것은 다음과 같다.

1. 선거유세에서 허위사실을 진실한 사실이라고 믿고 "甲을 당선시키려고 하는 거대한 음모가 있다"고 한 행위가 허위사실적시에 의한 명예훼손죄(제307조 제2항)와 사실적시에 의한 명예훼손죄 중 무엇에 해당되는지 문제된다. 또한 제310조가 적용될 수 있는지, 제310조가 적용되지 않는다면 어떤 형법적 효과가 있는지 문제된다.

2. "네까짓 놈이 학생회장을 하면 …"이라고 한 행위가 모욕죄(제311조)의 공연성을 충족하는지 문제된다.

Ⅱ. 판례에 따른 甲, 乙의 죄책

1. 甲의 죄책

(1) 모욕죄(제311조)의 성립 여부

甲이 "乙은 사리판단도 제대로 못하는 멍청이"라고 한 것은 사실을 적시하여 명예를 훼손한 것이라기보다는 乙을 모욕하는 것이라고 할 수 있다(대판 1994. 10. 25. 94도1770. "애꾸눈, 병신"이라는 발언 내용은 피고인이 피해자를 모욕하기 위하여 경멸적인 언사를 사용하면서 욕설을 한 것에 지나지 아니하고, 피해자의 사회적 가치나 평가를 저하시키기에 충분한 구체적 사실을 적시한 것이라고 보기는 어렵다). 甲이 선거유세장에서 이런 행위를 하였으므로 공연성도 인정된다. 甲이 乙의 허위사실적시에 대해 대응을 한 것이므로 자신의 법익에 대한 현재의 부당한 침해를 방위하기 위한 것이라고 할 수 있더라도 모욕을 한 행위는 상당한 이유가 있다고 할 수 없으므로 정당방위나 정당행위가 될 수는 없다. 따라서 甲은 모욕죄의 죄책을 진다.

(2) 폭행치상죄(제262조) 혹은 상해죄(제257조)의 성립 여부

1) 구성요건해당성

甲이 乙의 얼굴을 때려 멍이 들게 한 것은 乙의 신체의 생리적 기능을 훼손한 것이고, 이는 폭행치상죄 혹은 상해죄의 구성요건에 해당한다. 사람의 얼굴을 주먹으로 때릴 때에는 폭행의 고의라기보다는 상해의 고의가 있다고 할 수 있으므로 이하에서는 상해죄의 구성요건에 해당하는 것으로 논하기로 한다.

2) 문제의 소재

甲의 상해행위에 위법성조각·감경사유는 존재하지 않고, 甲이 만취상태로 상해죄를 범한 것은 심신상실상태에서의 행위라고 할 수 있으므로 원칙적으로 책임이 조각된다(제10조 제1항). 그러나 甲이 술만 먹으면 폭행하는 버릇이 있는 사람이므로 원인에 있어서 자유로운 행위가 성립할 수 있는지 문제된다.

3) 판례의 입장

판례는 형법 제10조 제3항은 "고의에 의한 원인에 있어서의 자유로운 행위만이 아니라 과실에 의한 원인에 있어서의 자유로운 행위까지도 포함하는 것으로서 위험의 발생을 예견할 수 있었는데도 자의로 심신장애를 야기한 경우도 그 적용 대상이 된다"고 하여 과실에 의한 원인에 있어서 자유로운 행위를 인정하고 있다. 사례에서 甲이 평소 술을 먹으면 사람을 폭행하는 버릇이 있었으므로 乙을 상해할 것을 예견하였거나 예견할 수 있었고, 甲이 술을 먹은 것은 술에 취할 의사로 마신 것이기 때문에 자의로 심신장애를 야기하였다고 할 수 있으므로, 제10조 제3항이 적용될 수 있다.

따라서 甲은 상해죄의 죄책을 진다.

(3) 사실적시에 의한 명예훼손죄

1) 구성요건해당성

甲의 행위는 허위사실을 적시한 행위이다. 그런데 甲이 자신을 포함 네 사람밖에 없는 방에서 허위사실을 적시하였으므로 공연성이 인정되는지 문제된다. 판례는 특정 소수인에게 사실을 적시하였더라고 전파가능성이 있는 경우에는 공연성이 인정된다고 한다(대판 2010. 10. 28. 2010도2877. 명예훼손죄의 구성요건인 공연성은 불특정 또는 다수인이 인식할 수 있는 상태를 말하고, 비록 개별적으로 한 사람에게 사실을 유포하였다고 하더라도 그로부터 불특정 또는 다수인에게 전파될 가능성이 있다면 공연성의 요건을 충족한다).

이러한 판례의 입장을 따르면 M이나 N이 사실을 다른 사람에게 전파하지 않을 특수한 지위에 있다고 할 수 없으므로 전파가능성이 인정된다. 따라서 甲의 행위는 사실적시에 의한 명예훼손죄의 구성요건에 해당한다.

2) 위 법 성

甲의 행위가 공공의 이익을 위한 행위라고 할 수 없으므로 제310조가 적용되지 않고, 기타 다른 위법성조각사유도 존재하지 않는다.

3) 책 임

甲이 만취상태에서 행위를 하였지만 제10조 제 3 항이 적용될 수 있을지 문제된다. 그런데 甲이 술을 마실 때에 乙의 횡령사실을 공연히 적시할 것이라고 예견하였거나 예견가능성이 있다고 할 수는 없으므로 제10조 제 3 항은 적용되지 않는다. 따라서 甲의 행위는 만취상태의 행위이므로 甲의 책임이 조각된다.

(4) 죄수 및 정리

판례에 의하면 甲은 모욕죄(제311조)와 상해죄(제257조)의 죄책을 지고 양자는 실체적 경합범관계에 있다.

2. 乙의 죄책

(1) 사실적시에 의한 명예훼손죄

1) 구성요건해당성

乙이 행위는 객관적으로 보아 허위사실적시에 의한 명예훼손죄(제307조 제 2 항)의 구성요건해당성이 있다. 그러나 乙이 진실한 사실이라고 믿어서 허위사실적시라는 인식이 없었기 때문에 제15조 제 1 항에 의해 乙의 행위는 사실적시에 의한 명예훼손죄의 구성요건(제307조 제 1 항)에 해당한다(대판 2001. 10. 9. 2001도3594. 형법 제307조 제 2 항의 허위사실 적시에 의한 명예훼손죄가 성립하려면, 사실을 적시하는 사람이 그 사실을 허위라고 인식하였어야 한다).

2) 위법성조각 여부

가. 제307조 제 2 항의 행위와 제310조의 적용가능 여부

乙이 객관적으로 허위의 사실을 진실한 사실이라고 믿고 적시하였으므로 제310조가 적용되는가에 대해 판례는 허위사실을 적시하였더라도 그것이 공공의 이익에 관한 것이고 행위자가 적시사실을 진실하다고 믿었으며 그와 같이 믿은 데에 객관적인 상당한 이유가 있는 경우에는 위법성이 조각된다고 한다(대판 1996. 8. 23. 94도3191; 1997. 4. 11. 97도88; 2000. 2. 25. 98도2188).

나. 공공성

제310조가 적용되기 위해서는 乙이 적시한 사실이 공공의 이익에 관한 것이고, 乙이 공공의 이익을 위한다는 목적이 있어야 한다. 판례는 "'공공의 이익'이라 함은 널리 국가·사회 기타 일반 다수인의 이익에 관한 것뿐만 아니라 특정한 사회집단이나 그 구성원의 관심과 이익에 관한 것도 포함한다"(대판 2001. 10. 9. 2001도3594)라고 하고 있으므로 이 경우 공공의 이익에 관한 것이고, 乙에게 공공의 이익을 위한다는 목적도 있다고 할 수 있다.

다. 상당한 이유

판례에 의하면 제310조가 적용되기 위해서는 乙이 진실한 사실이라고 믿은 데에 상당한 이유가 있다고 할 수 있어야 위법성이 조각될 수 있다고 한다. 乙이 자신의 생각과 선거참모의 말을 믿고 허위사실을 진실한 사실이라고 믿었으므로

이는 상당한 이유가 있다고 할 수 없다. 따라서 위법성이 조각될 수 없다.

판례에 의하면 정당행위 등 일반적 위법성조각사유도 존재하지 않는다.

3) 책임조각 여부

乙은 허위사실을 진실한 사실이라고 믿고 자신의 행위가 위법하지 않다고 생각하였다. 그러나 허위사실을 진실한 사실이라고 믿은 데에 과실이 있다고 할 수 있다. 이는 위법성조각사유의 요건(전제)사실의 착오에 해당된다고 할 수 있다.

판례는 위법성조각사유의 요건(전제)사실의 착오의 효과에 대해 정확히 언급을 하고 있지 않은데, 이는 제16조에 의해 해결하는 입장이라고 할 수 있다. 이러한 판례에 의하면 乙에게 과실이 있으므로 정당한 이유가 없다고 할 것이고, 따라서 乙의 책임이 조각되지 않는다.

4) 정 리

乙은 제307조 제1항의 명예훼손죄의 죄책을 진다.

(2) 모욕죄(제311조)의 성립 여부

乙이 甲에게 "네까짓 놈이 학생회장…"이라고 한 행위는 사실을 적시한 것이 아니고 경멸적 표현이라고 할 수 있으므로 모욕행위라고 할 수 있다. 그러나 세 사람이 있는 곳에서 행한 모욕은 공연성이 있다고 할 수 없다. 따라서 乙은 모욕죄의 죄책을 지지 않는다.

(3) 정 리

乙은 모욕죄의 죄책은 지지 않고, 사실적시에 의한 명예훼손죄(제307조 제1항)의 죄책을 진다.

Ⅲ. 판례에 대한 비판적 견해

1. 甲의 죄책

甲의 죄책 중 모욕죄에 대해서는 통설도 같은 입장을 취한다. 그러나 과실에 의한 원인에 있어서 자유로운 행위를 인정할 것인가, 인정한다면 어떤 효과를 인정할 것인가에 대해 판례와 다른 입장을 취하는 견해들이 있다. 또한 명예훼손죄의 공연성에 대해 전파가능성설을 취하는 판례를 비판하는 견해가 있다.

(1) 과실에 의한 원인에 있어서 자유로운 행위의 인정 여부

학설들 중에는 제10조 제3항이 '위험의 발생을 예견하고'라고 규정하고 있는데 이는 현실적으로 예견한 것만을 의미한다고 해석해야 하고 여기에 예견가능성을 포함시키는 것은 문언의 가능한 의미를 넘어서 피고인에게 불리한 유추해석을 하는 것으로서 허용될 수 없다고 한다. 이 견해에 의하면, 甲이 乙을 폭행할 것을 예견하지 못하고 예견가능성만이 있는 경우에는 제10조 제3항이 적용되지 않는다. 다만, 甲에게 평소 술을 먹으면 사람을 폭행하는 버릇이 있었으므로 甲이 술을 마시고 乙은 아니더라도 누구에겐가 폭행할 것을 예견하였다면 제10조 제3항이 적용된다고 한다. 사례에서는 甲이 술을 마실 때에 사람을 폭행할 것을 예견하였다고 할 수 있으므로 甲의 책임이 조각되지 않는다.

甲이 사람을 폭행할 것을 예견하지는 못하였고 예견가능성만이 있는 경우 甲의 죄책은 다음과 같다.

첫째, 과실에 의한 원인에 있어서 자유로운 행위를 인정하면서도, 그 효과는 과실책임만을 인정하는 견해가 있다. 이에 의하면 甲은 과실치상죄의 죄책을 진다.

둘째, 甲이 사람을 폭행할 것을 예견하지는 못하였고 예견가능성만이 있는 경우 과실에 의한 원인에 있어서 자유로운 행위를 인정하지 않는 견해에 의하면 甲에게 제10조 제3항을 적용할 수는 없다. 그러나 술을 먹으면 폭행하는 버릇이 있음에도 불구하고 술을 먹고 사례에서 乙을 상해한 과실이 인정되므로 과실치상죄의 죄책을 진다.

(2) 전파가능성이론에 대한 비판의견

판례의 전파가능성이론에 대해 비판하는 견해는 다음과 같은 논거를 든다.

첫째, 전파가능성이론에 의하면 명예훼손죄의 성립 여부가 실행행위가 아닌 청취자의 전파의사에 의해 좌우된다.

둘째, 거의 모든 사실적시행위를 명예훼손죄의 구성요건에 해당하는 것으로 파악하게 되어 형법의 보충성원칙에 반하고 표현의 자유를 본질적으로 침해하게 된다.

셋째, 전파가능성 유무를 판단할 객관적 기준이 존재하지 않기 때문에 그 구체적 적용에서 자의가 개입될 소지가 크다.

넷째, 명예훼손죄와 모욕죄에서 공연성의 개념을 통일적으로 파악할 수 없다.

다섯째, 특정소수인에게 사실을 적시한 경우를 '공연히'라는 문언에 포함시키는 것은 피고인에게 불리한 유추해석이다.

2. 乙의 죄책

乙의 행위가 제307조 제1항의 구성요건에 해당한다는 데에 이의를 제기하는 견해는 없다. 그러나 객관적으로 제307조 제2항의 구성요건에 해당하는 乙의 행위에 대해 제310조가 적용되는가와 乙에게 위법성조각사유의 요건(전제)사실의 착오가 있는 경우 그 효과에 대해 판례와 다른 입장을 취하는 견해들이 있다.

(1) 제310조의 적용 여부

제310조는 사실의 진실성을 요구하는데, 乙의 행위가 허위의 사실이므로 제310조는 적용되지 않는다고 하는 견해가 있다. 이 견해에 의하면 乙의 행위의 위법성이 조각될 수는 없다. 또한 정당행위 등 일반적 위법성조각사유도 없다.

(2) 책 임

乙이 자신의 행위의 위법성을 인식하지 못한 것은 허위의 사실을 진실한 사실이라고 믿었기 때문이고 이는 소위 위법성조각사유의 요건(전제)사실의 착오의 문제가 된다. 이에 대해 소극적 구성요건요소이론, 엄격고의설 및 제한책임설에서는 과실범의 책임만을 인정하기 때문에 乙은 무죄가 된다. 엄격책임설에 의하면 乙은 제307조 제 1 항의 죄책을 지지만 그 이론구성은 판례와 다르다.

Ⅳ. 판례와 그 비판견해에 대한 평가

1. 과실에 의한 원인에 있어서 자유로운 행위

제10조 제 3 항은 '위험의 발생을 예견하고'라고 규정하고 있는데, 판례는 '예견하고'에는 '예견하지는 못하였지만 예견가능성이 있는 경우'가 포함된다고 한다. 이러한 해석은 문언의 가능한 의미를 넘어서는 피고인에게 불리한 유추해석으로 죄형법정주의에 반한다고 할 수 있다. 따라서 판례가 인정하는 것과 같은 형태의 과실에 의한 원인에 있어서 자유로운 행위를 인정해서는 안 된다.

2. 전파가능성이론

'공연히'란 불특정 또는 다수인이 '직접' 인식할 수 있는 상태라고 해석하여 특정소수인에게 사실을 적시한 경우에는 공연성이 인정되지 않는다고 해야 할 것이다. 특정소수인에게 사실을 적시한 경우에도 공연성을 인정하는 것은 표현의 자유를 지나치게 제한하는 것이라고 할 수 있기 때문이다.

3. 제310조의 적용범위

제310조는 '진실한 사실로서'라고 규정하고 있는데, 이는 '행위자가 진실하다고 믿은 사실'과는 다르다고 할 수 있다. 따라서 제310조의 '진실한 사실'은 객관적으로 진실한 사실이라고 해석해야 하고, 객관적으로는 허위의 사실이지만 행위자는 진실하다고 오인한 사실은 제310조의 적용대상이 아니라고 하는 입장이 타당하다.

4. 위법성조각사유의 요건(전제)사실의 착오

위법성조각사유의 요건(전제)사실의 착오의 효과에 대해서는 엄격고의설, 제한

고의설, 엄격책임설, 구성요건착오유추적용 제한책임설, 법효과제한책임설, 소극적 구성요건요소이론 등이 대립하고 있다. 위법성의 인식을 고의의 한 성립요소라고 보기보다는 독자적인 책임요소라고 보는 책임설이 타당하다고 할 수 있다. 구성요건착오유추적용 제한책임설은 왜 위법성조각사유의 요건(전제)사실의 착오에 대해 구성요건사실의 착오를 유추적용해야 하는지와 책임고의의 개념과 내용이 불분명하다는 문제점이 있다. 소극적 구성요건요소이론은 구성요건에 해당하지만 위법성이 없는 행위와 구성요건해당성조차 없는 행위 사이의 질적 차이를 무시한다고 할 수 있다. 엄격책임설의 입장에 따르면 사례에서 乙은 명예훼손죄의 죄책을 진다고 해야 할 것이다.

47. 업무방해죄와 신용훼손죄

:: 다음 사례를 읽고 물음에 답하시오.

한의사로서 S한의원을 경영하는 甲은 한의사가 아닌 A와 공모하여 K한의원을 개설하고 일주일에 닷새는 A가 진료를 하고 하루는 자신이 진료를 하였다. A는 자금은 충분하지 않았지만 사업수완을 발휘하여 은행으로부터 융자를 받아 K한의원을 매우 호화롭게 치장하였다. 근처에서 P한의원을 경영하는 乙은 K한의원에 환자들이 많이 몰리고 자신의 한의원에는 환자들이 얼마 오지 않자 시기심이 나 동네에 있는 사람들에게 "甲은 한의대를 다니다가 중퇴한 사람으로서 한의사 자격도 없고 실력도 형편없는 사람인데 K한의원에 나와서 진료를 하고, A는 한의사 자격은 있지만 돈도 한푼 없는 사람인데 모두 빚으로 크게 한의원을 차렸으니 조만간 경영난에 부딪칠 것이다. 모두들 K한의원에 가서 甲에게 진료를 받지 말고, A와는 절대 돈거래를 하지 말아라"고 말하고 다녔다. 그럼에도 불구하고 K한의원에 환자들이 많이 몰리자 乙은 친구 B 등 10명과 함께 K한의원으로 찾아가 환자를 진료하고 있던 甲과 A에게 "이 가짜들아 사람 잡으면 어떡하려고 계속 진료를 하느냐?"고 크게 떠들었다. 甲과 A가 코웃음을 치자 이들은 인근에 있는 경찰서로 몰려가 경찰서장 면담을 요구하였다. 경찰관 C가 "경찰서장님이 부재중이니 다음에 오시라"고 하자, 乙과 B 등은 복도에 서서 "경찰서가 개판이구만, 경찰서장 빨리 나오라구 해"하면서 소란을 부렸다(무면허의료행위는 의료법 제87조 제2항에 의해 3년 이하의 징역 3천만원 이하의 벌금에 처해진다).

1. 甲의 죄책에 대한 판례의 입장과 그 의미에 대한 견해의 대립을 설명하시오.
2. 甲과 A에 대한 乙의 죄책을 설명하시오.
3. 乙과 B 등이 경찰서에서 한 행위가 업무방해죄에 해당되는지 여부에 대한 논거를 제시하시오.

Ⅰ. 논점의 제시

甲의 죄책으로 문제되는 것은 한의사인 甲이 한의사가 아닌 A의 의료법 제66조 위반죄에 공동정범으로 가공한 경우에 동 범죄의 공동정범의 죄책을 지는지이다.

甲과 A에 대한 乙의 죄책으로 문제되는 것은 다음과 같다.

1. 甲이 한의사 자격이 없다는 등의 허위사실을 유포한 행위가 K한의원에 대한 업무방해죄(제314조)에 해당되는지 문제된다.

2. 업무방해죄에 해당되지 않는다면 甲에 대한 허위사실적시에 의한 명예훼손죄(제307조 제 2 항)에 해당되는지, 만약 해당된다면 제310조에 의해 위법성이 조각될 수 있는지 문제된다.

3. K한의원에 대한 업무방해죄가 성립하지 않는다면 A에 대해 "돈도 한 푼 없는 사람인데 모두 빚으로 크게 한의원을 차렸으니 조만간 경영난에 부딪칠 것이니 돈거래를 하지 말라"고 한 행위가 신용훼손죄(제313조)에 해당되는지가 문제된다.

乙이 B 등 10명과 함께 경찰서에서 소란을 피운 행위는 폭행·협박행위라고 할 수는 없고 위력을 행사한 것이라고 할 수는 있다. 직무를 집행하는 공무원에 대해 위력을 행사한 경우 공무집행방해죄는 성립할 수 없지만, 위력에 의한 업무방해죄는 성립할 수 있는지 문제된다.

Ⅱ. 판례에 따른 甲의 죄책과 그 의미

1. 판례에 따른 甲의 죄책

사례에서 한의사인 甲은 한의사가 아닌 A의 무면허의료행위에 공동가공하였다고 할 수 있다. 이 경우 판례는 "의료인일지라도 의료인 아닌 자의 의료행위에 공모하여 가공하면 무면허 의료행위의 공동정범으로서의 책임을 진다"고 한다(대판 2001. 11. 30. 2001도2015; 1986. 2. 11. 85도448).

2. 판례의 의미

(1) 제33조를 적용하는 입장이라는 견해

이 견해는 판례가 불구성적 신분자인 甲에게 제33조를 적용하는 입장이라는 견해이다. 즉, 소극적 신분자인 甲이 비소극적 신분자인 A의 범행에 공동정범으로 가공한 경우 비신분자가 신분자의 범행에 가공한 경우와 같이 제33조를 적용하여 甲도 무면허의료행위의 공동정범을 인정하는 입장이라는 것이다.

(2) 제33조를 적용한 것은 아니라는 견해

이 견해는 판례가 A의 무면허의료행위라는 위법행위에 甲이 공동정범의 형태로 가공한 경우 단순히 제30조에 의해 무면허의료행위의 공동정범이 성립한다는 입장이지, 소극적 신분범을 인정하여 소극적 신분자인 甲에게 제33조를 적용하는 입장은 아니라는 의미이다.

(3) 결 어

A의 무면허의료행위에 가공하였다고 하더라도 한의사인 甲의 입장에서는 무면허의료행위에 해당되지 않는다. 그럼에도 불구하고 甲을 무면허의료행위의 공동정범으로 처벌하기 위해서는 근거가 필요한데, 제33조 이외에 다른 근거를 찾기는 어렵다. 따라서 판례가 제33조를 적용한 것이라는 견해가 타당하다. 제33조가 진정신분범, 부진정신분범이라는 용어를 쓰지 않고 '신분관계로 인하여 성립될 범죄', '신분관계로 인하여 형의 경중이 있는 경우'라고 하고 있기 때문에 제33조는 소극적 신분범에도 적용될 수 있다고 할 수 있다. 즉, 무면허의료행위를 진정신분범이라고 할 수는 없지만, 의사라는 신분이 있으면 범죄가 성립되지 않고 의사 신분이 없으면 범죄가 성립될 수 있기 때문에 의사라는 '신분관계로 인하여 성립될 범죄'라고는 할 수 있기 때문이다.

Ⅲ. 乙의 죄책

1. 甲과 A에 대한 업무방해죄(제314조)의 성립 여부

(1) 문제점

업무방해죄는 허위의 사실을 유포하거나 위력 또는 위계로써 타인의 업무를 방해하는 죄이다. 乙이 동네 사람들에게 말한 것은 허위사실을 유포한 것이라고 할 수 있다. 乙과 B 등 10명이 K한의원에서 크게 떠든 행위는 위력의 행사에 해당된다고 할 수 있다. 그러나 문제는 甲과 A의 무면허의료행위가 업무방해죄에서의 업무에 해당되는가이다.

(2) 업무방해죄에서 '업무'의 의미

일반적으로 업무란 '사회생활상 지위에서 계속적으로 종사하는 사무'를 말한다. 그러나 업무방해죄에서의 업무는 보호의 객체로서의 업무이기 때문에 보호할 가치와 필요가 있는 업무에 국한된다. 따라서 甲과 A의 의료법위반에 의한 의료업무가 형법으로 보호할 가치와 필요성이 있는가를 검토해야 한다.

판례는 "형법상 업무방해죄의 보호대상이 되는 '업무'라고 함은 직업 또는 계속적으로 종사하는 사무나 사업으로서 타인의 위법한 침해로부터 형법상 보호할 가치가 있는 것이어야 하므로 어떤 사무나 활동 자체가 위법의 정도가 중하여 사회생활상 도저히 용인될 수 없는 정도로 반사회성을 띠는 경우에는 업무방해죄의 보호대상이 되는 '업무'에 해당한다고 볼 수 없다. 의료인이나 의료법인이 아닌 자가 의료기관을 개설하여 운영하는 행위는 그 위법의 정도가 중하여 사회생활상 도저히 용인될 수 없는 정도로 반사회성을 띠고 있으므로 업무방해죄의 보호대상이 되는 '업무'에 해당하지 않는다"고 한다(대판 2001. 11. 30. 2001도2015).

2. 허위사실적시에 의한 명예훼손죄(제307조 제 2 항)의 성립 여부

(1) 허위사실유포에 의한 업무방해죄의 성립 여부

乙이 한의사인 甲에 대해 "甲은 한의대를 다니다가 중퇴한 사람으로서 한의사 자격도 없고 실력도 형편없는 사람"이라고 동네 사람들에게 말한 것은 업무방해죄에서의 허위사실을 유포한 것이라고 할 수 있지만, 甲과 A의 무면허의료행위가 업무방해죄의 보호객체가 될 수 없기 때문에 업무방해죄는 성립할 수 없다.

(2) 허위사실적시에 의한 명예훼손죄

그러나 乙의 행위가 허위사실적시에 의한 명예훼손죄에는 해당된다. 다만, 乙의 행위가 긴급피난 또는 정당행위 혹은 제310조에 의해 위법성이 조각될 수 있는지 문제된다.

첫째, 제310조에 의해 위법성이 조각되기 위해서는 진실한 사실이거나(통설의 입장), 허위의 사실이라도 행위자가 진실한 사실이라고 믿었어야 하고, 그렇게 믿은 데에 상당한 이유가 있어야 한다(판례). 그런데 乙이 말한 사실은 허위의 사실이고, 乙이 진실한 사실이라고 믿지도 않았으므로 제310조에 의해 위법성이 조각될 수 없다.

둘째, 乙은 다른 사람의 건강을 염려해서가 아니라 시기심에 의해 위와 같은 행위를 하였으므로 긴급피난의사나 주관적 정당화의사를 지녔다고 할 수 없으므로, 긴급피난이나 정당행위에 해당되지 않는다.

기타의 위법성조각사유나 책임조각사유도 없으므로 乙은 허위사실적시에 의한 명예훼손죄(제307조 제2항)의 죄책을 진다.

3. 신용훼손죄(제313조)의 성립 여부

신용훼손죄가 성립하기 위해서는 허위의 사실을 유포하거나 기타 위계로써 사람의 신용을 훼손하여야 한다. 여기에서 신용이란 경제적 지불능력이나 지불의사를 말한다.

사례에서 乙이 "A는 돈도 한 푼 없는 사람인데 모두 빚으로 크게 한의원을 차렸으니 조만간 경영난에 부딪칠 것이다"라고 한 것이 허위의 사실을 유포하거나 기타 위계를 사용한 것이라고 할 수 있는지 문제된다. A가 돈없이 한의원을 개설하였으므로 乙의 말이 허위의 사실이라고 할 수 없고, "조만간 경영난에 부딪칠 것이다"라고 한 것은 사실이라고 할 수 없고 가치판단이라고 해야 한다. 따라서 A에 대한 신용훼손죄는 성립하지 않는다.

4. 정 리

乙은 甲에 대한 허위사실적시에 의한 명예훼손죄(제307조 제2항)의 죄책을 진다.

Ⅳ. 위력에 의한 업무방해죄의 성립 여부

1. 문 제 점

乙과 B 등이 경찰서에서 소란을 부린 행위는 직무를 집행하는 공무원에 대한 폭행이나 협박이라고 할 수는 없고, 위력을 행사한 것이라고 할 수는 있다. 그런데 위력을 행사한 것만으로는 공무집행방해죄가 성립하지 않는다. 다만 공무가 업무방해죄의 업무에 포함된다고 할 경우 乙 등의 행위는 업무방해죄에 해당될 수 있다. 이에 대해서는 긍정설과 부정설이 있는데, 그 논거는 다음과 같다.

2. 긍정설의 논거

이 견해는 공무도 업무방해죄의 업무에 속한다고 한다. 이 견해는 ① 공무 역시 공무원이라는 사회생활상의 지위에서 계속적으로 종사하는 사무이므로 업무방해죄의 '업무'의 개념에 당연히 포섭되고, ② 업무방해죄의 업무에 공무를 제외한다는 명문의 규정이 없는 이상 공무도 업무방해죄의 업무에 포함되고, ③ 업무방해죄는 일반적으로 사람의 사회적·경제적 활동의 자유를 보호법익으로 하는 것인데, 공무원 개인에 대하여도 자신의 업무인 공무수행을 통한 인격발현 및 활동의 자유는 보호되어야 하고, ④ 형법이 컴퓨터 등 정보처리장치에 대한 손괴나 데이터의 부정조작의 방법에 의한 업무방해죄의 규정을 신설하면서 같은 내용의 공무집행방해죄를 따로 규정하지 않은 것은 컴퓨터 등 정보처리장치에 대한 손괴나 데이터의 부정조작의 방법에 의한 업무방해죄의 규정에 의하여 이러한 방법에 의한 공무방해행위를 처벌할 수 있기 때문이라고 보아야 하고, ⑤ 부정설에 의하면 형벌의 불균형을 초래하고 현실적으로 공공기관에서 많은 민원인들의 감정적인 소란행위를 조장하는 결과를 초래하게 될 위험이 있다는 것 등을 논거로 제시한다.

3. 부정설의 논거

이 견해는 공무는 업무방해죄의 업무에 포함되지 않는다고 한다. 이 견해는 ① 업무방해죄와 공무집행방해죄는 그 보호법익과 보호대상이 상이할 뿐만 아니라 업무방해죄의 행위유형에 비하여 공무집행방해죄의 행위유형은 폭행·협박으로 보다 제한되어 있고, ② 형법은 공무집행방해죄 외에도 여러 가지 유형의 공무방해행위를 처벌하는 규정을 개별적·구체적으로 마련하여 두고 있으므로, 이러한 처벌조항 이외에 공무의 집행을 업무방해죄에 의하여 보호받도록 하여야 할 현실적 필요가 적고, ③ 정보처리장치 또는 특수매체기록을 대상으로 하는 형법 제314조 제2항의 업무방해행위가, 공무원 또는 공무소의 정보처리장치 또는 특수매체기록을 대상으로 이루어지는 경우 그 행위는 대부분 공용서류 등 무효죄(제141조 제1항), 공전자기록 위작·변작죄(제227조의2), 공정증서원본 등의 부실기재죄(제228조 제1항) 또는 정보통신망 이용촉진 및 정보보호 등에 관한 법률 제48조 제2항·제3항, 제71조 제9호·제10호에 저촉되어 이들 조항에 의한 처벌이 가능하므로 처벌의 공백이 문제되지 않는다는 것 등을 논거로 제시한다.

4. 결 어

판례는 부정설을 따르고 있다. 공무는 일반인들의 업무에 비해 여러 가지 보호장치가 되어 있다는 점을 감안하면 공무와 업무를 동일하게 취급할 수는 없다. 이러한 점에서 부정설이 타당하다.

48. 주거침입죄의 기수시기와 절도죄의 간접정범 등

:: 다음 사례를 읽고 물음에 답하시오.

상습적으로 도박을 해 오던 甲은 돈을 다 잃게 되자 도박자금을 마련하기 위해 궁리하던 중 이웃집에 현금이 많이 있다는 사실을 알게 되었다. 甲은 그 집에 돈이 있으면 밤에 침입하여 훔치기로 하고 일단 안을 살펴보기로 하였다. 甲은 창문으로 머리를 들이밀고 방안을 살펴보았는데, 책상 위에 지갑이 놓여 있는 것을 발견하였다. 이때 A가 마루에서 방으로 들어오다가 누구냐고 소리쳤고, 甲은 놀라서 도망쳤다. 자신이 그 집에 침입하기는 힘들겠다고 생각한 甲은 그 돈을 훔칠 방법을 궁리하다가 A에게 12세된 아들 B가 있다는 것을 알아냈다. 甲은 B에게 "아빠 방 책상 위에 지갑이 있는데 그것을 몰래 가져와라. 그러면 너에게도 용돈을 줄께"라고 하였다. 용돈을 준다는 말에 고무된 B는 그 지갑을 A 몰래 가져다 甲에게 주었다. 甲은 지갑에 있던 돈으로 도박을 하였으나 또 모두 잃고 말았다.

어떻게 해서든지 다시 도박자금을 마련해야겠다고 생각한 甲은 동네 친구 乙에게 "네가 300만원만 가지고 도박판에 들어오면 하룻밤에 100만원을 딸 수 있다. 그중에서 20만원만 나에게 주고 네가 80만원을 가져라"라고 유혹하였다. 甲의 말에 솔깃해진 乙은 장사밑천으로 가지고 있던 300만원을 가지고 도박을 하였다. 그러나 乙도 밤새도록 도박을 하였으나 아침이 되자 그 돈을 모두 잃고 말았다.

甲과 乙은 허탈한 마음으로 함께 집으로 돌아오다가 도박자금을 마련하기 위해 돈을 훔치기로 하였다. 甲, 乙은 K연립주택 1층 공용출입문이 열려 있으면 안으로 들어가기로 하고 출입문을 잡고 당겨 보았으나 출입문은 열리지 않았다. 두 사람은 옆의 S아파트 101동의 공용출입문이 열려 있는 것을 보고 출입문 안으로 들어가 계단을 통해 2층으로 올라갔다. 2층에는 201호부터 205호가 있었는데 甲, 乙은 어느 집에 돈이 많을까 살펴보았다. 그런데 순찰을 돌다 우연히 이들을 발견한 경비원이 누구냐고 물으며 다가오자 얼른 1층으로 뛰어내려 도주하였다.

1. 판례의 입장에 따라 甲, 乙의 죄책을 설명하시오.
2. 甲에게 가장 가벼운 죄책을 인정할 수 있는 논거를 제시하시오.
3. 甲에게 절도죄의 간접정범을 인정할 수 있는 논거를 제시하시오.

Ⅰ. 논점의 제시

甲의 행위 중 형법상 문제될 수 있는 행위들은 다음과 같다.

1. 돈을 훔치기 위해 A의 집 창문으로 머리를 들이밀은 행위가 주거침입죄(제319조 제1항)의 기수에 해당되는가이다.

2. B로 하여금 A의 돈을 훔쳐오게 한 행위가 절도죄(제329조)의 교사범(제31조 제1항)과 간접정범(제34조 제1항) 중 어디에 해당하는지 문제된다.

3. A의 돈으로 도박을 한 행위가 상습도박죄(제246조 제2항)에 해당되는지 문제된다.

4. 도박의 상습성이 없는 乙을 교사하여 도박을 하게 한 행위가 상습도박죄의 교사범과 단순도박죄의 교사범 중 어느 것으로 처단되는지 문제된다.

5. K연립주택의 출입문을 잡아당긴 행위가 주거침입미수죄의 공동정범에 해당되는지 문제된다.

6. S아파트의 공용부분에 들어간 행위가 주거침입기수죄의 공동정범에 해당되는지 문제된다.

7. 위의 범죄들의 전부 또는 일부가 성립할 경우 죄수관계가 문제된다.

乙의 죄책으로 문제되는 것은 다음과 같다.

1. 장사밑천으로 도박을 한 행위가 단순도박죄(제246조 제1항)에 해당되는지 문제된다.

2. K연립주택의 출입문을 잡아당긴 행위가 주거침입미수죄의 공동정범에 해당되는지 문제된다.

3. S아파트의 공용부분에 들어간 행위가 주거침입기수죄의 공동정범에 해당되는지 문제된다.

4. 위의 범죄들의 전부 또는 일부가 성립할 경우 죄수관계가 문제된다.

Ⅱ. 판례의 입장에 따른 甲, 乙의 죄책

1. 甲의 죄책

(1) 주거침입죄의 성립 여부

甲이 대낮에 절도의 목적으로 A의 집 창문에 머리를 들이민 행위만으로는 절도죄의 실행의 착수를 인정할 수 없다. 그러나 이 행위가 주거침입죄의 실행행위에 해당한다는 것에는 의문이 없으므로 주거침입죄의 미수인지 기수인지가 문제된다.

판례는 신체의 일부분이 주거에 침입하면 주거침입죄의 기수가 되므로 신체의 일부분만이 주거에 들어갈 의사를 가진 경우에도 주거침입죄의 고의가 인정된다고 한다(대판 1995. 9. 15. 94도2561). 따라서 판례의 입장에 따르면 甲은 주거침입기수죄의 죄책을 진다.

(2) 절도죄의 교사범의 성립 여부

판례는 범인이 자신을 위하여 형법 제151조 제2항에 의하여 처벌을 받지 아니하는 친족 등으로 하여금 허위의 자백을 하게 하여 범인도피죄를 범하게 하는 경우, 범인도피교사죄에 해당된다고 한다(대판 2006. 12. 7. 2005도3707). 여기에서 친족이 처벌되지 않는 이유는 책임이 조각되기 때문이다. 즉, 판례는 책임이 조각되는 자를 교사하여 죄를 범하게 한 경우 간접정범이 아닌 교사범을 인정하는 입장이라고 할 수 있다.

따라서 이러한 판례의 입장에 의하면 甲이 책임무능력자인 B를 교사하여 A의 지갑을 몰래 가져오게 한 행위는 절도죄의 교사범에 해당된다.

(3) 상습도박죄(제246조 제2항)의 성립 여부

도박의 상습성이 있는 甲이 A의 돈으로 도박을 하였으므로 상습도박죄가 성립한다.

(4) 상습도박교사죄(제246조 제2항, 제31조 제1항)

도박의 상습성이 있는 甲이 도박의 상습성이 없는 乙을 교사하여 도박을 하게 한 경우 판례는 상습도박교사죄를 인정한다(대판 1984. 4. 24. 84도195. 도박의 습벽이 있는 자가 타인의 도박을 방조하면 상습도박방조의 죄에 해당한다).

(5) 주거침입미수죄의 성립 여부

판례는 주거에 침입할 의사로 예컨대 주거로 들어가는 문의 시정장치를 부수거나 문을 여는 등 침입을 위한 구체적 행위를 시작하였다면 주거침입죄의 실행의 착수는 있었다고 보아야 한다고 한다(대판 1995. 9. 15. 94도2561).

사례에서 甲, 乙이 문을 여는 행위를 하였으므로 주거침입죄의 실행의 착수는 인정된다. 甲, 乙에게 신체의 전부가 들어가려는 고의, 즉 주거침입죄의 기수의 고의가 있었지만 신체의 일부도 들어가지 못하였으므로 주거침입죄는 미수에 그쳤다. 따라서 甲은 주거침입미수죄의 공동정범의 죄책을 진다.

(6) 주거침입죄의 성립 여부

甲, 乙이 S아파트 101동의 공용부분에는 들어갔지만 아파트의 어느 한 호에 들어가지는 않았다. 판례는 "다가구용 단독주택이나 다세대주택·연립주택·아파트 등 공동주택의 내부에 있는 엘리베이터, 공용 계단과 복도는 특별한 사정이 없는 한 주거침입죄의 객체인 '사람의 주거'에 해당하고, 위 장소에 거주자의 명시적·묵시적 의사에 반하여 침입하는 행위는 주거침입죄를 구성한다"고 한다(대판 2009. 9. 10. 2009도4335).

따라서 판례에 의하면 甲은 주거침입죄의 공동정범의 죄책을 진다.

(7) 죄수관계

판례는 상습도박죄와 상습도박교사죄는 포괄일죄의 관계에 있다고 한다(대판 1984. 4. 24. 84도195. 도박의 습벽이 있는 자가 도박을 하고 또 도박방조를 하였을 경우 상습도박방조의 죄는 무거운 상습도박의 죄에 포괄시켜 1죄로서 처단하여야 한다).

따라서 甲은 A의 집에 대한 주거침입죄, A의 지갑 절도죄의 교사범, 상습도박죄, K연립주택에 대한 주거침입미수죄의 공동정범, S아파트에 대한 주거침입죄의 기수범의 죄책을 진다. 이들 범죄는 모두 별개의 행위로 이루어진 별개의 죄이므로 실체적 경합관계에 있다.

2. 乙의 죄책

(1) 단순도박죄(제246조 제1항)의 성립 여부

乙은 장사밑천으로 도박을 하였으므로 이는 재물로써 도박을 한 것이고 乙에게 도박의 상습성은 없으므로 형법 제246조 제1항의 단순도박죄의 구성요건에 해당한다. 이 행위가 일시오락의 정도에 해당하지 않고, 기타 위법성조각사유나 책임조각사유도 없다. 따라서 乙은 단순도박죄의 죄책을 진다.

(2) 주거침입미수죄의 성립 여부

甲의 죄책에서 본 것과 같이 판례에 의하면 乙은 주거침입미수죄의 공동정범의 죄책을 진다.

(3) 주거침입죄의 성립 여부

甲의 죄책에서 본 것과 같이 판례에 의하면 乙은 주거침입죄의 공동정범의 죄책을 진다.

(4) 죄수관계

도박죄, K연립주택에 대한 주거침입미수죄의 공동정범, S아파트에 대한 주거침입죄의 기수범의 실체적 경합범의 죄책을 진다.

Ⅲ. 甲에게 가장 가벼운 죄책을 인정할 수 있는 논거

1. 문제점

甲은 A의 집에 대한 주거침입죄, A의 지갑 절도죄의 교사범, 상습도박죄, 상습도박교사죄, K연립주택에 대한 주거침입미수죄의 공동정범, S아파트에 대한 주거침입죄의 기수범의 죄책을 질 수 있다. 이러한 죄책들과 관련하여 甲에게 가장 가벼운 죄책을 인정하기 위해서는 다음과 같은 논거를 제시해야 한다.

(1) 주거침입죄의 기수시기를 전부침입시라고 한다.

(2) 주거침입죄의 실행의 착수시기를 형식적 객관설에 의해 정한다.

(3) 아파트 등의 공용부분에 침입한 경우 주거침입죄를 인정하지 않는다.

(4) 도박의 상습성이 있는 자가 도박의 상습성이 없는 자를 교사하여 도박하게 한 경우 단순도박교사죄를 인정한다.

2. 주거침입죄의 기수시기

(1) 전부침입설에 따른 甲의 죄책

판례는 주거침입죄의 기수시기에 대해 일부침입설을 따르지만, 통설은 전부침입설을 따른다. 전부침입설을 따르는 경우 甲이 A의 집 창문으로 머리를 들이밀은 행위만으로는 주거침입기수라고 할 수 없다. 또한 미수범이 성립하기 위해서는 기수의 고의가 있어야 하는데, 사례에서 甲은 전부침입할 고의가 없고 일부침입할 고의만 있었으므로 甲의 행위는 주거침입죄의 미수범에도 해당되지 않는다.

(2) 전부침입설의 논거

전부침입설은 다음과 같은 논거를 든다.

첫째, 우리 형법은 독일형법과 달리 주거침입죄의 미수범을 처벌하고 있는데, 이러한 법제하에서는 논리필연적인 것은 아니지만 일부침입시를 기수시기라고 하는 것보다는 전부침입시를 기수시기라고 하는 것이 좀더 자연스러운 해석이다.

둘째, 일부침입설에 따를 경우 주거침입죄의 성립범위가 너무 넓어진다.

셋째, 일부침입설은 주거침입죄의 보호법익인 주거의 사실상 평온이 침해될 때에는 일부침입시라도 기수라고 해야 한다고 한다. 그러나 거동범에서는 보호법익의 침해 여부에 따라 기수시기를 정할 것이 아니라 거동을 기준으로 기수시기를 정해야 한다.

3. 주거침입죄의 실행의 착수시기

형식적 객관설에 의하면 주거침입죄의 실행의 착수시기는 구성요건적 행위인 침입행위가 시작될 때이다. 이에 의하면 단순히 출입문을 잡아당기는 시점에서는 주거침입죄의 실행의 착수를 인정할 수 없다. 따라서 K연립주택에 대한 주거침입죄는 성립하지 않는다.

4. 아파트 등의 공용부분의 주거침입죄의 객체성

주거침입죄에서 위요지(圍繞地)도 주거에 포함된다고 하는 것은 타당하지만, 위요지라고 하더라도 일반인의 출입이 허용된 곳은 주거침입죄의 객체가 되지 않는다. 아파트의 복도나 계단, 엘리베이터 등 공용부분도 일반인의 출입이 허용된 것이라고 보아야 한다. 이러한 입장에 의하면 甲, 乙이 S아파트의 101동 공용부분에 들어간 행위는 주거침입죄에 해당되지 않는다.

5. 상습도박교사죄의 문제

甲에게 상습도박교사죄가 아니라 단순도박교사죄를 인정하기 위해서는 다음과 같은 논거를 제시할 수 있다.

첫째, 상습도박죄는 가중적 부진정신분범이라고 할 수 있다. 도박의 상습있는 사람이 도박의 상습없는 사람을 교사하여 도박을 하게 한 경우는 신분자가 비신분자의 범행에 가공한 경우이다. 제33조는 비신분자가 신분범에 가공한 경우를 규정하고 있으므로 신분자가 비신분자의 범행에 가공한 경우는 제33조가 적용되지 않는다. 따라서 공범종속성원칙상 甲은 단순도박교사의 죄책을 진다.

둘째, 제33조가 적용된다고 하더라도 제33조 단서는 '중한 형으로 벌하지 아니한다'고 규정하고 있는데, 이는 가공한 자를 피가공자보다 중한 죄로 벌하지 않는다는 의미이다. 따라서 乙이 단순도박죄의 죄책을 지므로 甲은 단순도박교사의 죄책을 진다.

6. 정 리

위와 같은 논거에 의하면 甲은 절도죄의 교사범, 상습도박죄, 단순도박교사죄의 죄책을 지는데, 단순도박교사죄는 상습도박죄와 포괄일죄의 관계에 있으므로 결국 甲은 절도죄의 교사범과 상습도박죄의 실체적 경합범의 죄책을 진다.

Ⅳ. 甲에게 절도죄의 간접정범을 인정할 수 있는 논거

1. 문 제 점

형사미성년자인 B를 교사하여 절도죄를 범하게 한 경우 제한적 종속형식설을 따르게 되면 절도죄의 교사범을 인정하고, 극단적 종속형식설을 따르게 되면 절도죄의 간접정범을 인정하게 된다. 따라서 甲에게 절도죄의 간접정범을 인정하기 위해서는 극단적 종속형식설을 따라야 한다.

2. 극단적 종속형식설의 논거

우리 형법이 제한적 종속형식설이 아니라 극단적 종속형식설을 따르고 있다는 논거는 다음과 같다.

첫째, 제31조의 죄, 제32조의 범죄란 구성요건에 해당하고 위법하고 유책한 행위라고 해석해야 하고, 구성요건에 해당하고 위법한 행위라고 해석하는 것은 피고인에게 불리한 유추해석이다.

둘째, 제31조 제 2 항 · 제 3 항은 공범독립성설에 입각한 규정이므로 극단적 종속형식설뿐만 아니라 제한적 종속형식설과도 맞지 않는다.

셋째, 극단적 종속형식설을 따르지 않는다면 제34조와 같은 규정은 필요하지 않다.

넷째, 제한적 종속형식설을 따르게 되면 제34조의 '교사 또는 방조하여'를 '이용하여'라고 해석하는데 이는 형법해석의 원칙에 반한다.

다섯째, 방조형태의 간접정범은 범행지배를 인정할 수 없기 때문에 간접정범을 정범이라고 할 수 없다.

刑法演習

Criminal Law
– A Case Study Approach

2 재산적 법익에 관한 죄

49. 형법상 재물의 개념

:: 다음 사례를 읽고 물음에 답하시오.

甲은 길가에 설치된 현금자동지급기부스에서 현금을 인출해 나오는 사람들이 있으면 그 현금을 날치기하기로 하고 부스 앞에서 기다리고 있었다. 마침 H가 신문지에 현금을 싸 가지고 나오는 것을 본 甲은 H 옆을 뛰어 지나가면서 신문지에 싸인 현금을 날치기하여 도주하였다. 그러나 나중에 보니 신문지에 싸여 있는 것은 현금이 아니고, H가 화장실이 급하여 현금자동지급기 부스 안에 들어가 신문지를 깔고 대변을 본 후 그것을 싸 가지고 나온 것이었다. 평소 자신이 배출한 것은 자신이 직접 처리해야 한다고 생각한 H는 대변을 날치기 당한 것에 대해 분하여 발을 동동 굴렀다.

1. 甲에게 가장 무거운 죄책을 인정할 수 있는 논리를 제시하시오.
2. 甲에게 가장 가벼운 죄책을 인정할 수 있는 논리를 제시하시오.

Ⅰ. 논점의 제시

甲은 현금을 절취한다는 의사로 신문에 싸인 대변을 절취하였는데, 이 경우 절도죄(제329조)가 성립하는가 문제된다.

절도죄는 '타인의 재물을 절취하는 죄'인데, 甲의 행위는 H의 의사에 반하는 점유의 취득이므로 취거에 해당된다고 할 수 있고, 甲에게 절도의 고의와 불법영득의사도 인정된다. 문제는 신문에 싸인 대변이 재물이라고 할 수 있는가이다. 이는 재물에 경제적 가치를 요하는가의 문제이다.

만약 대변을 재물이라고 할 수 없다면, 甲의 행위는 대상의 착오로 절도죄의 결과발생이 불가능한 경우에 해당되므로 절도죄의 불능미수 혹은 불능범의 문제가 생긴다.

Ⅱ. 甲에게 가장 무거운 죄책을 인정할 수 있는 논리

재물에 경제적 가치를 요하지 않는다고 한다면 H의 대변도 재물이 되고, 따라서 甲은 절도죄의 죄책을 진다.

판례와 같이 객관적 교환가치를 요하지 않고, 타인에 의해 이용되지 않는다고 하더라도 소극적·주관적 가치만 인정되어도 재물이라고 할 경우, 사례에서 H가 자신의 대변에 대해 주관적 가치를 가지고 있다고 할 수 있으므로 역시 재물이 되고, 따라서 甲은 H가 점유하는 H 소유의 재물을 절취한 것이므로 절도죄의 죄책을 진다.

Ⅲ. 甲에게 가장 가벼운 죄책을 인정할 수 있는 논리

甲에게 가장 가벼운 죄책을 인정하기 위해서는 재물에 경제적 가치를 요하고, 甲의 행위는 절도죄의 불능미수가 아니라 불능범에 해당된다고 해야 한다.

1. 재물과 경제적 가치

형법은 물건과 재물을 구분하고 있으며, 재물은 재산범죄에 대해서만 사용한다. 물건은 경제적 가치를 요하지 않는다고 할 수 있다. 그러나 재물은 '재산상 가치있는 물건'이라 해석해야 하며, 재산상 가치가 있기 위해서는 경제적 가치를 요한다. 경제적 가치란 객관적으로 평가할 수 있는 가치여야 하고 소극적·주관적 가치가 있는 것만으로는 경제적 가치가 있다고 할 수 없다. 따라서 H의 대변은 재물이라고 할 수 없다.

2. 절도죄의 불능범

甲은 대변을 현금으로 알고 절취하였는데, 이는 대상의 착오로 인하여 결과발생이 불가능한 경우에 해당된다. 따라서 위험성이 있으면 불능미수가 되고, 위험성이 없으면 불능범이 된다.

불능미수의 위험성에 대해 주관설, 추상적 위험설 등에 의하면 甲의 행위에 위험성이 인정된다. 절대적 불능·상대적 불능 구별설, 법률적 불능·사실적 불능 구별설, 구성요건흠결이론 등에 의하면 甲의 행위에 위험성이 인정되지 않는다. 구체적 위험설에 의하면 위험성이 인정될 수도 있고 인정되지 않을 수도 있지만, 인정될 가능성이 많다.

3. 정 리

甲에게 가장 가벼운 죄책을 인정하기 위해서는 먼저 H의 대변은 절도죄의 객체인 재물에 해당되지 않는다고 해야 한다. 또한 절대적 불능·상대적 불능 구별설, 법률적 불능·사실적 불능 구별설, 구성요건흠결이론 등에 따라 甲의 행위는 절대적 불능 혹은 법률적 불능이라고 해석하거나, 甲의 행위에는 객관적 구성요건요소인 행위의 객체가 흠결되었으므로 위험성이 없고 따라서 절도죄의 불능범이 된다고 해야 한다.

50. 절도죄와 컴퓨터등사용사기죄

:: 다음 사례를 읽고 물음에 답하시오.

단란주점의 주인인 甲은 종업원 乙, 丙과 함께 손님들에게 바가지 술값을 씌우고, 손님들의 지갑에서 돈을 훔치기도 하였다. 어느 날 밤 11시경 일찍 주점에 들어왔던 손님 A가 술에 취해 쓰러져 잠이 들자 甲은 종업원 乙, 丙과 함께 A의 양복을 뒤져 지갑에서 K은행 현금카드를 꺼냈다. 마침 A의 지갑 속에서 현금카드의 비밀번호를 적어 둔 쪽지를 발견한 甲, 乙, 丙은 현금카드로 술값을 인출하자고 하였다. 甲은 혹시 A가 깨어날지 모른다는 생각하에 자신이 A를 지키고, 乙, 丙에게 현금 500만원을 인출해 오라고 하였다. 乙, 丙은 현금카드를 가지고 근처에 있는 은행현금자동지급기에서 현금 500만원을 인출하였다. 乙, 丙은 현금카드로 100만원을 더 인출할 수 있다는 것을 발견하고, 50만원씩을 자신들의 계좌로 이체하였다. 이때 현금자동지급기를 점검하려 왔던 은행직원 B가 현금카드가 본인들의 것인지 확인하자고 하였다. 이에 乙, 丙은 자신들의 범행이 드러날지 모른다고 생각하고 험상궂은 표정을 짓고 주먹을 휘두르며 죽여 버리겠다고 하였다. 무술고수인 B는 별로 겁을 먹지는 않았지만 乙, 丙이 돈을 인출하지는 않았다고 생각하고 뒤로 물러나 乙, 丙이 현금자동지급기를 떠나는 것만을 살펴보았다. 가게로 돌아온 乙, 丙은 현금카드를 A의 지갑에 넣어 두었다.

얼마 후 A가 잠에서 깨어나 술값이 얼마냐고 묻자 甲, 乙, 丙은 200만원이라고 하면서 현금으로 지불하라고 하였다. A가 술값이 너무 비싸다고 항의하자 현금을 주면 150만원으로 해 주고, 만약 현금을 주지 않으면 부인에게 전화해서 돈을 가져오라고 하겠다고 협박하였다. 이에 겁을 먹은 A는 지갑에서 S은행의 현금카드를 꺼내 비밀번호를 가르쳐 주며 150만원을 인출하여 가지라고 하였다. 甲, 乙, 丙은 현금자동지급기에서 200만원을 인출하여 50만원은 자신들이 갖고 현금카드만을 A에게 돌려주었다. (특별법위반은 논외로 함).

1. K은행 현금카드로 행한 범죄에 대한 甲의 죄책을 판례의 입장에 따라 설명하고 그에 대한 비판의견을 제시하시오.
2. K은행 현금카드로 행한 범죄에 대한 乙, 丙의 죄책을 판례의 입장에 따라 설명하고 그에 대한 비판의견을 제시하시오.
3. A가 깨어난 이후 甲, 乙, 丙의 죄책에 대한 판례의 입장을 설명하고 그에 대한 비판의견을 제시하시오.

질문 1

Ⅰ. 논점의 제시

판례에 따른 甲의 죄책으로 문제되는 것은 다음과 같다.

1. K은행 현금카드에 대한 합동절도죄(제331조 제2항)가 성립하는가이다.
2. 자신은 A를 지키고 乙, 丙이 현금을 인출한 행위와 관련하여 합동절도죄의 공동정범의 죄책을 지는가이다.
3. 乙, 丙이 자신들의 계좌에 이체한 100만원에 대해 컴퓨터등사용사기죄의 죄책을 지는가이다.
4. 乙, 丙이 B에게 행한 행위와 관련하여 준강도죄의 공동정범의 죄책을 지는가이다.
5. 위의 범죄들이 성립하는 경우 그 죄수관계가 문제된다.

위와 같은 판례의 입장을 비판하는 의견들 중에는 다음과 같은 것들이 있다.

1. 현금카드에 대한 합동절도죄가 성립한다.
2. 현금인출행위에 대해 컴퓨터등사용사기죄의 공동정범이 성립한다.
3. 현금인출행위에 대해 절도죄의 죄책을 진다고 하더라도 합동절도죄가 아닌 단순절도죄의 공동정범의 죄책을 진다.
4. 준강도죄의 공동정범의 죄책은 성립하지 않는다.

Ⅱ. 판례에 따른 甲의 죄책과 그에 대한 비판의견

1. 판례에 따른 甲의 죄책

(1) 현금카드에 대한 합동절도죄(제331조 제2항)

甲이 A의 지갑에서 현금카드를 꺼낸 것은 타인의 재물을 절취한 것으로서 절도죄의 객관적 구성요건을 충족한다. 甲에게 절도의 고의도 인정되는데 문제는 현금카드에 대한 불법영득의사가 있는가이다. 불법영득의사란 '권리자를 배제하고 타인의 재물을 자기의 소유물처럼 사용·수익·처분하려는 의사'를 말한다.

판례에 의하면 甲이 단순히 현금을 인출하고 현금카드를 반납한 경우에는 불법영득의사가 인정되지 않는다(대판 1998. 11. 10. 98도2642. 현금자동지급기에서 현금을 인출하였다 하더라도 신용카드 자체가 가지는 경제적 가치가 인출된 예금액만큼 소모되었다고 할 수 없으므로, 이를 일시 사용하고 곧 반환한 경우에는 불법영득의 의사가 없다).

(2) 현금에 대한 합동절도죄의 공동정범(제331조 제2항, 제30조)의 성립 여부

1) 현금인출행위의 죄책

판례에 의하면 乙, 丙이 은행의 현금자동지급기에서 현금을 인출한 행위는 합동절도죄에 해당된다. 판례는 컴퓨터등사용사기죄의 객체는 재산상 이익에 한정되어 있는데, 현금은 재물이므로 타인의 현금카드로 현금을 인출하였더라도 컴퓨터등사용사기죄에 해당되지 않고(대판 2003. 5. 13. 2003도1178. 우리 형법은 재산범죄의 객체가 재물인지 재산상의 이익인지에 따라 이를 재물죄와 이득죄로 명시하여 규정하고 있는데, 형법 제347조가 일반 사기죄를 재물죄 겸 이득죄로 규정한 것과 달리 형법 제347조의2는 컴퓨터등사용사기죄의 객체를 재물이 아닌 재산상의 이익으로만 한정하여 규정하고 있으므로, 절취한 타인의 신용카드로 현금자동지급기에서 현금을 인출하는 행위가 재물에 관한 범죄임이 분명한 이상 이를 위 컴퓨터등사용사기죄로 처벌할 수는 없다), 현금을 인출한 행위는 현금자동지급기의 관리자인 은행의 의사에 반하기 때문에 乙, 丙의 행위는 절도죄에 해당된다고 한다(대판 2002. 7. 12. 2002도2134. 피고인이 타인의 명의를 모용하여 발급받은 신용카드를 사용하여 현금자동지급기에서 현금대출을 받는 행위는 카드회사에 의하여 미리 포괄적으로 허용된 행위가 아니라, 현금자동지급기의 관리자의 의사에 반하여 그의 지배를 배제한 채 그 현금을 자기의 지배하에 옮겨 놓는 행위로서 절도죄에 해당한다).

또한 乙, 丙 2인이 범행현장에 있었으므로 乙, 丙의 행위는 현금에 대한 합동절도죄에 해당된다.

2) 합동범의 공동정범 인정 여부

甲은 현금자동지급기로 가지 않았으므로 甲에게 합동절도죄의 공동정범이 인정되는가에 대해 판례는 "3인 이상의 범인이 합동절도의 범행을 공모한 후 적어도 2인 이상의 범인이 범행 현장에서 시간적, 장소적으로 협동관계를 이루어 절도의 실행행위를 분담하여 절도 범행을 한 경우에는 공동정범의 일반 이론에 비추어 그 공모에는 참여하였으나 현장에서 절도의 실행행위를 직접 분담하지 아니한 다른 범인에 대하여도 그가 현장에서 절도 범행을 실행한 위 2인 이상의 범인의 행위를 자기 의사의 수단으로 하여 합동절도의 범행을 하였다고 평가할 수 있는 정범성의 표지를 갖추고 있다고 보여지는 한 그 다른 범인에 대하여 합동절도의 공동정범의 성립을 부정할 이유가 없다고 할 것이다"(대판 1998. 5. 21. 98도321 전원합의체)라고 하여 합동절도죄의 공동정범을 인정한다.

(3) 컴퓨터등사용사기죄의 공동정범(제347조의2, 제30조)의 성립 여부

판례에 의하면 乙, 丙의 행위는 컴퓨터등사용사기죄에 해당된다(대판 2008. 6. 12. 2008도2440. 절취한 타인의 신용카드를 이용하여 현금지급기에서 계좌이체를 한 행위는 컴퓨터등사용사기죄에서 컴퓨터 등 정보처리장치에 권한 없이 정보를 입력하여 정보처리를 하게 한 행위에 해당함은 별론으로 하고 이를 절취행위라고 볼 수는 없다).

그러나 甲이 계좌이체를 공모하지는 않았으므로 乙, 丙의 컴퓨터등사용사기죄의 공동정범이 성립할 수는 없다.

(4) 준강도죄의 공동정범

판례는 단순강도죄의 준강도인지 특수강도죄의 준강도인지는 폭행・협박행위에 의해 정해야 하고(대판 1973. 11. 13. 73도1553 전원합의체), 준강도의 기수인지 미수인지는 절도죄의 기수, 미수를 기준으로 결정해야 한다고 한다(대판 2004. 11. 18. 2004도5074 전원합의체). 乙, 丙이 체포면탈의 목적으로 B를 협박한 행위는 강도죄의 협박행위이지만 단순협박이라고 할 수 있고, B가 공포심을 느끼지 않았어도 절도죄가 기수에 이르렀으므로 乙, 丙이 B에 대해 한 행위는 단순강도의 준강도 기수죄에 해당된다.

판례는 "공모합동하여 절도를 한 경우 범인중의 하나가 체포를 면탈할 목적으로 폭행을 하여 상해를 가한 때에는 나머지 범인도 이를 예기하지 못한 것으로 볼 수 없다면 강도상해죄의 죄책을 면할 수 없다"고 한다(대판 1984. 2. 28. 83도3321). 사례에서 甲이 乙, 丙의 준강도행위를 예기하지 못하였다고 볼 수 없으므로 甲은 준강도기수죄의 공동정범의 죄책을 진다.

(5) 죄수 및 정리

현금에 대한 합동절도죄의 공동정범은 준강도기수죄의 공동정범에 흡수된다고 할 수 있으므로 甲은 준강도기수죄의 공동정범의 죄책을 진다.

2. 판례에 대한 비판의견

(1) 개 관

판례에 대한 비판의견으로는 현금카드에 대한 불법영득의사를 인정해야 하고, 현금인출의 경우 절도죄가 아닌 컴퓨터등사용사기죄를 인정해야 하고, 절도죄를 인정한다고 하더라도 합동절도의 공동정범이 아닌 단순절도죄의 공동정범을 인정해야 하고, 준강도죄의 공동정범은 인정하지 말아야 한다는 비판의견이 있다.

(2) 현금카드로 현금을 인출하고 반환한 경우의 죄책

판례는 이 경우 불법영득의사가 없다는 이유로 현금카드에 대한 절도죄를 인정하지 않는다. 이에 대해 비판의견은 불법영득의사란 타인의 재물을 자기의 재물처럼 사용·수익·처분하려는 의사인데, 이 경우 사용의사가 있기 때문에 불법영득의사를 인정하여야 한다고 한다. 다만, 이 행위는 현금을 인출한 죄에 흡수된다고 해야 한다고 한다.

(3) 현금인출행위의 죄책

판례에 대한 비판의견은 타인의 현금카드로 현금을 인출한 행위는 권한없이 정보를 입력한 것에 해당되고, 재물과 재산상 이익의 관계는 특별 대 일반의 관계에 있으므로 재물을 취득하는 경우 재산상 이익도 취득한 것이라고 할 수 있다. 따라서 타인의 현금카드로 현금을 인출한 경우 절도죄가 아닌 컴퓨터등사용사기죄에 해당된다고 한다.

(4) 합동절도죄의 공동정범

현금인출행위를 컴퓨터등사용사기죄로 볼 경우 甲의 행위는 컴퓨터등사용사기죄의 공동정범에 해당되고, 합동절도죄의 공동정범에 해당되지 않는다.

또한 현금인출행위를 절도죄에 해당된다고 본다 하더라도 합동절도죄에서의 합동의 의미는 현장성설을 따라야 한다고 한다. 이에 의하면 甲은 범행현장에 있지 않았으므로 합동범의 공동정범은 될 수 없고, 甲을 정범이라고 할 경우에는 단순절도죄의 공동정범이라고 해야 한다고 한다.

(5) 특수강도의 준강도죄의 공동정범

甲이 乙, 丙의 행위를 예견하였다고 하더라도 甲이 절도를 공모한 것만 가지고 합동절도의 준강도죄까지 공모한 것이라고 할 수는 없고, 준강도죄에 대한 범행지배도 인정하기 어려우므로 준강도죄의 공동정범을 인정하는 것은 부당하다고 한다.

(6) 정 리

판례에 대한 비판의견을 종합하면, 甲은 컴퓨터등사용사기죄의 공동정범의 죄책을 진다.

질문 2

Ⅰ. 논점의 제시

판례에 따른 乙, 丙의 죄책으로 문제되는 것은 다음과 같다.

1. 현금카드에 대한 합동절도죄(제331조 제2항)가 성립하는가이다.
2. 현금카드로 500만원을 인출한 행위가 합동절도죄(제331조 제2항)에 해당되는가 아니면 컴퓨터등사용사기죄에 해당되는가이다.
3. 현금자동지급기에서 돈을 이체한 행위가 컴퓨터등사용사기죄의 공동정범에 해당되는가이다.
4. B에게 협박을 한 행위가 준강도기수죄(제335조, 제342조)에 해당하는지이다.
5. 위의 범죄들이 성립할 경우 그 죄수관계가 문제된다.

Ⅱ. 乙, 丙의 죄책

1. 판례에 따른 乙, 丙의 죄책

(1) 현금카드에 대한 합동절도죄(제331조 제 2 항)

甲의 죄책에서 본 것과 같이 판례에 의하면 乙, 丙에게 현금카드에 대한 불법영득의사가 없기 때문에 乙, 丙은 현금카드에 대한 합동절도죄의 죄책을 지지 않는다.

(2) 현금에 대한 합동절도죄(제331조 제 2 항)

甲의 죄책에서 본 것과 같이 판례에 의하면 乙, 丙은 현금에 대한 합동절도죄의 죄책을 진다.

(3) 컴퓨터등사용사기죄의 공동정범(제347조의2, 제30조)

乙, 丙이 현금카드로써 A의 통장에서 자금을 이체한 것은 절도죄에 해당하지 않는다. 자금을 이체한 것은 재물의 절취라고 할 수 없기 때문이다. 그러나 乙, 丙의 행위는 권한없이 정보를 입력하여 예금채권이라는 재산상 이익을 취득한 것이므로 컴퓨터등사용사기죄의 공동정범에 해당된다.

(4) 준강도죄의 공동정범(제335조, 제30조)

甲의 죄책에서 본 것과 같이 판례에 의하면 乙, 丙은 단순강도의 준강도죄의 공동정범의 죄책을 진다.

(5) 죄 수

합동절도죄는 준강도기수죄에 흡수되므로, 판례에 의하면 乙, 丙은 컴퓨터등사용사기죄의 공동정범, 준강도기수죄 공동정범의 실체적 경합범의 죄책을 진다.

2. 판례에 대한 비판의견

(1) 현금카드 및 현금에 대한 합동절도죄

이에 대한 비판의견은 甲의 죄책에서 살펴본 것과 같다.

(2) 준강도죄의 문제

1) 특수강도의 준강도와 단순강도의 준강도의 구별

판례에 대한 비판의견은 "준강도죄를 규정한 형법 제335조는 범죄의 주체는 절도범인이요, 목적이 있어야 하며, 행위는 폭행·협박으로만 되어 있지 행위의 정도·방법 따위에 대하여는 언급이 없으므로 목적이나 행위로서는 단순강도의 준강도냐 또는 특수강도이냐를 구별 지을 근거가 없으므로 행위의 주체인 절도의 태양에 따라 구별 지어야 한다"고 한다(대판 1973. 11. 13. 73도1553 전원합의체 판결의 반대의견). 이에 의하면 乙, 丙은 특수강도의 준강도죄의 죄책을 진다.

2) 준강도기수, 미수의 구별

준강도기수, 미수의 구별에 대해 폭행·협박의 기수, 미수를 기준으로 해야 하고, 협박죄의 기수시기를 상대방이 공포심을 느낀 때로 한다면, 사례에서 B가 공포심을 느끼지 않았으므로 乙, 丙은 준강도미수의 죄책을 진다.

또한 준강도를 강도보다 불리하게 취급해서는 안 되므로 준강도죄의 기수가 되기 위해서는 절도와 협박죄 모두 기수에 이르러야 하고, 협박죄의 기수시기는 공포심을 느낄 때라고 하는 견해에 의해도 乙, 丙은 준강도죄의 미수의 죄책을 진다.

질문 3

Ⅰ. 논점의 제시

A가 깨어난 이후 甲, 乙, 丙의 죄책으로 문제되는 것은 다음과 같다.

1. A를 협박하여 S은행의 현금카드를 교부받은 행위가 공갈죄에 해당되는가 문제된다.

2. 현금카드로 현금 150만원을 인출한 행위가 절도죄 혹은 컴퓨터등사용사기죄에 해당되는지 문제된다.

3. 150만원을 인출할 것을 승낙받고 200만원을 인출하여 50만원을 나눠 가진 행위가 절도죄 혹은 컴퓨터등사용사기죄에 해당되는지 문제된다.

4. 위의 범죄들이 성립할 경우 그 죄수관계가 문제된다.

Ⅱ. 판례에 따른 甲, 乙, 丙의 죄책

1. 현금카드에 대한 공갈죄(제350조)의 성립 여부

판례에 의하면, 甲, 乙, 丙이 A를 협박하여 S은행 현금카드를 교부받은 행위는 현금카드에 대한 공갈죄에 해당된다.

2. 현금 150만원에 대한 절도죄의 성립 여부

판례는 "예금주인 현금카드 소유자를 협박하여 그 카드를 갈취한 다음 피해자의 승낙에 의하여 현금카드를 사용할 권한을 부여받아 이를 이용하여 현금자동지급기에서 현금을 인출한 행위는 모두 피해자의 예금을 갈취하고자 하는 피고인의 단일하고 계속된 범의 아래에서 이루어진 일련의 행위로서 포괄하여 하나의 공갈죄를 구성한다"(대판 2007. 5. 10. 2007도1375).

3. 현금 50만원에 대한 컴퓨터등사용사기죄(제347조의2)의 성립 여부

판례는 "예금주인 현금카드 소유자로부터 일정한 금액의 현금을 인출해 오라는 부탁을 받으면서 이와 함께 현금카드를 건네받은 것을 기화로 그 위임을 받은 금액을 초과하여 현금을 인출하는 방법으로 그 차액 상당을 위법하게 이득할 의사로 현금자동지급기에 그 초과된 금액이 인출되도록 입력하여 그 초과된 금액의 현금을 인출한 경우에는 그 인출된 현금에 대한 점유를 취득함으로써 이때에 그 인출한 현금 총액 중 인출을 위임받은 금액을 넘는 부분의 비율에 상당하는 재산상 이익을 취득한 것으로 볼 수 있으므로 이러한 행위는 그 차액 상당액에 관하여 형법 제347조의2(컴퓨터등사용사기)에 규정된 '컴퓨터 등 정보처리장치에 권한 없이 정보를 입력하여 정보처리를 하게 함으로써 재산상의 이익을 취득'하는 행위로서 컴퓨터등사용사기죄에 해당된다"고 한다(대판 2006. 3. 24. 2005도3516). 따라서 판례에 의하면 甲, 乙, 丙의 행위는 컴퓨터등사용사기죄에 해당된다.

4. 죄수 및 정리

150만원을 인출한 행위와 50만원을 인출한 행위는 하나의 행위에 의한 것이라고 할 수 있으므로, 판례에 의하면 甲, 乙, 丙은 공갈죄의 공동정범과 컴퓨터등사용사기죄의 공동정범의 상상적 경합범의 죄책을 진다.

Ⅲ. 판례에 대한 비판적 견해

1. 하자있는 의사표시에 의한 승낙의 효과

형법에서 피해자의 승낙이 인정되기 위해서는 승낙자의 자유의사에 의한 것이어야 하고, 기망이나 협박에 의한 승낙은 승낙으로서의 효력이 없다. 따라서 150만원을 인출하라는 A의 승낙은 승낙으로서의 효력이 없다. 따라서 甲, 乙, 丙이 150만원을 인출한 행위는 절도죄나 컴퓨터등사용사기죄에 해당된다고 해야 한다.

2. 한도를 초과한 현금인출행위의 효과

판례는 타인의 위임없이 현금을 인출한 때에는 재물을 취득한 것이고 재산상 이익을 취득한 것이기 때문에 컴퓨터등사용사기죄가 성립하지 않는다고 한다. 그런데 위임을 초과하여 현금을 인출하여도 그것이 재물이지 재산상 이익이 되는 것은 아니다. 사례에서 150만원은 재물인데, 50만원은 재산상 이익이라는 근거가 불분명하다.

또한 위임없이 현금을 인출한 행위와 위임을 초과하여 현금을 인출한 행위 중 전자의 불법이 후자의 불법보다 크다고 할 수 있다. 그럼에도 불구하고 전자에서는 절도죄(6년 이하의 징역 등), 후자에서는 컴퓨터등사용사기죄(10년 이하의 징역 등)가 성립한다고 하는 것은 균형에 맞지 않는다.

51. 사자(死者)의 점유와 사자 상대의 소송사기

:: 다음 사례를 읽고 물음에 답하시오.

가수 A양의 매니저인 甲은 A의 아파트에서 A의 연습생시절을 녹화한 비디오의 공개 여부를 놓고 A와 말다툼을 벌였다. 가수데뷔 직전 성형수술을 한 A는 성형수술 사실이 알려질 것을 두려워하여 비디오를 공개하지 말자고 하였고, 甲은 인기가 다 떨어져 가니 비디오라도 공개하여 사람들의 관심을 받는 것이 더 낫다고 주장하였다. A가 자신의 주장을 굽히지 않고 급기야는 甲에게 욕까지 하자 甲은 홧김에 A를 살해하였다. 서너시간 A의 아파트에서 앉아 있던 甲은 오전 11시경 책상 위에 A의 지갑이 있는 것을 발견하였다. 甲은 A의 지갑 안에 있던 현금 50만원을 꺼내 갖고, 지갑 안에 있던 현금카드로 현금을 인출한 후 도로 지갑에 넣어 놓자고 생각하고 현금카드를 가지고 약 15분 정도 걸어서 은행에 도착하였다. 그런데 동네 절도사건을 수사하던 경찰관 B가 甲을 도둑이라고 생각하고 다가와 "무슨 일을 하는 사람이냐?"고 물었다. 이에 甲은 체포될지도 모른다고 생각하고 옆에 있던 소주병을 집어 B의 머리를 때렸다. 이로 인해 B는 머리가 깨지는 전치 3주의 부상을 입었다. 甲은 얼른 다른 은행으로 가 현금카드로 100만원을 인출한 후 다시 A의 아파트로 가 현금카드를 지갑에 넣어놓았다.

한편 오후 3시경 A와 함께 사는 동생 乙이 아파트로 돌아왔다. 乙은 A가 자고 있다고 생각하였는데, A의 머리맡에 예금통장이 있는 것을 발견하였다. 돈이 궁했던 乙은 그 예금통장으로 얼른 은행창구에 가서 500만원을 인출하고 예금통장을 바로 제자리에 갖다 놓고 외출을 하였다. A에게는 다른 가족은 없었지만, 乙 이외에 근처에 사는 K라는 동생이 더 있었다.

1. 판례의 입장에 따라 甲의 죄책을 설명하시오.
2. 甲의 죄책에 대한 판례의 입장에 대한 비판의견을 제시하시오.
3. 乙의 죄책과 처벌을 설명하시오.
4. 乙의 죄책과 처벌에 대한 판례입장에 대한 비판의견을 소개하시오.

Ⅰ. 문제의 제기

甲의 죄책 중 홧김에 A를 살해한 행위가 살인죄에 해당된다는 점에는 별 의문이 없다. 따라서 甲의 죄책으로 문제되는 것은 다음과 같다.

1. 사망한 A의 현금을 절취한 행위가 절도죄(제329조) 또는 점유이탈물횡령죄(제360조) 중 어디에 해당되는지 문제된다.

2. 현금카드에 대한 절도죄가 성립하는지 문제된다.

3. 현금카드로 현금을 인출한 행위가 절도죄 또는 컴퓨터등사용사기죄 중 어디에 해당되는지 문제된다.

4. B에 대해 한 행위가 준강도상해죄(제335조, 제337조) 또는 특수공무방해치상죄(제144조 제 2 항)에 해당되는지 문제된다.

5. 위의 범죄들이 성립할 경우 그 죄수관계가 문제된다.

乙의 죄책과 처벌로 문제되는 것은 다음과 같다.

1. 예금통장에 대한 절도죄, 횡령죄, 점유이탈물횡령죄 중 어느 범죄가 성립하는지 문제된다. 이 경우 친족관 범행규정이 적용되는지 문제된다.

2. 예금통장으로 은행창구에서 예금을 인출하였으므로 사문서위조 및 동행사죄와 사기죄가 성립하는지 문제된다. 사기죄가 성립할 경우 친족간의 범행규정이 적용되는지 문제된다.

3. 위의 범죄들이 성립할 경우 그 죄수관계가 문제된다.

Ⅱ. 판례의 입장에 따른 甲의 죄책

1. 살인죄(제250조 제 1 항)의 성립 여부

甲이 홧김에 A를 살해하였더라도 살인의 고의를 인정할 수 있어서, 甲의 행위는 보통살인죄(제250조 제 1 항)의 구성요건에 해당하고, 별다른 위법성조각사유나 책임조각사유가 없으므로 甲은 보통살인죄의 죄책을 진다.

2. 현금카드에 대한 절도죄의 성립 여부

판례는 현금카드를 사용하고 바로 반납한 경우 현금카드의 경제적 가치가 소멸되었다고 할 수 없어서 불법영득의사가 인정되지 않기 때문에 현금카드에 대한 절도죄는 성립하지 않는다고 한다(대판 1998. 2. 27. 97도2974).

3. 현금카드로 현금을 인출한 행위

판례에 의하면 타인의 현금카드로 현금을 인출한 행위는 컴퓨터등사용사기죄가 아닌 절도죄에 해당된다(대판 2002. 7. 12. 2002도2134).

4. 준강도상해죄 및 특수공무방해치상죄의 성립 여부

(1) 준강도상해죄의 성립 여부

甲이 소주병으로 B를 상해하였어도 이 상해가 甲의 절도행위와 관련하여 행해진 것은 아니므로 준강도죄는 성립하지 않고 따라서 준강도상해죄도 성립하지 않는다.

(2) 특수공무방해치상죄(제144조 제 2 항)의 성립 여부

판례는 "공무집행방해죄는 공무원의 직무집행이 적법한 경우에 성립하는 것이고, 여기서 적법한 공무집행이라고 함은 그 행위가 공무원의 추상적 권한에 속할 뿐 아니라 구체적으로도 그 권한 내에 있어야 하며 또한 직무행위로서의 중요한 방식을 갖추어야 하고, 추상적인 권한에 속하는 공무원의 어떠한 공무집행이 적법한지 여부는 행위 당시의 구체적 상황에 기하여 객관적·합리적으로 판단하여야 한다"고 한다(대판 2007. 10. 12. 2007도6088).

B가 甲에게 질문한 행위는 적법한 직무집행이라고 할 수 있다. 그런데 甲이 소주병으로 B에게 상해를 가하였으므로 甲의 행위는 부진정결과적 가중범인 특수공무방해치상죄에 해당된다.

5. 죄수 및 정리

甲이 소주병으로 B를 상해할 때 상해의 고의가 있었으므로 특수공무방해치상죄와 상해죄의 죄수관계가 문제된다. 판례는 "기본범죄를 통하여 고의로 중한 결과를 발생하게 한 경우에 가중 처벌하는 부진정결과적가중범에서, 고의로 중한 결과를 발생하게 한 행위가 별도의 구성요건에 해당하고 그 고의범에 대하여 결과적가중범에 정한 형보다 더 무겁게 처벌하는 규정이 있는 경우에는 그 고의범과 결과적가중범이 상상적 경합관계에 있지만, 위와 같이 고의범에 대하여 더 무겁게 처벌하는 규정이 없는 경우에는 결과적가중범이 고의범에 대하여 특별관계에 있으므로 결과적가중범만 성립하고 이와 법조경합의 관계에 있는 고의범에 대하여는 별도로 죄를 구성하지 않는다"고 한다(대판 2008. 11. 27. 2008도7311). 그런데 상해죄의 형벌보다 특수공무방해치상죄의 형벌이 높으므로 특수공무방해치상죄만이 성립한다.

따라서 판례에 의하면 甲은 살인죄, 현금에 대한 절도죄, 특수공무방해치상죄의 실체적 경합범의 죄책을 진다.

Ⅲ. 판례의 입장에 대한 비판의견

1. 문 제 점

위와 같은 판례의 입장에 대해 다음과 같은 비판의견이 존재한다.

첫째, 현금카드를 일시 사용하고 제자리에 갖다 놓았다 하더라도 현금카드절도죄가 성립한다고 해야 한다.

둘째, 타인의 현금카드로 현금자동지급기에서 현금을 인출한 경우 절도죄가 아닌 컴퓨터등사용사기죄가 성립한다고 해야 한다.

셋째, 부진정결과적 가중범과 중한 결과에 대한 고의범의 죄수관계는 상상적 경합범으로 파악해야 한다.

2. 판례에 대한 비판의견

(1) 현금카드에 대한 절도죄

현금카드를 일시 사용하고 제자리에 갖다 놓았다고 하더라도 타인의 재물을 사용한 것이므로 현금카드에 대한 불법영득의사가 인정되지만 사소한 법익침해로서 위법성이 조각된다고 하거나 위법성이 조각되지 않고 절도죄가 성립한다고 해야 한다고 한다. 이러한 견해에 의하면 사례에서 甲에게 현금카드에 대한 절도죄를 인정할 수 있다. 왜냐하면 비록 A가 사망하였더라도 타인이 점유하는 타인 소유의 재물이기 때문이다.

(2) 현금에 대한 컴퓨터등사용사기죄

컴퓨터등사용사기죄의 입법취지는 타인의 현금카드로 현금을 인출하는 행위를 절도죄가 아닌 컴퓨터등사용사기죄로 처벌해야 한다는 것이다. 또한 컴퓨터등사용사기죄의 객체가 재산상 이익이라고 하여도 재물과 재산상 이익은 특별 대 일반의 관계에 있으며, 현금은 재물이지만 재산상 이익의 특수한 형태라고 해야 하기 때문이다.

(3) 특수공무방해치상죄와 상해죄의 상상적 경합

부진정결과적 가중범에서 중한 결과의 고의범의 형벌이 부진정결과적 가중범의 형벌보다 무거울 때에는 기본범죄와 중한 결과에 대한 고의범의 상상적 경합범을 인정하면 되고, 중한 결과에 대한 고의범의 형벌이 부진정결과적 가중범의 형벌보다 낮을 때에는 부진정결과적가중범과 중한 결과에 대한 고의범의 상상적 경합범이라고 해야 한다. 왜냐하면 치사상죄는 중한 결과에 대한 과실이 있을 때를 의미하므로 중한 결과에 대한 고의가 있는 경우에는 상해죄 또는 살인죄와의 상상적 경합범을 인정해야 한다.

이러한 견해에 따르면 甲은 특수공무방해치상죄와 상해죄의 상상적 경합범의 죄책을 진다.

Ⅳ. 판례에 따른 乙의 죄책과 처벌

1. 예금통장에 대한 절도죄의 문제

(1) 문 제 점

乙의 입장에서 예금통장은 자기의 점유하에 있는 A와의 공유의 재물이다. 공유의 재물은 타인의 재물로 간주되므로, 乙의 행위는 객관적으로 자기의 점유하에 있는 타인의 재물을 횡령하는 행위가 된다. 그러나 乙은 A가 점유하는 A의 예금통장을 절취한다고 착오하였다. 이는 대상의 착오로 인해 절도의 결과가 발생한 경우로서 절도죄의 불능미수(제329조, 제27조)에 해당하는지 문제된다.

(2) 불능미수의 위험성

판례는 불능미수의 위험성을 추상적 위험설에 따라 판단한다(대판 1978. 3. 28. 77도4049. 불능범의 판단기준으로서 위험성 판단은 피고인이 행위 당시에 인식한 사정을 놓고 이것이 객관적으로 일반인의 판단으로 보아 결과발생의 가능성이 있느냐를 따져야 한다). 사례에서 乙이 행위 당시에 인식한 사정은 잠자고 있는 A의 예금통장을 절취한다는 것이고 이 경우 객관적으로 절도결과의 발생이 가능하므로 위험성이 인정된다.

(3) 불법영득의사

예금통장으로 예금을 인출하고 바로 반환한 경우 절도죄의 불법영득의사가 인정되느냐에 대해 판례는 “타인의 예금통장을 무단사용하여 예금을 인출한 후 바로 예금통장을 반환하였다 하더라도 그 사용으로 인한 위와 같은 경제적 가치의 소모가 무시할 수 있을 정도로 경미한 경우가 아닌 이상, 예금통장 자체가 가지는 예금액 증명기능의 경제적 가치에 대한 불법영득의 의사를 인정할 수 있으므로 절도죄가 성립한다”고 한다(대판 2010. 5. 27. 2009도9008).

(4) 절도죄의 불능미수

판례에 의하면 乙은 예금통장에 대한 절도죄의 불능미수의 죄책을 진다.

(5) 친족간 범행규정의 적용 여부

乙과 A는 형제자매간이므로 친족간범행규정(제344조, 제328조 제1항)이 적용되어 乙에 대한 형벌은 면제된다.

2. 사문서위조죄 및 동행사죄(제231조, 제234조)와 사기죄(제347조)의 성립 여부

(1) 사문서위조 및 동행사죄

乙이 은행에서 A의 통장으로 예금을 인출하였는데 이를 위해서는 사망한 A명의의 예금청구서를 작성하고, 이를 은행에 제출해야 한다. 이러한 행위들이 사문서위조 및 동행사죄에 해당하는가는 사자(死者)명의의 사문서위조가 가능한가에 달려있다.

판례는 사자명의의 사문서위조는 원칙적으로 인정하지 않고 사자명의의 문서가 사자의 생존중에 작성한 것처럼 그 작성일자를 생존일자로 소급하여 작성한 경우에는 사문서위조죄가 성립된다고 하였다가(대판 1994. 9. 30. 94도1787; 1993. 9. 28. 93도2143), 태도를 변경하여 "명의인이 실재하지 않는 허무인이거나 또는 문서의 작성일자 전에 이미 사망하였다고 하더라도 그러한 문서 역시 공공의 신용을 해할 위험성이 있으므로 문서위조죄가 성립한다"고 한다(대판 2005. 2. 24. 2002도18 전원합의체).

따라서 판례에 의하면 乙은 사문서위조 및 동행사의 죄책을 진다.

(2) 사기죄의 문제

1) 사기죄의 성립 여부

판례는 타인의 은행예금 통장을 절취한 후 은행에서 예금을 찾는 것은 은행원을 기망하여 진실한 명의인이 예금을 찾는 것으로 오신시켜 예금의 인출명의하에 금원을 편취한 것이고, 이는 절도죄 외 새로운 법익을 침해한 것이므로 절도행위의 연장이라든가 또는 그에 흡수되는 것이라고도 볼 수 없어서 사기죄가 성립한다고 한다(대판 1974. 11. 26. 74도2817).

2) 친족간 범행규정의 적용 여부

판례는 손자가 할아버지 소유 농업협동조합 예금통장을 절취하여 이를 현금자동지급기에 넣고 조작하는 방법으로 예금 잔고를 자신의 거래 은행 계좌로 이체한 경우 위 농업협동조합이 컴퓨터등사용사기 범행 부분의 피해자라는 이유로 친족상도례를 적용할 수 없다고 한다(대판 2007. 3. 15. 2006도2704).

이러한 판례의 논리에 피기망자가 은행원이라는 점을 감안한다면 乙에게 친족간 범행규정은 적용되지 않는다.

3. 죄수 및 처벌

판례는 사문서위조죄, 동행사죄 및 사기죄는 실체적 경합관계에 있다고 한다(대판 1991. 9. 10. 91도1722. 피고인이 예금통장을 강취하고 예금자 명의의 예금청구서를 위조한 다음 이를 은행원에게 제출행사하여 예금인출금 명목의 금원을 교부받았다면 강도, 사문서위조, 동행사, 사기의 각 범죄가 성립하고 이들은 실체적 경합관계에 있다).

따라서 판례에 의하면 乙은 예금통장에 대한 절도죄의 불능미수, 사문서위조죄, 위조사문서행사죄, 사기죄의 실체적 경합범의 죄책을 진다. 다만, 절도죄의 불능미수에 대해서는 친족상도례 규정에 의해 형벌이 면제된다.

Ⅴ. 판례의 입장에 대한 비판의견

1. 예금통장의 고유한 기능가치

판례는 예금통장에는 예금계약사실과 예금액에 대한 증명기능이 있고 이것이 예금통장 자체가 가지는 경제적 가치라고 한다. 그러나 이것은 과거와 같이 수기(手記)통장 시절에나 가능한 논리이고, 오늘날과 같이 온라인거래가 이루어지는 시기에는 예금통장에 예금계약사실과 예금액에 대한 증명기능이 있다고 하기도 어렵고, 설사 이러한 증명기능이 있다고 하더라도 그것이 예금통장 자체가 가지는 경제적 가치라고 보기 어렵다는 비판이 제기된다.

2. 불능미수의 위험성판단

판례는 불능미수의 위험성을 추상적 위험설에 의해 해결한다. 이에 대해서는 추상적 위험설은 지나치게 주관주의적 이론이므로, 구체적 위험설과 같이 좀더 객관주의에 접근한 이론을 따라야 한다는 비판의견이 있다.

3. 사기죄와 친족간 범행규정

판례는 다른 사람의 예금통장으로 예금을 인출한 경우 피기망자가 은행원이므로 재산상 손해를 입은 자와 행위자 사이에 친족관계가 있더라도 친족간 범행규정이 적용될 수 없다고 한다. 한편 판례는 "법원을 기망하여 제3자로부터 재물을 편취한 경우에 피기망자인 법원은 피해자가 될 수 없고 재물을 편취당한 제3자가 피해자라고 할 것이므로 피해자인 제3자와 사기죄를 범한 자가 직계혈족의 관계에 있을 때에는 그 범인에 대하여 형법 328조 1항을 준용하여 형을 면제하여야 한다"고 한다(대판 1976. 4. 13. 75도781).

이러한 입장은 서로 모순된다고 할 수 있다. 따라서 타인의 예금통장으로 예금을 인출한 경우 통장주인과 범인 사이에 친족관계가 있으면 족하다고 해야 한다는 비판의견이 있다.

4. 죄수관계

판례는 타인의 예금통장으로 현금을 인출한 경우 사문서위조 및 동행사죄와 사기죄의 실체적 경합범이 성립한다고 한다.

이에 대해 사문서위조죄와 동행사죄는 수단과 목적의 관계에 있으므로 상상적 경합범이라고 해야 한다는 비판의견이 있다. 또한 사문서위죄와 동행사죄는 사기죄의 기망행위라고 할 수 있으므로 사문서위조 및 동행사죄와 사기죄는 상상적 경합관계에 있다고 해야 한다는 비판의견도 있다.

52. 부작위에 의한 절도죄, 강도살인죄 및 강도상해죄

:: 다음 사례를 읽고 물음에 답하시오.

자취생인 甲과 乙은 백화점에 가서 라면을 사가지고 나오던 중 쇼핑백 하나를 잊고 나왔다. 그들은 다시 백화점 안에 들어가 계산대 안쪽에서 계산중인 손님 A에게 자신들이 잊고 온 쇼핑백을 가리키며 그것을 달라고 하였다. 그러나 A는 甲, 乙의 쇼핑백이 아닌 막 계산을 끝낸 손님 B의 쇼핑백을 집어 주었다. 甲, 乙은 자신들이 산 물건보다 훨씬 비싼 물건이 그 안에 들어 있는 것을 보고 서로 눈짓을 하며 얼른 그것을 받아 가지고 눈치를 보고 서 있다가 가지고 나왔다. 계산대 직원인 丙은 이 사실을 알았으나 B가 자신을 무시하는 말을 하는 것이 생각나 모른척하였다.

甲과 乙이 집에 돌아와 쇼핑백의 물건을 살펴보고 있는데, 집주인 C가 찾아왔다. C는 방세가 석 달이나 밀렸는데 백화점에서 비싼 물건을 쇼핑이나 하는 나쁜 인간들이라고 하면서 당장 방세를 내든지 방을 비우든지 양자택일을 하라고 하였다. 甲, 乙이 변명을 하였으나 C가 완강하게 나오자 C를 죽여 방세를 내지 말자고 하고 C를 살해하였다. 甲, 乙은 C의 사체를 은닉하기 위해 밤이 되기를 기다렸다가 자루에 C를 싸 가지고 근처에 있는 야산으로 갔다. 甲, 乙은 C를 파묻기 위해 자루에서 꺼내다가 C가 고급반지와 시계를 차고 있는 것을 발견하였다. 甲, 乙은 얼른 그것을 빼내 가지고, 사체를 묻었다. 다음 날 甲, 乙은 이왕 범죄세계에 발을 디뎠으니 돈이나 벌자고 하고, 드링크제에 수면제를 탄 뒤 서울발 부산행 기차를 탔다. 甲, 乙은 기차가 대전역을 지나갈 때 쯤 옆에 앉은 손님 D에게 말을 걸어 이야기를 하다가 드링크제를 권하였다. D가 고맙다고 하면서 그것을 받아먹고 얼마 후 잠에 빠져들자 甲은 D의 안주머니에서 지갑을 가지고 달아났다.

며칠 후 C의 딸 E가 장부를 들고 와서 "어머니가 여행을 가신 것 같으니 여행에서 돌아오기 전에 밀린 방세를 내라"고 甲, 乙에게 말하였다. 甲, 乙은 '그 어머니에 그 딸이다'라고 생각하며 서로 얼굴을 쳐다봤다.

1. B의 쇼핑백에 대한 甲, 乙의 죄책을 설명하시오.
2. 丙에게 가장 무거운 죄책을 인정할 수 있는 논거와 가장 가벼운 죄책을 인정할 수 있는 논거를 제시하시오.
3. C에 대한 甲, 乙의 죄책을 판례의 입장에 따라 설명하고, 판례에 대한 비판의견을 제시하시오.
4. D에 대한 범행에 대해 甲, 乙에게 가장 무거운 죄책을 인정할 수 있는 논거와 가장 가벼운 죄책을 인정할 수 있는 논거를 제시하시오.

Ⅰ. 논점의 제시

B의 쇼핑백에 대한 甲, 乙의 죄책으로 문제되는 것은 부작위에 의한 절도죄이다. 이 경우 주로 다음과 같은 것들이 문제된다.

1. 甲, 乙에게 B의 쇼핑백을 거부해야 할 작위의무가 있는가?

2. 甲, 乙에게 부작위에 의한 단순절도죄와 부작위에 의한 합동절도죄 중 어느 것을 인정해야 하는가이다.

이와 관련하여 丙에게 인정할 수 있는 가장 무거운 죄책은 부작위에 의한 합동절도죄의 정범이고, 가장 가벼운 죄책은 부작위에 의한 단순절도죄의 방조범이다.

C에 대한 甲, 乙의 죄책으로 문제되는 것은 다음과 같다.

1. 강도살인죄(제338조)가 성립하는가이다. 여기에서는 甲, 乙이 C를 살해함으로써 방세를 면탈하였는지가 문제된다.

2. 반지와 시계에 대한 절도죄(제329조)와 점유이탈물횡령죄(제360조) 중 어떤 죄책을 지는지 문제된다.

3. 사체은닉죄(제161조)의 성립 여부가 문제된다.

4. 위의 범죄들이 성립할 경우 죄수관계가 문제된다.

D에 대한 甲, 乙의 죄책으로 문제되는 것은 甲, 乙의 행위가 강도상해죄(제337조)에 해당되는가 아니면 상해죄와 합동절도죄의 경합범의 죄책을 지는지이다.

Ⅱ. 쇼핑백에 대한 甲, 乙의 죄책

1. 부작위에 의한 사기죄(제347조)의 성립 여부

사기죄가 성립하기 위해서는 기망행위가 있어야 하고, 피기망자가 착오에 빠져야 하고, 재산상의 처분행위를 할 지위 또는 권능이 있는 피기망자가 처분행위를 해야 하고, 재물 또는 재산상의 이익을 취득해야 하고, 피해자의 손해발생이 있어야 하고(이 부분에 대해서는 견해의 대립이 있음), 기망행위와 피해자의 착오, 착오와 처분행위 사이에 인과관계가 있어야 한다. 부작위에 의한 사기죄가 성립하기 위해서는 재물의 교부를 받는 자가 피기망자의 착오를 벗어나게 해 줘야 할 작위의무가 있어야 하고, 작위가능성이 있어야 하고, 재물의 교부를 받는 자에 의해서만 이를 방지할 수 있어야 하며, 작위와 동가치성이 인정되어야 한다.

사례에서 A가 착오에 빠져 甲, 乙에게 B의 쇼핑백을 주었지만, A는 B의 쇼핑백을 처분할 지위 또는 권능을 지니지 않기 때문에 부작위에 의한 사기죄는 성립하지 않는다.

2. 부작위에 의한 절도죄의 성립 여부

(1) 부작위에 의한 절도죄

절도죄가 성립하기 위해서는 타인이 점유하는 타인의 재물을 권리자의 의사에 반하여 취거하여야 한다. 부작위에 의한 절도죄가 성립하기 위해서는 甲, 乙이 착오에 빠진 A로부터 B의 쇼핑백을 건네받는 행위를 거부해야 할 의무가 있고, 거부가능성이 있고, 甲, 乙에 의해서만 건네받는 행위가 방지될 수 있고, 쇼핑백을 건네받는 행위가 절취하는 행위와 동가치성을 지녀야 한다.

사례에서 甲, 乙이 A에게 자신들의 쇼핑백을 달라고 하였고 이로 인해 착오에 빠진 A가 B의 쇼핑백을 넘겨주었으므로, 甲, 乙은 자신들이 A에게 쇼핑백을 달라고 한 행위(선행행위)로 인해 착오에 빠진 A가 B의 쇼핑백을 넘겨주는 것을 방지해야 할 작위의무를 지고, 작위가능성이 있고, 甲, 乙에 의해서만 결과발생이 방지될 상황이고, 이 행위가 절취행위와 동가치성이 있다는 점도 인정된다. 기타 절도죄에서 요구되는 고의 및 불법영득의사도 인정된다.

(2) 합동절도죄 혹은 단순절도죄

甲, 乙은 부작위에 의한 절도죄의 죄책을 지는데 甲, 乙이 현장에 있었으므로 단순절도죄가 아닌 합동절도죄(제331조 제2항)의 죄책을 지는지 아니면 단순절도죄의 공동정범의 죄책을 지는지가 문제된다. 甲, 乙의 행위는 특수절도죄와 동가치성이 있다기보다는 단순절도죄의 공동정범과 동가치성이 있다고 해야 할 것이다.

따라서 甲은 절도죄의 공동정범(제329조, 제30조)의 죄책을 진다.

(3) 정 리

甲은 부작위에 의한 절도미수죄의 공동정범(제329조, 제18조, 제30조)의 죄책을 진다.

Ⅲ. 丙의 죄책

1. 부작위범의 성립 여부

계산대 직원인 丙은 A가 甲, 乙에게 쇼핑백을 주는 것을 방지해야 할 근로계약상의 작위의무가 있다고 할 수 있다. 丙에게 작위가능성이 있었고, 丙에 의해서만 A가 甲, 乙에게 쇼핑백을 주는 것을 방지할 수 있는 상황이었고, 이러한 상황에서 丙이 부작위를 하였고, 丙에게 고의도 인정된다. 다만 甲, 乙이 특수절도를 하는 결과가 발생하였는데, 이 경우 丙의 부작위가 무엇과 동가치성이 있는지 문제된다.

2. 丙에게 가장 무거운 죄책을 인정할 수 있는 논거

丙이 합동절도죄를 방지하지 않았으므로 부작위에 의한 합동절도죄의 정범의 죄책을 진다고 할 수도 있다. 이 견해는 작위범과 달리 부작위범에서는 교사범이나 방조범이 성립할 수 없고 모두 정범의 죄책을 진다고 한다. 이 견해는 동가치성에 대한 명문의 규정이 없는 우리 형법에서는 부작위범에서 동가치성을 논할 필요가 없다고 한다.

3. 丙에게 가장 가벼운 죄책을 인정할 수 있는 논거

모든 부작위범에서 부작위는 일정한 작위에 의한 범죄실행과 동가치성을 가져야 한다는 견해이다. 이 견해 중에서도 丙의 부작위가 합동절도죄의 정범, 합동절도죄의 방조범, 단순절도죄의 정범, 단순절도죄의 방조범과 동가치성이 있다고 하는 견해들이 존재한다. 이들 중 丙에게 인정할 수 있는 가장 가벼운 죄책은 단순절도죄의 방조범이다.

Ⅳ. C에 대한 甲, 乙의 죄책

1. 판례에 따른 甲, 乙의 죄책

(1) 살인죄의 공동정범(제250조 제 1 항, 제30조)의 성립 여부

甲, 乙이 방세를 면탈하기 위해 C를 살해하였으므로 강도살인죄의 성립 여부가 문제된다. 판례는 "채무의 존재가 명백할 뿐만 아니라 채권자의 상속인이 존재하고 그 상속인에게 채권의 존재를 확인할 방법이 확보되어 있는 경우에는 비록 그 채무를 면탈할 의사로 채권자를 살해하더라도 일시적으로 채권자측의 추급을 면한 것에 불과하여 재산상 이익의 지배가 채권자측으로부터 범인 앞으로 이전되었다고 보기는 어려우므로, 이러한 경우에는 강도살인죄가 성립할 수 없다"고 한다(대판 2010. 9. 30. 2010도7405).

사례에서 甲, 乙은 C를 살해하였지만 C의 상속인인 E가 채권의 존재를 확인할 방법이 확보되어 있다고 할 수 있으므로 강도살인죄가 성립할 수 없다. 판례는 이 경우 강도살인죄의 무죄라고 하지만(대판 2010. 9. 30. 2010도7405) 이는 살인죄만이 성립한다는 의미라고 할 수 있다.

(2) 합동절도죄(제331조 제 2 항)의 성립 여부

판례는 "피해자를 살해한 방에서 사망한 피해자 곁에 4시간 30분쯤 있다가 그곳 피해자의 자취방 벽에 걸려 있던 피해자가 소지하는 물건들을 영득의 의사로 가지고 나온 경우 피해자가 생전에 가진 점유는 사망 후에도 여전히 계속되는 것으로 보아야 한다"고 한다(대판 1993. 9. 28. 93도2143).

따라서 판례에 의하면 甲, 乙이 C의 반지와 시계를 가진 행위는 절도죄에 해당된다고 할 수 있다. 왜냐하면 반지와 시계에 대한 C의 생전점유를 인정할 수 있기 때문이다.

(3) 사체은닉죄의 공동정범(제161조, 제30조)의 성립 여부

甲, 乙이 C의 사체를 야산에 파묻은 행위는 사체은닉죄에 해당된다.

(4) 죄수 및 정리

판례는 "사람을 살해한 다음 그 범죄의 흔적을 은폐하기 위하여 그 시체를 다른 장소로 옮겨 유기하였을 때에는 살인죄와 사체유기죄의 경합범이 성립하고 사체유기를 불가벌적 사후행위라 할 수 없다"고 한다(대판 1984. 11. 27. 84도2263).

따라서 甲, 乙은 살인죄의 공동정범, 합동절도죄, 사체은닉죄의 공동정범의 죄책을 지고, 이들 범죄는 실체적 경합관계에 있다.

2. 판례에 대한 비판의견

(1) 강도살인죄의 문제

강도살인죄를 부정하는 판례에 대해서는 다음과 같은 비판의견이 있다.

첫째, 甲, 乙이 채무면탈을 위해 C를 살해하였으므로 강도살인죄가 성립한다고 해야 한다. 왜냐하면 강도죄에서는 법률적 재산개념이 아니라 경제적 재산개념을 따라야 하기 때문에 강도가 법률상 재물이나 재산상 이익을 취득할 수 없다고 하더라도 사실상 재물이나 재산상 이익을 취득하면 강도죄가 성립한다고 해야 할 것이다.

둘째, 강도살인죄의 기수를 부정한다고 하더라도 강도살인죄의 불능미수를 인정해야 한다. 왜냐하면 甲, 乙이 채무면탈을 위해 C를 살해하였으므로 강도살인의 고의가 인정되지만 강도의 결과발생이 불가능할 뿐인데, 이는 실행의 수단 또는 대상의 착오에 의한 것이라고 할 수 있기 때문이다.

(2) 사자의 생전점유의 문제

사자의 생전점유를 인정하는 판례에 대해서는 다음과 같은 비판의견이 있다.

즉, 사람은 생존하는 동안 권리와 의무의 주체가 되므로, 소유권의 경우 사망과 동시에 상실된다. 그런데 사망과 동시에 점유는 상실되지 않고 생전점유가 지속된다고 할 아무런 근거가 없다.

이러한 입장에 의하면 甲, 乙은 반지와 시계에 대한 점유이탈물횡령죄의 공동정범의 죄책을 진다.

(3) 죄수의 문제

살인죄를 범하고 사체를 은닉하는 행위는 불가벌적 사후행위로서 별도로 사체은닉죄는 성립하지 않는다는 견해가 있다. 또한 강도살인죄를 범하고 사망한 피해자의 재물을 영득하는 행위 역시 불가벌적 사후행위라고 할 수도 있을 것이다.

이러한 입장에 의하면, 甲, 乙은 강도살인죄의 죄책만을 진다.

Ⅴ. D에 대한 甲, 乙의 죄책

1. 문 제 점

甲, 乙이 D에게 수면제가 든 드링크제를 먹이고 지갑을 훔친 행위는 강도상해죄(제337조)에 해당된다고 할 수도 있고, 상해죄와 합동절도죄의 경합범에 해당된다고 할 수도 있다.

2. 甲, 乙에게 가장 무거운 죄책을 인정할 수 있는 논거

甲, 乙에게 인정할 수 있는 가장 무거운 죄책은 강도상해죄이다. 이를 위해서는 甲, 乙이 D에게 수면제가 든 드링크제를 먹인 행위는 항거불가능의 폭행을 행사한 것이고, D가 잠에 빠진 것은 상해의 결과가 발생한 것이고, 지갑을 훔친 행위는 재물을 강취한 것이고, 드링크제를 먹인 행위와 D가 잠이 든 결과 및 지갑을 강취한 것 사이에 인과관계가 인정된다고 해야 한다.

3. 甲, 乙에게 가장 가벼운 죄책을 인정할 수 있는 논거

甲, 乙에게 인정할 수 있는 가장 가벼운 죄책은 상해죄와 절도죄의 상상적 경합범이라고 할 수 있다. 이를 위해서는 다음과 같은 논거를 제시할 수 있을 것이다.

첫째, 형법은 폭행과 상해를 엄격하게 구별하고 있는데, 甲, 乙이 D에게 수면제가 든 드링크제를 먹인 행위는 상해라고 할 수는 있어도 폭행이라고 할 수는 없기 때문에 강도죄는 성립할 수 없다.

둘째, 甲, 乙이 드링크제를 먹이고 지갑을 절취한 행위는 사회통념상 하나의 행위에 의한 것이라고 할 수 있기 때문에 상해죄와 절도죄의 실체적 경합범이 아니라 상상적 경합범을 인정해야 한다.

53. 해상강도죄, 신용카드공갈죄

:: 다음 사례를 읽고 물음에 답하시오.

甲, 乙, 丙 등 20명은 해상에서 요트를 강취하기로 공모하고 모터보트 2대에 나눠 타고 인천항에서 약 5km쯤 떨어진 바다로 나갔다. 이들은 10여 명이 파티를 벌이고 있던 10톤급 요트인 '삼미보석'호를 발견하고 요트와 요트 안에 있는 물건들을 빼앗기 위해 요트에 올라탔다. 그러나 요트에 있던 사람들이 강력하게 저항을 하였고, 마침 근처를 지나가던 해양경비정이 신고를 받고 다가오자 아무것도 빼앗지 못하고 도망치기로 하였다. 화가 난 甲은 분풀이로 신고를 한 A의 얼굴을 가격하여 전치 3주의 부상을 입힌 후 모터보트를 타고 도주하였다. 육지로 도망쳐 온 甲이 며칠 후 길을 걸어가고 있는데 경찰관 S가 자신을 알아보고 체포하려고 하자 甲은 도주하다가 S에게 붙잡히게 되자 길에 놓여 있던 각목을 주워 S를 때려 상처를 입힌 후 도주하였다. 공범인 丙, 丁, 戊는 모터보트를 타고 연평도로 도주하였지만 당장 먹을 것이 없었다. 불에 탄 보온병을 길에서 발견한 이들은 그것이 포탄이라고 생각하고 그것을 주워 지나가던 K에게 "이것은 152mm포에 사용하는 포탄인데 돈을 내놓지 않으면 이것을 터트려 당신도 우리와 함께 죽자"고 하였다. K는 겁을 먹고 "현금은 없고 현금카드밖에 없으니 이것으로 현금자동지급기에서 인출하라"고 하면서 현금카드를 주고 그 비밀번호도 가르쳐 주었다. 현금카드를 받아 든 丙은 어떻게 하면 좋을까 생각하다가 丁, 戊에게 자신이 K를 지키고 있을테니, 둘이 가서 은행현금자동지급기에서 현금을 인출해 오라고 하였다. 丁, 戊는 근처에 설치되어 있는 은행의 현금자동지급기에서 30만원을 인출하여 온 후 각각 10만원씩 나눠 가졌다.

1. 甲, 乙에게 가장 무거운 죄책을 인정할 수 있는 논리를 제시하시오.
2. 甲, 乙에게 가장 가벼운 죄책을 인정할 수 있는 논리를 제시하시오.
3. 丙의 죄책에 대한 판례의 입장을 설명하고 그 문제점을 제시하시오.
4. 丙을 가장 무겁게 처벌할 수 있는 논리를 제시하시오.

Ⅰ. 논점의 제시

甲, 乙 등이 해상강도미수에 그친 후 甲이 A를 상해하였다. 며칠 후 甲은 경찰관 S에게 부진정결과적 가중범인 특수공무방해치상죄를 범하였다.

이 경우 甲의 죄책으로 문제되는 것은 다음과 같다.

1. 해상강도미수범이 상해죄를 범하였는데, 이 경우 甲이 해상강도상해죄, 해상강도상해미수죄, 해상강도미수죄와 상해죄의 경합범 중 어떤 죄책을 지는가 문제된다.

2. S를 각목으로 쳐 상해한 행위는 특수공무방해치상죄(제144조 제 2 항)에 해당되는데, 과실로 상해한 것이 아니라 고의로 상해를 입힌 것이므로 특수공무방해치상죄와 상해죄의 죄수가 문제된다.

乙의 경우 해상강도미수에 그쳤지만 공범인 甲이 상해죄를 범하였으므로, 해상강도치상죄, 해상강도치상미수죄, 해상강도미수죄와 과실치상죄, 해상강도미수죄 중 어느 죄책을 지는가 문제된다.

丙의 경우 해상강도치상죄 등의 죄책을 지는 것 이외에 丁, 戊와 함께 K로부터 현금카드를 강취하였으므로 특수강도죄의 죄책을 질 수 있다. 또한 丙이 K를 지키고 있으면서 丁, 戊에게 현금을 인출해 오라고 한 행위는 특수절도죄 또는 컴퓨터등사용사기죄의 공동정범에 해당될 수도 있고, 특수절도죄 또는 컴퓨터등사용사기죄의 교사범에 해당될 수도 있다. 또 丙, 丁이 인출한 현금 10만원을 받았으므로 장물취득죄의 죄책도 지는가 문제된다.

Ⅱ. 甲, 乙에게 가장 무거운 죄책을 인정할 수 있는 논리

1. 甲의 죄책

(1) 해상강도상해죄(제340조 제 2 항)

1) 해상강도상해죄의 주체

甲이 요트나 그 안에 있는 재물을 강취하지 못하였으므로 甲은 해상강도미수(제340조 제 1 항, 제342조)의 죄책을 지는 것에 대해서는 별 의문이 없다. 문제는 甲이 A를 상해하였으므로 해상강도상해죄(제340조 제 2 항)의 죄책을 지는가이다. 해상강도상해죄의 주체는 '제340조 제 1 항의 죄를 범한 자'인데 이에 대해서는 해상강도기수범에 국한된다는 견해와 해상강도미수범도 포함된다는 견해가 대립한다. 전자의 견해에 의하면 甲은 해상강도상해죄의 죄책을 지지 않기 때문에 후자의 견해를 따라야 한다.

후자의 견해를 따르기 위해서는 해상강도상해죄는 상해에 중점이 있는 것이지 해상강도의 기수인가 미수인가는 중요하지 않다는 근거를 제시해야 한다.

2) 해상강도상해미수죄의 의미

해상강도기수범이 상해죄를 범한 경우 해상강도상해죄의 죄책을 진다는 데에 별 의문이 없다. 그런데 해상강도미수범이 상해죄를 범한 경우 제342조가 제340조 제 2 항의 미수범을 처벌한다고 규정하고 있으므로 해상강도미수범이 상해죄를 범한 경우 해상강도상해기수범과 해상강도상해미수죄 중 어디에 해당되는가 문제된다. 제342조가 규정하고 있는 해상강도상해미수범이란 상해가 미수에 그친 경우를 말하고, 상해가 기수에 이르면 주체가 해상강도기수범인가 미수범인가 상관없다는 견해가 있다. 이에 대해 제342조의 해상강도상해미수죄란 상해죄가 미수에 그친 경우뿐만 아니라 해상강도미수가 상해기수에 이른 경우도 포함된다는 견해가 있다.

甲에게 가장 무거운 죄책을 인정하기 위해서는 해상강도상해기수죄를 인정해야 한다. 따라서 전자의 견해를 따라야 한다. 전자의 견해를 따르기 위해서는 일반적으로 고의범과 고의범의 결합범에서는 앞의 범죄의 기수, 미수에 상관없이 뒤의 범죄의 기수, 미수를 기준으로 한다는 것과, 해상강도상해죄에서도 해상강도의 기수, 미수보다는 상해의 기수, 미수에 중점을 두고 있다는 근거를 제시해야 한다.

(2) 특수공무방해치상죄와 상해죄의 죄수관계

S가 甲을 체포하려고 한 행위는 적법한 공무집행에 해당된다. 따라서 甲이 자신을 체포하려는 S를 각목으로 상해한 행위는 부진정결과적 가중범인 특수공무방해치상죄(제144조 제 2 항)에 해당된다. 다만, 甲에게 중한 결과인 상해에 대해 고의가 있었으므로 특수공무방해치상죄와 상해죄의 죄수관계가 문제된다. 이에 대해서는 두 죄의 상상적 경합이라는 견해와 특수공무방해치상죄의 일죄만이 성립한다는 견해가 대립한다.

甲에게 가장 무거운 죄책을 인정하기 위해서는 전자의 견해를 따라야 한다. 이를 위해서는 부진정결과적 가중범의 경우 중한 결과에 대해 과실이 있는 경우와 고의가 있는 경우를 구별하기 위해서 전자의 경우에는 부진정결과적 가중범이 성립한다고 해야 하지만, 후자의 경우에는 부진정결과적 가중범과 고의범의 상상적 경합이라고 해야 한다.

2. 乙의 죄책

乙은 해상강도미수죄를 범하였으나 공동정범인 甲이 상해죄를 범하였으므로 乙에게 상해에 대한 예견가능성이 없는 경우에는 상해에 대해서 책임을 지지 않지만, 상해에 대한 예견가능성이 있는 경우에는 상해에 대해서도 책임을 진다. 이 경우 乙은 해상강도치상죄, 해상강도치상죄의 미수범, 해상강도미수죄와 과실치상죄의 책임을 질 수 있다. 이 중 가장 무거운 죄책은 해상강도치상죄이다.

乙에게 해상강도치상죄를 인정하기 위해서는 해상강도미수범도 해상강도치상죄의 주체가 될 수 있고, 제342조의 미수범은 해상강도상해죄의 미수범만을 의미하고, 해상강도치상죄의 미수범은 인정되지 않는다고 해야 한다.

해상강도미수범도 해상강도치상죄의 주체가 된다고 하기 위해서는 해상강도치상죄에서 중점은 해상강도가 아닌 상해에 있으므로 해상강도죄의 기수, 미수인가는 문제되지 않는다는 근거를 제시해야 한다.

해상강도치상미수범을 부정하기 위해서는 ① 제342조는 입법상의 과오이고, ② 이론상 진정결과적 가중범의 미수란 인정될 수 없고, ③ 동시범에서 상해의 원인행위가 판명되지 않은 경우 해상강도치상죄의 미수범을 인정하지 않으면 모두 해상강도미수범의 죄책만을 지게 되는 데 비해 해상강도치상죄의 미수범을 인정하게 되면 모두 해상강도치상죄의 미수범의 죄책을 지게 되어 해상강도치상죄의 미수범을 인정하여 처벌을 완화시키려고 하는 것과 모순된다는 등의 근거를 제시해야 한다.

판례는 해상강도상해죄를 인정하기도 하는데 이 경우에는 甲의 죄책에서 언급한 것과 같이 해상강도상해죄의 기수범을 인정해야 한다.

3. 정 리

甲, 乙에게 가장 무거운 죄책을 인정하면 다음과 같다.

甲은 해상강도상해죄, 특수공무방해치상죄와 상해죄의 상상적 경합범의 죄책을 진다.

乙은 해상강도(상해)치상죄의 기수범의 죄책을 진다.

Ⅲ. 甲, 乙에게 가장 가벼운 죄책을 인정할 수 있는 논리

1. 甲의 죄책

(1) 해상강도미수죄(제340조 제 1 항, 제342조) 및 상해죄(제257조)

제340조 제 2 항은 해상강도죄의 주체로 '제 1 항의 죄를 범한 자'라고 규정하고 있다. 여기에서 제 1 항의 죄를 범한 자라고 함은 해상강도죄의 기수범이고, 해상강도죄의 미수범은 제342조에서 벌하는 것이라고 해석할 수 있다. 甲은 해상강도죄의 미수범이지 기수범이 아니므로 해상강도상해죄의 주체가 될 수 없다. 따라서 甲은 해상강도미수죄와 상해죄의 실체적 혹은 상상적 경합범의 죄책을 진다고 할 수 있다.

(2) 특수공무방해치상죄와 상해죄의 죄수관계

甲에게 가벼운 죄책을 인정하기 위해서는 특수공무방해치상죄와 상해죄의 상상적 경합범이 아니라 특수공무방해치상죄의 일죄만을 인정해야 한다. 판례도 이러한 입장에 있다. 특수공무방해치상죄와 상해죄의 상상적 경합을 인정하는 것은 특수공무방해상해죄와 상해죄의 상상적 경합을 인정하는 것으로서 상해행위가 이중평가되는 문제점이 있다.

2. 乙의 죄책

乙에게 가장 가벼운 죄책을 인정하기 위해서는 乙 역시 해상강도미수범에 불과하므로 해상강도치상죄의 죄책을 질 수 없고, 甲의 상해에 대한 예견가능성이 있으면 그에 대한 과실치상죄(제266조)의 죄책을 진다고 해야 한다. 사례에서 甲의 상해행위에 대한 예견가능성은 있다고 해야 할 것이다. 따라서 甲은 해상강도미수죄와 과실치상죄의 상상적 혹은 실체적 경합범의 죄책을 진다고 해야 한다.

3. 정 리

甲, 乙에게 가장 가벼운 죄책을 인정하면 다음과 같다.

甲은 해상강도미수죄와 상해죄의 상상적 경합범, 특수공무방해치상죄의 죄책을 진다.

乙은 해상강도미수죄, 과실치상죄의 상상적 경합범의 죄책을 진다.

Ⅳ. 판례에 따른 丙의 죄책과 그 문제점

1. 판례에 따른 丙의 죄책

(1) 해상강도치상죄(제340조 제 2 항)의 성립 여부

해상강도죄에 대해 정확한 판례는 없지만, 판례는 강도미수범에게도 강도치상죄를 인정하고 강도의 공범 중 일부가 고의로 상해죄를 범한 경우 다른 공범은 강도상해 혹은 강도치상죄의 공동정범의 죄책을 진다고 한다.

이에 의하면 丙은 해상강도치상죄의 죄책을 진다.

(2) 특수강도죄(제334조 제 2 항)의 성립 여부

판례에 의하면 丙이 丁, 戊과 함께 불에 탄 보온병을 보이며 K로부터 현금카드를 빼앗은 것은 2인 이상이 흉기를 휴대하고 K에게 항거불능의 협박을 행사하여 K에게 공포심을 느끼게 하고 이를 통해 현금카드를 강취한 것으로서 특수강도죄의 기수에 해당된다.

(3) 특수절도죄(제331조 제 2 항)의 공동정범(제30조)·교사범(제31조 제 1 항)의 성립 여부

권한없이 타인의 현금카드로 현금을 인출한 경우 판례는 컴퓨터등사용사기죄를 인정하지 않고 절도죄를 인정한다. 따라서 丁, 戊가 현금자동지급기에서 현금을 인출한 행위는 합동절도죄에 해당된다.

이 경우 丙의 죄책이 문제되는데, 사례와 유사한 소위 '삐끼사건' 판결에서는 이미 丙, 丁, 戊 사이에 현금카드를 강취하여 현금을 인출하겠다는 공모가 있어 丙이 합동절도죄의 교사범이 될 수는 없다. 그러나 이 사례에서는 이러한 공모가 없었기 때문에 丙을 합동절도죄의 교사범이라고 할 수도 있고, 합동절도죄의 공동정범이라고 할 수도 있다. 丙이 K를 지키고 있는 것이 합동절도범행을 지배한 것이라고 할 수도 있고, 지배하지 못한 것이라고 할 수도 있기 때문이다.

여하튼 유사한 사건에서 판례는 합동절도죄의 공동정범을 인정하므로, 사례에서도 丙에게 합동절도죄의 공동정범의 죄책을 인정하는 것으로 볼 수 있을 것이다.

2. 판례의 문제점

丙에게 특수강도죄를 인정한 것은 별 문제가 없다. 그러나 丙에게 특수강도죄 이외에 합동절도죄의 공동정범을 인정하는 것은 문제가 있다.

(1) 해상강도치상죄 인정의 문제점

丙에게 해상강도치상죄를 인정하는 것은 다음과 같은 문제점이 있다.

1) 해상강도치상죄의 주체는 기수범에 국한된다고 해석해야 하는데 미수범도 포함된다고 하는 것은 '제 1 항의 죄를 범한 자'를 피고인에게 불리하게 유추해석하는 것이라고 할 수 있다.

2) 판례는 해상강도상해 또는 치상죄의 죄책을 인정하는데, 丙이 고의로 상해행위를 한 바 없으므로 해상강도상해죄는 인정될 수 없고 해상강도치상죄의 인정 여부만이 문제된다.

3) 판례는 행위공동설의 입장에 따라 해상강도치상죄와 같은 진정결과적 가중범의 공동정범도 인정하는데, 이는 공동정범의 성립범위를 너무 넓히는 것이라고 할 수 있다. 따라서 丙에게 甲의 상해행위에 대한 예견가능성이 있다고 하더라도 해상강도치상죄의 공동정범이 아닌 해상강도치상죄의 단독정범을 인정해야 할 것이다.

(2) 합동절도죄의 공동정범 인정의 문제점

1) 절도죄 인정의 문제점

권한없이 타인의 현금카드로 현금자동지급기에서 현금을 인출한 경우 판례는 컴퓨터등사용사기죄(제347조의2)가 아닌 절도죄를 인정하는데, 그 근거로 컴퓨터등사용사기죄의 객체는 재산상 이익인데 현금은 재물이어서 재산상 이익이 될 수 없고, 현금을 인출하여 가져가는 행위는 현금자동지급기의 관리자인 은행의 의사에 반하여 점유를 이전하는 것으로 절도죄의 취거에 해당된다는 것을 든다.

그러나 현금이 재물이라고 하여도 재물을 재산상 이익의 특수형태라고 할 수 있다. 즉, 재물과 재산상 이익은 택일관계가 아니라 특별 대 일반의 관계라고 보아야 한다. 또한 현금자동지급기를 설치한 은행의 의사는 권리자만이 현금을 인출해 가라는 것이 아니라 누구라도 현금카드와 비밀번호를 입력하여 현금을 인출해 가라는 의사라고 해야 하므로 현금인출행위를 절도죄의 취거에 해당된다고 할 수 없다.

2) 합동절도죄의 공동정범 인정의 문제점

현장성설에 의하면 합동범이란 현장에서 범행을 실행하는 자를 의미한다. 따라서 丙이 현금인출행위를 지배하여 절도죄의 공동정범이 될 수는 있어도 현장에 있지 않았으므로 합동범이 될 수는 없다고 해야 할 것이다. 따라서 丙에게 절도죄의 공동정범이나 합동절도죄의 교사범 또는 방조범의 죄책을 인정해야 할 것이다.

3) 죄수의 문제점

판례는 이 경우 특수강도죄와 합동절도죄의 실체적 경합범으로 본다. 그러나 이와 같이 나누어 볼 것이 아니라 이 경우에는 전 과정을 개괄적으로 보아 특수강도죄만이 성립한다고 보아야 할 것이다. 왜냐하면 현금카드를 강취한 것은 그 자체로서는 매우 경미한 가치의 물건을 강취한 것에 불과하지만, 중요한 것은 현금카드로 현금을 인출하는 행위이므로 전체적으로 丙 등이 항거불가능한 폭행·협박을 행사하여 현금을 강취한 것으로 보아야 할 것이기 때문이다.

Ⅴ. 丙을 가장 무겁게 처벌할 수 있는 논리

1. 해상강도상해(치상)죄의 기수범

丙이 해상강도미수에 그쳤지만 공범인 甲이 상해행위를 하였고, 이에 대한 예견가능성이 있으므로 丙은 해상강도(상해)치상죄의 죄책을 진다.

2. 특수강도죄(제334조 제 2 항)

丙이 丁, 戊와 함께 K의 현금카드를 강취하였으므로 특수강도죄의 죄책을 진다.

3. 컴퓨터등사용사기죄의 교사범(제347조의2, 제31조 제 1 항)

丁, 戊가 현금자동지급기에서 현금을 인출한 행위에 대해 절도죄보다 무거운 컴퓨터등사용사기죄를 인정하는 것이다. 이 경우 丁, 戊는 권한없이 정보를 입력하여 현금을 인출한 것이고, 현금은 재물이지만 재물과 재산상 이익을 특별 대 일반의 관계로 보아 현금을 취득한 것은 재산상 이익을 취득한 것으로 볼 수 있다고 해야 한다.

丁, 戊가 아직 현금을 인출할 것인지의 여부를 결정하지 못한 상태에서 丙이 丁, 戊에게 현금을 인출하여 오라고 한 것은 컴퓨터등사용사기죄를 교사한 것이라고 할 수 있다.

4. 장물취득죄(제362조)

판례에 의하면 절도죄의 교사범이 정범으로부터 장물을 취득한 경우에는 장물취득죄가 성립한다. 사례에서 교사범인 丙이 정범인 丁, 戊로부터 장물인 10만원을 받았으므로 장물취득죄가 성립한다고 할 수 있다.

5. 정 리

丙을 가장 무겁게 처벌할 경우, 丙은 해상강도치상죄의 기수범, 특수강도죄, 컴퓨터등사용사기죄의 교사범, 장물취득죄의 실체적 경합범의 죄책을 진다고 해야 한다. 그리고 특수강도죄에서 무기징역형을 선택하고 작량감경을 하지 않고 무기징역으로 처벌하면 된다.

54. 부작위에 의한 사기방조죄 등

:: 다음 사례를 읽고 물음에 답하시오.

유명백화점인 H백화점에서 여성복매장을 경영하는 甲은 불경기로 옷들이 잘 팔리지 않자 "주인 드디어 미치다! 원가 50만원짜리를 5만원에!"라는 선전문구를 전시된 여성복 앞에 붙여 놓았다. 그러나 그 옷의 가격은 5만원이 맞지만 원가는 50만원이 아니라 10만원이었다. 선전문구를 그대로 믿은 乙은 甲의 매장에서 5만원짜리 상품권을 내고 그 옷을 구입했지만 구입 후 백화점을 돌아다니다가 자신이 속은 것 같다는 생각이 들었다. 乙은 甲의 매장으로 와 자신이 산 옷을 반품하면서 甲에게 대금으로 준 5만원짜리 상품권을 도로 내놓으라고 하였다. 이에 甲은 "한번 사면 그만이지 우리 사전엔 환불은 없다"고 하였다. 화가 난 乙은 "내 사전엔 환불이라는 두 글자뿐이다"라고 하면서 甲의 계산대 옆에 놓여 있는 상품권으로서 자신이 대금으로 甲에게 주었던 것을 집어서 집으로 왔다. 乙은 자신의 행위가 법적으로 정당한 행위라고 생각하였다. 집에 와서 상품권을 꺼내 본 乙은 자신이 가져온 상품권이 자신이 대금으로 주었던 5만원짜리 상품권이 아니라 15만원짜리 다른 상품권이라는 것을 발견하게 되었다. 乙은 그 상품권을 甲에게 되돌려 줄까도 생각했으나 甲과 같이 얄은 상술을 쓰는 사람은 혼나봐야 된다고 생각하고 그대로 갖기로 하였다.

한편 H백화점에서 바이어를 보조하여 매장에 관한 상품관리 및 고객들의 불만사항 확인 등의 업무를 담당하는 직원인 丙은 매장을 돌던 중 甲이 허위선전을 한다는 것을 알고 있었으나 甲에게 시정요구를 하거나 상사에게 보고하는 등의 조치를 취하지 않고 甲이 의류를 판매하도록 방치하였다.

1. 甲이 유죄라는 논거와 무죄라는 논거를 제시하시오.
2. 옷을 반품한 이후 5만원짜리 상품권의 소유권이 乙에게 있다고 가정할 경우 乙의 죄책을 설명하시오.
3. 丙의 죄책을 설명하시오.

Ⅰ. 논점의 제시

사례에서 甲의 죄책으로 문제되는 것은 사기죄인데, 다음의 사항이 특히 문제된다.

1. 甲의 행위를 사기죄의 기망행위라고 할 수 있는가?

2. 사기죄의 성립에 재산상의 손해발생이 필요한가?

3. 사기죄의 성립에 재산상의 손해발생이 필요하다고 할 경우 사례에서 乙에게 재산상의 손해발생이 인정되는가?

乙의 죄책으로 문제되는 것은 다음과 같다.

1. 자신의 상품권인줄 알고 15만원의 상품권을 가져온 행위가 절도죄(제329조)와 권리행사방해죄(제323조) 중 어디에 해당되는가?

2. 乙의 행위의 위법성이 조각될 수 있는가?

3. 乙이 자신의 행위가 정당행위라고 생각하였고, 이는 타인의 상품권을 자기의 상품권이라고 착오하였기 때문인데, 이 경우 정당행위의 요건(전제)사실의 착오에 해당되는가?

4. 자신의 상품권이 아닌 줄 알고서도 반환하지 않고 갖기로 한 행위가 점유이탈물횡령죄(제360조)에 해당되는가?

丙의 죄책으로 문제되는 것은 다음과 같다.

1. 甲의 행위를 그대로 방치한 행위가 부작위에 의한 사기죄에 해당되는가?

2. 부작위에 의한 사기죄에 해당될 수 있다면 사기죄의 정범과 방조범 중 어떤 죄책을 인정할 것인가?

Ⅱ. 甲의 죄책

1. 문제점

甲의 죄책으로 문제되는 것은 형법 제347조의 사기죄이다. 사기죄는 사람을 기망하여 상대방을 착오에 빠뜨리고 상대방이 그 착오에 기해 처분행위를 하는 것을 통해 재물의 교부를 받거나 재산상의 이익을 취득해야 성립할 수 있다. 사기죄의 성립에 재산상의 손해발생을 요하는가에 대해서는 긍정설과 부정설이 대립된다.

사례에서 甲의 행위가 사기죄에 해당되는가와 관련하여 甲의 행위를 사기죄의 기망행위라고 할 수 있는가, 사기죄의 성립에 재산상의 손해발생을 요하는가, 사기죄의 성립에 재산상의 손해발생을 요한다고 할 경우 乙에게 재산상의 손해발생이 있었는가 등이 문제된다.

2. 甲에게 사기죄의 유죄를 인정할 수 있는 논거

甲에게 사기죄의 유죄를 인정하기 위해서 다음과 같은 논거를 제시할 수 있다.

첫째, 사기죄의 기망행위는 모든 기망행위를 의미하는 것이 아니고 '거래의 신의칙에 반하는' 기망행위를 의미하므로 어느 정도의 과장광고는 사기죄의 기망행위에 속하지 않는다. 그러나 甲의 행위는 사기죄의 기망행위라고 할 수 있다. 甲이 노점상이나 재래시장의 상인이었다면 혹시 사기죄의 기망행위가 되지 않는다고 할 수도 있겠지만, 유명백화점의 상인의 행위에 대해서는 일반인들이 쉽게 신뢰하기 때문이다.

둘째, 사기죄의 성립에 재산상의 손해발생은 필요하지 않다. 재산상의 손해발생이 명문으로 규정되어 있지 않은 우리 형법에서 굳이 사기죄의 성립에 재산상의 손해발생을 요한다고 해석할 필요는 없다. 판례도 사기죄의 성립에 재산상의 손해발생은 필요하지 않다고 한다(대판 2010. 12. 9. 2010도12928 외 다수판결).

셋째, 사기죄의 성립에 재산상의 손해발생이 필요하다고 하더라도 乙에게 재산상의 손해가 발생했다고 할 수 있다. 乙이 甲에게 속지 않았다면 5만원짜리 상품권을 더 효율적으로 사용할 수 있었을 것이다. 이러한 기회비용의 상실도 재산상의 손해발생이라고 할 수 있다.

3. 甲에게 사기죄의 무죄를 인정할 수 있는 논거

甲에게 사기죄의 무죄를 인정할 수 있기 위해서 다음과 같은 논거를 제시할 수 있다.

첫째, 甲의 행위가 기망행위이기는 하지만, 시가 5만원짜리 옷을 5만원에 팔았으므로 거래의 신의칙에 반하는 기망행위라고 할 수는 없다. 즉, 甲의 행위는 과장광고에 해당될 수 있어도 사기죄의 기망행위에는 해당되지 않는다.

둘째, 사기죄의 성립에 재산상의 손해발생이 필요하다. 재산상의 손해발생이 명문으로 규정되어 있지는 않지만 재산범죄인 사기죄가 성립하기 위해서는 재산상의 손해발생이 필요하다. 형법학계의 다수설도 재산상의 손해발생이 필요하다고 한다.

셋째, 乙이 5만원짜리 물건을 5만원에 샀으므로 乙에게 재산상의 손해발생이 있다고 할 수 없다. 단순히 기회비용의 상실만으로 재산상의 손해가 발생했다고 하는 것은 형법해석의 엄격성원칙에 맞지 않는다.

Ⅲ. 乙의 죄책

1. 절도죄(제329조)의 성립 여부

乙이 타인이 점유하는 타인의 재물을 절취하였다고 할 수 있으므로, 이는 형법 제329조의 절도죄의 객관적 구성요건을 충족하는 행위라고 할 수 있다. 그러나 乙이 옷구매계약을 취소하였으므로 5만원짜리 상품권은 乙의 소유라고 할 수 있고, 乙은 자기 소유의 상품권을 가져온다고 생각하였으므로 乙에게 타인의 재물을 절취한다는 절도의 고의는 없었다. 따라서 乙은 절도죄의 죄책을 지지 않는다.

2. 권리행사방해죄(제323조)의 성립 여부

(1) 구성요건해당성

乙의 인식대로라고 하더라도 乙은 타인인 甲이 점유하는 자기의 재물을 취거한다고 하는 권리행사방해죄의 고의는 있었다고 할 수 있다. 즉, 乙은 권리행사방해의 고의로 절도행위를 하였다고 할 수 있는데, 이 경우 형법 제15조 제1항이 적용되어 권리행사방해죄의 구성요건해당성이 있게 된다.

(2) 위법성

乙이 자신의 상품권을 가지고 왔다면 乙이 구입 직후 바로 계약을 취소하였고 바로 그 자리에서 상품권을 가지고 왔으므로 이 정도의 행위가 사회상규에 반한다고 할 수 없다. 따라서 乙의 행위는 형법 제20조의 정당행위가 될 수 있었을 것이다. 그러나 乙이 타인의 상품권을 가지고 왔으므로 위법성이 조각된다고 할 수 없다.

(3) 정당행위의 요건(전제)사실의 착오

乙은 정당행위가 아닌 행위를 하면서 정당행위의 요건이 충족되었다고 착오를 하였고, 이는 정당행위의 요건(전제)사실에 대한 착오라고 할 수 있다.

정당행위의 요건(전제)사실의 착오에 대해 엄격고의설, 제한책임설, 소극적 구성요건이론에서는 과실범을 인정하고 과실에 의한 권리행사방해를 처벌하는 규정이 없기 때문에 乙은 무죄가 된다.

이에 대해 제한고의설과 엄격책임설에서는 乙의 착오가 회피할 수 있었다면, 즉 乙이 착오를 일으킨 데에 과실이 있었다면 권리행사방해죄가 성립한다고 한다. 이 사례에서 乙의 착오에 과실을 인정할 수 있을 것이므로 乙은 권리행사방해죄의 죄책을 진다.

3. 점유이탈물횡령죄(제360조)의 성립 여부

乙이 나중에 자신이 가져온 상품권이 자기의 상품권이 아니라 타인의 상품권인 줄 알게 되었음에도 불구하고 이것을 갖기로 하였는데, 이 행위가 형법 제360조의 점유이탈물횡령죄에 해당하는지 여부가 문제될 수 있다. 점유이탈물횡령죄의 구성요건은 "… 타인의 점유를 이탈한 재물을 횡령"하는 것이다.

15만원짜리 상품권은 乙이 점유하고 있으나 이것이 위탁관계에 의한 점유라고 할 수 없으므로 횡령죄는 성립할 수 없다. 그러나 동 상품권은 甲의 점유를 이탈한 재물이라고 할 수 있고 乙이 이것을 갖기로 한 것은 영득의사에 의한 횡령이라고 할 수 있으므로 乙의 행위는 점유이탈물횡령죄에 해당한다.

Ⅳ. 丙의 죄책

1. 문 제 점

甲의 행위가 사기죄에 해당되지 않을 경우 丙도 아무런 죄책을 지지 않는다. 그러나 甲의 행위가 사기죄에 해당될 경우 丙은 부작위에 의한 사기죄의 정범 또는 방조범의 죄책을 질 수 있다.

2. 부작위에 의한 사기죄의 성립 여부

부작위범이 성립하기 위해서는 위험발생을 방지해야 할 작위의무있는 자가, 작위가 가능하고 자신에 의해서만 결과가 방지될 수 있는 상황에서, 부작위를 함으로써 결과가 발생하고, 그 부작위가 작위와 동가치성이 있어야 한다.

사례에서 丙은 매장에 관한 상품관리 및 고객들의 불만사항을 확인하는 업무를 담당하는 직원으로서 甲의 사기행위를 막아야 할 계약상의 작위의무가 있는 사람이라고 할 수 있다. 丙의 작위가 가능했고, 丙에 의해서만 甲의 사기범행이 방지될 수 있는 상황이었다. 그럼에도 불구하고 丙은 시정요구나 상사에게 보고하는 등의 조치를 취하지 않는 부작위를 하였고, 이로 인해 甲은 사기범행을 계속할 수 있었다.

3. 부작위의 동가치성

丙에게 甲과의 의사연락이 없었으므로 丙이 사기죄의 공동정범이 될 수는 없고, 단독정범이 될 수는 있다. 그러나 丙의 부작위는 정범의 행위와 동가치성을 갖는다기보다는 방조범의 행위와 동가치성을 갖는다고 할 수 있다. 판례도 마찬가지 입장이다(대판 1997. 3. 14. 96도1639).

4. 정 리

丙은 부작위에 의한 사기방조의 죄책을 진다.

55. 협박죄, 공갈죄 및 강도죄

∷ 다음 사례를 읽고 물음에 답하시오.

R룸살롱을 경영하는 A는 乙로부터 2천만원을 빌려 썼다. A가 변제기가 되어도 돈을 갚지 않자 乙은 조폭인 甲에게 돈을 좀 받아 달라고 하였다. 乙은 甲에게 법적인 문제가 생기지 않도록 A에게 겁은 주지만 폭행하는 등 너무 심한 짓은 하지 말라고 하였다. 甲은 부하 K, S와 A의 술집으로 찾아갔는데, A는 외출하고 종업원 B만이 있었다. A가 돌아올 때를 기다리던 甲은 심심하니 공짜로 술을 좀 가져오라고 B에게 말했다. B가 주인의 허락없이는 술을 줄 수 없다고 하자, 甲 등은 험상궂은 표정을 지으며 "야, 이 새끼야, 우리가 '범동방파'의 식구들인지 몰라? 좋은 말로 할 때 술 가져와!"라고 하였다. 이에 B는 겁을 먹지는 않았지만 술을 안 주면 귀찮을 것 같다는 생각이 들어 양주 1병을 가져다주었다.

잠시 후 A가 돌아오자 甲 등은 "내일 12시까지 빌린 돈을 입금하지 않으면 그 후의 모든 사태에 대한 책임은 당신에게 있다! 당신 애들이 학교에 잘 다녀야 할텐데!"라고 하였다. 이에 A는 겁을 먹고 반드시 돈을 입금하겠다고 하였다. 이때 경찰관 丙이 A의 룸살롱에서 성매매를 한다는 제보를 받고 A를 만나러 왔다. 丙은 A의 성매매알선행위에 대해서 조사할 생각은 전혀 없이 평소 인색한 A에게 용돈을 받아 쓸 수 있는 좋은 기회라고 생각하였다. 丙이 술집 안으로 들어오는 것을 발견한 甲 등은 丙이 자신들의 얼굴을 알지도 모른다고 생각하고 서둘러 술집을 나왔다. 丙이 A에게 무슨 일이 있었느냐고 묻자 A는 자초지종을 이야기하였다. 丙은 좋은 기회라고 생각하고, "500만원만 내게 주면 甲 등의 문제를 해결해 주고 성매매 문제도 원만하게 해결하겠다. 그러나 만약 500만원에서 10원이라도 깎으려고 하면 성매매 문제를 철저히 조사해 처벌받게 하겠다"고 하였다. A는 丙의 말에 겁을 먹지는 않았지만 이런 기회에 丙을 잘 사귀어 두는 것이 좋겠다고 생각하고 "그렇게만 해 주시면 앞으로 큰형님으로 모시겠다"고 하면서 丙에게 일단 100만원을 주었다.

A가 丙의 말을 믿고 다음 날에도 돈을 입금하지 않자 甲 등은 A를 근처 모텔방에서 만나자고 하고 모텔방으로 온 A를 폭행한 후 즉시 폰뱅킹으로 2천만원을 입금하라고 하였다. 겁을 먹은 A는 그 자리에서 폰뱅킹으로 乙에게 2천만원을 입금하였다(특별법은 불문함).

1. 甲의 죄책을 설명하시오.
2. 乙의 죄책을 설명하시오.
3. 丙의 죄책을 설명하시오.

Ⅰ. 논점의 제시

甲의 죄책으로 문제되는 것은 다음과 같다.

1. B에게 술을 가져오라고 하여 마신 행위가 공갈미수죄(제350조, 제352조)에 해당되는지 문제된다.

2. A에게 돈을 입금하라고 한 행위가 공갈미수죄(제350조, 제352조)에 해당되는지 문제된다.

3. A에게 폰뱅킹으로 乙에게 돈을 입금시킨 행위가 합동강도죄(제334조 제 2 항)에 해당되는지 문제된다.

4. 위의 범죄들이 성립할 경우 죄수관계가 문제된다.

乙의 죄책으로 문제되는 것은 甲에게 A로부터 돈을 받아 달라고 한 행위가 공갈죄의 교사미수범과 합동강도죄의 교사범에 해당되는지, 이들 범죄가 성립한다면 그 죄수관계가 문제된다.

丙의 죄책으로 문제되는 것은 A로부터 100만원을 받은 행위가 수뢰죄(제129조 제 1 항)와 공갈죄(제350조)에 해당되는가이다.

Ⅱ. 甲의 죄책

1. 공갈미수죄의 공동정범(제350조, 제352조, 제30조)의 성립 여부

공갈죄가 성립하기 위해서는 폭행 또는 협박으로 상대방에게 공포심을 일으키고, 피공갈자가 처분행위를 하고, 자기 또는 제 3 자가 재물 또는 재산상 이익을 취득해야 한다. 또한 폭행·협박행위와 피공갈자의 처분행위 사이에 인과관계가 있어야 한다.

(1) 사례에서 甲이 B에게 공짜로 술을 가져오라고 한 행위는 협박으로 재물을 취득한 것이라고 할 수 있다. 그런데 B가 겁을 먹지 않았으므로 甲의 협박행위와 B가 술을 가져온 행위 사이에 인과관계가 인정되지 않는다. 따라서 甲은 공갈미수의 죄책을 진다.

(2) 甲이 A에게 내일까지 돈을 갚지 않으면 아이들에게 좋지 않은 일이 생길 것이라고 한 행위는 협박으로 A에게 공포심을 일으킨 행위라고 할 수 있다. 그런데 재물 또는 재산상 이익의 취득이 없었으므로 甲의 행위는 공갈미수죄에 해당된다.

2. 합동강도죄(제334조 제 2 항)의 성립 여부

甲이 K, S 등과 함께 모텔방에서 A를 폭행하고 乙에게 2천만원을 폰뱅킹으로 송금하게 한 행위는 항거를 불가능하게 할 정도의 폭행으로 A를 항거불가능상태에 빠뜨리고 乙로 하여금 재산상 이익을 취득하게 한 것이라고 할 수 있다. 따라서 甲은 합동강도죄의 죄책을 진다.

3. 죄수 및 정리

A에 대한 공갈미수죄와 합동강도죄는 단일한 범의하에 행해진 것이라고 할 수 있으므로 포괄일죄의 관계에 있다고 해야 할 것이다. 따라서 甲은 B에 대한 공갈미수죄의 공동정범과 A에 대한 합동강도기수죄의 실체적 경합범의 죄책을 진다.

Ⅲ. 乙의 죄책

乙이 甲에게 B를 공갈하라고 교사한 적은 없으므로 甲이 B를 공갈한 부분에 대해서는 아무런 죄책을 지지 않는다.

그런데 乙은 甲을 교사하여 공갈미수죄와 강도기수죄를 범하게 하였다. 그런데 乙이 甲에게 공갈 내지 협박은 교사하였지만 강도까지 교사하였다고 할 수 없다. 따라서 甲의 강도기수죄는 乙의 교사행위를 초과하는 것이라고 할 수 있다. 그런데 강도죄와 공갈죄는 질적 차이가 아니라 양적 차이만이 있는 범죄라고 할 수 있기 때문에 乙은 공갈기수죄의 교사범의 죄책은 진다고 할 수 있다.

乙의 공갈교사미수죄와 공갈기수죄의 교사범은 단일한 범의하에 동일한 사람에 대해 이루어진 것이므로 포괄일죄의 관계에 있다고 할 수 있다. 따라서 乙은 공갈기수죄의 교사범의 죄책을 진다.

Ⅳ. 丙의 죄책

丙이 A의 성매매알선행위에 대해서는 조사할 의사도 없이 500만원을 주지 않으면 성매매알선행위를 철저히 조사할 것처럼 말한 것은 A에게 해악을 고지한 것이고 A로부터 100만원을 받은 행위는 재물을 취득한 것이다. 그러나 A가 공포심을 느끼지 않았으므로 丙의 협박행위와 A로부터 100만원을 받은 것 사이에는 인과관계가 인정되지 않는다.

판례에 의하면 공무원이 직무집행의사없이 상대방을 기망하거나 협박하여 뇌물을 수수한 경우에는 수뢰죄는 성립하지 않고 사기죄 또는 공갈죄만이 성립한다(대판 1994. 12. 22. 94도2528. 공무원이 직무집행의 의사없이 또는 직무처리와 대가적 관계없이 타인을 공갈하여 재물을 교부하게 한 경우에는 공갈죄만이 성립한다).

이러한 판례의 입장이 타당하다고 할 수 있다. 따라서 丙은 공갈죄의 죄책을 진다.

56. 부동산명의신탁과 횡령죄

:: 다음 사례를 읽고 물음에 답하시오.

회사의 사장인 A는 105평짜리 빌라를 사려고 하였으나 세무조사가 나올 것을 두려워하여 친구인 甲의 명의로 빌라를 구입하기로 하였다. A와 甲은 乙이 경영하는 공인중개사 사무실에서 빌라주인 B로부터 빌라를 매입하고 甲명의로 소유권이전등기를 하였다. B는 甲과 A 사이에 명의신탁약정이 있는 것을 알지 못하였다.

얼마 후 생활고에 시달리게 된 甲은 빌라를 팔아서 생활비에 충당하자고 생각하고 乙에게 그 빌라를 팔아 달라고 하였다. 乙은 甲이 A 몰래 빌라를 판다는 것을 알면서도 중개료를 받기 위해 C를 소개하여 주었고 甲은 C와 부동산매매계약을 체결하고 1차 중도금을 수령하였다. 그러나 A가 이 사실을 눈치채고 甲을 추궁하자 甲은 乙에게 매매대금의 일부를 줄테니 싼값으로라도 빨리 살 사람을 소개하여 달라고 하였다. 이에 乙은 D를 소개하여 주었고 甲은 D에게 자신의 빌라가 틀림없지만 이민을 가기 위해 싼값으로 빌라를 판다고 하면서 대금을 받고 빌라의 소유권이전등기를 하여주었다. 甲은 대금 중의 일부를 乙에게 주었다.

며칠 후 이 사실을 알게 된 A가 甲과 乙에게 돈을 내놓으라고 추궁하자 甲, 乙은 A를 살해하기로 모의하고 마침 공인중개사 사무실에 떨어뜨리고 간 E의 운전면허증으로 렌트카회사에서 신분확인을 한 후 자동차를 렌트하여 그 차에 A를 태우고 으슥한 곳으로 가 A를 폭행하여 기절시킨 후 자동차에 불을 질렀다. A는 불에 타 사망하였다(특별법상의 죄책은 제외).

1. 판례의 입장에 따라 甲, 乙의 죄책을 설명하시오.
2. 판례의 입장에 대한 비판의견을 소개하시오.
3. B가 甲과 A 사이에 명의신탁약정이 있다는 것을 알고 있었던 경우 빌라를 C에게 판 행위에 대해 甲에게 유죄를 인정하는 논거와 무죄를 인정하는 논거를 제시하시오.

Ⅰ. 논점의 제시

甲의 죄책으로 문제되는 것은 다음과 같다.

1. 甲이 A로부터 명의신탁된 부동산을 C에게 판 행위가 횡령죄(제355조 제 1 항)

에 해당하는가 문제된다.

2. 甲이 명의신탁받은 빌라를 자신의 부동산이 틀림없다고 하면서 D에게 매도한 행위가 사기죄(제347조)에 해당하는가 문제된다.

3. 甲이 D에게 부동산의 소유권이전등기를 하여 준 행위가 C에 대한 배임죄(제355조 제 2 항)에 해당되는가 문제된다.

4. 甲이 乙과 함께 E의 운전면허증으로 자동차를 렌트한 행위가 공문서부정행사죄(제230조)의 공동정범에 해당되는가 문제된다.

5. 甲이 乙과 함께 자동차를 불태워 A를 사망시킨 행위가 현주자동차방화치사죄(제164조 제 2 항)의 공동정범에 해당되는지 문제된다.

6. 이상의 범죄들이 성립할 경우 죄수관계가 문제된다.

乙의 죄책으로 문제되는 것은 다음과 같다.

1. 甲에게 C를 소개시켜 준 행위가 횡령죄의 방조범(제355조 제 1 항, 제32조)에 해당되는지 문제된다.

2. 甲에게 D를 소개하고 대금 중 일부를 받은 행위가 배임죄(제355조 제 2 항) 혹은 업무상배임죄(제356조)의 공동정범에 해당되는지 문제된다.

3. 甲과 함께 E의 면허증으로 자동차를 렌트한 행위가 공문서부정행사죄(제230조)의 공동정범에 해당되는가 문제된다.

4. 甲과 함께 자동차를 불태워 A를 사망시킨 행위가 현주자동차방화치사죄의 공동정범에 해당되는지 문제된다.

5. 이상의 범죄가 성립하는 경우 그 죄수관계가 문제된다.

B가 명의신탁 사실을 안 경우 甲이 빌라를 C에게 매도한 행위가 횡령죄에 해당된다고 하는 견해와 해당되지 않는다는 견해가 대립한다.

Ⅱ. 판례의 입장에 따른 甲, 乙의 죄책

1. 甲의 죄책

(1) 횡령죄(제355조 제 1 항)의 성립 여부

횡령죄는 자기가 보관하는 타인의 재물을 횡령하거나 반환을 거부하는 죄이다.

횡령죄는 타인 소유의 재물에 대해서만 성립할 수 있으므로 자기 소유의 재물에 대해서는 횡령죄가 성립할 수 없다.

판례는 "신탁자와 수탁자가 명의신탁 약정을 맺고, 이에 따라 수탁자가 당사자가 되어 명의신탁 약정이 있다는 사실을 알지 못하는 소유자와 사이에서 부동산에 관한 매매계약을 체결한 후 그 매매계약에 기하여 당해 부동산의 소유권이전등기를 수탁자 명의로 경료한 경우에는, 그 소유권이전등기에 의한 당해 부동산에 관한 물권변동은 유효하고, 한편 신탁자와 수탁자 사이의 명의신탁 약정은 무효이므로, 결국 수탁자는 전소유자인 매도인뿐만 아니라 신탁자에 대한 관계에서도 유효하게 당해 부동산의 소유권을 취득한 것으로 보아야 할 것이고, 따라서 그 수탁자는 타인의 재물을 보관하는 자라고 볼 수 없다"(대판 2000. 3. 24. 98도4347)라고 하여 횡령죄의 성립을 인정하지 않는다.

(2) 사기죄(제347조)의 성립 여부

사기죄가 성립하기 위해서는 기망행위가 있고, 피기망자가 착오에 빠지고, 착오에 기하여 처분행위를 하고, 재물 또는 재산상 이익의 취득이 있어야 하고, 재산상 손해의 발생이 있어야 한다(이에 대해서는 다툼이 있음).

부동산물권변동에 관한 의사주의에 의하면 등기를 경료하지 않더라도 부동산 소유권이 이전될 수 있으므로 계약금과 중도금을 받고 이중양도를 한 경우 사기죄가 성립할 수 있다. 그러나 현행민법은 부동산물권변동에 관한 형식주의를 택하고 있으므로 부동산물권변동은 등기하여야 효력이 있다.

사례에서 甲이 C와 매매계약을 체결하고 중도금을 받았지만 C는 아직 소유권을 취득하지 못하였고, 甲이 D에게 소유권이전등기를 하여 주는 경우 D는 부동산에 대한 소유권을 유효하게 취득할 수 있다. 이런 의미에서 甲이 D에게 부동산 매매계약을 체결하는 행위는 거래의 신의칙에 반하는 기망행위라고 할 수 없기 때문에 사기죄는 성립하지 않는다.

(3) 배임죄(제355조 제 2 항)의 성립 여부

甲이 D에게 부동산의 소유권이전등기를 하여 준 행위가 C에 대한 배임죄에 해당되는가 문제된다. 배임죄가 성립하기 위해서는 타인의 사무를 처리하는 자가 그 임무에 위배되는 행위로써 재산상 이익을 취득하거나 제 3 자로 하여금 취득하게 하고, 본인에게 손해를 가하는 것이다.

사례에서 배임죄 성립 여부에 가장 문제되는 것은 甲이 C로부터 계약금과 중도금을 받은 경우 甲이 C의 사무를 처리하는 자가 되는가이다. 판례는 "부동산의 매매에 있어 그 매매대금을 수령한 매도인은 매수인 앞으로의 소유권이전등기 경료에 관하여 매수인에게 협력할 임무가 있고 매도인의 이전등기협력임무는 주로 타인인 매수인을 위하여 부담하고 있는 것이어서 매도인이 위 등기협력임무에 위배되는 행위를 한 때에는 배임죄를 구성한다 할 것"이라고 한다(대판 1988. 12. 13. 88도750).

판례에 의하면 甲은 배임죄의 죄책을 진다.

(4) 공문서부정행사죄의 공동정범(제230조, 제30조)의 성립 여부

甲이 乙과 함께 E의 운전면허증으로 자동차를 렌트한 행위가 공문서부정행사죄(제230조)의 공동정범에 해당되는가 문제된다. 판례에 의하면 공문서부정행사죄가 성립하기 위해서는 공문서를 사용할 권한없는 자가 그 공문서를 본래의 용도에 따라 행사하여야 한다.

사례에서 甲, 乙이 E의 운전면허증을 신분확인용으로 제시하고 자동차를 렌트한 경우 운전면허증의 본래용도에 따라 사용한 것인가 문제된다. 종래의 판례는 신분확인용으로 타인의 운전면허증을 제시한 경우 공문서부정행사죄를 인정하지 않았으나(대판 2000. 2. 11. 99도1237), 이후 태도를 변경하여 타인의 운전면허증을 신분확인용으로 제시한 경우 공문서부정행사죄가 성립한다고 하고 있다(대판 2001. 4. 19. 2000도1985 전원합의체).

판례에 의하면 甲은 공문서부정행사죄의 공동정범의 죄책을 진다.

(5) 현주자동차방화치사죄(제164조 제 2 항)의 성립 여부

판례는 현주자동차방화치사죄를 부진정결과적 가중범이라고 하여 사망에 대해 과실이 있는 경우뿐만 아니라 고의가 있는 경우에도 성립한다고 한다(대판 1996. 4. 26. 96도485). 사례에서 甲, 乙이 A에 대한 살인의 고의로 자동차를 불태웠고, A가 사망하였으므로 甲은 현주자동차방화치사죄의 공동정범의 죄책을 진다.

(6) 죄 수

판례에 의하면, 甲은 배임죄(제355조 제 2 항), 공문서부정행사죄의 공동정범(제230조, 제30조), 현주자동차방화치사죄의 공동정범(제164조 제 2 항, 제30조)의 실체적 경합범의 죄책을 진다.

2. 乙의 죄책

(1) 횡령죄의 방조범(제355조 제 1 항, 제32조)의 성립 여부

甲이 명의신탁받은 부동산을 횡령하는 사실을 알면서도 乙이 C를 소개시켜 준 행위는 횡령죄를 용이하게 하는 행위로서 횡령죄의 방조범에 해당된다.

(2) 배임죄의 방조범(제355조 제 2 항, 제32조)의 성립 여부

1) 공동정범 또는 방조범

乙이 甲에게 D를 소개하고 대금 중 일부를 받은 행위가 배임죄의 공동정범(제355조 제 2 항)에 해당하는가 아니면 방조범에 불과한가 문제된다.

판례는 "업무상배임죄의 실행으로 인하여 이익을 얻게 되는 수익자 또는 그와 밀접한 관련이 있는 제 3 자를 배임의 실행행위자와 공동정범으로 인정하기 위해서는 실행행위자의 행위가 피해자인 본인에 대한 배임행위에 해당한다는 것을 알면서도 소극적으로 그 배임행위에 편승하여 이익을 취득한 것만으로는 부족하고, 실행행위자의 배임행위를 교사하거나 또는 배임행위의 전 과정에 관여하는 등으로 배임행위에 적극 가담할 것을 필요로 한다"(대판 1999. 7. 23. 99도1911)라고 한다.

판례에 의하면, 사례에서 乙이 甲의 배임행위를 교사하거나 甲의 배임행위의 전 과정에 관여하였다고 볼 수는 없으므로 배임죄의 공동정범이 아닌 방조범의 죄책을 진다.

2) 공범과 신분(제33조)

甲은 C에 대한 등기협력의무라는 사무를 처리하는 자이지만, 사회생활상 계속적 지위에서 계속적으로 C에 대한 등기협력이라는 사무를 처리하는 자는 아니다. 乙은 C에 대한 등기협력의무라는 사무를 처리하는 자는 아니지만 진정신분범인

甲의 배임죄의 범행에 가공하였으므로 형법 제33조 본문에 의해 배임죄의 방조범의 죄책을 진다.

(3) 공문서부정행사죄의 공동정범

甲의 죄책에서 살펴본 것과 같이, 乙이 甲과 함께 E의 면허증으로 자동차를 렌트한 행위는 공문서부정행사죄의 공동정범에 해당된다.

(4) 현주자동차방화치사죄의 공동정범

甲의 죄책에서 살펴본 것과 같이, 乙이 甲과 함께 자동차를 불태워 A를 살해한 행위는 현주자동차방화치사죄의 공동정범에 해당된다.

(5) 죄 수

乙은 횡령죄의 방조범(제355조 제1항, 제32조), 배임죄의 방조범(제355조 제2항, 제32조), 공문서부정행사죄의 공동정범(제230조, 제30조), 현주자동차방화치사죄의 공동정범(제164조 제2항, 제30조)의 실체적 경합범(제37조)의 죄책을 진다.

Ⅲ. 판례의 입장에 대한 비판의견

1. 배임죄의 문제

판례는 甲이 C에게 중도금을 받은 경우에는 C에게 소유권이 이전되도록 협력할 의무를 진다고 한다. 이에 대해 협력 의무는 甲 자신의 사무이지 타인의 사무가 아니므로 배임죄가 성립할 수 없다는 견해가 있다. 이 견해에 의하면 甲은 배임죄의 죄책을 지지 않고, 乙도 배임방조의 죄책을 지지 않는다.

2. 공문서부정행사죄의 문제점

판례가 공문서부정행사죄가 성립하기 위해서는 공문서를 사용할 권한없는 자가 공문서의 본래 용도에 사용하는 경우에만 공문서부정행사죄가 성립할 수 있다고 하는 데 대해, 사용권한없는 자가 공문서를 행사한 경우에는 본래 용도에 따라 사용하든 용도 이외의 방법으로 사용하든 공문서부정행사죄가 성립한다고 하는 입장이 있다. 이 견해에 의하면 E의 운전면허증을 사용할 권한이 없는 甲, 乙이 그 면허증을 렌트카 대여를 위해 사용하였으므로 그것이 본래용도에 의한 사용이든 아니든 공문서부정행사죄가 성립한다.

3. 현주자동차방화치사죄의 문제점

판례는 甲, 乙이 자동차를 불태워 A를 살해한 경우 현주자동차방화치사죄의 일죄만이 성립한다고 한다. 이에 대해 살인죄의 고의가 있는 경우에는 현주자동차방화치사죄와 살인죄의 상상적 경합범을 인정해야 하다는 견해가 있다.

Ⅳ. B가 악의인 경우 甲의 죄책

1. 문 제 점

B가 甲과 A의 명의신탁약정을 알고 있었던 경우 B로부터 甲에게의 소유권이전은 무효가 된다. 이 경우 甲이 빌라를 A의 승낙없이 C에게 매도한 행위가 횡령죄에 해당되는가에 대해 견해가 대립한다.

2. 횡령죄긍정설

이 견해는 다음과 같은 논거를 제시한다.

첫째, 부동산실명법이 명의신탁에 관한 물권변동은 무효로 한다고 규정하여, 甲이 대내외적으로 유효하게 소유권을 취득할 수 없지만 소유권등기는 甲명의로 되어 있기 때문에 甲은 타인의 부동산을 보관하는 자의 지위에 있으므로 甲이 부동산을 임의처분하면 횡령죄가 성립한다.

둘째, 명의신탁을 무효로 하는 것은 일정한 경제정책을 수행하기 위한 것이고 따라서 명의신탁의 불법은 행정법적 불법성을 지니는 데 불과하기 때문에 불법원인급여라고 할 수 없고, A는 반환청구권을 갖게 되므로 불법원인급여와 횡령죄에 관한 법리가 이 경우에 해당할 수 없다.

셋째, 횡령죄를 인정하지 않는 경우 A에게 가혹하고, 甲이 부당한 이익을 취득하는 것을 인정하게 된다.

3. 횡령죄부정설

이 견해는 다음과 같은 근거를 제시한다.

첫째, 명의신탁약정과 그에 기한 등기 및 물권변동이 무효이므로 명의수탁자는 부동산의 보관자라고 할 수 없어서 횡령죄의 주체가 될 수 없다.

둘째, 부동산실명법상 명의신탁 및 부동산물권변동의 무효는 제3자에 대항하지 못하므로(동법 제4조 제3항) 등기는 무효이지만 제3자에 대한 관계에서는 유효하므로 甲의 처분행위 역시 유효하다.

셋째, 부동산실명법 제1조가 명의신탁에 의한 탈세 등을 반사회적 행위로 규정하고 있기 때문에, 두 사람간의 명의신탁은 신탁자가 반환청구권을 행사할 수 없는 불법원인급여 횡령죄가 성립할 수 없다.

넷째, 횡령죄를 인정할 경우 부동산명의신탁을 금지하는 부동산실명법의 취지를 살릴 수 없게 된다.

다섯째, 명의수탁자가 부당한 이익을 취하는 것은 몰수나 추징에 의해 해결하면 된다.

57. 불법원인급여와 횡령죄

∷ 다음 사례를 읽고 물음에 답하시오.

전직 경찰관으로서 성매매업소를 운영하는 甲은 장사가 번창하자 동네 다방에 근무하는 A女에게 자신의 업소에 와서 성매매를 할 것을 권유하였다. A는 가정주부였으나 남편은 알콜중독으로 돈을 벌지 못하고 중학교에 다니는 아이의 과외비도 필요한 상황에서 甲이 끈질기게 찾아와 권유하자 甲의 업소에 근무하기로 하였다. 甲과 A는 A가 성매매를 하면 甲이 그 대가를 받아 가지고 있다가 한 달 단위로 5:5로 분배하기로 하였다. A는 甲의 업소에서 한 달간 성매매를 하였고, 甲은 2천만원의 성매매대가를 받았다. 그런데 甲은 2천만원 모두를 써 버리고 A가 자기 몫 1천만원을 달라고 하자 돈을 줄 수 없으니 법대로 하라고 하였다. A는 자신이 처벌되더라도 甲과 같은 인간은 처벌받아야 한다고 생각하고 경찰서에 甲을 신고하였다. 이에 甲에 대한 수사가 시작되자 甲은 담당 경찰관 K를 매수하기로 하였다. 甲은 K를 직접 알지 못하였으므로 뇌물을 줄 수가 없었으므로, 자신과 같이 근무하다 최근에 퇴직한 乙에게 K를 아느냐고 물어왔다. 乙은 "K는 내가 데리고 있던 애인데, 내 말이라면 껌뻑 죽는다!"라고 말하였다. 이에 甲은 아이가 경찰을 한다고 하는 것이 이상했고, 乙이 말을 했을 때 K가 죽어버리면 어떡하나 걱정도 됐지만, 乙에게 1,500만원을 주면서 1천만원은 K에게 뇌물로 주고, 500만원은 수고비로 가지라고 하였다. 乙은 자신의 사회적 체면도 있는데 모든 것을 甲이 원하는 대로 할 수만은 없다고 생각하고, 500만원만 K에게 전달하고 1천만원은 자신이 가졌다(성매매죄나 동알선죄는 불문함).

1. 판례의 입장에 따라 甲의 죄책을 설명하고 판례의 입장에 대한 비판의견을 소개하시오.
2. 乙의 죄책을 설명하시오.

Ⅰ. 논점의 제시

甲의 죄책으로 문제되는 것은 다음과 같다.

1. 甲이 A의 성매매대가 중 1천만원을 A에게 돌려주지 않은 것이 횡령죄(제355조 제1항)에 해당되는지 문제된다.

2. 乙로 하여금 K에게 1천만원을 주도록 한 행위가 뇌물공여죄(제133조 제1항), 뇌물공여죄의 공동정범(제133조 제1항, 제30조), 뇌물죄의 교사범(제133조 제1항, 제31조 제1항) 중 어디에 해당되는지 문제된다.

乙의 죄책으로 문제되는 것은 다음과 같다.

1. 500만원을 K에게 준 행위가 증뢰죄(제133조)와 증뢰물전달죄(제133조 제2항) 중 어디에 해당되는지 문제된다.

2. K에게 전달하라고 한 금액 중 1천만원을 자신이 가진 행위가 횡령죄(제355조 제1항)에 해당되는지 문제된다.

Ⅱ. 甲의 죄책

1. 판례의 입장에 따른 甲의 죄책

(1) 횡령죄(제355조 제1항)의 성립 여부

A가 甲에게 성매매대가를 보관하도록 한 행위는 불법원인급여이지만 수급자인 甲의 불법이 급여자인 A의 불법보다 현저하게 크다고 할 수 있으므로, A의 반환청구권이 인정된다고 한다(대판 1999. 9. 17. 98도2036).

따라서 甲은 A의 재물을 보관하는 자로서 정당한 이유없이 반환을 거부하였거나 그 재물을 영득하였다고 할 수 있으므로 횡령죄의 죄책을 진다.

(2) 뇌물공여죄(제133조 제1항)의 성립 여부

판례는 “제3자의 증뢰물전달죄는 제3자가 증뢰자로부터 교부받은 금품을 수뢰할 사람에게 전달하였는지 여부에 관계 없이 제3자가 그 정을 알면서 금품을 교부받음으로써 성립하는 것이며, 나아가 제3자가 그 교부받은 금품을 수뢰할 사람에게 전달하였다고 하여 증뢰물전달죄 외에 별도로 뇌물공여죄가 성립하는 것은 아니다”라고 한다(대판 1997. 9. 5. 97도1572). 이와 같이 乙이 뇌물공여죄의 죄책을 지지 않으므로 甲은 증뢰죄의 교사범이나 공동정범이 될 수 없다. 그러나 甲이 K에 대한 뇌물공여행위를 지배하였다고 할 수 있으므로 甲은 뇌물공여죄의 죄책을 진다.

2. 판례의 입장에 대한 비판의견

(1) 횡령죄 인정의 문제점

횡령죄의 성립을 인정하는 판례에 대해 다음과 같은 비판이 있다.

첫째, 甲의 불법이 A의 불법보다 크다고 하더라도 A에게 불법이 있는 것은 마찬가지이므로 횡령죄를 인정할 경우 A의 불법을 묵인하는 것이 된다.

둘째, 어느 때에 수급자의 불법이 급여자의 불법보다 현저히 큰지 불분명하므로, 이는 형법의 명확성원칙에 반한다.

(2) 증뢰죄 인정의 문제점

乙이 K에게 전달할 1천만원 중 500만원을 K에게 준 행위에 대해 판례는 증뢰물전달죄만을 인정한다. 이에 대해 증뢰물전달죄와 증뢰죄의 실체적 경합범을 인정하거나, 증뢰죄를 인정해야 한다는 비판이 있다. 이 견해에 의하면 甲은 증뢰물교부죄와 증뢰죄의 교사범의 실체적 경합범 또는 상상적 경합범의 죄책을 질 수 있다.

Ⅲ. 乙의 죄책

1. 증뢰죄(제133조) 및 증뢰물전달죄(제133조 제 2 항)의 성립 여부

乙이 甲에게 1천만원을 받아 이 중 500만원을 K에게 교부한 행위는 증뢰죄에도 해당되고, 증뢰물전달죄에도 해당된다. 이 경우 증뢰죄는 신분범이 아니므로 증뢰죄와 증뢰물전달죄가 모두 성립한다는 견해가 있지만, 판례는 증뢰물전달죄만이 성립한다고 한다.

증뢰죄나 증뢰물전달죄 양자 모두가 성립한다기보다는 두 죄 중 하나만이 성립한다고 하는 것이 타당하다고 할 수 있다. 두 죄 중에서는 증뢰죄보다는 증뢰물전달죄만이 성립한다고 하는 것이 타당하다. 왜냐하면 乙이 K의 직무와 관련하여 뇌물을 전달하였는데, K의 직무는 乙과는 상관이 없고, 甲의 성매매알선죄와 관련이 있기 때문이다.

2. 횡령죄(제355조 제1항)의 성립 여부

(1) 횡령죄긍정설

횡령죄긍정설에는 다음과 같은 입장이 있다.

첫째, 乙이 받은 1천만원은 불법원인급여이지만, 불법원인급여의 경우에도 수급자가 이를 임의처분한 경우에는 횡령죄가 성립한다고 한다. 이 견해는 ① 형법의 독자적 견지에서 행위자의 가벌성을 논해야 하는데, 불법원인급여에서는 급여자에게 민법상의 반환청구권이 없을 뿐이지 행위자의 가벌성은 남아 있고, ② 급여자에게 반환청구권이 없다고 하더라도 일반인의 법감정이나 수탁자의 법감정상으로도 소유권은 여전히 급여자에게 있고, ③ 불법원인급여에 있어서도 급여자와 수급자 사이에 위탁관계는 존재하고, ④ 횡령죄를 인정하지 않으면 범죄에 대한 범죄는 범죄가 되지 않는다는 형사정책상의 문제가 있을 수 있고, ⑤ 급여자에게뿐만 아니라 수급자에게도 불법성이 존재한다는 것 등을 근거로 든다.

둘째, 乙이 받은 1천만원은 불법원인급여가 아니라 불법원인위탁이므로 불법원인급여에 관한 법리가 적용되지 않는다고 한다. 이 견해는 이러한 불법원인위탁의 경우에도 불법원인급여의 경우와 마찬가지로 횡령죄를 인정해야 한다고 한다.

(2) 횡령죄부정설

횡령죄부정설에도 다음과 같은 견해가 있다.

첫째, 乙이 받은 1천만원은 불법원인급여이므로 횡령죄가 성립하지 않는다는 견해이다. 이 견해는 ① 불법원인급여의 경우 소유권은 수탁자에게 있으므로 타인의 재물에 해당하지 않고, ② 수급자에게 반환의무가 없음에도 불구하고 수급자를 처벌하게 되면 민법상으로 반환을 강제하는 것이 되어 법질서의 통일성을 해칠 우려가 있고, ③ 불법원인급여에서 위탁관계는 형법상으로 보호할 만한 가치가 없다는 것 등을 근거로 든다. 판례는 이러한 입장에 있다(대판 1988. 9. 20. 86도628).

둘째, 불법원인급여에서 수급자의 불법이 급여자의 불법보다 현저히 큰 경우에는 횡령죄가 성립할 수 있다는 견해가 있는데, 이 견해에서도 乙의 불법이 甲의 불법보다 현저히 크다고 할 수 없기 때문에 횡령죄가 성립하지 않는다.

셋째, 乙이 받은 1천만원은 불법원인급여가 아니라 불법원인위탁이지만, 불법원인위탁은 형법이 보호할 가치가 없으므로 횡령죄가 성립하지 않는다는 견해가 있다. 이 견해에 의하면 乙의 횡령죄가 성립하지 않는다.

3. 결 어

증뢰물을 교부받아 공무원에게 공여한 경우 증뢰물전달죄만이 성립한다고 하는 입장이 타당하다고 할 수 있다. K의 직무는 乙과는 아무 관련이 없고, 甲의 성매매알선행위와 관련이 있기 때문이다.

또한 불법원인급여이든 불법원인위탁이든 형법이 이를 보호해야 할 가치나 필요가 없고 이를 보호하는 것이 오히려 형법의 이념에 반한다고 할 수 있으므로 횡령죄부정설이 타당하다.

따라서 乙은 증뢰물전달죄(제133조 제 2 항)의 죄책만을 진다.

58. 배임죄, 업무상배임죄, 배임수증죄

:: 다음 사례를 읽고 물음에 답하시오.

甲은 A회사의 경리 및 대리점에 대한 대출업무를 담당하는 부장이다. A회사는 乙과 대리점계약을 맺고 대리점에 대한 A회사의 채권을 담보하기 위해 乙의 1억원 상당의 부동산을 양도받고 乙이 제때에 물품대금을 입금시키지 않으면 즉시 부동산을 처분하여 변제에 충당하기로 하였다. 불경기로 인해 자금난에 몰린 乙은 甲의 집으로 찾아가 돈 100만원을 내놓으면서 변제기에 물품대금 3천만원을 입금시키지 못하지만 즉시 부동산을 처분하지 않아도 A회사의 채권확보에는 문제가 없으니 몇 달만 부동산을 처분하지 말아 달라고 하였다. 평소 청렴성 때문에 황희정승이라는 별명으로 불리는 甲은 펄쩍 뛰며 돈받기를 거절하였다. 이 장면을 본 甲의 부인 丙은 甲을 옆방으로 부른 후 "인간은 사회적 동물이다. 일찍이 정몽주도 이방원이 얽혀 살자고 할 때 거절했다가 영동교에서 목숨을 잃지 않았느냐. 사람이 불의를 보면 잘 참는 성격을 길러야 한다. 돈받고 乙이 해 달라는 대로 해 줘라"고 하였다. 甲이 丙에게 영동교가 아니라 선죽교가 아니냐고 하자 丙은 甲에게 "벼는 익을수록 고개를 숙이는 법이다. 어디서 반항이냐. 내일 아침 굶고 싶나!"라고 하였다. 甲은 丙의 말을 듣자 지금까지 자신이 살아온 태도를 반성하고 새 삶을 살아야겠다고 결심하고 丙의 지시대로 100만원을 받고, 변제기가 지났음에도 불구하고 2개월 동안 부동산을 처분하지 않았다. 그러나 甲의 상사 B가 의심을 품고 독촉을 하자 당황한 甲은 정상적으로 그 부동산을 처분하면 6, 7천만원은 받을 수 있었지만, 급히 그 부동산을 4천만원에 처분하여 3천만원은 회사채권을 변제하고 나머지 1천만원을 乙에게 돌려주었다. 화가 난 乙은 甲에게 일을 제대로 처리해 주지 못했으니 100만원을 돌려 달라고 하였다. 이에 甲은 "우리집 가훈이 '낙장불입'이다"라고 하면서 돈을 돌려주지 않았다. 甲이 집에 와 丙에게 자초지종을 알리자, 丙은 "사회를 모르는 멍청한 인간아, 봐주려면 화끈하게 봐줘야 乙이 은혜를 갚을 것 아니냐. 이 기회에 乙에게 아예 5천만원을 대출해 주어라!"라고 하였다. 甲은 丙의 처세술에 감동하여 乙에게 무담보로 5천만원을 대출해 주었다.

1. 판례의 입장에 따라 甲, 乙, 丙의 죄책을 설명하시오.
2. 판례의 입장에 대한 비판의견을 소개하시오.

Ⅰ. 논점의 제시

甲의 죄책으로 문제되는 것은 다음과 같다.

1. 乙로부터 돈 100만원을 받은 것이 배임수재죄(제357조 제1항)에 해당되는가이다.

2. 乙의 부동산을 2개월 동안 처분하지 않은 것이 업무상배임죄(제356조)에 해당되는가이다.

3. 乙의 부동산을 싼값에 처분한 것이 乙에 대한 배임죄(제355조 제2항)에 해당되는가이다.

4. 乙이 100만원을 돌려 달라고 하였는데 이를 거절한 것이 횡령죄(제355조 제1항)에 해당되는가이다.

5. 乙에게 5천만원을 대출해 준 행위가 업무상배임죄(제356조)에 해당되는가이다.

6. 위의 범죄들이 성립할 경우 죄수관계가 문제된다.

乙의 죄책과 처벌로 문제되는 것은 다음과 같다.

1. 甲에게 100만원을 준 것이 배임증재죄(제357조 제2항)에 해당되는가이다.

2. 甲에게 몇 달만 자신의 부동산을 처분하지 말아 달라고 한 행위와 관련하여 업무상배임죄의 교사범(제356조, 제31조, 제33조)의 성립과 처벌이 문제된다.

3. 위의 범죄들이 성립할 경우 그 죄수관계가 문제된다.

丙의 죄책과 처벌로 문제되는 것은 다음과 같다.

1. 甲에게 100만원을 받으라고 한 것이 배임수재죄의 교사범(제357조 제1항, 제31조, 제33조)에 해당되는가이다.

2. 甲에게 乙의 부동산을 처분하지 말라고 한 행위와 관련하여 업무상배임죄의 교사범(제356조, 제31조, 제33조)의 성립과 처벌이 문제된다.

3. 甲에게 5천만원을 대출해 주라고 한 행위와 관련하여 업무상배임죄의 교사범(제356조, 제31조, 제33조)의 성립과 처벌이 문제된다.

Ⅱ. 판례의 입장에 따른 甲, 乙, 丙의 죄책

1. 甲의 죄책

(1) 배임수재죄(제357조 제1항)의 성립 여부

배임수재죄가 성립하기 위해서는 타인의 사무를 처리하는 자가 그 임무에 관하여 부정한 청탁을 받고 재물 또는 재산상의 이익을 취득해야 한다. 판례는 "'부정한 청탁'이란 반드시 업무상배임의 정도에 이를 것을 요하지 않으며, 사회상규 또는 신의성실의 원칙에 반하는 것이면 족하고, 이를 판단할 때에는 청탁의 내용 및 이에 관련한 대가의 액수, 형식, 보호법익인 거래의 청렴성 등을 종합적으로 고찰하여야 하며, 청탁이 반드시 명시적일 것을 요하지 않는다"고 한다(대판 2011. 2. 24. 2010도11784).

사례에서 甲이 부동산을 즉시 처분하지 않더라도 A회사의 채권확보에는 아무런 지장이 없으므로 甲이 부정한 청탁을 받았다고 하기 어렵다. 따라서 배임수재죄가 성립하지 않는다.

(2) 회사에 대한 업무상배임죄(제356조)의 성립 여부

甲은 경리 및 대리점에 대한 대출업무를 담당하는 부장으로 회사의 재산사무를 처리하는 자이므로 업무상 타인의 사무를 처리하는 자이고, 甲이 乙의 부동산을 2개월간 처분하지 않은 것은 임무에 위배하는 행위라고 할 수 있다. 甲 자신이 이익을 취득한 바 없으므로 乙이 재산상 이익을 취득하였는가와 회사에 재산상의 손해가 발생했는지가 문제된다.

재산상 손해에 대해 판례는 "타인의 사무를 처리하는 자가 그 임무에 위배하여 채무자에게 기존 대출금에 대한 대출기한을 연장해 준 경우, 기한 연장 당시에는 채무자로부터 대출금을 모두 회수할 수 있었는데 기한을 연장해 주면 채무자의 자금사정이 대출금을 회수할 수 없을 정도로 악화되리라는 사정을 알고 그 기한을 연장해 준 경우에 그 기한연장으로 인한 새로운 손해가 발생하였다고 할 수 있을 것이므로 이러한 사정이 밝혀지지 않고서는 대출기한을 연장해 준 부분을 따로 떼어 배임죄가 성립된다고 말할 수는 없을 것이다"(대판 1999. 7. 9. 99도1864)고 한다.

甲이 2개월간 부동산을 처분하지 않은 것 자체로는 회사가 채권확보를 못 할 구체적 위험성은 없기 때문에 재산상의 손해가 발생하였다고 할 수 없다. 그러나 2개월 동안의 이자를 받지 않은 것은 乙로 하여금 2개월간의 이자 상당의 재산상의 이익을 취득하게 한 것이라고 할 수 있고, 회사에게는 2개월간의 이자 상당의 재산상의 손해를 입힌 것이라고 할 수 있다. 따라서 甲의 행위는 업무상배임죄에 해당하지만, 그 이득액과 손해액이 경미하여 사회상규에 위배되지 않는 행위로서 위법성이 조각된다고 해야 할 것이다.

(3) 乙에 대한 배임죄(제355조 제 2 항)의 성립 여부

甲이 乙의 부동산을 싸게 처분한 것이 배임죄에 해당하는가에 대해 판례는 "양도담보권자가 변제기 경과후에 담보권을 실행하기 위하여 담보목적물을 처분하는 행위는 담보계약에 따라 양도담보권자에게 주어진 권능이어서 자기의 사무처리에 속하는 것이지 타인인 채무자, 설정자의 사무처리에 속하는 것이라고 볼 수 없으므로 양도담보권자가 담보권을 실행하기 위하여 담보목적물을 처분함에 있어 시가에 따른 적절한 처분을 하여야 할 의무는 담보계약상의 민사책임 의무이고 그와 같은 형법상의 의무가 있는 것이 아니므로 그에 위반한 경우 배임죄가 성립된다고 볼 수 없다"(대판 1989. 10. 24. 87도126)라고 한다.

즉, 甲은 乙의 사무를 처리하는 자가 아니기 때문에 배임죄의 죄책을 지지 않는다.

(4) 횡령죄(제355조 제 1 항)의 성립 여부

횡령죄가 성립하기 위해서는 타인의 재물을 보관하는 자가 그 재물을 횡령하거나 반환을 거부해야 한다. 乙이 甲에게 100만원을 주었을 때 그 소유권은 甲에게 이전되었으므로 甲은 乙의 재물을 보관하는 자가 아니다. 따라서 횡령죄가 성립하지 않는다.

(5) 업무상배임죄(제356조)의 성립 여부

판례는 "금융기관의 직원들이 대출을 하면서 대출채권의 회수를 확실하게 하기 위하여 충분한 담보를 제공받는 등 여신규정에 따른 상당하고도 합리적인 조치를 강구함이 없이 만연히 대출을 해 주었다면, 그와 같은 자금대여는 타인에게

이익을 얻게 하고 금융기관에 손해를 가하는 행위로서 회사에 대하여 배임행위가 된다"고 한다(대판 2006. 4. 27. 2004도1130).

이 판례를 따르면 甲이 금융기관의 직원은 아니지만 A회사의 경리 및 대리점에 대한 대출을 담당하는 부장이므로, 甲이 乙에게 무담보로 5천만원을 대출해 준 행위는 부당대출행위로서 업무상 A회사의 사무를 처리하는 甲이 그 임무에 위배하여 乙에게 재산상 이익을 취득하게 하고 A회사에 손해를 입힌 행위로서 업무상배임죄에 해당된다.

(6) 정 리

판례에 의하면 甲은 업무상배임죄의 죄책을 진다.

2. 乙의 죄책

(1) 배임증재죄(제357조 제 2 항)의 성립 여부

甲이 부동산을 즉시 처분하지 않아도 A회사의 채권확보에 아무런 문제가 없으므로 乙이 甲에게 부동산을 처분하지 말아 달라고 한 것은 부정한 청탁에 해당하지 않는다. 따라서 乙은 배임증재죄의 죄책을 지지 않는다.

(2) 업무상배임죄의 교사범(제356조, 제31조, 제33조)의 성립 여부

甲이 부동산을 즉시 처분하지 않은 행위가 업무상배임죄에 해당되지 않기 때문에 乙도 업무상배임죄의 교사범의 죄책을 지지 않는다.

(3) 정 리

판례에 의하면 乙은 무죄이다.

3. 丙의 죄책

(1) 배임수재죄 및 업무상배임죄의 교사범의 성립 여부

甲이 丙의 말에 따라 乙로부터 100만원을 받고 부동산을 즉시 처분하지 않았어도 배임수재죄나 업무상배임죄의 죄책을 지지 않으므로 丙도 교사범의 죄책을 지지 않는다.

(2) 업무상배임죄의 교사범(제356조, 제31조, 제33조)의 성립 여부

丙이 甲을 교사하여 乙에게 무담보로 5천만원을 대출하여 업무상배임죄를 범하게 하였다고 할 수 있다. 이 경우 판례는 "신분관계가 없는 자에게도 일단 업무상배임으로 인한 상호신용금고법 제39조 제 1 항 제 2 호 위반죄가 성립한 다음 형법 제33조 단서에 의하여 중한 형이 아닌 형법 제355조 제 2 항에 정한 형으로 처벌되는 것이다"라고 한다(대판 1997. 12. 26. 97도2609).

따라서 판례에 의하면 丙은 업무상배임죄의 교사범의 죄책을 지되, 단순배임죄의 교사범으로 처벌된다.

Ⅲ. 판례에 대한 비판의견

1. 문 제 점

판례의 입장에 대해서 다음과 같은 두 가지 비판의견을 제시할 수 있다.

첫째, 甲이 乙의 부동산을 지나치게 싼값으로 처분한 행위는 배임죄에 해당된다는 것이다.

둘째, 丙이 업무상배임죄의 교사범의 죄책을 지지만 배임죄의 교사범으로 처벌된다는 판례의 입장에 대해 단순배임죄의 교사범의 죄책을 지고, 단순배임죄의 교사범으로 처벌되어야 한다는 비판의견이 있다.

2. 부동산의 정산의무와 배임죄

이전의 판례는 "양도담보권자는 수탁자로서 양도담보채무자의 위탁(위임)에 의하여 위임된 사무를 성실하게 처리할 의무와 상대방의 재산보전에 적극적, 소극적으로 협력하여야 할 의무를 지고 있으며, 그 사무의 처리는 법률행위는 물론 법률행위가 아닌 사실상 사무의 처리도 같이 포함된다고 할 것이고 양도담보권

자의 정산의무는 위의 사실상의 사무처리에 속한다 할 것이어서 이는 양도담보권자의 사무임과 동시에 신탁자인 양도담보채무자의 사무에도 해당되어 결국 형법 제355조 제2항 소정의 타인의 사무에 속한다"고 하였다(대판 1985. 11. 26. 85도1493의 소수의견).

즉, 甲은 乙의 사무를 처리하는 자이고, 甲이 염가로 부동산을 처분한 행위는 임무에 위배한 행위로서 제3자에게 이익을 취득하게 하고 乙에게 재산상 손해를 가하는 것으로서 배임죄에 해당된다는 것이다.

3. 비신분자가 업무상배임죄에 가공한 경우의 죄책

판례는 제33조 본문은 진정신분범 및 부진정신분범의 성립, 제33조 단서는 부진정신분범의 처벌에 관한 규정이라고 한다. 이에 대해 제33조 본문은 진정신분범의 성립과 처벌, 제33조 단서는 부진정신분범의 성립과 처벌에 관한 규정이라고 하는 비판의견이 있다. 이 견해는 판례의 입장에 의하면 제33조에 진정신분범의 성립, 부진정신분범의 성립과 처벌에 관한 규정이 있지만, 진정신분범의 처벌에 관한 규정이 없게 되는 문제점이 있다고 한다.

이 견해에 의하면 丙에게는 배임죄에 대해서만 제33조 본문이 적용되고 업무상배임죄에 대해서는 제33조 단서가 적용되어, 丙은 단순배임죄의 교사범의 죄책을 지고, 단순배임죄의 교사범으로 처벌된다.

59. 장물죄, 손괴죄, 권리행사방해죄

(1) 전직 소매치기였던 甲은 나이가 들어 더 이상 소매치기를 할 수 없게 되자 동네에 사는 13세의 중학생 A에게 자신의 수법을 전수하기로 하였다. 甲은 A를 자신의 집으로 불러 '절대 사람을 살상하지 않는다'는 소매치기의 기본자세와 양상군자(梁上君子)의 의미를 알려 주고 소매치기 수법을 전수하였다. 천부적 자질을 지닌 A의 기량은 일취월장하였고, 몇 달 후에는 모든 수법을 다 배우게 되었다. 甲은 A를 불러 "더 이상 가르칠 게 없으니 하산하여 실전에 임해 보는데 먼저 지하철에서 소매치기부터 시작해 보는 것이 좋겠다"고 하였다. A는 즉시 나가 10분만에 지하철에서 100만원짜리 수표를 소매치기하여 甲에게 가져왔다.

(2) 甲은 그 돈으로 근처에 있는 양복세일장으로 가 30만원짜리 양복 두 벌을 사고 현금으로 40만원을 거슬러 받았다. 甲은 양복 한 벌은 자신이 입고 친구 乙을 불러 자초지종을 이야기하고 "이것이 바로 교육자의 보람이다"라고 하면서 기념으로 양복과 거스름돈으로 받은 돈 중 10만원을 乙에게 주었다. 甲, 乙은 함께 양복을 입고 식사를 하러 갔다. 甲, 乙이 기분좋게 식사를 하고 있던 도중 종업원 B가 음식을 나르다가 甲의 새 양복에 음식을 쏟고 말았다. 乙은 "종업원으로서의 프로의식이 부족하다!"고 하면서 B를 향해 포크와 나이프를 연이어 던졌다. 포크와 나이프는 모두 B를 살짝 비켜 지나갔지만 1m 전방에 있던 유리창에 부딪쳐 유리창이 깨지고 말았다. 흥분한 乙은 "주인 나오라고 해!"하면서 식탁에 있던 날계란을 깨진 유리창 옆의 유리창에 집어 던졌고, 유리창은 깨진 계란으로 얼룩이 지고 말았다. 甲은 "흥분하면 지는거다!"라고 하면서 乙을 진정시키고 양복을 C의 세탁소에 맡겼다. 다음 날 甲은 자신의 솜씨가 아직 조금이라도 남아 있는지 시험하여 보기로 하였다. 甲은 몰래 세탁소에 들어가 자신의 양복을 훔쳐 가지고 와 그 양복을 입고 외출하였다.

1. 사례 (1)에서 장물취득죄에 대한 판례의 입장을 따르면서, 甲에게 가장 가벼운 죄책을 인정할 수 있는 논리를 제시하시오.
2. 사례 (2)에서 甲의 죄책을 설명하시오.
3. 사례 (2)에서 판례의 입장에 따른 乙의 죄책과 그에 대한 비판의견을 제시하시오.

Ⅰ. 논점의 제시

사례 (1)에서 甲의 죄책으로 문제되는 것은 다음과 같다.

1. 甲이 A에게 실전에 임해 보라고 한 것은 절도죄(제329조)의 교사행위에 해당하는가, 만약 해당한다면 A가 형사미성년자이므로 이 경우 절도죄의 교사범이 성립하는가 아니면 간접정범이 성립하는지가 문제된다.

2. 甲이 A가 훔쳐 온 100만원짜리 수표를 받은 행위가 장물취득죄(제362조)에 해당하는지에 대한 판례의 입장이 문제된다.

3. 장물취득죄에 대한 판례의 입장을 따를 때 甲에게 가장 가벼운 죄책을 인정할 수 있는 논거가 무엇인지 문제된다.

사례 (2)에서 甲의 죄책으로 문제되는 것은 다음과 같다.

1. 절취한 자기앞수표로 양복을 산 행위가 사기죄(제347조)에 해당되는지 문제된다.

2. 乙에게 양복과 10만원을 준 행위가 장물양도죄(제362조)에 해당되는가, 해당된다면 장물취득죄와의 관계는 어떠한지가 문제된다.

3. 세탁소에서 양복을 훔쳐온 행위가 주거침입죄(제319조 제1항) 및 권리행사방해죄(제323조)에 해당되는지 문제된다.

4. 위의 범죄들의 죄수관계는 어떠한지가 문제된다.

乙의 죄책으로 문제되는 것은 다음과 같다.

1. 甲으로부터 양복과 10만원을 받은 행위가 장물취득죄(제362조)에 해당되는지가 문제된다.

2. B를 향해 포크와 나이프를 던진 행위가 특수폭행죄(제261조)와 상해죄(제257조 제1항) 중 어디에 해당되는지가 문제된다.

3. 유리창에 날계란을 던져 얼룩지게 한 행위가 손괴죄(제366조)에 해당되는지가 문제된다.

4. 위의 범죄들이 성립할 경우 그 죄수관계가 문제된다.

Ⅱ. 사례 (1)에서 甲의 죄책

1. 甲에게 가장 가벼운 죄책을 인정할 수 있는 논리

(1) 장물취득죄에 대한 판례의 입장

사례와 관련된 장물취득죄에 대한 판례로는 "횡령 교사를 한 후 그 횡령한 물건을 취득한 때에는 횡령교사죄와 장물취득죄의 경합범이 성립된다"고 한 판례(대판 1969. 6. 24. 69도692) 및 "장물죄는 타인(본범)이 불법하게 영득한 재물의 처분에 관여하는 범죄이므로 자기의 범죄에 의하여 영득한 물건에 대하여는 성립하지 아니하고 이는 불가벌적 사후행위에 해당하나 여기에서 자기의 범죄라 함은 정범자(공동정범과 합동범을 포함한다)에 한정되는 것이므로 평소 본범과 공동하여 수차 상습으로 절도 등 범행을 자행함으로써 실질적인 범죄집단을 이루고 있었다 하더라도, 당해 범죄행위의 정범자(공동정범이나 합동범)로 되지 아니한 이상 이를 자기의 범죄라고 할 수 없고 따라서 그 장물의 취득을 불가벌적 사후행위라고 할 수 없다"고 한다(대판 1986. 9. 9. 86도1273).

(2) 가벼운 죄책을 인정할 수 있는 논리

판례에 의하면 절도죄의 교사범이 절취물을 취득하였을 때에는 장물취득죄가 성립하지만, 간접정범이 절취물을 취득하였을 때에는 장물취득죄가 성립할 수도 있고, 성립하지 않을 수도 있다.

따라서 甲에게 가장 가벼운 죄책을 인정하기 위해서는 절도죄의 간접정범을 인정하고, 절도죄의 간접정범이 절취물을 취득하였을 때에는 장물취득죄가 성립하지 않는다는 논리를 전개해야 한다.

2. 절도죄의 교사범 혹은 간접정범

甲이 형사미성년자인 A를 교사하였는데 이 경우 교사범이 성립하는가 아니면 간접정범이 성립하는가에 대해 견해가 대립한다.

(1) 교사범설

제한적 종속형식설에 의하면 정범의 행위가 구성요건에 해당하고 위법하면 공범이 성립할 수 있으므로, 형사미성년자를 이용하여 죄를 범하게 한 경우 그 이용행위의 성질에 따라 교사범이나 간접정범이 성립한다. 즉, 형사미성년자를 생명있는 도구로 이용한 경우에는 간접정범이, 의사능력자로 이용한 경우에는 교사범이 성립한다는 것이다.

이 견해에 의하면 사례에서 甲이 A를 시켜 소매치기를 하도록 한 것은 생명있는 도구로 이용한 것이라기보다는 의사능력자로서 이용한 것이라고 할 수 있다. 따라서 甲은 절도죄의 교사범의 죄책을 진다.

(2) 간접정범설

극단적 종속형식설에 의하면 정범의 행위가 구성요건에 해당하고, 위법하고, 책임이 있어야 공범이 성립할 수 있으므로, 형사미성년자를 교사하여 죄를 범하게 한 경우에는 언제나 교사범이 성립할 수 없고 간접정범이 성립할 수 있을 뿐이다.

이 견해에 의하면 사례에서 甲이 형사미성년자인 A를 교사하여 절도죄를 범하게 하였기 때문에 甲은 절도죄의 간접정범의 죄책을 진다.

(3) 학설의 선택

우리 형법은 제한적 종속형식설을 취하고 있다기보다는 극단적 종속형식을 취하고 있다고 할 수 있다. 왜냐하면 제31조 제1항이 타인을 교사하여 죄를 범하게 한 자라고 규정하고 있는데, 여기에서 '죄'가 되기 위해서는 책임까지 갖춰야 한다고 할 수 있고, 제34조 제1항이 '어느 행위로 인하여 처벌되지 아니하는 자를 교사 또는 방조하여'라고 규정하고 있기 때문이다. 이에 비해 우리 형법이 제한적 종속형식설을 따르고 있다는 근거가 될 수 있는 명문규정은 없다.

따라서 甲은 절도죄의 간접정범의 죄책을 진다.

3. 장물취득죄(제362조)의 성립 여부

甲이 절도죄의 간접정범의 죄책을 지는 경우 제34조 제1항이 "교사 또는 방조의 예에 의하여 처벌한다"고 규정하고 있으므로 간접정범이 절취물을 취득한 경우에도 절도교사범이 절취물을 취득한 것과 같이 다루어야 한다는 입장이 있을 수 있다.

그러나 제34조 제1항의 "예에 의하여 처벌한다"는 '간접정범의 형을 교사범의 형과 같게 한다'는 의미 정도로 해석해야 하고, 모든 경우에 간접정범을 교사범과 같이 다루어야 한다는 의미를 가진 것은 아니라고 보아야 한다.

따라서 간접정범도 정범이므로 절도죄의 간접정범이 절취물을 취득한 경우에는 장물취득죄가 성립하지 않는다고 해야 할 것이다.

4. 정 리

甲에게 절도죄의 교사범을 인정할 경우에는 甲은 절도죄의 교사범과 장물취득죄의 실체적 경합범의 죄책을 진다. 따라서 甲에게 가장 가벼운 죄책을 인정하기 위해서는 절도죄의 간접정범을 인정하고, 절도죄의 간접정범이 절취물을 취득한 경우에는 장물취득죄가 성립하지 않는다고 해야 한다.

즉, 甲에게 인정할 수 있는 가장 가벼운 죄책은 절도죄의 간접정범(제329조, 제34조 제1항)이다.

Ⅲ. 사례 (2)에서 甲의 죄책

1. 사기죄(제347조)의 성립 여부

판례는 "금융기관 발행의 자기앞수표는 즉시 지급받을 수 있어 현금에 대신하는 기능을 하고 있는 점에서 현금적인 성격이 강하므로 절취한 자기앞수표의 환금행위는 절취행위에 수반한 당연의 경과라 하여 절도행위에 대한 가벌적 평가에 당연히 포함된다 봄이 상당하므로 사기죄가 성립하지 아니한다"고 한다(대판

1982. 7. 27. 82도822). 이에 대해 절취한 자기앞수표로 물품을 구입하는 경우 상대방이 절취한 수표인 줄 알았다면 물품을 팔지 않았을 것이므로 이러한 행위는 거래의 신의칙에 반하는 기망행위로서 사기죄의 기망행위라고 하는 견해가 있다.

판례의 입장보다는 사기죄를 인정하는 입장이 타당하다. 따라서 甲은 사기죄의 죄책을 진다.

2. 장물양도죄(제362조)의 성립 여부

甲이 乙에게 양복과 10만원을 준 행위는 장물양도죄(제362조)에 해당된다. 그러나 甲이 이미 절도죄의 간접정범의 죄책을 지고, 절도죄의 간접정범은 장물을 사용・수익・처분하는 행위를 전제한 것이라고 할 수 있다. 따라서 재물을 절취한 자가 장물을 다른 사람에게 준 때에는 절도죄의 간접정범에 포함되어 있는 가벌성의 범위를 초과하였다고 할 수 없을 것이다. 따라서 甲의 장물양도행위는 절도죄의 간접정범의 불가벌적 사후행위가 된다.

3. 주거침입죄(제319조 제 1 항)의 성립 여부

甲이 양복을 훔치기 위해 C의 세탁소에 들어간 행위는 C가 관리하는 건조물의 사실상 평온을 침해한 행위로서 건조물침입죄에 해당된다.

4. 권리행사방해죄(제323조)의 성립 여부

甲이 C의 세탁소에서 양복을 훔쳐 온 행위는 타인의 점유 또는 권리의 목적이 된 자기 소유의 재물을 취거한 행위로서 권리행사방해죄에 해당된다.

5. 죄 수

甲은 사기죄(제347조), 주거침입죄(제319조 제 1 항) 및 권리행사방해죄(제323조)의 실체적 경합범의 죄책을 진다.

Ⅳ. 사례 (2)에서 乙의 죄책

1. 판례에 따른 乙의 죄책

(1) 장물취득죄(제362조)의 성립 여부

甲이 100만원짜리 수표를 양복 두 벌과 현금 40만원으로 바꿨는데, 이 경우 양복과 현금 40만원이 장물성을 유지한다면 乙이 甲으로부터 양복과 10만원을 받은 행위는 장물취득죄(제362조)에 해당될 수 있다.

판례는 "장물인 현금을 금융기관에 예금의 형태로 보관하였다가 이를 반환받기 위하여 동일한 액수의 현금을 인출한 경우에 예금계약의 성질상 인출된 현금은 당초의 현금과 물리적인 동일성은 상실되었지만 액수에 의하여 표시되는 금전적 가치에는 아무런 변동이 없으므로 장물로서의 성질은 그대로 유지된다고 봄이 상당하고, 자기앞수표도 그 액면금을 즉시 지급받을 수 있는 등 현금에 대신하는 기능을 가지고 거래상 현금과 동일하게 취급되고 있는 점에서 금전의 경우와 동일하게 보아야 한다"고 한다(대판 2004. 3. 12. 2004도134). 이는 양복은 장물이 아니지만 현금 40만원은 장물이라고 보아야 한다는 취지라고 할 수 있다.

따라서 乙은 10만원의 장물취득죄의 죄책을 진다.

(2) 상해죄(제257조 제 1 항)의 성립 여부

乙이 B를 향해 포크와 나이프를 집어 던진 행위는 위험한 물건을 휴대하고 행한 B의 신체에 대한 유형력의 행사로서 특수폭행행위라고 할 수도 있다. 그러나 포크와 나이프가 빗나가 유리창을 깰 정도로 세게 던졌다면 상해의 고의가 인정될 수 있을 것이다.

따라서 乙은 상해미수의 죄책을 진다.

(3) 손괴죄(제366조)의 성립 여부

乙이 포크와 나이프로 유리창을 깬 행위는 고의가 아닌 과실손괴행위라고 할 수 있고, 과실손괴를 처벌하는 규정이 없기 때문에 이 부분에 대해서 乙이 형사책임을 지지 않는다. 그러나 날계란을 유리창에 던져 유리창에 얼룩이 지게 한 행위는 유리창의 효용을 일시적으로 해한 것으로서 손괴죄에 해당될 수도 있다.

이에 대해 판례는 "래커 스프레이를 이용하여 회사 건물 외벽과 1층 벽면 등에 낙서한 행위는 건물의 효용을 해한 것으로 볼 수 있으나, 이와 별도로 계란 30여 개를 건물에 투척한 행위는 건물의 효용을 해하는 정도의 것에 해당하지 않는다"고 한다(대판 2007. 6. 28. 2007도2590).

따라서 乙은 손괴죄의 죄책을 지지 않는다.

(4) 죄수 및 정리

乙은 장물취득죄와 상해미수죄의 실체적 경합범의 죄책을 진다.

2. 판례에 대한 비판의견

(1) 장물취득죄의 문제점

100만원짜리 수표를 양복 두 벌과 현금 40만원으로 바꾼 경우 양복에 대해서는 장물성을 인정하지 않고 40만원의 거스름돈에 대해서는 장물성을 인정하는 판례의 입장에서는 다음과 같은 비판이 제기된다.

첫째, 자기앞수표와 거스름돈은 가치의 동일성은 인정된다고 하더라도 물리적 형상이 달라졌다고 할 수 있다. 그럼에도 불구하고 거스름돈의 장물성을 인정하는 것은 장물죄를 재물죄가 아닌 이득죄로 보는 부당한 결과가 된다.

둘째, 장물죄의 본질에 대한 위법상태유지설에 의하면 양복 두 벌의 장물성을 인정하지 않을 수도 있지만, 인정할 수도 있다. 왜냐하면 훔친 자기앞수표로 양복을 구매한 경우에도 여전히 절도죄로 인한 위법상태가 유지된다고 할 수 있기 때문이다.

(2) 상해미수죄의 문제점

사례와 같은 경우 상해의 고의까지 인정하는 것은 지나치므로 특수폭행죄만을 인정하자는 입장도 있을 수 있다.

(3) 손괴죄의 문제점

판례가 날계란을 창문에 던져 유리창을 얼룩지게 한 경우 손괴죄의 구성요건해당성이 없는 것으로 본다면, 이러한 입장에는 문제점이 있다. 즉, 유리창을 얼룩지게 한 경우에도 일시적으로 유리창의 효용을 상실한 행위로서 손괴행위에 해당되지만 경미한 법익침해행위로서 위법성이 조각된다고 해야 한다.

60. 경계침범죄, 강제집행면탈죄, 점유강취죄

:: 다음 사례를 읽고 물음에 답하시오.

甲은 A의 나대지 옆에 있던 자신의 나대지에 집을 건축하기로 하였다. 甲의 토지와 A의 토지 사이에 작은 향나무 20그루로 경계표시가 있었는데, 甲은 그 경계가 자신의 대지쪽으로 10cm 들어왔다는 사실을 알게 되었다. 이에 甲은 분하다는 생각이 들어 A의 대지 안쪽으로 담을 쌓기로 하고 향나무를 약 30cm 정도 A의 대지쪽으로 옮겨 심고 약 20m의 담을 쌓았다. 얼마 후 甲은 사업에 실패하여 어음이 부도가 나게 되었다. 자신의 집이 강제집행 당할 것을 우려한 甲은 얼른 그 집을 친구인 乙에게 양도하였다. 乙은 甲의 집 담이 A의 집쪽으로 30cm 정도 넘어간 것을 잘 알고 그것이 그 집의 장점이라고 생각하고 甲으로부터 매입한 후 소유권이전등기를 하였다. 대금을 받은 甲은 그것을 모두 현금으로 바꾸고 여기에 乙로부터 1천만원을 현금으로 빌린 후 그것을 가지고 여관으로 이사를 하였다. 甲은 자신의 짐들을 모두 가지고 갈 수 없었기 때문에 시가 2천만원 상당의 도자기를 乙에게 1천만원 차입금에 대한 담보물로 맡겨 놓고 갔다. 甲의 집에는 미술품도 있었는데, 甲은 그것을 그 집 지하실에 숨겨 놓아 달라고 하였다. 乙은 미술품을 숨겨 놓은 것이 자신의 채권을 확보하는 데에 도움이 될 것이라고 생각하고 그 미술품을 숨겨 주었다. 얼마 후 돈이 다 떨어진 甲은 乙의 집에 방문하였다가, 도자기를 보고 그것을 몰래 훔쳐 내 팔아 생활비를 마련해야 되겠다고 생각하고 乙이 안 보는 사이에 그 도자기를 얼른 자루에 넣고 나오려고 하였다. 그러나 乙이 알아채고 도자기를 못 가지고 가게 하자 甲은 가지고 있던 칼을 들이대고 乙을 협박하였다. 乙이 겁을 먹고 큰 소리를 지르자 놀란 甲은 도자기를 내려놓고 그대로 나왔다.

1. 甲에게 가장 무거운 죄책을 인정할 수 있는 논리를 제시하시오.
2. 甲에게 가장 가벼운 죄책을 인정할 수 있는 논리를 제시하시오.
3. 乙의 죄책을 설명하시오.

Ⅰ. 논점의 제시

甲의 죄책으로 문제되는 것은 다음과 같다.

1. 甲이 A의 토지를 30cm 정도 침범하여 담을 쌓은 것이 경계침범죄(제370조)

에 해당되는가 및 이것이 부동산절도죄(제329조)에 해당되는지 문제된다.

2. 만약 부동산절도죄가 인정된다면 이를 乙에게 양도한 행위가 장물양도죄(제362조)에 해당되는지와 이것이 부동산절도죄와 어떤 관계에 있는지 문제된다.

3. 甲이 강제집행을 면하기 위해 자신의 집을 乙에게 양도하고, 도자기를 乙에게 담보물로 제공하고 미술품을 지하실에 감춘 행위가 강제집행면탈죄(제327조)에 해당되는지 문제된다.

4. 도자기를 가지고 나오다가 乙을 협박한 것이 준점유강취죄(제325조 제2항)에 해당되는가, 해당된다면 기수인지 미수인지 문제된다.

乙의 죄책으로 문제되는 것은 다음과 같다.

1. 甲의 집이 A의 경계를 침범하였다는 사실을 알면서도 집을 구입한 행위가 장물취득죄(제362조) 및 경계침범죄(제370조)에 해당되는지 문제된다.

2. 甲의 도자기를 채권담보로 맡아 놓고, 미술품을 지하실에 숨겨 놓은 행위가 강제집행면탈죄(제327조)의 공동정범 내지 방조범에 해당되는지 문제된다.

3. 위의 범죄들이 성립할 경우 죄수관계가 문제된다.

Ⅱ. 甲에게 가장 무거운 죄책을 인정할 수 있는 논거

1. 전체적인 구성

甲에게 가장 무거운 죄책을 인정하기 위해서는 경계침범죄, 부동산절도죄, 장물양도죄, 강제집행면탈죄, 준점유강취죄 등이 모두 성립하고, 이들 범죄는 실체적 경합범의 관계에 있다는 논리를 전개해야 한다.

2. 경계침범죄(제370조) 및 절도죄(제329조)의 성립 여부

(1) 경계침범죄의 성립 여부

사례에서 甲이 경계침범죄의 죄책을 지는가에 대해 가장 논란이 될 수 있는 것은 경계표가 법률상 유효한 경계표여야 하는지 아니면 사실상의 경계표이면 족한지이다. 甲에게 가장 무거운 죄책을 인정하기 위해서는 사실상의 경계표이면 족하고 반드시 권리관계에 일치하지 않더라도 상관없다고 해야 한다.

이러한 입장을 따를 경우 사례에서 향나무들은 경계표라고 할 수 있고, 그 경계표가 甲의 토지쪽으로 약 10cm 들어와서 권리관계에 일치되는 경계표는 아니지만, 그동안 사실상의 경계표로 사용되어 온 경계표로서 경계침범죄의 객체가 된다. 甲이 이 경계표를 옮겨 놓고 담을 쌓는 행위를 함으로써 경계가 인식불능하게 되었다고 할 수 있다. 甲에게 경계침범의 고의도 인정되므로 甲의 행위는 경계침범죄에 해당된다.

甲의 행위를 정당방위 내지 정당행위라고 주장할 수 있지만, 사실상의 경계표라고 하더라도 이를 무단으로 옮겨 놓는 행위는 위법성이 조각되지 않는다고 해야 한다.

(2) 절도죄(제329조)의 성립 여부

甲이 A의 대지쪽으로 향나무를 10cm가 아니라 30cm 옮겨 놓고 담을 쌓은 행위가 A의 대지쪽 20cm 부분에 대한 절도죄에 해당되는지가 문제된다. 절도죄가 성립하기 위해서는 타인이 점유하는 타인의 재물을 절취해야 하고, 통설·판례에 의하면 고의 이외에 불법영득의사가 있어야 한다. 甲이 A의 땅을 20cm 침범하여 담을 쌓은 것은 A의 점유를 자신의 점유로 옮긴 것으로서 취거라고 할 수 있고, 甲에게 A의 땅으로 들어간다는 인식과 의욕이 있으므로 고의도 인정되고, 침범된 부분을 자신의 소유물처럼 사용·수익·처분하려는 불법영득의사도 인정될 수 있다.

그러나 부동산절도를 부인하는 견해도 있으므로 甲에게 가장 무거운 죄책을 인정하기 위해서는 부동산절도를 긍정해야 하고 이를 위해서는 다음과 같은 논거를 제시하여야 한다.

첫째, 우리 형법은 독일형법과는 달리 절도죄의 객체를 '동산'이 아닌 '재물'이라고 하고 있고, 재물에는 동산과 부동산이 있으므로 특히 부동산을 절도죄의 객체에서 배제할 이유가 없다.

둘째, 부동산명의를 절취하는 경우에도 문서위조죄 등과 절도죄의 상상적 경합이라고 해도 부당할 것이 없다.

셋째, 경계침범죄는 기본적으로는 영득죄가 아니고 손괴죄의 일종이어서, 그 행위도 타인의 경계를 손괴하거나 인식불가능하게 하는 행위를 벌하는 것이고 침범된 경계를 영득하는 행위를 벌하는 것은 아니다. 타인의 토지를 영득할 목적으로 경계를 침범하는 행위에 대해서는 경계침범죄와 절도죄의 상상적 경합으로 해석하여 중한 죄인 절도죄로 벌하는 것이 타당하다.

넷째, 명인방법으로 부동산소유권을 공시하는 수목 또는 미분리의 과실에 대해 명인방법의 개서 등을 통해 절취하는 행위를 절도죄로 처벌할 실익이 있다.

3. 장물양도죄(제362조)의 성립 여부

甲에게 절도죄의 죄책을 인정하는 경우 甲이 영득한 A의 토지 부분은 장물이 되고, 甲이 이를 乙에게 양도한 행위는 장물양도죄에 해당된다. 이 경우 절도죄와 장물양도죄의 관계가 문제되는데, 불가벌적 사후행위라는 견해가 있지만 甲에게 가장 무거운 죄책을 인정하기 위해서는 불가벌적 사후행위가 아니라 실체적 경합범이라고 해야 한다.

4. 강제집행면탈죄(제327조)의 성립 여부

강제집행면탈죄가 성립하기 위해서는 강제집행을 면할 목적으로 재산을 은닉, 손괴, 허위양도 또는 허위의 채무를 부담하여 채권자를 해하여야 한다.

甲이 강제집행을 면하기 위해 자신의 집을 乙에게 양도하고, 도자기를 乙에게 담보물로 제공한 행위는 강제집행을 면할 목적이 있는 행위이기는 하지만 허위양도 내지 허위채무의 부담이라고 할 수 없기 때문에 강제집행면탈죄에 해당되지 아니한다(대판 2001. 11. 27. 2001도4759).

그러나 미술품을 지하실에 감춘 행위는 강제집행을 실시하는 자로 하여금 채무자인 甲의 재산을 발견하는 것을 불능 또는 곤란하게 만드는 것으로서 은닉에 해당된다.

강제집행면탈죄가 침해범인가 아니면 추상적 위험범인가에 대해서는 견해가 대립한다. 추상적 위험범설에 의하면 甲이 미술품을 은닉하는 행위가 종료된 시점에서 기수가 되지만, 침해범설에 의하면 강제집행이 불가능하거나 곤란하게 된 때에 기수가 된다. 甲에게 가장 무거운 죄책을 인정하기 위해서는 추상적 위험범설을 따라야 한다.

5. 준점유강취죄(제325조 제 2 항)의 성립 여부

(1) 준점유강취죄의 성립 여부

준점유강취죄란 타인의 점유에 속하는 자기의 물건을 취거함에 당하여 그 탈환을 항거하거나 체포를 면탈하거나 죄적을 인멸할 목적으로 폭행 또는 협박을 가하는 죄이다. 사례에서 甲이 자신이 乙에게 담보물로 맡겨 놓은 도자기를 훔쳐 가지고 나오는 행위는 타인의 점유에 속하는 자기의 물건을 취거하는 행위에 해당된다.

준점유강취죄에서의 폭행·협박은 강도죄에서의 폭행·협박과 마찬가지로 항거불가능의 폭행·협박을 의미한다. 甲이 칼로 乙을 협박한 행위는 항거불가능의 협박이라고 할 수 있다. 甲에게 재물탈환의 목적도 인정된다. 따라서 甲의 행위는 준점유강취죄에 해당된다.

(2) 준점유강취죄의 기수 혹은 미수

사례에서 甲이 乙을 협박하여 乙이 공포심을 느꼈으나 甲이 도자기를 가지고 나오지 못하였으므로 준점유강취죄의 기수인가 아니면 미수인가 문제된다. 이 문제는 준강도죄의 기수, 미수 문제와 마찬가지로 견해가 대립할 수 있다.

폭행·협박을 기준으로 준점유강취죄의 기수, 미수를 정하자는 견해에 의하면 乙이 공포심을 느껴 협박이 기수에 이르렀으므로 甲의 행위는 준점유강취죄의 기수가 된다.

점유강취의 기수, 미수를 기준으로 준점유강취죄의 기수, 미수를 정하자는 견해에 의하면 甲이 도자기를 가지고 나오지 못하였으므로 甲의 행위는 준점유강취죄의 미수(제325조 제 3 항)에 해당된다.

폭행·협박과 점유강취 모두 기수가 되어야 준점유강취죄의 기수가 된다는 견해에 의해도 甲의 행위는 준점유강취죄의 미수에 해당된다.

甲에게 가장 무거운 죄책을 인정하기 위해서는 폭행·협박의 기수시점이 준점유강취죄의 기수시점이라고 하는 견해를 따라야 한다. 이에 의하면, 甲은 준점유강취죄의 기수범의 죄책을 진다.

6. 정　리

甲에게 가장 무거운 죄책을 인정하는 논리에 의하면, 甲은 경계침범죄, 부동산절도죄, 장물양도죄, 강제집행면탈죄, 준점유강취죄의 실체적 경합범의 죄책을 진다.

Ⅲ. 甲에게 가장 가벼운 죄책을 인정할 수 있는 논거

1. 논리구성

甲에게 가장 가벼운 죄책을 인정하기 위해서는 경계침범죄, 부동산절도죄, 강제집행면탈죄의 성립을 부정하고, 준점유강취죄의 미수범만을 인정해야 한다. 이를 위해서는 다음과 같은 논리를 전개해야 한다.

2. 경계침범죄의 성립 부정

경계침범죄의 객체는 경계표이지만 위법한 경계표를 형법이 보호해야 할 필요는 없으므로 법률상 효력이 있는 경계표이어야 한다. 그런데 향나무 20그루는 甲의 대지를 침범한 경계표이므로 경계침범죄의 객체가 될 수 없다.

3. 부동산절도죄의 성립 부정

부동산절도를 부정하기 위해서는 다음과 같은 논거를 제시할 수 있다.

첫째, 역사적으로 볼 때 절도죄의 객체는 로마법 이래 동산에 국한되어 왔다.

둘째, 부동산은 절도죄로부터 보호할 가치는 있으나 보호할 필요가 없다.

셋째, 부동산절도로 생각할 수 있는 방법은 ① 부동산명의를 절취하는 방법, ② 타인의 경계를 침범하는 방법 등이 있는데, ①의 경우에는 공문서나 사문서위조 및 동행사죄, 공정증서원본등의 부실기재죄(제228조) 등으로 처리하면 족하고, ②의 경우에는 경계침범죄(제370조)나 주거침입죄(제319조)로 처벌하면 족하다.

4. 강제집행면탈죄의 성립 부정

강제집행면탈죄를 침해범이라고 할 경우, 甲이 미술품을 은닉하였다고 하더라도 채권자들이 강제집행을 개시하지 않았으므로 기수에 이르지 않고 미수범이라고 할 수 있다. 그런데 강제집행면탈죄의 미수는 처벌하지 않기 때문에 甲은 강제집행면탈죄의 죄책을 지지 않는다.

5. 준점유강취죄의 미수범 인정

사례에서 준점유강취죄 그 자체의 성립을 부정하기는 어렵고 기수, 미수에 대해서는 견해가 대립할 수 있다.

준점유강취죄의 기수시기에 대해서는 폭행·협박 기수시설, 점유강취시설, 복합설 등이 있을 수 있다. 이 중 점유강취시설이나 복합설 등에 따르면 甲이 도자기의 점유를 취득하지 못하였기 때문에 준점유강취죄는 미수가 된다.

6. 정 리

甲에게 가장 가벼운 죄책을 인정하는 논리에 따르면 甲은 준점유강취죄의 미수범(제325조 제3항)의 죄책만을 진다.

Ⅳ. 乙의 죄책

1. 장물취득죄(제362조)의 성립 여부

甲의 집이 A의 경계를 침범하였다는 사실을 알면서도 집을 구입한 乙의 행위가 장물취득죄에 해당되는가 문제된다.

부동산절도를 인정하지 않는 견해에 의하면 A의 집은 재산범죄에 의해 취득한 재물이라고 할 수 없으므로 장물이 될 수 없고 따라서 장물죄도 성립할 수 없다.
부동산절도를 인정하는 견해에 의하면 A의 대지로 들어간 부분은 절도죄에 의해 취득한 재물로서 장물에 해당되고, 乙이 이를 취득하였으므로 장물취득죄가 성립할 수 있다.

부동산절도를 인정하는 견해가 타당하므로 이에 따라 사례를 해결하면, 乙이 장물이라는 점에 대한 인식이 있고, 이를 취득하였으므로 장물취득죄의 죄책을 진다.

2. 강제집행면탈죄(제327조)의 성립 여부

甲의 도자기를 채권담보로 맡아 놓고, 미술품을 지하실에 숨겨 놓은 행위가 강제집행면탈죄(제327조)의 공동정범 내지 방조범에 해당되는가 문제된다.

甲이 乙에게 1천만원을 빌리고 도자기를 맡긴 행위는 진실한 거래행위로서 허위로 채권을 양도하거나 허위채무를 부담한 것이라고 할 수 없기 때문에 강제집행면탈죄가 성립하지 않는다. 따라서 乙도 강제집행면탈죄의 공동정범 혹은 방조범이 될 수 없다.

그러나 甲이 미술품을 지하실에 감춰 둔 행위는 재산을 은닉한 행위라고 할 수 있어서 강제집행면탈죄가 성립한다. 따라서 이 사정을 알고 있는 乙이 미술품을 지하실에 맡아 둔 행위는 강제집행면탈죄의 공동정범 혹은 방조범이 될 수 있다.

통설·판례에 의하면, 乙이 강제집행면탈죄의 공동정범이 되는가 혹은 방조범이 되는가는 乙이 강제집행면탈죄를 기능적으로 지배하였는가의 여부에 달려있다. 사례에서 乙이 甲이 재산은닉을 한다는 사실을 알고서도 미술품을 맡은 행위는 재산은닉행위의 본질적 부분을 담당한 것이라고 할 수 있으므로 방조범이 아니라 공동정범이라고 할 수 있다.

乙이 자신의 채권확보에 도움이 될 것이라고 생각하였으므로 강제집행면탈의 고의 내지 목적이 없었다고 할 수도 있을 것이다. 그러나 乙이 맡은 도자기만으로도 채권을 담보하기에 족한 액수이므로 乙에게 강제집행면탈의 고의와 목적이 있다고 할 수 있다.

따라서 乙은 강제집행면탈죄의 공동정범의 죄책을 진다.

3. 죄수 및 정리

乙은 장물취득죄(제362조)와 강제집행면탈죄의 공동정범(제327조, 제30조)의 실체적 경합범(제37조)의 죄책을 진다.

刑法演習

3 사회적 · 국가적 법익에 관한 죄

Criminal Law
– A Case Study Approach

61. 공무원자격사칭죄, 현주건조물방화죄, 실화죄

:: 다음 사례를 읽고 물음에 답하시오.

(1) 甲은 우리 사회에 뇌물을 받고 부동산투기를 하여 돈을 번 졸부들이 많으므로 이들을 혼내 줘야 한다고 생각하고 뜻을 같이 하는 사람들 20명을 모아 졸부들의 집에 들어가 물건을 훔쳐 와 가난한 사람들에게 나눠 주기로 하고 '활빈연대'라는 모임을 만들었다. 甲은 근처에 있는 과수원주인들이 과일을 생산하기 위해서가 아니라 투기용으로 과수원을 운영하고 있다는 정보를 입수하고 먼저 A의 과수원에가 사과를 모두 따 오기로 하였다. 그러나 A의 과수원 근처의 전파사정이 좋지 않아 핸드폰으로 지휘하기가 어렵다는 것을 알게 된 甲은 S통신사에 전화를 걸어 "여기는 청와대 특수수사대인데 수사상 필요하니 A과수원 근처에 전화가 잘 터지게 하라"고 하였다. 며칠 후 통화사정이 좋아지자 甲은 활빈연대소속원 10명과 함께 A의 과수원으로 가 자신은 A과수원 옆에 있는 B의 과수원에서 핸드폰으로 지휘를 하고, 나머지 사람들은 A의 과수원 철조망을 넘어 들어가 사과를 모두 따 가지고 왔다.

(2) 기분이 좋아진 甲은 담배 한 대를 피운 후 마침 그곳에 온김에 B와 사회에 경종을 울리기 위해 B의 과수원 잔디밭 10평 정도를 태우기로 하고 담배를 잔디밭에 던졌다. 그러나 때마침 불어온 바람으로 인해 B의 과수원 잔디밭에 붙이려고 했던 불씨가 A의 과수원으로 날아 들어갔고, A의 과수원 잔디밭 300평과 사과나무 300그루를 태웠으며 이로 인해 A의 과수원에 있던 사람들이 놀라 도망쳤다.

(3) 조직원들 앞에서 망신을 당할까 두려워한 甲은 B의 과수원의 관리실로 달려가 관리실에 불을 질렀다. 그런데 비었는 줄 알았던 관리실에는 B가 잠을 자고 있었고, 관리실에 불이 붙어 타 들어가자 B는 탈출하려고 하였으나 甲은 B를 밖으로 나오지 못하도록 하였다. 탈출하지 못한 B와 그곳에서 세상모르고 잠을 자고 있던 C는 불에 타 사망하고 말았다.

1. 사례 (1)에서 甲이 실행행위가 아닌 예비적 성격의 행위로 처벌되는 경우가 있을 수 있다면 형사특별법과 형법전상의 근거조문 및 동 조문들의 문제점을 지적하시오.
2. 사례 (1)에서 甲의 죄책을 설명하시오.
3. 사례 (2)에서 甲에게 가장 무거운 죄책과 가장 가벼운 죄책을 인정할 수 있는 논리를 제시하시오.
4. 사례 (3)에서 판례에 따른 甲의 죄책과 그에 대한 비판의견을 제시하시오.

Ⅰ. 논점의 제시

甲의 죄책으로 문제되는 것은 다음과 같다.

1. 甲이 '활빈연대'라는 모임을 만든 것이 절도목적의 범죄단체조직죄(제114조, 특정범죄가중처벌 등에 관한 법률 제 5 조의8)에 해당되는지 문제된다. 이는 예비적 성격의 행위를 처벌하는 것으로서 실행행위없이 처벌되는 경우라고 할 수 있다.

2. 甲이 청와대 특수수사대라고 사칭하고 S통신사에 전화를 잘 터지게 하라고 한 것이 공무원자격사칭죄(제118조)에 해당되는지 문제된다.

3. 甲이 B의 과수원에서 조직원들이 A의 과수원에서 사과를 절취하는 것을 지휘한 것이 합동절도죄(제331조 제 2 항)의 정범에 해당되는지 아니면 합동절도죄의 교사범 내지 방조범에 해당되는지 문제된다.

4. 甲이 B의 과수원 잔디밭 10평을 태우려고 하였으나 태우지 못한 것이 일반물건방화죄(제167조 제 1 항)에 해당되는지 문제된다.

5. 甲이 실수로 A의 과수원의 잔디밭과 사과나무를 태운 것이 타인 소유의 일반물건실화죄(제170조 제 2 항)에 해당되는가 문제된다.

6. 사람이 있는 것을 알지 못하고 B의 과수원 관리실에 불을 지른 후 B를 관리실 밖으로 나오지 못하도록 하여 사망케 한 것이 현주건조물방화치사죄(제164조

제 2 항)에 해당되는가 아니면 현주건조물방화죄(제164조 제 1 항)와 살인죄(제250조 제 1 항)의 경합범에 해당되는가 문제된다.

7. B의 과수원 관리실에 불을 질러 C를 사망케 한 것이 현주건조물방화치사죄(제164조 제 2 항)에 해당되는가 문제된다.

8. 이상의 범죄들이 성립할 경우 죄수관계가 문제된다.

Ⅱ. 실행행위가 아닌 예비적 성격의 행위로 처벌되는 경우

1. 예비죄의 법적 성격

절도목적의 범죄단체조직죄는 절도죄의 실행행위가 없는 절도죄의 예비적 성격의 범죄라고 할 수 있다. 예비죄의 법적 성격에 대해서는 독립범죄설과 발현형태설이 대립한다. 전자에 의하면 예비죄의 행위 그 자체가 실행행위가 된다. 후자 중에서는 예비행위의 실행행위성을 인정하는 견해와 실행행위성을 인정하지 않는 견해가 있다. 독립범죄설과 발현형태설 중 예비행위의 실행행위성을 인정하는 견해에 의하면 절도목적 범죄단체조직죄는 독립된 범죄로서 조직 그 자체가 실행행위가 되거나, 절도목적 범죄단체조직죄는 독립범죄가 아니라고 하더라도 조직 등의 행위가 실행행위가 된다. 따라서 절도목적 범죄단체조직죄의 조직 등의 실행행위성을 부정하기 위해서는 발현형태설 중 실행행위부정설에 따라야 한다.

2. 절도목적의 범죄단체조직죄(제114조, 특가법 제 5 조의8)의 성립 여부

범죄단체조직죄에서 단체라 함은 특정한 목적을 위해 모인 다수의 사람들의 계속적인 조직체로서 지휘통솔체제를 갖추고 있는 것을 말한다.

사례에서 활빈연대는 졸부들의 돈을 훔쳐 가난한 사람들에게 나눠 주는 목적을 지닌 단체인데, 졸부들의 돈을 훔쳐 가난한 사람들에게 나눠 주는 행위는 절도죄에 해당되는 행위라고 할 수 있고, 활빈연대는 절도목적의 단체라고 할 수 있다. 따라서 甲은 절도목적 범죄단체조직죄의 죄책을 진다.

3. 형법 제114조 및 특가법 제 5 조의8의 문제점

(1) 형법 제114조의 문제점

제114조 제 1 항은 “범죄를 목적으로 하는 단체를 조직하거나 이에 가입한 자는 그 목적한 죄에 정한 형으로 처단한다. 단, 형을 감경할 수 있다”고 규정하고 있다. 따라서 甲은 특수절도죄(제331조)에 정한 형으로 처단되고, 다만 형이 감경될 수 있다.

이에 대해서는 범죄단체의 조직이나 가입은 범죄를 위한 예비행위에 불과한데, 목적한 죄에 정한 형으로까지 처벌하는 것은 책임주의원칙이나 평등의 원칙에 반한다는 비판이 있다.

(2) 특가법 제 5 조의8의 문제점

특가법 제 5 조의8 제 1 호는 절도목적의 범죄단체조직죄의 수괴에 대해 사형, 무기 또는 10년 이상의 징역에 처하는 규정을 두고 있다. 사례에서 甲이 활빈연대를 만드는 데에 주도적인 역할을 하였고, A의 과수원에서 사과를 훔치는 행위를 지휘하는 등의 행위를 한 것으로 보아 수괴라고 할 수 있다. 특가법 제 5 조의8이 형법 제114조에 우선적용되므로 甲은 특가법 제 5 조의8 소정의 절도목적 범죄단체조직죄의 수괴로서 사형, 무기 또는 10년 이상의 징역으로 처벌되고, 형이 감경될 수 있다.

이에 대해서 역시 특수절도죄의 예비적 성격의 행위에 대해 특수절도죄와 같은 형벌을 규정한 것은 책임주의원칙이나 헌법상 평등원칙에 반한다는 비판이 제기된다. 나아가 법정형이 살인죄보다 무거운 것은 헌법상 과잉금지원칙에도 반한다는 비판이 제기된다. 즉, 甲이 살인목적의 단체를 조직하였다면 사형, 무기 또는 5년 이상의 징역에 처해지는데, 절도목적의 단체를 조직하였음에도 사형, 무기 또는 10년 이상의 징역에 처하는 것은 명백히 위헌적이라는 비판이다.

Ⅲ. 사례 (1)에서 甲의 죄책

1. 절도목적 범죄단체조직죄(특가법 제 5 조의8 제 1 호)

甲이 절도목적 범죄단체조직죄의 죄책을 지는 것은 앞에서 본 것과 같다.

2. 공무원자격사칭죄(제118조)의 성립 여부

공무원자격사칭죄는 공무원자격을 사칭하여 그 직권을 행사하는 죄이다.

여기에서 공무원자격을 사칭한다는 것은 공무원이 아닌 자가 공무원인 것처럼 오신케 하거나 공무원이 다른 공무원인 것처럼 오신하게 하는 일체의 행위를 말한다. 그런데 甲이 청와대 특수수사대라고 하여 전혀 존재하지 않는 공무원을 사칭하였는데, 이 경우에도 사칭이라고 할 수 있는가 문제될 수 있다. 통설에 의하면 존재하지 않는 공무원자격을 사칭한 경우에는 사칭한 것이라고 할 수 없다.

설사 공무원자격을 사칭한 것이라고 해도 공무원자격사칭죄가 성립하기 위해서는 직권을 행사해야 한다. 직권을 행사한다는 것은 그 공무원의 직무범위 내에서의 권한을 행사한다는 것을 의미하고, 통설 · 판례는 이를 엄격하게 해석한다. 사례에서 청와대 특수수사대가 이동통신사에 전화를 잘 터지게 하는 직무상의 권한을 지니지 못하였으므로 甲은 직권을 행사한 것이라고 할 수 없다.

따라서 甲은 공무원자격사칭죄의 죄책을 지지 않는다.

3. 합동절도죄(제331조 제 2 항)

(1) 주거침입죄의 성립 여부

활빈연대 조직원들이 A의 과수원 철조망을 넘어간 행위는 주거침입죄에 해당되지 않는다. 왜냐하면 철조망이 처진 과수원이라고 하더라도 사람의 주거, 선박이나 항공기 또는 점유하는 방실에 해당되지 않음은 분명하다. 건조물이라고 하기 위해서는 담 또는 기둥으로 토지에 정착되어 있어야 하므로 철조망 처진 과수원을 관리하는 건조물이라고 하기 어렵기 때문이다.

(2) 합동절도죄의 공동정범

합동절도죄의 본질에 대해서는 공모공동정범설, 가중적 공동정범설, 현장성설이 대립하고 있다. 공모공동정범설에 의할 경우 甲이 A의 과수원에서 절취행위를 하지는 않았다고 하더라도, 범죄를 공모하였으므로 합동절도죄의 죄책을 진다. 가중적 공동정범설에 의할 경우 甲이 절도죄의 실행행위인 절취행위를 분담하였다고 할 수 있어야 합동절도죄의 죄책을 진다. 甲이 핸드폰으로 절도범행을 지휘한 것은 단순히 교사·방조행위가 아니라 실행을 분담한 것이라고 할 수 있으므로 합동절도죄의 죄책을 진다. 현장성설에 의할 경우 甲이 실행행위를 분담하였을 뿐만 아니라 범행현장에 있었다고 할 수 있어야 합동절도죄의 죄책을 질 수 있다. 현장성설에 의할 경우, 합동절도죄에서 합동이란 시간적·장소적 협동관계를 의미하고, A의 과수원 바로 옆에 있는 B의 과수원에서 범행을 지휘한 것은 현장에서의 범행지휘라고 할 수 있으므로 甲은 합동절도죄의 죄책을 진다.

결국 어떤 견해에 의하든 甲은 합동절도죄의 죄책을 진다.

4. 죄수 및 정리

甲은 절도목적 범죄단체조직죄, 합동절도죄의 실체적 경합범의 죄책을 진다.

Ⅳ. 사례 (2)에서 甲의 죄책

1. 문제점

甲이 B의 과수원 잔디밭 10평을 태우려고 하였으나 태우지 못하고, A의 잔디밭을 태운 것은 구체적 사실의 착오 중 방법의 착오에 해당된다. 이 경우 甲에게 가장 무거운 죄책을 인정하기 위해서는 법정적 부합설을 따라야 하고, 甲에게 가장 가벼운 죄책을 인정하기 위해서는 구체적 부합설을 따라야 한다. 후자의 경우에도 실화죄(제170조 제2항)가 성립하는지에 대해 견해가 대립하는데, 甲에게 가장 무거운 죄책을 인정하기 위해서는 실화죄의 성립을 부정하여야 한다.

2. 甲에게 가장 무거운 죄책을 인정할 수 있는 논리

법정적 부합설에 의하면 甲은 발생사실에 대한 고의기수범 즉, 일반물건방화죄(제167조 제1항)의 죄책을 질 수 있다. 일반물건방화죄가 성립하기 위해서는 타인 소유의 일반물건을 방화하여 공공의 위험을 발생시켜야 하고, 일반물건방화죄는 구체적 위험범이므로 공공의 위험발생에 대한 고의가 있어야 한다. 사례에서 甲이 B의 과수원 10평 정도를 태우려고 한 것은 일반물건방화행위에 해당될 수 있고, 甲이 B와 사회에 경종을 울리기 위해 방화행위를 하였으므로 공공의 위험을 발생시키려는 고의도 있었다고 할 수 있다.

따라서 甲에게 인정할 수 있는 가장 무거운 죄책은 일반물건방화죄이다.

3. 甲에게 가장 가벼운 죄책을 인정할 수 있는 논리

(1) 문제점

구체적 부합설에 의하면 甲은 B의 과수원에 대한 일반물건방화죄의 미수와 A의 과수원에 대한 타인 소유의 일반물건실화죄의 죄책을 질 수 있다. 그런데 일반물건방화죄의 미수범을 처벌하는 규정이 없으므로(제174조), 타인 소유의 일반물건실화죄(제170조 제2항)의 성립 여부만이 문제된다.

일반물건실화죄가 성립하기 위해서는 과실로 인하여 자기의 소유에 속하는 제166조 또는 제167조에 기재한 물건을 소훼하여 공공의 위험을 발생시켜야 한다. 사례에서 소훼의 결과와 공공의 위험이 발생하였다고 할 수 있다. 그런데 A의 잔디밭과 사과나무는 제167조에 기재한 물건이기는 하지만, 자기 소유가 아닌 타인 소유이므로 이것이 제170조 제2항의 객체가 되는지 문제된다.

(2) 긍정설

이 견해는 형법 제170조 제2항에서 말하는 '자기의 소유에 속하는 제166조 또는 제167조에 기재한 물건'이라 함은 '자기의 소유에 속하는 제166조에 기재한 물건 또는 자기의 소유에 속하든, 타인의 소유에 속하든 불문하고 제167조에 기재한 물건'을 의미하는 것이라고 해석하여야 한다고 한다. 이 견해는 방화죄의 관련 조문을 전체적·종합적으로 해석할 때 타인 소유 일반물건에 대한 방화죄를 자기 소유 일반물건방화죄보다 무겁게 벌함에도 불구하고, 본죄에서 타인 소유의 일반물건을 제외하게 되면 타인 소유 일반물건실화죄를 벌하는 규정이 없는데 이는 부당하다는 것을 그 근거로 든다. 나아가 이렇게 해석한다고 하더라도 그것이 법규정의 가능한 의미를 벗어나 법형성이나 법창조행위에 이른 것이라고는 할 수 없어 죄형법정주의의 원칙상 금지되는 유추해석이나 확장해석에 해당한다고 볼 수는 없다고 한다(대결 1994. 12. 20. 94모32 전원합의체).

(3) 부정설

이 견해는 "우리말의 보통의 표현방법으로는 '자기의 소유에 속하는'이라는 말은 '제166조 또는 제167조에 기재한 물건'을 한꺼번에 수식하는 것으로 볼 수밖에 없고, … 그 처벌의 필요성이 있다는 점에는 의견을 같이 할 수 있으나, 그 처벌의 필요성은 법의 개정을 통하여 이를 충족시켜야 할 것이고 법의 개정에 의하지 아니한 채 형법의 처벌규정을 우리말의 보통의 표현방법으로는 도저히 해석할 수 없는 다른 의미로 해석하는 것에 의하여 그 목적을 달성하려고 한다면 그것은 죄형법정주의의 정신을 훼손할 염려가 크다고 아니할 수 없다"고 하여 타인 소유 일반물건은 본죄의 객체가 될 수 없다고 한다(대결 1994. 12. 20. 94모32 전원합의체의 소수의견).

(4) 정 리

甲에게 가장 가벼운 죄책을 인정하기 위해서는 부정설을 따라야 한다. 따라서 사례 (2)에서 甲에게 가장 가벼운 죄책을 인정할 경우 甲은 무죄이다.

Ⅴ. 사례 (3)에서 甲의 죄책

1. 판례에 따른 甲의 죄책

(1) B에 대한 죄책

甲이 사람이 없는 줄 알고 과수원 관리실에 불을 지른 행위는 현주건조물방화죄(제164조 제 1 항)에 해당된다. 만약 甲의 행위로 인해 B가 사망하였다면 甲은 현주건조물방화치사죄의 죄책을 진다. 그런데 甲이 추가적으로 B가 빠져나오는 것을 막는 행위를 하였고 B가 사망하였다. 이 경우 판례는 "불을 놓은 집에서 빠져나오려는 피해자들을 막아 소사케한 행위는 1개의 행위가 수개의 죄명에 해당하는 경우라고 볼 수 없고, 위 방화행위와 살인행위는 법률상 별개의 범의에 의하여 별개의 법익을 해하는 별개의 행위라고 할 것이니, 현주건조물방화죄와 살인죄는 실체적 경합관계에 있다"고 한다(대판 1983. 1. 18. 82도2341).

(2) C에 대한 죄책

甲의 방화행위와 C의 사망 사이에 인과관계 내지 객관적 귀속이 인정되고, C의 사망에 대한 예견가능성도 있으므로 甲은 C에 대한 현주건조물방화치사죄의 죄책을 진다.

(3) 정 리

판례에 의하면, 甲은 현주건조물방화죄, 살인죄, 현주건조물방화치사죄의 죄책을 진다. 현주건조물방화죄와 살인죄는 실체적 경합범의 관계에 있고, 이들 범죄와 현주건조물방화치사죄는 상상적 경합관계에 있다.

2. 판례에 대한 비판의견

(1) B에 대해 현주건조물방화치사죄를 인정하는 견해

B에 대해 현주건조물방화죄와 살인죄의 실체적 경합범이 아니라 현주건조물방화치사죄(제164조 제 2 항)를 인정해야 한다는 비판의견이 있다.

이 견해에 의하면 현주건조물방화치사죄는 부진정결과적 가중범으로서 사망에 대한 과실이 있을 때뿐만 아니라 고의가 있는 때에도 성립하는 것이다. 즉, 현주건조물방화치사죄는 현주건조물방화죄와 살인죄의 결합범인 현주건조물방화살인죄를 포함하고 있고, 현주건조물방화살인죄는 현주건조물방화죄를 범한 자가 방화죄가 완료되기 이전에 살인죄를 범하면 성립할 수 있는 범죄이다. 따라서 甲이 관리실에 불을 지른 후 B를 빠져나오지 못하게 해 사망케 한 경우에는 현주건조물방화치사죄에 해당된다. 만약 이렇게 해석하지 않으면 현주건조물에 방화하여 과실로 사람을 사망케 한 사람은 사형, 무기 또는 7년 이상의 징역에 처해지는 데에 비해 현주건조물에 방화하여 고의로 사람을 살해한 사람은 살인죄와 현주건조물방화죄의 경합범이 되어 중한 죄인 살인죄로 처벌되어 사형, 무기 또는 5년 이상의 징역에 처해지는 불합리한 점이 있게 된다는 것이다.

이 견해에 의하면 甲은 B와 C에 대한 현주건조물방화치사죄의 상상적 경합범의 죄책을 진다.

(2) B에 대해 현주건조물방화치사죄와 살인죄의 상상적 경합범을 인정하는 견해

이 견해는 부진정결과적 가중범이 중한 결과에 대해 고의가 있는 경우 부진정결과적 가중범과 중한 결과에 대한 고의범의 상상적 경합범을 인정해야 한다고 한다.

이 견해에 의하면 甲은 B에 대한 현주건조물방화치사죄, B에 대한 살인죄, C에 대한 현주건조물방화치사죄의 상상적 경합범의 죄책을 진다.

62. 교통방해죄, 음용수 및 아편에 관한 죄

:: 다음 사례를 읽고 물음에 답하시오.

(1) 甲, 乙은 함께 친구 A의 집에 놀러 갔다. 甲은 A가 아편흡식기를 보여주며 자랑하는 것을 보고 그것을 가지고 가 자신이 사용해야겠다고 생각하고 아편흡식기를 훔쳤다. 乙과 함께 A의 집을 나와 자동차를 몰고 집으로 돌아가던 甲은 혹시 A가 쫓아올지 모른다고 생각하고 과속으로 차를 몰고 달리다가 커브길에서 차가 뒤집히는 사고를 내고 말았다. 甲은 무사하였으나 乙은 얼굴이 자동차 앞창에 부딪쳐 전치 2주의 부상을 입었다. 차에서 빠져나와 길가에서 乙의 부상을 살펴보던 甲은 미안한 생각이 들어 "A의 집에서 훔쳐온 것인데 가지라"고 하면서 乙에게 자신이 훔친 아편흡식기를 주었다. 이어 甲은 자동차를 바로 세우려고 하였으나 다른 차들이 지나가 어려움을 겪었다.

乙은 길가에서 부상을 치료하고 있다가 이 광경을 보게 되자 길에 있던 교통표지판을 옆길로 돌려놓았다. 乙은 옆길이 어둡고 도로공사중이어서 사고가 날지도 모른다고 생각하였지만, 甲의 작업에 방해가 되니 사고가 나도 할 수 없다고 생각하였다.

(2) 맨손으로는 자동차를 바로 세울 수 없다고 생각한 甲은 근처 동네에 가 여러 집을 다니며 자동차를 바로 세우는 데에 필요한 밧줄을 빌려 달라고 하였다. 그러나 아무도 甲에게 밧줄을 빌려 주지 않았다. 할 수 없이 자동차 있는 곳으로 돌아오던 甲은 그 동네사람들이 물을 길어다 먹는 시내가 있는 것을 발견하였다. 甲은 동네사람들에게 원수를 갚아야 한다고 생각하고 그 시내에 소변을 보았다. 자동차로 돌아온 甲은 乙이 돌려놓은 교통표지판에 따라 옆길로 갔던 자동차가 도로공사하는 곳으로 처박혀 그 차에 탔던 B가 사망하고, C가 전치 5주의 부상을 입은 것을 발견하였다(특별법은 불문함).

1. 사례 (1)에서 甲에게 절도죄를 인정하는 논거와 부정하는 논거 및 자신의 의견을 제시하시오.
2. 사례 (1)에서 甲의 죄책을 설명하시오.
3. 乙에게 가장 무거운 죄책을 인정할 수 있는 논리와 가장 가벼운 죄책을 인정할 수 있는 논리를 제시하시오.

Ⅰ. 논점의 제시

사례에서 甲의 죄책으로 문제되는 것은 다음과 같다.

1. A의 집에 놀러 갔다가 A의 아편흡식기를 훔친 행위가 절도죄(제329조)에 해당되는가 문제된다. 여기에서는 아편흡식기가 절도죄의 객체가 될 수 있는지 문제된다.

2. 과속으로 차를 몰고 가다가 차가 뒤집히고 乙에게 상처가 나도록 한 행위가 업무상과실자동차전복죄(제189조)와 업무상과실치상죄(제268조)에 해당되는지 문제된다.

3. 훔친 아편흡식기를 乙에게 준 행위가 장물양도죄(제362조)에 해당되는지 문제된다.

4. 동네사람들이 물을 길어다 먹는 시내에 소변을 본 행위가 음용수사용방해죄(제192조)에 해당되는가 문제된다.

5. 위의 범죄가 성립하는 경우 죄수관계가 문제된다.

사례에서 乙의 죄책으로 문제되는 것은 다음과 같다.

1. 甲으로부터 훔친 아편흡식기를 받은 행위가 장물취득죄(제362조)에 해당되는가 문제된다.

2. 교통표지판을 돌려놓아 B를 사망케 한 행위가 교통방해치사죄와 살인죄에 해당되는지 문제된다.

3. 교통표지판을 돌려놓아 C를 부상케 한 행위가 교통방해치상죄(제188조)와 상해죄에 해당되는지 문제된다.

4. 위의 범죄들이 성립하는 경우 죄수관계가 문제된다.

Ⅱ. 절도죄의 인정 여부

1. 문제점

절도죄는 타인이 점유하는 타인 소유의 재물을 절취하는 죄이다. 甲이 A 몰래 아편흡식기를 훔친 것은 절취행위라고 할 수 있고, 고의와 불법영득의사도 인정된다. 문제는 아편흡식기와 같이 민법상 소유가 금지되어 있는 물건(금제품)도 절도죄의 객체가 될 수 있는가이다. 이에 대해서는 다음과 같은 견해가 대립한다.

2. 부정설

이 견해는 아편흡식기는 민법상 소지나 소유가 금지되어 있는 물건인 금제품에 속하고 절도죄의 보호법익은 소유권이므로 금제품을 절취하여도 소유권침해는 있을 수 없다고 한다. 따라서 금제품은 절도죄의 객체가 될 수 없다고 한다.

이 견해에 의하면 甲이 A의 아편흡식기를 훔친 행위는 절도죄가 되지 않는다.

3. 긍정설

이 견해는 민법상의 권리관계와 무관하게 형법의 독자적 관점에서 재물의 개념을 파악해야 하므로, 민법상 소유나 소지가 금지된 금제품도 절도죄의 객체가 될 수 있다고 한다.

이 견해에 의하면 甲이 A의 아편흡식기를 훔친 행위는 절도죄에 해당된다.

4. 절충설

이 견해는 민법상 소유가 금지된 물건은 절도죄의 객체가 될 수 없지만, 민법상 소지가 금지된 물건은 절도죄의 객체가 될 수 있다고 한다. 이 견해에 의하면 아편흡식기는 소유가 금지되어 있는 물건이므로 절도죄의 객체가 될 수 없고, 甲이 아편흡식기를 훔친 행위도 절도죄에 해당되지 않는다.

5. 정 리

형법과 민법은 그 목적이 다르므로 사람의 개념조차 서로 다르게 파악한다. 통설·판례는 형법상 재산상 이익을 법률적 재산설이 아니라 경제적 재산설에 따라 정의한다. 이는 민법이나 공법상으로는 효력이 없더라도 형법상으로는 재산상 이익이 될 수 있다는 것을 의미한다. 이와 같이 재산상 이익을 경제적 관점에서 파악한다면 재물개념도 민법이나 공법상의 개념이 아닌 경제적인 개념으로 파악해야 한다. 경제적인 관점에서 보면 아편흡식기도 경제적인 의미를 지니고 있으므로 절도죄의 객체가 될 수 있다. 이런 의미에서 부정설이나 절충설보다는 긍정설이 타당하다.

따라서 甲은 절도죄의 죄책을 진다고 해야 한다.

Ⅲ. 사례 (1)에서 甲의 죄책

1. 절도죄의 성립 여부

앞에서 본 것과 같이 甲은 절도죄의 죄책을 진다.

2. 업무상과실자동차전복죄(제189조) 및 업무상과실치상죄(제268조)의 성립 여부

업무상과실자동차전복죄는 업무상과실로 사람의 현존하는 자동차를 쓰러뜨리거나 완전히 뒤집히게 하는 것을 말한다. '사람의 현존하는'에서 사람이란 운전자 이외의 사람을 말한다. 사례에서 甲이 乙과 함께 타고 가던 자동차를 뒤집히게 하였으나 전복시킬 고의는 없었다. 다만, 과속으로 차를 몰다가 자동차를 전복시켰으므로 업무상과실이 인정된다. 업무상과실과 자동차전복 사이의 인과관계도 인정되므로 甲은 업무상과실자동차전복죄의 죄책을 진다.

한편 甲이 乙에게 입힌 상처는 업무상과실치상죄에서의 상해에 해당되고, 甲에게 업무상과실이 인정되고, 업무상과실과 乙의 상해 사이에 인과관계도 인정된다. 따라서 甲은 乙에 대한 업무상과실치상죄(제268조)의 죄책을 진다.

3. 장물양도죄(제362조)의 성립 여부

아편흡식기가 절도죄의 객체가 되지 않는다면 장물도 될 수 없으므로 장물양도죄도 성립하지 않는다. 그러나 금제품도 절도죄의 객체가 된다고 해야 하므로 아편흡식기도 장물이라고 할 수 있고 甲이 이를 乙에게 주었으므로 甲이 훔친 아편흡식기를 乙에게 준 행위는 장물양도죄(제362조)에 해당된다.

4. 음용수사용방해죄(제192조)의 성립 여부

음용수사용방해죄는 일상 음용에 공하는 정수에 오물을 혼입하여 음용하지 못하게 하거나 음용수에 독물 기타 건강을 해할 물건을 혼입하는 죄이다.

시냇물이 '일상 음용에 공하는 정수'에 포함되는가에 대해서는 긍정설과 부정설이 있다. 부정설은 정수는 계속적으로 사용하는 것이어야 하므로 시냇물과 같이 일시적으로 사용하는 물은 정수에 포함되지 않는다고 한다. 이에 대해 긍정설은 정수는 정수(淨水)이지 정수(停水)가 아니므로 시냇물이라도 불특정 또는 다수인이 계속적·반복적으로 사용하는 경우에는 정수에 포함된다고 할 수 있다고 한다. 긍정설이 타당하다고 생각된다.

甲이 시냇물에 독물이 아니라 오물에 속하는 소변을 혼입하였으므로 이 경우에는 음용하지 못하는 결과가 발생해야 한다. 그러나 시냇물에 소변을 혼입하였더라도 음용하지 못하는 결과가 발생하는 것은 아니므로 甲은 음용수사용방해죄의 미수범이 될 수 있으나 이를 처벌하는 규정이 없다.

따라서 甲은 음용수사용방해죄의 죄책을 지지 않는다.

5. 죄수 및 정리

甲은 절도죄, 업무상과실자동차전복죄, 업무상과실치상죄, 장물양도죄의 죄책을 진다. 장물양도죄는 불가벌적 사후행위가 된다. 업무상과실자동차전복죄와 업무상과실치상죄는 하나의 행위에 의해 이루어진 것이므로 상상적 경합관계에 있다. 이들 범죄와 절도죄는 실체적 경합관계에 있다.

Ⅳ. 乙의 죄책

1. 문제점

앞에서 보았듯이, 乙의 죄책으로 문제되는 것은 장물취득죄, 교통방해치상죄, 상해죄, 교통방해치사죄, 살인죄이다.

(1) 장물취득죄(제362조)의 성립 여부

아편흡식기가 절도죄의 객체가 될 수 없다면 장물도 될 수 없으므로 乙이 이를 취득하여도 장물취득죄가 성립하지 않는다. 그러나 아편흡식기도 절도죄의 객체가 된다고 하면 乙은 장물취득죄의 죄책을 진다.

甲에게 가장 무거운 죄책을 인정하기 위해서는 장물취득죄의 성립을 긍정하여야 하고, 가장 가벼운 죄책을 인정하기 위해서는 장물취득죄의 성립을 부정해야 한다.

(2) 기차등교통방해죄(제186조)와 살인죄의 성립 여부

乙이 교통표지판을 옆으로 돌려놓은 것은 기타 방법으로 자동차의 교통을 방해한 것으로 기차등교통방해죄(제186조)에 해당된다. 그런데 사례에서 乙이 교통표지판을 옆길로 돌려놓으면 교통사고가 날 수 있다는 것, 즉 사람의 사상의 결과가 발생할 수 있다는 것을 인용하였다고 할 수 있으므로 乙에게는 교통방해의 고의뿐만 아니라 사람의 사망·상해에 대한 적어도 미필적 고의가 있다고 할 수 있다.

교통방해치사죄는 진정결과적 가중범이어서 교통방해를 한 자가 사람의 사망에 대해 과실이 있는 경우에만 성립할 수 있고, 고의가 있는 경우에는 성립할 수 없다. 따라서 乙은 교통방해죄와 살인죄의 상상적 경합범의 죄책을 진다.

여기에서는 乙의 죄책에 영향을 미칠 수 있는 논리가 없다.

(3) 교통방해치상죄(제188조)와 상해죄의 성립 여부

乙에게는 기차등교통방해의 고의뿐만 아니라 사람의 상해에 대해 적어도 미필적 고의가 있었고, 이로 인해 C가 부상을 당하는 결과가 발생하였다.

교통방해치상죄는 상해의 결과에 대해 과실이 있을 때뿐만 아니라 고의가 있을 때에도 성립하는 부진정결과적 가중범이라고 할 수 있다. 따라서 乙은 교통방해치상죄의 죄책을 진다. 그런데 부진정결과적 가중범에서 중한 결과에 대한 고의가 있는 경우 부진정결과적 가중범만이 성립한다는 견해와 부진정결과적 가중범과 상해죄의 상상적 경합범이 성립한다는 견해가 대립한다.

따라서 乙에게 가장 무거운 죄책을 인정하기 위해서는 후자의 입장을, 가장 가벼운 죄책을 인정하기 위해서는 전자의 입장을 취해야 한다.

2. 乙에게 가장 무거운 죄책을 인정할 수 있는 논리

乙에게 가장 무거운 죄책을 인정하기 위해서는 아편흡식기도 재산범죄의 객체가 되고 따라서 乙은 장물취득죄의 죄책을 진다고 해야 한다. 또한 부진정결과적 가중범인 교통방해치상죄에서 상해에 대한 고의가 있는 경우 교통방해치상죄와 상해죄의 상상적 경합범이 성립한다고 해야 한다.

이러한 입장에 따를 때에 乙은 장물취득죄, 기차등교통방해죄, 살인죄, 교통방해치상죄, 상해죄의 죄책을 진다. 기차등교통방해죄, 살인죄, 교통방해치상죄, 상해죄는 상상적 경합관계에 있고, 이들 범죄와 장물취득죄는 실체적 경합관계에 있다.

3. 乙에게 가장 가벼운 죄책을 인정할 수 있는 논리

乙에게 가장 가벼운 죄책을 인정하기 위해서는 아편흡식기와 같은 금제품은 재산범죄의 객체가 되지 않고 따라서 乙은 장물취득죄의 죄책을 지지 않는다고 해야 한다. 또한 부진정결과적 가중범인 교통방해치상죄에서 상해에 대한 고의가 있는 경우 교통방해치상죄만이 성립한다고 해야 한다.

이러한 입장에 따를 때에 乙은 기차등교통방해죄, 살인죄, 교통방해치상죄의 상상적 경합범의 죄책을 진다.

63. 유가증권 및 통화위조죄, 편의시설부정이용죄

:: 다음 사례를 읽고 물음에 답하시오.

컴퓨터와 복사기 등을 판매하는 甲은 사업이 되지 않아 전화료도 못내 사무실전화가 통화정지되었고, 옆가게 주인인 A로부터 500만원을 갚으라는 독촉도 받게 되었다. A의 독촉에 시달리던 甲은 B로부터 100만원의 범위에서 금액을 써 넣으라고 위임받은 백지어음에 300만원이라고 기재한 후 그 어음은 사용하지 않고 보관하기로 하고 대신 그 어음을 컬러복사기로 복사하여 2장을 만들고, 복사한 어음 1장과 컬러복사기로 복사한 만원짜리 지폐 100장을 A에게 갖다 주었다.

A가 새 돈이라고 좋아하며 돈을 세어 보고 있는 사이에 甲은 A의 사무실 전화기로 몰래 외국의 거래처에 전화를 걸어 약 10만원 상당의 통화료가 나오게 하고 돌아왔다. 국내거래처에도 전화를 더 걸어야 하는 甲은 자신의 가게에 있는 기계를 이용하여 다 쓴 공중전화카드의 전자기록부분을 조작하여 1만원어치를 쓸 수 있도록 만들었다. 甲은 이 카드를 종업원 C에게 주어 공중전화에 가서 거래처에 전화를 하도록 하였다.

다음 날 A가 나머지 돈 100만원도 마저 달라고 하자 甲은 300만원이라고 써서 복사해 놓은 어음의 액면을 100만원으로 고쳐서 A에게 변제하였다.

1. 판례의 입장에 따라 甲의 죄책을 설명하시오.
2. 판례의 입장에 대한 비판의견을 제시하시오.

Ⅰ. 논점의 제시

甲의 행위 중 형법상 문제되는 것들은 다음과 같다.

1. 100만원의 범위에서 금액을 써 넣으라고 위임받은 백지어음에 300만원을 기재하고 컬러복사기로 복사한 행위가 유가증권위조죄(제214조)에 해당되는지 문제된다.

2. 복사된 액면 300만원짜리 어음과 이 어음에 금액을 100만원으로 고친 어음을 A에게 갖다 준 행위가 위조유가증권행사죄(제217조)에 해당되는지 문제된다.

3. 만원짜리 지폐를 칼라복사기로 복사하고 A에게 가져다준 행위가 통화위조죄

및 위조통화행사죄(제207조 제1항 및 제4항)에 해당되는지 문제된다.

4. A에게 복사한 어음 및 복사한 뒤 액면을 고친 어음과 위조통화를 준 행위가 사기죄(제347조)에 해당되는지 문제된다.

5. A의 사무실에서 몰래 전화를 건 행위가 절도죄(제329조)에 해당되는지 문제된다.

6. 다 쓴 공중전화카드의 전자기록부분을 조작하여 1만원어치를 쓸 수 있도록 만든 행위가 유가증권위조죄(제214조)에 해당되는지 문제된다.

7. 동 공중전화카드를 C에게 주어 전화를 하도록 한 것이 위조유가증권행사죄의 간접정범(제217조, 제34조) 및 편의시설부정이용죄의 간접정범(제348조의2, 제34조)에 해당되는지 문제된다.

8. 위의 범죄들 중 전부 또는 일부가 성립할 경우 죄수관계가 문제된다.

Ⅱ. 판례에 따른 甲의 죄책

1. 유가증권위조·변조죄(제214조) 및 동행사죄(제217조)의 성립 여부

판례에 의하면 甲이 100만원 범위에서 보충하도록 위임받은 백지어음에 300만원을 기재한 행위는 단순히 이미 성립한 어음을 권한없이 변경하는 변조에 그치지 않고 새로운 어음을 권한없이 작성하는 것으로서 위조에 속한다(대판 2008. 12. 24. 2008도9494). 그러나 甲이 보충된 어음 그 자체를 행사할 목적은 없었으므로 유가증권위조죄는 성립하지 않는다.

또한 판례는 "K가 백지 약속어음의 액면란 등을 부당 보충하여 위조한 후 S가 K와 공모하여 금액란을 임의로 변경한 경우 S의 행위는 유가증권위조나 변조에 해당하지 않는다"고 한다(대판 2008. 12. 24. 2008도9494). 이 판례가 甲의 행위는 유가증권위조나 변조에 해당된다는 취지일 수도 있지만, 위조나 변조된 유가증권은 유가증권위조나 변조의 객체가 될 수 없다는 취지로 보아야 할 것이다. 따라서 甲이 위조한 어음을 복사하여 새로운 어음을 만들거나 복사한 어음의 액면금액을 변경하였다고 하더라도 유가증권위조죄나 변조죄에 해당되지 않는다.

甲에게 유가증권위조·변조죄가 성립하지 않으므로 甲이 이 어음을 A에게 주었다고 하더라도 위조·변조유가증권행사죄 역시 성립하지 않는다.

2. 통화위조죄 및 위조통화행사죄(제207조 제1항·제4항)

1만원짜리 지폐는 제207조의 통용하는 대한민국의 은행권이고, 이를 복사하는 행위는 위조행위에 해당한다. 甲에게 통화위조의 고의와 행사할 목적도 인정된다. 甲이 이를 A에게 가져다준 것은 위조통화행사죄의 행사에 해당한다. 따라서 甲은 통화위조 및 동행사죄의 죄책을 진다.

3. 사기죄(제347조)의 성립 여부

甲이 A에게 복사된 어음과 위조통화를 주고 A가 이를 모르고 채무변제조로 수령하였다면 이는 甲이 A를 기망하여 착오에 빠뜨리고 A의 처분행위를 이용해 재산상의 이익을 취한 것이라고 할 수 있다.

4. 절도죄(제329조)의 성립 여부

甲이 A의 사무실에서 몰래 전화를 건 행위가 제329조의 절도죄에 해당하는가의 문제는 결국 전화를 거는 행위를 재물의 절취로 볼 수 있는가의 여부에 달려있다. 甲이 몰래 전화를 걸어서 재산상의 이익을 취하였다고는 할 수 있지만 재물이나 관리할 수 있는 동력을 절취하였다고 할 수는 없다는 것이 판례의 입장이다(대판 1998. 6. 23. 98도700). 따라서 판례에 의하면 甲은 절도죄의 죄책을 지지 않는다.

5. 유가증권위조 및 동행사죄(제214조, 제217조)

판례에 의하면 甲이 다 쓴 공중전화카드의 전자기록부분을 조작하여 1만원어치를 쓸 수 있도록 만든 행위는 유가증권위조에 해당하고 이를 이용해 통화를 하는 것은 위조유가증권행사죄에 해당한다(대판 1998. 2. 27. 97도2483). 판례에 의하면 甲이 정을 모르는 C에게 주어 통화를 하도록 한 것은 처벌되지 않는 C를 이용하여 위조유가증권을 행사한 것이므로 위조유가증권행사죄의 간접정범에 해당된다.

6. 편의시설부정이용죄의 간접정범(제348조의2, 제34조)

C의 행위는 제348조의2 편의시설부정이용죄 소정의 부정한 방법으로 대가를 지급하지 않고 공중전화기를 이용하여 재산상의 이익을 취득하는 행위라고 할 수 있다. 그러나 C는 동죄에 대한 고의가 인정되지 않아 처벌되지 않는다. 그러나 甲은 정을 모르는 C를 이용하였으므로 간접정범이 된다.

7. 죄수 및 정리

판례에 의하면 甲은 통화위조죄(제207조 제1항), 위조통화행사죄(제207조 제4항), 사기죄(제347조), 유가증권위조죄(제214조), 위조유가증권행사죄의 간접정범(제217조, 제34조), 편의시설부정이용죄의 간접정범(제348조의2, 제34조)의 죄책을 진다. 이들 범죄들은 실체적 경합의 관계에 있다.

Ⅲ. 판례에 대한 비판적 의견

1. 유가증권위조 · 변조 및 동행사죄의 문제

판례에 대해서는 유가증권위조 · 변조 및 동행사죄는 유가증권에 대한 공공의 신용을 보호법익으로 하므로, 위조나 변조의 대상인 유가증권이 진정한 유가증권인지 아니면 위조 · 변조된 유가증권인지가 중요하지 않다는 비판의견이 있다. 즉, 어떤 형태로든 진정하지 않은 유가증권을 만들어 낼 경우 공공의 신용이 침해되거나 위태화될 것이므로 유가증권위조 · 변조죄를 인정해야 한다는 것이다. 이 견해에 따르면 甲이 A에게 300만원짜리 어음과 100만원짜리 가짜 어음을 만들어 준 행위는 유가증권위조 · 변조 및 동행사죄에 해당된다.

그리고 판례의 입장대로 유가증권위조 · 변조 및 동행사죄를 인정하지 않는다면 사문서위조 및 동행사죄(제231조, 제234조)가 성립한다고 해야 한다는 입장도 있다. 왜냐하면 유가증권인 어음이 사문서에 해당한다고 볼 수 있고, 복사한 문서의 문서성은 형법 제237조의2에서 명문으로 인정되기 때문이라는 것이다.

2. 폐공중전화카드 관련 유가증권위조 및 동행사죄

형법은 위조 · 변조와 전자기록의 위작 · 변작을 구별하고 있으므로, 폐공중전화카드의 전자기록부분을 변경한 행위는 위조 · 변조에 해당되지 않는다는 비판의견이 있다. 즉, 위조 · 변조란 문자나 부호 등 감각기관에 의해 인식할 수 있는 부분을 변경해야 성립할 수 있고, 기계적 장치를 이용해서 인식할 수 있는 전자기록부분을 변경한 행위를 위조 · 변조라고 하는 것은 피고인에게 불리한 유추해석이라는 입장이다.

이 견해에 의하면 甲이 폐전화카드의 전자기록부분을 변경하여 C에게 전화를 걸도록 한 행위는 유가증권위조 및 동행사죄의 간접정범에 해당되지 않는다.

64. 공문서위조죄, 허위공문서작성죄, 공정증서원본등부실기재죄

∷ 다음 사례를 읽고 물음에 답하시오.

(1) 甲은 동사무소에서 일정한 요건이 갖추어진 경우 동장명의의 이륜자동차사용신고필증을 교부하는 업무를 담당하고 있었다. 어느 날 A가 이륜자동차사용신고필증의 교부를 신청하였다. 동 필증은 본인에게만 발급하여 주는 것이었는데, 甲은 A가 본인이 아니라는 사실을 알면서도 A가 자신에게 빚을 진 사람이고 오토바이가 있어야 돈을 벌어 빚을 갚을 수 있을 것이라고 생각하고 동장명의의 이륜자동차사용신고필증을 교부하여 주었다.

(2) 다음 날 오후 동장이 甲에게 그 전날 교부하여 준 이륜자동차사용신고필증 발급일람표를 동장명의로 작성하여 구청에 보고하도록 지시하였다. 甲은 A에게 필증을 발급하여 준 것이 문제될까 염려하여 A에게 필증을 교부한 사실을 누락시킨 일람표를 작성하여 이 사실을 모르는 동장의 결재를 받아 그 문서를 팩시밀리로 전송하여 구청에 보고하였다.

(3) 다음 날 A를 만난 甲은 빨리 빚을 갚으라고 독촉하고, 아직도 빚을 안 갚으니 공증이라도 받아 놓자고 하였다. 甲은 근처에 있는 합동법률사무소에 가서 공증을 받으면서 실제로는 1천만원의 채권이 있었으나 A가 확인을 소홀히 하는 틈을 타 2천만원의 채권이 있다고 신고하고 공증을 받았고, 동 법률사무소는 공증에 관한 문서를 비치하였다.

1. 사례 (1)에서 甲의 죄책을 설명하시오.
2. 사례 (2)에서 판례에 따른 甲의 죄책과 甲에게 무죄를 인정할 수 있는 논리를 제시하시오.
3. 사례 (3)에서 죄수와 관련하에 甲에게 가장 불리한 논리와 가장 유리한 논리를 제시하시오.

Ⅰ. 논점의 제시

甲의 죄책으로 문제되는 것은 다음과 같다.

1. 甲이 요건이 갖추어져 있지 않음에도 불구하고 동장명의의 이륜자동차신고

필증을 교부하여 준 행위가 공문서위조죄(제225조)에 해당되는지 문제된다.

2. 甲이 동장명의의 이륜자동차사용신고필증 발급일람표를 허위로 작성한 후 동장의 결재를 받아 구청에 보고한 행위가 허위공문서작성죄의 간접정범(제227조) 및 동행사죄(제229조)에 해당되는지 문제된다.

3. 甲이 A에게 1천만원의 채권을 가지고 있었음에도 불구하고 합동법률사무소에 2천만원의 채권이 있다고 허위신고하여 공증을 받은 행위가 공정증서원본등부실기재죄(제228조) 및 동행사죄(제229조)에 해당되는지 문제된다.

4. 위의 범죄들이 성립할 경우 죄수관계가 문제된다.

Ⅱ. 사례 (1)에서 甲의 죄책

1. 허위공문서작성죄(제227조)의 성립 여부

刑·法·演·習

허위공문서작성죄란 공문서를 작성할 권한이 있는 자가 객관적 진실에 반하는 내용의 공문서를 작성하는 것을 말한다. 허위공문서작성죄의 주체는 작성권한있는 공무원이고, 작성권한없는 자가 작성권한있는 공무원명의로 허위문서를 작성한 경우에는 공문서위조죄가 성립할 수 있을 뿐이다.

사례에서 甲이 본인에게만 교부하여 줄 수 있는 이륜자동차사용신고필증을 A가 본인이 아님에도 불구하고 작성하여 주었지만, 이륜자동차사용신고필증을 작성·교부하는 권한은 동장에게 있고 甲은 이를 보조할 권한이 있을 뿐이다. 따라서 甲의 행위는 허위공문서작성죄에 해당되지 않는다.

2. 공문서위조죄(제225조)의 성립 여부

공문서위조죄란 행사할 목적으로 공무원 또는 공무소의 문서 또는 도화를 위조하는 죄이다. 동장명의의 이륜자동차사용신고필증은 공문서라고 할 수 있다. 위조란 공문서의 작성권한이 없는 자가 공무원명의의 공문서를 작성하는 것을 말한다. 즉, 공문서위조죄의 주체는 제한이 없으나 공문서작성권한이 있는 공무원은 공문서위조죄의 주체가 될 수 없고, 허위공문서작성죄의 주체가 될 수 있을 뿐이다.

사례에서 이륜자동차사용신고필증의 작성권한자는 동장이고, 甲은 동장을 보조하는 자이므로 甲이 동장명의로 허위의 필증을 작성하여 준 것은 작성권한없이 동장명의의 필증을 작성한 것이라고 할 수 있으므로 공문서위조죄에 해당된다. 판례도 같은 입장이다(대판 1996. 4. 23. 96도424; 1990. 10. 12. 90도1790; 1981. 7. 28. 81도898).

Ⅲ. 사례 (2)에서 甲의 죄책

1. 판례에 따른 甲의 죄책

(1) 허위공문서작성죄의 간접정범(제227조, 제34조 제 1 항)

사례에서 甲이 A에게 이륜자동차사용확인필증을 교부한 사실을 제외하고 작성한 이륜자동차사용보고필증 일람표는 객관적 진실에 반하는 문서이므로 허위의 공문서에 해당된다. 그런데 동 일람표의 작성권한자는 동장인데, 작성권한이 없는 甲이 동 일람표를 작성하였으므로 이 경우에도 허위공문서작성죄가 성립하는가 문제된다. 甲이 작성권한자가 아니므로 허위공문서작성죄의 직접정범이 될 수는 없다. 그러나 甲이 허위공문서라는 사실을 모르는 작성권자인 동장에게 결재를 받았고, 동장을 보좌하여 동 일람표를 작성하였으므로 허위공문서작성죄의 간접정범이 성립할 수 있는가 문제된다.

이에 대해 판례는 원칙적으로 비신분자가 신분자를 생명있는 도구로 이용하여 신분범을 범할 수 없지만 허위공문서작성죄의 경우 작성권한자를 보좌하는 지위에 있는 공무원이 정을 모르는 작성권한자의 결재를 받아 허위공문서를 작성한 경우에는 허위공문서작성죄의 간접정범이 성립한다고 한다(대판 1990. 2. 27. 89도1816).

(2) 허위작성공문서행사죄(제229조)

판례는 허위공문서를 제시 · 제출 · 교부하는 것뿐만 아니라 송부 · 비치하는 행위(대판 1989. 12. 12. 89도1253), 허위공문서를 모사전송(facsimile)의 방법으로 타인에게 제시하는 행위도 허위작성공문서행사죄에서의 행사에 해당한다고 한다(대판 1994. 3. 22. 94도4).

사례에서 甲이 허위작성된 필증일람표를 팩시밀리로 구청에 전송한 것은 구청 공무원이 인식할 수 있는 상태에 둔 것이고, 원본이 아니라 복사본도 공문서라 할 수 있으므로(제237조의2) 허위작성공문서행사죄에 해당된다.

(3) 정 리

판례에 의하면 甲은 허위공문서작성죄의 간접정범과 허위작성공문서행사죄의 실체적 경합범의 죄책을 진다.

2. 甲의 무죄를 인정하기 위한 논리

통설·판례는 비신분자가 신분자를 생명있는 도구로 이용하여 신분범을 범할 수 없다고 한다. 예를 들어 일반인은 간접정범의 형태로 허위공문서작성죄를 범할 수 없다. 일반인은 예외적으로 간접정범 형태의 허위공문서작성죄라고 할 수 있는 공정증서원본등부실기재죄(제228조)를 범할 수는 있다. 그러나 이는 해석에 의해 인정될 수 있는 것이 아니라 제228조라는 명문의 규정에 의해 인정되는 것이다.

비신분자는 간접정범의 형태로도 진정신분범을 범할 수 없다고 한다면 작성권한있는 자를 보조하는 자가 작성권한있는 자를 생명있는 도구로 이용하여 허위공문서작성죄를 범할 수 없다. 그런데 통설·판례는 이에 대한 예외를 인정하고 있다.

그러나 실정법적 근거가 없는 예외를 인정하는 것은 형법해석의 엄격성원칙 및 피고인에게 불리한 유추해석금지원칙에 반하는 것이라고 할 수 있다. 통설·판례와 같이 보조자에게 허위공문서작성죄의 간접정범을 인정할 필요는 있지만, 이는 해석을 통해서가 아니라 입법을 통해야 한다. 따라서 이러한 입법이 이루어지기 전까지는 甲에게 허위공문서작성죄의 간접정범의 죄책을 물어서는 안 된다. 甲에게 허위공문서작성죄가 인정되지 않는다면, 허위작성공문서행사죄도 인정되지 않고, 따라서 甲은 무죄이다.

Ⅳ. 사례 (3)에서 甲의 죄책

1. 문 제 점

판례는 "실제로는 채권 · 채무관계가 존재하지 아니함에도 공증인에게 허위신고를 하여 가장된 금전채권에 대하여 집행력이 있는 공정증서원본을 작성하고 이를 비치하게 한 것이라면 공정증서원본 부실기재죄 및 부실기재 공정증서원본 행사죄의 죄책을 면할 수 없다 할 것이다"라고 한다(대판 2003. 7. 25. 2002도638). 사례에서 甲이 A에게 1천만원의 채권을 가지고 있었음에도 불구하고 합동법률사무소에 2천만원의 채권이 있다고 허위신고하여 공증을 받고 이를 그 법률사무소에 비치하게 한 행위는 공정증서원본등부실기재죄(제228조) 및 동행사죄(제229조)에 해당된다. 공정증서원본등부실기재죄와 동행사죄의 죄수관계에 대해 실체적 경합범이라는 견해, 상상적 경합범이라는 견해 및 행사죄만이 성립한다는 견해 등이 대립한다.

따라서 甲에게 가장 불리한 논리는 양자가 실체적 경합범이라는 논리이고, 가장 유리한 논리는 행사죄만이 성립한다는 논리이다.

2. 가장 불리한 논리

甲의 공정증서원본등부실기재죄 행위와 동행사 행위는 사회통념상 별개의 행위로 이루어진 것이라고 할 수 있고, 이를 하나의 행위로 이루어진 것이라고 할 수는 없다. 이와 같이 甲은 수 개의 행위로 수 개의 죄를 범하였으므로 실체적 경합범의 죄책을 진다.

3. 가장 유리한 논리

甲이 공증을 받은 행위와 그것을 법률사무소가 비치한 행위는 사회통념상 별개의 행위라고 보기 어렵다. 왜냐하면 법률사무소에서 공증을 받는 경우 법률사무소가 공증에 관한 문서를 비치하는 것은 자동적인 것이라고 할 수 있기 때문이다. 또한 공증을 받는 행위는 차후 공증을 확인하기 위한 수단이라고 할 수 있다.

즉, 공증을 받는 행위와 공증에 관한 문서를 확인하기 위해 비치하게 하는 행위는 수단 대 목적의 관계에 있다. 이와 같이 수단 대 목적의 관계에 있는 두 범죄의 경우 침해하는 법익이나 범죄의사 및 범죄행위가 단일하다고 할 수 있으므로 목적된 범죄만이 성립한다고 해야 한다.

따라서 甲은 부실기재공정증서원본등행사죄(제229조)의 죄책만을 진다.

65. 사문서부정행사죄 및 위계에 의한 공무집행방해죄

:: 다음 사례를 읽고 물음에 답하시오.

(1) 개인택시 운송면허를 받아 운전에 종사하고 있는 甲은 경기가 나빠 돈을 많이 벌지 못하게 되자 외국으로 이민을 가기로 마음먹고 있었다. 어느 날 甲은 택시 안에서 손님이 떨어뜨린 한국통신 발행의 후불식 전화카드를 발견하였다. 잘됐다고 생각한 甲은 그 전화카드를 가지고 가 열흘 동안 수십 차례에 걸쳐 공중전화에서 외국에 있는 친구에게 전화를 걸어 자신이 궁금했던 이민문제를 장시간에 걸쳐 모두 물어보았고 이로 인해 30만원 상당의 요금이 나오도록 하였다.

(2) 그런데 얼마 후 이 사실이 발각되어 경찰의 수사를 받게 되자 甲은 하루빨리 이민을 가기로 결심하고 개인택시 운송면허를 양도하려고 하였다. 그러나 운송면허를 양도할 수 있는 기간이 되지 않아 양도인가를 받을 수 없자 甲은 자신이 1년 이상의 치료를 요하는 질병으로 인하여 직접 운전을 할 수 없는 것처럼 가장하여 개인택시 운송면허양도인가를 받기로 하였다. 甲은 사립종합병원 의사 A를 속여 자신이 질병진단을 받는 것처럼 가장하고 실제 진단은 질병이 있는 노숙자 B로 하여금 받게 하여 A로부터 질병이 있다는 진단서를 발급받고 행정관청에 개인택시 운송사업의 양도·양수인가신청을 하면서 그 진단서를 소명자료로 제출하여 진단서의 기재내용을 신뢰한 행정관청으로부터 인가처분을 받았다.

(3) 그러나 개인택시를 양도하여 들어올 돈만으로는 자금이 부족하다고 느낀 甲은 만12세의 중학생인 아들 B에게 동네 은행에 가서 돈을 훔쳐 오라고 하였다. 아버지의 사정을 알고 있는 B는 은행에 가 100만원짜리 자기앞수표 3장을 훔쳐 왔다. B로부터 자기앞수표를 건네받은 甲은 이것을 가지고 C의 가게에 가서 이민에 필요한 물건을 구입하였다.

1. 사례 (1)에서 甲의 죄책을 설명하시오.
2. 사례 (2)에서 甲의 죄책에 대한 판례입장의 변화를 설명하시오.
3. 사례 (3)에서 甲에게 절도죄의 교사범을 인정하는 견해와 간접정범을 인정하는 견해의 논거를 제시하시오.
4. 사례 (3)에서 甲을 가장 무겁게 처벌할 경우와 가장 가볍게 처벌할 경우 징역형의 처단형을 제시하시오.

Ⅰ. 논점의 제시

甲의 죄책으로 문제되는 것은 다음과 같다.

1. 택시 안에 떨어져 있던 타인의 후불식 전화카드를 주워 가진 행위가 절도죄(제329조) 또는 점유이탈물횡령죄(제360조) 중 어디에 해당되는지 문제된다.

2. 전화카드로 공중전화에서 전화를 걸어 30만원 상당의 전화요금이 나오도록 한 행위가 편의시설부정이용죄(제348조의2) 또는 사문서부정행사죄(제236조)에 해당되는지 문제된다.

3. 자신이 진단을 받는다고 하면서 B가 진단을 받도록 하여 의사 A를 속여 허위진단서를 작성하도록 한 행위가 허위진단서작성죄의 간접정범(제233조, 제34조 제1항)에 해당되는지 문제된다.

4. 진단서의 기재내용을 신뢰한 행정관청으로 하여금 개인택시 운송면허양도인가를 내주도록 한 행위가 위계에 의한 공무집행방해죄(제137조)에 해당되는지 문제된다.

5. B를 교사하여 자기앞수표를 훔쳐 오도록 한 행위가 절도죄의 교사범(제329조, 제31조)과 절도죄의 간접정범(제329조, 제34조 제2항) 중 어디에 해당되는지 문제된다.

6. B로부터 수표를 건네받은 행위가 장물취득죄(제362조)에 해당되는지 문제된다.

7. 절취한 수표로 C의 가게에서 이민에 필요한 물건을 구입한 행위가 사기죄(제347조)에 해당되는지 문제된다.

8. 이상의 죄의 전부 또는 일부가 성립할 경우 그 죄수관계가 문제된다.

Ⅱ. 사례 (1)에서 甲의 죄책

1. 점유이탈물횡령죄(제360조) 또는 절도죄(제329조)의 성립 여부

손님이 택시에 잊어버리고 내린 후불식 전화카드가 점유이탈물인지 아니면 택시기사가 점유하는 재물인지가 문제된다. 전자의 경우 甲은 점유이탈물횡령죄의 죄책을 지지만, 후자의 경우 甲은 타인이 점유하는 타인의 점유를 절취한 자로서 절도죄의 죄책을 진다.

판례는 "고속버스 운전사는 고속버스의 관수자로서 차내에 있는 승객의 물건을 점유하는 것이 아니고 승객이 잊고 내린 유실물을 교부받을 권능을 가질 뿐이므로 유실물을 현실적으로 발견하지 않는 한 이에 대한 점유를 개시하였다고 할 수 없고, 그 사이에 다른 승객이 유실물을 발견하고 이를 가져갔다면 절도에 해당하지 아니하고 점유이탈물횡령에 해당한다"고 한다(대판 1993. 3. 16. 92도3170).

이 판례가 택시의 경우에도 적용될 수 있는지 문제된다. 왜냐하면 고속버스에 비해 택시는 택시기사의 현실적 지배를 인정하기가 훨씬 쉽기 때문이다. 그러나 고속버스에서나 택시에서나 승객이 운전사가 발견하지 못한 유실물을 가져가는 것은 그 성격이 다를 바가 없다고 할 수 있으므로 甲은 점유이탈물횡령죄의 죄책을 진다고 해야 할 것이다.

2. 편의시설부정이용죄(제348조의2)의 성립 여부

편의시설부정이용죄가 성립하기 위해서는 '대가를 지급하지 아니하고' 공중전화 등을 이용하여 재산상 이익을 취득하여야 한다. 甲이 공중전화를 이용하여 재산상 이익을 취득한 것은 사실이지만, 공중전화이용대가는 지급하였다고 할 수 있으므로 甲의 행위는 편의시설부정이용죄의 구성요건에 해당되지 않는다.

3. 사문서부정행사죄(제236조)의 성립 여부

(1) 문제점

甲이 손님의 전화카드를 무단사용한 행위가 사문서부정행사죄에 해당되는가에서 전화카드는 권리 · 의무 또는 사실증명에 관한 타인의 문서라고 할 수 있으므로 이 점은 별 문제가 없다. 문제는 후불식 전화카드를 공중전화에 투입할 경우 공중전화는 전화카드의 자기띠 부분을 인식하여 작동하는데, 이러한 행위가 부정행사에 해당하는가이다.

(2) 부 정 설

부정설은 전화카드 자체는 사문서에 해당하지만, 甲이 전화카드를 공중전화기에 넣어 사용한 것은 그 사문서 부분을 행사한 것이 아니고 단지 카드의 뒷면에 부착된 자기띠 부분을 사용한 것이라고 한다. 그리고 형법 제232조의2가 사문서위조 또는 변조죄와 별도로 전자기록 등 특수매체기록의 위작 또는 변작죄에 대한 처벌규정을 두고 있는 점에 비추어 볼 때, 전화카드의 자기띠 부분은 형법 제236조의 사문서에 해당하지 않는다고 한다(대판 2002. 6. 25. 2002도461의 원심판결의 견해).

(3) 긍 정 설

긍정설은 "사용자에 관한 각종 정보가 전자기록되어 있는 자기띠가 카드번호와 카드발행자 등이 문자로 인쇄된 플라스틱 카드에 부착되어 있는 전화카드의 경우 그 자기띠 부분은 카드의 나머지 부분과 불가분적으로 결합되어 전체가 하나의 문서를 구성하므로, 전화카드를 공중전화기에 넣어 사용하는 경우 비록 전화기가 전화카드로부터 판독할 수 있는 부분은 자기띠 부분에 수록된 전자기록에 한정된다고 할지라도, 전화카드 전체가 하나의 문서로서 사용된 것으로 보아야 하고 그 자기띠 부분만 사용된 것으로 볼 수는 없으므로 甲의 행위는 사문서부정행사죄에 해당된다"고 한다(대판 2002. 6. 25. 2002도461). 한편 이 견해에서도 甲이 수십 차례에 걸쳐 전화를 한 것은 포괄일죄에 해당한다고 한다.

(4) 결 어

생각건대, 사문서부정행사에서 '행사'란 사람의 오관의 작용에 의해 인식할 수 있도록 사용하는 것을 말하고, 기계적 작용에 의해 인식할 수 있도록 하는 것은 포함되지 않는다고 해야 할 것이다. 甲의 행위는 입법상의 흠결에 해당하고, 이러한 입법상의 흠결을 해석에 의해 보충하려고 하는 판례의 입장은 타당하지 않다고 생각되므로 甲의 행위는 사문서부정행사죄에 해당되지 않는다고 해야 할 것이다.

4. 정　리

사례 (1)에서 甲은 점유이탈물횡령죄의 죄책을 진다.

Ⅲ. 사례 (2)에서 甲의 죄책에 대한 판례입장의 변화

1. 허위진단서작성죄의 간접정범(제233조, 제34조 제 1 항)

甲이 자신이 진단을 받는다고 하면서 B가 진단을 받도록 하여 의사 A를 속여 허위진단서를 작성하도록 한 행위가 허위진단서작성죄의 간접정범에 해당하는지의 문제는 비신분자도 진정신분범의 간접정범이 될 수 있는가의 문제이다.

판례는 공무원이 아닌 자도 공문서위조죄 등의 간접정범이 될 수 있다는 입장을 취하였으나(대판 1955. 2. 25. 4286형상39) 이후 전원합의체 판결인 대판 1961. 12. 14. 4292형상645에서 “공무원이 아닌자가 허위의 공문서 위조의 간접정범이 되는 때에는 동법 제228조의 경우 이외에는 이를 처벌하지 아니하는 취지로 해석함을 상당하다고 할 것이며 이 점에 관하여 위 취지에 저촉되는 본원 4286년 형상 제39호(4288년 2월 25일 선고) 판결 이유는 이를 유지할 필요가 없다 하여 폐기하기로 한다”고 한 이후 현재까지 이러한 입장을 유지하고 있다(대판 1970. 7. 28. 70도1044; 2001. 3. 9. 2000도938).

2. 위계에 의한 공무집행방해죄(제137조)의 성립 여부

(1) 문 제 점

甲이 개인택시 운송면허양도의 인가를 받기 위해 허위진단서를 제출하였고, 진단서의 기재내용을 신뢰한 행정관청이 개인택시 운송면허양도인가를 내주었으므로 甲의 행위가 위계에 의한 공무집행방해죄에 해당하는지 문제된다.

(2) 판례의 입장

이전의 판례는 “행정청이 당사자의 신청에 따라 인·허가처분을 함에 있어서는 그 신청사유가 사실과 들어맞지 아니하는 경우가 있음을 전제로 하여 인·허가 여부를 심사·결정하는 것이므로, 행정청이 사실을 충분히 확인하지 아니한 채 신청인이 제출한 사실과 다른 신청사유나 소명자료를 믿고 인·허가를 하였다면, 이는 행정청의 불충분한 심사로 인한 것으로서 신청인의 위계에 의한 것이었다고 볼 수 없어 위계에 의한 공무집행방해죄가 성립하지 아니한다"는 입장을 취하였다(예를 들어, 대판 1997. 2. 28. 96도2825; 1989. 1. 17. 88도709).

그러나 이후 "당사자가 행정청에 사실과 다른 신청사유를 주장하면서 이에 들어맞는 거짓 소명자료를 첨부하여 제출한 경우 행정청이 관계 법령에 따라 인·허가요건에 해당하는지 여부에 관하여 충분히 심사하였으나 신청사유와 소명자료가 거짓임을 발견하지 못하여 인·허가처분을 하게 되었다면 이는 행정청의 불충분한 심사로 인한 것이 아니라 신청인의 위계에 의한 것으로서 위계에 의한 공무집행방해죄가 성립된다"고 하는 입장을 취하고 있다(대판 2002. 9. 4. 2002도2064; 2010. 10. 28. 2008도9590).

刑·法·演·習

(3) 판례의 경향분석

후자의 판례들이 전원합의체 판결이 아니므로 전자의 판례들의 입장을 변경한 것이라고 할 수 없다. 즉, 판례는 행정청이 충분한 심사를 하였음에도 허위임을 발견하지 못하여 인가 등을 해 준 경우 위계에 의한 공무집행방해죄에 해당되지만 행정청의 불충분한 심사로 인해 인가 등을 해 준 경우에는 위계에 의한 공무집행방해죄에 해당되지 않는다는 입장을 유지하고 있다. 다만, 이전의 판례들은 대부분 행정청의 불충분한 심사에 기한 것으로 보아 위계에 의한 공무집행방해죄를 인정하지 않았으나, 이후의 판례들은 충분한 심사가 있었던 것으로 보아 위계에 의한 공무집행방해죄를 인정하는 방향으로 변경되었다고 할 수 있다.

Ⅳ. 사례 (3)에서 절도죄에 대한 甲의 죄책

1. 견해의 대립

甲이 아들 B에게 자기앞수표를 훔쳐 오도록 한 행위는 B를 교사하여 절도죄를 범하게 한 것이라고 할 수 있다. 이와 같이 형사미성년자를 교사하여 절도죄를 범하게 한 경우 절도죄의 교사범에 해당된다는 견해와 절도죄의 간접정범에 해당된다는 견해가 대립한다.

2. 교사범설의 논거

교사범설은 우리 형법이 제한적 종속형식을 취하고 있어서 구성요건에 해당하고 위법한 행위를 교사하면 교사범이 성립할 수 있다고 한다. 이에 의하면 甲이 책임무능력자인 아들 B에게 돈을 훔쳐 오라고 한 것은 B를 생명있는 도구로 이용한 것이 아니라 의사능력자로서 이용한 것으로서 교사행위에 해당하고 B의 행위가 절도죄의 구성요건에 해당하고 위법하기 때문에 甲은 절도죄의 교사범의 죄책을 진다고 한다.

교사범설의 가장 중요한 논거는 우리 형법이 제한적 종속형식을 취하고 있다는 것인데, 그 근거는 다음과 같다.

첫째, 제31조 제 2 항 · 제 3 항에서는 효과없는 교사의 경우 교사자를 처벌하도록 하고 있는데 이는 극단적 종속형식과 일치하지 않는다.

둘째, 범죄라는 개념도 상대적인 이상 정범이 구성요건에 해당하고 위법한 행위를 하면 그 책임 여부와 관계없이 공범이 성립할 수 있다고 해석하는 것이 타당하다.

셋째, 공범의 처벌근거는 정범의 책임에 가담하는 것이 아니라 정범의 불법을 야기 · 촉진하는 데에 있으므로 제한적 종속형식이 개인책임의 원리와 일치한다.

넷째, 제34조가 책임무능력자를 교사 · 방조한 경우 언제나 간접정범을 인정하는 의미는 아니고, 책임무능력자를 생명있는 도구로 이용한 때에는 간접정범이 성립하지만 책임무능력자를 의사능력있는 피교사자로 이용할 때에는 교사범이 성립한다고 해야 한다.

3. 간접정범설의 논거

간접정범설은 우리 형법이 극단적 종속형식을 취하고 있기 때문에 교사범이 성립하기 위해서는 정범의 행위가 구성요건에 해당하고 위법하고 유책해야 한다고 한다. 이 견해에 의하면, B의 행위는 절도죄의 구성요건해당성과 위법성이 있으나 B가 형사미성년자여서 책임무능력자이므로 甲의 행위는 절도죄의 교사범에 해당될 수 없고 간접정범에 해당된다.

간접정범설의 가장 중요한 논거는 우리 형법이 극단적 종속형식을 취하고 있다는 것인데, 그 근거는 다음과 같다.

첫째, 제31조가 "타인을 교사하여 '죄'를 범하게 한 자," 제32조가 "타인의 '범죄'를 방조한 자"라고 규정하고 있는데 이와 같이 '죄', '범죄'라고 규정하는 것은 정범의 행위가 완전히 범죄로서 성립해야 한다는 것, 즉 구성요건해당성, 위법성, 책임을 갖추어야 한다는 것을 의미한다.

둘째, 책임무능력자를 교사·방조하는 경우 제한적 종속형식에 의하면 교사·방조범이 성립한다고 해야 한다. 그러나 형법 제34조 제1항은 "어느 행위로 인하여 처벌되지 아니하는 자를 교사 또는 방조"한 경우 교사·방조범이 아니라 간접정범이 성립한다고 규정하고 있다.

셋째, 제한적 종속형식에 따르면 형사미성년자를 교사·방조한 경우에는 교사·방조범이 성립하므로, 제34조 제1항은 형사미성년자를 생명있는 도구로 이용한 경우를 규정한 것이라고 해야 한다. 이를 위해서는 제34조 제1항의 "교사 또는 방조하여"를 '생명있는 도구로 이용하여'라고 해석해야 하는데, 이는 형법해석의 한계를 벗어난 것이다.

Ⅴ. 사례 (3)에서 甲의 처단형

1. 사례 (3)에서 문제되는 甲의 죄책

(1) 절도죄의 교사범 또는 간접정범

위에서 본 것과 같이 甲이 B를 교사하여 자기앞수표를 훔쳐 오게 한 행위는 절도죄의 교사범 또는 절도죄의 간접정범에 해당될 수 있고, 나아가 제34조 제2항이 적용될 수도 있다.

(2) 장물취득죄의 성립 여부

B가 훔쳐 온 자기앞수표는 재산범죄로 인해 취득한 재물이고 이때의 재산범죄란 위법성까지 갖추면 족하므로 그 자기앞수표는 장물이라고 할 수 있다. 甲이 B로부터 자기앞수표를 교부받았으므로 장물취득죄가 문제된다.

판례는 재산범죄의 공동정범이 다른 공범으로부터 장물을 교부받은 경우에는 장물취득죄가 성립하지 않으나 재산범죄의 교사범이 정범으로부터 장물을 교부받은 경우에는 장물취득죄가 성립한다고 한다(대판 1969. 6. 24. 69도692). 이에 대해 교사범이 본범으로부터 장물을 취득하더라도 공동정범과 마찬가지로 장물취득죄의 죄책을 지지 않는다는 견해가 있다.

(3) 사기죄(제347조)의 성립 여부

甲이 장물인 자기앞수표로 이민에 필요한 물건을 구입한 행위가 사기죄에 해당되는지 문제된다.

판례는 "금융기관 발행의 자기앞수표는 그 액면금을 즉시 지급받을 수 있는 점에서 현금에 대신하는 기능을 가지고 있어서 장물인 자기앞수표를 취득한 후 이를 현금 대신 교부한 행위는 장물취득에 대한 가벌적 평가에 당연히 포함되는 불가벌적 사후행위로서 별도의 범죄를 구성하지 아니한다"(대판 1993. 11. 23. 93도213)고 한다. 이에 대해 절취한 자기앞수표로 물건을 구입하는 행위는 신의칙에 반하는 기망행위이고, 상대방이 이를 알았다면 거래를 하지 않았을 것이므로 사기죄를 인정하는 견해가 있다.

2. 甲을 가장 무겁게 처벌할 경우의 처단형

(1) 甲에게 가장 무거운 죄책을 인정하기 위한 논리구성

甲에게 가장 무거운 죄책을 인정하기 위해서는 제34조 제2항의 특수한 절도죄의 간접정범 또는 교사범, 장물취득죄, 사기죄의 죄책을 인정하고 이들 죄가 실체적 경합관계에 있다고 해야 한다.

(2) 甲의 처단형

위 세 범죄가 실체적 경합범이라고 할 경우 제38조 제1항이 적용되어, 가장 무거운 죄의 2분의 1까지 가중하게 된다. 절도죄의 특수한 교사범 또는 간접정범이라고 할 경우 그 법정형은 9년 이하의 징역, 장물취득죄의 법정형은 7년 이하의 징역, 사기죄의 법정형은 10년 이하의 징역이다. 이와 같이 세 범죄 중에서는 사기죄가 가장 무거우므로, 甲은 사기죄의 장기의 2분의 1까지 가중된 형벌인 15년 이하의 징역에 처해진다. 이것이 세 범죄의 형기를 합산한 것보다 낮으므로 甲의 처단형은 15년 이하의 징역이다. 다만 작량감경을 할 경우의 처단형은 7년 6개월 이하의 징역이다.

3. 甲을 가장 가볍게 처벌할 경우의 처단형

(1) 甲에게 가장 가벼운 죄책을 인정하기 위한 논리

甲에게 가장 가벼운 죄책을 인정하기 위해서는 절도죄의 교사범 또는 간접정범을 인정하고, 절도죄의 교사범 또는 간접정범이 정범으로부터 장물을 취득한 경우 별도의 장물취득죄가 성립하지 않고, 자기앞수표로 물건을 구입한 경우 사기죄가 성립하지 않는다는 논리를 따라야 한다.

이 경우 甲은 절도죄의 교사범 또는 간접정범의 죄책을 진다.

(2) 甲의 처단형

甲은 절도죄의 교사범 또는 간접정범의 죄책만을 지므로, 甲에 대한 처단형도 6년 이하의 징역이다. 다만, 작량감경을 할 경우 甲에 대한 처단형은 3년 이하의 징역이다.

66. 성풍속에 관한 죄

:: 다음 사례를 읽고 물음에 답하시오.

유부남인 甲과 유부녀인 乙은 친구들과 함께 망년회를 하기 위해 '돈텔파파'라는 성인나이트에 놀러 갔다가 그곳에서 소위 부킹을 하게 되어 만나게 되었다. 서로 마음이 통한다고 느낀 두 사람은 근처 여관에서 2회에 걸쳐 정을 통한 후 헤어졌다. 아쉬움을 지닌 두 사람은 며칠 후 다시 만나 다시 한번 동침을 하기로 하였다.

甲은 좀더 분위기 있게 乙과 동침하는 방법을 생각하다 비디오가게를 운영하면서 음란비디오와 음란서적이나 그림 등을 판매하는 친구 A가 '최종명기 확!'이라는 제목의 음란비디오 여주인공의 정면나체사진으로 만든 포스터를 가지고 있다는 것을 발견하였다. 甲은 A를 졸라 그것을 자신에게 팔라고 하였다. A는 친구에게까지 포스터를 팔 생각이 없었지만, 甲이 하도 졸라대기 때문에 1만원을 받고 그 포스터를 A에게 팔았다. 甲과 乙은 다시 여관에서 만나 포스터를 벽에 붙여 놓고 1회 동침을 하였다. 그런데 乙을 수상하게 여긴 남편 B가 乙을 미행하여 乙이 여관에 들어가는 것을 기다린 후 칼을 들고 죽여 버리겠다고 하며 그 방을 급습하였다. 깜짝 놀란 두 사람은 알몸으로 뛰어나가 길 건너편에 있는 여관으로 숨었다. 길 가던 사람들은 한편으로는 놀라고, 한편으로는 재미있게 그 광경을 바라보았다. 그날 밤 집으로 돌아온 乙에게 B는 "내가 증거는 다 수집해 놓았으나 한 번 실수는 문제삼지 않겠다. 하지만 다시 한 번 그러면 가만있지 않겠다"고 하였다. 그러나 며칠이 지나자 다시 甲이 그리워진 乙은 친정에 갔다 온다고 하고 甲과 여관에서 만나 다시 1회 동침하였다.

동침을 한 후 휴식을 취하던 甲, 乙은 옆방에서 "죽어, 빨리 죽어"라고 하는 소리가 들려 혹시 살인사건이 나는 것은 아닌가 하고 옆방을 들여다 보았는데, 거기에서는 고스톱판이 벌어지고 있었다. 평소 도박의 습벽이 있던 甲은 참지 못하고 그 판에 끼어들었으나 가진 돈 50만원을 모두 잃고 말았다. 이에 화가 난 乙은 고스톱을 쳐 본적이 별로 없지만 甲을 제치고 자신이 고스톱을 쳤다. 그런데 乙이 들어가 몇 판을 따게 되자 甲은 乙의 어깨를 주물러 주며 응원을 하였고, 결국 乙은 100만원을 따게 되었다. 그 돈으로 여관비를 치른 乙은 집으로 돌아왔으나 B에게 그날의 일을 들키고 말았다.

1. 간통행위에 대한 甲, 乙의 죄책을 판례의 입장에 따라 설명하고, 판례보다 甲, 乙에게 유리한 죄책을 인정할 수 있는 논리를 제시하시오.
2. B는 용서해 주겠다고 하기 이전의 甲, 乙의 간통죄에 대해서는 증거를 가지고 있지만, 그 이후의 간통죄에 대해서는 증거를 갖고 있지 않다. 따라서 B가 용서해 주

겠다고 하기 이전의 간통죄에 대해 고소하려고 하는데 이것이 가능한지를 판례의 입장에 따라 설명하고 비판의견도 소개하시오.

3. 간통행위 이외의 부분에 대한 甲, 乙의 죄책을 판례의 입장에 따라 설명하고, 그에 대한 비판의견을 제시하시오.

Ⅰ. 논점의 제시

간통행위 부분에 대한 甲, 乙의 죄책으로 문제되는 것은 다음과 같다.

1. 유부남 甲이 유부녀 乙과 4회에 걸쳐 동침한 행위가 간통죄(제241조 제1항 전단)와 상간죄(제241조 제1항 후단)에 해당되는지 문제된다.

2. 위의 범죄들이 성립할 경우 죄수관계가 문제된다.

乙의 간통죄에 대해서도 B가 고소를 할 수 있는가는 B가 乙을 용서하여 준다고 한 것이 간통죄의 유서(제241조 제2항)에 해당되는지의 여부에 달려있다.

간통행위 이외의 부분에 대한 甲의 죄책으로 문제되는 것은 다음과 같다.

1. A를 졸라 자신에게 나체포스터를 팔도록 한 행위가 음화판매죄의 교사범(제243조, 제31조)에 해당되는지 문제된다.

2. B가 여관방을 급습하자 이를 피하기 위해 알몸으로 길 건너편 여관으로 도망간 행위가 공연음란죄(제245조)에 해당되는지 및 해당된다면 긴급피난 등으로 위법성이 조각될 수 있는지 문제된다.

3. 여관방에서 고스톱을 친 행위가 상습도박죄(제246조 제2항)에 해당되는지 및 乙의 고스톱을 도와준 행위가 단순도박죄의 방조범(제246조 제1항, 제32조)과 상습도박죄의 방조범(제246조 제2항, 제32조) 중 어디에 해당되는지 문제된다.

4. 이상의 범죄들의 죄수관계가 문제된다.

간통행위 이외의 부분에 대한 乙의 죄책으로 문제되는 것은 다음과 같다.

1. B가 여관방을 급습하자 이를 피하기 위해 알몸으로 길 건너편 여관으로 도망간 행위가 공연음란죄(제245조)에 해당되는지 및 해당된다면 긴급피난 등으로 위법성이 조각될 수 있는지 문제된다.

2. 甲을 제치고 고스톱을 친 행위가 단순도박죄(제246조 제1항)에 해당되는지 문제된다.

Ⅱ. 간통행위에 대한 甲, 乙의 죄책

1. 판례에 따른 甲, 乙의 죄책

(1) 간통죄(제241조 제 1 항 전단)와 상간죄(제241조 제 1 항 후단)의 성립 여부

간통죄란 배우자있는 자가 간통을 하는 죄이다. 배우자란 법률상의 배우자를 의미하고, 간통이란 성기의 삽입을 의미한다. 사례에서 甲, 乙이 유부남과 유부녀로서 배우자있는 자이고, 甲, 乙이 성관계를 하였으므로 간통죄가 성립한다. 한편 甲, 乙의 행위는 배우자있는 자와 간통을 하는 행위로서 상간죄에 해당된다.

(2) 죄수 및 정리

판례는 "형법 제241조 전문과 후문은 주관적 구성요건으로서의 고의의 내용을 달리하므로 배우자 있는 자들이 상대방에게도 배우자가 있음을 인식하면서 서로 간통하는 이른바 이중간통의 경우에는 쌍방 모두 위 전문과 후문에 해당하게 되고, 이는 처분상의 일죄인 상상적경합의 관계에 있다"고 한다(대판 1990. 1. 25. 89도1317). 또한 "형법 제241조 소정의 간통죄는 성교행위마다 1개의 죄가 성립하는 것으로서 각 간통행위마다 배우자의 고소가 있어야 논할 수 있다"고 한다(대판 1989. 9. 12. 89도54).

따라서 판례에 의하면, 甲, 乙은 총 4회에 걸쳐 성행위를 하였으므로 각각 4개의 간통죄 및 상간죄의 상상적 경합범의 죄책을 진다. 그리고 간통죄 및 상간죄의 상상적 경합범 4개는 실체적 경합범 관계에 있다.

2. 甲, 乙에게 판례보다 가벼운 죄책을 인정할 수 있는 논리

(1) 문 제 점

甲, 乙이 현행형법상 간통죄 및 상간죄의 죄책을 진다는 데에는 의심이 없다. 그러나 甲, 乙에게 판례보다 가벼운 죄책을 인정하기 위해서는 다음과 같은 논리를 생각해 볼 수 있다.

첫째, 간통죄 및 상간죄는 위헌이므로 甲, 乙은 무죄라는 것이다.

둘째, 간통죄 및 상간죄가 위헌이 아니라도, 甲, 乙의 간통죄 및 상간죄를 상상적 경합범이나 실체적 경합범이 아닌 포괄일죄로 파악하는 것이다.

(2) 간통죄의 위헌론

간통죄위헌론은 다음과 같은 논거를 제시하고 있다.

첫째, 간통죄는 형식적으로는 남녀의 구분없이 처벌하는 규정이지만 현실적으로 여성이 남성을 고소하여 간통죄로 처벌되도록 하기가 사실상 어렵다는 점에서 여성에게 불리한 규정이므로, 헌법 제11조 제1항의 평등원칙에 위반된다.

둘째, 간통과 이혼소송, 고소에 이르렀다면 가족관계는 이미 파탄난 상태라고 보아야 하며, 이와 같이 파탄난 가족관계를 해소하고 새로운 가족관계를 형성하는 데 간통죄로 인한 처벌은 중대한 장애가 되므로, 혼인과 가족생활은 개인의 존엄과 양성의 평등을 기초로 성립되고 유지되어야 한다고 규정한 헌법 제36조 제1항에 위반된다.

셋째, 간통죄는 사생활의 자유와 비밀에 관한 권리의 가장 본질적인 부분인 성적 행위 여부 및 상대방결정권을 제한하고 이를 들추어 낼 것을 형사적으로 강제함으로써 헌법상 권리의 본질적인 부분을 제한하고 있으므로, 헌법 제37조 제2항의 과잉금지원칙에 위반된다.

(3) 간통죄와 상간죄의 죄수

1) 간통죄와 상간죄의 관계

甲, 乙이 성행위를 하였을 경우 판례는 간통죄와 상간죄를 인정하지만, 간통죄나 상간죄의 보호법익 모두 선량한 성풍속이고, 하나의 행위로 이루어지므로 간통죄와 상간죄는 상상적 경합관계에 있다기보다는 상간죄가 간통죄에 흡수된다고 해야 할 것이다.

2) 간통죄의 죄수

판례에 의하면 간통행위마다 간통죄가 성립한다고 하는데, 동일한 상대방과 간통행위를 하였을 경우에는 보호법익이 동일하고, 범죄의사가 단일하므로 포괄일죄의 관계에 있다고 해야 한다.

3) 사례에서 간통죄의 죄수

설사 판례처럼 간통행위마다 간통죄가 성립한다고 하더라도 甲, 乙이 첫날 두 번 행한 성행위는 사회통념상 하나의 행위로 보아야 할 것이다.

(4) 정 리

이상의 논리를 종합하면, 甲, 乙에게 판례보다 가벼운 죄책을 인정하는 입장에서는 간통죄의 포괄일죄, 3개의 간통죄, 3개의 간통죄와 3개의 상간죄의 상상적 경합범, 4개의 간통죄 등을 인정할 수 있을 것이다.

Ⅲ. B의 고소가능 여부

1. 쟁 점

B가 乙에게 "한 번 실수는 용서하겠다…"라고 한 이후 이 말 이전에 행한 乙의 간통죄에 대해서도 고소를 할 수 있는지는 B가 乙에게 한 말이 간통죄의 유서(제241조 제2항)에 해당되는지의 여부에 달려있다.

2. 유서에 대한 판례의 입장

판례는 "간통죄에 있어서 유서는 배우자의 일방이 상대방의 간통사실을 알면서 혼인관계를 지속시킬 의사로 악감정을 포기하고 상대방에게 그 행위에 대한 책임을 묻지 않겠다는 뜻을 표시하는 일방행위로서, 간통의 유서는 명시적으로 할 수 있음은 물론 묵시적으로도 할 수 있는 것이어서 그 방식에 제한이 있는 것은 아니지만, 감정을 표현하는 어떤 행동이나 의사의 표시가 유서로 인정되기 위하여는, 첫째 배우자의 간통사실을 확실하게 알면서 자발적으로 한 것이어야 하고, 둘째 그와 같은 간통사실에도 불구하고 혼인관계를 지속시키려는 진실한 의사가 명백하고 믿을 수 있는 방법으로 표현되어야 하는 것이다"라고 한다(대판 2010. 12. 23. 2010도10650).

판례에 의하면, 배우자의 간통사실을 알고 난 후 그 상대방으로부터 배우자를 더 이상 만나지 않겠다는 합의각서를 받은 경우 간통의 유서에 해당하지만(대판 1999. 8. 24. 99도2149), 단순한 외면적인 용서의 표현이나 용서를 하겠다는 약속이 있는 경우에는 유서라고 할 수 없다(대판 2000. 7. 7. 2000도868; 1999. 11. 26. 91도2409).

3. 사례에의 적용

판례에 의하면 B가 외면적인 용서의 표현만을 하였으므로 유서가 될 수 없으므로, B는 용서하겠다고 한 것 이전의 간통죄에 대해서도 고소할 수 있다.

4. 비판의견

간통죄의 위헌론, 폐지론이 우세한 점을 감안할 때 간통죄의 성립요건이나 처벌조건, 소추조건 등을 될 수 있는 대로 엄격하게 해석해야 하므로 간통죄의 유서를 판례처럼 엄격하게 해석할 필요는 없다.

따라서 사례에서 B가 乙에게 한 용서의 표현만으로도 간통죄의 유서가 되므로 B는 용서하기 이전의 간통죄에 대해서는 고소할 수 없고, 최후의 간통죄에 대해서만 고소할 수 있다고 해야 한다.

Ⅳ. 간통행위 이외의 부분에 대한 甲, 乙의 죄책

1. 판례에 따른 甲, 乙의 죄책

(1) 음화판매교사죄(제243조, 제31조)의 성립 여부

사례에서 음란비디오 여주인공의 정면나체사진을 찍은 포스터는 음란한 도화라고 할 수 있고, A가 甲에게 포스터를 판 행위는 음화판매죄에 해당된다. 그런데 甲이 포스터를 팔 생각이 없던 A를 교사하여 자신에게 팔게 하였으므로 甲의 행위는 음화구매죄와 음화판매교사죄에도 해당될 수 있다. 이 경우 음화구매죄는 처벌되지 않으므로 甲이 음화판매교사죄의 죄책을 지는지 긍정설과 부정설이 대립한다.

이에 대해 판례는 "매도, 매수와 같이 2인 이상의 서로 대향된 행위의 존재를 필요로 하는 관계에 있어서는 공범이나 방조범에 관한 형법총칙 규정의 적용이 있을 수 없고, 따라서 매도인에게 따로 처벌규정이 없는 이상 매도인의 매도행위는 그와 대향적 행위의 존재를 필요로 하는 상대방의 매수범행에 대하여 공범이나 방조범관계가 성립되지 아니한다"고 한다(대판 2001. 12. 28. 2001도5158).

따라서 판례에 의하면 甲은 음화판매죄의 교사범의 죄책을 지지 않는다.

(2) 공연음란죄(제245조)의 성립 여부

1) 구성요건해당성

사례에서 甲과 乙이 B를 피하기 위해 나체로 길을 건너갔는데, 이러한 단순 신체노출행위가 음란한 행위에 해당되는가에 대해서는 긍정설과 부정설이 대립한다. 사례에서 甲, 乙에게 음란한 경향이 있다고 보기는 어려운데, 공연음란죄가 성립하기 위해서는 음란한 행위를 한다는 고의 이외에 음란한 경향을 요하는가에 대해서는 긍정설과 부정설이 대립한다.

이에 대해 판례는 "요구르트 제품의 홍보를 위하여 전라의 여성 누드모델들이 일반 관람객과 기자 등 수십명이 있는 자리에서, 알몸에 밀가루를 바르고 무대에 나와 분무기로 요구르트를 몸에 뿌려 밀가루를 벗겨내는 방법으로 알몸을 완전히 드러낸 채 음부 및 유방 등이 노출된 상태에서 무대를 돌며 관람객들을 향하여 요구르트를 던진 행위는 공연음란죄에 해당한다"(대판 2006. 1. 13. 2005도1264), "형법 제245조 소정의 '음란한 행위'라 함은 일반 보통인의 성욕을 자극하여 성적 흥분을 유발하고 정상적인 성적 수치심을 해하여 성적 도의관념에 반하는 것을 가리킨다고 할 것이고, 위 죄는 주관적으로 성욕의 흥분, 만족 등의 성적인 목적이 있어야 성립하는 것은 아니고 그 행위의 음란성에 대한 의미의 인식이 있으면 족하다"(대판 2004. 3. 12. 2003도6514)고 한다.

이러한 판례의 입장에 의하면 甲, 乙의 행위는 공연음란죄의 구성요건에 해당된다.

2) 긴급피난(제22조)의 성립 여부

B가 칼을 들고 방으로 뛰어들었으므로 이는 甲, 乙의 법익에 대한 현재의 위난이고 甲, 乙이 나체로 길거리로 뛰어나간 것은 위난을 피하기 위한 행위이고, 보충성과 상당성도 인정된다고 할 수 있다. 甲, 乙의 위난이 자초위난이기는 하지만 판례는 자초위난의 경우에도 긴급피난을 인정한다(대판 1987. 1. 20. 85도221. 선

박의 이동에도 새로운 공유수면점용허가가 있어야 하고 휴지선을 이동하는 데는 예인선이 따로 필요한 관계로 비용이 많이 들어 다른 해상으로 이동을 하지 못하고 있는 사이에 태풍을 만나게 되고 그와 같은 위급한 상황에서 선박과 선원들의 안전을 위하여 사회통념상 가장 적절하고 필요불가결하다고 인정되는 조치를 취하였다면 형법상 긴급피난으로서 위법성이 없어서 범죄가 성립되지 아니한다고 보아야 하고 미리 선박을 이동시켜 놓아야 할 책임을 다하지 아니함으로써 위와 같은 긴급한 위난을 당하였다는 점만으로는 긴급피난을 인정하는 데 아무런 방해가 되지 아니한다).

3) 정　리

판례에 의하면 甲, 乙의 행위는 공연음란죄의 구성요건에 해당되지만, 긴급피난으로 위법성이 조각된다.

(3) 도박죄 및 도박죄의 방조범의 성립 여부

1) **상습도박죄**(제246조 제 2 항)

사례에서 도박의 습벽이 있는 甲이 참지 못하고 도박을 하였는데 이는 상습성의 발로라고 할 수 있으므로 甲은 상습도박죄의 죄책을 진다.

2) **단순도박죄**(제246조 제 1 항)

사례에서 화가 난 乙이 고스톱을 쳐 100만원을 땄는데, 乙에게 도박의 상습성이 없으므로 乙의 행위는 단순도박죄의 구성요건에 해당되고, 이것이 일시 오락의 정도라고 볼 수 없으므로 위법성이 조각되지 않는다.

따라서 乙은 단순도박죄의 죄책을 진다.

3) **상습도박죄의 방조범**(제246조 제 2 항, 제32조)

甲이 고스톱을 하는 乙의 어깨를 주물러 주고 응원을 한 것은 도박죄의 방조행위에 해당된다. 그런데 도박의 상습성이 있는 甲이 도박의 상습성이 없는 乙의 도박을 방조하였으므로 상습도박죄의 방조범이 성립하는가 아니면 단순도박죄의 방조범이 성립하는가 문제된다.

판례는 “상습도박의 죄나 상습도박방조의 죄에 있어서의 상습성은 행위의 속성이 아니라 행위자의 속성으로서 도박을 반복해서 거듭하는 습벽을 말하는 것인바 도박의 습벽이 있는 자가 타인의 도박을 방조하면 상습도박방조의 죄에 해당된다"고 한다(대판 1984. 4. 24. 84도195).

따라서 판례에 의하면 甲은 상습도박방조의 죄책을 진다.

(4) 죄수 및 정리

甲은 상습도박죄와 상습도박방조죄의 죄책을 지지만 판례는 "도박의 습벽이 있는 자가 타인의 도박을 방조하면 상습도박방조의 죄에 해당하는 것이며, 도박의 습벽이 있는 자가 도박을 하고 또 도박방조를 하였을 경우 상습도박방조의 죄는 무거운 상습도박의 죄에 포괄시켜 1죄로서 처단하여야 한다"고 한다(대판 1984. 4. 24. 84도195). 따라서 판례에 의하면 甲은 상습도박죄의 죄책을 진다.

판례에 의하면 乙은 단순도박죄의 죄책을 진다.

2. 판례의 입장에 대한 비판의견

(1) 개 관

판례를 비판하는 입장으로는 甲이 음화판매교사범의 죄책을 져야 한다는 견해와 甲, 乙이 알몸으로 뛰쳐 나온 행위는 공연음란행위에 해당되지 않거나 甲, 乙에게 음란한 경향이 없어 공연음란죄에 해당되지 않는다는 견해가 있다. 또한 甲이 乙의 도박을 방조한 행위에 대해서는 상습도박방조죄가 아니라 단순도박방조죄를 인정해야 한다는 견해가 있다.

(2) 음화판매교사범이 성립한다는 견해

이 견해는 형법이 음화판매죄는 처벌하고 음화매수죄는 처벌하지 않지만, 적극적으로 타인을 교사하여 자신에게 음화를 판매케 하여 구입한 자는 음화매수죄로 처벌되지는 않더라도 음화판매교사죄의 죄책을 져야 한다고 한다.

이 견해는 음화매수자를 처벌하지 않는 것은 특별한 정책적 이유에 기한 것이라는 점 및 그러나 甲이 A를 교사한 행위는 단순히 A의 범행의 상대방이 된 것이 아니라 A의 범행을 유발한 것으로서 새로운 불법을 창출해 낸 것이라는 점을 논거로 든다.

(3) 공연음란죄의 구성요건해당성을 부정하는 견해

첫째, 공연음란죄의 객관적 구성요건해당성을 부정하는 견해가 있다. 이 견해는 단순히 나체를 노출한 행위만으로는 음란한 행위라고 할 수 없으므로 甲, 乙의 행위는 공연음란죄의 객관적 구성요건을 충족시키지 못하였다고 한다.

둘째, 공연음란죄의 주관적 구성요건을 부정하는 견해가 있다. 이 견해는 공연음란죄가 성립하기 위해서는 공연음란에 대한 고의가 있어야 할 뿐만 아니라 음란한 경향이라는 초과주관적 구성요건이 필요하다고 한다. 이 견해에 의하면 사례에서 甲, 乙의 행위가 공연음란행위에 해당되고 고의가 인정된다고 하더라도, 甲, 乙에게 초과주관적 구성요건요소인 음란한 경향이 없으므로 甲, 乙의 행위는 공연음란죄의 구성요건에 해당되지 않는다고 한다.

(4) 단순도박죄의 방조범을 인정하는 견해

도박의 상습성있는 甲이 도박의 상습성없는 乙의 단순도박을 방조한 경우 단순도박죄의 방조범에 해당된다고 해야 한다는 견해가 있는데, 이 견해는 다음과 같은 근거를 든다.

첫째, 제33조는 비신분자가 신분자의 범행에 가공한 경우에 대한 규정인데, 사례에서는 신분자인 甲이 비신분자인 乙의 범행에 가공하였으므로 제33조 단서가 적용되지 않고 제31조 제 1 항이 적용된다. 이 경우 공범종속성원칙에 따라 정범인 乙이 단순도박죄의 죄책을 지므로 방조범인 甲은 단순도박죄의 방조범의 죄책을 진다.

둘째, 제33조 단서가 적용된다고 하더라도 제33조 단서는 '중한 형으로 벌하지 아니한다'고 규정하고 있고, 이는 가공한 자를 피가공자보다 중한 죄로 벌하지 않는다는 의미라고 할 수 있다. 따라서 가공자인 甲은 피가공자인 乙보다 중한 죄로 처벌되지 않으므로 甲은 단순도박죄의 방조범의 죄책을 진다.

67. 내란죄의 간접정범과 소급효금지원칙

:: 다음 사례를 읽고 물음에 답하시오.

서울 일원에 비상계엄이 선포된 상태에서 쿠데타를 일으켜 군의 지휘권을 장악한 특수전투부대 사단장인 甲은 내친 김에 군대의 힘을 이용하여 대통령이 되기 위해 비상계엄을 전국에 확대하기로 생각하였다. 甲은 국무회의를 하러 모인 대통령 A와 국무위원들에게 전화를 걸어 "비상계엄을 전국에 확대하지 않으면 대통령이고 장관이고 다들 무사하지 못할 것이다"고 겁을 주었다. 甲은 국무회의에서 비상계엄을 확대하는 결의를 하도록 강압하기 위해 휘하의 장교인 乙 및 병기를 휴대한 병력 10여 명을 동원하여 국무회의장을 포위하고 외부와의 연락을 차단하였다. 乙은 甲이 대통령이 되려는 의도를 알았지만, 자신은 상관의 명령에 복종해야 할 군인신분이고 또 명령을 듣지 않을 경우 자신이 쫓겨 나게 될 것이라고 생각하고 어쩔 수 없이 국무회의장을 포위하는 행위에 가담하였다. 국무회의를 하던 A 및 국무위원들은 국가나 국민들의 운명보다는 자신들의 목숨이 훨씬 더 중요하다고 생각하고 비상계엄을 전국에 확대하는 결의를 하였고 A는 이를 선포하였다(甲은 대통령퇴임 후 설악산에 있는 사찰에서 생활하는 등 근검한 생활의 모범을 보이기도 하였고, 현재에는 29만원의 재산만으로 근근이 살아가고 있다. 다만, 주변의 도움으로 졸개들과 해외골프여행을 다니거나 특급호텔 식당에서 식사를 하기도 하고, 특강사례금으로 추징금 300만원을 납부하는 등 가끔씩 높은 애국심을 발휘하기도 한다).

1. 판례에 따른 甲, 乙의 죄책을 설명하시오.
2. 판례에 대한 비판의견을 제시하시오.
3. 이후 甲은 대통령이 되었다가 퇴임하였다. 甲의 퇴임 후 甲을 내란죄로 처벌해야 한다는 여론이 생겨났지만, 공소시효만료가 임박하자 국회는 내란죄의 공소시효를 10년 연장하는 특별법을 만들었다. 특별법이 제정·시행된 20일 후 甲의 형사소송법상의 공소시효는 만료되었다. 이 경우 공소시효가 연장된 기간 안에서는 甲을 내란죄로 처벌할 수 있는지를 논하시오.

Ⅰ. 논점의 제시

甲의 죄책으로 문제되는 것은 다음과 같다.

1. 甲이 A 및 국무위원들을 협박한 후 병기를 휴대한 병력을 동원하여 국무회의장을 포위하고 겁을 준 행위가 내란죄의 폭동에 해당하는가 문제된다.

2. 만약 위의 행위만으로 폭동에 해당한다고 할 수 없다면, 대통령과 국무위원들로 하여금 비상계엄을 전국에 확대하도록 한 행위가 내란죄의 폭동에 해당하는가 문제된다. 여기에서는 ① 비상계엄의 전국확대가 폭동에 해당할 수 있는지, ② 폭동에 해당한다고 할 경우, 甲이 비상계엄을 확대한 것이 아니라 국무회의에서 비상계엄을 확대하도록 교사 혹은 강요한 것이므로 甲의 행위가 간접정범 형태에 의한 폭동과 폭동의 교사 중 어디에 해당되는지, ③ 간접정범형태의 폭동이라고 할 경우 내란목적이 없으나 내란의 고의는 있는 도구를 이용한 경우의 죄책이 문제될 수 있다.

3. 위의 범죄들의 죄수관계가 문제된다.

乙이 상관인 甲의 위법한 명령에 복종하였으므로, 乙의 죄책으로 문제되는 것은 乙의 행위의 위법성이 조각·감경되거나 乙의 책임이 조각·감경될 것인지이다.

Ⅱ. 판례에 따른 甲, 乙의 죄책

1. 甲의 죄책

(1) 甲의 A 및 국무위원에 대한 폭행·협박행위

甲이 A 및 국무위원들에게 비상계엄을 확대하지 않으면 해악을 당할 것을 고지하고 병기를 휴대한 병력으로 국무회의장을 포위한 것은 폭행 및 협박행위에 해당하고 이때의 폭행·협박은 반드시 A 및 국무위원들의 신체나 이들에 대한 것일 필요는 없으므로 내란죄의 폭동으로서의 폭행·협박에 해당한다고 할 수 있다.

그러나 판례는 이 행위만으로 내란죄의 폭동이라고 하지는 않는다(대판 1997. 4. 17. 96도3376 전원합의체).

(2) A 및 국무위원에 대해 비상계엄을 확대하도록 한 행위

판례는 "비상계엄의 전국확대는 필연적으로 국민의 기본권을 제약하게 되므로, 비상계엄의 전국확대 그 사실 자체만으로도 국민에게 기본권이 제약될 수 있다는 위협을 주는 측면이 있고, 민간인인 국방부장관은 지역계엄실시와 관련하여 계엄사령관에 대하여 가지고 있던 지휘감독권을 잃게 되므로, 군부를 대표하는 계엄사령관의 권한이 더욱 강화됨은 물론 국방부장관이 계엄업무로부터 배제됨으로 말미암아 계엄업무와 일반국정을 조정 통할하는 국무총리의 권한과 이에 대한 국무회의의 심의권마저도 배제됨으로써, 헌법기관인 국무총리와 국무위원들이 받는 강압의 효과와 그에 부수하여 다른 국가기관의 구성원이 받는 강압의 정도가 증대된다고 할 것이며, 따라서 비상계엄의 전국확대조치의 그와 같은 강압적 효과가 법령과 제도 때문에 일어나는 당연한 결과라고 하더라도, 이러한 법령이나 제도가 가지고 있는 위협적인 효과가 국헌문란의 목적을 가진 자에 의하여 그 목적을 달성하기 위한 수단으로 이용되는 경우에는 비상계엄의 전국확대조치가 내란죄의 구성요건인 폭동의 내용으로서의 협박행위가 되므로 이는 내란죄의 폭동에 해당하고, 또한 그 당시 그와 같은 비상계엄의 전국확대는 우리나라 전국의 평온을 해하는 정도에 이르렀음을 인정할 수 있다"고 한다(대판 1997. 4. 17. 96도3376 전원합의체).

(3) 목적없는 고의있는 도구의 이용행위

비상계엄을 전국에 확대한 것이 폭동이라고 할 경우, 이러한 행위를 한 사람은 甲이 아니라 A 및 국무위원들이다. 그런데 A 및 국무위원들은 국헌문란의 목적이 없으므로 내란죄를 범한 것이라고 할 수 없다. 결국 국헌문란의 목적이 있는 甲이 국헌문란의 목적이 없어서 내란죄로 처벌되지 않는 A 및 국무위원들을 교사 혹은 강요하여 폭동을 한 것이므로 형법 제34조의 간접정범의 형태로 내란죄를 범한 것인가 문제된다.

판례는 "범죄는 '어느 행위로 인하여 처벌되지 아니하는 자'를 이용하여서도 이를 실행할 수 있으므로(형법 제34조 제1항), 내란죄의 경우 '국헌문란의 목적'을 가진 자가 그러한 목적이 없는 자를 이용(利用)하여 이를 실행할 수도 있다고 할 것이다. … 비상계엄 전국확대가 국무회의의 의결을 거쳐 대통령이 선포함으로써

외형상 적법하였다고 하더라도, 이는 피고인들에 의하여 국헌문란의 목적을 달성하기 위한 수단으로 이루어진 것이므로 내란죄의 폭동에 해당하고, 또한 이는 피고인들에 의하여 국헌문란의 목적을 달성하기 위하여 그러한 목적이 없는 대통령을 이용하여 이루어진 것이므로 피고인들이 간접정범의 방법으로 내란죄를 실행한 것으로 보아야 할 것이다"고 한다(대판 1997. 4. 17. 96도3376 전원합의체).

(4) 정 리

판례에 의하면 甲은 내란죄의 간접정범의 죄책을 진다.

2. 乙의 죄책

(1) 쟁 점

乙은 甲과 함께 내란죄를 범했다고 할 수 있지만, 수괴라고 할 수는 없고 중요임무종사자라고 할 수 있다. 다만 乙은 甲의 위법한 명령에 복종하였다고 할 수 있으므로 이 경우의 형법적 효과가 문제된다.

(2) 위법성조각 여부

판례는 "상관의 적법한 직무상 명령에 따른 행위는 정당행위로서 형법 제20조에 의하여 그 위법성이 조각된다고 할 것이나, 상관의 위법한 명령에 따라 범죄행위를 한 경우에는 상관의 명령에 따랐다고 하여 부하가 한 범죄행위의 위법성이 조각될 수는 없다"고 한다(대판 1997. 4. 17. 96도3376 전원합의체).

(3) 책임조각 여부

甲의 행위의 위법성이 조각되지 않더라도 기대가능성이 없음으로 인해 초법규적으로 책임이 조각되거나 감경될 여지는 있다. 그러나 판례는 "설령 대공수사단 직원은 상관의 명령에 절대 복종하여야 한다는 것이 불문률로 되어 있다 할지라도 국민의 기본권인 신체의 자유를 침해하는 고문행위 등이 금지되어 있는 우리의 국법질서에 비추어 볼 때 그와 같은 불문률이 있다는 것만으로는 고문치사와 같이 중대하고도 명백한 위법명령에 따른 행위가 정당한 행위에 해당하거나 강요된 행위로서 적법행위에 대한 기대가능성이 없는 경우에 해당하게 되는 것이라고는 볼 수 없다"고 하여(대판 1988. 2. 23. 87도2358), 책임조각을 부정한다.

(4) 정 리

따라서 이 사례에서 乙은 내란죄의 주요임무 종사자(제87조 제2호)의 죄책을 진다.

Ⅲ. 판례에 대한 비판의견

1. 쟁 점

판례에 대해서는 다음과 같은 비판의견이 있다.

첫째, 병기를 휴대한 병력 10여 명으로 국무회의장을 포위하고 비상계엄을 확대하도록 강요한 행위는 내란죄의 폭동에 해당된다.

둘째, 비상계엄을 확대한 행위가 내란죄의 폭동에 해당된다고 할 수 없다.

셋째, 목적없는 고의있는 도구를 강요하여 죄를 범하게 한 경우 간접정범이 아니라 교사범이 성립한다고 해야 한다.

2. 병기를 휴대한 병력 10여 명으로 국무회의장을 포위한 행위

甲이 병력 10여 명을 동원하여 국무회의장을 포위하고 대통령 및 국무위원들에게 비상계엄을 확대하라고 강요한 행위는 내란죄의 폭동에 해당된다. 내란죄의 폭동이란 폭행·협박·손괴행위를 모두 포함하는데, 여기에서의 폭행이란 최광의의 폭행으로서 A와 국무위원들의 신체나 이들에 대해 행해질 필요가 없다.

다만 내란죄의 폭동은 한 지방의 평온을 해할 정도의 것이어야 하는데, 비록 甲이 10여 명의 병력밖에 동원하지 않았지만 국무회의장을 포위한 행위는 한 지방의 평온을 해하기에 충분한 정도라고 할 수 있다. 甲에게 폭동의 고의와 국헌문란의 목적이 있음도 분명하다.

따라서 甲의 행위는 내란죄의 폭행행위라고 할 수 있고, 이 경우 甲은 내란죄의 수괴(제87조 제1호)의 죄책을 진다.

3. 비상계엄을 확대한 행위

판례는 국무회의에서 비상계엄을 확대한 행위도 내란죄의 폭동이 된다고 한다. 그러나 이러한 입장을 따른다면 만약 甲이 A 및 국무위원들을 기망하여 비상계엄을 확대하도록 한 경우에도 내란죄의 폭동행위가 있는 것이 된다. 그러나 내란죄의 폭동은 물리적·현실적 유형력의 행사나 해악의 고지만을 의미하는 것이지 법령이나 제도가 가지고 있는 위협적 효과만으로 폭동이라고 하는 것은 유추해석이라고 보아야 할 것이다.

4. 목적있는 고의있는 도구의 이용행위

이 견해는 간접정범은 타인을 생명있는 도구로 이용하는 범죄이므로 피이용자는 자신의 행위의 의미를 알지 못해야 한다고 전제한다. 그런데 목적있는 고의있는 도구를 이용한 경우 도구는 자신의 행위의 의미를 잘 알고 있으므로 간접정범이 성립할 수 없다고 한다. 이 견해에 의하면 고의있는 자를 이용하는 경우 이용자가 범행을 지배한 것이라고 보기 어렵기 때문에 간접정범을 인정하기 어렵고, 결국 도구의 범행에 관여한 자라는 의미에서 교사범 혹은 방조범을 인정해야 한다.

Ⅳ. 특별법에 의한 甲의 처벌가능 여부

1. 쟁 점

甲의 내란죄에 대한 공소시효가 만료되기 20일 전 공소시효를 연장하는 특별법이 제정되었고 이어 형사소송법상의 공소시효가 만료된 이후에도 甲을 처벌할 수 있는가의 문제는 특별법의 소급효인정 여부에 관한 문제이다. 공소시효는 형법이 아니라 형사소송법상의 개념이므로 형사소송법에도 소급효금지의 원칙이 적용되는지 문제된다. 또한 공소시효를 연장하는 특별법이 형사소송법상의 공소시효가 만료되기 이전에 제정되었으므로 부진정소급효가 문제된다. 즉, 소급효금지의 원칙에 부진정소급효의 금지도 포함되는지 문제된다.

2. 형사소송법의 소급효 인정문제

견해의 대립

1) 판　례

판례는 "형벌불소급의 원칙은 '행위의 가벌성' 즉 형사소추가 '언제부터 어떠한 조건하에서' 가능한가의 문제에 관한 것이고, '얼마동안' 가능한가의 문제에 관한 것은 아니므로, 과거에 이미 행한 범죄에 대하여 공소시효를 정지시키는 법률이라 하더라도 그 사유만으로 헌법 제12조 제1항 및 제13조 제1항에 규정한 죄형법정주의의 파생원칙인 형벌불소급의 원칙에 언제나 위배되는 것으로 단정할 수는 없다"고 한다(대판 1997. 4. 17. 96도3376 전원합의체; 헌재 1996. 2. 16. 96헌가2, 96헌바7 · 13).

2) 공소시효가 완성된 경우 소급효금지원칙이 적용된다는 견해

이 견해는 공소시효가 완성되어 소추할 수 없는 상태에 이른 뒤에 소추가 가능하도록 하는 새로운 법률을 제정하는 것은 그 사실적 영향에서는 형벌을 사후적으로 가능하게 하는 새로운 범죄구성요건의 제정과 실질에 있어서는 마찬가지이므로 소급효금지원칙이 적용된다고 한다.

이 견해에 의하면 특별법이 공소시효 완성 이전에 제정되었으므로 특별법에 의해 甲을 처벌할 수 있다.

3) 가벌성과 관련된 경우 소급효금지원칙이 적용된다는 견해

이 견해에 의하면 특별법은 가벌성과 관련되어 있기 때문에 소급효금지원칙의 적용을 받게 되고 따라서 특별법에 의해 甲을 처벌할 수 없다.

4) 전면적 부정설

이 견해는 형사실체법이든 형사절차법이든 사후에 피고인에게 불리한 법률을 제정하여 소급효를 인정하는 것은 전면적으로 금지된다고 한다. 이 견해에 의하면 특별법에 의해 甲을 처벌할 수 없다.

3. 부진정소급효의 인정문제

(1) 소급효의 종류

소급입법에는 진정소급입법과 부진정소급입법이 있다. 진정소급입법은 새로운 입법으로 이미 종료된 사실관계 또는 법률관계에 작용케 하는 것이다. 부진정소급입법은 새로운 입법으로 현재 진행중인 사실관계 또는 법률관계에 작용케 하는 것이다. 사례에서 특별법은 부진정소급입법이고 따라서 부진정소급효가 문제된다.

(2) 견해의 대립

1) 판 례

헌법재판소와 대법원은 부진정소급입법은 원칙적으로 허용되지만, 진정소급입법은 원칙적으로 허용되지 않는다고 한다. 다만 일반적으로 국민이 소급입법을 예상할 수 있었거나 법적 상태가 불확실하고 혼란스러워 보호할 만한 신뢰이익이 적은 경우와 소급입법에 의한 당사자의 손실이 없거나 아주 경미한 경우, 그리고 신뢰보호의 요청에 우선하는 심히 중대한 공익상의 사유가 소급입법을 정당화하는 경우 등에는 예외적으로 진정소급입법도 허용된다고 한다(대판 1997. 4. 17. 96도3376 전원합의체; 헌재 1996. 2. 16. 96헌가2, 96헌바7 · 13).

판례에 의하면 특별법은 부진정소급효를 가진 법률이므로 특별법에 의해 甲을 처벌할 수 있다.

2) 소급효부정설

이 견해는 부진정소급효이든 진정소급효이든 피고인에게 불리한 소급효는 죄형법정주의의 원칙상 인정되지 않는다고 한다. 이 견해에 의하면 특별법에 의해 甲을 처벌할 수는 없다.

4. 평 가

죄형법정주의의 소급효금지원칙은 사후입법에 의해 처벌하는 것을 금지하는 것이고 이는 사후입법에 의한 처벌로부터 국민의 인권을 지키기 위한 원칙이라고 할 수 있다. 따라서 사후입법이 형사실체법이든 형사절차법이든 문제되지 않고, 진정소급효를 가진 법률이든 부진정소급효를 가진 법률이든 문제되지 않는다고 해야 할 것이다. 따라서 특별법에 의해 甲을 처벌하는 것은 소급효금지원칙에 반한다고 할 수 있다.

이러한 의미에서 내란죄를 즉시범으로 해석하기보다는 계속범으로 해석하여 甲의 독재정권이 끝난 시점에서 내란죄가 종료되고 이때부터 공소시효가 진행한다고 보는 것이 타당하다고 할 것이다.

68. 간첩죄, 국교 · 국기에 관한 죄

:: 다음 사례를 읽고 물음에 답하시오.

(1) 평소 미국에 대해 반감을 가지고 있던 재일교포 甲은 미국이 이라크를 점령한 후 곧 북한을 공격할 것이라고 생각하였다. 甲은 북한이 국방을 튼튼히 할 수 있도록 도와주기 위해 서울 무역센터에서 개최되는 국제국방산업박람회에 참관하여 한국과 미국의 개별 국방장비를 설명하기 위해 나눠 주는 팸플릿을 수집하여 북한에 제공하기로 결심하고 서울에 왔다. 甲은 개별국방장비에 대한 정보가 한국의 국가기밀이라고 생각하였다. 甲은 국방산업박람회를 참관하려 하였으나 입구에서 초청장을 가져오지 않았다는 이유로 박람회장 안으로 들어가지는 못하였다.

(2) 甲은 다음 날 서울을 공식방문하고 있던 일본의 수상이 A대학에서 강연한다는 소식을 듣게 되었다. 甲은 이번 기회에 평소 일본이 미국에 저자세 외교를 하는 것이라도 항의해야겠다고 결심하였다. 甲은 일장기의 해 부분 위에 미국국기의 별을 그려 놓고 날계란도 준비하였다. 甲은 강연장 문 앞에서 기다리다가 일본 수상이 강연장으로 들어가려는 순간 "미국대통령이 발가락이라도 빨라고 하면 빨 인간아!"라고 소리치면서 해 위에 별이 그려진 일장기를 흔들고 날계란을 일본 수상이 지나가는 카펫의 약 1m 전방을 향해 집어 던졌다. 그러나 그 계란은 일본 수상과 함께 강연장으로 들어가던 일본 수상의 부인 B의 몸에 맞고 말았다. 甲은 주한 일본대사가 일본 수상을 따라 들어오는 것을 발견하고 그의 약 1m 전방을 향해서도 날계란을 던진 후 강연장 앞에 게양되어 있던 일장기를 내려 찢어 버렸다(특별법은 불문함).

1. 사례 (1)에서 판례에 따른 甲의 죄책과 판례보다 가벼운 죄책을 인정하는 견해의 논거를 제시하고 이를 논평하시오.
2. 사례 (2)에서 甲의 죄책을 설명하시오.

Ⅰ. 논점의 제시

사례에서 甲의 죄책으로 문제되는 것은 다음과 같다.

1. 한국과 미국의 개별 국방장비에 대한 정보를 북한에 제공하기 위해 서울에 온 행위가 간첩죄의 미수범(제98조 제1항, 제100조)에 해당되는가 아니면 간첩예

비죄(제101조)에 해당되는가 문제된다. 이는 간첩죄의 실행의 착수시기를 어느 때로 볼 것인가에 따라 달라진다.

2. 일장기의 해 위에 미국국기에 있는 별을 그려 넣은 행위 및 강연장에 게양되어 있던 일장기를 찢어 버린 행위가 외국국기오욕등죄(제109조)에 해당되는가 아니면 재물손괴죄(제366조)에 해당되는가 문제된다. 여기에서는 동 일장기들이 '일본의 공용에 공하는' 것인가에 따라 달라진다.

3. 일본 수상의 전방 1m를 향해 날계란을 던졌다가 수상 부인 B를 맞힌 행위가 어떤 형법적 효과를 지니는지 문제된다.

4. 甲이 일본 수상에게 "미국대통령이 발가락이라도 빨라면 빨 인간아"라고 한 행위가 외국원수 혹은 외국사절모욕죄(제107조 제 2 항, 제108조 제 2 항)에 해당되는가 문제된다.

5. 일본대사의 전방 1m를 향해 날계란을 던진 행위가 외국사절폭행죄(제108조 제 1 항)에 해당되는지 문제된다.

6. 위의 범죄들이 성립할 경우 그 죄수가 문제된다.

Ⅱ. 사례 (1)에서 甲의 죄책

1. 판례에 따른 甲의 죄책

간첩미수죄(제98조, 제100조, 제25조)의 성립 여부

1) 쟁 점

간첩죄란 적국을 위하여 국가기밀을 탐지 · 수집 · 누설하거나 군사상의 기밀을 적국에 누설하는 죄를 말한다. 사례에서 甲의 간첩죄 성립 여부와 관련하여서는, ① 甲이 북한에 정보를 제공하려고 하였는데, 북한을 적국이라고 할 수 있는지, ② 무역센터에서 개최되는 국제국방산업박람회에 전시되어 있는 한국과 미국의 개별 국방장비에 대한 정보가 국가기밀 혹은 군사상의 기밀이라고 할 수 있는지, ③ 甲이 박람회장에 들어가려다가 들어가지 못하였으므로 간첩죄의 기수가 될 수 없는데, 이 경우 간첩죄의 실행의 착수가 있어서 미수는 될 수 있는지가 문제된다.

2) 북한이 적국인지 여부

적국이란 대한민국과 전쟁상태에 있는 국가를 말한다. 교전상태에 있지 않고 휴전상태에 있는 국가라도 상관없다. 판례는 "북한괴뢰집단은 우리 헌법상 반국가적인 불법단체로서 국가로 볼 수 없으나, 간첩죄의 적용에 있어서는 이를 국가에 준하여 취급하여야 한다"고 한다(대판 1983. 3. 22. 82도3036).

3) 국가기밀에의 해당 여부

판례에 의하면, 국가기밀이란 정치, 경제, 사회, 문화 등 각 방면에 관하여 적국에 대하여 비밀로 하거나 확인되지 아니함이 대한민국의 이익이 되는 모든 사실, 물건 또는 지식으로서, 그것들이 국내에서의 적법한 절차 등을 거쳐 이미 일반인에게 널리 알려진 공지의 사실, 물건 또는 지식에 속하지 아니한 것이어야 하고, 또 그 내용이 누설되는 경우 국가의 안전에 위험을 초래할 우려가 있어 기밀로 보호할 실질가치를 갖춘 것이다(대판 1988. 11. 8. 88도1630; 1991. 3. 12. 91도3).

판례에 의하면, 국제국방산업박람회에 전시되어 있는 개별장비에 대한 팸플릿에 설명되어 있는 정보들은 군사상의 기밀임과 동시에 국가기밀이라고 할 수 있다. 왜냐하면 사례에서 甲이 초청장이 없어 국방산업박람회에 입장하지 못한 점으로 보아 동 박람회에 일반인이 자유로이 출입할 수는 없다고 할 수 있고 따라서 동 박람회에 전시되어 있는 정보들이 공지의 사실이라고 할 수 없고, 한국과 미국의 국방장비들에 대한 정보들이 누설되는 경우 국가안보에 위험을 초래할 수 있기 때문이다(대판 1997. 7. 25. 97도1295).

4) 간첩죄의 실행의 착수시기

판례는 "간첩의 목적으로 외국 또는 북한에서 국내에 침투 또는 월남하는 경우에는 기밀탐지가 가능한 국내에 침투 상륙함으로써 간첩죄의 실행의 착수가 있다고 할 것이다"라고 한다(대판 1984. 9. 11. 84도1381). 이에 의하면 甲의 행위는 간첩죄의 실행에 착수한 행위라고 할 수 있다.

5) 정 리

판례에 의하면 甲은 간첩미수의 죄책을 진다.

2. 판례보다 가벼운 죄책을 인정하는 입장에 따른 甲의 죄책

(1) 쟁 점

甲에게 간첩미수죄보다 가벼운 죄책을 인정하기 위해서는 다음과 같은 논거를 제시할 수 있다.

첫째, 북한을 적국이라고 할 수 없거나, 둘째, 甲이 탐지하려고 한 박람회장에서의 개별장비에 대한 정보가 국가기밀이라고 할 수 없거나, 셋째, 甲의 행위가 간첩죄의 실행에 착수한 행위라고 할 수 없다고 하는 것이다. 앞의 두 입장에 의하면 甲은 간첩죄의 죄책을 지지 않고, 세 번째 입장에 의하면 甲은 간첩예비죄의 죄책만을 진다.

(2) 북한이 적국이 아니라는 견해

이 견해는 북한은 국가보안법상 반국가단체일 수는 있을지언정 국제법상 우리나라가 승인한 국가가 아니기 때문에 형법해석의 엄격성원칙상 적국이 될 수 없다고 한다. 이에 의하면 甲은 무죄이다.

(3) 개별장비에 대한 정보가 국가기밀이 아니라고 하는 견해

박람회에서 제공되는 개별장비에 대한 정비는 국가기밀에 해당되지 않는다는 견해가 있다. 이 견해는 국가기밀을 엄격하게 해석해야 하고 공지의 사실이나 여러 사람에게 공개된 정보는 국가기밀이 될 수 없다고 한다. 이 견해에 의하면 甲은 국가기밀이 아닌 정보를 국가기밀로 오인하고 탐지하려고 하였는데 이는 대상의 착오로 인해 간첩죄의 결과발생이 불가능한 경우이다. 그러나 이 경우 추상적 위험설에 의하든 구체적 위험설에 의하든 위험성이 인정되지 않으므로 甲은 간첩죄의 죄책을 지지 않는다.

(4) 간첩예비죄를 인정하는 견해

판례는 간첩죄의 실행의 착수시기에 대해 주관설을 따르고 있다고 할 수 있다. 그러나 주관설은 실행의 착수시기를 너무 앞당겨 보장적 기능에 충실하지 못하다고 할 수 있다. 따라서 통설인 주관적 객관설에 의할 경우 간첩죄의 실행의 착수시기는 팸플릿 등을 집는 행위를 시작하는 시점이라고 해야 한다. 따라서 甲이 아직 이러한 행위를 하지 못하였으므로 간첩예비죄(제98조 제1항, 제101조 제1항)의 죄책만을 진다.

(5) 평 가

북한을 간첩죄에서 적국이 아니라고 하는 견해는 타당하다고 할 수 없다. 형법상의 국가개념은 국제법상의 국가개념과 같을 필요가 없고, 형법 제102조는 대한민국에 적대하는 외국 또는 외국인의 단체는 적국으로 간주한다고 규정하고 있기 때문이다.

개별장비에 대한 정보를 국가기밀이 아니라고 하는 견해도 타당하다고 할 수 없다. 왜냐하면 간첩죄에서 국가기밀은 공무상비밀누설죄(제127조)에서와 같이 '법령에 의한 직무상 비밀'로 제한되어 있지 않기 때문이다. 또한 공지의 사실은 국가기밀이라고 할 수 없지만, 박람회의 참가가 제한되어 있다는 점을 고려할 때 개별장비에 대한 정보가 공지의 사실이라고 할 수 없다.

그러나 간첩죄의 실행의 착수시기에 대한 판례의 입장은 형법의 보장적 기능이라는 관점에서 타당하다고 할 수 없다. 간첩죄의 실행의 착수시기는 주관적 객관설에 따라 甲의 범행계획에 의할 때 법익침해의 직접적 행위가 개시된 때라고 하여야 할 것이다. 그리고 법익침해의 직접적 행위는 팸플릿을 수집하는 행위가 개시된 때라고 해야 하고, 그 이전의 행위는 예비행위에 불과하다고 해야 한다.

이러한 의미에서 甲에게 간첩예비죄를 인정하는 것이 가장 타당하다고 할 수 있다.

Ⅲ. 사례 (2)에서 甲의 죄책

1. 외국국기오욕등죄(제109조) 및 손괴죄(제366조)의 성립 여부

(1) 외국국기오욕등죄의 성립 여부

외국국기오용등죄란 외국을 모욕할 목적으로 그 나라의 공용에 공하는 국기 또는 국장을 손상, 제거 또는 오욕하는 죄이다.

첫째, 甲이 일장기 위에 미국국기에 있는 별을 그려 넣었는데, 이는 일본을 모욕할 목적의 행위라고 보아야 한다. 그러나 외국국기오욕등죄의 객체는 '그 나라의 공용에 공하는 국기'이다. 공용에 공한다는 것은 그 나라의 권위를 나타내기 위하여 공적 기관이나 공무소에서 사용하는 것을 말한다. 甲의 일장기는 일본의 공용에 공하는 국기라고 할 수 없으므로 외국국기오욕죄는 성립하지 않는다.

둘째, 甲이 강연장에 게양되어 있던 일장기를 찢어 버린 행위가 외국국기손상죄에 해당되는가 문제되는데, 여기에서도 대학의 강연장에 게양되어 있던 일장기는 일본의 공용에 공하는 국기라고 할 수 없으므로 외국국기손상죄에는 해당되지 않는다.

(2) 손괴죄의 성립 여부

그러나 강연장에 게양되어 있던 일장기는 대학 소유의 재물이라고 할 수 있으므로 甲이 이를 찢은 행위는 재물손괴죄에 해당된다고 할 수 있다.

2. 외국원수 혹은 외국사절폭행죄(제107조 제 1 항, 제108조 제 1 항)

(1) 외국원수폭행죄의 성립 여부

외국원수폭행죄란 대한민국에 체재하는 외국의 원수에 대하여 폭행·협박하는 죄이다. 외국의 원수란 당해 국가를 대표할 권한이 있는 자를 말한다. 군주제국가에서 군주, 대통령제 국가에서 대통령은 외국원수이다. 그러나 내각책임제국가의 수상의 경우 그가 국가원수로서의 지위를 지니는 경우에는 국가원수가 되지만, 군주나 대통령이 있는 경우에는 수상이 아니라 이들이 원수가 된다.

일본의 경우 일본천황이 국가원수라고 할 수 있고, 수상은 국가원수라고 할 수 없다. 따라서 甲이 일본 수상에 대해 날계란을 던진 행위는 외국원수폭행죄에 해당되지 않는다.

(2) 외국사절폭행죄의 성립 여부

외국사절폭행죄는 대한민국에 파견된 외국사절에 대하여 폭행·협박하는 죄이다. 대한민국에 파견되었다는 것은 본국의 공무수행을 위해 대한민국에 보내진 것을 말한다.

첫째, 대한민국을 공식방문하는 일본 수상은 대한민국에 파견된 외국사절이라고 할 수 있다. 외국사절폭행죄의 폭행의 의미에 대해 폭행죄(제260조)의 폭행과 같이 소위 협의의 폭행이라고 하는 견해와 공무집행방해죄에서의 폭행과 같이 소위 광의의 폭행이라고 하는 견해가 대립한다. 甲이 일본 수상의 신체를 향해 던지지 않고 전방 1m의 카펫을 향해 던졌으므로 일본 수상의 신체에 대한 폭행이라고 할 수는 없으나 일본 수상에 대한 폭행이라고 할 수는 있다. 따라서 전자의 견해에 의하면 외국사절폭행죄가 성립하지 않으나, 후자의 견해에 의하면 외국사절폭행죄가 성립한다.

폭행죄에서의 폭행은 '사람의 신체'에 대한 것으로 규정되어 있음에 비해, 외국사절폭행죄는 '외국사절의 신체에 대한 폭행'이 아니라 '외국사절에 대한' 폭행이라고 규정되어 있으므로 공무집행방해죄에서의 폭행과 의미가 같다고 해야 할 것이다. 따라서 甲에게 외국사절폭행죄의 죄책을 인정해야 할 것이다.

둘째, 주한 일본대사는 대한민국에 파견된 외교사절이라고 할 수 있다. 甲이 일본대사의 전방 1m를 향해 날계란을 던진 행위는 외국사절죄에서 폭행죄에 해당된다고 할 수 있다.

3. B에 대한 죄책

甲이 일본 수상을 향해 날계란을 던지다가 B를 맞춘 행위는 방법의 착오에 해당된다. 그러나 일본 수상에 대한 외국사절폭행죄가 성립하였으므로 B에 대한 폭행죄는 성립하지 않고 이는 과실폭행행위에 해당된다. 따라서 甲은 B에 대해서는 민사상의 책임은 질 수 있어도 형사책임은 지지 않는다.

4. 외국사절에 대한 모욕죄(제108조 제 2 항)의 성립 여부

외국사절에 대한 모욕죄는 대한민국에 파견된 외국사절에 대해 사실의 적시없이 그의 도덕성이나 사회적 역할 등에 관하여 가지고 있는 추상적 판단이나 경멸적인 감정표현(대판 1987. 5. 12. 87도739)을 말한다.

甲이 일본 수상에 대해 "미국대통령의 발가락이라도 빨 인간"이라고 한 것은 경멸적 감정의 표현으로서 모욕에 해당된다. 외국사절모욕죄에서는 공연성을 요하지 않지만, 공연성을 요한다 하더라도 강연장에서 그러한 욕을 하였으므로 공연성이 인정된다.

따라서 甲은 외국사절모욕죄의 죄책을 진다.

5. 죄수 및 정리

사례 (2)에서 甲은 재물손괴죄(제366조), 일본 수상에 대한 외국사절폭행죄(제108조 제1항), 주한 일본대사에 대한 외국사절폭행죄(제108조 제1항), 외국사절에 대한 모욕죄(제108조 제2항)의 죄책을 진다. 이들 중 일본 수상에 대한 외국사절폭행죄와 외국사절모욕죄는 하나의 행위에 의해서 이루어진 것이라고 할 수 있으므로 상상적 경합관계에 있다. 이들 범죄와 다른 범죄들은 실체적 경합범관계에 있다.

69. 공무원의 직무에 관한 죄

:: 다음 사례를 읽고 물음에 답하시오.

경찰서 보안과장으로서 음주운전자단속에 관한 업무를 담당하던 甲은 음주단속 현장 주변에 있는 순찰차에서 음주단속을 지휘하고 있었다. 얼마 후 의경 A가 음주운전을 하였다고 乙과 丙을 甲에게 데리고 왔다. 乙은 甲을 순찰차 옆으로 살짝 불러 "나는 단란주점을 경영하는 사람인데, 이번 한 번만 봐주면 우리 집에 근무하는 예쁜 아가씨를 소개시켜 주겠다"고 하였다. 혼자 살고 있던 甲은 이 말을 듣고 A가 작성한 음주운전적발보고서를 찢어 버리고 乙의 음주측정결과를 단속기준 이하로 기재한 가짜 음주운전적발보고서를 작성하였다. 이때 乙은 술을 많이 먹은 탓에 갑자기 순찰차 옆에 구토을 하고 말았다. 구토한 것 때문에 다른 경찰관이나 丙에게 자신의 음주운전이 발각될 것을 염려한 乙은 마침 근처에 있던 구청의 환경미화원 B에게 돈 10만원을 주면서 빨리 치워 달라고 하였다. B는 乙이 돈을 주므로 얼른 구토한 것을 치워 주었다.

甲은 乙을 조사한 후 丙을 조사하게 되었다. 그러나 丙은 甲이 묻는 말에 순순히 대답하지 않고 乙을 봐준 것처럼 자신도 봐 달라고 하고 나아가 자신을 봐주지 않으면 가만히 있지 않겠다고 하였다. 이에 화가 난 甲은 丙의 뺨을 한 대 때렸다. 이어 甲은 丙에게 경찰서까지 임의동행을 하자고 하였다. 丙이 싫다고 하자 甲은 억지로 그를 순찰차에 태워 경찰서로 데리고 와 유치장에 가둔 후 음주사실을 자백하라고 하였다. 丙은 자신의 책임을 조금이라도 면하기 위해 친구 C가 억지로 술을 줘서 할 수 없이 마셨다고 허위진술을 하였다. 丙의 자백을 받은 甲은 피의자진술조서를 작성하였는데 마침 경찰서에 들렀다가 이 장면을 목격하게 된 신문기자 E가 甲의 행동에 문제가 있지 않느냐고 물어보았다. 甲은 丙의 범죄사실과 진술태도를 말하며 자신의 행위에 아무런 문제가 없다고 대답하였다. E가 가고 난 후 甲은 음주측정처리부 작성을 담당하고 있는 경찰관 D에게 乙에 대한 음주운전적발보고서를 교부하였고, 이 사실을 모르는 D는 동 보고서를 근거로 음주운전자 음주측정처리부를 작성하여 사무실에 비치하였다(특별법은 불문함).

1. 乙과 관련된 甲의 죄책을 설명하시오.
2. 丙과 관련된 甲의 죄책을 설명하시오.
3. 乙의 죄책을 설명하시오.
4. 丙의 죄책을 설명하시오.

Ⅰ. 논점의 제시

乙과 관련된 甲의 죄책으로 문제되는 것은 다음과 같다.

1. 허위의 음주운전적발보고서를 작성하여 D에게 교부한 행위가 허위공문서작성죄 및 동행사죄(제227조, 제229조)에 해당되는지 문제된다.

2. A가 작성한 음주운전적발보고서를 찢어 버린 행위가 공용서류무효죄(제141조)에 해당되는지 문제된다.

3. 乙을 음주운전으로 처벌하는 조치를 취하지 않은 행위가 직무유기죄(제122조)에 해당되는지 문제된다.

4. D로 하여금 허위의 음주측정처리부를 작성케 하고 이를 비치하게 한 행위가 허위공문서작성죄 및 동행사죄의 간접정범에 해당되는지 문제된다.

5. 이러한 행위들이 수뢰후부정처사죄(제131조 제 1 항)에 해당되는지 문제된다.

6. 이들 범죄의 죄수관계가 문제된다.

丙과 관련된 甲의 죄책으로 문제되는 것은 다음과 같다.

1. 丙을 조사하다 丙의 뺨을 때린 행위가 불법폭행죄(제125조)에 해당되는지 문제된다.

2. 임의동행을 거부하는 丙을 경찰서로 데리고 가 유치장에 가둬 둔 행위가 불법체포·감금죄(제124조)에 해당되는지 문제된다.

3. 신문기자 E에게 丙의 범죄사실과 진술태도를 말한 행위가 피의사실공표죄(제126조)에 해당되는지 문제된다.

乙의 죄책으로 문제되는 것은 다음과 같다.

1. 甲에게 아가씨를 소개시켜 주겠다고 한 행위가 증뢰죄(제133조)에 해당되는지 문제된다.

2. 환경미화원 B에게 10만원을 준 행위가 증뢰죄에 해당되는지 문제된다.

丙의 죄책으로 문제되는 것은 친구 C가 술을 주었다고 허위진술을 한 행위가 무고죄(156조) 혹은 위계에 의한 공무집행방해죄(제137조)에 해당되는지이다.

Ⅱ. 乙과 관련된 甲의 죄책

1. 허위공문서작성죄(제227조) 및 동행사죄(제229조)의 성립 여부

甲은 경찰서 보안과장으로서 음주운전적발보고서를 작성할 권한이 있는 공무원이라고 할 수 있고, 乙에 대해 단속기준 이하로 음주측정이 된 내용의 음주운전적발보고서를 작성한 것은 허위의 공문서를 작성한 것이라고 할 수 있다. 甲에게 허위공문서작성에 대한 고의와 행사할 목적도 인정된다. 따라서 甲은 허위공문서작성죄의 죄책을 진다.

또한 甲이 이를 D에게 교부하여 음주측정처리부를 작성케 한 것은 허위공문서를 행사한 것이라고 할 수 있으므로 허위공문서행사죄의 죄책도 진다.

2. 공용서류무효죄(제141조)의 성립 여부

공용서류무효죄란 공무소에서 사용하는 서류 기타 물건 또는 전자기록 등 특수매체기록을 손상 또는 은닉하거나 기타 방법으로 그 효용을 해하는 죄이다. A가 작성한 음주운전적발보고서는 공무소에서 사용하는 서류라고 할 수 있고, 甲이 이를 찢어 버린 것은 손상하는 방법으로 그 효용을 해한 것이라고 할 수 있다. 따라서 甲의 행위는 공용서류무효죄에 해당된다.

3. 직무유기죄(제122조)의 성립 여부

직무유기죄란 공무원이 정당한 이유없이 그 직무수행을 거부하거나 그 직무를 유기하는 죄이다. 직무란 법령에 의해 공무원에게 부여된 의무를 말하고, 직무를 유기한다는 것은 직무에 관한 의식적인 방임 내지 포기 등 정당한 사유없이 직무를 수행하지 아니하는 것을 의미한다.

甲은 경찰관으로서 음주운전단속에 관한 업무를 담당하였으므로 음주운전자인 乙에 대해 단속해야 할 직무가 있는 자인데, 아가씨를 소개받기로 하고 乙을 단속하지 않았으므로 직무를 의식적으로 포기한 것이라고 할 수 있다. 甲에게 직무유기의 고의도 인정된다.

따라서 甲은 직무유기죄의 죄책을 진다.

4. 허위공문서작성죄 및 동행사죄의 간접정범(제34조)의 성립 여부

(1) 허위공문서작성죄의 간접정범

간접정범이란 어느 행위로 인하여 처벌되지 않는 자 또는 과실범으로 처벌되는 자를 교사 또는 방조(생명있는 도구로 이용)하여 범죄의 결과를 발생시키는 것이다(제34조 제1항). D는 허위의 음주측정처리부를 작성하였으나 그것이 허위라는 것을 알지 못하였으므로 허위공문서작성죄로 처벌되지 않는 자에 해당된다.

甲이 처벌되지 않는 D를 이용하여 허위의 음주측정처리부를 작성하였는데, 통설·판례에 의하면 허위공문서작성죄는 진정신분범이기 때문에 비신분자는 간접정범의 형태로 허위공문서작성죄를 범할 수 없고, 예외적으로 작성권한이 있는 공무원을 보좌하는 자의 경우에만 허위공문서작성죄의 간접정범이 될 수 있다.

사례에서 甲이 경찰서 보안과장으로서 음주측정처리부 작성도 그의 권한에 속한다고 할 수 있으므로 甲은 허위공문서작성죄의 간접정범의 죄책을 진다.

(2) 허위공문서행사죄의 성립 여부

D가 허위로 작성된 것인 줄 모르고 음주측정처리부를 사무실에 비치하였는데 이는 허위공문서를 행사한 것이라고 할 수 있지만, D에게 행사의 고의가 없으므로 D는 허위공문서행사죄로 처벌되지 않는 자이다.

그러나 甲은 이러한 사실을 모르는 D를 이용하여 허위공문서를 비치하였다고 할 수 있으므로 허위공문서행사죄의 간접정범의 죄책을 진다.

5. 수뢰후부정처사죄(제131조 제1항)의 성립 여부

(1) 수뢰죄(제129조)의 성립 여부

통설·판례에 의하면 수뢰죄에서 뇌물이란 직무와 관련된 불법한 이익을 의미하고, 뇌물의 내용인 이익이라 함은 금전, 물품 기타의 재산적 이익뿐만 아니라 사람의 수요 욕망을 충족시키기에 족한 일체의 유형·무형의 이익을 포함한다(대판 2001. 9. 18. 2000도5438; 2001. 1. 5. 2000도4714). 따라서 아가씨를 소개받기로 한 것도 뇌물죄의 이익이라고 할 수 있다. 甲의 직무와의 관련성이나 대가성도 인정된다. 수뢰죄는 뇌물을 수수하지 않고 약속하여도 성립할 수 있는데, 甲이 아가씨를 소개받기로 약속하였다고 할 수 있으므로 甲의 수뢰죄가 성립한다.

(2) 수뢰후부정처사죄의 성립 여부

수뢰후부정처사죄에서 부정한 행위란 공무원 또는 중재인의 직무에 반하는 일체의 행위를 말한다. 甲이 음주운전적발보고서를 폐기하고 허위의 음주운전적발보고서를 작성하여 D에게 교부한 것은 부정한 행위에 해당된다. 따라서 甲은 수뢰후부정처사죄의 죄책을 진다.

6. 죄수 및 정리

甲은 수뢰후부정처사죄, 공용서류무효죄, 직무유기죄, 허위공문서작성죄 및 동행사죄, 허위공문서작성죄 및 동행사죄의 간접정범의 죄책을 진다.

판례에 의하면 직무유기죄는 허위공문서작성죄 및 동행사죄에 흡수되고(대판 1999. 12. 24. 99도2240), 수뢰후부정처사죄와 허위공문서작성죄 및 동행사죄는 각각 상상적 경합관계에 있고 허위공문서작성죄와 동행사죄는 실체적 경합관계에 있다(대판 2001. 2. 9. 2000도1216). 공용서류무효죄도 부정처사의 한 내용이라고 할 수 있으므로 수뢰후부정처사죄와 상상적 경합관계에 있다.

결국 甲은 수뢰후부정처사죄, 공용서류무효죄, 허위공문서작성죄 및 동행사죄, 허위공문서작성죄 및 동행사죄의 간접정범의 죄책을 진다. 수뢰후부정처사죄 이외의 범죄들은 서로 실체적 경합관계에 있고, 이들 범죄와 수뢰후부정처사죄는 상상적 경합관계에 있다.

Ⅲ. 丙과 관련된 甲의 죄책

1. 불법폭행죄(제125조)의 성립 여부

丙은 음주운전으로 단속된 사람이므로 형사피의자라고 할 수 있고, 경찰인 甲이 丙의 뺨을 때린 행위는 사람의 신체에 대한 불법한 유형력의 행사로서 폭행이라고 할 수 있다. 甲의 행위의 위법성조각이나 책임조각이 인정되지 않으므로, 甲은 불법폭행죄의 죄책을 진다.

2. 불법체포·감금죄(제124조)의 성립 여부

경찰관직무집행법에 의하면 丙은 임의동행을 거부할 수 있는데(동법 제3조 제2항 단서), 丙이 임의동행을 거부함에도 불구하고 甲이 丙을 강제로 경찰서로 끌고 가 유치장에 가두어 둔 행위는 직권을 남용하여 丙을 체포·감금한 것으로서 불법체포·감금죄에 해당된다(대판 1992. 5. 22. 92도506).

甲의 행위는 직권을 남용한 행위로서 위법성이 조각될 수 없고, 甲에게 정당한 법률의 착오가 있거나 기대가능성이 없었다고 할 수 없으므로 甲은 불법체포·감금죄의 죄책을 진다.

3. 피의사실공표죄(제126조)의 성립 여부

피의사실공표죄란 검찰, 경찰 기타 범죄수사에 관한 직무를 행하는 자 또는 이를 감독하거나 보조하는 자가 그 직무를 행함에 당하여 지득한 피의사실을 공판청구 전에 공표하는 죄이다. 공표의 의미에 대해 불특정 또는 다수인에게 알리는 것을 의미하지만 공연성을 요하지 않으므로 1인에게 알리는 경우에도 불특정 또는 다수인이 알 수 있는 상태가 되면 공표라고 할 수 있다고 하는 견해와 불특정 또는 다수인이 아니라 특정소수인에게 알려도 공표가 된다고 하는 견해가 있다.

피의사실공표죄는 공무상비밀누설죄의 성격을 지니고 있으므로 특정소수인에게 알리는 경우에도 공표가 된다는 견해가 타당하지만, 어느 견해에 의하든 甲의 행위는 공표에 해당된다.

4. 죄　수

甲은 불법폭행죄, 불법체포·감금죄, 피의사실공표죄의 죄책을 지고, 이들 범죄는 실체적 경합관계(제37조)에 있다.

Ⅳ. 乙의 죄책

1. 甲에 대한 증뢰죄(제133조)의 성립 여부

증뢰죄란 공무원 또는 중재인에게 뇌물을 약속, 공여 또는 공여의 의사를 표시하는 죄이다. 아가씨를 소개시켜 주는 것은 사람의 욕망을 충족하기 위한 무형의 이익이라고 할 수 있다. 乙이 甲에게 아가씨를 소개시켜 준다고 한 것은 뇌물공여를 약속한 것이라고 할 수 있으므로 乙은 증뢰죄의 죄책을 진다.

2. B에 대한 증뢰죄의 성립 여부

乙이 구청의 환경미화원 B에게 10만원을 준 행위가 증뢰죄에 해당되는가는 구청의 환경미화원과 같이 기계적·육체적 사무에 종사하는 자가 수뢰죄의 주체가 될 수 있는가의 문제에 달려있다.

기계적·육체적 사무에 종사하는 자가 수뢰죄의 주체가 될 수 있는가에 대해서는 긍정설과 부정설이 대립한다. 통설·판례는 부정설을 취한다. 이에 의하면 乙이 B에게 10만원을 준 행위는 증뢰죄에 해당되지 않는다. 이에 대해 긍정설에서는 환경미화원도 수뢰죄의 주체가 될 수 있으므로 환경미화원이 직무에 관하여 금품을 받은 경우에는 수뢰죄의 구성요건에 해당하지만, 경우에 따라 위법성이 조각될 수 있을 뿐이라고 한다.

기계적·육체적 사무에 종사하는 공무원의 직무는 뇌물죄에서 보호할 필요가 없으므로 부정설이 타당하다. 따라서 乙의 행위는 증뢰죄에 해당되지 않는다.

3. 정 리

乙은 증뢰죄의 죄책을 진다.

Ⅴ. 丙의 죄책

1. 무고죄(제156조)의 성립 여부

무고죄란 타인으로 하여금 형사처분 또는 징계처분을 받게 할 목적으로 공무소 또는 공무원에 대하여 허위의 사실을 신고하는 죄이다. 판례에 의하면 신고는 자발적으로 행해져야 하므로 정보원 또는 수사관의 요청을 받고 허위의 정보를 제공하거나 수사관의 신문을 받는 과정에서 허위진술을 하는 것은 신고에 해당하지 않는다(대판 2005. 12. 22. 2005도3203).

따라서 丙의 행위는 무고죄에 해당되지 않는다.

2. 위계에 의한 공무집행방해죄(제137조)의 성립 여부

위계에 의한 공무집행방해죄란 위계로써 공무원의 직무집행을 방해하는 죄이다. 丙이 甲에게 허위진술을 한 것이 이에 해당되는가에 대해, 판례는 "피의자 등이 수사기관에 대하여 허위사실을 진술하거나 피의사실 인정에 필요한 증거를 감추고 허위의 증거를 제출하였다고 하더라도, 수사기관이 충분한 수사를 하지 아니한 채 이와 같은 허위의 진술과 증거만으로 증거의 수집·조사를 마쳤다면, 이는 수사기관의 불충분한 수사에 의한 것으로서 피의자 등의 위계에 의하여 수사가 방해되었다고 볼 수 없어 위계에 의한 공무집행방해죄가 성립된다고 할 수 없다. 그러나 피의자 등이 적극적으로 허위의 증거를 조작하여 제출하고 그 증거 조작의 결과 수사기관이 그 진위에 관하여 나름대로 충실한 수사를 하더라도 제출된 증거가 허위임을 발견하지 못할 정도에 이르렀다면, 이는 위계에 의하여 수사기관의 수사행위를 적극적으로 방해한 것으로서 위계에 의한 공무집행방해죄가 성립된다"고 한다(대판 2011. 2. 10. 2010도15986).

사례에서는 수사기관이 충분한 심사를 한다면 丙의 진술이 허위임을 밝혀낼 수 있었을 것이므로 위계에 의한 공무집행방해죄는 성립하지 않는다.

3. 정 리

丙은 무죄이다.

70. 공무집행방해죄, 특수공무방해치상죄

∷ 다음 사례를 읽고 물음에 답하시오.

(1) 甲, 乙은 슈퍼마켓 앞에 진열된 물건을 훔치려고 막 집다가 마침 순찰을 돌던 경찰관 A에게 발각되었다. A가 甲을 체포하려고 하자 甲은 집었던 물건을 내던지고 도망을 갔고, A는 甲을 추격하였다. 약 20분간 추격을 당하던 甲은 자신이 물건을 완전히 훔치지 않았는데 A가 자신을 체포하려고 하는 것은 위법한 것이라고 생각하고 막다른 골목에 이르러 주먹으로 A의 얼굴과 배를 가격하여 쓰러뜨렸다. 이때 마침 그곳을 순찰하던 경찰관 B가 A에 대한 폭행을 말리기 위해 甲을 제지하려고 하자 甲은 길 옆에 놓여 있던 각목을 들이대며 죽여 버리겠다고 하였다. 그러나 B가 겁을 먹지 않고 甲에게 진정하라고 하자 甲은 각목으로 B의 머리를 때려 전치 2주의 상처를 입혔다.

(2) 이때 쓰러져 있던 A가 일어나 甲을 덮친 후 체포하여 경찰서로 데리고 왔다. 경찰서에 와 A로부터 조사를 받던 甲은 "정당방위를 한 나를 왜 석방하지 않느냐"고 하면서 A가 작성하고 있던 피의자신문조서를 잡아채서 찢어 버리고 A의 책상 위에 있던 전화기를 땅바닥에 내던져 깨뜨렸다. A가 전화기를 살펴보고 있는 사이 甲은 경찰서 밖으로 몰래 도망을 나왔으나 바로 뒤쫓아 온 A에게 다시 잡혀 경찰서로 끌려갔다. A가 신문을 하면서 같이 범행한 乙의 신원을 대라고 하자 甲은 "乙은 내가 전혀 알지 못하는 사람이고, 우연히 그곳에 있었을 뿐이다"라고 하고 이 기회에 평소에 유감이 있던 슈퍼마켓 종업원 C를 혼내주기 위해 "C가 여러 번에 걸쳐 수퍼마켓에서 물건을 빼내갔다"고 거짓말을 하였다. A는 甲의 말을 믿고 乙에 대해 알아보는 것은 포기하고, 다음 날 C를 찾아가 조사를 하였는데, 실제로 C는 슈퍼마켓에서 물건을 빼내갔던 적이 있고, 이를 자백하였다.

(3) 한편 甲이 경찰서로 끌려갔다는 사실을 알게 된 乙은 7, 8명의 친구들과 甲을 면회하러 갔다. 그러나 자신이 생각한 대로 면회가 빨리 이루어지지 않자 乙과 그의 친구들은 경찰서장의 면담을 요구하며 2층에 있는 경찰서장실로 올라가려고 하였다. 경비병들이 이들을 제지하자 乙 등은 2층 계단입구에서 난동을 부렸으나 재물을 손괴하거나 사람을 폭행하지는 않았다.

1. 사례 (1)에서 판례의 입장에 따라 甲의 죄책을 설명하시오.
2. 사례 (2)에서 판례의 입장에 따라 甲의 죄책을 설명하시오.
3. 사례 (3)에서 판례의 입장에 따라 乙의 죄책을 설명하시오.
4. 甲, 乙의 죄책에 대한 판례의 입장에 대한 비판의견을 제시하시오.

Ⅰ. 논점의 제시

甲의 죄책으로 문제되는 것은 다음과 같다.

1. 경찰관 A를 폭행하여 쓰러뜨린 행위가 준강도미수죄(제335조) 및 공무집행방해죄(제136조)에 해당되는지 문제된다. 이 경우 적법한 공무집행을 하는 A가 위법한 공무집행을 한다고 오인하고 폭행·협박한 행위가 법률의 착오(제16조)에 해당되는지 문제된다.

2. A를 폭행하는 것을 말리던 B를 각목으로 때려 상처를 입힌 것이 준강도상해죄(제337조) 및 특수공무집행방해치상죄(제144조 제 2 항)에 해당되는지 문제된다.

3. 피의자신문조서를 찢어 버리고 전화기를 내던진 행위가 공용물손상죄(제141조 제 1 항) 및 공무집행방해죄(제136조)에 해당되는지 문제된다.

4. 경찰서 밖으로 도망나왔다가 다시 잡혀 들어간 것이 도주죄(제145조 제 1 항)에 해당되는지, 해당된다면 기수인지 미수인지 문제된다.

5. 乙을 모른다고 허위진술을 한 행위가 범인은닉죄(제151조)에 해당되는지 문제된다.

6. C가 물건을 빼냈다고 기억에 반하는 진술을 하였으나 실제로 C가 물건을 빼냈으므로 무고죄의 불능미수(제156조, 제27조)에 해당되는지 문제된다.

7. 이들 범죄의 죄수관계가 문제된다.

乙의 죄책으로 문제되는 것은 친구들 7, 8명과 함께 경찰서에서 소란을 피운 행위는 위력을 행사한 것이라고 할 수 있는데, 이 경우 공무집행방해죄는 성립할 수 없으나 위력에 의한 업무방해죄는 성립할 수 있는지이다.

Ⅱ. 사례 (1)에서 판례에 따른 甲의 죄책

1. 준강도미수죄(제335조, 제342조) 및 공무집행방해죄(제136조)의 성립 여부

(1) 준강도미수죄의 성립 여부

준강도죄는 절도가 재물의 탈환을 항거하거나 체포를 면탈하거나 죄적을 인멸할 목적으로 폭행 또는 협박을 가하는 죄이다.

준강도죄의 주체는 절도인데, 절도란 절도죄, 야간주거침입절도죄, 특수절도죄 등의 실행에 착수한 이후 절도를 완료하기 이전의 자를 의미한다. 사례에서 甲, 乙이 물건을 집었으므로 특수절도죄(제331조 제2항)의 실행에 착수하였다고 할 수 있다. 甲이 절도범행 후 20분이 지난 후 A를 폭행하였으나 그 20분 동안 추격되는 상태에 있었으므로 절도범행이 완료되었다고 할 수 없으므로 준강도죄가 성립할 수 있다. 준강도죄의 폭행 또는 협박은 강도죄의 폭행·협박과 마찬가지로 항거불가능의 폭행·협박이어야 한다. 사례에서 甲이 경찰관 A를 때려 쓰러뜨린 것은 항거불가능의 폭행·협박이라고 할 수 있으므로 甲의 행위는 준강도죄에 해당된다.

甲이 물건을 훔치지 못하고 폭행·협박을 하여 절도는 기수에 이르지 못하였지만 폭행은 기수에 이르렀다고 할 수 있다. 이 경우 준강도죄의 기수인가 미수인가에 대해 판례는 폭행·협박을 기준으로 하여 정하였으나 이후 입장을 변경하여 절도의 기수, 미수를 기준으로 정한다(대판 2004. 11. 18. 2004도5074 전원합의체).

따라서 판례에 의하면 甲은 준강도미수의 죄책을 진다.

(2) 공무집행방해죄의 성립 여부

甲이 A의 적법한 직무집행을 위법한 직무집행이라고 착오하였는데 이는 사실의 착오가 아니라 정당방위의 요건(전제)사실의 착오에 해당된다. 왜냐하면 판례는 "공무집행방해죄에 있어서의 범의는 상대방이 직무를 집행하는 공무원이라는 사실, 그리고 이에 대하여 폭행 또는 협박을 한다는 사실을 인식하는 것을 그 내용으로 하고, 그 인식은 불확정적인 것이라도 소위 미필적 고의가 있다고 보아야 하며"(대판 1955. 1. 24. 94도1949)라고 한다. 이는 사례에서 甲에게 고의는 인정되지만, 위법한 공무집행이 없음에도 불구하고 위법한 공무집행이 있다고 착오한 것이라는 의미가 되기 때문이다.

정당방위의 요건사실의 착오의 효과에 대해 판례는 정확하게 언급하고 있지 않지만, 판례의 입장은 착오에 과실이 있는 경우 고의범의 효과를 인정하는 제한 고의설에 가깝다고 할 수 있다. 따라서 판례에 의하면 甲은 공무집행방해죄의 죄책을 진다.

2. 준강도상해죄(제337조) 및 특수공무집행방해치상죄(제144조 제 2 항)의 성립 여부

(1) 준강도상해죄

절도범인 甲이 체포면탈의 목적으로 각목으로 B에게 상해를 가하였으므로 준강도상해죄의 죄책을 진다. 판례에 의하면 준강도상해죄의 주체는 준강도기수, 미수범을 불문한다(대판 1990. 2. 27. 89도2532).

다만 제342조는 준강도상해죄의 미수범을 벌하고 있는데 甲이 준강도미수범이므로 강도상해죄의 미수범에 해당되는지 문제될 수 있다. 판례가 준강도미수범이 상해기수에 이른 경우 준강도상해미수범을 인정하는지 분명하지는 않지만 인정하지 않는 입장이라고 해야 할 것이다. 따라서 판례에 의하면 甲은 준강도상해죄의 죄책을 진다.

(2) 특수공무집행방해치상죄의 성립 여부

순찰중인 B가 甲을 말리려고 한 것은 적법한 공무집행이라고 할 수 있고, 甲이 적법하게 직무를 집행하는 경찰관 B에게 상처를 입혔으므로 특수공무집행방해치상죄의 성립 여부가 문제된다.

판례에 의하면 특수공무집행방해치상죄는 상해에 대해 과실이 있는 경우뿐만 아니라 고의가 있는 경우에도 성립하는 부진정결과적 가중범이다(대판 2009. 11. 19. 2009도4166 전원합의체). 왜냐하면 특수공무집행방해죄를 진정결과적 가중범으로 해석하게 되면 특수공무집행방해죄를 범한 자가 고의로 상해를 입힌 경우 특수공무집행방해죄와 상해죄의 경합범으로서 결국 특수공무집행방해죄로 처벌되는데 비해 특수공무집행방해죄를 범한 자가 과실로 상해를 입힌 경우에는 특수공무집행방해치상죄로 처벌되는데, 전자의 형벌이 후자의 형벌보다 가벼워지는 결과가 되어 부당하기 때문이다.

따라서 甲은 특수공무집행방해치상죄의 죄책을 진다.

3. 죄수 및 정리

판례는 절도범이 체포를 면탈하기 위해 경찰관을 폭행하였을 경우 준강도죄와 공무집행방해죄의 상상적 경합범을 인정한다(대판 1992. 7. 28. 92도917). 또한 특수공무집행방해치상죄에서 상해에 대해 고의가 있는 경우 특수공무집행방해치상죄의 형벌이 상해죄의 형벌보다 무거우므로 특수공무집행방해치상죄만이 성립한다고 한다(대판 2009. 11. 19. 2009도4166 전원합의체).

따라서 판례에 의하면 준강도미수죄, 공무집행방해죄, 준강도상해죄, 특수공무집행방해치상죄의 죄책을 진다. 준강도미수죄와 공무집행방해죄, 준강도상해죄와 특수공무집행방해치상죄는 상상적 경합범 관계에 있고, 이들 범죄는 실체적 경합범 관계에 있다.

Ⅲ. 사례 (2)에서 판례에 따른 甲의 죄책

1. 공용물손상죄(제141조 제 1 항)의 성립 여부

공용물손상죄란 공무소에서 사용하는 서류 기타 물건 또는 전자기록 등 특수매체기록을 손상하는 죄이다. 피의자신문조서와 전화기는 공무소인 경찰서에서 사용하는 서류와 전화기이므로 이를 찢고 깨뜨린 것은 그 효용을 해한 것으로서 손상에 해당된다.

따라서 甲이 서류를 찢고 전화기를 깨뜨린 행위는 두 개이지만 공용물손상죄의 포괄일죄의 죄책을 진다.

2. 공무집행방해죄의 성립 여부

甲이 피의자신문조서를 찢고 전화기를 땅에 던져 깨뜨린 것은 비록 A의 신체에 대해 전화기를 던지지 않았다고 하더라도 적법한 공무집행을 하는 A에 대해 폭행한 것이라고 할 수 있다. 공무집행방해죄에서의 폭행은 소위 광의의 폭행으로서 공무원의 신체에 대한 유형력의 행사가 아니라 공무원에 대한 유형력의 행사이면 족하기 때문이다.

3. 도주미수죄(제145조 제 1 항, 제149조)의 성립 여부

도주죄란 법률에 의하여 체포 또는 구금된 자가 도주하는 죄이다. 법률에 의해 체포 또는 구금된 자란 체포·구속된 피의자, 피고인만이 아니라 현행범체포, 긴급체포되어 수사기관에 인도된 자, 사형·징역·금고형을 선고받고 교도소에 수용되어 있는 재소자, 벌금형미납으로 인해 노역장에 유치되어 있는 자, 감정유치된 자(형소법 제172조) 등을 모두 포함한다.

사례에서 甲은 현행범으로 체포되어 수사기관에 인도된 자이므로 법률에 의해 구금된 자이고 도망가기 위해 경찰서 밖으로 나간 것은 도주에 해당된다. 도주죄가 기수에 이르기 위해서는 체포 또는 구금된 상태에서 완전히 벗어나야 한다. 사례에서 甲은 경찰서 밖으로 나갔으나 바로 뒤쫓아 온 A에게 붙잡혔으므로 도주미수죄의 죄책을 진다.

4. 범인은닉죄(제151조)의 성립 여부

범인은닉죄란 벌금 이상의 형에 해당하는 죄를 범한 자를 은닉 또는 도피하게 하는 죄이다. 벌금 이상의 형에 해당하는 죄란 법정형이 벌금형에 해당하는 죄를 말한다. 乙이 甲과 함께 특수절도죄의 실행에 착수하였고 특수절도죄의 법정형은 1년 이상 10년 이하의 징역에 해당하는 죄이므로 乙은 벌금 이상의 형에 해당하는 죄를 범한 자라고 할 수 있다.

그러나 판례는 범인을 알고 있는 참고인이 묵비한 경우(대판 1997. 9. 9. 97도1596; 1991. 8. 27. 91도1441; 1984. 4. 10. 83도3288) 혹은 참고인이나 피의자 등이 단순히 허위진술을 한 경우(대판 1987. 2. 10. 85도897) 등은 범인은닉죄에 해당되지 않는다고 한다.

따라서 판례에 의하면 甲의 범인은닉죄는 성립하지 않는다.

5. 무고죄(제156조)의 성립 여부

무고죄란 타인으로 하여금 형사처분 또는 징계처분을 받게 할 목적으로 공무소 또는 공무원에 대하여 허위의 사실을 신고하는 죄이다.

사례에서 甲이 C로 하여금 형사처분 또는 징계처분을 받게 할 목적이 있었다고 할 수 있고 허위사실을 신고한다는 고의도 있었다. 그런데 통설·판례에 의하면 무고죄에서의 허위의 사실이란 객관적 진실에 반하는 사실을 의미한다(대판 2000. 11. 24. 99도822; 2000. 7. 4. 2000도1908; 1998. 9. 8. 98도1949; 1984. 5. 29. 83도2410). 또한 신고는 자발적으로 행해져야 하므로 정보원 또는 수사관의 요청을 받고 허위의 정보를 제공하거나 수사관의 신문을 받는 과정에서 허위진술을 하는 것은 신고에 해당하지 않는다(대판 1996. 2. 9. 95도2652; 1990. 8. 14. 90도595; 1988. 2. 23. 87도2454; 대결 1985. 7. 26. 85모14; 대판 1961. 12. 14. 61도273; 1955. 3. 18. 54도209).

사례에서 甲이 허위사실을 신고한다는 의사로 진실한 사실을 진술하였지만, 이는 신고에도 해당되지 않고 허위사실을 신고한 행위에도 해당되지 않으므로 무고죄의 결과발생은 불가능하다. 사례에서 무고죄의 불능미수가 문제될 수 있지만, 무고죄는 미수범을 벌하지 않으므로 논의의 실익이 없다.

따라서 판례에 의하면 甲은 무고죄의 죄책을 지지 않는다.

6. 죄수 및 정리

판례에 의하면 사례 (2)에서 甲은 공용물손상죄, 공무집행방해죄 및 도주미수죄의 죄책을 진다. 공용물손상죄와 공무집행방해죄는 상상적 경합관계에 있고, 이들 범죄와 도주미수죄는 실체적 경합관계에 있다.

Ⅳ. 사례 (3)에서 판례에 따른 乙의 죄책

乙이 경찰관들에게 위력을 행사하여 공무집행을 방해하였으나 위력에 의한 공무집행방해죄는 없으므로 위력에 의한 업무방해죄가 성립할 수 있을지 문제된다.

판례는 “업무방해죄와 공무집행방해죄는 그 보호법익과 보호대상이 상이할 뿐만 아니라 업무방해죄의 행위유형에 비하여 공무집행방해죄의 행위유형은 보다 제한되어 있다. 즉 공무집행방해죄는 폭행, 협박에 이른 경우를 구성요건으로 삼고 있을 뿐 이에 이르지 아니하는 위력 등에 의한 경우는 그 구성요건의 대상으로 삼고 있지 않다. 또한, 형법은 공무집행방해죄 외에도 여러 가지 유형의 공무방해행위를 처벌하는 규정을 개별적·구체적으로 마련하여 두고 있으므로, 이러한 처벌조항 이외에 공무의 집행을 업무방해죄에 의하여 보호받도록 하여야 할 현실적 필요가 적다는 측면도 있다. 그러므로 형법이 업무방해죄와는 별도로 공무집행방해죄를 규정하고 있는 것은 사적 업무와 공무를 구별하여 공무에 관해서는 공무원에 대한 폭행, 협박 또는 위계의 방법으로 그 집행을 방해하는 경우에 한하여 처벌하겠다는 취지라고 보아야 한다. 따라서 공무원이 직무상 수행하는 공무를 방해하는 행위에 대해서는 업무방해죄로 의율할 수는 없다고 해석함이 상당하다"고 한다(대판 2009. 11. 19. 2009도4166 전원합의체).

따라서 판례에 의하면 乙은 무죄이다.

Ⅴ. 甲, 乙의 죄책에 대한 판례입장에 대한 비판의견

1. 甲의 죄책에 대한 판례입장에 대한 비판의견

(1) 개 관

甲의 죄책에 대한 판례입장에 대해 다음과 같은 비판의견들이 있다.

첫째, 적법한 직무집행을 위법한 직무집행으로 오인한 경우 사실의 착오의 문제로 다루거나 처벌조건에 대한 착오의 문제로 다루어야 한다는 의견이다.

둘째, 정당방위의 요건사실의 착오의 경우 과실책임을 인정해야 한다는 의견이다.

셋째, 준강도기수, 미수는 폭행·협박의 기수, 미수를 기준으로 하거나 폭행·협박 및 절도의 기수, 미수를 모두 기준으로 하여야 한다는 의견이다.

넷째, 준강도미수범이 상해를 가한 때에는 강도상해미수죄를 인정해야 한다는 의견이다.

다섯째, 특수공무집행방해치상죄에서 상해의 고의가 있는 경우 특수공무집행방해치상죄와 상해죄의 상상적 경합범을 인정해야 한다는 입장이다.

(2) 직무집행의 적법성에 대한 착오

공무집행방해죄에서 직무집행의 적법성에 대한 착오의 효과는 적법한 직무집행의 범죄체계상의 지위에 따라 달라질 수 있다.

첫째, 처벌조건설은 공무집행의 적법성은 본죄의 처벌조건이라고 한다. 이에 의하면 처벌조건에 대한 착오는 고의를 조각하지 못하므로 甲의 착오는 범죄성립에 영향을 주지 못한다.

둘째, 구성요건요소설은 공무집행의 적법성은 구성요건요소라고 한다. 이에 의하면 甲의 착오는 사실의 착오가 되고, 과실공무집행방해죄를 처벌하는 규정이 없으므로 공무집행방해죄로 처벌되지는 않는다. 다만, 甲이 자신의 행위가 정당하다고 생각하고 A를 폭행하였으므로 법률의 착오가 문제된다. 그러나 甲의 착오에 정당한 이유가 있다고 할 수 없으므로 책임설이나 제한고의설에 의하면, 甲은 폭행죄의 죄책을 지게 된다.

(3) 정당방위의 요건사실의 착오

甲의 착오를 정당방위의 요건사실의 착오라고 할 때에도 엄격고의설, 제한책임설, 소극적 구성요건요소이론에서는 과실책임을 인정한다. 엄격책임설에서는 고의범을 인정하지만, 제한고의설과는 달리 위법성의 인식가능성은 고의의 구성요건요소가 아니라 독립적인 책임요소라고 한다.

(4) 준강도기수, 미수

준강도의 기수, 미수는 행위의 태양인 폭행·협박을 기준으로 해야 한다는 견해가 있다. 이 견해에 의하면 甲은 준강도죄의 기수의 죄책을 진다. 한편 준강도죄를 강도죄보다 불리하게 취급해서는 안 된다는 이유로 준강도의 기수가 되기 위해서는 절도와 폭행·협박 모두 기수가 되어야 한다는 견해가 있다. 이 견해에 의하면 甲은 준강도미수죄의 죄책을 진다.

(5) 준강도상해죄의 미수

형법 제342조가 강도치상죄의 미수범을 처벌하는 것으로 규정하고 있는데, 강도치상죄의 미수란 강도미수가 과실로 사람을 상해한 경우를 말한다. 마찬가지로 준강도상해미수죄에는 상해가 미수에 그쳤을 때뿐만 아니라 상해가 기수에 이르렀어도 준강도가 미수인 경우에는 준강도상해미수라고 해야 한다는 입장이다. 이 견해에 의하면 甲은 강도상해미수죄의 죄책을 진다.

(6) 특수공무집행방해치상죄와 상해죄의 죄수

이에 대해서는 특수공무집행방해범이 상해에 대해 고의가 있을 경우 특수공무집행방해치상죄와 상해죄의 상상적 경합을 인정해야 한다는 입장이 있다.

2. 乙의 죄책에 대한 판례입장에 대한 비판의견

위력에 의해 공무집행을 방해한 경우 업무방해죄를 인정해야 한다는 입장이 있다. 이 견해는 다음과 같은 근거를 든다(대판 2009. 11. 19. 2009도4166 전원합의체 판결 반대의견).

첫째, 공무원이 직무상 수행하는 공무 역시 공무원이라는 사회생활상의 지위에서 계속적으로 종사하는 사무이므로 업무방해죄의 '업무'의 개념에 당연히 포섭된다.

둘째, 공무의 성질상 그 집행을 방해하는 자를 배제할 수 있는 강제력을 가지지 않은 공무원에 대하여 폭행·협박에 이르지 않는 위력 등에 의한 저항 행위가 있는 경우 업무방해죄로 처벌해야 한다.

셋째, 정보처리장치에 대한 손괴나 데이터의 부정조작의 방법에 의한 공무집행방해죄를 따로 규정하지 않은 것은 이러한 방법에 의한 공무집행방해행위를 업무방해죄로 처벌할 수 있다는 취지이다.

다섯째, 공무에 대하여는 업무방해죄가 성립하지 아니한다고 보게 되면 공공기관에서 많은 민원인들의 감정적인 소란행위를 조장하는 결과를 초래하게 될 위험이 있다.

71. 증거인멸, 범인은닉, 위증, 무고죄

:: 다음 사례를 읽고 물음에 답하시오.

(1) 甲은 자신의 아들 A가 절도죄를 범한 사실이 없음에도 불구하고 지명수배되어 경찰관 P에게 쫓기다가 집으로 도망오게 되자 A를 지하실로 피신시키고, P에게는 A가 옥상으로 갔다고 거짓말을 하였다. P는 옥상에 올라갔지만, A를 찾지 못하고 돌아갔다. 다음 날 아침 P가 다시 A를 찾으러 오자 甲은 마침 집에 와 있던 친구 乙에게 자초지종을 이야기하고 P를 따돌리라고 하였다. 乙은 甲의 말대로 P를 따돌렸다. P가 돌아간 후 甲은 A에게 돈을 주어 동네 여관에 숨어 있게 하였다.

(2) P가 계속 A를 잡으려고 한다는 말을 들은 甲은 P가 얄미운 마음이 들어 P가 소속한 경찰서장에게 "A가 비록 현행범이긴 하지만 P가 영장도 없이 A를 쫓아 우리 집에 들어왔는데, 이는 주거침입죄에 해당하니 징계해 달라"는 내용의 탄원서를 제출하였다. 그러자 P는 "나의 행위가 적법하였음에도 불구하고 甲이 위법하다고 허위사실을 신고하였으니 甲을 무고죄로 처벌해 달라"고 甲을 고소하였다. 사건을 수사한 검사는 甲을 무고죄로 기소하였다. 甲의 재판에 乙이 증인으로 소환되자 甲은 "P가 A를 쫓아 오던 날 영장없이 집에 들어온 것을 똑똑히 보았다"고 증언하라고 하였다. 乙은 정확한 기억이 없었으나 A가 지명수배되었다는 이야기를 들었으므로 P가 영장없이 들어왔을 것이라고 생각하고 선서한 후 甲이 시킨대로 증언하였다. 한편 甲은 자신이 A를 숨겨 준 것이 발각날지도 모르니 A가 지하실에 있었던 흔적을 치워 달라고 乙에게 부탁하였고 먼저 나온 乙은 甲의 말대로 하였다.

1. 사례 (1)에서 판례에 따른 甲, 乙의 죄책 및 그에 대한 비판의견을 소개하시오.
2. 사례 (2)에서 甲, 乙의 죄책을 논하시오.

Ⅰ. 논점의 제시

사례 (1)에서 甲의 죄책으로 문제되는 것은 다음과 같다.

1. 절도 현행범으로 경찰관에게 쫓기던 A를 지하실에 숨겨 주고 후에 여관에 머물도록 하게 한 행위가 범인은닉·도피죄(제151조 제 1 항)에 해당되는가 및 甲과 A가 친족이므로 이것이 어떤 효과가 생기게 하는지 문제된다.

2. 乙에게 P를 따돌리라고 한 행위가 범인은닉방조교사죄에 해당되는지 문제

된다.

사례 (1)에서 乙의 죄책으로 문제되는 것은 甲의 부탁에 따라 경찰관 P를 따돌린 행위가 범인은닉죄의 방조범(제151조 제1항, 제32조)에 해당되는가이다.

사례 (2)에서 甲의 죄책으로 문제되는 것은 다음과 같다.

1. 경찰서장에게 P를 징계해 달라고 탄원서를 제출한 행위가 무고죄(제156조)에 해당되는지 문제된다.

2. 乙에게 P가 영장없이 자신의 집에 들어왔다고 증언해 달라고 한 행위가 위증교사죄(제152조 제1항, 제31조)에 해당되는지 문제된다.

3. 乙에게 A가 지하실에 있었던 흔적을 없애 달라고 하여 자신의 범죄에 대한 증거인멸을 교사한 행위가 증거인멸교사죄(제155조 제1항, 제31조)에 해당되는지 문제된다.

4. 이들 범죄의 죄수관계가 문제된다.

사례 (2)에서 乙의 죄책으로 문제되는 것은 다음과 같다.

1. P가 영장없이 甲의 집에 들어왔다고 증언한 행위가 위증죄(제152조 제1항)에 해당되는지 문제된다.

2. 甲의 부탁으로 A가 甲의 집에 숨어 있었던 흔적을 없애버린 행위가 증거인멸죄(제155조 제1항)에 해당되는지 문제된다.

3. 위의 범죄들의 죄수관계가 문제된다.

Ⅱ. 사례 (1)에서 판례에 따른 甲, 乙의 죄책 및 비판의견

1. 판례에 따른 甲의 죄책

(1) 범인은닉 · 도피죄(제151조 제1항)의 성립 여부

1) 구성요건해당성

범인은닉 · 도피죄란 벌금 이상의 형에 해당하는 죄를 범한 자를 은닉 또는 도피하게 하는 죄이다.

벌금 이상의 형에 해당하는 죄란 법정형이 벌금 이상의 형에 해당하는 죄를 말하는데, 사례에서 A가 절도죄로 지명수배되어 수사대상이 되었고 절도죄의 법정형은 6년 이하의 징역 또는 1천만원 이하의 벌금이므로(제329조) 범인은닉죄의 범인에 해당된다. A가 절도죄의 진범은 아니지만 판례는 "죄를 범한 자라 함은 범죄의 혐의를 받아 수사대상이 되어 있는 자를 포함하며"라고 하여(대판 2003. 12. 12. 2003도4533) 진범임을 요하지 않는다고 한다.

따라서 甲은 범인은닉·도피죄의 죄책을 진다. 甲이 A를 지하실에 숨겨주고 후에 돈을 주어 여관에 머물도록 한 행위는 범인은닉죄와 범인도피죄에 해당되지만, 포괄하여 하나의 범죄라고 할 수 있다.

2) 책 임

甲과 A는 직계존비속으로 친족이므로 제151조 제2항에 의해 甲은 처벌되지 않는다. 처벌되지 않는다는 말의 의미에 대해서는 책임조각설과 인적처벌조각사유라는 견해가 대립한다. 형법이 인적처벌조각사유에 대해서는 '형을 면제한다'고 하는 데에 비해 범죄성립조건이 결여된 때에는 '벌하지 않는다'는 표현을 사용하고 있으므로, 책임조각설이 타당하다.

판례의 입장은 분명하지 않으나 책임조각설에 가깝다고 할 수 있다.

3) 정 리

甲의 행위는 범인은닉·도피죄의 구성요건에 해당되지만, 甲에게 기대가능성이 없어서 책임이 조각되므로 甲은 범인은닉·도피죄의 죄책을 지지 않는다.

(2) 범인은닉방조교사죄(제151조 제1항, 제32조, 제31조)의 성립 여부

乙이 P를 따돌린 행위는 범인은닉죄의 정범에 해당된다기보다는 방조범에 해당된다고 할 수 있다. 乙이 甲의 교사에 따라 범인은닉방조행위를 하였으므로, 甲의 행위가 범인은닉방조죄의 교사범에 해당될 수 있는지 문제될 수 있다. 그러나 방조범에 대한 교사범은 인정될 수 없고, 甲이 이미 범인은닉행위를 하고 있었으므로 甲이 乙을 교사한 행위는 별도의 범죄에 해당되지 않는다.

(3) 정 리

甲은 무죄이다.

2. 판례에 따른 乙의 죄책

범인은닉죄는 계속범으로서 甲이 A를 숨겨 놓고 있는 동안은 범인은닉행위가 계속된다고 할 수 있고 이 동안에는 범인은닉죄의 공범이 성립할 수 있다.

사례에서 乙이 甲의 부탁을 받고 A를 잡으러 온 P를 따돌린 행위가 甲의 범인은닉죄의 공동정범인가 아니면 방조범에 불과한가 문제된다. 판례는 정범과 공범의 구별에 관한 범행(행위)지배설을 따르고 있는데(대판 2006. 3. 9. 2004도206. 공동정범은 2인 이상이 공동하여 죄를 범하는 것으로서, 공동정범이 성립하기 위하여는 주관적 요건인 공동가공의 의사와 객관적 요건인 공동의사에 의한 기능적 행위지배를 통한 범죄의 실행사실이 필요하다), 이에 의하면 乙은 범인은닉행위를 기능적으로 지배하였다기보다는 甲의 은닉행위를 용이하게 한 것에 불과하다고 할 수 있다.

따라서 乙은 범인은닉방조죄(제151조, 제32조)의 죄책을 진다.

3. 판례에 대한 비판의견

사례에서 진범이 아닌 사람에 대해서도 범인은닉죄가 성립한다는 판례의 입장에 대해 비판의견이 있다.

첫 번째 견해는 진범이 아닌 사람에 대해서는 범인은닉죄가 성립할 수 없다고 한다. 이 견해는 ① 본죄의 구성요건이 '죄를 범한 자'로 되어 있고, ② 수사기관의 과오로 피의자나 피고인이 된 자를 은닉하여도 국가형사사법기능을 해할 위험성이 있다고 할 수 없다는 것을 근거로 든다.

두 번째 견해는 범인은닉죄의 객체인 '죄를 범한 자'란 수사개시 전단계에서는 진범이어야 하고, 수사단계에서는 진범 또는 진범이라고 강하게 의심되는 자이어야 하며, 소추 · 재판 및 형집행단계에서는 진범 여부를 불문한다고 한다.

위 두 견해에 의하면 甲의 행위는 범인은닉죄의 구성요건해당성이 없다.

Ⅲ. 사례 (2)에서 甲, 乙의 죄책

1. 甲의 죄책

(1) 무고죄(제156조)의 성립 여부

무고죄란 타인으로 하여금 형사처분 또는 징계처분을 받게 할 목적으로 공무소 또는 공무원에 대하여 허위의 사실을 신고하는 죄이다. 사례에서 甲이 공무원인 경찰서장에게 탄원서를 제출할 때에 P로 하여금 형사처분 또는 징계처분을 받게 할 목적이 있었고, 탄원서의 제출이 신고에 해당한다는 데에는 별 문제가 없다. 문제는 甲의 탄원서의 내용이 허위사실에 해당되는가 및 탄원서를 제출한 것이 신고에 해당되는가이다.

판례에 의하면 무고죄에서 허위사실이란 객관적 진실에 반하는 사실을 의미한다. 허위사실의 신고가 있어야 하고, 객관적 사실관계를 사실 그대로 신고한 경우에는 그 객관적 사실을 토대로 한 나름대로의 주관적 법률평가를 잘못하고 이를 신고하였다 하더라도 허위사실을 신고한 것에 해당되지 않는다(대판 1985. 6. 25. 83도3245; 1984. 7. 24. 83도2692).

사례에서 P가 지명수배된 A의 체포를 위해 甲의 집에 들어간 행위는 법령에 의해 위법성이 조각되는 행위이다. 甲의 탄원서 내용은 P가 영장없이 자신의 주거에 들어온 것을 신고한 것으로서 객관적 진실에 부합하여 허위사실에 해당되지 않고, 다만 甲이 P의 행위에 대해 법률적 평가를 잘못한 것이라고 할 수 있다. 따라서 甲의 행위는 무고죄에 해당되지 않는다.

(2) 위증교사죄(제152조 제 1 항, 제31조)의 성립 여부

1) 쟁 점

후술하는 것과 같이 乙은 위증죄의 죄책을 진다고 할 수 있다. 사례에서 甲은 타인의 형사사건이 아니라 자기의 형사사건에서 乙에게 위증을 교사하였는데, 이 경우 위증교사죄가 성립하는가에 대해 다음과 같은 견해가 대립한다.

2) 긍정설

긍정설은 ① 피고인이 자기의 사건에 대해 증거를 위조·인멸하는 것은 죄가 되지 않지만, 위증을 교사하여 새로운 범인을 만들어 내거나 타인의 범행을 방조한 경우에는 변호권의 남용이라고 할 수 있고, ② 형사피고인에 대해 위증이나 증거위조죄 등이 성립하지 않는 것은 기대가능성이 없기 때문이므로, 타인의 위증을 교사·방조하는 것까지 기대가능성이 없다고 할 수 없고, ③ 정범에게 위증죄가 성립하는 이상 교사범의 성립도 인정해야 한다는 것 등을 근거로 위증교사죄의 성립을 인정한다.

판례는 "피고인이 자기의 형사사건에 관하여 허위의 진술을 하는 행위는 피고인의 형사소송에 있어서의 방어권을 인정하는 취지에서 처벌의 대상이 되지 않으나, 법률에 의하여 선서한 증인이 타인의 형사사건에 관하여 위증을 하면 형법 제152조 제1항의 위증죄가 성립되므로 자기의 형사사건에 관하여 타인을 교사하여 위증죄를 범하게 하는 것은 이러한 방어권을 남용하는 것이라고 할 것이어서 교사범의 죄책을 부담케 함이 상당하다"고 하여(대판 2004. 1. 27. 2003도5114), 긍정설을 따른다.

3) 부정설

부정설은 ① 피고인은 증인적격이 없어서 정범으로도 처벌되지 않음에도 불구하고 교사범으로 처벌된다는 것은 부당하고, ② 피고인이 타인을 교사하여 위증을 하게 하는 것은 자신이 위증하는 것과 다를 바 없고, ③ 형사피고인의 위증교사는 자기비호(自己庇護)의 연장이고, ④ 증거인멸죄에서도 자기의 형사사건에 관한 증거를 인멸하는 등의 행위를 처벌하지 않는 취지를 감안하면 이 경우에도 교사범의 성립을 인정하지 말아야 한다는 것 등을 근거로 위증교사죄의 성립을 부정한다.

4) 평 가

긍정설의 근거보다는 부정설의 근거가 더 설득력이 있다고 생각된다. 피고인이 교사행위를 통해 새로운 범죄를 만들어 내는 것은 사실이지만, 자기사건에 대해 증거를 은닉하거나 허위의 증거를 만들어 내는 행위를 하지 말 것을 기대할 수 없다면, 타인을 교사하여 위증케 하는 행위도 기대가능성이 없는 행위라고 할 수 있기 때문이다.

따라서 甲은 위증교사죄의 죄책을 지지 않는다.

(3) 정 리

甲은 무죄이다.

2. 乙의 죄책

(1) 위증죄(제151조 제 1 항)의 성립 여부

1) 쟁 점

위증죄란 법률에 의해 선서한 증인이 허위의 진술을 하는 죄이다.

사례에서 재판에 증인으로 출석한 乙은 법률에 의해 선서한 증인이라는 데에는 별 문제가 없다. 문제는 乙이 자기가 기억하지 못하는 내용을 기억하는 것처럼 진술하였으나 그 진술이 객관적 사실과 일치하는 경우에도 허위의 진술을 한 것이라고 할 수 있는가이다. 위증죄의 허위진술의 의미에 대해서는 주관적 기억에 반하는 진술이라는 주관설과 객관적 진실에 반하는 진술이라고 하는 객관설이 대립한다.

2) 주 관 설

이 견해는 허위의 진술을 증인의 기억에 반하는 진술이라고 한다. 증인의 기억에 반하는 진술이면 객관적 진실에 부합하여도 허위의 진술이고, 증인의 기억에 부합하는 진술이면 객관적 진실에 반하는 진술이라도 허위의 진술이 아니라는 것이다.

이 견해에 의하면, 사례에서 乙이 자신이 명확하게 기억하고 있지 못함에도 불구하고 기억하고 있는 것처럼 진술한 것이 허위의 진술이라고 할 수 있는가 문제된다.

판례는 주관설을 따르면서 기억이 확실하지 않은 사실을 확실하다고 하는 경우나 전해 들은 사실을 직접 체험한 것으로 진술한 것도 허위진술이라고 한다(대판 1990. 5. 8. 90도448; 1985. 10. 8. 85도783. 타인으로부터 전해 들은 금품의 전달사실을 마치 증인 자신이 전달한 것처럼 진술한 것은 증인의 기억에 반하는 허위진술이라고 할 것이므로 그 진술부분은 위증에 해당한다; 1986. 9. 9. 86도57. 선서를 하고서 진술한 증언내용이 자신이 그 증언내용사실을 잘 알지 못하면서도 잘 아는 것으로 증언한 것이라면 그 증언은 기억에 반한 진술이어서 위증죄가 성립된다).

3) 객관설

허위의 의미를 객관적 진실에 반하는 것이라고 한다. 이에 의하면 증인의 기억에 반하는 진술이라고 하더라도 객관적 진실에 부합하는 경우에는 허위의 진술이 되지 않는다. 반면 증인의 기억에 부합하는 진술이라도 객관적 진실에 반할 경우에는 허위의 진술이 된다.

이 견해에 의하면 乙은 객관적 진실에 부합하는 진술을 하였으므로 위증죄가 성립할 가능성이 없다. 그러나 乙이 자신의 주관적 기억에 반하는 진술을 한다는 고의로 진술을 한 것으로서 실행의 수단 내지 대상의 착오로 인해 결과발생이 불가능한 경우로서 위험성이 인정될 경우 위증죄의 불능미수가 성립할 수 있다. 그러나 위증죄의 미수범을 처벌하는 규정이 없으므로 乙은 무죄이다.

4) 결 어

주관설과 객관설 중 주관설이 타당하다고 생각된다. 왜냐하면 ① 증인에게 기억하는 것 이상을 기대할 수 없고, ② 증인의 기억에 반하는 진술도 국가의 사법기능을 해할 위험성이 있고, ③ 과실위증죄를 벌하는 독일형법에서 과실위증이란 허위의 증언을 할 고의없이 과실로 객관적 사실에 반하는 진술을 하는 것이라고 해석할 수 있지만 우리 형법은 과실위증죄를 벌하지 않고, ④ 선서없는 증인의 위증도 벌하는 독일형법에서는 선서의무위반이 중요하지 않지만, 우리나라에서는 선서없는 증인의 위증을 벌하지 않으므로 증인의 선서의무위반이 중요하기 때문이다.

따라서 乙은 위증죄의 죄책을 진다.

(2) 증거인멸죄(제155조 제1항)의 성립 여부

증거인멸죄는 타인의 형사사건 또는 징계사건에 관한 증거를 인멸, 은닉, 위조 또는 변조하거나 위조 또는 변조한 증거를 사용하는 죄이다. 사례에서 乙이 A가 甲의 집에 머물렀던 흔적을 없애 버린 것은 甲의 범인은닉죄에 관한 증거를 인멸한 것이라고 할 수 있다. 문제는 甲의 범인은닉죄에 대한 수사가 개시되지 않은 경우에도 증거인멸죄가 성립하는가이다. 이에 대해서는 다음과 같은 견해가 대립한다.

첫째, 부정설은 수사가 개시되기 전에는 본죄에 의해 보호될 사법기능이 침해될 위험성이 없다고 한다. 이 견해에 의하면 乙은 증거인멸죄의 죄책을 지지 않는다.

둘째, 통설인 긍정설은 수사개시 이전이라도 증거인멸죄가 성립한다고 한다. 판례는 "증거은닉죄에 있어서 '타인의 형사사건 또는 징계사건'이란 은닉행위시에 아직 수사 또는 징계절차가 개시되기 전이라도 장차 형사사건 또는 징계사건이 될 수 있는 것까지를 포함한다. 수사개시 전의 사건도 포함된다"고 하여 긍정설을 따르고 있다(대판 1982. 4. 27. 82도274).

수사개시 전의 사건에 대해서도 증거인멸죄를 인정할 경우 범죄성립범위가 너무 넓어진다고 할 수 있으므로 부정설이 타당하다. 따라서 乙은 증거인멸죄의 죄책을 지지 않는다고 해야 할 것이다.

(3) 정 리

乙은 위증죄의 죄책만을 진다.

刑法演習

Criminal Law
– A **Case Study**
Approach

제3편
종합 및 기출문제

1

刑法演習

Criminal Law
– A Case Study Approach

종합문제

종합문제 1

:: 다음 사례를 읽고 물음에 답하시오.

초보운전자인 甲은 운전을 하는 것이 너무 두려워 용기를 얻기 위해 술을 마셨다. 술에 취해 의사결정능력은 강화되었지만 사물변별능력이 미약해진 甲은 용기를 내어 운전을 하고 가다가 한적한 길에서 지나가던 행인 A를 치어 상처를 입혔다. 피를 흘리며 기절한 A를 보고 당황한 甲은 경찰에 신고를 할까 하다가 한적한 길이니 목격자가 없을 것이라고 생각하고 차를 몰고 그대로 도주하였다.

집으로 돌아온 甲은 마음을 진정시키기 위해 냉장고에서 인삼물이 들어 있는 병을 꺼내 한꺼번에 들이켰다. 그런데 甲의 아내 B가 인삼물이 아닌 인삼주를 그 병에 넣어 두었고, 술에 약한 甲은 만취상태가 되고 말았다. 만취상태가 된 甲은 평소 술에 만취하면 나오는 습관대로 B를 폭행하였다.

1. 판례의 입장에 따라 A에 대한 甲의 죄책을 설명하고 판례의 문제점을 제시하시오.
2. B에 대해 甲에게 가장 무거운 죄책을 인정할 수 있는 논리를 제시하시오.

Ⅰ. 논점의 제시

甲의 죄책으로 문제되는 것은 다음과 같다.

1. 甲에게 사물변별능력이 미약한 상태에서 A에 대해 업무상과실치상죄(제268

조) 및 특가법상의 도주차량운전죄(제5조의3)를 범하였다. 그런데 업무상과실치상죄는 특가법상의 도주차량운전죄에 흡수된다고 할 수 있다. 甲은 제10조 제2항에 의해 형벌이 감경되어야 하지만, 제10조 제3항의 원인에 있어서 자유로운 행위에 해당될 때에는 형벌이 감경될 수 없다.

2. 甲은 심신상실상태에서 B에게 폭행죄(제260조)를 범하였으므로 제10조 제1항에 의해 책임이 조각될 수 있다. 그러나 甲의 행위가 제10조 제3항에 해당될 경우 책임이 조각될 수 없고, 폭행죄의 죄책을 질 수 있다.

따라서 위의 두 경우 모두 甲에게 제10조 제3항을 적용할 수 있는가, 적용한다면 어떤 죄책을 인정할 수 있는가 문제된다.

Ⅱ. 판례의 입장에 따른 A에 대한 甲의 죄책 및 그 문제점

1. 판례의 입장에 따른 甲의 죄책

甲의 행위는 특가법상의 도주차량운전죄의 구성요건에 해당하고 위법하다. 甲이 심신미약상태에서 범행을 하였지만, 만약 甲이 뺑소니칠 것을 예견하고 자의로 심신미약상태를 야기한 경우에는 제10조 제3항이 적용되어 책임이 감경되지 않는다.

甲이 술을 먹고 취한 것은 고의로 심신미약상태를 초래한 것이므로 이는 제10조 제3항의 '자의로 심신장애를 야기한 자'에 해당된다. 甲이 뺑소니칠 것을 예견하고 술을 마셨다면 제10조 제3항이 적용되지만, 사례에서 甲이 뺑소니칠 것까지 예견하였다고 하기는 어렵다. 그러나 판례는 소위 과실 원인에 있어서 자유로운 행위를 인정하고, 제10조 제3항을 위험발생을 예견한 경우뿐만 아니라 예견하지 못하였지만 예견가능성이 있는 경우도 포함된다고 해석한다. 사례에서 甲이 뺑소니칠 것에 대한 예견가능성은 인정된다. 초보운전자나 음주운전자가 사고를 내고 뺑소니치는 것은 흔한 일이고 일반적 평균인(그중에서도 가장 우수한 자)인 경우 이를 예견할 수 있었기 때문이다.

따라서 판례에 의하면 甲에게 제10조 제3항이 적용되어, 甲은 특가법상의 도주차량운전죄의 죄책을 지고 책임이 감경되지 않는다.

2. 판례의 문제점

판례는 과실 원인에 있어서 자유로운 행위를 인정하면서 제10조 제3항의 '위험발생을 예견하고'에 '예견하지 못하였지만 예견가능성이 있는 경우'도 포함시키고 있다. 그러나 '예견하고'에 '예견가능성'도 포함시키는 것은 문언의 가능한 의미를 넘어선 유추해석이고 이것이 피고인에게 불리하므로 죄형법정주의에 위반된다고 할 수 있다.

Ⅲ. B에 대해 甲에게 가장 무거운 죄책을 인정할 수 있는 논리

甲이 B를 폭행한 행위는 폭행죄(제260조)의 구성요건에 해당하고 위법한 행위이다. 甲이 심신상실상태에서 폭행하였으므로 책임이 조각될 수 있지만, 甲에게 가장 무거운 죄책을 인정하기 위해서는 甲에게 제10조 제3항을 적용할 수 있다는 논리를 전개해야 한다.

첫째, 甲이 인삼주를 인삼물로 착오하고 마셔 심신상실상태가 되었는데 이는 과실로 심신상실상태를 야기한 것이라고 할 수 있다. 이 경우 '자의로 심신장애를 야기한 자'에 해당되는가 문제된다. '자의로'를 '외부적 강제에 의하지 않고 스스로'라는 의미로 해석하면 甲이 외부적 강제에 의하지 않고 스스로 인삼주를 마셨다고 할 수 있다.

둘째, '위험의 발생을 예견하고'의 의미를 예견가능성이 있는 경우도 포함된다고 해석해야 한다. 甲은 만취를 하면 평소 폭행을 하는 습관이 있었으므로 甲이 인삼주를 마실 때에 위험발생을 예견하지는 못하였어도 예견가능성은 있다고 할 수 있다. 따라서 甲의 행위는 과실에 의한 원인에 있어서 자유로운 행위에 해당된다고 할 수 있다.

셋째, 결과실현행위가 고의인 과실에 의한 원인에 있어서 자유로운 행위에 대해 고의범의 효과와 과실범의 효과를 인정하는 견해가 있는데, 후자의 견해에 의하면 무죄가 되므로 전자의 견해를 따라 고의폭행죄의 죄책을 인정해야 한다.

결국 甲에게 인정할 수 있는 가장 무거운 죄책은 폭행죄이다.

종합문제 2

:: 다음 사례를 읽고 물음에 답하시오.

(1) 전문 빈집털이들인 甲, 乙, 丙은 물건을 훔치기 위해 빈집의 방 안으로 침입하였다. 그런데 그 방 안에는 A가 술을 먹고 낮잠을 자고 있었다. 이들은 책상 위에 있던 A의 핸드백을 뒤진 결과 기대하던 현금은 없고 대신에 현금카드가 있다는 것을 발견하였다. A의 수첩에서 비밀번호를 알아 낸 이들은 甲이 방문을 잠그고 A를 지키고 있고, 乙, 丙은 은행의 현금자동지급기에서 돈을 인출해 오기로 하고, 은행을 향하여 갔다.

(2) 乙, 丙이 은행의 현금자동지급기 앞에 도달하였는데 그 현금자동지급기에는 '修理中'이라는 팻말이 붙어 있었다. 乙, 丙 모두 '中'이라는 글자는 읽을 수 있었으나 '修理'라는 글자는 읽을 수가 없었다. 이에 乙은 그것이 '사용'이라는 글자라고 하였고, 丙은 '작동'이라는 글자라고 하면서 자신의 유식함을 자랑하려고 약간의 말다툼을 벌였다. 잠시 후 이들은 '사용중'인지 '작동중'인지는 나중에 확인하기로 합의하고 돈을 꺼내려고 카드를 기계에 넣었다. 그러나 기계가 작동하지 않아 현금을 인출하지 못했다.

(3) 이들이 우왕좌왕하자 한참 전부터 이들을 수상히 여기고 관찰하고 있던 은행 경비원 B가 다가와 乙, 丙에게 "남의 카드로 돈을 빼려고 한 것이 아니냐, 은행 안으로 들어가 확인하자"고 하였다. 이에 丙은 얼른 도망갔고, 乙은 잘못하다가 잡혀갈지도 모른다고 생각하고 B를 향해 주먹을 휘두르며 죽여 버리겠다고 하였다. 자신보다 덩치가 훨씬 크고 인상도 험악한 乙이 주먹을 휘두르자 B는 겁을 먹고 주춤하였고, 그 틈을 이용해 乙은 "사람을 똑바로 보고 행동하라!"는 말을 남기고 유유히 사라졌다. 乙, 丙은 돌아와 현금카드를 핸드백에 도로 넣어 놓았다. 甲, 乙, 丙은 재수없는 날이라고 생각하고 A를 깨워 낮잠을 잘 시간이 있으면 살림에 충실하라고 훈계한 후 가버렸다(특별법은 불문함).

1. 사례 (1), (2)에서 판례의 입장에 따른 甲의 죄책을 설명하시오.
2. 사례 (1), (2)에서 甲에게 판례보다 가벼운 죄책을 인정할 수 있는 논리를 제시하시오.
3. 판례의 입장에 따른 乙의 죄책을 설명하시오.
4. 丙에게 판례보다 가벼운 죄책을 인정할 수 있는 논리를 제시하시오.

Ⅰ. 논점의 제시

甲의 행위 중 형법상 문제되는 것들은 다음과 같다.

1. A의 집에 침입한 것이 주거침입죄의 공동정범(제319조 제1항, 제30조)에 해당되는지 문제된다.

2. A의 핸드백에서 현금카드를 빼낸 것이 현금카드 특수절도죄(제331조 제2항)에 해당되는지 문제된다.

3. 乙, 丙이 현금자동지급기에서 현금을 빼 오도록 하고 자신은 A를 감시한 행위가 현금의 특수절도죄(제331조 제2항)의 공모공동정범에 해당하는가 아니면 컴퓨터등사용사기죄의 공모공동정범에 해당하는가. 이들 범죄의 공모공동정범이 해당되지 않는다면 교사범 혹은 방조범에 해당되는지 문제된다.

4. 乙, 丙이 준강도죄의 공동정범의 죄책을 지는 경우 甲이 준강도죄의 공동정범 혹은 교사·방조범에 해당되는지 문제된다.

5. 방문을 잠그고 A를 감시한 행위가 감금죄(제276조 제1항)에 해당되는지 문제된다.

6. 위의 범죄들의 죄수관계는 어떠한지 문제된다.

乙의 죄책으로 문제되는 것은 다음과 같다.

1. A의 집에 침입한 행위가 주거침입죄의 공동정범(제319조 제1항, 제30조)에 해당되는가?

2. A의 핸드백에서 현금카드를 빼낸 것이 현금카드 특수절도죄(제331조 제2항)에 해당되는지 문제된다.

3. 甲이 A의 방문을 지키도록 하고 자신들은 은행에 돈을 찾으러 간 행위가 감금죄의 공모공동정범(제276조, 제30조)에 해당되는지 문제된다.

4. 현금자동지급기에서 현금을 빼내려다 실패한 것이 특수절도죄의 불능미수(제331조 제2항, 제342조, 제27조)에 해당되는지 문제된다.

5. 위의 범죄들의 죄수관계가 문제된다.

丙의 죄책으로 문제되는 것은 다음과 같다.

1. 주거침입죄의 공동정범, 현금카드의 특수절도죄, 감금죄의 공모공동정범, 특수절도죄 혹은 컴퓨터등사용사기죄의 공동정범의 불능미수 등은 乙의 경우와 같다.

2. 乙, 丙의 행위가 특수절도죄의 불능미수에 해당한다면, 乙이 B를 폭행・협박한 행위가 특수강도의 준강도죄(제335조, 제334조 제2항) 혹은 단순강도죄의 준강도죄(제335조, 제333조) 중 어디에 해당되는지와 기수인지 혹은 미수인지 문제된다.

3. 현금을 인출한 행위가 컴퓨터등사용사기죄에 해당되거나 무죄라고 한다면 乙이 B에 대해 죽여 버리겠다고 한 것이 특수협박죄(제284조)에 해당되는지 문제된다.

4. 위의 범죄들의 죄수관계가 문제된다.

Ⅱ. 사례 (1), (2)에서 판례의 입장에 따른 甲의 죄책

1. 주거침입죄의 공동정범(제319조 제1항, 제30조)의 성립 여부

甲, 乙, 丙이 물건을 훔치기 위해 A의 집에 침입한 것은 형법 제319조 소정의 '사람의 주거에 침입'한 것이 되고, 이들에게 주거침입의 고의도 인정되므로 주거침입죄의 공동정범이 된다.

2. 현금카드 특수절도죄(제331조 제2항)의 성립 여부

甲, 乙, 丙이 A의 핸드백에서 현금카드를 빼낸 것은 제331조 제2항의 2인 이상이 합동하여 타인의 재물을 절취한 행위가 된다. 판례는 현금을 인출한 후 곧바로 현금카드를 반환한 경우 불법영득의사가 없다고 한다(대판 1998. 11. 10. 98도2642). 사례에서 乙, 丙이 현금카드를 반환하였으므로 현금카드에 대한 특수절도죄는 성립하지 않는다.

3. 합동절도죄의 불능미수

(1) 합동절도죄의 공동정범의 성립 여부

판례는 타인의 현금카드로 현금자동지급기에서 현금을 인출하는 행위는 현금자동지급기를 설치해 놓은 은행의 의사에 반하는 것으로서 절취행위에 해당하고, 컴퓨터등사용사기죄의 객체는 재산상 이익에 국한되고 재물은 포함되지 않기 때문에 재물인 현금을 인출한 경우에는 컴퓨터등사용사기죄는 성립하지 않는다고 한다(대판 2002. 7. 12. 2002도2134). 따라서 乙, 丙은 특수절도죄(제331조 제2항)의 죄책을 진다.

따라서 乙, 丙은 합동절도죄의 죄책을 지는데, 판례는 甲이 현장에 있지 않더라도 합동절도죄의 공동정범의 죄책을 진다고 한다(대판 1998. 5. 21. 98도321 전원합의체. 3인 이상의 범인이 합동절도의 범행을 공모한 후 적어도 2인 이상의 범인이 범행 현장에서 시간적, 장소적으로 협동관계를 이루어 절도의 실행행위를 분담하여 절도 범행을 한 경우에는 공동정범의 일반 이론에 비추어 그 공모에는 참여하였으나 현장에서 절도의 실행행위를 직접 분담하지 아니한 다른 범인에 대하여도 그가 현장에서 절도 범행을 실행한 위 2인 이상의 범인의 행위를 자기 의사의 수단으로 하여 합동절도의 범행을 하였다고 평가할 수 있는 정범성의 표지를 갖추고 있다고 보여지는 한 그 다른 범인에 대하여 합동절도의 공동정범의 성립을 부정할 이유가 없다고 할 것이다).

(2) 합동절도죄의 불능미수

후술하는 바와 같이 乙, 丙이 불능미수의 죄책을 지므로, 甲도 합동절도죄 공동정범의 불능미수의 죄책을 진다.

4. 감금죄(제276조 제1항)의 성립 여부

甲이 방문을 잠그고 감시한 행위가 감금행위에 해당한다는 데에는 의문이 없다. 판례는 "정신병자라고 해서 감금죄의 객체가 될 수 없다고 볼 수도 없다"고 하는데(대판 2002. 10. 11. 2002도4315), 이는 잠재적 장소이동의 자유를 가진 사람은 감금죄의 객체가 된다는 의미라고 할 수 있다. 따라서 甲이 A를 지키고 있는 행위는 감금죄에 해당된다.

5. 죄 수

甲은 주거침입죄의 공동정범, 합동절도죄 공동정범의 불능미수, 감금죄의 죄책을 진다. 판례는 "감금행위가 강간죄나 강도죄의 수단이 된 경우에도 감금죄는 강간죄나 강도죄에 흡수되지 아니하고 별죄를 구성한다"고 하고(대판 1997. 1. 21. 96도2715), 양 죄가 상상적 경합관계에 있다고 한다(대판 1983. 4. 26. 83도323).

사례에서 甲의 감금죄는 합동절도를 위한 수단이라고 할 수 있으므로 감금죄와 합동절도죄 공동정범의 불능미수는 상상적 경합관계에 있다. 이들 범죄와 주거침입죄의 공동정범은 실체적 경합관계에 있다.

Ⅲ. 사례 (1), (2)에서 甲에게 판례보다 가벼운 죄책을 인정할 수 있는 논리

1. 쟁 점

甲이 주거침입죄의 공동정범의 죄책을 진다는 것에는 의문이 없다. 그러나 합동절도죄 공동정범의 불능미수와 감금죄에 대해서는 판례보다 가벼운 죄책을 인정하기 위해 다음과 같은 논리를 전개할 수 있다.

2. 합동절도죄 공동정범의 불능미수

(1) 합동절도죄의 불능범을 인정하는 논리

乙, 丙이 현금을 인출하려던 행위를 합동절도죄의 불능범이라고 할 경우 甲은 합동절도죄 불능미수의 죄책을 지지 않는다. 불능미수의 위험성에 관한 절대적 불능·상대적 불능 구별설에 의하면 수리중인 현금자동지급기에서 현금을 인출하는 것은 절대적 불능이고, 구체적 위험설에 의하면 일반인이 인식할 수 있었던 사정을 기초로 과학적 일반인의 입장에서 판단하면 현금을 인출하는 것이 불가능하므로 위험성이 부정된다.

(2) 단순절도죄의 공동정범을 인정하는 논리

乙, 丙이 합동절도죄의 불능미수의 죄책을 진다고 하더라도 합동범에서 현장성설을 취하게 되면 甲은 범행현장에 있지 않았으므로 합동범이 될 수 없고 단순절도죄의 공동정범이나 공모공동정범이 될 수 있을 뿐이다.

(3) 합동절도 불능미수의 방조범을 인정하는 논리

합동범에 대한 현장성설을 따르면 甲이 범행현장에 있지 않았으므로 합동절도 불능미수의 정범이 될 수 없고, 합동절도 불능미수의 방조범은 될 수 있다고 할 수 있다.

3. 감 금 죄

감금죄의 객체에 대해서 현실적 자유를 가지고 있는 사람에 한정된다는 견해에 의하면 甲은 감금죄의 죄책을 지지 않는다.

장소이동의 잠재적 자유를 가지고 있는 사람도 감금죄의 객체가 되지만 현실적 자유를 가지게 되었을 때 감금죄의 기수가 된다는 견해에 의하면 甲은 감금미수의 죄책만을 진다.

4. 죄 수

주거침입죄를 계속범으로 해석하고, 주거침입행위와 감금행위, 합동절도죄의 불능미수행위가 동시에 이루어진 것으로 볼 경우 이 세 범죄는 상상적 경합관계에 있다고 할 수 있다.

Ⅳ. 판례의 입장에 따른 乙의 죄책

1. 주거침입죄의 공동정범 및 현금의 합동절도의 불능미수

앞에서 본 것처럼 乙이 甲, 丙과 함께 A의 집에 침입한 것은 주거침입죄의 공동정범(제319조 제1항)에 해당되고, A의 현금카드로 현금을 인출하려다 실패한 후 제자리에 갖다 놓은 행위는 현금카드에 대한 합동절도죄에 해당되지 않고, 현금을 빼내려다 실패한 행위는 특수(합동)절도죄의 불능미수에 해당된다.

2. 준강도미수죄(제335조, 제334조 제 2 항)의 성립 여부

(1) 준강도죄의 성립 여부

乙, 丙이 현금자동지급기에서 현금을 빼내려다 실패한 것이 합동절도죄의 불능미수에 해당하는데, 합동절도죄의 미수범인 乙이 B에게 주먹을 휘두르며 죽여 버리겠다고 한 행위는 강도죄의 폭행 · 협박에 해당된다고 할 수 있다. 합동절도의 미수범도 준강도죄의 주체가 될 수 있고 乙에게 체포면탈의 목적도 있었다고 할 수 있으므로, 乙의 행위는 준강도죄에 해당된다.

(2) 특수강도의 준강도 혹은 단순강도의 준강도

특수(합동)절도죄의 미수범인 乙이 단순폭행 · 협박을 하였으므로 특수강도의 준강도인지 아니면 단순강도의 준강도인지 문제된다. 이에 대해 판례는 "절도범인이 처음에는 흉기를 휴대하지 아니하였으나, 체포를 면탈할 목적으로 폭행 또는 협박을 가할 때에 비로소 흉기를 휴대 사용하게 된 경우에는 형법 제334조의 예에 의한 준강도(특수강도의 준강도)가 된다"고 한다(대판 1973. 11. 13. 73도1553 전원합의체). 이와 같이 판례는 폭행 · 협박을 기준으로 하므로 乙은 단순강도의 준강도의 죄책을 진다.

(3) 준강도죄의 미수

乙의 폭행 · 협박죄는 기수에 이르렀으나 합동절도죄는 미수에 그쳤으므로 준강도죄의 미수가 문제될 수 있다.

이에 대해 판례는 "형법 제335조에서 절도가 재물의 탈환을 항거하거나 체포를 면탈하거나 죄적을 인멸할 목적으로 폭행 또는 협박을 가한 때에 준강도로서 강도죄의 예에 따라 처벌하는 취지는, 강도죄와 준강도죄의 구성요건인 재물탈취와 폭행 · 협박 사이에 시간적 순서상 전후의 차이가 있을 뿐 실질적으로 위법성이 같다고 보기 때문인바, 이와 같은 준강도죄의 입법 취지, 강도죄와의 균형 등을 종합적으로 고려해 보면, 준강도죄의 기수 여부는 절도행위의 기수 여부를 기준으로 하여 판단하여야 한다"고 한다(대판 2004. 11. 18. 2004도5074 전원합의체).

따라서 판례에 의하면 乙은 준강도미수의 죄책을 진다.

3. 감금죄의 공모공동정범(제276조, 제30조)

乙, 丙이 A를 감금하는 행위를 하지는 않았지만, 이를 공모한 바가 있으므로 판례에 의하면 乙은 감금죄의 공모공동정범의 죄책을 진다.

4. 죄 수

판례에 의하면 乙은 주거침입죄의 공동정범, 준강도죄의 미수범, 감금죄의 공모공동정범의 실체적 경합범의 죄책을 진다.

Ⅴ. 丙에게 판례보다 가벼운 죄책을 인정할 수 있는 논리

1. 판례에 따른 丙의 죄책

丙이 합동절도죄의 미수범의 죄책을 지지만, 공범인 乙이 준강도미수죄를 범하였으므로 이 경우 丙이 준강도미수죄의 죄책을 지는지 문제된다. 이에 대해 판례는 "甲이 乙과 공모하여 타인의 재물을 절취하려다 미수에 그친 이상 乙이 체포를 면탈하려고 경찰관에게 상해를 가할 때 甲이 비록 거기에는 가담하지 아니하였다고 하더라도 乙의 행위를 예견하지 못한 것으로 볼 수 없는 한 준강도상해의 죄책을 면할 수 없다"고 한다(대판 1989. 3. 28. 88도2291). 이러한 입장을 따른다면 丙은 준강도미수의 죄책을 질 것이다.

결국 판례에 의하면 丙은 주거침입죄의 공동정범, 준강도미수죄, 감금죄의 실체적 경합범의 죄책을 진다.

2. 판례보다 가벼운 죄책을 인정할 수 있는 논리

(1) 개 관

丙이 주거침입죄의 공동정범의 죄책을 진다는 것은 부정할 수 없다. 따라서 丙에게 가벼운 죄책을 인정하기 위한 논리로는 다음의 것을 들 수 있다.

첫째, 현금을 인출하려다 미수에 그친 경우를 절도죄가 아닌 컴퓨터등사용사기죄의 문제로 다루는 것이다. 이 경우 甲은 준강도의 죄책을 지지 않고 컴퓨터등사용사기죄의 불능미수 또는 불능범과 폭행·협박죄의 죄책을 진다.

둘째, 감금죄의 공모공동정범을 부정하는 것이다.

(2) 컴퓨터등사용사기죄의 불능미수 또는 불능범

1) 컴퓨터등사용사기죄의 해당 여부

乙, 丙이 A의 현금카드로 현금을 인출하려고 한 행위는 합동절도죄의 불능미수가 아니라 컴퓨터등사용사기죄(제347조의2)의 불능미수 또는 불능범을 인정할 수 있는데, 그 논거는 다음과 같다.

첫째, 현금자동지급기를 설치한 은행의 의사는 누구든지 현금카드와 비밀번호를 입력하고 현금을 인출해 가라고 하는 것이기 때문에 乙, 丙의 행위가 절취행위라고 할 수 없다.

둘째, 제347조의2가 재산상 이익만을 객체로 규정하고 있지만, 재물과 재산상 이익은 특별 대 일반의 관계에 있으므로 재물을 취득한 경우에는 재산상 이익을 취득한 것이라고 할 수 있다.

2) 불능미수 혹은 불능범

주관설이나 추상적 위험설에 의하면 불능미수가 인정되지만, 구체적 위험설이나 객관설에 의하면 불능범이 된다. 따라서 丙에게 컴퓨터등사용사기죄의 불능미수 또는 불능범을 인정할 수 있다.

(3) 폭행·협박죄의 공동정범의 성립 여부

丙이 B를 폭행·협박하는 행위를 공모하거나 실행하지 않았으므로 공모공동정범 또는 공동정범의 죄책을 지지 않는다.

(4) 감금죄의 공모공동정범

공동정범이 성립하기 위해서는 공동가공의 의사와 공동실행행위가 있어야 하는데, 丙이 감금행위를 공모하기는 하였지만 감금행위를 실행하였다고 볼 수 없다. 또한 丙이 직접 감금행위를 실행하지 않았다고 하더라도 감금죄를 지배하였다고 하면 감금죄의 공동정범이 될 수 있지만, 사례에서는 丙에게 감금죄에 대한 범행(행위)지배를 인정하기 어렵다.

3. 정 리

丙에게 판례보다 가벼운 죄책을 인정한다면, 주거침입죄의 공동정범, 컴퓨터등 사용사기죄의 불능미수 또는 불능범을 인정할 수 있을 것이다.

종합문제 3

:: 다음 사례를 읽고 물음에 답하시오.

(1) 甲은 야간에 A의 집에 들어가 돈을 빼앗기로 결심하였다. 그러나 막상 계획한 범행시각이 다가오자 용기가 나지 않아 술을 마셨다. 甲은 사물변별능력이 미약해진 상태에서 원래 계획했던 대로 야간에 A의 집에 침입하여 A에게 망치를 들이대며 돈을 내놓으라고 하였다. A가 돈이 없다고 하면서 오히려 甲의 멱살을 잡자 甲은 A를 죽여 버리겠다는 생각으로 망치로 A의 머리를 여러 차례 내리쳤다. A가 쓰러져 축 늘어지자 甲은 A가 죽은 것으로 생각하였다. 甲은 문득 증거를 인멸하여야겠다는 생각을 하고 A의 집에 불을 질렀고, 이로 인해 A의 집은 전부 타 버렸다. 그러나 A는 몽둥이에 맞아서가 아니라 화재로 발생한 유독가스에 의해 질식사하였다.

(2) 甲은 술을 더 마시고 만취상태로 집으로 돌아왔다. 甲이 아내 B에게 밥을 달라고 하자 B는 甲에게 "이런 삼식이 놈아, 술먹었으면 됐지 매일 세끼씩 집에서 처먹어야 되니?"라고 핀잔을 주었다. 술을 마시면 아주 가끔씩 사람을 폭행한 전력이 있던 甲은 격분하여 주먹으로 B의 얼굴과 가슴 등을 때리고 발로 걷어찼다. B는 뒤로 넘어지면서 벽에 머리를 부딪쳐 기절을 하여 축 늘어지고 말았다. 甲은 B를 깨우려고 하였으나 B가 깨어나지 않았다. 甲은 B가 자살한 것으로 가장하기 위해 B를 창문 밖으로 내던지고 집을 나가 근처 여관에 들어가서 잠을 잤다. 아침에 깨어난 甲은 지난 밤 집에서 있던 일을 전혀 기억하지 못하고 왜 자신이 여관방에 와 있는지 의아해 하면서 TV를 켰다. 마침 TV에서는 가정주부 B가 아파트에서 뛰어내려 자살하였는데 사인은 추락으로 인한 두개골 파열이라는 뉴스가 방영되고 있었다.

1. 사례 (1)에서 판례에 따른 甲의 죄책 및 그에 대한 비판의견을 소개하시오
2. 사례 (2)에서 판례에 따른 甲의 죄책을 설명하시오.
3. 사례 (2)에서 甲에게 판례보다 가벼운 죄책을 인정할 수 있는 논리를 제시하시오.

Ⅰ. 논점의 제시

사례 (1)에서 甲의 죄책으로 문제되는 것은 다음과 같다.

1. 甲이 A의 집에 침입한 행위가 주거침입죄(제319조 제1항)에 해당되는지 문제된다.

2. A로부터 돈을 강취하려다가 돈을 강취하지 못하고 A를 살해한 행위가 강도살인죄(제338조)에 해당되는지 해당된다면 기수 또는 미수(제342조) 중 어디에 해당되는지 문제된다.

3. 자신의 범행에 대한 증거를 인멸하기 위해 A의 집에 불을 지른 행위가 현주건조물방화치사죄(제164조 제 2 항) 및 사체손괴죄의 불능미수(제161조 제 1 항, 제27조)에 해당되는지 문제된다.

4. 甲이 사물변별능력이 미약해진 상태에서 위와 같은 범행을 하였는데, 책임이 감경될 것인지(제10조 제 2 항) 아니면 원인에 있어서 자유로운 행위(제10조 제 3 항)로 책임이 감경되지 않을지 문제된다.

5. 甲의 행위가 강도살인죄와 현주건조물방화치사죄에 모두 해당된다면 이들 범죄의 죄수관계 및 이들 범죄와 주거침입죄 및 사체손괴죄의 불능미수와의 죄수관계가 문제된다.

사례 (2)에서 甲의 죄책으로 문제되는 것은 다음과 같다.

1. B를 때려 실신케 한 후 자살을 가장하기 위해 아파트 밑으로 던져 사망케 한 행위가 상해죄(제257조 제 1 항)와 과실치사죄(제267조)의 경합범에 해당되는지 아니면 상해치사죄(제259조)에 해당되는지 문제된다.

2. 甲이 B가 사망하였다고 생각하고 아파트 밑으로 던진 행위가 사체손괴죄의 불능미수에 해당되는지 문제된다.

3. 甲이 만취상태, 즉 심신상실상태에서 범행을 하였으므로 책임이 조각될 것인지(제10조 제 1 항) 아니면 원인에 있어서 자유로운 행위로 책임이 조각되지 않을지(제10조 제 3 항) 문제된다.

Ⅱ. 사례 (1)에서 판례에 따른 甲의 죄책 및 비판의견

1. 판례에 따른 甲의 죄책

(1) 주거침입죄(제319조 제 1 항)의 성립 여부

甲이 돈을 빼앗기 위해 A의 집에 침입하였으므로 주거침입죄가 성립한다.

(2) 강도살인죄(제338조)의 성립 여부

강도살인죄는 강도가 고의로 사람을 살해함으로써 성립하는 범죄이다. 판례는 "형법 제337조의 강도상해, 치상죄는 재물강취의 기수와 미수를 불문하고 범인이 강도범행의 기회에 사람을 상해하거나 치상하게 되면 성립하는 것이다"라고 하는데(대판 1986. 9. 23. 86도1526), 이는 강도미수범도 강도살인죄의 주체가 될 수 있고 강도미수범이 사람을 살해한 경우 강도살인죄의 미수범이 아니라 강도살인죄의 기수범이라는 의미라고 할 수 있다.

그런데 A가 甲에게 맞아서가 아니라 질식사를 하였으므로 강도살인미수죄와 과실치사죄에 해당되는지 아니면 강도살인기수죄라고 해야 하는지 문제된다. 이에 대해 판례는 이 사례와 유사한 개괄적 고의사례에서 "… 전 과정을 개괄적으로 보면 피해자의 살해라는 처음에 예견된 사실이 결국은 실현된 것으로 …"라고 하여 살인기수죄를 인정한다(대판 1988. 6. 29. 88도650). 따라서 판례에 의하면 甲은 강도살인죄의 죄책을 진다.

(3) 현주건조물방화치사죄의 성립 여부

甲이 살아 있는 A를 사망한 것으로 오인하고 현주건조물에 방화하여 사망케 한 행위는 현주건조물방화에 대한 고의가 있고, A의 사망에 대한 과실이 있는 경우로서 현주건조물방화치사죄에 해당된다.

(4) 사체손괴죄의 불능미수

甲이 살아 있는 A를 사망한 것으로 오인하고 방화를 하였으나 A가 살아 있었으므로 사체손괴죄는 성립할 가능성이 없다. 그러나 판례가 따르는 추상적 위험설에 의할 경우 甲이 인식한 사정을 기초로 하면 과학적 일반인의 관점에서 사체손괴가 발생할 가능성이 있으므로 위험성이 인정된다. 따라서 甲은 사체손괴죄의 불능미수의 죄책을 진다.

(5) 원인에 있어서 자유로운 행위

甲이 사물변별능력이 미약해진 상태에서 위의 범행을 하였으므로 제10조 제2항에 의해 책임이 감경될 수 있지만, 이에 앞서서 제10조 제3항의 원인에 있어서 자유로운 행위에 해당하는지에 대해서 검토해야 한다.

사례에서 甲이 자의로 심신장애를 야기하였다고 할 수 있고, 심신장애야기 행위인 음주행위시 위험발생, 즉 A의 주거에 침입하여 A를 살해하고 돈을 빼앗는다는 것을 예견하였을 뿐만 아니라 의욕까지 하였다고 할 수 있다. 그러나 증거를 인멸하기 위해 방화를 하고 이로 인해 A가 사망할 것이라는 것까지 예견하였다고 볼 수는 없지만 예견가능성은 있다고 할 수 있다.

판례는 "형법 제10조 제3항은 고의에 의한 원인에 있어서의 자유로운 행위만이 아니라 과실에 의한 원인에 있어서의 자유로운 행위까지도 포함하는 것으로서 위험의 발생을 예견할 수 있었는 데도 자의로 심신장애를 야기한 경우도 그 적용 대상이 된다고 할 것이어서"라고 하여(대판 1992. 7. 28. 92도999) 과실에 의한 원인에 있어서 자유로운 행위를 인정하고 있다. 따라서 甲에 대해 심신미약에 의한 책임감경을 할 수 없다.

(6) 죄수 및 정리

甲은 주거침입죄, 강도살인죄, 현주건조물방화치사죄, 사체손괴죄의 불능미수의 죄책을 진다. 현주건조물방화치사죄와 사체손괴죄의 불능미수는 상상적 경합관계에 있고, 이들 범죄와 나머지 범죄는 실체적 경합관계에 있다.

2. 판례에 대한 비판의견

(1) 쟁 점

판례의 입장에 대해서는 다음과 같은 비판의견이 있다.

첫째, 강도살인죄가 아닌 강도살인미수죄를 인정해야 한다는 입장이다.

둘째, 사체손괴죄의 불능미수를 인정하지 않거나 인정하더라도 다른 논리에 의해야 한다는 비판이다.

셋째, 과실에 의한 원인에 있어서 자유로운 행위를 인정하는 것은 피고인에게 불리한 유추해석이다.

(2) 강도살인죄에 대한 비판

'전 과정을 개괄적으로 보면'이라고 하는 판례의 입장은 ① 처음의 살인행위와 현주건조물방화행위를 하나의 행위로 본다는 의미일 수도 있고, ② 개괄적으로 보면 살인행위에 존재했던 살인고의가 현주건조물방화행위에도 개괄적으로 효력을 미친다는 의미로 볼 수도 있다. 이에 대해서는 다음과 같은 비판의견이 있다.

첫째, 살인행위와 방화행위를 두 개의 행위로 보되 甲의 착오를 인과과정의 착오로 보아 甲은 첫 번째 행위에 의해 A가 사망할 것이라고 인식하였으나 실제로는 방화행위에 의해 A가 사망하였으므로, 甲이 인식·예견했던 인과과정과 실제 발생한 인과과정에 차이가 있지만, 이 차이는 본질적이거나 중요하지 않기 때문에 甲에게 강도살인기수죄를 인정할 수 있다는 견해가 있다. 즉, 甲이 인식한 인과과정과 실제 발생한 인과과정 사이의 차이가 일반적 생활경험법칙상 예견가능하고 기타의 정당화사정이 없는 경우에는 이러한 착오는 중요하지 않고 따라서 고의를 조각할 수 없다는 것이다. 이 견해에 의하면 甲은 강도살인죄의 죄책을 지지만 그 논리는 판례와는 다르다.

둘째, 객관적 귀속의 문제로 해결하려는 견해가 있다. 이 견해는 이 사례를 객관적 귀속의 문제로 접근하여 甲의 방화행위는 살해행위와 A의 사망 사이의 인과적 연쇄과정에서 하나의 중간고리에 불과하기 때문에 A의 사망의 결과를 甲의 살인행위에 객관적으로 귀속시킬 수 있으므로 강도살인기수죄를 인정할 수 있다고 한다.

셋째, 강도살인미수죄를 인정하는 견해이다. 이 견해는 甲의 사망을 발생시킨 현주건조물방화행위시에 甲에게 살인의 고의가 없고, 처음의 살인행위시에 존재했던 살인고의가 방화행위시까지 미칠 수는 없기 때문에 강도살인미수죄와 과실치사죄를 인정해야 한다고 한다. 이 견해에 의하면 甲은 강도살인미수죄와 현주건조물방화치사죄의 죄책을 진다.

(3) 사체손괴죄의 불능미수

판례는 추상적 위험설에 따라 사체손괴죄의 불능미수를 인정하지만, 이에 대해서는 다음과 같은 비판의견이 있다.

첫째, 주관설에 의하면 불능미수는 인정하지만 그 논리는 판례와 다르다. 주관설은 불능미수의 위험성이 행위자의 반사회적 위험성이고, 사례에서 甲에게 위험성이 인정되기 때문에 불능미수가 인정된다고 한다.

둘째, 구체적 위험설도 사체손괴죄의 불능미수를 인정하기는 하지만, 판례와 논리가 다르다. 구체적 위험설에 의하면 일반인들이 인식한 사정은 A가 사망하였다는 것이고, 이러한 사정을 기초로 과학적 일반인의 입장에서 판단하면 사체손괴죄의 발생가능성이 있기 때문에 위험성이 인정된다.

셋째, 인상설에 의하면 甲의 방화행위에 의해 법적 평온을 교란시키는 인상이 나타났을 것이므로 甲은 사체손괴의 불능미수의 죄책을 지지만, 그 논리는 판례와 다르다.

넷째, 법률적 불능 · 사실적 불능 구별설이나 절대적 불능 · 상대적 불능 구별설에 의하면 산 사람에 대한 사체손괴죄의 성립은 법률적 불능이거나 절대적 불능이어서 위험성이 인정되지 않아, 이 부분에 대해서 甲은 무죄이다.

다섯째, 구성요건흠결이론에 의하면 A는 사체손괴죄의 객체가 될 수 없으므로 위험성이 인정되지 않고, 따라서 이 부분에 대해 甲은 무죄이다.

(4) 과실 원인에 있어서 자유로운 행위

제10조 제3항은 "위험의 발생을 예견하고"라고 규정하고 있는데, 판례는 "위험의 발생을 예견하지 못했지만 예견가능성이 있는 경우"가 제10조 제3항에 포함된다고 한다. 그러나 이것은 문언의 가능한 의미를 넘어서 피고인에게 불리한 유추해석으로 죄형법정주의에 위배된다는 비판의견이 있다. 이 견해에 의하면 甲은 현주건조물방화치사죄나 사체손괴죄의 불능미수에 대해서는 책임이 감경된다.

Ⅲ. 사례 (2)에서 판례에 따른 甲의 죄책

1. 상해치사죄(제259조)의 성립 여부

사례에서 甲이 B를 구타한 행위는 상해행위에 해당되지만, B의 사망을 야기한 행위는 상해행위가 아니라 자살을 가장하기 위해 떨어뜨린 행위이다. 이 경우 판례는 "피고인의 구타행위로 상해를 입은 피해자가 정신을 잃고 빈사상태에 빠지자 사망한 것으로 오인하고, 자신의 행위를 은폐하고 피해자가 자살한 것처럼 가장하기 위하여 피해자를 베란다 아래의 바닥으로 떨어뜨려 사망케 하였다면, 피고인의 행위는 포괄하여 단일의 상해치사죄에 해당한다"고 한다(대판 1994. 11. 4. 94도2361).

따라서 판례에 의하면 甲은 상해치사죄의 죄책을 진다.

2. 사체손괴죄의 불능미수

판례가 따르는 추상적 위험설에 의하면 甲이 사망한 B를 아파트 밑으로 던진다고 생각하였고, 이러한 사정을 기초로 과학적 일반인의 입장에서 판단하면 사체손괴의 결과가 발생할 가능성이 있으므로 甲은 B에 대한 사체손괴죄의 불능미수의 죄책을 진다.

3. 원인에 있어서 자유로운 행위

甲은 술을 마시면 아주 가끔씩 사람을 폭행한 전력밖에 없기 때문에 음주상태에서 B를 폭행할 것을 예견하였다고 보기는 어렵지만, 폭행할 것에 대한 예견가능성은 있다고 할 수 있다. 앞에서 보았듯이 판례는 과실에 의한 원인에 있어서 자유로운 행위를 인정하기 때문에 甲의 책임이 조각되지 않는다.

4. 죄수 및 정리

판례에 의하면 甲은 상해치사죄와 사체손괴죄의 불능미수의 죄책을 진다.

Ⅳ. 사례 (2)에서 판례보다 가벼운 죄책을 인정할 수 있는 논리

1. 쟁 점

甲에게 판례보다 가벼운 죄책을 인정하기 위해서는 다음과 같은 논리를 제시할 수 있다.

첫째, 상해치사죄가 아닌 상해죄와 과실치사죄의 경합범을 인정하는 논리이다.

둘째, 사체손괴죄의 불능범을 인정하는 논리이다.

셋째, 과실 원인에 있어서 자유로운 행위를 인정하지 않는 논리이다.

2. 상해죄와 과실치사죄의 경합범

먼저 甲에게 상해치사죄를 인정하지 않기 위해서는 甲의 행위가 2개의 행위로 이루어졌고, 제 1 행위시, 즉 B를 상해하는 행위시에 존재했던 상해의 고의가 사망의 결과를 발생시킨 제 2 행위, 즉 B를 아파트 밑으로 추락시킨 행위에 개괄적으로 효력을 미치지 않는다고 하여야 한다. 이어 다음과 같은 논리를 전개할 수 있다.

첫째, 이 사례를 인과과정의 착오라고 하더라도 甲이 B가 사망하지 않았던 것을 알았을 경우에는 아파트 밑으로 던지지 않았을 것이기 때문에 甲이 인식한 인과과정과 실제 발생한 인과과정에 중요하거나 본질적 차이가 있으므로 상해치사죄를 인정할 수 없고, 상해죄와 과실치사죄의 경합범을 인정해야 한다.

둘째, 객관적 귀속론에 의할 경우 甲이 B를 추락시킨 행위는 인과과정의 연쇄에서 하나의 고리에 불과하다고 할 수 없고 독자적인 행위라고 할 경우 B의 사망의 결과는 甲이 아파트 밑으로 내던진 행위에 객관적으로 귀속되고, 甲의 상해행위에 객관적으로 귀속될 수 없다. 따라서 상해치사죄는 성립하지 않고, 상해죄와 과실치사죄가 성립할 수 있을 뿐이다.

셋째, 단순히 甲의 행위는 별개의 행위이고, A의 사망은 제 1 행위에 의해 발생한 것이 아니라 제 2 행위에 의해 발생한 것이므로 상해기수죄와 과실치사죄의 경합범을 인정해야 한다.

3. 사체손괴죄의 불능범

불능미수의 위험성에 대해 절대적 불능·상대적 불능 구별설, 법률적 불능·사실적 불능구별설에 의하면 살아 있는 사람을 추락시켜 사체손괴의 결과를 발생시킨다는 것은 절대적 불능이거나 법률적 불능이므로 위험성이 인정되지 않아 불능범이 된다.

4. 과실 원인에 있어서 자유로운 행위

앞에서 본 것과 같이 예견가능성만이 있는 경우에도 제10조 제3항을 적용하는 것은 피고인에게 불리한 유추해석으로서 허용되지 않는다.

종합문제 4

∷ 다음 사례를 읽고 물음에 답하시오.

(1) 가정주부인 乙은 무료한 나머지 동네에 있는 카바레에 놀러 갔다가 마침 그 카바레에 놀러 온 유부남인 경찰관 甲을 만나 같이 춤을 추고 술도 마셨다. 잘생기고 매너좋은 甲의 유혹에 넘어간 乙은 그날 밤 여관에서 甲과 동침까지 하게 되었다. 그런데 며칠 후 甲은 乙을 여관으로 불러내어 "돈 500만원을 내놓지 않으면 동침사실을 남편과 시댁에 알려 개망신을 시키겠다. 나는 경찰관이니 경찰에 고소해 봐야 소용없을 것이다"라고 하고 동침도 요구하였다. 乙은 甲의 요구에 응할 수밖에 없었다. 이후 甲은 乙에게 10회에 걸쳐 같은 요구를 해 왔고 乙은 매회 甲과 동침을 하고 500만원씩 주어 합계 5천만원을 甲에게 주었다.

(2) 이후 甲의 요구에 의해 두 사람은 여관에서 다시 만났다. 그날 甲은 乙에게 "목돈이 필요하니 일주일 안에 1억원을 마련해 오라"고 한 후 혼자 술을 마시다 잠이 들었다. 잠을 자는 甲을 지켜보던 乙은 자신의 신세가 너무나 한심하다는 생각이 들었고 어떻게 하면 甲의 마수에서 빠져나갈 것인가를 생각하였다. 한참 생각하던 乙은 "개가 아니고 어엿한 인간인 내가 개망신을 당할 수는 없다. 甲이야말로 개 같은 인간이고 이런 자는 죽어야 마땅한데, 경찰에 고소해 봐야 소용없을테니 내 손으로 죽여야겠다. 이런 자를 죽이는 것은 해로운 짐승을 죽이는 것이지 살인을 하는 것이 아니기 때문에 정당방위가 된다"고 결론을 내리고, 甲을 살해하기로 하였다. 乙은 맥주병으로 甲의 머리를 내리쳤다. 그런데 甲은 피를 흘리며 머리를 감싸쥐고 일어나 乙을 죽여 버리겠다고 덤벼들었다. 乙이 방문 밖으로 도망가자 甲은 기어서 乙을 쫓아왔다. 乙이 여관문을 빠져나갈 무렵 누군가 乙의 어깨를 쳤다. 乙은 甲이 쫓아온 것이라고 생각하고 도망가기 위해 힘껏 그를 밀쳤는데, 乙의 어깨를 친 사람은 여관종업원 A였다. A는 乙이 지갑을 떨어뜨리는 것을 보고 그 지갑을 주워가라고 하려다가 乙에게 밀쳐져 뒤로 나가떨어지면서 엉덩이에 전치 2주의 부상을 입었다.

1. 사례 (1)에서 甲의 죄책을 논하시오.
2. 사례 (2)에서 乙에게 고의범만을 인정하는 논리를 제시하시오.
3. 사례 (2)에서 乙에게 과실범만을 인정하는 논리를 제시하시오.

Ⅰ. 논점의 제시

사례 (1)에서 甲의 죄책으로 문제되는 것은 다음과 같다.

1. 乙과 동침한 행위가 간통죄 및 상간죄(제241조)에 해당되는지 문제된다.
2. 11회에 걸쳐 乙과 동침한 행위가 강간죄(제297조)와 간통죄 및 상간죄(제241조) 중 어디에 해당되는지 문제된다.
3. 11회에 걸쳐 乙로부터 5,500만원을 받은 행위가 강도죄(제333조)와 공갈죄(제350조) 중 어디에 해당되는지 문제된다.
4. 위의 범죄들이 성립할 경우 죄수관계가 문제된다.

사례 (2)에서 乙의 죄책으로 문제되는 것은 다음과 같다.

1. 정당방위라고 생각하며 甲을 살해하려다가 미수에 그친 행위가 정당방위(제21조 제1항)에 해당되는지, 해당되지 않는다면 법률의 착오(제16조)에 해당되는지 문제된다.
2. A를 밀쳐 상해를 입힌 행위는 상해죄(제257조 제1항) 또는 폭행치상죄(제262조)의 구성요건에 해당되는 행위인데, 乙이 A를 甲으로 잘못 알았으므로 정당방위의 요건사실의 착오가 문제된다.
3. 위에서 범죄들이 성립할 경우 그 죄수관계가 문제된다.

Ⅱ. 사례 (1)에서 甲의 죄책

1. 간통죄 및 상간죄(제241조)의 성립 여부

유부남인 甲이 유부녀인 乙과 카바레에서 만나 동침을 한 행위는 배우자있는 자가 간통을 한 죄임과 동시에 배우자있는 자와 상간한 죄에도 해당된다.

2. 강간죄(제297조)의 성립 여부

(1) 최협의 폭행·협박설

이 견해는 강간죄의 폭행·협박에 대해 항거를 불가능하게 하거나 현저하게 곤란하게 할 정도의 폭행·협박이어야 한다고 한다. 이 견해에 의할 경우 甲의 행위가 이러한 정도의 협박이라고 한다면 甲은 강간죄의 죄책을 진다. 그러나 이러한 정도의 협박이 아니라고 한다면 甲은 간통죄와 상간죄의 죄책을 진다.

(2) 단순 폭행·협박설

이 견해는 강간죄의 폭행·협박이 통상의 폭행·협박이면 족하고 최협의의 폭행·협박일 필요가 없다고 한다. 이 견해에 의하면 甲은 강간죄의 죄책을 진다.

(3) 판 례

판례는 "강간죄가 성립하려면 가해자의 폭행·협박은 피해자의 항거를 불가능하게 하거나 현저히 곤란하게 할 정도의 것이어야 하고 … 유부녀인 피해자에 대하여 혼인 외 성관계 사실을 폭로하겠다는 등의 내용으로 협박하여 피해자를 간음 또는 추행한 사안에서 위와 같은 협박이 피해자를 단순히 외포시킨 정도를 넘어 적어도 피해자의 항거를 현저히 곤란하게 할 정도의 것이었다고 보기에 충분하다"고 한다(대판 2007. 1. 25. 2006도5979).

(4) 평 가

강간죄는 성기의 삽입이 있어야 성립할 수 있고, 성기의 삽입을 위해서는 부녀의 항거를 현저히 곤란하게 할 정도의 폭행·협박이어야 한다고 할 수 있다. 이런 의미에서 최협의 폭행·협박설이 타당하다. 또한 甲의 협박행위는 乙의 항거를 현저히 곤란하게 할 정도의 협박이었다고 할 수 있으므로 甲은 강간죄의 죄책을 진다고 해야 할 것이다.

3. 공갈죄(제350조)의 성립 여부

(1) 강도죄의 성립 여부

통설·판례(대판 2001. 3. 23. 2001도359)에 의하면 강도죄의 폭행·협박은 상대방의 반항을 억압하거나 항거를 불가능하게 할 정도의 폭행·협박이어야 한다. 사례에서 甲의 협박은 乙의 항거를 현저히 곤란하게 할 정도의 협박이었다고 할 수는 있지만, 반항을 억압하거나 항거를 불가능하게 할 정도의 협박이었다고 보기는 어렵다. 왜냐하면 乙이 甲에게 협박현장에서 돈을 주는 것이 아니라 일정 기간 내에 돈을 주면 되기 때문이다.

따라서 강도죄는 성립하지 않는다.

(2) 공갈죄의 성립 여부

공갈죄가 성립하기 위해서는 폭행·협박행위가 있어야 하고, 상대방이 공포심을 느끼고 재물의 교부를 해야 한다. 甲의 협박은 乙에게 공포심을 일으켰고, 공포심으로 인해 乙이 甲에게 돈을 주었으므로 공갈죄의 성립요건을 모두 충족한다.

따라서 甲은 공갈죄의 죄책을 진다.

4. 죄　수

(1) 간통죄와 상간죄의 죄수

간통죄와 상간죄의 죄수관계에 대해 판례는 상상적 경합이라고 한다(대판 1990. 1. 25. 89도1317). 통설도 같은 입장이다.

(2) 강간죄의 죄수

11회에 걸친 강간죄에 대해 판례는 실체적 경합범을 인정하지만(대판 1987. 5. 12. 87도694. 피해자를 1회 강간하여 상처를 입게 한 후 약 1시간 후에 장소를 옮겨 같은 피해자를 다시 1회 강간한 행위는 그 범행시간과 장소를 달리하고 있을 뿐만 아니라 각 별개의 범의에서 이루어진 행위로서 형법 제37조 전단의 실체적 경합범에 해당한다), 피해자, 범의 및 침해법익이 동일하므로 포괄일죄라고 해야 할 것이다.

(3) 공갈죄의 죄수

11회에 걸친 공갈죄와 관련하여 판례는 “사기죄에서 수인의 피해자에 대하여 각 피해자별로 기망행위를 하여 각각 재물을 편취한 경우에 그 범의가 단일하고 범행방법이 동일하다고 하더라도 포괄일죄가 성립하는 것이 아니라 피해자별로 1개씩의 죄가 성립하는 것으로 보아야 한다. 다만 피해자들이 하나의 동업체를 구성하는 등으로 피해 법익이 동일하다고 볼 수 있는 사정이 있는 경우에는 피해자가 복수이더라도 이들에 대한 사기죄를 포괄하여 일죄로 볼 수도 있다"고 한다(대판 2011. 4. 14. 2011도769). 사기죄와 공갈죄를 같은 성격의 편취죄로 보아 이 판례를 공갈죄에 적용한다면 甲은 공갈죄의 포괄일죄의 죄책을 진다.

(4) 정 리

甲은 간통죄, 상간죄, 강간죄, 공갈죄의 죄책을 진다. 간통죄와 상간죄는 상상적 경합관계에 있고, 강간죄와 공갈죄도 하나의 행위에 의해 이루어진 것이라고 해야 하므로 상상적 경합관계에 있다. 강간죄 및 공갈죄의 상상적 경합범과 간통죄 및 상간죄의 상상적 경합범은 실체적 경합관계에 있다.

Ⅲ. 사례 (2)에서 乙에게 고의범만을 인정하는 논리

1. 고의범을 인정하기 위한 전제조건

사례 (2)에서 乙의 행위 중 문제되는 것은 甲을 살해하려다가 미수에 그친 행위 및 A를 밀쳐 전치 2주의 부상을 입힌 행위이다. 이 경우 甲에게 고의범의 죄책만을 인정하기 위해서는 먼저 A를 밀쳐 상처를 입힌 행위를 상해죄에 해당된다고 해야 한다. 만약 폭행치상죄에 해당된다고 하면 고의범의 죄책만을 인정할 수 없기 때문이다.

乙이 甲을 살해하려 한 행위가 정당방위에 해당된다고 하면 乙은 A에 대한 상해죄의 죄책만을 질 수 있다. 만약 정당방위에 해당되지 않는다고 한다면 乙의 착오는 법률의 착오에 해당되므로 법률의 착오에 대해 고의범의 효과를 인정하는 입장을 따르고, A에 대한 상해죄는 정당방위의 요건사실의 착오에 해당되므로 이에 대해 고의범의 효과를 인정하는 입장을 따라야 한다.

2. 살인미수죄와 정당방위

甲이 乙에게 계속적으로 동침과 돈을 요구하여 왔고, 이러한 행위는 장래에도 계속될 것으로 예상된다. 이 경우 정당방위에서 침해의 현재성을 인정할 수 있는지에 대해 판례는 "… 피고인 김보은이 약 12살 때부터 의붓아버지인 피해자의 강간행위에 의하여 정조를 유린당한 후 계속적으로 이 사건 범행무렵까지 피해자와의 성관계를 강요받아 왔고, 그 밖에 피해자로부터 행동의 자유를 간섭받아 왔으며, 또한 그러한 침해행위가 그 후에도 반복하여 계속될 염려가 있었다면, 피고인들의 이 사건 범행 당시 피고인 김보은의 신체나 자유 등에 대한 현재의 부당한 침해상태가 있었다고 볼 여지가 없는 것은 아니나 …"라고 하여(대판 1992. 12. 22. 92도2540) 침해의 현재성을 인정하고 있는 듯하다.

그러나 乙이 甲을 살해하려 할 당시에는 甲이 잠을 자고 있었으므로 乙의 법익에 대한 침해의 현재성을 인정하기에는 무리가 있다고 할 수 있다. 설사 침해의 현재성이 인정된다고 하여도 乙의 행위는 상당한 이유가 없다고 할 수 있으므로 정당방위가 될 수 없다고 해야 한다.

3. 법률의 착오

乙이 甲을 살해하는 행위는 위법한 행위인데, 乙은 위법한 행위를 하면서 자신의 행위가 정당방위라고 생각하였다. 이는 법률의 착오에 해당된다고 할 수 있다. 그런데 乙의 착오에는 과실이 있어서 정당한 이유가 없다고 할 수 있다.

이와 같이 정당한 이유가 없는 법률의 착오에 대해 제한고의설과 엄격책임설 및 제한책임설은 모두 고의범의 죄책을 인정한다. 제한고의설이란 고의의 성립에 구성요건적 사실의 인식과 위법성의 인식가능성이 필요하다고 한다. 따라서 위법성의 현실적 인식이 없더라도 인식가능성이 있는 경우에는 고의범이 성립한다고 한다. 엄격책임설 및 제한책임설에서는 위법성의 인식가능성은 고의와 구별되는 독자적인 책임요소라고 한다. 사례에서 乙에게 살인죄와 상해죄에 대한 고의가 있어서 고의범은 인정되고, 위법성의 인식가능성이 있어서 책임이 조각되지 않으므로 乙은 고의범의 죄책을 진다.

4. 정당방위의 요건사실의 착오

乙이 A를 밀쳐 상해를 입힌 행위는 상해죄의 구성요건에 해당되고 위법한 행위이다. 그러나 乙은 A를 甲으로 오해하고 정당방위의사로 밀친 것으로서, 이는 정당방위의 요건사실의 착오에 해당된다.

정당방위의 요건사실의 착오에 대해 제한고의설 및 엄격책임설은 고의범의 책임을 인정한다.

5. 정 리

乙에게 고의범의 책임만을 인정하기 위해서는 다음과 같은 논리를 따라야 한다.

甲에 대한 살인미수행위는 법률의 착오에 의한 것이지만, 제한고의설, 엄격책임설, 제한책임설에 따라 乙은 살인미수죄의 죄책을 진다.

A에게 상처를 입힌 행위는 폭행치상죄가 아니라 상해죄의 구성요건에 해당되고 이는 정당방위의 요건사실의 착오에 해당된다. 이에 대해 제한고의설, 엄격책임설에 의하면 乙은 상해죄의 죄책을 진다.

결국 乙에게 고의범만을 인정하게 되면, 乙은 살인미수죄와 상해죄의 실체적 경합범의 죄책을 진다.

Ⅳ. 사례 (2)에서 乙에게 과실범만을 인정하는 논리

1. 법률의 착오

乙의 살인미수행위는 정당한 이유가 없는 법률의 착오에 의한 행위이다. 이 경우 엄격고의설과 소극적 구성요건요소이론에서는 과실범의 책임을 인정한다. 엄격고의설은 고의의 성립에 구성요건적 사실의 인식과 위법성의 현실적 인식이 필요한데, 乙에게 살인죄의 구성요건적 사실에 대한 인식은 있었지만 위법성의 현실적 인식이 없고 인식가능성만이 인정되므로 乙은 과실범의 책임을 진다. 소극적 구성요건요소이론은 불법고의가 성립하기 위해서는 총체적 구성요건에 대한 인식이 필요하고, 총체적 구성요건이란 통설의 구성요건해당성과 위법성을 합쳐 놓은 개념이므로, 乙에게 위법성의 인식이 없었고 인식가능성만이 있었기 때문에 고의불법이 인정되지 않고 과실범의 책임만을 진다.

이들 견해에 의하면 甲에게 사망이 아닌 상해의 결과가 발생하였으므로 乙은 과실치상죄(제266조)의 죄책을 진다.

2. 정당방위의 요건사실의 착오

乙이 A를 상해한 행위는 정당방위의 요건사실의 착오에 해당되는데, 엄격고의설, 소극적 구성요건요소이론 및 제한책임설에 의하면 甲은 과실치상죄(제266조)의 죄책을 진다. 제한책임설 중 사실의 착오 유추적용설에 의하면 乙의 행위는 과실치사죄의 구성요건에 해당되는 것으로 인정되고, 법효과제한책임설에 의하면 乙의 행위는 고의상해죄의 구성요건에 해당되고 위법하지만 책임고의가 탈락하여 과실치상죄의 책임만을 진다.

3. 죄 수

乙에게 모두 과실범만을 인정하는 견해에 의하면, 乙은 2개의 과실치상죄의 실체적 경합범의 죄책을 진다.

종합문제 5

∷ 다음 사례를 읽고 물음에 답하시오.

대학생 甲, 乙 및 A는 '10분'이라는 제목의 노래로 인기를 얻고 있는 여가수 L(예명: 이허리)의 팬클럽회원들이다. 어느 날 이들은 L이 부른 노래 '10분'이라는 제목이 영어로 무엇인가에 대해 논쟁을 하게 되었다. 甲과 乙은 '10분'이란 '10 minutes'를 의미한다고 하였고, A는 '10분'이란 사람의 숫자를 높여 부르는 것으로서 '10 persons'를 의미한다고 하였다. 한참 논쟁을 벌이던 이들은 맞춘 사람이 틀린 사람의 머리를 주먹으로 세게 때려 주기로 내기를 하였다. 인터넷에서 알아본 결과 甲, 乙의 답이 맞는 것이 확인되었다. 다음 날 학교에서 A를 만난 甲이 A의 머리를 세게 때렸다. A는 아픔을 참고 기숙사로 가다가 乙을 만나게 되었고, 乙이 다시 A의 머리를 세게 때렸다. 기숙사 방으로 돌아간 A는 그곳에서 쓰러지고 말았다.

얼마 후 기숙사 방으로 들어온 A의 룸메이트 丙은 쓰러져 있는 A를 발견하였다. 丙은 A의 상태가 심상치 않고 병원으로 데려가야 될 것 같다고 생각하였으나, 평소 자신을 괴롭히던 A에게 유감이 있었고, 죽기야 하겠는가 하는 생각이 들어 그대로 방치하여 두었다. 얼마 후 A는 뇌사상태에 이르게 되었다.

甲, 乙, 丙의 죄책은?

Ⅰ. 논점의 제시

甲, 乙의 죄책으로 문제되는 것은 다음과 같다.

첫째, 甲, 乙이 주먹으로 A의 머리를 세게 때리는 행위가 상해행위인가 폭행행위인가 문제된다. 이는 구성요건행위의 사회적 정형성의 문제와 고의의 문제이다.

둘째, 甲, 乙이 각각 주먹으로 A의 머리를 때린 것이 공동정범으로서의 행위인가 아니면 동시범인가 문제된다. 이는 甲, 乙에게 A의 머리를 때리는 데에 대한 의사연락이 있었느냐의 여부에 의해 결정된다.

셋째, A가 뇌사상태에 이르렀는데 뇌사를 사망이라고 할 것인가 아니면 중상해라고 할 것인가 문제된다. 이는 사람의 종기와 관련된 문제이다.

넷째, A가 뇌사상태에 이르렀고, 그 원인된 행위가 판명되지 않았는데 이 경우 甲, 乙이 어떤 죄책을 지는가 문제된다. 이는 제263조의 동시범적용범위와 관련된 문제이다.

다섯째, 甲, 乙이 A를 때린 행위가 피해자의 승낙에 의한 행위로 위법성이 조각될 것인가 문제된다.

丙의 죄책으로 문제되는 것은 다음과 같다.

첫째, A가 실신해 있음에도 불구하고 그대로 방치한 것이 유기죄(제271조 제1항)에 해당하는가 문제된다. 여기에서는 丙에게 구호의무가 있는가와 유기의 고의가 있는가 문제된다.

둘째, A의 뇌사상태를 사망으로 볼 것인가 아니면 중상해로 볼 것인가 문제된다.

셋째, A의 뇌사상태의 원인이 판명되지 않았으므로 제19조와 제263조 중 어떤 규정을 丙에게 적용할 것인가 문제된다.

Ⅱ. 甲, 乙의 죄책

1. A의 머리를 때린 행위의 성격

甲, 乙이 각각 A의 머리를 때린 행위는 폭행행위라고 볼 수도 있고, 상해행위라고 볼 수도 있을 것이지만, 甲, 乙에게 A의 신체의 생리적 기능을 훼손할 고의는 없다고 할 수 있으므로 폭행행위라고 보아야 할 것이다.

甲, 乙의 행위는 사람의 신체에 대한 유형력의 행사로서 폭행죄(제260조)의 구성요건에 해당하는 행위이다.

2. 동시범 혹은 공동정범

甲, 乙이 A의 머리를 때릴 때에는 각각 때릴 의사가 있었고, 공동으로 때릴 의사는 없었다고 할 수 있다. 따라서 甲, 乙 사이에 폭행에 대한 의사의 연락이 없었으므로 甲, 乙의 행위는 이시(異時)의 독립된 행위가 경합된 것이라고 할 수 있다.

3. 뇌사는 사망인가

A가 뇌사상태에 빠졌는데, 뇌사설은 A가 사망한 것으로 보게 되고 따라서 甲, 乙이 폭행뿐만 아니라 A의 사망에 대해서도 책임을 져 폭행치사죄(제262조)의 죄책을 지는가 문제된다. 심장박동종지설에 의할 경우 뇌사는 사망이 아니고 중상해에 해당하므로 甲, 乙이 폭행치상죄(제262조)의 죄책을 질 것인가 문제된다.

뇌사설은 장기이식 등 예외적인 경우에만 적용되어야 하고 사례와 같은 경우에는 심장박동종지설에 의하는 것이 타당하다고 생각된다. 따라서 甲, 乙이 폭행치상죄의 죄책을 지는가 문제된다.

4. 폭행치사상죄에 대한 제263조의 적용 여부

심장박동종지설에 의할 경우 폭행치상죄에 대해 제263조가 적용되므로 甲, 乙은 각각 폭행치상죄의 공동정범의 예에 의해 처벌된다.

뇌사설에 의할 경우 甲, 乙에게 폭행치사죄가 문제되는데 폭행치사죄에도 제263조가 적용되는가 문제된다. 판례는 폭행치사죄에도 제263조가 적용된다고 하므로 甲, 乙은 폭행치사죄의 공동정범의 예에 의해 처벌된다. 통설은 폭행치사죄에는 제263조가 적용되지 않는다고 하므로 甲, 乙은 폭행치사죄로 처벌되지 않는다. 다만, A의 사망은 상해의 결과를 포함한다고 할 수 있으므로 제263조가 적용되어 甲, 乙은 폭행치상죄의 공동정범의 예에 의해 처벌된다.

5. 피해자의 승낙에 의한 행위

甲, 乙, A가 서로 내기를 하였으므로 상대방의 폭행행위에 대해 승낙이 있었다고 할 수 있다. 이 경우 이들의 행위가 피해자의 승낙에 의한 행위(제24조)로 위법성이 조각되는가에 대해서는 견해가 대립한다.

긍정설에서는 승낙에 의한 상해죄를 처벌하는 규정이 없으므로 甲, 乙의 행위는 위법성이 조각된다고 한다.

이에 대해 부정설에서는 승낙에 의한 행위가 사회상규에 위배되지 않아야 위법성이 조각된다고 하는데, 폭행을 하여 뇌사상태에 이르게 하는 것은 사회상규에 위배된다고 보아야 하므로 위법성이 조각되지 않는다고 한다.

피해자의 승낙에 의한 상해도 사회상규에 위배되지 않아야 위법성이 조각된다고 해야 할 것이므로 甲, 乙은 폭행치상죄의 죄책을 진다.

Ⅲ. 丙의 죄책

1. 유기죄(제271조 제1항)의 성립 여부

A가 뇌사상태에 빠져 있었으므로 기타 사유로 인하여 부조를 요하는 자라고 할 수 있다. 유기죄가 성립하기 위해서는 丙에게 A를 구조해야 할 법률상·계약상의 의무가 있어야 한다. 기숙사의 룸메이트들의 경우 서로 위급한 상황을 당했을 때에 구조하여 주기로 하는 묵시적 계약관계가 있다고 할 수 있다. 丙이 A를 그대로 방치한 행위는 유기행위에 해당한다. 丙이 A를 방치한다는 고의가 있었고, A의 사망을 예견하거나 인용하지 않았으므로 丙이 A를 그대로 놔둔 행위는 유기죄의 구성요건에 해당한다.

2. 유기치사상죄(제275조) 혹은 중유기죄(제271조 제3항)의 성립 여부

뇌사설에 의할 경우 A는 사망한 것으로 볼 수 있으므로 丙에게 유기치사죄를 인정할 수 있는가 문제된다. A가 뇌사상태에 빠진 것이 丙의 유기행위에 의한 것인지 불분명하고, 유기치사죄에는 제263조가 적용되지 않으므로, 제19조가 적용된다. 따라서 丙은 유기치사죄가 아닌 유기죄의 죄책만을 진다.

심장박동종지설에 의할 경우 A는 중상해를 입은 것으로 볼 수 있으므로 중유기죄(제271조 제3항)의 성립 여부가 문제된다. 그런데 A의 중상해에 대한 원인이 판명되지 않았고, 중유기죄에도 제263조가 적용되지 않고 제19조가 적용되므로 丙은 중유기죄가 아닌 유기죄의 죄책만을 진다.

Ⅳ. 정 리

甲, 乙이 이시의 독립된 행위로 A의 머리를 때려 뇌사상태에 빠뜨렸으나 원인된 행위가 판명되지 않았다. 뇌사를 사망으로 보는 견해를 따르고 폭행치사죄에도 제263조가 적용된다고 하는 판례의 입장을 따르면 甲, 乙은 폭행치사죄의 죄책을 진다. 그러나 제263조는 폭행치사죄에는 적용되지 않는다는 통설이 타당하므로, 뇌사설에 의하든 심장박동종지설에 의하든 甲, 乙은 폭행치상죄(제262조)의 공동정범의 예에 의해 처벌된다.

丙의 행위는 유기행위에 해당하고, 뇌사를 사망이라고 하든 중상해라고 하든 그 원인이 판명되지 않았고 유기치사상죄에는 제263조가 적용되지 않고 제19조가 적용되므로 丙은 유기죄(제271조 제1항)의 죄책을 진다.

종합문제 6

:: 다음 사례를 읽고 물음에 답하시오.

기러기아빠인 甲은 자신이 옆집에 사는 동창 A보다는 유능하고 월급도 많다는 점에 늘 자부심을 가지고 살고 있었다. 그런데 어느 날 A는 로또복권에 당첨되어 100억원을 타게 되었고, 그 돈으로 제일 먼저 '회장님'(chairman)이라는 고급승용차를 샀다. 甲은 '자존심'(pride)이라는 자기 차보다 A의 차가 훨씬 크다는 데에 자존심이 상했고 이 때문에 매일 A의 새 차를 들여다보곤 하였다. 어느 날 甲은 밤늦게 귀가하면서 A의 차를 들여다보다가 차문이 잠겨져 있지 않은 것을 발견하고 차 안으로 들어가 보았다. 차의 시트가 매우 안락하다고 느낀 甲은 그 차 안에서 잠을 잤다. 새벽에 잠이 깬 甲은 앞 좌석에 A의 핸드폰과 현금카드 및 차의 비상용열쇠가 있는 것을 발견하였다. 甲은 그 핸드폰으로 미국에 있는 가족에게 전화를 걸어 30분간 통화를 하여 10만원의 전화요금이 나오도록 하였다. 이어 甲은 차의 승차감을 느껴보기 위해 비상용열쇠로 시동을 걸고 그 차를 약 3분 동안 앞뒤로 10m씩 왔다 갔다 하다가 원래 자리에 주차시켜 놓았다.

甲은 A와 같이 벼락부자가 된 사람의 돈은 좀 같이 써야 된다고 생각하고 현금카드를 가지고 가 현금자동지급기에서 현금을 인출하려고 하였다. 그러나 현금카드의 사용기한이 만료되었기 때문에 현금을 인출하지는 못하였다. 甲은 실망하기는 하였지만 차로 돌아와 A가 눈치채지 못하도록 핸드폰과 현금카드를 원래 있던 자리에 놓아두었다. 며칠 후 A가 이틀간 지방출장을 다녀온다는 것을 알게 된 甲은 가지고 있던 비상용열쇠를 가지고 이틀 동안 A의 차를 몰고 다니다 A가 귀가하기 직전에 제자리에 차를 주차시켜 놓았다. 甲은 앞으로도 기회가 있을 때마다 A의 차를 몰아보겠다고 생각하고 비상용열쇠를 소중히 간직하고 집으로 돌아갔다(특별법은 불문함).

1. 판례의 입장에 따라 甲의 죄책을 설명하시오.
2. 판례의 입장에 대한 비판의견을 소개하시오.

Ⅰ. 논점의 제시

사례에서 甲의 죄책으로 문제될 수 있는 것은 다음과 같다.

1. A의 자동차에 들어가서 잠을 잔 행위가 주거침입죄(제319조)에 해당되는지

문제된다.

2. A의 핸드폰을 사용하여 10만원의 요금이 나오도록 한 행위가 절도죄(제329조) 혹은 편의시설부정이용죄(제348조의2)에 해당되는지 문제된다.

3. A의 자동차를 3분 동안 앞뒤로 몰다가 제자리에 놓은 행위가 자동차등불법사용죄(제331조의2)에 해당되는지, 해당되는 경우 위법성이 조각되는지 문제된다.

4. 비밀번호를 제대로 알지 못한 채 현금자동지급기에서 현금을 인출하려다가 실패한 행위가 절도죄(제329조) 또는 컴퓨터등사용사기죄(제347조의2)의 불능미수(제27조)에 해당되는지 문제된다.

5. 다시 비밀번호를 알아내어 현금자동지급기에서 현금을 인출한 행위가 절도죄 또는 컴퓨터등사용사기죄에 해당되는지 문제된다.

6. 현금카드로 현금을 인출하고 제자리에 갖다 놓은 행위가 절도죄에 해당되는지 문제된다.

7. A의 지방출장 중 이틀 동안 자동차를 사용하고 제자리에 놓은 행위가 자동차등불법사용죄와 절도죄(제329조) 중 어디에 해당되는지 문제된다.

8. A의 자동차를 계속적으로 사용하기 위해 비상용열쇠를 가지고 간 행위가 절도죄에 해당되는지 문제된다.

9. 위의 범죄들 중 전부 또는 일부가 성립할 경우 죄수관계가 문제된다.

Ⅱ. 판례의 입장에 따른 甲의 죄책

1. 주거침입죄(제319조 제1항)의 성립 여부

주거침입죄는 사람의 주거, 관리하는 건조물, 선박이나 항공기 또는 점유하는 방실에 침입하는 죄(제319조 제1항)이다. 甲이 A의 자동차 안에 들어가 잠을 잔 것은 A의 의사에 반하는 것이라고 할 수 있으므로 침입에 해당한다. 그러나 주거침입죄의 객체는 사람의 주거, 관리하는 건조물, 선박이나 항공기 또는 점유하는 방실이고 자동차는 이 중 어디에도 속하지 않으므로 주거침입죄의 객체가 될 수 없다.

따라서 甲이 A의 자동차에 들어가서 잠을 잔 행위는 주거침입죄에 해당되지 않는다.

2. 절도죄(제329조) 또는 편의시설부정이용죄(제348조의2)의 성립 여부

판례는 "타인의 전화기를 무단으로 사용하여 전화통화를 하는 행위는 전기통신사업자가 그가 갖추고 있는 통신선로, 전화교환기 등 전기통신설비를 이용하고 전기의 성질을 과학적으로 응용한 기술을 사용하여 전화가입자에게 음향의 송수신이 가능하도록 하여 줌으로써 상대방과의 통신을 매개하여 주는 역무, 즉 전기통신사업자에 의하여 가능하게 된 전화기의 음향송수신기능을 부당하게 이용하는 것으로, 이러한 내용의 역무는 무형적인 이익에 불과하고 물리적 관리의 대상이 될 수 없어 재물이 아니라고 할 것이므로 절도죄의 객체가 되지 아니한다"고 한다(대판 1998. 6. 23. 98도700). 이에 의하면 甲이 A의 핸드폰을 사용하여 10만원의 요금이 나오도록 한 행위를 통해 재산상의 이익을 취득하였다고 할 수는 있으나 재물을 취득하였다고 할 수는 없으므로 절도죄에 해당되지 않는다.

또한 편의시설부정이용죄(제348조의2)의 객체는 자동판매기, 공중전화 기타 유료자동설비인데, A의 핸드폰을 공중전화라고 할 수는 없다. 따라서 甲이 재산상의 이익을 취득하였더라도 甲의 행위는 편의시설부정이용죄(제348조의2)에도 해당되지 않는다.

3. 자동차등불법사용죄(제331조의2)의 성립 여부

판례는 "형법 제331조의2에서 규정하고 있는 자동차등불법사용죄는 타인의 자동차 등의 교통수단을 불법영득의 의사 없이 일시 사용하는 경우에 적용되는 것으로서 불법영득의사가 인정되는 경우에는 절도죄로 처벌할 수 있을 뿐 본죄로 처벌할 수 없다 할 것이며, 절도죄의 성립에 필요한 불법영득의 의사라 함은 권리자를 배제하고 타인의 물건을 자기의 소유물과 같이 이용, 처분할 의사를 말하고 영구적으로 그 물건의 경제적 이익을 보유할 의사임은 요치 않으며 일시사용의 목적으로 타인의 점유를 침탈한 경우에도 이를 반환할 의사 없이 상당한 장시간 점유하고 있거나 본래의 장소와 다른 곳에 유기하는 경우에는 이를 일시 사용하는 경우라고는 볼 수 없으므로 영득의사가 없다고 할 수 없다"고 한다(대판 2002. 9. 6. 2002도3465).

판례에 의하면 甲이 3분 동안 차를 몬 행위를 할 때에 A를 영구적으로 배제할 의사가 없었다고 할 수 있기 때문에 불법영득의사는 인정되지 않으므로, 甲의 행위는 자동차등불법사용죄에 해당된다고 할 수 있다. 그러나 자동차를 몬 시간이나 거리 등으로 볼 때 위법성이 조각된다고 할 수 있다.

4. 현금절도죄의 성립 여부

판례는 "피고인이 타인의 명의를 모용하여 발급받은 신용카드를 사용하여 현금자동지급기에서 현금대출을 받는 행위는 카드회사에 의하여 미리 포괄적으로 허용된 행위가 아니라, 현금자동지급기의 관리자의 의사에 반하여 그의 지배를 배제한 채 그 현금을 자기의 지배하에 옮겨 놓는 행위로서 절도죄에 해당한다고 봄이 상당하다 … 형법 제347조의2에서 규정하는 컴퓨터등사용사기죄의 객체는 재물이 아닌 재산상의 이익에 한정되어 있으므로, 타인의 명의를 모용하여 발급받은 신용카드로 현금자동지급기에서 현금을 인출하는 행위를 이 법조항을 적용하여 처벌할 수는 없다"고 한다(대판 2002. 7. 12. 2002도2134).

그런데 甲이 사용기한이 만료된 현금카드로 현금을 인출하려 했기 때문에 이는 수단의 착오로 인해 결과발생이 불가능한 경우라고 할 수 있다. 이 경우 불능미수가 문제되는데, 판례는 "불능범의 판단 기준으로서 위험성 판단은 피고인이 행위 당시에 인식한 사정을 놓고 이것이 객관적으로 일반인의 판단으로 보아 결과 발생의 가능성이 있느냐를 따져야 한다"고 한다(대판 2005. 12. 8. 2005도8105). 이에 의하면 甲의 행위에 위험성이 인정되기 때문에 甲은 절도죄의 불능미수의 죄책을 진다.

5. 핸드폰 및 현금카드 절도죄의 성립 여부

판례는 "은행이 발급한 직불카드를 사용하여 타인의 예금계좌에서 자기의 예금계좌로 돈을 이체시켰다 하더라도 직불카드 자체가 가지는 경제적 가치가 계좌이체된 금액만큼 소모되었다고 할 수는 없으므로, 이를 일시 사용하고 곧 반환한 경우에는 그 직불카드에 대한 불법영득의 의사는 없다고 보아야 한다"고 한다(대판 2006. 3. 9. 2005도7819).

甲이 현금카드와 핸드폰을 사용한 후 바로 반환하였으므로 절도죄가 인정되지 않고 무죄이다.

6. 자동차절도죄

판례에 의하면, 甲이 이틀간 A의 차를 몰고 다닌 행위는 일시사용행위라고 볼 수 없고, A를 배제하고 자동차를 자기의 소유물처럼 사용하는 행위라고 할 수 있으므로 甲은 자동차절도죄의 죄책을 진다.

7. 비상용열쇠절도죄

甲이 A의 자동차를 계속적으로 사용하기 위해 비상용열쇠를 가지고 간 것은 타인이 점유하는 타인의 재물을 절취한다고 하는 절도죄의 객관적 구성요건을 충족하고, 절도의 고의가 인정되고 불법영득의사도 인정되므로 절도죄의 주관적 구성요건도 충족한다.

8. 죄 수

판례에 의하면 甲은 현금절도죄의 불능미수, 자동차절도죄, 비상용열쇠 절도죄의 죄책을 지는데, 분명하지는 않지만 비상용열쇠절도죄는 자동차절도죄에 흡수된다. 따라서 甲은 현금절도죄의 불능미수와 자동차절도죄의 실체적 경합범의 죄책을 진다.

Ⅲ. 판례의 입장에 대한 비판의견

1. 쟁 점

판례에 대해서는 다음과 같은 비판의견이 있다.

첫째, 일시사용의 경우에도 불법영득의사는 인정되거나, 절도죄의 성립에 불법영득의사를 요하지 않으므로 甲이 자동차, 휴대폰, 현금카드 등을 일시사용 후 반환하였다고 하더라도 절도죄의 구성요건해당성이 있지만, 위법성이 조각된다고 해야 한다는 의견이 있다.

둘째, 현금카드로 현금을 인출한 행위는 절도죄가 아니라 컴퓨터등사용사기죄에 해당된다고 해야 한다는 의견이 있다.

셋째, 불능미수의 위험성은 추상적 위험설이 아니라 다른 학설에 의해서 판단해야 한다는 의견이 있다.

2. 일시사용과 불법영득의사

(1) 불법영득의사 불요설

이 견해는 절도죄의 성립에 고의와 구별되는 불법영득의사를 요하지 않는다고 한다. 따라서 甲의 행위는 절취행위에 해당되지 않아 절도죄의 구성요건해당성이 없거나 절취행위도 인정되어 절도죄의 구성요건해당성이 있지만 위법성이 조각된다고 한다. 이 견해에 의하면 사례에서 甲이 핸드폰과 현금카드를 일시사용하고 반납하였다고 하더라도 절도죄의 구성요건해당성은 있지만 위법성이 조각될 뿐이다.

(2) 불법영득의사 인정설

이 견해는 권리자를 배제하지 않고 장기사용한 경우에는 반환하였더라도 불법영득의사가 인정되므로, 甲이 자동차 등을 일시사용하였더라도 일단 불법영득의사가 인정되어 절도죄의 구성요건해당성이 있지만, 사용시간, 경제적 가치의 소모 정도 등을 고려하여 위법성이 조각된다고 한다. 이 견해에 의하면 甲이 핸드폰과 현금카드를 일시사용하고 반납하였다고 하더라도 절도죄의 구성요건해당성은 있지만 위법성이 조각될 뿐이다.

3. 현금인출행위의 죄책

타인의 현금카드로 현금을 인출한 행위가 절도죄에 해당되지 않고 컴퓨터등사용사기죄에 해당된다는 견해가 있다. 이 견해는 다음과 같은 근거를 든다.

첫째, 현금자동지급기를 설치한 은행의 의사는 누구라도 현금카드와 비밀번호를 입력하고 현금을 인출해 가면 좋다는 것이므로, 타인의 현금카드로 현금을 인출하는 경우에도 현금자동지급기의 관리자인 은행의 의사에 반하지 않아 절취행위라고 할 수 없다.

둘째, 컴퓨터등사용사기죄의 객체가 재산상 이익으로 규정되어 있지만 재산상 이익과 재물은 일반 대 특별의 관계이므로 재산상 이익을 취득한 경우 재물을 취득하였다고 할 수는 없지만, 재물을 취득한 경우에는 재산상 이익도 취득한 것이라고 할 수 있다.

4. 불능미수의 위험성

甲이 현금을 인출하려다가 실패한 행위에 불능미수의 위험성이 되는가에 대해 추상적 위험설 이외에 다음과 같은 견해들이 있다.

주관설은 불능미수의 위험성은 행위자의 반사회적 위험성이라고 한다. 이 견해에 의하면 위험성이 인정되어 甲이 절도죄의 불능미수의 죄책을 지지만, 이는 甲의 반사회적 위험성이지 추상적 위험성이 아니다.

구성요건요소흠결설에 의하면 甲이 현금을 인출하지 못한 것은 인과과정의 착오 내지 인과관계의 착오에 의한 것이 아니므로 위험성이 인정되지 않는다. 따라서 甲은 무죄이다.

절대적 불능·상대적 불능 구별설 또는 법률적 불능·사실적 불능 구별설에 의하면 사용기한이 만료된 현금카드로 현금을 인출하는 행위는 절대적 불능이거나 법률적 불능이므로 甲은 무죄이다.

구체적 위험설에 의하면 일반인들은 현금카드의 사용기한이 만료되지 않은 것으로 인식하였을 것이므로 위험성이 인정된다. 그러나 이는 행위자에게만 존재하는 추상적 위험성이 아니고 일반인들이 느끼는 구체적 위험성이다.

인상설에 의할 경우 甲의 행위가 법질서를 교란하는 인상을 줄 것이므로 위험성이 인정되지만, 이는 행위자에게만 존재하는 위험성이 아니라 일반인들이 받는 위험성이다.

종합문제 7

∷ 다음 사례를 읽고 물음에 답하시오.

산부인과병원 의사인 甲과 간호사인 乙은 서로 사귀게 되어 乙이 임신을 하게 되었다. 甲은 乙과 사귀던 중 다른 간호사인 A에 대해 관심을 갖게 되었는데 乙이 임신하게 되자 더욱 乙에게서 마음이 멀어졌다. 甲은 혹시 乙이 아이를 낳으면 아이를 빌미로 자신의 발목을 잡을 수도 있을 것이고, 동료의사들이 자신을 이상한 놈으로 볼 것이라고 생각하고 乙에게 낙태를 하라고 종용하였으나 乙은 이를 거부하였다. 이에 甲은 공원으로 乙을 불러내어 폭행을 하면서 낙태를 하겠다는 서약서를 쓰지 않으면 죽여 버리겠다고 겁을 주었다. 그러나 乙은 이를 단호히 거부하고 집으로 돌아왔다.

임신 8개월이 넘어 낙태가 불가능하게 되자 甲은 乙에게 아파트 한 채를 사줄테니 애를 낳는 즉시 죽여 버리라고 하였다. 乙도 그동안 이미 甲의 마음이 자신을 떠나 A에게 가버린 상태라는 것을 확실히 알게 되었고, 아이를 낳아 혼자 기르기도 어려울 것 같은 생각이 들어 아이를 살해하고 아파트 한 채라도 받아야겠다는 결심을 하게 되었다. 3일 후 乙은 병원에서 아이를 낳게 되었고 간호사 A가 아이를 데려다 주고 나간 직후 아이를 살해하기 위해 목을 졸랐다. 그러나 아이의 얼굴이 새파래지자 겁이 나서 목조르는 것을 중단하였다.

다음 날 모든 사실을 알게 된 甲은 간호사 A에게 아이에게 필요한 약이니 갖다 먹이라고 하면서 독약을 주었다. 그러나 甲과 乙의 관계를 이미 알고 있던 A는 甲의 말이라면 무조건 거역하리라고 결심하고 있었고 乙의 방으로 가던 중 쓰레기통에 독약을 버렸다.

1. 판례의 입장에 따라 甲, 乙의 죄책을 설명하되, 판례가 없는 논점에 대해서는 다수설의 입장에 따라 설명하시오.
2. 甲을 가볍게 처벌할 수 있는 학설들을 제시하고, 이 학설들을 종합하여 甲을 가장 가볍게 처벌할 경우 甲이 어떻게 처벌될 수 있는지 설명하시오.
3. 乙에게 판례보다 가벼운 죄책을 인정하는 학설들을 소개하시오.

Ⅰ. 논점의 제시

甲의 죄책으로 문제되는 행위는 乙에게 낙태서약서를 쓰라고 폭행·협박한 행위, 아이를 살해하라고 교사한 행위, 아이를 살해하기 위해 A에게 독약을 준 행위인데 이와 관련된 형법상의 문제점은 다음과 같다.

1. 乙에게 낙태서약서를 쓰라고 폭행·협박한 행위가 강요미수죄(제324조, 제324조의5)에 해당되는가이다.

2. 乙에게 낳은 아이를 살해하라고 교사하였으나 乙이 아이를 살해하지 못한 것과 관련하여 다음의 사항이 문제된다.

(1) 甲의 교사행위가 영아살해교사행위(제251조, 제31조)와 보통살인교사행위(제250조, 제31조) 중 어디에 해당되는가이다.

(2) 乙이 아이를 살해하지 못하였으므로 교사의 장애미수(제25조)와 중지미수(제26조) 중 어디에 해당되는가이다.

3. 아이를 살해하기 위해 A에게 독약을 주었으나 A가 이를 쓰레기통에 버린 행위와 관련하여,

(1) 영아살해죄와 보통살인죄 중 어디에 해당되는가이다.

(2) (영아)살인죄의 실행의 착수를 인정할 수 있는가이다.

(3) 실행의 착수가 인정되는 경우 장애미수와 불능미수(제27조) 중 어디에 해당되는가이다.

4. 위의 범죄들이 성립할 경우 죄수관계가 문제된다.

乙의 죄책으로 문제되는 것은 다음과 같다.

1. 아이를 살해하려는 행위가 영아살해죄와 보통살인죄 중 어디에 해당되는가이다.

2. 아이를 살해하려다 겁이 나서 중단한 행위가 장애미수와 중지미수 중 어디에 해당되는가이다.

Ⅱ. 판례의 입장에 따른 甲, 乙의 죄책

1. 甲의 죄책

(1) 낙태 관련행위

1) 甲이 乙에게 낙태를 교사하였으나 乙이 거부한 행위는 실패한 교사로서 낙태죄의 예비·음모에 준하여 처벌될 수 있으나(제31조 제2항), 낙태죄의 예비·음모를 처벌하는 규정이 없으므로 甲은 이에 대해 아무런 죄책을 지지 않는다(제28조).

2) 그러나 甲이 乙을 폭행·협박하여 낙태하겠다는 서약서를 쓰라고 한 것은 乙에게 의무없는 일을 강요한 것으로서 강요죄(제324조)에 해당된다. 그러나 乙이 서약서를 쓰지 않았으므로 기수에 이르지 못하였기 때문에 甲은 강요미수의 죄책을 지게 된다(제324조의5).

(2) 살해교사 관련행위

1) 영아살해교사죄와 보통살인교사죄

乙은 아이의 직계존속이므로 위의 사례에서 乙이 아이를 살해하였다면 영아살해죄의 죄책을 지게 된다. 그러나 판례에 의하면, 제251조의 직계존속은 법률상의 직계존속에 국한되는데, 甲은 사실상의 직계존속이고 법률상의 직계존속이라고 할 수 없다. 따라서 甲의 교사행위는 비신분자가 신분자로 하여금 영아살해를 할 것을 교사한 행위가 된다. 이 경우 판례에 의하면 비신분자에게는 먼저 제33조 본문이 적용되어 영아살해교사범의 죄책을 지지만, 제33조 단서가 적용되어 보통살인교사범의 형벌로 처벌된다고 한다.

2) 교사의 장애미수

乙이 아이를 살해하려다 겁이 나서 살해하지 못하였으므로 판례에 의하면 자의성이 인정되지 않아 장애미수의 죄책을 진다. 따라서 甲도 교사의 장애미수의 죄책을 진다. 설사 乙이 중지미수의 죄책을 진다 하여도 판례에 의하면 甲은 교사의 장애미수의 죄책을 진다.

3) 정 리

甲은 영아살인교사 장애미수의 죄책을 지지만, 보통살인교사 장애미수죄의 형벌로 처벌된다.

(3) A에게 독약을 준 행위

1) 영아살해죄와 보통살인죄

앞에서 언급한 대로 판례는 제251조의 직계존속은 법률상의 직계존속으로 국한된다고 하는데, 甲은 아이의 사실상의 직계존속이고 법률상의 직계존속은 아니므로 甲의 행위는 보통살인죄에 해당된다.

2) 실행의 착수 인정 여부

甲이 독약인 줄 모르는 A에게 아이를 살해하기 위해 독약을 준 행위는 A를 생명있는 도구로 이용하여 살인죄를 실행하는 것으로서 살인죄의 간접정범에 해당된다.

간접정범의 실행의 착수시기에 대해 판례는 명확하게 언급하고 있지 않지만, 다수설은 이용행위시에 실행의 착수가 있다고 한다. 이에 의하면 甲은 살인죄의 실행에 착수한 것이 된다.

3) 장애미수와 불능미수

실행의 착수가 인정되더라도 A가 甲의 말이라면 무조건 거역할 생각을 하고 있었으므로 甲이 A를 이용하여 살인죄의 결과를 발생시키는 것은 불가능하고, 이것은 실행의 수단의 착오에 해당된다. 따라서 위험성이 있으면 甲은 불능미수의 죄책을 지고 위험성이 없으면 불능범이 되어 불가벌이 된다(제27조).

판례는 "불능미수란 결과발생의 위험성이 절대적으로 없는 경우를 말한다"고 하여 절대적 불능 · 상대적 불능설을 취하는 듯하기도 한다. 절대적 불능 · 상대적 불능 구별설에 의하면 자신의 말을 거역하기로 결심하고 있는 도구를 이용하는 경우 절대적 불능이라고 할 수도 있고, 상대적 불능이라고 할 수도 있다. 따라서 甲은 살인죄의 불능미수의 죄책을 지거나 무죄가 된다.

그러나 위의 판례의 표현은 제27조의 '위험성'에 대한 것이 아니라 '결과발생불가능'에 관한 것이라고 해야 한다. 왜냐하면 위와 같은 표현을 하는 판례에서는 모두 불능미수가 아닌 장애미수를 인정하고 있기 때문이다. 따라서 판례는 불능미수의 위험성에 관해 추상적 위험설을 따르고 있다고 해야 한다. 추상적 위험설에 의하면 甲이 인식한 사실은 '자신의 말을 들을 A에게 아이에게 먹이라고 독약을 주는 것'이고 이를 기초로 일반인의 관점에서 판단하면 살인죄의 결과발생가능성이 있어서 위험성이 인정된다.

4) 정 리

판례에 의하면 甲은 살인죄의 불능미수의 죄책을 진다.

(4) 죄수관계

甲은 강요미수죄, 보통살인교사미수죄, 살인죄의 불능미수의 죄책을 지는데, 판례에 의하면 이러한 행위들은 모두 별개의 행위로 이루어진 것이므로 실체적 경합범(제37조)의 관계에 있게 된다.

2. 乙의 죄책

(1) 영아살해죄와 보통살인죄

판례에 의하면 영아살해죄의 주체는 법률상의 직계존속인데, 어머니는 아이의 출생과 동시에 법률상의 직계존속이 되므로, 乙은 아이의 법률상 직계존속이라고 할 수 있다.

영아살해죄의 객체는 분만중 또는 분만 직후의 영아인데, 사례에서 乙이 분만 직후의 아이를 살해하려 한 것이라고 할 수 있다.

영아살해죄가 성립하기 위해서는 치욕을 은폐하기 위하거나 양육할 수 없음을 예상하거나 특히 참작할 만한 동기가 있어야 하는데, 乙이 혼자서 아이를 키울 수 없다고 생각한 것은 양육할 수 없음을 예상한 것이라고 할 수 있다.

乙에게 영아살해의 고의도 인정되므로, 乙의 행위는 영아살해죄(제251조)의 구성요건에 해당된다.

(2) 장애미수와 중지미수

乙이 아이를 살해하려다 겁이 나서 중단하였으므로 중지미수의 성립 여부가 문제된다.

중지미수가 성립하기 위해서는 자의로 실행을 중지하거나 결과발생을 방지해야 한다. 실행의 중지는 실행의 종료 전에만 문제되는데, 사례에서 乙은 영아살해의 실행의 종료 전에 중지한 것이라고 할 수 있으므로, 자의로 중지하였는지 문제된다.

판례는 중지미수의 자의성을 사회통념상 외부적 장애가 아닌 경우에는 모두 자의성이 있다고 하면서도, 겁이 나서 중지하거나 놀라서 중지한 경우에는 자의성을 인정하지 않는다. 乙이 겁이 나서 중지하였기 때문에 판례에 의하면 자의성이 인정되지 않는다.

(3) 정 리

판례에 의하면 乙은 영아살해죄의 장애미수(제251조, 제254조, 제25조)의 죄책을 진다.

Ⅲ. 甲을 가장 가볍게 처벌할 수 있는 논거와 방법

1. 문제의 소재

판례에 의하면 甲은 강요미수죄, 보통살인교사미수죄, 살인죄의 불능미수의 실체적 경합범의 죄책을 진다. 여기에서 甲에게 강요미수죄를 인정하지 않는 견해는 찾기 어렵다. 그러나 보통살인교사미수죄가 아닌 영아살해교사미수죄를 인정하고, 살인죄의 불능범을 인정하고, 보통살인교사미수죄와 살인죄의 불능미수죄를 인정하더라도 실체적 경합이 아닌 포괄일죄를 인정하는 학설이 있다.

2. 甲에게 가벼운 죄책을 인정하는 학설

(1) 영아살해교사미수죄를 인정하는 견해

1) 영아살해죄의 직계존속에는 사실상의 직계존속도 포함된다는 견해

영아살해죄의 직계존속에 대해 법률상의 직계존속에 국한하지 않고 사실상의 직계존속도 포함된다는 견해가 있다. 이 견해에 의하면 직계존속인 甲이 직계존

속인 乙에게 영아살해를 교사한 것이고, 甲에게 치욕을 은폐하기 위한 목적도 인정되므로 甲은 보통살인교사미수가 아닌 영아살해교사미수의 죄책을 진다.

2) 형법 제33조 단서를 문리해석하는 견해

형법 제33조 단서는 '중한 형으로 벌하지 아니한다'라고 규정하고 있는데, 다수설이나 판례는 이를 책임개별화규정이라고 해석한다. 그러나 제33조 본문과 단서에 대한 다수설을 취하고, 제33조 단서를 문리해석하는 입장을 따르면 甲은 영아살해교사미수의 죄책을 지고 영아살해교사미수의 형벌로 처벌된다.

(2) 살인죄의 불능범을 인정하는 견해

불능미수의 위험성에 대한 절대적 불능설을 취하고 甲이 자신의 말을 거역할 결심을 하고 있는 A를 교사하여 아이를 살해하려고 한 것은 절대적 불능에 해당한다고 할 경우 甲은 살인죄의 불능범이 된다. 구성요건흠결설에 의할 경우에도 甲이 A를 이용하려고 한 것은 인과관계의 흠결이 아니고 실행의 수단의 흠결이므로 불능범이 된다.

(3) 포괄일죄를 인정하는 견해

甲에게 보통살인 혹은 영아살해교사미수의 죄책과 살인죄의 불능미수의 죄책을 인정하더라도 양자는 실체적 경합이 아니라 포괄일죄라고 해야 한다는 견해가 있다. 이 견해는 甲이 아이를 살해하겠다는 동일한 범죄의사로 아이의 생명이라는 동일한 법익을 침해한 것이기 때문에 포괄일죄가 된다고 한다.

3. 甲을 가장 가볍게 처벌할 경우 甲의 처벌

위의 견해들 중 甲에게 가장 유리한 견해들을 모으면 살인죄의 불능범이라고 하고, 영아살해죄의 교사미수죄와 강요미수죄의 실체적 경합범을 인정한 후 모든 법률상 감경과 작량감경을 하여 처단형을 정하는 것이다.

제56조에 의하면 먼저 법률상 감경을 하고 실체적 경합범가중을 해야 한다. 강요죄의 법정형은 5년 이하의 징역이고, 영아살해죄의 교사범의 법정형은 10년 이하의 징역이다. 여기에서 각각 미수감경을 하면 2년 6개월 이하의 징역과 5년 이

하의 징역이 된다. 이어 실체적 경합범가중을 하면 제38조 제1항 제2호에 의해 1개월 이상 7년 6개월 이하의 징역이 된다. 이를 작량감경하면 1개월 이상 3년 9개월 이하의 징역이 된다. 이 중에서 1년 이하의 징역을 선택하여 선고유예를 하는 방법이 있다.

결국 甲을 가장 가볍게 처벌하는 방법은 1년 이하의 징역의 선고유예가 된다.

Ⅳ. 乙에게 판례보다 가벼운 죄책을 인정하는 학설들의 논거

1. 문제의 소재

판례에 의하면 乙에게 영아살해죄의 장애미수의 죄책이 인정된다. 사례에서 乙이 영아살해죄의 실행에 착수하였다는 것을 부정하기는 어렵다. 또 기타 위법성 조각이나 책임조각을 주장하기도 어렵다고 할 수 있다. 따라서 영아살해죄의 장애미수보다 가벼운 죄책을 인정할 수 있는 방법은 영아살해죄의 중지미수를 인정하는 것이다. 이를 위해서는 乙이 자의로 실행의 착수를 중지하였다는 논거를 제기하는 것이다.

위의 사례에서 중지미수의 자의성에 관한 주관설을 취할 경우에는 자의성을 부정하기 어렵지만, 프랑크공식, 규범설, 객관설 및 절충설 등에 의할 경우에는 자의성을 인정할 수도 있다. 각 학설의 논거는 다음과 같다.

2. 프랑크공식

프랑크공식은 '할 수 있지만 하지 않았으면' 자의성이 인정된다고 한다. 위의 사례에서 프랑크공식을 적용하면 乙이 놀라 살해행위를 중지하였지만, 乙이 아이를 살해할 수도 있었는데 더 이상 살해하지 않은 것이므로 자의성이 인정된다고 할 수도 있다.

3. 규 범 설

규범설은 비이성적 중지나 합법성에의 회귀 등이라고 평가할 때에는 자의성이 인정된다고 한다. 위의 사례에서 합법성에의 회귀라고 할 수는 없어도 겁이 나서 중지한 것은 비이성적 중지라고 할 수 있기 때문에 자의성이 인정될 수 있다.

4. 객 관 설

객관설은 외부적 장애로 인한 중지가 아니면 자의성을 인정한다. 위의 사례에서 乙이 겁이 나서 중지한 것은 乙이 마음이 약해서 중지한 것인데 이는 乙의 내부적 장애이지 외부적 장애라고 할 수 없으므로 자의성이 인정될 수 있다.

5. 절 충 설

판례가 따르는 사회통념상 외부적 장애에 의한 중지가 아니면 자의성이 인정된다고 하는 견해에서도 위의 사례에서 자의성을 인정하는 견해가 있다. 이 견해는 우리 형법은 독일형법과 달리 중지미수의 효과가 필요적 면제가 아니라 필요적 감면이고, 중지미수에서 중요한 것은 범행계속으로부터 피해자를 보호하려는 것이므로 중지미수를 넓게 인정해야 하고 따라서 자의성도 넓게 인정해야 한다고 한다.

이 견해에 따르면 乙이 겁이 나서 중지한 것은 사회통념상 외부적 장애라고 볼 수 없고, 내부적 장애이므로 자의성이 인정된다고 한다.

종합문제 8

:: 다음 사례를 읽고 물음에 답하시오.

16년간 은행에서 대출사무만을 담당해 온 甲(호는 '부채')은 음식점을 경영하는 A로부터 1억원의 대출신청을 받았다. 甲은 A의 대출신청을 심사한 결과 담보가 부족하여 대출금 회수가 어려울 수 있다고 판단하고 대출불가능을 A에게 통보하였다. A는 甲에게 꼭 대출을 해 달라고 하면서 대출금의 3%를 사례금으로 주겠다고 하였다. 이에 甲은 A에게 1만원짜리 현금으로 1억원을 대출해 주었다. 1개월 후 A는 10만원 상당의 포도주 1병과 자신의 신용카드를 甲에게 주면서 현금이 없으니 그 신용카드를 300만원 범위에서 사용하라고 하였다. 신용카드를 받은 甲은 백화점에서 100만원 상당의 양복 2벌과 30만원짜리 양주를 3병 샀다. 다음 날 甲이 직장상사 乙에게 A에게 대출해 준 사실을 보고하자 乙은 "왜 그런 대출을 해 주었느냐? 나가!" 하면서 옆에 있던 서류로 甲의 머리를 때렸다. 乙의 방에서 나온 甲은 乙의 방으로 다시 가 A와 있었던 일의 자초지종을 모두 이야기하고 A로부터 받은 포도주와 백화점에서 산 양주 1병을 乙에게 주었다. 乙은 그 정도를 받는 것은 의례적 선물 정도라고 생각하고 그것을 받았다. 다음 날 甲은 급히 현금이 필요하게 되어 A의 신용카드로 은행의 현금자동지급기에서 20만원의 현금서비스를 받았다. 며칠 후 甲은 A가 허용한 액수보다 좀더 사용하더라도 나중에 반환하면 된다고 생각하고 A의 신용카드로 은행의 현금자동지급기에서 다시 현금 50만원을 인출하였다. 甲은 乙에게 50만원을 다시 인출한 것을 말하고 함께 그 돈으로 술을 마시자고 하였다. 乙은 함께 술을 마시는 일의 법적 의미에 대해 아무런 생각도 하지 않고 甲과 함께 술을 마셨고, 甲은 50만원을 술값으로 지출하였다.

1. 판례의 입장에 따라 甲의 죄책을 설명하고, 재물과 재산상 이익의 관계에 관한 판례 입장과 그 문제점을 지적하시오.
2. 甲에게 가장 유리한 입장에 따를 때에 甲에게 인정되는 처단형을 제시하시오.
3. 乙에게 가장 불리한 죄책을 인정하기 위한 논거를 제시하시오.
4. 乙에게 가장 유리한 죄책을 인정하기 위한 논거를 제시하시오.

질문 1

Ⅰ. 논점의 제시

甲의 행위 중 형법적으로 문제되는 것은 다음과 같다.

1. A에게 1억원을 현금으로 대출해 준 행위가 업무상배임죄(제356조)에 해당되는가?

2. A로부터 포도주와 신용카드를 받은 행위가 배임수재죄(제357조 제1항)에 해당되는가?

3. 신용카드로 20만원을 인출한 행위가 컴퓨터등사용사기죄(제347조의2)에 해당되는가?

4. 신용카드로 50만원의 현금서비스를 받은 행위가 절도죄(제329조)에 해당되는가? 그리고 이 행위가 법률의 착오에 의한 행위인가?

5. 위의 범죄들이 성립한다면 이들 범죄들의 죄수관계는 어떠한가?

Ⅱ. 판례의 입장에 따른 甲의 죄책

1. 업무상배임죄(제356조)의 성립 여부

판례에 의하면, 甲은 사회생활상 지위에서 은행의 사무를 처리하는 자로서 업무상배임죄의 업무상 타인의 사무를 처리하는 자에 해당되고, 대출금 회수가 어려울 것이라고 생각하면서도 A에게 1억원을 대출해 준 행위는 임무에 위배하여 제3자인 A에게 재산상의 이익을 취득하게 한 것이고, 은행에 재산상의 손해를 가한 것이다. A가 현금을 받았으므로 재물을 취득하고 재산상 이익을 취득한 것이 아니라는 의문이 있지만, 판례는 이 경우 업무상배임죄를 인정한다(대판 2005. 10. 28. 2005도5996).

2. 배임수재죄(제357조 제 1 항)의 성립 여부

판례에 의하면, 甲이 3%의 사례금을 주겠으니 대출해 달라는 청탁을 받은 것은 부정한 청탁에 해당되고, 포도주와 신용카드를 받은 것은 재물 또는 재산상의 이익을 취득한 것이므로 배임수재죄에 해당된다.

3. 컴퓨터등사용사기죄의 성립 여부

판례는 "예금주인 현금카드 소유자로부터 일정한 금액의 현금을 인출해 오라는 부탁을 받으면서 이와 함께 현금카드를 건네받은 것을 기화로 그 위임을 받은 금액을 초과하여 현금을 인출하는 방법으로 그 차액 상당을 위법하게 이득할 의사로 현금자동지급기에 그 초과된 금액이 인출되도록 입력하여 그 초과된 금액의 현금을 인출한 경우에는 그 인출된 현금에 대한 점유를 취득함으로써 이때에 그 인출한 현금 총액 중 인출을 위임받은 금액을 넘는 부분의 비율에 상당하는 재산상 이익을 취득한 것으로 볼 수 있으므로 이러한 행위는 그 차액 상당액에 관하여 형법 제347조의2(컴퓨터등사용사기)에 규정된 '컴퓨터 등 정보처리장치에 권한 없이 정보를 입력하여 정보처리를 하게 함으로써 재산상의 이익을 취득'하는 행위로서 컴퓨터 등 사용사기죄에 해당된다"고 한다(대판 2006. 3. 24. 2005도3516). 위 판례에 따르면 甲이 300만원 한도 내에서 A의 신용카드를 사용할 것을 허락받았으나, 290만원을 쓴 뒤 20만원의 현금서비스를 받음으로 인해 10만원을 초과사용한 행위는 권한없이 정보를 입력한 행위로서 컴퓨터등사용사기죄에 해당된다.

4. 절도죄의 성립 여부

(1) 절도죄 혹은 컴퓨터등사용사기죄

판례는 "피고인이 타인의 명의를 모용하여 발급받은 신용카드를 사용하여 현금자동지급기에서 현금대출을 받는 행위는 카드회사에 의하여 미리 포괄적으로 허용된 행위가 아니라, 현금자동지급기의 관리자의 의사에 반하여 그의 지배를 배제한 채 그 현금을 자기의 지배하에 옮겨 놓는 행위로서 절도죄에 해당한다고 봄이 상당하고, 형법 제347조의2에서 규정하는 컴퓨터등사용사기죄의 객체는 재물이 아닌 재산상의 이익에 한정되어 있으므로, 타인의 명의를 모용하여 발급받은 신용카드로 현금자동지급기에서 현금을 인출하는 행위를 이 법조항을 적용하여 처벌할 수는 없다"고 한다(대판 2002. 7. 12. 2002도2134). 이에 의하면 甲이 50만원을 인출한 행위는 권한없이 A의 신용카드로 현금을 인출한 행위로서 절도죄에 해당된다.

(2) 법률의 착오

甲이 허용한 액수보다 좀더 인출하더라도 나중에 반환하면 된다고 생각한 것은 자신의 행위가 사회정의와 조리에 어긋나지 않는다고 생각한 것일 수도 있고, 사회정의와 조리에는 반하지만 처벌되지 않는다고 생각한 것일 수도 있다. 전자의 경우라면 甲의 행위는 법률의 착오에 해당되지만, 정당한 이유가 없어서 책임이 조각되지 않는다. 후자의 경우라면 위법성의 인식이 있어서 법률의 착오가 되지 않는다. 따라서 어느 경우이든 甲은 절도죄의 죄책을 진다.

5. 죄 수

판례는 "형법 제357조 제 1 항의 배임수재죄는 타인의 사무를 처리하는 자가 그 임무에 관하여 부정한 청탁을 받고 재물 등을 취득함으로써 성립하는 것이고 어떠한 임무 위배행위나 본인에게 손해를 가한 것을 요건으로 하는 것이 아닌 데 대하여 동법 제256조, 제355조 제 2 항의 배임죄는 타인의 사무를 처리하는 자가 그 임무에 위배하는 행위가 있어야 하고 그 행위로서 본인에게 손해를 가함으로써 성립하는 것이나 부정한 청탁을 받거나 금품을 수수한 것을 그 요건으로 하지 않고 있으므로 이들 양 죄는 행위의 태양을 전연 달리하고 있어 일반법과 특별법 관계가 아닌 별개의 독립된 범죄라고 보아야 하고 또 업무상 배임죄의 법정형은 10년 이하의 징역(단순배임죄의 법정형도 5년 이하의 징역)인 데 비하여 배임수재죄의 그것은 업무상 배임죄의 법정형 보다 경한 5년 이하의 징역이므로 업무상 배임죄가 배임수재죄에 흡수되는 관계에 있다거나 결과적 가중범의 관계에 있다고는 할 수 없으므로 위 양죄를 형법 제37조 전단의 경합범으로 의율처단하였음은 정당하다"고 한다(대판 1984. 11. 27. 84도1906). 따라서 판례에 의하면 업무상배임죄,

배임수재죄, 컴퓨터등사용사기죄, 절도죄는 수 개의 행위에 의해 이루어진 수 개의 죄로서 실체적 경합범 관계에 있다.

Ⅲ. 재물과 재산상 이익에 관한 판례의 입장 및 그 문제점

1. 판례의 입장

대법원 2002. 7. 12. 선고 2002도2134 판결은 타인의 현금카드로 은행의 현금자동지급기에서 무단으로 현금을 인출한 경우 재물을 취득한 것이 아니고 재산상의 이익을 취득한 것이기 때문에 컴퓨터등사용사기죄가 성립하지 않고 절도죄가 성립한다고 한다. 이는 재물과 재산상의 이익은 택일관계에 있다고 하는 의미이다.

2. 문제점과 해결

대법원 2002. 7. 12. 선고 2002도2134 판결을 따른다면 甲이 A에게 현금으로 1억원을 대출해 준 행위는 A로 하여금 재물을 취득하게 한 것이고 재산상 이익을 취득하게 한 것은 아니어서 업무상배임죄가 성립하지 않아야 한다. 그러나 대법원 2005. 10. 28. 선고 2005도5996 판결 등 많은 판결은 부당대출을 한 은행원에게 업무상배임죄를 인정한다. 두 판결은 서로 조화되지 않는다고 할 수 있다.

재물과 재산상 이익은 택일관계가 아니라 특별 대 일반의 관계에 있다고 해야 한다. 재산상 이익을 취득한다고 재물을 취득하는 것은 아니지만, 재물을 취득하면 재산상의 이익을 취득한 것이 된다.

따라서 甲이 50만원을 인출한 행위는 절도죄가 아닌 컴퓨터등사용사기죄에 해당된다고 해야 하고, 甲이 20만원을 인출한 컴퓨터등사용사기죄와 포괄일죄가 된다고 해야 할 것이다.

질문 2

Ⅰ. 甲에게 가장 유리한 입장

甲의 행위가 업무상배임죄, 배임수재죄, 컴퓨터등사용사기죄, 절도죄에 해당되는 것은 부정할 수 없다. 따라서 甲에게 가장 유리한 입장을 취하기 위해서는 업무상배임죄와 배임수재죄를 법조경합의 관계로 파악하고, 절도죄를 법률의 착오에 의한 행위로 보아 책임조각을 인정하거나, 50만원을 인출한 행위에 대해 절도죄를 인정하지 않고 컴퓨터등사용사기죄를 인정하되 20만원을 인출한 컴퓨터등사용사기죄와 포괄일죄로 파악하면 된다.

1. 업무상배임죄와 배임수재죄의 관계

甲이 A에게 대출을 해 주고 포도주 및 신용카드를 받아 배임수재를 한 행위는 전체적으로 甲의 임무에 위배하는 행위라고 할 수 있고, 자신의 재산상 이익을 취득하고, 제3자인 A로 하여금 재산상의 이익을 취득하게 하고, 은행에 재산상 손해를 가한 행위에 포함되므로, 배임수재죄는 업무상배임죄에 해당된다고 할 수 있다.

2. 절도죄와 컴퓨터등사용사기죄

甲이 50만원을 인출한 행위를 정당한 이유가 있는 법률의 착오로 보거나, 절도죄에 해당되지 않고 컴퓨터등사용사기죄에 해당되고 20만원을 인출한 컴퓨터등사용사기죄와 포괄일죄가 된다고 하거나, 절도죄에 해당되지만 컴퓨터등사용사기죄에 흡수된다고 할 경우 甲은 하나의 컴퓨터등사용사기죄의 죄책만을 진다.

Ⅱ. 처단형

위와 같이 한다면 甲은 업무상배임죄와 컴퓨터등사용사기죄의 실체적 경합범으로 처벌된다.

이에 대한 처단형을 정하기 위해서는 먼저 각 범죄에서 형종을 선택해야 하는데, 업무상배임죄에서 징역형이 아닌 1,500만원 이하의 벌금형을 선택하고, 컴퓨터등사용사기죄에서 2,000만원 이하의 벌금형을 선택한 후, 제38조 제1항 제2호에 의해 경합범가중을 하면 중한 죄인 컴퓨터등사용사기죄의 벌금액의 다액의 2분의 1까지 가중하면 3,000만원 이하의 벌금형이 된다.

여기에 다시 작량감경을 하면 제55조 제1항 제6호에 의해 1,500만원 이하의 벌금이 된다.

따라서 甲에 대한 처단형은 1,500만원 이하의 벌금이다.

질문 3

Ⅰ. 논점의 제시

乙의 행위 중 형법적으로 문제되는 것은 다음과 같다.

1. 서류로 甲의 머리를 때리는 행위가 폭행죄(제260조)에 해당되는가이다.

2. 甲으로부터 포도주를 받은 행위가 장물취득죄(제362조)에 해당되는가이다. 또한 의례적 선물이라고 생각한 것이 법률의 착오에 해당되는가 문제된다.

3. 甲으로부터 양주를 받은 행위가 장물취득죄(제362조)에 해당되는가이다. 이 역시 의례적 선물이라고 생각한 것이 법률의 착오에 해당되는가 문제된다.

4. 50만원으로 술을 마신 행위가 장물취득죄에 해당되는가 및 별 생각없이 이러한 행위를 한 것이 법률의 착오에 해당되는가이다.

5. 위의 범죄들이 성립할 때 죄수관계는 어떠한가이다.

Ⅱ. 가장 불리한 죄책을 인정하는 입장의 논거

乙에게 가장 불리한 입장은 위의 범죄들을 모두 인정하고 이들 죄수관계를 실체적 경합범으로 보는 것이다.

1. 폭행죄 인정

乙이 서류로 甲의 머리를 때리는 행위는 사람의 신체에 대한 유형력의 행사로서 폭행죄에 해당되고, 이 행위가 사회상규에 위배되지 않는 행위라고 할 수 없다.

2. 포도주에 대한 장물죄 인정

甲이 A로부터 받은 포도주는 배임수재죄에 의해 취득한 재물로서 장물에 해당된다. 乙이 이러한 사실을 알고 甲으로부터 포도주를 받은 행위는 장물취득죄에 해당되고, 위법성조각사유나 책임조각사유는 없다.

3. 양주에 대한 장물죄 인정

甲이 A로부터 신용카드를 받고 이것으로 양주를 샀으므로 양주는 배임수재죄에 의해 취득한 재물로서 장물이다. 그리고 乙이 모든 사실을 알고 양주를 받았으므로 장물취득죄에 해당된다. 30만원짜리 양주를 받는 행위는 사회상규에 위배되지 않는 행위라고 할 수 없다.

4. 50만원에 대한 장물죄 인정

甲이 인출한 50만원은 절도죄 혹은 컴퓨터등사용사기죄로 취득한 재물이므로 장물에 해당되고, 乙이 이 사실을 알고 그것으로 술값을 내게 한 행위는 장물을 소비한 것으로서 장물취득죄에 해당된다.

5. 법률의 착오

乙이 의례적 선물이라고 생각하고 포도주와 양주를 받은 것이나 별 죄책감없이 술을 마신 것은 법률의 착오나 법률의 부지에 해당되는데, 이 경우는 법률의 착오라기보다는 법률의 부지라고 할 수 있으므로 정당한 이유 유무를 불문하고 책임이 조각되지 않는다.

6. 죄 수

甲이 수 개의 행위로 수 개의 죄를 범하였으므로 폭행죄, 포도주에 대한 장물취득죄, 양주에 대한 장물취득죄, 50만원에 대한 장물취득죄의 실체적 경합범에 해당된다.

질문 4

乙에게 가장 유리한 죄책을 인정하는 입장의 논거

1. 폭행죄의 인정 여부

乙이 서류로 甲의 머리를 때린 행위는 신체에 대한 유형력의 행사이기는 하지만 불법한 유형력의 행사 정도에 이르지 않았으므로 폭행죄의 구성요건해당성이 없거나, 설사 폭행죄의 구성요건에 해당되는 행위라고 하더라도 사소한 법익침해행위로서 사회상규에 위배되지 않는 행위가 되어 위법성이 조각된다.

2. 포도주에 대한 장물취득죄 성립 여부

포도주는 甲이 배임수재죄에 의해 영득한 재물로서 장물이라고 할 수 있고, 乙이 모든 사실을 알고 포도주를 받았으므로 장물취득죄의 구성요건에 해당된다. 포도주의 가격이 10만원이기는 하지만, 장물이기 때문에 이를 알고서 취득한 행위가 위법성이 조각된다고 하기는 어렵다. 따라서 乙이 포도주에 대한 장물취득죄의 죄책을 지는 것은 부인하기 어렵다.

3. 양주에 대한 장물취득죄의 성립 여부

양주의 장물성을 부인하기 위해서는 甲이 배임수재죄로 취득한 것은 신용카드이고, 그 범위 내에서 사용한 행위는 재산범죄에 해당되지 않는다고 해야 한다.

따라서 이러한 행위로 취득한 양주는 장물에 해당되지 않고, 이를 乙이 알고 받았다 하더라도 장물취득죄는 성립하지 않는다.

4. 25만원에 대한 장물취득죄의 성립 여부

甲이 인출한 현금 50만원은 절도죄 혹은 컴퓨터등사용사기죄로 취득한 재물로서 장물에 해당된다. 그러나 乙이 甲으로부터 50만원을 직접 받은 것이 아니고, 술을 마셨는데 장물인 현금으로 취득한 술과 안주는 50만원과 물리적 동일성을 상실하였으므로 더 이상 장물이라고 할 수 없다. 따라서 乙의 행위는 장물취득죄에 해당되지 않는다.

또한 설사 장물취득죄에 해당된다 하더라도 둘이 술을 마셨으므로 50만원이 아닌 25만원의 장물취득죄가 성립한다고 해야 한다.

5. 정당한 이유가 있는 법률의 착오 인정

乙이 의례적 선물이라고 생각하고 포도주와 양주를 받았고, 甲과 술을 마시는 행위에 대해 아무 생각이 없었다는 것은 단순한 법률의 부지가 아니고 자신의 행위의 위법성을 알지 못하고 한 것으로서 법률의 착오에 해당된다. 또한 직장 부하로부터 포도주와 양주를 선물로 받는 것이 법에 위반되지 않는다고 착오하였거나 부하가 사는 술을 먹은 행위가 죄가 되는 것을 모른 것은 일반인을 기준으로 하면 과실이 있다고 할 수 없어서 정당한 이유가 있다고 할 수 있다.

6. 정 리

乙은 포도주에 대한 장물취득죄와 25만원에 대한 장물취득죄의 실체적 경합범의 죄책을 진다.

종합문제 9

:: 다음 사례를 읽고 물음에 답하시오.

PC방 여종업원으로 근무하고 있던 甲은 손님 A로부터 그의 신용카드를 가지고 가 근처 현금자동지급기에서 자기앞수표로 10만원짜리 2장을 인출해 오라는 부탁을 받게 되었다. 甲은 마침 자신이 보관하고 있던 손님 B와 C의 신용카드도 가지고 갔다. 甲은 A의 신용카드로 자기앞수표 10만원권 3장을 인출하고, B의 신용카드로는 10만원권 자기앞수표 2장을 인출하였다. 甲은 C의 신용카드로 역시 10만원짜리 2장을 인출하려고 하였지만, C가 가르쳐 준 비밀번호가 맞지 않아 인출할 수 없었다.

甲은 A의 신용카드로 찾은 자기앞수표 3장 중 2장만을 A에게 주고 나머지 1장은 자신이 가졌다. 甲은 3장의 10만원짜리 수표를 가지고 백화점에 가 25만원짜리 구두를 사고 거스름돈 5만원을 받았다. 백수인 애인 乙을 만난 甲은 자초지종을 이야기 하고 구두와 5만원을 乙에게 주었다. 乙은 甲을 칭찬하며 구두와 5만원을 받았다. 그러나 乙은 이에 만족하지 못하고 다시 甲에게 구두에 맞는 양복도 사 달라고 졸랐다. 어떻게든 乙의 환심을 사고 싶어했던 甲은 이미 많은 부채를 지고 있는 상태여서 나중에 신용카드 대금을 갚을 수 없다고 생각하면서도 자신의 신용카드로 50만원짜리 양복을 사 乙에게 주었다. 乙은 甲의 사정을 뻔히 알면서도 "오빠, 기분 좋아졌어!" 하면서 양복을 받았다.

1. 판례의 입장에 따라 甲, 乙의 죄책을 설명하시오.
2. 甲의 죄책에 대한 판례의 문제점을 지적하는 학설들의 내용을 소개하시오.
3. 甲, 乙에 대해 가장 무거운 죄책을 인정하는 견해와 가장 가벼운 죄책을 인정하는 견해에 따라 각각 甲, 乙의 죄책을 설명하시오.

Ⅰ. 논점의 제시

甲의 죄책으로 문제되는 것은 다음과 같다.

1. A가 준 신용카드로 10만원짜리 자기앞수표 2장뿐만 아니라 10만원짜리 자기앞수표 1장을 더 인출하여 가진 행위가 컴퓨터등사용사기죄(제347조의2)와 절도죄(제329조) 중 어디에 해당되는가 문제된다.

2. B의 신용카드로 10만원짜리 자기앞수표 2장을 인출한 행위가 컴퓨터등사용

사기죄(제347조의2)와 절도죄(제329조) 중 어디에 해당되는가 문제된다.

3. C의 신용카드로 10만원짜리 자기앞수표 2장을 인출하려다 인출하지 못한 행위가 컴퓨터등사용사기죄(제347조의2) 또는 절도죄(제329조)의 불능미수에 해당되는가 문제된다.

4. 자신의 신용카드로 양복을 산 행위가 사기죄(제347조)에 해당되는가 문제된다.

5. 구두와 5만원 및 양복을 乙에게 준 행위가 장물양도죄에 해당되는가 문제된다.

6. 위의 범죄들이 성립한다면 그 죄수관계가 문제된다.

乙의 죄책으로 문제되는 것은 구두와 5만원 및 양복을 받은 행위가 장물취득죄(제362조)에 해당되는가 문제된다.

Ⅱ. 판례에 따른 甲, 乙의 죄책

1. 甲의 죄책

(1) A의 신용카드와 관련된 죄책

판례는 A의 위임을 초과하여 10만원을 인출한 행위에 대해 "예금주인 현금카드 소유자로부터 일정한 금액의 현금을 인출해 오라는 부탁을 받으면서 이와 함께 현금카드를 건네받은 것을 기화로 그 위임을 받은 금액을 초과하여 현금을 인출하는 방법으로 그 차액 상당을 위법하게 이득할 의사로 현금자동지급기에 그 초과된 금액이 인출되도록 입력하여 그 초과된 금액의 현금을 인출한 경우에는 그 인출된 현금에 대한 점유를 취득함으로써 이때에 그 인출한 현금 총액 중 인출을 위임받은 금액을 넘는 부분의 비율에 상당하는 재산상 이익을 취득한 것으로 볼 수 있으므로 이러한 행위는 그 차액 상당액에 관하여 형법 제347조의2(컴퓨터등사용사기)에 규정된 '컴퓨터 등 정보처리장치에 권한 없이 정보를 입력하여 정보처리를 하게 함으로써 재산상의 이익을 취득'하는 행위로서 컴퓨터등사용사기죄에 해당된다"고 한다(대판 2006. 3. 24. 2005도3516).

(2) B의 신용카드와 관련된 죄책

판례는 타인의 신용카드로 현금을 인출한 행위에 대해, "형법 제347조의2에서 규정하는 컴퓨터등사용사기죄의 객체는 재물이 아닌 재산상의 이익에 한정되어 있으므로, 타인의 명의를 모용하여 발급받은 신용카드로 현금자동지급기에서 현금을 인출하는 행위를 이 법조항을 적용하여 처벌할 수는 없다"고 하면서, "피고인이 타인의 명의를 모용하여 발급받은 신용카드를 사용하여 현금자동지급기에서 현금대출을 받는 행위는 카드회사에 의하여 미리 포괄적으로 허용된 행위가 아니라, 현금자동지급기의 관리자의 의사에 반하여 그의 지배를 배제한 채 그 현금을 자기의 지배하에 옮겨 놓는 행위로서 절도죄에 해당한다고 봄이 상당하다"고 한다(대판 2002. 7. 12. 2002도2134).

(3) C의 신용카드와 관련된 죄책

甲이 C의 신용카드로 수표를 인출하려 하였으나 비밀번호가 틀려 인출하지 못하였다. 이는 실행의 수단에 대한 착오로 결과발생이 불가능한 경우라고 할 수 있으므로 절도죄의 불능미수(제27조)가 문제될 수 있다.

판례는 "불능범의 판단 기준으로서 위험성 판단은 피고인이 행위 당시에 인식한 사정을 놓고 이것이 객관적으로 일반인의 판단으로 보아 결과 발생의 가능성이 있느냐를 따져야 한다"고 한다(대판 2005. 12. 8. 2005도8105). 이에 의하면 피고인이 잘못된 비밀번호를 인식하고 있었고, 이러한 사정을 놓고 객관적으로 일반인의 판단으로 보면 수표인출은 불가능하므로 위험성이 없어 절도죄의 불능범이라고 할 수 있다.

(4) 양복을 산 행위의 죄책

판례는 "이미 과다한 부채의 누적 등으로 신용카드 사용으로 인한 대출금채무를 변제할 의사나 능력이 없는 상황에 처하였음에도 불구하고 신용카드를 사용하였다면 사기죄에 있어서 기망행위 내지 편취의 범의를 인정할 수 있다"고 한다(대판 2005. 8. 19. 2004도6859). 이에 의하면 甲이 이미 부채가 있는 상태에서 대금결제능력이 없음에도 불구하고 자신의 신용카드로 양복을 구입하였으므로 사기죄(제347조)가 성립한다.

(5) 장물양도죄의 성립 여부

甲이 취득한 자기앞수표 1장 및 2장과 양복은 각각 컴퓨터등사용사기죄, 절도죄, 사기죄에 의해 영득한 재물로서 장물이라고 할 수 있다. 그러나 구두는 장물인 자기앞수표와 재물로서의 동일성을 상실한 대체장물로서 장물이라고 할 수 없다. 구두를 사고 받은 거스름돈 5만원이 장물인가에 대해 판례는 장물이라고 한다.

따라서 甲이 5만원과 양복을 乙에게 준 행위는 장물양도죄에는 해당되지만, 재산범죄로 재물을 영득한 자가 이를 양도하였을 경우 장물양도죄는 불가벌적 사후행위가 된다고 한다. 이에 의하면 장물양도죄는 성립하지 않는다.

(6) 정 리

甲의 범행에 특별한 위법성조각사유나 책임조각사유는 없다. 甲의 범죄는 수개의 행위로 범한 수 개의 죄로서 실체적 경합범(제37조 전단)이라고 할 수 있다. 따라서 판례에 의하면 甲은 컴퓨터등사용사기죄, 절도죄, 사기죄의 실체적 경합범의 죄책을 진다.

2. 乙의 죄책

乙은 甲의 범행을 다 알면서도, 구두와 5만원 및 양복을 甲으로부터 받았다. 앞에서 본 것과 같이 판례에 의하면, 구두는 대체장물로서 장물이라고 할 수 없지만, 현금 5만원은 장물성을 유지하므로 장물이라고 할 수 있고, 양복은 사기죄로 취득한 재물로서 장물이라고 할 수 있다. 따라서 乙이 5만원과 양복을 받은 행위는 장물취득죄에 해당된다. 이 경우 포괄일죄라고 할 수도 있고, 실체적 경합범이라고 할 수도 있다. 이 점에 대해 판례는 분명히 언급하고 있지 않으나, 판례가 따르는 추구권설에 의하면 5만원과 양복에 대한 추구권의 귀속주체는 다르므로, 별개의 행위로 이루어진 별개의 장물취득죄로서 실체적 경합범이라고 할 가능성이 높다고 할 수 있다.

乙의 행위와 관련하여 별다른 위법성조각사유나 책임조각사유는 없다. 따라서 乙은 장물취득죄의 실체적 경합범의 죄책을 진다.

Ⅲ. 甲의 죄책에 대한 판례의 문제점을 지적하는 학설

1. A의 신용카드와 관련된 범죄

위임범위를 초과하여 A의 신용카드로 10만원짜리 자기앞수표 1장을 더 인출한 행위와 관련하여 그 결론은 맞다 하더라도 위임없이 인출하는 행위는 절도를 인정하면서, 위임을 초과하여 인출하는 행위는 컴퓨터등사용사기죄에 해당된다고 하는 근거가 불분명하다는 비판이 있다. 또한 위임없이 10만원짜리 2장을 인출하는 행위와 위임을 초과하여 10만원짜리 1장을 더 인출한 행위 중에서는 전자가 후자보다 더 무거운 범죄라고 할 수 있는데, 전자에 대해서는 가벼운 절도죄를 인정하면서 후자에 대해서는 무거운 컴퓨터등사용사기죄를 인정하는 것은 균형에 맞지 않는다는 비판이 제기된다.

2. B의 신용카드와 관련된 범죄

절도죄를 인정하는 것에 대해 두 가지 비판이 가해진다.

첫째, 판례는 절도죄를 인정하는 근거로 타인의 신용카드로 권한없이 수표를 인출하는 행위가 현금자동지급기 관리자의 의사에 반한다고 한다. 이에 대해 현금자동지급기 관리자의 의사는 누구든 신용카드와 비밀번호를 입력하여 자동적으로 수표나 현금을 인출해 가라는 의사이므로 권한없이 수표를 인출했어도 절취라고 할 수 없다는 것이다.

둘째, 판례는 컴퓨터등사용사기죄의 객체는 재산상 이익뿐이고 수표는 재물이므로 수표나 현금을 인출한 경우 재물을 취득한 것이지 재산상 이익을 취득한 것이 아니므로 컴퓨터등사용사기죄에 해당되지 않는다고 한다. 이에 대해 재물과 재산상 이익은 택일관계가 아니라 특별 대 일반의 관계에 있으므로 재물을 취득하면 당연히 재산상 이익을 취득한 것이라는 비판이 있다.

3. C의 신용카드와 관련된 범죄

판례는 C의 신용카드로 수표를 인출하려다가 못한 행위가 절도죄의 불능범이라고 한다. 이에 대해 다음과 같은 비판이 가해진다.

첫째, 절도죄의 불능미수가 아니라 컴퓨터등사용사기죄의 불능미수의 문제로 다루어야 한다는 비판이다.

둘째, 불능미수의 위험성 판단은 추상적 위험설에 의할 것이 아니라 구체적 위험설에 의해야 한다는 비판이 있다. 기타 위험성판단에 관한 객관설, 주관설, 인상설 등에서도 비판이 있을 수 있다. 다만, 구체적 위험설이나 객관설 등에 의할 경우 불능범이 되지만, 주관설에 의할 경우에는 절도죄 혹은 컴퓨터등사용사기죄의 불능미수가 된다.

4. 자신의 신용카드와 관련된 범죄

정상적으로 발급받은 자신의 신용카드를 채무초과상태에서 사용한 경우 사기죄를 인정하는 판례에 대해서는, 이 경우 甲이 신용카드회사를 기망하였다고 할 수 없고, 신용카드가맹점을 기망하였다고 할 수도 없어 사기죄는 성립할 수 없다는 비판이 제기된다.

5. 장물양도죄와 관련하여

판례는 甲이 乙에게 현금 5만원과 양복을 준 행위는 장물양도죄의 불가벌적 사후행위라고 한다. 이에 대해서는 다음과 같은 비판이 제기된다.

첫째, 장물죄는 이득죄가 아니라 재물죄로서 재물의 동일성이 중요한데, 장물인 수표 3장과 현금 5만원은 재물로서의 동일성이 인정되지 않으므로 5만원은 장물이 될 수 없다는 비판이다.

둘째, 재산범죄를 범한 자가 영득한 재물을 다른 사람에게 양도하는 행위는 아예 장물양도죄의 구성요건에조차 해당되지 않으므로 불가벌적 사후행위도 되지 않는다는 비판이다.

Ⅳ. 각 학설에 따른 甲, 乙의 죄책

1. 甲의 죄책

(1) 가장 무거운 죄책을 인정하는 논리

甲에게 가장 무거운 죄책을 인정하기 위해서는 다음과 같은 논리를 취해야 한다.

첫째, A의 신용카드와 관련한 범죄에 대해 컴퓨터등사용사기죄를 인정해야 한다.

둘째, B의 신용카드와 관련한 범죄에 대해서도 컴퓨터등사용사기죄를 인정해야 한다.

셋째, C의 신용카드와 관련된 행위에 대해서는 절도죄의 불능미수를 인정해야 한다.

넷째, 자신의 신용카드를 사용한 행위에 대해서는 사기죄를 인정해야 한다.

다섯째, 이들 범죄를 모두 실체적 경합관계에 있다고 해야 한다.

(2) 가장 가벼운 죄책을 인정하는 논리

甲에게 가장 가벼운 죄책을 인정하기 위해서는 다음과 같은 논리를 취해야 한다.

첫째, A의 신용카드와 관련한 범죄에 대해 재산상 이익의 취득이 없고, 신용카드로 현금을 인출한 행위가 현금자동지급기 관리자의 의사에 반하지 않으므로 각각 컴퓨터등사용사기죄와 절도죄에 해당될 수 없으므로 무죄라고 해야 한다.

둘째, B의 신용카드와 관련한 범죄에 대해 역시 재물을 취득하지 않았으므로 컴퓨터등사용사기죄는 성립하지 않고, 신용카드로 인출한 행위가 현금자동지급기 관리자의 의사에 반하지 않으므로 절도죄에도 해당되지 않아 무죄라고 해야 한다.

셋째, C의 신용카드와 관련된 행위에 대해서는 절도죄의 불능범을 인정하면 된다.

넷째, 자신의 신용카드를 사용한 행위에 대해서는 기망행위가 없으므로 무죄라고 해야 한다.

이러한 논리에 의하면 甲은 무죄가 된다.

2. 乙의 죄책

(1) 가장 무거운 죄책을 인정하는 논리

乙에게 가장 무거운 죄책을 인정하기 위해서는 다음과 같은 논리를 취해야 한다.

첫째, 현금 5만원은 장물성을 인정하여 장물취득죄를 인정한다.

둘째, 현금 5만원을 취득한 장물취득죄와 양복을 취득한 장물취득죄는 실체적 경합범 관계에 있다고 해야 한다.

(2) 가장 가벼운 죄책을 인정하는 논리

乙에게 가벼운 죄책을 인정하기 위해서는 현금 5만원은 장물에 해당되지 않는다고 하고, 양복에 대한 장물취득죄만을 인정해야 한다.

종합문제 10

:: 다음 사례를 읽고 물음에 답하시오.

회사원 甲은 A와 결혼하여 어머니 B를 모시고 살았다. 그런데 시어머니 B와 며느리 A의 사이가 좋지 않아 자주 싸움이 벌어졌고, 이때 甲은 누구의 편도 들지 못하였기 때문에 A로부터는 마마보이, B로부터는 마누라 때문에 부모도 몰라보는 불효자라고 공격을 받게 되었다. 집에 들어가 봐야 A와 B의 싸움 때문에 하루라도 편할 날이 없게 된 甲은 퇴근 후 술집에 가 술을 마시고 늦게 귀가하는 생활을 하게 되었다. 그러던 중 甲은 우연히 한 자리에서 함께 술을 마시게 된 乙과 사귀게 되었고, 그녀에게서 편안함을 느끼고 언젠가 집을 떠나 함께 살자고 약속까지 하게 되었다. 그런데 얼마 후 A가 임신을 하여 출산일이 얼마 남지 않게 되었다. 아기가 생길 경우 甲이 가정에 재미를 붙이며 살게 되고 그에 따라 자신을 멀리하게 될지도 모를 것이라고 걱정하게 된 乙은 甲에게 A, B 및 새로 태어날 아이를 모두 죽여 버리고 자신과 새출발을 하자고 하였다. 甲은 처음에는 망설였으나 A, B가 또 싸우는 것을 보고 乙의 말대로 해야겠다고 생각하고, 인터넷에서 독약을 구입한 후 방에 감춰 두었다. 아이가 태어난 직후 A, B가 모유를 먹여야 한다, 분유를 먹이면 된다고 싸우는 것을 보게 된 甲은 바로 음료수 및 아이의 우유에 독약을 타 5분 간격으로 A와 B 및 아이에게 주었다. 甲은 독약의 치사량이 1g이라고 생각하고 A의 음료수와 아이의 우유에는 1g을 탔고, B의 음료수에는 3g을 탔다. 그런데 그 독약의 치사량은 3g이어서 치사량에 현저히 미달하는 1g의 독약만을 먹은 A는 사망하지 않고 설사만을 했고, B에게 준 음료수는 B가 잠시 자리를 비운 사이 가정부 C가 먹고 사망하였고, 갓난 아이는 사망하였다.

1. 판례의 입장에 따른 甲, 乙의 죄책을 설명하시오.
2. 판례와 다른 입장을 취하는 학설에 따른 甲, 乙의 죄책을 설명하시오.
3. 위의 판례와 학설의 입장을 논평하시오.

Ⅰ. 논점의 제시

甲의 죄책으로 문제되는 것은 다음과 같다.

1. 甲이 부인 A를 살해하려고 독약을 먹였으나 치사량에 현저하게 미달하는 1g

의 독약을 먹여 A가 사망하지 않고 설사만을 하였으므로 살인죄의 장애미수인가 아니면 불능미수 혹은 불능범인가 문제된다. 만약 살인죄의 불능범이 된다고 할 경우 상해죄의 죄책을 지지는 않는가 문제될 수 있다.

2. 甲이 어머니 B를 살해하려고 독약을 주었으나 B가 아닌 C가 독약을 먹고 사망하였는데, 이것이 추상적 사실의 착오인지 아니면 구체적 사실의 착오인지가 문제되고, 이 경우 甲에게 어떤 죄책을 인정할 것인가 문제된다.

3. 甲이 갓 태어난 아이를 살해하였으므로 영아살해죄(제251조)의 성립 여부가 문제된다.

4. 이상의 죄가 성립할 경우 죄수관계가 문제된다.

乙의 죄책으로 문제되는 것은 다음과 같다.

1. 乙이 甲에게 A를 살해하라고 하였으므로 교사범의 성립 여부가 문제되고, 또한 甲이 치사량에 현저히 미달하는 독약을 A에게 주었으므로 살인교사의 장애미수 혹은 불능미수 혹은 불능범 중 어떤 죄책을 지는지 문제된다.

2. 乙이 甲에게 B를 살해하라고 하였는데, C가 사망하였으므로 이 경우 어떤 죄책을 지는지 문제되는데, 특히 공범과 신분에 관한 제33조가 어떻게 적용될 것인가 문제된다.

3. 甲이 보통살인죄의 죄책을 진다고 할 경우에는 별 문제가 없으나, 영아살해죄의 죄책을 진다고 할 경우 제33조 공범과 신분 규정에 따라 어떤 범죄의 교사범의 죄책을 질 것인가 문제된다.

4. 위의 범죄들이 성립할 경우 죄수관계가 문제된다.

Ⅱ. 판례에 따른 甲, 乙의 죄책

1. 甲의 죄책

(1) A에 대한 죄책

1) 살인죄의 불능미수 혹은 불능범

장애미수인가 아니면 불능미수 혹은 불능범이 되는가는 결과발생이 가능한가 여부에 따라 결정된다. 치사량에 현저히 미달하는 1g의 독약으로는 A를 살해할 수 없으므로 결과발생이 처음부터 불가능한 경우이므로 장애미수가 아닌 불능미수가 문제된다.

불능미수의 위험성에 대해 판례는 추상적 위험설에 따라 甲이 A에게 독약을 줄 당시 인식한 사정을 기초로 하여 일반인의 관점에서 위험성 유무를 판단하는데, 甲이 인식한 사정은 A에게 1g의 독약을 준다는 것이고, 일반인의 관점에서 1g의 독약을 먹고 사람이 사망할 가능성은 없으므로 위험성이 인정되지 않는다. 따라서 甲의 행위는 살인죄의 불능범이 된다.

2) 상해기수죄

甲이 살인죄의 불능범이 되어 처벌되지 않더라도, A가 甲이 준 독약을 먹고 설사를 하였고 이는 상해의 결과가 발생한 것이므로 상해기수죄의 성립 여부가 문제된다. 이에 대해 판례는 명백하게 언급하고 있지 않지만, 판례가 취하는 법정적 부합설에 따르고, 이 중 죄질부합설에 따른다면 甲의 살인고의는 상해고의를 포함하고 있다고 할 수 있으므로 甲은 상해기수죄의 죄책을 진다.

(2) B에 대한 죄책

甲이 B를 살해하려고 하였으나 C가 먹고 사망하였으므로 이는 방법의 착오에 해당한다고 할 수 있다. 甲이 존속살해의 고의로 보통살인의 결과를 발생시킨 경우 판례는 법정적 부합설을 취하고 있고, 분명하지는 않으나 죄질부합설의 입장을 취하고 있다고 할 수 있다. 따라서 甲에게 C에 대한 살인기수죄를 인정한다.

(3) 영아살해죄(제251조)의 성립 여부

판례는 영아살해죄의 직계존속에 대해서는 법률상의 직계존속을 의미한다는 입장을 취하고 있다. 영아살해죄의 주체가 생모가 국한되는지 혹은 甲의 영아살해의 동기가 참작할 만한 동기인지도 문제가 될 수 있으나 이에 대해서도 분명한 판례는 없다.

따라서 판례에 의하면 甲은 영아살해죄의 죄책을 질 수도 있고, 보통살인죄의 죄책을 질 수도 있지만, 영아살해죄의 죄책을 진다는 입장에 더 가까울 것이다.

(4) 죄수 및 정리

甲이 5분 간격으로 살해행위를 하였으므로 이는 실체적 경합범에 해당된다. 따라서 판례에 의하면, 甲은 A에 대한 상해기수죄, C에 대한 살인기수죄, 영아살해죄의 실체적 경합범의 죄책을 진다.

2. 乙의 죄책

(1) A에 대한 죄책

甲이 A에 대한 상해기수죄의 죄책을 질 경우 乙은 A에 대한 상해기수죄의 교사범의 죄책을 진다.

(2) B에 대한 죄책

만약 甲이 C에 대한 살인기수의 죄책을 진다고 할 경우 판례에 의하면 乙도 C에 대한 살인기수의 교사범의 죄책을 진다. 만약 甲이 B에 대한 존속살해미수죄와 C에 대한 과실치사죄의 죄책을 진다고 할 경우 乙은 제33조 본문에 의해 B에 대한 존속살해 교사미수범의 죄책을 지지만, 제33조 단서가 적용되어 보통살인 교사미수범의 죄책을 진다.

(3) 아이에 대한 죄책

甲이 보통살인죄의 죄책을 진다고 할 경우 乙은 보통살인죄의 교사범의 죄책을 진다. 甲이 영아살해죄의 죄책을 진다고 할 경우 제33조의 적용이 문제된다. 판례는 제33조 본문을 진정신분범과 부진정신분범의 성립에 관한 규정이고, 제33조 단서는 부진정신분범의 과형에 관한 규정이라고 하면서도, 제33조 단서를 책임개별화규정이라고 해석한다. 甲이 영아살해죄의 죄책을 질 경우 乙은 감경적 부진정신분범에 가공한 자이므로 제33조 본문이 적용되어 영아살해죄의 교사범의 죄책을 지지만, 다시 제33조 단서의 적용을 받는데 판례는 제33조 단서를 책임개별화규정으로 해석하므로 甲은 보통살인죄의 교사범의 죄책을 진다.

(4) 죄수 및 정리

乙의 교사행위는 하나이므로 乙은 A에 대한 상해기수죄의 교사범, C에 대한 살인기수죄의 교사범, 아이에 대한 보통살인죄의 교사범의 상상적 경합범의 죄책을 진다.

Ⅲ. 판례와 다른 입장을 취하는 학설에 따른 甲, 乙의 죄책

1. 甲의 죄책

(1) A에 대한 죄책

불능미수의 위험성에 대해 절대적 불능·상대적 불능 구별설, 법률적 불능·사실적 불능 구별설이나 구체적 위험설에 의할 경우 치사량에 현저히 미달하는 1g의 독약으로는 사람을 살해할 위험성이 없으므로 불능범이 된다. 그러나 주관설에 의할 경우 행위자의 범죄의사가 외부적 행위로 표현되었으므로 위험성이 인정된다. 이에 의하면 甲은 살인죄의 불능미수범의 죄책을 진다.

(2) B에 대한 죄책

사실의 착오에 대한 구체적 부합설이나 법정적 부합설 중 구성요건부합설에 의하면 甲은 존속살해미수죄와 C에 대한 과실치사죄의 상상적 경합범의 죄책을 진다. 추상적 부합설에 의하면 존속살해의 고의는 단순살인의 고의를 포함하므로 甲은 존속살해미수죄와 C에 대한 살인기수죄의 상상적 경합범의 죄책을 진다.

(3) 영아살해죄(제251조)의 성립 여부

영아살해죄의 주체는 산모에 국한된다고 하는 견해나 甲의 동기를 참작할 만한 동기가 아니라는 견해에 의하면 甲은 보통살인죄의 죄책을 진다.

2. 乙의 죄책

(1) A에 대한 죄책

甲이 A에 대한 살인죄의 불능미수의 죄책을 진다고 할 경우 乙은 살인교사의 불능미수의 죄책을 진다.

(2) B에 대한 죄책

甲이 존속살해미수죄와 과실치사죄의 상상적 경합범의 죄책을 진다고 할 경우, 판례와 다른 입장을 취하는 다수설에 의하면 乙에게는 제33조 본문은 적용되지 않고, 제33조 단서가 바로 적용되어, 乙은 존속살해교사죄의 죄책을 지지 않고 보통살인 교사미수범의 죄책을 지고, 보통살인 교사미수범의 형벌로 처벌된다.

(3) 아이에 대한 죄책

甲이 영아살해죄의 죄책을 진다고 할 경우 乙은 부진정신분범에 가공한 것이므로 제33조 본문은 적용되지 않고 제33조 단서만 적용된다는 견해가 있다. 이들 견해 중에는 제33조 단서의 '중한 형으로 벌하지 아니한다'를 문리해석하여 乙은 영아살해교사범의 죄책을 지고 영아살해교사범으로 처벌된다고 하는 견해와, 제33조 단서는 책임개별화규정이므로 정범인 甲이 영아살해의 죄책을 진다 하더라도 乙은 보통살인교사범의 죄책을 지고, 보통살인교사범의 형벌로 처벌된다는 견해가 있다.

Ⅳ. 평 가

1. 甲의 죄책

(1) A에 대한 죄책

甲이 치사량에 현저히 미달하는 1g의 독약으로 A를 살해하려 한 것은 형법 제27조의 실행의 수단에 대한 착오로 인하여 결과발생이 불가능한 경우라고 할 수 있다. 따라서 위험성이 있으면 살인죄의 불능미수, 위험성이 없으면 살인죄의 불능범이 된다. 불능미수의 위험성은 행위 당시 일반인이 인식할 수 있었던 사정을 기초로 하여 일반인의 관점에서 결과발생의 가능성이 있으면 불능미수, 결과발생의 가능성이 없으면 불능범이라고 하는 구체적 위험설에 의해 판단하는 것이 타당하다고 생각된다. 왜냐하면, 우리 형법은 객관주의를 기본으로 하고 주관주의를 가미하고 있는데, 추상적 위험설은 주관주의에 좀더 가깝고, 구체적 위험설은 객관주의에 좀더 가깝기 때문에 추상적 위험설보다는 구체적 위험설이 좀더 우리 형법체계에 맞다고 할 수 있기 때문이다. 구체적 위험설에 의하면 치사량에 현저히 미달하는 1g의 독약을 먹일 경우 일반인의 관점에서는 결과발생의 가능성이 없으므로 위험성이 없고 따라서 甲의 행위는 살인죄의 불능범이 된다.

그러나 A에게 상해의 결과가 발생하였고, 甲에게 살인의 고의는 있었으므로 이는 상해의 고의를 포함한다고 할 수 있으므로 甲에게 상해기수죄의 죄책은 인정해야 할 것이다.

(2) B에 대한 죄책

사실의 착오는 법정적 부합설보다는 구체적 부합설에 의해 해결하는 것이 타당하다고 생각된다. 왜냐하면 법정적 부합설에 의하면 C에 대한 살인기수죄를 인정하는데, 甲에게 B를 살해할 고의는 있었지만 C를 살해할 고의가 없었음에도 불구하고 C에 대한 살인기수죄를 인정하는 것은 C에 대한 고의의 존재를 의제하는 것으로서 부당하기 때문이다. 따라서 일반 원칙에 따라 B에 대한 존속살해미수, C에 대한 과실치사죄의 상상적 경합범을 인정하는 것이 타당하다.

(3) 아이에 대한 죄책

영아살해죄의 주체를 생모로 제한해석하는 것은 피고인에게 유리한 직계존속의 개념을 축소해석하는 것으로서 죄형법정주의에 위반된다. 따라서 법률상의 직계존속인 甲이 영아살해죄의 주체가 될 수 있다고 해야 한다. 甲에게 참작할 만한 동기가 있느냐에 대해서는 부정해야 할 것이다. 따라서 甲은 보통살인죄의 죄책을 진다고 해야 할 것이다.

(4) 죄수 및 정리

甲이 5분 간격으로 A, B 및 아이에 대한 살해행위를 하였으므로 이는 수 개의 행위로 수 개의 죄를 범한 것이라고 할 수 있다. 따라서 甲은 A에 대한 상해기수죄, B에 대한 존속살해미수죄, C에 대한 과실치사죄, 아이에 대한 보통살인죄의 죄책을 진다. 이들 중 존속살해죄와 과실치사죄는 상상적 경합관계에 있고, 이들 범죄와 나머지 범죄는 실체적 경합관계에 있다.

2. 乙의 죄책

(1) A에 대한 죄책

甲이 A에 대한 상해기수죄의 죄책을 지므로 이를 교사한 乙은 상해기수죄의 교사범의 죄책을 진다.

(2) B에 대한 죄책

甲이 존속살해미수죄와 과실치사죄의 상상적 경합범의 죄책을 질 경우 乙은 과실치사죄의 교사범의 죄책은 지지 않는다. 왜냐하면 과실범의 교사범은 인정되지 않기 때문이다.

乙이 신분자인 甲을 교사하여 존속살해미수죄를 범하게 한 경우 乙은 제33조 본문의 적용을 받아 존속살해죄의 교사미수범의 죄책을 지지만, 제33조 단서의 적용을 받아 보통살인 교사미수범으로 처벌된다고 해야 할 것이다. 제33조 본문은 '신분관계로 인하여 성립할 범죄'라고 규정하고 있는데, 신분관계로 인하여 성립할 범죄에는 진정신분범과 부진정신분범을 모두 포함한다고 해야 한다. 또한 제33조 단서에서 '신분관계로 인하여 경중이 있는 범죄'라고 하지 않고 '신분관계로 인하여 형의 경중이 있는 경우'라고 규정하고 있는 것도 제33조 본문에는 신분관계로 인하여 범죄가 성립하는 경우와 신분관계로 인하여 형의 경중이 있는 경우가 모두 포함된다고 해석해야 하기 때문이다.

(3) 아이에 대한 죄책

甲이 아이에 대한 보통살인죄의 죄책을 질 경우 乙은 보통살인교사범의 죄책을 질 것이다. 만약 甲이 영아살해죄의 죄책을 진다고 할 경우, 제33조 본문은 진정신분범 및 부진정신분범의 성립, 단서는 부진정신분범의 과형에 관한 규정이라고 해석해야 하므로, 乙은 부진정신분범인 영아살해죄에 가공한 것이므로, 제33

조 본문을 적용받아 영아살해죄의 교사범의 죄책을 지고, 제33조 단서에 의해 영아살해죄의 교사범으로 처벌된다고 해야 할 것이다. 제33조 단서의 '중한 형으로 벌하지 아니한다'는 '비신분자인 가공자를 신분자보다 중한 죄로 벌하지 아니한다'라고 해석해야 하고, 이를 책임개별화 규정으로 해석하는 해석의 한계를 일탈한 것이기 때문에 乙에게 제33조 단서를 적용하여 보통살인죄의 교사범으로 처벌하는 것 역시 해석의 한계를 일탈한 것이라고 할 수 있다. 따라서 甲이 영아살해죄의 죄책을 진다면, 乙도 영아살해교사범의 죄책을 지고, 영아살해교사범의 형벌로 처벌된다고 할 것이다.

종합문제 11

:: 다음 사례를 읽고 물음에 답하시오.

술집을 경영하는 甲은 술만 먹으면 아주 가끔씩 사람을 때리고 물건을 때려 부수기도 하는 습관이 있는 사람이다. 이 때문에 평소 甲은 가능한 한 술을 먹지 않으려고 노력하였다. 甲의 가게에는 대학생들이 출입하는데, 甲은 대학교 1학년 학생 중에는 청소년보호법상 만 19세에 해당되지 않는 청소년들도 종종 있다는 것을 알게 되었다. 甲의 술집에서는 신입생 환영회가 벌어지곤 했는데, 이 때문에 자신이 청소년에게 술을 파는 청소년보호법위반죄를 범하는 것이 아닌가 불안감을 갖게 되었다. 이에 甲은 관할 경찰서에 만 19세가 되지 않은 대학교 1학년생을 출입시키면 처벌되는가를 문의하였다. 경찰서에서는 "대학교 1학년생을 출입시키는 것은 단속하지 않는다"는 대답을 해 왔다. 甲은 그날 이후부터 안심하고 대학교 1학년생들에게도 술을 팔았다. 그러던 어느 날 검찰청에서 단속이 나와 甲이 청소년에게 술을 팔아 청소년보호법위반죄를 범하였으므로 처벌을 받아야 한다고 하였다. 단속반원이 돌아간 후 甲은 자신이 술을 먹으면 가끔씩 사람을 폭행하고, 물건을 때려 부수는 습관이 있다는 것을 깜빡 잊어먹고 홧김에 양주를 한 병 마시고 만취상태가 되었다. 집으로 돌아가기 위해 가게를 나온 甲은 길거리 A의 잡화점 앞에 입간판이 있는 것을 보고 그것을 걷어차 깨뜨려 버렸다. 이에 A가 뛰어나와 배상을 하라고 하자 甲은 A의 얼굴을 때려 2주간의 치료를 요하는 상처를 입혔다. A가 가게 안으로 도망가자 甲은 A의 가게 앞에 진열되어 있던 소주 2병을 발견하고 집에 가서 한 잔 더 해야겠다고 생각하고 그것을 집어 가지고 집으로 갔다. 집에서 1시간 정도 자다가 어느 정도 술이 깨어 심신미약상태가 된 甲은 도둑이 방 안으로 들어온다고 생각하고 그 사람을 쫓아내기 위해 가슴을 세게 밀쳤다. 그런데 방 안으로 들어온 사람은 도둑이 아니라 甲의 부인 B였고, B는 뒤로 넘어지면서 엉덩이에 전치 1주의 부상을 입었다.

1. 사례에서 甲의 청소년보호법위반죄의 성립 여부에 관한 판례의 입장을 설명하고, 그 문제점을 지적하시오.
2. 사례에서 원인에 있어서 자유로운 행위가 문제되는 경우 판례에 따른 甲의 죄책과 그 문제점을 지적하시오.
3. B에 대한 행위와 관련하여 甲에게 가장 무거운 죄책을 인정하는 견해와 가장 가벼운 죄책을 인정하는 견해들의 근거 및 문제점을 제시하시오.

Ⅰ. 논점의 제시

甲의 행위 중에서 형법상 문제될 수 있는 행위들은 다음과 같다.

첫째, 甲은 대학교 1학년생들이 청소년보호법상의 청소년임을 알고도 자신의 술집에 출입시켰다. 이 행위가 청소년보호법위반죄에 해당되는가 문제된다. 여기에서는 甲이 자신의 행위가 단속의 대상이 되지 않는다고 생각하였는데 이것이 형법 제16조의 법률의 착오가 될 수 있는가, 된다면 정당한 이유가 있는가 문제된다.

둘째, 甲이 만취된 상태에서 A의 가게의 입간판을 때려 부수고, A를 때려 상처를 입게 한 행위가 손괴죄(제366조) 및 상해죄(제257조) 혹은 폭행치상죄(제262조)가 되는가 문제된다. 여기에서는 먼저 甲이 만취상태에서 A를 때렸으나 이것이 원인에 있어서 자유로운 행위(제10조 제3항)가 되는지 문제된다.

셋째, 甲이 A의 가게에서 소주 2병을 가지고 왔는데, 이는 절도죄의 구성요건에 해당하고 위법한 행위라고 할 수 있다. 甲이 만취상태에서 소주 2병을 가지고 왔으므로 책임이 조각되는가 아니면 이 역시 원인에 있어서 자유로운 행위로서 책임이 조각되지 않는가 문제된다.

넷째, 부인 B를 도둑이라고 생각하고 가슴을 밀친 행위는 정당방위의 요건(전제)사실의 착오로서 폭행치상죄와 과실치상죄의 죄책 중 어떤 죄책을 지는가 문제되고, 甲이 심신미약상태에서 이러한 행위를 한 것이 책임감경사유가 되는가 아니면 원인에 있어서 자유로운 행위가 되는가 문제된다.

Ⅱ. 청소년보호법위반죄의 성립 여부

1. 문제점

甲이 대학교 1학년생을 자신의 술집에 출입시킨 행위가 청소년보호법위반죄의 구성요건에 해당하고 이 행위가 위법하다는 데에는 별 의문이 없다. 문제는 甲이 자신의 행위가 단속의 대상이 되지 않는다고 생각하고 대학생들을 출입시킨 행위가 법률의 착오가 되는가이다. 법률의 착오란 위법한 행위를 하는 자가 행위 당시에 자신의 행위가 법에 위반된다는 인식을 하지 못하는 것을 말한다. 즉, 행위자가 위법성의 인식없이 위법한 행위를 하는 것을 말한다. 이 사례에서 甲의 행위가 법률의 착오가 되지 않는다면 甲은 바로 청소년보호법위반죄의 죄책을 지지만, 법률의 착오가 된다면 형법 제16조가 적용되어 정당한 이유 유무를 심사해야 한다.

2. 판례의 입장

판례는 위와 유사한 사례에서 법률의 부지이고 법률의 착오가 아니라고 한다. 즉, "유흥접객업소의 업주가 경찰당국의 단속대상에서 제외되어 있는 만 18세 이상의 고등학생이 아닌 미성년자는 출입이 허용되는 것으로 알고 있었더라도 이는 미성년자보호법 규정을 알지 못한 단순한 법률의 부지에 해당하고 특히 법령에 의하여 허용된 행위로서 죄가 되지 않는다고 적극적으로 그릇 인정한 경우는 아니므로 비록 경찰당국이 단속대상에서 제외하였다 하여 이를 법률의 착오에 기인한 행위라고 할 수는 없다"고 한다(대판 1985. 4. 9. 85도25). 이는 정당한 이유 유무를 심사할 필요없이 바로 범죄가 성립한다는 의미이다. 이에 의하면 甲은 청소년보호법위반죄의 죄책을 진다.

3. 판례의 문제점

(1) 법률의 부지 이론의 문제점

통설은 판례의 태도를 비판하고 법률의 부지도 법률의 착오의 일종으로 다루어야 한다고 한다. 이에 의하면 甲의 착오에 정당한 이유가 있으면 책임이 조각되고, 정당한 이유가 없으면 고의범 혹은 과실범의 죄책을 지게 된다.

법률의 부지 이론은 다음과 같은 문제점이 있다고 지적된다.

첫째, 법률의 부지 이론은 자연범과 법정범을 구별하고 자연범에 대해서는 적용될 수 있는 이론이지만 청소년보호법위반과 같이 법정범적 성격도 띠고 있는 범죄에는 타당하지 않다.

둘째, 법률의 부지 이론은 피고인에게 유리한 형법 제16조를 문언의 의미보다 축소해석하는 것으로서 죄형법정주의에 반한다. 제16조는 '자기의 행위가 법령에 의하여 죄가 되지 아니한 것으로 오인한 행위'라고 규정하여 오인의 원인이 무엇인지는 묻지 않는다. 그런데 법률의 부지 이론은 오인의 원인이 법률의 부지인 경우에는 제16조의 적용을 배제하고 범죄의 성립을 인정하는 것이기 때문이다.

셋째, 법률의 부지 이론은 법률의 부지에 대한 명문의 규정을 두고 있는 일본의 판례에서 유래된 이론이지만 우리 형법에는 법률의 부지에 관한 명문의 규정이 없다.

(2) 법률의 부지에의 해당 여부

법률의 부지 이론을 인정한다고 하여도 이 사례가 과연 법률의 부지에 해당하는지 의심스럽다. 왜냐하면 甲은 청소년인 대학교 1학년생을 출입시키는 것을 처벌하는 청소년보호법이 있다는 것을 너무나도 분명히 알았기 때문이다. 이 사례에서 甲은 법률을 '부지'했다기보다는 오히려 '숙지'(熟知)하고 있었다고 해야 한다.

4. 결 어

이 사례에서 甲에게 위법성의 인식이 없었는가 하는 점에도 의문은 있다. 왜냐하면 甲은 자신의 행위가 법에 위반된다는 것은 알고 있었고 — 그러나 우리 사회에서 위법한 행위라고 해서 모두 단속 내지 처벌되는 것은 아니기 때문에 — 다만 단속되지 않는다고 생각했다면 甲에게 위법성의 인식이 있다고 할 수 있고 법률의 착오가 되지 않는다. 甲에게 법률의 착오가 될 수 있는 경우는 甲이 자신의 행위가 단속이 되지 않기 때문에 나아가 법에도 위반되지 않는 것이라고 생각하였을 때이다. 그러나 이 사례에서는 후자보다는 전자라고 보는 것이 타당하다. 따라서 甲은 청소년보호법위반죄의 죄책을 진다고 해야 한다.

만약 甲에게 위법성의 인식이 없다고 할 경우에는 법률의 착오가 되어 정당한 이유가 있는지 검토해야 하는데, 경찰서의 회답을 믿고 청소년을 출입시킨 행위는 정당한 이유가 있다고 해야 할 것이다. 따라서 甲의 책임이 조각되어 甲은 청소년보호법위반죄의 죄책을 지지 않는다고 해야 할 것이다. 법률의 착오에 해당되지만 정당한 이유가 없다고 할 경우, 엄격고의설이나 소극적 구성요건요소이론에 의하면 甲의 행위는 과실 청소년보호법위반죄의 문제가 되어 불가벌이고, 제한고의설이나 책임설 혹은 위법성인식불요설에 의하면 청소년보호법위반죄의 죄책을 진다.

Ⅲ. 원인에 있어서 자유로운 행위가 문제될 수 있는 甲의 죄책

1. 문 제 점

甲이 만취상태에서 A를 폭행하여 상해를 입히고, A가게의 입간판을 때려 부수고 소주 2병을 가져간 행위는 폭행치상죄와 손괴죄 및 절도죄의 구성요건에 해당하고 위법한 행위이다. 그런데 甲이 만취상태에서 이러한 행위를 하였으므로 책임이 조각되는가 문제된다. 만취상태는 심신상실상태라고 할 수 있으므로 형법 제10조 제1항에 의해 책임을 조각할 수 있다. 그러나 심신상실상태에서의 행위라고 하더라도 제10조 제3항의 원인에 있어서 자유로운 행위에 해당된다면 책임이 조각되지 않는다.

甲이 심신미약상태에서 B의 가슴을 밀쳐 상처를 입힌 행위도 폭행치상죄의 구성요건에 해당되고, 甲에게 정당방위의사가 있었다 하더라도 도둑이 아닌 B에 대한 행위는 정당방위로서 위법성이 조각되지 않는다. 그런데 甲이 심신미약상태에서 행위를 하였으므로 제10조 제2항에 의해 책임이 감경되고 이에 따라 형벌이 감경될 수 있으나, 역시 제10조 제3항의 원인에 있어서 자유로운 행위에 해당된다면 책임이 감경되지 않는다.

2. 판례의 입장에 따른 甲의 죄책

(1) A에 대한 폭행치상죄 및 손괴죄와 원인에 있어서 자유로운 행위

판례는 형법 제10조 제3항의 원인에 있어서 자유로운 행위는 '위험의 발생을 예견하고 자의로 심신장애를 야기한 경우'뿐만 아니라 '위험의 발생을 예견하지 못하였지만 위험의 발생을 예견할 수 있었음에도 자의로 심신장애를 야기한 경우', 즉 과실에 의한 원인에 있어서 자유로운 행위도 인정된다고 한다.

판례에 따르면 甲은 자신이 만취한 상태에서 A가게의 간판을 부수고 A를 폭행하여 상처를 입힐 것을 예상하지는 못하였으나, 술을 먹으면 아주 가끔이지만 폭행과 손괴를 하는 일이 있었으므로 양주를 마실 때에 자신이 만취상태가 되면 폭행이나 손괴를 할 위험발생은 예견할 수 있었다고 할 수 있다. 따라서 甲에게는 제10조 제3항이 적용되어 제10조 제1항·제2항의 적용은 배제되어 책임이 조각되거나 감경되지 않고, 甲은 손괴죄와 폭행치상죄의 실체적 경합범의 죄책을 진다.

(2) 절도죄와 원인에 있어서 자유로운 행위

甲이 만취상태에서 소주 2병을 가져갔는데, 甲이 양주를 마실 당시에 절도를 할 위험성을 예견하였거나 이에 대한 예견가능성이 있다고 할 수 없으므로 제10조 제3항은 적용되지 않는다. 따라서 절도죄에 대해서는 甲의 책임이 조각된다.

(3) B에 대한 폭행치상죄와 원인에 있어서 자유로운 행위

그러나 판례에 따르더라도 甲이 양주를 마실 때에 자기 부인을 도둑으로 오인하고 폭행하여 상처를 입힐 것을 예견하거나 예견할 수 있었다고 할 수는 없으므로 이 행위에 대해 제10조 제3항이 적용될 수는 없고, 심신미약상태에서의 행위이므로 제10조 제2항이 적용된다고 할 수 있다.

3. 판례의 문제점

판례에서 문제되는 것은 과실에 의한 원인에 있어서 자유로운 행위를 인정한다는 것이다. 판례와 같은 결론은 현실적으로는 필요한 결론일 수는 있다. 그러나 제10조 제3항은 위험의 발생을 '예견하고'라고 규정되어 있고 이 문언에는 위험발생을 '예견하지 못하였지만 예견가능성이 있는 때에'라는 것은 포함될 수 없다. 그럼에도 불구하고 판례가 '예견하고'에 '예견가능성'까지 포함시키는 것은 문언의 가능한 의미를 넘어서 피고인에게 불리한 결론을 이끌어 내는 유추해석으로서 죄형법정주의에 반한다고 할 수 있다.

4. 적절한 해결책

甲이 음주할 당시 타인의 재물을 절취할 위험은 예견하였다고 할 수 없으므로 절도죄에 대한 甲의 책임이 조각된다고 해야 한다.

甲이 심신상실상태에서 폭행치상죄와 손괴죄 및 절도죄를 범하였고, 술을 마실 때에 이러한 위험을 예견할 가능성은 있었지만 예견하지는 못하였으므로 형법해석의 엄격성 원칙상 제10조 제 3 항의 원인에 있어서 자유로운 행위는 될 수 없으므로 甲의 책임이 조각된다고 해야 할 것이다. 그러나 甲은 술을 마시면 폭행과 손괴를 한 적이 있으므로 甲이 술을 마실 때에는 이러한 위험성을 예견하고 이를 회피해야 할 주의의무가 있다고 해야 할 것이다. 그러나 甲이 이를 예견하지 못하고 이에 따라 그 결과도 회피하지 못하였으므로 주의의무를 다하지 못한 과실이 인정된다. 그리고 이러한 주의의무위반으로 인해 손괴와 폭행치상의 결과를 발생시켰고, 양자 사이에는 인과관계가 인정된다. 따라서 甲은 과실손괴와 과실치상죄의 죄책을 질 수 있는데, 과실손괴는 처벌하지 않으므로 결국 甲은 과실치상죄의 죄책만을 진다고 해야 할 것이다.

Ⅳ. B에 대한 죄책

1. 문 제 점

甲이 심신미약상태에서 자기 부인 B를 도둑으로 오인하고 정당방위의 의사로 가슴을 밀쳐 상처를 입힌 것은 정당방위의 요건(전제)사실에 대한 착오에 해당한다. 그리고 이러한 결과에 대해 甲의 과실은 인정된다고 할 수 있다. 이러한 형태의 정당방위의 요건사실의 착오에 대해서는 고의범의 성립을 인정하는 입장(제한고의설), 고의범의 성립을 인정하되 책임감경을 인정하는 입장(엄격책임설), 고의범의 구성요건해당성과 위법성을 인정하되 과실범의 책임만을 인정하는 입장(엄격고의설, 제한책임설 중 사실의 착오 유추적용설, 법효과 제한책임설, 소극적 구성요건요소이론) 등이 있다.

2. 甲에게 가장 무거운 죄책을 인정하는 견해

甲에게 가장 무거운 죄책을 인정하는 견해는 제한고의설이다. 제한고의설은 정당방위의 요건사실의 착오를 법률의 착오로 다루고, 위법성의 인식가능성이 있는 때에는 고의범, 위법성의 인식가능성이 없는 때에는 무죄를 인정하는 입장이다. 甲이 B를 도둑으로 오인한 데에 과실이 있고, 따라서 자신의 행위가 정당방위가 된다고 한 데에 과실이 있기 때문에 甲은 폭행치상죄의 죄책을 지고, 심신미약상태에서의 행위이므로 책임이 감경된다.

제한고의설에 대해서는, 고의의 성립에 (구성요건적) 사실의 인식과 위법성의 인식이 필요하다고 하고, 구성요건적 사실의 인식이 없고 인식가능성만이 있는 때에는 과실범을 인정하면서 위법성의 인식이 없고 인식가능성만이 있는 때에는 고의범을 인정하는 것은 논리적으로 모순이라는 비판이 제기된다.

3. 甲에게 가장 가벼운 죄책을 인정하는 견해

엄격고의설, 사실의 착오 유추적용 제한책임설, 법효과 제한책임설, 소극적 구성요건요소이론은 정당방위의 요건사실의 착오에 대해 과실범의 효과를 인정한다.

(1) 엄격고의설

엄격고의설은 고의의 성립에 위법성의 현실적 인식이 필요하다고 하고, 인식가능성만이 있는 때에는 과실범만이 인정된다고 한다. 甲에게 자신의 행위가 위법하다는 인식이 없었고, 인식가능성만이 있었으므로 甲은 과실치상죄의 죄책을 지고 또한 심신미약상태에서의 행위이므로 책임이 감경된다고 한다.

그러나 엄격고의설에 대해서는 위법성의 현실적 인식이 있을 때에만 고의범의 성립을 인정하게 되면, 과실범을 처벌하는 규정이 없거나, 과실범을 처벌하더라도 과실범의 형벌이 고의범의 형벌보다 현저히 가벼우므로 처벌의 공백이 크다는 비판이 제기된다.

(2) 사실의 착오 유추적용 제한책임설

제한책임설은 정당방위의 요건사실의 착오는 사실의 착오는 아니지만, 사실의 착오와 유사한 성격을 지니므로 사실의 착오를 유추적용하자고 한다. 이에 의하면 甲은 과실치상죄의 죄책을 지고, 심신미약상태의 행위로서 책임이 감경된다.

사실의 착오 유추적용설에 대해서는 고의범의 구성요건해당성이 있고, 위법성이 있음에도 불구하고 과실범을 인정해야 할 근거가 박약하다는 비판 및 제한적 종속형식에 따를 경우 과실범에 대한 교사범은 인정되지 않으므로 교사범의 성립범위가 지나치게 줄어든다는 비판이 제기된다.

(3) 법효과 제한책임설

법효과 제한책임설은 정당방위의 요건사실의 착오의 경우 고의범의 구성요건해당성과 위법성이 인정되지만, 고의범의 효과를 인정하는 것은 가혹하므로 과실범의 책임만을 인정하자고 하고 그 근거로서 정당방위의 요건사실의 착오에서 구성요건적 고의는 있지만, 책임고의가 탈락한다고 한다. 이에 의하면 甲의 행위는 폭행치상죄의 구성요건해당성과 위법성이 있지만, 책임고의가 탈락하여 과실치상죄의 죄책만을 지고, 심신미약상태에서의 행위이므로 책임이 감경된다고 한다.

법효과 제한책임설에 대해서는 책임고의의 내용이 분명하지 않고, 고의범의 구성요건해당성과 위법성을 인정하면서, 고의책임을 인정하지 않고 예외적으로 과실책임을 인정하는 근거가 충분하지 않다는 비판이 제기된다.

(4) 소극적 구성요건요소이론

소극적 구성요건요소이론은 범죄의 성립요건을 불법과 책임으로 나누고 불법은 구성요건해당성과 위법성조각사유의 부존재, 즉 총체적 구성요건이라고 한다. 따라서 위법성조각사유인 정당방위에 해당된다고 생각한 경우에는 위법성조각사유의 부존재에 대한 인식이 없어서 불법고의가 인정되지 않고, 따라서 과실범만이 성립할 수 있다고 한다. 이에 의하면 甲은 자신의 행위가 정당방위가 된다고 생각하였기 때문에 위법성조각사유의 부존재에 대한 인식이 없고 따라서 과실치상죄의 죄책을 지고, 심신미약상태에서의 행위이므로 책임이 감경된다고 한다.

소극적 구성요건요소이론에 대해서는 정당방위의 요건사실의 착오에 대해 과실범을 인정하는 근거가 명쾌하지만, 구성요건해당성과 위법성 판단의 질적 차이를 무시하여 구성요건해당성의 경고적 기능을 훼손한다는 비판이 제기된다.

4. 결　어

정당방위의 요건사실의 착오는 엄격책임설에 의해 해결하는 것이 타당하다고 생각된다. 엄격책임설에 의하면 위법성의 인식가능성은 고의와 구별되는 독자적 책임요소가 된다. 따라서 위법성인식은 고의에는 영향을 미치지 못하고 책임에만 영향을 미친다고 한다. 이에 의하면 위법성인식이 있는 때에는 책임이 인정되고, 위법성의 인식가능성만이 있는 경우에는 책임이 조각되지 않지만 감경되고, 위법성의 인식가능성조차 없는 경우에는 책임이 조각된다고 한다. 이에 의하면 甲의 행위는 폭행치상죄의 구성요건해당성과 위법성이 인정되고, 위법성의 인식가능성도 있으므로 고의범의 책임이 조각되지는 않는다. 그러나 위법성의 현실적 인식이 없었기 때문에 책임이 감경될 수는 있다. 따라서 甲은 폭행치상죄의 죄책을 지지만 책임이 감경될 수 있고, 또한 심신미약상태에서의 행위이므로 다시 책임이 감경된다.

종합문제 12

:: 다음 사례를 읽고 물음에 답하시오.

증권회사에 함께 근무하는 甲과 乙은 고객의 증권업무를 처리하고 있었는데 세계적인 경제불황으로 인해 주가가 급락하자 고객과 직장으로부터 책임추궁을 당하게 되었다. 甲은 곧 출산을 앞둔 부인 A와 노모 B와 함께 살고 있었지만, 乙은 독신이었다. 책임추궁을 하기 위해 몰려든 고객을 피해 밖으로 도망나온 甲, 乙은 자신들의 처지가 한심하다고 생각하고 서로 신세한탄을 하였다. 甲은 乙에게 “내가 너처럼 총각이면 어디로 잠적해 버릴텐데 나에게는 딸린 식구들이 있으니 어쩔 수가 없다”고 신세를 한탄하였다. 이에 乙은 甲에게 “앞으로 우리가 재기한다는 것은 불가능하다. 우리나라에서는 가난도 대물림한다더라. 얼마 있으면 자네의 아기가 태어날텐데 그 아이는 어떻게 살지 정말 걱정이다”라고 하였다. 甲이 정말 그렇다고 하자 乙은 甲에게 “우리 세상을 깨끗이 하직하자. 그런데 네가 죽으면 네 가족들이 큰 문제이니 곧 태어날 너의 아이와 부인(A) 및 어머니(B)를 모두 죽여 버리고 훗날을 도모하자”라고 하였다. 이에 甲은 乙의 말이 백번 옳다고 생각하고 그대로 하겠다고 하고, 독약을 준비해서 집으로 돌아갔다. 마침 그때에 甲의 아내는 돈이 없어 병원에도 가지 못하고 甲의 어머니의 도움을 받아 아이를 막 출산하였다. 甲은 독약을 부인, 어머니, 갓난아이에게 순차로 먹였고, 자신도 자살할 생각으로 같은 양의 독약을 먹었다. 그러나 甲은 실수로 A, B에게는 독약 대신 영양제를 주어 A, B는 죽지 않았고, 갓난아이에게만 독약을 주어 갓난 아이만 사망하였다.

1. 판례의 입장에 따라 甲, 乙의 죄책을 설명하시오.
2. 甲, 乙에게 가장 불리한 입장에 따른 甲, 乙의 죄책을 설명하시오.
3. 甲, 乙에게 가장 유리한 죄책을 인정하는 입장의 논거를 제시하시오.

Ⅰ. 논점의 제시

甲의 죄책으로 문제되는 것은 다음과 같다.

첫째, 甲이 부인과 어머니를 살해하려고 이들에게 독약을 먹이려고 하였으나 실수로 영양제를 주어 두 사람 모두 사망하지 않았으므로 살인죄 및 존속살해죄의 불능미수(제250조 제1항 · 제2항, 제254조, 제27조)의 죄책을 지는지 문제된다.

둘째, 甲이 갓 태어난 아이를 살해하였으므로 영아살해죄(제251조) 혹은 보통살인죄(제250조 제1항)의 성립 여부가 문제된다.

셋째, 甲이 A, B와 갓난아이에게 순차로 독약 등을 먹였으므로, 범죄의 죄수관계가 실체적 경합(제37조)인지 아니면 상상적 경합(제40조)인지 문제된다.

乙의 죄책으로 문제되는 것은 다음과 같다.

첫째, 甲이 부인 A와 어머니 B에게 독약 대신 영양제를 주어 살인죄 및 존속살해죄의 불능미수의 죄책을 지는 경우 그 교사범의 죄책을 지니는지 문제된다. 특히 甲의 어머니 B와 乙 사이에는 직계존비속 관계가 없으므로 乙의 죄책과 관련하여서는 제33조의 적용문제가 생긴다.

둘째, 乙이 甲에게 갓난아이를 살해하라고 하였고 甲이 乙의 말을 듣고 영아를 살해하였는데, 이는 비신분자인 乙이 신분자인 甲의 범행을 교사한 것으로서 역시 공범과 신분에 관한 제33조 단서의 적용이 문제된다.

Ⅱ. 판례의 입장에 따른 甲, 乙의 죄책

1. 甲의 죄책

(1) A에 대한 살인죄의 불능미수(제250조 제1항, 제27조)

甲이 영양제를 독약으로 알고 A를 살해하려고 한 행위는 실행의 수단인 독약에 대해 착오를 일으킨 것이고, 영양제를 먹고 사람이 죽을 가능성이 없으므로 이것은 제27조의 '실행의 수단에 대한 착오로 인해 결과발생이 불가능한 경우'에 해당한다고 할 수 있다. 따라서 이 경우 위험성이 없으면 불능범이 되어 무죄이고, 위험성이 있으면 불능미수가 된다.

불능미수의 위험성에 대해서 판례는 "불능범의 판단 기준으로서 위험성 판단은 피고인이 행위 당시에 인식한 사정을 놓고 이것이 객관적으로 일반인의 판단으로 보아 결과 발생의 가능성이 있느냐를 따져야 한다"고 하는데 이는 추상적 위험설에 가깝다고 할 수 있다(대판 2005. 12. 8. 2005도8105; 대판 1978. 3. 28. 77도4049 등).

이에 의하면 甲이 A에게 독약 대신 다른 약을 먹일 당시에 인식한 사정은 'A에게 독약을 먹인다'는 것이고, 이 사정을 놓고 객관적으로 일반인의 판단으로 보면

A에게 독약을 먹일 경우 A가 사망할 가능성, 즉 결과발생 가능성이 있다고 할 수 있으므로 위험성이 인정된다.

따라서 甲은 A에 대한 살인죄의 불능미수의 죄책을 진다.

(2) 존속살해죄의 불능미수(제250조 제 2 항, 제27조)

甲이 자신의 어머니 B에게 독약으로 알고 영양제를 먹인 행위 역시 A에 대한 것과 마찬가지로 실행의 수단에 대한 착오로 결과발생이 불가능한 경우이고, 위험성 판단에 관한 판례의 입장인 추상적 위험설에 따르면 위험성이 인정되어 甲은 존속살해죄의 불능미수의 죄책을 진다.

(3) 영아살해죄(제251조)

甲이 갓난아이에게 독약을 주어 사망케 한 것이 영아살해죄에 해당되는가 아니면 보통살인죄에 해당되는가 문제될 수 있다. 판례는 "영아살해죄의 주체인 직계존속은 법률상의 직계존속에 국한되고 사실상의 직계존속은 포함되지 않는다"(대판 1970. 3. 10. 69도2285)고 하고 아버지도 영아살해죄의 직계존속이 될 수 있는가에 대해서는 정면으로 언급하고 있지 않다. 그러나 위의 판례는 아버지도 영아살해죄의 주체가 된다는 입장으로 해야 할 것이다. 사례에서 갓난아이는 분만중 또는 분만 직후의 영아라고 할 수 있으므로 甲은 영아살해기수의 죄책을 진다.

(4) 죄 수

甲의 범행을 상상적 경합으로 보아야 하는지 아니면 실체적 경합범으로 보아야 하는지에 대해 판례는 "피고인이 단일한 범의로 동일한 장소에서 동일한 방법으로 시간적으로 접착된 상황에서 처와 자식들을 살해하였다고 하더라도 휴대하고 있던 권총에 실탄 6발을 장전하여 처와 자식들의 머리에 각기 1발씩 순차로 발사하여 살해하였다면, 피해자들의 수에 따라 수개의 살인죄를 구성한다"고 하여 실체적 경합범이라는 입장을 취한다(대판 1991. 8. 27. 91도1637).

따라서 판례의 입장에 의하면 甲은 보통살인죄의 불능미수, 존속살해죄의 불능미수 및 영아살해기수죄의 실체적 경합범의 죄책을 진다.

2. 乙의 죄책

(1) 교사범의 성립 여부

乙이 부인과 어머니 및 갓난아이를 죽이라고 甲에게 말한 것은 교사행위에 해당하고, 甲이 이 말을 듣고 범행을 결심하였고, 그 결심에 따라 범행을 수행하였으므로 교사범의 성립요건을 갖추었다.

(2) 보통살인교사죄의 불능미수

甲이 A에 대한 살인죄의 불능미수의 죄책을 지므로 乙은 살인교사죄의 불능미수의 죄책을 진다.

(3) 존속살해교사죄의 불능미수

비신분자인 乙이 신분자인 甲의 존속살해죄에 가공한 것이고 존속살해죄는 부진정신분범이므로 제33조의 적용 문제가 생긴다.

판례는 "신분관계가 없는 자가 그러한 신분관계에 있는 자와 공모하여 위 상호신용금고법위반죄를 저질렀다면, 그러한 신분관계가 없는 자에 대하여는 형법 제33조 단서에 의하여 형법 제355조 제2항에 따라 처단하여야 할 것인바, 그러한 경우에는 신분관계가 없는 자에게도 일단 업무상배임으로 인한 상호신용금고법 제39조 제1항 제2호 위반죄가 성립한 다음 형법 제33조 단서에 의하여 중한 형이 아닌 형법 제355조 제2항에 정한 형으로 처벌되는 것이다"라고 한다(대판 1997. 12. 26. 97도2609). 이는 비신분자가 가중적 부진정신분범에 교사의 형태로 가공한 경우 먼저 제33조 본문이 적용되어 가중적 부진정신분범의 교사범이 성립하고, 이어 제33조 단서가 적용되어 일반범죄의 교사범으로 처벌된다는 의미이다.

이에 의하면 乙은 존속살해교사죄의 불능미수의 죄책을 지되, 보통살인교사죄의 불능미수로 처벌된다.

(4) 영아살해죄의 교사범의 성립 여부

甲이 영아살해기수의 죄책을 지는데, 사례에서 乙은 이를 교사한 것이다. 이와 같이 감경적 부진정신분범에 가공한 경우 비신분자가 어떤 죄책을 지는가 문제된다. 판례는 "형법 제31조 제1항은 협의의 공범의 일종인 교사범이 그 성립과 처벌에 있어서 정범에 종속한다는 일반적인 원칙을 선언한 것에 불과하고, 신분관계로 인하여 형의 경중이 있는 경우에 신분이 있는 자가 신분이 없는 자를 교사하여 죄를 범하게 한 때에는 형법 제33조 단서가 형법 제31조 제 1 항에 우선하여 적용됨으로써 신분이 있는 교사범이 신분이 없는 정범보다 중하게 처벌된다" 라고 한다(대판 1994. 12. 23. 93도1002). 이러한 판례의 입장을 따른다면 甲이 영아살해기수의 죄책을 지더라도 교사범인 乙은 보통살인교사범으로 처벌된다. 다만, 이 경우 판례는 乙이 어떤 죄책을 지는가 분명하게 언급하고 있지 않은데, 영아살해기수범의 죄책을 지지만 보통살인교사범으로 처벌된다는 입장일 수도 있고, 보통살인기수범의 죄책을 지고 보통살인교사범으로 처벌된다는 입장일 수도 있는데, 제33조 본문과 단서에 관한 판례의 입장을 종합하면 전자의 입장이라고 할 수 있다.

(5) 죄 수

乙은 A에 대한 보통살인교사의 불능미수, B에 대한 존속살해교사의 불능미수, 갓난아이에 대한 영아살해교사의 죄책을 지고 하나의 행위에 의해 교사가 이루어졌으므로 이들 범죄들은 상상적 경합이 될 것이다. 다만 처벌은 B에 대한 보통살인교사의 불능미수, 갓난아이에 대한 보통살인교사죄의 형벌로 처벌될 것이다.

Ⅲ. 甲, 乙에게 가장 불리한 입장에 따른 甲, 乙의 죄책

1. 甲에게 가장 불리한 입장에 따른 甲의 죄책

판례에 의하면 甲은 보통살인죄의 불능미수, 존속살해죄의 불능미수, 영아살해죄의 죄책을 진다. 甲에게 보통살인죄의 불능미수나 존속살해죄의 불능미수보다 더 무거운 죄책을 인정하는 입장은 없다.

다만, 甲에게 영아살해죄가 아닌 보통살인죄를 인정하는 견해가 있다. 이 견해는 영아살해죄의 주체는 생모에 국한된다고 한다. 영아살해죄의 형벌을 보통살인죄의 형벌보다 감경한 합리적 근거는 출산으로 인해 생모가 심신미약상태에서 범행을 저질렀다는 데에서 찾을 수밖에 없다고 한다. 이 견해에 의하면 생부인

甲은 영아살해죄의 주체가 될 수 없고 따라서 甲이 갓난아이를 살해한 것은 보통살인죄에 해당된다.

따라서 甲에게 가장 불리한 입장에 따르면 甲은 보통살인죄의 불능미수, 존속살해죄의 불능미수 및 보통살인기수죄의 실체적 경합범의 죄책을 진다.

2. 乙에게 가장 불리한 입장에 따른 乙의 죄책

乙에 대해 A에 대한 보통살인교사의 불능미수, B에 대한 존속살해교사의 불능미수보다 무거운 죄책을 인정하는 견해는 없다. 그런데 갓난아이의 살해를 교사한 것과 관련하여 제33조 본문은 진정신분범의 성립과 처벌, 제33조 단서는 부진정신분범의 성립과 처벌을 규정한 것이라는 입장에 의하면, 乙은 보통살인교사죄의 죄책을 지고 보통살인교사죄의 형벌로 처벌된다.

Ⅳ. 甲, 乙에게 가장 유리한 죄책을 인정하는 입장의 논거

1. 문제의 소재

甲에게 가장 유리한 죄책을 인정하는 입장에서는 먼저 甲이 A, B를 살해하려고 한 행위가 보통살인죄 혹은 존속살해죄의 불능미수가 아닌 불능범으로서 범죄가 성립하지 않고, 따라서 甲이 乙의 말을 승낙하고 독약을 준비한 행위로 인해 A, B에 대한 살인예비죄만을 인정할 것이다. 그리고 갓난아이를 살해한 행위는 영아살해죄에 해당된다고 할 것이다.

乙에게 가장 유리한 죄책을 인정하는 입장에서는 A, B에 대한 살인교사의 불능미수를 인정하지 않고 甲에게 살인을 교사한 행위와 관련하여 살인예비죄(제31조 제2항)의 죄책만을 인정하고, 갓난아이 살해를 교사하는 행위에 대해서는 보통살인교사죄가 아닌 영아살해교사죄를 인정한다.

따라서 甲, 乙에게 가장 가벼운 죄책을 인정하는 견해의 논거는 甲의 A, B 살해행위에 대해 불능범을 인정하기 위한 것과 乙에게 보통살인죄의 교사범이 아닌 영아살해죄의 교사범을 인정하기 위한 것이다.

2. 불능범을 인정하기 위한 논거

甲이 영양제를 독약인 줄 알고 A, B에게 먹인 경우 불능범을 인정하기 위해서는 불능미수의 위험성에 관해 구성요건의 흠결이론, 구체적 위험설, 절대적 불능·상대적 불능 구별설 등에 따라야 하고 이들 학설의 논거는 다음과 같다.

(1) 구성요건의 흠결이론

이 견해는 구성요건요소, 즉 행위의 주체, 객체, 태양, 인과관계 중 주체, 객체, 행위태양이 흠결된 경우에는 불능범이 되고 인과관계가 흠결된 경우에는 불능미수가 된다는 입장이다. 이 견해에 의하면 甲이 A, B에게 영양제를 준 것은 살인죄의 행위태양이 흠결된 것이고 따라서 甲의 행위는 불능미수가 아닌 불능범이 된다.

(2) 절대적 불능·상대적 불능 구별설

이 견해는 행위자의 의사를 고려하지 않고 객관적 기준에 의해 위험성을 판단하여, 결과발생이 절대적으로 불가능한 경우에는 위험성이 없어 불능범이 되고, 상대적으로 불가능한 경우에는 위험성이 있어 불능미수가 된다고 한다. 이 견해를 따르면 甲이 영양제로 A, B를 살해하는 것은 절대적 불능에 해당되므로, 따라서 甲의 행위는 불능범이 된다.

(3) 구체적 위험설

구체적 위험설에는 두 가지가 있다. 하나는 행위 당시 일반인이 인식할 수 있었던 사정뿐만 아니라 행위자가 특별히 인식했던 사정을 모두 기초로 하여 일반인의 입장에서 판단하여 결과발생의 가능성이 있으면 불능미수, 결과발생의 가능성이 없으면 불능범이라고 한다. 이 견해에 의하면 행위 당시 甲이 인식했던 사정은 독약을 준다는 것이었으므로 위험성이 인정되어 불능범이 되지 않고 불능미수가 된다.

다른 하나의 구체적 위험설은 행위 당시 일반인이 인식할 수 있었던 사정만을 기초로 하여 일반인의 입장에서 결과발생의 가능성 유무를 판단하여 위험성 유무를 결정해야 한다는 입장이다. 이 견해에 의하면 행위 당시 일반인이 인식할 수 있었던 사정은 甲이 A, B에게 영양제를 준다는 것이었고, 이를 기초로 객관적으로 일반인의 입장에서 판단하면 A, B가 사망할 가능성이 없기 때문에 위험성이 인정되지 않아 결국 甲의 행위는 불능범이 된다.

3. 제33조의 해석문제

제33조 단서는 "신분관계로 인하여 형의 경중이 있는 경우 중한 형으로 벌하지 아니한다"라고 규정하고 있다. 乙에게 영아살해죄의 교사범을 인정하는 견해로는 다음의 두 가지가 있을 수 있다.

(1) 제33조 본문은 진정신분범과 부진정신분범의 성립, 제33조 단서는 부진정신분범의 처벌에 관한 규정이라고 해석하고, 단서의 '중한 형으로 벌하지 아니한다'를 문리해석하는 견해이다. 이 견해에 의하면 乙은 제33조 본문에 의해 영아살해 교사범의 죄책을 지고, 처벌과 관련하여 제33조 단서의 적용을 받는데, 제33조 단서를 문리해석하면 乙은 영아살해 교사범으로 처벌된다.

(2) 제33조 본문은 진정신분범의 성립과 처벌에 관한 규정이고, 제33조 단서는 부진정신분범의 성립과 처벌에 관한 규정이라고 해석하면서 제33조 단서를 문리해석하는 견해에 의하면, 乙은 제33조 단서의 적용을 받아 중한 죄가 아닌 영아살해죄의 교사범의 죄책을 지고 영아살해죄의 교사범으로 처벌된다.

종합문제 13

:: 다음 사례를 읽고 물음에 답하시오(특별법은 불문함).

甲과 그의 친구 A는 빌딩 10층에 있는 A의 오피스텔에서 甲의 여자친구 乙에 대해서 이야기를 하고 있었다. 그러던 중 A가 乙을 모욕하는 내용의 말을 계속하는 것에 격분하게 된 甲은 A의 입을 강타하여 떠들지 못하게 해야겠다는 생각으로 옆에 있던 재떨이를 A의 입을 향해 던졌다. 그런데 뜻밖에도 재떨이에 입을 맞은 A는 뒤로 쓰러지면서 실신해 버리고 말았다. 甲은 A를 흔들어 깨워 보았지만 A는 깨어나지 않고 축 처져 있었다. 한참 동안이나 A가 깨어나지 않자 A가 사망했다고 생각한 甲은 A가 자살한 것으로 가장하여 자신의 범행을 은폐하기 위해 A를 창밖으로 집어던졌다. A의 오피스텔을 떠나려던 甲은 책상 위에 A의 신용카드와 비밀번호가 적혀 있는 쪽지를 발견하고 신용카드를 가지고 나와 근처 B은행의 현금자동지급기에서 10만원권 자기앞수표 10장을 인출하였다. A의 계좌에 50만원이 더 있다는 것을 발견한 甲은 그 50만원을 C은행의 자신의 계좌로 이체하도록 하였고, 근처에 있는 C은행으로 가 10만원권 자기앞수표 10장도 C은행의 자신의 계좌에 입금하였다. 다음 날 자신의 현금카드로 150만원을 모두 인출한 甲은 乙의 선물로 백화점에서 30만원짜리 핸드백을 샀다. 乙을 만난 甲은 A와 있었던 일의 자초지종을 이야기하면서 핸드백과 남은 돈 120만원을 모두 乙에게 주었다. 乙은 A가 죽어서 되었고 횡재를 했다고 생각하면서 핸드백과 120만원을 받았다. 그런데 A는 재떨이에 맞아 사망한 것이 아니라 땅에 떨어져 사망하였다는 것이 판명되었다.

1. 판례의 입장에 따라 甲, 乙의 죄책을 설명하시오.
2. A를 사망케 한 甲의 죄책에 대해 판례와 같은 결론을 취하지만 판례와는 다른 논거들을 제시하는 견해들과 그 문제점을 소개하시오.
3. A의 신용카드와 관련한 甲의 죄책에 대해 판례와 다른 입장을 취하는 학설들의 논거를 제시하시오.
4. 乙에게 무죄를 인정할 수 있는 논거를 제시하시오.

Ⅰ. 논점의 제시

甲의 죄책으로 문제되는 행위는 다음과 같다.

1. 甲이 A에게 재떨이를 던진 행위는 상해의 고의에 의한 것이고 A가 실신한 것은 상해의 결과가 발생한 것이다. 그런데 甲이 A가 사망한 것으로 알고 창밖으로 A를 집어던진 것은 사체손괴의 고의가 있는 행위라고 할 수 있다. 그런데 A가 추락하여 사망하였으므로 이와 관련하여 상해치사죄(제259조)와 사체손괴죄의 불능미수(제161조, 제27조)의 상상적 경합이라고 할 것인가 아니면 상해기수죄(제257조), 과실치사죄(제267조) 및 사체손괴죄의 불능미수의 상상적 경합이라고 할 것인가 문제된다.

2. A의 신용카드를 절취한 것이 점유이탈물횡령죄(제360조)에 해당되는가 아니면 절도죄(제329조)에 해당되는가이다.

3. A의 신용카드로 현금을 인출한 행위가 절도죄에 해당되는가 아니면 컴퓨터등사용사기죄(제347조의2)에 해당되는가이다.

4. A의 신용카드로 50만원을 이체한 행위가 컴퓨터등사용사기죄(제347조의2)에 해당되는가이다.

5. 핸드백과 120만원을 乙에게 준 행위가 장물양도죄(제362조)에 해당되는가이다.

6. 이들 범죄의 죄수관계는 어떠한가이다.

乙의 죄책으로 문제되는 것은 다음과 같다.

乙이 자초지종을 알면서 핸드백과 현금 120만원을 받은 것이 장물취득죄에 해당되는가이다.

Ⅱ. 판례에 따른 甲, 乙의 죄책

甲의 죄책

(1) 상해치사죄(제259조)의 성립 여부

판례는 별다른 근거제시없이 "피고인의 판시 소위는 포괄하여 단일의 상해치사죄에 해당한다"(대판 1994. 11. 4. 94도2361)라고 한다. 이는 전체의 행위를 하나의 행위로 보거나 행위는 두 개이지만 개괄적으로 보면 A에게 재떨이를 던지는 행위시에 존재했던 상해의 고의가 A를 창밖으로 집어 던지는 행위시에도 개괄적으로 효과를 미친다고 하는 개괄적 고의를 인정하는 입장이라고 할 수 있다.

(2) 사체손괴죄의 불능미수(제161조, 제27조)

甲이 살아있는 A를 사망하였다고 생각하고 창밖으로 던진 행위는 사체손괴의 고의가 있는 행위라고 할 수 있다. 그런데 A가 사망하지 않았으므로 대상의 착오로 인해 사체손괴의 결과가 발생할 가능성이 없기 때문에 사체손괴죄의 불능미수가 문제될 수 있다. 불능미수의 위험성에 대해서 판례는 "불능범의 판단 기준으로서 위험성 판단은 피고인이 행위 당시에 인식한 사정을 놓고 이것이 객관적으로 일반인의 판단으로 보아 결과 발생의 가능성이 있느냐를 따져야 한다"고 하여 추상적 위험설을 따른다(대판 2005. 12. 8. 2005도8105; 대판 1978. 3. 28. 77도4049 등).

이에 의하면 행위자가 인식한 사정인 사망한 사람을 창밖으로 던지는 사정을 기초로 할 경우 과학적 일반인의 입장에서 보면 사체손괴의 결과가 발생할 가능성이 있으므로 사체손괴죄의 불능미수가 성립한다.

(3) 신용카드 절도죄(제329조)의 성립 여부

甲이 사망한 A의 신용카드를 가지고 나온 행위에 대해 판례는 "피해자를 살해한 방에서 사망한 피해자 곁에 4시간 30분쯤 있다가 그곳 피해자의 자취방 벽에 걸려 있던 피해자가 소지하는 물건들을 영득의 의사로 가지고 나온 경우 피해자가 생전에 가진 점유는 사망 후에도 여전히 계속되는 것으로 보아야 한다"고 한다(대판 1993. 9. 28. 93도2143).

따라서 甲이 A의 신용카드를 가지고 나온 행위는 절도죄에 해당된다.

(4) 수표 절도죄(제329조)의 성립 여부

타인의 신용카드로 현금이나 수표를 인출한 경우 "형법 제347조의2에서 규정하는 컴퓨터등사용사기죄의 객체는 재물이 아닌 재산상의 이익에 한정되어 있으므로, 타인의 명의를 모용하여 발급받은 신용카드로 현금자동지급기에서 현금을 인출하는 행위를 이 법조항을 적용하여 처벌할 수는 없고 … 타인의 신용카드로 현금자동지급기에서 현금을 인출한 경우 발급받은 신용카드를 사용하여 현금자동지급기에서 현금대출을 받는 행위는 카드회사에 의하여 미리 포괄적으로 허용된 행위가 아니라, 현금자동지급기의 관리자의 의사에 반하여 그의 지배를 배제한 채 그 현금을 자기의 지배하에 옮겨 놓는 행위로서 절도죄에 해당한다"(대판

2002. 7. 12. 2002도2134)고 한다.

따라서 甲이 A의 신용카드로 수표를 인출한 행위는 절도죄에 해당된다.

(5) 컴퓨터등사용사기죄(제347조의2)의 성립 여부

판례는 타인의 신용카드로 자신의 계좌로 계좌이체를 하고 자신의 계좌에서 인출한 경우 "절취한 타인의 신용카드를 이용하여 현금지급기에서 계좌이체를 한 행위는 컴퓨터등사용사기죄에서 컴퓨터 등 정보처리장치에 권한 없이 정보를 입력하여 정보처리를 하게 한 행위에 해당함은 별론으로 하고 이를 절취행위라고 볼 수는 없고, 한편 위 계좌이체 후 현금지급기에서 현금을 인출한 행위는 자신의 신용카드나 현금카드를 이용한 것이어서 이러한 현금인출이 현금지급기 관리자의 의사에 반한다고 볼 수 없어 절취행위에 해당하지 않으므로 절도죄를 구성하지 않는다"고 한다(대판 2008. 6. 12. 2008도2440).

따라서 甲이 50만원을 자신의 계좌로 이체한 행위는 컴퓨터등사용사기죄에 해당된다.

(6) 장물양도죄(제362조)의 성립 여부

판례는 "컴퓨터등사용사기죄의 범행으로 예금채권을 취득한 다음 자기의 현금카드를 사용하여 현금자동지급기에서 현금을 인출한 경우, 현금카드 사용권한 있는 자의 정당한 사용에 의한 것으로서 현금자동지급기 관리자의 의사에 반하거나 기망행위 및 그에 따른 처분행위도 없었으므로, 별도로 절도죄나 사기죄의 구성요건에 해당하지 않는다 할 것이고, 그 결과 그 인출된 현금은 재산범죄에 의하여 취득한 재물이 아니므로 장물이 될 수 없고, … 장물인 현금 또는 수표를 금융기관에 예금의 형태로 보관하였다가 이를 반환받기 위하여 동일한 액수의 현금 또는 수표를 인출한 경우에 예금계약의 성질상 그 인출된 현금 또는 수표는 당초의 현금 또는 수표와 물리적인 동일성은 상실되었지만 액수에 의하여 표시되는 금전적 가치에는 아무런 변동이 없으므로, 장물로서의 성질은 그대로 유지된다"고 한다(대판 2004. 4. 16. 2004도353).

이에 의하면 甲이 계좌이체를 한 50만원은 장물이 아니지만, 현금자동지급기에서 인출한 10만원권 자기앞수표 10장을 자신의 은행계좌에 입금시켰다가 인출한 100만원은 장물에 해당된다. 甲이 70만원의 장물을 乙에게 주었으므로 이는 장물양도죄에 해당된다.

그러나 판례는 "장물죄는 타인(본범)이 불법하게 영득한 재물의 처분에 관여하는 범죄이므로 자기의 범죄에 의하여 영득한 물건에 대하여는 성립하지 아니하고 이는 불가벌적 사후행위에 해당한다"고 한다(대판 1986. 9. 9. 86도1273).

(7) 죄 수

판례에 의하면 甲의 행위는 상해치사죄, 사체손괴죄의 불능미수, 신용카드에 대한 절도죄, 10만원권 자기앞수표 10장에 대한 절도죄, 50만원에 대한 컴퓨터등 사용사기죄에 해당된다. 이 중 상해치사죄와 사체손괴죄의 불능미수는 상상적 경합이라고 할 수 있고, 나머지 범죄들은 모두 실체적 경합범의 관계에 있다.

Ⅲ. 판례와 같은 결론을 취하지만 다른 논거를 제시하는 견해들과 그 문제점

1. 문제의 소재

甲이 A를 사망케 한 행위에 대해 상해기수죄와 과실치사죄의 경합범을 인정하는 견해도 있지만, 판례는 상해치사죄를 인정한다. 판례와 같이 상해치사죄를 인정하면서도, 논거는 달리하는 견해들이 다수 있는데, 그 내용과 문제점은 다음과 같다.

2. 甲의 행위를 하나의 행위로 파악하는 견해와 문제점

(1) 내 용

甲이 A의 입을 향해 재떨이를 던지는 행위와 오피스텔 밑으로 떨어뜨리는 행위를 하나의 행위로 보는 경우에는 하나의 상해행위가 있고, 그 행위에 의해 A의 사망의 결과가 발생하였고, 상해행위와 사망 사이에 인과관계나 객관적 귀속을 인정할 수 있고, 사망에 대한 예견가능성도 인정할 수 있기 때문에 甲에게 상해치사죄의 죄책을 인정할 수 있다.

(2) 문제점

그러나 이 견해에 대해서는 甲이 A에게 재떨이를 던지는 행위와 A를 오피스텔 밑으로 던지는 행위를 하나의 행위로 보기는 어렵고 두 행위는 별개의 행위로 다루어야 한다는 비판이 제기된다.

3. 개괄적 고의 혹은 개괄적 과실을 인정하는 견해와 문제점

(1) 내 용

A에 대한 甲의 행위를 두 개의 행위로 보되, A를 향해 재떨이를 던질 당시 甲에게 존재했던 상해의 고의가 개괄적으로 뒤의 행위, 즉 A를 오피스텔 밑으로 집어던지는 행위에도 효력을 미친다고 하게 되면 제2의 행위시에 상해의 고의가 있었으므로 A를 오피스텔 밑으로 집어 던지는 행위도 상해행위라고 할 수 있고, 이 행위에 의해 A의 사망의 결과가 발생하였으므로 甲에게 상해치사죄를 인정할 수 있다.

(2) 문제점

그러나 이와 같은 개괄적 고의 혹은 개괄적 과실이론에 대해서는 2개의 행위를 인정하는 한, 고의 또는 과실은 각각의 행위에 대해서 존재해야 하고 두 개의 행위를 개괄하는 개괄적 고의나 개괄적 과실은 인정되지 않는다는 비판이 제기된다.

4. 인과과정의 착오로 해결하는 견해와 문제점

(1) 내 용

이 견해는 이 사례를 인과과정의 착오의 문제로 보고, 인과과정의 착오에서 행위자가 인식한 인과과정과 실제의 인과과정의 불일치가 본질적이 아닌 경우에는 발생된 결과에 대해 책임을 인정할 수 있다고 한다. 이 견해 중에는 이 사례에서 甲에게 존재했던 인과과정의 착오는 본질적이거나 중요한 착오라고 할 수 없기 때문에 甲에게 발생된 결과에 대해 책임을 물어야 하므로 상해치사죄를 인정할 수 있다고 한다.

(2) 문제점

그러나 이 견해에 대해서는 이 사례에서 인과과정의 착오가 왜 중요하거나 본질적인 것이 아닌지에 대한 명확한 근거를 제시하지 못하고, 오히려 이러한 사례가 문제되는 것은 그 착오가 본질적이거나 중요하기 때문이라는 비판이 제기된다.

5. 객관적 귀속의 문제로 해결하는 견해와 문제점

(1) 내 용

이 견해는 甲이 A를 오피스텔 밑으로 집어던진 행위는 독립한 행위라고 볼 수 없고 甲이 A에게 재떨이를 집어던진 행위와 A의 사망이라는 결과 사이에 존재하는 하나의 인과적 연쇄고리에 불과하기 때문에 A의 사망의 결과를 甲이 A에게 재떨이를 던진 행위에 귀속시킬 수 있고 따라서 甲에게 상해치사죄의 책임을 물을 수 있다고 한다.

(2) 문제점

그러나 이 견해에 대해서는 A를 오피스텔 밑으로 집어던진 행위가 단순한 인과적 연쇄고리의 하나에 불과하다고 할 수 없고, 분명히 독자적인 행위이기 때문에 A의 사망의 결과를 甲이 A에게 재떨이를 던진 행위에 귀속시키기 어렵고, A를 오피스텔 밑으로 집어던진 행위를 독자적인 행위가 아닌 인과적 연쇄고리로 파악하는 것은 전체를 하나의 행위로 파악하는 견해와 같은 것이라는 비판이 제기된다.

Ⅳ. 신용카드와 관련한 甲의 죄책

1. 문제의 소재

甲의 죄책에 대해 판례와 다른 입장을 취하는 견해들로는 다음과 같은 것들이 있다.

(1) A의 신용카드를 가지고 나온 행위는 절도죄(제329조)가 아니라 점유이탈물횡령죄(제360조)에 해당된다.

(2) 수표를 인출한 행위는 절도죄(제329조)가 아니라 컴퓨터등사용사기죄(제347조의2)에 해당된다.

(3) 수표를 인출한 행위와 계좌이체를 한 행위는 실체적 경합범이 아니라 포괄일죄로 보아야 한다.

2. 신용카드에 대한 점유이탈물횡령죄(제360조)

甲이 A의 신용카드를 가지고 나올 시점에 A는 이미 사망하였고, 사망한 사람에게 소유나 점유는 인정할 수 없다는 전제에서 A의 신용카드는 상속에 의해 타인의 소유가 되었으나 상속에 의한 점유는 인정되지 않아 A의 신용카드는 점유이탈물에 해당하고 따라서 甲이 A의 신용카드를 가지고 나온 행위는 절도죄가 아니라 점유이탈물횡령죄에 해당된다고 하는 견해가 있다.

3. 자기앞수표 인출행위

타인의 신용카드로 현금자동지급기에서 수표를 인출한 경우 절도죄가 아닌 컴퓨터사용사기죄(제347조의2)가 성립한다는 견해가 있다. 이 견해는 은행의 현금자동지급기에서 현금을 인출하는 경우 관리자인 은행의 의사에 반한다고 할 수 없으므로 절도죄는 성립하지 않고, ① 타인의 신용카드로 수표를 인출한 행위는 제347조의2의 권한없이 정보를 입력한 행위에 해당하고, ② 제347조의2에 재산상 이익의 취득만이 규정되어 있다고 하더라도 재물과 재산상 이익은 특별 대 일반의 관계여서 재산상 이익을 취득하였다고 재물을 취득한 것이 되지는 않지만, 재물을 취득하면 당연히 재산상의 이익을 취득하는 것이므로 컴퓨터등사용사기죄가 성립한다고 한다.

이전에는 제347조의2에 '권한없는 정보의 입력'이라는 규정이 없었고 타인의 신용카드로 현금을 인출하는 것은 권한없는 정보의 입력이므로 이 경우 절도죄나 컴퓨터등사용사기죄 모두 성립할 수 없다는 견해가 있었으나 현행 제347조의2에는 '권한없는 정보의 입력'이 추가되어 이러한 견해는 사라졌다.

4. 죄수관계

신용카드절도, 자기앞수표에 대한 절도, 50만원에 대한 컴퓨터등사용사기죄를 인정하더라도 신용카드 절도죄는 자기앞수표에 대한 절도죄나 컴퓨터등사용사기죄에 흡수된다는 견해가 있다. 또한 자기앞수표 인출행위에 대해서도 컴퓨터등사용사기죄를 인정하는 경우 자기앞수표를 인출하고 현금 50만원을 계좌이체한 범행은 접속범으로서 일죄가 된다는 견해가 있다. 그리고 이 경우 신용카드절도죄는 컴퓨터등사용사기죄에 흡수된다는 견해가 있다.

Ⅴ. 乙에게 무죄를 인정하는 논거

1. 문제의 소재

乙의 죄책으로 문제되는 것은 자초지종을 알고서도 甲으로부터 핸드백과 120만원을 받음으로 인해 장물취득죄(제362조)의 죄책을 지는가이다.

甲이 인출한 자기앞수표 100만원은 재산범죄로 영득한 재물로서 장물에 해당된다. 그러나 절취한 돈으로 물건을 산 경우 그 물건은 재물의 동일성을 상실하므로 장물성이 유지되지 않는다는 것이 통설의 입장이므로, 핸드백은 장물에 해당되지 않는다. 甲이 자기 계좌로 이체한 50만원은 절도죄로 영득한 재물이 아니라 컴퓨터등사용사기죄로 취득한 재산상 이익이므로 장물이 될 수 없고, 이를 현금으로 인출하여도 장물죄가 성립하지 않는다는 것이 판례의 입장이다(대판 2004. 4. 16. 2004도353. 컴퓨터등사용사기죄의 범행으로 예금채권을 취득한 다음 자기의 현금카드를 사용하여 현금자동지급기에서 현금을 인출한 경우, 현금카드 사용권한있는 자의 정당한 사용에 의한 것으로서 현금자동지급기 관리자의 의사에 반하거나 기망행위 및 그에 따른 처분행위도 없었으므로, 별도로 절도죄나 사기죄의 구성요건에 해당하지 않는다 할 것이고, 그 결과 그 인출된 현금은 재산범죄에 의하여 취득한 재물이 아니므로 장물이 될 수 없다).

다만 판례는 "장물인 현금 또는 수표를 금융기관에 예금의 형태로 보관하였다가 이를 반환받기 위하여 동일한 액수의 현금 또는 수표를 인출한 경우에 예금계약의 성질상 그 인출된 현금 또는 수표는 당초의 현금 또는 수표와 물리적인 동일성은 상실되었지만 액수에 의하여 표시되는 금전적 가치에는 아무런 변동이 없으므로, 장물로서의 성질은 그대로 유지된다"고 한다(대판 2004. 4. 16. 2004도353). 따라서 판례에 의하면 甲이 장물인 수표를 예금하였다가 인출한 100만원은 장물에 해당된다.

그러므로 乙에게 무죄를 인정하기 위해서는 장물인 수표를 금융기관에 예금하였다가 인출한 경우 장물성을 인정하는 판례를 비판하고 장물성을 상실한다는 논거를 제시해야 한다.

2. 판례에 대한 비판

판례가 장물인 수표를 예금하였다가 인출한 현금의 장물성을 인정하는 논거는 "당초의 수표와 물리적 동일성은 상실하였지만 액수에 의하여 표시되는 금전적 가치에는 아무런 변동이 없다"는 것이다.

그러나 재산범죄를 재물죄와 이득죄로 분류하는 경우 장물죄는 이득죄가 아닌 재물죄이다. 이득죄에서는 물리적 동일성보다는 가치적 동일성이 더 중요하다. 그러나 재물죄에서는 재물의 가치보다는 물리적 동일성이 중요하다. 통설・판례가 절도죄의 재물에 경제적 가치를 요하지 않는다고 하는 것은 절도죄가 재물죄이기 때문이다. 절도죄가 이득죄라면 경제적 가치가 없는 물건을 절취하여도 재산상 이익의 취득이 없어서 절도죄의 기수가 될 수 없다. 그러나 절도죄가 재물죄이기 때문에 물리적 동일성이 있다면 경제적 가치가 없는 물건에 대한 절도죄도 성립할 수 있다.

이와 같이 재물죄에서는 가치보다는 물리적 동일성이 중요하고, 장물죄도 재물죄이므로 장물성이 유지되기 위해서는 물리적 동일성이 유지되어야 한다. 그런데 판례가 밝히고 있듯이 절취한 수표와 이를 예금하였다가 인출한 현금은 물리적 동일성이 상실된다. 그렇다면 장물성도 상실된다고 해야 할 것이다. 판례는 장물죄를 이득죄로 인정하는 모순을 지니고 있기 때문에 타당하다고 할 수 없다. 따라서 乙이 甲으로부터 받은 120만원은 장물이 아니어서 乙은 무죄이다.

종합문제 14

∷ 다음 사례를 읽고 물음에 답하시오(위조 및 특별법은 논외로 함).

甲과 乙은 기수(騎手)로서 경마계에서 서로 1, 2등을 다투는 라이벌이었다. 甲의 애마는 백마인 '청아 4001'이었고, 乙의 애마는 흑마인 '운창 Seoul'이었다. 甲은 자신이 미국 에일(Yele) 경마학교에서 기수자격증을 취득하였음을 자랑하면서 乙을 무시하였다. 어느 날 乙은 甲의 기수자격증이 위조되었다는 사실을 알게 되었고, 경마연습장에서 甲을 만나게 되자 위조 사실을 자백하고 경마계를 은퇴하라고 하였다. 이에 甲은 "나도 피해자다! 내가 일을 부탁한 사람이 위조를 했고, 나는 위조하지 않았다"고 하였다. 乙은 "네 말이 맞다. 네가 타는 말 '청아 4001'은 백마이지 흰 말은 아니다"라고 빈정거렸다. 이에 화가 난 甲은 乙의 따귀를 때렸고, 乙은 뒤로 넘어지면서 뒤에 서 있던 '운창 Seoul'의 말발굽에 머리를 부딪쳐 전치 2주의 부상을 입었다. 분노한 乙은 일어나 채찍으로 甲의 얼굴을 때렸으나 甲은 재빨리 피하고 채찍은 옆에 있던 사환 A의 얼굴에 맞았고, A는 전치 2주의 부상을 입었다. 한편 甲은 자신의 자격증이 위조되었다는 사실이 외부에 발설되지 않도록 하기 위해 평소 자신을 총애하는 대한경마협회회장 B의 사무실로 차를 몰고 갔다. 가는 도중 경찰관 C가 신호위반단속을 하자 마음이 급한 甲은 차로 C를 들이받아 전치 3주의 발목골절상을 입히고 서둘러 차를 몰고 갔다. B에게 간 甲은 아랍지방에서 막 수입해 온 명마 '똥아재'를 줄테니 위조사실이 알려지는 것을 막아 달라고 부탁하였다. 그러나 B는 냉정하게 거절하였다. 이전에 '학똥마을'이라는 고가의 그림까지 받은 B가 자신을 배신했다고 생각한 甲은 B의 얼굴과 가슴, 다리 등을 여러 차례 때렸고, B는 기절하고 말았다. 1시간 동안 B를 깨어나게 하려고 노력하였으나 B가 깨어나지 않자 甲은 B가 사망하였다고 생각하였다. 다시 1시간을 고민한 甲은 B가 자살한 것으로 가장하기 위해 B의 목을 줄로 묶어 천정에 달아 놓았다. 그러나 B는 구타에 의해서가 아니라 줄에 목이 졸려 사망하고 말았다.

1. 판례의 입장에 따라 甲의 죄책을 설명하시오.
2. 甲의 죄책에 대한 판례입장의 문제점을 지적하시오.
3. 판례의 입장에 의한 乙의 죄책과 그 문제점을 설명하시오.
4. 판례와 다른 입장의 학설에 따른 乙의 죄책을 설명하시오.

Ⅰ. 논점의 제시

사례에서 甲의 죄책으로 문제되는 것은 다음과 같다.

1. 乙의 따귀를 때려 뒤로 넘어져 부상케 한 행위가 폭행치상죄(제262조)에 해당되는가이다. 여기에서는 甲의 폭행행위와 乙의 부상 사이에 인과관계의 존재 여부 및 乙의 부상에 대한 예견가능성 인정 여부 등이 문제된다.

2. 경찰관 C를 차로 들이받아 상처를 입게 한 행위가 특수공무방해죄 및 상해죄에 해당되는가, 이 경우 특수공무방해치상죄(제144조 제2항)가 성립하는가 및 성립한다면 이것과 상해죄의 죄수관계는 어떠한가 문제된다.

3. B를 때려 기절케 한 후 목매달아 사망케 한 행위가 상해치사죄(제259조)에 해당되는가 아니면 상해죄(제257조)와 과실치사죄(제267조)의 경합범에 해당되는가 문제된다.

乙의 죄책으로 문제되는 행위는 甲을 때리려다 사환 A에게 상처를 입힌 행위가 상해기수죄(제257조)에 해당되는가 아니면 甲에 대한 상해미수죄(제257조 제3항)와 과실치상죄(제266조)의 상상적 경합범에 해당되는가이다. 이는 구체적 사실의 착오 중 방법의 착오에 대해 어떤 형법적 효과를 인정할 수 있는가의 문제이다.

Ⅱ. 판례에 따른 甲의 죄책

1. 폭행치상죄(제262조)의 성립 여부

(1) 논 점

甲이 乙의 따귀를 때린 행위는 폭행행위(제260조)라고 할 수 있고, 이때 甲이 乙에게 부상을 입힐 고의는 없었지만 乙이 전치 2주의 부상을 입는 결과가 발생하였으므로, 폭행치상죄의 성립 여부가 문제된다.

폭행치상죄가 성립하기 위해서는 폭행행위와 상해의 결과가 있어야 하고, 양자 사이에 인과관계 및 객관적 귀속이 인정되어야 하며, 부상의 결과에 대한 예견가능성이 있어야 한다.

(2) 인과관계

판례는 절충적 상당인과관계설을 취하고 있다고 할 수 있다. 절충적 상당인과관계설은 행위 당시 일반인이 인식할 수 있었던 사정 및 행위자가 특별히 알고 있었던 사정을 기초로 하여 그러한 상황에서 구성요건적 행위가 있는 경우 중한 결과가 발생할 개연성 내지 상당성이 있는가에 따라 인과관계의 유무를 판단하는 입장이다.

이에 의하면 甲의 폭행행위 당시 일반인이 인식할 수 있었던 사정이나 甲이 인식한 사정은 말 앞에 있는 乙의 따귀를 때리는 것이고, 이 경우 乙이 따귀를 맞고 뒤로 쓰러지면서 말발굽에 다쳐 상처를 입을 수 있는 가능성뿐만 아니라 개연성까지 있다고 할 수 있다.

(3) 예견가능성

일반인 중 극히 우수한 자를 기준으로 한다면 乙이 부상하는 결과에 대한 예견가능성이 있다고 할 수 있다.

(4) 정　리

甲은 폭행치상죄의 죄책을 진다.

2. 특수공무방해치상죄(제144조 제 2 항) 및 상해죄(제257조)와의 죄수

(1) 특수공무방해죄의 성립 여부

甲이 자동차로 C를 들이받은 행위에 대해 판례는 위험한 물건을 휴대한 폭행행위라고 한다. 따라서 甲은 직무를 집행하는 공무원 C에 대해 위험한 물건을 휴대한 폭행행위를 하여 특수공무방해죄(제144조 제 1 항)에 해당하는 행위를 하였다.

(2) 상 해 죄

甲이 자동차로 C를 들이받았을 때에 살인의 고의까지 있다고 할 수는 없지만, 상해의 고의가 있다고 할 수 있다. 따라서 甲은 특수공무방해행위와 상해행위를 동시에 하였다고 할 수 있다.

(3) 특수공무방해치상죄의 성립 여부

특수공무방해치상죄를 진정결과적 가중범으로 해석하게 되면, 하나의 행위로 특수공무방해죄와 고의상해죄를 범한 경우 양자의 상상적 경합이 되어 중한 죄인 특수공무방해죄로 7년 6개월 이하의 징역에 처해진다(제144조 제1항, 제257조, 제40조). 이에 비해 특수공무방해를 한 사람이 과실로 상해의 결과를 발생시키게 될 경우에는 특수공무방해치상죄가 성립하여 3년 이상의 징역에 처해지게 된다. 이와 같이 특수공무방해행위를 하여 고의로 중한 결과를 발생시킨 경우가 과실로 중한 결과를 발생시킨 경우보다 가볍게 처벌되는 불균형을 시정하기 위해 판례는 특수공무방해치상죄를 부진정결과적 가중범으로 해석한다. 즉, 특수공무방해치상죄는 과실로 상해의 결과를 발생시켰을 때뿐만 아니라 고의로 상해의 결과를 발생시켰을 때에도 성립할 수 있다는 것이다.

(4) 특수공무방해치상죄와 상해죄의 죄수관계

판례는 부진정결과적 가중범과 중한 결과에 대한 고의범의 죄수관계에 대해 부진정결과적 가중범의 형벌이 중한 결과에 대한 고의범의 형벌보다 무거운 때에는 특별관계에 있는 부진정결과적 가중범만이 성립하고 중한 결과에 대한 고의범이 별도로 성립하지 않는다고 한다. 반면, 중한 결과의 고의범의 형벌이 더 무거운 때에는 부진정결과적 가중범과 중한 결과에 대한 고의범의 상상적 경합이 된다고 한다.

사례에서 특수공무방해치상죄의 형벌(3년 이상의 징역)이 상해죄(7년 이하의 징역)보다 무거우므로 특수공무방해치상죄만이 성립한다.

(5) 정 리

甲은 특수공무방해치상죄의 죄책을 진다.

3. 상해치사죄의 성립 여부

사례에서 甲을 상해죄(혹은 중상해죄)와 과실치사죄의 실체적 경합범으로 처벌할 수도 있다. 그러나 판례는 이러한 사례에서 포괄하여 단일의 상해치사죄만이 성립한다고 한다. 따라서 甲은 상해치사죄의 죄책을 진다.

4. 판례에 따른 甲의 죄책

판례에 의하면, 甲은 乙에 대한 폭행치상죄(제262조), C에 대한 특수공무방해치상죄(제144조 제2항), B에 대한 상해치사죄(제259조)의 실체적 경합범(제37조 전단)의 죄책을 진다.

Ⅲ. 판례의 문제점

1. 상당인과관계설의 문제점

판례는 인과관계 판단에서 상당인과관계설을 따른다. 그러나 상당인과관계설에 대해서는 가능성과 개연성의 구별이 어렵다는 비판이 제기된다. 또한 인과관계 문제와 형법적 책임인정 문제를 혼동한다는 비판도 제기된다.

이 때문에 인과관계와 형법적 책임귀속문제를 구별하여 인과관계는 합법칙적 조건설에 따라 해결하고, 형법적 책임귀속의 문제는 객관적 귀속론에 의해 해결해야 한다는 입장이 다수이다.

2. 예견가능성의 문제점

판례는 평균인·일반인을 기준으로 하여 예견가능성 유무를 따지지만, 이때의 평균인·일반인이란 실제로 존재하는 평균인·일반인이 아닌 일반인 중에서 극히 우수한 자이다. 그런데 일반인 중에서 극히 우수한 자라는 것은 모순개념이라는 문제점이 있다. 왜냐하면 극히 우수한 자이면 평균인이 아니고, 평균인이면 극히 우수한 자가 아니기 때문이다.

3. 자동차와 위험한 물건 휴대의 문제점

판례는 자동차를 사용하여 범행을 한 경우 '위험한 물건을 휴대한 범행'이라고 한다. 그러나 이에 대해서는 자동차는 위험한 물건이라고 할 수는 있지만, 휴대할 수 있는 물건이 아니라는 비판이 제기된다. 따라서 자동차를 사용하여 행한 범행을 자동차를 휴대하고 행한 범행이라고 해석하는 것은 피고인에게 불리한 유추해석이라는 것이다.

4. 부진정결과적 가중범과 중한 결과범에 대한 고의범의 죄수관계의 문제점

판례는 부진정결과적 가중범의 형벌보다 중한 결과에 대한 고의범의 형벌이 더 무거운 때에는 부진정결과적 가중범과 중한 결과에 대한 고의범의 상상적 경합이 된다고 한다.

그러나 중한 결과에 대한 고의범의 형벌이 부진정결과적 가중범의 형벌보다 무거운 때에는 그 범죄를 부진정결과적 가중범이 아니라고 해야 한다. 이 경우에는 부진정결과적 가중범을 인정하지 않고 기본범죄와 중한 결과에 대한 고의범의 상상적 경합범을 인정하여도, 중한 결과에 대한 고의가 있는 경우의 형벌이 중한 결과에 대한 과실이 있는 경우보다 낮아지는 불균형이 없기 때문이다.

5. 인과과정의 착오의 문제점

판례는 甲이 B를 사망케 한 사건에서 포괄하여 단일의 상해치사죄가 성립한다고 한다. 이것은 ① 전체의 범행을 하나의 행위라고 본 것이라고 할 수도 있고, ② 구타행위시에 존재했던 상해의 고의가 개괄적으로 목을 매 천정에 매달아 놓은 행위에도 효력을 미친다고 하는 개괄적 고의를 인정하는 입장이라고 할 수도 있다. 또한 ③ 인과과정의 착오에 해당되지만, 행위자가 인식한 인과과정과 실제 발생한 인과과정의 불일치 또는 차이가 우리의 생활경험법칙상 예견할 수 있는 것이라는 의미일 수도 있다.

그러나 ① 甲의 구타행위와 목매다는 행위의 시간적 간격을 고려할 때 이를 하나의 행위로 파악하는 것은 사회통념상 타당하다고 할 수 없다. ② 구타행위시에 존재했던 상해의 고의는 사망을 초래했던 목매다는 행위를 기준으로 하면 사전고의이고 사전고의는 고의로서의 효력이 없으므로, 개괄적 고의라는 개념은 인정할 수 없다는 비판이 제기된다. ③ 행위자가 인식한 인과과정과 실제로 발생한 인과과정의 차이가 중요하지 않다거나 우리 생활경험법칙상 예견가능하다고 보기도 어렵다는 비판도 제기된다.

Ⅳ. 판례에 따른 乙의 죄책과 그 문제점

1. 판례에 따른 乙의 죄책

乙이 甲의 얼굴을 채찍으로 때리려 한 행위는 상해행위라고 할 수 있다. 그런데 甲이 아닌 A가 맞고 상처를 입었으므로, 이는 구체적 사실의 착오 중 방법의 착오에 해당된다. 판례는 법정적 부합설을 취하여 이 경우 발생사실의 고의기수범을 인정한다. 따라서 판례에 의하면 乙은 A에 대한 상해기수의 죄책을 진다.

2. 판례의 문제점

판례가 따르는 법정적 부합설에 대해서는 다음과 같은 비판이 제기된다.

첫째, 이 사례에서 甲에 대해서는 아무런 죄책도 인정되지 않게 되면 甲은 乙의 범행의 피해자라고 할 수 없게 되고, 피해자에게 인정되는 모든 실체법적·소송법적 권리를 누리지 못하게 된다. 이는 피해자에게 극히 불리한 해석이다.

둘째, 甲이 A를 상해할 고의가 없었음에도 불구하고 A에 대한 상해기수죄를 인정하는 것은 고의가 없는 사람에게 고의를 인정하는 것이 된다.

셋째, 만약 甲도 상해를 입었고, A도 상해를 입었으면 甲에 대한 상해기수죄와 A에 대한 과실치상죄를 인정해야 하는데, 甲이 상해를 입었는지 여부에 의해 A에 대한 고의상해죄가 성립되기도 하고 과실치상죄가 성립되기도 한다는 것은 상식에 맞지 않는다.

넷째, 甲이 A의 상해에 과실이 없는 경우에도 甲은 A에 대한 상해기수의 죄책을 지는데, 이는 책임주의원칙에 반한다.

Ⅴ. 판례와 다른 입장의 학설에 따른 乙의 죄책

1. 구체적 부합설

구체적 부합설은 방법의 착오에 대해서는 발생된 결과에 대한 고의범을 인정할 수 없으므로 구체적 사실의 착오 중 객체의 착오 이외에는 인식사실의 미수와 발생사실의 과실범을 인정한다. 이에 의하면 乙은 甲에 대한 상해미수죄와 A에 대한 과실치상죄의 상상적 경합범의 죄책을 진다. 만약 A의 상해에 대한 과실이 인정되지 않으면 甲에 대한 상해미수의 죄책만을 지게 된다.

2. 추상적 부합설

추상적 부합설은 어떤 경우이든 범죄의 의사로 범죄의 결과를 발생시킨 경우 경한 범죄에 대해서는 고의기수죄를 인정하자는 입장이다. 그런데 인식한 범죄와 발생한 범죄가 동일한 범죄일 경우에는 발생된 결과에 대한 고의기수죄를 인정할 것이다.

따라서 이에 의하면 乙은 A에 대한 상해기수죄(혹은 甲에 대한 상해미수죄와 A에 대한 상해기수죄)의 죄책을 질 것이다.

3. 사실의 착오이론 부정론

이 입장은 사실의 착오라는 특별한 개념을 인정하지 말고, 고의인정 여부에 관한 일반원칙에 따라 사례를 해결하면 된다고 한다. 즉, 고의, 과실의 인정 여부에 대한 일반원칙에 따라 발생사실에 대한 고의, 과실이 인정될 수 있는 때에는 발생사실의 고의기수범 혹은 과실범을 인정하고, 발생사실에 대한 고의, 과실을 인정할 수 없을 때에는 인식사실에 대한 미수범만을 인정하면 된다고 한다.

이 견해에 의하면 乙은 甲에 대한 상해의 고의가 있었고 A를 상해할 고의는 없었기 때문에 甲에 대한 상해미수죄와 A에 대한 과실치상죄의 상상적 경합범의 죄책을 진다. 만약 A의 상해에 대한 과실도 인정할 수 없다면 甲에 대한 상해미수의 죄책만을 진다.

종합문제 15

:: 다음 사례를 읽고 물음에 답하시오.

오씨 성을 가진 甲과 고씨 성을 가진 乙은 평소 서로 자기가 더 잘났다고 생각했다. 어느 날 甲, 乙은 커피숍에서 서로 누구의 집안이 더 좋은가 논쟁을 벌였다. 甲이 乙에게 "현재 이 세계를 지배하는 사람은 오바마와 오사마라고 할 수 있는데 두 사람 모두 오씨이다. 그리고 오죽 오씨가 좋으면 소녀시대마저 '오!'라는 신곡을 냈겠느냐?"라고 하자, 乙은 "네가 아무리 까불어도 너의 집안 사람도 결국은 모두 고씨가 된다. 너희 가문의 오나시스, 오헨리도 지금은 다 고오나시스, 고오헨리가 되었다. 이 사진은 낡고 다 찢어져서 아무런 경제적 가치도 없고 팔 수 있는 것도 아니지만 다른 집안 사람들이 우리 집 안으로 들어온 기념으로 찍어 둔 사진이다. 잘 감상해 봐라!" 하면서 사진을 탁자 위에 놓고 일어나 화장실로 갔다. 甲은 그 사진을 훔쳐서 가져야겠다고 마음먹고 그 사진을 집어 들었다. 이때 유심히 옆 자리에서 甲, 乙의 논쟁을 지켜보고 있던 A가 "왜 남의 물건을 도둑질하느냐. 당장 경찰서로 가자!"고 하면서 甲의 멱살을 잡았다. 이에 甲은 사진을 도로 탁자 위에 내려놓고 A에게 겁을 주기 위해 옆에 있던 콜라병을 집어 들어 깬 후 그것을 보이며 "너 죽고 싶으냐?"라고 하였다. A는 겁을 먹지는 않았지만 혹시 몰라 재빨리 甲의 멱살을 놓고 뒤로 물러나다 자빠지면서 엉덩이에 2주간의 치료를 요하는 상처를 입었다. 화장실에 다녀오다 이 장면을 보게 된 乙은 甲이 A를 콜라병으로 찌르려 한다고 생각하고 A를 보호하기 위해 옆에 있던 물컵을 들어 甲의 얼굴을 향해 던졌고, 甲은 머리에 피가 나는 상처를 입었다. 그러나 甲이 A를 콜라병으로 찌르려고 하지는 않았다(특별법은 불문함).

1. 판례의 입장에 따라 甲의 죄책을 설명하시오.
2. 甲에게 인정할 수 있는 죄책 중 두 번째로 무거운 죄책을 인정하기 위한 논리를 제시하시오.
3. 甲에게 가장 가벼운 죄책을 인정하기 위한 논리를 제시하시오.
4. 乙에게 과실범의 죄책만을 인정하는 학설들을 소개하고 그 문제점을 제시하시오.

Ⅰ. 논점의 제시

사례에서 먼저 문제되는 것은 경제적 가치가 없는 乙의 사진이 재물에 해당하는가이다. 만약 재물에 해당된다고 하면 甲의 죄책으로 절도미수죄, 준강도치상죄의 기수 또는 미수 등이 문제된다. 만약 재물에 해당되지 않는다고 하면 甲의 행위에서 절도죄나 준강도치사죄 등은 문제되지 않고, 특수협박죄와 과실치상죄의 경합범 혹은 특수폭행치상죄의 성립 여부가 문제된다.

甲에게 인정할 수 있는 가장 무거운 죄책은 강도치상죄의 기수범이고, 그 다음으로 무거운 죄책은 강도치상죄의 미수범이다. 甲에게 강도치상죄의 미수범의 죄책을 인정하기 위해서는 乙의 사진을 재물이라고 보아 甲의 이를 훔치려고 한 행위를 절도미수죄에 해당되고, 콜라병을 깨 A에게 겁을 준 행위를 강도죄에서 요구되는 폭행 또는 협박에 해당된다고 보아 강도미수죄를 인정해야 한다. 그리고 진정결과적 가중범인 강도치상죄의 미수범을 인정하는 논리를 전개해야 한다.

한편 甲에게 가장 가벼운 죄책을 인정하기 위해서는 乙의 사진을 재물로 보지 않고, 甲의 행위를 특수폭행이 아니라 특수협박으로 보아야 하는데, A가 겁을 먹지 않았으므로 특수협박미수죄와 과실치상죄의 상상적 경합범이 성립한다는 논리를 전개해야 한다.

乙은 甲이 A를 상해하려 한다고 생각하였으나 실은 甲이 A를 상해하려고 하지 않았으므로 乙의 행위는 정당방위의 요건(전제)사실의 착오에 해당된다. 이 경우 엄격고의설, 소극적 구성요건요소이론, 제한책임설 등에서는 乙에게 과실치상죄를 인정한다. 이러한 견해들의 근거와 그 문제점은 무엇인가를 살펴보기로 한다.

Ⅱ. 甲의 죄책

1. 판례의 입장에 따른 甲의 죄책

(1) 乙의 사진의 재물성

재산죄의 객체인 재물에 경제적 가치를 요하는가에 대해 판례는 "절도죄의 객체인 재물은 반드시 객관적인 금전적 교환가치를 가질 필요는 없고 소유자, 점유자가 주관적인 가치를 가지고 있음으로써 족하다고 할 것이고, 이 경우 주관적, 경제적 가치의 유무를 판별함에 있어서는 그것이 타인에 의하여 이용되지 않는다고 하는 소극적 관계에 있어서 그 가치가 성립하더라도 관계없다"고 한다(대판 2004. 10. 28. 2004도5183). 따라서 판례에 의하면 乙의 사진은 경제적 교환가치는 없지만 주관적 가치와 타인에 의해 이용되지 않는다고 하는 소극적 가치는 지닌 것이므로 재물이 된다.

(2) 준강도미수죄의 성립 여부

甲이 乙의 사진을 훔치려고 하다가 A가 멱살을 잡자 탁자 위에 도로 내려놓은 행위는 타인이 점유하는 타인의 재물을 절취하려다 미수에 그친 것이라고 할 수 있다. 탁자 위에 놓인 乙 소유의 사진은 乙이 화장실에 간 동안에도 乙의 점유를 인정할 수 있기 때문이다.

甲이 콜라병을 깨어 A에게 죽여 버리겠다고 한 행위는 강도죄에서 요구되는 항거를 불가능하게 할 정도의 폭행이라고 할 수 있고, 체포를 면탈할 목적도 인정되므로 준강도죄에 해당된다. 판례는 준강도죄의 기수·미수는 절도의 기수·미수를 기준으로 하여야 한다고 하는데(대판 2004. 11. 18. 2004도5074 전원합의체), 甲이 乙의 사진을 잠깐 집었다가 탁자 위에 도로 놓았으므로 절도죄의 미수에 해당되고, 따라서 甲의 행위는 준강도미수죄에 해당된다.

(3) 강도치상죄의 기수 혹은 미수

판례는 "형법 제335조의 조문 가운데 '절도' 운운함은 절도기수범과 절도미수범을 모두 포함하는 것이고, 준강도가 사람을 상해했을 때에는 형법 제337조의 강도상해죄가 성립된다"(대판 1990. 2. 27. 89도2532), "형법 제337조의 강도상해, 치상죄는 재물강취의 기수와 미수를 불문하고 범인이 강도범행의 기회에 사람을 상해하거나 치상하게 되면 성립하는 것이다"라고 한다(대판 1986. 9. 23. 86도1526). 따라서 甲도 강도치상죄의 주체가 될 수 있다.

강도치상죄가 성립하기 위해서는 甲의 폭행 혹은 협박행위와 A가 상처를 입은 것 사이에 상당인과관계가 인정되고 A가 상처를 입은 것에 대한 예견가능성이 인정되어야 하는데, 사례에서 상당인과관계 및 예견가능성이 인정될 것이다.

(4) 정 리

판례에 의하면 甲은 강도치상죄(제337조)의 죄책을 진다.

2. 甲에게 두 번째로 무거운 죄책을 인정하기 위한 논리

(1) 해결방법

甲에게 무거운 죄책을 인정하기 위해서는 첫째, 乙의 사진을 재물로 보아 절도미수범이 폭행·협박을 한 것으로 준강도죄의 문제로 다루어야 하고, 둘째, A가 상처를 입은 것에 대해 준강도치상죄의 문제로 다루어야 한다. 그리고 준강도치상죄의 기수범을 인정하는 것이 가장 무거운 죄책을 인정하는 것이므로, 두 번째로 무거운 죄책을 인정하기 위해서는 준강도치상죄의 미수범을 인정해야 한다는 논리를 전개해야 한다.

(2) 재물과 경제적 가치

재물에 경제적 가치를 요하는가에 대해 통설은 경제적 가치를 요하지 않는다고 한다. 이 견해는 ① 전체로서의 재산을 보호하는 이득죄와 재물죄는 구별해야 하고, ② 소유권범죄는 재물에 대한 형식적·법적 지위를 보호하고 이러한 지위는 실질적·경제적 표준에 의해 결정되는 것이 아니라 물권법적 권리가 있느냐에 따라 형식적으로 결정된다는 것을 근거로 든다. 이에 대해 판례는 경제적 교환가치까지 요하지는 않지만 주관적·소극적 가치는 요한다고 한다.

재물에 경제적 가치를 요한다는 학설은 ① 독일형법과 달리 우리 형법은 재물죄의 객체를 물건이라고 하지 않고 재물이라고 하고 있고, ② 재물이란 재산적 가치가 있는 물건이라는 의미이고, ③ 재산적 가치란 결국 경제적 교환가치를 의미한다는 것을 근거로 든다.

따라서 통설·판례에 의하면 甲은 강도치상죄의 죄책을 질 수 있다.

(3) 강도치상죄의 미수범의 인정 여부

형법 제342조는 제337조의 미수범을 처벌하는 규정인데, 여기에 진정결과적 가중범인 강도치상죄의 미수범도 인정할 것인가 문제된다. 강도치상죄의 미수범이란 강도미수범이 과실로 상해의 결과를 발생시킨 형태의 범죄를 의미하게 된다.

부정설은 제342조는 입법상의 과오로서 진정결과적 가중범인 강도치상죄가 아니라 두 개의 고의범이 결합되어 있는 범죄, 즉 강도상해죄의 미수범만을 규정한 것이라고 한다. 강도치상죄의 미수범을 인정하게 되면 ① 강간미수범이나 체포감금미수범도 강간치상죄, 체포감금치상죄의 기수범이 되는 것과 균형이 맞지 않고, ② 강도치상죄의 가중처벌은 강도가 기수, 미수인가보다 상해를 발생시켰다는 데에 중점이 있고, ③ 이론상 진정결과적 가중범의 미수범은 인정할 수 없다는 것 등을 근거로 든다.

이에 대해 긍정설은 ① 제342조가 입법상의 과오라면 이는 해석에 의해 해결할 것이 아니라 입법에 의해 해결해야 하고, ② 강도치상죄를 제342조에서 배제하는 해석은 피고인에게 불리한 축소해석으로서 죄형법정주의에 위반되고, ③ 강도치상죄의 미수감경 규정을 둠으로써 강도치상죄의 법정형이 지나치게 높은 것(무기 또는 7년 이상의 징역)을 완화시킬 수 있다는 것을 근거로 든다.

(4) 정 리

甲에게 인정할 수 있는 죄책 중 가장 무거운 것은 강도치상죄의 기수범이므로, 두 번째로 무거운 죄책은 강도치상죄의 미수범이다.

3. 甲에게 가장 가벼운 죄책을 인정하기 위한 논리

(1) 해결방법

甲에게 가장 가벼운 죄책을 인정하기 위해서는 첫째, 乙의 사진을 재물로 보지 않아 甲이 乙의 사진을 가지려고 한 것을 절도죄로 보지 않음으로써 준강도죄를 문제삼지 않고, 둘째, 甲이 콜라병으로 A에게 겁을 준 것을 특수폭행으로 보아 폭행치상죄를 인정하지 않고 특수협박죄와 과실치상죄의 상상적 경합을 인정하고, 셋째, 특수협박죄의 기수시기를 상대방이 공포심을 느낀 때로 보아 특수협박죄의 미수범을 인정하는 것이다.

(2) 재물과 경제적 가치

甲에게 절도죄를 인정하지 않기 위해서는 乙의 사진과 같이 경제적 교환가치를 갖지 않는 물건은 재물에 속하지 않고, 재물에 속한다고 하는 것은 재산적 가치있는 물건(재물)에 재산적 가치없는 물건도 포함된다고 하는 것인데 이는 피고인에게 불리한 유추해석으로서 죄형법정주의에 반한다고 해야 한다.

(3) 특수협박 혹은 특수폭행

甲이 A에게 깨어진 콜라병을 보인 것은 흉기 기타 위험한 물건을 휴대한 폭행 또는 협박이 될 수 있다. 그런데 이를 특수폭행이라고 보게 되면 甲은 폭행치상죄(제262조)의 죄책을 지게 된다. 따라서 甲에게 좀더 가벼운 죄책을 인정하기 위해서는 甲이 A의 신체를 향해 깨어진 콜라병를 휘두른 것이 아니라 A에게 깨어진 콜라병을 보이기만 한 것이므로 특수폭행이라기보다는 특수협박에 해당된다는 논리를 전개해야 한다. 그리고 A가 상처를 입은 것에 대해 甲의 과실은 인정될 수 있으므로 과실치상죄를 인정하면 된다.

(4) 협박죄의 기수시기

협박죄의 기수시기에 대해 판례는 해악을 고지하여 상대방에게 도달하고 상대방이 이를 인지한 때라고 하지만(대판 2007. 9. 28. 2007도606 전원합의체. 협박죄가 성립하려면 고지된 해악의 내용이 일반적으로 사람으로 하여금 공포심을 일으키게 하기에 충분한 것이어야 하지만, 상대방이 그에 의하여 현실적으로 공포심을 일으킬 것까지 요구하는 것은 아니며 … 협박죄의 미수범 처벌조항은 해악의 고지가 현실적으로 상대방에게 도달하지 아니한 경우나, 도달은 하였으나 상대방이 이를 지각하지 못하였거나 고지된 해악의 의미를 인식하지 못한 경우 등에 적용될 뿐이다), 통설은 해악을 고지하여 상대방이 공포심을 느낀 때라고 한다. 甲에게 가벼운 죄책을 인정하기 위해서는 통설의 입장을 따라 사례에서 甲의 행위가 특수협박죄의 미수에 해당된다고 해야 한다.

(5) 정 리

결국 甲에게 인정할 수 있는 가장 가벼운 죄책은 특수협박죄의 미수범(제284조, 제286조, 제25조)과 과실치상죄(제266조)의 상상적 경합범이다.

Ⅲ. 乙의 죄책

1. 문제의 소재

乙이 甲에게 상처를 입힌 행위는 정방방위의 요건(전제)사실의 착오에 해당되고, 乙이 이러한 착오에 빠지게 된 데에 과실도 인정된다. 이 경우 제한고의설과 엄격책임설은 모두 고의 상해죄를 인정하지만, 엄격고의설, 소극적 구성요건요소이론, 제한책임설 등은 乙에게 과실치상죄를 인정한다. 이러한 학설의 내용과 문제점은 다음과 같다.

2. 엄격고의설

엄격고의설은 고의는 책임요소라고 하고, 고의가 성립하기 위해서는 구성요건적 사실의 인식과 위법성의 인식이 필요하다고 한다. 그런데 사례에서 乙이 구성요건사실은 인식하였지만, 자신의 행위가 정당방위라고 생각하여 위법성은 인식하지 못하였으므로 고의가 성립할 수 없다고 한다. 다만, 乙의 착오에 과실이 있으므로 乙은 과실치상죄의 책임을 진다고 한다.

엄격고의설에 대해서는 ① 고의는 책임요소가 아닌 주관적 구성요건요소로서 고의의 성립에 구성요건적 사실의 인식만 있으면 족하고 위법성의 인식까지 요하지 않고, ② 위법성의 인식가능성은 독자적인 책임요소이므로 고의와 상관없이 책임조각·감경에만 영향을 미치고, ③ 엄격고의설에 의하면 위법성의 인식없이 행위한 사람에 대해 과실범으로 처벌해야 하는데, 과실범은 예외적으로만 처벌되고, 처벌되더라도 고의범에 비해 형벌이 현저하게 낮기 때문에 처벌의 공백이 너무 커진다는 비판이 제기된다.

3. 소극적 구성요건요소이론

소극적 구성요건요소이론은 구성요건해당성이 있기 위해서는 적극적 요소와 소극적 요소가 모두 충족되어야 하는데 적극적 구성요건요소는 통설이 말하는 구성요건요소이고, 소극적 구성요건요소는 통설이 말하는 위법성조각사유의 부존재를 말한다고 한다. 그리고 이를 총체적 구성요건이라고 한다. 총제척 구성요건해당성이 있기 위해서는 불법고의(총체적 구성요건에 대한 고의)가 있어야 하는데, 사례에서 乙은 위법성조각사유인 정당방위의사가 있으므로 소극적 구성요건에 대한 고의를 충족하지 못하고 따라서 과실치상죄에 해당된다고 한다.

이 이론에 대해서는 ① 구성요건해당성이 없는 행위와 구성요건에는 해당하지만 위법성이 조각되는 행위의 질적 차이를 무시하고, ② 엄격고의설의 경우와 같이 처벌의 공백이 너무 크다는 비판이 제기된다.

4. 제한책임설

(1) 사실의 착오 유추적용설

이 견해는 정당방위의 요건사실의 착오는 구성요건적 사실의 착오와 다르지만, 사실관계에 대한 착오가 있었다는 점에는 유사하므로 정당방위의 요건사실의 착오에 구성요건적 사실의 착오를 유추적용하자고 한다. 이에 의하면 乙의 행위는 처음부터 과실치상죄의 구성요건에 해당하는 행위가 된다.

이 견해에 대해서는 ① 乙에게 상해의 고의가 있음이 분명한 데도 과실범의 구성요건에 해당한다고 하는 것은 지나치고, ② 정당방위의 요건사실의 착오에 빠진 사람을 교사하여 죄를 범하게 하였을 경우 제한적 종속형식에 의하면 교사범이 아니라 간접정범이 성립한다고 해야 한다는 비판이 제기된다.

(2) 법효과제한책임설

이 견해는 乙의 행위가 고의상해죄의 구성요건해당성과 위법성은 있지만, 乙에게 과실책임만을 인정하자고 하고, 그 근거로 책임고의의 탈락을 든다. 책임고의란 행위자가 자신의 행위가 법에 위반된다는 사실을 알면서도 행위를 할 때의 의사, 즉 법을 적대시하는 의사 혹은 법 적대적 의사를 말하는데, 乙은 정당방위라고 생각하고 행위를 하였으므로 법을 위반한다는 인식이 없어 책임고의가 조각된다고 한다.

이 견해에 대해서는 ① 고의범의 구성요건해당성과 위법성이 있는 행위를 한 사람에 대해 과실책임만을 묻은 것은 중대한 예외를 인정하는 것으로서 그 예외를 인정할 만한 확실한 근거가 있어야 하는데, ② 책임고의라는 개념이 분명하지 않아 중대한 예외를 인정할 수 있는 근거로서는 충분하지 않고, ③ 책임고의를 법적대적 의사라고 한다면 모든 법률의 착오에서 행위자에게 법적대적 의사가 존재하지 않으므로 위법성조각사유의 요건사실의 착오만이 아니라 모든 법률의 착오에서 과실범만을 인정할 수 있다는 비판이 제기된다.

종합문제 16

:: 다음 사례를 읽고 물음에 답하시오.

甲은 동네 이발소에서 스포츠머리로 머리를 짧게 자르고 옆에 있는 A설렁탕집에 가서 설렁탕을 시켜 먹었다. 그런데 배추값이 폭등하자 A설렁탕집에는 배추김치는 없고 깍두기만 반찬으로 나왔다. 甲은 기분이 상했지만 참고 설렁탕을 먹고 있는데, 이번에는 설렁탕에서 파리가 나왔다. 甲은 설렁탕집 주인 B를 불러 “배추김치가 없으면 양배추김치라도 줘야 하는 것 아니오? 또 파리가 있으니 당장 설렁탕을 바꿔 주시오!”라고 하였다.

그런데 B는 사과를 하기는커녕 “양배추값이 배추값보다 더 비싼 것도 모르는 이 무식한 깍두기야. 깍두기머리면 깍두기로 만족해라. 그리고 파리가 설렁탕을 먹으면 얼마나 먹는다고 그렇게 난리냐. 조용히 먹고 사라져라”라고 하였다. 화가 난 甲은 “그래 나 깍두기다. 당신, 깍두기 맛 좀 봐라”하면서 B의 멱살을 잡고 흔들다 밀어 버렸고, B는 바닥에 넘어졌지만 상처는 입지 않았다. 甲은 B에게 설렁탕값을 집어 던지고 나오면서, 겁을 주기 위해 “내가 가만히 있나 봐라. 이 집을 깍두기처럼 확 버무려 줄테니 한번 매운 맛을 볼 것이다”라고 하였다. B는 겁을 먹기는커녕 돈을 받은 것만을 기뻐하며 “안녕히 가시고, 다시 한번 왕림하셔서 매운 깍두기 좀 담가 주세요!”라고 甲을 놀렸다.

甲은 자신이 당한 일을 동네사람들이 알아야 한다고 생각하고 동사무소 게시판에 “A설렁탕집은 반찬으로 배추김치 대신 파리를 주고, 주인 B는 이렇게 비양심적인 인간말종이니 많이 이용해 주시기 바랍니다”라고 쓴 대자보를 붙여 놓았다.

1. 甲에게 가장 무거운 죄책을 인정할 수 있는 논리를 전개하시오.
2. 甲에게 가장 가벼운 죄책을 인정할 수 있는 논리를 전개하시오.

Ⅰ. 논점의 제시

甲의 행위로 형법상 문제되는 것은 다음과 같다.

1. B의 멱살을 잡고 흔들다 밀쳐 넘어뜨린 행위가 폭행죄(제260조)에 해당되는가 아니면 상해미수죄(제257조 제 1 항 · 제 3 항)에 해당되는가이다.

2. B에게 겁을 주기 위해 깍두기처럼 버무려 주겠다고 하였는데 이것이 협박죄

(제283조)에 해당되는가, 해당된다면 기수인가 미수(제286조)인가 문제된다.

3. “A설렁탕집은 배추김치 대신 파리를 반찬으로 놓는다”고 한 행위가 허위사실을 유포한 것으로서 업무방해죄(제314조)에 해당되는가 아니면 진실한 사실을 적시한 것으로서 B에 대한 명예훼손죄(제307조 제1항)에 해당되는가, 해당된다면 제310조 또는 기타 사유에 의해 위법성이 조각되는가 문제된다.

4. “B는 비양심적인 인간말종이다”라고 한 것이 모욕죄(제311조)에 해당되는가, 해당된다면 위법성이 조각되는가 문제된다.

5. 위의 범죄들이 성립하는 경우 죄수관계가 문제된다.

Ⅱ. 甲에게 가장 무거운 죄책을 인정하기 위한 논거

甲에게 가장 무거운 죄책을 인정하기 위해서는 상해미수죄, 협박기수죄, 업무방해죄, 모욕죄를 인정하고, 될 수 있으면 이들 범죄가 실체적 경합범에 해당된다고 해야 한다.

1. 상해미수죄(제257조 제3항)의 성립 여부

甲이 B의 멱살을 잡고 흔들다 뒤로 밀은 행위는 폭행행위라고 할 수도 있고, 상해행위라고 할 수도 있다. 그런데 B가 바닥에 넘어질 정도로 밀은 행위는 단순히 B의 신체에 대한 유형력의 행사로서 폭행행위에 그치는 것이 아니라 B의 생리적 기능을 훼손하려는 행위로서 상해행위에 해당된다고 할 수도 있다. 또한 그 정도의 세기로 밀었을 때에는 B가 상처를 입어도 할 수 없다고 하는 미필적 고의도 인정할 수 있다. 상해죄는 B가 상처를 입는 결과가 발생해야 기수가 되는데, B가 상처는 입지 않았으므로 상해미수죄에 해당된다.

甲의 행위가 사회상규에 위배되지 않는 행위라고 할 수 없으므로 위법성이 조각되지 않고, 기타 책임조각사유도 존재하지 않는다. 따라서 甲은 상해미수의 죄책을 진다.

2. 협박기수죄(제283조)의 성립 여부

甲이 B에게 겁을 주기 위해 깍두기처럼 버무려 주겠다고 하였는데 이것은 사람에게 공포심을 일으킬 만한 해악을 고지한 것으로서 협박죄의 협박행위에 해당된다고 할 수 있다. 그런데 B가 甲의 말에 공포심을 일으키지 않았으므로, 협박죄의 기수인가 미수(제286조)인가 문제된다.

해악의 고지가 상대방에게 도달하고 상대방이 그 의미를 인식한 경우에는 공포심을 느끼지 않아도 기수가 된다고 해야 한다. 그 이유는 상대방이 공포심을 느끼는지 여부에 따라 협박죄의 기수, 미수를 정하게 되면 상대방의 주관적 사정에 따라 기수, 미수가 정해지므로 법적 안정성이 침해되기 때문이다. 따라서 협박죄는 상대방에게 공포심을 일으킬 만한 해악을 고지하고 이것이 상대방에게 도달하고 상대방이 그 내용을 인지한 경우에는 상대방이 공포심을 느꼈는지 여부에 상관없이 협박기수죄가 성립한다고 해야 한다고 한다. 판례도 이러한 입장을 따른다.

따라서 甲의 행위는 협박기수죄에 해당되고, 별다른 위법성조각사유나 책임조각사유는 존재하지 않으므로 甲은 협박기수죄의 죄책을 진다.

3. 업무방해죄(제314조)의 성립 여부

업무방해죄는 허위사실을 유포하거나 위계 또는 위력으로서 사람의 업무를 방해하는 죄이다(제314조). 만약 "A설렁탕집은 배추김치 대신 파리를 반찬으로 놓는다"고 한 것이 허위사실이라고 한다면 甲이 이를 동사무소 게시판에 대자보로 붙인 행위는 허위사실을 유포하여 B의 업무를 방해한 것이라고 할 수 있다.

甲이 게시한 내용은 단순한 평가가 아니고 사실의 적시라고 할 수 있다. 허위사실인가 아닌가는 전체적인 내용을 종합해서 평가해야 한다. 그런데 A설렁탕집의 설렁탕에서 파리가 나온 것과 A설렁탕집이 파리를 반찬으로 내놓는다는 것은 그 중요한 부분에서 차이가 있다고 할 수 있다. 따라서 甲이 동사무소 게시판에 위와 같은 내용의 대자보를 붙인 행위는 허위사실을 유포한 것으로서 업무방해죄에 해당된다고 할 수 있다. 업무방해죄는 추상적 위험범이므로 허위사실 유포행위가 있으면 성립할 수 있다.

甲이 동네사람들에게 A설렁탕집의 문제점을 알리려고 하는 의도가 있었지만, 이로 인해 甲의 행위가 사회상규에 위배되지 않는 행위라고 하기는 어렵다. 또한 별다른 책임조각사유도 존재하지 않는다.

따라서 甲은 업무방해죄의 죄책을 진다.

4. 모욕죄(제311조)의 성립 여부

"B는 비양심적인 인간말종이다"라고 한 행위는 사실의 적시라고 할 수 없고, B의 사회적 평가를 저하시킬 만한 모욕행위라고 할 수 있다. 甲이 이러한 내용이 적힌 대자보를 동사무소 게시판에 붙였으므로 공연성도 인정된다.

모욕죄에 대해서는 제310조가 적용되지 않고, 甲의 행위에 기타 위법성조각사유가 존재하지 않으며, 책임조각사유도 없다.

따라서 甲은 모욕죄의 죄책을 진다.

5. 죄수 및 정리

甲은 상해미수죄, 협박기수죄, 업무방해죄, 모욕죄의 죄책을 진다. 이 중 업무방해죄와 모욕죄는 같은 대자보에 있는 내용이지만 별개의 행위로 이루어진 것이라고 보아야 하므로 이들 범죄는 모두 수 개의 행위로 범한 수 개의 죄로서 실체적 경합범(제37조 제1항 전단)의 관계에 있다.

Ⅲ. 甲에게 가장 가벼운 죄책을 인정할 수 있는 논거

甲에게 가장 가벼운 죄책을 인정하기 위해서는 상해미수죄가 아닌 폭행죄, 협박기수죄가 아닌 협박미수죄, 업무방해죄가 아닌 명예훼손죄, 모욕죄를 인정하고 이들의 위법성조각을 주장하는 것이다.

1. 폭행죄(제260조 제 1 항)와 위법성조각

甲이 B의 멱살을 잡고 흔들다 밀쳐 넘어뜨린 행위는 B의 불친절한 행위에 대한 분노의 표현에 불과한 것이므로 상해의 고의까지 있다고 하기 어렵다. 따라서 이는 B의 생리적 기능을 훼손하려는 행위가 아닌 신체에 대한 유형력의 행사로서 상해미수죄가 아닌 폭행죄에 해당될 뿐이다.

또한 손님이 불친절하게 대응하는 음식점 주인에게 이러한 정도의 유형력을 행사한 것은 경미한 법익침해 행위로서 사회상규에 위배되지 않는 행위(제20조)로 위법성이 조각될 수 있을 것이다. 따라서 甲은 폭행죄의 죄책을 지지 않는다.

2. 협박미수죄와 위법성조각

甲의 행위가 협박행위에 해당한다 하더라도 협박죄의 기수가 되기 위해서는 상대방이 공포심을 느껴야 한다고 해야 한다. 우리 형법은 독일형법과 달리 협박죄의 미수를 처벌하고 있으므로 공포심을 느껴야 협박죄의 기수가 된다는 것이 자연스러운 해석이고, 상대방이 공포심을 느꼈는지는 재판과정에서 입증하면 족하고, 이러한 입증이 어렵다고 하여 기수라고 하는 것은 '의심스러울 때는 피고인의 이익으로'라는 원칙에 반한다고 할 수 있기 때문이다. 따라서 甲의 행위는 협박미수죄에 해당될 뿐이다.

또한 甲의 행위가 협박미수죄에 해당한다고 하더라도 B의 불친절한 행동에 대한 항의의 표시로 이러한 행위를 한 것이므로 사회상규에 위배되지 않는 행위(제20조)로 위법성이 조각될 수 있다고 해야 한다. 따라서 甲은 협박미수의 죄책을 지지 않는다.

3. 명예훼손죄(제307조 제 1 항)와 위법성조각

甲의 "A설렁탕집은 배추김치 대신 파리를 반찬으로 놓는다"는 표현은 A설렁탕집이 실제로 파리를 반찬으로 놓는다는 것을 의미하기보다는 A설렁탕집의 음식과 서비스가 좋지 않다는 의미라고 해야 한다. 왜냐하면 파리를 반찬으로 놓는다는 말을 액면 그대로 믿을 사람은 없을 것이기 때문이다. 따라서 A설렁탕집이 불친절하고 음식에서 파리가 나온 것은 사실이므로 甲의 표현은 허위의 사실을 적시한 것이라기보다는 진실한 사실을 적시한 것이라고 할 수 있다. 따라서 甲의 행위는 업무방해죄에 해당될 수 없고, 제307조 제1항의 진실한 사실 적시에 의한 B의 명예훼손행위에나 해당될 수 있을 것이다.

이 경우에도 甲이 진실한 사실을 적시하였고, 동네 사람들이 자신과 똑같은 피해를 당하지 않도록 하기 위한 것으로 공공의 이익을 위한 것이므로 甲의 행위는 제310조에 의해 위법성이 조각된다. 따라서 甲은 명예훼손죄의 죄책을 지지 않는다.

4. 모욕죄와 명예훼손죄

"B는 비양심적인 인간말종이다"라고 한 것이 모욕죄(제311조)에 해당될 수 있는데 이는 B의 불친절과 비양심적인 음식점 경영사실을 알리기 위한 과정에서 이루어진 것으로서 명예훼손행위와 별개로 다룰 것이 아니라 명예훼손행위에 포함된다고 해야 할 것이다. 그런데 명예훼손행위의 위법성이 조각되므로 모욕죄도 별도로 성립하지 않는다고 해야 할 것이다. 따라서 甲은 모욕죄의 죄책을 지지 않는다.

5. 정 리

결국 甲의 행위는 모두 위법성이 조각되어 甲은 무죄라고 해야 한다.

Ⅳ. 정 리

甲에게 가장 무거운 죄책을 인정하기 위해서는 상해미수죄, 협박기수죄, 업무방해죄, 모욕죄를 인정하고, 이들 범죄는 모두 실체적 경합관계에 있다고 해야 한다.

甲에게 가장 가벼운 죄책을 인정하기 위해서는 甲의 행위가 폭행죄, 협박미수죄, 제307조 제1항의 명예훼손죄, 모욕죄에 해당되지만, 폭행죄, 협박미수죄는 경미한 법익침해행위로서 위법성이 조각되고, 명예훼손죄는 제310조에 의해 위법성이 조각되고, 모욕죄는 명예훼손죄에 흡수되어 甲은 무죄라고 해야 한다.

종합문제 17

:: 다음 사례를 읽고 물음에 답하시오.

16년동안 K쇼핑몰에서만 경비원으로 근무한 甲(호는 '방범')은 쇼핑몰을 순찰하던 중 乙, 丙이 A의 옷가게 앞에 진열되어 있는 옷을 훔치려고 하는 것을 발견하게 되었다. 평소 자신을 경비원이라고 우습게 여기고 사사건건 잔소리를 하는 A에 대해 원한을 가지고 있던 甲은 잘 되었다고 생각하고 모르는 체하였고, 그 사이에 乙, 丙은 티셔츠 3벌과 청바지 2벌을 훔쳐가지고 달아났다.

다음 날 甲은 A의 가게에 들러 그동안 별 일이 없었느냐고 물어보았다. A는 "당신이 순찰을 게을리해서 옷을 도둑맞지 않았느냐! 나가!"라고 하면서 가지고 있던 서류로 甲의 머리를 때렸다. 이에 甲은 복수심에 불타 얼굴에 점을 붙이고 A에게 상해를 가하기 위해 A의 얼굴을 향해 가지고 있던 곤봉을 집어 던졌다. 그런데 곤봉은 지나가던 행인 B의 이마에 맞았고, B는 이마가 찢어지는 전치 2주의 상처를 입었다. A와 B에게 끌려 경찰에 가서 조사를 받고 온 甲은 A에 대한 원한이 더욱 깊어져 A를 죽여 버려야겠다고 결심하였다. 甲은 그날 밤 A가 가게에서 잔다는 사실을 알아내고 A의 가게에 방화하였고, A는 불에 타 죽고 말았다.

1. 乙, 丙이 옷을 훔치는 것을 제지하지 않은 행위로 인해 甲은 어떤 죄책을 지는가?
2. A를 상해하려다가 B에게 상처를 입히고, A의 가게에 불을 질러 A를 살해한 행위로 인한 甲의 죄책을 판례의 입장에 따라 설명하시오.
3. 2.의 판례의 입장에 대한 비판적 견해의 결론과 그 근거를 제시하시오.

Ⅰ. 논점의 제시

1. 乙, 丙이 A의 가게에서 옷을 훔친 행위는 형법 제331조 제2항의 특수절도죄에 해당된다. 甲은 乙, 丙의 행위를 알고서도 이를 제지하지 않았으므로 부작위범의 죄책을 질 수 있는데, 이 경우 甲이 특수절도죄의 정범, 특수절도죄의 방조범, 단순절도죄의 정범, 단순절도죄의 방조범 중 어떤 죄책을 지는가 문제된다. 이는 부작위범의 동가치성의 문제와 관련되어 있다.

2. (1) 甲이 A를 상해하기 위해 곤봉을 던져 B에게 상처를 입힌 것은 구체적 사

실의 착오 중 방법의 착오에 해당된다. 이 경우 甲에게 어떤 죄책을 인정할 것인가 문제된다.

(2) 甲이 A의 가게에 불을 질러 A를 살해한 행위는 현주건조물방화치사죄(제164조 제2항)에 해당된다. 현주건조물방화치사죄는 현주건조물에 방화하여 과실로 사망의 결과를 발생시킨 경우에도 성립하는데, 사망에 대해 고의가 있는 경우 현주건조물방화치사죄와 살인죄의 죄수관계가 문제된다.

3. 구체적 사실의 착오 중 방법의 착오 및 중한 결과에 대한 고의가 있는 경우 부진정결과적 가중범과 중한 결과에 대한 고의범의 죄수에 대한 판례와 다른 입장을 취하는 견해들이 있는데, 이에 따른 결론과 그 근거는 무엇인가 문제된다.

Ⅱ. 乙, 丙의 특수절도범행을 제지하지 않은 甲의 죄책

1. 부작위범의 성립 여부

甲이 A의 옷을 훔친 것이 아니고 乙, 丙이 훔치는 것을 제지하지 않았으므로 부작위범의 성립 여부가 문제된다. 통설·판례에 의하면, 부작위범이 성립하기 위해서는 i) 작위의무를 지닌 자가, ii) 위험발생방지를 위한 작위가 가능하고, iii) 자신에 의해서만 위험발생이 방지될 수 있는 상황에서, iv) 부작위를 하고, v) 그 부작위가 작위에 의한 범죄수행과 동가치성이 있어야 한다.

i) 甲은 K쇼핑몰의 직원으로서 경비업무를 담당하고 있으므로 근로계약상의 작위의무가 인정되고, ii) 甲이 乙, 丙의 절도행위를 방지할 수 있는 가능성이 있었고, iii) 甲만이 乙, 丙의 행위를 눈치챘으므로 甲에 의해서만 절도범행이 방지될 수 있는 상황에서, iv) 乙, 丙의 범행을 제지하지 않는 부작위를 하였으므로 부작위범의 다른 요건은 모두 충족한다. 문제는 v) 甲의 부작위가 어느 정도의 작위범행과 동가치성이 있는가이다.

2. 동가치성의 문제

甲의 부작위가 i) 특수절도죄의 정범, ii) 단순절도죄의 정범, iii) 특수절도죄의 방조범, iv) 단순절도죄의 방조범 중 어느 것과 동가치성이 인정되는가 문제된다.

(1) 동가치성 불요설의 입장

작위의무자가 위험발생을 방지할 수 있었고, 자신에 의해서만 위험발생이 방지될 수 있는 상황에서 위험발생을 방지하지 않았으면 부작위범이 성립하고 더 이상의 동가치성이란 요건은 필요하지 않다고 하는 견해가 있다. 이 견해에 의하면 甲은 부작위에 의한 특수절도죄의 정범의 죄책을 질 수 있다.

(2) 다수설의 입장

다수설은 살인죄, 상해죄, 방화죄와 같이 결과가 발생하면 처벌되는 범죄에서는 동가치성이 특별한 의미를 갖지 않지만, 사기죄, 특수폭행죄, 특수강도죄 등과 같이 일정한 행위방법에 의해 수행될 것을 요하는 범죄에서는 동가치성이 의미를 갖는다고 한다. 이에 의하면 특수절도죄 역시 일정한 행위방법에 의해 수행될 범죄이므로 동가치성이 문제된다.

분명하지는 않지만, 다수설에 의하면 甲의 부작위는 특수절도죄와 동가치성을 갖지 않고, 甲이 스스로 옷을 영득한 것은 아니기 때문에 정범과 동가치성도 갖지 않을 것이다. 따라서 甲은 부작위에 의한 단순절도죄의 방조범(제329조 제 1 항, 제32조, 제18조)의 죄책을 질 것이다.

(3) 판례의 입장

판례는 살인죄에서도 동가치성 여부를 문제삼는다(대판 1992. 2. 11. 91도2951). 이는 모든 부작위범에서 동가치성을 문제삼은 입장이라고 할 수 있다. 또한 판례는 부하직원들의 배임사실을 알고도 방치한 은행지점장(대판 1984. 11. 27. 84도1906), 부하공무원이 입찰보증금을 횡령하고 있는 사실을 알면서도 이를 용인한 공무원(대판 1996. 9. 6. 95도2551)에 대해 정범을 인정하지 않고 방조범을 인정하고 있다.

이러한 판례의 입장을 따르면 甲은 부작위에 의한 단순절도죄의 방조범의 죄책을 질 것이다.

Ⅲ. 판례에 따른 A, B에 대한 범행에서 甲의 죄책

1. A를 상해하려다 B를 상해한 행위

甲이 A를 상해하려다 B를 상해한 결과를 발생시킨 것은 구체적 사실의 착오 중 방법의 착오에 해당된다. 이 경우 판례는 "소위 타격의 착오가 있는 경우라 할지라도 행위자의 살인의 범의 성립에 방해가 되지 아니한다"(대판 1984. 1. 24. 83도2813)고 하는데, 이는 법정적 부합설과 같은 입장이라고 할 수 있다. 법정적 부합설은 구체적 사실의 착오 중 방법의 착오에 대해 발생사실에 대한 고의기수책임을 인정한다.

따라서 판례에 의하면 甲은 B에 대한 상해기수죄(제257조)의 죄책을 진다.

2. A의 가게에 방화하여 A를 살해한 행위

판례는 부진정결과적 가중범에서 중한 결과에 대해 고의가 있는 경우의 죄수에 대해 "기본범죄를 통하여 고의로 중한 결과를 발생하게 한 경우에 가중 처벌하는 부진정결과적가중범에서, 고의로 중한 결과를 발생하게 한 행위가 별도의 구성요건에 해당하고 그 고의범에 대하여 결과적가중범에 정한 형보다 더 무겁게 처벌하는 규정이 있는 경우에는 그 고의범과 결과적가중범이 상상적 경합관계에 있지만, 위와 같이 고의범에 대하여 더 무겁게 처벌하는 규정이 없는 경우에는 결과적가중범이 고의범에 대하여 특별관계에 있으므로 결과적가중범만 성립하고 이와 법조경합의 관계에 있는 고의범에 대하여는 별도로 죄를 구성하지 않는다"고 한다(대판 2008. 11. 27. 2008도7311).

이에 의하면 현주건조물방화치사죄의 형벌이 살인죄(제250조 제1항)보다 무겁기 때문에 甲은 현주건조물방화치사죄의 죄책만을 진다.

Ⅳ. 판례와 다른 입장에 따른 A, B에 대한 범행에서 甲의 죄책

1. A를 상해하려다 B를 상해한 행위

사실의 착오에 관한 구체적 부합설에 의할 경우 甲은 A에 대한 상해미수죄와 B에 대한 과실치상죄의 상상적 경합범의 죄책을 진다. 구체적 부합설에서는 사례에서 B에 대한 상해의 고의를 인정하는 것은 무리라는 근거를 든다.

2. A의 가게에 방화하여 A를 살해한 행위

중한 결과에 대한 고의가 있는 경우 부진정결과적 가중범의 죄수와 관련하여 판례와 다른 입장은 두 가지로 요약할 수 있다.

첫째, 부진정결과적 가중범을 인정하는 한 중한 결과에 대해 고의가 있는 경우에도 부진정결과적 가중범만을 인정하든가 부진정결과적 가중범을 인정하지 않고 기본범죄와 중한 결과에 대한 고의범의 상상적 경합범을 인정해야 한다는 견해가 있다. 이 견해는 부진정결과적 가중범과 중한 결과에 대한 고의범을 인정하는 것은 하나의 고의를 이중평가하는 문제점이 있다고 한다. 이 견해에 의하면 사례에서 甲은 현주건조물방화치사죄의 죄책만을 진다.

둘째, 중한 결과에 대해 고의가 있는 경우에는 언제나 부진정결과적 가중범과 중한 결과에 대한 고의범의 상상적 경합범을 인정해야 한다는 견해가 있다. 이 견해에 의하면 甲은 현주건조물방화치사죄와 살인죄의 상상적 경합범의 죄책을 진다.

종합문제 18

∷ 다음 사례를 읽고 물음에 답하시오.

(1) 대학생 甲과 乙은 친구 A의 검은 우산을 빌려 쓰고 PC방에 갔다. 甲, 乙은 인터넷신문 '오마이갓'에서 '두나라당'의 '한강수' 대표가 조개종 총무원장 제곱스님에게 "강북 삼선동에 있는 보은사의 주지 '맹진'이 정부가 하는 일에 사사건건 반대하는 좌파 빨갱이니 목을 잘라 버리라"고 하자 제곱스님이 "목까지 자를 것은 없고 주지 자리만 자르겠다"고 하였고, 이를 알게 된 맹진스님이 "'한강수'는 병역기피자이고 나는 월남전 참전용사인데, 누가 빨갱이인가? '한강수'는 한강물에 빠져 버려야 한다"고 하였다는 뉴스를 보게 되었다. 얼마 후 PC방을 나오며 乙은 요금을 계산하였고, 그동안 甲은 입구의 통에 놓아 둔 우산을 찾았는데, 여러 개의 우산 중 검은 우산이 3개 있었으나 어느 것이 A의 우산인지 잘 알 수가 없었다. 甲은 어차피 비슷한 검은 우산이니 아무것이나 가져가자 하면서 그중 하나를 가져왔다. 그러나 그 우산은 A의 것이 아니었다.

(2) PC방을 나와 甲은 왼쪽에서, 乙은 오른쪽에서 함께 우산을 쓰고 걸어가면서 '한강수'와 '맹진'스님에 대해 논쟁을 벌였다. 버스정류장에 이르렀을 때 乙이 "'맹진' 스님도 너무 하는 것 아니냐?"고 하자, 甲은 "그럼 '한강수'가 잘했단 말이냐?"라고 핀잔을 하면서 갑자기 乙의 왼팔을 밀어 우산 밖으로 밀어냈다. 乙은 우산 밖으로 밀려나면서 버스를 기다리던 고등학생 B에게 부딪쳤고 B는 옆으로 넘어지면서 손에 전치 2주의 부상을 입었다. B는 일어나 甲에게 "과연 우산 왼쪽에 있는 좌파놈이 사람을 치는구나"라고 욕을 하였다. 이에 화가 난 甲은 "고딩도 멀쩡한 사람을 좌파로 모는 더러운 세상!"하면서 B의 뺨을 한 대 때렸다. 그런데 B는 두개골이 0.5mm밖에 안 되고 희귀뇌질환을 앓고 있는 이상체질의 소유자로서 甲에게 뺨을 맞고 뇌압상승으로 사망하고 말았다.

1. (1)에서 甲의 죄책을 고의에 관한 학설에 따라 설명하시오.
2. (2)에서 상당인과관계설을 따르면서 甲의 죄책을 설명하시오.
3. (2)에서 상당인과관계설 이외의 학설을 따르면서 甲의 죄책을 설명하시오.

Ⅰ. 논점의 제시

사례 (1)에서 甲의 죄책으로 문제되는 것은 다음과 같다.

甲이 세 개의 검은 우산 중에서 아무것이나 가져가자는 생각으로 A의 우산이 아닌 다른 우산을 가지고 왔는데 이와 관련하여 절도죄(제329조)의 죄책을 지는가 문제된다.

사례 (2)에서 甲의 죄책으로 문제되는 것은 다음과 같다.

1. 甲이 乙을 우산 밖으로 밀친 행위가 폭행죄(제260조)에 해당되는가 및 이 행위의 위법성이 조각될 수 있는가 문제된다.

2. B가 넘어져 전치 2주의 상처를 입었는데, 甲에게 상해의 고의는 없었으므로 과실치상죄(제266조)의 죄책을 지는가 문제된다.

3. B를 폭행하여 사망케 하였는데 이와 관련하여 폭행치사죄(제262조)의 죄책을 지는가 아니면 폭행죄만의 죄책을 지는가 문제된다.

4. 위의 2, 3의 경우 상당인과관계설에 따를 경우와 상당인과관계설 이외의 학설에 따를 경우 어떤 죄책을 지는지 문제된다.

Ⅱ. 절도죄의 성립 여부

1. 절도죄의 구성요건해당성

절도죄의 객관적 구성요건은 타인이 점유하는 타인소유의 재물을 점유자의 의사에 반하여 그 점유를 배제하고 자기의 점유하로 옮기는 것이다. 甲이 A의 우산이 아닌 다른 사람의 우산을 가져왔으므로 이는 PC방이 점유하는 타인의 재물을 PC방 주인의 의사에 반하여 자기의 점유하에 옮긴 것이므로 절도죄의 객관적 구성요건에 해당된다.

통설·판례에 의하면 절도죄가 성립하기 위해서는 주관적 구성요건으로서 고의와 불법영득의사가 있어야 한다. 사례에서 불법영득의사가 있는 것은 분명하다. A의 우산이 아닌 타인의 우산을 자기(A)의 소유물처럼 사용·수익·처분하는 행위가 있기 때문이다.

2. 고의의 인정 여부

절도죄가 성립하기 위해서는 고의가 있어야 한다. 사례에서 甲은 타인의 우산이라고 생각하고 가져온 것이면 확정적 고의가 있다고 할 수 있다. 그러나 甲은 타인의 우산인지 아닌지 모르지만 아무것이나 가져가자고 생각하고 가져갔다. 이 경우 절도죄의 미필적 고의가 인정될 수 있는가 문제된다. 이는 고의의 내용을 어떻게 파악하느냐에 따라 결론을 달리 할 수 있다.

(1) 의사설

의사설이란 객관적 구성요건요소에 대한 의욕이 있어야 고의가 성립할 수 있다는 견해이다. 이 견해에 의하면 甲이 타인의 우산을 가져간다는 것을 의욕하지는 않았으므로 고의가 성립할 수 없고, 타인의 우산이라는 점은 인식하였으므로 인식있는 과실이 되어 甲의 행위는 과실절도죄에 해당된다. 그런데 과실절도죄를 처벌하는 규정은 없으므로(제14조) 甲은 무죄이다.

(2) 인식설

인식설은 객관적 구성요건요소에 대한 인식이 있으면 고의가 성립할 수 있다는 견해이다. 이 견해에 의하면 甲이 타인의 우산일지도 모른다는 점을 인식하였으므로 절도죄의 고의가 인정된다. 따라서 甲은 절도죄의 죄책을 진다.

(3) 인용설

인용설은 객관적 구성요건요소에 대한 의욕까지는 필요없지만 인용이 있으면 고의가 성립할 수 있다는 견해이다. 여기에서 인용이란 '객관적 구성요건에 해당하는 행위임을 의욕하지는 않지만 객관적 구성요건에 해당하는 행위여도 할 수 없다' 즉, 타인의 우산을 절취한다는 의욕은 없지만, 타인의 우산을 절취하여도 할 수 없다는 심리상태를 말한다. 사례에서 甲이 어차피 비슷한 우산이니 가져가자라고 생각한 것은 타인의 우산일 수도 있다는 인식이 있었고, 타인의 우산이어도 할 수 없다고 하는 인용도 있는 것이라고 할 수 있다. 따라서 甲에게는 절도죄의 미필적 고의가 인정되고, 甲은 절도죄의 죄책을 진다.

다만 감수설을 취하는 입장에서 인용이란 '구성요건적 결과가 발생하면 좋겠다'라는 심리상태를 의미한다고 하는데, 이에 의하면 甲에게 타인의 우산이어도 할 수 없다는 생각은 있었지만, 타인의 우산이었으면 좋겠다라는 생각은 없었으므로 인용이 있다고 할 수 없고, 따라서 甲의 행위는 인식있는 과실절도죄에 해당되어 甲은 무죄이다.

(4) 감 수 설

감수설은 객관적 구성요건요소에 대한 의욕까지는 필요없지만 감수의사가 있는 경우에는 고의가 성립할 수 있다는 견해이다. 이 견해에 의하면 甲에게 타인의 우산이어도 할 수 없다는 감수의사가 있었기 때문에 고의가 인정된다. 따라서 甲은 절도죄의 죄책을 진다.

(5) 기타 학설

기타 객관적 구성요건요소의 발생 개연성을 인식하면 고의가 성립한다는 개연성설, 가능성을 인식하면 고의가 성립한다는 가능성설, 객관적 구성요건요소에 대한 발생에 무관심한 경우에는 고의가 성립한다는 무관심설, 법익침해를 회피하지 않으면 고의가 성립한다는 회피설, 허용되지 않는 위험을 인식한 경우 고의가 성립한다는 위험설 등에 의할 경우 모두 甲의 고의가 인정되고, 甲은 절도죄의 죄책을 진다.

(6) 결 어

인식설에 의하면 고의의 인정범위가 너무 넓고, 의사설에 의하면 고의의 인정범위가 너무 좁아지므로 절충설인 인용설과 감수설이 타당하다. 그런데 인용설과 감수설은 같은 입장이라고 할 수 있다. 감수설은 인용설이 '구성요건적 결과가 발생하면 좋겠다'라고 하여 고의에 감정적 요소를 포함시키고 있고 이것이 부당하다고 한다. 그러나 우리나라의 통설·판례가 인정하는 인용설에서 인용은 '구성요건적 결과가 발생해도 할 수 없다'이지, '구성요건적 결과가 발생하면 좋겠다'를 의미하지는 않는다. 따라서 감수설의 비판은 한국의 인용설에 대한 오해에서 비롯된 것이라고 할 수 있다.

어쨌든 인용설이나 감수설에 따라 甲의 행위는 절도죄의 구성요건에 해당하고, 위법성조각사유나 책임조각사유는 없으므로 甲은 절도죄의 죄책을 진다.

Ⅲ. 폭행죄 및 과실치상죄의 성립 여부

1. 乙에 대한 폭행죄(제260조)의 성립 여부

甲이 乙을 우산 밖으로 밀쳐낸 행위는 타인의 신체에 대한 유형력의 행사로서 폭행죄에 해당된다. 그러나 甲, 乙의 관계상 이러한 정도의 행위는 사회상규에 위반되지 않는 행위(제20조)로서 위법성이 조각된다고 해야 할 것이다. 따라서 甲은 폭행죄의 죄책을 지지 않는다.

2. B에 대한 과실치상죄(제266조)의 성립 여부

B에 대한 과실치상죄가 성립하기 위해서는 甲에게 주의의무위반이 있고, B에게 상해의 결과가 발생하였고, 甲의 주의의무위반과 B의 상해 사이에 인과관계가 있어야 한다. B의 상해는 발생하였으므로, 甲에게 주의의무위반이 있는가와 이것과 B의 상해 사이에 인과관계가 있는가 문제된다.

刑·法·演·習

(1) 주의의무위반

주의의무란 결과예견의무와 결과회피의무이다. 버스정류장에서 乙을 밀쳐내는 행위를 하려고 한 甲에게는 乙을 밀쳐낼 때 다른 사람에게 부딪칠 수 있고 그로 인해 다른 사람이 상해를 입을 수 있다는 것을 예견해야 할 의무가 있고, 이러한 결과를 회피하기 위해 살살 밀거나 주변에 사람이 없는가를 살펴보고 밀었어야 했다. 그런데 甲은 이러한 주의를 하지 않고 乙을 밀쳤으므로 주의의무위반이 인정된다.

(2) 상당인과관계설에 따를 경우 인과관계인정 여부

상당인과관계설은 甲이 버스정류장에서 乙을 밀칠 경우 乙이 다른 사람에게 부딪치고 그에 따라 다른 사람이 상해를 입을 가능성만이 있는 것이 아니라 개연성(상당성)까지 인정될 경우 인과관계를 인정한다.

① 주관적 상당인과관계설에 의하면 甲이 인식한 사정과 인식할 수 있던 사정을 기초로 하므로 甲은 乙 옆에 B가 있다는 것을 인식할 수 있었다. 이러한 사정

을 기초로 乙을 미는 행위를 할 때 乙이 B에 부딪치고 이에 따라 B가 상해를 입을 개연성이 있다고 할 수 있으므로 상당인과관계가 인정된다.

② 절충적 성당인과관계설에 의하면 일반인이 인식할 수 있었던 사정과 甲이 특별히 인식했던 사정을 기초로 하는데, 일반인이라면 乙 옆에 B가 있다는 것을 인식할 수 있었다. 이러한 사정을 기초로 乙을 미는 행위를 할 때 乙이 B에 부딪치고 이에 따라 B가 상해를 입을 개연성이 있다고 할 수 있으므로 상당인과관계가 인정된다.

③ 객관적 상당인과관계설에 의하면 행위 당시에 존재했던 모든 사정을 기초로 하는데, 甲이 乙을 미는 행위 당시 B가 옆에 있었고, 이러한 사정을 기초로 乙을 미는 행위를 할 때 乙이 B에 부딪치고 이에 따라 B가 상해를 입을 개연성이 있다고 할 수 있으므로 상당인과관계가 인정된다.

결국 상당인과관계설에 따를 경우 甲은 B에 대한 과실치상죄(제266조)의 죄책을 진다.

(3) 다른 학설에 의할 경우 甲의 죄책

① 인과관계에 관한 조건설 중 가설적 제거공식(c.s.q.n.)에 의하면 甲의 행위가 없었다면 B의 상해가 없었을 것이라고 인정되므로 인과관계가 인정되고 甲은 과실치상죄의 죄책을 진다.

② 인과관계에 관한 합법칙적 조건설과 객관적 귀속론에 따를 경우 甲의 행위와 B의 상해는 합법칙적으로 연결되고, B의 상해를 甲의 행위에 귀속시킬 수 있다. 왜냐하면 甲의 행위는 B의 상해의 위험을 증대시킨 행위라고 할 수 있기 때문이다.

③ 인과관계에 관한 원인설 중 최종조건설에 의하면 乙이 B에게 부딪친 것이 최종조건으로서 원인이고, 甲의 행위가 원인이 아니기 때문에 甲은 무죄가 된다. 그러나 원인설 중 최유력조건설이나 필연조건설 등에 의하면 인과관계가 인정된다.

④ 인과관계중단설에 의할 경우 甲의 행위와 B의 상해 사이에 인과관계를 중단시킬 만한 고의, 과실, 자연적 행위가 없으므로 인과관계가 인정된다.

따라서 기타 학설에 의하더라도 甲은 과실치상죄의 죄책을 진다.

(4) 결 어

독일형법은 인과관계 규정을 두고 있지 않으므로 자연법칙상의 인과관계 확정은 합법칙적 조건설을 따르고 형법상의 귀책문제는 객관적 귀속론을 취해야 할 필요성이 있다. 그러나 우리 형법은 제17조에서 인과관계를 규정하여 인과관계를 형법상 귀책의 문제로 다루고 있다. 따라서 우리 형법의 해석으로는 인과관계를 형법적 귀책의 문제로 다루는 상당인과관계설이 가장 타당하다고 할 수 있다. 상당인과관계설을 따르면 甲은 과실치상죄의 죄책을 진다.

Ⅳ. 폭행치사죄(제262조)의 성립 여부

甲이 B의 뺨을 때린 행위는 폭행죄(제260조)에 해당되므로 甲이 폭행죄의 죄책을 지는 것은 확실하다. 그런데 B가 사망하고 말았으므로 폭행치사죄의 죄책까지 지는가 문제된다. 폭행치사죄가 성립하기 위해서는 폭행행위와 사망 사이에 인과관계(및 객관적 귀속)가 인정되고 사망의 결과에 대한 예견가능성이 인정되어야 한다(제15조 제 2 항).

1. 상당인과관계설에 따를 경우

① 객관적 상당인과관계설은 행위 당시에 존재했던 모든 사정을 기초로 하여 결과발생의 상당성 여부를 따진다. 이에 의하면 특이체질의 B의 뺨을 때릴 경우 B가 사망할 개연성 내지 상당성이 존재한다. 그러나 B의 사망에 대한 예견가능성(제15조 제 2 항)이 부정되어 甲은 폭행죄의 죄책만을 진다.

② 주관적 상당인과관계설은 행위 당시에 행위자가 인식할 수 있었던 사정을 기초로 하는데, 甲이 B의 뺨을 때릴 당시 甲이 인식할 수 있었던 사정은 B가 보통의 고등학생이므로 B의 뺨을 때렸을 때 B가 사망할 개연성 내지 상당성이 부정되므로, 甲은 폭행죄의 죄책만을 진다.

③ 절충적 상당인과관계설은 행위 당시 일반인이 인식할 수 있었던 사정과 甲이 특별히 인식한 사정을 기초로 하는데, 이 사정은 甲이 건강한 B를 때린 것이

고 이 경우 B가 사망할 개연성은 존재하지 않기 때문에 甲은 폭행죄의 죄책만을 진다.

2. 상당인과관계설 이외의 학설을 따를 경우

① 인과관계에 관한 조건설 중 가설적 제거공식(c.s.q.n.)에 의하면 甲의 폭행행위가 없었다면 B의 사망이 없었을 것이라고 인정되므로 양자 사이에 인과관계가 인정되지만, B의 사망에 대한 예견가능성이 부정되므로, 甲은 폭행죄의 죄책만을 진다.

② 인과관계에 관한 합법칙적 조건설과 객관적 귀속론에 따를 경우 甲의 행위와 B의 상해는 합법칙적으로 연결되고 인과관계가 인정되지만, 甲의 행위가 B의 사망 위험을 증대시킨 행위라고 할 수 없고, 甲이 B의 사망을 지배할 가능성이 없기 때문에 B의 사망을 甲의 행위에 귀속시킬 수 없다. 따라서 甲은 폭행죄의 죄책만을 진다.

③ 인과관계에 관한 원인설에 의하면 甲의 행위는 B의 사망의 한 조건에 불과하고, B가 이상체질이었다는 것이 B의 사망의 원인이라고 할 수 있으므로 인과관계가 부정된다. 따라서 甲은 폭행죄의 죄책만을 진다.

④ 인과관계중단설에 의할 경우 甲의 행위와 B의 사망 사이에 B의 이상체질이라는 자연적 사실이 개입되었으므로 甲의 행위와 B의 사망 사이의 인과관계가 중단되고, 따라서 甲은 폭행죄의 죄책만을 진다.

Ⅴ. 정 리

사례 (1)에서 甲은 통설·판례인 인용설이나 감수설에 따를 경우 절도죄의 죄책을 진다.

사례 (2)에서 甲의 죄책은 다음과 같다.

1. 甲이 乙을 우산 밖으로 밀쳐낸 행위는 폭행죄의 구성요건에는 해당되지만 위법성이 조각된다.

2. 甲이 乙을 밀어 B에게 상해를 입힌 행위와 관련하여 상당인과관계설에 의하

든 기타 학설에 의하든 甲은 과실치상죄(제266조)의 죄책을 진다.

3. 甲이 B의 빰을 때려 사망케 한 행위와 관련하여 상당인과관계설에 의하든 기타 다른 학설에 의하든 甲은 폭행죄(제260조)의 죄책만을 진다.

甲은 절도죄와 과실치상죄 및 폭행죄는 수 개의 행위로 범한 수 개의 죄이므로 甲은 이들 범죄의 실체적 경합범(제37조 전단)의 죄책을 진다.

종합문제 19

:: **다음 사례를 읽고 물음에 답하시오**(주거침입죄 및 특별법은 불문함).

(1) 甲은 '폭력을 통한 소유의 실천'을 목표로 내세운 폭력조직 '한국파'의 중간간부이다. 甲은 사무실 근처에 있는 봉금사의 주지 법진스님이 무소유와 무폭력을 강조한다는 사실을 알게 된 후 법진스님에게 불만을 품었다. 甲은 우선 법진스님에게 겁을 주기 위해 조직원 중 A를 불러 봉금사 마당 내에 있는 탑이나 기물들을 부숴버리라는 의미로 "애들 몇 명을 풀어 봉금사 마당을 싹 쓸어버리라"고 하였다. 그런데 머리가 나쁜 A는 甲의 말을 잘못 알아듣고 다른 조직원 4명과 함께 빗자루를 가지고 봉금사로 가 마당을 깨끗이 쓸고 왔다. A가 사무실로 돌아와 보고를 하자 甲은 화가 머리 끝까지 나 멍이 들라고 A의 조인트를 구두발로 세게 걷어찼다. 그러나 A는 다리를 보호해야 한다고 생각하고 늘 다리 전체에 철갑을 두르고 다녔기 때문에 조인트에 상처를 입지는 않았다.

(2) 안 되겠다고 생각한 甲은 중국 청화대를 졸업한 인텔리라고 알려진 조직원 B와, 조직에 가입시키기 위해 영어와 살인법 등에 대해 조기교육을 받게 하고 있는 중학생 중 엘리트라고 인정받는 13세의 C를 불러 "법진은 좌파 땡초중이다. 너희들이 빨갱이와 다름없는 법진을 죽여 나라를 구하라!"고 하였다. B와 C는 밤에 법진스님의 방으로 들어가 C는 문 앞에서 망을 보고 B는 법진스님의 가슴과 목을 대여섯차례 찔러 살해하기로 공모하였다. 계획대로 법진스님의 방에 들어간 B는 자고 있는 법진스님의 가슴을 두 번 찔렀다. 이때 문득 B에게 법진스님이 월남전 참전용사였다는 신문기사를 읽었던 기억이 떠올랐다. 이에 B는 법진스님이 빨갱이가 아닐지도 모른다고 생각하고 더 이상 찌르는 행위를 중지하고 망을 보는 C를 데리고 나왔다. 그런데 법진스님은 '한국파'가 자신을 살해하려고 한다는 것을 미리 알고, 자신과 닮은 인형을 잠자리에 놔두고, 자신은 옆방에서 잤다.

1. (1)에서 甲의 죄책을 판례의 입장에 따라 설명하시오.
2. (1)에서 현행법과 상관없이 극단적인 주관주의와 객관주의에 의할 경우 甲을 어떻게 처벌할 수 있을지 각각 설명하시오.
3. (2)에서 제한적 종속형식설에 따라 甲의 죄책을 설명하시오.
4. (2)에서 극단적 종속형식설에 따라 甲의 죄책을 설명하시오.

Ⅰ. 논점의 제시

甲의 죄책으로 문제될 수 있는 것은 다음과 같다.

1. 甲이 A에게 특수손괴죄(제369조)를 교사하였지만, A가 이를 잘못 알아듣고 봉금사의 청소를 하고 왔는데, 이에 대해 甲이 어떤 죄책을 질지 문제된다.

2. 甲이 A에게 상해를 가하기 위해 A의 조인트를 걷어찼지만, A가 다리에 철갑을 두르고 있어서 멍이 들지 않아 미수에 그쳤는데, 이것을 장애미수(제25조)와 불능미수(제27조) 중 어느 것으로 다루어야 하는지 및 만약 불능미수의 문제로 다룬다면 甲의 행위에 위험성이 인정될 수 있는가 문제된다.

3. B와 C는 공동하여 법진스님을 살해하려고 하였으나 법진스님이 인형을 갖다 놓았으므로 살해의 결과발생은 불가능하여 살인죄의 불능미수(제250조 제1항, 제254조, 제27조)가 문제된다. 불능미수가 성립한다고 할 경우 B가 신문기사가 생각나 계획했던 행위를 중지하였는데 이것이 자의에 의한 중지인가 문제되고, 자의에 의한 중지라고 했을 경우 B의 행위가 착수미수인가 실행미수인가에 따라 중지미수(제26조) 성립 여부가 문제된다. 이때 자의로 중지하지 않은 C는 어떤 죄책을 지는지 문제된다.

4. 제한적 종속형식에 의할 경우 甲이 B와 C에게 살인을 교사하였다고 할 수 있는데, 이 경우 甲이 어떤 죄책을 질 것인가 문제된다.

5. 극단적 종속형식에 의할 경우 甲이 B에 대해 살인을 교사하였다고 할 수 있지만, C는 형사미성년자이기 때문에 甲은 간접정범의 죄책을 지게 된다. 이 경우 甲이 어떤 죄책을 질 것인가 문제된다.

Ⅱ. (1)번 문제의 해결

1. A에게 특수손괴죄를 교사한 행위

甲이 A에게 특수손괴죄(제369조)를 교사하였으나 A가 이를 제대로 이해하지 못하였으므로 이는 형법 제31조 제3항의 실패한 교사에 해당된다. 이 경우 甲은 특수손괴죄의 예비·음모에 준하여 처벌되는데, 이에 대한 처벌규정이 없으므로

甲은 무죄이다.

2. 상해죄의 불능미수(제257조 제1항·제3항, 제27조)의 성립 여부

甲은 A가 조인트에 철갑을 두른 것을 알지 못하고 상해의 고의로 A의 조인트를 걷어찼다. 이는 대상의 착오로 인해 상해의 결과발생이 불가능한 경우에 해당된다. 따라서 불능미수가 성립하는가 문제되는데, 이는 위험성의 유무에 달려있다.

불능미수의 위험성에 대해 판례는 행위 당시 행위자가 인식한 사정을 기초로 하여 일반인의 관점에서 판단할 때 결과발생의 가능성이 있는지 여부에 따라 위험성 유무를 결정하는 추상적 위험설을 따르고 있다. 이에 의하면 甲이 A를 걷어찰 당시에 甲은 A가 조인트에 철갑을 두르지 않은 것으로 인식하고 있었다. 이를 기초로 일반인의 관점에서 판단하면 조인트에 철갑을 두르지 않은 사람의 조인트를 구둣발로 찰 경우 멍들 가능성이 있으므로 위험성이 인정된다.

따라서 甲은 A에 대해 상해죄의 불능미수(제257조 제1항·제3항, 제27조)의 죄책을 진다.

3. 극단적인 주관주의와 객관주의에 따른 甲의 처벌

(1) 극단적인 주관주의에 따를 경우

1) 극단적인 주관주의에 의할 경우 범죄의사가 행위로 나타난 경우 혹은 범의의 비약적 표동이 있는 경우 실행의 착수를 인정할 수 있고, 미수범도 기수범과 동일하게 처벌한다. 따라서 甲이 A에게 봉금사를 쓸어버리라는 말을 하였을 때 특수손괴죄의 의사가 외부적으로 표현되는 행위를 하였다고 할 수 있으므로 특수손괴죄의 실행의 착수를 인정할 수 있고, 특수손괴의 결과발생이 없었지만 기수범과 동일하게 처벌된다.

2) 극단적인 주관주의에 의할 경우 甲이 A의 조인트를 걷어찼을 때에 상해죄의 범죄의사가 외부적 행위로 나타난 것이라고 할 수 있다. 상해의 결과발생이 불가능하더라도 위험성에 관한 주관설에 따르면 위험성이 인정되고, 불능미수의 형벌과 기수범의 형벌을 구별하지 않는다. 따라서 甲은 상해기수죄의 형벌로 처

벌된다.

3) 행위보다 행위자의 위험성을 강조하고, 형벌 대신 보안처분을 과하자는 입장에 의하면, 甲이 A에게 특수손괴죄를 교사하거나, A의 조인트를 걷어찼을 때, 甲의 범죄의사가 표현된 것이고, 甲의 행위가 아니라 甲의 반사회적 위험성에 따라 보안처분을 과해야 한다. 甲은 폭력조직의 중간간부이므로 폭력범죄의 재범위험성이 있어 반사회적 위험성이 인정된다고 할 수 있다. 따라서 甲은 손괴죄나 특수손괴죄 혹은 상해죄에 따른 처벌이 아닌 그의 소질과 환경에 따른 반사회적 위험성에 상응하는 보안처분을 받게 된다.

(2) 극단적인 객관주의에 의할 경우

1) 극단적인 객관주의에 의할 경우 甲이 A에게 특수손괴죄를 교사하였지만, A의 실행의 착수행위가 없기 때문에 특수손괴죄의 객관적인 실행행위나 결과가 없으므로 甲은 교사범이나 예비·음모로도 처벌될 수 없다. 따라서 甲은 무죄이다.

2) 극단적인 객관주의에 의할 경우 甲이 A의 조인트를 찼지만 A가 철갑을 두르고 있어 상해의 결과발생이 불가능하므로 객관적 위험성이 있다고 할 수 없고 이에 따라 甲은 불능범이 되어 처벌되지 않는다.

Ⅲ. (2)번 문제의 해결

1. B와 C의 죄책

(1) 살인죄의 불능미수 혹은 불능범

B와 C는 살인죄의 공동정범(제250조 제1항, 제30조)이라고 할 수 있다. C가 비록 망을 보았지만 살인죄의 범행지배를 인정할 수 있기 때문이다. B와 C는 법진스님을 살해하려고 하였으나 법진스님이 인형을 놔뒀기 때문에 대상의 착오로 인해 살인의 결과발생이 불가능한 경우이다. 따라서 위험성이 있으면 불능미수의 죄책을 질 수 있고, 위험성이 없으면 불능범이 되어 처벌되지 않는다. 불능미수의 위험성에 대한 주관설, 추상적 위험설, 구체적 위험설에 의하면 B와 C는 살인죄의 불능미수의 죄책을 진다. 그러나 절대적 불능·상대적 불능 구별설이나 법

률적 불능·사실적 불능 구별설에 의하면 인형을 찔러 살인죄를 범하는 것은 절대적 불능이나 법률적 불능이 되어 위험성이 인정되지 않고 B, C는 무죄이다.

(2) 살인죄의 중지미수

B, C의 행위가 살인죄의 불능미수에 해당된다고 할 경우 중지미수가 인정될 수 있는지 문제된다.

1) B는 법진스님이 빨갱이가 아닐지도 모른다고 생각하고 범행을 중지하였는데, 주관설에 의하면 자의성이 인정되지 않지만, 객관설, 절충설, 프랑크공식 등에 의하면 자의성이 인정된다.

2) B는 살인의 결과발생방지를 위한 적극적인 노력을 하지 않고 단순히 중지만을 하였으므로, B의 행위가 착수미수라면 중지미수가 성립할 수 있고, 실행미수라면 중지미수가 성립할 수 없다. 실행의 종료에 관한 객관설에 의하면 B의 행위는 실행미수에 해당하므로 중지미수가 성립할 수 없다. 실행의 종료에 관한 주관설이나 주관적 객관설에 의할 경우 B가 자신이 계획했던 행위를 다하지 못하였으므로 착수미수가 되고 이에 따라 중지미수가 성립할 수 있다.

3) B의 행위가 중지미수가 된다고 할 경우 불능미수에 대해서도 중지미수가 인정될 것인가에 대해 긍정설을 취하면 B는 살인죄의 중지미수의 죄책을 지고, 부정설에 의하면 B는 불능미수의 죄책을 진다.

4) C는 자의로 범행을 중지한 바 없으므로 중지미수는 성립할 수 없고, 불능미수나 불능범이 되지만, C는 형사미성년자이므로 무죄이다.

2. 제한적 종속형식설에 따른 甲의 죄책

제한적 종속형식설은 정범의 행위가 구성요건에 해당하고 위법하면 공범인 교사범이 성립할 수 있다는 입장이다. 따라서 甲은 B, C의 행위에 대한 교사범의 죄책을 진다.

(1) B, C가 불능범이라고 할 경우

이 경우 甲의 교사행위는 효과없는 교사(제31조 제2항)가 되므로 살인예비죄(제255조)에 준하여 처벌된다.

(2) B, C의 행위가 불능미수라고 할 경우

이 경우 甲은 B와 C에 대한 살인교사죄의 불능미수의 상상적 경합범의 죄책을 진다.

(3) B의 행위는 중지미수, C의 행위는 불능미수라고 할 경우

이 경우에도 甲은 B, C에 대한 살인교사죄의 불능미수의 죄책을 진다. B가 중지미수의 죄책을 지더라도 甲이 중지한 바는 없기 때문이다.

3. 극단적 종속형식설에 따른 甲의 죄책

극단적 종속형식설은 정범의 행위가 구성요건에 해당하고 위법하고, 정범이 책임까지 갖춰야 공범인 교사범이 성립할 수 있다는 입장이다. 이에 의하면 甲은 B에 대해서는 교사범, C에 대해서는 자기의 지휘·감독을 받는 처벌되지 않는 자를 교사한 것이므로 공범형 간접정범(제34조 제1항·제2항)의 죄책을 질 수 있다.

(1) B, C가 불능범이라고 할 경우

B가 불능범이므로 甲의 B에 대한 교사행위는 효과없는 교사(제31조 제2항)가 되므로 甲은 살인예비죄(제255조)에 준하여 처벌된다. 甲은 처벌되지 않는 C를 교사하였으므로 공범형 간접정범의 죄책을 질 수 있지만, C가 불능범이고, 공범형 간접정범은 교사·방조의 예에 의하여 처벌되므로(제34조 제1항) 역시 제31조 제2항에 의해 살인예비죄에 준하여 처벌된다.

(2) B, C의 행위가 불능미수라고 할 경우

甲은 B의 행위와 관련하여서는 살인교사죄의 불능미수, C의 행위와 관련하여서는 살인죄 간접정범(제34조 제2항)의 불능미수의 죄책을 진다.

(3) B의 행위는 중지미수, C의 행위는 불능미수라고 할 경우

B가 중지미수의 죄책을 지더라도 甲은 자의로 중지한 바 없으므로 살인교사죄

의 불능미수의 죄책을 지고, C의 행위와 관련하여 살인죄 간접정범(제34조 제2항)의 불능미수의 죄책을 진다.

4. 결 어

(1) B와 C의 행위는 구체적 위험설에 따라 살인죄의 불능미수에 해당된다고 해야 한다.

(2) B가 찌르는 행위를 중지한 것은 자신이 계획했던 행위를 다하지 못한 것이므로 주관적 객관설에 따라 실행이 종료되지 않은 착수미수에 해당되고, B가 중지한 것은 절충설에 따를 경우 자의에 의한 중지라고 할 수 있으므로 B는 중지미수의 죄책을 진다. C의 행위는 살인죄의 불능미수에 해당되지만, C는 형사미성년자이므로 무죄이다.

(3) 결과발생이 가능한 경우인 장애미수의 중지미수를 인정하면서 결과발생이 불가능한 경우인 불능미수의 중지미수를 인정하지 않는 것은 균형에 맞지 않으므로 B는 살인죄의 중지미수의 죄책을 지고, 이 경우에도 C는 자의로 중지하지 않았으므로 C의 행위는 살인죄의 불능미수에 해당되지만, C는 형사미성년자이므로 무죄이다.

(4) 우리 형법은 제한적 종속형식보다는 극단적 종속형식을 따른다고 해야 할 것이다.

(5) 극단적 종속형식설을 따를 경우 甲은 B의 행위와 관련하여서는 살인교사죄의 불능미수의 죄책을 진다. 甲이 교사행위나 실행행위를 중지한 바 없기 때문이다. C의 행위와 관련하여서는 살인죄 간접정범(제34조 제2항)의 불능미수의 죄책을 진다.

(제한적 종속형식을 따른다고 할 경우 "(4) 우리 형법은 제한적 종속형식을 따른다고 할 수 있다. (5) 제한적 종속형식설을 따를 경우 甲은 B, C에 대한 살인교사죄의 불능미수의 죄책을 진다"라고 정리를 할 수도 있다)

종합문제 20

:: 다음 사례를 읽고 물음에 답하시오.

같은 동네에 사는 甲과 乙은 각각 9인조(윤애, 소현, 호연, 불리, 헤엄, 당황, 커피파니, 제시차, 쏘니) 걸그룹 '소녀시절'과, 4인조(가을, 채란, 민자, 판다라 박) 걸그룹 'Twentyone'의 열렬한 팬이었다. 甲과 乙은 만날 때마다 '소녀시절'과 'Twenty-one' 중 누가 더 나은가 논쟁을 벌였다. 甲은 乙에게 "'소녀시절' 멤버들은 모두 예쁘다. 내 소원을 말해보면 'Twentyone'같이 못생긴 애들은 라디오에만 나와야 한다!"고 하였다. 이에 발끈한 乙은 甲에게 "가수의 외모는 I don't care다. 가수에겐 외모보다 노래가 중요한데, 노래는 'Twentyone'이 훨씬 잘한다. 그리고 판다라 박은 '소녀시절'보다 더 예쁘다"라고 응대하였다.

어느 날 甲은 연예신문 기자인 삼촌 C로부터 'Twentyone'이 가창력이 부족해 공연 때마다 립싱크를 한다는 이야기를 듣게 되었다. C의 말을 그대로 믿은 甲은 립싱크를 하는 가수들은 가요계에서 퇴출시켜야 한다는 생각으로 '소녀시절' 팬클럽 사이트 게시판에 "립싱크만 하는 'Twentyone'은 물러가라!"라고 썼다. 그러나 C의 이야기는 사실과 달랐다.

며칠 후 甲의 행위를 알게 된 乙은 甲의 동생 D를 인질로 삼아서라도 甲에게 'Twentyone' 팬클럽회원들에게 공개사과를 시켜야겠다고 생각하였다. 乙은 D를 자신의 집 창고 안으로 유인하였고, 인질로 삼기 위해 창고에 감금하려고 하였다. 그러나 乙의 계획을 눈치챈 D는 창고 문을 박차고 도망쳐 나왔고 그 과정에서 무릎에 약 3일간의 치료를 요하는 가벼운 타박상을 입었다.

1. 판례의 입장에 따라 甲의 죄책을 설명하시오.
2. 판례와 다른 입장을 취하는 학설에 따라 甲의 죄책을 설명하시오.
3. 乙에게 가장 가벼운 죄책을 인정하기 위한 논리를 제시하시오.
4. 乙에게 가장 무거운 죄책을 인정하기 위한 논리를 제시하시오

Ⅰ. 논점의 제시

甲의 죄책과 관련하여 문제되는 행위는 Twentyone이 립싱크를 한다는 허위사실을 진실한 사실로 믿고 '소녀시절' 팬클럽 인터넷게시판에 올려놓은 행위이다.

여기에서 甲의 형법적으로 문제되는 것은 다음과 같다.

1. 甲의 행위가 정보통신망 이용촉진 및 정보보호 등에 관한 법률 제70조 제2항에 해당되는가이다.

2. 위의 규정에 해당되지 않는다면 형법 제307조 제1항과 제2항 중 어디에 해당하는가이다.

3. 甲의 행위가 위의 규정들에 해당된다면 그것에 대해 제310조가 적용되는가이다.

4. 甲의 행위에 제310조가 적용되지 않는다면 甲에게 형법 제16조 적용과 관련하여 문제되는 것이 무엇인가이다.

乙의 죄책과 관련하여 문제되는 행위는 甲에게 공개사과를 하도록 하기 위해 D를 인질로 삼으려고 하다 미수에 그치고 D에게 상처를 입힌 것이다. 여기에서 형법적으로 문제되는 것은 다음과 같다.

1. 乙의 행위가 인질강요죄(제324조의2, 제324조의5)에 실행의 착수에 해당되는가 아니면 감금죄에 해당되는가이다.

2. D가 경미한 부상을 입었는데 이것이 인질강요치상죄(제324조의3) 혹은 감금치상죄의 상해에 해당되는가이다.

3. 만약 인질강요치상죄에 해당된다고 한다면 인질강요치상죄의 기수인가 미수인가이다.

Ⅱ. 판례의 입장에 따른 甲의 죄책

1. 구성요건해당성문제

甲이 허위의 사실을 인터넷 게시판에 올렸으나 Twentyone을 비방할 목적이 있었다기보다는 립싱크하는 가수들은 가요계에서 퇴출되어야 한다는 주장을 하기 위한 것이었으므로 공공의 이익을 위한 것이라고 할 수 있다. 판례에 의하면, 공공의 이익을 위할 경우에는 원칙적으로 비방할 목적은 부정되므로 甲의 행위는 정보통신망법 제70조 제2항에 해당되지 않는다.

甲에게 Twentyone을 비방할 목적이 없었더라도 공연히 허위사실을 적시하였으므로 甲의 행위는 객관적으로는 제307조 제 2 항의 구성요건에 해당된다. 그러나 甲이 진실한 사실이라고 믿었으므로 제15조 제 1 항이 적용되어 甲의 행위는 제307조 제 1 항의 구성요건에 해당하는 행위가 된다.

2. 위법성조각 여부

甲의 행위가 제310조의 위법성조각사유에 해당되는가 문제되는데, 판례는 비록 허위의 사실을 적시하였더라도 행위자가 진실한 사실이라고 믿었고 그렇게 믿은 데에 상당한 이유가 있는 경우에는 위법성이 조각된다고 한다. 사례에서 甲이 진실한 사실이라고 믿기는 하였지만, 단순히 C의 말만을 듣고 진실한 사실이라고 믿었으므로 상당한 이유가 있다고 할 수 없다. 따라서 판례에 의할 경우 제310조에 의해 위법성이 조각되지 않고, 기타 형법 제20조에서 제24조까지의 위법성조각사유에도 해당되지 않으므로 甲의 행위의 위법성은 조각되지 않는다.

3. 책임조각 여부

甲은 위법한 행위를 하였지만 스스로는 정당한 행위라고 생각하였으므로, 이는 법률의 착오(제16조)에 해당된다. 그러나 甲이 확인 등의 방법을 취하지 않고 C의 말을 그대로 믿고 자신의 행위가 위법하지 않다고 생각하였으므로 정당한 이유가 있다고 할 수 없다. 다른 책임조각사유도 존재하지 않는다.

4. 결 어

판례에 의하면, 甲은 제307조 제 1 항의 명예훼손죄의 죄책을 진다.

Ⅲ. 판례와 다른 입장을 취하는 학설에 따른 甲의 죄책

1. 제310조의 적용 여부

학설 중에는 제310조의 진실한 사실은 객관적으로 진실한 사실인데, 甲이 적시한 사실은 객관적으로는 허위사실이므로 제310조에 의해 위법성이 조각되지 않는다고 한다.

2. 제310조의 요건사실의 착오

대부분의 학설은 甲에게 제310조의 요건을 충족하는 사실이 없음에도 불구하고 요건을 충족하는 사실이 있다고 오인하여 자신의 행위가 위법하지 않다고 생각한 것이므로, 제310조의 위법성조각사유의 요건(전제)사실의 착오의 문제로 다룬다.

(1) 고의책임을 인정하는 견해에 따른 죄책

위법성조각사유의 요건사실의 착오에 대해 제한고의설과 엄격책임설은 법률의 착오의 문제로 다룬다. 그런데 甲의 행위에 정당한 이유가 있다고 할 수 없으므로, 甲에게 제307조 제1항의 죄책을 인정한다.

(2) 과실책임을 인정하는 견해에 따른 죄책

엄격고의설과 제한책임설 및 소극적 구성요건요소이론에서는 甲에게 과실책임을 인정한다. 엄격고의설에서는 甲에게 위법성의 현실적 인식이 없고 인식가능성만 있었기 때문에 고의책임이 조각된다고 한다. 소극적 구성요건요소이론에서는 甲에게 총체적 불법구성요건에 대한 인식이 없기 때문에 불법고의를 인정할 수 없고, 과실책임만 인정한다. 이 견해들에 의하면 과실명예훼손행위를 처벌하는 규정이 없기 때문에 甲은 무죄이다.

제한책임설 중 사실의 착오 유추적용설에 의하면 甲의 행위는 과실명예훼손행위에 해당되므로, 법효과제한책임설에 의하면 제307조 제1항의 구성요건해당성과 위법성은 인정되지만 책임고의가 탈락되어 과실책임만을 지게 된다. 이들 견해에 의해도 甲은 무죄이다.

Ⅳ. 乙에게 가장 가벼운 죄책을 인정하기 위한 논리

1. 인질강요죄의 미수

乙이 甲에게 공개사과를 하도록 하기 위해 D를 인질로 삼으려고 하다가 인질로 삼지 못하였는데, 이것이 제324조의2의 인질강요죄의 실행에 착수한 것인가 문제된다. 인질강요죄의 실행의 착수시기를 강요시점으로 보는 견해에 의하면 乙의 행위는 인질강요미수에 해당되지 않고 감금미수죄에 해당될 뿐이다.

2. 감금치상죄의 성립 여부

감금미수범도 감금치상죄의 주체가 될 수 있으므로 문제는 D가 입은 타박상이 감금치상죄에서의 상해에 해당되는가이다. 이에 대해 특별히 치료할 필요없이 자연스럽게 나을 수 있는 것은 상해죄의 상해에 해당되지 않는다는 견해가 있다. 이러한 논리에 의하면 감금치상죄는 성립할 수 없고, 乙은 감금죄의 미수의 죄책만을 진다.

3. 결 어

따라서 乙에게 가장 가벼운 죄책을 인정하기 위해서는 乙의 행위가 강요죄의 실행의 착수에 이르지 못하였고, 감금죄의 실행에 착수하였으나 미수에 그쳤고, D가 입은 상처가 상해에 해당되지 않으므로 감금죄의 미수범에 해당한다는 논리를 제시하는 것이다.

Ⅴ. 乙에게 가장 무거운 죄책을 인정하기 위한 논리

1. 인질강요죄의 실행의 착수 여부

인질강요죄의 실행의 착수시기는 인질을 약취·유인·감금하는 시점이라고 한다면 乙의 행위는 인질강요죄의 실행에 착수한 것이라고 할 수 있다.

2. D의 상처의 성격

D가 입은 상처가 상해죄의 상해에 해당되지 않는다는 것은 입법론적으로는 모르되 해석론적으로는 불가능하므로 D가 입은 상처는 상해죄의 상해에 해당된다는 견해에 의하면 乙은 인질강요치상죄의 죄책을 질 수 있다.

3. 인질강요치상죄의 주체

인질강요치상죄의 주체가 '제324조의2의 죄를 범한 자'라고 되어 있지만, 이는 인질강요죄의 기수범만이 아니라 제324조의2의 실행에 착수한 자로서 미수범도 포함된다고 해석해야 한다는 견해에 의하면 乙은 인질강요치상죄의 주체가 될 수 있다.

4. 인질강요치상죄의 기수범

제324조의5는 제324조의3의 미수범을 규정하고 있으므로 인질강요치상죄의 미수범도 인정되고 인질강요치상죄의 미수범이란 인질강요미수범이 과실로 인질에게 상처를 입힌 경우라고 하는 견해가 있다. 이 견해에 의하면 乙은 인질강요죄의 미수범이 과실로 D에게 상처를 입힌 것이므로 인질강요치상죄의 미수범의 죄책만을 진다.

이에 대해 진정결과적 가중범의 미수범은 개념상 인정될 수 없고, 제324조의5는 입법상의 실수로서 제324조의3의 범죄 중 인질강요상해죄의 미수범만을 처벌하는 규정이고, 인질강요치상죄의 미수범을 처벌하는 규정은 아니라고 하는 견해가 있다. 이 견해에 의하면 인질강요미수범이 과실로 인질에게 상처를 입힌 경우에도 인질강요치상죄의 기수범의 죄책을 지고 따라서 乙도 인질강요치상죄의 기수범의 죄책을 진다.

5. 결　어

乙의 행위가 인질강요죄의 실행에 착수한 것이고, D가 입은 상처가 상해죄의 상해에 해당되고, 인질강요미수범도 인질강요치상죄의 주체가 될 수 있고, 진정 결과적 가중범의 미수범은 인정할 수 없다는 논리에 의하면, 乙에게 인질강요치상죄의 기수범의 죄책을 인정할 수 있다.

종합문제 21

:: 다음 사례를 읽고 물음에 답하시오.

시장에서 과일가게를 운영하고 있는 甲은 옆 가게의 여사장 A를 흠모하고 있었다. 어느 날 A가 실수로 상한 과일을 팔아 여러 손님들로부터 항의를 받게 되었다. 얼마 후 A는 다른 시장으로 이사해 장사를 하는 것이 낫다고 생각하고, 이삿짐센터의 사장 B에게 이삿짐을 날라다 줄 것을 부탁하였다.

B가 인부들 몇 명과 이사작업을 시작하자 안 되겠다고 생각한 甲은 B와 인부들에게 "A와 나는 이미 선을 넘은 관계이니 내 허락이 없이는 이사할 수 없다! 좋은 말할 때 모두 철수하라!"고 소리치면서 10분 동안 B가 가져온 이사용 박스들을 모두 집어 던졌다. 이에 A가 뛰어와 "나는 당신 같은 사람에 대해 아무 관심도 없으니 내 일을 방해하지 말라"고 하였다. A 말에 놀라고 실망한 甲은 자신의 가게로 돌아왔고, B는 이삿짐을 모두 옮겼다. 그날 밤 집으로 돌아가던 甲은 A를 마지막으로나마 보아야겠다고 생각하고 A의 집으로 가 A가 잠자고 있는 방의 창문 안으로 머리를 들이밀고 잠을 자는 A의 모습을 한참 바라보다 돌아갔다. 집에 돌아온 甲은 A에 대한 원한이 생겼고, 며칠 후 A가 이사간 가게 앞에 "A가 이사오기 전 상한 과일을 판 적이 있으니 이 가게에서는 절대 과일을 사지 말라"고 하는 대자보를 붙여 놓았다.

1. 판례의 입장에 따라 甲의 죄책을 설명하시오.
2. 판례의 입장을 비판하는 견해에 따라 甲의 죄책을 설명하시오.
3. 甲의 죄책에 대한 자신의 견해와 그 근거를 제시하시오.

Ⅰ. 논점의 제시

甲의 죄책으로 문제되는 것은 다음과 같다.

1. "A와 나는 이미 선을 넘은 관계이다"라고 한 행위가 허위사실 적시에 의한 명예훼손죄(제307조 제2항)에 해당하는가이다.

2. B와 인부들의 이사작업을 막는 행위가 위력에 의한 A 혹은 B의 업무방해죄(제314조)에 해당하는가이다.

3. A의 방 창문 안으로 머리를 들이민 행위가 주거침입죄(제319조)의 기수에 해당하는가이다.

4. A의 가게 앞에 대자보를 붙여 놓은 행위가 진실한 사실 적시에 의한 명예훼손죄(제307조 제 1 항)에 해당되는가, 해당된다면 제310조에 의해 위법성이 조각될 수 있는가이다.

5. 이상의 범죄 중 전부 또는 일부가 성립할 경우 그 죄수관계가 문제된다.

Ⅱ. 판례에 따른 甲의 죄책

1. 허위사실 적시에 의한 명예훼손죄(제307조 제 2 항)의 성립 여부

판례는 허위사실 적시에 의한 명예훼손죄에서 사실이란 사회적 평가를 저하시킬 만한 사실을 의미하고, 허위란 세세의 부분에서 차이가 있는 정도를 넘어서 중요한 부분에서 진실과 일치하지 않는 경우를 말한다고 하고, 공연성에 대해서는 전파가능성설을 따른다.

판례에 의할 때, 甲이 A와 선을 넘었다는 것은 A에 대한 사회적 평가를 저하시킬 만한 사실로서 명예훼손죄의 사실에 해당된다. 甲이 A와 선을 넘은 일이 없음에도 불구하고 선을 넘었다고 한 것은 중요한 부분에서 진실과 일치하지 않으므로 이는 허위사실의 적시라고 할 수 있다. 甲이 시장에서 이러한 행위를 하였으므로 전파가능성을 따질 필요도 없이 공연성도 인정된다. 따라서 甲의 행위는 허위사실 적시에 의한 명예훼손죄에 해당되고, 위법성조각사유나 책임조각사유는 없으므로 甲은 허위사실 적시에 의한 명예훼손죄의 죄책을 진다.

2. 위력에 의한 업무방해죄(제314조)의 성립 여부

판례에 의하면 위력에 의한 업무방해죄에서 업무란 사회생활상 지위에서 계속적으로 종사하는 사무로서 일회성 사무는 포함되지 않는다. 위력이란 사람의 자유의사를 제압·혼란케 할 만한 일체의 세력을 말하고, 유형적이든 무형적이든 묻지 아니하며, 폭행·협박은 물론 사회적·경제적·정치적 지위와 권세에 의한 압박 등을 포함한다고 한다. 여기에서 甲이 이사박스를 집어 던진 행위는 유형력을 행사한 것으로서 위력의 행사라고 할 수 있다.

문제는 이사라는 작업이 업무방해죄의 업무에 해당하는가이다. 공장이전에 대해 판례는 업무방해죄의 업무에 해당하지 않지만, 예외적으로 사업장의 이전을 계획하고 그 이전을 전후하여 사업을 중단없이 영위할 목적으로 이전에 따른 사업의 지속적인 수행방안, 새 사업장의 신축 및 가동개시와 구 사업장의 폐쇄 및 가동중단 등에 관한 일련의 경영상 계획의 일환으로서 시간적·절차적으로 일정기간의 소요가 예상되는 사업장 이전을 추진·실시하는 행위는 그 자체로서 일정기간 계속성을 지닌 업무의 성격을 지니고 있을 뿐만 아니라 회사의 본래 업무인 목적 사업의 경영과 밀접불가분의 관계에서 그에 수반하여 이루어지는 것으로 볼 수 있으므로 이 점에서도 업무방해죄에 의한 보호의 대상이 되는 업무에 해당한다고 하기도 한다. 따라서 판례에 의하면 甲의 행위는 위력에 의한 A의 업무방해죄에 해당될 수도 있고, 해당되지 않을 수도 있다.

그러나 이사하는 업무는 이삿짐센터 사장 B가 계속적으로 종사하는 사무이므로, 甲의 행위는 위력에 의한 B에 대한 업무방해죄에는 해당된다.

3. 주거침입죄(제319조)의 성립 여부

판례는 "주거침입죄는 사실상의 주거의 평온을 보호법익으로 하는 것이므로, 반드시 행위자의 신체의 전부가 범행의 목적인 타인의 주거 안으로 들어가야만 성립하는 것이 아니라 신체의 일부만 타인의 주거 안으로 들어갔다고 하더라도 거주자가 누리는 사실상의 주거의 평온을 해할 수 있는 정도에 이르렀다면 범죄구성요건을 충족하는 것이라고 보아야 하고, 따라서 주거침입죄의 범의는 반드시 신체의 전부가 타인의 주거 안으로 들어간다는 인식이 있어야만 하는 것이 아니라 신체의 일부라도 타인의 주거 안으로 들어간다는 인식이 있으면 족하다"고 하고 야간에 타인의 집의 창문을 열고 집 안으로 얼굴을 들이미는 등의 행위를 하였다면 주거침입죄의 기수가 된다고 한다.

판례에 의하면 甲이 몸 전체가 들어갈 의사는 없었고 머리만 들이밀 의사가 있었다고 하더라도 甲의 행위는 주거침입죄에 해당된다.

4. 명예훼손죄(제307조 제 1 항)의 성립 여부

업무방해죄가 성립하기 위해서는 허위사실을 유포하거나 위계 또는 위력을 행사해야 한다. 甲이 대자보를 붙인 행위는 진실한 사실을 적시한 것이므로 업무방해죄에는 해당되지 않는다. 그러나 이 행위는 제307조 제 1 항의 진실한 사실 적시에 의한 명예훼손죄에 해당된다. 그리고 甲이 공공의 이익을 위해 대자보를 붙였다기보다는 A를 비방하기 위해 붙인 것이므로 제310조에 의해 위법성이 조각되지 않는다.

5. 죄 수

甲의 행위에 위법성조각사유나 책임조각사유는 없고, 甲의 행위는 별개의 행위에 의해 이루어진 것이라고 할 수 있으므로 이상의 범죄는 실체적 경합관계(제37조 전단)에 있다.

Ⅲ. 판례와 다른 입장을 취하는 학설에 따른 甲의 죄책

甲이 허위사실 적시에 의한 명예훼손죄나 진실한 사실 적시에 의한 명예훼손죄의 죄책을 진다는 데에 대해서는 반대하는 견해가 없다. 그러나 A에 대한 업무방해죄의 성립 여부 및 주거침입기수죄의 성립에 대해서는 반대하는 견해가 있다.

1. A에 대한 업무방해죄의 성립 여부

판례에 의하면 공장이전이나 가게이전은 일정한 경우에만 업무방해죄의 업무에 해당된다. 그러나 가게이사는 A의 과일가게 업무의 부수적인 업무라고 할 수 있으므로 A에 대한 업무방해죄가 성립한다고 해야 한다. 이 경우 A에 대한 업무방해죄와 B에 대한 업무방해죄는 상상적 경합범의 관계에 있다고 해야 할 것이다.

2. 주거침입죄의 성립 여부

통설은 주거침입죄의 기수시기에 대해 몸 전체가 주거에 들어가는 시기라고 하는 전부침입설을 취하고 있다. 이에 의하면 사례에서 甲이 A의 집에 몸 전체가 들어갈 의사는 없었다고 할 수 있고, 이 경우 주거침입죄의 미수의 고의밖에 없기 때문에 주거침입죄의 미수범도 성립할 수 없다. 미수범이 성립하기 위해서는 기수의 고의가 있어야 하기 때문이다.

Ⅳ. 개인적 견해

1. A에 대한 업무방해죄

A의 과일가게 이전은 A의 업무에 부수되는 업무라고 할 수 있고, 업무방해죄의 업무에는 부수적인 업무도 포함되므로 甲이 A의 이사를 방해한 행위는 B에 대한 업무방해죄뿐만 아니라 A에 대한 업무방해죄에도 해당된다고 봄이 타당하다.

2. 주거침입죄의 기수시기

다음과 같은 이유에서 전부침입설이 타당하다고 생각된다.

첫째, 미수범처벌규정이 있다고 해서 논리필연적으로 전부침입설을 취해야 하는 것은 아니지만, 미수범처벌규정이 있는 우리 형법의 해석에서 일부침입설보다는 전부침입설이 좀더 자연스러운 것은 사실이다. ① 문을 열고(실행의 착수), ② 신체의 일부가 들어간 후, ③ 신체의 전부가 들어가고, ④ 집안에 머문 후 ⑤ 퇴거하는(종료) 주거침입죄의 전 과정에서 기수시기를 ②까지로 앞당기는 것보다는 ③ 혹은 ④ 정도의 단계에서 기수시기를 정하는 것이 논리필연적은 아니지만 좀더 자연스러운 해석이라고 할 수 있다.

둘째, 주거의 사실상 평온은 주거에 침입하지 않는 방법으로도 침해될 수 있다. 다른 사람이 집안을 들여다 본다든가 돌을 집어 던지는 것이 그 예이다. 따라서 주거침입죄에서 중요한 것은 침입이라는 구성요건적 행위가 종료했는가가 기수, 미수를 정하는 데 중요한 기준이 된다. 그렇다면 침입은 신체의 전부가 주거에 들어갔을 때에 종료했다고 보는 것이 타당하다.

셋째, 독일형법에서는 주거침입죄의 행위태양이 침범(eindringen)이어서 일부침입설을 취할 수 있지만, 우리 형법의 행위태양은 침입이므로 신체의 일부가 들어간 경우 침범, 신체의 전부가 들어간 경우에 침입이라고 하는 것이 훨씬 자연스럽다.

3. 정 리

甲은 허위사실 적시에 의한 명예훼손죄, A 및 B에 대한 위력에 의한 업무방해죄 및 진실한 사실 적시에 의한 명예훼손죄의 죄책을 지고, A에 대한 업무방해죄와 B에 대한 업무방해죄는 상상적 경합관계에 있고, 나머지 죄들은 실체적 경합관계에 있다.

종합문제 22

:: 다음 사례를 읽고 물음에 답하시오.

甲은 H고등학교의 윤리교사로서 외모보다는 학식과 덕망을 중요시하는 사람이다. 어느 날 甲은 학생 A, B가 운동장 한편에서 서로 싸우는 것을 보게 되었다. 싸우면 안 된다는 자신의 가르침을 어긴다는 것에 흥분한 甲은 가지고 있던 하드커버 출석부의 모서리로 A의 머리를 2대 때려 혹이 나게 했고, B에 대해서는 10분 동안 엎드려뻗쳐를 하게 했다. 학생들은 교실에서 이 장면을 보고 즐거워하기도 하고 A, B가 불쌍하다고 하기도 하였다.

甲은 학생들이 공부를 열심히 하도록 하기 위해 수시시험을 보고, 성적이 나쁜 학생 C, D, E의 이름을 인터넷게시판에 '20070323 김○○, 20070328 제갈○○, 20070340 이○○—가문의 위기—'의 형식으로 게시하였다. 이 중 C와 E는 각각 김씨, 이씨였기 때문에 게시된 학생이 누구인지 금방 알 수 없었지만, 그 학교에 제갈씨는 D 하나뿐이었기 때문에 게시된 학생이 누구인지 금방 알 수 있었다. 다음 날 강의시간에 들어온 甲은 학생들에게 경각심을 주기 위해 C에게 "시험 전날 공부는 안하고 빵집에서 여학생과 연애질만 하니 성적이 그 모양이지!"라고 C를 혼냈다. 甲이 이 말을 한 것은 C가 시험 전날 빵집에서 여학생 F와 즐겁게 이야기하는 것을 보았기 때문이었다. 그러나 F는 C의 사촌이었고, 지나는 길에 잠깐 C를 만나고 갔을 뿐이었다.

1. 판례에 따라 甲의 죄책을 설명하시오.
2. 판례를 비판하는 견해를 제시하시오.

Ⅰ. 논점의 제시

甲의 행위 중 형법상 문제되는 것은 다음과 같다.

첫째, 출석부 모서리로 A를 때려 혹을 낸 행위는 상해죄(제257조) 혹은 폭행치상죄(제262조)에 해당되는데, 이 행위가 법령에 의한 교사의 징계행위로 위법성이 조각될 수 있는가이다.

둘째, 다른 학생들이 보는 앞에서 B에게 10분간 엎드려뻗쳐를 시킨 행위는 폭행죄(제260조)에 해당된다고 할 수 있는데, 이 행위가 역시 법령에 의한 교사의 징계행위로 위법성이 조각되는가 문제된다.

셋째, C, D, E의 학번과 성 및 가문의 위기라고 인터넷게시판에 올린 행위가 명예훼손죄(제307조 제1항) 및 모욕죄(제311조)에 해당되는가, 해당된다면 제310조에 의해 위법성이 조각되는가 문제된다.

넷째, C가 F와 연애질한 것은 아님에도 불구하고 연애질하였다고 생각하고 교실에서 말한 행위가 허위사실 적시에 의한 명예훼손죄(제307조 제2항) 혹은 사실적시에 의한 명예훼손죄(제307조 제1항) 중 어디에 해당되는가, 해당된다면 제310조에 의해 위법성이 조각될 수 있는가 문제된다.

Ⅱ. 판례에 의한 甲의 죄책

1. 상해죄(폭행치상죄) 및 폭행죄의 성립 여부

甲이 A의 머리를 때려 혹을 내게 한 행위는 신체의 생리적 기능을 훼손한 행위로서 상해죄 혹은 폭행치상죄에 해당되고, 다른 학생들이 보는 앞에서 B에게 10분 동안 엎드려뻗쳐를 하게 한 행위는 폭행죄(제260조)에 해당된다고 할 수 있다. 그런데 甲은 교육상의 목적으로 이러한 행위를 하였으므로, 이 행위가 법령에 의한 행위 혹은 사회상규에 위배되지 않는 행위로 위법성이 조각되는가 문제된다.

판례는 "초·중등교육법령에 따르면 교사는 학교장의 위임을 받아 교육상 필요하다고 인정할 때에는 징계를 할 수 있고 징계를 하지 않는 경우에는 그 밖의 방법으로 지도를 할 수 있는데 그 지도에 있어서는 교육상 불가피한 경우에만 신체적 고통을 가하는 방법인 이른바 체벌로 할 수 있고 그 외의 경우에는 훈육, 훈계의 방법만이 허용되어 있는바, 교사가 학생을 징계 아닌 방법으로 지도하는 경우에도 징계하는 경우와 마찬가지로 교육상의 필요가 있어야 될 뿐만 아니라 특히 학생에게 신체적·정신적 고통을 가하는 체벌, 비하(卑下)하는 말 등의 언행은 교육상 불가피한 때에만 허용되는 것이어서, 학생에 대한 폭행, 욕설에 해당되는 지도행위는 학생의 잘못된 언행을 교정하려는 목적에서 나온 것이었으며 다른 교육적 수단으로는 교정이 불가능하였던 경우로서 그 방법과 정도에서 사회통념상 용인될 수 있을 만한 객관적 타당성을 갖추었던 경우에만 법령에 의한 정당행위로 볼 수 있을 것이고, 교정의 목적에서 나온 지도행위가 아니어서 학생에게 체벌, 훈계 등의 교육적 의미를 알리지도 않은 채 지도교사의 성격 또는 감정에서 비롯된 지도행위라든가, 다른 사람이 없는 곳에서 개별적으로 훈계, 훈육의 방법으로 지도·교정될 수 있는 상황이었음에도 낯모르는 사람들이 있는 데서 공개적으로 학생에게 체벌·모욕을 가하는 지도행위라든가, 학생의 신체나 정신건강에 위험한 물건 또는 지도교사의 신체를 이용하여 학생의 신체 중 부상의 위험성이 있는 부위를 때리거나 학생의 성별, 연령, 개인적 사정에서 견디기 어려운 모욕감을 주어 방법·정도가 지나치게 된 지도행위 등은 특별한 사정이 없는 한 사회통념상 객관적 타당성을 갖추었다고 보기 어렵다"고 한다(대판 2004. 6. 10. 2001도5380).

이러한 판례의 입장을 따르면 甲이 A의 머리에 혹이 날 정도로 때린 행위와 다른 학생이 보는 앞에서 B에게 엎드려뻗쳐를 시킨 행위는 법령에 의한 행위 혹은 사회상규에 위배되지 않는 행위로 위법성이 조각될 수 없다. 따라서 甲은 A에 대한 상해죄(혹은 폭행치상죄), B에 대한 폭행죄의 죄책을 진다. 이들 행위는 하나의 행위로 볼 수 있으므로 상상적 경합범관계에 있다.

2. C, D, E에 대한 명예훼손죄의 성립 여부

C, D, E의 성적이 불량하다는 사실은 C, D, E의 사회적 평가를 저하시킬 만한 사실이라고 할 수 있고, 甲이 인터넷게시판에 이 사실을 올린 행위는 공연히 사실을 적시한 것이라고 할 수 있다. 따라서 甲의 행위가 D에 대한 명예훼손죄에 해당된다는 것에는 의문이 없다. C, E의 경우 학번과 성만을 공개하였다 하더라도 C, E가 누구인지 알려질 위험성이 있으므로 역시 명예훼손죄에 해당된다고 할 수 있다. 또한 '가문의 위기'라고 한 것은 사실의 적시는 아니지만 이들에게 사회적 평가를 저하시킬 만한 가치판단을 한 것으로서 모욕죄에 해당된다.

다만, 甲이 C, D, E에게 경각심을 불러일으키고, 학생들로 하여금 좀더 열심히 공부할 것을 촉구하기 위해 이러한 행위를 하였다고 할 수 있으므로, 이는 제310조상의 진실성과 공익성을 모두 갖춘 행위로서 위법성이 조각된다고 할 수 있다. 따라서 甲은 C, D, E에 대한 명예훼손죄의 죄책은 지지 않는다. 모욕죄는 명예훼손죄에 흡수된다고 할 수 있으므로 역시 위법성이 조각되거나, 명예훼손죄에 흡수되지 않더라도 사회상규에 위배되지 않는 행위로 위법성이 조각될 것이다.

3. C에 대한 명예훼손죄의 위법성조각 여부

甲은 C가 F와 연애질을 하지 않았음에도 불구하고 연애질을 하였다고 하였는데, 이는 허위사실 적시에 의한 명예훼손죄에 해당된다. 그러나 甲이 C와 F가 연애를 한다고 생각하여 진실한 사실 적시의 고의만 있었으므로 제15조 제1항에 의해 甲의 행위는 진실한 사실 적시에 의한 명예훼손죄의 구성요건에 해당된다.

이 경우 위법성이 조각될 수 있는가에 대해 판례는 허위의 사실을 적시한 경우에도 행위자가 진실한 사실이라고 믿었고 그렇게 믿은 데에 상당한 이유가 있는 경우에는 위법성이 조각된다고 한다.

甲이 C와 F가 빵집에서 만나는 것을 보고 사실을 확인해 보지도 않은 채 연애질을 한다고 경솔히 판단하였으므로 甲의 착오에 상당한 이유가 있다고 할 수 없고 따라서 위법성이 조각되지 않는다. 그러나 甲에게는 자신이 위법한 행위를 한다는 인식이 없었으므로 책임조각 여부가 문제될 수 있으나, 역시 경솔하게 판단한 것이므로 정당한 이유가 있는 법률의 착오라고 할 수 없어 책임이 조각되지 않는다. 따라서 甲은 제307조 제1항의 명예훼손죄의 죄책을 진다(만약 甲이 C와 F가 빵집에서 만나는 것을 보고 연애질을 한다고 믿은 데에 상당한 이유가 있다고 할 경우 甲의 행위는 제310조에 의해 위법성이 조각된다).

4. 정　리

판례에 의하면 甲은 상해죄 혹은 폭행치상죄의 상상적 경합범과 진실한 사실 적시에 의한 명예훼손죄의 경합범의 죄책을 진다(만약 甲이 C와 F가 연애질을 한다고 믿은 데에 상당한 이유가 있다고 할 경우 甲은 상해죄 혹은 폭행치상죄와 폭행죄의 상상적 경합범의 죄책만을 진다).

Ⅲ. 판례에 대한 비판적 견해

1. 상해죄(폭행치상죄)와 폭행죄 인정에 대한 비판

판례가 A, B에 대해 각각 상해죄(폭행치상죄)와 폭행죄의 상상적 경합범을 인정한 데에 대해서는 이 행위도 사회상규에 위배되지 않는다거나 법령에 의한 행위로서 위법성이 조각된다는 견해가 있을 수 있으나 이러한 주장은 별로 보이지 않는다.

2. C, D, E에 대한 명예훼손죄의 위법성조각 인정에 대한 비판

C, D, E에 대한 명예훼손죄를 인정해야 한다는 비판이 있을 수 있으나, 이러한 견해 역시 별로 보이지 않는다.

3. C에 대한 명예훼손죄의 위법성조각 인정에 대한 비판

(1) 甲의 착오에 상당한 이유가 있다고 할 경우

판례에 의하면 甲이 C와 F가 연애를 한다고 믿은 데에 상당한 이유가 있는 경우 위법성이 조각된다. 이에 대해 학설은 제310조는 객관적으로 진실한 사실을 적시한 경우에만 적용되는 것이므로 위법성이 조각될 수 없고, 위법성조각사유의 요건사실의 착오가 되고, 그 착오에 정당한 이유가 있으므로 책임이 조각된다고 한다.

(2) 甲의 착오에 상당한 이유가 없는 경우

이 경우 판례에 의하면 위법성이 조각되지 않고, 법률의 착오가 되는데, 정당한 이유가 있는 법률의 착오가 아니므로(착오에 상당한 이유가 없는 것은 착오에 과실이 있다는 것을 의미한다) 책임이 조각되지도 않아 甲은 제307조 제1항의 사실적시에 의한 명예훼손죄의 죄책을 진다.

이에 대해 학설 중에는 甲의 착오는 제310조의 진실성의 요건사실을 충족하는 사실이 없음에도 불구하고 있다고 생각한 것이므로 위법성조각사유의 요건사실의 착오라고 한다. 이 경우 제한책임설이나 엄격고의설 혹은 소극적구성요건요소 이론에 의할 경우 甲은 과실명예훼손죄의 죄책을 질 수 있으나 과실명예훼손죄를 처벌하는 규정이 없으므로 무죄가 된다.

Ⅳ. 정 리

甲이 여러 학생이 보는 앞에서 A와 B에게 체벌을 한 행위에 대해 상해죄(혹은 폭행치상죄)와 폭행죄의 상상적 경합범을 인정해야 할 것이다.

甲이 C, D, E의 이름을 인터넷게시판에 올린 행위는 명예훼손죄(제307조 제1항)의 구성요건에 해당되지만, 제310조에 따른 진실성과 공익성이 있으므로 위법성이 조각된다고 해야 할 것이다.

甲이 C와 F가 만나는 것을 보고 C와 F가 연애질을 한다고 판단한 것은 상당한 이유가 없고 과실이 있다고 해야 할 것이다. 허위의 사실을 적시한 경우에는 제310조에 의해 위법성이 조각될 수는 없고, 위법성조각사유의 요건사실의 착오의 문제로 다루어야 한다. 위법성조각사유의 요건사실의 착오에 대해 엄격책임설의 입장이 타당하므로 甲은 명예훼손죄의 죄책을 진다.

결국 甲은 상해죄(혹은 폭행치상죄), 폭행죄, 제307조 제1항의 명예훼손죄의 죄책을 진다. 상해죄와 폭행죄는 상상적 경합범, 이들 범죄와 명예훼손죄는 실체적 경합범의 관계에 있다고 해야 할 것이다.

종합문제 23

∷ 다음 사례를 읽고 물음에 답하시오(특별법은 불문함).

甲男과 乙女는 열애 끝에 결혼을 하였지만 1년 후 乙은 성격차이를 이유로 甲에 대해 이혼소송을 제기하였고, 이 때문에 甲은 집을 나가 6개월째 K女와 동거하고 있었다. 이혼소송을 빨리 끝낼 수 있는 방안을 의논하기 위해 만난 甲과 乙은 이야기를 하던 도중 시간도 늦었고 연애시절도 생각나 자신들이 연애시절 다녔던 H호텔로 갔다. 乙은 이야기만 하자고 하였으나 甲은 동침을 요구하였고, 乙이 거절하자 甲은 호텔방문을 잠근 후 乙을 죽여 버리겠다고 협박하여 간음하려 하였으나 乙이 끝까지 반항하는 바람에 뜻을 이루지 못하였다.

화가 난 甲은 밖으로 나와 근처 술집으로 갔다. 그곳에서 甲은 도우미 A와 술을 마시게 되었다. A는 원래 남자로 태어났으나 여자로 성전환수술을 하고 그 술집에서 성매매를 하는 접대부로 일을 하고 있는 사람이었다. 이 사실을 모르는 甲은 A를 강간하기로 마음먹고 A에게 2차를 가자고 하였다. A가 이를 믿고 따라 나오자 甲은 산책을 하자고 하면서 주변 인적이 드문 공원으로 데리고 갔다. 甲은 A를 강간하기 위해 마침 옆에 떨어져 있던 각목을 주워 A의 머리를 내리쳤다. 그러나 甲의 태도가 심상치 않다고 느끼고 주의를 하고 있던 A는 얼른 각목을 피한 후 도망갔다.

되는 일이 없다고 생각하며 길을 걸어가던 甲은 길가에 앉아 있는 16세의 가출 여고생 B를 발견하고 B에게 말을 걸었다. 대화도중 B가 배가 고파 길거리에 앉아 있었다는 것을 알게 된 甲은 B에게 음식을 사 주었다. B가 자신을 믿는 듯한 태도를 보이자 甲은 잘 되었다고 생각하고 30만원을 줄테니 자신과 동침하자고 B에게 제안하였다. 생활비가 없던 B는 甲의 제안을 받아들였고, 두 사람은 근처에 있는 모텔로 가 동침하였다. 그러나 甲은 처음부터 30만원을 줄 생각이 없었기 때문에 아침에 B가 잠을 자고 있는 사이에 3만원을 머리맡에 놔두고 모텔방을 나와 버렸다.

한편 甲의 새로운 면을 발견하게 된 乙은 K가 불쌍하다는 생각이 들어 K를 찾아가 "甲이 나를 억지로 H호텔로 끌고가 죽도록 때린 후 나를 강간하였다. 너도 정신 차리고 甲과 같은 인간은 멀리 하는 것이 신상에 좋을 것이다!"라고 하였다.

1. 판례에 따른 甲의 죄책을 설명하시오.
2. 甲에게 가장 무거운 죄책을 인정할 수 있는 논리를 제시하시오.
3. 甲에게 가장 가벼운 죄책을 인정할 수 있는 논리를 제시하시오.
4. 판례에 따른 乙의 죄책을 설명하고 그 문제점을 지적하시오.

Ⅰ. 논점의 제시

甲의 죄책으로 문제되는 것은 다음과 같다.

1. 이혼소송이 제기된 후 K녀와 동거한 행위가 간통죄(제241조)에 해당되는지 문제된다.

2. 호텔방의 문을 잠그고 법률상의 처인 乙을 협박하여 간음하려 한 행위가 감금죄(제276조) 및 강간죄의 장애미수 또는 불능미수(제297조, 제300조, 제25조, 제27조)에 해당되는지 문제된다.

3. A를 강간하기 위해 각목으로 내리치다 명중시키지 못한 행위가 강간미수죄 및 상해미수죄(제257조 제1항)에 해당되는지 문제된다.

4. 30만원을 줄 생각없이 B와 동침한 행위가 위계에 의한 미성년자간음죄(제302조) 및 사기죄(제347조)에 해당되는지 문제된다.

5. 위의 범죄들의 죄수관계가 문제된다.

乙의 죄책으로 문제되는 것은 명예훼손죄인데 구체적으로 다음과 같은 쟁점이 있다.

1. K에게 甲에 대해 말한 것이 공연히 사실을 적시한 것이라고 할 수 있는지 문제된다.

2. K에게 말한 내용이 허위사실 적시에 의한 명예훼손죄(제307조 제2항) 또는 사실 적시에 의한 명예훼손죄(제307조 제1항) 중 어디에 해당되는지 문제된다.

3. 乙이 K를 위해 말한 것이므로 긴급피난 등으로 위법성이 조각될 수 있는지 문제된다.

Ⅱ. 판례에 따른 甲의 죄책

1. 간통죄(제241조)의 성립 여부

甲이 혼인이 해소되지 않은 상태에서 K와 동거하였는데 이는 법률상 배우자 있는 甲이 법률상 배우자 이외의 자와 성교한 행위로서 간통죄(제241조)에 해당된다. 판례는 간통죄의 죄수에 대해 각 성교행위마다 1개의 간통죄가 성립한다고 한다(대판 1983. 4. 12. 83도65). 따라서 甲은 K와의 성교횟수에 따른 수 개의 간통죄의 죄책을 진다.

다만 甲을 처벌하기 위해서는 乙의 고소가 있어야 하는데, 乙이 甲의 간통을 종용 또는 유서하였는지 문제된다.

판례는 "혼인 당사자가 더 이상 혼인관계를 지속할 의사가 없고 이혼의사의 합치가 있는 경우에는 비록 법률적으로 혼인관계가 존속한다고 하더라도 간통에 대한 사전 동의인 종용에 해당하는 의사표시가 그 합의 속에 포함되어 있는 것으로 보아야 할 것이나, 그러한 합의가 없는 경우에는 비록 잠정적·임시적·조건적으로 이혼의사가 쌍방으로부터 표출되어 있다고 하더라도 간통 종용의 경우에 해당하지 않는다"(대판 2009. 7. 9. 2008도984), "간통죄에 있어서 유서는 배우자의 일방이 상대방의 간통사실을 알면서 혼인관계를 지속시킬 의사로 악감정을 포기하고 상대방에게 그 행위에 대한 책임을 묻지 않겠다는 뜻을 표시하는 일방행위로서, 간통의 유서는 명시적으로 할 수 있음은 물론 묵시적으로도 할 수 있는 것이어서 그 방식에 제한이 있는 것은 아니지만, 감정을 표현하는 어떤 행동이나 의사의 표시가 유서로 인정되기 위하여는, 첫째 배우자의 간통사실을 확실하게 알면서 자발적으로 한 것이어야 하고, 둘째 그와 같은 간통사실에도 불구하고 혼인관계를 지속시키려는 진실한 의사가 명백하고 믿을 수 있는 방법으로 표현되어야 하는 것이다"(대판 2010. 12. 23. 2010도10650)라고 한다.

이러한 판례의 입장에 의하면 이혼소송이 진행되고 있는 상황이므로 이혼의사의 합치가 있다고 할 수 없고, 혼인관계를 지속시키려는 의사가 명백하고 믿을 수 있는 방법으로 표현되어 있는 것도 아니기 때문에 간통의 종용이나 유서를 인정하기는 어렵다.

2. 강간미수죄 및 감금죄의 성립 여부

(1) 강간미수죄 또는 불능미수죄의 성립 여부

판례에 의하면 강간죄에서의 폭행, 협박은 피해자의 항거를 불가능하게 하거나 현저히 곤란하게 할 정도의 것이어야 하는데(대판 2004. 6. 25. 2004도2611), 사례에서 甲의 폭행은 이러한 정도의 폭행에 해당된다고 할 수 있다.

사례에서 가장 문제되는 것은 이혼소송을 제기한 법률상의 처가 강간죄의 객체가 될 수 있는가이다. 이에 대해 판례는 "당사자 사이에 혼인관계가 파탄되었을 뿐만 아니라 더 이상 혼인관계를 지속할 의사가 없고 이혼의사의 합치가 있어 실질적인 부부관계가 인정될 수 없는 상태에 이르렀다면, 법률상의 배우자인 처도 강간죄의 객체가 된다"고 한다(대판 2009. 2. 12. 2008도8601).

판례에 따르면, 사례에서 甲과 乙이 이혼소송을 진행하는 상태이므로 이혼의사의 합치가 있다고 보기 어려우므로 甲은 강간죄의 객체가 될 수 없고, 따라서 강간미수죄도 성립할 수 없다. 강간죄의 불능미수의 성립 여부가 문제될 수 있으나, 甲에게 실행의 수단이나 대상의 착오가 있다고 할 수 없다. 따라서 甲은 강간죄의 불능미수의 죄책도 지지 않는 일종의 환각범이라고 할 수 있으므로 무죄이다.

(2) 감금죄의 성립 여부

甲이 호텔방문을 잠가 놓고 乙에게 죽여 버리겠다고 협박한 행위는 사람의 장소이동의 자유를 제한하는 행위로서 감금죄에 해당된다.

3. A에 대한 강간미수죄 및 상해미수죄의 성립 여부

(1) 강간미수죄의 성립 여부

사례에서 가장 문제가 되는 것은 남성이었지만 여성으로 성전환을 한 사람도 강간죄의 객체가 될 수 있는가이다. 이에 대해 판례는 "일반적인 의학적 기준에 의하여 성전환수술을 받고 반대 성으로서의 외부 성기를 비롯한 신체를 갖추고, 나아가 전환된 신체에 따른 성을 가진 사람으로서 만족감을 느끼며 공고한 성정체성의 인식 아래 그 성에 맞춘 의복, 두발 등의 외관을 하고 성관계 등 개인적인 영역 및 직업 등 사회적인 영역에서 모두 전환된 성으로서의 역할을 수행함으로써 주위 사람들로부터도 그 성으로서 인식되고 있으며, 전환된 성을 그 사람의 성이라고 보더라도 다른 사람들과의 신분관계에 중대한 변동을 초래하거나 사회에 부정적인 영향을 주지 아니하여 사회적으로 허용된다고 볼 수 있다면, 이러한 여러 사정을 종합적으로 고려하여 사람의 성에 대한 평가 기준에 비추어 사회통념상 신체적으로 전환된 성을 갖추고 있다고 인정될 수 있는 경우가 있다. 이와 같은 성전환자는 출생시와는 달리 전환된 성이 법률적으로도 그 성전환자의 성이라고 평가받을 수 있다"고 한다(대판 2009. 9. 10. 2009도3580). 사례에서 A가 술집에서 성매매를 하는 등의 행위를 하고 있으므로 판례가 제시하는 요건을 충족하고 있다고 할 수 있다.

甲이 A에게 각목을 휘두른 행위는 강간죄에서 요구되는 항거불가능 내지 항거를 현저하게 곤란하게 하는 정도의 폭행이라고 할 수 있다. 그러나 甲이 강간에 이르지는 못하였으므로 강간미수죄의 죄책을 진다.

(2) 상해미수죄의 성립 여부

甲이 A를 각목으로 내리친 행위는 상해행위에 해당된다. 甲이 강간을 위해 상해행위를 하였지만 강간과 상해 모두 미수에 그쳤고, 강간상해미수죄를 처벌하는 규정은 없으므로, 甲은 상해미수의 죄책을 진다.

4. 위계에 의한 미성년자간음죄(제302조) 및 사기죄(제347조)의 성립 여부

(1) 위계에 의한 미성년자간음죄

판례는 "위계에 의한 심신미약자간음죄에 있어서 위계라 함은 행위자가 간음의 목적으로 상대방에게 오인, 착각, 부지를 일으키고는 상대방의 그러한 심적 상태를 이용하여 간음의 목적을 달성하는 것을 말하는 것이고, 여기에서 오인, 착각, 부지란 간음행위 자체에 대한 오인, 착각, 부지를 말하는 것이지, 간음행위와 불가분적 관련성이 인정되지 않는 다른 조건에 관한 오인, 착각, 부지를 가리키는 것은 아니다. 피고인이 피해자를 여관으로 유인하기 위하여 남자를 소개시켜 주겠다고 거짓말을 하고 피해자가 이에 속아 여관으로 오게 되었고 거기에서 성관계를 하게 되었다 할지라도, 피고인의 행위는 위계에 의한 심신미약자간음죄에 있어서 위계에 해당하지 아니한다"고 한다(대판 2002. 7. 12. 2002도2029).

위와 같은 판례에 의하면, 甲이 간음행위 그 자체를 위계로 한 것이 아니라 간음행위와 불가분의 관련성이 있다고 할 수 없는 돈을 주는 것에 대해 착각을 일으키게 하였으므로 위계에 의한 미성년자간음죄는 성립하지 않는다.

(2) 사기죄의 성립 여부

판례는 "일반적으로 부녀와의 성행위 자체는 경제적으로 평가할 수 없고, 부녀가 상대방으로부터 금품이나 재산상 이익을 받을 것을 약속하고 성행위를 하는 약속 자체는 선량한 풍속 기타 사회질서에 위반한 사항을 내용으로 하는 법률행위로서 무효이나, 사기죄의 객체가 되는 재산상의 이익이 반드시 사법(私法)상 보호되는 경제적 이익만을 의미하지 아니하고, 부녀가 금품 등을 받을 것을 전제로 성행위를 하는 경우 그 행위의 대가는 사기죄의 객체인 경제적 이익에 해당하므로, 부녀를 기망하여 성행위 대가의 지급을 면하는 경우 사기죄가 성립한다"고 한다(대판 2001. 10. 23. 2001도2991).

판례에 의하면 甲이 30만원을 줄 생각없이 B와 동침하고 3만원만을 준 행위는 B를 기망하여 착오에 빠뜨리고 B의 처분행위에 의해 재산상의 이익을 취득한 것이라고 할 수 있다. 따라서 甲은 사기죄의 죄책을 진다.

5. 정리 및 죄수

甲은 K와의 성교횟수에 따른 간통죄, 乙에 대한 감금죄, A에 대한 강간미수죄 및 상해미수죄, B에 대한 사기죄의 죄책을 진다. A에 대한 강간미수죄와 상해미수죄는 상상적 경합관계에 있고, 이들 범죄와 나머지 범죄들은 모두 실체적 경합관계에 있다.

Ⅲ. 甲에게 가장 무거운 죄책을 인정할 수 있는 논리

1. 쟁　점

甲에게 가장 무거운 죄책을 인정하기 위해서는 다음과 같은 논리를 전개해야 할 것이다.

첫째, 간통죄에 대해서는 판례와 같은 논리를 따라야 한다.

둘째, 乙에 대해서는 법률상의 처도 강간죄의 객체가 된다는 논리를 따라야 한다.

셋째, 강간을 위해 감금을 하였을 경우 강간죄와 감금죄가 별도로 성립하고 양자는 실체적 경합관계라는 논리를 따라야 한다.

넷째, B에 대해 위계에 의한 미성년자간음죄의 성립을 인정해야 한다.

2. 구체적인 논리

(1) 배우자강간죄의 인정

배우자강간죄에 대해 부정설, 판례와 같은 절충설이 있지만, 배우자를 강간죄의 객체에서 제외할 이유가 없다. 그 근거는 다음과 같다.

첫째, 강간죄의 객체는 부녀인데, 부녀에서 법률상의 배우자를 배제해야 할 필요가 없다.

둘째, 강간죄의 보호법익을 정조라고 할 경우에는 배우자를 강간죄의 객체에서 배제할 수 있을지 모르지만, 성적 자기결정권이라고 할 경우에는 배우자의 성적 자기결정권도 보호대상이 된다.

셋째, 혼인으로 인해 동거의무를 진다고 하더라도 이것이 구체적인 시간, 장소에서 성행위에 응해야 할 의무를 의미하는 것은 아니다.

이러한 논리에 의하면 甲은 乙에 대한 강간미수의 죄책을 진다.

(2) 위계에 의한 미성년자간음죄의 인정

형법 제302조는 위계에 의해 간음을 할 것을 규정하고 있는데, 이는 상대방의 오인, 착각, 부지를 이용하는 행위와 간음 사이에 인과관계가 있으면 족하다고 해석해야 하고, 간음행위 그 자체에 대한 오인, 착각, 부지라고 축소해석할 필요가 없다.

이에 의하면 甲이 B에게 착각을 일으켰고 이를 이용해 B를 간음하였으므로 甲은 위계에 의한 미성년자간음죄의 죄책을 진다.

(3) 강간미수죄와 감금죄의 죄수

강간을 위해 감금하였다고 하더라도 강간행위와 감금행위는 별도의 행위로 이루어진 별개의 범죄이므로 감금죄가 강간미수죄에 흡수되거나 양자가 상상적 경합관계에 있다고 해서는 안 되고 실체적 경합관계라고 해야 한다.

(4) 정리 및 죄수

甲에게 가장 무거운 죄책을 인정할 경우, 甲은 K와의 성교횟수에 따른 간통죄, 乙에 대한 강간미수죄와 감금죄, A에 대한 강간미수죄 및 상해미수죄, B에 대한 위계에 의한 미성년자간음죄 및 사기죄의 죄책을 진다. A에 대한 강간미수죄와 상해미수죄는 상상적 경합관계에 있다. 이들 범죄와 나머지 범죄들은 모두 실체적 경합관계에 있다.

Ⅳ. 甲에게 가장 가벼운 죄책을 인정할 수 있는 논리

1. 쟁 점

甲에게 가장 가벼운 죄책을 인정하기 위해서는 다음과 같은 논리를 전개해야 할 것이다.

첫째, 간통죄에 대해서는 실체적 경합범이 아닌 포괄일죄만을 인정해야 한다.

둘째, 성전환자에 대한 강간죄를 인정하지 말아야 한다.

셋째, B에 대한 사기죄를 인정하지 말아야 한다.

2. 구체적인 논리

(1) 간통죄의 죄수

甲이 아직 배우자있는 자라고 하더라도 甲의 간통행위는 동일한 피해자, 동일한 대상, 동일한 범죄의사에 의해 이루어졌으므로 실체적 경합관계에 있다기보다는 포괄하여 일죄가 된다고 해야 한다. 이에 의하면 甲은 간통죄의 포괄일죄의 죄책을 진다.

(2) 배우자강간죄 및 성전환자강간죄의 불인정

혼인이란 동거의무를 수반하고 이는 상대방의 성행위 요구에 대한 수인을 포함하고 있으므로 법률상 배우자에 대한 강간죄는 인정하지 말아야 한다. 따라서 甲은 乙에 대한 강간미수의 죄책을 지지 않는다.

형법해석의 엄격성 원칙상 강간죄의 객체인 부녀는 법률상의 부녀에 한정되어야 한다. 그런데 A가 여성으로 성전환을 하고 성매매에 종사하면서 살고 있다고 하여도 사실상의 부녀라고 할 수는 있어도 법률상의 부녀라고 할 수 없어 강간죄의 객체가 될 수 없다. 따라서 甲은 A에 대한 강간미수의 죄책을 지지 않는다.

(3) 사기죄의 불인정

甲과 B의 계약은 무효이므로 甲이 법률적 의미의 재산을 취득할 수 없고, B에게 재산상 손해가 발생한 것도 인정할 수 없다. 또한 B가 영업적으로 성매매를 하는 사람이 아니므로 B와의 성교에 대한 대가를 경제적으로 산출할 수 없어 甲이 재산상 이익을 취득하였다고 할 수도 없다. 따라서 甲은 B에 대한 사기죄의 죄책을 지지 않는다.

(4) 정리 및 죄수

甲에게 가장 가벼운 죄책을 인정할 경우, 甲은 간통죄, 乙에 대한 감금죄, A에 대한 상해미수죄의 실체적 경합범의 죄책을 진다.

Ⅴ. 乙의 죄책

1. 판례에 따른 乙의 죄책

(1) 공연성의 유무

판례는 소위 전파가능성설을 취하여 "명예훼손죄의 공연성은 불특정 또는 다수인이 인식할 수 있는 상태를 말하고, 비록 개별적으로 한 사람에게 사실을 유포하였다고 하더라도 그로부터 불특정 또는 다수인에게 전파될 가능성이 있다면 공연성의 요건을 충족하지만, 반대로 전파될 가능성이 없다면 특정한 한 사람에게 한 사실의 유포는 공연성이 없다고 할 것이다"라고 한다(대판 2010. 10. 28. 2010도2877).

사례에서 甲이 K 한 사람에게만 사실을 적시하였지만 K와 乙과의 사이에 K가 乙의 말을 전파하지 않으리라고 할 수 있는 특수한 관계는 존재하지 않으므로 전파가능성과 공연성이 인정된다.

(2) 허위사실 여부의 판단기준

판례는 "형법 제307조 제2항을 적용하기 위하여 적시된 사실이 허위의 사실인지 여부를 판단하는 경우, 적시된 사실의 내용 전체의 취지를 살펴볼 때 중요한 부분이 객관적 사실과 합치되면 세부에 있어서 진실과 약간 차이가 나거나 다소 과장된 표현이 있다 하더라도 이를 허위의 사실이라고 볼 수 없다"고 한다(대판 2008. 10. 9. 2007도1220).

사례에서 甲과 乙이 합의하여 H호텔로 갔고, 甲이 乙을 협박하였지만 죽도록 때린 일은 없고, 강간이 미수에 그쳤음에도 乙이 K에게 "甲이 나를 억지로 H호텔로 끌고가 죽도록 때린 후 나를 강간하였다"고 하였는데, 이것이 허위사실을 적시한 것인지 문제된다.

그러나 乙의 말에서 중요한 부분은 甲이 자신을 강간하려 했다는 것이므로 사실 적시에 부분적으로 객관적 진실과 합치하지 않는 부분이 있다고 하더라도 전체적으로는 진실한 사실 적시라고 할 수 있다. 따라서 甲의 행위는 진실한 사실 적시에 의한 명예훼손행위에 해당된다.

(3) 위법성조각

乙이 K를 위해 甲의 명예를 훼손하는 사실을 적시하였더라도 K에게 현재의 위난이 닥쳤다고 할 수 없으므로 긴급피난이 될 수는 없고, 사회상규에 위배되지 않는 정당행위라고 할 수도 없다.

(4) 정 리

甲은 사실 적시에 의한 명예훼손죄(제307조 제1항)의 죄책을 진다.

2. 판례의 문제점

통설은 공연성에 대해 '불특정 또는 다수인이 직접 인식할 수 있는 상태'라고 한다. 이에 의하면 乙이 K에게만 사실을 적시하였으므로 乙의 행위에 공연성을 인정할 수 없고 따라서 乙은 명예훼손죄의 죄책을 지지 않는다.

그런데 판례는 전파가능성설을 취하여 특정소수인에게 사실을 적시하더라도 전파가능성이 있으면 공연성이 인정된다고 한다. 이러한 판례의 전파가능성이론에 대해서는 ① 명예훼손죄의 성립 여부가 실행행위가 아닌 청취자의 전파의사에 의해 좌우되고, ② 거의 모든 사실 적시행위를 명예훼손죄의 구성요건에 해당하는 것으로 파악하게 되어 형법의 보충성원칙에 반하고 표현의 자유를 본질적으로 침해하게 되고, ③ 전파가능성유무를 판단할 객관적 기준이 존재하지 않기 때문에 그 구체적 적용에서 자의가 개입될 소지가 크고, ④ 명예훼손죄와 모욕죄에서 공연성의 개념을 통일적으로 파악할 수 없고, ⑤ 특정소수인에게 사실을 적시한 경우를 '공연히'라는 문언에 포함시킴으로 피고인에게 불리한 유추해석을 하게 되는 문제점이 있다는 비판이 제기된다.

刑法演習

Criminal Law
– A Case Study Approach

2 사법시험 및 변호사시험

제53회 사법시험(2011)

| 제 1 문 |

〈사례 1〉

甲과 乙(A의 처)은 불륜관계를 유지하여 오던 중, A를 살해하고 함께 살기로 하였다. 甲과 乙은 범행계획을 숙의한 끝에 甲이 독약을 구해 오면 乙이 이 독약을 A에게 먹여 살해하기로 의견을 모았다. 甲으로부터 독약을 건네받은 乙이 약속한 범행일에 A를 독살하지 못하고 차일피일 범행을 미루자 甲은 乙에게 전화하여 "오늘 A가 퇴근하면 반드시 독살하라"라고 말하였다. 甲의 독촉을 받은 乙은 평소 A가 즐겨 마시던 포도주에 독약을 혼입하여 놓고 A가 퇴근하여 귀가하자 위 포도주를 A에게 건네주어 마시게 하였다. A가 구토를 하고 극심한 복통을 호소하자, 이를 본 乙은 후회하고 A를 살리기 위해 병원 응급실로 데려가 치료를 받게 하였다. 그런데 당시 乙이 포도주에 혼입한 독약은 치사량 미달이어서 A는 전치 2주의 내장손상을 입었을 뿐, 그대로 두어도 사망하지 않았을 것이었다.

〈사례 2〉

A가 사망하지 아니한 사실을 알게 된 甲은 乙에게 재차 A를 살해하라고 하자, 乙은 이를 승낙하고 자신이 직접 청산가리를 구하여 평소 A가 즐겨 마시던 드링크제에 청산가리를 혼입한 후, 그 정을 모르는 병원 청소원 丙에게 이 드링크제를 건네주면서 A에게 전해 주라고 하였다.

1. 〈사례 1〉의 경우 甲과 乙의 죄책을 논하시오. (25점)
2. 〈사례 2〉에서 丙이 A와 같은 병실에 입원한 B를 A로 오인하고 B에게 위 드링크제를 전해 주었고, 이를 마신 B가 사망하였다면 甲, 乙, 丙의 죄책을 논하시오. (20점)
3. 〈사례 2〉에서 丙이 A에게 위 드링크제를 전해 주어 이를 마신 A가 사망하였고, 〈사례 1〉과 〈사례 2〉가 순차적으로 진행되었다면, 乙이 A를 살해하려던 행위와 재차 시도하여 A를 살해한 행위에 대한 乙의 범행의 죄수(罪數)를 논하시오. (5점)

질문 1

Ⅰ. 논점의 제시

〈사례 1〉에서 甲, 乙의 죄책으로 문제되는 것은 다음과 같다.

1. 甲, 乙이 A를 살해하기로 하고 독약을 준비한 행위가 살인예비·음모죄(제255조)에 해당되는지 문제된다.

2. 乙이 치사량 미달의 독약으로 A를 살해하려다가 후회하고 병원으로 데려간 행위는 불능미수에도 해당되고 중지미수에도 해당될 수 있다. 이 경우 불능미수의 중지미수가 인정될 수 있을지 문제된다.

3. 甲이 망설이고 있던 乙에게 전화로 살인행위를 하라고 한 행위가 살인죄의 교사범, 방조범 또는 공동정범 중 어디에 해당되는지 문제된다.

4. 乙에게 불능미수의 중지미수를 인정할 경우 甲은 어떤 죄책을 지는지 문제된다.

5. 甲, 乙의 범죄의 죄수관계가 문제된다.

Ⅱ. 甲, 乙의 죄책

乙은 정범이고 甲은 공범이라고 할 수 있으므로 편의상 정범인 乙의 죄책을 먼저 논하고, 이어 甲의 죄책을 논하기로 한다.

1. 乙의 죄책

(1) 살인예비 · 음모죄의 성립 여부

甲, 乙이 A를 살해하기로 하고 독약을 준비한 행위는 살인예비 · 음모죄에 해당된다. 왜냐하면 甲, 乙에게 예비 · 음모행위에 대한 고의와 A를 살해하려는 목적이 있었고, 객관적으로도 A를 살해하기로 하고 독약을 준비한 행위는 예비 · 음모행위에 해당되기 때문이다.

(2) 살인죄의 불능미수와 중지미수

1) 살인죄의 불능미수

乙이 먹인 독약으로 A가 사망할 가능성은 없었으므로 이는 실행의 수단의 착오로 인해 결과발생이 불가능한 경우에 해당된다. 따라서 위험성이 있느냐의 유무에 따라 살인죄의 불능범 또는 불능미수가 인정된다.

위험성에 관한 ① 절대적 불능 · 상대적 불능 구별설, ② 법률적 불능 · 사실적 불능 구별설에 의하면 치사량 미달의 독약으로 사람을 살해한다는 것은 절대적 불능이나 법률적 불능이기 때문에 위험성이 없다고 할 수 있다. ③ 구성요건흠결설에 의하면 구성요건적 행위가 흠결되어 있기 때문에 역시 불능범이 된다. 이에 비해 ④ 주관설에 의하면 乙의 반사회적 위험성이 인정되므로 불능미수가 성립한다. ⑤ 판례가 따르는 추상적 위험설에 의할 경우에는 위험성이 인정될 수도 있고 인정되지 않을 수도 있다. 예를 들어 乙이 치사량이 넘는 독약인 줄 알고 먹였는데 치사량 미달인 경우에는 위험성이 인정되지만, 일정량을 먹이면 살해할 수 있다고 생각하고 먹였는데 그것이 치사량 미달이었다면 위험성이 인정되지 않는다. ⑥ 구체적 위험설에 의할 경우에는 일반인은 乙이 일정량의 독약을 먹인다고 인식하였을 것이고 이를 기초로 과학적 일반인의 입장에서 판단하면 A가 사망할 가능성이 없어 위험성이 인정되지 않는다.

불능미수의 위험성은 구체적 위험설에 따라 판단하는 것이 타당하므로 乙은 살인죄의 불능범이 된다. 이 경우 A가 전치 2주의 내장손상이라는 상해를 입었는데, 乙에게 살인의 고의가 있었으므로 상해의 고의도 인정된다고 할 수 있다. 따라서 乙은 상해기수의 죄책을 진다(그러나 실전시험에서는 불능범이라는 결론을 내리기보다는 불능미수로 결론을 내리는 것이 바람직하다. 왜냐하면 불능미수가 성립해야 불능미수의 중지미수를 논할 수 있을 것으로 보아 출제의도는 불능미수였다고 할 수 있기 때문이다. 하지만 이 사례에서 추상적 위험설에 의해도 출제의도대로 살인죄의 불능미수라는 결론이 나오는지는 의문이다).

2) 살인죄의 중지미수

乙이 A에게 독약을 먹였지만 후회하고 A를 병원으로 데려갔다. 乙의 행위는 실행미수에 해당하고, A를 병원으로 데려간 것은 결과발생 방지를 위한 적극적 노력을 한 것이라고 할 수 있고, 乙이 후회하고 이러한 행위를 한 것은 중지미수의 자의성에 관한 어떤 학설에 의해도 자의성이 인정된다. 따라서 乙에게 살인죄의 불능미수가 아닌 중지미수를 인정할 것인가 문제된다.

불능미수의 중지미수도 인정할 것인가에 대해 긍정설과 부정설이 대립하지만 긍정설이 타당하다. 왜냐하면 살인의 결과발생이 가능한 경우 피고인에게 유리한 중지미수를 인정하면서 살인의 결과발생이 불가능한 경우에는 피고인에게 유리한 중지미수를 인정하는 것은 균형에 맞지 않기 때문이다.

(3) 죄수 및 정리

乙이 상해기수의 죄책을 질 경우 살인예비·음모죄가 성립하고 상해기수죄는 이에 흡수된다고 해야 한다. 乙이 살인죄의 중지미수의 죄책을 질 때에는 살인예비·음모죄는 살인죄의 중지미수에 흡수된다.

따라서 乙은 살인예비·음모의 죄책을 지거나 살인죄의 중지미수의 죄책을 진다.

2. 甲의 죄책

(1) 살인죄의 예비·음모죄

甲도 乙처럼 살인죄의 예비·음모의 죄책을 진다.

(2) 상해교사죄

乙이 상해기수의 죄책을 질 때에는 甲은 상해교사의 죄책을 진다.

(3) 살인의 교사미수죄

乙이 살인죄의 중지미수의 죄책을 지더라도 甲은 자의로 중지한 바가 없으므로 살인교사의 (장애)미수의 죄책을 진다.

(4) 죄수 및 정리

甲이 상해교사의 죄책을 질 경우 이는 살인예비 · 음모죄에 흡수된다. 甲이 살인교사미수의 죄책을 질 경우 살인예비 · 음모죄는 살인교사미수죄에 흡수된다.

따라서 甲은 살인예비 · 음모의 죄책이나 살인교사미수의 죄책을 진다.

질문 2

Ⅰ. 논점의 제시

〈사례 2〉에서 甲, 乙, 丙의 죄책으로 문제되는 것은 다음과 같다.

1. 丙이 A로 알고 B에게 독약을 주어 B를 사망케 한 행위가 과실치사죄에 해당되는지 문제된다.

2. 乙이 A를 살해하기 위해 丙을 이용하였으나 丙이 객체의 착오에 의해 B를 사망케 하였는데, 이 경우 乙에게 방법의 착오와 객체의 착오 중 어느 것을 인정할지 문제된다.

3. 甲은 乙에게 A를 살해하라고 하였는데 乙이 B를 살해하였으므로 甲의 경우 교사의 착오가 문제된다.

편의상 丙, 乙, 甲의 순으로 죄책을 논하기로 한다.

Ⅱ. 丙의 죄책

丙이 A로 알고 B에게 독약을 주어 B를 사망케 하였는데, 丙에게는 살인의 고의가 없었다. 따라서 B에 대한 과실치사죄의 성립 여부가 문제된다. 과실치사죄가 성립하기 위해서는 丙에게 주의의무위반이 있어야 하는데, B의 사망에 대한 예견의무와 결과회피의무 위반을 의미하고, 주의의무위반 여부는 일반적 평균인을 표준으로 한다.

사례에서 일반적 평균인이 음료수병에 청산가리가 들어있음을 예견할 수 없었을 것이기 때문에 丙은 과실치사죄의 죄책을 지지 않는다.

Ⅲ. 乙의 죄책

도구의 객체의 착오와 간접정범의 착오

(1) 문제점

乙은 A를 살해하기 위해 丙을 생명있는 도구로 이용하였는데 丙이 객체의 착오를 일으켜 B를 사망케 하였다. 이는 생명있는 도구의 객체의 착오가 간접정범에게는 어떠한 착오로 다루어지는지 문제된다.

(2) 객체의 착오로 다룰 경우

도구의 객체의 착오를 간접정범의 객체의 착오로 다룰 경우에는 乙이 B에 대한 살인기수의 죄책을 진다는 데에 이견이 없다.

(3) 방법의 착오로 다룰 경우

그러나 도구의 객체의 착오를 간접정범에 대해서는 방법의 착오로 다룰 경우에는 견해가 대립한다. 구체적 부합설에서는 A에 대한 살인미수죄와 B에 대한 과실치사죄의 상상적 경합범을 인정하고, 법정적 부합설에서는 B에 대한 살인기수죄를 인정한다.

(4) 결 어

생각건대, 도구의 객체의 착오는 간접정범의 입장에서 보면 수단의 착오 또는 타격의 착오라고 해야 할 것이다. 도구의 동일성에 대한 착오가 아니라 도구를 통한 타격이 잘못되었기 때문이라고 할 수 있기 때문이다.

이 경우 乙에게 A를 살해할 고의는 있었지만 B를 살해할 고의까지 있었다고 하는 것은 지나치므로, 구체적 부합설에 따라 A에 대한 살인미수죄와 B에 대한 과실치사죄의 상상적 경합범을 인정하는 것이 타당하다.

Ⅳ. 甲의 죄책

1. 교사범 또는 방조범

甲이 乙을 살해하라고 독촉한 행위는 살인죄의 교사범에 해당된다. 만약 乙이 사례의 일시, 장소에서 범행을 할 결의를 하였다면 甲은 교사범이 될 수 없고, 방조범이 될 수 있을 뿐이다. 그런데 乙이 A를 살해할 의사를 지니고 있었지만 사례에서와 같은 그 시점에서 살해할 의사는 없었다. 따라서 甲의 교사에 의해 乙이 사례의 살인행위를 결의하게 되었다고 할 수 있으므로 甲은 교사범의 죄책을 진다.

2. 피교사자의 착오의 효과

피교사자의 방법의 착오는 교사자에게도 방법의 착오라고 할 수 있다.

만약 乙이 B에 대한 살인기수의 죄책을 진다고 할 경우 甲은 乙을 교사하여 A를 살해하려고 하다가 방법의 착오로 B를 살해한 것이므로 법정적 부합설에 의하면 B에 대한 살인기수죄의 교사범의 죄책을 진다. 구체적 부합설에 의하면 乙이 A에 대한 살인미수죄와 B에 대한 과실치사죄의 죄책을 지는데, 과실치사죄의 교사범은 인정될 수 없다. 따라서 B의 사망에 대한 과실이 인정될 경우에는 과실치사죄의 정범의 죄책을 진다. 결국 甲은 A에 대한 살인교사미수죄 및 B에 대한 과실치사죄의 상상적 경합범의 죄책을 진다.

3. 결 어

구체적 부합설에 따라 甲은 A에 대한 살인교사미수죄 및 B에 대한 과실치사죄의 죄책을 진다고 해야 할 것이다.

질문 3

Ⅰ. 논점의 제시

乙이 A를 살해하려다 불능미수의 중지미수의 죄책을 지고 이후 A를 살해하여 살인기수의 죄책을 지므로 이 경우 죄수관계가 문제된다. 이 경우 살인죄의 중지미수와 살인기수죄의 실체적 경합범의 죄책을 지는가 아니면 살인기수의 죄책만을 지는가 문제될 것이다.

Ⅱ. 견해의 대립

위와 같은 경우 살인기수의 포괄일죄의 죄책을 진다는 견해와 살인죄의 중지미수와 살인기수죄의 실체적 경합범의 죄책을 진다는 견해가 있을 수 있다. 여기에서 포괄일죄는 연속범이라고 할 수 있을 것이다.

판례는 "살해의 목적으로 동일인에게 일시 장소를 달리하고 수차에 걸쳐 단순한 예비행위를 하거나 또는 공격을 가하였으나 미수에 그치다가 드디어 그 목적을 달성한 경우에 그 예비행위 내지 공격행위가 동일한 의사발동에서 나왔고 그 사이에 범의의 갱신이 없는 한 각 행위가 같은 일시 장소에서 행하여졌거나 또는 다른 장소에서 행하여졌거나를 막론하고 또 그 방법이 동일하거나 여부를 가릴 것 없이 그 살해의 목적을 달성할 때까지의 행위는 모두 실행행위의 일부로서 이를 포괄적으로 보고 단순한 한 개의 살인기수죄로 처단할 것이지 살인예비 내지 미수죄와 동 기수죄의 경합죄로 처단할 수 없는 것이다"라고 한다(대판 1965. 9. 28. 65도695).

Ⅲ. 결 어

실체적 경합범보다는 포괄일죄가 성립한다고 하는 견해가 타당하다고 생각된다. 그 이유는 다음과 같다.

첫째, 乙이 A를 살해하려다가 중지미수에 그쳤으나 다시 A를 살해한 행위에서 범의의 갱신이 있다고 보기 어렵다. 乙이 A를 병원으로 데려간 것이 A에 대한 살인의사의 종국적 포기라고 보기는 어렵기 때문이다.

둘째, 피해법익이 동일하고 범행수단도 유사하다고 할 수 있다.

셋째, 예비, 미수, 기수에 이른 경우 뒤의 단계에 도달한 행위는 앞의 단계에 흡수되어 법조경합이라고 할 수 있고, 그 사이에 시간적 간격이 있는 경우에는 흡수되지는 않아도 연속범으로서 포괄일죄의 관계에 있다고 할 수 있다.

| 제 2 문 |

| 제 2 문의 1 |

A 경찰서 교통사고조사 담당 경찰관 甲은 관내에서 위조상표 부착 의류 판매점을 운영하여 상표법위반죄를 범하고 있는 乙로부터 불법영업을 묵인해 주고 단속에 대비한 여러 가지 편의도 봐 달라는 부탁을 받고 그 사례비로 700만원을 건네받았다.

1. 甲이 乙로부터 700만원을 받은 행위에 대한 甲의 죄책을 논하시오. (5점)
2. 위 사례에서 그 후 A 경찰서의 지적재산권 담당 경찰관 丙이 위 의류 판매점을 단속하고, 단속 현장에서 위조상표 부착 의류 1,000점을 압수하였다. 乙은 단속된 직후 丙에게 찾아가서 "의류 100점만 가지고 영업한 것으로 수사서류를 작성하고, 900점은 돌려 달라"라고 부탁하였다. 丙은 乙의 부탁대로 위 의류 900점을 乙에게 돌려주었고, 단속 현장에 있었던 위조상표 부착 의류가 100점이었다는 내용으로 丙 명의의 단속보고서를 작성하여 사건기록에 편철한 뒤, 위조상표 부착 의류 100점에 대하여만 수사하였다. 이 경우 乙과 丙의 죄책을 논하시오(특별법위반의 점과 乙이 甲에게 금품을 제공한 점은 논외로 함). (25점)

질문 1

Ⅰ. 논점의 제시

교통사고조사를 담당하는 경찰관 甲이 상표법위반행위의 단속과 관련하여 乙로부터 700만원을 받은 것이 형법 제129조 제 1 항의 수뢰죄에 해당되는가에 대해 설명해야 할 것이다. 이 경우 甲의 직무와 700만원 사이에 관련성이 있는가 문제된다.

Ⅲ. 뇌물죄에서 직무관련성

1. 수뢰죄에서 직무 및 직무관련성

수뢰죄는 공무원 또는 중재인이 그 직무와 관련하여 뇌물을 수수, 요구 또는 약속하는 범죄이다. 甲이 공무원이고 700만원을 수수하는 등의 행위를 하였으므로 수뢰죄의 다른 구성요건요소는 모두 충족하였다고 할 수 있고, 문제는 상표법위반행위의 단속이 교통사고조사를 담당하는 직무에 속하는가이다.

수뢰죄에서 직무란 법령, 관례에 의해 공무원 등이 담당하는 일체의 사무를 말한다. 판례는 "뇌물죄에서 말하는 직무에는 공무원이 법령상 관장하는 직무 그 자체뿐만 아니라 직무와 밀접한 관계가 있는 행위 또는 관례상이나 사실상 관여하는 직무행위도 포함되나, 구체적인 행위가 공무원의 직무에 속하는지는 그것이 공무의 일환으로 행하여졌는가 하는 형식적인 측면과 함께 공무원이 수행하여야 할 직무와의 관계에서 합리적으로 필요하다고 인정되는 것인가 하는 실질적인 측면을 아울러 고려하여 결정하여야 한다"고 한다(대판 2011. 5. 26. 2009도2453). 또한 "뇌물은 직무에 관하여 수수된 것으로 족하고 개개의 직무행위와 대가적 관계에 있거나 그 직무행위가 특정된 것일 필요도 없으며, 공무원이 그 직무의 대상이 되는 사람으로부터 금품 기타 이익을 받은 때에는 그것이 그 사람이 종전에 공무원으로부터 접대받거나 수수한 것을 갚는 것으로서 사회상규에 비추어 볼 때에 의례상의 대가에 불과한 것이라고 여겨지거나, 개인적인 친분관계가 있어서 교분상의 필요에 의한 것이라고 명백하게 인정할 수 있는 경우 등 특별한 사정이 없는 한 직무와의 관련성이 없는 것으로 볼 수 없고, 공무원의 직무와 관련하여 금품을 수수하였다면 비록 사교적 의례의 형식을 빌어 금품을 주고받았다 하더라도 그 수수한 금품은 뇌물이 되는 것이다"라고 한다(대판 2010. 4. 29. 2010도1082).

2. 사례에의 적용

사례에서 甲은 비록 교통사고조사를 담당하고 있지만, 관내에서 상표법위반행위가 이루어지고 있는 경우 그것을 단속하거나 단속부서에 통보할 수 있는 등의 사실상의 권한이 있다. 乙이 甲에게 돈을 준 것도 이것을 의식했기 때문이라고 할 수 있다. 따라서 甲이 乙로부터 700만원을 받은 행위는 수뢰죄의 구성요건에 해당되고, 위법성과 책임도 인정되므로, 甲은 수뢰죄의 죄책을 진다.

질문 2

Ⅰ. 논점의 제시

사례에서 丙의 죄책으로 문제되는 것은 다음과 같다.

1. 1,000점의 의류를 압수한 후 900점의 의류를 돌려준 행위가 직무유기죄(제122조)에 해당되는지 문제된다.

2. 압수한 의류 900점을 乙에게 돌려준 행위가 증거인멸죄(제155조 제1항)에 해당되는가 문제된다.

3. 단속의류가 100점이었다고 허위의 단속보고서를 작성하여 사건기록에 편철한 행위가 허위공문서작성죄 및 동행사죄(제227조, 제229조)에 해당되는지 문제된다.

4. 위의 범죄가 성립하는 경우 그 죄수관계가 문제된다.

사례에서 乙의 죄책으로 문제되는 것은 다음과 같다.

1. 乙이 丙에게 부탁하여 자기의 형사사건에 관한 증거를 인멸하도록 교사한 행위가 증거인멸교사죄에 해당되는지 문제된다.

2. 100점만 가지고 영업한 것으로 수사서류를 작성하라고 교사한 행위가 허위공문서작성죄 및 동행사죄와 직무유기죄의 교사범에 해당되는지 문제된다.

3. 위의 범죄들이 성립할 경우 죄수관계가 문제된다.

Ⅱ. 乙, 丙의 죄책

丙이 정범이고, 乙이 공범이므로 편의상 丙의 죄책을 먼저 논하기로 한다.

1. 丙의 죄책

(1) 직무유기죄

丙이 압수한 의류 1,000점 중 900점을 乙에게 돌려준 행위는 정당한 이유없이 직무를 유기한 행위에 해당된다.

(2) 증거인멸죄

丙이 압수의류 900점을 乙에게 돌려준 행위는 타인의 형사사건에 관한 증거를 인멸한 행위로서 증거인멸죄(제155조 제1항)에 해당된다.

(3) 허위공문서작성죄 및 동행사죄

丙이 1,000점의 의류를 압수하고도 100점의 의류만을 압수한 것처럼 단속보고서를 작성한 행위는 공무원이 공문서인 단속보고서를 허위로 작성한 행위로서 허위공문서작성죄에 해당되고, 이를 수사서류에 편철한 것은 허위작성공문서행사죄에 해당된다고 할 수 있다.

(4) 죄수관계

판례는 "그 직무상의 의무에 따라 위 압수물을 수사계에 인계하고 검찰에 송치하여 범죄 혐의의 입증에 사용하도록 하는 등의 적절한 조치를 취하지 않고, 오히려 부하직원에게 위와 같이 압수한 변조 기판을 돌려주라고 지시하여 오락실 업주에게 이를 돌려준 경우, 작위범인 증거인멸죄만이 성립하고 부작위범인 직무유기(거부)죄는 따로 성립하지 아니한다"(대판 2006. 10. 19. 2005도3909 전원합의체), "공무원이 어떠한 위법사실을 발견하고도 직무상 의무에 따른 적절한 조치를 취하지 아니하고 위법사실을 적극적으로 은폐할 목적으로 허위공문서를 작성·행사한 경우에는 직무위배의 위법상태는 허위공문서작성 당시부터 그 속에 포함되는 것으로 작위범인 허위공문서작성, 동행사죄만이 성립한다"고 한다(대판 1993. 12. 24. 92도3334).

따라서 판례에 의하면 丙은 증거인멸죄, 허위공문서작성 및 동행사죄의 실체적 경합범의 죄책을 진다.

2. 乙의 죄책

(1) 증거인멸교사죄

丙이 乙의 형사사건에 관한 증거를 인멸하여 증거인멸죄의 죄책을 지지만, 乙은 자기의 형사사건에 관한 증거를 인멸하도록 丙을 교사하였다.

이 경우 증거인멸교사죄가 성립하는지에 대해 긍정설과 부정설이 대립한다. 판례는 "자기의 형사 사건에 관한 증거를 인멸하기 위하여 타인을 교사하여 죄를 범하게 한 자에 대하여는 증거인멸교사죄가 성립한다"고 하여(대판 2000. 3. 24. 99도5275) 긍정설을 따르고 있다.

(2) 허위공문서작성 및 동행사 교사죄

丙이 증거인멸죄, 허위공문서작성죄 및 동행사죄의 실체적 경합범의 죄책을 지지만, 乙은 하나의 행위로 이를 교사하였으므로 허위공문서작성죄 및 동행사죄의 상상적 경합범의 죄책만을 진다고 할 수 있다.

(3) 죄수관계

丙이 하나의 교사행위로 수 개의 죄를 교사하였으므로 이들 범죄는 상상적 경합관계에 있다.

Ⅲ. 정 리

乙은 증거인멸교사죄, 허위공문서작성죄 및 동행사죄의 상상적 경합범의 죄책을 진다.

丙은 증거인멸죄, 허위공문서작성죄 및 동행사죄의 실체적 경합범의 죄책을 진다.

| 제 2 문의 2 |

甲은 절취한 100만원권 자기앞수표로 디지털카메라를 30만원에 구입하고 거스름돈으로 현금 70만원을 받았다. 그리고 甲은 이러한 사정을 알고 있는 乙에게 카메라와 거스름돈 중 일부인 현금 30만원을 주고, 乙은 이를 받았다. 이어서 甲은 이러한 사정을 알고 있는 丙과 함께 유흥업소에서 술을 마신 후 남은 현금 40만원으로 술값 등을 지불하였다. 한편 유흥업소 종업원인 丁은 절도할 고의로, 甲이 벗어 놓은 상의의 주머니를 뒤지던 중 甲에게 발각되자 아무것도 훔치지 못하고 도주하면서 체포를 면탈하기 위하여 甲에게 폭행을 가하였다.

1. 乙과 丙의 행위가 장물취득죄에 해당하는가에 대하여 판단하시오. (10점)
2. 丁의 행위가 준강도죄의 기수범인가 또는 미수범인가에 대하여 논거를 제시하여 판단하시오. (10점)

질문 1

Ⅰ. 논점의 제시

사례에서 甲이 절취한 100만원짜리 자기앞수표가 장물이라는 점에 대해서는 의문이 없다. 乙과 丙의 행위가 장물취득죄에 해당되는가와 관련하여서는 절취한 100만원짜리 수표로 구입한 카메라와 거스름돈으로 받은 70만원의 장물성이 문제된다. 만약 장물성이 유지된다면 乙, 丙의 행위는 장물취득죄에 해당되지만, 장물성이 상실된다고 할 경우에는 乙, 丙의 행위가 장물취득죄에 해당되지 않는다.

Ⅱ. 장물죄의 본질과 장물의 동일성

1. 장물죄의 본질

장물죄의 본질에 대해서는 추구권설과 위법상태유지설이 있다. 추구권설은 장물죄의 본질은 장물에 대한 추구권, 즉 소유권에 기한 반환청구권을 침해, 위태화하는 데에 장물죄의 본질이 있다고 한다. 이에 대해 위법상태유지설은 장물죄의 본질은 범죄로 인해 발생한 위법상태를 유지하는 데에 본질이 있다고 한다.

2. 카메라와 거스름돈 및 술의 장물성

추구권설에 의할 경우 자기앞수표의 소유자에게 카메라에 대한 반환청구권은 없기 때문에 카메라는 장물이 아니다. 자기앞수표의 소유자에게 거스름돈 70만원에 대해서도 소유권에 기한 반환청구권이 없다. 현금은 점유자인 乙의 소유에 속하기 때문이다. 이에 대해 위법상태유지설에서는 카메라나 현금에 대해 장물성을 긍정할 가능성이 높지만, 장물성을 부정하기도 한다.

통설·판례는 양자를 절충하여 장물죄의 본질을 파악하기 때문에 카메라나 거스름돈의 장물성에 대해 구체적·개별적으로 파악한다. 따라서 장물인 수표나 현금으로 취득한 재물은 대체장물로서 장물이 아니라는 데에는 거의 견해가 일치하지만, 거스름돈이 장물인가에 대해서는 긍정설과 부정설이 대립한다. 판례는 "장물인 현금 또는 수표를 금융기관에 예금의 형태로 보관하였다가 이를 반환받기 위하여 동일한 액수의 현금 또는 수표를 인출한 경우에 예금계약의 성질상 그 인출된 현금 또는 수표는 당초의 현금 또는 수표와 물리적인 동일성은 상실되었지만 액수에 의하여 표시되는 금전적 가치에는 아무런 변동이 없으므로, 장물로서의 성질은 그대로 유지된다"고 한다(대판 2004. 4. 16. 2004도353).

Ⅲ. 결 어

통설·판례에 의하면 乙이 甲으로부터 받은 30만원은 장물이라고 할 수 있지만, 카메라는 장물이라고 할 수 없고, 甲이 丙에게 사주는 술 역시 대체장물로서 장물성을 상실한다고 할 수 있다. 따라서 乙이 甲으로부터 30만원을 받은 행위만이 장물취득죄에 해당된다.

그러나 재물의 물리적 동일성이 상실되었음에도 불구하고 가치의 동일성이 유지된다고 하여 장물성을 인정하는 것은 장물죄를 재물죄가 아닌 이득죄로 파악하는 문제점이 있다.

질문 2

Ⅰ. 문제의 소재

사례에서 丁은 절도죄의 실행에 착수한 후 미수 단계에서 체포면탈의 목적으로 甲에게 폭행을 가하였다. 이 경우 甲의 폭행이 항거불가능에 이르러야 준강도죄가 성립할 수 있지만, 설문에서는 준강도의 기수, 미수가 문제되므로 항거불가능의 폭행이 있는 것으로 전제하고 있다고 할 수 있다. 그리고 폭행은 거동범이므로 폭행행위가 있으면 폭행기수에 이르렀다고 할 수 있다.

이와 같이 절도미수범이 체포면탈의 목적으로 폭행을 하여 기수에 이른 경우 준강도죄의 기수인가 미수인가에 대해 다음과 같은 견해가 대립한다.

Ⅱ. 견해의 대립

1. 폭행 · 협박기준설

이 견해는 준강도의 기수, 미수는 폭행 · 협박의 기수, 미수인가에 의해 결정해야 한다고 한다. 종래의 판례가 취하던 입장이다.

이 견해는 범죄의 기수, 미수는 행위주체가 아닌 행위태양을 기준으로 결정해야 하는데, 준강도죄에서 절도는 행위주체이고, 폭행 · 협박이 행위태양이므로 폭행 · 협박을 기준으로 준강도의 기수, 미수를 결정해야 한다고 한다.

이 견해에 의하면 丁의 폭행이 기수에 이르렀으므로 丁은 준강도기수의 죄책을 진다.

2. 절도기준설

이 견해는 준강도의 기수, 미수는 절도의 기수, 미수를 기준으로 정해야 한다고 한다. 현재의 판례가 취하는 입장이다(대판 2004. 11. 18. 2004도5074 전원합의체).

이 견해는 다음과 같은 근거를 제시한다. 준강도죄의 불법보다는 강도죄의 불법이 크다. 그런데 강도죄에서 폭행·협박이 기수에 이르렀지만 재물강취에 이르지 못한 경우에는 강도미수가 되는데, 준강도죄의 기수, 미수를 폭행·협박의 기수, 미수에 의해 결정하게 되면 준강도죄가 강도죄보다 불리하게 취급된다.

이 견해에 의하면 丁의 절도가 미수에 이르렀으므로 丁은 준강도미수의 죄책을 진다.

3. 결 합 설

이 견해는 준강도죄의 기수가 되기 위해서는 절도도 기수가 되어야 하고 폭행·협박도 기수가 되어야 한다고 한다. 이 견해의 근거는 다음과 같다. 즉, 폭행·협박기준설은 절도기준설에서 제시하는 문제점이 있다. 그러나 절도기준설도 같은 문제가 있다. 강도죄에서 폭행·협박이 있었고, 재물강취도 있었지만 양자간에 인과관계가 없는 경우 강도미수가 된다. 그런데 준강도죄에서 절도가 기수에 이르렀다고 하여 준강도기수를 인정하는 것 역시 준강도죄를 강도죄보다 불리하게 취급하는 것이다.

이 견해에 의하면 丁의 폭행은 기수에 이르렀으나 절도가 미수에 그쳤으므로 丁은 준강도기수의 죄책을 진다.

Ⅲ. 결 어

준강도죄의 불법은 강도죄의 불법보다 작기 때문에 준강도죄를 강도죄보다 불리하게 취급해서는 안 된다. 이런 의미에서 결합설이 타당하다. 따라서 丁은 준강도미수의 죄책을 진다고 해야 한다.

제52회 사법시험 (2010)

| 제 1 문 |

甲, 乙, 丙은 甲의 주도하에 유흥비를 마련하기 위하여 부유층을 납치하여 돈을 강취하기로 하였다. 뜻하지 않은 교통사고를 당하여 병원에 입원한 甲은 "고급아파트 주차장에서 외제승용차를 타는 사람을 붙잡아 몸값을 최대한 받아내라"라는 범행지시를 하였다. 이에 乙, 丙은 범행대상을 물색하던 중 명품아파트 주차장으로 들어오는 A와 그의 여자친구 B를 발견하고, 미리 준비하여 가지고 간 쇠파이프로 A의 머리를 때려 실신시킨 다음 A와 B를 乙의 집으로 끌고 갔다.

乙, 丙은 범행발각이 두려워 범행계획과 달리 A를 살해하기로 결의한 다음, 겁에 질린 B에게 A를 목 졸라 살해하라고 하였다. B가 완강히 거부하자, 乙이 "말을 듣지 않으면 너도 죽여 버리겠다"라고 하기에, 하는 수 없이 B는 A를 살해하였다. 이후 乙은 B의 어머니 C에게 전화를 걸어 "B를 살리고 싶으면 현금 1억원을 가져오라"고 말하였고, 다음 날 강남고속버스터미널에서 C로부터 돈을 건네받기로 하였다.

丙은 乙이 잠시 외출한 틈에 B를 간음하고자 하였다. 공포심에 질려 있던 B는 반항해 봤자 소용이 없다고 판단되어 丙의 요구에 순순히 응하였다.

다음 날 乙, 丙은 C로부터 돈을 건네받기 위하여 강남고속버스터미널에 갔으나 범행일체가 발각될 것이 두려워 추후에 다시 협박하기로 마음먹고 乙의 집으로 되돌아왔다.

1. 乙, 丙의 죄책을 논하시오. (20점)
2. 甲에 대하여
   1) 정범으로 보는 경우의 논거와 그 죄책을 논하시오.
   2) 공범으로 보는 경우의 논거와 그 죄책을 논하시오. (20점)
3. B가 무죄가 될 수 있는 논거를 위법성과 책임 단계로 나누어 논하시오. (10점)

질문 1

Ⅰ. 논점의 제시

乙, 丙의 죄책으로 문제되는 것은 다음과 같다.

1. A, B를 납치하여 돈을 강취하기로 하고 A를 상해하고 A, B를 乙의 집으로 끌고 간 행위가 상해죄(제257조), 영리목적약취죄(제288조 제 1 항), 감금죄(제276조)에 해당되는가 아니면 인질강도상해죄(제336조, 제337조)에 해당되는가 문제된다. 이는 인질강도상해죄의 실행의 착수시기를 어느 시점으로 보느냐에 따라 달라진다.

2. B를 강요하여 A를 살해하게 한 행위가 살인죄의 간접정범인지 아니면 교사범인지 문제된다. 만약 살인죄의 간접정범이라고 할 경우 인질강도살인죄(제338조)의 성립 여부가 문제된다. 이 역시 인질강도죄의 실행의 착수시기를 어느 시점으로 보느냐에 따라 달라진다.

3. 丙이 B를 간음한 행위가 강도강간죄(제339조)에 해당되는지 문제된다.

Ⅱ. 인질강도죄의 실행의 착수시기

인질강도죄란 사람을 체포·감금·약취 또는 유인하여 이를 인질로 삼아 재물 또는 재산상의 이익을 취득하거나 제 3 자로 하여금 이를 취득하게 하는 죄(제336조)이다. 인질강도죄의 실행의 착수시기에 대해서는 체포·감금·약취 또는 유인하는 시점이라는 견해와 재물 또는 재산상 이익을 요구하는 시점이라는 견해가 대립한다.

강도죄의 실행의 착수시기는 폭행·협박시이고 재물 또는 재산상 이익을 요구하는 시점이 아니라고 하는 것이 타당하므로 인질강도죄의 실행의 착수시기도 사람을 체포·감금·약취 또는 유인하는 시점이라고 해야 할 것이다.

그러나 이하에서는 두 견해 모두에 따라 乙, 丙의 죄책을 논하기로 한다.

Ⅲ. 체포 · 감금 등의 시점이라는 견해에 따른 해결

1. 乙의 죄책

(1) 인질강도상해죄의 공동정범(제336조, 제337조, 제30조)의 성립 여부

乙, 丙이 금품을 받아내기 위해 쇠파이프로 A를 상해하는 행위를 하였으므로 인질강도죄 및 특수강도죄(제334조 제2항)의 실행에 착수하였고, 인질강도미수범이건 특수강도미수범이건 강도미수범은 강도상해죄의 주체가 될 수 있다. 따라서 乙은 강도상해죄의 죄책을 진다.

(2) 인질강도살인죄의 공동정범(제336조 제338조, 제30조)의 성립 여부

乙, 丙이 인질강도의 실행에 착수한 후 B에게 A를 살해하라고 하였는데, 乙, 丙이 교사범의 죄책을 진다면 乙은 살인죄의 교사범의 죄책을 진다. 그러나 乙, 丙이 살인죄의 간접정범의 죄책을 진다면 강도미수범이 사람을 살해하였으므로 인질강도살해죄가 성립한다.

(3) 죄수관계

乙의 인질강도상해죄는 인질강도살인죄에 흡수된다고 할 수 있다. 따라서 乙은 인질강도살인죄의 공동정범의 죄책을 진다.

2. 丙의 죄책

丙은 인질강도죄의 공동정범과 강도강간죄의 단독정범의 실체적 경합범의 죄책을 진다.

Ⅳ. 금품요구시점이라는 견해에 따른 해결

1. 乙의 죄책

(1) 상해죄의 공동정범(제257조, 제30조)의 성립 여부

乙, 丙이 A를 파이프로 때려 실신시킨 행위는 신체의 생리적 기능을 훼손한 행위로서 상해죄에 해당된다. 이 행위는 폭력행위 등 처벌에 관한 법률 제3조 제1항에도 해당되지만, 이는 별도로 논하지 않는다.

(2) 영리목적약취죄의 공동정범(제288조 제1항, 제30조)

乙, 丙이 금품을 받아내기 위해 A, B를 끌고 乙의 집으로 간 것은 영리목적으로 유형력을 행사하여 A, B를 자신의 지배하에 둔 행위이므로 영리목적약취죄에 해당된다.

(3) 감금죄의 공동정범(제276조, 제30조)의 성립 여부

乙, 丙이 A, B를 乙의 집에 감금한 행위는 감금죄에 해당된다. A가 실신상태에 있었더라도 감금죄의 객체가 된다.

(4) 살인죄의 간접정범 또는 교사범(제250조 제1항, 제34조, 제31조)의 성립 여부

乙, 丙이 B의 생명에 대한 위해를 항거할 수 없는 협박에 의해 A를 살해하도록 강요하였는데, 이 경우 간접정범이 성립한다는 견해와 교사범이 성립한다는 견해가 성립한다. B는 강요된 행위로 책임이 조각되어 처벌되지 않는 자이므로 극단적 종속형식설에 의하면 당연히 간접정범이 성립한다. 그러나 제한적 종속형식설에 의하면 교사범이 성립할 수도 있지만, 다수설은 살인죄의 간접정범을 인정한다.

(5) 인질강도죄의 장애미수 또는 중지미수(제336조, 제25조, 제26조)의 성립 여부

乙, 丙이 C에게 금품을 요구하였지만 금품을 받지는 못하였으므로 인질강도죄의 실행에 착수하였으나 기수에 이르지 못해 인질강도죄의 미수범이 성립한다. 다만, 乙, 丙이 발각될 것을 두려워하여 금품을 받는 것을 나중으로 미루었는데 이것이 중지미수에 해당되는지 문제된다.

乙, 丙이 금품을 받는 행위를 중지하였으므로 중지미수죄의 객관적 요건은 충족하였다고 할 수 있다. 문제는 이것이 자의에 의한 중지에 해당되는가이다. 공포에 의한 중지에 대해 판례와 다수설은 자의에 의한 중지가 아니라고 한다. 따라서 乙, 丙의 행위는 인질강도죄의 장애미수죄에 해당된다.

(6) 죄수관계

영리목적약취죄와 감금죄는 인질강도미수죄에 흡수된다고 할 수 있다. 따라서 乙은 상해죄의 공동정범, 살인죄의 공동정범 및 인질강도미수죄의 공동정범의 실체적 경합범(제37조 전단)의 죄책을 진다.

2. 丙의 죄책

丙은 인질강도죄의 실행에 착수하여 완료하기 이전에 乙, 丙의 폭행 · 협박으로 인해 항거불가능한 상태에 빠진 B를 간음하였으므로 강도강간죄의 죄책도 진다. 강도강간죄의 주체인 강도에는 단순강도뿐만 아니라 특수강도, 준강도, 인질강도 등이 모두 포함되기 때문이다. 따라서 丙은 상해죄의 공동정범, 살인죄의 공동정범, 인질강도미수죄의 공동정범 및 강도강간죄의 실체적 경합범의 죄책을 진다.

Ⅴ. 정 리

첫째, 인질강도죄의 실행의 착수시기를 체포 · 감금시라고 할 경우, 乙은 강도살인죄의 공동정범의 죄책을 지고, 丙은 강도살인죄의 공동정범과 강도강간죄의 실체적 경합범의 죄책을 진다.

둘째, 인질강도죄의 실행의 착수시기를 금품요구시라고 할 경우, 乙은 상해죄의 공동정범, 살인죄의 공동정범 및 인질강도미수죄의 공동정범의 실체적 경합범의 죄책을 지고, 丙은 상해죄의 공동정범, 살인죄의 공동정범, 인질강도미수죄의 공동정범 및 강도강간죄의 실체적 경합범의 죄책을 진다.

질문 2

Ⅰ. 논점의 제시

甲, 乙, 丙이 甲의 주도하에 범행을 하기로 하였고, 甲이 실행을 분담하지는 않았지만 乙, 丙에게 범행을 지시하였다. 따라서 이 경우 甲을 정범으로 볼 수도 있고 공범으로 볼 수도 있는데, 이는 통설·판례에 의하면 甲에게 범행(행위)지배를 인정할 수 있느냐의 여부에 달려있다. 또한 범행지배가 인정되지 않더라도 공모공동정범을 인정할 경우에는 甲이 공모를 하였고, 乙, 丙의 실행의 착수 이전에 공모관계에서 이탈하지 않았으므로 甲을 정범으로 인정할 수 있다.

Ⅱ. 정범으로 보는 논거와 그에 따른 죄책

1. 범행지배를 인정하기 위한 논거

(1) 범행지배의 인정

범행지배설에 의하면 단독정범의 경우 실행지배, 간접정범의 경우 의사지배를 통한 범행지배, 공동정범의 경우 실행분담을 통한 분업적 범행지배 등이 인정된다. 甲의 범행지배를 인정하기 위해서는 甲이 乙, 丙의 실행을 분담하지 않았지만, 甲이 주도적으로 범행을 하기로 하였고, 또 구체적인 범행방법을 지시하였으므로 甲에게 乙, 丙의 의사지배를 통한 범행지배를 인정할 수 있는 여지가 있다.

(2) 그에 따른 죄책

丙이 공모나 甲의 지시와 달리 강도강간죄를 범하였는데, 강간부분에 대해서 甲은 책임을 지지 않는다. 그러나 乙, 丙이 甲과의 공모 및 甲의 지시와 달리 강도살인죄를 범하였으므로 이 경우에는 공범의 착오가 문제된다.

1) A의 사망에 대한 예견가능성이 있는 경우

판례와 다수설에 의하면 강도죄를 범하기로 하였으나 다른 공범이 강도살인죄를 범한 경우 살인죄를 범하지 않은 공범은 이에 대한 예견가능성이 있는 경우에는 강도치사죄, 예견가능성이 없는 경우에는 강도죄의 죄책만을 진다. 강도를 공모한 경우 다른 공범이 피해자를 살해할 수 있다는 것은 일반적으로 예견가능하다고 할 수 있다. 따라서 甲은 강도치사죄(제338조)의 죄책을 진다.

2) A의 사망에 대한 예견가능성이 없는 경우

A의 사망에 대한 예견가능성이 없는 경우 현장성설에 의하면 현장에 있는 범인만이 특수강도의 죄책을 지는데, 甲은 특수강도죄의 죄책은 지지 않고 인질강도미수죄(제336조, 제342조)의 공동정범의 죄책을 진다. 현장성설을 따르지 않는 경우 현장에 있지 않은 범인도 합동범이 될 수 있으므로 甲은 특수강도미수죄의 공동정범의 죄책을 진다.

2. 공모공동정범의 인정논거와 그에 따른 甲의 죄책

(1) 공모공동정범의 인정

공동정범의 본질에 관한 학설로서는 행위공동설, 범죄공동설, 공동의사주체설, 공동행위주체설, 범행지배설 등이 있지만, 범행지배설에 따른 해결은 앞에서 본 것과 같다. 나머지 학설들 중 공동의사주체설만이 공모공동정범을 인정한다. 공동의사주체설에 의하면 공모가 있게 되면 공모자는 일심동체가 되고, 따라서 다른 공범의 행위에 대해서 모두 책임을 져야 하기 때문이다.

(2) 甲의 죄책

甲은 특수강도죄를 공모하였는데 乙, 丙이 강도살인죄를 범하였으므로 역시 공범의 착오가 문제된다. 따라서 甲에게 A의 사망에 대한 예견가능성이 인정될 경우 甲은 강도치사죄의 죄책을 진다. 예견가능성이 인정되지 않을 경우에는 역시 현장성설의 인정 여부에 따라 특수강도미수의 죄책을 지거나 인질강도미수의 죄책을 진다.

Ⅲ. 甲을 공범으로 보는 논거와 그에 따른 죄책

1. 甲을 공범으로 보는 논거

범죄공동설, 행위공동설, 공동행위주체설에 따르면 甲은 실행행위를 분담하지 않았으므로 정범이 될 수 없고, 공범이 될 수 있을 뿐이다. 범행지배설에 따를 경우에도 乙, 丙을 생명있는 도구라고 할 수는 없으므로 의사지배가 인정되지 않고, 실행을 분담하지 않았으므로 기능적 분업적 범행지배를 인정할 수도 없다. 따라서 甲은 정범이 될 수 없고, 공범이 될 수 있을 뿐이다. 이 경우 甲을 교사범으로 볼 것인가 방조범으로 볼 것인가 문제된다. 분명하지는 않지만 사례에서 甲의 주도로 범행을 하기로 한 것으로 보아 甲은 방조범이 아니라 교사범으로 보아야 할 것이다.

2. 甲의 죄책

甲이 특수강도죄를 교사하였으나 乙, 丙이 강도살인죄와 강도강간죄를 범하였으므로 공범의 착오가 문제된다.

첫째, 강간부분에 대해서는 질적 차이가 있기 때문에 甲은 아무런 책임을 지지 않는다.

둘째, A의 사망에 대한 예견가능성이 있는 경우 甲은 강도치사죄의 교사범의 죄책을 진다. 다만 이 경우에도 강도치사죄의 교사범은 인정할 수 없으므로 특수강도죄의 교사미수범과 과실치사죄의 상상적 경합범의 죄책을 진다는 견해도 있다.

셋째, A의 사망에 대한 예견가능성이 없는 경우 甲은 특수강도의 교사미수의 죄책을 진다. 특수인질강도죄는 없고 특수강도죄와 인질강도죄 중에서는 특수강도죄의 형벌이 무겁기 때문에 2인 이상이 합동하여 인질강도죄를 범한 경우에는 특수강도죄만이 성립한다고 해야 하기 때문이다.

Ⅳ. 결 어

甲에게 범행지배를 인정하는 것은 곤란하다고 할 수 있고, 공모공동정범도 인정하지 말아야 할 것이다. 따라서 甲은 정범이 아닌 공범, 그중에서도 교사범의 죄책을 진다고 해야 할 것이다.

이 경우 甲에게 A의 사망에 대한 예견가능성이 있다고 보아야 하므로 甲은 강도치사의 교사미수범의 죄책을 진다고 해야 할 것이다.

질문 3

Ⅰ. 논점의 제시

B는 乙, 丙의 강요로 인해 A를 살해하였다. B의 행위는 살인죄의 구성요건해당성이 있지만, 위법성이나 책임이 조각될 수 있다. 위법성이 조각될 수 있는 논거로는 긴급피난(제22조)이나 정당행위(제20조)를 검토할 수 있고, 책임이 조각될 수 있는 논거로는 면책적 긴급피난, 강요된 행위(제12조), 초법규적 책임조각사유를 검토할 수 있다.

Ⅱ. 위법성조각의 논거

1. 긴급피난(제22조)

B가 자신의 생명에 대한 위난을 피하기 위해 A를 살해하였지만, 긴급피난이 되기는 곤란하다. 왜냐하면 긴급피난에서는 긴급피난으로 보호되는 법익이 긴급피난으로 침해되는 법익보다 우월하여야 하는데, B의 생명이 A의 생명보다 우월하다고 할 수 없기 때문이다.

2. 정당행위(제20조)

B의 행위가 사회상규에 위배되지 않는 행위로 위법성이 조각되기 위해서는 동기나 목적의 정당성, 행위의 수단이나 방법의 상당성, 보호이익과 침해이익과의

법익균형성, 긴급성, 그 행위 외에 다른 수단이나 방법이 없다는 보충성 등의 요건을 갖추어야 한다(대판 2010. 5. 27. 2010도2680).

B의 행위는 동기나 목적의 정당성, 수단 등의 상당성, 긴급성, 보충성 등의 요건을 갖추었고, 자신의 생명을 보호하기 위해 A의 생명을 침해하였으므로 법익균형성도 갖추었다고 할 수 있다. 왜냐하면 사회상규에 위배되지 않는 행위에서는 긴급피난과 달리 보호되는 법익이 침해되는 법익보다 우월할 것을 요하지 않기 때문이다.

Ⅲ. 책임조각의 논거

1. 강요된 행위

B는 乙, 丙이 A를 죽이지 않으면 자신을 죽일 것이라고 했기 때문에 A를 살해하였다. 이는 B가 자신의 생명에 대한 위해를 방어할 방법이 없는 협박에 의해 A를 살해한 것이라고 할 수 있기 때문에 강요된 행위에 해당된다. 따라서 B의 책임이 조각되어 B는 무죄이다.

2. 면책적 긴급피난

B가 자신의 생명에 대한 위난을 피하기 위해 A를 살해하였으나 긴급피난에서 요구되는 법익우월의 원칙을 충족하지 못하였으므로 위법성이 조각되지는 않더라도, 이 경우 면책적 긴급피난을 인정할 수 있다.

3. 초법규적 책임조각사유

평균인들을 기준으로 하면 B가 처한 상황에서 A를 살해하지 않으리라고 기대할 수 없다. 따라서 B의 행위는 초법규적 책임조각사유에 해당되어 B의 책임이 조각된다.

| 제 2 문 |

| 제 2 문의 1 |

유명설렁탕집과 경쟁관계에 있는 원조설렁탕집 업주 甲은 유명설렁탕집에 대한 헛소문을 퍼뜨려 장사를 못하게 하기로 마음먹었다. 甲은 유명설렁탕집 업주 A에게 전화하여 "당신네 설렁탕에서 바퀴벌레가 나오고 중국산 김치의 원산지를 국내산으로 속여 영업을 하고 있다. 즉시 영업을 중단하지 않으면 당국에 신고해서 처벌을 받게 하겠다"라고 말하였다. 그러나 A는 어떤 미친 사람이 전화했거니 생각하고 영업을 계속하였다.

한편, 甲은 컴퓨터 워드프로세서를 이용하여 '유명설렁탕집 설렁탕에서 바퀴벌레가 나왔는데 업주 A는 이를 숨기고 계속 장사를 하고 있다. 심지어 중국산 김치를 국내산으로 속이고 있으니 유명설렁탕집에 가지 말자'는 내용의 7쪽 분량 유인물을 작성한 후 유명설렁탕집 주변의 행인 100여 명에게 배포하였다.

1. 甲의 죄책에 대하여 논하시오. (15점)
2. 위 사례에서 甲이 허위인 사실을 알고 있는 직원 乙에게 유인물을 배포하도록 시켰는데 乙이 유인물을 배포하는 대신 甲과 상의 없이 유인물을 첨부한 고발장을 경찰서에 제출한 경우 甲, 乙의 죄책을 논하시오. (10점)

질문 1

Ⅰ. 논점의 제시

甲의 죄책으로 문제되는 것은 다음과 같다.

1. A에게 전화를 걸어 영업을 중단하라고 하였으나 A가 이를 무시하였으므로, 강요미수죄(제324조, 제324조의5)가 성립하는지 문제된다.

2. A의 설렁탕집에 대한 허위사실을 기재한 유인물을 작성하여 배포한 행위가 출판물에 의한 명예훼손죄(제309조 제 2 항) 혹은 허위사실 적시에 의한 명예훼손죄(제307조 제 2 항)에 해당되는지 문제된다.

3. 위의 행위가 허위사실유포 업무방해죄(제314조 제 1 항)에 해당되는지 문제된다.

4. 위의 범죄가 성립할 경우 죄수관계가 문제된다.

Ⅱ. 강요미수죄의 성립 여부

강요죄는 폭행 또는 협박으로 사람의 권리행사를 방해하거나 의무없는 일을 하게 하는 죄이다. 甲이 A에게 "당국에 신고해서 처벌을 받게 하겠다"고 한 행위는 자신이 행사할 수 있는 해악을 고지하는 행위로서 협박에 해당된다. 또한 영업을 중단하라고 한 행위는 권리행사를 방해하거나 의무없는 일을 하게 하는 행위라고 할 수 있다.

강요죄가 기수에 이르기 위해서는 상대방의 권리행사를 방해하거나 의무없는 일을 하게 하여야 한다. 그러나 A가 영업을 중단하지 않았으므로 甲의 행위는 강요미수죄에 해당된다. 특별한 위법성조각사유나 책임조각사유는 없기 때문에 甲은 강요미수의 죄책을 진다.

Ⅲ. 출판물에 의한 명예훼손죄 또는 허위사실 적시에 의한 명예훼손죄

1. 출판물에 의한 명예훼손죄(제309조 제 2 항)

출판물에 의한 명예훼손죄가 성립하기 위해서는 신문, 잡지 또는 라디오 기타 출판물에 의해 명예훼손죄를 범해야 한다. 그러나 통설·판례에 의하면, 甲이 작성한 7쪽 분량의 유인물은 여기에서의 출판물에 해당된다고 할 수 없다. 따라서 甲의 행위는 출판물에 의한 명예훼손죄에 해당되지 않는다.

2. 허위사실 적시에 의한 명예훼손죄(제307조 제 2 항)

甲이 바퀴벌레가 나왔는데 A가 이를 숨기고 장사한다고 한 것은 공연히 허위의 사실을 적시하여 A의 명예를 훼손한 행위로서 허위사실 적시에 의한 명예훼손죄에 해당된다.

3. 업무방해죄(제314조)

甲의 행위는 허위사실을 유포하여 A의 유명설렁탕집 업무를 방해하여 업무방해죄에 해당된다. 업무방해죄가 성립하기 위해서 현실적으로 업무방해의 결과가 발생할 것을 요하지 않는다.

Ⅳ. 죄수 및 정리

특별한 위법성조각사유나 책임조각사유가 없으므로 甲은 강요미수죄와 업무방해죄 및 허위사실 적시에 의한 명예훼손죄의 죄책을 진다. 업무방해죄와 허위사실 적시에 의한 명예훼손죄는 상상적 경합관계(제40조)에 있고, 이들 범죄와 강요미수죄는 실체적 경합관계에 있다고 할 수 있다.

질문 2

Ⅰ. 논점의 제시

甲은 乙에게 허위사실 적시에 의한 명예훼손죄와 업무방해죄를 교사하였다고 할 수 있다. 그런데 乙이 경찰서에 고발을 하였으므로 여기에서는 다음과 같은 것들이 문제된다.

1. 乙이 무고죄의 죄책을 지는지 문제된다.

2. 만약 乙이 무고죄의 죄책을 진다면 교사의 착오가 문제된다. 왜냐하면 甲은 乙에게 업무방해죄와 명예훼손죄를 교사하였는데 乙이 무고죄를 범했기 때문이다. 명예훼손죄 및 업무방해죄와 무고죄는 질적 차이가 있지만, 무고죄에 허위사실 적시에 의한 명예훼손죄가 포함되어 있다면 甲이 허위사실 적시에 의한 명예훼손죄의 죄책을 질 수는 있다.

Ⅱ. 乙의 죄책

무고죄는 타인으로 하여금 형사처분 또는 징계처분을 받게 할 목적으로 공무원 또는 공무소에 대해 허위의 사실을 신고하는 죄이다.

甲이 공무소인 경찰서에 허위사실을 신고하였고, 이에 대한 고의가 있었음은 분명하다. 문제는 A로 하여금 형사처분 또는 징계처분을 받게 할 목적이 있었는가인데, 고발장의 내용에 의하면 A는 사기죄로 처벌될 수 있다. 따라서 乙에게 A로 하여금 형사처분을 받게 할 목적이 있었다고 할 수 있다.

따라서 乙은 무고죄의 죄책을 진다.

Ⅲ. 甲의 죄책

첫째, 甲이 교사한 업무방해죄 및 명예훼손죄와 무고죄는 질적 차이가 있으므로 甲이 무고교사범의 죄책을 지지는 않는다.

둘째, 그러나 乙이 경찰서에 A를 신고한 행위가 허위사실 적시에 의한 명예훼손죄에도 해당된다면 甲은 이 죄의 교사범의 죄책을 질 수 있다. 허위사실 적시에 의한 명예훼손죄가 성립하기 위해서는 공연히 사실을 적시해야 한다. 판례는 특정소수인에게 사실을 적시하였더라도 전파가능성이 있으면 공연성이 있다고 한다. 그러나 사실을 전파시키지 않을 특별한 관계에 있는 사람에게 사실을 적시한 경우에는 공연성을 인정하지 않는다. 사례에서 경찰서에 신고함으로써 A에 대한 허위사실의 전파가능성은 인정되지 않는다고 할 수 있다.

따라서 업무방해죄와 허위사실 적시에 의한 명예훼손죄의 예비·음모를 처벌하는 규정도 없으므로 甲은 무죄이다.

| 제 2 문의 2 |

고교동창관계인 甲, 乙, 丙, 丁은 2008년 3월 20일부터 2009년 6월 7일까지 총 32회에 걸쳐 합계 최고 10억 원 상당의 내기골프를 하였는데, 경기방식은 각자 핸디캡(실력 차이에 따른 성적 편차를 줄이기 위해 주어지는 점수)을 정하고 매 홀마다 별도의 돈을 걸어 승자가 갖는 것이었다.

1. 甲, 乙, 丙, 丁의 죄책을 논하시오. (5점)
2. 위 사례에서 2009년 6월 10일 집안사정으로 불참한 乙 대신 丙의 친구 A가 내기골프에 참여하였다. 丙, 丁, A는 골프 시작 전 甲이 잠시 자리를 비운 사이 프로골퍼 수준인 A의 핸디캡을 속이는 방식으로 甲의 돈을 따내기로 공모하였고, 甲에게서 딴 돈을 경기가 끝난 후 나눠 가졌다. 이 경우 甲, 丙, 丁, A의 죄책을 논하시오. (10점)
3. 위 2번 문제 사례에서 돈을 많이 잃은 甲이 캐디(경기보조원) B에게 현금카드를 건네주며 300만 원을 인출해오라고 하였는데, B는 500만 원을 인출하여 그중 300만 원만 甲에게 건네주고 나머지 200만 원을 임의로 사용하였다. 이 경우 B의 죄책을 논하시오. (10점)

질문 1

Ⅰ. 논점의 제시

甲, 乙, 丙, 丁의 죄책으로 문제되는 것은 다음과 같다.

1. 이들이 32회에 걸쳐 내기골프를 하였는데, 이것이 도박죄에 해당되는지 및 도박죄에 해당된다면 상습도박죄에 해당되는지 문제된다.

2. 이들이 단순도박죄의 죄책을 진다고 할 경우 그 죄수관계가 문제된다.

Ⅱ. 도박죄 또는 상습도박죄의 성립 여부

1. 도박죄의 성립 여부

도박죄는 재물로써 도박하는 죄인데 도박이란 우연에 의해 승패를 결정하는 것을 말한다. 내기골프가 도박죄에 해당되는가에 대해, 이는 우연에 의해 승패를 결정하는 것이 아니라 실력에 의해 승패를 결정하는 것이므로 도박죄가 성립하지 않는다는 견해도 있다. 그러나 통설・판례(대판 2008. 10. 23. 2006도736)는 내기골프도 도박죄에 해당된다고 한다.

사례에서 핸디캡을 주고 경기를 하였는데, 이는 실력이 아니라 우연에 의해 승패가 결정되도록 하기 위함이라고 할 수 있다. 따라서 甲, 乙, 丙, 丁의 행위는 모두 도박죄에 해당되고, 이를 일시오락의 정도라고 할 수도 없다. 또한 별다른 위법성조각사유나 책임조각사유가 없으므로 甲, 乙, 丙, 丁은 도박죄의 죄책을 진다.

2. 상습도박죄의 성립 여부

상습도박죄가 성립하기 위해서는 범인들에게 도박의 습벽이 있어야 한다. 그러나 사례에서 甲, 乙, 丙, 丁에게 도박의 습벽이 있다는 것이 나타나 있지 않고, 32회에 걸쳐 도박을 하였다고 하여 상습성을 인정할 수는 없다(대판 1989. 4. 11. 88도2493). 따라서 甲, 乙, 丙, 丁이 상습도박의 죄책을 지지는 않는다.

Ⅲ. 죄수 및 정리

甲, 乙, 丙, 丁이 32회에 걸쳐 도박을 하였으므로 그 죄수관계가 문제된다. 이 경우에는 침해법익, 피해자가 동일하고, 도박의사도 하나였다고 할 수 있으므로 도박죄의 포괄일죄가 성립한다고 해야 할 것이다. 따라서 甲, 乙, 丙, 丁은 도박죄의 포괄일죄의 죄책을 진다.

질문 2

Ⅰ. 논점의 제시

丙, 丁, A가 甲을 속이는 사기도박을 하였다고 할 수 있다. 이 경우 甲, 丙, 丁, A의 죄책으로 다음의 것들이 문제될 수 있다.

1. 丙, 丁, A가 사기죄의 죄책을 지는지 도박죄의 죄책을 지는지 문제된다.
2. 丙, 丁, A가 사기죄의 죄책을 지는 경우 甲이 도박죄의 죄책을 지는지 문제된다.

Ⅱ. 丙, 丁, A의 죄책

丙, 丁, A가 A의 핸디캡을 속여 내기골프를 한 행위는 거래의 신의칙에 반하는 기망행위로서 사기죄의 기망행위에 해당된다. 甲이 이들의 행위에 의해 착오에 빠져 내기를 하였고, 이들이 甲으로부터 돈을 따 나눠 가졌으므로 재물의 취득도 인정된다. 이들의 기망행위와 甲의 착오, 甲의 처분행위, 재물의 취득 사이에 인과관계도 인정된다.

따라서 丙, 丁, A는 사기죄의 죄책을 진다.

Ⅲ. 甲의 죄책

甲이 丙, 丁, A로부터 기망을 당하였으므로 甲은 도박의 의사로 내기골프를 쳤다고 하더라도 도박의 결과는 발생하지 않기 때문에 도박죄의 불능미수가 문제될 수 있다. 그러나 도박죄의 미수는 처벌하지 않기 때문에 甲은 무죄이다. 통설・판례(대판 2011. 1. 13. 2010도9330)도 甲에게 도박죄를 인정하지 않는다.

질문 3

Ⅰ. 논점의 제시

B가 300만원을 인출하여 달라는 부탁을 받고 500만원을 인출하여 200만원은 자신이 가졌는데, 이 경우 B가 컴퓨터등사용사기죄, 절도죄, 배임죄, 횡령죄 중 어떤 죄책을 지는지 문제된다.

Ⅱ. B의 죄책

1. 절도죄(제329조)설

이 견해는 B가 위임의 범위를 초과하는 돈을 인출하였지만, B가 현금을 취득하였고 컴퓨터등사용사기죄는 재산상의 이익만을 객체로 하므로 컴퓨터등사용사기죄는 성립하지 않는다고 한다. 또는 B의 행위는 권한을 초월하여 한 행위이고 권한없이 한 행위가 아니므로 컴퓨터등사용사기죄는 성립하지 않는다고 한다.

이 견해는 B가 재물인 현금을 취득하였고, 이렇게 권한을 초과하여 현금을 인출하는 행위는 현금자동지급기 관리자의 의사에 반하기 때문에 B의 행위는 절도죄에 해당된다고 한다.

2. 컴퓨터등사용사기죄(제347조의2)설

판례는 이 경우 그 인출된 현금에 대한 점유를 취득함으로써 이때에 그 인출한 현금 총액 중 인출을 위임받은 금액을 넘는 부분의 비율에 상당하는 재산상 이익을 취득한 것으로 볼 수 있으므로 이러한 행위는 그 차액 상당액에 관하여 컴퓨터등사용사기에 규정된 '컴퓨터 등 정보처리장치에 권한 없이 정보를 입력하여 정보처리를 하게 함으로써 재산상의 이익을 취득'하는 행위로서 컴퓨터 등 사용사기죄에 해당된다고 한다(대판 2006. 3. 24. 2005도3516).

3. 배임죄설

이 견해는 B가 甲의 위임에 의해 현금인출사무를 처리하는 자인데 그 임무에 위배하여 500만원을 인출하여 200만원을 가져 임무위배행위, 재산상 이익의 취득, 甲의 재산상 손해발생이 있었으므로 배임죄가 성립한다고 한다.

4. 횡령죄설

이 견해는 B가 인출한 500만원은 B가 甲을 위해 보관하고 있는 재물이고, B가 이 중 200만원을 영득하였으므로 횡령죄가 성립한다고 한다.

Ⅲ. 결 어

B가 아무런 위임을 받지 않고 500만원을 인출하였다면 그것이 은행의 의사에 반한다고 할 수 있을지 모르지만 300만원을 인출하라는 위임을 받고 500만원을 인출하는 행위까지 은행의 의사에 반한다고 하기는 어렵다. 이런 의미에서 절도죄설은 타당하지 않다.

B가 영득한 200만원은 甲의 위임에 의해 B가 보관하는 재물이라고 하기 곤란하므로 횡령죄는 성립하지 않는다고 해야 할 것이다.

甲의 행위는 권한없이 정보를 입력하여 현금 500만원을 인출하고 이 중 200만원을 가졌으므로 재물을 취득하였다고 할 수 있다. 그러나 재물과 재산상 이익은 특별 대 일반의 관계에 있다고 할 수 있으므로 재물을 취득하였을 때에는 당연히 재산상 이익도 취득한다고 해야 한다. 따라서 B는 컴퓨터등사용사기죄의 죄책을 진다.

甲의 행위는 배임죄에도 해당되지만 컴퓨터등사용사기죄와 배임죄는 법조경합관계에 있다고 해야 할 것이다.

따라서 甲은 컴퓨터등사용사기죄의 죄책을 진다고 해야 할 것이다.

제51회 사법시험 (2009)

| 제 1 문 |

A가 경영하는 공장에서 비인간적인 대우를 받으며 일하다가 며칠 전 해고를 당한 甲은 자신보다 먼저 해고를 당한 乙과 술을 마셨다. 甲이 신세 한탄을 하면서 乙에게 "이렇게 당하고만 살거냐? 공장에 불이라도 질러버리자"라고 말하였고, 乙은 甲에게 "불을 지르면 동료들에게도 피해가 생기니까 사장 A를 몰래 죽여버리자"라고 제안하였다. 乙이 甲에게 시간이 늦었으니 집에 가자고 하였으나 甲은 이를 거절하고 乙이 집으로 돌아간 후에도 계속해서 혼자 술을 마셨다. 만취한 甲은 집으로 가는 길에 공장 앞을 지나다가 공장 안에 불이 켜져 있는 것을 보고는 乙에게 전화를 걸어 "A가 아직 퇴근을 하지 않고 공장 안에 있는 것 같으니 공장으로 와서 함께 보복을 하자"라고 제안하였고, 乙은 A를 몰래 죽이자는 말로 이해하고 공장으로 향했다.

乙이 약속 시간에 나타나지 않자 甲은 A가 퇴근할 것을 우려하여 혼자서 공장 주변에 휘발유를 뿌리고 불을 질러 공장은 삽시간에 불길에 휩싸였고, 이 광경을 지켜보고 있던 甲은 불길 때문에 공장 안에서 바깥으로 나오지 못하고 우왕좌왕하고 있는 사람이 A가 아니라 평소 甲 자신과 원한 관계에 있던 공장장 B라는 사실을 알게 되었다. 甲이 뒤늦게 도착한 乙에게 다가가 약속 시간에 오지 않아 먼저 일을 시작했다고 말하자, 乙은 이렇게 된 바에야 어쩔 수 없으니 뒤탈이 없도록 일을 마무리하자고 말했다. 이에 甲은 乙을 이 범행에 끌어들이기 위하여 乙에게 A가 공장 안에 있다고 거짓말을 하면서, "불은 내가 질렀으니 너는 우리를 그토록 괴롭히던 A가 공장 밖으로 나오지 못하게 출입문을 막아라"라고 하였다. 사장 A가 몇 달 동안 임금을 주지 않는 바람에 수술비가 없어 어머니를 잃었던 乙은 甲의 말에 따라 출입문을 막아 B는 결국 공장 밖으로 나오지 못하고 질식사하였다.

1. 甲의 죄책을 논하시오(단, 만취 상태 부분은 논외로 함). (15점)
2. 만취 상태가 甲의 죄책에 미치는 영향과 관련하여 甲에게 유리한 주장과 불리한 주장을 각각 전개하시오. (10점)
3. 만약 위 사안에서 甲이 공장 안에 있는 A를 살해할 의도로 공장 주변에 휘발유를 뿌리고 라이터로 불을 붙이려는 순간, 공장 안에 있던 A가 이를 보고 밖으로 뛰어나와 막는 바람에 공장에는 불이 붙지 않았으나, 甲과 A가 실랑이를 벌이는 과정에서 A가 자신의 옷에 뿌려진 휘발유로 인해 화상을 입고 사망한 경우라면 甲의

죄책은 어떠한가? (15점)

4. 甲의 죄책과 관련하여 乙에 대하여 승계적 공동정범을 인정할 수 있는지에 대해 논하시오. (10점)

질문 1

Ⅰ. 논점의 제시

甲의 죄책으로 문제되는 것은 다음과 같다.

1. 甲은 乙에게 공장에 불을 지르자고 하였고, 乙은 甲에게 A를 살해하자고 하였는데 甲과 乙 사이에 공모관계가 인정되는지 문제된다. 만약 甲과 乙 사이에 현주건조물방화 또는 살인의 공모가 인정된다면, 甲은 현주건조물방화음모죄(제164조 제1항, 제175조) 또는 살인음모죄(제250조 제1항, 제255조)의 죄책을 질 수 있기 때문이다.

2. A를 살해하기 위해 현주건조물에 방화하였으나 공장 안에 있는 사람이 A가 아니라 B라는 사실을 알고 B가 공장에서 나오지 못하도록 출입문을 막아 B를 사망케 한 행위가 현주건조물방화치사죄(제164조 제2항)에 해당되는지 아니면 현주건조물방화죄(제164조 제1항)와 살인교사죄(제250조 제1항, 제31조 제1항) 혹은 살인죄의 간접정범(제250조 제1항, 제34조)의 실체적 경합범에 해당되는지 문제된다.

Ⅱ. 甲의 죄책

1. 현주건조물방화음모죄 또는 살인음모죄의 성립 여부

甲에게는 현주건조물방화의 고의가 있었고, 乙에게는 A에 대한 살인죄의 고의가 있었는데, 두 사람 사이에 의사의 합치는 없었다고 할 수 있다. 따라서 甲은 현주건조물방화음모죄나 살인음모죄의 죄책을 지지는 않는다.

2. 현주건조물방화죄의 성립 여부

甲은 B가 현존하는 공장에 불을 질러 공장을 태웠는데 이는 사람이 현존하는 건조물에 불을 놓아 소훼의 결과를 발생시킨 것으로서 현주건조물방화기수죄에 해당된다.

3. 살인교사죄 혹은 살인죄의 공동정범

乙은 A를 살해한다고 생각하고 B를 사망케 하였다. 이 경우 乙의 착오는 구체적 사실의 착오 중 객체의 착오로서 乙이 B에 대한 고의살인죄의 죄책을 진다는 데에 견해가 일치한다. 따라서 乙이 어느 행위로 인하여 처벌되지 않는 자 또는 과실범으로 처벌되는 자는 아니기 때문에 甲이 살인죄의 간접정범이 될 수는 없고, 교사범이나 공동정범이 될 수 있을 뿐이다.

그런데 甲이 교사범에 머무르는 것이 아니라 공동정범이라고 할 수 있는 여지도 있다. 왜냐하면 甲이 乙을 기망함으로써 출입문을 막아 B를 살해하는 행위를 지배하였다고 볼 수도 있기 때문이다.

사례에서 甲과 乙 사이에 B를 살해한다는 공동의사가 있었고, 甲이 직접 출입문을 막지는 않았지만 B를 A로 착오한 乙을 교사하여 출입문을 막도록 하였으므로 어느 정도 의사지배를 통한 실행지배를 인정할 수도 있다. 따라서 甲은 살인죄의 교사범보다는 공동정범의 죄책을 진다고 해야 할 것이다.

Ⅲ. 죄수 및 정리

甲의 현주건조물방화죄와 살인죄의 공동정범은 별개의 행위로 이루어진 것이므로 실체적 경합범의 관계에 있다고 해야 할 것이다. 판례도 "불을 놓은 집에서 빠져 나오려는 피해자들을 막아 소사케 한 행위는 1개의 행위가 수개의 죄명에 해당하는 경우라고 볼 수 없고, 위 방화행위와 살인행위는 법률상 별개의 범의에 의하여 별개의 법익을 해하는 별개의 행위라고 할 것이니, 현주건조물방화죄와 살인죄는 실체적 경합관계에 있다"고 한다(대판 1983. 1. 18. 82도2341).

즉, 甲은 현주건조물방화죄와 살인죄의 공동정범의 실체적 경합범의 죄책을 진다.

질문 2

Ⅰ. 논점의 제시

甲이 만취상태에서 범행을 하였다는 것은 심신상실로 인하여 사물변별능력 또는 의사결정능력이 없는 상태에서 범행을 저질렀다는 것을 의미한다. 이 경우 제10조 제3항에 해당하지 않는 경우에는 책임이 조각되지만, 제10조 제3항에 해당되는 경우에는 책임이 조각되지 않고 책임능력이 있는 상태에서 범행한 것과 같이 처벌된다.

여기에서 甲에게 유리한 주장은 甲의 행위가 제10조 제3항에 해당되지 않는다는 것이고, 甲에게 불리한 주장은 甲의 행위가 제10조 제3항에 해당된다는 것이다. 제10조 제3항은 '위험의 발생을 예견하고 자의로 심신장애를 야기한 자의 행위'라고 규정하고 있는데, 사례에서 甲의 자의로 심신장애를 야기하였다는 점에는 별 의문이 없다. 결국 문제는 甲이 술을 먹을 당시 위험의 발생을 예견하였는가이다.

Ⅱ. '위험발생 예견'의 의미

사례에서 甲은 현주건조물방화죄와 살인죄의 공동정범의 결과실현행위를 하였다. 그런데 甲이 음주할 당시 이러한 범행의 위험성을 예견하였으면 책임이 조각되지 않고, 이러한 범행의 위험성을 예견하지 못하였으면 책임이 조각된다. 그런데 판례는 소위 과실에 의한 원인에 있어서 자유로운 행위를 인정하여 '위험발생을 예견하고'를 '위험발생을 현실적으로 예견하지는 못하였지만 위험발생의 예견가능성이 있는 경우'도 포함된다고 한다(대판 1992. 7. 28. 92도999).

위험발생과 결과발생은 구별되는데, 결과는 사후적 개념으로서 실제 발생한 결과를 의미하고 위험은 사전적 개념으로서 발생가능성 내지 개연성이 있는 모든 결과를 의미한다. 사례에서 甲이 음주를 할 당시에 현주건조물에 방화하여 사람을 살해할 위험을 예견하였거나 판례에 따르면 예견가능성이 있었는가이다.

Ⅲ. 甲에게 유리한 주장

甲에게 유리한 주장을 하기 위해서는 甲이 음주할 당시 공장에 불을 지르고 B를 살해할 위험을 예견하지 못하였다고 해야 한다. 이를 위해 사례에서 甲이 乙과 술을 마시며 乙에게 "공장에 불이라도 질러버리자"고 말을 하였지만, 甲은 집으로 가기 위해 공장 앞을 지나다가 공장에 불이 켜져 있는 것을 발견하고 우발적으로 乙에게 전화를 하고 공장에 방화하였으므로, 甲이 술을 마실 당시 자신이 공장에 불을 지를 위험성을 예견하였다고 보기는 어렵다고 해야 한다.

Ⅳ. 甲에게 불리한 주장

甲에게 불리한 주장을 하기 위해서는 甲이 음주시에 공장에 불을 지르고 사람을 살해할 위험발생을 예견하였거나 그에 대한 예견가능성이 있다고 해야 한다.

甲이 乙과 술을 마시면서 "공장에 불을 지르자"고 하였으므로 적어도 자신이 만취상태에서 공장에 불을 지를 위험을 예견하였거나 그에 대한 예견가능성이 있다. 또한 공장에 불을 지를 때에 사람이 죽을 수 있다는 것도 예견하였거나 그에 대한 예견가능성이 있다고 할 수 있다. 따라서 甲의 행위는 제10조 제3항에 해당되어 甲의 책임이 조각되지 않는다.

질문 3

Ⅰ. 논점의 제시

사례에서 甲의 죄책으로 문제되는 것은 다음과 같다.

1. 甲이 현주건조물방화치사의 고의로 공장 주변에 휘발유를 뿌리고 라이터로 불을 붙이려고 하였는데, 이 경우 현주건조물방화죄와 살인죄의 실행의 착수를 인정할 수 있을 것인지 문제된다.

2. 만약 실행에 착수하였다고 한다면, 甲의 현주건조물방화행위와 A의 사망 사이에 인과관계 내지 객관적 귀속이 인정되는지 문제된다.

3. 인과관계와 객관적 귀속이 인정되지 않는 경우 甲이 어떠한 죄책을 지는지 문제된다.

Ⅱ. 현주건조물방화죄와 살인죄의 실행의 착수시기

실행의 착수시기에 대해서는 객관설, 주관설 등이 있지만, 통설·판례는 주관적 객관설을 따른다. 주관적 객관설은 행위자의 범행계획에 의하면 법익침해의 직접적 행위가 개시된 때에 실행의 착수를 인정한다.

甲이 공장에 방화하여 A를 살해할 계획을 가지고 공장 주변에 휘발유를 뿌렸을 때에는 공공의 안전과 A의 생명이라는 법익을 침해할 수 있는 직접적 행위가 개시되었다고 할 수 있다. 따라서 甲의 행위는 현주건조물방화죄와 살인죄의 실행의 착수가 인정된다.

Ⅲ. 현주건조물방화치사죄의 성립 여부

만약 A가 공장에서 불타 죽었다면 甲은 현주건조물방화치사의 죄책을 질 것이다. 그런데 A가 甲과 실랑이 하다 불에 타 죽었으므로 甲의 행위와 A의 사망 사이에 인과관계와 객관적 귀속이 인정될 수 있을 것인지 문제된다.

인과관계에 관한 조건설에 의하면 甲의 행위와 A의 사망 사이에 인과관계가 인정된다. 그러나 상당인과관계설에 의하면 甲의 행위와 A의 사망 사이에 인과관계가 인정되지 않는다. 합법칙적 조건설과 객관적 귀속론에 따르면 甲의 행위와 A의 사망 사이에 인과관계가 인정되지만, A의 사망을 甲의 행위에 귀속시킬 수도 있고 귀속시킬 수 없을 수도 있다.

인과관계와 객관적 귀속을 인정할 경우 현주건조물방화치사죄(제164조 제2항)와 살인죄(제250조 제1항)의 상상적 경합(제40조)을 인정하는 견해도 있지만, 판례는 현주건조물방화치사죄만을 인정한다.

Ⅳ. 현주건조물방화미수죄와 살인미수죄의 성립 여부

만약 甲의 행위와 A의 사망 사이에 인과관계 또는 객관적 귀속이 인정되지 않을 경우 甲은 미수의 죄책을 지는데, 현주건조물방화치사죄의 미수범 처벌규정은 없다. 따라서 甲은 현주건조물방화미수죄(제164조 제1항, 제174조)와 살인미수죄(제250조 제1항, 제254조)의 상상적 경합범의 죄책을 진다.

질문 4

Ⅰ. 논점의 제시

사례에서 乙이 B를 공장 밖으로 나오지 못하게 하여 살인죄의 죄책만을 지지만, 승계적 공동정범을 인정할 경우 乙은 甲이 앞에서 범한 범행, 즉 살인의 고의로 공장에 불을 지른 행위에 대해서도 공동정범이 된다. 이 경우 乙은 현주건조물방화죄와 살인죄의 실체적 경합범의 죄책을 진다.

Ⅱ. 승계적 공동정범의 개념과 인정 여부

1. 승계적 공동정범의 개념

승계적 공동정범이란 다른 공범의 앞의 범행을 알면서도 후의 범행에 가담한 자는 자신이 가담한 후의 범행뿐만 아니라 다른 공범이 행한 앞의 범행에 대해서도 공동정범의 죄책을 부담하는 경우를 말한다. 예를 들어 甲이 강도의 고의로 A를 폭행한 후 이를 아는 乙이 재물강취에 가담한 경우 승계적 공동정범을 인정하게 되면 乙은 자신이 가담한 절도범행에 대해서만 공동정범의 죄책을 지는 것이 아니라 甲이 행한 폭행에 대해서도 공동정범의 죄책을 지므로 합동절도죄가 아닌 합동강도죄의 죄책을 진다.

2. 승계적 공동정범의 인정 여부

승계적 공동정범 인정설은 앞의 범행을 알면서도 뒤의 범행에 가담한 자는 앞의 범행을 승계하겠다는 의사를 지닌 것이므로 승계적 공동정범을 인정해야 한다고 한다. 이에 대해 부정설은 소급금지원칙에 따라 앞의 범행에 대해 책임을 질 수 없고, 자신의 행위에 대해서만 책임을 진다는 원칙에 따라 승계적 공동정범을 인정할 수 없다고 한다.

판례는 "연속된 히로뽕 제조행위 도중에 공동정범으로 범행에 가담한 자는 비록 그 범행에 가담할 때에 이미 이루어진 종전의 범행을 알았다고 하더라도 그 가담이후의 범행에 대해서만 공동정범으로 책임을 지는 것"이라고 하여(대판 1982. 6. 8. 82도884), 부정설의 입장에 있다.

3. 승계적 공동정범에서 승계의 시기

승계적 공동정범을 인정하더라도 승계의 시기는 앞의 범행의 기수 이전이어야 한다는 견해와 앞의 범행의 완료 내지는 종료 이전이라고 하는 견해가 있다. 전자의 견해에 의하면 공장에 불이 났을 때 甲의 범행이 기수에 이르렀으므로 乙은 승계적 공동정범이 될 수 없다. 후자의 견해에 의하면 甲의 방화범행이 종료 내지는 완료되지 않았으므로 乙은 승계적 공동정범이 될 수 없다.

Ⅲ. 결 어

자신의 행위에 대해서만 책임을 진다는 형법의 일반원칙에 따르면 승계적 공동정범을 인정할 수는 없다. 또한 승계적 공동정범을 인정하더라도 공동정범의 성격상 앞의 범행의 기수 이전에야 승계적 공동정범이 성립할 수 있다고 하는 견해가 타당하다.

이러한 입장에 따르면 乙은 승계적 공동정범이 될 수 없고, 따라서 살인죄의 죄책만을 진다.

| 제 2 문 |

| 제 2 문의 1 |

교도소에서 만난 甲, 乙, 丙 세 사람은 출소 후 재회한 자리에서 甲이 근무한 적이 있는 A 산업 창고에 보관되어 있는 전자 부품을 절취하기로 결의하였다. 甲은 전자 제품에 대한 정보 및 침입 방법과 보안장치 해제 방법을 알려주는 등 주도적으로 구체적인 범행 계획을 수립하였다. 그런데 그 후 甲은 고향으로 돌아오라는 어머니의 전화를 받고서 마음의 동요를 일으키게 되어 스스로 범행을 포기하기로 하였다.

甲이 乙과 丙에게도 범행을 포기하도록 권유하였다면 그 권유 시점과 乙, 丙의 범행의 시간적 진행을 고려하여 판례에 따라 다음을 논하시오(단, 甲과 상관없이 乙과 丙이 스스로 범행을 포기하는 경우는 상정하지 않는다).

1. 甲이 무죄가 되는 경우 (10점)
2. 甲이 특수절도죄의 기수가 되는 경우 및 특수절도죄의 중지미수가 되는 경우 (20점)

질문 1

Ⅰ. 논점의 제시

甲, 乙, 丙은 건조물침입죄와 특수절도죄를 공모하였는데 甲이 乙, 丙의 실행의 착수 이전에 자의로 공모관계에서 이탈하였다. 그런데 판례는 "공모공동정범에 있어서 공모자 중의 1인이 다른 공모자가 실행행위에 이르기 전에 그 공모관계에서 이탈한 때에는 그 이후의 다른 공모자의 행위에 관하여는 공동정범으로서의 책임은 지지 않는다 할 것이나, 공모관계에서의 이탈은 공모자가 공모에 의하여 담당한 기능적 행위지배를 해소하는 것이 필요하므로 공모자가 공모에 주도적으로 참여하여 다른 공모자의 실행에 영향을 미친 때에는 범행을 저지하기 위하여 적극적으로 노력하는 등 실행에 미친 영향력을 제거하지 아니하는 한 공모자가 구속되었다는 등의 사유만으로 공모관계에서 이탈하였다고 할 수 없다"고 하여(대판 2010. 9. 9. 2010도6924), 공모를 주도한 자의 경우에는 공모관계를 해소해야 공모관계에서의 이탈을 인정한다.

이러한 판례에 의한다면 乙, 丙의 범행이 어떤 단계에 나아갔느냐에 따라 甲의 죄책이 달라질 수 있다.

Ⅱ. 乙, 丙이 실행에 착수하지 않은 경우

甲이 공모관계에서 이탈하였고, 乙, 丙을 권유하여 실행의 착수에 이르지 않게 하였다면, 甲, 乙, 丙은 음모죄로 처벌될 수도 있으나 건조물침입죄와 특수절도죄의 음모는 처벌하지 않으므로 甲은 무죄이다.

Ⅲ. 乙, 丙이 실행에 착수한 경우

乙, 丙이 실행에 착수한 이후 甲이 실행의 중지를 권유하여 乙, 丙이 그 권유를 받아들여 자의로 범행을 중지하였다면 乙, 丙은 중지미수의 죄책을 진다. 그런데 이 경우 판례가 甲에게 공모관계에서의 이탈을 인정하는지는 분명하지 않다. 乙, 丙의 중지미수에 대해서 甲에게 공모공동정범을 인정한다면 甲은 무죄가 되지 않고 중지미수의 죄책을 진다. 중지미수를 이유로 甲에 대한 형을 면제하는 경우에도 이는 무죄가 되는 것이 아니라 인적 처벌조각사유에 해당될 뿐이다.

乙, 丙이 甲의 권유에도 불구하고 계속범행을 하다가 미수 또는 기수에 이른 경우 乙, 丙은 장애미수 또는 기수의 죄책을 진다. 이 경우 甲이 실행에 미친 영향력을 제거하였다고 볼 수 없으므로 甲은 중지미수 또는 기수의 공모공동정범의 죄책을 지므로 무죄가 될 수 없다.

Ⅳ. 정 리

판례에 의하면 甲이 공모를 주도하였으므로 乙, 丙의 실행의 착수 이전에 공모관계에서 이탈하고, 乙, 丙의 실행의 착수를 중지시켜야 공모관계의 이탈이 인정되어 무죄가 될 수 있다. 만약 乙, 丙이 실행에 착수하였거나 기수에 이른 경우에는 甲은 乙, 丙의 실행에 미친 영향력을 제거하지 못하였으므로 중지미수 또는 기수의 공모공동정범의 죄책을 지므로 무죄가 될 수 없다.

질문 2

Ⅰ. 논점의 제시

이는 공범의 중지의 문제이다. 판례는 "다른 공범의 범행을 중지하게 하지 아니한 이상 자기만의 범의를 철회, 포기하여도 중지미수로는 인정될 수 없다"고 한다(대판 2005. 2. 25. 2004도8259). 따라서 공모를 주도한 甲이 乙, 丙의 특수절도죄를 중지한 경우에는 중지미수의 죄책을 질 수 있지만, 乙, 丙이 기수에 이른 경우 甲은 특수절도기수죄의 공모공동정범의 죄책을 질 수 있다.

Ⅱ. 甲이 특수절도죄의 기수가 되는 경우

甲이 乙, 丙에게 특수절도범행의 중지를 권유하였으나 乙, 丙이 특수절도죄의 기수에 나아간 경우 甲은 중지미수의 죄책을 질 수 없고, 자신이 특수절도기수죄에 미친 영향력을 제거하지 못하였으므로 甲은 특수절도기수죄의 공모공동정범의 죄책을 진다.

이 경우 통설은 합동절도죄의 합동을 현장성설에 의해 해석하고, 甲이 범행현장에 있지 않았으므로 甲이 공모공동정범의 죄책을 진다고 하더라도 단순절도죄의 공모공동정범의 죄책을 진다고 한다. 그러나 판례는 "3인 이상의 범인이 합동절도의 범행을 공모한 후 적어도 2인 이상의 범인이 범행 현장에서 시간적, 장소적으로 협동관계를 이루어 절도의 실행행위를 분담하여 절도 범행을 한 경우에는 공동정범의 일반 이론에 비추어 그 공모에는 참여하였으나 현장에서 절도의 실행행위를 직접 분담하지 아니한 다른 범인에 대하여도 그가 현장에서 절도 범행을 실행한 위 2인 이상의 범인의 행위를 자기 의사의 수단으로 하여 합동절도의 범행을 하였다고 평가할 수 있는 정범성의 표지를 갖추고 있다고 보여지는 한 그 다른 범인에 대하여 합동절도의 공동정범의 성립을 부정할 이유가 없다고 할 것이다. 형법 제331조 제2항 후단의 규정이 위와 같이 3인 이상이 공모하고 적어도 2인 이상이 합동절도의 범행을 실행한 경우에 대하여 공동정범의 성립을 부정하는 취지라고 해석할 이유가 없을 뿐만 아니라, 만일 공동정범의 성립가능성을 제한한다면 직접 실행행위에 참여하지 아니하면서 배후에서 합동절도의 범행을 조종하는 수괴는 그 행위의 기여도가 강력함에도 불구하고 공동정범으로 처벌받지 아니하는 불합리한 현상이 나타날 수 있다. 그러므로 합동절도에서도 공동정범과 교사범·종범의 구별기준은 일반원칙에 따라야 하고, 그 결과 범행현장에 존재하지 아니한 범인도 공동정범이 될 수 있으며, 반대로 상황에 따라서는 장소적으로 협동한 범인도 방조만 한 경우에는 종범으로 처벌될 수도 있다"고 하여(대판 1998. 5. 21. 98도321 전원합의체), 합동범의 공모공동정범을 인정한다. 이러한 입장에 따른다면 사례에서 甲의 범행지배가 인정되므로 甲은 특수절도기수죄의 공동정범의 죄책을 진다.

Ⅲ. 甲이 특수절도죄의 중지미수가 되는 경우

甲이 특수절도죄의 실행에 착수한 乙, 丙에게 범행의 중지를 권유하였으나 乙, 丙이 중지하지 않고 장애미수에 이른 경우 甲이 乙, 丙의 장애미수에 미친 영향력을 제거하지 못하였으므로 甲은 특수절도의 중지미수가 아닌 장애미수의 죄책을 진다.

甲이 특수절도죄의 실행에 착수한 乙, 丙에게 범행의 중지를 권유하였고, 乙, 丙이 자의로 범행을 중지한 경우 乙, 丙은 중지미수의 죄책을 진다. 甲은 乙, 丙의 특수절도죄의 중지미수에 미친 영향력을 제거하지 못하였으므로 특수절도죄의 중지미수의 죄책을 진다.

Ⅳ. 정 리

乙, 丙이 특수절도죄의 기수에 이른 경우에는 甲이 이들의 범행에 미친 영향력을 제거하지 못하였고, 범행지배가 인정될 경우에는 합동범의 공동정범도 인정할 수 있으므로, 甲은 특수절도기수의 죄책을 진다.

乙, 丙이 특수절도죄의 실행에 착수한 이후 甲이 乙, 丙에게 권유하여 乙, 丙의 실행을 중시하였거나 결과발생을 방지한 경우, 乙, 丙은 특수절도죄의 중지미수의 죄책을 진다. 합동범의 공동정범도 인정되고, 공모에 주도적으로 관여한 甲이 乙, 丙의 중지미수에 미친 영향력을 제거하지 못하였으므로 甲은 특수절도죄의 중지미수의 죄책을 진다.

乙, 丙이 중지미수의 죄책을 지지 않더라도 甲이 이들의 범행의 계속을 중지시켰거나 결과발생을 방지하였으면 甲은 특수절도죄의 중지미수의 죄책을 진다.

| 제 2 문의 2 |

甲은 시청의 위생과에서 음식점의 위생 상태를 점검하는 업무를 담당하는 공무원이다. 어느 날 甲은 음식점을 경영하고 있는 乙을 찾아가 "곧 정기검사가 있는데 수표 한 장 정도는 준비해 두어야 좋은 결과를 받을 수 있다. 만약 준비하지 않으면 영업정지를 받을지도 모른다"라고 말하였다. 이에 두려움을 느낀 乙은 그 자리에서 바로 甲에게 현금 100만 원을 주었고, 이에 甲은 현금을 받아 챙겼다.

1. 甲을 공갈죄와 수뢰죄의 상상적 경합으로 처벌할 수 있는 경우를 논하시오. (10점)
2. 乙에게 형사책임을 물을 수 없는 경우에 대하여 논하시오. (10점)

질문 1 · 2

Ⅰ. 논점의 제시

甲이 乙에게 정기검사가 있을 것을 말하고 이에 두려움을 느낀 乙로부터 100

만원을 받은 행위는 직무와 관련하여 뇌물을 수수하여 수뢰죄(제129조 제1항)에 해당될 수도 있고, 사람을 공갈하여 재물을 취득한 것으로서 공갈죄(제350조)에 해당될 수도 있다. 또한 정기검사가 예정되어 있지도 않았다면 사람을 기망하여 재물을 취득한 것으로서 사기죄(제347조)에 해당될 수도 있다.

따라서 甲의 행위가 수뢰죄와 공갈죄에 해당되기 위해서는 각각 수뢰죄와 공갈죄의 구성요건에 해당되어야 하고, 이들 죄가 상상적 경합이 되기 위해서는 위의 죄가 하나의 행위에 의해 이루어진 것이어야 한다(제40조).

Ⅱ. 수뢰죄 및 공갈죄의 상상적 경합범이 성립하는 경우

1. 수뢰죄(제129조 제1항)의 성립 여부

수뢰죄는 공무원 또는 중재인이 그 직무에 관하여 뇌물을 수수, 요구 또는 약속하는 죄이다. 사례에서 甲이 공무원이고 100만원을 받은 행위는 뇌물을 수수한 행위라고 할 수 있다. 문제는 100만원이 직무에 관한 것인가이다.

'직무에 관하여'의 의미에 대해서는 ① '직무행위와 대가관계'가 있어야 한다는 견해, ② '직무와 포괄적 대가관계'가 있으면 족하다는 견해, ③ '직무와 인과관계'가 있으면 족하다는 견해 등이 있다. ②, ③의 견해에 의하면 수뢰죄가 인정된다. 그러나 ①의 견해에 의하면 甲이 정기감사를 행하는 직무를 담당하여야 하고 이에 기해 영업정지 등을 할 수 있거나 그에 영향력을 미칠 수 있는 지위에 있어야 한다. 또한 어떤 견해에 의하든 甲에게 직무집행의 의사가 있어야 한다.

2. 공갈죄의 성립 여부

공갈죄란 해악을 고지하여 상대방에게 공포심을 느끼게 하고 이에 기하여 재물을 취득하는 범죄이다. 여기에서 해악이란 고지자가 영향력을 미칠 수 있는 해악이어야 한다. 甲이 乙에게 정기감사, 영업정지 등을 고지한 행위는 공갈죄에서 해악의 고지라고 할 수 있다. 甲의 직무상 이러한 해악에 영향을 미칠 수 있기 때문이다. 乙이 이에 공포심을 느끼고 100만원을 교부하였고, 甲이 이를 취득하였으므로 공갈죄가 성립한다.

3. 죄 수

판례는 "공무원이 직무집행의 의사 없이 또는 직무처리와 대가적 관계없이 타인을 공갈하여 재물을 교부하게 한 경우에는 공갈죄만이 성립하고, 이러한 경우 재물의 교부자가 공무원의 해악의 고지로 인하여 외포의 결과 금품을 제공한 것이라면 그는 공갈죄의 피해자가 될 것이고 뇌물공여죄는 성립될 수 없다고 하여야 할 것이다"라고 한다(대판 1994. 12. 22. 94도2528).

판례의 입장에 의하면 甲에게 직무집행의 의사가 있어야 하고 甲의 직무와 100만원 사이에 대가관계 혹은 포괄적 대가관계가 있어야 한다.

이 경우 甲이 해악을 고지하고 100만원을 받은 행위는 전체적으로 하나의 행위로 평가되므로 수뢰죄와 공갈죄의 상상적 경합범이 성립한다.

Ⅲ. 乙에게 형사책임을 물을 수 없는 경우

위의 판례에 의하면 甲의 행위가 수뢰죄에 해당되는 경우 乙이 100만원을 공여한 행위는 뇌물공여죄에 해당된다. 그러나 甲에게 직무집행의 의사가 없거나 甲의 직무와 100만원 사이에 대가관계(내지 포괄적 대가관계)가 없으면 甲의 행위는 공갈죄에만 해당되고, 수뢰죄에는 해당되지 않는다. 따라서 이 경우 乙은 공갈죄의 피해자가 되고 뇌물공여죄는 성립하지 않는다.

제50회 사법시험 (2008)

| 제 1 문 |

여대생 甲은 밤늦게 귀가하던 중 노숙자 A가 구걸하기 위해 따라오는 것을 추행범으로 착각하고 피하였다. 그러나 A가 계속하여 따라오자 甲은 도로변의 상점으로 들어가서 상점 주인 乙에게 A를 가리키면서 추행범이 따라오니 도와달라고 하였다. 이에 乙은 A가 구걸하는 노숙자인 것을 알았으나 평소 자기 상점 주위에서 어슬렁거리며 귀찮게 구는 것을 못마땅하게 생각하던 터라 이번 기회에 A를 혼내주었으면 좋겠다고 생각하고 甲에게 몽둥이를 건네주었다. 상점을 나선 甲에게 A가 접근하자 두려움을 느낀 甲은 乙로부터 건네받은 몽둥이로 A의 다리 부분을 가격하였다. A는 쓰러지면서 머리를 담에 부딪쳐 일어나지 못하였다.

甲이 떠난 후 마침 그곳을 지나던 丙은 A가 쓰러져 있는 것을 보고 전날 A로부터 아무런 이유 없이 폭행을 당한 것이 떠올라 넘어져 있는 A의 옆구리를 발로 차고 머리를 주먹으로 수회 가격하였다. 丙은 머리에 피를 흘리면서 쓰러져 있는 A를 그대로 두면 사망할 수도 있다고 생각했음에도 불구하고 그대로 둔 채 그곳을 떠났다. 즉시 구호조치를 취했더라면 A가 사망에 이르지 않았을 것이나 방치하여 결국 A는 뇌출혈로 사망하였다.

:: **위 사례를 읽고 물음에 답하시오**(특별법 위반의 점은 논외로 함).

1. 甲의 죄책을 논하시오. (20점)
2. 甲의 행위에 대하여 고의범을 인정하는 경우와 과실범을 인정하는 경우로 각각 나누어 乙의 죄책을 논하시오. (15점)
3. 丙의 죄책을 논하시오. (15점)

Ⅰ. 논점의 제시

사례에서 형법상 문제되는 甲의 행위는 몽둥이로 A를 때려 기절시킨 행위이다. 이는 상해죄(제257조) 내지 중상해죄(제258조)에 해당되는 행위이다. 그런데 甲이 A를 추행범으로 오인하고 정당방위의 의사로 이러한 행위를 하였으므로 이는 정당방위의 요건사실의 착오에 해당된다. 이 경우 甲이 어떤 죄책을 지는지 문제된다.

乙의 행위 중 형법적으로 문제되는 행위는 甲이 오상방위를 할 것이라는 것을 알면서도 甲에게 몽둥이를 빌려 준 행위이다. 이로 인해 乙이 어떤 죄책을 지는지는 甲이 과실범의 죄책을 지는가 아니면 고의범의 죄책을 지는가에 따라 달라진다.

丙의 죄책으로 문제되는 것은 다음과 같다.

1. 쓰러져 있는 A를 때려서 머리에 피를 흘리게 한 행위가 상해죄에 해당되는가 문제된다.

2. A가 사망할지도 모른다고 생각하면서도 구호조치를 취하지 않고 그대로 방치하여 A를 사망케 한 행위가 부작위에 의한 살인죄(제250조 제1항, 제18조)에 해당되는지 문제된다.

Ⅱ. 甲의 죄책

1. 문제점

甲은 상해의 고의로 A를 상해 내지 중상해에 이르게 한 위법한 행위를 하였다. 그러나 甲은 자신의 행위가 위법하지 않다고 생각하였고, 그 이유는 자신의 행위가 정당방위라고 생각하였기 때문이다. 그리고 자신의 행위가 정당방위라고 생각한 이유는 노숙자인 A를 추행범으로 생각하였기 때문이다. 이는 정당방위의 요건(전제)사실의 착오에 해당된다. 이 경우 甲의 죄책에 대해서는 다음과 같은 견해가 대립한다.

2. 견해의 대립

(1) 엄격고의설

엄격고의설은 정당방위의 요건사실의 착오를 법률의 착오와 동일하게 취급한다. 따라서 甲에게 위법성의 현실적 인식이 없었으므로 甲에게 과실이 있는 경우 과실책임만을 인정한다. 사례에서 甲에게 과실이 인정되므로 이 견해에 의하면

甲은 과실치상의 죄책을 진다.

(2) 제한고의설

제한고의설은 정당방위의 요건사실의 착오를 역시 법률의 착오와 동일하게 취급하지만, 행위자에게 과실이 있는 경우 과실책임이 아니라 고의책임을 인정한다. 따라서 이 견해에 의하면 甲은 상해죄 또는 중상해죄의 죄책을 진다.

(3) 엄격책임설

엄격책임설은 정당방위의 요건사실의 착오를 법률의 착오와 동일하게 취급하여 행위자에게 위법성의 인식가능성이 있는 경우에는 고의책임을 인정한다. 이 견해에 의하면 甲에게 위법성의 인식가능성이 있으므로 甲은 상해죄 또는 중상해죄의 죄책을 진다.

(4) 사실의 착오 유추적용 제한책임설

이 견해는 정당방위의 요건사실의 착오에 대해 사실의 착오의 규정을 유추적용하자고 한다. 이 견해에 의하면 甲의 행위는 과실치상죄의 구성요건에 해당하고 위법한 행위이고, 甲은 과실치상죄의 죄책을 진다.

(5) 법효과제한책임설

이 견해는 정당방위의 요건사실의 착오는 고의범의 구성요건해당성과 위법성은 인정되지만 책임고의의 탈락을 이유로 과실책임만을 인정하자고 한다. 이 견해에 의하면 甲은 과실치상죄의 죄책을 진다.

(6) 소극적 구성요건요소이론

이 견해에 의하면 甲에게 자신의 행위가 구성요건에 해당하고 위법하다는 인식, 즉 불법고의가 인정되지 않으므로 甲은 과실치상죄의 죄책을 진다.

3. 결 어

고의설은 위법성의 인식을 고의의 한 성립요건으로 파악하는 것은 부당하다는 비판이 제기된다. 또 엄격고의설은 법률의 착오에 대해 과실범을 인정해야 하므로 처벌의 공백이 너무 크다는 비판이 제기된다. 제한고의설에 대해서는 처벌의 공백은 없지만, 사실의 인식이나 위법성의 인식을 모두 고의의 한 요소라고 하면서 사실의 인식은 현실적 인식을 요하면서 위법성의 인식은 현실적 인식이 아니라 위법성의 인식가능성으로 족하다고 하는 것은 논리일관성이 떨어진다는 비판이 제기된다.

엄격책임설에 대해서는 정당방위의 요건사실의 착오에 대해 고의범을 인정하는 것은 너무 가혹하다는 비판이 제기된다.

사실의 착오 유추적용 제한책임설에 대해서는 위법성요건사실에 대한 착오에 대해 구성요건사실의 착오를 유추적용해야 하는 뚜렷한 근거가 없다는 비판이 제기된다. 법효과제한책임설에 대해서는 책임고의의 내용이 분명하지 않고, 고의범의 구성요건해당성과 위법성이 있는 행위에 대해 예외적으로 과실책임을 인정하는 근거가 분명하지 않다는 비판이 제기된다.

소극적 구성요건요소이론에 대해서는 구성요건에 해당하지 않는 행위와 구성요건해당성은 있지만 위법하지 않은 행위의 질적 차이를 무시한다는 비판이 제기된다.

이러한 점을 종합해 볼 때 엄격책임설에 따라 甲에게 상해죄 또는 중상해죄의 죄책을 인정하는 것이 타당하다(이러한 점을 종합해 볼 때 법효과제한책임설에 따라 甲에게 과실치상죄를 인정하는 것이 타당하다).

Ⅲ. 乙의 죄책

1. 문제점

乙이 甲에게 몽둥이를 준 행위는 甲의 범행을 교사 또는 방조한 것이라고 할 수도 있고, 이용한 것이라고 할 수도 있다. 그런데 甲이 고의상해죄 또는 중상해죄의 죄책을 지는지 아니면 과실범의 죄책을 지는지에 따라 乙의 죄책이 달라질 수 있다.

2. 甲에게 과실범을 인정하는 경우

(1) 엄격고의설, 사실의 착오 유추적용 제한책임설, 소극적 구성요건요소이론에 따라 甲에게 과실범을 인정하는 경우, 乙은 교사범의 죄책을 질 수 없다. 왜냐하면 과실범의 교사범은 인정되지 않기 때문이다. 이 경우 乙은 과실범으로 처벌되는 甲을 이용하거나 교사, 방조하여 상해죄를 범한 것이라고 할 수 있으므로 상해죄 또는 중상해죄의 간접정범(제34조 제1항)의 죄책을 진다.

(2) 법효과제한 책임설에 의할 경우에는 甲의 행위가 고의상해죄의 구성요건에 해당하고 위법한 행위이므로 제한적 종속형식설에 의할 경우 乙은 상해죄 또는 중상해죄의 교사범의 죄책을 지게 되고, 극단적 종속형식설에 의할 경우 乙은 상해죄 또는 중상해죄의 간접정범의 죄책을 진다.

3. 甲에게 고의범을 인정하는 경우

제한고의설이나 엄격책임설에 따라 甲이 고의상해죄의 죄책을 지는 경우 乙은 상해죄의 교사범이나 방조범의 죄책을 진다.

Ⅳ. 丙의 죄책

1. 상해죄의 성립 여부

丙이 쓰러져 있는 A를 걷어차 피를 흘리게 한 행위는 생명의 위험을 발생하게 한 행위로서 중상해죄에 해당된다.

2. 부작위에 의한 살인죄의 성립 여부

(1) 문제점

丙이 A가 사망할지도 모른다고 생각하면서도 A를 그대로 방치하였으므로 살인의 미필적 고의가 인정된다. 그런데 A가 출혈과다로 사망하였으므로 부작위에 의한 살인죄의 성립 여부가 문제된다. 부작위에 의한 살인죄가 성립하기 위해서는 생명을 구할 작위의무있는 자가 작위가 가능하고 자신에 의해서만 사망이 방지될 수 있는 상황에서 부작위를 하였고, 그 부작위가 작위에 의한 살인죄와 동가치성이 있어야 하고, 사망의 결과가 발생하고, 부작위와 사망 사이에 인과관계 내지 객관적 귀속이 인정되어야 한다. 그런데 A가 사망하였고 丙의 부작위와 A의 사망 사이에 인과관계 내지 객관적 귀속은 인정될 수 있다.

(2) 작위의무

통설·판례에 의하면 작위의무의 발생근거는 법령, 계약, 선행행위, 신의칙, 사회상규, 조리 등이 있다. 사례에서 丙이 A를 걷어차 출혈케 한 선행행위 또는 사회상규나 조리에 의한 작위의무를 인정할 수 있다.

(3) 보증인적 상황

사례에서 丙이 그 자리를 떠날 때 작위의 가능성이 있었고, 丙에 의해서만 A의 사망이 방지될 수 있는 상황이었다.

(4) 부작위의 동가치성

丙이 보증인적 상황에서 A의 사망에 대한 미필적 고의를 가지고 부작위를 하였는데, 이는 단순히 살인죄의 방조범과 동가치성을 지닌 것이 아니라 살인죄의 정범과 동가치성을 지닌 것이라고 할 수 있다.

(5) 인과관계 및 객관적 귀속

丙이 A를 구호하였더라면 A가 사망하지 않았을 것이므로 丙의 부작위와 A의 사망 사이에는 조건설적 또는 합법칙적 조건설적 인과관계가 인정되고, 상당인과관계도 인정된다. 또한 丙의 부작위가 A의 사망의 위험성을 증대시켰으므로 A의 사망을 丙의 부작위에 객관적으로 귀속시킬 수도 있다.

(6) 고 의

丙이 A가 사망할 수도 있다는 것을 인식하고도 그 자리를 떠난 것은 A가 사망해도 할 수 없다는 인용 내지 감수가 있으므로 살인의 미필적 고의가 인정된다.

3. 죄수관계

丙이 부작위에 의한 살인죄의 죄책을 지므로 상해죄는 살인죄에 흡수된다고 할 수 있다. 따라서 丙은 부작위에 의한 살인죄의 죄책을 진다.

| 제 2 문 |

| 제 2 문의 1 |

:: **다음 사례를 읽고 물음에 답하시오**(특별법 위반의 점은 논외로 함).

> 甲과 A는 명의신탁을 목적으로 실소유자 A 명의의 토지를 甲의 명의로 이전등기해 놓았다. 얼마 후 돈이 급히 필요하게 된 甲은 A의 승낙을 받지 않고, B와 토지의 매매계약을 체결하고 계약금과 중도금을 받았다. 다음 날 乙이 "내가 B보다 20% 비싸게 사겠으니 나에게 그 토지를 팔아라"라고 하자, 甲은 乙과 매매계약을 체결하고 계약금을 받았다. 한편 그 토지가 곧 크게 오를 것이라고 생각한 丙은 甲에게 "내가 乙보다 두 배 주겠으니 그 토지를 나에게 팔아라"라고 하였다. 甲은 매매대금을 모두 받고 丙에게 소유권이전등기를 하여 주었다.

1. 甲의 죄책을 논하시오. (10점)
2. 甲이 명의신탁받은 토지를 B에게 임의로 처분한다는 사실을 알고 乙이 매매계약을 체결한 경우, 乙의 죄책을 논하시오. (10점)
3. 丙이 토지가 명의신탁된 사실은 모르지만 甲이 B로부터 중도금까지 받았다는 사실은 알고 매매계약을 체결한 경우, 丙의 죄책을 논하시오. (10점)

Ⅰ. 논점의 제시

사례에서 甲의 죄책으로 문제되는 것은 다음과 같다.

1. A로부터 명의신탁받은 부동산을 A의 승낙없이 B에게 매도하고 계약금과 중도금을 받은 행위가 횡령죄(제355조 제 1 항)에 해당되는지 문제된다.

2. B에게 매도한 부동산을 乙에게 이중매도하고 계약금을 받은 행위가 B에 대한 배임죄(제355조 제 2 항) 및 A에 대한 횡령죄에 해당되는지 문제된다.

3. 丙에게 매도하고 소유권을 이전해 준 행위가 B, 乙에 대한 배임죄 및 A에

대한 횡령죄에 해당되는지 문제된다.

4. 위의 범죄들이 성립할 경우 죄수관계가 문제된다.

乙의 죄책으로 문제되는 것은 甲이 A로부터 명의신탁받은 부동산을 B에게 임의처분하였다는 사실을 알고서도 甲과 매매계약을 체결한 행위가 A에 대한 횡령죄 및 B에 대한 배임죄의 공동정범 혹은 방조범에 해당되는지 및 죄수관계가 문제된다. 또한 장물취득죄의 성립 여부도 문제된다.

丙의 죄책으로 문제되는 것은 甲이 B로부터 중도금까지 받았다는 사실을 알면서도 甲으로부터 부동산을 매수하고 소유권이전등기를 경료한 행위가 배임죄의 공동정범에 해당되는지 문제된다.

Ⅱ. 甲의 죄책

1. 횡령죄의 성립 여부

甲이 A로부터 명의신탁받은 부동산을 B에게 매도하고 중도금까지 받은 경우 횡령죄가 성립하는가에 대해서는 다음과 같은 견해가 대립한다.

(1) 긍정설

횡령죄의 성립을 긍정하는 견해이다. 이 견해는 ① 명의신탁받은 부동산의 소유권은 대내적으로는 A에게 있으므로 甲은 A소유의 부동산을 보관하는 자이고, ② 명의신탁이 부동산실명법에 의해 처벌되는 행위이지만 불법원인급여가 되는 것은 아니고, ③ 횡령죄를 인정하지 않는 경우 명의수탁자에게 부당한 이익을 취득하게 한다는 것 등을 근거로 든다.

판례는 부동산실명법 시행 전후를 불문하고 이자간 명의신탁에서는 횡령죄의 성립을 긍정한다.

이 경우 사례에서 甲이 중도금을 받았으므로 횡령죄의 기수시기에 대한 표현설에 의하든 영득설에 의하든 횡령죄의 기수가 된다.

(2) 부정설

횡령죄의 성립을 부정하는 견해이다. 이 견해는 ① 명의신탁은 반사회질서의 행위로서 불법원인급여에 해당되고, ② 횡령죄를 인정하는 경우 명의신탁을 금지하는 부동산실명법의 실효성을 기할 수 없고, ③ 횡령죄의 성립을 인정하게 되면 명의수탁자가 부동산실명법에 의해 처벌되고 또한 횡령죄에 처벌되어 가혹한 결과가 생긴다 등의 근거를 든다.

2. B에 대한 배임죄 및 A에 대한 횡령죄의 성립 여부

(1) 배임죄의 성립 여부

통설·판례에 의하면 甲이 B에게 양도한 부동산을 乙에게 이중양도하고 계약금만 받은 단계에서는 배임죄의 실행의 착수를 인정하지 않는다. 이는 계약금만 받은 단계에서는 甲이 언제든 계약을 해제할 수 있고 乙의 소유권이전에 협력해야 할 의무를 부담하지 않기 때문이다.

(2) 횡령죄의 성립 여부

명의신탁자가 수탁된 부동산을 임의처분한 경우 횡령죄긍정설에 의하면 甲의 행위는 횡령죄에 해당된다. 그러나 판례는 이미 B에게 임의처분할 때 횡령죄가 성립하였으므로 이는 불가벌적 사후행위라고 한다.

3. B 및 乙에 대한 배임죄 및 A에 대한 횡령죄

(1) B에 대한 배임죄

판례에 의하면 甲이 B로부터 중도금을 수령한 경우에는 B에게 소유권이전에 협력해야 할 의무를 지고 이는 타인의 사무에 해당된다. 그런데 丙에게 이중양도하고 소유권을 이전해 준 행위는 임무에 위배된 행위로 재산상의 이익을 취득한 것이므로 배임죄에 해당된다.

이에 대해 B의 소유권이전에 협력한다는 것은 B의 사무가 아니라 甲의 사무이므로 배임죄가 성립하지 않는다는 견해가 있다.

(2) 乙에 대한 배임죄

위에서 본 것과 같이 甲이 乙에게 계약금만 받은 단계에서는 배임죄가 성립하지 않는다.

(3) A에 대한 횡령죄

위에서 본 것과 같이 A에 대한 횡령죄가 성립하더라도 이는 불가벌적 사후행위이다.

4. 죄수 및 정리

甲은 A에 대한 횡령죄 및 B에 대한 배임죄의 죄책을 진다. 양죄는 별개의 행위에 의해 이루어졌으므로 실체적 경합관계에 있다.

Ⅲ. 乙의 죄책

甲이 A로부터 명의신탁된 부동산을 B에게 양도하고 중도금을 받았다는 사실을 乙이 알고 甲으로부터 부동산을 이중양도받았으므로 A에 대한 횡령죄 및 B에 대한 배임죄의 공동정범 또는 방조범이 성립하는지 문제된다.

1. 횡령죄의 공동정범 또는 장물취득죄

甲이 B에게 부동산을 임의처분하고 중도금을 받았다는 사실을 알고 乙이 부동산을 이중양도받은 경우 乙이 단순히 소극적으로만 부동산을 취득한 것이 아니라 적극적으로 甲을 교사하여 취득하였으므로 횡령죄의 공동정범이 성립할 수 있다.

그러나 甲이 B로부터 중도금을 받았을 때 이미 부동산을 영득하여 횡령죄는 기수에 이르렀다고 할 수 있고 횡령죄는 상태범이므로 기수 이후에는 공동정범이 성립할 수 없다. 그러나 부동산은 횡령죄로 영득한 재물이므로 장물이 되는데,

乙이 장물인 사실을 알고 양도받았으므로 장물취득죄가 성립할 수 있다. 다만, 장물의 소유권을 완전히 취득하지는 못하였으므로 장물취득죄의 미수에 그치므로 처벌되지 않는다.

2. 배임죄의 공동정범

판례는 "업무상배임죄로 이익을 얻는 수익자 또는 그와 밀접한 관련이 있는 제3자를 배임의 실행행위자와 공동정범으로 인정하기 위해서는 실행행위자의 행위가 피해자 본인에 대한 배임행위에 해당한다는 것을 알면서도 소극적으로 배임행위에 편승하여 이익을 취득한 것만으로는 부족하고, 실행행위자의 배임행위를 교사하거나 또는 배임행위의 전 과정에 관여하는 등으로 배임행위에 적극 가담할 것이 필요하다"(대판 2011. 2. 24. 2010도13801).

사례에서 乙이 甲의 배임행위를 교사하거나 배임행위의 전 과정에 관여하였다고 할 수 있으므로 乙은 배임죄의 공동정범의 죄책을 진다.

3. 정 리

乙은 횡령죄의 공동정범이나 장물취득죄의 죄책은 지지 않고 배임죄의 공동정범의 죄책을 진다.

Ⅳ. 丙의 죄책

丙이 甲과 B 사이의 양도계약의 내용을 알고 甲으로부터 이중양도받은 행위는 배임죄의 공동정범에 해당될 수 있다. 이 경우 앞의 판례에서 본 것과 같이 丙이 甲의 배임행위를 적극적으로 교사하거나 배임행위의 전 과정에 관여하였다고 할 수 있으므로 丙은 배임죄의 공동정범의 죄책을 진다.

| 제 2 문의 2 |

:: 다음 사례를 읽고 물음에 답하시오.

乙은 상해죄로 기소된 A를 모해할 목적으로 증인 甲에게 "A가 피해자를 상해하는 장면을 보았다고 위증해주면 3백만 원을 주겠다"라고 제안하였다. 甲은 A가 아니라 B가 피해자를 상해한 것으로 기억하고 있었다. 하지만 甲은 다른 증인들도 있었기 때문에 자신의 위증이 A에게 불이익이 되리라고 전혀 생각하지 않았고, 마침 돈도 궁하였기 때문에 乙의 제안을 받아들였다. 공판기일에 재판정에 출석한 甲은 증인선서를 한 후 "피해자를 상해한 사람은 분명히 A이다"라고 진술하였다.

1. 피해자를 상해한 사람이 A로 밝혀진 경우, 甲의 죄책을 논하시오. (10점)
2. 피해자를 상해한 사람이 B로 밝혀진 경우, 乙의 죄책을 논하시오. (10점)

Ⅰ. 논점의 제시

1번에서 피해자를 상해한 사람이 A로 밝혀진 경우 甲은 자신의 기억에 반한다는 고의로 증언을 하였는데, 이것이 객관적 진실에 반하지 않았다. 이 경우 甲이 위증죄의 죄책을 지는지 문제된다. 이는 위증죄에서 허위의 개념을 어떻게 파악하느냐에 따라 달라진다.

2번에서 피해자를 상해한 사람이 B로 밝혀진 경우 甲은 자신의 기억에 반한다는 고의로 객관적 진실에 반하는 증언을 하였다. 이 경우 어떤 견해에 의하든 甲은 위증죄의 죄책을 진다. 그런데 甲에게는 A를 모해한다는 목적이 없었고 乙에게는 A를 모해한다는 목적이 있었다. 이와 같이 모해목적있는 乙이 모해목적이 없는 甲을 교사하여 위증죄를 범하게 한 경우 교사자인 乙이 어떤 죄책을 지는지 문제된다.

Ⅱ. 甲의 죄책

1. 객관설에 따른 죄책

객관설은 위증죄에서 허위란 객관적 진실에 반하는 것이고, 위증죄가 성립하기 위해서는 객관적 진실에 반한다는 고의로 객관적 진실에 반하는 증언을 해야 한다. 이 견해는 ① 위증죄는 증인의 진실의무위반을 벌하는 데에 목적이 있는 것이 아니라 국가의 사법기능을 보호하는 데에 있는데, 객관적 진실에 부합하는 진술은 국가의 사법기능을 해할 위험성이 없고, ② 객관적 진실에 부합하는 진술은 일반적으로 기억에 반하지 않는 반면, 객관적 진실에 반하는 진술은 일반적으로 기억에 반한다고 할 수 있고, ③ 객관적 진실에 반하는 진술을 진실이라고 착오하고 증언을 한 경우에는 본죄의 고의를 인정할 수 없기 때문에 처벌범위가 확대되지 않는다는 것 등을 근거로 제시한다.

이 견해에 의하면 사례에서 甲은 객관적 진술에 반한다는 고의로 객관적 진실인 증언을 하였다. 이 경우 실행의 수단 또는 대상의 착오로 인해 결과발생이 불가능한 경우에 해당되어 위증죄의 불능미수가 성립할 가능성이 있다. 그러나 위증죄의 미수범을 처벌하는 규정이 없기 때문에 甲은 무죄이다.

2. 주관설에 따른 견해

주관설은 위증죄에서 허위란 기억에 반하는 것을 말하고, 위증죄가 성립하기 위해서는 증인이 자신의 기억에 반하는 증언을 하면 족하다. 이 견해는 ① 증인에게 기억하는 것 이상을 기대할 수 없고, ② 증인의 기억에 반하는 진술도 국가의 사법기능을 해할 위험성이 있고, ③ 과실위증죄를 벌하는 독일형법에서 과실위증이란 허위의 증언을 할 고의없이 과실로 객관적 사실에 반하는 진술을 하는 것이라고 해석할 수 있지만 우리 형법은 과실위증죄를 벌하지 않고, ④ 선서없는 증인의 위증도 벌하는 독일형법에서는 선서의무위반이 중요하지 않지만, 우리나라에서는 선서없는 증인의 위증을 벌하지 않으므로 증인의 선서의무위반이 중요하다는 것 등을 근거로 든다. 판례는 주관설을 따르고 있다(대판 1989. 1. 17. 88도580. 위증은 법률에 의하여 적법히 선서한 증인이 자기 기억에 반하는 사실을 진술함으로써 성립하는 것이므로 자기의 기억에 반하는 사실을 진술하였다면 설사 그 증언이 사실에 부합된다고 할지라도 위증죄가 성립된다).

이 견해에 의하면 사례에서 甲은 자신의 기억에 반하는 진술을 하였으므로 그것이 객관적 진실인지의 여부에 상관없이 위증죄의 죄책을 진다.

3. 정 리

객관설과 주관설 중에서는 주관설이 타당하다. 왜냐하면 증인에게 자신이 기억하는 사실을 증언하도록 요구하는 것이 객관적 진실에 부합하는 증언을 하도록 요구하는 것보다 좀더 현실적이라고 할 수 있기 때문이다.

따라서 甲은 위증죄(제152조 제 1 항)의 죄책을 진다.

Ⅲ. 乙의 죄책

1. 판례의 입장

판례는 모해목적은 신분이라고 하고, 모해목적있는 乙이 모해목적없는 甲을 교사하여 단순위증죄를 범하게 한 경우 제33조 단서가 적용되어 제31조 제 1 항에 우선적용되어 甲은 모해위증교사의 죄책을 진다고 한다(대판 1994. 12. 23. 93도1002).

2. 통설의 입장

통설은 모해목적은 초과주관적 구성요건요소로서 신분이라고 할 수 없다고 한다. 따라서 모해목적있는 자가 모해목적없는 자를 교사하여 위증죄를 범하게 한 경우 공범종속성의 원칙상 단순위증죄의 교사범의 죄책을 진다고 한다.

3. 결 어

통설의 입장이 타당하고, 판례에는 다음과 같은 문제점이 있다.

첫째, 목적을 신분이라고 하는 것은 신분이라는 개념에 맞지 않는다. 초과주관적 구성요건요소인 목적을 신분이라고 한다면 주관적 구성요건요소인 고의나 과실도 목적이라고 해야 한다.

둘째, 설사 목적을 신분이라고 하더라도 제33조는 비신분자가 신분범에 가공한 경우를 규정한 것이다. 그런데 사례는 신분자가 비신분자의 범행에 가공한 경우이므로, 제33조가 적용될 수 없다.

셋째, 제33조 단서가 적용된다고 하더라도 제33조 단서는 '중한 형으로 벌하지 아니한다'고 규정하고 있기 때문에 모해위증교사죄로 처벌하는 것은 이 문언의 의미에 맞지 않는다.

따라서 甲은 단순위증교사범의 죄책을 진다고 해야 할 것이다.

제49회 사법시험 (2007)

| 제 1 문 |

조직폭력배 甲은 마약사범 A가 새로운 방법으로 메스암페타민(속칭 '히로뽕')을 제조했다는 정보를 입수하고 A의 히로뽕을 가로채기로 마음먹었다. 甲은 A에게 전화를 걸어 히로뽕을 팔아 주겠다고 제안하였다. 甲을 신뢰하지 못한 A는 평소 친분이 있던 乙에게 "甲이 믿을 만한 사람인지 알아봐 달라"고 부탁하였다. 甲을 각별한 선배로 여기고 있던 乙은 이 사실을 甲에게 알렸다. 甲은 乙에게 "이 기회에 A의 히로뽕을 가로채서 팔아 돈을 절반씩 나눠 갖자. A가 나를 신뢰하고 히로뽕을 맡길 수 있게끔 만들어라"라고 제안했다. 乙은 甲의 제안을 받아들인 다음, A에게 전화를 걸어 "꼼꼼하게 알아보니 甲이 신용할 만한 사람이다. 히로뽕을 맡겨도 괜찮을 것 같다"고 말해 주었다. 이에 A는 甲에게 히로뽕 1킬로그램을 건네주면서 빠른 시일 안에 매각하도록 의뢰하였다. 甲은 그 히로뽕을 마약상 B에게 1억 원을 받고 매각하였다.

그로부터 1주일이 지나도록 甲에게서 아무런 연락을 받지 못한 A는 甲에게 전화를 걸어 "당장 히로뽕을 돌려주지 않으면 가만두지 않겠다"며 협박하였다. 甲이 乙에게 "A를 살려 두면 골치 아플 것 같으니 네가 처치해라"라고 지시하였다. 乙이 그렇게 하겠다고 하자 甲은 히로뽕 매각 대금 중 5천만 원을 乙에게 주었다. 그날 밤 乙이 A를 살해할 범행 장소를 사전 답사할 생각으로 A의 집 근처를 살펴보고 있는데, A가 갑자기 어둠 속에서 야구방망이를 들고 乙쪽으로 달려왔다. 자기를 해치려는 것으로 착각한 乙은 방어 의사로 A를 공격하여 상해를 입혔다(그런데 사실은 A는 공원에서 야구방망이로 스윙 연습을 마친 후 집까지 뛰어서 돌아오는 중이었다). 한편 우연히 현장을 지나던 丙이 지난날 마약 거래와 관련하여 원한 관계에 있는 A가 공격당하는 것을 목격하게 되자, A를 구조하려는 행인을 제지하는 방법으로 乙의 범행을 도와주었다. 乙은 丙의 존재를 알지 못했다.

1. 甲의 죄책을 논하시오(특별법 위반의 점은 논외로 함). (20점)
2. A의 메스암페타민을 가로챈 甲의 범행에 관여한 부분에 대하여 乙에게 공동정범의 죄책을 묻는다면 그 근거를 제시하시오. (10점)
3. 만약 丙이 A가 실제로 乙을 공격하는 것이 아님을 알면서도 위와 같이 乙의 행위를 도와주었다고 가정할 경우, 丙에게 상해죄의 간접정범 및 방조범의 성립 가능성을 각각 검토한 후 丙의 죄책에 대한 자신의 견해를 제시하시오. (20점)

질문 1

Ⅰ. 논점의 제시

사례에서 甲의 죄책으로 문제되는 것은 다음과 같다.

1. 甲이 乙과 함께 A로부터 히로뽕을 가로챈 행위가 사기죄의 공동정범(제347조, 제30조)에 해당되는지 문제된다. 여기에서는 특히 금제품인 히로뽕의 재물성, 불법원인급여와 사기죄의 성립 여부가 문제된다.

2. 甲이 히로뽕 판매대금을 A에게 돌려주지 않은 행위가 횡령죄(제355조 제1항)에 해당되는지 문제된다.

3. 甲이 乙에게 A를 죽이라고 교사하였는데 이로 인해 살인예비·음모죄(제255조, 제31조 제2항)에 준하여 처벌되는지 문제된다.

4. 乙이 A를 상해하여 고의상해죄의 죄책을 지거나 과실치상죄의 죄책을 질 경우 甲이 어떤 죄책을 지는지 문제된다.

5. 위의 범죄들이 성립할 경우 그 죄수관계가 문제된다.

Ⅱ. 사기죄(제347조, 제30조)의 성립 여부

사기죄는 사람을 기망하여 상대방을 착오에 빠뜨리고 피기망자의 처분행위에 기하여 재물 또는 재산상 이익을 취득하는 죄이다. 사례에서 甲이 A를 기망하여 히로뽕을 교부받았다는 요건은 충족된다.

문제되는 것은 히로뽕과 같은 금제품도 재산범죄의 객체가 될 수 있는가이다. 이에 대해서는 긍정설, 부정설, 절충설 등이 대립되고 있지만, 법률적 '재산'개념이 아니라 경제적 '재산'개념에 따르게 될 경우에는 법률적 '재물'개념이 아니라 경제적 '재물'개념을 따라야 할 것이다. 따라서 민법상 히로뽕에 대한 소유권 인정 여부에 관계없이 히로뽕은 재물이라고 해야 할 것이다.

따라서 甲은 사기죄의 공동정범의 죄책을 진다.

Ⅲ. 횡령죄(제355조 제1항)의 성립 여부

횡령죄는 위탁관계에 의해 타인의 재물을 보관하는 자가 그 재물을 횡령하거나 반환을 거부하는 죄이다. 甲이 히로뽕을 매각하고 받은 돈 1억원은 그 소유권이 A에게 속한다고 할 수 없고, 甲이 A의 위탁을 받아 그 돈을 보관한다고 볼 수도 없다.

따라서 甲이 1억원을 A에게 주지 않은 행위는 횡령죄에 해당되지 않는다.

Ⅳ. 살인예비·음모죄

甲이 乙에게 A를 죽이라고 교사하였는데 乙이 A에 대한 살인죄의 실행의 착수에도 이르지 않았다. 따라서 甲은 살인예비·음모죄(제255조, 제31조 제2항)에 준하여 처벌된다.

Ⅴ. 상해죄의 교사범 또는 간접정범

甲이 乙에게 A를 살해할 것을 교사하였으나 乙이 살인죄의 실행의 착수 이전에 A에게 상해를 입혔다. 그런데 乙이 A를 상해한 것은 A가 자신을 공격하는 것으로 오인하고 방위의사로 한 것이다. 이는 오상방위로서 정당방위의 요건사실의 착오라고 할 수 있다.

乙에게 과실이 있다고 할 수 있으므로 乙은 제한고의설, 엄격책임설 등에 의하면 고의상해죄의 죄책을 지고, 소극적 구성요건요소이론, 엄격고의설, 사실의 착오 유추적용 제한책임설, 법효과제한책임설 등에 의하면 과실치상의 죄책을 진다.

乙이 고의상해죄의 죄책을 질 경우 甲은 상해교사죄의 죄책을 진다. 왜냐하면 乙이 A를 살해하려고 사전답사를 하다가 A에게 상해를 입혔기 때문에 甲의 교사행위와 乙의 행위 사이에 인과관계가 인정되기 때문이다.

乙이 과실치상죄의 죄책을 질 경우 甲은 교사범의 죄책을 지지 않고 간접정범의 죄책을 진다. 甲은 과실범으로 처벌되는 자를 교사하여 범죄의 결과를 발생시킨 자이기 때문이다. 다만, 법효과제한책임설에 의하면 상해교사죄의 죄책을 진다. 왜냐하면 乙의 행위는 상해죄의 구성요건해당성과 위법성이 있고, 제한적 종속형식에 의하면 이 경우 교사범이 성립할 수 있기 때문이다.

Ⅵ. 죄수 및 정리

상해죄의 교사범 또는 간접정범은 살인예비·음모죄에 흡수된다고 해야 할 것이다. 따라서 甲은 사기죄, 살인예비·음모죄의 실체적 경합범의 죄책을 진다.

질문 2

Ⅰ. 논점의 제시

乙은 히로뽕의 대금을 절반씩 나눠 갖기로 하고 A가 甲에게 히로뽕을 보내도록 하였다. 따라서 乙을 甲의 범행의 공동정범이라고 할 수도 있고, 방조범이라고 할 수도 있다. 정범과 공범의 구별에 관해서는 객관설, 주관설, 절충설 등이 있는데, 이들 학설에 따를 경우 乙이 공동정범이 되기 위해서는 다음과 같은 요건이 필요하다.

Ⅱ. 정범과 공범의 구별기준에 관한 학설

1. 객관설

(1) 형식적 객관설

이 견해에 의하면 스스로 실행행위의 전부 또는 일부를 수행하여야 정범이 될 수 있다. 이 견해에 따라 乙을 공동정범이라고 하려면 乙이 사기죄의 실행행위의 전부 또는 일부를 수행했다고 해야 한다. 사례에서 乙이 A를 기망하였는데, 이는 사기죄의 실행행위의 일부를 수행한 것이라고 할 수 있다.

(2) 실질적 객관설

이 견해는 사기죄의 원인을 부여한 사람은 정범, 조건을 부여한 사람은 공범이라고 한다. 사례에서 乙이 A를 기망한 행위는 甲이 A의 히로뽕을 가로채는 데에 단순히 하나의 조건에 불과하다고 할 수 없고, 원인이라고 할 수 있다.

2. 주 관 설

(1) 의 사 설

이 견해는 정범의 의사를 가진 사람은 정범, 공범의 의사를 가진 사람은 공범이라고 한다. 사례에서 乙은 히로뽕 대금의 절반을 나눠 갖기로 하였는데, 이는 정범의 의사라고 할 수 있다.

(2) 목적설 또는 이익설

이 견해는 자신의 이익을 위해 범행을 한 사람은 정범이고, 타인의 이익을 위해 범행을 한 사람은 공범이라고 한다. 사례에서 乙이 히로뽕 매각대금의 절반을 나눠 갖기로 하였으므로 乙은 단순히 甲의 이익을 위해서 범행한 것이 아니라 자신의 이익을 위해서 범행한 것이라고 할 수 있다.

3. 범행(행위)지배설

이 견해는 객관적 요소와 주관적 요소를 모두 고려하여 범행을 지배하였다고 평가되는 사람은 정범, 범행을 지배하지 못하고 단순히 관여하였을 뿐이라고 평가되는 사람은 공범이라고 한다. 이 견해에 의하면 공동정범에서는 분업적·기능적 범행지배가 존재해야 한다. 사례에서 乙이 A를 기망한 행위를 분담한 것은 사기범행을 기능적으로 지배한 것이라고 할 수 있다.

Ⅲ. 정　리

정범과 공범의 구별도 행위자의 주관적 의사와 객관적 행위 및 결과를 모두 고려하여 판단해야 한다. 이러한 의미에서 객관설과 주관설보다는 범행지배설이 타당하다.

범행지배설에 의할 경우 乙은 히로뽕 매각대금의 절반을 차지하기 위한 의사로 A를 기망하였는데, 이는 사기범행을 기능적으로 지배한 것이라고 할 수 있다.

질문 3

Ⅰ. 논점의 제시

丙이 乙의 행위가 정당방위의 요건(전제)사실의 착오에 해당되는 행위인 줄을 알면서도 乙을 도와준 경우 乙이 어떠한 죄책을 지느냐에 따라 丙의 죄책이 달라질 수 있다. 즉, 乙이 상해죄의 죄책을 질 경우 丙은 상해방조의 죄책을 질 수 있지만, 乙이 과실치상죄의 죄책을 질 경우에는 방조형태의 간접정범의 죄책을 질 수 있다.

Ⅱ. 乙의 죄책

1. 상해죄를 인정하는 견해

제한고의설, 엄격책임설에 의하면 乙의 착오에 과실이 인정되는 경우 乙은 상해죄의 죄책을 진다.

2. 과실치상죄를 인정하는 견해

엄격고의설, 사실의 착오 유추적용 제한책임설, 법효과제한책임설, 소극적 구성요건요소이론 등에 의하면 乙은 과실치상죄의 죄책을 진다. 다만, 법효과제한책임설에 의하면 乙의 행위는 상해죄의 구성요건해당성 · 위법성이 인정되지만, 책임만은 과실치상죄의 책임을 진다.

Ⅲ. 丙의 죄책

1. 乙이 상해죄의 죄책을 지는 경우

乙이 상해죄의 죄책을 지는 경우 丙은 상해방조의 죄책을 진다.

2. 乙이 과실치상죄의 죄책을 지는 경우

과실범에 대한 교사, 방조범은 인정되지 않으므로 乙이 과실치상죄의 죄책을 지는 경우 丙은 '과실범으로 처벌되는 자'를 방조한 자에 해당되므로, 상해죄의 방조형태의 간접정범(제34조 제1항)의 죄책을 진다.

다만, 법효과제한책임설을 따를 경우에는 乙의 행위가 상해죄의 구성요건해당성과 위법성이 있으므로 방조범이 성립할 여지가 있다. 이 경우 제한적 종속형식을 따를 경우에는 丙이 상해죄의 방조범의 죄책을 지지만, 극단적 종속형식을 따를 경우에는 역시 상해죄의 방조형태의 간접정범의 죄책을 진다.

| 제 2 문 |

| 제 2 문의 1 |

甲, 乙, 丙이 용돈을 마련하기 위하여, 乙과 丙은 A의 고급 자전거를 훔쳐 오고 甲은 이를 처분하기로 모의하였다. 이에 따라 乙이 주위에서 망을 보는 동안, 丙이 노상에 세워져 있던 A의 고급 자전거를 몰래 타고 가서 집에서 기다리던 甲에게 전해 주었다. 甲이 자신의 모친인 丁에게 자전거를 훔친 사실을 말하고 위 자전거를 맡겼다. 3일간 보관하던 丁은 아들이 처벌받을 것을 두려워한 나머지, 옆집에 사는 戊에게 사정을 이야기하고 그와 함께 위 자전거를 부숴 뒤뜰에 묻어 버렸다.

1. 甲에게 특수절도의 공동정범이 성립하는지 그 근거와 함께 설명하시오. (15점)
2. 丁과 戊의 죄책을 논하시오. (15점)

질문 1

刑·法·演·習

Ⅰ. 논점의 제시

사례에서 절취행위는 乙, 丙이 하고 甲은 절취물을 처분하기로 모의만 하고 절취행위는 직접 실행하지 않았다. 이 경우 甲에게 특수절도죄의 공동정범이 성립하는지에 대해서는 공동정범의 본질에 대한 학설에 따라 결론을 달리한다.

Ⅱ. 공동정범을 부정하는 입장

1. 행위공동설

행위공동설은 공동정범이 성립하기 위해서는 구성요건적 행위 또는 전(前)구성요건적 행위를 공동으로 해야 한다고 한다. 이 견해에 의하면 甲은 모의만 했을 뿐 절취행위는 공동으로 하지 않았으므로 甲이 특수절도죄의 공동정범이 될 수는 없다.

2. 범죄공동설

범죄공동설은 공동정범이 성립하기 위해서는 특정한 범죄를 공동으로 실행하여야 한다고 한다. 이 견해에 의하면 甲은 모의만 했을 뿐이고 특수절도죄를 공동으로 실행하지 않았기 때문에 특수절도죄의 공동정범이 될 수 없다.

3. 공동행위주체설

공동행위주체설 역시 공동정범이 성립하기 위해서는 일정한 행위를 공동으로 하여야 한다고 한다. 이 견해에 의해도 甲은 특수절도죄의 공동정범이 될 수 없다.

Ⅲ. 공동정범을 긍정하는 입장

1. 공동의사주체설

공동의사주체설에서는 공모를 한 후 다른 공범이 실행행위로 나아갔으면 실행행위에 가담하지 않은 자도 공동정범이 될 수 있다고 한다. 이 견해에 의하면 사례에서 甲이 특수절도를 공모하였고, 乙, 丙이 특수절도죄를 실행하였으므로 甲은 공모공동정범이 될 수 있다.

다만 이 경우에도 합동절도죄의 합동에 대해 현장성설을 따르게 되면 甲은 특수절도죄의 공모공동정범이 되는 것이 아니라 단순절도죄의 공모공동정범이 된다. 따라서 합동범의 합동에 대해 현장성설을 따르지 않으면서 공모공동정범을 인정해야 한다.

2. 범행(행위)지배설

행위지배설에서는 甲이 특수절도범행을 지배하였다고 할 수 있는 경우 공동정범이 될 수 있다. 그런데 행위지배설을 따르면서 현장성설을 따를 경우 甲은 현장에 있지 않았으므로 특수절도범행을 지배하였다고 하더라도 단순절도죄의 공동정범이 된다. 따라서 합동범의 합동에 대해 현장성설을 따르지 않으면서 범행지배설을 따를 경우 甲을 특수절도죄의 공동정범이라고 할 수 있다.

3. 현장적 공동정범설

범행지배설의 입장에 있으면서 범행현장에 있지 않은 사람도 다른 사람의 특수절도범행을 지배하였다고 할 수 있는 경우에는 합동범의 공동정범을 인정하는 입장이다.

이 견해에 의하면 甲은 乙, 丙의 특수절도범행을 지배하였다고 할 수 있으므로 특수절도죄의 공동정범의 죄책을 진다.

질문 2

Ⅰ. 논점의 제시

丁의 죄책으로 문제되는 것은 다음과 같다.

1. 아들인 甲으로부터 장물인 자전거를 맡아 보관한 행위가 장물보관죄에 해당되는가 및 이에 대해 친족간 범행규정(제365조 제 2 항)이 적용되는가이다.

2. 보관하던 자전거를 부숴 땅에 묻은 행위가 손괴죄(제366조) 및 증거인멸죄(제155조 제 1 항)에 해당하는가 및 친족간의 범행으로 책임이 조각되는가(제155조 제 4 항)이다.

3. 위의 범죄의 죄수관계는 어떠한가이다.

戊의 죄책으로 문제되는 것은 丁과 함께 자전거를 부숴 땅에 묻은 행위가 甲과 丁에 대한 범죄의 증거인멸죄의 공동정범에 해당되는가이다.

Ⅱ. 丁, 戊의 죄책

1. 丁의 죄책

(1) 장물보관죄(제362조 제 1 항)의 성립 여부

丁이 아들인 甲으로부터 乙, 丙이 절취해 온 자전거를 맡은 행위는 장물보관죄(제362조)에 해당된다고 할 수 있다. 丁에게 장물영득의 의사는 없었고, 장물보관의 의사만 있었기 때문이다.

甲이 특수절도죄의 공동정범이라고 할 경우에는 甲과 丁이 직계존비속 관계에 있기 때문에 제365조 제 2 항 “전 3조의 죄를 범한 자와 본범간에 제328조 제 1 항의 신분관계가 있는 때에는 그 형을 감경 또는 면제한다”는 규정이 적용되어 형이 감경 또는 면제된다.

그러나 甲이 특수절도죄의 공동정범이 아니라 장물취득죄의 죄책을 진다고 할 경우에는 제365조가 적용되지 않아 장물보관죄의 죄책을 지고 친족간 범행규정은 적용되지 않는다.

(2) 손괴죄(제366조)의 성립 여부

丁이 자전거를 부숴 버린 행위는 타인 소유의 자전거를 손괴하는 행위에 해당된다. 따라서 丁은 손괴죄의 죄책을 진다.

(3) 증거인멸죄(제155조 제 1 항)의 성립 여부

丁이 戊와 함께 장물을 땅에 묻은 행위는 甲의 특수절도죄 사건에 대한 증거를 인멸하는 행위라고 할 수 있다. 또한 乙, 丙의 특수절도사건에 대한 증거를 인멸한 행위에도 해당된다. 丁이 甲의 범행을 은닉하기 위해 자전거를 묻은 행위는 증거인멸죄에 해당되지만 친족간 범행규정(제155조 제 4 항)이 적용된다. 제155조 제 4 항의 성격에 대해 인적 처벌조각사유를 규정한 것이라는 견해도 있으나 기대가능성이 없음으로 인한 책임조각을 규정한 것이라고 보아야 한다. 왜냐하면 우리 형법은 처벌조각사유에 대해서는 ‘형을 면제한다’고 규정하고, 범죄성립조건을 충족하지 못한 경우에는 ‘벌하지 않는다’라고 규정하고 있기 때문이다.

그러나 丁이 乙, 丙의 특수절도사건에 대한 증거를 인멸하기도 하였으므로 이 경우에는 증거인멸죄가 성립하는지 문제된다. 판례는 자기의 형사사건에 대한 증거를 인멸한 행위가 동시에 공범의 증거를 인멸한 결과를 초래한 경우에도 처벌하지 않는다고 한다(대판 1976. 6. 22. 75도1446). 丁의 증거인멸행위는 乙, 丙의 범행뿐만 아니라 자신의 장물보관사건에 대한 증거인멸행위도 된다고 할 수 있으므로 결국 증거인멸죄는 성립하지 않는다고 해야 할 것이다.

(4) 죄수관계

丁은 장물보관죄와 재물손괴죄의 실체적 경합범의 죄책을 진다. 장물보관죄에 대해서는 형을 감경 또는 면제한다.

2. 戊의 죄책

戊가 丁과 함께 자전거를 파묻은 행위는 재물손괴죄 및 증거인멸죄의 공동정범에 해당된다. 戊에게는 친족간의 범행규정이 적용되지 않는다. 따라서 戊는 재물손괴죄와 증거인멸죄의 상상적 경합범의 죄책을 진다.

Ⅲ. 정 리

乙은 장물보관죄와 재물손괴죄의 실체적 경합범의 죄책을 진다. 장물보관죄에 대해서는 형을 감경 또는 면제한다.

戊는 재물손괴죄와 증거인멸죄의 상상적 경합범의 죄책을 진다.

| 제 2 문의 2 |

정리 해고된 甲이 자신을 해고 대상으로 분류한 직장 상사 A를 살해하려고 한밤중에 A가 혼자 사는 아파트에 몰래 들어갔다. A의 안방에서 인기척이 들리자 거실에 휘발유를 뿌리고 불을 붙인 후 그곳을 빠져나왔다. 당시 A는 외출하고 없었으나, A의 아파트가 전소되면서 마침 그날 방문하여 안방에서 자고 있던 A의 아들 B가 이 화재로 사망하였다.

甲의 죄책을 논하시오. (20점)

Ⅰ. 논점의 제시

사례에서 甲의 죄책으로 문제되는 것은 다음과 같다.

1. A를 살해하기 위해 A의 집에 들어간 행위가 주거침입죄(제319조 제 1 항)에 해당되는가이다.

2. A를 살해하려다 B를 사망케 한 행위는 구체적 사실의 착오 중 객체의 착오에 해당되는가, 이 경우 甲이 어떤 죄책을 지는가이다.

3. 甲이 A를 살해할 고의로 현주건조물에 방화하여 B를 살해하였는데, 이 경우 현주건조물방화치사죄가 성립하는지이다.

4. 위의 범죄들이 성립하는 경우 그 죄수관계이다.

Ⅱ. 甲의 죄책

1. 주거침입죄(제319조 제 1 항)의 성립 여부

甲이 A를 살해하기 위해 A의 집에 들어간 행위는 A의 의사에 반하여 A의 주거에 침입한 행위라고 할 수 있다. 따라서 甲은 주거침입죄의 죄책을 진다.

2. B의 사망에 대한 죄책

甲이 A를 살해하려다가 B를 살해하였다. 이는 구체적 사실의 착오 중 객체의 착오에 해당된다. 이 경우 통설·판례 모두 B에 대한 살인죄를 인정한다. 따라서 甲은 B에 대한 살인죄의 죄책을 진다.

3. 현주건조물방화치사죄(제164조 제2항)의 성립 여부

甲이 A의 집에 방화하여 과실로 A 또는 B를 사망케 하였다면 甲은 현주건조물방화치사죄의 죄책을 진다. 甲이 고의로 A 또는 B를 살해하였어도 甲은 현주건조물방화치사죄의 죄책을 진다. 왜냐하면 현주건조물방화치사죄는 부진정결과적 가중범이라고 해야 하기 때문이다. 만약 현주건조물방화치사죄를 진정결과적 가중범으로 해석할 경우에는 현주건조물에 방화하여 과실로 사람을 사망케 한 사람은 사형, 무기 또는 7년 이상의 징역에 처해진다. 이에 비해 사람을 살해할 고의로 현주건조물에 방화한 사람의 경우에는 살인죄와 현주건조물방화죄의 상상적 경합범의 죄책을 지어 중한 죄인 살인죄의 사형, 무기 또는 5년 이상의 징역에 처해진다. 그런데 살인에 대해 고의가 있는 경우가 살인에 대해 과실이 있는 경우보다 가볍게 처벌되는 것은 균형에 맞지 않는다. 따라서 현주건조물방화치사죄를 부진정결과적 가중범으로 해석하여 사망에 대해 과실이 있을 때뿐만 아니라 고의가 있을 때에도 현주건조물방화치사죄가 성립한다고 해야 한다.

4. 죄수관계

주거침입죄와 현주건조물방화치사죄는 실체적 경합관계에 있다.

현주건조물방화치사죄와 살인죄의 죄수에 대해 상상적 경합이라고 하는 견해가 있으나, 판례는 중한 결과에 대한 고의범, 즉 살인죄의 형벌이 현주건조물방화치사죄의 형벌보다 낮은 경우에는 현주건조물방화치사죄만이 성립하고 살인죄의 형벌이 현주건조물방화치사죄의 형벌보다 높은 경우에는 현주건조물방화치사죄와 살인죄의 상상적 경합범이 성립한다고 한다(대판 2008. 11. 27. 2008도7311).

사례에서 중한 결과에 대한 고의범인 살인죄의 형벌은 사형, 무기 또는 5년 이상의 징역이고, 현주건조물방화치사죄의 형벌은 사형, 무기 또는 7년 이상의 징역으로서 현주건조물방화치사죄의 형벌이 더 높다. 따라서 판례에 의하면 甲은 현주건조물방화치사죄의 죄책만을 진다.

Ⅲ. 정 리

甲은 주거침입죄와 현주건조물방화치사죄의 실체적 경합범의 죄책을 진다.

제48회 사법시험 (2006)

| 제 1 문 |

甲은 전에 다니던 공장 사무실의 금고에서 돈을 훔칠 생각으로 열쇠공인 乙에게 함께 범행을 하자고 제의하였고, 乙은 이를 승낙하였다. 범행 당일 밤 甲과 乙은 계획대로 공장의 담을 넘어 사무실로 들어갔다. 공장 안에 인기척이 있는 것을 수상히 여긴 경비원 丙은 공장 안을 돌아보다가, 사무실 창문 너머로 같은 동네에 살고 있는 乙이 甲과 함께 금고를 열고 있는 것을 보았다. 丙은 나중에 乙로부터 돈을 갈취할 생각으로 이를 못 본 척하고 경비실로 돌아왔다. 甲과 乙은 금고에서 현금 5,000만 원을 가지고 나오던 중 마침 순찰을 돌던 경찰관 A와 공장 앞에서 마주치게 되었다. 甲과 乙은 경찰관 A를 보자 서로 다른 방향으로 도주하였고, 이들을 절도범으로 판단한 A는 乙은 포기한 채 甲을 추격하였다. 甲은 막다른 골목에 이르자 붙잡히지 않기 위해 폭행의 의사를 가지고 항거가 불가능할 정도로 A를 강하게 밀치고 도주하였다. A는 甲의 폭행으로 넘어지면서 전치 4주의 상해를 입었지만, 사건의 경위를 알아보기 위해 공장으로 돌아왔다. 그런데 丙은 A를 또 다른 침입자로 오인하여 가스총을 쏘아 실신시켰다.

1. 甲의 죄책을 논하시오. (10점)
2. 乙의 변호인은 乙의 죄책을 가능한 한 가볍게 하려고 한다. 이를 위해서 주장할 수 있는 논거를 제시하시오. (15점)
3. 丙이 甲 · 乙의 범행을 묵인한 행위에 대한 죄책을 논하시오. (10점)
4. 丙이 A를 실신시킨 행위에 대해 과실범의 죄책을 묻는다면, 그 근거는 무엇인지 논하시오. (15점)

Ⅰ. 논점의 제시

甲의 죄책으로 문제되는 것은 다음과 같다.

1. 甲이 주거침입죄(제319조 제1항) 및 특수절도죄의 기수에 이른 이후 체포를 면탈하기 위해 경찰관 A에게 폭행을 가하여 전치 4주의 부상을 입힌 행위가 준

강도상해 내지 치상죄에 해당되는지 문제된다(제335조, 제337조).

2. 공무를 집행하는 A를 폭행한 행위가 공무집행방해죄(제136조)에 해당되는지 문제된다.

3. 위의 범죄의 죄수관계가 문제된다.

乙의 경우 야간주거침입절도죄의 기수범의 죄책까지 지는 것은 별 문제가 없다. 그런데 공범인 甲이 준강도상해 내지 치상죄의 죄책을 지는 경우 乙도 준강도상해 내지 치상죄의 죄책을 지는지 문제된다. 乙의 죄책을 가볍게 하기 위해서는 乙이 준강도상해 내지 치상죄의 죄책까지 지지 않는다는 논거를 제시해야 한다.

丙의 죄책으로 문제되는 것은 다음과 같다.

1. 丙은 甲, 乙의 범행을 방지해야 할 작위의무있는 자임에도 불구하고 甲, 乙의 범행을 묵인하여 특수절도죄의 결과를 발생케 하였다. 이 경우 丙이 부작위에 의한 특수절도죄의 죄책을 지는지 문제된다. 이 경우 특히 부작위범의 동가치성이 문제된다.

2. 丙이 A를 침입자로 오인하고 가스총을 쏘아 실신시켰는데, 이는 상해죄의 구성요건에 해당하고 위법한 행위이다. 그러나 丙은 정당방위의 의사로 이러한 행위를 하였으므로 정당방위의 요건사실의 착오의 문제가 발생한다. 이 경우 고의책임을 인정하는 견해와 과실책임을 인정하는 견해가 있는데, 후자의 견해들의 논거가 문제된다.

Ⅱ. 甲의 죄책(질문 1)

1. 주거침입죄(제319조)의 성립 여부

甲, 乙이 공장에 침입한 행위는 관리하는 건조물에 침입한 행위로서 주거침입죄에 해당된다.

2. 강도상해죄(제337조)의 성립 여부

甲이 특수절도죄의 기수에 이른 이후 체포를 면탈하기 위해 A를 폭행한 행위는 준강도죄에 해당된다. 그런데 A가 전치 4주의 부상을 입었으므로 강도상해죄 내지 강도치상죄가 문제된다. 甲이 항거불가능할 정도의 폭행을 하였고, A가 전치 4주의 심한 부상을 입은 것으로 보아 甲이 A를 밀칠 때에 단순히 폭행의 고의뿐만 아니라 상해의 고의까지 있었다고 할 수 있다. 甲의 폭행행위와 A의 상해 사이에 인과관계 내지 객관적 귀속이 인정된다. 따라서 甲은 강도상해죄의 죄책을 진다.

3. 공무집행방해죄(제136조)의 성립 여부

A는 직무를 집행하는 공무원이고 甲이 A에 대해 폭행을 행사한 것은 공무집행방해죄에 해당된다.

4. 죄수 및 정리

甲의 행위에 별다른 위법성조각사유나 책임조각사유가 존재하지 않는다. 따라서 甲은 주거침입죄, 강도상해죄, 공무집행방해죄의 죄책을 진다. 판례에 의하면 강도상해죄와 공무집행방해죄는 상상적 경합범의 관계에 있다(대판 1992. 7. 28. 92도917). 이들 범죄와 주거침입죄는 실체적 경합관계에 있다.

Ⅲ. 乙에게 가벼운 죄책을 인정할 수 있는 논거(질문 2)

1. 문제점

乙의 경우 주거침입죄와 특수절도죄의 기수범의 죄책까지 지는 것은 별 문제가 없다. 그런데 판례는 "2인 이상이 합동하여 절도를 한 경우 범인 중의 1인이 체포를 면탈할 목적으로 폭행을 하여 상해를 가한 때에는 나머지 범인도 이를 예기하지 못한 것으로 볼 수 없으면 강도상해죄의 죄책을 면할 수 없다"고 한다(대판 1988. 2. 9. 87도2460). 따라서 乙에게 강도상해죄의 죄책을 인정하지 않기 위해서는 다음과 같은 근거들을 제시해야 할 것이다.

2. 乙이 甲의 폭행을 예견하지 못하였다는 근거

甲과 乙은 공장에 침입하여 돈을 절취할 것만을 모의하였기 때문에 甲이 경찰관을 폭행할 것에 대한 예견가능성은 있다 하더라도 乙이 이를 예견하였다고까지 하기 어렵다. 예견가능성만이 있는 경우에는 과실준강도상해로 과실치상죄만을 인정해야 한다.

3. 乙이 준강도죄의 공동정범이라고 할 수 없다는 근거

乙에게 준강도상해죄를 인정하기 위해서는 乙이 준강도죄의 공동정범이라고 해야 하는데 공동정범의 본질에 관한 어떤 학설에 의해서도 공동정범을 인정하기 어렵다.

첫째, 공동의사주체설에 의할 경우 준강도를 공모한 바 없으므로 준강도상해죄의 공동정범이 될 수 없다.

둘째, 행위공동설이나 범죄공동설에 의해도 乙이 甲과 준강도행위나 준강도죄를 공동으로 하였다고 할 수 없다.

셋째, 범행지배설에 의할 경우에도 乙은 다른 방향으로 도주하였으므로 甲이 A를 폭행하여 상해를 입히는 범행에 대한 기능적 지배를 인정하기 어렵다.

4. 결 어

판례처럼 단순히 절도범행을 공동으로 하였다는 이유로 공범 중 1인이 행한 준강도죄에 대해 다른 공범에게 책임을 묻는 것은 타당하지 않다. 예를 들어 甲, 乙이 같이 도주하다 甲이 폭행을 한 경우에는 乙도 준강도범행을 공동으로 하였다고 할 수 있다. 그러나 사례처럼 각자 다른 방향으로 도주한 경우에도 乙이 준강도범행을 공동으로 하였다고 하는 것은 부당하다. 따라서 乙은 주거침입죄와 특수절도죄의 경합범만을 인정해야 한다. 또한 甲의 준강도범행에 대한 예견가능성이 있는 경우에는 과실치상죄만을 인정해야 한다.

Ⅳ. 甲, 乙의 범행을 묵인한 丙의 죄책(질문 3)

1. 부진정부작위범의 성립 여부

丙은 경비원이므로 甲, 乙의 범행을 방지하여야 할 계약상의 작위의무가 있고, 작위가능성이 있었고, 丙에 의해서만 甲, 乙의 범행이 방지될 수 있는 상황에서 부작위를 하였다. 또한 丙에게 부진정부작위범의 객관적 요건에 대한 인식도 있었다. 따라서 丙은 부진정부작위범의 죄책을 진다.

2. 부작위범의 동가치성

丙이 부진정부작위범의 죄책을 진다고 하더라도 주거침입죄의 정범 또는 방조범 중 어느 죄책을 지는지 문제된다. 또한 특수절도죄의 정범, 특수절도죄의 방조범, 단순절도죄의 정범, 단순절도죄의 방조범 중 어느 죄책을 지는지 문제된다. 이는 부작위범의 동가치성의 문제이다.

이에 대해 丙이 모두 정범의 죄책을 진다는 견해가 있지만, 丙의 행위는 정범의 행위와 동가치성이 있다기보다는 방조범의 행위와 동가치성이 있다고 할 수 있다. 또한 작위범에서는 2명이 합동으로 하였느냐 단독으로 하였느냐가 중요하지만, 부작위범에서는 그것이 별로 중요하지 않다고 할 수 있다.

3. 정 리

丙은 주거침입죄의 방조범과 단순절도죄의 방조범의 상상적 경합범의 죄책을 진다.

Ⅴ. 丙에게 과실범을 인정하는 논거(질문 4)

1. 정당방위의 요건사실의 착오에 대한 학설

丙이 A를 상해한 행위는 정당방위의 객관적 요건사실에 대한 착오에 해당된다.

이에 대해 제한고의설, 엄격책임설 등에서는 고의책임을 인정한다. 반면 엄격고의설, 제한책임설, 소극적 구성요건요소이론 등에서는 과실책임을 인정한다. 이 중 과실책임을 인정하는 학설들의 논거는 다음과 같다.

2. 엄격고의설

엄격고의설은 고의가 성립하기 위해서는 구성요건사실에 대한 인식과 위법성에 대한 인식이 필요하고, 어느 하나에 대해 과실이 있는 경우에는 과실범이 성립하고, 과실이 없는 경우에는 범죄가 성립하지 않는다고 한다.

이 견해에 의하면 丙에게 상해의 구성요건사실에 대한 인식은 있지만 위법성의 인식은 없지만 丙에게 과실은 인정되므로, 丙은 과실치상죄의 죄책을 진다.

3. 제한책임설

(1) 사실의 착오 유추적용 제한책임설

사실의 착오 유추적용 제한책임설은 정당방위의 요건사실의 착오는 위법성에 관한 착오이지만, 위법성의 요건을 충족하는 사실관계에 대한 착오여서 사실의 착오와 유사한 성격도 있으므로 사실의 착오를 유추적용하자고 한다.

이 견해에 의하면 丙의 행위는 과실치상죄의 구성요건해당성과 위법성만이 있으므로 丙은 과실치상죄의 죄책을 진다.

(2) 법효과제한책임설

이 견해는 丙의 행위가 고의상해죄의 구성요건해당성과 위법성이 있지만 丙에게 과실책임만을 인정하자고 한다. 이 견해는 고의의 이중적 기능을 인정하여 정당방위의 요건사실의 착오의 경우 주관적 구성요건요소로서의 고의는 인정되지만, 책임고의는 인정되지 않는다고 한다. 책임고의란 '법적대적 의사'를 의미하는데, 丙에게 법적대적 의사는 없기 때문에 책임고의가 탈락하고 따라서 과실책임만을 진다고 한다.

4. 소극적 구성요건요소이론

이 견해는 구성요건해당성과 위법성을 결합한 소위 '총체적 구성요건'을 인정하고, 총체적 구성요건해당성이 인정되기 위해서는 통설이 말하는 구성요건해당성과 위법성이 있어야 하고, 이에 대한 고의가 있어야 한다고 한다. 그런데 정당방위의 요건사실의 착오에서는 위법성의 인식이 없기 때문에 불법고의를 인정할 수 없으므로 과실책임만이 인정된다고 한다.

| 제 2 문 |

| 제 2 문의 1 |

乙은 우연히 친구들이 A를 상해하는 현장에 있게 되었으나 범행에는 전혀 가담하지 않았다. 그러나 이로 인해 乙은 경찰로부터 공범으로 수사를 받게 되자 동생 甲에게 사정을 설명하고 도피자금을 마련해 달라고 부탁하였다. 이에 甲은 乙에게 도피자금으로 500만원을 제공하였다.

1. 甲에게 범인도피죄가 성립되는지 여부를 그 근거와 함께 설명하시오. (20점)
2. 乙에게 범인도피교사죄가 성립되는지 여부를 그 근거와 함께 설명하시오. (10점)

Ⅰ. 논점의 제시

甲의 죄책으로 문제되는 것은 다음과 같다.

1. 甲이 진범이 아닌 형 乙을 도피시켰는데 이 행위가 범인도피죄(제151조 제 1 항)에 해당되는지 문제된다.

2. 甲의 행위가 범인도피죄에 해당된다고할 경우 형 乙을 도피시켰으므로 친족간의 범행규정(제151조 제 2 항)이 적용되는지 문제되고, 적용될 경우 그것의 법적 성격이 무엇인지 문제된다.

乙의 죄책으로 문제되는 것은 다음과 같다.

乙이 동생 甲에게 자신을 도피시켜줄 것을 교사하였는데, 범인이 스스로 도피를 하였을 경우에는 범인도피죄가 성립하지 않는다. 그러나 타인을 교사하여 자신을 도피하게 한 경우 범인도피교사죄가 성립하는지 문제된다.

Ⅱ. 甲의 죄책(질문 1)

1. 범인도피죄의 객체

(1) 문제점

범인도피죄에서 말하는 범인이 진범을 의미하는가 아니면 진범이 아니라도 무방한가에 대해 견해가 대립한다. 전자의 견해를 따르면 乙이 진범이 아니므로 甲의 행위는 범인도피죄에 해당되지 않고, 후자의 견해를 따르면 乙이 진범이 아니더라도 甲의 행위가 범인도피죄에 해당될 수 있다.

(2) 견해의 대립

1) 진범이어야 한다는 견해의 근거

이 견해는 ① 범인도피죄의 구성요건이 '죄를 범한 자'로 되어 있고, ② 수사기관의 과오로 피의자나 피고인이 된 자를 은닉하여도 국가형사사법기능을 해할 위험성이 있다고 할 수 없다는 것을 근거로 든다.

2) 진범이 아니어도 된다는 견해

이 견해는 ① 진범이 아닐지라도 수사 또는 재판의 대상이 되어 있는 자를 은닉, 도피하게 한 경우에는 국가의 형사사법기능을 해할 염려가 있고, ② 진범인지 여부는 법원의 판결을 통해서야 확정되는 것인데 아직 진범인가의 여부가 확정되지 않은 자를 은닉하는 경우에도 본죄의 성립을 인정할 수 없고, ③ 진범을 진범이 아니라고 오인한 경우에는 언제나 본죄의 고의가 없어서 본죄의 입법목적을 달성할 수 없게 된다는 것을 근거로 든다.

2. 친족간 범행규정의 법적 성격

제151조 제2항의 친족간 범행규정의 성격에 대해 인적 처벌조각사유라고 하는 견해와 기대불가능으로 인한 책임조각이라는 견해가 대립한다. 전자의 견해에 의하면 甲은 범인도피죄의 죄책을 지지만 처벌되지 않음에 비해, 후자의 견해에 의하면 甲은 범인도피죄의 죄책을 지지 않는다.

3. 결 어

범인도피죄의 객체가 진범이어야 하는가의 여부에 대해, 부정설은 ① '죄를 범한 자'의 의미를 진범뿐만 아니라 '죄를 범한 자로 수사대상이 되어 있는 자'까지로 확대하는 것으로서 이는 피고인에게 불리한 유추해석이라고 할 수 있고, ② 진범이 아닌 자가 수사, 소추 혹은 재판의 대상이 되어 있는 경우 이는 수사·소추기관의 잘못이지 이를 은닉, 도피시킨 자의 잘못이라고 할 수 없고, ③ 부정설은 지극히 수사편의주의적 발상이라고 할 수 있고, ④ 수사대상인 자까지 포함시키는 것은 해석으로는 불가능하고 입법으로서야 가능하고, ⑤ 절충설도 같은 문제점이 있으므로, 긍정설이 타당하다.

친족간의 범행규정의 성격은 책임조각사유설이 타당하다. 왜냐하면 형법은 처벌조건이 없는 경우 '형을 면제한다'고 규정하고 있음에 비해, 범죄성립조건이 충족되지 않은 경우에는 '벌하지 않는다'고 규정하고 있기 때문이다.

결국 甲의 행위는 범인도피죄의 구성요건에 해당하지 않고, 따라서 甲은 범인도피죄의 죄책을 지지 않는다.

Ⅲ. 乙의 죄책(질문 2)

1. 문제점

범인이 범인도피죄로 처벌되지 않는 친족을 교사하여 범인 자신을 도피하게 한 경우 범인도피교사죄가 성립하는가에 대해 다음과 같은 견해가 대립한다.

2. 견해의 대립

(1) 긍정설

긍정설은 특례의 입법취지는 자신이 범인은닉행위 등을 한 경우 처벌하지 않는다는 것이므로 타인을 교사하여 범인은닉행위를 하게 한 경우에는 비호권의 남용이 된다는 것을 근거로 든다.

(2) 부정설

부정설은 ① 특례의 취지가 기대불가능으로 인한 책임조각에 있으므로, 비호권의 남용은 문제되지 않고, ② 공범인 경우에나 정범인 경우에나 기대가능성이 없기는 마찬가지이므로, 정범인 경우에는 벌하지 않으면서 공범을 벌하는 것은 균형에 맞지 않는다는 것을 근거로 든다.

(3) 판 례

판례는 "범인이 자신을 위하여 타인으로 하여금 허위의 자백을 하게 하여 범인도피죄를 범하게 하는 행위는 방어권의 남용으로 범인도피교사죄에 해당하는바, 이 경우 그 타인이 형법 제151조 제2항에 의하여 처벌을 받지 아니하는 친족, 호주 또는 동거 가족에 해당한다 하여 달리 볼 것은 아니다"라고 하여(대판 2006. 12. 7. 2005도3707) 긍정설을 따른다.

3. 결 어

범인이 스스로 도피를 하면 범인도피죄가 성립하지 않는 데에 비해 타인을 교사하여 자신을 도피토록 한 경우 범인도피교사죄가 성립한다는 것은 균형에 맞지 않는다. 타인을 교사하여 자신을 도피하게 하는 행위도 범인의 입장에서는 도피하는 행위의 한 태양에 불과하기 때문이다.

따라서 乙은 범인도피교사죄의 죄책을 지지 않는다고 해야 할 것이다.

| 제 2 문의 2 |

甲은 평소 원한이 있는 A를 죽이기로 결심하였으나 용기가 나지 않아 술을 마시고 심신미약 상태에서 흉기를 품고 A를 찾아갔다. A를 만난 甲은 A가 병약해진 것을 발견하고 나중에 건강해지면 죽이는 것이 진정으로 원수를 갚는 길이라고 생각하여 범행을 포기하고 그대로 돌아왔다.

원인에 있어서 자유로운 행위와 중지미수에 관한 학설들을 근거로 하여, 甲을 (1) 가장 가볍게 처벌할 수 있는 논리와, (2) 가장 무겁게 처벌할 수 있는 논리를 각각 제시하시오. (각 10점)

Ⅰ. 논점의 제시

사례에서 甲의 죄책에 영향을 미치는 것은 원인에 있어서 자유로운 행위의 실행의 착수시기와 중지미수의 자의성의 개념 및 예비의 중지에 대한 중지미수규정의 유추적용 여부에 관한 것이다.

첫째, 원인에 있어서 자유로운 행위의 실행의 착수시기에 관해 원인행위시설에 의하면 甲의 행위는 살인죄의 실행에 착수한 것이 되고, 결과실현행위시설에 의하면 예비에 불과하다. 원인행위시설이 甲에게 불리하고, 결과실현행위시설이 甲에게 유리하다.

둘째, 甲이 A에 대한 동정심으로 범행을 중지하였지만 궁극적으로 범행을 포기하지는 않았는데, 이 경우 자의성이 인정되는지 문제된다. 자의성을 인정하는 것이 甲에게 유리하고 자의성을 부정하는 것은 甲에게 불리하다.

셋째, 甲의 행위가 살인죄의 예비에 불과하고 자의로 실행의 착수를 포기하였다고 할 경우 중지미수규정을 유추적용할 것인가에 대해 전면적 유추적용설, 제한적 유추적용설, 부정설이 대립한다. 이 중 전면적 유추적용설이 甲에게 가장 유리하고 부정설이 甲에게 가장 불리하다.

Ⅱ. 관련 학설의 검토

1. 원인에 있어서 자유로운 행위의 실행의 착수시기

(1) 원인행위시설

원인행위시설은 심신장애를 야기하는 행위시, 즉 원인행위시에 실행의 착수가 있다는 견해이다. 이 견해에 의하면 사례에서 甲의 살인죄의 실행의 착수시기는 술을 마실 때이다. 따라서 甲은 살인미수의 죄책을 진다.

(2) 결과실현행위시설

결과실현행위시설은 심신장애상태에서 의도했던 범죄행위의 실행의 착수시에 원인에 있어서 자유로운 행위의 실행의 착수를 인정하는 견해이다. 이 견해에 의하면 甲이 흉기로 A를 살해하려는 행위를 개시할 때에 실행의 착수가 인정된다. 사례에서 甲이 이러한 행위를 하지 않았으므로 甲은 살인예비죄의 죄책을 진다.

2. 중지미수의 자의성

(1) 주 관 설

이 견해는 후회, 동정, 연민 등과 같이 윤리적 동기에 의해 범행을 중지하였을 때에 자의성을 인정한다. 이 견해에 의하면 甲이 윤리적 동기에 의해 범행을 중지한 것은 아니므로 자의성이 인정되지 않는다.

(2) 프랑크공식

이 견해는 할 수 있었지만 하지 않았을 때에는 자의성이 있고, 할 수 없어서 못했을 때에는 자의성을 인정하지 않는다. 이 견해에 의하면 甲이 범행을 계속할 수 있었지만 하지 않을 것이라고 할 수 있기 때문에 자의성이 인정된다.

(3) 절 충 설

이 견해는 범행의 중지가 일반 사회통념상 범죄를 완수함에 장애가 되는 사정에 의한 것이 아니라면 자의성을 인정한다. 판례도 이러한 입장을 따르고 있다

(대판 1997. 6. 13. 97도957). 이 견해에 의하면 甲의 중지는 일반 사회통념상 범죄를 완수함에 장애가 되는 사정에 의한 것이 아니므로 자의성이 인정된다.

(4) 객관설

이 견해는 범행의 중지가 외부적 장애에 의한 것이 아닌 때에는 자의성이 인정된다는 견해이다. 이 견해에 의하면 甲의 중지는 외부적 장애에 의한 것이 아니므로 자의성이 인정된다.

3. 예비의 중지에 대한 중지미수규정의 유추적용에 대한 학설

(1) 부정설

이 견해는 제26조는 실행의 착수 이후에만 적용되는 것이므로 실행의 착수 이전의 중지인 예비의 중지에는 적용되지 않는다고 한다.

(2) 제한적 유추적용설

이 견해는 예비죄의 형벌이 중지미수의 형벌보다 무거운 때에는 중지미수의 형벌을 유추적용한다는 견해이다. 이 견해에 의하면 면제의 경우는 중지미수의 형벌이 예비죄의 형벌보다 가볍지만 감경의 경우 중지미수의 형벌이 살인예비죄의 형벌보다 무거우므로 살인예비의 중지에 대한 형벌은 10년 이하의 징역 또는 면제이다.

(3) 전면적 유추적용설

이 견해는 예비의 중지의 경우 예비죄의 형벌을 감경 또는 면제하여야 한다는 입장이다. 이에 의하면 살인예비의 중지의 형벌은 5년 이하의 징역 또는 면제이다.

Ⅲ. 甲을 가장 가볍게 처벌할 수 있는 논리

甲을 가장 가볍게 처벌하기 위해서는 다음과 같은 논리에 따라야 한다.

첫째, 원인에 있어서 자유로운 행위의 실행의 착수시기에 대해 원인행위시설보다는 결과실현행위시설을 취하여야 한다. 이 경우 甲은 살인예비죄의 죄책을 지게 된다.

둘째, 甲의 중지에 대해 자의성을 인정해야 한다. 주관설 이외의 프랑크공식, 절충설, 객관설 등에 의하면 甲의 중지는 자의에 의한 중지가 되고, 甲이 예비죄를 범한 이후 자의로 실행의 착수에 나아가는 것을 중지하였으므로 예비의 중지에 해당된다.

셋째, 예비의 중지에 대해 부정설이나 제한적 유추적용설이 아닌 전면적 유추적용설을 따라야 한다.

이러한 논리에 의하면 甲에 대한 형벌은 5년 이하의 징역 또는 면제이다(제255조, 제26조).

Ⅳ. 甲을 가장 무겁게 처벌할 수 있는 논리

甲을 가장 무겁게 처벌하기 위해서는 다음과 같은 논리를 따라야 한다.

첫째, 원인에 있어서 자유로운 행위의 실행의 착수시기에 대해 결과실현행위시설이 아닌 원인행위시설에 따라야 한다. 이 경우 甲은 살인죄의 실행에 착수한 것이 된다.

둘째, 자의에 의한 중지를 인정하지 않아야 한다. 이를 위해서는 자의성에 대한 주관설을 따라야 한다.

이러한 논리에 의하면 甲은 살인죄의 장애미수의 죄책을 진다(제254조, 제25조).

제47회 사법시험 (2005)

| 제 1 문 |

○○주식회사의 지배주주인 甲은 자기명의의 주식 일부를 아들에게 양도하였는데, 그 사실에 관하여 신문기자 A가 변칙상속 운운하면서 기사작성을 위해 뒷조사를 하고 있다는 말을 듣게 되었다. 이에 화가 난 甲은 평소 알고 지내던 乙과 丙을 불러놓고 각자에게 5백만원씩 주면서 "A가 나에 관하여 허위기사를 쓰려고 하니 기사를 쓰지 못하도록 겁을 주고, 그래도 말을 듣지 않으면 죽지 않을 정도로 때려주어라"고 하였다.

甲의 지시에 응한 乙과 丙은 A가 거주하는 아파트 지하주차장에서 기다리고 있다가 자정 무렵 귀가하는 A를 만나 "더 이상 甲의 뒤를 캐지 말고 甲에 관한 기사를 쓰지도 말아라. 그렇지 않으면 쥐도 새도 모르게 없애 버리겠다"고 말하였다. 그렇지만 A가 코웃음 치며 무시하는 태도를 보이자 乙과 丙은 주먹으로 A의 얼굴 등을 마구 때렸다. 이에 위험을 느낀 A는 자신의 자동차로 피신하면서 마침 뒷좌석에 있던 골프채로 다가오는 乙의 어깨를 내리쳤다. 골프채에 맞아 쓰러지는 乙을 본 丙은 乙을 구하는 것이므로 정당하다고 생각하고 근처에 있던 각목을 집어 들어 A의 머리를 한차례 때렸다. 머리를 맞은 A는 잠시 후 현장에서 과다출혈로 사망하였다.

몸을 추스린 乙과 丙은 곧바로 甲에게 달려가서 자초지종을 이야기하고 자신들에게 각각 1천만원씩을 더 주지 않으면 甲이 자신들에게 A를 살해하라고 지시한 것으로 수사기관에 알리겠다고 말하였다. 이에 겁을 먹은 甲은 즉시 乙과 丙에게 1천만원씩을 교부하였다.

甲, 乙, 丙의 죄책을 논하고, 관련 특별형법의 적용법조도 부가적으로 기술하시오. (50점)

Ⅰ. 논점의 제시

甲의 죄책으로 문제된 것은 다음과 같다.

1. 乙, 丙을 교사하여 A에게 기사를 쓰지 말라고 한 행위가 강요교사미수죄(제

324조, 제31조 제1항)에 해당되는지 문제된다.

2. 乙, 丙에게 A를 죽지 않을 정도로 때려 주라고 교사하고 乙, 丙이 A를 때려 사망케 한 행위가 상해치사죄의 교사범(제259조, 제31조 제1항)에 해당되는지 문제된다.

3. 위의 범죄들이 성립할 경우 죄수관계가 문제된다.

乙의 죄책으로 문제되는 것은 다음과 같다.

1. 甲의 교사내용을 이행하기 위해 A가 사는 아파트의 지하주차장에 들어간 행위가 주거침입죄의 공동정범(제319조 제1항, 제30조)에 해당되는지 문제된다.

2. A에게 협박한 행위가 강요미수죄의 공동정범(제324조, 제324조의5, 제30조)에 해당되는지 문제된다.

3. 丙과 함께 A를 때려 사망케 한 행위가 상해치사죄의 공동정범(제259조, 제30조)에 해당되는지 문제된다.

4. 丙과 함께 甲으로부터 1천만원씩을 교부받은 행위가 공갈죄의 공동정범(제350조, 제30조)에 해당되는지 문제된다.

5. 위의 범죄들이 성립하는 경우 죄수관계가 문제된다.

丙의 죄책으로 문제되는 것은 다음과 같다.

1. 주거침입죄와 강요미수죄 및 공갈죄의 공동정범의 성립 여부는 乙의 경우와 같다.

2. 정당방위라고 생각하고 각목으로 A의 머리를 때려 사망케 한 행위는 정당방위의 요건사실의 착오에 해당되는데 이 경우 어떤 죄책을 지는지 문제된다.

3. 위의 범죄들이 성립하는 경우 죄수관계가 문제된다.

甲, 乙, 丙의 행위 중 특별형법으로 문제되는 것은 폭력행위 등 처벌에 관한 법률이다. 동법 제2조 제2항은 2인 이상이 공동으로 한 주거침입죄, 강요죄 및 공갈죄를 가중처벌한다.

Ⅱ. 甲의 죄책

1. 강요교사미수죄의 성립 여부

乙, 丙이 A에게 협박을 하여 甲에 관한 기사를 쓰지 말라고 한 행위는 협박으로 권리행사를 방해하거나 의무없는 일을 하게 하는 행위에 해당된다. 그러나 A가 겁을 먹지 않아 권리행사방해 또는 의무없는 일을 하게 한 결과가 발생하지 않았으므로 강요죄의 미수범에 해당된다. 따라서 甲은 강요교사미수의 죄책을 지게 된다.

2. 상해치사교사죄의 성립 여부

乙, 丙이 A를 폭행한 행위는 단순히 폭행의 고의가 아니라 상해의 고의가 있는 행위라고 할 수 있다. 상해의 와중에서 A가 丙의 각목에 맞아 사망하였지만, 이는 乙, 丙이 공동으로 실행한 행위라고 할 수 있다. 따라서 乙, 丙은 상해치사죄의 공동정범의 죄책을 지게 된다. 乙, 丙의 상해행위와 A의 사망 사이에 인과관계 내지 객관적 귀속을 인정할 수 있고, A의 사망에 대한 예견가능성도 있기 때문이다.

甲이 죽지 않을 정도로 때려 주라고 교사하였지만 A의 사망에 대한 예견가능성은 있다고 할 수 있다. 따라서 甲은 상해치사죄의 교사범의 죄책을 진다. 판례도 같은 입장이다.

3. 죄수 및 정리

甲의 행위는 하나의 교사행위에 의한 것이라고 할 수 있으므로 甲은 강요교사미수죄와 상해치사교사죄의 상상적 경합범의 죄책을 진다.

Ⅲ. 乙의 죄책

1. 주거침입죄의 공동정범(제319조 제1항, 제30조)

A가 사는 아파트의 지하주차장은 관리하는 건조물이라고 할 수 있고, 乙, 丙이 A에게 범죄를 행할 목적으로 아파트 지하주차장에 들어간 행위는 관리자의 의사에 반한 침입행위라고 할 수 있으므로 乙은 주거침입죄의 공동정범의 죄책을 진다.

2. 강요미수죄의 공동정범(제324조, 제324조의5, 제30조)

乙, 丙이 A에게 甲에 관한 기사를 작성하지 말라고 협박한 행위는 A의 권리행사를 방해하거나 A에게 의무없는 일을 강요한 것이라고 할 수 있다. 그러나 A의 권리행사를 방해하거나 의무없는 일을 하게 하지는 못하였으므로 乙은 강요미수죄의 공동정범의 죄책을 진다.

3. 상해치사죄의 공동정범(제259조, 제30조)

乙, 丙이 A를 때린 행위는 상해행위에 해당된다고 할 수 있다. 그리고 A와의 투쟁과정에서 丙이 A를 때려 사망케 하였지만, 乙도 실행을 분담하였다고 할 수 있으므로 乙은 상해치사죄의 공동정범의 죄책을 진다.

4. 공갈죄의 공동정범(제350조, 제30조)

乙, 丙이 甲에게 수사기관에 알리겠다고 하고 돈을 받은 것은 甲에게 해악을 고지하고 이에 공포심을 느낀 甲으로부터 재물을 교부받은 행위로서 공갈죄에 해당된다. 따라서 乙은 공갈죄의 공동정범의 죄책을 진다.

5. 죄수관계 및 정리

乙은 주거침입죄의 공동정범, 강요미수죄의 공동정범, 상해치사죄의 공동정범,

공갈죄의 공동정범의 죄책을 지고, 이들 범죄는 모두 별개의 행위에 의해 이루어진 것이므로 실체적 경합범의 관계에 있다.

Ⅳ. 丙의 죄책

1. 주거침입죄, 강요미수죄 및 공갈죄의 공동정범의 성립 여부

丙이 乙과 함께 주거침입죄, 강요미수죄 및 공갈죄를 범하였으므로 乙의 경우와 같이 이들 범죄의 죄책을 진다.

2. 상해치사죄의 성립 여부

丙이 A를 각목으로 때려 사망케 한 행위는 상해치사죄의 구성요건해당성과 위법성이 있는 행위라고 할 수 있다. 그런데 丙이 정당방위의 요건사실의 착오로 인해 위와 같은 행위를 하였으므로 이 부분에 대해 어떤 죄책을 지는지 문제된다.

엄격고의설, 제한책임설, 소극적 구성요건요소이론에 의하면 丙은 과실치사죄의 죄책을 진다. 이에 비해 제한고의설이나 엄격책임설에 의하면 丙은 상해치사죄의 죄책을 진다. 그러나 과실치상죄의 죄책을 진다고 하더라도 乙이 A에 대한 상해행위를 하다가 A를 사망케 하였으므로 丙은 상해치사죄의 죄책을 진다.

3. 죄수 및 정리

丙은 주거침입죄의 공동정범, 강요미수죄의 공동정범, 상해치사죄의 공동정범, 공갈죄의 공동정범의 죄책을 지고, 이들 범죄는 모두 별개의 행위에 의해 이루어진 것이므로 실체적 경합범의 관계에 있다.

Ⅴ. 특별형법

폭력행위 등 처벌에 관한 법률 제2조 제2항은 2인 이상이 공동으로 한 주거침입죄, 강요죄 및 공갈죄를 각 형법 본조에 정한 형의 2분의 1까지 가중한다고 규정하고 있다. 따라서 주거침입죄에 대해서는 3년 이하의 징역 또는 500만원 이하의 벌금이 아니라 4년 6개월 이하의 징역 또는 750만원 이하의 벌금에 처해진다. 강요미수죄에 대해서는 5년 이하의 징역이 아닌 7년 6개월 이하의 징역에 처해진다. 공갈죄에 대해서는 10년 이하의 징역 또는 2천만원 이하의 벌금이 아니라 15년 이하의 징역 또는 3천만원 이하의 벌금에 처해진다.

상해치사죄에 대해서는 가중처벌규정이 없다.

| 제2문 |

| 제2문의 1 |

택시를 타고가던 승객 甲은 다른 손님 乙이 택시에 두고 내린 지갑을 습득하였다. 그 지갑에는 乙의 형인 사망한 丙의 자동차운전면허증(서울지방경찰청장 발행)이 들어 있었다. 甲은 위 운전면허증의 사진 부분에 자신의 사진을 겹쳐 놓고 복사하여 甲의 사진이 들어간 운전면허증 사본을 만든 후, 인근 이동전화대리점에 가서 그곳에 비치된 이동전화이용계약서 용지에 丙의 인적사항을 기재하고, 근처 인장가게에서 임의로 새겨 온 丙 명의의 도장을 찍어 이동전화이용계약서를 작성하였다. 甲은 위와 같이 만든 운전면허증 사본과 이동전화이용계약서를 자신이 마치 丙인 것처럼 가장하여 그 대리점에 함께 제출하고 이동전화기 1대를 구입하였다.

甲의 죄책을 논하시오. (30점)

Ⅰ. 논점의 제시

甲의 죄책으로 문제되는 것은 다음과 같다.

1. 택시에서 乙의 지갑을 습득한 행위가 절도죄(제329조) 또는 점유이탈물횡령죄(제360조) 중 어디에 해당하는가이다.

2. 丙의 운전면허증에 자신의 사진을 겹쳐 놓고 복사하여 운전면허증사본을 만든 행위가 공문서위조 또는 변조죄(제225조)에 해당되는가이다.

3. 丙명의의 이동전화를 구입하는 데에 운전면허증사본을 사용한 행위가 위조등공문서행사죄(제229조)에 해당되는가이다.

4. 丙명의의 이동전화계약서를 작성하여 이동전화기를 구입한 행위가 사문서위조 및 동행사죄(제231조, 제234조)에 해당되는가이다.

5. 이동전화기 1대를 구입한 행위가 사기죄(제347조)에 해당되는가이다.

Ⅱ. 甲의 죄책

1. 절도죄(제329조) 또는 점유이탈물횡령죄(제360조)의 성립 여부

甲이 乙의 지갑을 습득한 행위는 乙소유의 재물을 영득한 행위이지만 이것이 타인점유에 해당되는지 문제된다. 판례는 고속버스에서 타인의 지갑을 습득한 경우 절도죄가 아닌 점유이탈물횡령죄을 인정한다(대판 1993. 3. 16. 92도3170).

고속버스가 아닌 택시의 경우에도 점유이탈물횡령죄를 인정하는 것이 타당하다.

2. 공문서위조죄(제225조)의 성립 여부

甲이 丙의 운전면허증에 자신의 사진을 겹쳐 복사하여 운전면허증사본을 만든 행위는 기존의 문서에 권한없이 변경을 가한 것이 아니라 새로운 문서를 만들어 낸 것이라고 할 수 있으므로 공문서위조죄에 해당된다. 판례도 같은 입장이다(대판 2000. 9. 5. 2000도2855. 진정한 문서의 사본을 전자복사기를 이용하여 복사하면서 일부 조작을 가하여 그 사본 내용과 전혀 다르게 만드는 행위는 공공의 신용을 해할 우려가 있는 별개의 문서사본을 창출하는 행위로서 문서위조행위에 해당한다).

3. 위조공문서행사죄(제229조)의 성립 여부

甲이 이동전화를 구입하는 데에 위조된 丙의 운전면허증을 사용한 행위는 위조문서를 진정한 문서로 사용한 것이므로 위조공문서행사죄에 해당된다.

4. 사문서위조 및 동행사죄(제231조, 제234조)의 성립 여부

甲이 丙명의의 이동전화계약서를 작성한 행위는 행사할 목적으로 권한없이 丙명의의 사문서를 작성한 행위이다. 종래의 판례는 사망한 자의 명의의 사문서위조죄는 인정하지 않았지만, 이후 입장을 변경하여 사문서위조죄가 성립한다고 하였다.

甲이 이를 사용해 이동전화를 구입하였으므로 위조사문서행사죄도 성립한다.

5. 사기죄(제347조)의 성립 여부

甲이 丙의 명의로 이동전화를 구입한 행위는 거래의 신의칙에 반하는 기망행위로 이동전화를 취득한 행위라고 할 수 있다. 사기죄의 성립에 재산상의 손해발생을 요구하는 견해에 의하면 甲이 대가를 지급하였기 때문에 이동전화판매점의 재산상 손해발생은 없다고 할 수 있어서 사기죄가 성립하지 않는다. 그러나 사기죄의 성립에 재산상의 손해발생을 요구하지 않는 경우 甲이 이동전화를 취득하였으므로 사기죄가 성립한다. 판례는 후자의 입장을 따른다.

Ⅲ. 죄수 및 정리

甲은 점유이탈물횡령죄, 공문서위조 및 동행사죄, 사문서위조 및 동행사죄, 사기죄의 죄책을 진다. 이들 범죄는 모두 별개의 행위로 이루어진 별개의 범죄이므로 실체적 경합범의 관계에 있다.

제 3 회 모의변호사시험 (2011)

| 제 1 문 |

서울 성북경찰서에 같은 날 복면괴한에 관한 2건의 범죄신고가 접수되었다. 하나는 22:00경 장미 연립주택의 가스배관을 타고 올라가던 복면괴한이 동네 주민에게 발각되자 체포를 면탈하려고 그를 폭행하여 상해를 입히고 도주하였다는 것이고(사건 I), 다른 하나는 23:00경 장미 연립주택에서 100미터 가량 떨어진 A의 집에 침입한 복면괴한이 칼로 A의 왼팔 상박부를 찌른 후 잠시 머뭇거리다가 도주하였다는 것이다(사건 II).

이 사건을 수사하던 경찰관 P는 장미 연립주택의 인근에 설치된 CCTV에서 어떤 남자가 복면을 쓰레기통에 버리는 장면을 확인하고 탐문수사 끝에 甲을 검거하였다. 하지만 甲은 P의 신문에 대하여 자신이 쓰레기통에 복면을 버린 일은 있지만, 사건 I이나 사건 II는 자신과 무관하다고 주장하면서 복면을 빌려간 적이 있는 자신의 친구이자 A의 아들인 乙이 의심스럽다고 하였다.

이에 P는 乙을 긴급체포하여 신문한 결과, 乙은 사건 II에 관하여 ① "양부(養父)인 A가 나를 평소에 심하게 학대하여 친구 甲에게 심경을 토로하였더니 '차라리 죽여버려라'고 하면서 칼과 복면을 주었다. 그래서 그 칼로 A를 공격했는데 왼팔 상박부를 칼에 찔린 A가 '살려달라'고 애원하는 모습이 너무 불쌍하여 그냥 나왔다"고 진술하였다. 그러면서 乙은 사건 I의 범인으로는 甲을 지목하며 그 증거로 ② 보이스펜을 제출하였다. 보이스펜에는 甲이 乙과 점심을 먹으면서 "오늘 밤에 장미 연립주택을 털러간다"라고 말한 내용이 녹음되어 있었다. 검사는 甲과 乙을 공동피고인으로 공소제기하였다.

1. 사건 I에 관하여 다음 물음에 답하시오.
   (1) 보이스펜(②)에 녹음된 甲의 말이 甲의 유죄를 입증하는 증거로 사용될 수 있는지 논하시오. (25점)
   (2) 복면 쓴 괴한이 甲인 경우 甲의 죄책을 논하시오. (20점)
2. 사건 II에 관하여 乙이 법정에서 행한 진술(①과 같은 내용)이 진실인 경우,
   (1) 乙에게 유죄판결이 선고된다는 전제하에 乙의 죄책을 논하시오. (15점)
   (2) 乙의 자백진술(①과 같은 내용) 이외에 甲의 범행에 관한 다른 보강증거가 없더라도 법원이 甲에게 유죄판결을 선고할 수 있는지 논하시오. (15점)

(3) 설문 2의 (2)에서 법원이 유죄판결을 선고한다는 전제하에 甲의 죄책을 논하시오. (25점)

질문 1 (2) 사건 Ⅰ에서 甲의 죄책

Ⅰ. 논점의 제시

사건 I에서 甲의 행위 중 형법상 문제되는 것은 다음과 같다.

1. 문제 전체로 보아 甲은 절도의 의사로 야간인 밤 10시에 연립주택 가스배관을 타고 올라간 것으로 보이는데 이 행위가 야간주거침입절도죄(제330조)의 실행에 착수한 것으로서 야간주거침입절도미수죄에 해당되는지 문제된다.

2. 야간주거침입절도죄의 실행에 착수하였다고 할 경우 체포면탈의 목적으로 주민을 폭행하여 상해한 행위가 준강도상해 또는 준강도치상죄(제337조)에 해당되는지 문제된다.

3. 준강도상해죄나 준강도치상죄에 해당된다고 할 경우 기수인지 미수인지 문제된다.

Ⅱ. 야간주거침입절도미수죄의 성립 여부

1. 주거침입죄의 실행의 착수시기

통설·판례에 의하면, 야간주거침입절도죄는 주거침입시에 실행의 착수가 인정된다.

주거침입죄의 실행의 착수시기에 대해서는 통설은 주관적 객관설을 취하여 행위자의 범행계획을 고려하여 법익침해의 직접적 행위가 개시된 때라고 한다. 사례에서 장미연립에서 무언가를 훔친다고 하는 甲의 범행계획을 고려하면 甲이 장미 연립주택의 가스배관을 타고 올라간 행위는 장미 연립주택 거주자의 주거의 사실상의 평온을 직접적으로 침해한 행위라고 할 수 있으므로 주거침입죄의 실행의 착수가 인정된다.

판례는 "다가구용 단독주택이나 다세대주택 · 연립주택 · 아파트 등 공동주택의 내부에 있는 엘리베이터, 공용 계단과 복도는 특별한 사정이 없는 한 주거침입죄의 객체인 '사람의 주거'에 해당하고, 위 장소에 거주자의 명시적, 묵시적 의사에 반하여 침입하는 행위는 주거침입죄를 구성한다"(대판 2009. 9. 10. 2009도4335).

"주거침입죄의 실행의 착수는 주거자, 관리자, 점유자 등의 의사에 반하여 주거나 관리하는 건조물 등에 들어가는 행위 즉, 구성요건의 일부를 실현하는 행위까지 요구하는 것은 아니고, 범죄구성요건의 실현에 이르는 현실적 위험성을 포함하는 행위를 개시하는 것으로 족하다"(대판 2003. 10. 24. 2003도4417)고 하므로 판례에 의할 경우 가스배관을 타고 올라간 甲의 행위는 주거침입죄의 실행의 착수에 해당될 뿐만 아니라 주거침입죄의 기수에도 해당될 수 있다.

2. 야간주거침입절도죄의 미수

刑·法·演·習

통설 · 판례에 의하면 야간주거침입죄의 실행의 착수시기는 주거침입시이고, 甲이 재물을 절취하기 위하여 주거침입행위를 개시하였고 재물을 절취하지는 못하였으므로 甲의 행위는 야간주거침입죄의 미수에 해당된다.

Ⅲ. 준강도치상죄의 성립 여부

1. 준강도상해죄 또는 준강도치상죄의 성립 여부

야간주거침입절도죄의 미수범인 甲이 주민을 폭행하여 상해를 입힌 행위는 준강도죄에서 요구되는 폭행에 해당된다고 할 수 있고, 甲에게 체포를 면탈하기 위한 목적이 있었으므로 甲의 행위는 준강도죄에 해당된다. 甲이 주민에게 상해를 입혔는데, 상해의 고의가 있었던 경우에는 준강도상해죄, 상해에 대해 과실이 있었던 경우에는 준강도치상죄의 죄책을 질 수 있다. 사례에서 甲이 주민을 폭행하여 상해하였으므로 상해의 고의가 없었던 것으로 보인다. 따라서 甲은 준강도치상죄의 죄책을 진다.

2. 준강도치상죄의 미수범의 성립 여부

준강도치상죄의 미수범의 인정 여부에 대해 긍정설과 부정설이 대립한다.

긍정설은 제342조가 제337조의 미수범을 벌하고 있으므로 이는 강도상해죄만이 아니라 강도치상죄의 미수도 벌하는 취지이고, 강도치상죄의 미수란 강도미수범이 과실로 상처를 입히는 경우를 의미하고, 甲이 절도의 기수에 이르지 못하였으므로 준강도미수가 되고, 준강도미수범이 과실로 주민에게 상처를 입혔으므로 준강도치상죄의 미수범이 성립한다고 한다.

이에 대해 부정설은 개념상 진정결과적 가중범의 미수를 인정할 수 없으므로 준강도치상죄의 미수범은 인정될 수 없다고 한다.

강도치상죄를 가중처벌하는 이유는 강도가 상해를 입혔다는 데에 있지 강도의 미수인지 기수인지는 중요하지 않다고 해야 하므로 준강도치상죄의 미수범은 인정하지 않는 것이 타당하다.

Ⅳ. 정 리

甲은 준강도치상죄(제337조)의 죄책을 진다.

질문 2 (1) 사건 Ⅱ에서 乙의 죄책

Ⅰ. 논점의 제시

乙이 살해의 의사로 양부인 A의 상박부를 찔러 상해한 뒤 A가 불쌍하여 범행을 중지하였지만 A의 사망의 결과발생을 방지하기 위한 적극적인 노력을 하지는 않았다. 이 경우 乙의 존속살해죄의 중지미수의 죄책을 지는지 문제되는데, 특히 다음의 것들이 문제된다.

1. 양부가 존속살해죄의 직계존속에 해당되는지이다.
2. 乙이 자의로 범행을 중지하였는지 문제된다.

3. 乙이 결과발생방지를 위한 적극적 노력을 하지 않고 중지하기만 하였는데 이 경우에도 중지미수가 성립할 수 있는지 문제된다.

Ⅱ. 존속살해죄의 객체

통설·판례는 존속살해죄에서 직계존속은 엄격하게 해석해야 하므로 사실상의 직계존속은 포함하지 않고 법률상의 직계존속만을 의미한다고 한다.

그런데 계부가 아닌 양부는 법률상의 직계존속이라고 할 수 있으므로 A는 존속살해죄의 객체가 된다.

Ⅲ. 중지미수의 성립 여부

중지미수가 성립하기 위해서는 주관적 요건으로서 자의성이 있어야 하고, 객관적 요건으로서 실행의 착수가 있어야 하고 착수미수에서는 단순한 중지이면 족하지만 실행미수에서는 결과발생방지를 위한 적극적인 노력이 있어야 한다.

1. 자의성의 인정 여부

중지미수의 자의성에 대해서는 다음과 같은 견해가 대립한다.

첫째, 주관설은 후회, 연민, 동정 등과 같은 윤리적 동기로 인해 중지한 경우 중지미수를 인정한다.

둘째, 프랑크공식은 실행의 계속을 하지 못했으면 자의성이 없지만 실행의 계속을 하지 않았으면 자의성이 인정된다고 한다.

셋째, 객관설은 외부적 장애가 아닌 사정에 의해 중지한 경우에는 자의성이 인정된다고 한다.

넷째, 절충설은 자기의 자유로운 의사에 따라 범죄의 실행행위를 중지한 경우에 그 중지가 일반 사회통념상 범죄를 완수함에 장애가 되는 사정에 의한 것이 아니라면 자의성이 인정된다고 한다.

위의 어느 견해에 의하든 乙은 자의로 중지하였다고 할 수 있다.

2. 객관적 요건의 충족 여부

乙이 A의 상박부를 칼로 찌른 행위는 존속살해죄의 실행행위에 착수한 것이라고 할 수 있다. 乙의 존속살해의 범행이 종료되었는지에 대해 상박부만 찌른 행위로는 존속살해행위가 종료하였다고 할 수 없으므로 이 단계에서 乙의 행위는 착수미수에 해당된다.

착수미수의 경우에는 단순한 실행의 중지만으로도 중지미수가 인정되고, 결과발생을 방지하기 위한 적극적 노력까지 요하지 않는다.

Ⅳ. 정 리

乙은 존속살해죄의 중지미수(제250조 제 2 항, 제254조, 제26조)의 죄책을 진다.

질문 2 (3) 사건 Ⅱ에서 甲의 죄책

Ⅰ. 논점의 제시

甲이 乙에게 존속살해죄를 교사하였는데, 乙이 존속살해죄의 중지미수에 그쳤으므로 甲의 죄책으로 문제되는 것은 다음과 같다.

1. 비신분자인 甲이 직계비속인 乙을 교사하여 존속살해죄를 범하게 한 경우 甲이 어떤 죄책을 지는지 문제된다.

2. 정범인 乙이 중지미수의 죄책을 지는 경우 교사범인 甲은 어떤 죄책을 지는지 문제된다.

Ⅱ. 공범과 신분

비신분자인 甲이 신분자인 乙을 교사하여 존속살해죄를 범하게 한 경우 어떤 죄책을 지느냐에 대해서는 다음과 같은 견해가 대립한다.

1. 다 수 설

다수설은 제33조 본문은 진정신분범의 성립과 처벌, 단서는 부진정신분범의 성립과 처벌을 규정한 것이라고 한다. 이에 의하면 乙이 부진정신분범에 가공하였으므로 제33조 단서가 적용되고 따라서 乙은 보통살인죄의 죄책을 진다.

2. 판례 및 소수설

판례와 소수설은 제33조 본문은 진정신분범과 부진정신분범의 성립, 단서는 부진정신분범의 처벌에 관한 규정이라고 한다. 이에 의하면 甲에게는 먼저 제33조 본문이 적용되어 甲은 존속살해죄의 교사범의 죄책을 지지만 제33조 단서가 적용되어 보통살인죄의 교사범으로 처벌된다.

3. 정 리

제33조 본문이 '신분관계로 인하여 성립할 범죄'라고 규정하고 있는데 부진정신분범은 신분관계로 인하여 형의 경중이 있는 범죄이지 신분관계로 인하여 성립할 범죄라고 할 수는 없으므로 다수설의 입장이 타당하다. 따라서 甲은 보통살인죄의 교사범의 죄책을 진다고 해야 한다.

Ⅲ. 공범의 중지

중지미수는 인적처벌조각·감경사유이고 이는 이러한 관계가 있는 범인에게만 적용된다는 것이 통설·판례의 입장이라고 할 수 있다. 따라서 중지미수는 乙에게만 적용되고 甲에게는 적용되지 않는다. 따라서 甲은 보통살인교사의 장애미수의 죄책을 진다.

Ⅳ. 정 리

甲은 보통살인죄교사의 장애미수(제250조, 제31조 제1항, 제25조)의 죄책을 진다.

| 제 2 문 |

(I) 甲, 乙, 丙은 유흥비를 마련하기 위해 명품점을 운영하는 A녀의 핸드백을 날치기하기로 모의하였다. 甲은 자신이 사전에 파악한 A의 출근시간과 경로를 乙과 丙에게 알려주고, 자신의 오토바이까지 범행수단으로 제공하면서 A의 핸드백을 날치기 해오도록 지시하였다. 지정된 장소에서 A를 기다리던 乙과 丙은 A가 현장에 나타나자, 乙은 오토바이를 운전하고 그 뒷좌석에 앉은 丙은 금반지 1점과 현금 100만원이 든 A의 핸드백을 낚아챘으며 이로 인해 A는 땅바닥에 쓰러져 기절하였다.

핸드백 탈취에 성공한 후 甲과 만나기로 한 약속장소로 가던 乙과 丙은 경찰관 P의 검문에 걸려 신분증 제시를 요구받았다. 이에 자신의 전과사실이 드러날 것을 염려한 乙은 군대 간 동생 B의 운전면허증을 제시하자, 운전면허증의 사진과 乙이 일치하지 않는다고 생각한 P는 乙에게 경찰서까지 동행해 줄 것을 요구하였다. 그러자 丙이 乙에게 "그냥 밀어버리고 튀자"고 제의했고, 이에 乙은 오토바이를 급발진시킴으로써 막아서는 P를 오토바이로 충격하여 전치 4주의 상해를 입히고 도주하였다.

(II) 약속장소에 집결한 후 甲은 丙에게 A의 물품을 처분하여 현금을 더 확보하도록 지시하였고, 3일 후에 丙은 평소에 알고 지내던 보석상 C를 찾아가 금반지를 팔았다. 그런데 금반지를 장물이라고 생각한 C는 경찰관 Q에게 신고하였고, Q는 조사 결과 그 금반지가 3일 전에 피해신고를 한 A의 금반지임을 확인하였다. Q는 丙을 검거하기 위하여 丙의 집을 방문하였으나 丙은 집에 없었고, 혼자 있는 丙의 노모(老母)에게 양해를 구한 후 丙의 방에 들어가 A의 것으로 추정되는 핸드백을 발견하였다. Q는 ① 그 핸드백을 압수하여 丙의 집을 나서려던 순간 때마침 귀가하던 丙과 맞닥뜨리자 丙을 긴급체포하였다.

경찰서에 연행된 丙은 자신이 혼자서 A의 핸드백을 탈취하였다고 진술하였으며, 이에 Q는 丙의 단독범행이라는 의견을 붙여 사건을 검찰에 송치하였고, 담당 검사는 丙을 핸드백 탈취의 건에 대해서만 단독범으로 기소하였다. 그러나 사건이 제1심에 계속 중에 丙의 단독범행이 아니라 공범자가 있다는 정보를 입수한 검사는 사건을 재수사하였다. 그 결과 검사는 (I)에 기재된 甲, 乙, 丙의 범죄사실을 모두 확인함과 동시에 충분한 증거를 확보하였다. 검사는 甲과 乙을 기소하였으며, ② 丙에 대해서도 (I)에 기재된 丙의 범죄사실을 제1심법원이 모두 심판할 수 있도록 필요한 조치를 취하려고 한다.

1. (I)의 사실을 기초로 甲, 乙, 丙의 죄책을 논하시오. (60점)
2. (II)에 관하여 다음의 물음에 답하시오.
   (1) ①의 압수행위의 적법성을 논하시오. (20점)

(2) ②의 필요한 조치의 내용을 설명하시오. (20점)

질문 1

Ⅰ. 논점의 제시

논의의 편의상 먼저 乙, 丙의 죄책을 논하기로 하는데, 여기에서 문제되는 것은 다음과 같다.

1. A의 핸드백 등을 날치기하고 A를 기절시킨 행위가 합동절도죄(제331조 제2항)와 과실치상죄(제266조)에 해당되는지 아니면 강도상해죄(제337조)에 해당되는지 문제된다.

2. P로부터 신분증의 제시를 요구받고 B의 운전면허증을 제시한 행위가 공문서부정행사죄(제230조)에 해당되는지 문제된다.

3. P를 오토바이로 들이받아 상해를 입히고 도주한 행위가 특수공무방해치상죄(제144조 제2항) 및 상해죄(제257조)에 해당되는지 문제된다.

4. 위의 범죄들 중 전부 또는 일부가 성립할 경우 그 죄수관계가 문제된다.

甲은 공문서부정행사나 특수공무방해치상죄를 공모하지 않았으므로 이에 대한 죄책은 지지 않는다. 그러나 다음의 죄책은 질 수 있다.

1. A의 핸드백을 날치기하는 행위는 공모하였고 A의 출근시간과 경로 및 자신의 오토바이를 제공하였으므로, 공동정범의 죄책을 지는지 아니면 교사범이나 방조범 등 공범의 죄책을 지는지 문제된다.

2. 공동정범의 죄책을 질 경우 합동범의 죄책까지 질 것인지 문제된다.

3. A의 상해에 대해 어떤 죄책을 질 것인지 문제된다.

Ⅱ. 乙, 丙의 죄책

1. 강도치상죄(제337조)의 성립 여부

판례는 "소위 '날치기'와 같이 강제력을 사용하여 재물을 절취하는 행위가 때로는 피해자를 넘어뜨리거나 상해를 입게 하는 경우가 있고, 그러한 결과가 피해자의 반항 억압을 목적으로 함이 없이 점유탈취의 과정에서 우연히 가해진 경우라면 이는 강도가 아니라 절도에 불과하지만, 그 강제력의 행사가 사회통념상 객관적으로 상대방의 반항을 억압하거나 항거 불능케 할 정도의 것이라면 이는 강도죄의 폭행에 해당한다. 그러므로 날치기 수법의 점유탈취 과정에서 이를 알아채고 재물을 뺏기지 않으려는 상대방의 반항에 부딪혔음에도 계속하여 피해자를 끌고 가면서 억지로 재물을 빼앗은 행위는 피해자의 반항을 억압한 후 재물을 강취한 것으로서 강도에 해당한다"고 한다(대판 2007. 12. 13. 2007도7601). 학설도 같은 입장이라고 할 수 있다.

사례에서 乙, 丙이 A의 핸드백을 날치기하였을 뿐이고 A가 핸드백을 빼앗기지 않으려고 반항을 하지는 않았으므로 乙, 丙의 행위는 강도치상죄에 해당되지 않는다.

2. 합동절도죄(제331조 제 2 항)와 과실치상죄(제266조)의 성립 여부

통설·판례에 의하면 절도죄의 공동정범 중 범행현장에 있는 범인은 합동범이 된다. 乙, 丙이 같은 장소에서 오토바이를 타고 A의 핸드백을 절취하였으므로 2인 이상이 합동한 절도죄이기도 하다. 따라서 乙, 丙은 합동절도죄(제331조 제 2 항)의 죄책을 진다.

乙, 丙이 A를 기절시킨 것은 A에게 상해를 입힌 것이라고 할 수 있지만 乙, 丙에게 A를 상해할 고의는 인정되지 않고 과실만이 인정되므로 과실치상죄의 죄책을 진다.

특수절도죄와 과실치상죄는 하나의 행위에 의해서 이루어진 것이라고 할 수 있으므로 양자는 상상적 경합관계(제40조)에 있다고 할 수 있다.

3. 공문서부정행사죄의 성립 여부

판례는 공문서부정행사죄가 성립하기 위해서는 ① 사용권한자가 본래용도 이외로 공문서를 행사하거나, ② 사용권한없는 자가 공문서의 본래용도로 행사해야 한다고 한다. 이에 대해 학설은 ③ 사용권한없는 자가 본래용도 이외로 공문서를 행사한 경우도 포함된다고 한다.

학설에 의하면 乙이 B의 운전면허증을 권한없이 행사하였으므로 乙의 행위는 공문서부정행사죄에 해당된다.

판례는 신분확인을 위해 타인의 운전면허증을 제시한 경우 운전면허증의 본래용도에 사용한 것이 아니어서 공문서부정행사죄에 해당되지 않는다고 하였다가 이후 태도를 바꾸어 운전면허증의 본래용도에 따른 사용이므로 공문서부정행사죄에 해당된다고 하였다(대판 2001. 4. 19. 2000도1985 전원합의체).

따라서 판례와 학설에 의하면 乙은 공문서부정행사죄의 죄책을 진다. 丙도 乙과 공동으로 범행을 하였다고 할 수 있으므로 공문서부정행사죄의 공동정범의 죄책을 진다.

4. 특수공무방해치상죄의 성립 여부

(1) 특수공무방해치상죄의 성립 여부

P의 공무집행행위는 적법하였다고 할 수 있으므로, 乙, 丙이 오토바이로 P를 충격한 행위는 위험한 물건을 휴대하여 행한 공무집행방해행위로서 특수공무방해죄에 해당된다. 그런데 P가 전치 4주의 부상을 입었으므로 乙, 丙이 P를 충격할 때에 상해의 고의도 있었다고 할 수 있다.

통설 · 판례에 의하면 특수공무방해치상죄는 상해에 대해 과실이 있는 경우뿐만 아니라 고의가 있는 경우에도 성립하는 부진정결과적 가중범이다. 따라서 乙, 丙은 특수공무방해치상죄의 죄책을 진다.

(2) 특수공무방해치상죄와 상해죄의 죄수

그런데 부진정결과적 가중범에서 중한 결과에 대한 고의가 있는 경우 부진정결과적 가중범과 상해죄의 상상적 경합범이 성립한다는 견해, 부진정결과적 가중범만이 성립한다는 견해 등이 대립한다. 판례는 "기본범죄를 통하여 고의로 중한 결과를 발생하게 한 경우에 가중 처벌하는 부진정결과적가중범에서, 고의로 중한 결과를 발생하게 한 행위가 별도의 구성요건에 해당하고 그 고의범에 대하여 결과적가중범에 정한 형보다 더 무겁게 처벌하는 규정이 있는 경우에는 그 고의범과 결과적가중범이 상상적 경합관계에 있지만, 위와 같이 고의범에 대하여 더 무겁게 처벌하는 규정이 없는 경우에는 결과적가중범이 고의범에 대하여 특별관계에 있으므로 결과적가중범만 성립하고 이와 법조경합의 관계에 있는 고의범에 대하여는 별도로 죄를 구성하지 않는다"고 한다(대판 2008. 11. 27. 2008도7311).

부진정결과적 가중범과 중한 결과에 대한 고의범의 상상적 경합범을 인정하는 것은 상해의 고의를 이중평가하는 것으로 타당하지 않다. 따라서 乙, 丙은 특수공무방해치상죄의 공동정범의 죄책만을 진다고 해야 할 것이다. 판례에 의해도 특수공무방해치상죄의 형벌이 상해죄의 형벌보다 무겁기 때문에 乙, 丙은 특수공무방해치상죄의 죄책만을 진다.

5. 죄 수

乙, 丙은 특수절도죄, 과실치상죄, 공문서부정행사죄, 특수공무방해치상죄의 죄책을 진다. 특수절도죄와 과실치상죄는 상상적 경합관계에 있고, 이들 범죄와 나머지 범죄들은 실체적 경합관계에 있다.

Ⅲ. 甲의 죄책

1. 정범 또는 공범

정범과 공범의 구별에 대해 통설・판례는 범행(행위)지배설을 따르고 있다. 이에 의하면 甲이 A에 대한 자세한 정보를 제공하였을 뿐만 아니라 자신의 오토바이를 乙, 丙의 범행에 제공하였으므로 甲은 A에 대한 절도범행을 교사・방조한 정도가 아니라 A에 대한 절도범행을 분업적 기능 지배를 하였다고 할 수 있다. 따라서 甲은 A에 대한 절도범행의 공동정범으로서의 죄책을 진다.

2. 합동절도죄의 공동정범

합동절도죄의 합동의 의미에 대해 통설은 현장성설을 취하여 범행현장에 있는 범인만이 합동범이 될 수 있다. 따라서 甲은 범행현장에 있지 않았으므로 절도죄의 공동정범이기는 하지만 합동절도죄의 공동정범이 될 수는 없고 단순절도죄의 공동정범이 된다.

그러나 판례는 "3인 이상의 범인이 합동절도의 범행을 공모한 후 적어도 2인 이상의 범인이 범행 현장에서 시간적, 장소적으로 협동관계를 이루어 절도의 실행행위를 분담하여 절도 범행을 한 경우에는 공동정범의 일반 이론에 비추어 그 공모에는 참여하였으나 현장에서 절도의 실행행위를 직접 분담하지 아니한 다른 범인에 대하여도 그가 현장에서 절도 범행을 실행한 위 2인 이상의 범인의 행위를 자기 의사의 수단으로 하여 합동절도의 범행을 하였다고 평가할 수 있는 정범성의 표지를 갖추고 있다고 보여지는 한 그 다른 범인에 대하여 합동절도의 공동정범의 성립을 부정할 이유가 없다고 할 것이다"라고 한다(대판 1998. 5. 21. 98도321 전원합의체). 따라서 판례에 의하면 甲은 특수절도죄의 공동정범이 될 수 있다.

합동범을 가중처벌하는 이유는 절도죄의 공동정범들이 범행현장에 있는 경우에는 범행규모가 커지고 이들을 체포하는 데에 어려움이 증가하는 데에 있다고 해야 한다. 따라서 판례의 입장보다는 통설의 입장이 타당하다.

3. 과실치상죄의 성립 여부

합동절도를 공모한 경우 다른 공범이 과실로 다른 사람에게 상해를 입힐 수 있다는 것은 일반적으로 예견할 수 있다고 할 수 있다. 따라서 甲도 A에 대해 과실치상죄의 죄책을 진다.

4. 정 리

甲은 단순절도죄의 공동정범과 과실치상죄의 상상적 경합범의 죄책을 진다.

제 2 회 모의변호사시험(2011)

| 제 1 문 |

2010. 10. 2. 특정범죄가중처벌등에관한법률위반(절도)죄로 징역 1년 6월에 집행유예 3년을 선고받아 확정되었고, 절도의 습벽이 있는 甲(20세)은 2011. 1. 14. 20:30경 자신의 집에서 2홉들이 소주 1병을 마시고, 편의점을 지나가다가 주인이 없다는 사실을 확인하고 열려진 편의점 문을 열고 안으로 들어가 에쎄라이트 담배 1보루를 가지고 나왔다. 그러나 자신은 담배를 피우지 않았기 때문에 친한 선배인 차고인에게 친구가 선물로 준 것이라고 하면서 훔친 위 담배를 주었다.

그 후 차량열쇠가 꽂힌 채 주차되어 있던 피해자 나방심 소유의 아반테 승용차 1대를 혈중알콜농도 0.07%의 술에 취한 상태에서 자동차운전면허도 없이 운전하고 친구 乙(21세)이 기다리고 있는 압구정동으로 가던 중 무단 횡단하는 피해자 한여유(여, 30세)를 들이받아 3주간의 치료가 필요한 상해를 입혔고, 신고를 받고 출동한 사법경찰관 A에게 현행범인으로 체포되었다.

사법경찰관 A는 수사과정에서 2010. 12. 24.경 甲과 乙이 압구정동 로데오거리에서 乙은 주위에서 망을 보고, 甲은 피해자 한부자 소유의 현금 300,000원이 들어 있는 구찌 핸드백을 낚아채 가 소매치기를 하고, 현금 분배 문제로 말다툼을 하다가 화가 난 乙이 맥주가 들어있는 맥주병으로 甲의 머리를 1회 내리쳐 약 3주간의 치료가 필요한 두부열창을 가한 범죄사실을 추가로 인지하였고, 2011. 1. 18. 乙에 대한 체포영장을 발부받아 같은 달 19. 19:00경 乙이 자주 가는 대치동 피시방에서 乙을 검거하였다.

한편, 乙은 2010. 11. 30. 남이섬에서 피해자 한미모(생년월일 : 1991. 12. 30.)를 강간하였고, 乙의 아버지 박관대는 이웃에 사는 친동생 丙에게 한미모와 합의하는 일을 도와달라고 부탁하였으며, 丙은 한미모와 합의하는 데 사용한다며 3,500만 원을 받아갔다. 피해자 한미모는 2010. 12. 7. 乙을 강간으로 고소하였으나 세상에 알려지는 것이 두려워 2010. 12. 9. 고소를 취소하였다.

乙이 위와 같이 체포된 사실을 고지받은 박관대는 아들이 구속될지 모른다고 생각하고 丙에게 이 사실을 알리고 구속되지 않을 방법이 없는지에 대하여 상의하게 되었고, 丙으로부터 구속이 불가피하다는 식의 성의 없는 말을 듣게 되었으며, 乙을 통하여 한미모가 아무런 조건 없이 고소를 취소하였다는 사실을 알게 되어 2011. 1. 20. 丙을 사기죄로 고소하였다(변호사법위반은 논외로 함).

사법경찰관 A가 위 사건을 조사한 결과, 丙은 피해자 한미모가 고소를 취소한 사실을 알고도 2010. 12. 10.경 박관대를 속이고 3,500만 원을 합의금 명목으로 교부받았다고 자백하였고, 乙은 피해자 한미모를 강간한 사실이 있다고 자백하였다.

1. 수사가 적법하게 진행되었고, 각 범죄사실에 대한 증거도 충분하다고 가정할 때 甲, 乙, 丙의 형사책임(기소 부분과 불기소 부분) 및 기소 부분에 대한 적용법조(경합범가중 등 형법총칙 규정까지 기재)를 쓰시오. (70점)
   ※ 불기소 부분 설시례(폭행) : 공소권 없음, 폭행죄는 반의사불벌죄인데 피해자가 피의자 甲과 합의 후 처벌불원 의사표시를 명시
2. 丙이 고소인 박관대로부터 3,500만원을 교부받았고, 고소인 박관대가 친동생 丙이 불쌍하여 고소를 취소하였다면 丙의 형사책임(적용법률, 형사책임 유무 및 그에 대한 근거)에 대해 설명하시오. (10점)
3. 乙이 피해자 한미모를 강간한 사건에 한하여 피해자가 고소를 취소하지 않고, 乙이 도주하여 체포영장을 발부받은 후 기소중지 결정을 할 경우, 공소시효 만료일(성폭력 관련 특별법 참고) 및 그 산정 근거를 쓰시오. (10점)
4. 甲이 "2011. 1. 14. 담배를 절취한 다음 차고인에게 담배를 주면서 절취한 담배라는 사실을 말했다"고 진술하여 차고인도 장물취득죄로 병합기소되었으나 차고인은 법정에서 장물인 사실을 몰랐다고 범의를 부인하였고, 이에 검사가 공동피고인인 甲을 상대로 피고인신문을 하자 甲이 "담배를 주기 전에 절취물인 사실을 말해주자 차고인이 '공짜구나'라고 말했다"고 진술한 상태에서 甲과 차고인에 대한 변론이 종결된 경우, 차고인의 변호인이 甲의 위 법정 진술에 대하여 법률상 주장할 수 있는 논점에 대하여 간단히 쓰시오. (10점)

질문 1

Ⅰ. 논점의 제시

사례에서 甲의 죄책으로 문제되는 것은 다음과 같다.

1. 절도의 습벽이 있는 甲이 편의점에 들어가 담배 1보루를 훔친 행위, 나방심 소유의 승용차를 훔친 행위 및 한부자의 가방을 소매치기한 행위가 주거침입죄, 특정범죄가중처벌법 제5조의4 제1항 위반죄에 해당되는지 문제된다. 이 중 앞의 두 행위의 경우 甲이 소주 1병을 마시고 또는 혈중 알콜농도 0.07%상태에서 절도를 하였으므로 형법 제10조 제2항에 의해 책임이 감경될지 아니면 형법 제10조 제3항이 적용되어 정상적으로 처벌되는지 문제된다.

2. 무면허로 음주운전을 하고 가다가 한여유를 들이받아 전치 3주의 상해를 입힌 행위가 도로교통법상의 음주운전죄(제148조의2 제1호), 무면허운전죄(제154조 제2호) 및 특가법상의 위험운전치상죄에 해당되는지 문제된다. 이 경우 형법 제10조 제2항 또는 제3항이 적용되는지 문제된다.

사례에서 乙의 죄책으로 문제되는 것은 다음과 같다.

1. 甲과 함께 한부자의 가방을 소매치기한 행위가 합동절도죄(제331조 제2항)에 해당되는지 문제된다.

2. 현금분배 문제로 맥주병으로 甲을 때려 상처를 입게 한 행위가 폭력행위 등 처벌에 관한 법률 제3조 제1항 위반죄에 해당되는지 문제된다.

3. 한미모를 강간한 행위가 강간죄(제297조)와 아동·청소년의 성보호에 관한 법률 제7조 제1항 위반죄에 해당되는지 문제된다.

사례에서 丙의 죄책으로 문제되는 행위는 형인 박관대를 기망하여 3,500만원을 받은 행위이다. 이 행위가 사기죄(제347조)에 해당되는지 및 이 행위에 대해 친족간의 범행규정(제354조, 제328조 제2항)이 적용되는지 문제된다.

Ⅱ. 甲의 죄책

1. 특가법상의 상습절도죄

(1) 구성요건해당성

특가법 제5조의4 제1항은 "상습적으로 형법 제329조부터 제331조까지의 죄 또는 그 미수죄를 범한 사람은 무기 또는 3년 이상의 징역에 처한다"고 규정하고 있다. 절도의 습벽이 있는 甲이 편의점에서 담배 1보루 및 승용차를 훔치고, 가방을 소매치기하였으므로 이 규정의 구성요건을 충족한다.

또한 甲이 범죄목적으로 주인이 없는 편의점에 들어갔는데, 통설 및 판례에 의하면 이러한 행위는 주거침입죄(제319조)에 해당된다.

(2) 책 임

甲이 소주 1병을 먹은 상태 및 알콜농도 0.07% 상태에서 담배와 승용차의 절도행위를 하였지만, 甲이 자의로 소주를 마셨고, 절도의 습벽이 있는 甲이 소주를 마실 때에는 취한 상태에서 절도를 할 것을 예견하였거나 예견가능성이 있다고 할 수 있다. 주거침입의 결과도 예견하였거나 예견가능성이 있다고 할 수 있다. 판례는 결과발생을 예견하였을 때뿐만 아니라 예견가능성이 있는 경우에도 소위 '과실에 의한 원인에 있어서 자유로운 행위'를 인정하고 있다.

따라서 통설에 의하면 甲이 주거침입과 절도를 예견하였기 때문에, 판례에 의하면 예견하였거나 예견가능성이 있기 때문에 甲에게 제10조 제3항이 적용되어 책임이 감경되지 않는다.

(3) 죄 수

甲이 별개의 행위로 3번의 절도죄를 범하였지만 통설·판례에 의하면 상습범은 집합범이므로 세 번의 범죄는 모두 포괄하여 상습절도 1죄에 해당된다.

2. 음주운전죄, 무면허운전죄 및 위험운전치상죄

(1) 구성요건해당성

甲이 음주를 하고 알콜농도 0.07%상태에서 무면허로 승용차를 몰았으므로 각각 음주운전죄와 무면허운전죄에 해당된다.

위험운전치상죄가 성립하기 위해서는 '음주 또는 약물의 영향으로 정상적인 운전이 곤란한 상태'에서 운전을 해야 하는데, 사례에서 甲이 음주의 영향으로 정상적인 운전이 곤란한 상태였는지는 불분명하다. 왜냐하면 이러한 상태에 있었는지는 개별적으로 판단해야 하기 때문에 술에 강한 사람일 경우에는 알콜농도 0.07%라고 하더라도 정상적인 운전이 곤란하지 않을 수도 있기 때문이다. 그러나 일반적으로는 알콜농도 0.07%의 상태는 정상적인 운전이 곤란한 상태라고 할 수 있을 것이다. 甲이 이러한 상태에서 한여유를 들이받아 상해를 입혔고, 甲의 운전행위와 상해 사이에 인과관계 및 객관적 귀속이 인정되고, 상해에 대한 예견가능성도 인정되므로 甲이 한여유를 치어 상해를 입힌 행위는 위험운전치상죄에 해당된다.

(2) 책 임

甲이 무면허운전, 음주운전 및 위험운전치상죄에 해당되는 행위를 하는 당시 甲이 심신미약의 상태에 있었는지는 분명하지 않지만, 알콜농도 0.07% 상태를 심신미약상태라고 보기는 어려워 책임감경이 인정되지 않을 것이다.

만약 심신미약상태라고 할 경우에는 甲이 술을 마실 때에 무면허음주운전을 할 것과 사람을 상해할 것까지 예견하였다고 보기는 어렵기 때문에 제10조 제3항을 적용할 수는 없고, 제10조 제2항이 적용되어 형벌이 감경될 것이다. 판례와 같이 과실원인에 있어서 자유로운 행위를 인정한다고 하더라도 甲이 술을 마실 때에 이러한 결과발생에 대한 예견가능성이 있다고 보기는 어렵기 때문에 책임이 감경된다고 해야 할 것이다.

(3) 죄 수

甲은 음주운전죄, 무면허운전죄, 위험운전치상죄의 죄책을 진다.

판례에 의하면, 음주운전죄와 무면허운전죄는 상상적 경합관계에 있고(대판 1987. 2. 24. 86도2731), 음주운전죄와 위험운전치상죄는 실체적 경합관계에 있다(대판 2008. 11. 13. 2008도7143). 따라서 무면허운전죄와 위험운전치상죄도 실체적 경합관계에 있다고 해야 할 것이다. 이에 대해 위 세 범죄 모두 하나의 운전행위에 의해 이루어진 것이므로 상상적 경합관계에 있다거나, 음주운전죄 및 무면허운전죄는 위험운전의 한 내용이라고 할 수 있으므로 위험운전치상죄의 일죄만이 성립한다는 입장도 있다.

음주운전이나 무면허운전을 벌하는 것은 이로 인한 사고발생의 위험성을 방지하기 위한 것이라고 할 수 있으므로 그 자체가 위험운전이라고 할 수 있다. 따라서 위험운전치상죄만이 성립한다고 하는 것이 타당할 것이다.

3. 정 리

甲은 특가법상의 상습절도죄와 위험운전치상죄의 실체적 경합범의 죄책을 진다. 상습절도죄와 위험운전치상죄 모두 친고죄나 반의사불벌죄가 아니므로 검사는 기소할 수 있다.

Ⅲ. 乙의 죄책

1. 합동절도죄(제331조 제 2 항)의 성립 여부

합동절도죄란 2인 이상이 합동하여 절도죄를 범하는 것이고, 합동한다는 것은 범행현장에서 범죄실행을 하는 것이라거나(통설의 현장성설), 범행현장에 있지 않더라도 2인 이상이 범행현장에서 행하는 절도의 범행을 지배한 경우(대판 1998. 5. 21. 98도321 전원합의체)를 말한다.

사례에서 甲과 乙이 함께 현장에서 소매치기를 하였으므로 乙은 합동절도죄의 죄책을 진다.

2. 폭처법상의 특수상해죄의 성립 여부

위험한 물건을 휴대하여 상해행위를 한 경우 폭처법 제 3 조 제 1 항상의 특수상해죄에 해당된다. 맥주병은 위험한 물건에 해당되고, 통설 · 판례에 의하면 사용도 휴대에 포함되고, 사람의 머리를 맥주병으로 내려칠 경우 적어도 상해의 고의가 인정된다.

따라서 乙은 폭처법상의 특수상해죄의 죄책을 진다.

3. 강간죄의 성립 여부

乙이 한미모를 강간하였는데, 강간 당시 한미모가 미성년자이기는 하였지만 나이가 만 19세이었으므로 아동 · 청소년의 성보호에 관한 법률의 적용을 받지 않고(동법 제 2 조 제 1 호 "아동 · 청소년"은 19세 미만의 자를 말한다. 다만, 19세에 도달하는 해의 1월 1일을 맞이한 자는 제외한다), 형법 제297조의 강간죄의 죄책을 진다.

4. 정 리

乙은 합동절도죄와 특수상해죄 및 강간죄의 실체적 경합범의 죄책을 진다. 합동절도죄와 특수상해죄에 대해서 검사는 기소할 수 있다. 그러나 강간죄에 대해서는 피해자인 한미모의 고소가 취소되었으므로 소추조건이 결여되어 검사에게 공소권이 없으므로 기소할 수 없다.

Ⅳ. 丙의 죄책

사기죄는 사람을 기망하여 착오에 빠지게 하고 피기망자의 처분행위에 의해 재물 또는 재산상의 이익을 취득하거나 제 3 자로 하여금 취득하게 하는 죄이다.

사례에서 한미모가 2010. 12. 9. 강간죄에 대한 고소를 취소하였고 丙이 형인 박관대에게 3,500만원을 받은 날짜는 2010. 12. 10. 이후이다. 따라서 丙이 박관대에게 한미모와 합의를 한다고 3,500만원을 받아간 행위는 박관대를 기망하여 착오에 빠지게 하고, 박관대의 처분행위를 통해 3,500만원을 취득한 것이고, 丙에게 사기죄의 고의와 불법영득의사가 인정되기 때문에 丙은 사기죄의 죄책을 진다.

그러나 丙은 피기망자이고 재산상의 피해자인 박관대와 형제관계에 있으므로 丙의 사기죄에 대해서는 친족간 범행규정(제354조, 제328조 제 2 항)이 적용되어 친고죄가 된다. 그러나 박관대의 고소가 있었으므로 검사는 丙을 기소할 수 있다.

Ⅴ. 정 리

甲은 특가법상의 상습절도죄와 위험운전치상죄의 실체적 경합범의 죄책을 진다. 상습절도죄와 위험운전치상죄 모두 친고죄나 반의사불벌죄가 아니므로 검사는 기소할 수 있다.

乙은 합동절도죄와 특수상해죄 및 강간죄의 실체적 경합범의 죄책을 진다. 합동절도죄와 특수상해죄에 대해서 검사는 기소할 수 있다. 강간죄에 대해서는 피해자의 고소가 취소되었으므로 검사는 기소할 수 없다.

丙은 사기죄의 죄책을 지고 친족인 피해자의 고소가 있으므로 검사는 丙을 사기죄로 기소할 수 있다.

질문 2

丙이 박관대로부터 3,500만원을 교부받은 경우 丙에게는 형법 제347조보다 특정경제범죄 가중처벌 등에 관한 법률 제3조 제1항 제2호가 우선적용된다. 이 경우 형법상의 친족간 범행규정이 적용되는지 문제되는데, 판례는 "사기죄의 성질은 특정경제범죄 가중처벌 등에 관한 법률 제3조 제1항에 의해 가중처벌되는 경우에도 그대로 유지되고 같은 법률에 친족상도례의 적용을 배제한다는 명시적인 규정이 없으므로, 형법 제354조는 같은 법률 제3조 제1항 위반죄에도 그대로 적용된다"고 하여 긍정하는 입장이다. 통설도 같은 입장이라고 할 수 있다.

따라서 丙은 특정경제범죄 가중처벌 등에 관한 법률 제3조 제1항 제2호의 사기죄의 죄책을 지지만, 丙과 피해자인 박관대 사이에 친족관계가 있어 丙의 사기죄는 친고죄가 된다. 그런데 피해자가 고소를 하였다가 취소하였으므로 丙에 대해서는 공소를 제기할 수 없다.

| 제 2 문 |

유부남인 甲과 유부녀인 乙은 내연관계이다. 두 사람은 乙이 성형수술을 받았던 ○○병원이 밤에는 사람이 없고 경비도 소홀하다는 점을 이용해서 ○○병원에 몰래 들어가서 금품을 훔치기로 약속하고 밤 10시경 화장실 유리창을 밀어서 열고 병원 안으로 들어갔다. 乙은 병원 복도에서 망을 보고 甲은 원무과에 있는 책상 서랍을 뒤져서 현금 10만원을 발견했다. 甲이 돈을 집어서 주머니에 집어넣으려는 순간, 병원 직원인 A가 밀린 일을 하기 위하여 뒷문으로 들어오는 소리가 들렸고, 甲은 돈을 그대로 내버려둔 채 乙과 함께 도망을 쳤다. 그러나 두 사람은 병원 입구에서 A와 마주치게 되었고, 수상하게 여긴 A가 甲을 붙잡으려고 하자 甲은 A를 뿌리치면서 주먹으로 A의 팔을 몇 차례 내리쳤다. A의 팔에는 멍이 생겼지만, 마침 다음 날이 휴일이었기 때문에 A는 집에서 휴식을 취했을 뿐 병원에 가서 치료를 받지는 않았고, 그 다음 날 상태가 호전되어 출근을 했다.

병원을 빠져나온 甲과 乙은 주차해두었던 차로 가서 甲이 운전하고 함께 다니는 교회 주차장으로 왔다. 그 주차장은 교회 관계자나 신자들만 이용하는 곳이고 일반인들이 주차를 할 수 없도록 경비원이 관리를 하는 곳이다. 차를 주차하고 운전석 문을 열던 甲은 마침 뒤쪽에서 오토바이를 타고 주차장을 빠져나가던 B를 보지 못하고 문으로 오토바이의 핸들부분을 쳐서 넘어뜨렸다. 오토바이에서 떨어진 B는 얼굴에 상처를 입고 비틀거렸으나, 甲과 乙은 아무런 말도 없이 그대로 주차장을 떠났다.

한편, 甲과 乙의 내연관계를 알게 된 乙의 남편은 乙을 추궁했고, 겁이 난 乙은 甲에게 강간을 당한 것이라고 거짓말하면서 甲을 고소했는데 검사는 두 사람이 합의하에 성관계를 가진 것을 확인하고 甲의 강간죄를 무혐의 처분을 했다. 강간죄 고소 이후 무혐의 처분을 받을 때까지 8개월의 기간이 걸렸다. 乙의 남편은 불기소 처분을 통지받은 즉시 甲과 乙을 간통죄로 고소했다.

1. 甲과 乙의 형사책임은? (60점 — 각 죄가 인정되는 이유를 간단히 쓸 것)
2. 甲과 乙에 대한 수사과정에서 경찰관은 甲을 긴급체포했다. 甲을 체포한 경찰관은 체포 직후 압수수색영장 없이 甲의 집을 뒤졌고, 그 결과 甲이 병원 유리창을 열 때 사용한 장갑과 甲이 乙과의 관계를 상세하게 적어놓은 일기장을 발견하여 압수했다. 경찰은 甲에 대해서는 구속영장을 신청하였으나, 압수된 장갑에 대해서는 따로 압수수색영장을 청구하지 않았다. 제 1 회 공판기일에서 甲과 乙의 변호인은 압수된 장갑의 증거능력에 대하여 동의를 하였다. (40점)
   ① 경찰관이 甲의 집을 뒤진 것은 적법한 압수수색인가?(관련 조문 명기할 것)

② 甲의 집에서 압수된 장갑은 증거로 사용할 수 있는가?(관련 조문 명기할 것)

③ 일기장의 압수과정이 적법하다고 가정할 때, 甲과 乙이 합의하에 성관계를 가졌다는 일기장 내용을 증거로 사용할 수 있는 경우 및 그 요건을 모두 쓰시오(관련 조문 명기할 것).

Ⅰ. 논점의 제시

甲의 죄책으로 문제되는 것은 다음과 같다.

1. 유부남 甲이 유부녀 乙과 내연관계를 맺었는데, 이 행위가 간통죄와 상간죄(제241조)에 해당되는지 문제된다.

2. 야간에 병원에 침입하여 10만원을 훔치려다 훔치지 못하고 도주하기 위해 A의 팔을 내리친 행위가 특수절도미수죄 또는 야간주거침입절도죄미수죄(제330조, 제342조)와 폭행치상죄(제262조) 등의 경합범과 준강도죄 중 어디에 해당되는지 문제된다.

3. A의 팔을 내리쳐 상처를 입게 한 행위가 폭행치상죄 또는 상해죄에서 말하는 상해에 해당되는지 문제된다.

4. 주차하기 위해 교회주차장에 들어간 행위가 건조물침입죄(제319조 제1항)의 공동정범에 해당되는지 문제된다.

5. 주차장에서 B에게 상처를 입히고 그대로 간 행위가 업무상과실치상죄(제268조), 특가법상의 교통사고 후 도주차량운전죄(제5조의3) 또는 유기죄(제271조)에 해당되는지 문제된다.

乙의 죄책으로 문제되는 것은 다음과 같다.

1. 간통죄와 상간죄 및 특수절도미수죄 또는 야간주거침입절도미수죄, 건조물침입죄 등과 관련하여서는 甲과 같은 책임을 진다.

2. 甲을 강간죄로 고소한 행위가 무고죄(제156조)에 해당되는지 문제된다.

Ⅱ. 甲의 형사책임

1. 간통죄와 상간죄(제241조)의 성립 여부

판례에 의하면 배우자 있는 자들이 상대방에게도 배우자가 있음을 인식하면서 서로 간통하는 이른바 이중간통의 경우에는 쌍방 모두 형법 제241조 제1항 전문과 후문에 해당하게 되고, 이는 처분상의 일죄인 상상적 경합의 관계에 있고(대판 1990. 1. 25. 89도1317), 간통죄는 성교횟수에 따라 실체적 경합관계에 있다고 한다(대판 1983. 4. 12. 83도65).

따라서 판례에 의하면 甲은 성교횟수에 따른 간통죄와 상간죄의 죄책을 지고, 간통죄와 상간죄는 상상적 경합범관계에 있고, 각 간통죄와 상간죄는 실체적 경합범관계에 있다. 그러나 수 개의 간통죄와 수 개의 상간죄는 범죄의사, 피해법익, 상대방이 동일하여 행위태양 등이 동일하므로 모두 포괄일죄라고 해야 할 것이다. 따라서 甲은 간통죄와 상간죄의 상상적 경합범의 죄책만을 진다고 해야 할 것이다.

2. 특수절도미수죄 및 폭행죄의 성립 여부

(1) 특수절도미수죄 또는 야간주거침입절도미수죄

乙은 망을 보고 甲은 돈을 훔치려 하였는데, 이 경우 망을 보는 행위를 절도의 방조행위라고 할 경우에는 乙은 야간주거침입절도방조미수범의 죄책을 지고, 甲은 야간주거침입절도미수범의 죄책을 진다.

乙이 망을 보는 행위는 甲의 절도행위를 방조하는 정도라고 보기는 어렵다. 즉, 망을 본 乙도 절도범행을 지배하였다고 할 수 있으므로 방조범이 아니라 정범이 된다고 해야 한다. 그리고 甲, 乙이 범행현장에서 공동으로 절도를 실행하였는데 이러한 행위는 합동절도죄 또는 특수절도죄(제331조 제2항)에 해당된다고 할 수 있다. 이 경우 주거침입죄는 특수절도미수죄에 흡수된다고 해야 할 것이다. 왜냐하면 제331조 제1항 · 제2항에 의하면 야간에 문호 등을 손괴하고 주거에 침입하여 절도죄를 범한 경우에도 특수절도죄만이 인정되는데, 문호 등을 손괴하지 않고 주거에 침입하여 절도죄를 범한 경우 특수절도죄와 주거침입죄의 경합범을 인정하는 것은 균형에 맞지 않기 때문이다.

따라서 甲은 특수절도미수의 죄책을 진다.

(2) 준강도죄의 성립 여부

甲이 A의 팔을 내리쳐서 가벼운 멍을 입혔으므로 이러한 행위를 강도죄에서 말하는 폭행이라고 하기는 어렵다. 왜냐하면 강도죄의 폭행은 상대방의 항거를 불가능하게 할 정도의 심한 폭행을 말하기 때문이다. 따라서 甲이 A의 팔을 내리친 행위는 준강도죄의 폭행에 해당되지 않고, 폭행 또는 폭행치상죄에 해당될 수 있을 뿐이다.

(3) 폭행치상죄 또는 상해죄의 성립 여부

甲이 A의 팔을 내리쳐 멍이 들게 하였는데 이것이 상해죄의 상해에 해당되는지 문제된다. 판례는 폭행치상죄나 강도상해죄에 있어서의 상해는 피해자의 신체의 건강상태가 불량하게 변경되고 생활기능에 장애가 초래되는 것을 말한다고 한다(대판 2009. 7. 23. 2009도5022). 사례에서 A의 팔에 생긴 멍은 강도상해죄나 폭행치상죄의 상해에 해당되지 않는다고 해야 할 것이므로 폭행치상죄나 상해죄는 성립하지 않는다고 해야 할 것이다.

(4) 폭행죄의 성립 여부

甲이 A의 팔을 몇 차례 내려친 행위는 A의 신체에 대한 불법한 유형력의 행사로서 폭행죄의 폭행에 해당된다고 할 수 있다. 그리고 이러한 유형력의 행사가 경미한 법익침해행위로 사회상규에 위배되지 않는다고 할 수 없다. 따라서 甲은 폭행죄의 죄책을 진다.

(5) 정 리

甲은 특수절도미수죄와 폭행죄의 실체적 경합범의 죄책을 진다.

3. 건조물침입죄의 공동정범의 성립 여부

건조물침입죄의 객체는 건조물뿐만 아니라 그 위요지를 포함한다. 甲, 乙이 들어간 교회주차장은 교회건조물의 일부이거나 위요지라고 할 수 있고, 甲, 乙이 경비원의 의사에 반하여 들어갔다고 할 수 있다. 그러나 단순히 경비원의 의사에 반하여 교회주차장에 들어간 행위가 건조물의 사실상 평온을 해치는 행위라고 하기는 어렵다. 따라서 甲은 건조물침입죄의 죄책을 지지 않는다.

4. 업무상과실치상죄 및 교통사고 후 도주차량운전죄의 성립 여부

甲이 자동차로 B를 쳐서 상처를 입힌 행위는 업무상과실치상죄(제268조)에 해당된다. 그러나 교회주차장을 도로라고 할 수 없기 때문에 甲을 '도로교통법 제2조에 규정된 자동차·원동기장치자전거의 교통으로 인하여 형법 제268조의 죄를 범한 해당 차량의 운전자'라고 보기는 어렵다. 따라서 甲은 특가법상의 교통사고 후 운전자도주죄의 죄책을 지지 않는다.

刑·法·演·習

5. 유기죄의 성립 여부

B가 상처를 입었지만 노유, 질병 기타 사유로 인하여 부조를 요할 정도라고 할 수는 없기 때문에 유기죄도 성립하지 않는다.

6. 죄수 및 정리

甲은 간통죄와 상간죄, 특수절도미수죄, 폭행죄, 업무상과실치상죄의 죄책을 진다. 간통죄와 상간죄는 상상적 경합관계에 있고, 이들 범죄와 나머지 범죄는 수 개의 행위로 범한 수 개의 죄이므로 실체적 경합관계에 있다.

Ⅲ. 乙의 형사책임

1. 甲과 같은 죄책

간통죄와 상간죄, 특수절도미수죄에 대해서는 乙도 甲과 같은 죄책을 진다.

2. 甲에게는 인정되지만 乙에게는 인정되지 않는 죄책

乙이 A를 폭행하지 않았고, 乙과 甲 사이에 폭행에 대한 의사연락도 있다고 할 수 없으므로 乙은 A에 대한 폭행죄의 죄책을 지지 않는다. 또한 乙이 자동차를 운전하지 않았으므로 B에 대한 업무상과실치상죄의 죄책도 지지 않는다.

3. 무고죄의 성립 여부

무고죄는 타인으로 하여금 형사처분 또는 징계처분을 받게 할 목적으로 공무소 또는 공무원에 대하여 허위의 사실을 신고하는 죄이다.

여기에서 허위의 사실이란 객관적 진실에 반하는 것을 말한다. 乙이 甲과 간통을 하였음에도 불구하고 甲에게 강간당했다고 고소한 행위는 객관적 진실에 반하는 허위의 사실을 신고한 것이라고 할 수 있다. 乙이 경찰서에 고소하였으므로 乙에게 甲으로 하여금 형사처분을 받게 할 목적도 인정될 수 있다.

乙이 남편의 추궁을 피하기 위해 무고행위를 하였지만 이것이 긴급피난이나 정당행위에 해당된다고 할 수 없고, 기타 책임을 조각할 만한 사유도 존재하지 않는다. 따라서 乙은 무고죄의 죄책을 진다.

4. 죄수 및 정리

乙은 간통죄와 상간죄, 특수절도미수죄, 무고죄의 죄책을 진다. 간통죄와 상간죄는 상상적 경합관계에 있고, 이들 범죄와 나머지 범죄들은 실체적 경합관계에 있다.

제 1 회 모의변호사시험(2010)

| 제 1 문 |

甲과 乙은 혈중 알코올 농도 0.1%의 술에 취한 상태로 길을 가다가 인적이 드문 내리막의 골목에 세워진 A의 자동차를 보고, 乙은 자동차에서 20여미터 떨어진 전봇대 뒤에서 망을 보고 甲은 자동차를 훔쳐서 타고 가되 만약 자동차 주인이 오면 甲이 주인의 반항을 억압하기로 하였다. 乙이 망을 보는 동안 甲은 자동차에 다가가 혹시 차에 누군가가 타고 있는지 살피기 위해 문을 잡지 않고 자동차 내부만을 손전등을 이용해서 보다가 차에 아무도 없음을 확인하고 甲은 자동차 문을 따고 시동을 걸기 위해 자동차를 이리저리 조작하던 중 핸드브레이크를 풀자 자동차가 단순히 굴러 내려가다가 전봇대를 들이박고 멈췄다. 그때 자동차 주인 A가 이를 보고 달려와 甲과 乙을 체포하려고 하자, 乙은 그대로 달아났고 甲은 이를 면할 목적으로 A를 때리고 뿌리친 다음 자동차에서 내려 급히 달아났다.

甲은 다음 날 평소에 알고 지내던 B의 집에서 B에게 “신용카드와 운전면허증을 빌려주지 않으면 부산에 있는 아는 깡패를 동원하여 가루로 만들어 버리겠다”라고 협박하여 겁을 먹은 B로부터 즉석에서 신용카드, 운전면허증을 교부 받았다. 이후 甲은 B의 신용카드를 이용하여 현급지급기에서 현금서비스로 현금 50만원을 인출하고, 할인점에서 전자제품 등을 구입하고 그 대금을 결제하였다. 그리고 甲은 현금지급기에서 인출한 현금 50만원은 그 다음 날 丙의 집에서 이러한 사실을 모두 알고 있는 丙에게 건네주었다. 甲, 乙은 그 무렵 경찰에 체포되었다.

乙은 경찰 및 검찰의 조사에서 모든 범죄사실을 인정하고 있는 데 반해 甲은 다른 범죄사실은 인정하면서도 乙과의 자동차절도와 관련된 범죄사실은 부인하고 있다. 검사는 甲과 乙이 함께 기소된 공판정에서 이에 대한 증거로서 사법경찰관 및 검사가 작성한 乙에 대한 피의자신문조서를 각각 제출하였는바, 甲은 이에 대하여 증거 동의를 하지 않았고 그 내용도 부인하고 있다. 그러나 乙은 증인으로서 선서를 하지 않고 법정에서 자신에 대한 각 피의자신문조서에 대하여 임의성, 성립 및 내용을 인정하고, 甲과의 공동범행 사실을 진술하였다. 한편, 乙로부터 “내가 甲과 함께 자동차를 훔치려고 시도하였다”라는 얘기를 들었다는 丙의 진술을 기재한 사법경찰관 작성의 진술조서와 丙의 법정증언도 있었다.

:: 이와 관련하여 아래의 물음에 답하시오.

1. 甲, 乙의 형사책임은? (60점)
2. 甲의 자동차절도와 관련하여 ① 乙에 대한 사법경찰관 작성의 피의자신문조서, ② 乙에 대한 검사 작성의 피의자신문조서 및 ③ 乙의 법정진술, ④ 丙에 대한 사법경찰관 작성의 진술조서, ⑤ 丙의 법정증언을 甲의 범행에 대한 증거로 사용할 수 있는가? (40점)

Ⅰ. 논점의 제시

甲의 죄책으로 문제되는 것은 다음과 같다.

1. 자동차를 절취하려고 하였으나 완전히 자동차를 타고가지 못한 행위가 단순절도미수죄(제329조, 제342조) 또는 합동(특수)절도미수죄(제331조 제 2 항, 제342조)에 해당되는지 문제된다.

2. 체포를 면탈하기 위해 A를 뿌리치고 도주한 행위가 준강도죄(제335조)에 해당되는지 아니면 단순폭행죄에 해당되는지 문제되고, 준강도죄에 해당된다면 특수강도의 준강도와 단순강도의 준강도 중 어디에 해당되는지 및 준강도의 기수와 미수 중 어디에 해당되는지 문제된다.

3. 혈중알콜농도 0.1% 상태에서 위의 범행을 하였으므로, 책임이 조각 또는 감경되는지(제10조) 문제된다.

4. B를 협박하여 신용카드와 운전면허증을 교부받은 행위는 공갈죄(제350조)에 해당되는지 문제된다.

5. 50만원 현금서비스 및 50만원의 현금을 인출하고 할인점에서 전자제품을 구입한 행위로 인해 별도의 절도죄(제329조) 또는 컴퓨터등사용사기죄(제347조의2) 및 사기죄(제347조)가 성립하는지 문제된다.

6. 丙에게 인출한 현금을 준 행위가 장물양도죄(제362조)에 해당되는지 문제된다.

7. 위의 범죄들이 성립할 경우 죄수관계가 문제된다.

乙의 죄책으로 문제되는 것은 다음과 같다.

1. 甲이 자동차절도를 할 때에 망을 본 행위가 단순절도죄의 방조미수범(제329조, 제342조, 제32조)에 해당되는지 아니면 특수절도미수죄(제331조 제 2 항, 제342조)

에 해당되는지 문제된다.

2. 甲이 A를 때리고 뿌리친 행위에 대해 공동정범의 죄책을 지는지 문제된다.

3. 혈중알콜농도 0.1% 상태에서 위의 범행을 하였으므로, 책임이 조각 또는 감경되는지(제10조) 문제된다.

Ⅱ. 甲의 죄책

1. 합동(특수)절도미수죄(제331조 제 2 항, 제342조)의 성립 여부

甲이 자동차절도를 하는 중 乙이 망을 본 행위는 단순히 방조범에 해당된다기보다는 절도범행에 대한 지배가 인정되어 정범에 해당된다고 할 수 있다. 판례도 같은 입장이다(대판 1989. 12. 12. 89도1991). 乙이 범행현장에 있었으므로 甲, 乙의 절도범행은 합동절도죄에 해당된다.

절도죄의 기수시기에 대해서는 접촉설, 취득설, 이전설, 은닉설 등이 있지만 통설은 취득설을 취한다. 사례에서 甲, 乙이 자동차를 취득하였다고 보기는 어려우므로 절도죄는 미수에 그쳤다고 할 수 있다. 유사한 사례에서 판례도 기수죄를 인정하지 않고 절도미수죄만을 인정한다(대판 1994. 9. 9. 94도1522).

따라서 甲은 합동절도미수의 죄책을 진다.

2. 준강도미수죄의 성립 여부

(1) 항거불가능의 폭행 여부

甲이 체포를 면탈하기 위해 A를 뿌리친 행위가 항거불가능의 폭행행위인가 문제되는데, 이러한 정도의 유형력의 행사가 A의 항거를 불가능하게 할 정도라고 하기는 어렵다. 판례도 유사한 사례에서 같은 입장을 취하고 있다(대판 1985. 5. 14. 85도619은 "피고인이 옷을 잡히자 체포를 면하려고 충동적으로 저항을 시도하여 잡은 손을 뿌리친 정도의 폭행을 준강도죄로 의율할 수는 없다"고 하고, 대판 2004. 11. 18. 2004도5074 전원합의체 판결은 체포를 면탈할 목적으로 피고인의 목을 잡고 있던 피해자의 오른손을 깨무는 등의 행위를 한 경우 준강도죄를 인정한다. 사례에서 甲의 행위는 후자보다는 전자에 가깝다고 할 수 있다).

따라서 甲은 준강도죄의 죄책을 지지 않고 폭행죄의 죄책을 진다고 해야 할 것이다.

(2) 특수준강도 또는 단순준강도

甲의 폭행행위가 항거불가능의 유형력의 행사라고 할 경우 甲이 체포를 면탈하기 위해 이러한 행위를 하였으므로 준강도죄의 성립 여부가 문제된다. 이 경우 특수절도인 甲은 단순폭행을 하였는데, 특수강도의 준강도인지 단순강도의 준강도인지 문제된다. 판례는 이 문제를 절도가 아닌 폭행·협박을 기준으로 하여야 한다고 한다(대판 1973. 11. 13. 73도1553 전원합의체). 따라서 판례에 의하면 甲은 단순강도의 준강도의 죄책을 진다.

(3) 준강도의 기수 또는 미수

甲의 폭행행위는 기수에 이르렀지만 절도죄가 미수에 그쳤는데 이 경우 준강도의 기수인가 미수인가 문제된다.

이에 대해서는 절도기준설, 폭행·협박기준설, 종합설 등이 대립한다. 절도기준설이나 종합설에 의하면 절도가 미수에 그쳤으므로 甲은 준강도미수의 죄책을 진다. 폭행·협박기준설에 의하면 폭행은 기수에 이르렀으므로 甲은 준강도기수의 죄책을 진다. 판례는 폭행·협박기준설을 따르다가 절도기준설로 입장을 변경하였다(대판 2004. 11. 18. 2004도5074 전원합의체).

용어에서 보듯이 준강도죄의 불법이 강도죄의 불법보다 크다고 할 수 없다. 강도죄의 경우 폭행·협박이 미수이거나, 즉 폭행·협박과 재물강취 사이에 인과관계가 없거나, 폭행·협박이 기수여도 재물강취를 못한 경우에는 강도죄의 미수가 된다. 그런데 폭행·협박기준설이나 절도기준설에 따를 경우에는 미수가 되지 않을 수도 있다. 이는 준강도죄를 강도죄보다 불리하게 취급하는 것으로서 균형에 맞지 않다. 따라서 종합설이 타당하다.

종합설에 의하면 甲은 준강도미수의 죄책을 진다.

(4) 정 리

甲의 폭행행위는 항거불가능의 폭행행위라고 할 수 없으므로 甲은 준강도죄의 죄책을 지지 않고 폭행죄의 죄책만을 진다고 해야 한다. 만약 甲의 폭행행위를 항거불가능의 폭행행위라고 할 경우 甲은 준강도미수의 죄책을 진다.

(5) 책 임

甲이 혈중알콜농도 0.1%인 상태에서 위와 같은 범행을 하였으므로 책임감경 또는 조각 여부가 문제된다. 먼저 甲, 乙이 자신들의 절도범행을 예견하였거나 예견할 수 있었다고 할 수 없기 때문에 제10조 제 3 항은 적용되지 않는다.

혈중알콜농도 0.1%의 경우 사람에 따라 심신상실까지는 아니어도 심신미약에 이를 수 있다고 해야 한다. 그러나 사례에서 甲, 乙의 행위를 볼 때에 심신미약에도 이르지 않았다고 할 수 있으므로 책임조각이나 감경은 인정되지 않는다고 해야 할 것이다.

3. 공갈죄의 성립 여부

공갈죄가 성립하기 위해서는 폭행 또는 협박행위가 있어야 하고 이로 인해 상대방이 공포심을 느끼고 재물을 교부해야 하고 이를 통해 재물 또는 재산상의 이익을 취득하거나 제 3 자로 하여금 취득하게 해야 한다.

甲이 B를 협박하였고 이로 인해 B가 공포심을 느껴 신용카드와 운전면허증을 교부하였고, 甲이 이를 교부받았으므로 甲의 행위는 공갈기수죄에 해당된다.

4. 절도죄 또는 컴퓨터등사용사기죄 및 사기죄의 성립 여부

(1) 현금을 인출한 행위의 죄책

타인의 신용카드로 현금자동지급기에서 현금을 인출한 경우 절도죄가 성립한다고 하는 입장과 컴퓨터등사용사기죄가 성립한다는 입장이 있다.

판례는 컴퓨터등사용사기죄의 객체는 재산상 이익인데 위의 경우 행위자는 재산상 이익이 아닌 현금인 재물을 취득하므로 컴퓨터등사용사기죄가 아니라 절도죄가 성립한다고 한다. 즉, 甲이 현금자동지급기의 관리자인 은행의 의사에 반하여 현금을 취거하였으므로 이는 절취행위라고 할 수 있다는 것이다(대판 2002. 7.

12. 2002도2134).

그러나 재물과 재산상 이익은 특별 대 일반의 관계에 있어 재물을 취득한 경우에는 재산상 이익을 취득하였다고 할 수 있으므로 甲의 행위는 절도죄가 아닌 컴퓨터등사용사기죄에 해당된다고 해야 한다.

(2) 물품을 구입한 행위의 죄책

타인의 신용카드로 가맹점에서 물품을 구입한 경우 판매한 사람을 기망하여 착오에 빠지게 하고 그의 처분행위에 의해 재물을 취득한 것이므로 사기죄에 해당된다. 따라서 사례에서 甲의 행위는 사기죄에 해당된다.

(3) 갈취한 신용카드 사용행위의 죄책

판례는 갈취한 신용카드로 현금을 인출하거나 물품을 구입한 경우 "예금 인출행위는 하자 있는 의사표시이기는 하지만 피해자의 승낙에 기한 것이고, 피해자가 그 승낙의 의사표시를 취소하기까지는 현금카드를 적법, 유효하게 사용할 수 있으므로, 은행으로서도 피해자의 지급정지 신청이 없는 한 그의 의사에 따라 그의 계산으로 적법하게 예금을 지급할 수밖에 없기 때문에" 별도로 절도죄가 성립하지 않고 공갈죄의 포괄일죄가 된다고 한다(대판 2007. 5. 10. 2007도1375). 이것은 물품을 구입한 경우에도 마찬가지라고 할 수 있다.

이에 대해 하자있는 피해자의 승낙은 승낙으로서의 효과가 없기 때문에 갈취한 신용카드로 현금을 인출한 경우 절도죄나 컴퓨터등사용사기죄, 물품을 구입한 경우 사기죄가 성립한다는 견해 및 신용카드를 갈취한 경우 신용카드의 재물로서의 가치보다는 신용카드 사용을 통해 얻을 수 있는 이익이 중요하고 이후 물품을 구입하거나 현금을 인출한 행위는 이러한 이익을 실현한 것이므로 공갈죄의 포괄일죄가 성립한다는 견해가 있다.

5. 장물양도죄(제362조)의 성립 여부

신용카드로 인출한 행위가 별도의 재산범죄에 해당되지 않더라도 이는 공갈죄로 취득한 재물이라고 할 수 있다. 따라서 장물이 되고 이를 丙에게 양도한 행위는 장물양도죄에 해당된다. 그러나 통설 · 판례에 의하면 장물양도죄는 공갈죄의 불가벌적 사후행위가 된다.

6. 죄수 및 정리

甲은 합동절도미수죄와 폭행죄(또는 준강도미수죄) 및 공갈죄의 죄책을 진다. 이들 범죄는 수 개의 행위로 행한 수 개의 범죄이므로 실체적 경합관계에 있다.

Ⅲ. 乙의 죄책

1. 특수절도미수죄(제331조 제2항, 제342조)의 성립 여부

甲의 죄책에서 살펴본 것처럼 乙이 망을 본 행위는 단순히 방조행위라고 할 수 없고, 절도에 대한 乙의 범행지배가 인정되어 乙을 공동정범으로 보아야 한다. 그런데 乙이 甲과 범행현장에 같이 있었으므로, 통설·판례에 의하면 乙은 합동(특수)절도미수의 죄책을 진다.

2. 폭행죄 또는 준강도미수죄의 성립 여부

乙이 甲의 폭행죄 또는 준강도미수죄에 대해서도 책임을 지는지 문제된다. 판례는 "2인 이상이 합동하여 절도를 한 경우 범인중의 1인이 체포를 면탈할 목적으로 폭행을 하여 상해를 가한 때에는 나머지 범인도 이를 예기하지 못한 것으로 볼 수 없으면 강도상해죄의 죄책을 면할 수 없다"고 한다(대판 1988. 2. 9. 87도2460). 사례에서 상해가 발생하지는 않았으나 甲이 폭행을 한 행위에 대해서 乙도 책임을 진다는 의미라고 해야 할 것이다.

따라서 乙은 특수절도미수죄와 폭행죄 또는 준강도미수의 죄책을 진다.

3. 책 임

甲의 죄책에서 보았듯이 사례에서 甲, 乙의 범행으로 보아 이들이 비록 혈중알콜농도 0.1% 상태에 있었지만 심신미약이나 심신상실이라고 볼 여지가 없다. 따라서 책임이 조각되거나 감경되지 않는다.

4. 정　리

乙은 특수절도미수죄와 폭행죄의 경합범 또는 준강도미수의 죄책을 진다.

| 제 2 문 |

시골마을에 사는 甲과 乙은 새벽까지 술을 마시고 집으로 돌아가던 중 마을 입구에서 새벽 일찍 일을 나가던 피해자 丙을 발견하고 함께 강간할 생각으로 길 옆의 숲으로 강제로 끌고 갔다. 그런데 겁에 질린 피해자가 울며 살려달라고 애원하자 乙은 마음이 바뀌어 甲에게 그만 두자고 하였으나 甲은 "그러면 너나 집에 가라"고 하였고 이에 乙은 현장을 떠나버렸다. 그 후 甲이 丙을 폭행한 후 강간하려 하였으나 丙이 격렬하게 저항하다 도망하는 바람에 간음에 이르지 못하였다. 甲은 도망하는 丙을 계속 좇다가 약 30분 후에 인근의 야산에 숨어있는 丙을 발견하고 다시 폭행하여 丙에게 상해를 입힌 후 강간하려 하였으나 이번에는 丙의 비명소리를 듣고 좇아 온 마을사람들에게 발각되는 바람에 현장에서 체포되어 바로 경찰의 수사를 받게 되었다. 수사과정에서 丙이 乙의 존재에 대해 언급하지 않았으므로 경찰은 甲을 강간치상의 혐의로 검찰에 송치하였고, 검찰 역시 甲에 대해 강간치상의 공소사실로 공소를 제기하였다. 그런데 제 1 심 공판과정에서 피해자 丙에 대한 증인신문 도중 범행 초기에 乙이 함께 했다는 사실이 드러났고, 이에 乙이 체포된 후 공소제기되어 변론이 병합되었는데, 甲과 乙에 대해 성폭력범죄의 처벌및피해자보호등에관한법률 제 9 조의 특수강간치상 혐의가 적용되었으므로 검사는 甲에 대한 공소장의 변경을 신청하였다.

1. 제 1 심 공판에서 甲의 변호인이 주장할 수 있는 쟁점과 예상되는 결론은 무엇인가? (50점)
2. 제 1 심 공판에서 乙의 변호인이 주장할 수 있는 쟁점과 예상되는 결론은 무엇인가? (30점)
3. 甲의 변호인이 甲에 대해 특수강간치상의 미수를 주장한다면 그 논거는 무엇이고 이에 대한 판례의 입장은 어떤 것인지를 설명하시오. (20점)

Ⅰ. 논점의 제시

(사례가 현재시점에서 문제된 경우에는 성폭력범죄의 처벌 등에 관한 특례법이 적용되지만, 시험 당시에는 성폭력범죄의 처벌 및 피해자보호 등에 관한 법률이 시행되었으므로 시험 당시의 법률에 따라 죄책을 논한다)

사례에서 甲의 죄책으로 문제되는 것은 다음과 같다.

1. 乙과 함께 丙을 강간하려고 하다가 미수에 그친 행위가 성폭력특별법 제6조 제1항의 특수강간미수죄에 해당되는지 문제된다.

2. 도망가 숨어 있는 丙을 쫓아가 상해를 입히고 강간하려다가 미수에 그친 행위가 특수강간치상죄에 해당되는지 아니면 단순강간치상죄에 해당되는지, 해당된다면 기수인지 미수인지 문제된다.

3. 위의 범죄들의 죄수관계가 문제된다.

사례에서 乙은 피해자가 살려달라고 하자 강간을 중지하였지만 甲이 계속 강간행위를 하였고 나아가 강간치상죄를 범하였는데, 어느 범위에서까지 乙이 책임을 져야 하는지 문제된다.

Ⅱ. 甲의 변호인이 주장할 수 있는 쟁점과 결론(질문 1)

사례에서 甲에게 유리한 주장은 다음과 같다.

1. 변호인의 주장

(1) 단순강간치상죄의 주장

변호인은 甲이 乙과 함께 특수강간죄의 실행에 착수하였으나 이후 乙이 범행에서 이탈하였으므로 이때부터는 단순강간행위에 불과하다는 주장을 할 수 있다. 따라서 乙이 이탈할 때까지는 특수강간미수에 해당되지만 그 이후에는 甲에게만 단순강간미수에 해당되고 피해자에게 상처를 입힌 행위 역시 특수강간치상죄가 아닌 단순강간치상죄에 해당된다고 주장할 수 있다.

(2) 죄 수

변호인은 특수강간미수와 단순강간치상죄의 법정형은 모두 무기 또는 5년 이상의 징역이므로 이들 범죄는 포괄하여 하나의 단순강간치상죄에 해당된다고 주장할 수 있다.

2. 예상되는 결론

甲의 죄책은 대법원판례의 입장에 따라 그 결론이 내려질 것이라고 할 수 있다. 사례와 같은 경우를 정확하게 언급하고 있는 판례는 없지만, 판례는 "피고인이 포괄일죄의 관계에 있는 범행의 일부를 실행한 후 공범관계에서 이탈하였으나 다른 공범자에 의하여 나머지 범행이 이루어진 경우, 피고인이 관여하지 않은 부분에 대하여도 죄책을 부담한다"(대판 2011. 1. 13. 2010도9927), "공범자중 수인이 강간의 기회에 상해의 결과를 야기하였다면 다른 공범자가 그 결과의 인식이 없었더라도 강간치상죄의 책임이 없다고 할 수 없다"(대판 1984. 2. 14. 83도3120)고 한다.

이러한 입장을 종합하면 乙이 강간범행에서 이탈하였어도 실행의 착수 이후에 이탈하였으므로 乙이 공범관계에서 이탈한 것으로 보지 않고 따라서 甲은 특수강간치상죄의 죄책을 진다고 할 가능성이 크다.

Ⅲ. 乙의 변호인의 주장과 예상되는 결론(질문 2)

1. 乙의 변호인의 주장

乙의 변호인은 乙이 특수강간죄의 실행에 착수하였지만 범행도중에 자의로 범행을 중지하였으므로 특수강간죄의 중지미수의 죄책만을 진다고 주장할 것이다.

2. 예상되는 결론

이에 대해 판례는 "다른 공범의 범행을 중지하게 하지 아니한 이상 자기만의 범의를 철회, 포기하여도 중지미수로는 인정될 수 없다"(대판 2005. 2. 25. 2004도8259), "강간을 공모한 후 공범자중의 1인이 설사 범죄실행에 직접 가담하지 아니하였다 하더라도 다른 공모자가 분담실행한 공모자가 실행한 행위에 대하여 공동정범의 책임이 있다 할 것이며, 공범자중 수인이 강간의 기회에 상해의 결과를 야기하였다면 다른 공범자가 그 결과의 인식이 없었더라도 강간치상죄의 책임이 없다고 할 수 없다"(대판 1984. 2. 14. 83도3120)고 한다.

따라서 乙에게 특수강간치상죄의 죄책을 인정할 것이다.

Ⅳ. 특수강간치상죄의 미수의 문제(질문 3)

1. 특수강간치상미수죄의 논거

성폭력특별법 제9조는 특수강간상해·치상죄를 규정하고 있고, 제12조는 그 미수범처벌규정을 처벌하고 있다. 특수강간치상죄는 진정결과적 가중범이므로 진정결과적 가중범의 미수를 인정하자는 입장에서는 특수강간미수범이 과실로 상해의 결과를 발생시킨 경우 특수강간치상죄의 미수라고 한다. 왜냐하면 특수강간치상죄의 미수범으로 생각할 수 있는 경우는 상해의 결과가 발생되지 않은 경우와 특수강간죄의 미수범이 과실로 상해의 결과를 발생시킨 경우가 있을 수 있는데, 전자의 경우에는 아예 특수강간치상죄가 성립할 수 없으므로 후자의 경우에 특수강간치상죄의 미수범이라는 것이다.

이 견해는 제12조가 제9조의 미수를 벌하고 있으므로 이를 특수강간상해죄의 미수범을 처벌하는 규정이고 특수강간치상죄의 미수를 벌하는 규정이라고 해석하는 것은 피고인에게 불리한 축소해석이고, 특수강간치상죄의 형벌이 너무 무거우므로 이러한 형태의 미수범을 인정함으로써 과도한 형벌을 완화시킬 수 있다고 한다.

2. 판례의 입장

판례는 "형법 제301조의 강간치상죄의 경우 강간이 미수에 그쳤다고 해도 강간치상죄의 성립에는 영향이 없다"고 한다(대판 1988. 8. 23. 88도1212). 그런데 형법에는 강간치상죄의 미수를 처벌하는 규정은 없다. 따라서 이 판례가 강간치상죄의 미수범을 처벌하는 규정을 두고 있는 성폭력특별법에도 적용될 것인가는 분명하지 않다.

그러나 구 성폭력특별법의 판례는 "형벌법규는 그 규정내용이 명확하여야 할 뿐만 아니라 그 해석에 있어서도 엄격함을 요하고 유추해석은 허용되지 않는 것이므로 성폭력범죄의 처벌 및 피해자보호 등에 관한 법률 제9조 제1항의 죄의 주체는 '제6조의 죄를 범한 자'로 한정되고 같은 법 제6조 제1항의 미수범까지 여기에 포함되는 것으로 풀이할 수는 없다"고 하였다(대판 1995. 4. 7. 95도94). 그러나 이후 성폭력특별법이 개정되어 특수강간죄의 미수범도 특수강간치상죄의 주체가 될 수 있게 되었다. 이에 따라 판례는 "위험한 물건인 전자충격기를 사용하여 강간을 시도하다가 미수에 그치고, 피해자에게 약 2주간의 치료를 요하는 안면부 좌상 등의 상해를 입힌 사안에서, 성폭력범죄의 처벌 및 피해자보호 등에 관한 법률에 의한 특수강간치상죄가 성립한다"고 한다(대판 2008. 4. 24. 2007도10058). 따라서 판례는 특수강간치상죄의 미수가 아니라 기수를 인정할 것이다.

제 1 회 변호사시험

(변호사시험 사례형에는 형법문제와 형사소송법 문제가 함께 출제되는데 형법 문제에 대해서만 모범답안을 제시하였음)

| 제 1 문 |

甲은 2011. 12. 1. 14:00경 서울 서초구 서초동 123에 있는 서초편의점 앞 길에서 그곳을 지나가는 부녀자 A의 핸드백을 열고 신용카드 1장과 현금카드 1장이 들어 있는 손지갑 1개를 꺼내던 순간 이를 눈치챈 A가 "도둑이야"라고 소리치자 위 손지갑을 가지고 그대로 도주하였다. 이에 A는 마침 그곳을 순찰하던 정복 착용의 서초경찰서 서초지구대 소속 경찰관 P1과 함께 甲을 붙잡기 위하여 쫓아갔고, 甲은 이를 피해 계속 도망하다가 대전교도소에서 함께 복역한 적이 있던 乙을 만났다. 甲은 乙에게 사정을 이야기하고 도와달라고 부탁하였고 乙은 이를 승낙하여 甲과 乙은 그곳 길바닥에 있던 깨진 소주병을 한 개씩 들고 甲을 체포하기 위하여 달려드는 경찰관 P1의 얼굴을 찔러 약 4주간의 치료를 요하는 안면부 열상을 가했다. 그런 다음 甲은 도주하였고, 乙은 그곳에서 현행범으로 체포되었다.

2011. 12. 1. 15:00경 甲은 집으로 가는 길에 A의 신용카드를 이용하여 의류가게에서 50만원 상당의 의류를 구입하고, 부근 신한은행 현금자동지급기에서 A의 현금카드를 이용하여 현금 100만원을 인출하였다. 위 사건을 수사하던 서초경찰서 소속 경찰관 P2는 2011. 12. 1. 21:00경 甲이 살고 있는 집에서 25미터 정도 떨어진 곳에서 외출하러 나오는 甲을 발견하고 긴급체포하였다. 경찰관 P2는 그 직후 긴급체포한 甲을 그의 집으로 데려가 그의 방 책상 서랍에 있던 A의 신용카드를 압수하였고 그 후 적법하게 그 신용카드에 대한 압수수색영장을 발부받았다.

검사는 甲과 乙을 병합하여 공소를 제기하였다.

1. 위 사안과 관련하여 甲의 죄책을 논하시오. (30점)
2. 위 사안과 관련하여 乙의 죄책을 논하시오. (30점)
3. 甲이 공판 과정에서도 범행 일체를 부인하자 검사는 甲의 주거지에서 압수한 A의 신용카드를 증거물로 제출하였다. 검사가 제출한 그 신용카드의 증거능력 유무 및 그 근거에 대하여 논하시오. (20점)
4. 제 1 심 법원은 甲에 대하여 현금카드를 사용하여 현금을 인출한 행위에 대하여는 무죄를 선고하고, 나머지 공소사실에 대하여는 모두 유죄로 인정하고 징역 5년을 선고하였다. 검사만 위 무죄 선고 부분에 대하여 항소하였다. 항소심 법원이 검사

의 위 항소가 이유있다고 판단하는 경우 항소심의 심판범위 및 조치에 대하여 논하시오. (20점)

질문 1

Ⅰ. 논점의 제시

사례에서 甲의 죄책으로 문제되는 것은 다음과 같다.

1. 甲이 A의 손지갑을 가지고 도주한 행위는 단순절도기수죄(제329조)에 해당된다. 그런데 甲이 乙과 함께 소주병으로 경찰관 P1을 상해하였으므로, (준)강도상해죄의 공동정범(제335조, 제337조, 제30조)의 성립 여부가 문제된다.
2. 甲이 乙과 함께 소주병으로 공무를 집행하는 경찰관 P1을 상해하였으므로 특수공무방해치상죄의 공동정범(제144조 제2항, 제30조)의 성립 여부가 문제된다.
3. 甲이 A의 신용카드를 이용하여 50만원 상당의 의류를 구입하였으므로 사기죄(제347조 제1항)의 성립 여부가 문제된다.
4. 甲이 A의 현금카드로 현금자동지급기에서 현금 100만원을 인출하였으므로 컴퓨터등사용사기죄(제347조의2) 또는 절도죄(제329조)의 성립 여부가 문제된다.
5. 위의 범죄들이 성립할 경우 죄수관계가 문제된다.

Ⅱ. 甲의 죄책

1. 강도상해죄의 성립 여부

강도상해죄(제337조)가 성립하기 위해서는 강도가 강도범행의 완료 이전에 상해의 고의로 사람을 상해해야 한다. 여기에서 강도는 단순강도, 특수강도, 준강도를 모두 포함하는 개념이다.

사례에서 甲이 A의 지갑을 절취한 후 체포를 면탈하기 위해 P1에 대해 乙과 함께 소주병으로 상해를 가하였는데, 이는 강도죄에서 말하는 '상대방의 항거를 불가능하게 할 정도'의 폭행, 협박이라고 할 수 있으므로 甲은 특수강도의 준강도라고 할 수 있다. 甲이 절도 후 경찰관으로부터 쫓기고 있었으므로 절도죄가 완료되기 이전이라고 할 수 있다. 甲, 乙이 소주병으로 P1의 얼굴을 찔렀으므로 상해의 고의도 인정된다.

2. 강도상해죄의 공동정범의 성립 여부

(1) 승계적 공동정범을 인정하는 경우

乙이 절도행위를 하지 않았지만, 절도행위를 한 甲으로부터 모든 사정을 듣고 P1에 대한 상해행위를 하였으므로, 승계적 공동정범을 인정할 경우에는 乙도 준강도가 될 수 있고, 따라서 강도상해죄의 공동정범의 죄책을 진다. 이에 따라 甲은 강도상해죄의 단독정범이 아닌 공동정범의 죄책을 진다.

(2) 승계적 공동정범을 인정하지 않는 경우

甲이 乙과의 의사연락하에 P1에 대한 상해행위를 하였으나 乙은 절도행위를 하지 않았다. 여기에서 승계적 공동정범을 인정하지 않는 경우 乙은 준강도가 될 수 없고 따라서 강도상해죄의 죄책을 질 수 없고 특수공무방해치상죄의 공동정범(제144조 제 2 항)의 죄책을 진다.

이 경우 甲이 강도상해죄의 공동정범이 아닌 강도상해죄의 단독정범의 죄책을 진다. 부분적 공동정범을 인정하는 경우에도 중첩된 부분에서만 공동정범이 인정될 수 있기 때문이다.

(3) 정 리

승계적 공동정범을 인정하는 것은 피고인에게 불리한 소급효를 인정하는 것이므로 허용되지 않는다는 것이 통설·판례의 입장이다. 이와 같이 승계적 공동정범을 인정하지 않는다면 甲은 강도상해죄의 단독정범의 죄책을 진다.

3. 특수공무방해치상죄의 공동정범(제144조 제 2 항, 제30조)의 성립 여부

甲과 乙이 직무를 집행하는 P1에 대해 위험한 물건인 소주병으로 상해를 가한 행위는 특수공무방해죄와 상해죄에 모두 해당된다. 그런데 특수공무방해치상죄는 있어도 특수공무방해상해죄 규정은 없다. 그런데 통설과 판례는 특수공무방해치상죄는 부진정결과적 가중범으로서 상해에 대해 과실이 있을 때뿐만 아니라 고의가 있을 때에도 성립하는 범죄라고 해석한다. 따라서 甲과 乙에게 상해의 고의가 있었다고 하더라도 특수공무방해치상죄가 성립한다고 한다. 이 경우 특수공무방해치상죄와 상해죄의 죄수관계에 대해 상상적 경합이라는 견해와 별도의 상해죄가 성립하지 않고 특수공무방해치상죄만이 성립한다는 견해(판례는 이 견해를 따른다)가 있다.

4. 사기죄(제347조 제 1 항)의 성립 여부

사기죄가 성립하기 위해서는 기망행위가 있어야 하고, 피기망자가 착오에 빠져야 하고, 처분권능이 있는 피기망자가 착오상태에서 처분행위를 하여야 하고, 행위자 또는 제 3 자가 재물의 교부를 받거나 재산상의 이익을 취득하여야 한다. 재산상 손해발생을 요하는가에 대해서는 견해의 대립이 있다.

사례에서 甲이 A의 신용카드로 물품을 구입한 행위는 기망행위라고 할 수 있고, 의류가게의 주인 또는 점원이 착오에 빠져서 의류를 교부하는 처분행위를 하였고, 甲이 의류를 교부받았고, 의류가게 주인에게 재산상 손해가 발생하였다고 할 수 있다. 따라서 甲은 사기죄의 죄책을 진다.

5. 컴퓨터등사용사기죄(제347조의2) 또는 절도죄(제329조)의 성립 여부

甲이 A의 현금카드로 현금자동지급기에서 현금 100만원을 인출한 행위에 대해 컴퓨터등사용사기죄가 성립한다는 견해가 있으나, 판례는 현금은 재물이고 컴퓨터등사용사기죄의 객체는 재산상 이익이므로 컴퓨터등사용사기죄는 성립하지 않는다고 한다. 대신 판례는 甲이 은행이 점유하는 은행 소유의 현금을 은행의 의사에 반하여 취거한 행위로서 절도죄에 해당된다고 한다.

재물과 재산상 이익은 택일관계가 아닌 특별 대 일반의 관계라고 해야 한다. 즉, 재산상 이익을 취득하였다고 하여 재물을 취득하였다고 할 수는 없지만, 재물을 취득한 경우에는 당연히 재산상 이익을 취득한 것이라고 할 수 있다. 따라서 甲에게 절도죄보다는 컴퓨터등사용사기죄를 인정하는 것이 타당하다고 할 수 있다.

6. 죄수 및 정리

특수공무방해치상죄와 상해죄의 죄수관계에 대해 양자의 상상적 경합을 인정하는 견해는 상해를 이중평가하는 것이라고 할 수 있으므로 특수공무방해치상죄만이 성립한다고 하는 견해가 타당하다. 이 경우 강도상해죄와 특수공무방해치상죄의 죄수관계에 대해서도 양자의 상상적 경합 또는 실체적 경합을 인정하는 견해가 있지만 이 역시 P1에 대한 상해를 이중평가하는 것으로 부당하므로 강도상해죄와 특수공무방해죄만을 인정해야 할 것이다.

따라서 甲은 강도상해죄와 특수공무방해죄, 사기죄, 컴퓨터등사용사기죄의 죄책을 진다. 강도상해죄와 특수공무방해죄는 하나의 행위로 행한 수죄로서 상상적 경합관계에 있고, 이들 범죄와 나머지 범죄는 실체적 경합관계에 있다.

질문 2

Ⅰ. 논점의 제시

甲이 절도죄를 범하고 추격당하고 있다는 사실을 알고 乙이 甲과 함께 경찰관 P1을 상해하였으므로 乙의 죄책으로 문제되는 것은 다음과 같다.

1. 절도가 아닌 乙이 절도인 甲과 공동으로 P1을 상해하였으므로 강도상해죄의 죄책을 지는지 문제된다. 이는 승계적 공동정범을 인정하는지의 여부에 달려 있다.

2. 乙이 특수공무방해치상죄(제144조 제2항)와 상해죄(제257조 제1항)의 죄책을 지는지 문제된다.

3. 위의 범죄들이 성립할 경우 죄수관계가 문제된다.

Ⅱ. 강도상해죄의 공동정범의 성립 여부

앞에서 본 것과 같이 승계적 공동정범을 인정하는 경우 乙은 강도상해죄의 죄책을 지지만, 승계적 공동정범을 인정하지 않는 경우 乙은 강도상해죄의 죄책을 지지 않는다.

승계적 공동정범을 인정하는 것은 피고인에게 불리한 소급효를 인정하는 것이므로 허용되지 않는다는 것이 통설·판례의 입장이다. 이와 같이 승계적 공동정범을 인정하지 않는다면 乙은 강도상해죄의 죄책을 지지 않는다.

Ⅲ. 특수공무방해치상죄와 상해죄의 공동정범의 성립 여부

甲의 죄책에서 본 것과 같이 乙의 행위는 특수공무방해죄와 상해죄에 모두 해당된다. 이 경우 특수공무방해치상죄와 상해죄의 죄수관계가 문제되는데, 양자가 상상적 경합관계에 있다고 하는 견해도 있지만, 특수공무방해치상죄의 일죄만이 성립한다고 하는 견해가 타당함은 앞에서 본 것과 같다.

Ⅳ. 결　어

乙은 특수공무방해치상죄의 공동정범(제144조 제2항, 제30조)의 죄책을 진다.

| 제 2 문 |

고소인 甲은 서초경찰서에 '피고소인 乙은 고소인에게 상해보험금이라도 타서 빌려 준 돈을 갚으라고 하면서 고소인의 쇄골을 골절해서 4주간의 상해를 입혔다. 그런데 뜻대로 안 되니까 이제는 돈을 갚으라고 협박하고 있다'는 내용으로 고소하였다.

이를 접수한 사법경찰관 P1은 법원으로부터 영장을 받아 사채업자 乙의 사무실을 압수·수색하였다. 그 결과 甲 명의의 전세계약서, 소비대차계약서, 상해보험증권과 乙 소유의 비망록, 회사 영업장부 등을 압수하였다. 압수한 자료를 검토하던 사법경찰관 P1은 乙에게 "보험금을 청구했느냐?"라고 묻자, "교통사고를 가장해서 보험금을 청구해 보려고 했는데, 甲이 차마 더 이상 못하겠다고 해서 포기했다. 甲이 스스로 보험에 가입하였고, 甲이 승낙하여 상해를 입힌 것이다," "오히려 내가 피해자다. 甲에게 돈을 빌려 주었는데 담보로 받은 전세계약서가 위조되었다"고 주장하였다.

대질과정에서 甲은 전세계약서의 보증금란에 기재된 2,000만원을 5,000만원으로 고쳐 위조한 것은 사실이라고 자백하였다. 그리고 甲은, 乙이 '돈을 갚지 않으면 아들을 등교 길에 유괴할 수도 있다'는 등으로 협박한 전화 통화내용을 직접 녹음한 테이프와 乙이 보낸 핸드폰 메시지를 촬영한 사진 20매를 증거로 제출하였다.

P1은 乙에게 소주라도 한잔하자면서 경찰서 주변 식당으로 乙을 데리고 가 비망록에 '구청직원 접대' 부분을 지적하면서, "접대를 한 구청직원이 누구이고, 왜 접대를 한 것이냐? 앞으로 내가 잘 챙겨 주겠다"는 등으로 설득을 하였다. 당시 진술거부권의 고지는 없었다.

더 이상 버틸 수 없다고 생각한 乙은 "사실은 사건 브로커 丙에게 3,000만원을 주어 구청직원에게 대부업에 대한 행정단속 등에 편의를 봐 달라는 부탁을 하고 돈을 전달하게 했는데, 돈을 주었는지는 모르겠다"고 진술하였다. 경찰서로 복귀한 후 P1은 乙에 대한 피의자신문조서를 작성하고, 돈을 건네 준 丙을 소환하여 조사하였다. 丙은 "乙에게서 3,000만원을 받아 丁에게 전액 전달하였다"고 자백하였다. 이에 P1은 구청직원 丁을 소환하여 조사하였는데 丁은 범행 일체를 부인하였다.

검찰에서 甲, 乙과 丙은 경찰에서 한 진술과 같이 모두 자백하였으나, 丁은 일관되게 "친구인 丙으로부터 청탁을 받은 적은 있으나 돈은 결코 받지 않았다"고 주장하였다. 검찰에서의 피의자 신문과정에서는 진술거부권이 적법하게 고지되었고, 변호인이 참여한 상태에서 조사가 이루어졌다.

제 1 회 공판기일에 피고인 甲은 자백하였으나, 乙과 丙은 검찰진술을 번복하면서 검사가 작성한 피의자신문조서의 진정 성립을 부정하였고, 丁은 일관되게 범행을 부인하였다.

1. 甲과 乙의 형사책임을 논하시오. (35점)
2. 丙과 丁의 형사책임을 논하시오. 이 경우 丁에게 뇌물이 전액 전달된 것임을 전제로 한다. (15점)
3. 다음의 각 증거들에 대한 증거능력을 부여하기 위한 요건은 무엇인가? (35점)
   (1) P1이 압수한 비망록
   (2) 乙이 부동의한 甲이 제출한 녹음테이프와 핸드폰 메시지를 촬영한 사진
   (3) 진술을 번복하는 乙에 대한 검사 작성의 피의자신문조서
4. 丙의 변호인은 乙의 자백이 위법하게 수집한 것으로 증거능력이 없다고 주장한다. 경찰과 검찰에서 한 자백을 각각 나누어 그 주장의 당부를 논하시오. (15점)

질문 1

Ⅰ. 논점의 제시

사례에서 甲의 형사책임으로 문제되는 것은 다음과 같다.

1. 보험금을 타내기 위해 乙로 하여금 자신에게 상해를 가하도록 하였지만 乙이 보험금을 청구하지는 않았는데, 이와 관련하여 사기미수죄의 공동정범(제347조, 제352조, 제30조)이 성립하는지 문제된다. 이는 보험사기죄의 실행의 착수시기와 관련되어 있는 문제이다.

2. 전세계약서의 보증금난을 2,000만원에서 5,000만원으로 고친 행위가 사문서위조죄(제231조)에 해당되는지 문제된다.

3. 위조된 사문서를 乙에게 담보조로 제공하였는데, 이러한 행위가 위조사문서행사죄(제234조)와 사기죄(제347조)에 해당되는지 문제된다.

4. 甲, 乙이 합의하여 쇄골골절의 상해를 입혔는데 乙이 일방적으로 상해를 입힌 것처럼 하여 신고를 한 행위가 무고죄에 해당되는지 문제된다.

5. 위와 같은 범죄가 성립할 경우 죄수관계가 문제된다.

사례에서 乙의 형사책임으로 문제되는 것은 다음과 같다.

1. 보험사기를 하기 위해 甲에게 쇄골골절상을 입혔는데, 이는 상해죄(제257조 제1항)의 구성요건에 해당된다. 다만, 甲의 승낙에 의해 상해를 입혔으므로 승낙

에 의한 행위(제24조)로 위법성이 조각될 수 있는지 문제된다.

2. 甲에게 돈을 갚으라고 협박한 행위가 협박죄(제283조)에 해당되는지 아니면 공갈미수죄(제350조, 제352조)에 해당되는지 문제된다.

3. 브로커 丙을 통해 공무원 丁에게 3,000만원을 전달하게 한 행위가 증뢰죄(제133조)에 해당되는지 문제된다.

4. 위의 범죄가 성립할 경우 죄수관계가 문제된다.

Ⅱ. 甲의 죄책

1. 사기미수죄의 성립 여부

사기죄가 성립하기 위해서는 사기죄의 실행의 착수가 있어야 한다. 사기죄의 실행의 착수는 기망행위를 개시한 때라고 할 수 있다. 그런데 보험사고를 발생시킨 것만으로는 보험회사에 대한 기망행위가 시작되었다고 할 수 없다. 보험사기죄의 실행의 착수시기는 보험금을 청구한 시점이라고 하는 것이 통설의 입장이다. 따라서 사기미수죄는 성립하지 않는다.

2. 사문서위조죄(제231조)의 성립 여부

사문서위조죄란 타인의 명의를 도용하여 사문서를 작성하는 것을 말한다. 공동명의의 사문서의 경우 타인명의의 사문서라고 할 수 있다. 사례에서 甲이 임대인과 자신의 공동명의로 된 전세계약서의 보증금 내용을 2,000만원에서 5,000만원으로 변경한 것은 단순히 기존 문서의 동일성을 유지하는 범위 내에서의 변경이 아니라 새로운 사문서를 작성한 것으로서 위조라고 할 수 있다.

3. 위조사문서행사죄 및 사기죄의 성립 여부

(1) 위조사문서행사죄

위조사문서행사죄란 위조된 사문서를 진정한 문서인 것처럼 사용하는 것으로서 행사가 되기 위해서는 상대방이 인식할 수 있는 상태에 두어야 한다. 사례에서 甲이 전세계약서를 위조하여 乙에게 제출한 행위는 위조사문서행사죄에 해당된다.

(2) 사 기 죄

甲이 위조된 전세계약서를 乙에게 담보로 제공한 행위는 사기죄의 기망행위에 해당되고, 乙이 이를 진정한 문서라고 생각하고 돈을 대여하였으므로 피기망자의 착오와 착오에 기한 재물의 교부, 甲의 재물 취득 등이 인정된다.

따라서 甲의 행위는 사기죄에 해당된다.

4. 무고죄(제156조)의 성립 여부

甲에게 乙로 하여금 형사처분을 하게 할 목적이 있음은 분명하다. 무고죄가 성립하기 위해서는 허위의 사실을 신고하여야 한다. 통설·판례(대판 2004. 1. 16. 2003도7178)에 의하면 신고사실의 일부에 허위의 사실이 포함되어 있다고 하더라도 그 허위부분이 범죄의 성부에 영향을 미치는 중요한 부분이 아니고, 단지 신고한 사실을 과장한 것에 불과한 경우에는 무고죄에 해당하지 않는다고 한다.

사례에서 甲이 乙로부터 협박을 받은 것과 보험사기의 목적이 있었던 것은 진실이므로, 설사 乙과 합의하여 상해를 입었음에도 乙이 일방적으로 상해를 입힌 것처럼 신고하였다고 하여도 허위의 사실을 신고한 것이라고 할 수는 없다. 따라서 무고죄는 성립하지 않는다.

5. 죄수 및 정리

판례는 타인의 예금통장으로 은행창구에서 예금을 인출한 경우 사문서위조죄 및 동행사죄와 사기죄의 실체적 경합범이 성립한다고 한다(대판 1991. 9. 10. 91도1722). 이에 대해 이들 세 가지 범죄의 실체적 경합범을 인정하는 견해와 위조사문서행사죄와 사기죄는 상상적 경합이고 이들 범죄와 사문서위조죄는 실체적 경합범이라고 하는 견해 및 사문서위조죄와 동행사죄는 상상적 경합범이고 이들 범죄와 사기죄는 실체적 경합범이라고 하는 견해 등이 제시된다.

사문서위조죄와 위조사문서행사죄는 수단과 목적의 관계에 있으므로 위조사문서행사죄만이 성립한다고 할 수 있고, 위조사문서행사는 기망행위라고 할 수 있다. 따라서 세 가지 범죄의 상상적 경합범을 인정하는 것이 타당하다.

Ⅲ. 乙의 죄책

1. 상해죄(제257조 제1항)의 성립 여부

乙이 甲에게 쇄골골절상을 입힌 행위는 상해죄의 구성요건에 해당된다. 乙이 甲의 승낙에 의해 상해를 입혔으므로 이 경우 제24조가 적용되고 승낙상해죄를 처벌하는 규정이 없으므로 乙을 상해죄로 처벌할 수 없다는 견해가 있다. 이에 대해 통설·판례는 피해자의 승낙이 있다고 하더라도 그 행위가 사회상규에 위배되는 경우에는 승낙에 의한 행위로 위법성이 조각되지 않는다고 한다.

우리 형법은 위법성조각의 기준으로서 사회상규를 규정하고 있는데, 사회상규에 위배되는 행위는 설사 승낙에 의한 행위라고 하더라도 위법성이 조각될 수 없다고 해야 한다.

2. 협박죄(제283조) 혹은 공갈미수죄(제350조, 제352조)의 성립 여부

乙이 甲에게 '돈을 갚지 않으면 아들을 유괴한다'고 한 행위는 사회통념상 허용되지 않는 해악의 고지이고, 이러한 해악의 고지를 甲이 인식하였으므로, 乙의 행위는 협박기수죄에 해당된다.

그런데 乙이 채권추심을 위해 甲에게 협박을 하였으나 변제받지는 못하였으므로 공갈미수죄의 성립 여부가 문제된다. 이 경우 乙이 甲에게 채권을 가지고 있었으므로 불법이득이 되지 않는다거나 불법이득의사를 인정할 수 없어서 공갈미수죄는 성립하지 않는다는 견해가 있다. 그러나 판례는 피해자에 대한 금전채권이 있다 하더라도 사회통념상 용인되기 어려운 협박 수단을 이용한 경우 공갈죄가 성립한다고 한다(대판 1996. 9. 24. 96도2151). 이에 의하면 乙의 협박은 사회통념상 허용되지 않는다고 할 수 있으므로 공갈미수죄가 성립한다.

乙의 행위는 단순한 협박에 그치는 것이 아니라 채무변제를 강요한 행위로서의 의미도 갖기 때문에 공갈미수죄가 성립한다고 하는 견해가 타당하다.

3. 증뢰죄(제133조)의 성립 여부

乙이 브로커 丙을 통해 행정단속의 편의를 봐 달라는 청탁을 하고 공무원 丁에게 3,000만원을 전달하게 하였는데, 이러한 행위는 증뢰죄에 해당된다. 乙이 丁이 그 돈을 받았는지 알 수 없다고 하여도 증뢰죄의 성립에는 영향이 없다. 乙의 행위는 증뢰물교부죄(제133조 제 1 항), 증뢰물전달죄의 교사범(제133조 제 2 항, 제31조 제 1 항)에도 해당될 수 있지만 이는 증뢰죄에 흡수된다고 할 수 있다.

4. 죄수관계 및 정리

위에 언급된 乙의 범죄들은 수 개의 행위에 의한 수 개의 범죄에 해당되므로, 乙은 상해죄, 공갈미수죄, 증뢰죄의 실체적 경합범의 죄책을 진다.

질문 2

Ⅰ. 논점의 제시

丙의 죄책으로 문제되는 행위는 乙의 부탁을 받고 공무원 丁에게 3,000만원을 전달한 행위인데, 이것이 증뢰물전달죄(제133조 제 2 항)에 해당되는지 문제된다.

丁의 죄책으로 문제되는 행위는 丙으로부터 乙이 제공하는 3,000만원을 교부받은 행위인데, 이것이 수뢰죄(제129조 제 1 항)에 해당되는지 문제된다.

Ⅱ. 丙의 죄책

丙이 乙의 부탁을 받고 공무원 丁에게 뇌물인 3,000만원을 전달하였는데 이는 증뢰물전달죄(제133조 제2항)에 해당되므로 丙은 증뢰물전달죄의 죄책을 진다.

Ⅲ. 丁의 죄책

사례에서 丁이 대부업에 대한 단속권이 있는 공무원인지 여부가 불분명하지만 권한있는 공무원으로 보아야 할 것이다. 따라서 대부업에 대한 단속권한있는 구청직원으로서 공무원인 丁이 丙을 통해 乙이 제공한 3,000만원을 제공받은 행위는 직무에 관하여 뇌물을 수수한 행위라고 할 수 있다. 따라서 丁은 수뢰죄(제129조 제1항)의 죄책을 진다.

Ⅳ. 정 리

丙은 증뢰물전달죄(제133조 제2항), 丁은 수뢰죄(제129조 제1항)의 죄책을 진다.

저자소개

현재 한양대학교 법학전문대학원 교수
서울대학교 법과대학 졸업(법학사)
서울대학교 대학원 석사과정 졸업(법학석사)
서울대학교 대학원 박사과정 졸업(법학박사)
강원대학교 법과대학 교수
독일 Bonn 대학, Konstanz 대학, Würzburg 대학에서 연구
한국형사정책연구원 초빙연구위원
사법시험, 행정고시, 입법고시 출제위원
한국형사법학회 회장
한국피해자학회 회장, 한국소년법학회 회장 역임

저서 및 논문

형법총론(박영사)
형법각론(박영사)
객관식 형법(박영사)
로스쿨 형법(박영사)
신형법입문(박영사)
범죄인의 사회 내 처우에 관한 연구 외 다수

제 2 판
형법연습

2004년	3월	10일	초판발행
2005년	3월	5일	보정판발행
2012년	7월	5일	제 2 판인쇄
2012년	7월	10일	제 2 판발행

저 자 오 영 근
발행인 안 종 만
발행처 (주) 박영사
서울특별시 종로구 13-31번지
전화 (733)6771 FAX (736)4818
등록 1959. 3. 11. 제300-1959-1호(倫)

저자와 협의하여 인지첩부를 생략합니다

www.pybook.co.kr e-mail: pys@pybook.co.kr

정 가 38,000원 ISBN 978-89-6454-771-7